阳泉年鉴

2009

阳泉市地方志编纂委员会 编

方志出版社

图书在版编目（CIP）数据

阳泉年鉴．2009 / 阳泉市地方志编纂委员会编．—北京：方志出版社，2009.10
ISBN 978-7-80238-616-7

Ⅰ．阳… Ⅱ．阳… Ⅲ．阳泉市—2009—年鉴 Ⅳ．Z522．53

中国版本图书馆 CIP 数据核字（2009）第 172469 号

阳泉年鉴（2009）

编　　者： 阳泉市地方志编纂委员会
责任编辑： 李志瑜
出 版 者： 方 志 出 版 社
（北京市建国门内大街 5 号中国社会科学院科研大楼 12 层）
邮编　100732
网址　http://www.fzph.org
发　　行： 方志出版社发行部
（010）85195814　85196281
经　　销： 新华书店总店北京发行所
法律顾问： 北京市大禹律师事务所
印　　刷： 厦门翰林彩印有限公司
开　　本： 787×1092　1/16
印　　张： 24.19
字　　数： 797 千
版　　次： 2009 年 10 月第 1 版　2009 年 10 月第 1 次印刷
印　　数： 0001—1200 册
ISBN 978-7-80238-616-7/K·296　定价：200.00 元

阳泉市地方志编纂委员会

主　　任　李栋梁

副 主 任　孙水生　刘高官　樊盛武　高全怀
　　　　　董贵堂　任佟苏

委　　员　刘志强　杨晋波　赵平有　要　真
　　　　　任美福　薛银拴　张宝明　吕宝堂
　　　　　曹慧明　高喜存　高忠乐

《阳泉年鉴》编辑部

主　　编　任佟苏

副 主 编　高忠乐

编辑及其他工作人员（按姓氏笔画排序）
　　　　　王秋生　王海珍　任泉荣　张卫萍
　　　　　周立业　孟学武　胡　蓉　董雪卉
　　　　　霍冬梅　魏兰花

彩页设计　董雪卉

英文目录　路予强

文字排版　徐　涛

封面摄影　周　京

编辑说明

●《阳泉年鉴》创刊于1989年，是中共阳泉市委、阳泉市人民政府组织编纂的地方综合性资料工具书，旨在逐年记载阳泉市经济和社会发展的历史进程，翔实反映全市各个领域的新成就、新进展、新经验和新问题，为社会各界了解阳泉、认识阳泉、研究阳泉、建设阳泉提供服务，力求思想性、科学性、资料性和实用性的统一。

●本版年鉴为第14部，除彩页、特载部分及事物追述需要外，记事时限为2008年1月1日至2008年12月31日。

●本版年鉴原则上采用分类编辑的方法。全书设特载、概况、党政军、民主党派工商联、群众团体、司法、经济管理、工业、农业、水利、乡镇企业、商业贸易、交通邮电、建设环保、财税金融、教育科技、文化、社会科学、卫生体育、社会生活、旅游餐饮服务、区县简况、人物、大事记、统计资料25个部类，并设有附录、英文目录和中文索引。多数部类根据不同情况，下设类目、分目、细目、条目4个层次，有的条目下还设有子目。条目标题统一用黑体字加【】表示。

●年鉴稿件均经撰稿单位审核，主要数据经阳泉市统计局审核。

●《阳泉年鉴》创办以来，得到了社会各界的大力支持和热情帮助，在此谨表感谢和敬意。

阳泉市政区图

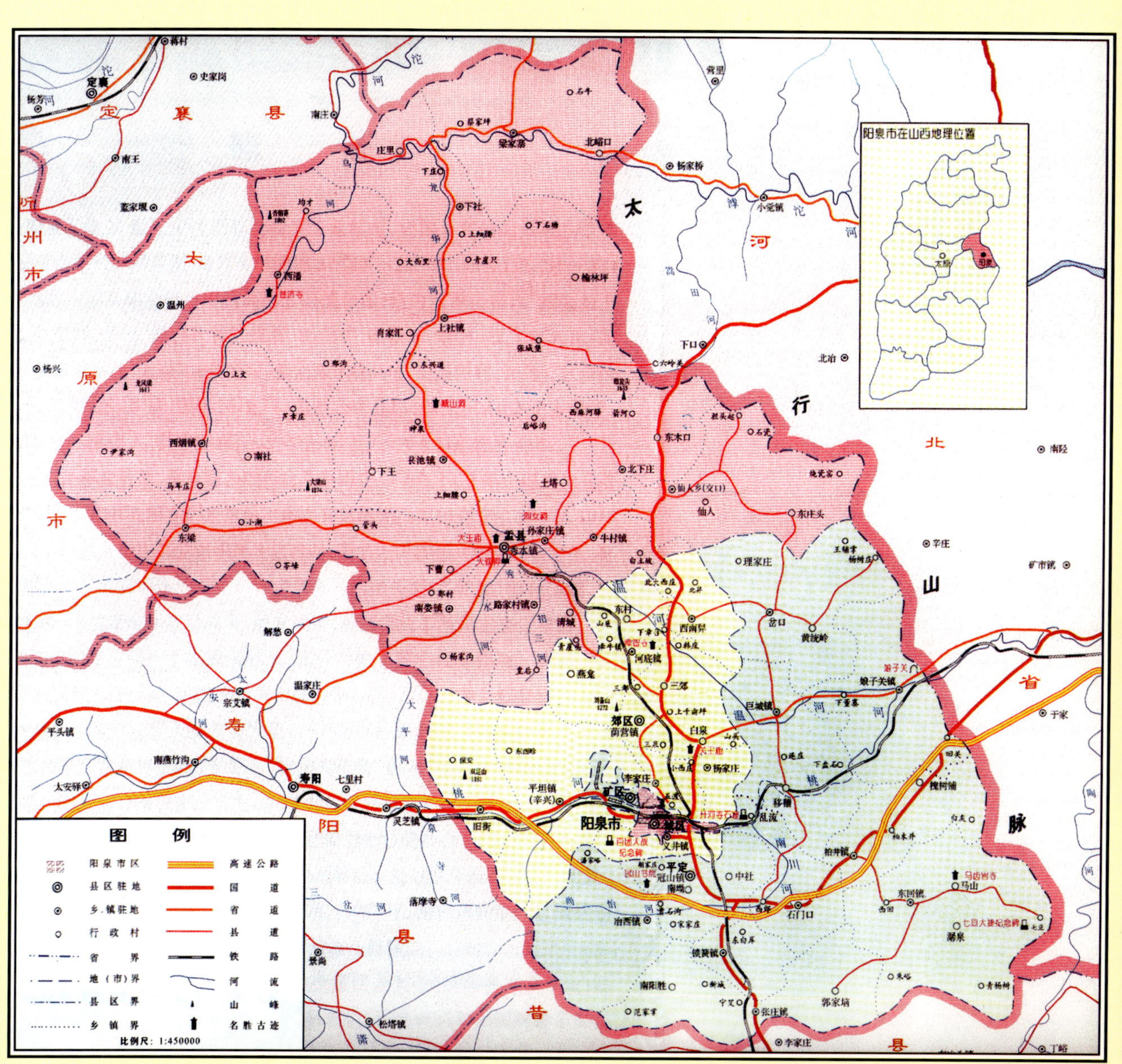

本图境界线仅供参考，不作划界依据

中共阳泉市委员会

市委书记白云陪同省委书记张宝顺在阳煤集团棚户区改造建设区馨泽苑住宅小区视察

市领导研究城市规划

中共阳泉市委常委班子

市委书记白云在基层了解民情

市委副书记、市长李栋梁一行在企业调研

市委常委、副书记部爱国在郊区桃林沟村调研

阳泉市人大常委会

主任会议研究加强和改进人大监督工作

主任孙水生一行调研产业结构调整及重点工程建设工作

依法听取和审议“一府两院”专项工作报告

举办全市乡镇人大主席街道人大工委主任培训班

领导班子成员深入市公安局就强化社会治安管理、全力维护社会稳定工作进行视察检查

举行“阳煤杯·人大代表风采”征文表彰大会

机关工作人员踊跃向四川地震灾区捐款

阳泉市人民政府

市长　李栋梁

团结奋进的市政府领导班子

常务副市长王旭明在平定调研

副市长王敬瑞慰问一线公安干警

副市长刘兆林在商贸流通企业调研

副市长王湜洲深入郊区隆泰煤矿调研

秘书长董贵堂深入卫生系统指导甲型H1N1流感防控工作

政协阳泉市委员会

2009年5月22日，中国人民政治协商会议阳泉市第十一届委员会第三次会议在阳泉宾馆召开（上图）

市委书记白云在市政协十一届三次会议闭幕大会上讲话

市长李栋梁在市政协第十一届三次会议第二次会议上讲话

刘高官主席代表市政协第十一届常委会向大会作工作报告

李天祥副主席代表市政协第十一届常委会作提案工作报告

山西省政协常务副主席郭良孝带领省政协视察组到阳泉市，就重大项目开工落地进展情况和重大基础设施建设进展情况进行视察。市委书记白云、市政协主席刘高官陪同视察

2009年8月28日，市政协举行庆祝中华人民共和国和人民政协成立60周年——“辉煌60年”摄影作品展

2009年10月30日，市政协举行纪念人民政协成立60周年知识竞赛抽奖暨颁奖仪式

2009年9月24日，阳泉市政协举办庆祝中国人民政治协商会议成立60周年专题报告会。全国政协文史和学习委员会副主任卞晋平应邀作专题报告

2009年7月7日，全市政协系统公文写作培训讲座开班。市政协主席刘高官作动员报告

2009年3月至9月，市政协开展深入学习实践科学发展观活动。上图为学习实践科学发展观活动动员大会会场

2009年8月27日，市政协召开十一届十一次常委会议，研究通过了《关于推进我市创业就业工作的建议》

中共阳泉市纪律检查委员会

中纪委副书记张毅在省、市领导的陪同下到郊区桃林沟村调研农村党风廉政建设工作

全市纪检监察干部参观百项工程

阳泉市党风廉政建设干部大会

全市行政监察暨煤焦领域反腐败专项斗争工作会议

阳泉市纪委监察局学习实践科学发展观活动动员大会

市委常委、市纪委书记王民深入企业指导党风廉政建设工作

阳泉市2008年度领导干部述职述廉述学大会

全市纪检监察系统迎“七一”“做党的忠诚卫士 当群众的贴心人”主题演讲比赛

全市案件查处新闻发布会

阳泉市委常委、常务副市长，团第一政委　王旭明

召开党委扩大会议

预备役步兵第二四八团

团长　麻进民

政委　李明亮

向狮脑山英烈献花，接受革命传统教育

学习党的十七大精神体会交流

参加省军区“砺剑·2008”军事演习宣传弹发射

拉练途中为群众义诊

干部王毅、马卫东取得省军区参谋比武第一名和第五名

拍摄省军区赋予的“入队训练教学准备会”教学片

救火紧急出动

全师基层建设巡回观摩团检查基层建设

向灾区人民捐款

荣获北京军区“先进党委”称号

阳泉市妇女联合会

全国妇联书记处书记莫文秀为阳泉市妇联颁发全国创建“平安家庭”先进集体荣誉奖牌

市委书记白云和市妇联领导班子成员合影

市委书记白云、市长李栋梁与小朋友在一起

阳泉市第十次妇女代表大会会场

市妇联组织策划的女干部T台秀——《风采》在阳泉2007年春晚亮相

阳泉市“我爱我家——平安家庭创建活动”启动仪式

举行《阳泉妇女》刊物首发座谈会、阳泉妇女网开通仪式

市妇联建会60周年庆典活动现场

市妇联主席朱玉芳在太原参加迎奥运祥云火炬传递活动

阳泉市“家长教育工程”启动仪式现场

阳泉市第五届妇女运动会开幕式现场

全市各界妇女向四川地震灾区人民捐款捐物献爱心

中共阳泉市直属机关工作委员会

工委班子成员张晋蜀（右二）、杨载东（左二）、郭海林（右一）、齐宏卫（左一）

市委书记谢海，市委常委、市委秘书长樊盛武等领导与2008年“七一”歌咏比赛工作人员合影留念

市委常委、市委秘书长樊盛武，市人大常委会副主任张清，市政协副主席马文建等领导参加2008年市直机关抗震救灾先进事迹报告暨“七一”表彰大会

市委常委、市委组织部部长宋师璇观摩市直机关先进性教育长效机制建设现场会

市直机关工委书记张晋蜀为2008年市直机关入党积极分子和预备党员培训班讲第一课

阳泉市科学技术局

党组书记、局长　要真

局长要真在平定调研农业科技示范园

授予：

2008年度科技依法行政目标责任制考核

先进单位

山西省科学技术厅
二00九年元月

市华越机械有限公司生产的矿用液压支架

高新技术创业园区孵化器大楼

陽泉科技大厦

成果——信息化改造使传统产业获得新的提升

知识产权活动周展览会

“重奖科技功臣、科技企业家”新闻发布会

阳泉市经济委员会

主任　杨晋波

杨晋波主任陪同市委书记白云在阳泉铝业股份有限公司调研

杨晋波主任陪同市长李栋梁在阳煤集团阳泉华越机械有限责任公司调研

杨晋波主任陪同副市长王湜洲在西小坪耐火公司调研

杨晋波主任在2009年工业重点项目金融推介会上与中国人民银行阳泉分行签约

杨晋波主任在辽宁营口调研工业发展情况

举办学习实践科学发展观活动专题辅导讲座报告会

全市2009年工业经济工作会议

全市2009年一季度工业经济运行分析会

市经济委员会是市政府组成部门，主要负责全市工业经济的监测、分析，煤、电、油、水、气等生产要素协调，工业结构调整，技术改造与创新，节能降耗，资源节约综合利用，工业园区发展规划，以及电力、焦化、机电、冶金、轻工、建材、化工行业的管理等项工作。

2008年是充满考验和挑战的一年，在市委、市政府的正确领导下，全市工业系统坚持以科学发展观为指导，紧紧围绕年度工作目标，明确工作思路，转变工作作风，狠抓工作落实，有效推进了技术改造、技术创新、节能降耗、淘汰落后、生产要素协调、资源综合利用、工业园区建设等项工作的扎实开展。全年共为企业争取各类资金10615.6万元，比2007年多争取到4000万元，争取到的国家和省的资金支持创历史新高。同时，为24户资源综合利用企业减免税金3399万元。在全市工业经济受到国际金融危机冲击时，冷静分析，积极应对，采取切实有效的措施，保运行、保增长，努力协调解决工业经济运行中遇到的困难和问题，防止了全市工业经济的大幅度回落，取得了两位数增长的可喜成绩。2008年，全市规模以上企业完成工业增加值153.44亿元，比上年增长10%，超过全省平均增幅3.5个百分点。产品销售收入完成465.32亿元，比上年增长51.6%。实现利税69.73亿元，比上年增长78.3%。实现利润26.94亿元，比上年增长139.9%。实现了全市工业经济的平稳发展，受到了省里的表彰。

市委常委、宣传部部长高全怀，市人大常委会副主任张清，副市长王湜洲在全市2009年节能宣传周活动启动仪式上

阳泉市民政局

团结奋进的局领导班子

革命圣地重温入党誓词

为四川地震灾区捐款现场

市军休所外景

新落成的中共第一城和革命烈士纪念碑

市福利院颐养中心

平定县冠山镇敬老院落成

阳泉市农业局

团结奋进的局党组集体

阳泉市农业局（中共阳泉市委农村工作领导小组办公室），是中共阳泉市委、阳泉市人民政府主管全市农业和农村工作的职能机构，阳泉市人民政府的组成部门，正县级建制。阳泉市农业局最早被称为市农建局，成立于1966年，1982年更名为农牧局，1997年更名为市农业局。2001年，市农业局与市委农村工作领导小组办公室合并为一个机构两块牌子。现内设行政科室10个，下属事业单位22个，在职干部职工237人。现任局党组书记、局长张宝明。

近年来，在市委、市政府的正确领导下，市农业局认真贯彻党的十七大和十七届三中全会精神，全面落实科学发展观，牢固树立“突破阳泉、全域阳泉、精品阳泉”的全新理念，以“农业增效、农民增收、农村发展”为己任，紧紧围绕“统筹城乡、科学发展、服务三农”这一主题，着力走好发展现代农业、加快新农村建设、推进城乡一体化的路子，农业农村工作取得了可喜的进步，为阳泉的改革、发展和稳定作出了积极贡献。

2008年，全市农村经济总收入完成278.6亿元，比上年增长8.1%；农民人均纯收入5427元，比上年增长14.9%，增长速度首次超过城镇居民收入增长率。全市粮食总产量22.71万吨，商品蔬菜产量1.2亿公斤，水果产量3287万公斤；肉产量达到1.03万吨，蛋产量达到1.25万吨，奶产量达到0.85万吨；年销售收入100万元以上或投资额200万元以上的农业产业化龙头企业102家。全市基本形成了种养加链条、科工贸一体的农业产业化结构。社会主义新农村创建硕果累累，星级以上文明生态村镇达到301个。平定县杨家沟、盂县温池、郊区河底等10个村被推选为省级社会主义新农村示范村。郊区桃林沟村、下千亩坪村与平定县理家庄村被评为全省魅力新农村。

市农业局多次被省、市授予新农村建设先进单位、增加农民收入先进单位、粮食生产先进单位、加快农村劳动力转移先进单位、科技入户工作先进单位、发展农民专业合作社先进单位、政府工作目标责任制先进单位、党建工作先进单位、民主评议政风行风优秀单位和标兵单位称号。

市委书记白云深入农民家中调研

党组书记、局长张宝明指导蔬菜生产

农民增收的主导产业——新型日光温室生产基地

现代化的生猪养殖场——平定县余康养殖有限公司

前进中的阳泉市农机局

局党组成员与基层党组织负责人一起研究全局党建和经济工作（左起：杨秀明、周淮、沈文光、马占元、宋瑛）

市委副书记郤爱国带领有关部门领导深入保和能源科技有限公司调研生物质气化炉生产情况（左起：郤爱国、马保和、王金宝、沈文光、张亮）

副市长王敬瑞及省有关部门领导在全市现代农机作业现场会上观摩牧场包膜机作业情况（前排左起：沈文光、王敬瑞、张培增）

省、市、县有关部门领导在盂县西烟镇机收玉米现场调研（左起：闫庶民、韩永英、冀月春、沈文光、刘耀华、马占元）

局领导亲手将享受政府补贴机具的钥匙交到农民手中（前排左起：郭永清、沈文光）

全市农机购置补贴现场会

省有关部门领导在市局领导陪同下深入到平定县花河峪村农机大户中检查农机安全专项整治工作（前排左起：石福林、沈文光、张改荣）

春耕春播在即，农民机手在认真检查机具，确保作业质量

农民使用新型农机具进行农田旋耕作业

局党组组织全局党员、积极分子在革命圣地搞党建活动

市局领导带领局有关部门深入作业现场对机具产品质量进行鉴定评价

农民用微型农机具作业，填补了阳泉市设施农业耕整机具缺乏的空白

阳泉市引进的最新式现代青贮玉米收获机在平定县作业

农民自费购置的玉米联合收割机在盂县作业

阳泉市商务局

局长　武喜科

市委书记白云、副市长刘兆林视察中博会展馆

商务局领导在外贸企业调研

阳泉市商务局2004年7月组建以来，在市委、市政府的正确领导下，坚持以邓小平理论和“三个代表”重要思想为指导，认真实践科学发展观，充分利用国内、国际两种资源，统筹发展内贸、外贸两大市场，开创了商务事业健康发展新局面，为促进全市“率先转型、统筹城乡、全面崛起、富民强市”战略的顺利实施发挥了积极的推动作用。

积极推进社区标准化菜市场建设

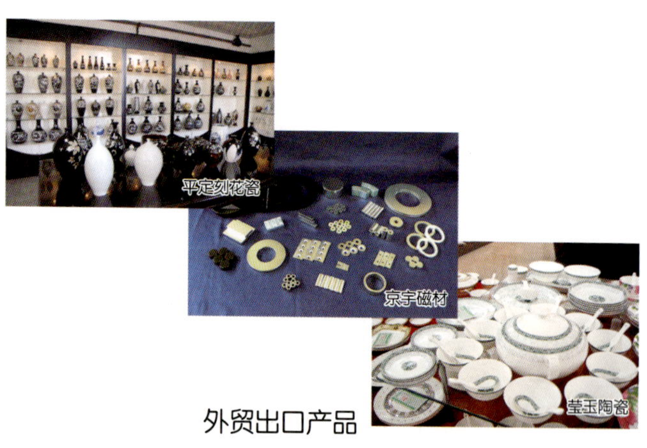

外贸出口产品

家电下乡启动仪式

市场执法检查

阳泉市国家税务局

党组书记、局长　冯成平

坚强有力的领导班子

与纳税人话发展

丰富多彩的税收宣传

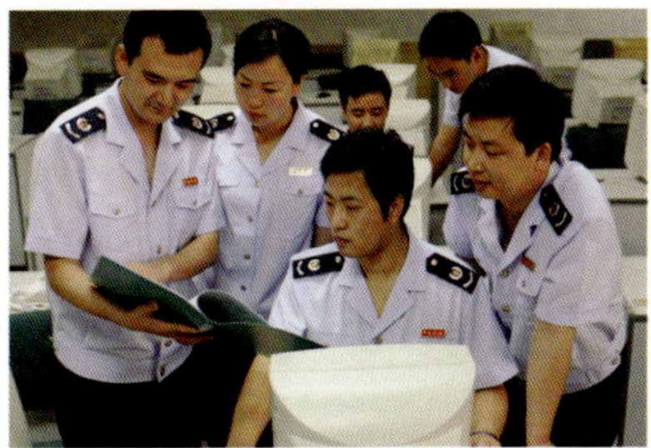

业务学习

现代化的办税服务大厅

扶贫助学

蓬勃向上的工作队伍

解放思想 开拓

——阳

市委书记白云听取开发区“三城同创”方案汇报

管委会主任李利生陪同市长李栋梁在开发区调研

昔日渣山变公园

高新技术创业园

阳泉经济技术开发区成立于1993年3月，1996年1月经省政府批准为省级经济技术开发区。16年来，开发区经历了解放思想、改革创新、艰苦创业、开拓奋进的探索实践，经济实力显著增强。截至2008年底，全区财政总收入突破亿元大关，达到1.15亿元，比建区初期的336万元增长34.37倍，年平均递增28.74%。地区生产总值完成5.87亿元，比建区初期的2431万元增长24.16倍，年平均递增25.54%。工业总产值完成11.6亿元，增长25.58%，比建区初期的4500万元增长25.8倍，年平均递增26.13%。已形成一个经济发展、环境优美、社会和谐的宜居城市新区。

奋进

泉经济技术开发区

奥伦胶带有限公司厂房

拥有五项国家实用新型专利和一项国家发明专利的阳泉建工申华暖通设备有限公司

悦沁园

下五渡新村

阳泉经济技术开发区将全面贯彻党的十七大和十七届三中、四中全会精神，始终坚持以科学发展观为统领，按照市委、市政府提出的"统筹城乡、率先转型、全面崛起、富民强市"的主题和走好"转型、统筹、和谐、创新、绿色"五条路子的要求，进一步强化"突破阳泉、全域阳泉、精品阳泉"三种理念，充分发挥开发区优势，积极探索，努力争先，力争用三年时间，把开发区建设成为阳泉转型发展的示范区、统筹城乡发展的先行区和"三城同创"的样板区，到2011年实现财政总收入超2亿元，不断推动开发区经济社会事业又好又快发展。

阳泉经济技术开发区全景

阳泉市城区区委区政府

区委书记　李春泽

区长　曹凯民

市委书记白云视察城区社区工作

市委副书记、市长李栋梁在市“百项工程”滨河世纪城调研

区级领导干部共谋“三城十区”蓝图

举办"金联财富面对面——大型商业地产论坛"

城市管理更加规范

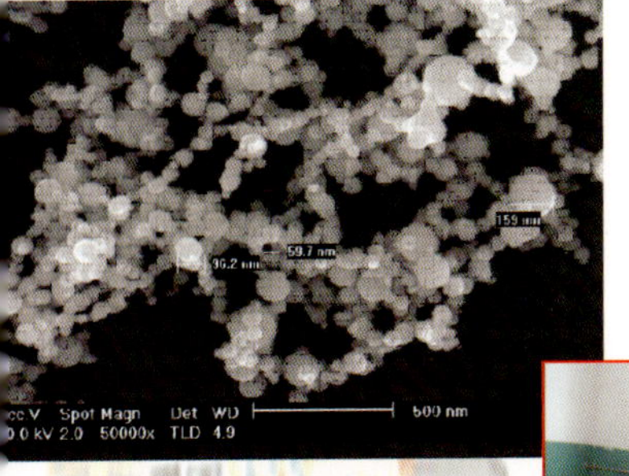

"零界颗粒切割生产工艺"
技术荣获第六届国家科技
发明奖"一等奖

素质教育扎实推进

社区文化丰富多彩

滨河世纪城新景

阳泉市矿区区委区政府

区委书记　董仙桃

区长　张清河

市委书记白云在矿区调研社区建设工作

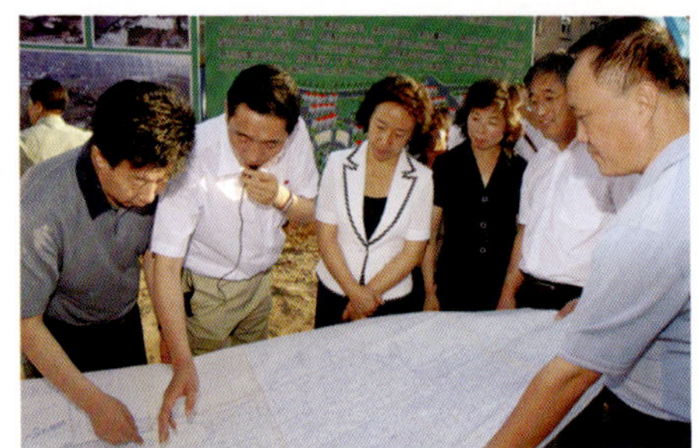

关心棚户区改造

市长李栋梁在华鑫变压器有限责任公司调研

棚户区改造

区领导深入企业调研

佰益粮油物流贸易中心奠基

矿区景色

矸石山治理成效显著

矿区新景

和谐之韵文艺汇演

机械制造业厂房

军民鱼水情

社区新貌

社区秧歌大赛

市第十五中学新貌

矿区表彰“十佳”效能服务之星

规模化、现代化、舒适化的购物环境

一矿文化广场

阳泉市郊区区委区政府

区委书记　赵峰

区长　杨勇

省委书记张宝顺在河底村慰问

市委书记白云在义井镇访寒问暖

市长李栋梁在南区建设工地调研

正在建设中的新北大街效果图

街心花园

金凤凰养殖场

荫营镇南区新景

天然气加气站

新型日光温室

中国（荫营）耐火产业创新发展论坛开幕仪式

翠枫山景区

大阳泉明清一条街

林里关王庙

阳泉市第一人民医院

市一院全貌

院领导班子（从左至右：纪检书记姬九颖、副院长冯振山、党委书记王凯红、院长王胜、副院长王希章、副院长景建刚）

阳泉市第一人民医院创建于1948年11月，其前身是晋察冀边区医院。经过半个多世纪的发展，现已成为集医疗、教学、科研、预防、保健为一体的综合性“三级甲等”医院。连续多年来，医院主要技术指标列全市第一，服务面辐射至晋东六县区，是山西医科大学、长治医学院等十余所大中专院校的教学基地，2005年成为山西医科大学附属医院。

医院现占地面积3.1万平方米，建筑面积10.4万平方米。共设有职能科室21个，临床科室39个，医技科室12个，开设病床1000张。职工1300余人，其中在职916人，高级职称236人、中级职称403人、初级专业技术人员413人，享受国务院特殊津贴1人、阳泉市政府特殊津贴拔尖人才7名，山西医科大学硕士生导师3名，有博士生、研究生33名。

时任副省长胡苏平、市长白云等领导视察医院

医院拥有1.5T科研型磁共振、大型数字减影血管造影机、64排螺旋CT、ECT、直线加速器、全自动生化分析仪、动态心电监护仪、血气分析仪等500余（台）件，固定资产达4.39亿元。普通外科、创伤骨科、心血管内科、肾内科、麻醉科是全院重点专业学科。医院开展的体外循环心内直视术、心脏跳动下心内直视术、异体肾移植术、喉癌全喉切除发音重建术、冠脉造影、白内障人工晶体植入术、动脉导管介入封堵术等达到国家级水平。有28项科研成果通过省、市科委鉴定，出版医学科普著作9部。

医院坚持以病人为中心，努力营造温馨就医环境，院内绿化面积3600平方米，被评为“花园式标兵”单位。内、外科住院大楼布局合理，配备有中央空调、中心供氧、中心吸引，拥有先进层流净化设备的手术室12间，可以满足患者不同层次的需求。医院致力于缓解群众“看病难、看病贵”的问题，实行院务公开，医务透明，利用电子显示屏，实时公布药品价格、各种检查治疗等收费标准；实行划价、收费、取药、办理出入院手续网络化服务；推行整体护理模式，为患者提供生活护理、心理护理和健康教育；控制医疗费用，开设平价病房，降低药品价格，建立社区卫生服务站；多点开设导医台、咨询台、方便门诊等；开展无假日服务，实现了“365天天天开诊，24小时时时服务”。

近年来，医院先后获得“山西省文明和谐单位”、“山西省医德医风建设先进单位”、“阳泉市五一劳动奖章”、“阳泉市企业文化建设示范单位”、“阳泉市标兵文明单位”、“抗震救灾先进集体”等殊荣。2004年，院长王胜被授予“全国优秀院长”、“阳泉市科技企业家”称号，2005年获得“全国先进工作者”称号。

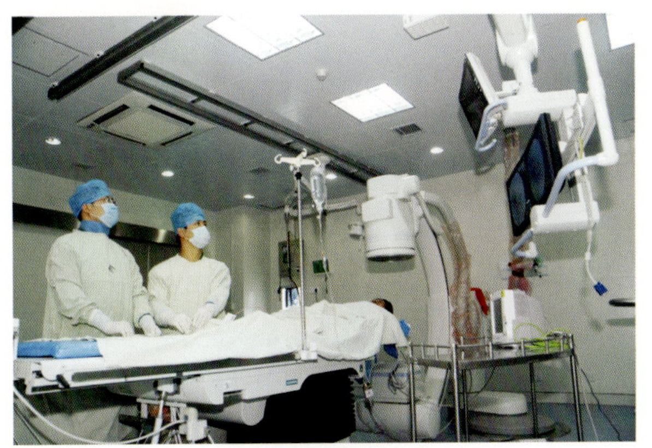

德国西门子大型数字减影造影机

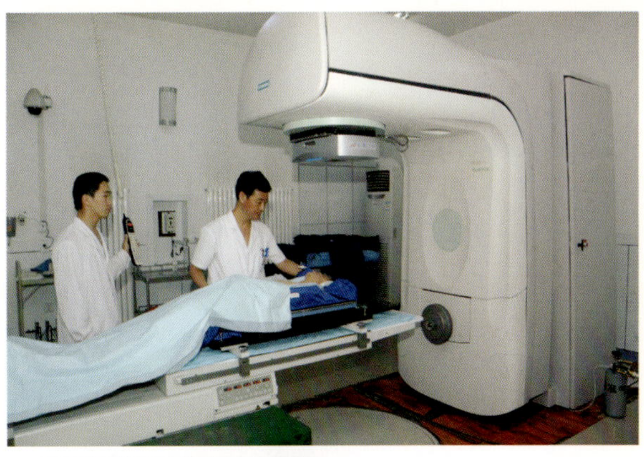

德国西门子直线加速器

享受市政府特殊津贴专家从左至右：张璟义、王希章、王胜、毛学正、王凯红、吴秋旺

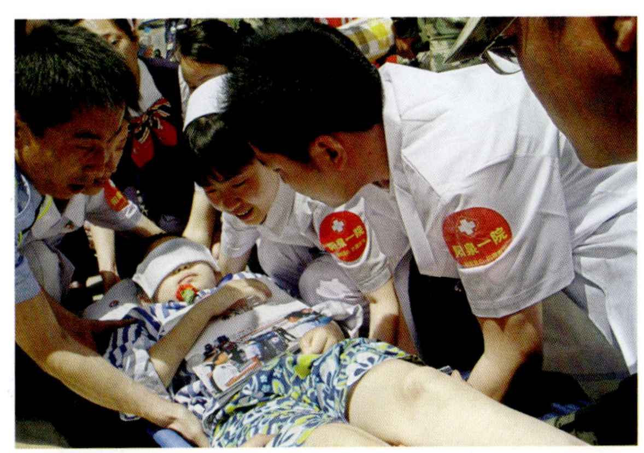

医护人员在太原机场转运四川地震伤员

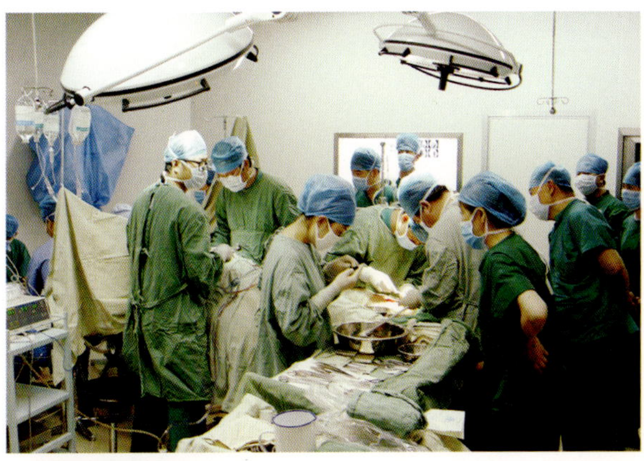

冠脉搭桥术

严管理 强师资 高质量 创品牌 求卓越 铸辉煌

阳泉市第四中学

校长　王瑞君　　书记　陈秉亮

阳泉四中成立于1958年9月，地处阳泉市南大东街，占地面积13940平方米。现有学生1211人，18个教学班，在职教职工67人，中高级教师45人，国家级骨干教师2人，省级教学能手及学科带头人8人，市区教学能手20人，学校拥有一支思想素质好、专业水平高、业务能力强的教师队伍。

近年来，学校工作以全面推进素质教育、全面提高教育教学质量为重点，始终坚持学校管理规范化、教学流程精细化、教育结果精品化的工作方针，以“办让家长放心，让学生满意的学校”为办学目标，秉承“崇德重能、诚信育人、求实创新、质量兴校”的办学理念，坚持“学校声誉大于一切，教学质量高于一切，教工利益重于一切，学生发展先于一切”的治校方略，以义务教育标准化建设工作为抓手，大力推进“创先导、塑名校、出名师、育名生”工作，稳定中求发展，发展中求和谐，学校的教育教学工作取得了显著成效：荣获“全国中小学思想道德建设活动组织先进单位”、“省课改工作先进学校”、“省优秀示范家长学校”、“省基础教育课程改革先进学校”、“市教育系统先进集体”、“市心理健康教育示范校”、“市交通安全文明建设先进学校”、“市首批平安文明校园”、市“十五”时期中小学危房改造先进集体等各种奖励200多项。多年来中考成绩一直名列市、区前茅，为市重点高中输送出了一批又一批德智体全面发展的优质人才，学校受到上级部门和社会各界的广泛赞扬，被誉为“校风正、管理严、师资强、质量好”的一所品牌中学。

现代化的物理实验室　标准化的化学实验室

综合实验楼落成典礼剪彩仪式

实施“校园网建设”工程，加快教育信息化发展步伐

学生方阵表演

校园文化艺术节活动

校运动会入场式

荣誉室一角

阳泉市道路管理处

处长　曹继春

2009年6月19日，处长曹继春陪同省委书记张宝顺视察阳五高速公路建设情况

市人大代表视察阳五高速公路建设情况

农村村村通、户户通工程

县乡村公路施工

治超人员对超限车辆卸载

阳泉市道路管理处担负着全市农村公路的养、建、管及路政管理、路面治超工作，行使政府赋予的公路质量监管职能。

2009年，阳泉市道路管理处紧紧围绕“公路建设质量管理年”活动，积极推进阳五高速公路建设，严格治理超限超载，加强路政管理，不断提升农村路网服务能力，取得了显著成绩。全市公路建养完成固定资产总投资20.56亿元，其中阳五高速公路完成投资16.8亿元，农村公路完成投资5.65亿元。完成农村公路建设里程343.85公里，全市960个建制村除4个不具备条件外，956个建制村全部通了水泥（油）路，通畅率达100%，在全省11个地市中率先实现了农村公路建设“村村通”全覆盖。

目　　录

特　载

实施新战略 树立新理念 全面加快小康社会进程
——2009 年 5 月 14 日在市委中心组“继续解放思想 推进科学发展”第二次专题研讨会上的讲话……白　云 1
政府工作报告
——2009 年 5 月 23 日在阳泉市第十三届人民代表大会第四次会议上……李栋梁 6

概　况

基本情况……13
自然地理……13
位置 面积……13
地质 地貌……13
气候 水文……13
土壤 植被……14
自然资源……14
2008 年阳泉市各类土地利用变化情况统计表……14
人　口……15
年末总人口……15
人口性别构成……15
城乡人口……15
2008 年阳泉市分县区年末总人口及人口密度一览表……15
2008 年阳泉市分县区人口性别构成一览表……15
2008 年阳泉市分县区城乡人口一览表……15
2008 年阳泉市分县区人口自然变动情况一览表……15
人口自然变动……16
民族 宗教……16
民　族……16
宗　教……16
行政区划……16
行政区划情况……16
阳泉市行政区划统计表……16
国民经济和社会发展……16
概　述……16
农村经济……17
工业和建筑业……17
固定资产投资和城市建设……17
能　源……17
交通运输 邮电业……18
贸易 旅游 物价……18
财政 金融 保险……18
科技 教育 文化 卫生 体育……18
环境保护和安全生产……19
人民生活和社会保障……19
机构设置和领导人名单……20
中共阳泉市委员会……20
市委工作部门……20
中共阳泉市纪律检查委员会……20
阳泉市人大常委会……21
人大常委会工作机构……21
阳泉市人民政府……21
政府机构……21
其他机构……23
政协阳泉市委员会……25
政协工作机构……25
阳泉市中级人民法院……26
阳泉市人民检察院……26
荫营地区检察院……26
民主党派与工商联……26
群众团体……26
阳泉军分区……26
预备役步兵第二四八团……26
武警阳泉市支队……27
武警阳泉市消防支队……27
中央 省驻阳泉单位……27

党 政 军

党委工作……28

综合工作……28
“百名干部百日大调研”活动情况汇报会……28
表彰绿化工程先进集体 新农村建设先进集体 乡镇企业贡献大户和命名文明生态村的决定……28
十届四次全体会议……28
加快全面建设小康社会进程的意见……29
京晋科技合作北京考察团到阳泉考察……29
王茂林到阳泉调研……29
“新闻联播”报道阳泉市矸山治理成就……29
阳泉市党政代表团赴石家庄考察……29
建设省级科技示范区实施意见……29
纪念建党 87 周年暨“创先争优”活动表彰大会……30
张宝顺到阳泉调研……30
赴沿海省市挂职干部学习锻炼报告会……30
市委常委会议……30
教育功臣和教育工作先进集体表彰决定……30
学习右玉精神的决定……30
第十二批文明单位(村)命名决定……31
市委致信全市农村共产党员……31
优秀中国特色社会主义事业建设者表彰决定……31
组织工作……31
干部教育培训……31
领导班子和干部队伍建设……32
基层党组织和党员队伍建设……32
党内民主建设……34
干部人事制度改革……34
人才工作……35
干部监督工作……36
宣传工作……36
理论学习……36
理论宣传……36
对外宣传工作……37
文化事业……37
精神塑造工作……38
新闻舆论……38
宣传队伍建设……38
《打造煤城文化品牌 提升阳泉文化软实力》一文发表于《前进》……38
《改革推动文化发展 创新促进文化繁荣》获优秀论文奖……39
“双年”活动总结会……39
统战工作……39
凝聚力工程……39
民主党派和无党派人士政治交接学习教育活动……39
纪念改革开放 30 周年系列活动……39
抗震救灾活动……40
统战“三项”工作……40
基层统战工作……40
政法工作……40
概　况……40
信访工作领导问责制度……40
重信重访排查化解工作……41
奥运期间维护稳定工作……41
公正执法创建工作……41
综治工作……41
“双排查”工作……41
严打整治工作……41
治安防控工作……42
治安重点问题防控专项行动……42
基层基础工作……42
矛盾纠纷排查调处工作机制……42
矛盾纠纷排查调处工作……42
矛盾纠纷排查督促检查……43
机关党的工作……43
机关干部培训……43
机关党建工作……43
机关抗震救灾工作……43
机关纪检工作……44
机关工会工作……44
机关团的工作……44
政研工作……44
调查研究……44
文稿起草……45
《阳泉工作》……45
保密工作……45
保密宣传教育……45
政府信息公开保密监管……45
奥运期间安全保密管理……46
国家考试保密工作……46
涉密载体清理……46
老干部工作……46
阳泉市“山之韵”合唱团成立……46
参加全国老干部竞技麻将邀请赛获奖……46
离退休干部党支部书记培训班……46
老干部工作目标管理责任制实施……47
离退休干部“迎奥运”乒乓球比赛……47
市老龄人才资源开发协会农业分会工业分会成立……47
老干部生活待遇落实……47
纪念改革开放 30 周年暨老年教育事业开创 25 周年书画摄影作品展……47
党校工作……47
干部教育培训……47

教育教学改革……48
教师队伍素质教育提升工程……48
阳泉市拔尖人才和省委联系的高级专家培训班……48
县级干部培训班及中青年干部培训班……48
公务员轮训……49
军转干部岗前培训……49
聘用制干部轮训……49
党外干部培训班……49
党校系统纪念教师节暨表彰大会……49
关心下一代工作……49
社会主义核心价值体系教育……49
“中华魂”主题读书教育活动……50
《认知 方法 实践》编辑出版……50
社会主义核心价值体系教育征文……50
贫困学生资助金申请……50
纪检监察工作……50
党风廉政建设责任制……50
执法监察工作……51
政风行风评议工作……51
惩治和预防腐败体系建设……51
煤焦领域反腐败专项斗争……51
行政效能监察……51
纠正不正之风……52
查办大要案件……52
源头治理腐败工作……52
基层党风廉政建设……52
纪念党的纪律检查机关恢复重建30周年活动……53
人大工作……53
市十三届人大三次会议……53
依法行使重大事项决定权……53
人事任免工作……53
专项工作报告听取审议……53
法律法规实施情况监督……54
人大信访工作……54
“迎奥运环保行”监督活动……54
代表联系工作……54
基层人大工作指导……55
人大制度宣传和理论研究……55
政府工作……55
综合工作……55
经济发展概况……55
经济发展中的重大举措及成效……56
经济与社会发展中的矛盾和问题……57
人事工作……57
公务员队伍建设……57
专业技术人才队伍建设……57
人事制度改革……57
集聚人才智力工作……58
人事公共服务工作……58
机构与编制管理……58
《阳泉市机构编制管理办法》……58
机构编制事项审定……58
机构编制管理证制度……58
控编进人制度……59
机构编制信息网络……59
机构编制监督管理……59
事业单位登记管理……59
行政审批工作……59
行政审批服务中心概况……59
《政府信息公开条例》贯彻落实……59
城市建设项目并联审批……60
行政审批电子监察系统建设……60
对台工作……60
台胞陆智明捐资助学……60
对台工作会议……60
《中共阳泉市委台湾工作办公室
2008－2012年对台工作规划》……60
对台工作培训……61
“晋沪手拉手 共唱经济戏”座谈会……61
信访工作……61
外事工作……61
概　况……61
公务出国管理……61
高玉厚到阳泉市调研……62
侨务工作……62
为侨服务……62
“送温暖 献爱心”活动……62
组织归侨侨眷游览翠枫山……62
法制建设……62
概　况……62
政府规范性文件审核备案……62
行政复议监督……62
行政执法案卷评查活动……63
行政执法人员培训……63
政府法制机构建设……63
民政工作……63
基层政权和社区建设……63
优抚工作……63
安置工作……63
抗震救灾组织工作……63
信访工作……64
重信重访专项治理……64
县区委书记大接访活动……64
潘作良先进事迹学习活动……64
统计工作……64
经济和社会发展考核评价……64

第二次全国经济普查准备工作……65
第二次全国农业普查工作……65
统计专项调查工作……65
统计分析研究活动……65
统计法制和教育工作……66
统计信息化建设……66
国家统计局阳泉调查队概况……66
专项调查……66
统计执法检查……66
内部信息网开通……66
安全生产……66
概 况……66
高度重视安全工作……67
安全生产公开承诺……67
安全生产责任落实……67
安全管理措施……68
安全隐患排查治理……68
煤矿安全监管……68
高危行业安全秩序规范……69
安全宣传教育……69
事故应急救援能力强化……69
科学监管安全工作……70
3 人及以上事故……70
政协工作……70
协商议政……70
咨政建言……70
社情民意反映……70
提案办理……71
支援灾区抗震救灾……71
纪念改革开放 30 周年系列活动……71
迎奥运全民健身活动……71
军事工作……71
阳泉军分区……71
概 况……71
战备建设……72
人武干部训练……72
专武干部训练……72
民兵应急应战能力建设……72
奥运安保应急训练……73
冬季适应性训练……73
征兵工作……73
政治工作……73
双拥共建工作……73
国防动员建设……73
预备役部队……73
思想政治建设……73
军事训练工作……74
基层建设……74
部队安全管理……74
“双服务”活动……74
武警阳泉市支队……74
武警阳泉市支队概况……74
“充分发挥信息网络作用 切实提升经常性工作落实质量”现场会……75
森林大火扑灭……75
奥运安保反恐综合演练……75
奥运安保旧关收费站驻点检查……75
机动中队实兵综合拉动演练……75
冬季百日岗位练兵……75
建队 20 周年文艺演出……76
人民防空……76
全市人防工作会议……76
防空警报齐鸣……76
《山西省人民防空工程建设条例》宣传活动……76
常高才到阳泉市调研……76
“03513”人防二期工程竣工投入使用……76

民主党派　工商联

民主党派……77
民革阳泉市委……77
概 况……77
参政议政出佳绩……78
民革党员业绩斐然……78
民盟阳泉市委……78
概 况……78
“五个结合”推进学教活动……79
民建阳泉市委……79
概 况……79
“三联系”活动服务社会……80
民进阳泉市委……80
概 况……80
“五一”口号发布 60 周年纪念……81
传统教育展览室开展仪式……81
农工党阳泉市委……82
概 况……82
“凝聚力工程”取得阶段性成果……82
农工党阳泉市委积极参与抗震救灾……82
九三学社阳泉市委……82
概 况……82
“九阳合作”……83
工商联……83
阳泉市工商业联合会……83
概 况……83
“三项”工作活动……84

群众团体

阳泉市总工会……85
“双争”竞赛活动……85
《阳泉工会志》出版发行……85
劳模选树与宣传……85
职工技术大赛……85
“节能减排”劳动竞赛活动……85
工会维权工作……85
职代会制度建设……86
特困企业与特困职工帮扶……86
共青团阳泉市委员会……86
概　况……86
学习贯彻团的十六大精神……86
青年志愿者行动……86
乡村青年文化节……87
“与祖国同庆 与奥运同行”集体婚礼……87
12355 阳泉青少年服务平台……87
“服务青少年月”活动……87
希望工程圆梦行动……87
“雏鹰争章”体验竞技大赛……87
团委系统抗震救灾……87
阳泉市妇女联合会……87
市妇联九届五次执委(扩大)会议……87
妇联建会 60 周年暨“三八”表彰大会……88
妇运百年“东海杯”征文活动……88
建会 60 周年歌咏大赛……88
百年妇运图片展……88
刘晓连到阳泉视察……88
向灾区人民献爱心捐助活动……88
“人口杯”春蕾演讲比赛……88
“十佳少年儿童”评比活动……88
“移动杯”迎奥运妇女健身操大赛……88
市第十次妇女代表大会召开……89
新农村建设“双百双千双万”“三八”绿色工程推进会……89
女企业家协会年会暨十大杰出女企业家表彰会……89
阳泉市科学技术协会……89
市科协第六次代表大会……89
世界水日 中国水周“兴水杯”征文活动……89
“农科 110”服务热线开通……89
“讲理想 比贡献”科技创新活动……90
阳泉市文学艺术工作者联合会……90
市文联三届四次全委会议……90
“迎奥运暨纪念改革开放 30 周年”书法 美术摄影展览……90
第四届文学艺术创作奖表彰大会……90
高长虹研究成果丰硕……90
阳泉市归国华侨联合会……90
概　况……90
“送温暖 献爱心”活动……91
海内外联谊工作……91
海外留学(工作)人员及华人华侨摸底统计工作……91
中国国际贸易促进委员会阳泉支会……91
概　况……91
阳泉商会越南 加拿大代表处设立……92
网上出证认证服务……92
组织企业参加国际性展会……92
阳泉市残疾人联合会……92
助残日活动……92
抗震救灾捐助活动……93
“三百工程”……93
残疾人小康建设工作……93
残疾人扶贫解困工作……93
残疾人康复工作……93
残疾人就业工作……94
残疾人文体工作……94
残疾人组织建设……94

司　法

审　判……95
概　况……95
刑事案件审判……95
民商事案件审判……95
涉诉信访……96
集中清理执行积案活动……96
阳泉首例涉“黑”案件判决……96
阳泉首例不作为故意杀人案宣判……96
检　察……96
概　况……96
刑事犯罪打击……96
职务犯罪预防……97
诉讼监督……97
检察队伍建设……97
市检察院在全省率先推行听取被害人意见告知书制度……97
市检察机关推行检务督察制度……98
公　安……98
概　况……98
“天网”视频监控系统投入运行……98
“2·4”雷管被盗案告破……99

特大武装跨省贩毒案告破……99
“6·5”绑架儿童勒索案告破……99
“5·14”假冒警察系列抢劫案告破……99
自愿戒毒康复中心成立……99
“泉安”严打行动……100
市交警支队事故科受公安部表彰……100
“10·8”伤害致死人命案告破……100
“10·26”特大盗车团伙覆灭……100
警方端掉一蒙面持枪入室犯罪团伙……100
消　防……101
概　况……101
灭火救援……101
队站装备……101
抗震救灾……101
消防宣传……101
科技强警……101
精神文明建设……101
市火灾监控中心成立……101
司法行政……101
概　况……101
法律保障……102
普法宣传……102
法律服务……102
劳动教养工作……102
司法机关建设……102
仲　裁……102
仲裁委换届工作……102
第三届阳泉仲裁委员会第一次全体会议……103
仲裁员队伍建设……103
仲裁宣传……103
仲裁案件……103
典型案例……103
王月喜受贿 贪污案……103
单利亚霍玉萍夫妇受贿 巨额财产来源不明案……103
晋商国际与宣钢集团合同纠纷执行案……104

经济管理

计划工作……105
“百项工程”建设……105
资源型城市转型工作……105
重点调产项目……106
服务行业的拓展……106
循环经济健康发展……106
争取上级支持……106
老工业基地改造……106
煤炭可持续发展……106
发展和改革调研……106
国有资产管理……107
概　况……107
国企改革重组……107
重点项目建设……107
争取扶持资金……107
企业财务监督……107
国有产权登记管理……107
企业内部管理……107
党建和党风廉政建设……107
维护企业和谐稳定……108
资源管理……108
国土资源概况……108
耕地保护……108
土地服务重点工程建设……109
土地市场建设……109
第二次土地调查取得阶段性成果……109
非煤资源整合……109
矿产资源领域反腐败专项斗争……109
农村地质灾害治理工程……109
国土管理秩序整顿……110
水资源信息化建设……110
水资源费征收……110
节水型社会建设……110
水资源论证及取水许可审批……110
水文地质类型区划分……111
质量技术监督……111
概　况……111
质量兴市园区示范活动……111
名牌创建工作……111
标准化战略实施……111
工业锅炉节能降耗……111
计量惠民活动……112
食品质量安全监管……112
“三鹿奶粉”突发事件应对……112
特种设备安全监管……112
质量违法案件查处……112
团队文化建设……112
进出口商品检验检疫……113
概　况……113
专项整治工作……113
检验检疫监管模式创新……113
防止有害生物传入传出……113
实验室建设……113
审计管理……114
概　况……114
预算执行审计……114

固定资产投资审计 ……114
抗震救灾专项审计 ……114
经济责任审计 ……115
非税收入审计 ……115
工商行政管理 ……115
概　况 ……115
项目服务工作 ……115
服务社会主义新农村建设 ……115
品牌兴市 ……116
企业信用信息体系建设 ……116
专项整治 ……116
五化建设 ……117
五项活动 ……117
物价管理 ……117
价格宏观调控 ……117
物价调整 ……118
物价监管 ……118
价格监督检查和煤炭稽查 ……118
物价基础工作 ……119
物价控制 ……119
廉政建设和政风行风建设 ……119
信息工作 ……120
中欧信息社会阳泉示范项目 ……120
“阳泉市政府网站群”项目 ……120
全市党政信息化网络平台优化 ……120
宏观信息服务 ……120
网络维护 ……120
无线电管理 ……121
卫星电视干扰器清查工作 ……121
“空中警察”为高考保驾护航 ……121
B 级站建设工程 ……121

工　业

综合工作 ……122
概　况 ……122
企业技术改造和技术创新 ……123
生产要素协调 ……123
节能降耗 ……124
淘汰落后产能 ……125
资源节约与综合利用 ……125
墙体材料改革 ……126
工业园区和治乱减负 ……126
煤炭工业 ……126
地方煤炭工业概况 ……126
“重点工程”建设 ……127
煤炭产业结构调整 ……127
煤矿基本建设 ……127
质量标准化建设 ……127
采煤方法改革 ……127
煤矿整顿关闭工作 ……127
生产经营秩序规范工作 ……128
矿区环境建设 ……128
阳煤集团概况 ……128
煤与非煤产业同步增长 ……128
安全生产管理 ……128
重点项目建设 ……128
经营机制转换 ……128
企业管理 ……129
阳煤集团公司荣获省“五一”劳动奖状 ……129
领导班子建设 ……129
队伍建设 ……129
党建工作 ……129
党风廉政建设 ……129
精神文明建设 ……130
南煤集团所属单位个人在市五一表彰会上获多项殊荣 ……130
南煤社区荣获“全国商业示范社区”称号 ……130
省委书记张宝顺在南煤集团调研 ……130
南煤集团龙川发电公司并网发电 ……130
南煤集团启动集团管控与人力资源咨询项目……130
荫营煤矿概况 ……131
固庄煤矿概况 ……131
电力工业 ……131
阳泉供电分公司概况 ……131
电网概况 ……131
电网建设 ……131
经营管理 ……132
安全生产 ……132
电网运行与电力市场 ……132
农电工作 ……133
科技创新与信息化建设 ……133
党的建设和精神文明建设 ……133
山西阳光发电有限责任公司概况 ……133
安全生产 ……133
项目更新改造 ……133
经营管理 ……134
技术输出 ……134
河坡发电公司概况 ……134
节能降耗 ……134
“两奥”保电专项工作 ……135
环保工作 ……135
企业文化建设 ……135
河坡发电公司入选“山西省首届百家信用示范企业” ……135

党风廉政建设经验在全市推广 ……135
员工 100 % 享受带薪年休假 ……135
化学车间试验班荣获“全国五一劳动奖状” ……136
娘子关发电公司概况 ……136
安全生产 ……136
生产管理成效显著 ……136
经营效益 ……136
项目发展积极推进 ……136
冶金工业 ……136
阳泉铝业股份有限公司概况 ……136
产品结构调整 ……137
品牌战略实施 ……137
型材项目建设 ……137
节能降耗 ……137
化学工业 ……137
山西北方晋东化工有限公司概况 ……137
生产区搬迁工作 ……138
奥运会主火炬点传火装置研制任务 ……138
管理流程优化 ……138
轻纺食品工业 ……138
为企业职工排忧解难工作 ……138
安全生产 ……139
阳泉市首届工艺美术精品展 ……139
阳泉市工艺美术协会成立 ……139
“颐寿”牌产品被评为省名牌产品 ……139

农　　业

综合工作 ……140
概　况 ……140
新农村建设 ……140
企业结对帮扶新农村建设 ……141
绿证培训 ……141
县级农广校办学水平评估工作 ……141
加强农村信息化体系建设与示范应用项目的建设 ……142
种鑫农业科技服务中心 ……142
《阳泉市农业技术实用读本(畜牧业篇)》出版 ……142
农民专业合作社发展迅速 ……142
首届农民专业合作社展销会 ……142
农村土地流转情况调研 ……142
农村财务和集体资产管理逐步规范 ……142
“四资”管理进一步强化 ……143
扶贫工作 ……143
新农村建设重点推进村支部书记培训班 ……143
种植业 ……143
农业生产 ……143
粮食生产特点 ……144
玉米增粮工程 ……144
京晋科技合作农业项目工程 ……144
粮食补贴 ……145
农业生产自然灾害 ……145
小杂粮生产 ……146
推广农业先进技术 ……146
农业技术培训 ……146
基层农技推广体系建设 ……146
设施蔬菜发展 ……147
农作物病虫害发生与防治 ……147
农作物病虫害专业化应急防治 ……148
病虫害无害化生态控制示范区建设 ……148
养殖业 ……148
畜牧业生产 ……148
全市首家现代化养猪场 ……148
全市第一家机械化蛋鸡规模养殖场 ……149
猪人工授精改良技术 ……149
母猪补贴引导全市生猪发展 ……149
生鲜牛奶质量安全专项整治工作 ……149
新增 5 家蜂业专业合作社 ……150
“珍益康”“百花坊”商标成功注册 ……150
积极扶持蜂业加工企业 ……150
产地检疫 ……150
屠宰检疫 ……150
省界动物检疫 ……150
动物防疫 ……150
动物防疫队伍建设 ……151
动物疫病监测 ……151
畜产品安全监测 ……151
《畜禽重大疫病监控与防治技术》项目获奖 ……151
林　业 ……151
概　况 ……151
植树造林 ……152
退耕还林工程 ……152
太行山绿化工程 ……152
通道绿化工程 ……152
交通沿线荒山造林工程 ……152
环城绿化工程 ……152
园林村镇绿化工程 ……153
厂矿区绿化 ……153
核桃基地建设 ……153
苗木基地建设 ……153
花卉产业 ……153
森林旅游 ……153
集体林权制度改革工作 ……153
森林防火工作 ……154
林业有害生物防治 ……154

封山禁牧 ……154
林地管理 ……154
农业机械 ……154
概 况 ……154
农业机械装备水平 ……154
机械化保护性耕作工程 ……155
农机购机补贴工作 ……155
农机新技术推广工作 ……155
生物质气化炉示范推广工作取得新进展 ……155
农机安全监督 ……155
农机市场监督工作 ……155
职业技能鉴定工作 ……155
全市农机工作会议 ……155
“3·15”农机维权宣传活动 ……156
农机大院落户山城 ……156

水 利

综合工作 ……157
概 况 ……157
机井普查验收 ……157
阳泉市水文地质类型区划分工作通过验收 ……157
水利资金大检查 ……158
100平方公里以上河流基础数据收集工作 ……158
“双合同”管理 ……158
水资源系统信息化建设 ……158
水利工程 ……158
概 况 ……158
重点水利工程 ……158
龙华口水电站 ……158
温河净水工程 ……158
娘子关水源保护工程 ……158
病险水库除险加固 ……158
饮水工程 ……159
概 况 ……159
饮水安全达标乡镇创建活动 ……159
平定石门口引水工程 ……159
平定张庄镇新村村饮水安全工程 ……159
平定县涌现出一批农村饮水安全精品工程 ……159
郊区荫营下烟净化水工程 ……159
节水灌溉工程 ……159
概 况 ……159
郊区节水灌溉示范项目 ……159
郊区河底镇节水示范项目 ……159
平定南阳胜节水灌溉项目 ……160
盂县复兴渠维修改建工程 ……160
水土保持工程 ……160
新一轮国家水土保持重点建设工程 ……160
民营水保生态户治理办法 ……160
国家水保重点建设工程工作会代表在阳泉观摩 ……160
鄂竞平到阳泉调研 ……160
大户奖励 ……160
水利经济 ……160
小水力发电 ……160
水产渔业概况 ……161
娘子关鲟鱼养殖 ……161
新品种加州鲈鱼养殖项目通过验收 ……161
防汛抗旱 ……161
防 汛 ……161
雨情 水情和灾情 ……161
防汛措施 ……161
抗 旱 ……161
旱 情 ……161
农林牧业损失情况 ……162
抗旱措施 ……162

乡镇企业

综合工作 ……163
概 况 ……163
全市民营经济运行主要特点 ……163
工业园区建设 ……164
骨干企业扶持 ……164
民营重点项目建设 ……164
山西远鑫实业有限公司巨资回报社会 ……164
优秀乡镇企业和企业家受到市委市政府表彰 ……165
企业管理 ……165
民营企业服务体系建设 ……165
中小企业收费监督调查工作 ……165
城区中小企业担保中心成立 ……165
省中小企业局会议精神传达贯彻 ……165
盂县80家工矿商贸企业结队帮扶92村 ……165
盂县全面实施中小企业成长工程 ……166
参加山西省首届民营企业运动会 ……166
参加中国·山西第三届银企合作洽谈会 ……166
参加第五届APEC中小企业技术交流暨展览会 ……166
为企业提供法律服务 ……166
阳泉市中小企业发展论坛 ……167
组织企业参加山西中小企业高层管理人员素质提升培训 ……167
参加第五届中国国际中小企业博览会暨中韩中小企业博览会 ……167

商业贸易

国内外贸易 ……168
概　况 ……168
服务业有序推进 ……168
城市"12343"市场体系建设 ……168
农村商品流通网络不断完善 ……169
社区"双进"工程推进顺利 ……169
市场监测 ……169
市场经济秩序整顿 ……169
诚信兴商创建活动 ……170
对外贸易 ……170
对外经济技术合作 ……170
招商引资取得新成效 ……170
服务企业发展 ……171
机关自身建设 ……171
物资流通 ……171
概　况 ……171
特许经营 ……171
企业改革 ……172
安全工作 ……172
石油经销 ……172
概　况 ……172
成品油市场稳定工作 ……172
商标打假维权 ……172
企业文化建设 ……173
粮油购销 ……173
粮食安全体系建设 ……173
放心粮油工程 ……173
粮食流通监督检查 ……173
供销合作商业 ……174
概　况 ……174
天元家电公司获全国"百城万店无假货"活动示范店称号 ……174
药材经营 ……174
概　况 ……174
企业改革改制 ……174
培育新的利润增长点 ……174
盐业专营 ……175
概　况 ……175
自营能力拓展 ……175
盐业市场监管 ……175
烟草专卖 ……175
概　况 ……175
规范化建设 ……175
专卖市场监管 ……176
企业和谐建设 ……176

交通　邮电

交　通 ……177
铁　路 ……177
阳泉火车站概况 ……177
生产与经营指标完成情况 ……177
阳泉火车站接管石太客专线阳泉段 ……177
运输加大 效率提高 收入增加 ……177
公　路 ……178
市交通局概况 ……178
交通部部长政策咨询小组到阳泉市调研 ……180
省农村公路养护观摩团莅临平定县 ……180
抗震救灾 ……180
道路运输治超 ……180
山西华伦陶瓷有限公司利用煤矸石制陶项目获国家金桥奖 ……181
农村公路养护 ……181
义白路桃河特大桥荣获"太行杯"奖 ……181
盂县农村公路建设 ……181
阳泉至五台山高速公路阳泉至盂县段奠基 ……182
阳泉公路分局概况 ……182
国道307线险情排除 ……182
路网收费公路建设项目通过验收 ……182
改善公路通行环境 ……182
道班"十好"建设 ……182
六项安保措施迎奥运 ……183
阳泉公路分局召开政风行风听证对话会 ……183
通行费征收任务提前完成 ……183
国道省道公路实行路政共管 ……183
阳泉交通征稽分局概况 ……183
征管新措施 ……183
基础征管工作 ……184
队伍建设 ……184
作风建设 ……184
安全生产 ……184
阳泉煤炭运销分公司概况 ……185
阳泉市旧街煤炭有限责任公司挂牌成立 ……185
阳泉煤运分公司获多项荣誉 ……185
多项措施保电煤供应 ……185
华佳发煤站并轨开通 ……185
"五个有所作为"推进反腐倡廉 ……185
两项煤矿安全管理措施出台 ……186
省运阳泉公司概况 ……186
客运收入 ……186
客运车辆上档增量 ……186

农村客运 ……186
站场建设 ……186
文明车站和文明线路创建活动 ……186
货运在逆境中求发展 ……186
安全工作 ……187
邮　电 ……187
邮　政 ……187
概　况 ……187
企业形象期刊 ……188
第二代居民身份证寄递业务 ……188
金融资金安全防范管理杯竞赛活动 ……188
全省首个邮政 EMS 旗舰店 ……188
保险手续费代理业务 ……188
"四个结合"促服务管理工作 ……188
贺卡营销 ……189
电　信 ……189
中国联通阳泉分公司概况 ……189
阳泉联通重组整合工作全面启动 ……190
阳泉网通荣获阳泉市消协 2007 年度消费维权先进单位 ……190
2008 版《阳泉市电话号簿》出版发行 ……190
阳泉宽带自服务开通系统接口全部启用 ……190
G 网客户有效发展率得到提高 ……190
新春音乐会 ……190
阳泉电信概况 ……190
固网两大品牌业务 ……190
移动宽带业务 ……191
C 网交割平稳过渡 ……191
企业管理 ……191
安全生产工作 ……191
"三重一大"政策得到执行 ……191
铁通阳泉分公司概况 ……191
业务转型工作 ……192
铁通阳泉分公司与阳泉移动的合作 ……192
网络保障工作 ……192
服务改善 ……192
阳泉移动分公司概况 ……192
客户服务优化 ……192
网络建设 ……192
企业管理 ……193
内部建设 ……193
工会工作 ……193
阳泉长途电信线务局概况 ……194
一级干线环境整治 ……194
高速路隐患处理 ……194
网络优化工作 ……194
二级干线维护工作 ……194
本地网 城域网维护工作 ……194
代维线路维护 ……194
安全防范工作 ……194
护线工作 ……194

建设　环保

城乡建设 ……195
综合工作 ……195
概　况 ……195
建设系统为民办实事 ……195
经济适用房建设 ……195
燃气燃煤 ……195
园林绿化 ……195
城市建设 ……196
四川地震灾区过渡安置房建设 ……196
城市道路中小修工程 ……196
城市供水和节约用水 ……196
公共交通 ……196
集中供热 ……196
城市燃气 ……196
阳泉市天然气工程竣工 ……196
市政设施 ……197
村镇建设 ……197
规划设计 ……197
城乡规划工作 ……197
城乡规划管理 ……197
执法检查 ……197
城市房屋拆迁 ……198
勘察设计和图审工作 ……198
石太铁路沿线综合治理绿色通道规划 ……198
义井河综合治理一期工程 ……198
抗震救灾援川建房规划工作 ……198
城乡一体化规划方案 ……198
娘子关生态保护与发展规划 ……198
大阳泉古村保护与发展规划 ……198
住房建设规划 ……199
供热规划调整 ……199
平定县县域城镇体系规划 ……199
盂县县域城镇体系规划 ……199
阳泉移动通信大楼规划 ……200
阳泉天融中兴商业广场规划 ……200
参与完成阳泉市 2008 年至 2015 年城乡供水规划的编制 ……200
城市建设 ……200
市政设施概况 ……200
市政设施管理 ……200
兴隆步行街改造 ……200

南庄路安装 LED 路灯 ……201
业务拓展 ……201
自来水公司概况 ……201
奥运期间城市供水安全 ……201
节能降耗 ……201
管网漏失情况有所好转 ……201
《供用水合同》文本修订 ……201
居民水价调整 ……202
煤气公司概况 ……202
煤气用户快速增加 ……202
氧化铝一期供气工程投产达效 ……202
管网改造工程 ……202
市热力公司概况 ……202
热力公司热源厂二期工程建成投运 ……202
公共交通公司概况 ……202
运力不断充实 ……202
营运市场拓宽 ……202
安全工作 ……202
服务水平得到提高 ……202
节能降耗工作 ……203
公共交通总公司移交市交通局监管 ……203
城市出租车行业管理 ……203
城市绿化概况 ……203
桃南中西路绿化工程 ……203
南山公园 儿童公园综合改造工程 ……203
南大街 桃北路道路绿化综合改造工程 ……203
石太铁路城区段沿线景观绿化工程 ……203
牡丹园 常青园 樱花园 乐园等 4 个小游园建设工程 ……203
阳盛街 泉中路等市区街道行道树补植工程 ……204
南外环路绿化改造工程 ……204
阳泉植物园 ……204
环境卫生概况 ……204
城乡环境卫生一体化管理机构建设 ……204
道路保洁质量不断提高 ……204
道路清扫工作 ……204
垃圾清运工作 ……204
公厕管理 ……204
收费工作 ……205
矿区环卫概况 ……205
环卫基础设施得到改善 ……205
义务清扫 ……205
建筑施工 ……205
概　况 ……205
建筑安全生产监督管理工作 ……205
安全质量标准化工地创建活动 ……205
建筑施工专项治理 ……205
建筑节能工作 ……206
建筑施工安全生产隐患排查治理工作 ……206
房地产业 ……207
概　况 ……207
房地产交易 ……207
房地产市场管理 ……207
房地产市场秩序专项整治活动 ……208
住房制度改革 ……208
物业管理 ……208
城市管理 ……208
概　况 ……208
城市管理实行跟踪督查办理 ……210
便民市场管理办法 ……210
户外临时性宣传活动管理新规定 ……211
城市管理行政处罚案卷评查活动 ……211
重点工程 ……211
城市基础设施重点工程建设 ……211
桃河公园河道梯级蓄水二期工程 ……211
北山中路东段工程 ……211
桃南中西路大修工程 ……211
平坦立交桥改造工程 ……212
宏成大桥建设工程 ……212
污水处理厂中水回用工程 ……212
市区燃气管网改造工程 ……212
氧化铝供气部分站区改造项目 ……212
市区燃煤设施改造工程 ……212
北岭南路排水改造工程 ……212
义井河污水管网续建工程 ……212
开发区东区热源厂二期工程 ……212
辰光供热系统改造工程 ……212
环境保护 ……212
综合工作 ……212
概　况 ……212
蓝天碧水工程暨环境保护工作会议 ……212
污染源普查 ……213
辐射环境监测管理站成立 ……213
开发区环境监察大队成立 ……213
环境保护奖励资金管理办法 ……213
首个环境教育基地正式挂牌 ……213
龙城老年环保宣传队骑车到山城 ……213
环保宣传教育 ……213
环保队伍和能力建设 ……214
环境安全培训 ……214
县级领导干部环保课 ……214
生态示范建设 ……214
环保引资 ……214
污染物排放情况统计 ……214
环境治理 ……214
概　况 ……214

电力行业烟气脱硫 ……214
污水处理厂建设 ……215
水环境保护 ……215
娘子关水源地保护 ……215
煤矸石山治理 ……215
城市环境综合整治 ……215
废物综合利用 ……215
消耗臭氧层物质淘汰 ……216
机动车尾气检测与监督管理 ……216
环境执法 ……216
概　况 ……216
环保专项行动 ……216
环保执法大检查 ……217
奥运年环境执法行动 ……217
化工企业专项执法检查 ……217
饮用水源地专项执法检查 ……217
医院环境安全隐患排查 ……217
零点关停行动 ……217
环境信访 ……217
排污费征收 ……217
环境监测 ……217
概　况 ……217
环境空气质量状况 ……217
地表水环境质量状况 ……218
地下水质量状况 ……218
集中式生活饮用水源地水质状况 ……218
声环境质量状况 ……218

财税　金融

财　政 ……220
概　况 ……220
预算外资金监督管理 ……220
2008 年度一般预算收支决算总表 ……221
财政改革 ……221
财政转移支付工作 ……222
打造民生财政 ……222
教育事业投入增大 ……222
支持经济建设 ……222
再就业资金使用 ……223
城市低保工作 ……223
创建国家级园林城市财政投入 ……223
扶持乡村文化站建设 ……223
环境保护奖励专项资金 ……223
地方政府性债务统计 ……223
部门预算编制工作 ……223
煤炭可持续发展基金征收 ……223
税　务 ……224
国家税务 ……224
概　况 ……224
确保税收收入与经济协调增长 ……224
执法监督 ……224
税收宣传 ……225
税务稽查 ……225
税源“无缝隙”管理体系 ……225
税种管理 ……225
地方税务 ……225
概　况 ……225
煤炭可持续发展基金代征工作 ……226
科学精细管理 ……226
新企业所得税法顺利实施 ……226
依法治税 ……226
优化纳税服务 ……227
基层基础建设见成效 ……227
金　融 ……227
银行业 ……227
概　况 ……227
人行阳泉中支概况 ……228
支持阳泉经济建设 ……228
推进金融改革 ……228
金融监管 ……228
基础业务工作 ……228
外汇管理与服务 ……229
信息工作 ……229
阳泉银监分局概况 ……229
推动银行业改革发展 ……229
案件防控工作 ……229
“三降 两防 一做实”工作目标 ……230
防范和打击各类非法集资犯罪活动 ……230
阳泉农发行概况 ……230
阳泉工行概况 ……230
阳泉农行概况 ……231
阳泉中行概况 ……231
阳泉建行概况 ……232
阳泉市商业银行概况 ……232
阳泉市农村信用社概况 ……232
保险业 ……233
概　况 ……233
阳泉人保财险概况 ……233
中国人寿阳泉分公司概况 ……234
中国人寿财保阳泉中支概况 ……234
太平洋产险阳泉中支概况 ……234
太平洋人寿阳泉中支概况 ……235
平安产险阳泉中支概况 ……235
平安人寿阳泉中支概况 ……235

大地保险阳泉中支概况 ……235
证券　投资 ……235
概　况 ……235
信达公司概况 ……236
方舟担保公司成立 ……236
德胜东街营业部概况 ……236

教育　科技

教　育 ……237
概　况 ……237
学前教育 ……238
概　况 ……238
盂县 矿区通过省"基本满足学前三年教育县"验收和复验 ……238
保教能手评选 ……238
5项省"十一五"课题结题 ……238
市级示范园验收 ……238
基础教育 ……238
概　况 ……238
阳泉成为全省第一家整体实现高标准"普九"达标地市 ……239
普通高中加大"指标生"招生比例 ……239
城乡普通高中均衡发展 ……239
规范中小学办学行为 ……240
杨懿当选"全国十佳少先队员" ……240
职业教育 ……240
概　况 ……240
市技工学校成为国家重点技工学校 ……240
阳泉技校通过ISO 9001国际质量管理体系标准认证 ……240
阳泉技校对实习车间进行改造 ……240
阳泉选手获省职业院校技能大赛奖 ……241
25名教师入选省级专业带头人和骨干教师 ……241
国家助学金惠及数千名职校生 ……241
中等职校招生 ……241
成人教育 ……241
概　况 ……241
民办教育机构管理 ……241
城区对10个社区教育进行调研 ……241
特殊教育 ……242
概　况 ……242
张云晶参加北京奥运会开幕式 ……242
政治思想品德教育 ……242
省第四届优秀班主任素质展示活动获佳绩 ……242
中小学"网络育人"现场会 ……242
教师队伍建设 ……242
高中教师新课程远程合格人数居全省之首 ……242
高中新课程全员培训 ……242
农村中小学远程教育 ……242
考核与送教相结合 ……243
教育经费与办学条件 ……243
农村中小学取暖补助调研 ……243
5项助学工程资助贫困学生 ……243
市委市政府为民承诺的3件实事 ……243
"两免一补"资助工作 ……243
中高职学校发放家庭贫困学生国家奖 助学金 ……244
教育科研 ……244
"十一五"规划课题鉴定结题工作 ……244
人教版初中数学课标教材"三优"评选 ……244
高中教师新课程改革课堂教学大赛 ……244
县级政府教育工作督导评估以及党政主要领导基础教育责任考核 ……244
普通高中新课程实验新学年准备工作专项督导 ……245
教育装备与现代教育技术 ……245
城 矿两区教育技术装备标准化建设通过省级验收 ……245
15所中小学校通过二级图书馆认定 ……245
第十届自制教具评选活动 ……245
科学技术 ……245
综合工作 ……245
概　况 ……245
科技经费投入 ……246
阳煤集团设立全市第一个国家级博士后科研工作站 ……246
科技成果推广 ……246
科技交流与合作 ……246
新农村科技引领工程 ……247
京晋科技合作蔬菜新品种展示 ……247
专利工作 ……247
阳泉市成为"全国知识产权试点城市" ……247
专利成果 ……247
组团参加"第二届中国专利周"活动 ……247
科普工作 ……247
农村科普 ……247
科普示范基地 ……248
学术交流 ……248
概　况 ……248
2006～2007年度自然科学优秀论文征集 ……248
青少年科技活动 ……248
第23届青少年科技创新大赛 ……248
中小学生"科技论坛" ……249
"大手拉小手"科技传播行动 ……249
气　象 ……249
概　况 ……249

气象现代化建设 ……249
地　震 ……249
概　况 ……249
5·12 汶川大地震应急工作……249
地震知识宣传 ……250
市地震局建局 30 年 ……250
地震系统举行行政执法资格考试 ……250
规范抗震设防审批和地震安全性评价工作 ……250
市地震局对市技校进行防震减灾知识培训 ……250
防震减灾助理员培训 ……250

文　化

概　况 ……251
专业文化 ……252
46 件作品入选省“杏花奖”优秀美术展 ……252
北京京剧院青年团到阳泉演出 ……252
省第八届版画展获佳绩 ……252
百团大战系列长卷 ……252
印度画家维杰·塔库个人画展 ……252
首演现代戏《女人家》 ……252
市晋剧院建院 60 周年纪念活动 ……252
纪念改革开放 30 周年文艺晚会 ……252
艺术创作会 ……252
社会文化 ……253
首批星级农村文化活动室 社区文化活动中心……253
农村数字电影放映工程 ……253
市国际标准舞协会成立 ……253
“阳泉赋”征文 ……253
“中国文化遗产日”宣传 ……253
保晋公司纪念馆揭牌 ……253
非物质文化遗产普查培训 ……253
读书月 ……253
狮脑山“文廊” ……254
6 个项目入选第二批省级非物质文化遗产保护项目 ……254
文化艺术 ……254
290 件作品获市文学艺术创作奖 ……254
青年作家创作会暨 2000~2007 年《娘子关》杂志优秀作家 优秀作品表彰会……254
青年作家 作者 文学社团负责人座谈会 ……254
32 集电视连续剧剧本《保晋风云》创作完成 ……254
纪念高长虹诞辰 110 周年座谈会 ……254
《阳泉文学艺术 60 年》丛书出版 ……254
文艺社团活动 ……255
文　物 ……256
文物保护 ……256
盂县发现西汉前期墓葬群 ……256
文物普查培训 ……256
档　案 ……256
概　况 ……256
《保晋档案》出版 ……256
档案征集 ……256
新闻　报纸 ……257
新闻中心工作概况 ……257
对外新闻报道 ……257
打造品牌形象 ……257
承办第十七届山西新闻奖评选暨“聚焦阳泉 共话发展”省内媒体老总阳泉采风……257
《阳泉手机报》 ……257
抗震救灾报道 ……257
奥运报道 ……258
改革开放 30 周年集中报道 ……258
广播电视 ……258
概　况 ……258
宣传工作 ……258
数字电视完成 10 万户整体平移……259
经营创收 ……260
文化市场监管 ……260
“扫黄打非”工作获国家和省级奖励 ……260
销毁侵权盗版及非法出版物 ……260
阳泉市印刷业协会成立 ……260
报刊及内部出版物审读工作 ……260
百个工作岗位服务月 ……260

社会科学

理论研究 ……261
党校工作概况 ……261
首期干部教育论坛 ……261
阳泉市纪念改革开放 30 周年理论研讨会 ……261
改革与发展研究 ……261
参与“百名干部百日大调研”活动 ……261
学术交流 ……262
《阳泉经济》……262
史志工作 ……262
全市党史工作会议 ……262
《创造者之歌(下集)》正式出版 ……262
《改革发展 30 年(阳泉卷)》正式出版 ……262
抗战期间阳泉市人口伤亡和财产损失的全面普查和专题调研 ……262
市委党史研究室被授予“五一劳动奖状” ……262
强化修志队伍建设 ……262
2008 版《阳泉年鉴》编纂工作……263

《阳泉风景名胜志》出版发行 ……263
《阳泉概览》正式出版 ……263

卫生　体育

卫　生 ……264
综合工作 ……264
概　况 ……264
妇幼保健工作 ……264
农村卫生 ……264
城市社区卫生 ……265
红十字青少年工作 ……265
卫生抗震救灾 ……265
医政管理 ……266
医　疗 ……266
市第一人民医院 ……266
市中医医院 ……267
市第四人民医院 ……267
疾病控制 ……268
概　况 ……268
计划免疫 ……268
结核病防治 ……268
地方病防治 ……268
卫生监测与检验 ……268
麻疹和 AFP 病例报告监测 ……268
消毒效果监测 ……268
从业人员健康体检 ……268
水质监测 ……268
卫生监督 ……268
概　况 ……268
救治筛查“问题奶粉”婴幼儿 ……269
行风建设 ……269
商业贿赂治理 ……269
“食品放心城市”创建工作 ……269
食品安全整治 ……269
食品安全新闻发布会 ……270
严把赈灾食品药品质量关 ……270
处置“三鹿”婴幼儿问题奶粉 ……270
兴奋剂专项整治 ……270
食品药品“百日大检查” ……270
食品卫生监督 ……270
放射卫生监督 ……270
卫生监测 ……271
爱国卫生 ……271
城乡环境卫生清洁工程 ……271
农村改水改厕 ……272
医学科研 ……272
医学科研工作 ……272
健康教育 ……272
体　育 ……272
概　况 ……272
群众体育 ……273
迎奥运“美隆国际杯”万人长跑 ……273
选拔奥运火炬手 ……273
“远鑫杯”首届汽车场地越野全国邀请赛 ……273
南煤集团拔河队获全国奖 ……274
市第十届老年人运动会 ……274
竞技体育 ……274
“美隆国际杯”第三届太极拳邀请赛 ……274
体育三下乡 ……274
农村体育健身工程 ……274
市体育运动学校网球队成立 ……274
中学生篮球赛 ……274
阳泉位列省运会金牌榜第四 ……274
王智伟获 2009 年全运会 50 米手枪慢射和 10 米气手枪参赛资格 ……274
中小学生田径运动会 ……274
市体育局荣立集体一等功 ……275
市体育运动学校获“突出贡献奖集体” ……275
体育场地建设 ……275
全市人均体育场地面积达 1.13 平方米 ……275
体育场一期工程完工 ……275
体育基础设施建设 ……275

社会生活

人民生活 ……276
概　况 ……276
2008 年分行业在岗职工平均工资简表 ……276
城市居民生活 ……277
2008 年城市居民家庭消费支出情况表 ……277
农民生活 ……278
社会保障 ……278
概　况 ……278
劳动仲裁 ……279
劳动争议处理 ……279
劳保系统信访工作 ……280
职业技能鉴定工作 ……280
社会保险 ……280
非公经济和灵活就业人员参保扩面工作 ……280
城镇居民基本医疗保险工作 ……280
失业保险扩面工作 ……280
公益性岗位补贴 内退生活费 失业保险金发放标准上调 ……280

失业保险实现市级统筹 ……280
困难企业职工生活补助发放到位 ……281
社会就业 ……281
创业培训工作 ……281
职介机构强化服务促进就业 ……281
再就业工作 ……281
救灾救济 ……281
社会救助 ……281
2008年阳泉市城乡居民最低生活保障情况表 ……281
救灾 ……282
福利事业 ……282
儿童福利证发放 ……282
福利企业重新认定 ……282
福利彩票发行 ……282
人口与计划生育 ……282
概　况 ……282
人口计生发展环境得到优化 ……282
人口计生服务水平稳步提高 ……282
流动人口创新管理模式 ……283
计生宣传工作 ……283
出生缺陷干预工作 ……284
计生执法工作 ……284
计生协会工作 ……284
杨增武到阳泉调研 ……284
王景水到阳泉调研 ……284
全省计划生育家庭特别扶助制度和信息管理系统培训班在阳泉举办 ……284
李斌到阳泉调研 ……285
民族　宗教 ……285
民族宗教界认真学习贯彻党的十七大精神 ……285
慰问民族宗教界代表和救济少数民族困难户活动 ……285
“三大节日”肉食补贴政策落实 ……285
清真食品市场整顿 ……285
宗教“双五好”星级评比活动 ……285
宗教活动场所安全大检查 ……285
“爱国爱教爱家乡 同心同德构和谐”系列活动 ……285
王作安到永清寺调研 ……286
依法查处非法活动 ……286
阳泉市佛教活动场所一览表 ……286

旅游　餐饮　服务

旅　游 ……287
概　况 ……287
黄金周旅游 ……287
黄金周旅游部分综合指数简表 ……287
翠枫山第二届民俗文化庙会 ……288
全市旅行社工作会议召开 ……288
桃林沟村举办第五届桃花节 ……288
区域旅游合作与促销活动 ……288
旅游主管部门疏导震区游客安返阳泉 ……288
远鑫斥资4亿建舍利文化园 ……288
翠枫山建成阳泉首座孔子庙 ……289
娘子关旅游风景区水源保护工程开始实施 ……289
“一卡游山西”旅游年票启动 ……289
翠枫山“红叶节”暨“魅力乡村”大赛启动 ……289
高士萍获全国旅游系统“巾帼建功标兵”称号 ……289
藏山景区通过AAAA级旅游景区评审 ……289
水利风景区 ……289
阳泉市2008年旅行社一览表 ……290
餐　饮 ……291
饮食服务公司实现“双增长” ……291
泉美公司优化经营机制 ……291
“老妮儿”准净菜 ……291
275万元调节基金对六种蔬菜限价 ……291
桶装纯净水企业专项检查 ……291
“珍益康”上市 ……292
典型食品违法案件曝光 ……292
服　务 ……292
阳泉宾馆内挖潜力外强素质 ……292
十大消费投诉热点 ……292
旅馆业治安检查 ……293
《关于加快服务业发展的实施意见》出台 ……293
2008年阳泉市个体及私营服务业情况一览表 ……293

区县简况

城　区 ……294
概　况 ……294
领导人名单 ……295
“三城十区”建设 ……295
社区建设 ……295
城区获省级“平安区”称号 ……296
园林城市创建活动 ……296
防疫和妇幼保健工作 ……296
卫生监督执法工作 ……296
城区广益中小企业担保中心成立 ……296
下站地区教育资源合理整合 ……296
矿　区 ……297
概　况 ……297
领导人名单 ……297
李志林被评为全省政法系统双十佳干警 ……298
矿区国税局获“省级文明和谐单位”称号 ……298

阳煤大桥建成 ……298
《阳泉矿区》报实现网上在线阅读 ……298
西河路小学获两项全国奖 ……298
《阳泉市第十三中学校志》完成 ……298
矿区新发现两处文物点 ……298
矿区清洁工程 ……298
矿区 15 家企业达到环境管理要求 ……298
阳煤总院消化内科开展新业务 ……299
郊　区 ……299
概　况 ……299
领导人名单 ……299
招商引资工作取得新突破 ……300
荫营中学再获捐款 ……300
中国(荫营)耐火产业创新发展论坛 ……300
“山西省校外教育活动场所建设与管理工作现场会”在郊区召开 ……300
高效农业建设 ……300
上榜乡村 ……301
开发区 ……301
概　况 ……301
领导人名单 ……302
创建园林城市工作 ……302
城乡一体化建设 ……302
招商引资 ……302
十件实事 ……302
信访工作 ……302
开发区获“平安县(区)”称号 ……303
平定县 ……303
概　况 ……303
领导人名单 ……304
京晋农业示范园区 ……304
上海华联超市落户平定 ……304
西外环公路竣工通车 ……304
第八届村委会换届选举 ……304
杨家沟村获“全国绿色小康村”殊荣 ……304
县妇联开展“十佳文明和谐家庭”评选活动 ……305
盂　县 ……305
概　况 ……305
领导人名单 ……306
坡头大型沼气项目完成 ……306
三村喜获星级殊荣 ……306
上社嘉泰希望小学落成 ……306
西小坪园区天然气改造项目完成 ……306
西烟南头农机大院建成 ……306
盂县民兵建设 ……307
阳泉北综合货站建成 ……307
2008 年阳泉市所属区县国民经济和社会发展部分指标 ……307

人　物

人物传略 ……308
赵雨亭 ……308
刘松青 ……309
黄　涛 ……310
人物简介 ……310
白　云 ……310
蔡廷军 ……312
苑桂生 ……313
郝利涛 ……314
耿黑眼 ……314
人物名表 ……315
副地市级以上领导人名表 ……315
人物名录 ……319
先进人物名录 ……319
高级专业技术人员名录 ……320

大事记

阳泉市 2008 年大事记 ……323

统计资料

2008 年全市国民经济和社会发展主要指标 ……328
2008 年全市平均每天经济活动情况 ……332

附　录

重要地方文件目录 ……333
中共阳泉市委员会 ……333
阳泉市人大常委会 ……337
阳泉市人民政府 ……341
政协阳泉市委员会 ……351
2007 年度阳泉市科技进步授奖项目 ……353
2008 年度阳泉市授权(或公告)专利一览表 ……356
部分著述存目 ……363

索　引 ……364

CONTENTS

SPECIAL ARTICLES

◆To implement the new development strategy with new concepts in order to speed up the work for building Yangquan into a well-off city
—Speech by Bai Yun, Party Secretary at the second symposium on pushing forward economic development in a more open-minded and scientific way (May 14, 2009) ······ 1
◆Report on Local Government's Work
—Li Dongliang, Mayor of Yangquan at the Fourth Annual Session of the 13th People's Congress of Yangquan City on May 23rd, 2009 ······ 6

BRIEF INTRODUCTION

◆Background Information ······ 13
◆Local Economy and Social Development ······ 16
◆Establishments and List of Their Leaders ······ 20

PARTY, GOVERNMENT AND ARMY

◆Party's Work ······ 28
◆Discipline Inspection and Supervision Work ······ 50
◆People's Congress ······ 53
◆Local Government ······ 55
◆CPPCC Work ······ 70
◆Military Work ······ 71

DEMOCRATIC PARTIES AND CHAMBER OF INDUSTRY AND COMMERCE

◆Democratic Parties ······ 77
◆Yangquan Chamber of Industry and Commerce ······ 83

MASS ORGANIZATIONS

◆Yangquan Trade Unions ······ 85
◆The Communist Youth League Yangquan Committee ······ 86
◆Women's Association of Yangquan City ······ 87
◆Yangquan's Association of Science and Technology ······ 89
◆Yangquan's Federation of Literary and Art Circles ······ 90
◆Yangquan's Federation of Returned Overseas Chinese ······ 90
◆Yangquan International Chamber of Commerce ······ 91
◆Yangquan's Association of the Disable ······ 92

LEGAL SYSTEM

◆Judicature ······ 95
◆Procuratorate ······ 96
◆Public Security ······ 98
◆Fire Protection ······ 101
◆Administration of Justice ······ 101
◆Arbitration ······ 102
◆Typical Cases ······ 103

ECONOMIC MANAGEMENT

◆Planning Work ······ 105
◆State Assets Management ······ 107
◆Natural Resources Management ······ 108
◆Quality and Technology Supervision ······ 111
◆Inspection on Import and Export Goods ······ 113
◆Auditing Work ······ 114
◆Administration of Industry and Commerce ······ 115
◆Price Control ······ 117
◆Information Work ······ 120
◆Management on Radio Frequency ······ 121

INDUSTRIES

◆Summery ······ 122
◆Coal–Mining Industry ······ 126
◆Power Industry ······ 131
◆Metallurgical Industry ······ 136

◆Chemical Industry ······ 137
◆Textile and Light Industry/Food-Processing Industry ······ 138

AGRICULTURE

◆Summery ······ 140
◆Agriculture ······ 143
◆Animal Husbandry ······ 148
◆Forestry ······ 151
◆Agricultural Machinery ······ 154

WATER CONSERVANCY

◆Summery ······ 157
◆Water Conservancy Projects ······ 158
◆Economic Benefits from Water Conservancy Projects ······ 160
◆Flood Prevention and Anti-Drought ······ 161

TOWNSHIP INDUSTRY

◆Summery ······ 163
◆Enterprise Management ······ 165

COMMERCE AND TRADE

◆Foreign & Domestic Trade ······ 168
◆Goods Demand and Supply ······ 171
◆Marketing and Sales of Petroleum ······ 172
◆Marketing and Sales of Oil and Grain ······ 173
◆Supply and Marketing Cooperatives ······ 174
◆Marketing and Sales of Medicines and Herbs ······ 174
◆Monopoly of Salt ······ 175
◆Monopoly of Tobacco and Cigarette ······ 175

TRANSPORTATION, POST AND TELECOMMUNICATION

◆Transportation ······ 177
◆Post and Telecommunication ······ 187

CONSTRUCTION AND ENVIRONMENTAL PROTECTION

◆Urban and Rural Construction ······ 195
◆Environmental Protection ······ 212

FINANCE AND BANKING

◆Finance ······ 220
◆Taxation ······ 224
◆Banking ······ 227

EDUCATION, SCIENCE AND TECHNOLOGY

◆Education ······ 237
◆Science and Technology ······ 245

CULTURE

◆Summery ······ 251
◆Professional Arts ······ 252
◆Mass Cultural Work ······ 253
◆Literature and Arts ······ 254
◆Historical Relics ······ 256
◆Historical Records ······ 256
◆Press & Newspapers ······ 257
◆Radio & Television ······ 258
◆Supervision on Cultural Market ······ 260

SOCIAL SCIENCE

◆Theoretical Research Work ······ 261
◆Research Work in Reform and Development ······ 261
◆Research Work on Historical Records ······ 262

PUBLIC HEALTH AND SPORTS

◆Public Health ······ 264
◆Sports ······ 272

SOCIAL LIFE

◆Daily Life of Local Residents ······ 276
◆Labor and Social Security ······ 278
◆Population and Family Planning ······ 282
◆Ethnic Groups and Religions ······ 285

TOURISM, CATERING AND SERVICE INDUSTRY

◆Tourism ······ 287
◆Catering ······ 291
◆Service Industry ······ 292

COUNTIES AND DISTRICTS

◆ Urban District ……… 294
◆ Mining District ……… 297
◆ Suburban District ……… 299
◆ Yangquan Economic and Technological Development Zone ……… 301
◆ Pingding County ……… 303
◆ Yuxian County ……… 305

CELEBRITY

◆ Biographical Sketch of Three Celebrities ……… 308
◆ Brief Introduction to Some Celebrities ……… 310
◆ List of Celebrities ……… 315
◆ List of Outstanding Citizens and Senior Professionals ……… 319

IMPORTANT EVENTS

◆ Chronicle of Important Events in 2008 ……… 323

STATISTIC DATA

◆ Main Figures for Economic Development and Social Progress in Yangquan City in 2008 ……… 328
◆ Summery of Economic Activity on a Daily Basis in 2008 ……… 332

APPENDIX

◆ List of Local Important Documents ……… 333
◆ List of Prizes Awarded to Research Items in Science and Technology in 2007 ……… 353
◆ List of Patent Items in 2008 ……… 356
◆ Brief Introduction to Some Writings ……… 363
◆ INDEX ……… 364

实施新战略 树立新理念 全面加快小康社会进程

——2009年5月14日在市委中心组“继续解放思想、推进科学发展”第二次专题研讨会上的讲话

白　云

刚才，大家结合近一段时期学习实践科学发展观的体会，紧密联系各自的工作实际，特别是联系我市改革开放和现代化建设实际，做了很好的发言。大家本着对阳泉长远发展和全市人民根本利益高度负责的态度，畅所欲言，各抒己见，认真分析了金融危机带来的严峻挑战，深入探讨了破解影响和制约阳泉科学发展的深层次矛盾和问题的对策措施，特别是围绕进一步理清完善发展思路，明确发展目标、重点和途径，提出了许多前瞻性、针对性较强的意见和建议，我非常赞同。通过学习研讨，达到了在解放思想的过程中用科学发展观统一思想、在探讨科学发展的实践中不断推动解放思想的目的，使我们对阳泉科学发展的现状有了一个准确的判断，对影响制约阳泉科学发展的突出问题有了一个清醒的认识，对加快阳泉科学发展有了一个清晰的思路和务实的举措。

下面，在同志们讨论的基础上，我讲两点意见。

一、关于阳泉今后发展思路和发展战略问题

“十一五”时期，是全面建设小康社会的重要时期，也是加快科学发展、建设和谐阳泉的关键时期。加快科学发展、促进社会和谐、增加百姓福祉、实现全面崛起，是时代的要求，是全市人民的热切期盼，也是我们义不容辞的光荣职责和重大使命。通过这段时间我们对科学发展观学习的进一步深化，对市情的认识和把握进一步深化，对发展思路和重点进一步明确，我认为，当前和今后一段时期阳泉经济社会发展的总体思路是：**以科学发展观为统领，紧紧围绕“统筹城乡、率先转型、全面崛起、富民强市”这一主题，着力走好转型、统筹、和谐、创新、绿色发展的路子，加快建设新型能源基地、新型材料及装备制造业基地和现代服务业基地，大力推进“三个发展”，努力把阳泉建设成为生态文明、平安和谐的宜居家园和具有较强竞争力的现代化区域中心城市。**

“统筹城乡、率先转型、全面崛起、富民强市”是我们在科学发展观的指导下，认真分析当前和今后一段时期所面临的形势和任务，准确把握市情，科学谋划未来，加快科学发展、促进社会和谐、实现全面崛起的总体战略部署。

率先转型，是资源型城市可持续发展的必由之路。阳泉是典型的资源型城市，转型发展是阳泉科学发展的必然要求。目前，国家已确定42个城

市作为资源枯竭型城市转型的试点来进行扶持，而阳泉不属于资源枯竭城市，因为我们每年还有6000多万吨原煤的生产能力。但是，与全省其他城市相比，我市的煤炭储量很低，在煤炭产业发展上已没有多大空间和潜力。我们不仅搭不上资源枯竭城市转型试点这班车，而且现有资源在不断萎缩。就煤炭资源储存的现状而言，阳泉在全省11个城市中转型任务是最为迫切、最为紧要的，煤炭资源的不可再生性，更决定了阳泉产业结构调整和经济发展方式的转型是不可回避的问题。历届市委、市政府围绕转型发展、调整产业结构做了大量卓有成效的工作，为现在的发展打下了重要的基础。但是，转型不是一蹴而就的事，当前我们依然存在着结构单一，发展粗放，发展不足、发展质量不高的问题，体制机制方面的矛盾也比较突出，等等。其中，城市综合竞争力还不够强，可持续发展后劲不足的问题，仍然是影响和制约我市当前和今后发展的主要问题。只有坚定不移地推进产业结构和经济发展方式的转型，才能实现资源型城市的可持续发展。我们必须本着对阳泉未来发展和子孙后代高度负责的态度率先推进转型。率先转型要积极推进经济转型、城市转型和社会转型。经济转型是基础，重点是调整产业结构，改造提升传统产业，发展壮大新型产业，加快建设新型能源基地、新型材料及装备制造业和现代服务业基地；城市转型是核心，重点是生态恢复、环境建设、城市功能的完善和提升；社会转型是保障，重点是不断深化各领域改革，进一步扩大开放，推进政府职能转变。通过转型发展，把我们这样一个老工业基地、资源型城市建设成为生态文明、平安和谐和具有较强竞争力的现代化区域中心城市，从而实现阳泉经济社会的可持续发展。这是历史赋予我们的重要责任，也是我们对阳泉未来高度负责的现实选择。

统筹城乡，是我们对阳泉的发展基础、发展条件、发展优势进行综合分析后做出的战略抉择。大家知道，统筹发展是十七大精神的重要内容，城乡一体化是十七届三中全会的重要部署。与全省其他10个市的城乡发展条件、发展基础相比，阳泉城镇化率达58%，农村社会事业的发展相对较好，农村与城镇人均收入比为1∶2.4，差距小于全省，也小于全国，而且我们国土面积不大，人口较少，有60多年城市发展的积累，我们最有可能在统筹城乡发展方面寻求突破，从而使整个城市的综合竞争力得到一个新的提升，这是我们的发展优势。如果说，率先转型是阳泉科学发展的必由之路，那么，统筹城乡就是阳泉实现可持续发展的战略任务。我们必须按照市委十届二次全会和十届五次全会的部署，加快推进城乡经济发展、城乡规划建设、城乡基础设施、城乡社会事业、城乡劳动和社会保障、城乡生态建设、城乡管理体制等“七个一体化”，重点实施好十六项工程，全面推进六项改革，加快统筹城乡发展，进一步提升城市的综合竞争力。

全面崛起，就是要在中部地区乃至全国经济社会发展的大格局中，加快发展速度，提升发展质量和水平，使我们的经济总量不断提升，主要经济指标和人均水平继续前移，努力缩小与发达地区的差距，在周边和中部地区竞先发展的态势中，扩大交流、深化合作，推进工业化、城市化进程，基础设施建设、资源节约利用、生态环境保护、科技教育文化、公民素质提升等各个领域整体崛起，力争成为具有整体实力的强势地区。衡量阳泉是否“崛起”最主要的是看阳泉与周边中等城市和发达地区的综合实力的差距是快速缩小还是继续拉大，只有尽快缩小这种差距，实现赶超发展、跨越式发展，才意味着真正的“崛起”和全面的“崛起”。

要实现“统筹城乡、率先转型、全面崛起、富民强市”的目标，必须坚持五项原则，走好五条路子。即：坚持把科学发展观统领下的加快发展作为鲜明主题；坚持把调整经济结构、转变经济发展方式作为主攻方向；坚持把改革开放和科技进步作为发展的主要动力；坚持把统筹城市与农村、经济建设与社会事业协调发展作为发展的战略任务；坚持把不断提高人民生活水平作为发展的根本目的。着力突破结构性矛盾的瓶颈制约，增强可持续发展能力，走好转型发展之路；着力突破“二元结构”的瓶颈制约，加快城乡一体化步伐，走好统筹发展之路；着力突破社会事业发展滞后的瓶颈制约，解决好事关人民群众切身利益问题，走好和谐发展之路；着力突破生产方式落后的瓶颈制约，激发发展的活力和动力，走好创新发展之路；着力突破生态环境的瓶颈制约，提升城市发展的承载能力，走好绿色发展之路。

二、关于当前的几项重点工作

*（一）切实增强转型的紧迫感和责任感，以超常的力度加快推进资源型城市转型步伐。*加快经济结构调整，推进资源型城市转型，是历届市委、市政府都在探索解决的一个重大课题。多年来，我们进行了长期而艰辛的探索，也取得了一定的成效。但是，总的来看，长期积累的深层次结构矛盾问题没有根本解决，支柱产业单一、生产方式粗放、“一煤独大”的问题仍然十分突出，全市可持续发展面临严峻挑战。那么，阳泉的资源型城市转型到底靠什么？怎么转？我认为：一是要通过壮大县域经济推动转型；二是要通过发展民营经济带

动转型;三是要通过招商引资借力转型;四是要通过支持大企业、大集团发展支撑转型。

大力发展县域经济是实现率先转型的题中应有之意。县区发展是阳泉发展的基础,没有县区的进步就没有阳泉又好又快的发展。换言之,县域兴则阳泉强,就我市目前发展现状而言,县域经济发展还比较滞后,已经成为阳泉综合竞争力不强的症结所在。对此,我们必须进一步深化对市情的认识,坚持把县域经济放在事关阳泉全面崛起的战略位置。不断拓展县域发展空间,充分挖掘县域发展潜力,通过做强县域经济,拉动阳泉综合竞争力的快速提升,带动率先转型、推动统筹发展、加速全面崛起。当前和今后一段时期,县域经济发展总的要求,就是坚持科学发展观,以富民强县为目标,改革开放为动力,以工业化为主导,农业产业化为基础,以城镇化为支撑,动员全员创业,发展民营经济,确保县域经济实现跨越式发展。我们提出"突破阳泉"的概念,它的内涵包括老工业基地改造、资源型城市转型、统筹城乡发展的突破,也包括思想观念、思维定势、体制机制、政策措施的突破。比如:由于我市地域面积小,县区少,可比性不大,不能拿矿区和盂县比较,他们拥有的发展资源、发展条件不同。盂县虽然经济发展水平较好,但不能满足于只当阳泉的老大,应该放到全省、乃至中部地区同类县市的平台上来比较。只有各个县区"突破阳泉",找到自己的竞争坐标系,找到竞争对手,才能在全市形成争先恐后抓发展的良好局面和态势。因此,我们必须要拿出具体的规划和扶持的政策来,推动县域经济加快发展,使各县区在兴一方经济、富一方百姓基础上为阳泉经济发展作出应有的贡献。

民营经济是县域经济的重要支撑,是最具活力的经济增长极,是一个地区竞争力和可持续发展能力的重要体现。这几年,我们围绕发展民营经济,做了不少工作,但总的来说,我们的比例不大,全省民营经济占GDP比例为53%,而我们阳泉却不到40%,而且数量少,个头小,缺乏龙头性、旗舰性的企业。所以,我们要下大力推进民营经济腾飞,努力在总量扩张上做文章,在帮助企业做大做强上做文章,营造宽松的发展环境,出台优惠的政策措施,形成民营经济突飞猛进的良好态势,带动全市全民创业,形成充满生机的发展局面和奋勇争先的发展氛围。各级领导干部要放手放胆地去支持民营经济,民营企业更要放手放胆地去发展民营经济,进一步探索民营经济又好又快发展之路,着力做强、理性扩张,着力做优、锤炼内功,着力做活、积极应变。这是我们阳泉是否有活力、是否有竞争力,能否实现可持续发展的一个重要因素。

当前,我们重点要抓好煤炭资源的整合重组,这是提升煤炭行业整体素质的一个机遇。如何引进大企业大集团参与重组?如何带动非煤产业发展?政府是否还要在重组中参股或参股多少?等等,这些都是需要我们认真思考的问题。其次,我们还要抓好2×100万KW的盂县电厂、2×60万KW的南煤电厂、2×60万KW的娘子关电厂、2×30万KW的河坡电厂等大项目的实施,把电力产业做大做强,使之成为我市一个重要支柱产业。同时,要抓好重大的基础设施建设,比如:"两横两纵一循环"(所谓两横:南横是太旧高速公路,北横是平定—阳曲高速公路;所谓两纵:东纵是阳五高速公路,西纵是西环城高速公路;所谓一循环就是这些高速公路构成一个大的路网循环)的高速公路网建设和龙华河水电站建设,等等。在抓好重大基础设施建设的基础上,还要大力发展现代服务业,这是一个区域性中心城市辐射带动作用的重要标志。要高度重视旅游业、金融业、信息产业、物流业、商贸业、建筑业等产业的发展,随着我市路网的建成和区域中心城市建设的不断推进,这些都是我们应重点发展的产业。

*(二)坚持统筹发展,以强有力的举措务求在城乡一体化建设上取得新突破,并走在全省前列。*近年来,我们在推进城乡一体化建设方面进行了积极的探索和研究,形成了一系列具体的规划和意见,进一步理清了工作思路,明确了发展方向和发展重点。总的来看,这项工作有了一个良好的开端。

"七个一体化"和"十六项重点工程"是我们推进城乡统筹发展的重要抓手。实现城乡统筹发展,关键要抓好中心城市、县城、小城镇"三个点",中心城市的建设,要提升完善城市服务功能,提高辐射带动能力,按照组团式发展的要求,加快扩容提质的步伐。比如:当前国家信贷政策比较宽松,政府部门没有资本金,银行还可以先贷给我们资本金,然后再拿这些资本金去银行贷款搞建设,我们必须抓住这个难得的机会,办一些多年想办又没有条件办的事情。县城和中心集镇建设要由点到线,由线连面,形成统筹城乡发展的格局。要按照统一规划,认真做好县城和小城镇建设,形成以主城区为中心,县城为依托,星罗棋布的小城镇纽带。要重点搞好县城和小城镇的定位,抓好县城和小城镇的重大基础设施建设,经过几年时间,力争建成一批规划科学、设施良好、配套齐全、功能完善、承载力强、经济繁荣、环境优美、区域优势明显、社会全面进步的示范城镇,形成星罗棋布、纵横交错的示范城镇网络,从而带动城乡一体化发展。

*(三)加强生态文明建设,重点推进"三城同创",*不

断提高城市品位,努力打造生态文明、平安和谐的宜居城市。党的十七大把建设生态文明作为发展的一个重要目标提了出来,并首次把“生态文明”这一理念写进党的行动纲领,标志着我们党在注重经济发展的同时,更加注重生态环境的保护和治理,致力于建设人与自然和谐相处的社会。在阳泉推进生态文明建设,具有更强的针对性、现实性和紧迫性。长期以来,我们阳泉基本上走的是一条高消耗、高污染、低效益、粗放式的发展道路,特别是改革开放以来,受利益驱动,资源开采强度加大,乱开滥采非常严重,不仅造成了资源的极大浪费,而且生态遭受严重破坏,环境被严重污染,加快发展、科学发展的资源环境压力日益加剧。加快转变生产发展方式,加强资源环境保护和生态建设的任务,十分紧迫而繁重。

加强生态文明建设,要把发展循环经济作为切入点和突破口。发展循环经济是我们阳泉的比较优势和潜力所在,不仅可以延伸拉长煤炭产业链条,优化产业结构,增强可持续发展能力,而且可以减轻发展对资源环境的压力,符合建设资源节约型、环境友好型社会的要求。要按照减量化、再利用、资源化的思路,切实抓好煤矸石发电、粉煤灰建材、废水废气综合利用等循环经济项目。同时,要严格执行国家产业政策,大力推进节能减排,有计划、有步骤地淘汰一批落后产业和落后产能。在这一方面,我们的方向不能动摇、标准不能降低、力度不能减弱,必须本着对人民群众高度负责的态度,坚决摒弃不顾资源环境生态代价盲目追求发展速度的做法,任何时候、任何情况下,环境保护的“硬杠杠”万万不能宽,节能减排的“紧箍咒”万万不能松。

加强生态文明建设,要扎实推进“三城同创”。前两年,我们启动了国家级园林城市创建工作,同步推进蓝天碧水和造林绿化两大工程,全市生态建设和大气环境有了明显的改善,去年,我们顺利实现了创建省级园林城市的目标。在这个基础上,我们今年在全市经济工作会议上,明确提出了“三城同创”的目标任务,举全市之力用两至三年的时间,把我市创建成国家级园林城市、国家级环保模范城市、国家级卫生城市。确定这样一个目标,就是要大力加强生态建设和环境保护,加快改变工矿型城市的落后面貌,提升城市形象品位,打造城市名片。我们要按照“增加绿色、修复生态、优化环境、科学管理、多出精品”的总体要求,进一步突出重点、强化领导、加大投入,以强有力的举措开展“三城同创”,一是以生态理念指导“三城同创”;二是以科学规划引领“三城同创”;三是以重点工程推进“三城同创”。近期,我们准备召开全市“三城同创”大会进行再动员、再部署,广泛发动,深入推进,务求实效。在整体推进“三城同创”的过程中,我们要坚持分类指导、突出特色,板块推进、重点突破,整合资源、多元投入,大力加强城乡基础设施建设,按照开发新区、改造老区、治理沉陷区、拆迁棚户区、完善中心区的思路,深入实施“扩容提质”战略,拉伸城市框架、拓展城市空间。要突出抓好事关阳泉长远发展的道路、供水、供电和事关城市品位、人居环境改善等重点工程,为建设现代化区域中心城市打造发展平台,进一步把城市的规模做大、功能做优、环境做美、实力做强。正如一位同志的一篇文章写到的那样:“阳泉,阳泉,就是阳光照耀下的泉城”。这是多么美好,多么富有诗意的描述。这应该是我们追求的目标。

(四)高度关注民生,全面加强社会管理,积极推进和谐阳泉建设。构建和谐社会,关键是要牢固树立以人为本的思想,把以人为本理念贯穿于经济社会发展全过程,始终把维护人民群众的根本利益、促进人的全面发展作为我们谋划和推进发展的出发点和落脚点,真正做到发展为了人民、发展依靠人民、发展成果由人民共享。所以,要紧密结合阳泉实际,认真抓好“五大惠民工程”、努力实现“八个全覆盖”即:具备条件的建制村通水泥(油)路全覆盖、中小学校舍安全改造全覆盖、县乡村三级卫生服务体系特别是村级卫生室全覆盖、农村安全饮水全覆盖、新型农村合作医疗全覆盖、农村“万村千乡”市场建设全覆盖、乡镇文化中心全覆盖、农村60岁以上老人养老保险全覆盖,不断满足人民群众对教育、文化、医疗卫生、住房等方面的要求,提高养老、医疗和劳动保障水平,切实解决好就业、再就业方面的问题,使广大人民群众共享改革发展成果。

构建和谐社会,要大力加强社会管理,认真协调处理好各种社会矛盾和利益关系,深入细致地做好群众工作,工作重心下移,防范关口前置,疏通民主渠道,强化信访工作,加大矛盾纠纷排查力度,切实解决好人民群众反映强烈的热点难点问题,最大限度地把各类矛盾发现在萌芽、解决在基层、防患于未然。要深入开展“平安阳泉”创建活动,健全社会治安防控体系,加强社会治安综合治理,严厉打击各类刑事犯罪,维护社会秩序稳定,增强全市人民的安全感。

构建和谐社会,要更加注重安全生产。我市作为煤炭资源型城市,安全生产的任务非常繁重,尽管我们这几年工作做的不错,保持了比较稳定的安全生产形势,但是绝不能盲目乐观,掉以轻心。安全生产必须警钟长鸣,常抓不懈,始终放在头等重要的位置,作为第一责任,认真履行好职责。加强安全生产,关键是要健全安全生产责任制,落实好企业安全生产主体责任和政府及有关部门监管责任，并严格责任追究。对安全生产的重点部门、重点企业、重点部位要重点看护、重点监管，切实强化安全生产薄弱环节，消除安全隐患，建设本质安全型城市。

（五）深化改革、扩大开放，不断增强科学发展的活力和动力。就是要下决心解决一些制约我们发展的体制和机制的问题。要毫不动摇地坚持改革。着力在深化国有企业改革上下工夫，支持鼓励阳煤、南煤、阳光发电等一批优势骨干企业，通过重组、联合、合资、合作等形式，进一步做大做强；把中小企业改革与发展民营经济有机结合起来，支持和鼓励民营经济参与国有集体企业改革，增强中小企业的活力和竞争力。要大力推进行政管理体制改革。以转变政府职能为核心，按照中央、省的统一部署，做好新一轮政府机构改革工作，深化行政审批制度改革，强化行政问责制，全面加强经济调节、市场监管、社会管理和公共服务，建设公共服务型政府。要继续深化财税、投融资体制等改革，加快信用体系建设，进一步规范和发展各类行业协会、商会等自律性组织，健全完善市场体系，为企业公平竞争创造良好环境。

扩大开放是现代经济发展的必然要求，也是一个地区借助外力加速发展的必由之路。就是要全面优化发展环境，积极营造规范严明的法制环境、诚实守信的信用环境和优良高效的服务环境，积极营造重商、亲商、安商、富商的良好社会氛围。要全方位推进招商引资，全面开放投资领域，鼓励和吸引内资外资及各类社会资金投资经济建设。抓住国家实施中部崛起的机遇，争取国家在能源原材料、老工业基地改造、综合交通运输网等方面的倾斜支持，充分发挥比较优势，推进对外经济技术合作，拓展合作领域，特别注重与国内外知名大企业建立战略合作伙伴关系，努力在更大范围内参与经济合作和产业分工，提高城市的综合竞争能力。

（六）以开展学习实践活动为契机，全面加强干部队伍建设，为科学发展提供坚强保证。首先，要切实加强各级领导班子建设。事业需要好干部，发展需要好班子。要按照政治上更加坚定、组织上更加团结、思想上更加解放、结构上更加合理、作风上更加务实的要求。把各级领导班子建设成为能够担当起“统筹城乡、率先转型、全面崛起、富民强市”重任的班子，干事创业的班子，为民造福的班子，能够给干部群众以鼓舞和信心的班子。各级领导班子都要认真执行民主集中制，健全党委的议事规则、决策程序，既保证领导班子高效协调运转，保证决策的科学化、民主化；要加强团结、加强沟通、加强监督，在党性原则、工作大局和事业发展的基础上合作共事，提高班子的整体合力和解决自身问题的能力。其次，要高度重视基层党组织建设。党的基层组织是党的全部工作和战斗力的基础，我们要按照围绕中心、服务大局，拓宽领域、强化功能的思路，大力推进基层党组织建设，使基层党组织的凝聚力、战斗力不断增强，特别是要高度重视农村、企业、城市社区、机关、学校和新经济组织、新社会组织中党的建设工作，优化组织设置、扩大组织覆盖、创新活动方式，充分发挥基层党组织在推动发展、服务群众、凝聚人心、促进和谐的作用。再次，要加强干部队伍建设。培养和造就一支与时俱进的高素质的干部队伍，是实施“统筹城乡、率先转型、全面崛起、富民强市”战略的重要保证。加强干部队伍建设，要特别注重端正用人导向。选人用人要坚持品行为本，用靠得住的干部；要坚持务实为要、用肯实干的干部；要坚持责任为重、用敢负责的干部；要坚持民意为重、用口碑好的干部；要坚持清廉为贵、用严于律己的干部。要教育引导各级领导干部解决好思想观念与科学发展观不适应不符合的问题，解决好领导能力与科学发展观不适应不符合的问题，解决好工作作风与科学发展观不适应不符合的问题，牢固树立“突破阳泉”的理念，不要总是自己和自己比，不要老是在一个范围内考虑问题，必须把思路打开，把视野放开，把心胸放宽，把自己放到更大的平台上去较量，去比较；牢固树立“全域阳泉”的理念，不能把市区当作阳泉，也不能把阳泉当作市区，更不能把阳泉分为小阳泉、大阳泉，必须把阳泉作为一个整体概念，统筹布局、全域发展；牢固树立“精品阳泉”的理念，我们不做则已，要做就做精品，建一座楼就是一件工艺品，修一条路就是一道风景线。我们阳泉地域狭窄，回旋余地小，可供我们建设利用的土地十分有限，因此，我们做每一项工作都要树立一种追求卓越的精品意识和争先创优的精神境界，唯有这样，我们阳泉才能实现小而大气、小而秀气，小而有灵气。通过我们共同努力，把阳泉真正建设成为一个平安宜居、文明和谐的美好家园。

政府工作报告

——2009年5月23日在阳泉市第十三届人民代表大会第四次会议上

李栋梁

各位代表:

现在,我代表市人民政府向大会作工作报告,请予审议,并请市政协委员和其他列席人员提出意见。

2008年工作回顾

2008年,在中共阳泉市委领导下,市人民政府深入贯彻落实科学发展观,团结依靠全市人民,努力克服各种不利因素,较好地完成了年初确定的各项目标任务。全市生产总值完成310.8亿元,比上年增长9.5%。规模以上工业增加值153.4亿元,增长10%。财政总收入68.1亿元,增长19.5%,其中一般预算收入26.2亿元,增长21%。固定资产投资155.9亿元,增长25.6%。进出口总值1.55亿美元,增长72.7%。社会消费品零售总额123.1亿元,增长25.5%。城镇居民人均可支配收入13306元,农民人均纯收入5427元,分别增长14%和14.9%。居民消费价格指数为105.6%。城镇登记失业率3.79%。人口自然增长率4.43‰。万元生产总值综合能耗下降7.21%。市区大气环境质量二级以上天数345天,大气污染指数下降29.3%,达到国家二级标准,在全国重点监控的113个城市中,排位由上年的倒数第10位前进为正数第50位。在当年10项主要经济指标中,7项指标增幅在全省排位前移,3项指标排全省前三位,绝大多数指标提前两年实现了"十一五"规划目标。

一年来,主要抓了以下几方面工作:

一、坚持推进结构调整,转型步伐不断加快

坚持以项目建设为抓手,积极扩大投资需求,推进经济结构战略性调整。138个项目全面开工,其中81个项目完成或超额完成年度目标任务。"百项工程"完成总投资126亿元,其中招商引资到位资金81.6亿元,占全市固定资产总投资的52.4%。省级科技示范区建设顺利推进,科技对结构调整的推动作用更加明显。煤炭等传统产业进一步得到改造提升,电力、铝工业、新型材料、装备制造等产业不断发展壮大。积极创优金融服务环境,成功引进了股份制银行,成立了全省第一家村镇银行,批准了四家小额贷款公司。以旅游、商贸、物流、信息为重点的现代服务业加速发展,全市产业结构呈现不断优化态势,资源型城市转型迈出新的步伐。

二、积极推进生态建设,环境质量明显改善

进一步加大节能减排和环境保护力度,全市592家重点工业污染源治理全面达标,其中关停400家。积极推进资源综合利用,循环经济发展良好。通过三年攻坚,全面完成了市区26座煤矸山综合治理任务,提前两年实现了"十一五"二氧化硫减排目标。通过实施集中供热、清洁能源改造等一系列环保工程,城市集中供热率达到82%,污水处理率达到65%,生活垃圾无害化处理率达到81%,市区清洁能源使用率稳定在95%以上。实施六大绿化工程,完成各类造林10.7万亩,建成区绿化覆盖率达到37.79%,绿地率达到34.11%,人均公共绿地面积达到8.79平方米,建成了省级园林城市。

三、加快统筹城乡发展,"三农"工作得到加强

积极做好全省统筹城乡发展试点工作,基本完成了城乡一体化建设总体规划和专项规划。积极落实"城市带动农村、工业反哺农业"政策,企业重点帮建新农村237个,帮扶资金达到3430万元。31个省级新农村示范村建设成效显著,71个重点推进村全部完成了"四化四改"和"五个一"工程。完成移民搬迁383户、1422人。"万村千乡"市场建设、"村通硬化路"和"村通客车"工程均走在全省前列。娘子关水源地保护工程全面启动,龙华口水电站建设全面开工,农村饮水安全工程顺利推进。"3+2"富民工程成效明显。生猪存栏26万头,蛋鸡达到230万只。新建日光温室1400亩,蔬菜大棚360亩。核桃种植总规模达到15.8万亩。农民专业合作社累计发展到289个。积极落实中央各项惠民富民政策，多渠道促进农业增产、农民增收，农民收入增长幅度近年来首次超过城镇居民。

四、高度关注民生，和谐阳泉建设成效明显

继续大幅度增加财政对民生领域的支出。全部免除义务教育阶段学生学杂费。在全省率先实现基本普及高中阶段教育。进一步夯实基础教育，普通教育与职业教育比例达到 1∶0.9，为全省最高。高考达线率继续居全省第一。社区卫生机构全面达标，县乡村三级医疗卫生机构达标率为 72%，新型农村合作医疗参合率和城镇居民基本医疗参保率分别达到 93.24%和 91.1%，在全省率先基本实现了全民医保。新建廉租房 3.3 万平方米，解决了 483 户困难群众住房问题。启动了解决农村困难群体住房工作。建成 8 个乡镇综合文化站、150 个村文化室。体育事业蓬勃发展。国防后备力量建设和人防工作不断加强，双拥共建活动扎实推进。民族、宗教、外事、侨务、工商、质监、药监、气象、地震、档案、史志、文物、妇幼、老龄、残疾人、红十字会等各项工作也都取得了新的成绩。市政府为民办的 15 件实事全部完成，改革发展成果进一步惠及全市人民。

五、扎实推进民主法制建设，精神文明建设得到加强

自觉接受人民代表大会及其常委会的工作监督，接受人民政协的民主监督，认真听取社会各界人士和人民群众的意见、建议，196 件人大议案、建议、意见和 335 件政协提案全部办理完毕，办复质量进一步提高。依法治市得到加强，公民法制观念逐步增强。全面落实政府系统党风廉政建设责任制。监察、审计力度加大。圆满完成了村委会换届工作，基层政权得到加强。“平安阳泉”创建工作全面推进，社会治安综合治理成效显著。通过“大接访”活动，一些群众反映强烈的热点难点问题得到有效解决。应对突发事件机制逐步建立，全社会防灾避灾意识有所提高。及时消除了三鹿问题奶粉事件带来的不利影响。治超工作荣立全省一等功。安全生产工作被评为全省先进。深入贯彻落实科学发展观，社会主义核心价值观深入人心，全民思想道德素质得到提高。新闻、广播、文学艺术事业更加繁荣，人民文化生活丰富多彩。广泛开展了“迎奥运、讲文明、树新风”和纪念改革开放 30 周年主题活动，在奥运安保、支援抗击南方冰雪灾害和汶川特大地震灾害中作出了积极贡献，人民群众昂扬向上的精神风貌得到充分展现。

各位代表！过去一年的成绩来之不易，这是全市上下坚决贯彻落实中央和省各项工作部署，深入学习实践科学发展观的结果；是中共阳泉市委科学决策、正确领导的结果；是市人大依法监督、市政协民主监督和大力支持的结果；是全市人民勤奋努力、扎实工作的结果；也是社会各界鼎力支持、关心帮助的结果。在此，我代表市人民政府，向全市人民，向驻地部队广大指战员、武警官兵，向各民主党派、人民团体，向中央和省驻地单位，向所有关心、支持阳泉发展进步的各界朋友，表示崇高的敬意和衷心的感谢！

在肯定成绩的同时，我们也清醒地认识到，我市经济社会发展还存在许多矛盾和问题：结构性矛盾依然突出，发展方式比较粗放，生态环境比较脆弱；中小企业生产经营面临诸多困难，就业压力进一步加大，部分低收入群体生活困难；农业基础薄弱，农民增收难度较大；安全生产形势严峻；思想解放程度不够，改革开放力度不足，政府职能转变滞后，行政效率偏低，一些部门、单位和个别干部还存在官僚主义、形式主义等问题。对此，我们必须高度重视，认真加以解决。

2009 年主要工作任务

各位代表，2009 年政府工作的总体思路是：**全面贯彻落实党的十七大和十七届三中全会精神，以邓小平理论和“三个代表”重要思想为指导，以科学发展观为统领，按照省委、省政府关于“三个发展”的要求，围绕“统筹城乡、率先转型、全面崛起、富民强市”这一主题，努力走好转型、统筹、和谐、创新、绿色发展之路，积极应对金融危机，突出做好保增长、扩内需、调结构、惠民生等各项工作，加快推进新型能源基地、新型材料和装备制造业基地、现代服务业基地建设，努力把我市建设成生态文明、平安和谐的宜居家园和具有较强竞争力的现代化区域中心城市。**

2009 年全市经济社会发展的主要预期目标是：地区生产总值增长 9%；规模以上工业增加值增长 8%；全社会固定资产投资增长 25%；社会消费品零售总额增长 15%；居民消费价格涨幅控制在 4%以内；财政总收入和一般预算收入均增长 9%；城镇居民人均可支配收入增长 10%；农民人均纯收入增长 9%。这些目标是导向性的，也是可以根据形势发展变化进行调整的。

约束性指标是：万元生产总值综合能耗下降 6.2 %；城镇新增就业人数 2.1 万人，城镇登记失业率控制在 4.2%以内；人口自然增长率控制在 5‰以内。

各位代表！今年是新世纪以来我国经济发展最困难的一年。我们要充分估计形势的严峻性和复杂性，积极应对前进中的困难和挑战，坚定赢得未来发展的必胜信心。只要我们振奋精神，勇往直前，全力以赴，扎实工作，就一定能化挑战为机遇，变压力为动力，保持我市经济社会平稳较快发展!

今年,我们要重点抓好以下五个方面的工作:

一、加快经济结构调整,推进资源型城市转型

要以建设"三个基地"和推进传统产业新型化、新兴产业规模化为目标,以项目建设为重点,以改革开放和科技创新为动力,不断推进产业结构调整。今年,初步安排"百项工程"166个项目,总投资841亿元,其中,年内完成投资162亿元。

(一)调整优化工业结构,努力提升产业素质。煤炭工业要按照省政府要求,结合我市实际,着力抓好关闭矿井和兼并重组两项重点工作。全市现有煤矿要整合重组为50个单井年生产能力90万吨左右、机械化开采的现代化矿井,年内要完成25个矿井的重组任务。同时,要以兼并重组为契机,地下带地上,全力推进接续产业发展。电力工业年内开工建设娘子关2×60万千瓦电厂、河坡2×30万千瓦电厂,加快推进盂县格盟国际2×100万千瓦电厂核准工作,积极做好阳煤集团2×30万千瓦供热电厂和西上庄2×60万千瓦坑口电厂前期论证报批工作。铝工业要开工建设阳煤80万吨氧化铝二期工程,推动兆丰铝冶一分厂改扩建工程竣工投产,引进资金建设阳泉铝业20万吨电解铝三期工程。积极延伸铝工业产业链,组建煤、电、铝一体化企业集团,真正把我市建成晋东铝工业基地。耐火工业要围绕建设硅砖制品、高铝制品两大产品基地,积极利用天然气、瓦斯两大洁净燃料,推动企业上规模、产品上档次,以西小坪、千亨、华岭等骨干企业为主体,以资产资本为纽带,全力推进耐火企业兼并重组、做大做强。装备制造业要以矿用设备、机械、泵阀产品为主导,抓住全省煤矿兼并重组、技术改造的机遇,支持华越、华鑫等企业扩大市场份额,推动水泵、阀门两个公司战略重组,扶持吉天利、奥伦胶带、麟豪机械、建工暖通等新型制造业上档升级,全面提升我市装备制造业水平。化工工业要以化肥、乙炔化工、煤化工为主攻方向,加快建设盂县"3652"尿素、平定昌鑫40万吨生物有机复合肥、山西鑫磊40万吨电石等项目。支持日本矫马润滑油、台湾方大食品添加剂等化工企业加快发展。新型材料工业要以新型干法水泥、特种石墨、粉末冶金、磁材、新型建材为主导产品,加快启动亚美二期、中材400万吨、南娄100万吨水泥项目,支持中德合资西格里泉海公司技改扩建,促进南煤、华通环保节能建材项目达产达效。同时,积极推进钢铁、金属镁、合金等产业的发展,逐步形成主导产业龙头带动、新兴产业发展迅速的工业体系。

(二)以工业园区为平台,大力发展循环经济。按照规划先行、产业定位、健全设施、项目带动的工业园区发展模式,平定龙川工业园区要加快基础设施建设,打造我市大型工业集中区;盂县西部工业园区要科学规划,着重发展煤炭—电力—乙炔化工—PVC管材—水泥—新型建材循环工业区;郊区白泉工业园区要以电力、耐火、氧化铝、水泥、陶瓷为发展重点,加快土地平整步伐,引进规模大、科技含量高、带动性强的新型工业项目,建成我市的工业密集区。要以装备制造业为主体,启动建设城南科技产业区,加快市属工业企业"退城入园"。同时,要加快推进西小坪、南娄、张庄、贵石沟、阳泉铝业、开发区东区等工业园区建设,真正形成资源共享、人才共用、技术交流、发展有序的新型工业基地。要把循环经济作为我市经济发展的重要模式,引入工业园区建设。要以集约、高效、综合利用为主,发展煤炭产业循环经济;以煤炭洁净利用和废物综合利用为主,发展电业循环经济;以煤炭加工转换为主,发展新型煤化工产业循环经济;以物料平衡和资源综合利用为主,发展铝镁产业循环经济;以"三废"利用为主,发展新型建材产业循环经济。

(三)发展现代服务业,优化三次产业结构。要把现代服务业作为新的支柱产业来培育,进一步完善扶持服务业发展的政策措施,逐步提高服务业在GDP中所占的比重。大力发展旅游业,突出抓好景区开发规划和重大基础设施建设,营造良好的旅游发展环境。着力打造娘子关、藏山、翠枫山、狮脑山百团大战等旅游品牌。重点推进大阳泉、小河等历史文化名村以及滹沱河沿岸、梁家寨温泉、药岭寺休闲度假等一批旅游项目建设。积极培育发展商贸、物流服务业,重点推进晋东商贸物流园、美隆国际商城、天融中心商业广场、万通汽贸物流园等项目建设。围绕信息化带动工业化,大力发展信息服务业,突出抓好中欧信息社会阳泉示范项目建设,重点发展电子商务、电子政务、电子教育、电子便民等信息服务,全面打造"数字阳泉"。

(四)积极推进改革开放和科技创新,为转型发展提供强大动力。一是全方位扩大对外开放,在全社会营造亲商、安商、富商的浓厚氛围。要落实招商引资目标责任制,创新招商引资的方式方法,积极组织参加国内外相关招商活动,提高招商引资的质量和效果。力争全年签订项目合同90个,合同协议利用外来投资150亿元,实际到位资金达到80亿元以上。加快经济技术开发区建设步伐,使之真正成为我市对外开放的先行区。二是深化各领域改革。国有企业改革要有计划有重点地推进"四个一批":对市场前景好、产品竞争力强的企业,通过引进战略投资者,实施重组改革,做大做强一批；对产品有一定竞争力，但体制不顺、活力不强的企业，鼓励内部改革，放开搞活一批；对处于市区的高耗能、高污染企业，或产品失去竞争力的劣势企业，适度实施破产，关闭退出一批；对改革成本高、身份置换难的停产企业，适量关门养人，逐步消化一批。按照精简、效能、统一的原则，按期完成政府机构改革。做好事业单位分类改革试点工作。积极推进财税金融体制改革，搞好部门预算改革，优化财政支出结构，创优金融服务环境。三是努力帮助中小企业走出困境。积极落实国家和省"五缓四降三补贴"政策。加快金融担保体系和信用体系建设。引导企业积极争取上边的、用好银行的、引进外边的、盘活自己的，全力破解资金瓶颈。支持和鼓励有条件的企业上市融资。四是加快科技创新步伐，实施"人才强市"战略。重点培育和扶持高新技术项目和企业。大力实施名牌战略，鼓励企业加大科技投入，提升自主创新能力。加快科技孵化器建设。大力引进我市急需的各类人才，特别是高素质职业经理人才、市场营销人才、资本运营人才。注重培养本地科技人才，鼓励他们大胆创业。

二、围绕统筹城乡发展，全力做好"三农"工作

围绕统筹城乡发展"七个方面一体化"的总体任务，重点启动实施十六项工程，全面推进六项改革，努力促进农业产业化、农村工业化和城镇化。

（一）以农民增收为目标，大力推进农业产业化。按照种植区域化、养殖规模化、加工系列化的思路，大力发展特色农业。继续实施"3+2"农业产业化富民工程，要在稳定玉米、谷子等大宗粮食种植面积，确保粮食产量稳定增长的基础上，做大做强畜牧、干果、蔬菜三大优势产业，大力发展生态林业、小杂粮两大潜力产业。充分发挥田园乳业、乳泉乳业、金福来乳业等龙头企业的带动和辐射功能，稳步推进奶牛业规模发展，配套建设4个规范化奶站。抓好平定移穰和盂县春光养殖合作社两个万头猪场建设，抓好桃林沟30万只、柏井和东回50万只现代化蛋鸡养殖场建设，抓好盂县"千户獭兔养殖工程"和肉牛基地、郊区60个规模养殖小区的建设。以大寨饮品、欢乐喝彩两个核桃加工企业为龙头，带动全市核桃产业的大发展。继续实行核桃树苗财政全补政策，新增核桃基地1万亩，补种1万亩。继续实行新建日光温室每亩财政补助2万元的政策，新发展日光温室900亩、大棚蔬菜350亩，重点建设宁艾、温池、东村3个设施蔬菜基地，启动建设西河滩蔬菜直销市场和维社、河底两个蔬菜批发市场。依托三来食品、裕盛源农产品、西回小杂粮、川玉豆制品、万和油脂等龙头加工企业，带动全市小杂粮产业发展，全市杂粮种植面积稳定在16万亩。积极发展农民专业合作组织，建立新型农业社会化服务体系，完善农技推广、动物疫病防控、农产品质量安全体系建设。认真落实中央扶持粮食生产、农机具购置和退耕还林等各项补贴补助政策，积极争取国家关于农村基础设施建设、农村生态环境建设和农业社会化服务体系建设的扶持资金，夯实农业基础，提高农业综合效益。

（二）以发展民营经济为主体，做大做强县域经济。要把民营经济作为壮大县域经济的主体力量和有效实现形式，积极引进和培育一批知名度高、牵动力大、行业领先的民营大企业、大集团；要支持有品牌、有市场、有发展潜力的民营企业进行资产重组，扩张规模，提升档次。按照既要"铺天盖地"、又要"顶天立地"的要求，不断扩大民营经济总量，增强县域经济的发展实力。要制定民营经济腾飞计划，解放思想，创优环境，大力推进创业富民、就业惠民工程。认真落实各项扶持政策，在市场准入、财政扶持、直接融资、环境容量、建设用地等方面切实给予大力支持。要鼓励民营企业参与工业园区建设，参与国有企业改革重组；鼓励民营企业加快新产品、新技术开发，加强现代企业制度建设和管理，全面提升发展层次，真正成为县域经济发展的主力军。

（三）以城镇化建设为突破，加快城乡一体化步伐。要按照"组团式"发展思路，积极推进城市"扩容提质"，拉伸城市框架，拓宽发展空间，形成以中心城市为核心，县城、小城镇、中心村合理布局的新型城镇体系。市区和县城要按照规划，加大投入，整体推进城中村和城周村的改造步伐。每个县区要抓好3~5个特色小城镇建设。要下大力建设一批别墅小楼和农家特色小院相结合的中心村。积极推动县城和乡镇客运站场建设。实施农村气暖配套工程，推进大型沼气入户，安装秸秆气化炉6000个。完成户户通硬化路300公里。自来水入户率达到78%，解决6万人的饮水安全。加快龙川、阳光热电联供工程建设步伐，加快龙华口水电站和龙华口至盂县提水工程，抓好娘子关水源地保护、温河灌区水质净化工程，抓好山南水库等7个病险水库加固工程。积极推进市区东、平定西两座220千伏和矿区、郊区两座110千伏输变电工程。全面加快城乡生态建设、城乡教育均衡发展、医疗卫生提升、文化惠民、乡村文明创建等工程建设。积极推进户籍制度、农村养老保险、土地流转、"四权"确权等制度改革。以体制机制创新为重点促进城乡一体化发展。立足拉动农村消费，加快农村市场体系建设。全面推进"家电下乡"、"农机下乡"、"汽车下乡"等工作。要完成20个边远自然村、1500人的扶贫移民搬迁任务。

三、加快“三城同创”,建设宜居城市

要以加强基础设施建设为重点,以开展“净化、绿化、亮化、美化”为抓手,积极推进国家园林城市、国家卫生城市、国家环保模范城“三城同创”,努力把我市建设成为环境优美、生态文明的宜居城市。

(一)加快创建国家园林城市。按照2010年建成国家园林城市的奋斗目标,年内要努力完成7方面54项主要指标创建任务。要突出抓好两条循环路、石太高速铁路客运专线、阳泉北站景区、出省口景点绿化建设和市区、三个农业县区、各乡镇政府所在地环城、环镇绿化工程,抓好城中村、城周村、主干道沿线村的绿化美化工程。市区要重点抓好植物园、煤山公园、桃河公园二期等重点工程;完成桃北东路、桃南东路、南外环路等街道行道树更新补植;启动动物园搬迁,完成南山公园、儿童公园绿化景观改造;完成84个社区的园林绿化任务。完成桃南路建筑整饰及绿化美化,继续推进铁路沿线综合整治。指导和督促煤炭企业用好可持续发展资金,加快矿山矿区绿化步伐。同时,抓好苗木基地建设,加强森林资源保护和花草树木管护,全面实施封山禁牧和封山育林,加快生态恢复再造步伐。

(二)启动创建国家卫生城市。总体目标是用3年左右时间建成国家卫生城市。今年要对照国家卫生城市标准,以城市市容环卫建设和管理为重点,抓好四方面工作:一是以城市市区、城乡结合部、城中村卫生综合整治为重点,进一步加强市容环卫基础设施建设。年内改造新建二类以上60个水冲式公厕,新增800个果皮箱,增加更新500个垃圾桶。二是深化城市“网格化”管理,以街道、社区、居民小区、楼房为单元,实施市容市貌提升工程。整治交通秩序,取缔占道摊点,加强市容环境卫生管理,规范环卫管理秩序。三是加大生活用水、食品卫生管理和地方病、传染病防治工作力度,消除健康卫生隐患。四是大力开展爱国卫生运动,强化全民环卫意识,形成全民参与创建国家卫生城市的浓厚氛围。

(三)启动创建国家环保模范城。继续加大环保工作力度,争取用3年时间建成省级环保模范城,用4到5年时间建成国家环保模范城。今年要大力实施区域环境综合整治、水环境保护、矿山生态恢复治理、工业企业全面达标巩固提高、废物综合利用等五大工程,积极推进强化环境监管、注重生态建设、加大资金投入、落实目标责任、夯实基础建设等五项措施。积极推进桃河流域综合整治,落实好平定、盂县全省环境综合整治重点县区的相关政策。强化对滹沱河流域的生态保护。继续改善和提升市区空气质量,大气污染指数稳定在2.4以下;县区政府所在地二级以上天数达到260天以上。娘子关断面化学需氧量、氨氮浓度稳定达到4类水质。同时进一步加大节能减排力度,严格传统产业的能耗、环保准入门槛,落实新上项目能评、环评制度,加快推进关闭落后企业和淘汰落后产能工作进程。严格落实节能减排工作奖惩制和一票否决制。

(四)加快城市基础设施建设。道路交通工程要重点抓好“两纵两横一循环”高速路网建设,确保阳五高速市区至盂县段明年10月竣工通车,三年工期两年完。加快307复线二期、西环城高速路、207国道白泉至平定运煤通道建设。做好盂县至五台山、平定至大寨两条高速公路的前期准备工作,力争早日开工建设。抓好盂县至石太高速客运站路面及站前广场工程。抓好省道盂县至西南庄二级公路改造、白泉至杨树庄出省公路建设。抓好郊区新北大街、平定西外环路、盂县西外环路等工程建设。市政工程要完成平坦立交桥续建、深圳街拓宽、赛鱼路大修和坡头高速路出口改造、桃北东路至五渡桥拓宽、大阳泉桥和简子沟铁路跨线桥维修改造、兴隆商业步行街改造、桃河北岸河堤建设、泉中路地下通道、新建西路连接桥北街等工程。加快移动通信大厦建设。启动天桥拓宽、北大街拓宽、宏成桥至南大西街道路建设、大阳泉西路和北路建设、北山公园西路与新北大街连通道路工程。继续推进化工厂路工程。大力实施城市亮化工程,改善路灯规划设计,完善照明配套基础设施。同时,要树立经营城市理念,以经营的理念规划、建设和管理城市,实现城市资源配置容量和效益的最大化、最优化。

四、大力发展社会事业,积极构建和谐阳泉

我们要高度关注民生,切实把最广大人民群众的根本利益实现好、维护好、发展好。

(一)抓好创业就业工程。要全面实施积极的就业政策,充分发挥服务业、劳动密集型产业、中小企业、民营企业在吸纳就业中的重要作用。更多地开发和提供公益性就业岗位,充分发挥政府投资和重大项目带动就业的作用,优先安排“4050”人员、特困家庭人员等困难群体就业,健全面向所有困难群众的就业援助制度。加快建立以公共职业介绍机构为主体、覆盖城乡、功能完备的就业服务体系,促进农村劳动力多渠道就业和返乡创业。引导企业履行社会职责,防止拖欠职工工资,特别是农民工工资,避免出现大规模集中裁员现象。出台并落实好困难企业降低和缓缴社会保险费等措施。重点做好关停企业下岗失业人员的再就业工作,全力维护就业局势的稳定。加大对创业的支持力度,落实好税费减免、小额担保贷款等优惠政策,做好农民工返乡创业贷款、大学毕业生小额创业贷款等信贷服务工作。要大力开展创业培训,鼓励引导下岗失业人员转变观念,自谋职业、自主创业。

(二)切实做好社会保障工作。要以民营企业从业人员、灵活就业人员、困难企业职工和农民为重点,扩大各类保险覆盖面。完善城镇企业职工基本养老保险省级统筹制度,不断提高企业退休人员基本养老金水平。积极落实适合农民工特点的养老保险办法。进一步扩大机关事业单位养老保险覆盖面,探索建立全市统筹、统一规范的养老保险制度,推进市直机关事业单位参加失业、生育保险工作。进一步完善社会救助体系,做好城乡最低生活保障、农村五保供养、农村特困户生活救助以及城乡医疗救助等工作。继续加大对残疾人的关怀力度,年内为贫困白内障患者免费实施复明手术200例,免费康复训练40例,免费捐赠轮椅60辆,免费发放辅助器具100套,对100户贫困残疾人危房进行改造。

(三)优先发展教育事业。完善义务教育经费保障机制,落实好国家实施的免费义务教育及资助贫困学生的各项政策,促进义务教育均衡发展。以就业为导向,以培养实用技能人才为目标,大力扶持发展中等职业教育。加强中小学师资队伍建设,特别是农村教师队伍建设。认真做好义务教育学校绩效工资改革工作。全面实施中小学校舍安全工程,率先在全省实现义务教育阶段标准化建设。加快阳泉一中新校建设步伐,力争今年投入使用。整合初中教育资源,缓解小学升初中压力。整合小学教育资源,努力解决市区小学班容量大、校容量大的问题。着力构建高等教育体系,做好太原理工大学阳泉学院专升本和阳泉师范专科学校建设、申报工作。

(四)加快医疗卫生事业发展。积极推进县、乡、村三级医疗卫生机构建设,对16所乡镇卫生院进行设备更新,对300个村卫生所进行标准化建设。继续提高社区卫生服务水平。积极鼓励大医院与基层卫生机构"联姻"结对,招聘100名取得职业医师资格证的大专以上优秀毕业生任村医。坚持公共医疗卫生的公益性质,推进医药卫生体制改革,完善人人享有基本医疗卫生服务的全民健康体系。扎实做好人口和计划生育工作,落实奖励扶助政策和优生优育措施,稳定低生育水平,提高出生人口素质。

(五)大力发展文化事业和文化产业。积极推进精神文明建设,大力发展公益性文化事业,全面推进公共文化服务体系建设。加快完善城乡文化设施网络布局,突出抓好县文化馆、乡文化站、村文化室建设,按标准新建24个乡镇综合文化站、300个村文化活动室、180个农家书屋。启动阳泉书城、群艺馆工程,筹建老干部活动中心。深入实施文化下乡、文化信息资源共享、农村电影放映等文化惠民工程。充分发挥各类文化协会的积极作用,繁荣文学艺术事业,打造文艺精品。加强公共体育设施建设,广泛开展群众性的体育健身活动,提高竞技体育水平。办好庆祝新中国成立60周年文化活动。加强文物和非物质文化遗产普查、保护和开发利用。深化文化市场管理,培育新型文化市场主体,支持文化产业加快发展,积极扶持刻花瓷、煤雕工艺等特色文化产业项目,壮大文化产业规模。

(六)切实加强安全生产。牢固树立安全发展理念,确立大安全意识,深入推进"安全专项整治年"和安全生产"规范管理年"活动。强化生产经营单位安全主体责任,落实政府及有关部门安全监管主体责任,形成全社会抓安全生产的强大合力。重点抓好煤矿、非煤矿山和尾矿库、危险化学品、道路交通、建筑施工等行业和领域的安全生产专项整治工作,切实做好防火防汛工作,做好学校等公共活动场所安全工作。高度重视食品药品安全。加强道路治超工作。严格事故追究和行政问责,真正做到有责必究、有过必罚。

(七)加强社会管理,维护社会稳定。完善社会管理体制,加强社会组织建设和管理。健全社会防控体系,加强社会治安综合治理,确保人民安居乐业。健全利益协调机制、诉求畅达机制、矛盾排查机制和权益保障机制,特别关注和解决群众关心的热点难点问题,高度重视信访工作,坚决纠正损害群众利益的行为。建立健全突发事件应急管理机制,强化监测预警机制,完善社会动员机制,有效应对各类突发事件。积极推进社区建设,完善基层服务和管理网络。加强国家安全工作。加强国防动员建设,做好"双扶"工作,争创全国"双拥"模范城。维护妇女、儿童、残疾人和社会弱势群体的合法权益。重视老龄工作。依法管理民族宗教事务。做好侨务、对台、外事等工作。

各位代表,今年市政府要在全面完成以上各项目标任务的基础上,着力为人民群众办好以下10件实事:

1.实现"村通硬化路"全覆盖(两年完成)。

2.实现"中小学校舍安全改造"全覆盖(两年完成)。

3.实现"县乡村三级卫生服务体系"全覆盖(两年完成)。

4.实现"村通广播电视"全覆盖(两年完成)。

5.实现"农村安全饮水"全覆盖(两年完成)。

6.投入2900万元,为全市8万多60岁以上农村老人每人每月发放30元生活费，实现全市60岁以上农村居民新型养老保险全覆盖。

7.投入1128万元，新建24个乡镇文化站，实现“乡镇文化站”全覆盖。

8.新建40个农村“便民店”，实现“万村千乡”市场工程全覆盖。

9.实施全市义务教育阶段寄宿制学生“营养早餐”工程，投入212万元，为1万多名学生每人每天免费供应半斤牛奶。

10. 市政府出资500万元购置10辆豪华大巴，作为从阳泉站到阳泉北站的直达专车，解决群众坐火车出行难的问题；同时启动阳泉市区汽车客运站和盂县汽车客运站建设工程。

五、优化政务环境，建设人民满意政府

要以建设人民满意政府为目标，坚持诚信执政、科学谋政、依法行政、和谐理政、清廉从政的理念，不断提高为人民服务的能力和水平。

(一)解放思想，推动科学发展。要深入开展学习实践科学发展观活动，以科学发展观武装头脑，不断增强统揽全局、科学决策的能力，增强准确判断形势、应对复杂局面的能力。要树立强烈的改革意识、创新意识和发展意识，积极探索改革新思路，谋划发展新办法，实施工作新举措，努力在全市上下形成敢想敢干、敢闯敢试、攻坚克难、奋力争先的浓厚氛围。要善于用发展的思路、改革的办法，不断解决经济社会中的深层次矛盾和问题，不断促进阳泉发展更快，城市建设更美，人民生活更好。

(二)转变作风，狠抓工作落实。要以新一轮政府机构改革为契机，进一步转变职能，改进作风。要下决心从文山会海、迎来送往中解脱出来，把心思用在科学谋政上，把精力投到干事创业中。要大兴调查研究、求真务实之风，反对官僚主义、形式主义，尊民心、重民意，开短会、重实干，不搞劳民伤财的“政绩工程”、“形象工程”，真心诚意为群众谋利益。要进一步健全责任机制，顾全大局，团结协作，严格工作程序，严明工作纪律，做到令行禁止，确保政令畅通。要建立健全绩效评价体系，强化考核奖惩，强化行政问责，完善服务承诺，提高办事效率。各部门在全面做好日常工作的同时，要选择一两项工作重点突破，以突破性工作带动和促进日常工作上水平，通过扎实的工作和优质的服务，树立务实政府的形象。

(三)依法办事，建设法治政府。自觉接受人大工作监督和政协的民主监督，支持“两院”依法开展工作，认真办理人大议案、意见、建议和政协提案。坚持依法行政，严格按照法定的权限和程序行使权力、履行职责，做到有权必有责、用权受监督、违法要追究。要进一步推进政务公开，构建权力阳光运行机制，保障人民群众的知情权、参与权、表达权和监督权。健全重大事项集体决策、专家咨询、社会听证与公示等制度，努力使政府决策顺民心、合民意，使各项工作经得起实践和历史的检验。

(四)从严治政，树立廉洁形象。落实党风廉政建设责任制，真正形成按制度办事、靠制度管人的有效机制。领导干部要切实履行“一岗双责”，清清白白做人，堂堂正正干事。各级政府机关要带头发扬艰苦奋斗精神，严格控制行政支出，厉行勤俭节约，力戒铺张浪费。扎实推进惩治和预防腐败体系建设。深入开展煤焦领域反腐败专项斗争，继续对商业贿赂和专项资金开展综合治理，规范政府采购、工程招投标等工作，严肃查处各类违法违纪案件，坚决惩治腐败分子。深入开展政风行风评议活动，坚决纠正损害群众利益的不正之风，以清廉严明的形象取信于民。

各位代表！今年经济社会发展任务繁重，使命光荣，责任重大。挑战与机遇并存，困难与希望同在。我们一定要更加紧密地团结在以胡锦涛同志为总书记的党中央周围，在中共阳泉市委的领导下，进一步凝聚全市人民的智慧和力量，以高昂饱满的斗志锐意改革，以务实高效的工作推动转型，以科学发展的成果惠及民生，解放思想，同心同德，开拓奋进，全面完成各项目标任务，为促进我市经济社会又好又快发展而努力奋斗！

基本情况

自然地理

【位置 面积】 阳泉市位于山西省东部，地处黄土高原东缘、太行山中段西麓。北面与忻州市接壤，西北与太原市相连，西南和南面与晋中市相毗，东面与河北省石家庄市相邻。地理坐标：北纬 37° 40′ ~38° 31′，东经 112° 54′ ~114° 04′，总面积 4569.91 平方公里，约占全省总面积的 2.9%，其中城市建成区面积为 51.23 平方公里。石太铁路、朔黄铁路和太旧高速公路自西向东穿越市境，207 国道和 307 国道在境内交汇，交通便利。　（王　辑）

【地质 地貌】 *地质*　阳泉市位于山西中台隆东部，跨越五台隆起的南部、太行拱断束中段西侧、沁水台拗陷东北边缘，系 3 个构造单元的交汇处。

境内的出露地层由老至新依次为：中太古界阜平岩群、龙泉关岩群，上太古界龙华河岩群，下元古界滹沱群，中元古界长城系，下古生界寒武系、奥陶系，上古生界石炭系、二叠系，中生界三叠系，新生界第三系、第四系。各地层的分布情况：中太古界、上太古界和下元古界主要分布于盂县的北部；中元古界主要分布于平定县的东部；下古生界主要分布于盂县的中部、东部和平定县的东部，上古生界主要分布于盂县的南部、阳泉市郊区以及平定县的中部和西部；中生界仅在平定县的西南部有少量分布；新生界分布于盂县、阳泉市郊区以及平定县的中部。

境内岩浆岩分布不广，主要发育在盂县北部基底变质岩系中，中北部和南部盖层中亦有出露。岩性以基性岩为主，中性岩为次，侵入岩、喷出岩、脉岩均有产出；其中吕梁期、燕山期的基性脉岩较为发育，喜山期的喷出岩具一定规模。它们均有不同程度的次生变化，部分已变质或混合岩化，并且与许多重要矿产有密切关系。

地貌　阳泉市地貌以山地为主，山高谷深，地面崎岖不平。东部为太行山，西部为系舟山的支脉，均呈近南北向展布，山地约占总面积的 75%。山脉之间分布着一些盆地，面积较大的有西烟盆地、盂城盆地和平定—阳泉盆地。西烟盆地和盂城盆地底部各为一块面积不大的平原，平定—阳泉盆地底部是一片起伏和缓的土石丘陵。平原和丘陵约占总面积的 25%。境内黄土层厚度不大，且西部大于东部，呈黄土高原东缘的特色。从整体看，地势西高东低。最高点为北方山山脉的坪塔梁主峰，海拔 1803.6 米；最低点在娘子关绵河河谷与井陉县接壤处，海拔 350 米；最大相对高差 1453.6 米。市中心海拔约 700 米。

（王　辑）

【气候 水文】 *气候*　2008 年度阳泉市气候的主要特点是：全年降水正常，气温正常，日照偏少，春季雨水充沛，岁末干旱严重。各季气候特点：冬季日照少，中期（1 月中旬到 2 月上旬）异常寒冷。春季（3 月 ~ 5 月）3 月高温，4 月多雨，风沙天气多，雷暴、冰雹早。夏季（6 月 ~ 8 月）气温偏低，冰雹天气多，局部地区出现“卡脖子旱”和伏旱。秋季（9 月 ~ 11 月）降水少。

总体而言，2008 年农业生产的气候条件属正常年景。年降水量在 510.1 毫米 ~ 553.1 毫米，与常年比较属正常年份。全年≥50.0 毫米的日数只有平定出现 1 日。最长连续无降水日数分别是北中部（盂县、阳泉）70 日、南部（平定）37 日，全年有效降水（≥0.1 毫米）日数分别是 113 日 ~ 122 日，与多年平均相比偏多 10 日 ~ 18 日。

年平均气温阳泉、盂县、平定分别为 11.4℃、9.4℃、10.9℃，偏高 0.1℃ ~ 0.3℃。年极端最高气温分别

概

为 35.9℃、34.0℃、35.6℃，属于偏低的年份。年极端最低气温分别为－15.8℃、－17.8℃、－15.8℃，阳泉是 1980 年以来最低的年份。

日照时数全年在 2326.7 小时～2686.8 小时之间，偏少 50.1 小时～412.8 小时，北中部略偏少，南部偏少 1.5 成。（李润春）

水文 阳泉市境内除西部有约 22 平方公里属黄河流域外，其余均属海河流域。滹沱河及桃河是境内的主要河流。除滹沱河的干流外，其余河流均属暴雨型间歇河流，含沙量较大。阳泉站 2008 年实测年输沙量 6.35 万吨，输沙模数 51.2。境内地下水丰富，主要类型是碳酸盐岩类岩溶裂隙水，在东部露头形成娘子关岩溶大泉。

2008 年，境内降水丰枯程度为“平”。平均面降雨量为 521.5 毫米，折合水体 23.9 亿立方米，比上年减少 9.6%。实测最大点雨量 627.6 毫米，为上社雨量站测得；最小点雨量为 395.8 毫米，为石门口雨量站测得。最大点雨量与最小点雨量的比值为 1.6∶1。

主要河流水污染极为严重。桃河旧街断面为超Ⅴ类水质，超标项目为化学需氧量（超标 25.0%）、高锰酸盐指数（超标 25.0%）、总汞（超标 25.0%）、总氮（超标 100%）。桃河阳泉断面为超Ⅴ类水质，超标项目为高锰酸盐指数（超标 50.0%）、化学耗氧量（超标 50.0%）、化学耗氧量（超标 100%）、五日生化需氧量（超标 50%）、总汞（超标 50%）、总氮（超标 100%）、总磷（超标 50.0%）、石油类（超标 100%）。桃河白羊墅断面为超Ⅴ类水质，超标项目为氨氮（超标 100%）、高锰酸盐指数（超标 75%）、化学耗氧量（超标 100%）、总磷（超标 50.0%）、总氮（超标 100%）、氟化物（超标 75.0%）。温河温池断面为超Ⅴ类水质，超标项目为溶解氧（超标 50.0%）、氨氮（超标 100%）、高锰酸盐指数（超标 75.0%）、化学耗氧量（超标 100%）、挥发酚（超标 50.0%）、总汞（超标 25.0%）、总氮（超标 100%）、氟化物（超标 100%）、硒（超标 100%）。绵河娘子关断面同样为超Ⅴ类水质，超标项目为：溶解氧（超标 75.0%）、氨氮（超标 75.0%）、高锰酸盐指数（超标 75.0%）、化学耗氧量（超标 75.0%）、总氮（超标 100%）、总磷（超标 75.0%）。（徐峰伟 牛国平）

【土壤 植被】 土壤 阳泉市土壤面积共 38455 公顷（5768321 亩），占全市总面积的 86.38%，可分为 4 个土类、6 个土亚类、23 个土属和 91 个土种。4 个土类是褐土土类、潮土土类、粗骨土土类和石质土土类。其中褐土是一种地带性土壤，为境内的主要土壤类型，面积有 334533 公顷（5017993 亩），约占全市土壤总面积的 87%。（任仔苏）

植被 阳泉市境内属暖温带落叶林阔叶林地带。植被随环境条件的不同而形成 6 种植被类型：⑴温性针叶林，主要是油松林；⑵温性针阔叶混交林，主要为油松、辽东栎混交林；⑶温性阔叶林，主要为刺槐、鹅耳枥林；⑷灌草丛，境内为山皂荚、白羊草灌草丛；⑸草丛，主要为白羊草草丛；⑹栽培植被。

（王 辑）

【自然资源】 土地资源 根据国土面积详查数据，阳泉市土地总面积为 456991.21 公顷，约占全省土地总面积的 2.91%。其中，城区 1618.92 公顷，占全市土地总面积的 0.35%；矿区 1017.50 公顷，占全市土地总面积的 0.22%；郊区 62561.55 公顷，占全市土地总面积的 13.69%；平定县 139510.15 公顷，占全市土地总面积的 30.53%；

2008 年阳泉市各类土地利用变化情况统计表

表 2-1

一级地类	二级地类	年初面积	年末面积	净增减面积	净增减（%）
农用地	小计	254794.21 公顷（3821913.1 亩）	254749.67 公顷（3821245.0 亩）	－52.45 公顷（－786.8 亩）	－0.02%
	耕地	68323.63 公顷（1024854.4 亩）	68329.99 公顷（1024949.9 亩）	1.61 公顷（24.1 亩）	0.00%
	园地	6854.42 公顷（102816.3 亩）	6850.01 公顷（102750.1 亩）	－4.41 公顷（－66.2 亩）	－0.06%
	林地	131484.9 公顷（1972273.5 亩）	131459.2 公顷（1971887.3 亩）	－27.7 公顷（－415.5 亩）	－0.02%
	牧草地	28553.51 公顷（428302.6 亩）	28544.39 公顷（428165.8 亩）	－9.12 公顷（－136.8 亩）	－0.03%
	其他农用地	19577.75 公顷（293666.3 亩）	19566.13 公顷（293491.9 亩）	－12.83 公顷（－192.4 亩）	－0.07%
建设用地	小计	27952.39 公顷（419285.8 亩）	28095.07 公顷（421426.1 亩）	151.66 公顷（2274.9 亩）	0.5%
	居民点及独立工矿用地	25138.64 公顷（377079.6 亩）	25288.02 公顷（379320.3 亩）	158.35 公顷（2375.3 亩）	0.63%
	交通用地	2559.23 公顷（38388.5 亩）	2552.56 公顷（38288.4 亩）	－6.67 公顷（－100.1 亩）	－0.26%
	水利设施用地	254.51 公顷（3817.7 亩）	254.49 公顷（3817.4 亩）	－0.02 公顷（－0.3 亩）	－0.01%
未利用地	小计	174244.62 公顷（2613669.3 亩）	174146.47 公顷（2612197.1 亩）	99.21 公顷（1488.1 亩）	0.05%
	未利用土地	169056.9 公顷（2535853 亩）	169005.4 公顷（2535080.8 亩）	－52.54 公顷（－788.1 亩）	－0.03%
	其他土地	5187.75 公顷（77816.3 亩）	5141.09 公顷（77116.3 亩）	－46.67 公顷（－700 亩）	－0.90%

（张晓萍）

盂县252283.08公顷，占全市土地总面积的55.75%。截至2008年末，全市各类土地利用状况为：农用地总计254794.21公顷，占全市土地总面积的55.75%，其中耕地68323.63公顷；建设用地总计27952.39公顷，占全市土地总面积的6.12%；未利用地总计174244.62公顷，占全市土地总面积的38.13%。（张晓萍）

水资源　2008年，阳泉市河川径流量为3.2626亿立方米，比上年增加0.4%，比多年平均值减少36.4%；径流深为71.3毫米；地下水为2.6016亿立方米；扣除重复量后全市水资源总量为2.7156亿立方米。（徐峰伟　牛国平）

矿产资源　截至2008年末，阳泉市发现矿产资源65种，其中探明资源储量的矿产资源13种，又以煤炭、铝土矿、耐火黏土等矿产的储量较大。截至2008年末，全市煤炭保有资源储量805527.42万吨，资源量15850.3万吨；铝土矿保有资源储量9471.74万吨；耐火黏土保有资源储量24656.09万吨。

（张晓萍）

人　口

【年末总人口】　根据人口变动抽样调查数据，2008年末全市总人口为1319577人，比2007年末增加5833人，增长0.44%。分县区总人口详见表2-2。（吕宝堂　武惠琴）

【人口性别构成】　根据人口变动抽样调查数据，2008年全市总人口中，男性为682511人，占总人口的51.72%；女性为637066人，占总人口的48.28%；性别比（以女性为100）为107.13。分县区人口性别构成详见表2-3。

（吕宝堂　武惠琴）

【城乡人口】　根据人口变动抽样调查数据，2008年全市总人口中，居住在城镇的人口为771679人，占总人口的58.48%；居住在乡村的人口

2008年阳泉市分县区年末总人口及人口密度一览表

表2-2

	年末总人口（人）	土地面积（平方公里）	人口密度（人/平方公里）
全　市	1319577	4570	288.7
市　区	681185	652	1044.8
其中：城区	172113	16	10757
矿区	228000	10	22800
郊区	281072	626	449
平定县	334228	1395	239.6
盂　县	304164	2523	120.6

注：人口密度的人口数按人口抽样调查数据作为计算依据。（吕宝堂　武惠琴）

2008年阳泉市分县区人口性别构成一览表

表2-3

	男性（人）	女性（人）	性别比（以女性为100）
阳　泉　市	682511	637066	107.13
城　区	88745	83368	106.45
矿　区	115237	112763	102.19
郊　区	147942	133130	111.13
平定县	173499	160729	107.95
盂　县	157088	147076	106.81

注：开发区人口数包括在郊区人口数内。（吕宝堂　武惠琴）

2008年阳泉市分县区城乡人口一览表

表2-4

	城镇人口（人）	乡村人口（人）	城镇人口比重（%）
阳　泉　市	771679	547898	58.48
城　区	172113	0	100
矿　区	228000	0	100
郊　区	193236	87836	68.75
平定县	93985	240243	28.12
盂　县	84345	219819	27.73

注：开发区人口数包括在郊区人口数内。（吕宝堂　武惠琴）

2008年阳泉市分县区人口自然变动情况一览表

表2-5

	人口出生率（‰）	人口死亡率（‰）	人口自然增长率（‰）
阳　泉　市	11.61	7.18	4.43
城　区	10.16	5.77	4.39
矿　区	9.91	5.45	4.46
郊　区	11.24	7.27	3.97
平定县	13.34	8.6	4.74
盂　县	12.13	7.61	4.52

注：郊区数据中包括开发区。（吕宝堂　武惠琴）

为547898人,占总人口的41.52%。分县区城乡人口详见表2-4。

(吕宝堂 武惠琴)

【人口自然变动】 根据人口变动抽样调查数据,2008年全市人口出生率为11.61‰,人口死亡率为7.18‰,人口自然增长率为4.43‰。分县区人口自然变动情况详见表2-5。 (吕宝堂 武惠琴)

民族 宗教

【民族】 截至2008年末,阳泉市共有34个民族。即:汉族、蒙古族、回族、藏族、维吾尔族、苗族、彝族、壮族、布依族、朝鲜族、满族、侗族、瑶族、白族、土家族、哈尼族、傣族、黎族、傈僳族、佤族、畲族、水族、纳西族、土族、达斡尔族、仫佬族、羌族、毛南族、仡佬族、锡伯族、阿昌族、塔吉克族、鄂温克族、独龙族。汉族人口占全市总人口的99.70%。少数民族共有人口3764人,占总人口的0.30%。回族人口有1587人,是阳泉市人口最多的少数民族。少数民族流动人口数232人,暂住人口数262人,主要是到阳泉经商的新疆维吾尔族、青海回族和西藏、四川等地的藏族。 (崔建明)

【宗教】 阳泉市有道教、佛教、伊斯兰教、基督教、天主教五种宗教,宗教团体有阳泉市伊斯兰教协会、阳泉市佛教协会、阳泉市基督教"三自"爱国运动委员会、阳泉市基督教协会、阳泉市天主教爱国会筹备组。全市经政府批准的法定宗教活动场所有18处(佛教10处,伊斯兰教1处,基督教5处,天主教2处),全市宗教教职人员有42人(伊斯兰教阿訇1人,佛教比丘、比丘尼23人,天主教神甫2人,基督教长老4人、传道员11人)。截至2008年底,全市信教总人数57820人。其中,信奉佛教的人数居多,有近5万人;伊斯兰教2369人;基督教4977人;天主教近2000人;道教人数最少。

(崔建明)

阳泉市行政区划统计表

表2-6

	全市	城区	矿区	郊区	平定县	盂县
市辖区	3	1	1	1		
市辖县	2				1	1
街道办事处	12	6	6			
镇	20			4	8	8
乡	12			4	2	6
居民委员会(社区)	112	43	40	5	18	6
村民委员会	960			189	318	453

(吕宝堂 武惠琴)

行政区划

【行政区划情况】 截至2008年底,阳泉市辖3区、2县、12个街道办事处、20镇、12乡、112个居民委员会(社区)和960个村民委员会。

(吕宝堂 武惠琴)

国民经济和社会发展

【概述】 2008年,在市委、市政府的领导下,全市人民深入学习实践科学发展观,认真贯彻落实党的十七大和十七届二中、三中全会精神,紧紧围绕市委、市政府提出的"在全省争先发展,在全国中部同等城市率先崛起"的"两先"发展目标,继续实施"大开放、大项目、大企业、大民营"四大战略,积极破解资源型城市转型、统筹城乡发展、工矿型城市改造提升、生态环境保护等"四大难题",坚持走好转型、创新、绿色、统筹、和谐发展这"五条路子",强力推进"百项工程"建设、园林城市创建、统筹城乡一体化发展、科技示范园区建设等重点工作,努力降低全球金融危机影响,较好地完成了年初确定的各项目标任务。全市呈现出经济平稳较快增长、结构趋于优化、效益稳步提高、社会各项事业长足发展、民生得到进一步改善的态势。

国民经济继续保持平稳较快增长,综合实力继续增强。2008年,全市生产总值完成310.7亿元,按可比价格计算,比上年增长9.5%。其中,第一产业实现增加值5.08亿元,增长20.0%;第二产业实现增加值183.93亿元,增长9.3%;第三产业实现增加值121.64亿元,增长9.3%。三次产业的比例为1.6∶59.2∶39.2。

"百项工程"实施成效明显,经济结构升级步伐加快。年内"百项工程"155个项目,有138个开工建设,开工率为89%,累计完成投资126亿元。其中,阳五高速公路、龙华口水电站等一批基础设施工程全面开工;石太高速铁路、50万伏输变电等工程已经完工或投入运营;晋东物流中心、3652尿素等一批新型接替项目正在积极推进;沉陷区治理、棚户区改造、娘子关水源地保护等一批民生工程建设进度加快。大力实施借力发展战略,引进一批对全市产业升级、城市转型具有重大影响的战略投资。全年全市合同协议利用外资214.9亿元,共有144个项目到位资金81.6亿元。投资增量的不断扩大带动了存量调整,为优化阳泉市经济结构、转变经济增长方式起到重要作用。

劳动就业工作状况有所好转。2008年,全市新增就业岗位2.49万个,安置"4050"人员(男50岁、女40岁以上待岗人员)14910人,年末全市城镇从业人员达到22.32万人,城镇登记失业人员8742人,城镇登记失业率为3.79%,控制在了4%的预期目标以内。

国民经济和社会发展中存在的主要问题是:新兴支柱产业发展较慢,结构性矛盾依然突出;受全球金融危机影响,全市经济增速明显回落;停产和半停产企业增加,劳动就业压力增大,就业形势更加严峻。

(吕宝堂 武惠琴)

【农村经济】 2008 年,阳泉市农业和农村经济平稳发展。全年粮食总产量为 22.04 万吨,比上年下降 3.0%。其中,夏粮产量 0.20 万吨,下降 11.8%;秋粮产量 21.84 万吨,下降 3.0%。主要经济作物中,蔬菜产量 8.85 万吨,比上年增长 11.1%;油料产量 540 吨,比上年增长 31.4%;水果产量 1.40 万吨,比上年增长 29.6%。

2008 年,全市围绕创建国家级园林城市的总目标,大力实施造林绿化工程,取得显著成效。全年共完成造林面积 6627 公顷;幼林抚育面积 4656 公顷;零星植树 257 万株。

全年肉类总产量 1.03 万吨,比上年增长 -25.3%;其中,猪牛羊肉产量 0.97 万吨,增长 0.3%。牛奶产量 0.85 万吨,下降 45.8%;禽蛋产量 1.25 万吨,增长 39.6%。年末大牲畜存栏 2.05 万头,猪存栏 10.08 万头,羊存栏 6.59 万只。

全年渔业总产值达 973 万元,比上年增长 19.6%。水产品产量 622 吨,比上年增长 19.6%。

农业生产条件继续改善,年末有效灌溉面积累计为 8790 公顷,达标节水灌溉面积累计为 6480 公顷。全年农村化肥施用量(折纯)1.33 万吨,比上年增长 0.3%;农村用电量 8.53 亿千瓦小时,比上年下降 3.0%。

全年乡镇企业实现总产值 305.52 亿元,按现价计算,比上年增长 8.0%;实现增加值 83.32 亿元,比上年增长 13.7%;上交税金 15.8 亿元,比上年增长 26.1%,乡镇企业仍为全市经济发展的一大支柱。

(吕宝堂 武惠琴)

【工业和建筑业】 工业生产平稳增长。2008 年,全市年主营业务收入 500 万元以上的工业企业(以下简称规模以上工业企业)完成工业增加值 153.4 亿元,比上年增长 10%。其中,轻工业完成增加值 2.0 亿元,比上年增长 - 28.5%;重工业完成增加值 151.4 亿元,比上年增长 10.5%

产销衔接良好。全年规模以上工业企业实现销售产值 389 亿元,比上年增长 22.9%;产品销售率达到 99.5%,基本实现了产销同步发展。

主要工业产品产量有增有减,发展不均衡。规模以上工业企业列入市考核的 30 种主要工业产品产量中有 14 种比上年增长,占 46.7%。其中,原煤 6582.5 万吨,比上年增长 9.5%;洗煤 1199.1 万吨,比上年增长 15.0%;液体乳 5270.0 吨,比上年增长 - 29.2%;软饮料 5580 吨,比上年增长 5.5%;布 348 万米,比上年增长 - 74.5%;烧碱 12541 吨,比上年增长 - 34.7%;润滑油 20023 吨,比上年增长 6.0%;焦炭 59.7 万吨,比上年增长 2.8%;硫酸(折 100%)8.0 万吨,比上年增长 5.7%;蓄电池 116245 千伏安时,比上年增长 33.3%;电石 4.2 万吨,比上年增长了 - 54.9%;水泥 123.1 万吨,比上年增长了 - 12.3%;瓷质砖 108.0 万平方米,比上年增长了 - 48.9%;生铁 6.7 万吨,比上年增长 - 66.4%;氧化铝 34.9 万吨,与上年持平;粉末冶金 13160 吨,比上年增长 - 49.4%;电解铝 15 万吨,比上年增长 3.6%;阀门 7905.2 吨,比上年增长 20.0%;聚氯乙烯 39534.4 吨,比上年增长 - 9.3%;发电量 146.7 亿千瓦小时,比上年增长 -1.7%。

工业整体效益快速提升。全年规模以上工业企业实现主营业务收入 465.3 亿元,比上年增长 51.6%;实现利税 69.7 亿元,比上年增长 78.3%;实现利润 26.9 亿元,比上年增长 93.5%;亏损企业 47 个,亏损面为 24%,亏损企业亏损额 2.3 亿元,比上年增长 53.6%;产成品资金占用 30.8 亿元,比上年增长 59.5%,应收账款净额 48.2 亿元,比上年增长 35.9%。建筑业生产稳步增长。全年建筑施工企业完成建筑业增加值 6.0 亿元,比上年增长 13.2%;完成施工产值 66.6 亿元,比上年增长 47.6%;完成房屋建筑施工面积为 275 万平方米,增长 - 2.2%,完成房屋建筑竣工面积为 85.2 万平方米,比上年下降 10.6%。

(吕宝堂 武惠琴)

【固定资产投资和城市建设】 固定资产投资继续高速增长。2008 年,全市全社会固定资产投资额完成 156.4 亿元,比上年增长 25.6%。

全年房地产企业完成房屋施工面积 268.23 万平方米,比上年增长 7.2%;房屋竣工面积 37.7 万平方米,比上年增长 - 22.0%;房屋销售面积 150.31 万平方米,比上年增长 99.4%。

全年固定资产投资新增主要生产能力主要有:煤炭 555 万吨,洗煤 60 万吨,火力发电 30 万千瓦,供水能力 1 万吨 / 日,污水处理能力 2 万吨 / 日,新建和改建公路 34 公里,输电线路 226 公里,铝型材 10000 吨。

城市面貌继续改善。全年城市基础设施建设投资完成 48583 万元(不含住宅);新增燃气供气管道 22 公里,新增用户 7045 户,用气普及率达到 85.81%;新增集中供热面积 113.17 万平方米,集中供热热化率达 82%;城市排水管道长度累计达到 212.42 公里;建成区绿化覆盖面积达到 1936 公顷,覆盖率达到 37.79%,比上年增加 3.16 个百分点;人均公共绿地面积达到 8.79 平方米。2008 年底,全市城市道路长度累计达到 383.6 公里;城市道路面积累计达到 458.2 万平方米;城镇化水平达到 58.48%。 (吕宝堂 武惠琴)

【能源】 能源工业发展迅速。能源工业的生产和销售继续保持良好的发展势头。2008年,全市用于能源工业的投资达62.03亿元,占全市固定资产投资的39.8%。其中,用于煤炭工业的投资39.97亿元,用于电力工业的投资22.06亿元。全年一次能源生产折标煤4701.8万吨,比上年增长9.5%;二次能源折标煤670.5万吨,比上年增长-2.2%。

能源消费有增有减。全年规模以上工业企业能源消费总量达818.1万吨标准煤,比上年增长0.6%。其中,煤炭消费量829.6万吨,增长0.2%;汽油消费5396吨,增长0.1%;柴油消费25272吨,增长1.3%;电力消费65.9亿千瓦小时,增长-0.5%。规模以上工业万元增加值能耗4.39吨标准煤,比上年增长-9.1%。

能源外输量持续增加。全年共调往省外煤炭4813.1万吨,外输煤炭占原煤产量的73.1%。向省外输送电力13.3亿千瓦小时,外输电量占发电总量的9.1%。

(吕宝堂　武惠琴)

【交通运输　邮电业】 交通运输业稳步发展。受原煤市场好转和运输条件不断改善等有利因素的影响,全市铁路和公路运输呈现出稳步增长态势。全年货物运输总量11913.7万吨,比上年增长4.0%。其中,铁路3785.2万吨,比上年增长7.5%;公路8128.5万吨,比上年增长2.5%。货物运输周转量187.4亿吨公里,比上年增长5.3%;其中,铁路148.9亿吨公里,比上年增长5.7%;公路38.5亿吨公里,比上年增长3.8%。全年旅客运输总量3417.7万人次,比上年增长1.5%。其中,铁路151.2万人次,比上年增长1.8%;公路3266.5万人次,比上年增长1.5%。旅客运输周转量19.0亿人公里,比上年增长2.2%。其中,铁路7.6亿人公里,比上年增长2.7%;公路11.4亿人公里,比上年增长1.8%。

邮电通信业继续增长。全市全年完成邮电业务总量17.7亿元,比上年增长68.5%。年末邮路总长度达1214公里;新增移动电话用户66467户;年末固定电话用户比上年增长-7.7%;移动电话用户增长9.1%。固定电话普及率为26.91部/百人;移动电话普及率为60.32部/百人,比上年提高7.2个百分点。年末电话交换机总容量达129.9万门,比上年增长8.3%;全市公用电话用户达32214户,比上年增加1507户,增长4.9%。

(吕宝堂　武惠琴)

【贸易　旅游　物价】 国内市场持续升温。随着全市国民经济的持续发展和城乡居民收入较大幅度的增加,为消费品市场的升温并保持两位数增长提供了基础保障。2008年,全市社会消费品零售额完成123.1亿元,比上年增长25.6%。消费市场的一个显著特征是,城乡消费差距进一步缩小,基本实现同步增长。全年城市消费品零售额为90.1亿元,比上年增长24.8%;农村消费品零售额为33亿元,比上年增长27.5%。

外贸进出口发展迅速,全年海关进出口总额完成15456万美元,比上年增长72.7%。其中,出口总额为12008万美元,比上年增长74.9%;进口总额为3448万美元,比上年增长65.3%。全年144项招商引资项目到位资金81.6亿元,比上年增长21.8%,其中实际到位境外资金4881万美元。

旅游业迅速发展。2008年,"藏山、娘子关、百团大战"三个景区带动作用势头强劲,翠枫山、药岭寺、和谐生态园等景区建设开发力度进一步加大。全年全市接待国内游客586.7万人次,比上年增长10%;旅游收入44.9亿元,比上年增长36%;入境旅游者9973人次,比上年增长一倍;旅游创外汇收入422.2万美元,比上年翻了一番;各旅游景区接待212万人次,比上年增长34.7%,门票收入3321.5万元,比上年增长50.8%。

市场物价继续保持结构性上涨。据抽样调查,2008年,全市居民消费价格总水平比上年累计上涨5.6%,比上年扩大0.5个百分点。若扣除食品和能源价格上涨因素,居民消费价格总水平上涨0.2%,比上年回落1个百分点。

(吕宝堂　武惠琴)

【财政　金融　保险】 财政收入继续大幅增长。2008年,全市各级财税部门认真贯彻执行国家财政政策,不断深化财政体制改革,提升依法理财水平,提高财政保障能力,使财政收入保持了较高的增长幅度。全年全市财政总收入完成68.1亿元,比上年增长19.5%,高于同期经济增长率10个百分点,超额完成全年预期目标。其中一般预算收入完成26.2亿元,比上年增长21%。全年一般预算支出执行40.6亿元,比上年增长21.4%。

金融对经济建设发挥出巨大的支持作用。2008年末,全市金融机构人民币各项存款余额553.4亿元,比年初增加128.5亿元,增长30.2%。其中城乡居民储蓄存款余额345.2亿元,比年初增加78.2亿元,增长29.3%。人民币各项贷款余额225.6亿元,比年初增加25.7亿元,增长12.8%。其中,短期贷款余额128亿元,比年初增加12亿元,增长10.3%;中长期贷款余额89.4亿元,比年初增加10.2亿元,增长12.8%。全年累计现金收入948.8亿元,比上年增长9.3%;现金支出955亿元,增长9.6%;收支相抵,净投放现金6.2亿元。

保险事业发展迅速。2008年保费收入达到15.29亿元,比上年增长41.8%。其中,财产险保费收入3.64亿元,增长36.8%;人身险保费收入11.66亿元,增长43.8%。全年赔付金额4.25亿元,增长44.6%。其中,财产险赔付1.76亿元,增长44.3%;人身险给付金额2.49亿元,比上年增长43.9%。

(吕宝堂　武惠琴)

【科技　教育　文化　卫生　体育】 科学研究和技术创新取得新进展。

2008年，共评出市级科研成果41项。科技投入逐年增加，全年共投入2232万元，用于市本级科技三项费用，对175个科技项目进行了扶持，促进了科技成果转化，取得了较好的经济和社会效益。科技创新步伐加快，年内争取到国家和省级科技项目59项，认定高新技术企业1家。全年专利申请量达242件，平均每10万人申请专利18件。

教育事业全面发展，教育水平不断提高。中等学校和高等学校在校生增加，中小学生素质教育逐步深化。到2008年末，全市普通高等学校在校生9050人，普通中等专业学校在校生4739人，普通中学在校生8.77万人，职业中学在校生9375人，小学在校生10.3万人，全年在园幼儿28130人。成人教育和各种形式的技术培训取得新的成绩。

文化事业健康发展。2008年末，全市共有艺术表演团体5个，演出场次1308场；公共图书馆藏书56.41万册；广播综合人口覆盖率100%，电视综合人口覆盖率100%，阳泉广播电视总台大楼竣工启用；《阳泉日报》全年发行量1358.9万份。

卫生条件继续改善，医疗水平稳步提高。年末全市乡镇以上各类卫生事业机构共有109个，床位6082张；其中医院38个，床位4906张。全市有专业卫生技术人员8360人，其中执业医师3048人、执业助理医师479人、注册护士3085人。全市每千人拥有床位4.6张，每千人拥有医生2.8人。全市农村常住人口参加新型农村合作医疗制度覆盖率达到100%。

体育事业取得新成绩。2008年，竞技体育取得可喜成绩，阳泉籍运动员代表国家、省参加全国以上比赛3项，共获得金牌3枚，银牌3枚，铜牌1枚；在全省性竞技体育比赛中共获金牌37枚、银牌32枚、铜牌27枚。群众性体育活动蓬勃开展，全年承办省级以上体育比赛5次，全年举办各级各类群体竞赛活动2200项次，参加竞赛人数约65万人；其中市级比赛42次，参加竞赛人数约6万人。全市体育场地总数为1210块，人均公共体育场馆面积为1.13平方米。

（吕宝堂　武惠琴）

【环境保护和安全生产】　环境保护成绩突出。2008年，全市环境保护工作取得明显成效，环境空气质量明显改善，市区空气质量达到国家二级标准。监测结果表明：全年市区空气质量Ⅱ级或优于Ⅱ级的天数共345天，其中，Ⅰ级天数68天，占全年监测天数的18.6%；Ⅱ级天数277天，占全年监测天数的75.7%；全年无轻度（Ⅲ2级）、中度（Ⅳ1级）、中度重（Ⅳ2级）、重度（Ⅴ级）污染天气。Ⅱ级以上天数比上年增加了26天，增长8.2%。在全省11个市中，Ⅱ级以上天气阳泉排名第五位。市区空气综合污染指数为2.02，在全省11个市环境空气综合污染指数排名中，阳泉居第五位，前移了三位。市区环境空气中二氧化硫、可吸入颗粒物、二氧化氮的年平均浓度分别比上年下降了37.1%、17.4%、26.8%。市域内地表水水质状况无明显变化，晓庄断面综合污染比上年同期上升7.27%，白羊墅断面、娘子关断面综合污染指数分别比上年同期下降2.28%、3.24%。

安全生产成效显著。2008年，全市共发生各类生产经营事故909起，死亡89人（不包括省营以上企业事故3起4人），分别比上年下降17.74%和8.25%。全年全市亿元地区生产总值生产安全事故死亡率为0.3，比上年下降23.08%；全市地方煤矿百万吨死亡率为0.56，比上年下降3.44%。全年发生道路交通事故803起，致70人死亡，135人受伤，造成经济损失152.51万元；全年发生火灾事故97起，无人员伤亡，造成经济损失142.21万元。

（吕宝堂　武惠琴）

【人民生活和社会保障】　城乡居民收入继续增加。2008年，全市在岗职工平均工资达到31564元，比上年增长23.2%，但行业之间的差距仍十分明显。据抽样调查，全年城镇居民人均可支配收入达到13306元，比上年增加1630元，增长14.0%，扣除物价因素实际增长7.9%。城镇居民人均消费性支出8533元，增长12.5%。全年农民人均纯收入5427元，比上年增加703元，增长14.9%，为2004年以来的最高增幅。农民人均生活消费支出3933元，比上年增长4.8%。城乡居民的生活质量进一步提高。城乡居民家庭的恩格尔系数（即居民家庭食品消费支出占家庭消费支出总额的比重）分别为35.1%和35.8%。城乡居民的收入、消费绝对额均创历史最好水平。

城乡居民居住条件继续改善。据市建设局统计，2008年末，全市城镇居民人均住宅建筑面积达到24.7平方米，比上年增加3.2平方米；农村居民人均住宅建筑面积达到25.9平方米，比上年增加0.88平方米。

社会福利及社会保险事业进一步发展。2008年，市福利院拥有床位300张，收养人数169人，国家抚恤、补助各类优抚对象3408人。全年社会销售福利彩票5500万元，筹集社会福利资金1671万元。全市城镇基本社会保险覆盖率达到87.83%，比上年提高2.36个百分点。各项社会保险的参保征缴呈现良好势头。全年参加企业养老保险人数达到13.37万人，基金征缴5.86亿元；参加机关事业单位养老保险人数达到1.82万人，基金征缴7060万元；参加农村养老保险人数达到6.49万人，基金征缴9649万元；参加城镇职工基本医疗保险人数达到28.18万人，基金征缴4.7亿元；参加失业保险人数达到19.47万人，基金征缴5047万元；参加工伤保险人数达到10.9万人，基金征缴3829万元；参加生育保险人数达到4.02万人，基金征缴728万元。

（吕宝堂　武惠琴）

机构设置和领导人名单

中共阳泉市委员会

书　记　谢　海
副书记　白　云(女)
　　　　郃爱国
　　　　林玉平(8月免)
常　委　谢　海
　　　　白　云(女)
　　　　郃爱国
　　　　林玉平(8月免)
　　　　王舰民
　　　　樊盛武
　　　　陈继光
　　　　高全怀
　　　　王旭明
　　　　范谦家(3月免)
　　　　宋师璇
　　　　王　民(8月任)
　　　　杨永生
　　　　方庆灵(3月任)
秘书长　樊盛武
副秘书长　李顺宽
　　　　戎建生(兼)
　　　　叶　挺(兼)
　　　　武建功(兼)
　　　　鲁米维(兼,12月免)
　　　　苏秀瑞
　　　　冯维明(兼)
　　　　杜林森(12月任)
　　　　任时杰(12月任)
　　　　杨保春(12月任)

市委工作部门

办公厅
主　任　李顺宽
副主任　苏秀瑞
　　　　冯维明(12月免)
　　　　杜林森(12月任)
　　　　任时杰(12月任)
　　　　杨保春(12月任)

保密委员会办公室（挂市国家保密局的牌子）
主任(局长)　赵俊森(1月免)
　　　　刘彦忠(1月任)

机要局
局　长　高玉明(1月免)
　　　　杨文耀(1月任)

督查室(挂市委督查室的牌子)
主　任　李树生

信访局
局　长　鲁米维(12月免)
　　　　冯维明(12月任)
副局长　霍四忠　赵福祥

组织部
部　长　宋师璇
常务副部长　许世奎(1月免)
　　　　孙金明(12月任)
副部长　吴墨庭(兼)　尚永葆(兼)
　　　　曾庆忠(兼)　李富平
　　　　杨全生(1月任)
部务委员　杨全生(1月免)
　　　　许世奎(1月任)

市委人才工作领导组办公室
主　任　程会平(12月任)

老干部局
局　长　吴墨庭
副局长　苗芝蓉(女,1月免)
　　　　张瑞铭
　　　　高永青(12月任)

宣传部
部　长　高全怀
副部长　马晋兴(12月免)
　　　　郭怀寿(兼)　裴秀珍(女)
　　　　史玉宝

市精神文明办公室
主　任　陈保明(1月任)

统一战线工作部
部　长　杨永生
常务副部长　张克慧
副部长　高和平
　　　　王保柱(兼,1月免)

台湾工作办公室(挂市政府台湾事务办公室牌子)
主　任　董玉鲜
副主任　田剑钧(12月任)

政法委员会
书　记　陈继光
副书记　吕誉耀　段俊富　安少杰
政治部主任　段俊富(兼)

社会治安综合治理委员会办公室
主　任　吕誉耀
副主任　裴阳林

政策研究室
主　任　武建功
副主任　郭玉珠　赵俊明

市直属机关工作委员会
书　记　张晋蜀
副书记　杨载东　郭海林
纪检工委书记　杨　豪(12月免)
　　　　齐宏卫(12月任)

机构编制委员会办公室
主　任　郭社保
副主任　杨世英
　　　　秦新民(12月任)

接待办公室
主　任　叶　挺
副主任　石建勋

讲师团
团　长　陈晓理
副团长　刘瑞平(女)

新闻中心
主　任　马晋兴(12月免)
副主任　谢国义(11月退)
　　　　郭映普

党史研究室
主　任　高喜存
副主任　商锁贵(1月免)
　　　　牛泉影(女,12月任)

党校(行政学院)
校　长(院长)　郃爱国
常务副校长(副院长)　彭喜平(女)
副校长　胡计平　巩树青　孙锁银
副院长　曾庆忠(兼,12月免)
　　　　胡计平　巩树青　孙锁银
教育长　尹燕灵(1月免)
　　　　刘海峰(12月任)

阳泉日报社
社　长　郭怀寿
副社长　杨鸿龙　史宝元
总　编　杨鸿龙
副总编　李文生　王　丽(女)
　　　　宁英挺

中共阳泉市纪律检查委员会

书　记　林玉平(8月免)

王　民(8月任)
副书记　齐志华　王海俊　何海平
朱　刚(10月任)
常　委　林玉平(8月免)
王　民(8月任)
齐志华　王海俊　何海平
朱　刚(10月任)
李立国(12月任)
商广谦(12月免)
刘学军(女,12月免)
刘振明(12月免)
高海燕　崔正宏
刘玉琪(12月任)
穆素平(12月任)

阳泉市人大常委会

党组书记　孙水生
党组副书记　张　清
主　任　孙水生
副主任　张　清　荆东生
吴学斌　段存寿
吴丽萍(女)
秘书长　高中和
副秘书长　鄯怀林　丁国忠
唐　麟

人大常委会工作机构

办公厅
主　任　丁国忠
副主任　樊文平
法制委员会
主　任　杨喜平
副主任　张国强
财政经济委员会
主　任　李润怀
副主任　赵永东
教育科学文化卫生委员会
主　任　王万柱
农村委员会
主　任　郗存祥
副主任　史友松
城乡建设环境保护委员会
主　任　程志强
副主任　桑晓飞
人事代表工作委员会
主　任　王玉明
副主任　曹晓红(女)
民族宗教侨务外事工作委员会
主　任　刘春玲(女,10月任)
调查研究室
主　任　唐　麟

阳泉市人民政府

党组书记　白　云(女)
党组副书记　王旭明
市　长　白　云(女)
常务副市长 王旭明
副市长　王敬瑞　李体柱　刘兆林
王湜洲
市长助理　马玉隆(12月免)
王斌权(兼,8月任)
许建平(兼,12月任)
张锁珍(女)
王学敬(12月任)
呼亚民(12月任)
秘书长　董贵堂
副秘书长　高巨海　苏聪明(兼)
王学敬(12月免)
王承志(兼)　王新明
王梦庆(兼,12月任)
苏　昱(兼,12月任)
于秉富(兼)
张利军(兼)　王伟锁
张东民
王丽萍(女,12月任)
王耀东(12月任)

政府机构

办公厅
主　任　高巨海
副主任　王学敬(12月免)
张利军　王伟锁　张东民
王丽萍(女,12月任)
王耀东(12月任)
市政府研究室
主　任　赵成全(12月任)
副主任　韩贵堂(12月任)
市政府统筹城乡发展工作办公室
主　任　王伟锁(12月任)
副主任　张谦琦(12月任)
市政府应急处理办公室
专职副主任　梁来柱(12月任)
市政府督查室
主　任　赵瑞翔(12月任)
市人民政府法制办公室
主　任　杜衡茂(12月任)
降廷亮(12月任)
市发展和改革委员会
主　任　刘志强
副主任　张文茂(2月免)
王梦庆(兼,12月免)
韩　锦　辛北一　巨建军
苏　涛(挂职)
彭国勇(2月任)
薛晓明(2月任)
纪检组长　周素梅(女,1月免)
杨　豪(12月任)
总经济师　张丽娟(女)
市投资促进局
局　长　张利军(1月任)
副局长　樊志红(12月任)
翟占元(12月任)
市资源城市转型工作办公室
主　任　辛北一(12月任)
副主任　张　敏(12月任)
经济委员会
主　任　杨晋波
副主任　栾进喜　魏承安　闫　亮
纪检组长　祁秀明(女,1月免)
李建平(12月任)
教育局
局　长　赵平有
副局长　史润才　张国红　黄龙银
肖有世
纪检组长　武　文
市直教育工委
书　记　赵平有
副书记　张文魁
纪检工委书记　武　文
科学技术局
局　长　要　真
副局长　周新润　郝葆良　陆兴武
纪检组长　张保金
公安局
党委书记　李　柏(4月免)
王斌权(4月任)
党委副书记　王占山(1月免)
纪检书记(组长) 吕湘涛(1月免)
崔荣贵(1月任)
局　长　李　柏(4月免)

王斌权(4月任)
副局长 王占山(2月免)
孙建军(2月免)
孙 玲(2月免)
杜贵平 赵计平 张爱国
刘 勇 梁华奎(兼)
吕湘涛(2月任)
聂志忠(兼,2月任)
张明川(2月任)
政治部主任 王文娟(女)

刑事侦察大队
队 长 李慧林

治安管理大队
队 长 刘宇光

监察局
局 长 何海平(12月常委会议研究提名)
副局长 郗 昆(12月任)
崔正宏(12月任)
李富容(12月任)

民政局
局 长 王银河
副局长 王振飞 文武全 王骞元
纪检组长 王惠卿(女)

司法局
局 长 张俊堂
副局长 武恒庆(2月免) 郭铁柱
纪检组长 赵引弟(女)
政治部主任 余建平

市委依法治市领导组办公室
专职副主任 李拉义(12月任)

财政局
局 长 任美福
副局长 郝千文 霍续纯(2月免)
孙存恩
纪检组长 米麦真(1月免)
谷建立(12月任)
总会计师 张成宏

人事局
党组书记 曾庆忠(12月免)
尚永葆(12月任)
局 长 尚永葆
副局长 田如江(2月免)
邵计福 胡万明
王志轩(12月任)
纪检组长 王建国

劳动和社会保障局
局 长 樊如珍
副局长 高士平(女,2月免)
李志军 李新明 王素林
纪检组长 刘捷峰
总会计师 李玲玲(女)

建设局
局 长 薛银栓
副局长 刘先为(2月免)
郑耀东 王卫东
纪检组长 王东义
总工程师 王贵平
总会计师 董华云

市直建设工委
书 记 薛银栓
副书记 刘同林
纪检工委书记 王东义

爱国卫生运动委员会
副主任 马庆华

房改办
副主任 苗秋林(12月免)
李和丰(12月任)

城市管理行政执法局
局 长 孙希平
副局长 周明书 李瑞明
纪检组长 张爱生

安全生产监督管理局(煤炭工业局)
局 长 许建平
副局长 薛贤熙 檀培文(2月免)
马瑞智(2月免) 孔禄泉
刘宪云(12月任)
纪检组长 王辉明
总工程师 郝来聪

交通局
局 长 李书田
副局长 韩晋萍(女)
赵发明(2月免) 梁保栋
纪检组长 毕映富
总会计师 杨素英(女,2月免)
总工程师 焦建星

农业局
局 长 张宝明
副局长 张 亮 李巨海
靳爱银 安海润(兼)
卢怀长 乔玉珍(2月任)
纪检组长 杨淳孝
总农艺师 安海润

市委农村工作领导组办公室
主 任 张宝明
副主任 张 亮 李巨海 靳爱银
安海润 卢怀长
乔玉珍(1月任)

水利局
局 长 王永珍
副局长 郑玉德 邓宝柱 武小星
纪检组长 赵泽毅(12月任)
总工程师 高红波

林业局
局 长 连海峰(女)
副局长 郑清明 王洪波
纪检组长 李燕飞

市绿化委员会
副主任 李旭(2月任)

商务局
局 长 武喜科
副局长 刘泽青 王芳田
纪检组长 赵财祥

粮食局
局 长 姬德耀
副局长 武晋生 陈荣祥(2月免)
宋家龙
纪检组长 李 萍(女,1月免)
商广利(12月任)

文化新闻出版局
局 长 周建新
副局长 安晓光 李葆明 李 君
纪检组长 李先德

卫生局
局 长 张永忠
副局长 李振华(2月免)
刘振发(2月任)
纪检组长 刘振发(1月免)
赵海贯(12月任)

体育局
局 长 王 励
副局长 任鸿彬 董福铁(2月免)
纪检组长 李若斌(12月任)

人口和计划生育委员会
主 任 张玉斌
副主任 任晓雪(女) 郝秀云(女)
苗宝田(2月免)
田 强(2月任)
董茂林(2月任)
纪检组长 董茂林(1月免)
徐晓琴(12月任)

审计局
局 长 李润萍(女)
副局长 吕素英(女,2月免)

刘文军　张建华
张东明(12月任)
纪检组长　张东明(12月免)
弓艾文(12月任)
总审计师　张冬梅(女)

统计局

局　长　吕宝堂
副局长　王福荣　刘振华
纪检组长　解毛吉

环境保护局

局　长　王良义
副局长　丁超美(女)　张密生
高　勇　高小选
纪检组长　吕建平
总工程师　韩东银

规划局

局　长　乔　岚
副局长　史金才(兼)　张同明
王连晓(2月免)
耿年生
纪检组长　赵秀英(女)

市国有资产监督管理委员会

党委书记　王湜洲(兼)
党委常务副书记　黄少英
党委专职副书记　胡元农
党委副书记、纪检书记
王志春(1月免)
刘志钧(12月任)
主　任　黄少英
副主任　刘双印(2月免)
郭建明　姬振良　刘占峰
总会计师　程祯喜

其他机构

行政审批服务中心

主　任　于秉富
副主任　杨玮祥
姚维新(12月免)

地方志编纂委员会办公室

主　任　任佟苏
副主任　高忠乐
刘宪云(12月免)

市政府驻京联络处

主　任　苏聪明

市人民政府发展研究中心

主　任　潘维新
副主任　王东柱

经济信息中心

主　任　王梦庆
副主任　王立新　赵绍明

档案馆(档案局)

馆　长(局长)　曹慧明
副馆长(副局长)　田建国(2月免)
王宇翔

地震局

局　长　魏英祖
副局长　张海芬(女)

城镇集体工业联社

党委书记　郭运生
党委副书记　孟文和
理事会主任　郭运生
理事会副主任　孟文和　李玉龙
陆永财

建筑工程(集团)总公司

党委副书记　王新义
总经理　王新义
副总经理　阎超英(兼)　王志新

建筑材料工业总公司

党委副书记　董贵堂　张爱生
总经理　董贵堂
副总经理　赵建生　宋剑龙

建筑设计院

院　长　王　跃
党总支副书记　王　跃　曹　宇
副院长　尚德胜(12月免)
王宝文
总建筑师　陈　海

规划设计院

院　长　史金才

农业机械化技术服务中心

主　任　沈文光
副主任　高海金(2月免)
周宝禄(2月免)
马占元(2月任)

市中小企业局

局　长　任云祥
副局长　郭真祥
白振东(12月任)

供销合作社联合社

党委书记　王彦生
纪检书记　王武科

社务管理委员会

主　任　王彦生

社务管理委员会

副主任　张怀宇　李志峰
监事会主任　王武科

物资集团公司

党委书记　刘建民
党委副书记　王俊清
纪检书记　万瑞成
总经理　王俊清
副总经理　李金贵　赵建设
尚变英(女,兼)

市政府机关事务管理局

局　长　王承志
副局长　董润田　王　林　王杰智
聂志福
纪检组长　张伟东(12月任)

物价局

局　长　孙金明(12月免)
鲁米维(12月任)
副局长　贾宏志　陈　前
纪检组长　郭小青(女)

旅游局

局　长　高士萍(女)(12月任)
副局长　路予强(12月免)
王式清(12月任)
纪检组长　韩晓晨(12月免)

外事办

主　任　韩晓晨(12月任)
副主任　路予强(12月任)

民族宗教事务局

局　长　马爱民
副局长　董智涛

人民防空办公室

主　任　王立宾
副主任　卢兴荣　史党生　许金海
纪检组长　谷德生

交通警察支队

支队长　聂志忠
政　委　冯晓成

信达投资公司

总经理　梁怀锁
纪检组长　王爱明
总稽核　张巧兰(女)

工人文化宫

主　任　马文林

阳泉宾馆

党总支书记　苏　昱
党总支副书记　朱培跃
总经理　苏　昱
副总经理　王希仕　苗明元
谢锁柱

社会福利院
院　长　史振秀
军队离退休干部休养所
所　长　刘培华
会计师事务所
所　长　王海洲
审计事务所
所　长　刘　畅
公证处
主　任　高天宝
劳动教养管理所
第一政委　张俊堂
政　委　李瑞平(1月任)
所　长　王永林(2月任)
市住房公积金管理中心
主　任　王晋平
人才开发交流服务中心(人才市场)
主　任　曹晓岚(女,2月任)
人事考试中心
主　任　贾双喜(12月免)
仲裁委员会秘书处
秘书长　张利平
再就业服务中心(劳动服务公司)
副主任(副经理)　李银亮
商品道路开发总公司
(市政工程养护管理局)
党支部书记　葛春林
总经理(处长)　王振明
园林管理局
党支部书记　于大明(5月退)
局　长　米　楠(2月任)
房地产开发总公司
经　理　单海明
经济适用住房发展中心
主　任　鲁宏仁
矿山救护大队
党支部书记　袁忠玉
大队长　孙金宁
蔬菜中心
主　任　韩金祥
地产总公司(土地储备中心)
总经理　郑来东
美术院
院　长　王雨来
电影公司
经　理　张富保
广播电视总台(广播电视局)
党组书记　李有庆
台(局)长　李有庆
总　编　苗振岗(2月任)
副台(局)长　王树枝　赵　雁(女)
梁旭光
苗振岗(2月免)
总工程师　王俊义
纪检组长　张建中
总会计师　王玉林
展览馆
馆　长　王小平(2月任)
第一人民医院
党委书记　王凯红
院　长　王　胜
纪检书记　姬九颖
副院长　王希章　冯振山　景建刚
第二人民医院
党委书记　任四新
院　长　刘荣生
第三人民医院
党委书记　刘栋义
党委副书记　檀虎亮
院　长　檀虎亮
副院长　王　佩　王存义
田兰英(女)
纪委书记　吕爱文(12月任)
疾病预防控制中心
党总支书记　武　滨(1月任)
主　任　王连栓(2月任)
副主任　王志诚(12月免)
张智华(2月免)
武　滨(2月免)
第四人民医院
党委书记　高海砚
院长、副书记　赵健民
市卫生局卫生监督所
所　长　张智华(2月任)
中医医院
党支部书记　齐永茂
院　长　张秋万
妇幼保健院
党支部书记　郑秀玲(女,1月免)
院　长　潘玉泉
计划生育服务中心
主　任　张松山
招生考试中心
主　任　程保存
市散装水泥办公室
主　任　张慧清(12月任)
市劳服企业管理处
主　任　冯　峰(12月任)
市农村服务中心
主　任　葛景山(12月任)
市青少年宫
主　任　宋嘉文(12月任)
平定供水管理局
党委书记　霍建洲
局　长　白振东(12月免)
梁家寨温泉疗养院
院　长
阳泉市教育学院
党委书记　李家忠
党委副书记　陈永昶
王久明(12月免)
院　长
副院长　李彦良(女,7月退)
冯钟声　陈永昶(6月任)
教务长　夏中权
教务处处长　李守成
学生处处长　王福春(2月免)
函授处处长　任衍钢
院长办公室主任　郜润科
电大阳泉分校
党总支副书记　史素瑛(女)
吉云辉
校　长　吉云辉
副校长　石　维　张震文
平定师范学校
(山西省特殊教育师范学校)
党委书记　王久明(12月免)
党委副书记　陈永昶
校　长　陈永昶
副校长　郝福喜　要守文　王素明
卫生学校
党总支书记　郑秀玲(女,1月任)
党总支副书记　赵雪青(女)
校　长　屈建民
副校长　任新民　宋璐波
赵雪青(2月任)
文化艺术学校
党支部书记　娄志华(女)
校　长　王树敏
副校长　史秀莉(女)
体育运动学校
党支部书记　光志海
党支部副书记　于剑刚
校　长　于剑刚

副校长　乔泉生　吴晋东

工业学校

党总支书记　张有明

党总支副书记　杜光辉

校　长　杜光辉

副校长　路玉章　唐岱兴(2月免)
张计珍

工业干部学校

校　长　王开英

第一中学校

党委书记　贾双喜(12月任)

党委副书记　尹耀中(2月免)

校　长　尹耀中(2月免,12月退)
刘文国(2月任)

副校长　陈立军　苏有社　贾爱寿

第二中学校

党委书记　任　伟(12月免)

党委副书记　李慎行

校　长　李慎行

副校长　宫桂敏(女,2月免)
李建富　巩建平
王佳红(12月任)

第三中学校

党支部书记　宫　辉(1月任)

党支部副书记　李乃贵(3月退休)
张　毅(2月任)

校　长　李乃贵(3月退休)

副校长　张　毅　李增秀　刘宏彬
闫思善(12月任)

第四中学校

党支部书记　宫　辉(1月免)
陈秉亮(12月任)

校　长　王瑞君

第六中学校

党支部书记　郑万泉(1月任)

校　长　吕玉田(2月免)
马润玉(2月任)

第七中学校

党支部书记　葛春生(女,1月免,
4月退)
张爱虎(1月任)

校　长　陈秉亮(12月免)
薛喜炎(12月任)

第十中学校

党支部书记　王素珍

校　长　王保国

市十一中学

党委书记　曹学仁

党委副书记　吕建设

校　长　吕建设

副校长　薛利敏　马成科　史生岗

市十二中学

党支部书记　岳喜林

校　长　原林生

市十三中学

党支部书记　段宙耀

校　长　乔仁良

市十四中学

党支部书记　王方亮

校　长　王华田

市十五中学

党总支书记　张万龙

党总支副书记　杨敬国

校　长　杨敬国

副校长　杜瑞平　王彦来

市十六中学

党支部书记　冯海林

校　长　武建国

市十七中学

党支部书记　崔　炜

党支部副书记　谢宝金

校　长　谢宝金

副校长　高瑞斌　刘维国

市十八中学

党支部书记　谢怀昌

校　长　刘跃生

市十九中学

党支部书记　晋庆平(12月任)

校　长　郝连晖(12月任)

技工学校

党总支书记　赵文飚

校　长　胡海泉

职业中专学校

党总支书记　崔建国(1月任)

党总支副书记　董保林(1月免)
樊杰林

校　长　樊杰林

副校长　崔建国(1月免)
吴计生

交通职业中专学校

党总支书记　史辉华(1月任)

党总支副书记　刘保福

校　长　刘保福

副校长　翟旭红　程致清

农广校阳泉分校

校　长　任仔苏

政协阳泉市委员会

党组书记　刘高官

党组副书记　李裕厚

主　席　刘高官

副主席　李裕厚　马文建
王振国　许文珍
赵永红(女)　李天祥
任衍钢

秘书长　焦希勃

副秘书长　崔庆和　王武平
王建义

政协工作机构

办公厅

主　任　崔庆和

副主任　王　镒

研究室

主　任　王建义

副主任

学习和文史资料委员会

主　任　王计萍(女)

副主任　杨静芳(女)
郭怀寿(兼,5月免)
任佟苏(兼)
曹惠民(兼,5月任)
巩树青(兼,5月任)

提案委员会

主　任　焦文录

副主任　李顺宽(兼)　王学敬(兼)
田学勤(兼,5月免)
王效民(兼,5月免)
孔德慧(女,兼,6月任)
李兰萍(女,兼,6月任)

经济委员会

主　任　张永红(女)

副主任　武喜科(兼,6月任)
孙金明(兼,6月任)
赵笑长(兼,6月任)
王梦庆(兼,6月任)
李润萍(女,兼,6月任)
李景春(兼,6月任)

教科文卫体委员会

主　任　仇俊莲(女)

副主任　王瑞琴(女,兼)
李银苟(兼,5月任)

武　文(兼,5月任)
张秀亲(女,兼,5月任)

社会法制委员会
主　任　孙安龙
副主任　王占山(兼)
韩晋萍(女,兼)
张文英(女,兼,6月任)

农村委员会
主　任　姚文新
副主任　李守先(兼,5月免)
段仓明(兼,5月免)
赵海润(兼)
姚文新(3月免)
安海润(6月任)
乔国强(6月任)
齐广洋(6月任)

阳泉市中级人民法院

院　长　冯少勇(11月免)
代院长　王志刚(11月任)
常务副院长　王志德
副院长　贾　俊
周保武(2月免)
吕　冬(女)
于昌明(2月任)
纪检组长　尚锐利
政治部主任　刘瑞光
院长助理　李　林

阳泉市人民检察院

检察长　张仲马(11月免)
代检察长　胡克勤(11月任)
副检察长　杨璋年
叶小利(兼)
郭隆文
孟祥智(4月免)
阎运成　张宏思(挂职)
刘振斌(4月任)
纪检组长　刘敬辉
政治部主任　邓百福

荫营地区检察院

检察长　叶小利
副检察长　许清华　严志勇
纪检组长　史元平(12月任)

民主党派与工商联

中国国民党革命委员会阳泉市委员会
主　委　孔德慧(女)
副主委　张文英(女)

中国民主同盟阳泉市委员会
主　委　赵永红(女)
副主委　史秀琴

中国民主建国会阳泉市委员会
主　委　刘兆林
副主委　王变娥(女)

中国民主促进会阳泉市委员会
主　委　任衍钢
副主委　王瑞琴(女)

中国农工民主党阳泉市委员会
主　委　李继红

九三学社阳泉市委员会
主　委　李天祥
副主委　张巧花

工商业联合会
主　席　张立君
副主席　吕志坚(女)　刘海明
王田文(兼)　王国瑞(兼)
文亚军(兼)　左　征(兼)
史永记(兼)　杜建仁(兼)
乔国强(兼)　李希明(兼)
李进章(兼)　李军杰(兼)
李景春(兼)　武本有(兼)
赵远长(兼)　姚发兴(兼)
倪志钢(兼)　韩全生(兼)

群众团体

总工会
主　席　王七孩(9月免)
王振国(9月任)
常务副主席　李兰萍(女)
副主席　刘建华(1月免)　耿　胜
王炳俊(兼)
张建军(9月任)

经费审查委员会
主　任　王文生(9月任)

中国共产主义青年团阳泉市委员会
书　记　杨日祥
副书记　李海民
陈占春(女,12月任)

阳泉市少工委
主　任　刘志军

妇女联合会
主　席　朱玉芳(女)
副主席　李国庆(女)　韩　静(女)

妇儿工委办公室
主　任　康翠荣(女,12月任)

科学技术协会
党组书记　刘春玲(女,10月免)
王文科(10月任)
主　席　刘春玲(女,10月免)
张秀亲(女,10月任)
副主席　王文科　任美福(兼)
张庆恒(兼)　韩　锦(兼)
安海润(兼)　郝葆良(兼)
肖有世(兼)　郭建明(兼)
刘振发(兼)　乔国强(兼)

文学艺术界联合会
党组书记　裴秀珍
主　席　侯讵望
副主席　李银苟

归国华侨联合会
主　席　信秀莲

残疾人联合会
理事长　申海林
副理事长　陈　鸣　王　治

中国国际贸易促进委员会阳泉支会（中国国际商会阳泉商会）
会　长　张　弛
副会长　李录喜　延鹏翀

阳泉军分区

司令员　方庆灵
政　委　蒋　鹿(12月免)
陆崇相(12月任)
参谋长　杨少华
政治部主任　甄　铭
后勤部部长　张建敏(2月免)
徐文彬(2月任)

预备役步兵第二四八团

团　长　叶江平(5月转业)
麻进民(5月任)
政　委　李明亮
副团长　贾文贵
司令部参谋长　马元祥

政治处主任　王荣光
后勤和装备处处长　高占成

武警阳泉市支队

支队长　张陆军
政治委员　刘连生
副支队长　刘殿柱　王尚举
副政治委员　赵仁鹏
参谋长　何世国
政治处主任　连瑞宏
后勤处处长　杜卫国

武警阳泉市消防支队

支队长　王国胜
政　委　伦新民
副支队长　杨利忠　王润元
王　兵(8月任)
参谋长　王海明
政治处主任　王　兵(8月免)
吴学胜(12月任)
后勤处处长　李卫星
防火处处长　杨屹茂(8月任)

中央 省驻阳泉单位

太原理工大学阳泉学院(阳泉煤炭专科学校)
党委书记　王建功
党委副书记　霍世平　宋　红
郑德明
纪检书记　郑德明
校　长　霍世平
副校长　宋　红　员创治　宁连旺
中国银行业监管委员会阳泉监管分局
党委书记　赵邯平
局　长　赵邯平
副局长　高乃成　张惠平
中国人民银行阳泉市中心支行
党委书记　刘贵斌(5月任)
纪检书记　史润青
行　长　刘贵斌(5月任)
副行长　黄　奋　原许昌　张　勇
中国农业发展银行阳泉市分行
党委书记　郭乐平
行　长　郭乐平
副行长　李卫平
阳泉市邮政局
党委书记　闫长秀(3月任)
党委副书记　张丽平(3月任)
纪检书记　张丽平(3月任)
局　长　闫长秀(3月任)
副局长　周川华(3月任)
李贵林(3月任)
阳泉供电分公司
党委书记　刘显哲(11月调任)
乔云廷(11月任)
经　理　季玉和
副经理　吉晓波(11月任)
刘爱忠(11月任)
冯宇新(11月任)
副经理兼总工程师
李斐明(11月任)
总会计师　邓小卫(11月任)
阳泉市工商行政管理局
党组书记　郭建民
局　长　郭建民
副局长　贺福锁　张继寿
王希礼
纪检组长　李　艳(女)
开发区分局局长　荆忠海
阳泉市国家税务局
党组书记　冯成平
党组副书记　程喜生
局　长　冯成平
副局长　程喜生　李兴文
杨瑞林
纪检组长 王志刚
阳泉市地方税务局
局　长　翟振华
副局长　崔　军　赵建宇　张春光
纪检组长　张千颂
总经济师　李巨荣
阳泉市质量技术监督局
局　长　韩志宏
副局长　李俊卿(女)　霍保平
杨俊发
纪检组长　李卫平
阳泉市烟草专卖局(公司)
局　长(经理)　张维良
副局长　程　智
副经理　赵永恒
纪检组长　张　勤
总会计师　耿　艳(女)
山西省公路局阳泉分局
党委书记　卫　生
党委副书记　王牛孩　刘青竹
纪检书记　刘青竹
局　长　禹彦荣
副局长　阎献忠　曹成江　宋振宏
山西省交通征费稽查局阳泉分局
党委书记　耿春光
党委副书记　任晓军
纪检书记　任晓军
局　长　赵有恭
副局长　范文生
阳泉出入境检验检疫局
党组书记　付英文
局　长　付英文
副局长　高少平　崔权成
阳泉市气象局
局　长　马文瑞
副局长　王计平　高俊寿
纪检组长　宋以俭
阳泉市食品药品监督管理局
局　长　贺聪明
副局长　王云飞　宋桂花(女)
纪检组长　杨献斌
山西省无线电管理委员会办公室阳泉市管理处
处　长　王　春
国家统计局阳泉调查队
队　长　高　潮
副队长　王守卫　吕秀敏
纪检组长　齐效东
阳泉市企业调查队
副队长　高　潮
阳泉市水文水资源勘测分局
局　长　石东海
山西省盐务管理局阳泉盐务分局
局　长　张小川
副局长　张亚刚
国土资源局
局　长　张三锁
副局长　王润科　高志荣　肖卯怀
王光荣
纪检组长　张东平
山西省阳泉第一监狱
党委书记、监狱长(矿长)　祁晓虎
山西省阳泉第二监狱
党委书记、监狱长(矿长)　岳国庆

(梁　敏　辛学龙)

党

党委工作

综合工作

【"百名干部百日大调研"活动情况汇报会】 2008年2月20日,阳泉市召开"百名干部百日大调研"活动情况汇报会,集中听取"百名干部百日大调研"活动9个调研组的工作情况和调研报告汇报,研究分析全市经济和社会各项事业的发展思路和工作措施。从2007年11月开始,市委、市政府抽调市、县两级100名领导干部,由市级领导任组长、副组长,重点围绕全市经济社会发展的九个课题,分组分课题开展调查研究工作。在此后的百天时间里,各个调研组结合各自的工作任务,深入工作一线、深入基层、深入群众,采取各种调研形式,积极主动地开展调研活动,掌握了大量的第一手资料,对调研涉及的课题作了全面客观的分析研究,形成了共计数十万字的调研报告。汇报会上,各个调研组分别作了情况汇报。市委书记谢海在会上强调,要按照科学发展观的要求,认真贯彻落实党的十七大精神,科学定位,长远规划,完成好资源型城市转型、统筹城乡一体化发展的文章,做好各项工作。(*石　磊*)

【表彰绿化工程先进集体 新农村建设先进集体 乡镇企业贡献大户和命名文明生态村的决定】 2月26日,市委、市政府下发了《关于表彰六大绿化工程先进集体、新农村建设先进集体、乡镇企业贡献大户和命名文明生态村的决定》(阳发〔2008〕4号),对平定县、盂县、郊区3个"绿化工程先进县区"、平定县冠山镇等6个"造林绿化先进乡镇"、平定县岔口乡理家庄村等12个"新农村建设先进集体"、山西远鑫实业有限公司等9家"乡镇企业贡献大户"进行表彰;命名平定县冶西镇苇池村等14个村为"三星级文明生态村"、郊区荫营镇东坳村等42个村为"二星级文明生态村"、盂县西烟镇西邢村等44个村为"一星级文明生态村"。市委、市政府要求,被表彰的先进集体和被命名的文明生态村要戒骄戒躁,再创佳绩,充分发挥示范带动作用,在社会主义新农村建设中做出更大成绩。全市上下要全面贯彻落实党的十七大精神和各级农村工作会议精神,深入贯彻落实科学发展观,紧紧围绕建设社会主义新农村和农民增收这个主题,按照城乡经济社会发展一体化新格局的要求,结合实际情况,突出加强农业基础建设,积极发展现代农业,切实解决农村民生问题,扎实推进社会主义新农村建设,努力开创全市农业和农村工作的新局面。(*石　磊*)

【十届四次全体会议】 3月3日至4日,中国共产党阳泉市第十届委员会第四次全体会议在阳泉宾馆举行。全会由市委常委会主持,市委书记谢海在会上作重要讲话。全会听取和讨论了谢海受市委常委会委托作的工作报告,听取和讨论了《市委常委会2007年抓基层党建工作情况的报告》,审议通过了《中共阳泉市委关于高举旗帜、科学发展,加快全面建设小康社会进程的意见》和《中国共产党阳泉市第十届委员会第四次全体会议决议》,通过了《中共阳泉市委关于递补王振国同志为十届市委委员的决定》。全会认为,在省委的正确领导下,十届市委常委会坚持以邓小平理论和"三个代表"重要思想为指导,深入贯彻落实科学发展观,以迎接党的十七大、学习宣传贯彻党的十七大精神为主线,紧紧依靠全委会,团结带领全市干部群众,紧紧围绕市委、市政府中心工作,全面推进经济、政治、文化、社会建设和党的建设,经济社会初步呈现出又好又快发展的良好局面,各项事业都取得了新的成就。

全会号召，全市各级党组织和广大党员干部群众在以胡锦涛为总书记的党中央领导下，高举中国特色社会主义伟大旗帜，以邓小平理论和“三个代表”重要思想为指导，深入贯彻落实科学发展观，解放思想、开拓创新，求真务实、扎实工作，为加快阳泉市全面建设小康社会进程，建设充满活力、富裕殷实、文明和谐、山川秀美的新阳泉，进而为打造中国“鲁尔区”、建设太行明珠城而努力奋斗。（石　磊）

【加快全面建设小康社会进程的意见】 3月4日，中国共产党阳泉市第十届委员会第四次全体会议通过了中共阳泉市委《关于高举旗帜、科学发展，加快全面建设小康社会进程的意见》（阳发〔2008〕6号）。该意见明确指出，一要深入学习贯彻党的十七大精神，进一步明确加快全面建设小康社会的目标要求；二要转变经济发展方式，加快资源型城市转型步伐；三要推进社会主义新农村建设，构建城乡一体化发展新格局；四要狠抓工矿型城市改造提升，加快“太行明珠城”建设进程；五要着力打造“省级科技示范区”，切实提高自主创新能力；六要保障人民民主权利，发展社会主义政治文明；七要繁荣社会主义文化，显著提升地方文化软实力；八要更加改善民生，全力构建和谐阳泉；九要加强党的建设，为加快全面建设小康社会提供政治保证。市委要求，全市各级党组织和广大党员干部群众要在以胡锦涛为总书记的党中央领导下，高举中国特色社会主义伟大旗帜，以邓小平理论和“三个代表”重要思想为指导，深入贯彻落实科学发展观，解放思想、开拓创新，求真务实、扎实工作，为加快阳泉市全面建设小康社会进程，为实现“两先”（在全省争先发展、在中部同等城市率先崛起）目标，建设充满活力、富裕殷实、文明和谐、山川秀美的新阳泉，进而为打造中国“鲁尔区”、建设太行明珠城而努力奋斗。（石　磊）

【京晋科技合作北京考察团到阳泉考察】 3月10日，以北京市生产力促进中心主任、高级工程师张强为团长的京晋科技合作北京考察团一行31人到阳泉市，通过召开座谈会、实地考察等形式，对阳泉市重点行业发展情况开展了为期3天的考察。自2007年11月阳泉市与北京市科委、山西省科技厅三方签署了《关于推进京晋科技合作、共同建设阳泉省级科技示范区的框架协议》后，已开展了多次项目对接洽谈。2008年初，阳泉圣火炉料有限公司、下千耐火材料有限公司与北京神雾公司签订了窑炉改造合作协议，市农业局与北京农林科学院签订了在阳泉市建设“现代农业科技示范基地”项目合作协议，年内这两个项目已经启动实施。此外，市三来食品有限公司与北京食品研究所就开展紫甘薯深加工项目及双方合作在阳泉市建立科技合作工作站，阳泉华越机械有限公司、阳泉巨鑫制件有限公司都与北京有关单位在技术合作方面达成了初步意向。（石　磊）

【王茂林到阳泉调研】 3月15日、16日，山西原省委书记、中国城市经济学会第一副会长王茂林，中国城市经济学会秘书长、《中国城市经济杂志社》社长张巨功，山西原省委常委、省委秘书长、中国城市经济学会副会长、山西省城市经济学会会长万良适等到阳泉市，就推进城乡一体化工作情况进行调研。市领导谢海、孙水生、刘高官、樊盛武、王旭明、王敬瑞陪同调研。王茂林等先后到市文化中心、桃河公园、北山公园、山西兆丰铝电股份有限公司氧化铝分公司等地进行了实地考察，并观看了阳泉市城乡一体化规划编制实施方案多媒体宣传片，听取了工作情况汇报。王茂林一行对阳泉的工作给予了充分肯定，并对以后的工作提出了具体要求。（石　磊）

【“新闻联播”报道阳泉市矸山治理成就】 3月29日，中央电视台在“新闻联播”黄金时间以《山西阳泉矸石山变生态园》为题，突出报道了阳泉市在改善城市环境、治理煤矸石工作方面取得的巨大成就。中央电视台在报道中说，曾是重度污染城市的山西省阳泉市2007年空气质量二级以上天气达到了319天，但在2001年这样的天气一年只有7天，分散在市区的20多座矸石山是当时最大的污染源。2006年，阳泉市决定用三年的时间治理完26座矸石山，废弃的矸石被用来回填荒沟、复垦造地。经过全市人民的共同努力，截至2008年3月底，阳泉市的矸石山已经治理过半。报道引起了巨大反响，鼓舞了全市人民彻底根治矸石山、建设美好家园的信心。（石　磊）

【阳泉市党政代表团赴石家庄考察】 4月17日、18日，应石家庄市委、市政府邀请，阳泉市组成党政代表团，由市委书记谢海、市长白云带队，赴河北省石家庄市考察学习。代表团成员有市人大常委会主任孙水生，市政协主席刘高官，市委常委、市委秘书长樊盛武，市委常委、常务副市长王旭明，以及市发改委、经委、公路、交通、教育、外事旅游、建设、规划、卫生、环保、商务、科技、城管行政执法、园林等部门和部分企业负责人。代表团先后学习考察了石家庄内陆港、长安区跃进路社区服务中心、正定隆兴寺、滹沱河生态开发整治工程和石家庄植物园。两市共同签署了旨在进一步整合两地旅游资源、建立统一旅游市场的旅游合作协议。（石　磊）

【建设省级科技示范区实施意见】 6月12日，市委、市政府下发了《关于建设省级科技示范区的实施意见》（阳发〔2008〕13号）。该意见分指导思想、总体目标、主要任务、实施步骤、保障措施五个部分，明确要求充分发挥科学技术在经济社会发展中的重要支撑和引领作用，全面加快资源型城市转型和城乡一体化发展步伐,扎实推进阳泉市省级科技示范区建设工作,力争到2015年把阳泉建成科技体系完善、运行机制顺、覆盖范围广、发展速度快、高水平的省级科技示范区,进入创新型城市行列。 (石 磊)

【纪念建党87周年暨“创先争优”活动表彰大会】 为深切缅怀党的光辉历史,进一步坚定建设中国特色社会主义的理想信念,全面贯彻落实科学发展观,奋力夺取经济社会发展和抗震救灾的双胜利,表彰“创先争优”先进,6月27日,阳泉市纪念中国共产党成立87周年暨“创先争优”活动表彰大会隆重举行。会上,市委对100个先进基层党组织、100名先进共产党员和100名先进党务工作者予以表彰。市级四套班子领导出席了大会。

(石 磊)

【张宝顺到阳泉调研】 8月28日,省委书记、省人大常委会主任张宝顺到阳泉市进行调研。在市委书记谢海、市长白云等领导陪同下,张宝顺先后深入到南煤集团煤矸石电厂、新型建材有限责任公司、阳煤集团氯碱化工有限责任公司、阳煤集团煤矸石治理现场、石太高速铁路货运站(晋东物流园)、阳泉北站和盂县第一中学调研指导工作。张宝顺对阳泉市的各项工作表示满意,要求深入贯彻落实科学发展观,继续解放思想,勇于改革创新,把握发展机遇,坚持真抓实干,努力在推动经济又好又快发展上取得新进展,在保障和改善民生上取得新成绩。 (石 磊)

【赴沿海省市挂职干部学习锻炼报告会】 9月1日,阳泉市举行赴沿海省市挂职干部学习锻炼情况报告会。谢海、白云等市领导出席报告会,市委常委、市委组织部部长宋师璇主持报告会,全市副县级以上干部和国省营企业负责人参加了会议。2008年5月,为进一步推动各级领导干部解放思想、开阔视野、学习先进、增长才干,省委选派57名县(市、区)委书记和县(市、区)长赴江苏、浙江、上海、广东等地进行了为期3个月的挂职锻炼,其中,阳泉市的王银旺、刘德跃、张清河3人分别在广东省江门市江海区、浙江省江山市、江苏省徐州市九里区挂职学习锻炼。报告会上,王银旺、刘德跃、张清河分别介绍了3个月的学习工作情况,交流报告了挂职锻炼的收获体会。市委书记谢海要求全市各级干部紧密结合自身实际,切实增强发展意识、忧患意识和争先意识,认真学习先进发达地区的好经验、好办法,在本职岗位上有所作为、有所突破,努力推动全市经济社会又好又快发展。 (石 磊)

【市委常委会议】 9月9日,市委举行常委会议,研究并原则通过了市委《贯彻〈建立健全惩治和预防腐败体系2008—2012年工作规划〉及省委〈实施办法〉的实施细则》和市委、市政府《关于集中开展煤焦领域反腐败专项斗争的实施意见》。市委书记谢海主持了会议。会议认为,中央颁布的《建立健全惩治和预防腐败体系2008—2012年工作规划》全面贯彻党的十七大精神,着眼于新形势新任务的要求,从指导思想、基本要求、工作目标、主要任务和具体措施等方面,对反腐倡廉建设作出了全面具体的部署,进一步拓宽了反腐倡廉建设的领域,具有很强的系统性、科学性和可行性,是推进反腐倡廉建设的指导性文件。省委结合山西实际,制定了《关于贯彻落实〈建立健全惩治和预防腐败体系2008—2012年工作规划〉的实施办法》。认真贯彻落实工作规划和实施办法、建立健全具有阳泉特色的惩治和预防腐败体系,是阳泉市反腐倡廉建设的重点任务。全市各级党委要充分认识建立健全惩治和预防腐败体系的重要意义,深刻理解工作规划和实施办法的指导思想和基本要求,以改革创新精神,采取切实有效措施,扎实推进全市惩治和预防腐败体系建设,确保工作规划、实施办法和实施细则提出的各项任务落到实处,不断取得反腐倡廉建设新的更大成效。 (石 磊)

【教育功臣和教育工作先进集体表彰决定】 9月9日,市委、市政府下发了《关于表彰阳泉市教育功臣和阳泉市教育工作先进集体的决定》(阳发〔2008〕23号),授予赵平有等88人“阳泉市教育功臣”荣誉称号,授予阳泉一中等20个单位“阳泉市教育工作先进集体”荣誉称号。市委、市政府要求受到表彰的先进集体和个人珍视荣誉,再接再厉,充分发挥先锋模范作用,在全市教育事业的改革和发展中不断取得更加优异的成绩。同时,号召全市教育战线的广大教师和教育工作者向先进学习,牢记使命,立足岗位,为人师表,奋发进取,努力成为无愧于党和人民的人类灵魂工程师,为促进阳泉市教育事业再上新台阶、实现全面建设小康社会的奋斗目标作出新的更大的贡献。 (石 磊)

【学习右玉精神的决定】 9月24日,市委下发了《关于认真学习右玉精神,切实加强领导干部作风建设的决定》(阳发〔2008〕26号),要求在全市特别是各级领导干部中开展“认真学习右玉精神,切实加强领导干部作风建设”的活动。该决定指出,学习“右玉精神”一定要牢固树立勤政为民、以人为本的宗旨意识,着力增强因地制宜、科学发展的执政理念,大力弘扬艰苦奋斗、矢志不渝的优良作风,强力彰显负重奋进、开拓创新的时代精神。号召全市各级党组织和广大党员干部认真学习领会“右玉精神”的实质,弘扬“右玉精神”,牢固树立科学发展观,把实现好、维护好、发展好全市广大人民群众的根本利益作为一切工作的出发点和落脚点,为构建充满活力、富裕殷实、文明和谐、山川秀美的新阳泉作出新的更大的贡献。

(石 磊)

【第十二批文明单位(村)命名决定】 9月26日,市委、市政府下发了《关于命名第十二批文明单位(村)的决定》(阳发〔2008〕28号),命名城区人民检察院等6个单位为"最佳文明和谐单位"、市纪检委等10个单位为"标兵文明单位"、市交通局等4个单位为"文明行业"、市交通局大村收费站等2个单位为"文明示范窗口"、市卫生局等23个单位为"文明单位"、盂县下社乡等2个乡镇为"文明乡镇"、盂县南娄镇涧沟村等9个村为"文明村"、城区南山路街道办事处北岭社区等3个社区为"文明社区"。市委、市政府要求受表彰的单位珍惜荣誉,再接再厉,在全市精神文明建设工作中继续走在前列,为促进全市经济社会全面进步和人的全面发展,推进物质文明、政治文明、精神文明建设和社会主义和谐社会建设作出新的贡献。 (*石 磊*)

【市委致信全市农村共产党员】 为切实加强党的领导,充分发挥广大共产党员的先锋模范作用,确保阳泉市第八届村民委员会换届选举工作顺利进行,11月19日,市委致信全市农村共产党员,号召广大农村共产党员在换届选举中认真履行党员义务,坚决执行党的决定,严格遵守党的纪律,模范执行国家法律法规,以自己的实际行动彰显共产党员的先进性。 (*石 磊*)

【优秀中国特色社会主义事业建设者表彰决定】 12月26日,市委、市政府下发了《关于表彰阳泉市优秀中国特色社会主义事业建设者的决定》(阳发〔2008〕31号),授予王国瑞等20人"阳泉市优秀中国特色社会主义事业建设者"荣誉称号。市委、市政府要求受表彰的非公有制经济人士珍惜荣誉,再接再厉,在广大非公有制经济人士中积极发挥模范带头作用,以更加昂扬的创业精神、更加强烈的责任意识和更加突出的成就,报效祖国,服务社会,回馈人民,无愧于"优秀中国特色社会主义事业建设者"的光荣称号。同时,市委、市政府要求全市广大非公有制经济人士要以受表彰者为榜样,深入学习贯彻党的十七大精神,认真学习实践科学发展观,勇于开拓,不断创新,加快发展,争做优秀中国特色社会主义事业建设者,为夺取全面建设小康社会新胜利而努力奋斗。 (*石 磊*)

组织工作

【干部教育培训】 2008年,市委组织部按照中央、省委和市委关于"大规模培训干部、大幅度提高干部队伍素质"的要求,把创新培训模式、提升培训层次、增强培训实效作为干部教育培训工作的必要手段,着眼于建设一支适应新形势要求的高素质干部队伍,开创了干部教育培训工作的新局面。

一、突出体现"全覆盖",进一步加大领导干部教育培训力度。改革过去组织点名调训的办法,采取组织部下达培训名额,各单位结合实际情况上报参训干部名单,最后由组织部审定的调训新模式,较好地缓解了工学矛盾,大大提高了参训率。全年共计举办县级干部培训班6期,培训县级干部720人;举办中青年干部培训班2期,培训中青年干部129人;与南开大学经济与社会发展研究院联合举办经济管理培训班和企业管理培训班1期,培训企业经营管理人员105人。对请假没能如期参加培训的干部,专门举办了1期县级干部在线培训班,采取网络在线培训的方式进行了补训,圆满实现市委提出的县级干部教育培训"全覆盖"目标。

二、突出体现"新途径",进一步拓展领导干部培训方式。依托高校教育培训资源,实施"走出去"培训模式,通过集中培训、在线培训、外出培训等方式,开辟了大规模培训干部的新途径。特别是在中青班的培训中进行了有益尝试和大胆创新,采取了干部网络在线培训这一新型的干部教育形式。经过3年的实践,干部在线学习模式已基本成熟,在全省交流了经验,得到了中组部的好评。网络在线培训的优势具体体现在三个方面,一是市委组织部把国内公认的专家学者主讲的课件挂在网上,使参训人员接受到当今各学科最前沿、最权威的教育培训,切实提升了培训层次;二是网上共开设了115门课程,分必修课与选修课两大类,参训人员可根据自己现有的知识结构和工作岗位的要求,自主地选择培训内容,实现自助菜单式培训,切实增强了培训效果;三是网络在线培训时间具有随机性,有效解决了干部在岗学习工学矛盾突出的问题,受到参训人员的普遍欢迎。

三、突出体现"高层次",进一步提高干部教育培训水平。全年围绕当前政治、经济和社会的热点问题,邀请国内知名专家学者到阳泉市授课,共计举办干部教育论坛3期。7月9日,中央党校黄小勇教授为各县区、市直党政机关及市管企事业单位360多名党政负责人作了题为《加强领导干部处置突发公共事件能力》的专题辅导。10月21日,清华大学工商管理硕士、清华大学深圳研究生院总裁研修班特聘教师黄志猛教授,为阳泉市政府部门和企业高层管理人士作了《如何提升领导力核心技能》的讲座。10月31日,中央党校图书馆馆长、经济学教授肖勤福就如何解读十七届三中全会精神和做好"三农"工作,为阳泉市200多位领导干部作了专题讲座。通过干部教育论坛这种"请进来"的培训模式,广大干部接受到了高端、前沿的新知识、新理念和新思维,开拓了视野,提高了素质。

四、突出体现"全方位",进一步强化干部教育培训工作管理。从宏观、微观两个方面狠抓干部教育培训工作管理,成效明显。宏观上,制定了培训规划,出台了《阳泉市2008-2010年干部教育工作实施意见》,明确了全市干部教育工作的指导思想、总体要求、主要任务和工作重点,全面指导全市的干部教育培训工作。微观上实施"学分制"管理,在借鉴外地经验的基础上,结合全市实际,起草了《阳泉市干部教育学分制管理办法》,将每一个参训干部的培训出勤、小组讨论、论坛交流、完成作业、在线自学、考试成绩等项目都量化为相应学分,通过"学分"真实反映出参训干部的学习情况,使考核评价与培训管理更加准确规范。 (杜志鹏)

【领导班子和干部队伍建设】 2008年,市委组织部通过大力加强思想政治建设,组织调整配备班子和干部,切实提高了广大领导班子、领导干部的领导水平和执政能力。一大批政治坚定、勇于创新、勤政清廉、求真务实、奋发有为的优秀干部走上了领导岗位,各级领导班子的结构得到进一步优化。

一、加强思想政治建设,领导班子和领导干部的综合素质得到提高。下发了《关于进一步加强县级党政领导班子思想政治建设的通知》,对领导班子思想政治建设提出明确要求,各单位、各部门围绕理清工作思路、建立长效机制、树立先进典型、健全督查和激励机制四项内容开展工作,对加强新时期领导班子思想政治建设有了新的认识和举措。建立健全了学习培训、调查研究、集体领导等各项制度,为落实领导班子思想政治建设的内容和要求提供了制度保证和运行机制。对近年来县级领导班子思想政治建设情况进行了调查分析,形成了《阳泉市市、县领导班子思想政治建设工作总结》,全面把握了全市领导班子思想政治建设情况,指导督促更加有力;同时对县级领导班子和领导干部在抗震救灾中的表现及时进行了解掌握,有针对性地加以指导,提高了领导班子和领导干部应对重大突发事件的能力。12月下旬召开了全市领导班子思想政治建设工作会议,交流了平定县委、市交通局党组、阳泉市第十一中学党委、华龙超市党总支抓领导班子思想政治建设的经验,进一步推动了全市领导班子思想政治建设工作。

二、认真做好领导班子的调整配备、年度考核等工作,领导班子建设得到进一步加强。一是领导班子结构进一步优化。全年共调整配备领导干部243名,其中提拔110名、平职交流调整73名、安置团职军转干部8名、其他调整配备52名。在提拔的110名干部中,35岁以下2名,36岁~40岁6名,41岁~45岁43名;研究生学历4名,本科学历87名,大专学历17名;妇女干部11名,党外干部4名,少数民族干部1名,领导班子的结构更加合理,领导干部的素质进一步提高。二是对领导班子的管理考核更加科学化、制度化。以贯彻落实地方党政领导班子、领导干部以及党政部门领导班子、领导干部综合考核评价试行办法为重点,综合运用民主测评、个别谈话、综合评价等方式,采用民意调查和量化评分办法,以考核领导班子和领导干部在贯彻科学发展观、推动经济社会又好又快发展、构建和谐社会、建设"平安县区"、履行岗位职责、完成市委市政府下达任务和部门工作目标任务等方面的情况为重点,对全市163个班子713名领导干部进行了考核,并将考核结果装入个人档案,形成干部提拔使用奖评的依据。三是圆满完成市总工会、妇联、科协、少工委以及南煤集团党委班子换届工作。按照省市委的统一部署和要求,严格审核、严格考察,严格程序、严格把关,在时间紧、任务重的情况下,圆满完成市总工会、妇联、科协、少工委以及南煤集团党委班子换届工作。

三、大力培养选拔各类优秀干部,干部队伍宏观管理水平得到进一步提高。一是加强对后备干部的锻炼培养。选调平定县县长王银旺、盂县县长刘德跃、矿区区长张清河赴省外挂职,提高了领导干部的领导水平和领导能力,促进了区域经济又好又快发展;选派66名副县级后备干部参加新农村建设工作队,担当起新农村建设联络员、信息员、通讯员、宣传员和指导员的职责。同时组织后备干部参与了对大学生村干部的管理工作,写出了《大学生村干部工作情况的报告》,后备干部的工作能力和整体素质得到大幅度提高;抽调57名副县级后备干部参加奥运安保工作,解决处理一批重大疑难信访案件和信访突出问题,提高了后备干部应对突发事件和群体性事件的能力。二是全力做好选聘优秀高校毕业生到村任职工作。继续加大工作力度,通过制定方案、严格审查、精心组织等一系列周密程序,共计选聘400名优秀高校毕业生到村任职(9月1日正式全部到岗),极大地改善了村级领导班子的结构。三是完成从优秀村(社区)干部中考录乡镇(街道)公务员和县乡事业单位工作人员工作。经过推荐报名、资格审查、考试考察、体检培训等程序,分别录用乡镇(街道)公务员25名、县乡事业单位工作人员25名,拓宽了乡镇(街道)公务员来源渠道,改善了乡镇(街道)干部队伍结构,对建立村(社区)一级组织激励保障机制进行了积极的探索。

(杜志鹏)

【基层党组织和党员队伍建设】 2008年,市委组织部坚持以制度建设巩固发展党的先进性建设成果,以发挥党组织和党员作用增强党的凝聚力和号召力,以组织制度创新推动党内民主建设,形成了较为完善的工作机制体系,基层党建工作整体水平有了明显提高。

一、以健全完善"五项制度"为重点,巩固、发展党的先进性建设。一是健全完善了基层党建目标责任制,修订完善了9种类型的2008年基层党建责任书,充分体现了分类指导的原则和构建长效机制的要求,增强了各级党委特别是党委书记抓基层党建工作的责任感和使命感。二是健全完善了市委常委会向全委会报告工作制度,使市委常委抓基层党建的任务更加突出,职责更加明确。3月4日,市委常委会向市委十届四次全会书面报告了2007年市委常委会抓基层党建工作情况,并明确了2008年工作思路和重点。三是建立完善了市委基层党建工作领导小组会议制度,形成了在市委统一领导下,有关职能部门各司其职、各负其责、密切配合抓基层党建的工作格局。5月15日,召开了市委基层党建工作领导小组会议,通报2007年党建责任制考核验收情况。四是建立完善了基层党建工作情况定期报告通报制度,对基层党建重点工作及时向部务会、市委进行报告,向基层通报,进一步推动和促进了工作的深入开展。五是建立了县级以上领导班子民主生活会指导制度。11月底至12月初,12名市委常委以及53名市纪检委、市委组织部干部指导了87个县级领导班子2008年民主生活会,保证了民主生活会的效果。

*二、发挥党组织和党员作用,增强党组织的凝聚力和号召力。*一是构建了党内激励、关怀、帮扶机制。摸清了全市困难党员的底数及困难情况,分级建立了困难党员管理台账和信息库;成立了帮扶困难党员协调会议领导小组,制定了《全市帮扶困难党员协调会议制度》,明确了相关职能部门分工负责、齐抓共管的职责和任务;从市管党费中拨出专款72.9万元下拨各单位,对5000多名困难党员进行了慰问帮扶。二是充分发挥各级党组织、广大党员的先锋模范作用和战斗堡垒作用,为做好煤炭生产和电煤供应提供了坚强的组织保证,有力支援了南方抗御雨雪冰冻灾害的斗争。三是圆满完成"特殊党费"收缴等工作,全力以赴支援四川地震灾区抗震救灾。"5·12"汶川特大地震发生后,全市各级党组织和广大党员积极踊跃捐物捐款,支援灾区抗震救灾,全市共有75246名共产党员缴纳"特殊党费"2352.97万元,同时在派往四川支援的抗震救灾救援队中组建了多个临时党支部,充分发挥了党组织的战斗堡垒作用和党员的先锋模范作用,从而保证了抗震救灾各项工作的顺利开展。

*三、强化分类指导,基层组织建设得到全面加强。*一是农村党建工作得到全面加强。以乡镇党委创建先进为重点,完成7个先进乡镇党委的考核验收工作,并以此带动了农村"三级联创"活动的深入开展。通过采取"坚持一个核心、实行两个到位、实施三个联动、建立四包体系、推行五个严防、发挥六个作用"的措施,即坚持党的领导这一核心,确保领导到位和措施到位,建立市委领导、人大监督、政府实施的联动工作机制,健全完善市领导包县、县领导包乡、乡领导包村、村干部包人的制度,采取有力措施严防违法违纪行为发生、严防不符合条件的人选进入"两委"班子、严防群体性事件发生、严防宗族黑恶势力干扰、严防贿选拉票行为发生,发挥组织部门牵头协调作用、民政部门指导监督作用、人大纪检部门执法执纪作用、宣传部门宣传教育作用、财政部门经费保障作用、统战部门贯彻党的民族宗教政策作用,保证了村委会换届选举平稳有序进行,截至年底,全市960个村中有930个完成村委会换届选举,占应换届村数的96.9%,其中党支部书记和村委会主任"一肩挑"的有595个村,占到已换届村数的64%。二是企业党建工作取得新成效。加强对国有企业党委换届工作的监督指导,年内有3个直属国有企业党委完成换届任务,换届工作稳步有序地进行。下大力抓国有企业"四好"(政治素质好、经营业绩好、团结协作好、作风形象好)班子创建活动,提高了企业班子的整体素质,保证了企业的改革发展稳定,同时确定华龙超市为出席省创建"四好"领导班子先进集体。以发展党员为重点,扩大党在非公有制企业的覆盖面,在全市非公有制企业中发展党员4名,确定积极分子48名、发展对象22名。对全市党员私营企业主基本情况进行了调查,建起了党员私营企业主信息库。三是社区党建工作上档升级。以抓新华东街党员教育培训基地建设为重点,协调市、区、街道三级加大经费投入,完善教育基地的软硬件基础设施。新华东街党员教育培训基地被省委组织部确定为全省"五大教育基地"之一,扩大了阳泉市社区党建工作的社会影响力。抓8个示范化社区党组织建设,进行了考核和验收,为全市标准化、示范化社区党组织建设树立了样板。抓结对共建活动,起草了《阳泉市城市社区党组织与驻区单位党组织结对共建工作方案》,进一步强化了社区功能,提高了社区党组织服务群众的水平,构建了区域化党建新格局。四是机关党建有了新提高。按照《关于市直部门党组抓机关和所属单位党建工作的意见》的要求,进一步完善了机关党建的工作机制,同时在机关中大力选树先进典型,推动了机关党建工作的开展。

*四、以发展党员、创新载体、创新机制为重点,永葆共产党员的先进性。*一是继续做好发展党员工作。本着"既确保新党员发展质量,也改善党组织结构"的目标,坚持把发展党员的重点放到生产一线、高中以上、35岁以下优秀青年中,通过总结推广入党积极分子培训制、发展党员公示制、票决制、审查制等制度,共计发展党员3096名。其中,在抗震救灾活动中有19人火线入党,11人递交了入党申请书,9人被确定为重点发展对象,充分体现了党的凝聚力和号召力。二是深化和拓展党员承诺制活动。通过开展"无职党员设岗定责"、"我是党员我承诺服务群众促和谐"、"党员戴红帽"、"党员标识"等活动,积极创新了活动的载体,深化和拓宽了党员承诺制的内容和渠道,使党员承诺活动取得明显成效。三是深入开展"创先争优"活动。通过新闻媒体广泛宣传,进一步弘扬了先进,激励了斗

志,教育了群众,在全市形成了争创先进的浓厚氛围。四是创新流动党员管理机制。通过重点抓一点一证一册一备案"四个一"工作,即加强基层党组织建立党员服务中心(站、点)建设,做好流动党员活动证发放工作,做好流动党员在册登记工作,建立流动党员信息备案制度,形成了对流动党员的动态管理机制。五是进一步加强大学生村干部管理。一方面认真贯彻落实市监管、县直管、乡统管、村包管的管理模式,加大对大学生村干部的管理、使用和服务力度;另一方面对长期无故不在岗的、在其他单位兼职拿两份工资的、长期请病假事假不到村的大学生村干部,探索建立退出机制,营造了公平公正的选用环境,初步探索建立了下得去、留得住、干得好的长效机制。 (杜志鹏)

【党内民主建设】 2008年,市委组织部按照党的十七大关于扩大党内民主的新思路、新举措,积极探索多种实现形式,规范、细化党内民主程序,保障党员主体地位、民主权利,党内民主建设得到进一步加强。

一、建立健全各项组织制度,切实保障党员民主权利。一是组织广大党员干部认真学习贯彻《党章》和《党员权利保障条例》。通过举办培训班、座谈会,组织党课学习、党员论坛,利用新闻媒体宣传、教育、引导等形式,增强了党员的民主意识,促进了党员履行义务的自觉性和责任感,进一步发挥了党员在党内生活中的主体作用。二是建立完善了党内情况通报、情况反馈、重大决策征求意见、公示、党务信息发布等制度。对于基层党建工作情况除要求保密的内容之外,通过会议、板报、媒体等形式进行公开,保证了党员充分享有知情权、参与权,强化了党员的监督。三是在全市大力推广郊区荫营镇、郊区三都村、阳煤集团二矿党委、市交通局党组、城区新华东街社区党支部、城区北大街小学党支部党务公开的先进经验,推动了各级党组织党务公开工作的开展,调动了党员参与和管理党内事务的积极性、主动性和创造性,营造了党内民主的环境。

二、全面贯彻"两推一选"(群众推荐、党员推荐和党员大会选举)和"公推直选"(党员、群众公开推荐,党员大会直接选举)试点工作,有计划、有步骤地扩大直接选举范围。积极贯彻落实全省、全市组织工作会议精神,在农村党组织换届选举中进行了"两推一选"和"公推直选"试点工作,逐步扩大了基层党组织领导班子直接选举范围,巩固和扩大了党组织领导班子在群众中的基础。

三、认真贯彻有关党的各级代表大会代表任期制精神,进一步完善党的代表大会制度。一是认真学习贯彻中央下发的《中国共产党全国代表大会和地方各级代表大会代表任期制暂行条例》。转发了中央有关文件,组织有关人员进行认真学习、研究和探讨,并按照省委组织部的要求,对省委制定的《关于〈中国共产党全国代表大会和地方各级代表大会代表任期制暂行条例〉的实施办法(征求意见稿)》在一定范围内征求了意见建议,为完善党代会常任制提供了依据。二是加强对郊区党代会常任制试点工作的指导。按照省委组织部的要求,阳泉市郊区被确定为党代会常任制试点区,利用试点积极开展建立党代会常任制的工作机制和制度体系的探索,积累经验,加大指导,同时组织带领郊区有关人员,赴党代会常任制试点和顺县进行了学习取经,为党代会常任制试点工作顺利开展奠定了基础。 (杜志鹏)

【干部人事制度改革】 2008年,市委组织部围绕提高选人用人公信度这一主题,大力推进和深化干部人事制度改革,在选人用人制度、方式、程序等各个方面进行了大胆探索,取得可喜成绩。

一、树立正确的用人导向。一是在干部选拔使用过程中,坚持德才兼备、注重实绩、群众公认的原则。坚持把注重品行放在首位,把一批政治坚定、原则性强、清正廉洁、道德高尚、情趣健康的干部提拔到重要领导岗位,树立了明确的用人导向。二是大力选树优秀典型干部。在全市各个部门各个单位选树了一批长期在基层和生产一线工作,求真务实、埋头苦干、默默奉献、不事张扬的干部,通过提拔重用、表彰奖励、媒体宣传等形式,大力宣传他们的先进事迹,在全市干部中树立榜样。

二、完善干部选拔任用制度和机制。一是在干部选拔任用过程中,严格执行中央关于干部选拔任用的有关规定和省委关于推荐、考察、酝酿、讨论决定领导干部四个规定,同时结合阳泉实际,总结了一些好的经验和做法,进一步完善了选人用人机制。二是进一步规范了干部选任程序。规范了民主测评、民主推荐的运行方式,继续严格执行干部考察预告、任职前公示等制度,提高了干部选任工作的水平。三是加大了公开选拔、竞争上岗工作力度。全市有21人通过审核参加了省副厅级公选笔试,其中有3人进入了面试。有38名优秀乡镇(街道)党委书记参加了到省直机关任职笔试,其中2人被录取。同时积极筹备阳泉市县级干部的公选工作。

三、改进干部考核评价体系。一是改进了推荐考察办法。在全额定向民主推荐、个别谈话考察的基础上,运用民主测评、民意调查、实绩分析、综合评价等方法,全面考核评价领导班子和领导干部的总体情况,推荐考察更为全面、客观,更能体现民意。二是改进了考核方法。首次采用民意调查和对班子量化评分的方法考核领导班子和领导干部,考核更形象、更直观,提高了考核的准确性和科学性。三是改进了考核内容。针对不同类型、不同岗位、不同职责的考核对象,设计了几种不同的、各具特色的、简便实用的考核办法,考核结果更有针对性。四是运用综合方法考核干部。在实际操作中,注意把组织部门的干部考核、基层党建考核、干部教育培训考核与纪检方面的党风廉政建设责任制考核以及计划生育、社会治安综合治理、信访等方面的考核情况结合起来,综合评价干部,防止和避免考核的失真失实。

四、加强干部宏观管理工作。一是认真执行《中华人民共和国公务员法》的各项规定,完成了按照干部管理权限由市委组织部负责的公务员登记工作。同时开展了参照公务员法管理单位的申报工作,有66家单位上报省委组织部。二是举办了市直单位科级以下公务员公共管理核心内容培训班,提高了公务员队伍的整体素质。三是严格领导职数审批制度,规范了职数审批程序,改进和完善了审批办法,全年共为46个市直行政、事业单位的202名科级干部的职数进行了审批,有效地保证了科级干部选拔任用的民主化、科学化、规范化。进一步加强了干部人事档案管理工作,按照省委组织部的要求,做到了档案管理工作达标,保证了档案的完整性和有效性,为公道正派地选人用人提供了真实可靠的信息,切实提高了干部宏观管理工作的水平。四是认真落实老干部工作的有关政策,切实关心老干部的学习和生活,充分发挥老干部在建设和谐社会中的积极作用,使老干部老有所乐、老有所用。 (杜志鹏)

【人才工作】 2008年,市委组织部坚持党管人才原则,大力实施"人才强市"战略,以科学人才观为指导,以高层次人才和高技能人才为重点,抓住培养、引进、使用三个环节,统筹抓好各类人才队伍建设,为全市经济社会又好又快发展提供了强有力的人才保证和智力支持。

一、人才工作机制进一步健全完善。一是完善人才工作领导体制,加强人才工作领导组成员单位的相互联系。年内,先后两次召开县(区)委人才办主任、人才工作领导组成员单位联系人会议,明确了全年人才工作重点,整合了全市人才工作力量,协调了全市人才工作步调,使各成员单位找准了在人才工作中的定位,促进了人才工作管理服务的规范性和协调性,推进了统分结合、协调高效的人才工作运行机制的建立。二是加强各项制度建设,增强人才工作的合力。制定下发了《阳泉市委人才办2008年创新工作推进措施》,从制度创新、高层次人才队伍建设、人才引进、人才培养、基础建设等5个方面制定了18项推进人才工作的具体措施,狠抓重点工作的落实和经常性工作的创新,同时进一步完善了市委人才工作领导组议事制度、工作制度和督办制度,健全了信息通报制度,使各项人才工作不断推向深入。三是开展人才工作调查研究,加强人才工作基础建设。用两个多月的时间,组织开展了非公企业人才资源状况抽样调查和企事业单位人才资源状况重点调研工作,摸清了全市企事业单位及非公企业的人才资源基本情况,为制定切实可行的人才引进、管理、使用的相关政策提供了依据。

二、高层次人才队伍建设得到充实加强。一是切实做好市级专家的管理工作,把市级专家管理纳入规范化轨道。5月,市委组织部下发了《市级专家管理暂行办法》,就市级专家的管理、教育培训、发挥作用及待遇等方面作了明确规定,通过采取调整充实市级专家队伍、外派学习锻炼、提高福利待遇等措施,进一步加强了对市级专家的动态管理,保证了市级专家队伍的流动性、权威性。二是组织开展"名师育才"活动,大力推进优秀青年人才队伍建设。围绕全市重点工程项目实施、经济结构调整、支柱产业改造提升、环境保护、新农村建设等重点工作,根据不同行业、领域对各类人才的需求,充分发挥市级专家在人才培养中的传帮带作用。每位市级专家都选择确定了2~3名有发展潜质的青年优秀人才作为培养对象,制定培养计划,明确培养目标,促进优秀青年人才脱颖而出。年内,市级专家共与193名培养对象结成师徒关系,其中硕士9人、大学本科116人、大专61人,一支适应全市经济社会发展需求、门类齐全、结构合理、数量充足的优秀青年人才队伍正在全市形成。三是加大对市级专家的考核力度,全面了解掌握市级专家的工作情况。9月,市委组织部下发了《关于做好市委联系的高级专家考核工作的通知》,委托各县区委组织部、各行业主管部门、条管单位开展了对市级专家的考核工作,通过采取发布考核预告、个人情况汇报、民主测评、个别谈话、查阅有关资料、综合评价等方式,对106名市级专家进行了考核,并将考核结果作为管理使用市级专家的依据。

三、人才培养和引进的力度进一步加强。一是强化市校交流合作力度。年内,清华大学通过在阳泉市建立的研究生暑期社会实践基地,选派了8名研究生(其中5名博士生、3名硕士生)到阳泉市进行了为期6周的暑期挂职锻炼,帮助挂职单位解决了一系列技术和管理难题,提出了许多颇有价值的意见和建议,得到挂职单位的充分肯定和认可。与此同时,阳泉市也选派了一定数量的党政干部、优秀专业技术人才和经营管理人才到清华大学进行脱产培训,依托清华大学在人才密集、师资雄厚、知识前沿、环境优越等多方面的优势,推进干部培训和人才交流工作,市校交流合作迈上了新的台阶。二是畅通人才引进的"绿色通道"。组团参加了山西省2008年人才智力交流大会,共有15个单位招聘了煤炭、机械、教育、科研等60个专业196名各类急需人才;有6个单位19个项目进行了技术项目的合作对接;接待各类流动和求职人员1270人,当场签约353人。三是加大对人才工作的宣传力度。委托市电教中心为20名优秀市级专家制作了电视专题片,通过阳泉电视台等新闻媒体进行宣传报道;协同市委党史办,编撰了《创造者之歌》(上、下集)系列丛书,以报告文学的形式,客观真实地介绍了99位优秀人才的先进事迹;8月,与市总工会一起对在第五届全市职工技术大赛中选出的26名阳泉市"首席员工"进行了表彰奖励。通过采取一系列措施,提升优秀人才的社会影响力,发挥优秀人才的榜样示范作用,在全市形成了尊重劳动、尊重知识、尊重人才、尊重创造的良好氛围。 (杜志鹏)

【干部监督工作】 2008年,市委组织部以贯彻落实《关于深入整治用人上不正之风,进一步提高选人用人公信度的意见》及相关文件精神为重点,以改革创新的精神大力推进干部监督工作,在健全和完善干部监督工作机制、强化对领导干部和干部选拔任用工作的监督等方面,取得了一定成效。

一、加大对干部监督工作的创新力度。一是建立了选人用人问题定期通报制度。根据市委主要领导有关批示,仿照省委组织部的做法,建立了选人用人问题定期通报制度,对省委组织部批转的、市委组织部收到的反映各县区选人用人方面的举报件,特别是涉及拟提拔人选问题的举报件,每月定期向各县区进行通报,有效防止了干部选拔任用上的不正之风。二是制定了干部选拔任用"一报告两评议"(常委会向全委会报告全年干部选任工作、全委会委员对全年干部选任工作进行评议、对新选拔的党政主要领导干部进行评议)工作方案,结合阳泉实际,在全市推行"一报告两评议"制度,加强了对干部选任工作上的民主监督力度,提高了选人用人的公信度。三是按照中组部干部监督局的要求,积极配合省委组织部,在全市开展了"干部选拔任用工作群众满意度"问卷调查活动,向党政领导干部、组织人事干部、党外人士、离退休人员和普通党员群众发出调查问卷100份,收回100份,进一步了解掌握了广大干部群众对干部选任工作的满意度情况。四是认真做好"12380"举报电话受理工作。共对3批113名拟任干部和入围的全部大学生村官进行了公示,对收到的举报情况,均按照市领导和部领导的批示,组成调查组认真进行了调查核实,对个别举报件还几次深入到被举报人周围环境进行核查,较好地发挥了举报工作在干部选拔任用和管理监督中的作用。

二、认真做好党员领导干部报告个人有关事项工作。一是完成2008年省管党员领导干部个人有关事项报告工作,共收回报表42份,其中党员领导干部37名,非党员领导干部5名。二是完成了全部市管党员领导干部个人有关事项报告表的工作。三是进一步加强对党员领导干部,特别是党政"一把手"的日常管理和监督,对领导干部个人执行报告制度的情况进行监督检查,做到了发现问题及时督促纠正。四是加大对执行制度过程中出现新情况、新问题的研究力度,及时提出意见和建议,为更好地执行制度创造了条件。

三、进一步强化对县级领导干部的经济责任审计监督。继续推行任期审计与离任审计相结合的领导干部任职全程经济责任审计模式,发挥经济责任审计在干部监督工作中的作用。按照市经济责任审计领导组的要求,对12名县级干部进行了经济责任审计,其中县级党政领导干部2名、县级企事业领导干部8名、县区有关领导干部2名,发挥了经济责任审计在强化干部监督管理、加强党风廉政建设、惩治腐败行为等方面的作用。 (杜志鹏)

宣传工作

【理论学习】 2008年,市、县(区)两级党委中心组以服务市委、市政府中心工作为指导,以中心组学习为龙头,理论学习呈现出新特点。制定了《中共阳泉市委理论学习中心组2008年度专题理论学习计划》,聘请中央党校教授黄小勇为市委中心组全体成员作了《加强领导干部处置突发公共事件能力》专题报告,组织市委中心组全体成员学习了党的十七届三中全会精神和《中共中央关于推进农村改革发展若干重大问题的决定》。在学习理论的基础上思考实际问题,使中心组学习成为推动全市思想解放和实践创新的有效形式和决策先导。

郊区区委中心组大兴调研之风,开展了"富民惠民、改善民生"大调研,中心组成员带头深入基层,了解民情、倾听民意、把握民声,写出调研文章40余篇,促进了全区经济社会的发展。积极规范县级党委中心组学习,拟定了《全市县级党委中心组成员理论学习量化考核办法》,加强对县级党委中心组理论学习的考核检查,促进县级党委中心组理论学习的开展。召开了全市县级党委中心组理论学习经验交流会,郊区、矿区、市交通局、市政工程管理局、市安监局和市煤气公司的主要领导交流了经验,促进了县级党委中心组理论学习的规范化、制度化。下发了《关于设立县区委理论学习中心组专项经费并列入财政预算的通知》,县区委中心组年度理论学习专项经费2万元进入财政预算,并按本县区财政收入增长比例逐年递增。 (霍美文)

【理论宣传】 2008年,全市宣传系统以学习贯彻党的十七大精神为重点,在全市掀起了理论宣传的新高潮。一是继续推动党的十七大精神的宣传,组织开展了纪念改革开放30周年百题知识竞赛,共有3万多名党员干部群众参加,在市公证人员的监督下,通过抽奖方式产生出优秀个人奖20名,同时评出优秀组织奖10个。二是编写了《党的十七届三中全会主要精神》,为市委理论学习中心组、各县区、乡镇(街道)及市直单位征订了《理论热点面对面·2008》、《科学发展观在山西》系列丛书、《干部理论学习内参》等相关资料,为全市党员干部的理论学习提供了有力保证。三是以服务市委、市政府中心工作为指导,理论研究取得新成果。加强对新情况新问题、前瞻性战略性、理论性政策性课题的研究,为市委、市政府的重大部署提供理论支撑和决策咨询。精心筹备阳泉市纪念改革开放30周年理论研讨会,全市各级领导干部和理论工作者紧密联系实际,认真调查研究,潜心钻研构思,踊跃撰写稿件,共收到论文130余篇,经过专家评审组严格评审,20篇论文获奖。在认真评审的基础上,择优推荐2篇文章参加了山西省第八届精神文明建设"五个一"工程优秀理论文章评选。认真组织了2008年度哲学社会科学规划课题申报工作。

(霍美文)

【对外宣传工作】 2008年,全市宣传系统始终以创新的方法推出亮点,使阳泉市的对外整体形象有了新提升。

一、精心策划重大对外宣传活动,展示阳泉新形象。经过精心准备,先后组织了香港时事评论员访问团和全国网络媒体山西行考察团对阳泉市的采访,通过考察企业、参观重点项目、准备专项宣传资料、刻印光碟图册、座谈交流、实地采访等方式,将阳泉市近几年学习实践科学发展观的思路、措施、成就及影响进行了充分展示,对阳泉内涵丰富和精彩纷呈的人文、历史、民俗进行了广泛宣传,收到了突出的宣传效果。人民网、搜狐网、凤凰网等全国36家主流网络媒体进行了持续、大量、极富影响力的宣传,登载了《谢海:坚持科学发展 建设让人民群众满意的阳泉》、《煤城发展观——看阳泉如何实行资源型城市转型》等118篇新闻稿,之后全国网络媒体广泛转载。香港凤凰卫视评论部副总监、评论员何亮亮撰文《从阳泉北山公园看山西》,发表在9月25日香港《文汇报》"文汇论坛"上,文中指出,"如何做到经济发展与保护环境之间的良性平衡,是山西的战略课题,山西在这方面做出了巨大努力,阳泉即是一个示范。"文章刊登后,迅速被多家知名媒体转载,山西省委书记张宝顺阅批后在《山西日报》头版配编者按全文转发,对于展示阳泉、宣传山西产生了积极而深远的影响。

二、把握对外传播独特方式,打造对外新品牌。与山西卫视联合摄制了大型访谈节目"精彩山西"阳泉篇,邀请阿忆、孔庆东、王鲁湘等知名学者作为嘉宾,与白云市长和市内专家学者以及相关部门领导,就阳泉的历史文化底蕴、地方民风民俗、旅游亮点等进行了深入访谈,节目于北京奥运会前在山西卫视播出,生动质朴地展示了阳泉市的文化形象。与黄河电视台联合制作了"魅力山西"阳泉篇和平定篇,通过讲述民间文化传承、凡人百姓故事,体现了阳泉的文化气质,节目在黄河电视台北美地区频道播出,对宣传展示阳泉、打造对外文化品牌起到了积极作用。

三、整体对外宣传以数量增加、质量提升实现新突破。据统计,除大量网络媒体宣传外,2008年全市共在新华社、中央、省级的电视台和报社播(刊)发新闻稿件1121条,新闻数量、质量和覆盖面均有了新的突破。特别是3月29日,中央电视台在"新闻联播"黄金时间以《山西阳泉矸石山变生态园》为题,全面集中报道了阳泉市改善城市环境、治理矸石工作取得的成绩,时间长达1分半钟,市委书记谢海接受了中央电视台记者采访。新闻播出后,引起了强烈反响,对提高阳泉市的对外知名度起到了积极作用。

(霍美文)

【文化事业】 2008年,阳泉市始终以务实的作风夯实文化事业基础,在满足人民群众日益增长的精神文化需求方面取得新突破。

一、实施文化惠民工程,繁荣文化事业。投资1亿元集展览馆、图书馆、博物馆于一体的文化中心投入使用。投资8000万元建设的全省一流的广电大楼全面启用。数字电视整体转移实现了10万户的目标。8个乡镇文化站和150个村文化室的建设如期完成,其中乡镇文化站建设完成投资925.5万元,总面积7651平方米。投资100万元成立了数字电影院线有限公司,为32个乡镇配备了数字放映机,在全省率先实现了一村一月放映一场电影的目标,市电影公司受到国家广播电影电视总局表彰。

二、结合重大主题推出新成果。"5·12"汶川特大地震发生之后,市委宣传部组织全市文艺工作者,围绕抗震救灾这一重大主题,先后创作出近100件音乐、文学作品,收到积极的宣传教育效果。推荐平定刻花瓷、大阳泉古村开发、电视剧《藏山与赵氏孤儿》3个文化产业项目参加了第四届文博会招商。平定刻花瓷文化园区进行了国家级文化产业示范基地申报,确定了翠枫山风景区、平定刻花瓷旅游项目、郊区大阳泉古村开发等7个文化产业发展重点项目。召开了阳泉市第四届文学艺术创作奖评选活动,对10年中涌现出的289件优秀作品进行了表彰。成功举办了纪念改革开放30周年专题文艺晚会"辉煌历程"、"腾飞的阳泉"大型展览和书法、美术、摄影作品展,为纪念改革开放30周年营造了隆重热烈的文化氛围。

三、以丰富人民群众文化生活为目的,"三节"文化活动丰富多彩。2008年"三节"文化活动历时两个多月,共举办文艺晚会、文艺展演、民间艺术表演、文化阵地活动、元宵灯会、焰火晚会等200余项,观众达45万人次,其中仅各类专题文艺晚会就达180多场,演出4000多个节目。连续举办23年、全省11个地市唯一的电视春节文艺晚会,成为阳泉春节文化的一张亮丽品牌。深入开展"三下乡"活动,为农村、社区、企业送戏1000余场、图书近万册。

(霍美文)

【精神塑造工作】 2008年,全市宣传系统始终以构建社会主义核心价值体系为中心开展精神塑造工作,使全市人民奋发向上的精神动力进一步增强。

一、以未成年人思想道德教育为重点,社会主义核心价值体系建设有了新成效。在市文明委第十次全体会议上,专题研究了未成年人思想道德建设工作,并按照测评体系要求进行了责任细化。广泛深入开展文明市民教育,组织开展了“行礼仪、树形象”、“送礼仪知识到社区、到农村”、“迎奥运讲文明树新风”、“我们的节日”等活动。大力开展“诚信示范店”创建活动,福寿街被命名为山西省首批“诚信示范街”,天元商厦被命名为“全国百城万店无假货示范店”。市民任效均荣获“全国道德模范提名奖”,新华东街社区荣获“全国加强和改进未成年人思想道德建设工作先进集体”称号,受到中央文明委的表彰。

二、实施动态分级管理,文明单位创建水平有了新提升。建立了市级文明单位分级动态管理机制,以创建文明单位为载体,条块结合,上下联动,文明创建活动得到广泛深入开展,创建成果更加内涵丰富,扎实有效。全年共有12个文明单位受到中央文明委命名表彰,其中全国文明单位5个、全国精神文明工作先进单位3个、全国文明村镇2个、全国创建文明村镇工作先进村镇2个。

三、以学习贯彻党的十七大精神和纪念改革开放30周年系列活动为重点,各项工作掀起新高潮。组织专家学者深入基层单位,就“民情档案、民情日记、民心通道”等各具特色的思想政治工作开展广泛调研。组织开展“纪念改革开放30周年思想政治工作”论文征集评选活动,收到论文138篇,50篇论文获奖。在全省加强和改进企业思想政治理论研讨会上,阳泉市11家先进集体、10名先进个人、3篇优秀成果受到表彰。 (霍美文)

【新闻舆论】 2008年,全市各级新闻媒体始终迅速有效贴近重大工作,为促进全市经济社会又好又快发展提供了新支撑。一是以服务中心、突出重点为核心,重大事件宣传及时到位。“5·12”汶川特大地震发生后,阳泉市新闻媒体及时转载刊登新华社关于抗震救灾新闻160余篇,照片90余幅,派出6名新闻记者随救援队伍深入重灾区,通过连线、画面回传等方式,现场报道灾区和阳泉市救援救助情况。北京奥运会前后,全市新闻媒体紧紧围绕奥运主题,刊登播发专题稿件160余篇,营造了浓厚的迎奥运舆论氛围。二是以实现突破、创新管理为内容,重头工作进展明显。精心拍摄了反映阳泉市改革开放30年巨大成就的系列专题片《巨变》,先后推出了经典回放、图说阳泉30年、辉煌的30年等专栏,取得了良好的宣传效果。进一步加强新闻工作的领导和管理,举办新闻发言人培训班2期,召开新闻通气会13次。在全市新闻战线开展了规范新闻采访秩序“百日整治”活动,进一步引深了三项学习教育活动。认真贯彻执行新闻宣传管理和舆论调控制度、重大问题请示报告制度,确保了新闻发布的权威性、准确性和及时性。组织评选了第12届阳泉新闻奖,40多篇优秀新闻作品获奖。三是舆情信息以全省第一、全国第二的成绩继续成为亮点。阳泉市委宣传部和太原市委宣传部是全省仅有的两家“中宣部舆情信息直报点”,通过进一步完善、创新、理顺责任分解、定期沟通、业务培训、工作流程等制度,严格考核,奖罚分明,实现了舆情信息工作的高效开展。全年共编发《宣传信息》98期,《阳泉舆情》、《网民舆情》3238条。向中宣部报送信息3200多条,其中中宣部《舆情专报》采用16条、《舆情摘报》采用196条、《信息专报》采用26条、《网上动态》采用59条,报送信息中央领导批示7次,完成特殊交办任务5次。舆情信息工作以全省第一、全国第二的好成绩受到中宣部的充分肯定和表彰。 (霍美文)

【宣传队伍建设】 2008年,全市的宣传队伍建设始终以提高整体素质为目标,为宣传工作的改革创新增添了新活力。一是以提高凝聚力和整体功能为目标,班子建设迈出新步伐。坚持宣传系统领导班子及其成员工作、学习、年度考核等制度,组织进行了县级领导班子、领导干部和机关科级及其以下干部的年度考核。落实部务会制度、调查研究制度、宣传系统通气碰头会制度,坚持民主决策、科学决策,提高了部务会的决策质量和执行效果。二是以提高学习力、执行力、落实力、创新力为核心,队伍建设有了新成效。按照“讲政治、善学习、会工作、守纪律、强身体”的要求,先后组织23名公务员参加了市委组织部组织的县干班、中青班培训和公共管理核心内容培训,对广电总台10个正科级岗位进行了第二轮上岗竞聘,对阳泉日报社4个正科级岗位进行了调整充实,逐步形成了能者上、庸者下的用人机制。三是以提高机关办事效率为重点,工作作风有了大改观。进一步巩固“作风建设年”教育成果,开展规范新闻采访秩序“百日整治”活动,从严整治有偿新闻、虚假报道、不良广告,在宣传系统营造了“充满正气、充满情谊、充满活力”的工作氛围。 (霍美文)

【《打造煤城文化品牌 提升阳泉文化软实力》一文发表于《前进》】 8月8日,由市委讲师团课题组撰写的理论文章《打造煤城文化品牌 提升阳泉文化软实力》,被省委主办的《前进》月刊刊登。

《打造煤城文化品牌 提升阳泉文化软实力》一文是市委讲师团课题组结合阳泉市实际情况,在深入调查研究的基础上,紧紧抓住阳泉地域文化特色而撰写的。该文紧紧围绕“文化是城市的灵魂,没有文化力量的支撑,就没有城市的吸引力和凝聚力”这一主题,重点从强化煤城文化理念、培育阳泉城市精神,构筑煤城景观文化、突出园林城市文化内涵,建设煤城文化基础设施、提升城市文化品位,发掘煤城文化资源、打造阳泉文化品牌四个方面进行了阐述,既论证了主题思想,又提出了合理化建议。8月27日,《阳泉日报》全文转发,引起广大群众的高度关注和广泛讨论,受到各级领导的一致好评。 (张爱萍)

【《改革推动文化发展 创新促进文化繁荣》获优秀论文奖】 2008年,在山西省纪念改革开放30周年理论研讨会上,市委讲师团课题组撰写的理论文章《改革推动文化发展,创新促进文化繁荣》被评为优秀论文,受到大会表彰。

为纪念改革开放30年走过的光辉历程,大力宣传阳泉市取得的巨大成就和成功经验,展示全市经济社会和人民群众精神面貌发生的历史性变化,市委讲师团积极参加了阳泉市纪念改革开放30周年理论研讨活动,讲师团课题组撰写的理论文章《改革推动文化发展,创新促进文化繁荣》获市优秀论文奖。该论文被推荐参加全省评奖,被评为优秀论文。 (张爱萍)

【“双年”活动总结会】 根据市委“作风建设年、狠抓落实年”学习教育活动领导组办公室要求和市委〔2007〕15号文件精神,按照市直工委“双年”活动统一安排,市委讲师团于2008年1月10日召开了“双年”活动总结会。会上,团长陈晓理对“双年”活动开展的做法、经验和效果作了总结发言。通过开展“双年”活动,全团党员干部的综合素质得到提升,工作作风得到转变,工作效率得到提高。 (张爱萍)

统战工作

【凝聚力工程】 根据省委统战部要求,2008年,市委统战部继续把大力实施“凝聚力工程”作为统一战线服务经济社会发展大局的重要载体,按照工作项目化、项目责任化、资源社会化的工作思路,围绕中心抓重点,结合实际抓特色,加强组织领导,强化工作措施,突出地方亮点,落实责任目标。

召开了“凝聚力工程”再动员大会和工作推动会,重点抓了四项工作。一是开展“新晋商、新形象”活动。召开了优秀中国特色社会主义事业建设者表彰大会,全市20人受到市委、市政府隆重表彰,省委常委、省委统战部部长李政文向大会发了贺信,市委书记谢海、市长白云作重要讲话,《阳泉日报》、《阳泉统一战线》推出了纪念专刊。二是开展“献良策、比贡献”活动。从全市经济社会发展大局和统战工作实际出发,确定20个重点调研课题开展集中调研。全年共收到各种调研论文、考察报告216篇,评出获奖论文57篇,其中一等奖6篇、二等奖12篇、三等奖17篇、优秀奖22篇,评出平定县委统战部等8个优秀组织单位。三是以开展宗教“双五好”(五好个人、五好宗教活动场所,五好即爱国爱教好、遵纪守法好、勤劳致富好、团结和谐好、教风修养好)活动为重点,进一步加强宗教活动场所管理和宗教教职人员培养工作。盂县永清寺等一批宗教活动场所受到省委统战部、省宗教事务局表彰。国家宗教事务局副局长王作安等一行4人,专程对盂县永清寺开展宗教场所规范化管理工作进行了调研。四是帮助指导市工商联举办了庆祝工商联成立60周年大会。表彰了优秀会员企业和先进会员,并对2007年度开展的全市非公经济大型宣传展示活动进行了总结表彰,表彰了5个先进集体和5名先进个人。 (王素琴)

【民主党派和无党派人士政治交接学习教育活动】 2008年,市委统战部坚持把树立和落实科学发展观作为学习教育活动的指导思想,以加强班子建设、思想建设、组织建设和制度建设为重点,指导帮助民主党派和无党派人士开展政治交接学习教育活动。

召开了各民主党派政治交接学习教育活动阶段总结会、引深动员会和经验交流会,组织了图片展览、学习成果展示等活动,确定了抓制度、抓培训、抓管理、抓活动、抓载体和抓典型的“六抓”工作机制。省委统战部对阳泉市的工作给予了充分肯定。

认真开展无党派人士政治交接主题教育活动,拟定了主题教育活动方案,争取到市政府专项活动经费15万元。召开了全市无党派人士主题教育活动动员大会、培训会、座谈会,组织部分无党派人士赴沿海城市和革命老区进行参观。召开了全市统一战线纪念中共中央“五一口号”发布60周年座谈会,在全市各民主党派中广泛开展了座谈、讨论、图片展览、征文、演讲等活动,将纪念活动推向了高潮。(王素琴)

【纪念改革开放30周年系列活动】 2008年,市委统战部以纪念改革开放30周年为主题,集中开展了“九个一”系列活动。一是召开全市统一战线纪念改革开放30周年座谈会,市委书记谢海亲临会议并作重要讲话。二是“重走革命路——党外人士老区行”集体学习活动,全市60余名党外代表人士到平定七亘村接受革命传统教育,捐款1.35万元,为村小学捐助过冬煤炭10吨,看望慰问了村里的7位八路军老战士。三是积极筹办阳泉非公有制经济30年发展成就展,向省委统战部报送了“凝聚力工程”——阳泉篇成就展。四是组织了全市统战系统“庆奥运、强素质”健康运动会。五是举办纪念改革开放30周年“我们一起走过”演讲比赛。六是编辑了《阳泉统一战线与改革开放30年》丛书。七是组织部分党外代表人士外出学习考察。八是开展“我为阳泉发展建一言”活动。九是看望慰问了党外代表人士。“九个一”系列活动的成功举办,体现了统一战线大团结、大联合的工作主题,发挥了统一战线凝心聚力的积极作用。 (王素琴)

【抗震救灾活动】 2008年,四川汶川特大地震发生之后,全市统一战线积极响应市委号召,开展了“六个一”活动。一是举办了一次大型捐助活动。市委统战部、市民政局承办了阳泉社会各界“赈灾济难献真情”大型捐助活动,市委书记谢海、市长白云等市级四套班子领导及省委统战部副部长薛永辉参加了捐助活动,现场捐款260余万元。同时,组织机关党员干部上交了“特殊党费”。全市统战系统共捐款2200余万元,部分非公企业主动承担了灾区援建过渡安置房的任务。二是发出了一个倡议。组织全市各民主党派、无党派领导干部共同发出倡议,发挥自身优势,积极投身抗震救灾斗争和灾后恢复重建工作,捐献特别会费。三是召开了一次座谈会。全市各民主党派、无党派代表人士就抗震救灾的伟大精神和统战成员受到的深刻教育进行了热烈讨论。四是编发一条爱心短信。全市统一战线成员和统战干部每人编发一条爱心短信,抒发对灾区人民的关心慰问,表达在中国共产党领导下万众一心、恢复重建的信心。五是结合政治交接学习教育活动,每人撰写一篇心得体会。在《阳泉统一战线》开辟专栏,征集统一战线成员亲身参与抗震救灾的文章,在社会上产生了较大反响。六是举办了一次抗震救灾图片展览。 (王素琴)

【统战“三项”工作】 调研、宣传、信息工作是统一战线的三项基础性工作,也是省、市量化考核的重点工作。2008年,经过全市统战系统的不懈努力,全市三项工作取得了新成绩,呈现出新气象。召开了统战理论研究会三届四次理事会暨统战理论研讨会,制定出年度重点课题计划,围绕全市经济社会发展大局开展了各种层次的考察调研活动,就有关理论成果转化进行了论证研究,一批优秀调研成果得到市委、市政府领导的肯定。大力加强统战新闻宣传工作,创办了《阳泉统一战线》杂志,开通了“阳泉统一战线”网站,一大批宣传稿件在《中国统一战线》、《山西统一战线》、《人民政协报》和《山西政协报》等报纸杂志上刊登。经过省委统战部的量化考核,阳泉市的统战调研、宣传、信息工作均被评为全省先进单位,这在阳泉统战工作历史上是第一次。在全省“统战好新闻”评比中,阳泉市有7篇文章获奖,其中《山西阳泉市委统战部开展三项活动积极服务经济》荣获一等奖。 (王素琴)

【基层统战工作】 2008年,全市县区统战工作呈现出整体推进、重点突出、特色鲜明、亮点增多的良好局面。平定县的统战培训工作规模大、规格高、效果好,“民企联村”工作推进扎实,成绩突出;盂县在农村宗教活动场所规范化管理、少数民族聚居村新农村建设、引导非公经济健康发展等方面探索出了好的经验;城区在非公企业中开展的“四新企业”(新晋商、新文化、新形象、新贡献)创建工作、在少数民族流动人口管理工作中推行的双向管理制度得到省委统战部的重视;郊区积极应对国际金融危机影响,举办耐火产业发展高层论坛效果明显;矿区重视党外干部工作,创新选拔培养党外干部工作机制,政府职能部门和法检两院党外干部实职安排走在了全市乃至全省的前列。(王素琴)

政法工作

【概况】 2008年,全市各级政法机关认真贯彻落实中央、省、市政法工作会议精神,以开展党的十七大精神“大学习、大讨论”活动为契机,进一步引深社会主义法治理念教育,加强政法队伍思想作风建设,加大队伍培训力度,切实转变工作作风,队伍面貌有了新的改观。市委政法委多次召开协调会和汇报会,市委常委、政法委书记陈继光多次深入基层,宣讲党的十七大精神和社会主义法治理念。举办了全市政法系统领导干部专题研讨班和首届法制论坛。坚持抓基层、打基础、苦练基本功,着力构建和谐警民关系,全市政法队伍的整体素质和执法水平进一步提高。

政法系统各单位按照科学发展观的要求,统筹兼顾,工作做到了“六个结合”,一是把“大学习、大讨论”活动与社会主义法治理念教育相结合,进一步深化社会主义法治理念教育,端正了执法指导思想;二是把“大学习、大讨论”活动与抗震救灾工作相结合,进一步弘扬政法干警的无私奉献精神,全市政法系统捐款捐物总值190多万元;三是把“大学习、大讨论”活动与奥运安保工作相结合,进一步突出工作重点,增强了服务大局的主动性;四是把“大学习、大讨论”活动与执法质量考评、解决群众反映突出的信访问题相结合,进一步提高维护人民利益的能力;五是把“大学习、大讨论”活动与执法规范化建设相结合,进一步找准政法工作的职能定位,在长效机制上做文章;六是把“大学习、大讨论”活动与改进工作作风、加强队伍建设相结合,进一步提高破解科学发展难题的能力。市委政法委机关始终把政法工作的最终目标定位在人民满意上,努力满足人民群众的要求。为了弘扬正气,树立典型,推动全市政法队伍建设,经过层层推荐、公开评选、组织考察和向社会公示,评选出了阳泉市第四届“双十佳”政法单位和干警,分别授予“执法为民模范(先进)集体”称号,由市劳动竞赛委员会分别授予“五一劳动奖状(奖章)”和荣记集体(个人)一等功。 (石 逸)

【信访工作领导问责制度】 2008年,全市政法系统继续对信访案件责任单位的主要领导和包案领导实行领导问责制度。首先,落实"一把手"责任,明确"一把手"是排查化解工作的第一责任人。其次,强化领导包案责任。为此,市委政法委先后制定下发了《关于落实排查化解重信重访案件领导包案责任的通知》、《关于迅速落实信访稳控责任的通知》、《关于交办进京重点涉法涉诉信访案件的通知》等文件,明确职责权限,划清各方责任,确定强硬指标,采取过硬措施,确保案结事了。 (张 帆)

【重信重访排查化解工作】 3月,中央政法委部署在全国政法机关开展排查化解重信重访工作后,市委政法委领导高度重视,认真安排,有力推进措施落实。通过学习领会中共中央政治局常委、中央政法委书记周永康的重要讲话和中央、省委的重大决策精神,迅速在全市政法机关统一了思想,明确了目标任务,研究制定了方案,并召开全市动员大会认真安排部署。市委常委、政法委书记陈继光带领市直政法机关主要领导,多次深入到各县区和两级政法机关,对中央和省市交办案件逐案听取汇报,督办落实相关措施。

专项工作中,以领导包案为抓手,多策并举化解信访案件。从市委政法委领导到各级政法机关领导都实行了包案责任制,充分调动和利用各种资源手段,采取领导包案"六个亲自",即亲自接待上访群众、亲自倾听上访人陈述、亲自听取案件办理情况、亲自查阅案件材料、亲自出面组织协调、亲自抓好督促检查回访,强力推进案件消化处理进度。包案领导深入基层单位和上访人家中解决疑难问题,与上访人面对面进行说服调解工作,蹲在办案单位督促指导,催办落实。在处理重信重访案件工作中,各政法机关突破就案办案的框框,围绕息诉罢访目标,开阔思路,大胆创新,实行案中案外相结合、法理情理相结合、教育疏导和救济补偿相结合的方法,取得了积极的效果。截至7月底,中央交办阳泉市的28件涉法涉诉信访案件全部得到解决,办结率为100%。2008年是自2002年起解决信访案件,特别是"老大难"案件力度最大、效果最好的一年。 (张 帆)

【奥运期间维护稳定工作】 奥运维稳工作是2008年政法工作的重中之重。各级政法机关进一步畅通信访渠道,变上访人上访为干部下访和约访,及时化解矛盾,缓解情绪。市委常委、政法委书记陈继光在奥运会期间,多次深入基层政法机关督查安全维稳工作,并坚持每日敞开接待上访群众,随时协调解决上访问题。 (张 帆)

【公正执法创建工作】 在连续五年开展以执法规范化建设为主要内容的公正执法创建工作的基础上,2008年,阳泉市政法委认真总结经验和问题,结合公正执法的新要求和涉法涉诉信访矛盾仍然突出的现实,明确了以源头治理为根本、在群众反映集中的执法问题上规范整治的执法监督重点。一是年初对全市两级政法机关执法工作进行了全面的质量检查和问题排查,树立了一批推进公正执法的先进单位和星级单位,同时从涉法涉诉上访中排查出法院立案不规范、审判不透明、说理不充分、执行不得力;检察机关审查起诉定性不准、程序不严,自侦案件该立不立、该查不查;公安机关案件管理、伤情鉴定不规范和乱处乱罚;司法行政劳教机关执法程序不严密、制度不健全等15个方面的突出问题。二是对全市推进公正执法工作进行了再动员再部署,出台制定了引深公正执法创建活动的方案和执法质量考核办法,对排查出的15个问题有针对性地提出治理措施。三是严肃对重点执法问题的监督检查,如对法院超时限审理、非法诉前查封扣押、公安鉴定不规范、监管场所管理不严等问题进行了专项整治,督促各部门完善制度,严密措施,依法规范执法。四是督促政法机关建立和完善了内部监督制约机制,强化了法制、审判监督、纪检监察部门的职能,构建了执法流程管理和监督机制,形成了较为完整的案件质量检查考核体系,有效推进了公正执法的科学化、规范化监督。五是严肃对错案和违法违纪问题的查究,对3起错案和5名执法错误责任人进行了严肃查究,其中3人受到司法追究,2人受到纪律处分。 (张 帆)

综治工作

【"双排查"工作】 2008年,按照省综合治理委员会的安排部署,全市各级综治机关紧扣工作重点,抓住重要环节,切实开展了重大矛盾纠纷、重点整治问题"双排查"工作。活动中,各级综治机关以乡镇(街道)为单位组织专门队伍,抽调精干力量,集中时间开展拉网式大排查,全市共排查出重大矛盾纠纷34起、重点整治问题15个。经过各级各部门的努力,采取了县(区)委书记开门大接访、领导包案、挂牌督办、工作组进驻整治、部门联合解决等办法,共调处矛盾纠纷32起,调处率达94.1%;重点整治问题全部得到有效整治,通过了市综治委的验收,整好率达100%。"双排查"工作取得明显成效,有力地维护了全市社会治安整体稳定。 (马 青)

【严打整治工作】 年内,全市公安机关将严打作为保障民生、促进和谐、实现"平安奥运"的重要手段,认真组织开展了命案侦破会战,以及以奥运安保为重点、以"两防三打四整治"("两防"即严密社会面防范、严格重点人员和重点单位防控;"三打"即打击黑恶势力刑事犯罪、打击严重暴力刑事犯罪、打击抢劫抢夺盗窃刑事犯罪;"四整治"即整治民爆物品、整治交通秩序、整治火宅隐患、整治治安乱点)为主要任务的"泉安"严打整治专项行动,打掉了一批违法犯罪团伙,破获了一批人民群众关注的刑事案件,抓获处理了一批违法犯罪人员,有力地打击了犯罪分子的嚣张气焰。全年全市共立刑事案件3414起,破获3450起(含积案),比2007年多破77起,上升2.2%(其中破危害严重的“八类”案件458起,比2007年多破46起,上升11.1%);查处治安案件9669起,增加733起,上升8.2%;累计抓获各类违法犯罪嫌疑人13246人,增加4366人,上升49%。严打整治斗争成效显著,受到人民群众的广泛赞誉。

与此同时,在市综治委的统一协调部署下,各级公安机关先后开展了危险品安全管理专项整治、禁毒、禁赌、打击传销、预防重特大道路交通事故,以及打击盗窃破坏电力、电信、广播电视设施违法犯罪等一系列专项斗争,使各类突出治安问题得到有效整治,社会治安面貌得到进一步好转。 (马 青)

【治安防控工作】 年内,全市开展了治安防控工作。在人防上,根据实际需要对巡防队组成人员进行了调整、充实,使全市的专职治安巡防队员达到2109人,成为维护全市治安稳定的一支重要力量。在物防上,开展了“奥运护城河”工程,对遍布在全市的52个治安岗亭、5个出市治安卡点和7个出省治安检查站重新进行了规范整合,对出市、出省的车辆进行治安检查,有效防止了重点人员、爆炸物品、危险物品流出市境。在防技上,开展了社会治安视频监控与报警综合管理系统“天网”工程建设。截至年底,全市累计投入资金已逾3000万元,安装治安视频监控器2680个,进一步实现了对社会治安的全天候、全覆盖实时监控,此外,市级“110、119、122”三台合一报警系统建成并投入使用,方便了市民报警求助,有效提高了处警效率。 (马 青)

【治安重点问题防控专项行动】 为确保奥运期间安全稳定,2008年,阳泉市专门部署开展了“平安奥运”治安重点问题防控专项行动。一是以人员密集场所为重点,组织开展了火灾隐患排查整治工作。二是全面加强对全市互联信息网络安全检查,防范打击网上违法犯罪活动。三是圆满完成了奥运会有关人员背景审查工作。四是强化重点部位、重要设施的安全保卫,确保重点部位、要害单位的绝对安全。五是全面加强了民族宗教管理工作,推动各民族和谐共处,维护社会稳定。 (马 青)

【基层基础工作】 年内,全市各级综治机关大力加强基层基础工作,为各项工作的顺利开展奠定了坚实基础。一是大力开展“三基”(抓基层、打基础、苦练基本功)建设工程。继续加大了“三基”工程建设的力度,在经费、人员、办公条件上,对基层予以优先照顾,大大改善了基层的办公、办案条件。在硬件建设上,全市所有看守所的新建、改建工程全部完成,新建了平定县、盂县公安培训基地,盂县法院、公安局办公大楼建成,郊区法院和平定县检察院改建工程完工。二是开展了声势浩大的综治宣传培训工作。各级综治机构通过街头、电视、报刊、广播和互联网等宣传方式,进一步扩大了宣传覆盖面,提高了群众知晓率,在全社会营造出“参与安保工作、保卫奥运平安”的良好氛围。此外,市、县、乡、村和各单位层层对综治工作人员开展培训,切实提高了人员素质,推动了各项工作的深入开展。三是综治各专项工作深入推进。各级综治委专项工作领导组认真履行职责,积极协调配合,先后开展了创建平安铁路示范路段、整治校园周边环境、流动人口服务与管理、出租房屋专项整顿、刑释解教人员安置帮教、青少年违法犯罪社区预防计划等专项工作,取得明显成效,全年全市未发生涉及铁路、学校师生、流动人口、刑释解教人员和青少年的重大治安、刑事案件,实现了铁路大动脉安全畅通、学校及周边环境稳定、流动人口管理有序、刑释解教人员安居乐业、青少年健康成长的工作目标。 (马 青)

【矛盾纠纷排查调处工作机制】 2008年,全市综治机关努力建立健全市、县(区)、乡(镇)、村四级排查化解网络和横向到边、纵向到底、纵横结合、不留死角的矛盾纠纷排查调处工作机制,切实把苗头性问题掌握全、掌握准,及时消除在萌芽状态。坚持开展经常性矛盾纠纷排查调处工作,对排查出的矛盾和问题,逐级建立台账,逐案登记,并实行定领导、定部门、定方案、定专人、限时解决的“四定一限”责任制,挂牌督办限期化解,做到矛盾没有化解的不消案,问题解决不彻底、存在隐患的案件不消案,群众对问题解决不满意、思想不稳定的不消案。有效整合各方面力量,形成解决问题、化解矛盾的强大合力。各县区继续加强矛盾纠纷调解中心建设,充分发挥矛盾纠纷调解中心作用,大力构建人民调解、行政调解、司法调解相结合的“大调解”工作体系,综合运用多种手段化解各类社会矛盾。 (王 刚)

【矛盾纠纷排查调处工作】 年内,全市各级矛盾纠纷排查调处工作机构紧紧围绕构建“平安阳泉、和谐阳泉”和确保北京奥运会期间社会治安、铁路治安稳定的总体目标,建立健全工作体系,完善落实工作制度,有效化解了各类矛盾纠纷,切实维护了全市安定团结的良好局面。各级矛盾纠纷排查调处工作机构将影响本地区、本单位、本系统稳定的重大矛盾作为工作重点,加大排查力度,坚持开展扎实的日常排查工作。同时,针对重点时期坚持开展了重点排查工作。认真抓好重点时期、重点区域、重点群体和重点单位的矛盾纠纷排查工作,组织工作组全方位、多层面地深入开展调查摸排,通过走访群众、接待群众来访、召开群众代表会议和基层组织负责人会议等办法，逐村组、逐社区、逐单位进行摸排梳理，扩大排查的覆盖面，确保把已经发生和正在酝酿的矛盾纠纷一一搞清楚，把各种不安全、不稳定的矛盾和问题排查彻底，不留盲点和死角。其间，从3月起，在全市组织开展了集中排查调处矛盾纠纷活动，市矛盾纠纷排查调处工作领导组制定下发了《关于集中开展排查调处矛盾纠纷的通知》，进一步细化了责任，量化了目标，并召开动员会进行了安排部署。集中排查调处活动中，各级各部门对排查出来的重大、复杂、疑难矛盾纠纷，实行领导包案和挂牌督办，协调有关部门密切配合，集中力量调处解决，切实把问题解决在基层、解决在当地、解决在萌芽状态。全年全市共排查出各类矛盾纠纷401起，调处361起，调处率为90%。（王　刚）

【矛盾纠纷排查督促检查】 从7月中旬起，市综治委组织督查组对各县区、阳煤集团及市综治委专项工作领导组办公室2008年的工作进行了一次全面的督促检查。督查组对矛盾纠纷排查调处责任制落实情况、排查活动开展情况、排查调处情况，以及例会制度、通报制度、挂牌督办制度、领导包案制度、会议协调制度等的执行情况进行了全面的督促检查。特别是针对各县区、各系统对影响稳定的突出问题排查情况、登记建档情况、化解整治情况进行了重点检查和督促指导。通过检查，增强了各县区、各单位对矛盾纠纷排查调处工作的重视程度，强化了各级领导对集中排查调处工作重要性的认识，促进了集中排查调处矛盾纠纷活动的深入开展。

（王　刚）

机关党的工作

【机关干部培训】 2008年，市直机关工委根据党员身份、工作性质的不同，采取分层次、分类别、多形式、全覆盖、整体推进、灵活安排的方法，重点抓好入党积极分子、预备党员和隶属党组织组织委员3个培训班，确保内容、课时、应参加培训人员、结业考试不折不扣，坚持不培训不发展、不批准转正，强化党性修养锻炼。全年完成150余名入党积极分子、137名预备党员和80多个单位党组织委员的培训工作，组织预备党员赴延安参观学习，进行入党宣誓，得到市委组织部的认可。

分专题完成科级干部培训，培训除了党的十七大报告、党的十七届三中全会精神等内容，还增加了以应对当前复杂国际国内经济形势、美国次贷危机和金融风暴为主要内容的金融知识和专业技能等。为配合培训，编印了《2008市直机关党员干部教育培训综合辅导资料》，下发至所属的6000多名党员手中。（张瑞斌）

【机关党建工作】 年内，机关工委结合社会经济发展需要，不断创新组织和活动形式，从四个方面进一步扩大机关党建工作的覆盖面，确保了各项工作的顺利开展。

一、加强流动党员管理。截至2008年11月底，工委所属党组织有流动党员近300余名，主要集中在市人才开发交流服务中心流动党支部和市失业保险中心临时党支部。为加强对流动党员的管理，工委责成这两个单位挂牌成立了"流动党员服务站"，设立了流动党员咨询服务电话，及时为外出流动党员办理"流动党员活动证"，督促党员流动期间参加流入地的党组织生活。

二、建立党内关怀机制。根据市委组织部的要求，建立了《市直机关对生活困难党员进行帮扶的实施意见》。春节前，对20多名贫困党员每人给予300元~500元补助。市劳动和社会保障局机关党委按照上级要求，把失业中心255名流动党员作为重点帮扶对象，针对失业党员文化偏低、年龄偏大、技能单一、身体欠佳等实际情况，想方设法在就业、学习和生活等方面提供帮助，最大限度地帮助解决实际困难，使年龄在"4050"范围内的失业党员大部分实现再就业。对年老体弱就业困难人员，积极与民政部门联系，帮助其申领最低生活保障金，受到群众好评。

三、召开机关党建盂县现场会。10月23日至24日，工委在盂县召开了阳泉市机关党建现场会。省直工委书记刘传旺、市委秘书长樊盛武、盂县县委有关领导、机关工委隶属党组织、各县区工委、盂县县直机关党组织负责人等共80余人参加会议。会议组织与会人员参观了盂县建设局等5个单位的机关党建展示和盂县的有关重点工程，就县区机关党建进行了交流探讨。

四、举办纪念改革开放30周年征文活动。工委与阳泉日报社联合举办了纪念改革开放30周年《我的亲历亲见亲闻》征文，历时5个多月，共收到稿件近200篇，刊发52篇，在社会上引起广泛好评。另外，机关各单位还积极参加市委宣传部组织的全市纪念改革开放30周年理论研讨征文活动，工委书记张晋蜀和市人事局、市经委、市农业局有关领导撰写的文章获优秀论文奖，并作了大会交流。张晋蜀的文章被《中直党建》杂志"纪念改革开放30年"专栏刊发。（张瑞斌）

【机关抗震救灾工作】 四川汶川特大地震发生后，市直机关广大党员积极响应市委号召，一方面主动捐款，一方面积极参与到入川支援抗震救灾工作中。市交通局在第一时间组织车队，以最快的行动昼夜兼程，长途远行，把救灾物资送到了灾区。新闻、卫生、规划、工商、质检等系统的党员和职工纷纷主动请缨，申请到一线抗震救灾。多人向党组织递交了入党申请书，经临时党支部推荐，基层各党组织慎重把关，市直机关共有17人在抗震救灾一线入党。

积极响应上级党组织号召，组

织党员缴纳“特殊党费”。为做好此次大范围“特殊党费”收缴工作,工委指定专人负责,专项管理,设立了两个专门交纳点,接收“特殊党费”,进行统计汇总工作并在银行设立专账。对收缴的全部“特殊党费”,工委除及时向上级党组织部门移交外,还主动接受广大党员和审计部门的监督,以高度的责任心圆满完成了“特殊党费”收缴任务。市直机关工委开具“特殊党费”收据5091张,共计209.84万元,其中,千元以上收据701张,500元~1000元的收据931张,500元以下收据3459张。市十三届人大代表、共产党员史钰文,在以个人和单位名义参与了社会捐款后,又一次性缴纳了10万元人民币的“特殊党费”,用实际行动表达了自己的一份特别“党心”。

7月1日,工委改变以往开大会单纯表彰的惯例,专门安排赵雪松、樊志国等5人作了抗震救灾先进事迹报告,与会人员深受感动和教育。市委常委、市委秘书长樊盛武对市直机关广大党员在抗震救灾中的英勇表现给予了充分肯定。会议还对在抗震救灾中作出积极贡献的市粮食局机关党委等21个先进基层党组织、杨继勇等80名优秀共产党员、赵新建等40名优秀党务工作者进行了表彰。(张瑞斌)

【机关纪检工作】 2008年,机关工委继续加强纪检工作。一是从6月开始,用将近2个月的时间,组织力量,深入到不同类型、不同行业的30个单位,对机关干部作风情况进行了深入调研,共发放调查问卷1000余份,召开了9次座谈会,有100余名党员干部群众参加了座谈。依据作风调研的实际情况,撰写出了《关于改进和加强机关作风建设的调查报告》。二是结合机关实际,努力构建惩治和预防腐败体系。组织机关189名县级干部和800余名科以下干部进行了《建立健全惩治和预防腐败体系2008-2012年工作规划》学习和知识答题,使“规划”更加深入人心。三是制定下发了《关于深入开展“廉政文化进机关”活动的实施意见》,要求各单位党组织开展好“五个一”活动,即读一本廉政勤政相关内容书籍、挂一批廉政格言警句、办一期廉政教育专栏或图版、举办一次反腐倡廉建设知识竞赛和报告会、组织一次廉政歌曲学唱活动。四是为加强对科级干部的理想信念教育,工委编写出了《警示教育典型案例100例摘编》,内容包括落马高官曝光、贪官职务犯罪案例剖析、反腐倡廉调查评论三部分,发至机关科级干部手中,增强了广大干部廉洁从政的自觉性。五是继续保持查办案件工作力度,先后处理党员违纪案件2件,涉及科级干部2人,受到党内严重警告处分2人;待处理的违纪违法案件2件,涉及县级干部1人、科级干部1人;年底时仍在核查的2件。(张瑞斌)

【机关工会工作】 2008年,机关工会围绕机关党建总体要求,积极开展工作。“七一”前夕,举办了市直机关“庆七一、迎奥运、展风采”职工歌咏比赛,共有25个单位2600名干部职工参加,市委书记谢海、市委副书记郜爱国等市领导带头登台演唱,市建筑设计院、市规划局和市委党校获特等奖。从6月下旬至9月,举办游泳培训班3期,培训学员280多人,使机关培训人数达到3000余人次,受到机关职工的欢迎。11月,举办了市直机关职工羽毛球赛,共有20个单位119名职工参加了比赛。关爱弱势群体,继续做好第四期阳泉市职工大病互助互济工作,共有98个单位7600多人参加,交费27万元,基本上达到了全员参加。从市总工会申请回救济经费2万元,对30个单位的20多名因病导致家庭困难的职工给予了救济,为16户家庭办理了特困证。(张瑞斌)

【机关团的工作】 2008年,机关团工委坚持“党有号召,团有行动”和“永远跟党走,青春献祖国”的光荣传统,积极开展各项活动。组织机关团员青年积极参加团市委组织的“圆梦行动”,协调有关团组织单位共为贫困大学生捐款3万多元。积极投入抗震救灾,共有30名团员青年奔赴抗震救灾第一线,其中7人申请入党。年前完成了对市直团工委所属1个国家级“青年文明号”、8个省级“青年文明号”和18个市级“青年文明号”示范集体、15个市级“青年文明号”的复查工作。组织完成了第五届阳泉市“十大杰出青年”、“十大优秀青年”的推荐评选工作。年内,机关团工委被团市委评为“五四红旗团委”。(张瑞斌)

政研工作

【调查研究】 2008年,市委政策研究室围绕市第十次党代会、全市经济工作会议以及市领导关注的重要问题,不断强化调研的质量意识和服务理念,把超前谋划、主动服务的理念贯穿于调查研究的各个环节,高标准要求,高效率运转,高质量服务,努力整合调研资源。选好调研课题,深入基层,深入群众,通过陪同领导调研和自主调研,利用综合调研、课题调研和信息调研等方式,掌握情况,总结经验,查找问题,提出建议,促进工作,使调查研究成为市委科学决策的重要依托和载体。年内,先后组织完成了《关于加快社会主义新农村建设,推进城乡一体化发展的调研》、《关于加快体制创新,推进以国有企业为重点的经济体制改革的调研》、《关于进一步改善民生,推进社会主义和谐社会建设的调研》、《关于进一步解放思想,加强银企合作,创优发展环境,深入推进扩大对外开放的调研》等一大批调研成果。

围绕市委中心工作进行重点课题调查研究。围绕科学发展与和谐建设两大主题;围绕全市贯彻落实科学发展观,推动经济社会又好又快发展，建设和谐阳泉，建设社会主义新农村；围绕如何破解资源型城市转型、统筹城乡发展、工矿型城市改造提升、生态环境保护四大难题等重大课题，开展了各项专题调研活动。在产业结构调整、“百项工程”建设、发展循环经济、社会管理等方面及时提出了一些前瞻性、针对性、操作性强的意见建议。在巩固和加强农业基础地位，促进农业稳定发展、农民持续增收；加快转变发展方式，推进经济结构战略性调整等方面组织力量，开展调查研究，为中央、省委和市委决策部署提供了科学依据，为全市经济社会平稳较快发展发挥了应有作用，进一步提高了参谋服务水平。

围绕市委重大决策课题进行调查研究。重点围绕阳泉的发展定位、发展方向、发展模式、产业特色和城市面貌等课题，深入到5个县区和开发区及38个市直综合部门，开展了为期2个多月的深入调研，为全市实现科学发展提出了对策建议。

围绕以全民创业和民营经济快速发展推动经济社会争先发展、率先崛起的重大部署开展调研。主要就如何形成“能人创企业、干部创事业、百姓创家业”的生动局面，对阳泉人的创业思想、创业行为以及阳泉市的创业环境进行研究分析，提出建议。

围绕阳泉市城乡一体化建设中的新探索进行调研论证。阳泉市被确定为全省城乡一体化试点城市后，市委市政府出台了许多相应的政策措施。有许多是社会主义新农村建设中出现的新鲜事物，是农村基层党委和政府的创新性探索。政研室按照市委主要领导的批示精神，重点对其实现模式进行了调研。

（马贵智）

【文稿起草】 2008年，市委政研室紧紧围绕全市工作大局，把高质量地完成文稿起草和领导讲话作为服务领导决策的重要内容，作为为领导出好主意、当好参谋的重要途径，全年高质量、高水平、高效率起草领导讲话、领导署名文章、市委汇报材料、调查报告等100余篇。特别是市委领导的讲话，要求具有很高的科学性、准确性和可操作性，而且时间要求紧，工作难度大。为使讲话能做到立意高、思想新、内容实，全面体现市委指导全市工作的战略意图和决策要求，市委政研室按照“站位高”、“想在前”、“跟得紧”的具体要求，坚持在掌握领导观点上下工夫、在提高文稿质量上下工夫，每次都集中全体人员的智慧和力量，全力以赴，反复磋商推敲，反复修改，力求内含丰富、结构严谨、观点准确、不出差错。在深入调查研究的基础上，圆满完成各种会议材料起草任务，所起草的全委会报告以及相关文件均受到市委主要领导的肯定，受到与会人员的高度评价，充分发挥了政研室以文辅政的职能作用。（马贵智）

【《阳泉工作》】 为创新办刊方式，2007年，市委政研室对市委办公厅的《调查研究通讯》和政研室的《决策参考》两份内刊进行整合，创办了统一的市委机关刊物《阳泉工作》。为了将刊物办好，市委政研室动员全室力量，实行“四包三比”（人人包栏目、包内容、包审稿、包校对，人人比征稿数量、比栏目特色、比稿件质量）工作方法，使刊物办得富有成效，受到市委领导的好评和基层单位的欢迎。全年出版刊物4期，累计发行3000余份，刊发各类稿件80余篇，计30余万字，在基本覆盖全市各级党组织的基础上，每期向外地交流100多份。《阳泉工作》全面准确地宣传了党的理论、路线、方针和政策，及时总结和传播了阳泉经济社会各方面改革发展的新情况、新创造、新经验和新典型，为促进发展、谋划发展发挥了应有的作用。（马贵智）

保密工作

【保密宣传教育】 2008年，市保密局认真开展保密宣传教育活动。一是组织影像播放，注重案例教育。从4月中旬开始，用1个月时间在全市组织了保密警示教育片的集中播放活动，共播放《警钟常鸣》等保密影像资料片50多场，受教育者达3000多人；与此同时，及时转发和组织学习关于泄密事件的通报和典型案例，开展案例教育，教育广大干部特别是领导干部和涉密人员从中汲取教训，认清保密工作面临的严峻形势，克服麻痹思想，提高警惕，严格执行各项保密制度，加强管理，消除隐患，杜绝失、泄密事件的发生。二是举办保密讲座，坚持形势教育。市保密局工作人员受聘到城区区委、市人行、市劳教所和武警支队等单位举办保密讲座，开展保密形势、保密法制、信息安全和保密基本知识教育，近500人接受了教育，进一步提高了保密意识和法制观念。三是开展系列活动，引深法规教育。市保密局以《中华人民共和国保守国家秘密法》颁布20周年为契机，利用报纸、广播、电视、计算机网络等传媒，通过论文、书画征集等形式，组织开展了丰富多彩的纪念《保密法》颁布20周年系列宣传活动。市、县直各单位认真组织学习保密知识、开展保密培训、观看保密教育片、举办保密知识竞赛、张贴保密教育挂图、制作宣传展板、悬挂宣传标语，创造性地开展了保密法制宣传教育，营造了浓厚的宣传教育气氛，既有声势，又有实效，有力地推动了《阳泉市“五五”保密法制宣传教育规划》的实施。（刘彦忠）

【政府信息公开保密监管】 年内，市保密局作为政府信息公开领导组成员，参与了全市政府信息公开工作。及时和市信息化工作办公室、市经济信息中心共同制定了《关于加强阳泉市党政信息网上网信息安全及保密管理的通知》，下发全市各党政机关和企、事业单位，并且在市政府门户网站政府信息公开页面显著位置发布，起到了规范信息公开、防止失泄密发生的作用,保证了各单位公开信息的及时发布和《中华人民共和国政府信息公开条例》在阳泉市的按时施行。同时,编制了保密局信息公开指南和目录,制作了市保密局信息公开网页,把关于保密工作的法律法规、保密部门的职能、工作动态及保密知识等在市政府门户网站公开发布,以扩大影响,引深保密宣传教育,便利保密执法管理。此外,还对县区的政府信息公开及保密审查等具体工作进行了指导。（刘彦忠）

【奥运期间安全保密管理】 年内,为确保北京奥运会期间政治社会稳定,确保不发生任何失泄密事件,市委保密委员会专门下发通知,要求各县区、各部门、各单位加强对保密要害部门和部位的保密监督、检查、管理,督促各单位采取防范措施,全力做好奥运前夕和奥运会期间的安全保密工作。一是加强对党政机关的保密监督管理,督促各部门、各单位严格执行保密规章制度,加强对涉密文件、资料、计算机及其存储介质的保密管理,严防各种涉密信息外泄和密件丢失、被盗。二是加强对公、检、法、司等政法部门的管理,确保枪支弹药等武器装备存放地、品种、数量等信息和实物的安全保密。三是加强对各金融单位的保密管理,确保各种票据、现金、数据资料和各类涉密金融信息的安全。四是加强对属地网站内容的保密检查,确保涉密信息不上网,上网信息不涉密;加强对涉密信息系统和涉密计算机的保密管理,确保涉密系统、涉密机与国际互联网物理隔离。五是各县区、各单位要严格执行失泄密事件报告制度,一旦发生失泄密事件,要及时向市委保密委办公室报告,并做好相应的补救和防范措施。经过市委保密委和各单位、各有关人员的努力工作,确保了阳泉市奥运期间的安全保密。

（刘彦忠）

【国家考试保密工作】 年内,市保密局工作人员作为市招生考试领导组成员,参与了全市高考、中考工作。先后参加了全国、全省电视电话会议和市招生委员会扩大会议,协助市教育局、市招生办对全市的中考和高考进行了安排部署。考前,对各考区、考点及试卷保密室、考务室、监控室进行了保密安全检查验收;考试期间进行了巡视,确保了考试程序规范运作和特殊年份高考、中考工作的平安顺利。另外,还对市卫生局组织的两次医师执业资格考试、全市成人高考进行了保密指导、检查和办理试卷保密室合格证事宜。（刘彦忠）

【涉密载体清理】 年内,市保密局根据上级通知要求和清理工作方案,按照分类对待、分类处理的原则,采取个人申报同集中检查相结合的方式,对各级党政机关和涉密单位在岗(在职、借调、聘用)和近3年内离岗(离退休、调离、辞职、辞退)人员个人持有的移动硬盘、软盘、光盘、U盘、录音带、录像带等涉密载体进行了全面细致的清理。对存在涉密信息的介质,失去使用价值的一律予以彻底删除和格式化;对于仍有使用价值的,逐一登记造册,明确保密责任人和保密措施。

（刘彦忠）

老干部工作

【阳泉市“山之韵”合唱团成立】 1月10日,由原市老年大学合唱团和市干部合唱团合并组建的阳泉市“山之韵”合唱团成立,隶属于市委老干部局。合唱团110名团员均为50岁以上的在职和离退休干部,全部来自市内各企事业单位。合唱团常任指挥由中国合唱协会会员、省合唱协会理事、市音协副主席、市文化艺术学校校长王树敏担任,中国交响乐团女中音歌唱家李克担任客座声乐指导。

近几年,市老年大学合唱团、市干部合唱团坚持学习和排练,先后完成大、中、小型合唱作品100余部,并成功将大型合唱《东方红》、《黄河大合唱》、《长征组歌》搬上舞台,获得很大成功。多次代表阳泉市参加全国及省内的合唱比赛,均取得了优异成绩。2006年9月,在全省首届老年文化节上获“青松杯”一等奖。2007年3月,获山西省“三晋之春”合唱音乐会“春花杯”奖;6月,在呼和浩特市举办的全国老年合唱比赛中获金奖;10月,在太原举办的全国第九届“永远的辉煌”合唱大赛中获银奖。（李姝君）

【参加全国老干部竞技麻将邀请赛获奖】 4月17日至22日,市老干部活动中心组队参加了“共享幸福和谐,相聚七彩云南”2008年全国老干部竞技麻将邀请赛并获金奖。阳泉市的参赛队员由2008年3月全市“迎奥运”竞技麻将比赛的4名成绩优秀者组成。4名参赛队员以良好的精神风貌和一丝不苟、认真细致的态度积极参加比赛,经过角逐,市经委退休干部荆永泰获得个人第25名的优异成绩,市老干部活动中心代表队获得“彩云”金奖。

此次比赛由中国老年报社中华不老城发展中心、中国老年学会老年旅游专业委员会、云南省群众体育指导中心联合主办,由云南省老干部活动中心、云南老年报社共同承办,共有来自全国13个省、市的64支代表队参加。（李姝君）

【离退休干部党支部书记培训班】 为进一步加强离退休干部党支部建设,引深离退休干部学习贯彻党的十七大精神活动,系统回顾总结改革开放30周年的成就和经验,6月16日至17日,市委老干部局举办了全市离退休干部党支部书记培训班,全市各县区、市属单位的离退休干部党支部书记和老干部工作人员100余人参加了学习培训。培训班上,市委组织部副部长、市委老干部局局长吴墨庭作了题为《关于加强离退休干部党支部建设的几个问题》的辅导，培训班还邀请市委党校副校长巩树青作了《改革开放30年成就及历程回顾》的辅导，辅导深入浅出、系统条理，深受离退休干部支部书记的欢迎，培训收到了预期效果。（李姝君）

【老干部工作目标管理责任制实施】 为进一步贯彻落实党和国家关于离退休干部工作的各项方针、政策，按照党的十七大关于全面做好离退休干部工作的要求，推动全市老干部工作更好地适应改革开放和社会主义现代化建设的需要，6月，市委老干部局以阳老字〔2008〕28号文件下发了《老干部工作目标管理责任制实施意见》。该实施意见采取百分制，从领导重视、政治待遇、生活待遇、活动阵地建设、宣传信息工作和部门自身建设六个方面进行了目标分解、分值细化，同时规定考核坚持实事求是、客观公正的原则，考核结果纳入市委对各领导班子、领导干部年度考核的内容，予以公布。考核的三个具体步骤是组织自查、检查考核、综合评价。

12月17日，市委老干部局分五组，对各县区和市直各大单位的老干部工作进行了年度考核。考核严格按照市委老干部局年初确定的工作要点和百分制考核细则，采取听取汇报、查看资料、讨论座谈、实地调查和老干部满意度测评的方式进行。考核结果为，各县区和大多数被考核的市直单位老干部工作都做到了领导重视，思想认识到位，"两个待遇"落实较好，老干部党建工作扎实推进，老干部文体活动较为丰富，活动阵地建设蓬勃开展，老干部满意度普遍较高。（李姝君）

【离退休干部"迎奥运"乒乓球比赛】 为丰富离退休干部的晚年文化生活，喜迎2008年北京奥运会的召开，7月16日至18日，市委老干部局、老干部活动中心联合组织开展了以"团结友谊、健康娱乐、迎接奥运"为主题的阳泉市离退休干部"迎奥运"乒乓球比赛。两县三区和市直25个单位的58名离退休老干部参加了比赛，其中年龄最大的参赛队员是南庄煤矿82岁的离休干部李宗山。经过激烈角逐，市科委的霍子德、矿区的吴玉英分别获得男、女单打比赛第一名。通过比赛，老干部们切磋了技艺，交流了感情，用实际行动表达了他们积极健身、喜迎奥运的心情，同时也展现了老干部们积极向上的精神风貌。（李姝君）

【市老龄人才资源开发协会农业分会 工业分会成立】 为充分发挥离退休人才的余热，实现老有所为，积极搭建老龄人才服务社会的平台，市农业局于7月29日组建成立了市老龄人才资源开发协会农业分会，市经委于9月25日组建成立了市老龄人才资源开发协会工业分会。

市老龄人才资源开发协会农业分会和工业分会成立后，将在市老龄人才资源开发协会和所在党组的领导下，按照《阳泉市老龄人才资源开发协会章程》，认真履行权利和义务，积极吸收特色人才，充分发挥老龄人才的知识优势、技术优势和管理优势，为阳泉市的经济建设贡献力量。（李姝君）

【老干部生活待遇落实】 2008年，市委老干部局集中精力，在老干部生活待遇落实问题上集中解决了两件事：一是落实企事业单位离休干部的津贴补贴问题。2007年规范公务员津贴补贴制度实行后，解决企事业单位离休干部津贴补贴成为当务之急。为此，市委老干部局积极努力，一方面多次请示报告，一方面多次沟通协调，最终使这一问题得到圆满解决。经2008年7月22日的市政府常务会议和7月23日的市委常委会议研究决定，为市直企事业单位的离休干部发放津贴、补贴。市财政共拨款2400余万元，使市直单位非财政供养单位离休干部津补贴资金全部到位，年底，市属企事业单位和各县区企事业单位离休干部的津贴补贴全部兑现。二是提高了离休干部的护理费标准。晋老字〔2008〕11号文件下发后，市委老干部局及时以阳老字〔2008〕32号文件进行了转发，并进行了督促落实。从2008年1月1日起，离休干部的护理费标准由原来的每月150元提高到400元，生活不能自理的离休干部由原来的每月200元提高到600元。这些政策的落实到位，为广大离休干部安度晚年提供了保障，切实让老干部真正享受到了改革发展的新成果。（李姝君）

【纪念改革开放30周年暨老年教育事业开创25周年书画摄影作品展】 12月8日，阳泉市老年大学纪念改革开放30周年暨老年教育事业开创25周年书画摄影作品展在市文化中心开展。此次展览由市老年大学、市老年书画研究会、市委老干部局联合举办，旨在纪念改革开放30周年及老年教育事业开创25周年，讴歌改革开放的光辉历程，展示当代老年人与时俱进、自强不息、热爱生活、服务社会的精神风貌，进一步推动全市老年教育事业的发展。整个展览分四部分，第一部分为展板，分别为"思想教育的阵地"、"增长知识的课堂"、"陶冶情操的乐园"、"大器晚成的摇篮"四个主题；第二部分为252件书法作品；第三部分为106件绘画作品；第四部分为126件摄影作品。作者都是市老年大学、市经委老年大学的学员和老年书画研究会的会员，平均年龄63岁，最大的82岁。参展作品主题鲜明，内容丰富，件件都洋溢着时代气息和艺术风采，生动地反映了老年大学学员意气风发、积极向上的精神风貌。此次书画摄影展共持续了7天。（李姝君）

党校工作

【干部教育培训】 2008年，中共阳泉市委党校、阳泉行政学院努力加大教育培训力度,使全市的干部队伍素质进一步提升。坚持围绕中央提出的重大战略思想和学习贯彻十七大精神的要求,结合省委、市委重大工作部署,立足为全市经济社会发展培养高素质人才的迫切需求,按照《阳泉市 2008-2010 年干部教育工作实施意见》的规划,加大对领导干部培训轮训的工作力度,先后组织举办了县级领导干部培训班、中青年干部培训班、公务员公共管理核心内容培训班、公务员初任培训班、全市参照公务员法管理单位工作人员公共基础知识培训班等主体班次共 26 期, 参训学员达 3820 人次,较好地完成了市委、市政府交办的干部培训轮训任务。

在认真完成好主体班教学培训任务的同时,积极拓展办学思路,探索多种办学模式,采取与党政部门、行业协会、企事业单位联合办学的形式,拓宽非主体班培训领域,先后承办了山西省评标专家培训班、市计生协会岗位知识技能培训班、第二次全国经济普查业务培训班等多项联合办班及委托培训,加大对各级各类干部和人才的教育培训力度, 有 6000 余名专业技术人员、经营管理骨干和其他各类人员到党校接受培训,使全市各级各类人才和干部队伍素质得到进一步提升。

此外,党校学历教育稳步发展。2008 级省委党校在职本科班、大专班和函授大专班招生人数分别为 390 名、107 名和 605 名,较好地完成了省下达的招生任务指标。在城区党校首次开设市委党校在职大专班,为确保全市党校系统学历教育平稳过渡、健康发展探索了新路。

(李培梦)

【教育教学改革】 2008 年,中共阳泉市委党校、阳泉行政学院紧紧围绕继续大规模培训领导干部、大幅度提高领导干部素质的战略任务,结合全市干部培训和公务员培训的实际情况,不断从转变教学观念、完善教学布局、创新教学内容、改进教学方式入手,推动党校教学改革向纵深发展,不断提高党校教学质量和水平。一是汲取"最新成果",不断丰富教学内容,增强教学的针对性和实效性。在培训内容、教学布局上不仅突出了邓小平理论、"三个代表"重要思想和科学发展观,而且及时把党的十七大确立的重大理论观点、重大战略思想、重大工作部署作为理论武装的重点内容,切实推进中国特色社会主义理论体系系统进教材、生动进课堂、扎实进头脑。二是创新教学方式方法,提高教学效果,增强学员学习的主动性和参与性。根据教学内容的需要和新形势下学员学习的新特点,主体班创新教学方式,综合运用讲授式、案例式、程式教学和在线教育、分组讨论、专题调研等方式,初步形成以研究式教学为主的教学体系。三是严格教学管理,不断完善课前调研、择优任教、新课试讲、集体备课等制度, 在构建教学管理体系方面迈出扎实步伐。四是开展培训需求调研,合理设置培训班次,科学安排培训内容,努力做到既符合党和国家工作大局的需要,符合干部岗位职责的要求,又满足了学员个性化、差异化的培训需求。五是整合教育资源,搭建起校内外优秀教育资源互动平台,不断完善教学"课题库",选派有深厚理论功底且讲课效果好的教师参与教学,邀请市领导和有关部门的负责人或校外专家学者担任客座教授,狠抓课堂讲授、课题研究、专题讨论、成果交流等各个环节,精心组织教学,取得明显成效。

(李培梦)

【教师队伍素质教育提升工程】 为深入学习贯彻党的十七大精神,进一步引导和激励全体专兼职教师统一思想,凝聚力量,刻苦钻研,提升素质,切实加强教师队伍建设,进一步推进教学科研工作开创新局面,市委党校于 3 月 17 日召开全体专兼职教师大会,启动了党校教师队伍素质教育提升工程。 该工程主要包括三个方面,一是启动每周一次的教师理论学习制度,坚持用党的十七大精神武装头脑,着力构建学习型教师队伍,每周一上午全体专兼职教师通过外请专家讲课、远程授课和内部人员登台讲课的方式强化理论学习;二是坚持学用结合、学以致用的原则,大力弘扬理论联系实际的学风,结合实际深入开展专题调研活动;三是做好国家级课题的申报准备工作,推动党校科研工作再上新台阶。 (李培梦)

【阳泉市拔尖人才和省委联系的高级专家培训班】 1 月 9 日,全市拔尖人才和省委联系的高级专家学习贯彻党的十七大精神培训班开班典礼在市委党校举行。开学典礼由市委组织部副部长、市人事局局长尚永葆主持,市委常委、市委组织部部长宋师璇出席开班典礼并讲话,市委党校副校长巩树青作教学安排。全市部分拔尖人才和 16 名省委联系的高级专家共计 100 余人参加了为期 3 天的培训。培训重点围绕国内外形势和山西发展问题、促进国民经济又好又快发展、坚定不移发展社会主义民主政治、推动社会文化大发展大繁荣、加快推进以改善民生为重点的社会建设等方面的内容进行。培训中,市委党校选派教学经验丰富的教师进行授课,并专门邀请了省委党校副校长、教授高建生为学员们作了党的十七大精神专题辅导。学员们一致认为,此次培训使他们开阔了视野、活跃了思维、增长了知识,对于进一步做好各自的工作具有促进作用。

(李培梦)

【县级干部培训班及中青年干部培训班】 5 月 5 日, 阳泉市 2008 年县级领导干部培训班及第六期中青年干部培训班开学典礼在市委党校举行,标志着阳泉市新一轮大规模干部培训工作全面启动。市委常委、市委副书记、市委党校校长、阳泉行政学院院长郃爱国出席开学典礼并讲话,市委常委、市委组织部部长宋师璇主持开学典礼,市委党校常务副校长彭喜平就培训班的教学及管理作出安排。市委组织部和市委党校的有关领导、教师及参训学员参加了开学典礼。

年内,县级干部培训班共举办六期,每期两周,全市741名县级领导干部参加了培训学习;中青年干部培训班举办了两期,每期3个月,共有100多名中青年干部参加了培训。通过培训学习,广大学员进一步增强了思想政治素质和理论素养,提高了工作能力。(李培梦)

【公务员轮训】 为进一步推进公务员培训教育工作,加强公务员队伍能力建设和政府自身建设,5月26日,阳泉市首期公务员公共管理核心内容培训班在市委党校开班。第一期培训班参训学员及任课教师共计200余人参加了开班典礼。

此次公务员轮训的主要对象为市直科级以下公务员(含参照公务员法管理的人员)。按照培训计划,年内连续举办了5期培训班,每期5天。培训内容包括公务员通用能力、处置公共事件能力、公共管理、公共行政、公共政策、公共经济、依法行政和国情、省情、市情教育等。每期集中培训结束后,统一组织闭卷考试,学习成绩记入档案,作为公务员定级、任职和晋升职务的依据之一。培训中,市委党校加强教学管理,提高培训质量,广大公务员认真听讲,确保了培训工作取得应有的成效。(李培梦)

【军转干部岗前培训】 6月24日至7月20日,2008年转业到阳泉市的14名军转干部在市委党校接受了岗前培训。培训内容主要包括市情市策、行政能力测验及申论三个方面的内容。培训以邓小平理论、“三个代表”重要思想和胡锦涛总书记的重要指示精神为指导,以科学发展观为统领,坚持为经济社会发展和军队建设服务的方针,确保了培训任务的高质量完成。

(李培梦)

【聘用制干部轮训】 7月16日至8月6日,阳泉市聘用制干部继续教育轮训在市委党校举行。培训分三期进行,每期一周,全市两县三区、市直各单位和市经济技术开发区的900余名聘用制干部参加了培训。根据《干部教育培训工作条例(试行)》和国家“启动新一轮大规模培训干部、大幅度提高干部素质”的要求,针对阳泉市聘用制干部的岗位和特点,此次培训以公共管理知识为主要内容,设置了通用能力、公共管理、公共行政和公共政策等课程。培训采用现代多媒体技术授课方式,开通了由中央党校教授讲解的干部教育远程在线课程供学员自学。培训结束后,对学员进行了行政职业能力人才素质测评和闭卷考试。通过培训,进一步强化了全体参训学员的思想政治素质,提高了学员们解决实际问题和驾驭工作的能力,为日后更好地开展工作储备了新知识,培训深受学员欢迎。

(李培梦)

【党外干部培训班】 8月27日至29日,由市委统战部、市委组织部和市委党校联合举办的阳泉市第五期党外干部培训班在市委党校举办,全市200多名党外干部参加了培训。

培训以学习贯彻党的十七大精神和第20次全国统战工作会议精神为中心,内容紧密结合全市各民主党派的政治交接学习教育活动、全市无党派人士主题教育活动、党外干部的能力素养以及阳泉经济社会发展情况,重点突出,目标明确。培训期间,学员认真听讲、遵守纪律,思考问题、联系实际,相互交流、取长补短,体现了严格的组织纪律性和良好的学习风尚。市人大副主任吴丽萍,副市长刘兆林,市政协副主席许文珍、赵永红、李天祥、任衍钢等领导专门安排时间,作为普通学员参加了培训。通过培训,学员的思想水平和理论素养得到新的提高,培训取得预期效果,同时也推动了全市党外干部队伍建设工作。

(李培梦)

【党校系统纪念教师节暨表彰大会】 9月9日,全市党校系统纪念教师节暨表彰大会在市委党校举行。常务副校长彭喜平作讲话,市委组织部副部长杨全生、市人事局副局长邵计福、各县(区)委分管党校工作的书记和组织部长出席会议,各县(区)委党校副校长、市委党校全体教职工、部分在校学员代表共计100余人参加了大会。会议印发了《关于表彰先进集体和优秀个人的决定》,对2007年、2008年在党校教育工作中作出突出贡献和取得优异成绩的16个先进集体和100名优秀个人进行了表彰。(李培梦)

关心下一代工作

【社会主义核心价值体系教育】 2008年,市关心下一代工作委员会在全市青少年中广泛开展了社会主义核心价值体系教育活动,收到良好效果。年初,市关工委就开展社会主义核心价值体系教育活动进行了具体的安排。7月,全省关心下一代工作“双先”表彰会召开后,市关工委根据会议精神,对开展教育活动又作了进一步的安排部署,使教育活动开展得更加深入。

各县区关工委积极行动,在开展教育活动的方式方法上做了一些有益的探索,取得了初步成效。城区西营盘社区关工委在对青少年进行社会主义荣辱观教育过程中,“五老”(老干部、老战士、老专家、老教师、老劳模)积极发挥优势,普遍结合自身经历,按照贴近生活、贴近实际、贴近青少年的原则,采用丰富多彩、生动活泼的形式,向青少年进行“八荣八耻”教育,取得了很好的效果。新华东街社区关工委紧紧抓住一年中150余个节假日,组织文艺、体育、读书竞赛,把社会主义核心价值观教育融于各项活动之中;从实际出发,把社区内的青少年分成若干活动小组,组织他们参加各种活动,让青少年在社会实践中得到锻炼。下站街道办事处兴隆街社区关工委创办社区法制学校,把法制教育和对失足青少年的教育纳入社会主义核心价值体系教育活动中,对刑满释放人员的帮教活动取得明显成效。平定县90%以上的学校聘请“五老”和社会有关人士,开办社会主义核心价值体系理论讲座;平定三中把社会主义核心价值体系内容融入学校德育教育的全过程,使学生通过教育,将社会主义核心价值观内化为自己的价值信念、外化为自觉行动。同时,全市各学校把开展社会主义核心价值体系教育,同宣传改革开放30年伟大成就、北京成功举办奥运会、神舟七号上天等重大事件结合起来,同开展理想信念教育、国情教育和形势政策教育结合起来,加深了广大学生对中国特色社会主义理论体系的认识和理解,取得了明显效果。

(冯素红　张　琛)

【“中华魂”主题读书教育活动】 2008年,市关工委继续在全市广大青少年中开展“中华魂”主题读书教育活动。全市学生征订主题教育用书《知荣明耻,从我做起》近7.4万册,各学校积极组织学生开展了阅读和竞赛活动。全市近15万人参加了读书活动,阳泉市关工委共评出75名先进个人、22个先进集体,其中,29名先进个人、3个先进集体受到省关工委表彰,22名先进个人、2个先进集体受到全国关工委表彰。

平定三中、盂县一中、市二中等学校十分重视读书活动,把读书活动同学校进行的德育教育结合起来,融为一体,使思想道德教育内容更加丰富,教育效果更加显著。城区朝阳小学专门成立了以校长为组长,分管副校长、校关工委主任、大队辅导员为成员的指导小组,指导全校读书活动的开展。在组织学生读书过程中,坚持理论联系实际,注重读书效果,在连续6年获得读书活动全国一等奖、6名同学获得演讲比赛小学组第一名的基础上,把读书教育同开展社会实践活动结合起来,先后在全校开展了“做雷锋式的好少年”、“为残疾人献一份真情”、“清除城市牛皮癣”(建筑物上的非法小广告)、“消除白色污染从我做起”等活动,增强了同学们的社会责任感和使命感,深受家长欢迎。朝阳小学连续5年被市关工委评为“中华魂”主题读书教育活动优秀组织单位。(冯素红　张　琛)

【《认知　方法　实践》编辑出版】 11月,家长学校教材《认知　方法　实践》编辑出版。该书由市关工委常务副主任、秘书长郝玉文主编,全书25万字,分为认识和理念、原则与方法、实践与案例三个部分,旨在用通俗易懂的语言帮助家长更新教育观念,正确认识教育,正确认识孩子,并通过一些成功的家庭教育案例,为家长提供家庭教育的方法和技巧,从而提高家庭教育水平。教材内容深入浅出,事例生动活泼,具有较强的针对性和可读性,对提高家长学校教学质量将起到积极的促进作用。(冯素红　张　琛)

【社会主义核心价值体系教育征文】 2008年,市关工委根据省关工委的安排部署,在全市开展了社会主义核心价值体系教育征文活动。各县区关工委积极组织“五老”和有写作水平的人员深入基层调查研究,先后撰写出30余篇关于社会主义核心价值体系教育方面的文章。经过认真筛选,周国俊撰写的《注重发挥家庭教育在社会主义核心价值体系构建中的重要作用》、朝阳小学的《“中华魂”主题教育活动对学生进行社会主义核心价值观教育的实践探讨》、平定三中的《把社会主义核心价值体系的要求融入文明校园建设中》、城区西营盘社区的《发挥“五老”优势,在青少年中加强社会主义荣辱观教育》等19篇文章被推荐参加山西省的理论研讨会。

(冯素红　张　琛)

【贫困学生资助金申请】 年内,市关工委继续向中国教育发展基金会提出申请,将批准的139400元资助金捐赠给了两县三区146名家庭困难的中小学生,帮助他们完成学业。各级关工委紧紧抓住资助贫困学生的契机,向受助学生进行感恩教育。平定县在发放资助金大会上,受助学校领导、受助学生先后发言,把资助金发放会开成了一次生动的感恩、立志、回报社会的会议,使广大学生受到了一次深刻的教育。

(冯素红　张　琛)

纪检监察工作

【党风廉政建设责任制】 2008年,全市各级领导班子和领导干部自觉按照市委、市政府和市落实党风廉政建设责任制领导组的部署和要求,坚持“两手抓、两手都要硬”,把反腐倡廉工作与部门业务工作紧密结合起来,紧紧抓住关键环节,强化任务分解、督查和考核,主要领导亲自安排部署、亲自督促落实、亲自检查考核,深化改革,创新制度,积极探索建立惩治和预防腐败的长效机制,使各项重点工作任务得到比较扎实的落实。认真学习贯彻全国及全省落实党风廉政建设责任制电视电话会议精神,研究起草了《贯彻全国全省党风廉政建设责任制电视电话会议精神意见》,并分县区、市直单位和国有控股企业三类,制定了阳泉市2008年落实党风廉政建设责任制考核办法,进一步加强了党风廉政建设责任制的针对性和实效性。组织全市党员干部认真观看了《王月喜、苗元礼、大典公司及宋建平严重违纪违法案件》、《黑色诱惑——盂县原安监局局长韩斌严重违纪违法案件》警示教育片,组织各县区各部门主要领导旁听了王月喜案件的现场庭审。对全市新任的117名领导干部和调整交流的16名市直派驻纪检组长进行了集体廉政谈话。447名县处级领导干部进行了述职述廉,各级领导班子和领

导干部抓党风廉政建设的责任意识进一步提高。（穆成明）

【执法监察工作】 年内，全市各级纪检监察机关紧紧围绕落实科学发展观的要求和市委、市政府提出的经济社会发展目标，加强执法监督检查，坚决纠正有令不行、有禁不止等违背科学发展观的行为。全年开展执法监察项目19项。水利专项资金执法检查查出违规资金139.38万元，全部纠正；对2004年以后的粮食补贴专项资金检查时发现的个别乡镇、村兑付工作迟缓等问题提出了具体监察建议，并督促整改落实；印发了阳泉市《较大生产安全事故责任追究沟通协调工作联席会议制度》和《生产安全责任事故调查处理工作若干规定》，进一步规范安全生产事故调查处理工作，参与事故调查9起，严格追究了相关责任人43人；开展了"环境安全隐患百日督查行动"、"迎奥运保蓝天环保净空行动"、"整治违法排污企业，保障群众健康"等专项行动，检查重点企业1372家，对229个不达标或不能稳定达标的企业实施了停产治理，对395个污染企业实施了限产限量，对重要流域的123家企业实施了断电关闭，受到行政处罚的49家，罚款83万元；由市纪委监察局牵头，组织市纠风办、市民政局、市财政局、市审计局等部门组成检查组，对全市的3858万元抗震救灾款物和2353万元"特殊党费"的管理使用情况及时跟踪检查，对使用票据不规范、个别接受捐赠款物的部门未设立专门账户、捐赠款物收缴程序不规范、数据统计出现重叠等问题责令有关部门和单位进行了及时整改。（穆成明）

【政风行风评议工作】 2008年，市纪委制定下发了《关于深入开展民主评议政风行风工作的实施意见》、《关于对市直参评部门、行业百个岗位及其工作人员评议考核的实施意见》和《关于进一步加强政风行风监督员工作的指导意见》。继续办好"正风镜"、"政风行风面对面"专栏节目和"阳泉市政风行风评议网站"，开展了"政风行风建设大家谈"有奖征文活动。全市各单位共收集群众意见、建议2850余条，现场解答群众问题480多个，受理群众诉求近300个，取得了较好效果。阳泉市政风行风评议工作连续5年受到省政府表彰。（穆成明）

【惩治和预防腐败体系建设】 2008年5月，中央印发了《建立健全惩治和预防腐败体系2008—2012年工作规划》，省委结合实际制定了《山西省落实〈中共中央惩治和预防腐败体系2008—2012年工作规划〉的实施办法》，并根据全省经济社会发展需要，作出在全省集中开展煤焦领域反腐败专项斗争的重要决策。按照省委、省政府召开的贯彻落实中央工作规划和在全省集中开展煤焦领域反腐败专项斗争电视电话会议的要求，9月12日，市委、市政府专门召开会议，进行了认真部署，印发了《中共阳泉市委关于贯彻落实〈建立健全惩治和预防腐败体系2008—2012年工作规划〉的实施细则》，将具体的工作任务分解到了教育、制度、监督、改革、纠风和惩处六个方面，包括152个小项，涉及牵头单位51个，配合单位82个，内容丰富，涉及面广，具有很强的政策性、针对性、指导性和可操作性。为切实提高广大党员干部特别是领导干部对建立健全惩治和预防腐败体系重大意义的认识，进一步增强推进惩治和预防腐败体系建设的责任感和使命感，市纪委组织全市近万名党员干部参加了全国学习贯彻《建立健全惩治和预防腐败体系2008—2012年工作规划》知识答题活动。各单位把贯彻中央工作规划、省委实施办法和市委实施细则作为一项政治任务，集中精力，深入学习、准确把握基本要求，注重营造氛围，加强督促检查，狠抓具体任务落实，全面推进了惩治和预防腐败体系建设。（穆成明）

【煤焦领域反腐败专项斗争】 按照省委、省政府的统一部署，9月12日，阳泉市召开了全市集中开展煤焦领域反腐败专项斗争会议，出台了《中共阳泉市委、阳泉市人民政府关于集中开展煤焦领域反腐败专项斗争的实施意见》。市煤焦领域反腐败专项斗争领导组及办公室细化任务，明确目标，严格责任，强力推进全市煤焦领域反腐败专项斗争。

一是狠抓宣传教育，全市张贴宣传标语960条，办板报236块，制作《致全市煤焦领域干部职工的一封信》宣传板面286块，在主流媒体刊登宣传文章104篇，刊登图片62幅，播报节目60期，利用网络宣传53次，编印《工作手册》9类551册。二是狠抓调查研究，从全市证照办理、能源金拨付及维简费的使用、国有煤矿兼并重组、煤炭产量监控运行、煤炭行业管理等七个方面进行了调研，为从根本上解决机制、体制、制度方面的缺失，建立健全长效机制，构建具有阳泉特色的煤焦领域惩防体系奠定了基础。三是狠抓自查自纠，共召开专题民主生活会206次，2602人申报，其中3人申报款项35.6万元；申报单位2个，申报款项5.5万元；"581"廉政账户进账66.7万元。四是狠抓收缴清理，全市专项清理追缴、补缴煤焦领域拖欠各种专项资金7.91亿元。五是狠抓案件查办，坚持把查处案件作为推动专项斗争不断深入的重要措施、教育挽救干部的重要途径、震慑腐败分子的重要手段，以案促查、以案促教、以案促纠。10月中旬，对郊区平坦镇石卜咀村非法采煤、非法用地问题进行了查处，2名县级干部作出深刻检查，7人受到党纪政纪处分。（穆成明）

【行政效能监察】 按照省委和市委提出的着重解决一些干部中存在的"不敏锐、不干事、不踏实、不干净"等问题的要求，2008年，市委常委会及时作出了《深入开展“学习右玉精神,加强领导干部作风建设的决定》,积极教育和引导广大党员干部特别是各级领导干部讲党性、重品行、作表率,勤政廉政意识进一步增强。

进一步强化行政效能监察,有力地推进各级党政机关及领导干部切实转变作风。一是开展机关行政效能明察暗访。2月26日至29日,市纪委集中对全市各级机关、窗口单位、服务单位进行了为期4天的行政效能明察暗访,并从3月3日起,在阳泉电视台连续4天对存在问题的59个单位进行了公开曝光。市委书记谢海指示县区和市直单位主要领导要组织人员观看,并立即拿出整改措施。市纪委监察局对此次明察暗访中发现的问题,责成主管单位进行了认真处理,切实维护纪律的严肃性。二是认真接待群众投诉,积极查办责任案件。市行政效能监察室全年共收到群众投诉15件,年底时已办理8件,仍在办理的5件,不予受理的2件。三是积极开展专项效能监察。先后对建设工程规划、住房建设、城乡规划、住房公积金等工作进行了专项效能监察,对检查出的问题责成有关部门限期整改,对涉及的行政效能责任问题进行了严肃处理;认真开展污染减排、淘汰落后产能专项效能监察,共检查企业28家,对两处矾石竖窑实施了填埋处理,对1个炼铁炉实施了现场关闭,责成市环保局对污染严重的单位进行了处罚。

(穆成明)

【纠正不正之风】 年内,市纪委紧紧围绕群众反映强烈的热点、难点问题纠风治乱。在治理教育乱收费方面,三个农业县区所涉及的518所中小学共计12.56万农村义务教育阶段学生,享受上学免费政策,市、县两级的农村义务教育经费全部拨付到位;同时大力规范农村教育收费,基本杜绝了“一边免费、一边乱收费”的现象。减轻农民负担方面,组织了以2007年度各项支农惠农政策和资金落实到户情况为重点的农民负担监督检查,处理哄抬农资价格、制售假劣农资坑农害农行为案件4件,涉及金额1.23万元。认真开展治理超限超载工作,查处公路“三乱”案件2起,21名责任人受到了纪律处分;纠正公路不规范执法行为18人次,阳泉市被省政府评为全省治超工作优秀市,并给予了3000万元道路建设资金奖励。坚持依法、依规规范医疗和医药购销行为,全市县级以上医院药品集中挂网竞价采购10405万元,挂网采购药品占医院药品采购总额的99%。配合有关部门大力开展了打击“黑车”等非法营运专项整治,共查处各类违章车辆150辆次,查处非法营运“黑车”100辆次,收缴行政罚款17.3万余元。(穆成明)

【查办大要案件】 年内,全市各级纪检监察机关紧紧围绕“发展、维稳、保奥”主题,认真做好查办大要案件工作。为了解决人员少、办案力量不足的问题,专门成立了由市纪委相关科室负责人为组长、市直单位12个纪检组长为副组长的6个案件调查组,在查办案件工作需要时,由市纪委统一调配使用。完善了《使用“两规”措施暂行办法》、《对“两规”、“两指”人员陪护制度》,进一步严肃工作纪律特别是办案纪律。

全市各级纪检监察机关共接到群众来信来访675件次,初核79件,立查案件77件。通过查处案件,共处分违纪党员干部116人,其中,县处级干部3人、乡科级干部34人,移送司法机关4人、刑事处理12人、组织处理12人、失职渎职责任追究34人。特别是依纪依法查办了平定县委常委、宣传部部长梁岗平受贿和巨额财产来源不明案,荫营煤矿销售科科长潘红卫受贿和巨额财产来源不明案,平定县冶西镇人大主席韩晓明受贿和挪用公款案等一批大要案件,取得较好的政治、社会和法纪效果。(穆成明)

【源头治理腐败工作】 年内,市纪委、市监察局紧紧围绕落实科学发展观和构建和谐社会的总体要求,积极拓宽和探索反腐败源头治理工作的途径,各项改革取得新的明显成效。工程建设项目招标投标监督机制、经营性土地、工业用地和探矿权、采矿权招标拍卖挂牌出让等制度进一步完善。继续推进行政审批制度改革,制定了《关于进一步深化行政审批制度改革的实施意见》和《行政审批过错责任追究办法》,对全市453项审批事项进行了再清理再规范。加快行政审批电子监察系统建设步伐,41个部门的262项审批事项进入电子监察系统中试运行。对较大资金的政府采购现场监督36次。开展了收支两条线专项检查,将查出的各类违规违纪资金254万元全部上缴国库或专户。努力推进干部人事制度改革,认真执行干部选拔任用的各项规定。年初确定的领导干部经济责任审计任务全部完成。市政府修订了《投资体制改革的实施意见》,政府投资监管工作进一步加强。(穆成明)

【基层党风廉政建设】 年内,全市坚持农村、企业、社区分类推进,基层党风廉政建设全面引深。一是以建立农村惩防体系建设为重点,扎实推进农村党风廉政建设。三个涉农县(区)、乡(镇)建立了“四资”管理台账,76%的村完成了“四资”清理盘点,《中国纪检监察报》专题刊发了阳泉市在“四资”监管方面的做法和经验。各行政村普遍开展了“两述两评”活动。针对资源型农村的突出矛盾,建立了村矿联席会议制度,促进了村矿和谐,全省资源型农村党风廉政建设座谈会在盂县召开。加强对第八届村民委员会换届选举工作的监督检查,保证了换届工作顺利完成。二是坚持以落实“七个不准”为重点,以健全完善现代企业制度为目标,积极推进国有企业党风建设和反腐倡廉工作。市纪委常委带队开展了国有企业党风建设和反腐倡廉工作专题调研。市国资委制定出台了《市属国有企业领导人员选拔任用工作的实施意见》、《企业国有产权转让管理暂行办法》、《国有企业改革工作流程》、《关于进一步规范监管企业及直属单位领导人员职务消费的暂行办法》等制度,规范了领导人员的从业行为。三是积极推进社区党风廉政建设工作,城、矿两区出台了《关于加强社区党风廉政建设的实施意见》,全市基层党风廉政建设工作扎实推进。 (穆成明)

【纪念党的纪律检查机关恢复重建30周年活动】 2008年是党的纪律检查机关恢复重建30周年。根据中央纪委和省纪委的部署,阳泉市安排了一系列活动,隆重纪念党的纪律检查机关恢复重建30周年。10月21日,《阳泉日报》发表了题为《高举伟大旗帜、不断探索创新,把反腐倡廉建设提高到新水平》的纪念文章;全市纪念党的纪律检查机关恢复重建30周年历程回顾暨书画摄影展览开展;隆重召开了全市纪念党的纪律检查机关恢复重建30周年座谈会;编印了《中共阳泉市纪检机关恢复重建30年大事记》、《阳泉市纪律检查机关恢复重建三十年历程回顾图片集》、《阳泉市纪念党的纪律检查机关恢复重建30周年书画摄影作品集》和《阳泉市纪念党的纪律检查机关恢复重建30周年活动文集》;举办了反腐倡廉理论研讨活动,为全市从事纪检监察工作10年以上的183名纪检监察工作者颁发了荣誉证书。整个活动既全面总结了党的纪检机关恢复重建30年反腐倡廉的成功经验,又充分展示了全市各级纪检监察干部良好的精神面貌。 (穆成明)

人大工作

【市十三届人大三次会议】 2008年4月8日至11日,阳泉市第十三届人民代表大会第三次会议在阳泉宾馆召开。应出席会议代表285名,实际到会278名,列席人员110名。会议听取和审议了市人民政府市长白云作的《阳泉市人民政府工作报告》、市人大常委会副主任张清作的《阳泉市人民代表大会常务委员会工作报告》、市中级人民法院院长冯少勇作的《阳泉市中级人民法院工作报告》和市人民检察院检察长张仲马作的《阳泉市人民检察院工作报告》。会议审议了《阳泉市人民政府关于阳泉市2007年国民经济和社会发展计划执行情况与2008年国民经济和社会发展计划草案的报告》和《阳泉市人民政府关于阳泉市2007年总预算和市本级预算执行情况及2008年总预算和市本级预算草案的报告》,通过了《关于阳泉市人民政府工作报告的决议》及其他相应决议。会议还收到代表提出的议案、建议、批评和意见200件。经大会主席团审议通过,将《加强统筹规划 加快全市区域经济协调发展的议案》列为大会议案。

(张俊福)

【依法行使重大事项决定权】 2008年,市人大常委会紧紧围绕全市工作大局,立足市情依法行使重大事项决定权,先后提出审议意见50多条,作出了《关于强力攻坚确保我市创建国家园林城市目标实现的决议》和《关于进一步加快我市旅游产业发展的决议》等9项决议、决定。《关于强力攻坚确保我市创建国家园林城市目标实现的决议》要求创建国家园林城市要进一步认清形势,坚定创建信心;强力攻坚,突破创建难点;加强管护,巩固创建成果;团结奋斗,确保目标实现。《关于进一步加快我市旅游产业发展的决议》提出,要提高认识,优化环境,科学规划,合理开发,创新机制,加大投入,加强领导,扩大宣传,有效促进阳泉市旅游产业又好又快发展。

(张俊福)

【人事任免工作】 年内,市人大常委会认真执行《党政领导干部选拔任用工作条例》和有关法律规定,严格任免条件,在人大常委会会议上重点把好任职提请、供职发言和常委会表决等环节,切实做好人事任免工作。先后任免"一府两院"工作人员36人次。市人大常委会第十三次会议接受了冯少勇、张仲马的辞职请求,通过了对市中级人民法院副院长、代院长王志刚,市人民检察院副检察长、代检察长胡克勤的人事任命。为进一步增强被任命人员的责任意识、公仆意识和法律意识,市人大常委会领导首次深入市中级人民法院向新任命的10名法官颁发了任命书。为促进市第二届人民监督员依法履行职责,市人大常委会有关专门委员会与市人民检察院联合召开了阳泉市第二届检察工作人民监督员领证仪式暨培训班,就人民监督员应了解和掌握的法律基础知识、人民监督员制度及工作流程等进行了培训,加深了他们对人民监督员制度的认识,明确了履行职责的方法,为他们正确行使监督职权夯实了基础。

(张俊福)

【专项工作报告听取审议】 年内,市人大常委会坚持在监督中支持、在支持中监督的基本原则,紧紧围绕事关全市改革发展稳定大局、关系人民群众切身利益和社会普遍关注的重大问题,依法听取和审议"一府两院"专项工作报告,强化工作监督,努力提高监督质量,进一步增强监督效果。在常委会审议中,注重精选审议议题、突出审议重点、提高审议质量,先后听取和审议了"一府两院"专项工作报告21个。

一、加强对国民经济计划和财政预算的监督。常委会会议听取和审议了市政府《关于2008年上半年国民经济和社会发展计划执行情况的报告》。同时,根据《中华人民共和国各级人民代表大会常务委员会监督法》的规定,常委会会议首次对全市中长期规划实施情况进行了监督,重点听取和审议了市政府《关于"十一五"规划纲要中期评估的报告》。建议要继续坚定发展信心,凝聚发展合力,切实抓好落实,高质量、高标准完成“十一五”规划的目标任务。听取和审议了市政府《关于阳泉市2007年市本级财政决算(草案)的报告》、《关于2007年市财政预算执行和其他财政收支的审计工作报告》和《关于2008年上半年全市财政预算执行情况的报告》。会议结合实际,对2007年市本级财政决算(草案)和决算的报告进行了审查,批准了市政府提交的2007年市本级财政决算。年底,常委会对市级财政预算超收的支出安排进行了审查,通过了相应的批准决定。为规范市本级各类政府间接贷款行为,常委会审议通过了《关于修改〈阳泉市财政预算审查办法〉的决定》,进一步强化了对预算的监督和管理工作。

二、加强对事关全局的重点工作的监督。常委会会议先后听取和审议了市政府《关于新农村建设工作情况的报告》、《关于建设省级科技示范区工作情况的报告》、《关于创建国家园林城市工作进展情况的报告》和《关于旅游产业发展情况的报告》,并作出了相应决议。针对新农村建设工作中存在的问题,会议认为,新农村建设要探索新思路,关键是提高农村干部素质,重点是加强基础设施建设,核心是发展农村经济,基础是培育新型农民。

三、加强对涉及民生问题的监督。常委会会议先后听取和审议了市政府《关于全市棚户区改造和廉租房建设进展情况的报告》、《关于阳泉矿区采煤沉陷区综合治理项目进展情况的报告》、《关于全市煤矸石综合治理工作情况的报告》、《关于社会救助工作情况的报告》、《关于基层文化建设工作情况的报告》、《关于人口与计划生育工作情况的报告》、《关于我市有线数字电视整体转换工程项目贷款情况的报告》和《关于阳泉一中新校(示范高中)建设项目情况的报告》。

四、加强对安全和稳定工作的监督。为认真落实市委书记谢海的批示精神,在组织常委会组成人员深入矿山企业、建筑工地、私挖滥采现场和食品、药品生产经营单位实地察看、视察监督、广泛了解情况的基础上,听取和审议了市政府《关于安全工作情况的报告》。要求各级各部门要进一步强化安全意识,加强组织领导,完善安全监管机制,强化综合监督力度,切实保障人民群众的生命和财产安全。先后听取和审议了市人民检察院《关于2007年以来刑事检查监督和刑事审判工作情况的报告》。常委会主任会议还听取和审议了市人民检察院《关于查办和预防职务犯罪工作情况的报告》,并结合市检察工作实际,指出存在的问题,提出了进一步加强查办和预防职务犯罪工作的意见。常委会主任会议重点听取和审议了市公安局《关于强化社会治安管理,全力维护社会稳定工作情况的报告》,要求公安机关不断提高适应能力、驾驭能力、化解人民内部矛盾的能力和维护社会稳定的能力,坚持“严打”方针不动摇,继续抓好社会治安综合治理,完善应急处置机制,加强队伍自身建设,全力做好维护社会稳定的工作。 (张俊福)

【法律法规实施情况监督】 年内,市人大常委会通过听取工作汇报、实地走访、召开座谈会、发放征求意见表等形式,先后对《中华人民共和国劳动合同法》、《中华人民共和国安全生产法》、《中华人民共和国药品管理法》等20多部法律法规的实施情况进行了执法检查,基本摸清了这些法律法规在阳泉市的贯彻实施情况,强化了对这些法律、法规实施情况的监督。此外,还对《山西省实施〈中华人民共和国国防教育法〉办法》、《山西省人民防空工程条例(草案)》、《中华人民共和国消防法(修订草案)》等10部法律法规执行情况开展了调研工作,并结合实际提出了针对性的立法或修改意见。 (张俊福)

【人大信访工作】 年内,市人大常委会继续高度重视信访工作,通过信访渠道了解掌握有关情况,监督“一府两院”及其部门切实解决群众普遍反映的问题,维护社会稳定,维护群众利益。全年共接待群众来信来访386件510人次,编发《信访月报》12期、《重要信访情况摘要》4期和《信访情况分析》4期。出台了对涉诉信访案件全市法官通报制度,并对两起案件的4名法官进行了通报。11月,全省人大信访工作座谈会在阳泉市召开,会议充分肯定了阳泉市通过加强信访工作,监督有关部门综合运用政策、法律、行政等手段,以及教育、协调、调解等办法,对群众反映的一些信访问题进行了公正处理的做法。 (张俊福)

【“迎奥运环保行”监督活动】 为督促阳泉市7个大气污染源治理项目实现治理目标,协助做好北京奥运空气质量保障工作,年内,市人大常委会开展了以“保护环境、迎接奥运”为主题的“迎奥运环保行”监督活动。活动采取人大监督、舆论监督和群众监督相结合的方式进行,先后组织市内各新闻媒体记者深入到省政府、市政府确定的7个2008年必须完成污染治理项目的企业进行了集中采访,播发各类稿件22篇(条),有效促进了这些企业的污染治理工作。同时,市县(区)环保部门密切配合,对发现的环境违法行为现场取证,严肃查办。市人大有关专门委员会加大监督力度,实施跟踪监督,取得了积极效果。

(张俊福)

【代表联系工作】 2008年,市人大常委会认真贯彻党的十七大精神和中央9号文件精神,始终把代表工作作为一项重要任务来抓,不断拓宽联系渠道,努力丰富活动内涵,充分发挥了代表作用。一是在市十三届人大三次会议期间,围绕代表履职应知、应会、应为等事项,采取以会代训方式,加强了对代表的履职培训。根据省人大常委会的要求,对阳泉市出席省十一届人民代表大会的代表进行了初任培训,组建了驻阳泉市的省人大代表活动小组。二是按照代表工作"活力在活动,活动在组织"的思路,在全市建立了21个市人大代表活动小组,指定了小组联络员,实行了市人大代表履职登记制度,初步设立了代表个人履职档案,规范了代表履职活动,促进了代表工作的有效开展。三是坚持为代表订阅报刊,及时寄送常委会有关资料,适时向代表通报全市有关情况,为代表知情知政、提升履职能力创造了条件。四是邀请人大代表列席常委会会议,听取代表对"一府两院"工作的意见和建议;经常性地组织代表参与视察调查、执法检查和各种听证会或法院案件庭审等,让代表了解各方面情况,积极建言献策;召开不同类型的座谈会,就有关议题广泛听取代表和社会各方意见。五是建立代表联系网络。常委会组成人员经常深入基层走访代表,主动听取代表的意见和建议,自觉接受代表的监督。六是认真督办代表议案建议工作,对市十三届人大三次会议确立的1件大会议案和代表提出的200件意见、建议,注重抓好交办、催办和督办三个环节。坚持推行交办单位、承办单位和提建议代表"三见面"制度,主动听取代表意见;采取了常委会交办、各专门委员会和常委会工作机构催办督办,常委会会议听取审议办理情况报告等措施,主动加强跟踪督办;常委会审议通过了《关于代表重点建议的处理办法》,要求政府承办部门认真落实有关规定,健全领导负责制、集中议办制、定期联系制和按期通报制,严格办理时限、规范办理程序,切实提高议案建议办理的效率和质量。 (张俊福)

【基层人大工作指导】 基层人大工作是全市人大工作的基础,市人大常委会高度重视,年内加强了对基层人大工作的指导。一是年初市人大常委会领导深入到各县区,认真听取了41名乡镇人大主席、街道人大工委主任的工作汇报,就加强和推进基层人大工作进行了调查研究,较为准确地把握了全市基层人大工作的现状。二是为提高基层人大工作者素质,激发基层人大工作活力,常委会对全市乡镇人大主席和街道人大工委主任进行了为期3天的培训。通过理论培训、经验交流和实地参观等,参加培训的基层人大工作者进一步提高了对人民代表大会制度性质、地位和作用的认识,明确了自己的责任、义务和履职方法,提高了履职能力,为开创全市基层人大工作新局面奠定了基础。三是召开了全市人大工作座谈会,各县区交流了加强基层人大工作的经验,重点研究了乡镇、街道人大工作,提出了加强基层人大工作的总要求,即始终坚持党的领导、人民当家作主和依法治国有机统一这个根本,牢牢把握按照法定程序履行职责和严格实行民主集中制两个原则,切实做到紧紧围绕经济建设中心、党委工作大局和人民根本利益三个围绕,突出抓好法律实施、监督工作、代表工作和自身建设四个重点,进一步提升乡镇、街道人大工作水平,不断推进全市基层民主政治建设。四是认真执行全市人大工作信息报送制度,编发了《工作动态》20期、《工作览要》19期、《民意之窗》16期、《县区动态》15期,提高了市人大常委会依靠信息资源指导全市基层人大工作的能力。

(张俊福)

【人大制度宣传和理论研究】 人大制度宣传和人大工作宣传,既是党和国家宣传工作的重要组成部分,更是各级人大及其常委会的重要职责。2008年,市人大常委会进一步加强了对人民代表大会制度的宣传。一是召开了以推进宣传工作和加强信息工作为主要内容的全市人大工作座谈会,回顾总结了2007年度全市人大系统宣传信息工作,安排部署了2008年的人大宣传和信息工作,并对2007年度人大宣传信息工作先进单位和个人进行了表彰。二是继续加强人大宣传阵地建设,全年共在市级新闻媒体刊发新闻宣传稿件400多篇(条),先后编发了《阳泉人大》6期、《阳泉日报·人大广角》12期,播发"阳泉新闻综合广播·人大之声"35期、"阳泉广播电视总台·人大之窗"12期,形成了多形式、宽领域、全方位的宣传格局,人大宣传工作呈现出蓬勃发展的良好态势。三是开展了"财保杯·我的履职故事"有奖征文活动,共收到征文110余篇。在山西省人大常委会开展的"改革开放30年"有奖征文活动中,全市共提交征文13篇,有7篇分获一、二、三等奖,市人大常委会获得优秀组织奖。四是积极开展理论研究活动,先后参加了全国24城市人大工作研讨会、山西省基层人大工作研讨会和省人大常委会召开的各种理论研究活动,认真探索做好新形势下人大工作的新途径、新方法。同时采取走出去、引进来、互相交流信息等方式,加强与外地城市人大之间的沟通与联系,学习借鉴外地人大工作的经验与做法,指导自身人大工作的实践。

(张俊福)

政府工作

综合工作

【经济发展概况】 2008年,在中共阳泉市委领导下,市人民政府深入贯彻落实科学发展观,团结依靠全市人民,努力克服各种不利因素,较好地完成了年初确定的各项目标任务。

国民经济继续保持平稳较快增长,综合实力继续增强。2008年,全市生产总值完成310.65亿元,比2007年增长9.5%。其中:第一产业实现增加值5.08亿元,增长20.0%;第二产业实现增加值183.93亿元,第三产业实现增加值

121.64 亿元，分别比 2007 年增长 9.3%。三次产业的比例为依次为 1.6∶59.2∶39.2。圆满完成了年初确定的各项目标任务。

农业生产条件继续改善，农业经济稳步发展。2008 年，全市有效灌溉面积累计达到 8790 公顷；全年农村化肥施用量 1.33 万吨，比 2007 年增长 0.3%；农村用电量 8.53 亿千瓦小时，下降 3.0%；全市粮食总产量达 22.04 万吨，下降 3.0%。林业发展取得新成效。全年共完成造林面积 6627 公顷；幼林抚育面积 4656 公顷；零星植树 257 万株。渔业生产稳步增长。全年渔业总产值达 973 万元，增长 19.6%。乡镇企业发展成效显著。全市乡镇企业实现总产值 305.52 亿元，增长 8.0%；实现增加值 83.32 亿元，增长 13.7%；上缴税金 15.8 亿元，增长 26.1%，成为全市经济发展的一大支柱。

工业整体效益快速提升。全年规模以上工业企业完成工业总产值 400.24 亿元，增长 23.3%；完成工业增加值 153.44 亿元，增长 10%；实现销售收入 413.96 亿元，增长 24.9%；实现利税 73.23 亿元，增长 64.4%。亏损企业亏损额较 2007 年有所上升。建筑业生产稳步增长。全年建筑施工企业完成建筑业增加值 6.0 亿元，增长 13.2%。

服务业健康发展，旅游业迅速发展。2008 年，藏山、娘子关、百团大战三大品牌龙头景区带动作用势头强劲，翠枫山、药林寺、和谐生态园等景区建设开发力度进一步加大。在这些因素带动下，全市国际、国内旅游市场快速发展。全年全市接待国内游 586.7 万人次，增长 10%；旅游收入 44.9 亿元，增长 36%。邮电通信业继续快速增长。全市全年完成邮电业务总量 17.7 亿元，增长 68.6%。

财贸金融运行稳健。全市财政总收入完成 68.1 亿元，增长 19.5%；一般预算收入完成 26.2 亿元，增长 21%。全年社会消费品零售总额完成 123.1 亿元，增长 25.6%，市场物价继续保持结构性上涨。金融机构人民币各项存款余额 55.4 亿元，比年初增长 30.2%；各项贷款余额 225.6 亿元，比年初增长 12.8%。保费收入达 15.29 亿元，增长 41.8%。

外贸进出口取得突破性进展。全年海关进出口总额完成 15456 万美元，增长 72.7%。其中出口总额 12008 万美元，增长 74.9%；进口总额 3448 万美元，增长 65.3%。全年 144 项招商引资项目到位资金额达 81.6 亿元，增长 21.8%。(师红艳)

【经济发展中的重大举措及成效】 2008 年，阳泉市坚持推进结构调整，转型步伐不断加快。坚持以项目建设为抓手，积极扩大投资需求，推进经济结构战略性调整。138 个项目全面开工，其中 81 个项目完成或超额完成年度目标任务。“百项工程”完成总投资 126 亿元，其中招商引资到位资金 81.6 亿元，占全市固定资产总投资的 52.4%。省级科技示范区建设顺利推进，科技对结构调整的推动作用更加明显。煤炭等传统产业进一步得到改造提升，电力、铝工业、新型材料、装备制造等产业不断发展壮大。积极创优金融服务环境，成功引进了股份制银行，成立了全省第一家村镇银行，批准了 4 家小额贷款公司。以旅游、商贸、物流、信息为重点的现代服务业加速发展，全市产业结构呈现不断优化态势，资源型城市转型迈出新的步伐。

积极推进生态建设，环境质量明显改善。进一步加大节能减排和环境保护力度，全市 592 家重点工业污染源治理全面达标，其中关停 400 家。积极推进资源综合利用，循环经济发展良好。通过三年攻坚，全面完成了市区 26 座煤矸山综合治理任务，提前两年实现了“十一五”二氧化硫减排目标。通过实施集中供热、清洁能源改造等一系列环保工程，城市集中供热率达到 82%，污水处理率达到 65%，生活垃圾无害化处理率达到 81%，市区清洁能源使用率稳定在 95%以上。实施六大绿化工程，完成各类造林 7133 公顷(10.7 万亩)，建成区绿化覆盖率达到 37.79%，绿地率达到 34.11%，人均公共绿地面积达到 8.79 平方米，建成了省级园林城市。

加快统筹城乡发展，“三农”工作得到加强。积极做好全省统筹城乡发展试点工作，基本完成了城乡一体化建设总体规划和专项规划。积极落实“城市带动农村、工业反哺农业”政策，企业重点帮建新农村 237 个，帮扶资金达到 3430 万元。31 个省级新农村示范村建设成效显著，71 个重点推进村全部完成了“四化四改”和“五个一”工程。“四化四改”即街巷硬化、村庄绿化、环境净化、路灯亮化，改水、改厕、改圈、改厕。“五个一”工程即每个村建一个文化活动室(院)、一个村级卫生计生所(室)、一个农民休闲健身场所、一个便民连锁店（便民店)、中心村建一所标准化小学。完成移民搬迁 383 户 1422 人。“万村千乡”市场建设、“村通硬化路”和“村通客车”工程均走在全省前列。娘子关水源地保护工程全面启动，龙华口水电站建设全面开工，农村饮水安全工程顺利推进。“3+2”富民工程成效明显，生猪存栏 26 万头，蛋鸡达到 230 万只。新建日光温室 93.33 公顷(1400 亩)，蔬菜大棚 24 公顷(360 亩)，核桃种植总规模达到 1.05 万公顷（15.8 万亩)。农民专业合作社累计发展到 289 个。积极落实中央各项惠民富民政策，多渠道促进农业增产、农民增收，农民收入增长幅度近几年首次超过城镇居民。

高度关注民生，和谐阳泉建设成效明显。继续大幅度增加财政对民生领域的支出。全部免除义务教育阶段学生学杂费，在全省率先实现基本普及高中阶段教育。进一步夯实基础教育，普通教育与职业教育比例达到 1∶0.9，为全省最高。

高考达线率继续居全省第一。社区卫生机构全面达标，县乡村三级医疗卫生机构达标率为72%，新型农村合作医疗参合率和城镇居民基本医疗参保率分别达到93.24%和91.1%，在全省率先基本实现了全民医保。新建廉租房3.3万平方米，解决了483户困难群众住房问题。启动了解决农村困难群体住房工作。建成8个乡镇综合文化站、150个村文化室。体育事业蓬勃发展。国防后备力量建设和人防工作不断加强，双拥共建活动扎实推进。民族、宗教、外事、侨务、工商、质监、药监、气象、地震、档案、史志、文物、妇幼、老龄、残疾人、红十字会等各项工作也都取得了新的成绩。市政府为民办的15件实事全部完成，改革发展成果进一步惠及全市人民。

*扎实推进民主法制建设，精神文明建设得到加强。*自觉接受人民代表大会及其常委会的工作监督，接受人民政协的民主监督，认真听取社会各界人士和人民群众的意见和建议，196件人大议案、建议、意见和335件政协提案全部办理完毕，办复质量进一步提高。依法治市得到加强，公民法制观念逐步增强。全面落实政府系统党风廉政建设责任制。监察、审计力度加大。圆满完成了村委会换届工作，基层政权得到加强。“平安阳泉”创建工作全面推进，社会治安综合治理成效显著。通过“大接访”活动，一些群众反映强烈的热点难点问题得到有效解决。应对突发事件机制逐步建立，全社会防灾避灾意识有所提高。及时消除了“三鹿问题奶粉”事件带来的不利影响。治理超限超载工作荣立全省一等功。安全生产工作被评为全省先进。深入贯彻落实科学发展观，社会主义核心价值观深入人心，全民思想道德素质得到提高。新闻、广播、文学艺术事业更加繁荣，人民文化生活丰富多彩。广泛开展了“迎奥运、讲文明、树新风”和纪念改革开放30周年主题活动，在奥运安保、支援抗击南方冰雪灾害和汶川特大地震灾害中作出了积极贡献，人民群众昂扬向上的精神风貌得到充分展现。 （师红艳）

【经济与社会发展中的矛盾和问题】 2008年，阳泉市经济与社会发展虽然取得了一些成就，但仍存在许多矛盾和问题：结构性矛盾依然突出，发展方式比较粗放，生态环境比较脆弱；中小企业生产经营面临诸多困难，就业压力进一步加大，部分低收入群体生活困难；农业基础薄弱，农民增收难度较大；安全生产形势严峻；思想解放程度不够，改革开放力度不足，政府职能转变滞后，行政效率偏低，一些部门、单位和个别干部还存在官僚主义、形式主义等问题。 （师红艳）

人事工作

【公务员队伍建设】 2008年，全市各级人事部门坚持以深入实施《中华人民共和国公务员法》为依托，全面加强公务员队伍建设。按照全省的统一部署，坚持从严控制、稳慎推进，严格把握参照标准和条件，研究制定了《阳泉市参照公务员法管理单位工作人员登记实施细则》，完成了全市第一批16个单位的参照公务员法管理工作。向省人事厅上报了市直第二批和县区参照管理单位的相关材料，省人事厅对43个单位作了批复。全面启动公务员在职培训计划，稳步推进公共管理核心内容培训，全市4200余名科级以下公务员参加了培训，部分县区在培训中加入了普通话培训测试，取得了良好效果。严格落实“凡进必考”制度，组织开展公务员考录工作，为市、县（区）两级行政机关公开招录了69名公务员，加大录用具有基层工作经历人员的比例，放宽学历、户口等条件限制，进一步拓宽了选人范围。不断完善公务员考核办法，进一步健全考核机制。在对市直政府系统35个单位1619人的考核中，试运行《阳泉市公务员考核实施细则》，其中优秀253人、称职1354人。经修订完善，与市委组织部联合下发了该实施细则，为全市公务员考核工作的程序化、法制化、规范化奠定了基础。在全市广泛开展“争当人民满意公务员”活动和公务员行为规范、职业道德教育实践活动，大力培育和弘扬公务员精神。 （郑　兵）

【专业技术人才队伍建设】 年内，全市各级人事部门坚持以提升能力为重点，继续教育力度不断加大。全年培训各类专业技术人员5000余人。组织了全市会计、卫生、经济系列及职称外语考试、计算机应用能力培训考试，参考人数达6000余人，涉及计算机模块9528个。继续推进职称制度改革，改进职数管理，扩大评价视野，不断优化专业技术人员成长环境。严格事业单位专业技术职务结构比例管理，全年共审批下达岗位职数742个，其中中级以上626个。进一步完善事业单位工作人员考核机制，市直217个单位的7820人参加了年度考核，优秀等次人员达1115人，考核结果及时体现到了工作人员晋职、晋级等多个方面，有效调动了事业单位工作人员的积极性。加强技能人才队伍建设，组织开展了机关事业单位技术工人等级培训和考核工作，技能人才队伍的整体素质得到有效提升。 （郑　兵）

【人事制度改革】 年内，市人事局着力推进事业单位人事制度改革。按照全省统一安排，下发了《阳泉市人事局关于开展全市事业单位基本情况调查摸底工作的通知》，对全市事业单位基本情况进行了包括岗位设置、年龄结构、文化层次等内容的全面摸底调查，为事业单位岗位设置管理奠定了基础。机关事业单位工资收入分配制度改革不断完善，认真落实新的工资正常晋升机制，对409个市直机关事业单位的1.2万余人进行了级别和薪级工资调整。根据上级有关规定，为理顺分配秩序，维护社会稳定，制定了《关于市直事业单位增发人员补贴的实施意见》，经市政府批准，从2008年1月份起，为市直事业单位9542名在职人员和退休人员发放了月人均300元的临时补贴。各县区也按这一标准发放了事业单位人员临时补贴，调动了广大事业单位人员的工作积极性。（郑　兵）

【集聚人才智力工作】 年内，市人事局坚持把人才工作放在突出位置，不断创新创优各类人才成长发展环境，强化人才强市战略意识。围绕全市加快科学发展和扩大对外开放的大局，不断拓展招才引智的空间和领域，组织开展和参与了全省人才智力交流大会，353人当场签约，其中硕士毕业生42人、本科毕业生230人。市林业科学研究所、第三人民医院等单位与省内的10余名专家达成19个合作意向，项目总金额达4000余万元。充分发挥人才市场在人才交流中的主渠道作用，采取集中型、集市型、日常型招聘相结合的办法，人才市场配置人才资源的基础性作用不断凸现。从9月份开始，将原来每月18日一次的集市型招聘会增加至每月的8日、18日、28日三次，进一步满足了各类人才的求职需求，仅集市型人才交流会全年就举办了20场，进场人数达4万余人次，意向达成率近70%。组织开展了高校毕业生就业服务月及服务周专项活动，2281名高校毕业生和652名专业技术人才通过网络和现场交流达成意向。与此同时，努力探索建立高校毕业生就业促进机制，开设高校毕业生就业服务窗口，基本实现了"一站式"、"一条龙"服务。主动深入省内外高校，积极开展人才服务进校园活动，为大学生提供政策咨询、人事代理、面试技巧、职业生涯规划、人才素质测评等服务，受到广泛好评。认真做好"2008年清华大学博士山西服务月"活动，组织2名清华博士深入市内2个项目单位进行了为期6周的合作服务，受到对接单位的欢迎。扎实推进农村实用人才培养开发，农村实用人才队伍不断壮大，为全市新农村建设提供了有力的人才支撑。（郑　兵）

【人事公共服务工作】 年内，市人事局在人事公共服务工作方面，继续深化行政审批制度改革，严格落实政务公开、首问负责、限时办结等制度，积极推行"一站式"服务。认真贯彻落实《政府信息公开条例》，制定了人事部门政府信息公开指南和目录，按照统一规范、便民高效的原则，深入推进人事政务公开和人事信息化建设，进一步提升了服务效率和水平。拓宽安置渠道，突出安置重点，落实安置责任，完成了全市14名军转干部的安置任务，并深入做好自主择业军转干部的就业指导和扶持工作。毫不放松地做好部分企业军转干部解困和稳定工作，解困金额按时足额到位，全年共发放生活困难补助金380余万元。积极开展走访慰问活动，春节、"八一"共发放慰问金1.2万元。进一步严肃人事考试纪律，规范考务管理，人事考试的权威性得到充分认可，全年共完成国家和省各类常规性考试3项，参考人员达3500余人次，承担各类社会化考试27项，参考人员达1.5万余人次。人事宣传工作力度和透明度进一步加大，多条人事信息被省、市有关部门采用。人事争议仲裁工作扎实推进，办案工作机制进一步健全。（郑　兵）

机构与编制管理

【《阳泉市机构编制管理办法》】 为贯彻落实省政府出台的《山西省机构编制管理规定》，2008年，市委、市政府出台了《阳泉市机构编制管理办法》。该管理办法共8章57条，包括机构设置管理、职责管理、编制管理、领导职数管理、监督管理和法律责任等内容，具体明确了机构编制的管理原则、管理体制、审批程序和监督制度等。该管理办法于2008年8月1日起正式施行，标志着全市机构编制法制建设迈出重要步伐，对规范和加强全市机构编制管理工作将起到积极的推动作用。（史旭东）

【机构编制事项审定】 年内，市机构编制管理部门认真贯彻落实中央、省、市关于加强完善机构编制管理的各项规定和法律法规，继续坚持统一领导、分级管理的机构编制管理体制，认真执行机构编制总量控制、下管一级的规定，按照"统筹规划、合理配置、人事相宜、有增有减"的原则，严格管理权限，规范审批程序，切实把好关口。新增机构和编制、新增职能的部门所需机构编制，均依据山西省的规定办理。全年拟定机构编制事项和有关问题的处理意见40余件，办理机构编制调整事项170余件，没有出现违反规定随意增加机构编制的情况。（史旭东）

【机构编制管理证制度】 年内，市机构编制管理部门继续推行和不断完善机构编制管理证制度，加大对机构编制的管理和实时监控力度，充分发挥其管理、控制、监督作用，努力建立科学、规范、有效的机构编制运行机制。始终保持机构编制动态管理，机关、事业单位的机构编制管理证内容发生变化，都及时予以变更，使机构编制管理证内容真实、准确、可靠。不断强化机构编制管理证的地位，实现了机构编制管理与职数管理、工资管理、经费预算管理有机结合，完善了自上而下的机构编制管理和监督相互配套的约束机制。全年共办理学生分配、军转、复退军人安置、调动、分流人员安置、任职等上编手续400余人次，办理身份、职务、职称、学历变更等1200余人次，审核工资统发人数400余人次，办理退休、调出、辞职、辞退、死亡等下编手续300余人次；办理其他机构编制事宜100余件。机构编制管理证制度日益成为强有

力的手段,在机构编制管理工作中发挥着重要作用。（史旭东）

【控编进人制度】 2008年,市机构编制管理部门认真落实控编进人制度,严把进人关口,坚持原则,严格程序,规范操作,不仅控制编制,而且控制人员结构比例,尤其是严格控制逆向调入财政预算事业单位人员。全年共办理控编手续519人,其中学生分配277人、安置军转干部11人、安置复退军人10人、公安和文化等系统招考47人、调入自收自支事业单位35人、调入财政拨款事业单位43人、同性质事业单位之间流动62人、领导任职34人。通过严格控编管理,严把进人关,从根本上杜绝了超编进人、超编制结构进人以及随意进人的现象,优化了机关事业单位的人员结构。各县区的控编进人管理工作,随着机构编制管理证制度的日趋完善也逐步规范。（史旭东）

【机构编制信息网络】 阳泉市的机构编制信息网络平台纵向联网省、市、县三级机构编制部门,横向连接组织、人事、财政等部门,以其强大、快捷、准确的功能,在机构编制管理中发挥着极其重要的作用。为了管理好、运行好机构编制信息网络平台,2008年,市编制管理部门首先是确保管理数据的准确性和时效性,只要是涉及党政机关和事业单位的机构编制、经费形式和在编人员的身份、职务、学历等相关内容发生变化,都在一周内将机构编制证和数据库数据一并更新,使之与机构编制证同步运行。每月底,均及时向省编办上传最新的机构编制数据。其次是坚持机构编制统计分析制度,有效利用机构编制信息网络平台,定期对全市的机构编制人员情况进行统计汇总,一方面确保统计数据的真实性、连续性和完整性,另一方面通过认真分析,为机构改革、人事制度改革和领导决策提供可靠的依据。第三是采取预算手段、法律手段、行政手段相结合的办法,建立与组织、人事、财政相互协调配套的约束机制,从而提高了工作效率和公正性。机构编制信息网络的畅通运行,强化了机构编制动态管理,对于加强业务指导和监督、推动办公自动化、加快机构编制信息网络化进程,都具有积极的促进作用。（史旭东）

【机构编制监督管理】 年内,全市机构编制管理部门认真执行《机构编制监督检查暂行规定》,完善机构编制督查机制,重点加强了对贯彻落实机构编制管理法律法规情况的监督检查,加强对乡镇机构和人员编制的督查。积极配合有关部门深入县区和市直各部门,定期不定期地督查机构编制管理法律法规执行情况和机构编制管理证运行情况,对下达到县区的行政编制和政法专项编制的分配情况进行了多次督促和检查。充分发挥"12310"举报电话的监督作用,完善监督举报制度,有力地推动了全市机构编制监督管理工作的开展。对督查中发现的违反机构编制规定的问题和行为,针对性地提出解决办法,强化了机构编制纪律,维护了机构编制的严肃性和权威性。（史旭东）

【事业单位登记管理】 年内,全市机构编制管理部门继续贯彻落实《事业单位登记管理暂行条例》和《实施细则》,严格事业单位登记管理工作。一是严格登记审核,保证登记质量。认真审核、严格审查申请设立登记、变更登记事业单位的申报材料及其相关证明,对涉及变更事项的事业单位,要求必须在年检前办理变更手续。对部分净资产为负值,或不能提供合法验资报告,以及未按期参加年检的单位,根据有关规定,下发了事业单位法人证书废止通知。二是健全档案管理,完善基础资料。严格按照《事业单位登记管理档案管理办法》的要求,建立登记档案室,配置档案柜和使用档案盒,着力加强事业单位登记档案的基础设施建设。年检前,对事业单位登记档案资料再次进行清理汇总,按照"一户一档"的建档要求,分户分类分件进行整理,及时查缺补漏,规范档案管理。通过规范操作程序,认真履行监督职责,提高了登记管理质量,促进了全市事业单位登记管理工作健康有序地开展。截至年底,全市事业单位总数为1207个,其中市直328个、平定县263个、盂县262个、城区93个、郊区167个、矿区94个。（史旭东）

行政审批工作

【行政审批服务中心概况】 2008年,阳泉市行政审批服务中心围绕"审批提速、服务提质、监察提效",坚持"以民为本、勤政为民、受民监督、问政于民"的工作方针,大胆探索,锐意进取,以贯彻落实《中华人民共和国政府信息公开条例》为契机,积极推进城建项目并联审批,下大力优化梳理审批流程,建立了行政审批电子监察系统,有力地推动了政府部门和公共服务单位的大厅化办公、窗口化服务,被市对外开放工作领导组评为招商引资协调优秀组织单位。2008年,中心各窗口共受理审批服务事项20159件,其中即办件11106件、承诺件9051件、退回件2件,办结率达到100%;分中心共办理审批服务事项1336669件。从中心成立至2008年底,各窗口共办理审批服务事项316414件,分中心共办理审批服务事项4741252件。（谈永刚）

【《政府信息公开条例》贯彻落实】 市行政审批服务中心是政府服务企业、服务基层、服务群众的重要窗口和平台,为确保《中华人民共和国政府信息公开条例》5月1日在阳泉市的全面、正确、有效实施,中心牵头组织市经济信息中心、市监委、市法制办、市保密局和市新闻中心等有关部门和县区政府信息公开办负责人,深入学习领会《政府信息公开条例》精神，制定贯彻实施意见，召开动员大会，举办学习培训班。同时，建立了政府信息主动公开工作机制、申请受理制度、依申请公开工作规程、保密审查及责任追究办法等配套制度，在市政府网站上建立了阳泉政府信息公开一级网页和二级网页。全市各个县区和116个市直部门，以及公共企事业单位认真贯彻《政府信息公开条例》精神，认真清理政府信息，在5月1日前全部完成了政府信息公开指南和目录编制工作。有网站的部门均建立了政府信息公开专栏，并与政府网站进行了链接；没有网站的部门全部按要求在政府网站上进行了发布。指南和目录的发布，为推进全市政务公开工作，全面建设"政府信息透明公开、群众查询方便快捷"的目标打下了坚实的基础。（谈永刚）

【城市建设项目并联审批】 开展城建项目并联审批，是阳泉市城建项目管理的一项新的改革和制度创新。2008年，中心按照《阳泉市城市建设项目并联审批及部分行政事业性收费"一票制"收取实施方案》要求，多次和市规划局、市财政局等部门就并联审批启动运行的有关事宜进行协调沟通，向市规划局发出了《关于重申严格执行市政府〈城市建设项目并联审批一票收费实施方案〉的意见暨对市规划局就此方案执行有关问题的答复》，并会同市效能办对涉及城建项目并联审批的有关部门进行了专项监督检查。8月1日，城建项目并联审批及"一票制"收费正式启动运行。市城远房地产开发公司底商住宅楼、嘉瑞房地产公司开发的嘉瑞大厦及配楼、咸山雷房地产公司开发的左邻右舍2号、3号楼三个城建项目实行了并联审批，涉及的城市基础设施配套费、消防设施配套费、工程定额测定费、工程质量监督费、人防工程易地建设费、散装水泥专项资金和新型墙体材料专项基金7项行政事业性收费全部纳入"一票制"收费系统，共计694万元。

城建项目并联审批的启动运行，不仅有利于规范全市城建项目的审批服务管理和收费，减少推诿扯皮，而且有利于整合政府职能，创新管理体制，加强公共财政，提高行政效率，建设阳光政府。

（谈永刚）

【行政审批电子监察系统建设】 年内，市行政审批服务中心主动配合市纪委、市监察局开展行政审批电子监察系统建设工作。为了做好这项工作，中心克服困难，为电子监察系统建设提供了场地；认真做好后勤保障，明确专人全力参与电子监察系统《工作方案》、《技术方案》的起草和制定，以及软硬件招标、设备购置工作；积极协调有关部门改造消防、暖气、供电线路，指导项目建设。对全市54个部门保留的518项行政许可和非行政许可事项进行了再清理，流程进行了再规范，明确了受理、审查、决定、发证环节的职责、权限、工作标准、责任人和承诺时间。其中，40个部门329项进入行政审批电子监察系统（中心大厅单设窗口的25个部门262项，综合代理窗口15个部门67项）。

从9月16日开始，中心选择质监、卫生、规划、文化、民政5个窗口开始试运行，年底时正强化网上运行，调试设备，完善系统，即将实现对审批流程的实时监控、预警纠错、绩效评估和信息服务。与此同时，中心还积极推进县区行政审批电子监察系统建设工作，年底，平定县、盂县行政审批电子监察系统软硬件设备安装和事项流程梳理工作已经完成，准备试运行；城区视频监控系统完成；郊区、矿区正在清理事项和梳理流程。（谈永刚）

对台工作

【台胞陆智明捐资助学】 6月27日，"陆智明现代信息教育中心"举行揭牌仪式，陆建伟、陆建琪代表其父陆智明先生向平定县实验小学捐赠电脑48台，市台办和平定县委、县政府领导出席仪式。平定籍台湾同胞陆智明先生，早年在平定县实验小学的前身——平定县文庙小学就读，在远离大陆的半个多世纪中，他始终不忘祖国大陆，热切关注家乡的发展，在得知平定县实验小学急需进行教学信息化建设后，出资20万元为母校购买了48台电脑。与此同时，平定县政府也配套投资50万元配齐了完整的教学仪器，使平定县实验小学成为阳泉市信息化教学设备较为完善的学校之一。

（郭兆文）

【对台工作会议】 7月2日，全市对台工作会议召开。市委对台工作领导小组成员，各县(区)分管对台工作的副书记、副县(区)长、台办主任，以及市委各部委分管领导、市直各单位负责人等170余人参加了会议。会上，市委常委、市委秘书长樊盛武按照中央对台工作的重要决策和全省对台工作会议精神，分析了台湾局势和两岸关系发展面临的机遇，明确了全市对台工作的总体思路和工作任务，要求各级各部门认清形势，统一思想，进一步增强做好对台工作的责任感和使命感，进一步提高对台工作的能力和水平，大力促进阳泉与台湾的人员往来和经济文化交流合作，扎实做好新形势下各项对台工作。市台办主任董玉鲜对2007年的对台工作进行了回顾总结，对2008年的工作作了安排部署。（郭兆文）

【《中共阳泉市委台湾工作办公室2008–2012年对台工作规划》】 6月，为深入贯彻中央关于新形势下对台工作的重大决策，深刻把握当前台海局势发生的重大变化，抓住难得的历史性机遇，有计划、有步骤地继续做好新时期各项对台工作，为两岸关系朝着和平统一方向发展创造更好的条件，市委台办依据省委台办要求，紧密结合阳泉实际，认真研究制定出《中共阳泉市委台湾工作办公室2008–2012年对台工作规划》。规划分析了近几年台海形势的发展和阳泉市对台工作状况，根据中央确定的对台工作指导思想，提出阳泉市2008-2012年对台工作的主要目标、指导原则和工作重点，为促进阳泉市对台工作的顺利开展打下了良好的基础。（郭兆文）

【对台工作培训】 为了贯彻落实中央对台方针政策，进一步提高广大对台工作干部的理论水平和业务素质，更好地完成新时期各项对台工作任务，市台办组织市、县区台办部分干部参加了5月底在江西九江举办的“全国对台工作研习班”和7月中旬在山西太原、辽宁举办的“山西省对台宣传干部培训班”，学习了对台宣传、涉台教育、网络宣传等业务知识。通过学习，广大对台工作人员对中央的一系列对台方针政策有了更加深入的认识，增强了做好对台工作的使命感、责任感和紧迫感，为进一步贯彻落实中央和省委关于对台工作的部署要求，适应对台工作的新形势和新任务，做好对台工作打下了坚实的理论基础。（郭兆文）

【“晋沪手拉手 共唱经济戏”座谈会】 9月下旬，应上海市台办邀请，市台办参加了上海市台办组织的第三届“台商庙会”，并于庙会期间邀请上海市及嘉定区台办、台协工作人员和有意到阳泉投资的40余位台商在嘉定区举办了“晋沪手拉手，共唱经济戏”座谈会。会上，市台办领导向在沪台商介绍了阳泉的经济社会发展情况、投资环境和招商引资项目，充分了解在沪台商的产品特点、企业文化、市场需求和投资意向，双方进行了深入交流。上海市台办领导和在沪台商对投资阳泉发表了看法，纷纷表示要到阳泉观光考察，争取早日在阳泉创业，有10余名在沪台商与阳泉市签订了投资意向书。此次活动不仅向在沪台商宣传了阳泉市，提升了阳泉市的形象，而且也促进了阳泉市与上海市的经济交流与合作。（郭兆文）

【信访工作】 2008年，市台办继续认真办理台胞、台属来信来访工作，积极帮助他们解决生活中存在的问题，为他们排忧解难。先后帮助解决了台胞郭绍宗、桑国强、石秀娟等人的医疗费用报销问题，协调解决了台属胡洪的法律诉讼问题。台属李世民的妻子患病，由于所在单位效益不佳，未缴纳职工医疗保险费，因此医疗费用不能报销，生活非常困难。市委常委、秘书长樊盛武得知情况后，立即向市医保部门作出批示，市台办积极协调，解决了近20万元的医疗费。（郭兆文）

外事工作

【概况】 2008年，市外事旅游局（与市侨务办公室两块牌子，一套人马）坚持“为国家总体外交服务，为地方经济和社会发展服务”的宗旨，认真贯彻执行党和国家的外事侨务方针政策，紧紧围绕市委、市政府战略部署，联系实际，不断探索，努力拓宽外事侨务工作服务经济建设的新渠道，为促进全市经济社会发展作出了积极贡献。

一、结合实际，明确目标，增强工作的前瞻性。全省外事侨务工作会议召开后，市外事旅游局认真贯彻落实会议精神，认真思考和谋划新形势下外事侨务工作，在广泛调研的基础上，制定了详细的工作计划，明确了“外事工作上新台阶，友城关系实现新突破，为侨服务有新亮点”的工作目标，提出进一步强化因公出国（境）管理、继续扩大友城交往成果、依法维护归侨侨眷合法权益的全年工作任务。

二、从严审批，靠前服务，不断提高外访质量。随着经济社会各项事业的蓬勃发展，全市外访人员逐年增加。为此，市外事旅游局严格管理，按照政策规定从严把关，全年共审批出访事项10批14人次。

三、强化管理，发挥优势，为经济建设服务。坚持统一领导、归口管理、分级负责、协调配合的原则，不断强化外事部门指导、协调和服务的职能，积极为全市经济建设服务。一是做好外事接待工作。4月15日，美国怀俄明州州长戴维·弗洛伊登索尔一行6人到阳泉市访问，市外事旅游局认真安排、热情接待，市领导白云、刘兆林与客人进行了座谈，美国客人参观了阳煤集团神堂嘴煤层气发电站和新景矿，并与阳煤集团技术人员就节能降耗和煤炭生产进行了技术性探讨。二是做好外籍人员管理服务工作。严格按照外事管理的规定，突出“以人为本、关怀为先”的工作方针，坚持在搞好管理的同时，加大服务力度，确保外籍人员在阳泉市的正常工作和生活。三是做好国外友城联络工作。积极联系友好城市英国切斯特菲尔德市派团到阳泉访问事宜。5月，切市新市长就任之日，白云市长专门发贺电表示祝贺。四是做好招商引资工作。积极为郊区荫营镇西垴学校申请日本驻华大使馆“利民工程无偿援助”修建师生宿舍楼项目资金；参加了9月20日在太原举行的首届山西籍海外华侨华人社团及海外侨胞重点人士联谊会，并邀请美国思科公司高级软件工程师胡海参加了此次活动。（李贵红）

【公务出国管理】 因公出国（境）审批和管理，是地方外事工作的一项重要职能和任务。2008年，市外事旅游局认真贯彻执行上级政策规定，加强公务出国（境）管理，在审批工作中严格把好“三个关口”：一是严把审批关，做到无实质性内容和目的的不明确的出访不审批、出访内容与实质性工作不对口的不审批，全年先后阻止没有实质性任务的出访团组和个人10次，节约经费20万元。二是严把培训关，对每个出访团员都进行外事纪律、国际形势、出访国概况、风俗习惯以及突发事件应急处置等方面的教育培训，教育出访人员注意维护国家利益，担当文明形象大使。三是严把汇报关，规定出访团队归国后要根据考察内容,按时递交高质量的考察报告,否则取消该单位下年度的出国资格。全年共审批出访10批14人次。

与此同时,加强公务护照收缴工作,按照外交部和中纪委的通知精神及省外办的具体布置,短期内完成了33本公务护照的收缴工作。(李贵红)

【高玉厚到阳泉市调研】 11月6日至7日,省外办纪检组长高玉厚一行6人到阳泉市,就外事工作进行调研。其间,调研组与市人大、市政府、市委组织部、市纪检委、市公安局、市财政局和阳煤集团等部门和单位的有关负责人,就因公出国、对外宣传等事宜进行了座谈,调研组对阳泉市的外事工作给予高度评价,并对以后的工作提出具体要求。(李贵红)

侨务工作

【为侨服务】 2008年,阳泉市侨务办公室工作人员千方百计做好为归侨侨眷的服务工作。一是认真做好归侨信访工作。指定专人负责该项工作,对信访的热点和难点问题,局领导亲自处理。对侨胞的来信来访,严格按照侨务有关政策法规办理,维护归侨侨眷的合法权益。协调相关部门为朝鲜归侨胡美兰解决了生活用水等问题。二是关心侨胞,做好慰问工作。每逢节假日,市侨务办公室工作人员都要对归侨侨眷进行访贫问寒。三是积极为归侨侨眷办实事。对全市的困难归侨侨眷情况进行细致调查,积极争取省侨办的帮扶资金,向尹峥、谭安喆、段海燕、卢志霞、张晓和刘海婷6名特困归侨子女提供助学金8000元。(李贵红)

【"送温暖 献爱心"活动】 2008年春节前夕,市外事旅游局会同市侨联开展了"送温暖、献爱心"活动,对历届侨联侨办老领导、离退休老归侨及困难归侨侨眷进行慰问,先后走访慰问老归侨和困难侨户44户,发放慰问金及慰问品,共计价值1万余元。副市长刘兆林代表市委、市政府对刘可从、王淑兰两家特困归侨进行了慰问,广大归侨侨眷深切感受到了党和政府的关心与温暖。(李贵红)

【组织归侨侨眷游览翠枫山】 为了体现党和政府的关怀,进一步加强侨界人士的联谊沟通,10月24日,市侨办、市侨联组织40余名归侨、侨眷赴郊区翠枫山自然风景区进行了观光游览。(李贵红)

法制建设

【概况】 2008年,市政府法制办紧紧围绕市政府中心工作,认真贯彻依法治国方略,全面开展政府法制工作,大力推进市县政府依法行政,强化行政执法监督,狠抓行政执法机构和队伍的建设,全力保证政府及其工作部门正确行使职权,保证行政行为合法有效。

为进一步加强市县政府依法行政工作,4月16日,市政府召开了全市推进依法行政暨政府法制工作会议,对全年的政府法制工作目标责任制考核工作进行了全面安排部署,下发了《关于进一步加强全市政府依法行政工作的实施意见》、《政府法制工作目标责任制分解考核指标》和《阳泉市行政执法案卷评查试行办法》等7个文件,制定了一系列切实有效的措施,大力推进市县政府依法行政。随后,城区、矿区、郊区政府也相继召开了政府法制工作会议,安排部署了贯彻落实省、市政府依法行政工作会议精神和推进依法行政的各项任务。围绕人民群众普遍关注的热点问题和政府的中心工作,先后组织了劳动用工执法检查、建设工程规划执法检查、液化气充装单位安全检查等专项执法检查,维护了劳动者的合法权益,促进了城市规划管理工作的规范化,消除了安全隐患。开展了重大行政处罚决定备案工作,根据《山西省重大行政处罚决定备案办法》,要求县区政府和市直各部门对本级、本部门作出的重大行政处罚决定要及时向市政府法制办报送备案,市政府法制办依法对报送备案的重大行政处罚决定进行审查。年底,市公安局共报送备案17件,其余部门无重大行政处罚决定。(降庭亮)

【政府规范性文件审核备案】 年内,市政府法制办加大了对规范性文件备案审查工作的力度,制定印发了《关于保障规范性文件质量推进依法行政的实施意见》和《市政府规范性文件审核流程图》,强化对各级政府和部门抽象行政行为的审查和监督。市法制办全年共收到县区政府和市直部门报送备案的规范性文件5件,全部进行了审核。对市政府准备出台的《阳泉市国省道公路路政共管办法》、《阳泉市城市绿化管理办法》等11件规范性文件进行了严格的法律审核,且在出台后都及时向省政府法制办备了案。另外,市政府法制办经审核决定,将不具备条件的5个文件暂缓出台,以确保市政府的抽象行政行为合法有效,推进政府依法行政工作。(降庭亮)

【行政复议监督】 年内,市政府法制办认真贯彻《行政复议法实施条例》,积极开展行政复议监督工作,有效发挥行政复议在实施行政监督、解决行政争议中的法定主渠道作用。为规范行政复议办理程序,市政府法制办制定了行政复议案件办理流程图,并制成版面上了墙,使复议申请人对复议程序一目了然。全年受理行政复议申请并立案的有7件,全部在法定时限内审结,其中撤销1件工伤认定案,没有1件提起行政诉讼。针对近两年受理的行政复议案件中,工伤认定案件数量逐年上升,占到全部案件2/3的问题,市政府向市劳动和社会保障局下达了行政执法监督通知书,要求认真查找原因,完善执法制度,加以整改。通过办理行政复议案件,进一步强化了政府系统的内部监督，及时纠正了违法或不当的行政行为，依法保护了行政管理相对人的合法权益，促进了社会和谐。（降庭亮）

【行政执法案卷评查活动】 开展行政执法评议考核和行政执法案卷评查活动，是规范和监督行政机关执法活动的一项重要制度，是全面推进依法行政、建设法治政府的重要保证，也是落实行政执法责任制工作的重中之重。2008年，市政府法制办在近几年积极探索的基础上，将其列入年初工作安排计划，全面开展这项工作。8月25日至9月25日，市政府法制办会同市监察局，对25个重点部门的158份行政处罚案卷进行了抽查。绝大多数执法单位的执法行为依据正确、事实清楚、程序合法，但也存在一些共性问题，如调查笔录内容不规范、行政处罚依据和种类填写不规范、行政处罚决定书中行政救济的途径和期限告知存在错误等。针对存在的问题，检查组逐一进行了指导，提出了建设性的意见。（降庭亮）

【行政执法人员培训】 加强行政执法人员培训是建设高素质行政执法队伍、提高依法行政水平的关键。2008年，市法制办根据年度工作计划，结合换发2007年新版行政执法证件工作，对全市2000余名行政执法人员进行了培训、考试，系统地学习了《全面推进依法行政实施纲要》、《关于政府法制工作目标责任制考核的若干意见》、《行政许可法》、《行政处罚法》、《行政复议法》、《山西省行政执法条例》等法律法规，使广大行政执法人员的业务素质明显提高，依法行政意识明显增强，严格执法、文明执法、公正执法的水平进一步提升。（降庭亮）

【政府法制机构建设】 政府法制机构建设是开展政府法制工作的前提。在2007年市政府法制办机构升格为正县级的基础上，2008年，市编办下发了《关于统一规范县区人民政府法制办公室机构设置的通知》（阳编办字〔2008〕72号），将各县区政府法制办公室全部设置为县区政府办公室的内设机构，法制办主任按正科级配备，核定正科级领导职数1名，为进一步做好政府法制工作提供了有力的组织保障。（降庭亮）

民政工作

【基层政权和社区建设】 2008年，阳泉市继续加强社区服务设施建设，增强社区服务功能。启动了社区志愿者注册工作，广泛开展“建设和谐社区示范单位”创建活动，推动社区建设向深层次发展。积极开展农村社区建设，深入扎实地开展村务公开民主管理示范单位创建活动，对村务公开民主管理10个示范乡镇、100个村进行了命名表彰。积极开展“村改居”前期准备工作，广泛宣传，强化培训，认真依法组织开展全市第八届村民委员会换届选举工作。截至年底，全市958个应换届村已有955个村完成换届选举，占应换届总数的99.7%。其中，支部书记和村委主任“一肩挑”的有596个村，占已换届总数的62.4%。（张晋忠）

【优抚工作】 2008年，市民政局以保障广大优抚安置对象的合法权益为目标，全力推进各项优抚安置政策的完善和落实。下拨各县区2008年优抚经费1733.3万元，老党员生活补贴236.92万元，优抚对象医疗补助资金182万元。进一步完善优抚对象医疗保障制度，出台了《阳泉市优抚对象医疗保障实施意见》。（郗晓芬）

【安置工作】 2008年，全市民政部门采取有效措施，加大工作力度，狠抓退伍安置政策落实。全年安置城镇退役士兵410人，办理自谋职业203人，发放安置保障金393.6万元，发放非农优待安置证331个、农业优待安置证350个。启动2007年城镇退役士兵待分配期间生活补助金的发放工作，城镇退役士兵每人领取10个月生活补助费1880元。全面落实军休人员的政治、生活待遇，努力推进军休服务管理社会化改革。（邵阳平）

【抗震救灾组织工作】 5月12日，四川特大地震发生后，市委、市政府紧急动员部署，广大党员干部和社会各界积极响应，在全市范围内掀起了“倾真情、献爱心、送温暖”活动。全市民政部门认真组织、精心安排，接收社会捐助，支援灾区抗震救灾。

5月15日上午，在与阳泉市的友好城市——四川省德阳市取得联系后，得知灾区急需食品、药品、饮用水等应急物资后，市委、市政府果断决策，决定紧急向灾区定向调运救灾物资。在各部门的密切配合下，市民政局用短短9个小时组织了包括大米、白面、食油、方便面、火腿肠、饮用水、毛毯、防寒衣被、应急灯、药品等在内的救灾物资400余吨，价值达321.41万元。同时，根据四川省广安市遭受灾情的实际情况，向广安市送去捐款50万元。这批物资是当时山西省运往四川灾区时间最早、数量最大、种类最多的应急救灾物资，中央电视台对此进行了专门报道。5月30日，市救助管理站热情服务，及时实施救助，为15名要求尽快返乡的四川茂县羌族农民购买了全程车票，迅速安排他们踏上归途。同日，市第一人民医院接受了来自四川都江堰、北川、彭州、德阳等7个市县的32名伤员。6月3日，市委副书记郜爱国、副市长王敬瑞带领市民政局负责人，专程到医院看望了四川伤员，为32名伤员每人送去1000元慰问金，共计3.2万元。

抗震救灾期间，阳泉市民政部门共接收捐款3524.74万元；接收社会捐赠物资20821件（箱），主要物品有衣物、毛毯、被褥、学习用品、方便食品等，折合人民币价值98.36

万元。按照统一规划、统筹安排、合理使用的原则,市民政部门将接收的捐赠资金物资分批全部发往四川灾区,用于解决灾民的生活困难和灾区民房恢复重建等项目,为灾区的抗震救灾和恢复重建作出了积极贡献。 (索 斌)

信访工作

【重信重访专项治理】 重信重访专项治理是2008年中联办、省联办部署的一项重点工作。对此,阳泉市各级党委、政府及信访部门高度重视,多次召开专门会议研究安排,实行市、县(区)、乡(镇)、村四级领导包处案件的办法,做到"案案有人管,件件有人办",着力突破一批疑难案件。省联席会议办公室共交办阳泉市重信重访案件26件,其中重访9件、重信17件。26件重信重访案件全部由各级领导包处,其中,市级领导包处14件、县区领导包处12件,年底时,全部办结。

(宋宝计)

【县区委书记大接访活动】 年内,阳泉市开展了县区委书记大接访活动,收到明显效果。

一、精心组织,明确目标,加大对大接访活动的领导力度。"6·28"全国信访电视电话会议召开后,市委立即召开常委会议和全市信访工作会议,对全市信访工作进行专题研究,制定出台了阳泉市开展县区委书记大接访活动的实施意见,对全市大接访活动做出全面部署,明确了县区委书记是大接访活动的第一责任人。各县区各部门按照省委、市委的要求,立即行动,迅速落实,层层制定工作方案,细化任务目标,明确工作责任,积极开展大接访活动。

二、畅通渠道,完善机制,确保大接访活动的顺利开展。为了使大接访活动有序顺利开展,市信访局在构建群众来信来访的"绿色通道"上狠下工夫,制定出《各级领导大接访实施方案》,明确规定了大接访活动的公示、接访、包案和落实4个流程环节;严格实行了县区委书记、县区长每周至少接待1次,县级四套班子成员每天轮流接待的制度,并坚持市、县(区)、乡(镇)、村四级联动接待;采取坐堂接访、预约接访、带案下访等形式,多层次、多方式开展大接访活动。在大接访活动中,市、县区领导共接待上访人员1161批次5375人次。

三、深入基层,强化督查,确保大接访各项措施落到实处。为了督促指导和协助县区、重点部门搞好大接访活动,切实把一些问题和矛盾解决在基层,市委、市政府专门抽调了103名市直机关干部,组建了11个工作组,深入到各县区和有关部门、单位开展下访。各县区、市直有关部门组织520余名干部到基层进行督导。工作组先后举办了不同层面和各种形式的座谈会、案件协调会、意见反馈会602次,督办重点信访事项498件次,协调指导基层处理疑难复杂信访问题385件,向基层单位提出建议397条,极大地促进了信访案件和信访疑难问题的解决。

四、以人为本,关注民生,把大接访的成效体现在解决实际问题上。在大接访活动中,各级党委政府始终把关注民生和解决群众关心的热点、难点问题作为治本之策。市委书记谢海亲自带头解决信访问题,就市第三人民医院焚烧医疗垃圾对周边居民造成环境污染的问题,主动约访居民代表,听取意见,并到市垃圾处理场现场办公,协调解决了新建医疗垃圾焚烧炉的问题,受到广大群众的好评。市委副书记、市长白云亲自接待市纺织总公司的上访职工代表,面对面做工作,并协调有关单位为困难企业解决实际问题,最大限度化解矛盾。全市30件重点疑难案件逐一落实到28位市级领导身上,市级领导加大指导协调力度,使30件重点案件全部办结,息诉率达到100%。大接访活动开展期间,全市共为群众解决实际问题617件,使大量的信访问题得到妥善解决。 (宋宝计)

【潘作良先进事迹学习活动】 7月18日,国家信访局召开信访工作电视电话会,要求各级信访部门开展学习潘作良先进事迹,建设工作一流、群众满意的信访部门活动。市信访局积极部署,迅速行动,开展了潘作良先进事迹学习活动。一是深入学习,提高认识。开展了如何建设工作一流、群众满意信访部门的大讨论,组织县区信访局长、市直重点单位信访部门的负责人赴河南省义马市信访局考察学习。参加了省信访局组织的"学习建设"活动经验交流会。二是领导带头,健全组织。成立了由局长任组长的活动领导组,并结合实际,制定了市信访局《关于开展"学习潘作良先进事迹,建设工作一流、群众满意信访部门"的实施方案》,边学边改,将创建活动引向深入。三是查漏补缺,完善机制。针对工作中存在的问题,积极进行整改,建立完善信访工作制度,促进了学习创建活动和信访工作的良好开展。 (宋宝计)

统计工作

【经济和社会发展考核评价】 按照《山西省人民政府关于印发"十一五"时期地区经济社会发展考核评价工作方案(试行)的通知》(晋政发〔2006〕28号)文件的要求,从2007年起,市统计局对全市经济社会发展情况使用44项、对县区使用35项指标进行考核。进入2008年后,局党组在认真总结和研究上年度考核评价工作的基础上,对考核工作进行了细致的安排和部署。决定考核工作仍由综合科牵头、采取监测中心和各专业科室协助并协调有关部门严格审核把关的工作方式稳步推进。同时要求各县区在思想上、组织上和业务上高度重视、周密部署、合理安排,确保高质量地完成各项工作任务。考核工作中,广大工作人员主动加强了对44项考核指标分季度数据的收集整理和分析研究工作,对考核指标实行全过程跟踪和监测,使考核评价工作更加细致化、制度化。经过大量艰苦细致的工作,按时高质量地完成了各项任务,为领导宏观决策提供了翔实可靠的数据依据。

（吕宝堂　魏海文）

【第二次全国经济普查准备工作】 国务院决定以2008年12月31日24时为标准时点,开展第二次全国经济普查现场登记工作。为做好此项工作,市统计局把经济普查登记前的各项准备作为2008年的重点工作,全力以赴完成,为开展普查工作奠定了基础。首先,狠抓机构、人员、经费和办公条件“四落实”工作,为普查工作顺利进行提供保障。阳泉市在全省第一家组建了普查领导机构和办事机构,最早落实了工作人员和办公条件, 前期经费也于6月份划拨到位,做到了工作有人问、有人管、有人抓,为稳步推进经济普查工作奠定了良好的基础。其次,加强宣传,提高全社会对经济普查的重视支持程度。8月15日,市委宣传部、市经济普查办公室、市行政执法局和市建设局4个部门联合下发了《关于认真做好第二次全国经济普查宣传工作的通知》,明确了全市各级电台、电视台、报刊、互联网、企业新闻宣传机构在2008年9月到12月期间的主要宣传任务。8月28日,市委副书记、市长白云撰写的题为《加强领导 狠抓落实 确保我市第二次经济普查工作圆满完成》的文章在《阳泉日报》头版显著位置全文发表,拉开了全市宣传经济普查的帷幕。9月4日,市经济普查领导组召开了全市第二次经济普查宣传工作会议。10月8日,市政府在城市广场隆重举行了第二次全国经济普查清查摸底启动仪式。各种形式的宣传活动,大大提高了社会公众对经济普查的认知度,保障了普查工作的顺利推进。第三,认真搞好专业培训,确保普查人员的业务素质过硬。9月25日至27日,市普查办对全市乡镇、街道及部分社区和重点企业的160名普查员、普查指导员进行了单位清查工作的专项培训。9月27日至28日,对各县区从事计算机和普查区电子地图绘制的人员进行了系统培训。通过培训,广大工作人员明确了普查工作的程序和标准,为取得高质量的普查数据奠定了基础。第四,单位清查工作取得初步成效。从10月15日开始,全市5个县区和开发区管委会全面开展了基本单位的“地毯式”清查。各县区统计局局长、普查办主任都亲自挂帅,做到了工作措施到位、工作人员到位。其间,由局领导带队,市普查办深入基层对辖区内的所有乡镇的单位清查和个体经营户普查工作进行了督查指导。到10月31日,全市单位清查工作圆满完成,为正式普查登记做好了准备。（吕宝堂　魏海文）

【第二次全国农业普查工作】 按照省农普办的要求,结合阳泉市的实际情况,市农普办于2008年4月完成了《阳泉市第二次农业普查主要数据公报》的整理工作,于4月3日召开新闻发布会,向社会公开发布了阳泉市第二次农业普查取得的主要数据。

9月25日,市农普领导小组召开了第二次全国农业普查总结表彰会议, 对11个先进集体、118名先进个人进行了表彰奖励。会上,还宣读了受国家、省表彰的集体和个人名单,9个先进集体、29名先进个人受到国家表彰,22个先进集体、83名先进个人受到省表彰。市统计局荣获国家级先进集体称号,并被省劳动竞赛委员会荣记集体一等功; 市农调队被市劳动竞赛委员会荣记集体一等功。

（吕宝堂　魏海文）

【统计专项调查工作】 根据国家统计局、交通部和省统计局、交通厅关于开展公路、水路运输和港口能源消费统计调查工作的统一要求, 2008年,市统计局和市交通局联合对2007年全市的营业性运输车辆的能源消费情况进行了调查。调查内容主要包括单台车辆的基本情况和燃油消费情况,全市共调查车辆62辆,其中载客汽车8辆、载货汽车54辆。

按照国家统计局的统一安排,二、三季度,在全市范围内开展了劳动力抽样调查,基本上摸清了全市劳动力的流向趋势、流动速度和构成情况,对研究生产力要素发挥了重要作用。

进一步完善工作制度,优化工作方法,积极参加省统计局组织的培训,认真做好妇女、儿童监测数据库的建设工作。全面评估和完善了历史数据,按时完成了建库任务,同时继续在数字的准确性和时效性上下功夫,为市委、市政府和市妇儿工委提供了重要的参考。阳泉市的此项工作受到省统计局和省妇联的表彰。

按照省统计局的安排,先后完成了人口抽样调查、社区调查、私营企业劳动工资抽样调查、流动人口调查、社会公众安全感调查、农村住户抽样调查、农产量抽样调查、黄金周旅游调查、非公有制企业人才资源调查等专项调查工作。从不同侧面对全市经济社会运行的轨迹进行了准确的描述,为各级党政领导决策提供了科学依据。

（吕宝堂　魏海文）

【统计分析研究活动】 2008年,市统计局把深入基层调查研究、大力开展统计分析列入重要议事日程,层层分解,责任到人,建立激励机制,严格兑现奖励,促进了全局统计分析研究活动的开展。全年共撰写统计分析、调查报告、统计信息217篇, 其中统计分析和调查报告54篇,统计信息163篇,不仅数量比往年增加,而且质量也有了新的提高。市统计局纪念改革开放30周年系列统计资料公布后,市内各大新闻媒体开辟专栏予以刊发,产生了良好的社会效果,为市委、市政府领导科学决策提供了依据。

（吕宝堂　魏海文）

【统计法制和教育工作】 2008年，市统计局以提高统计数据质量、规范统计工作秩序为目标，不断加强统计法制基础建设，进一步创新工作制度和机制，加大统计执法力度，有力地推动了全市统计法制工作的全面开展。按照办案程序，经局案件审议委员会审议，决定对2007年执法检查查出的17家单位进行立案处理，全部进行了行政处罚，收缴罚款11.5万元。案件数量较2007年增加6个，处罚金额与上年基本持平。

在2006年、2007年夺得全省统计教育工作第一名的基础上，2008年阳泉市又组织1200余人参加考试，在人数和比例上位居全省前列，基本达到全员持证上岗要求，得到省统计局领导的赞许，最终荣获全省统计教育工作特等奖。

（吕宝堂　魏海文）

【统计信息化建设】 2008年，市统计局积极筹措10余万元资金，给各科和各县区配备了15台笔记本电脑，为提高统计工作的质量和效率奠定了坚实的基础。结合宏观数据库建设，先后投资近2万元配备Oracle数据库系统软件和病毒防火墙软件，保障了数据的安全运行。完成了宏观数据库建设和阳泉统计信息网(外网)建设，阳泉统计信息网在全省组织的网站评比中取得第一名。（吕宝堂　魏海文）

【国家统计局阳泉调查队概况】 国家统计局阳泉调查队成立于2006年12月，其前身为山西省阳泉市城市社会经济调查队。是国家统计局直属的政府统计调查机构，正县级建制，全队编制18人，2008年在编人员15人。国家统计局阳泉调查队的主要工作职责是依法独立行使统计调查、统计执法、统计监督的职能。

2008年，国家统计局阳泉调查队组织全队干部职工和辅助调查员进行了政治理论、业务知识系统教育培训；在完成了常规的城市住户调查，国民经济主要行业生产价格、投资价格、居民消费价格和社会经济基本情况统计调查外，完成了25项专题调查任务；开展了主要畜禽监测调查工作；共撰写《统计调查报告》16篇、编写《统计调查信息》35篇、山西调查总队约稿信息10篇、《政务信息》39篇；大力开展统计法律法规宣传和统计执法检查工作，对20家报表企业开展了统计执法检查。（罗彩青）

【专项调查】 组织开展经济社会重大问题专项调查是国家统计局阳泉调查队的一项主要工作职能。

1月，在接受了山西调查总队安排的主要畜禽监测调查任务后，组织有关人员分别深入到郊区、盂县17个乡镇37个村的33个非农户生产单位和8个规模养殖户中进行了摸底调查，入鸡舍、进猪房、走羊圈，详细查看清点养殖户畜禽的养殖情况。同月，根据山西调查总队安排，深入到城区、矿区的8个调查点，对粮油肉蛋奶以及液化石油气等13种主要商品价格进行调查对比，完成了国务院关于临时价格干预措施落实情况的快速调查。

4月，进行了全市批发和零售业、住宿和餐饮业、居民服务和其他服务业三大行业的部分企业用工情况调查；深入到市区两个较大的超市，平定县、盂县和郊区从事种粮、种菜大户及养猪、养鸡大户，面粉加工企业和食用油加工经营户，进行了食品价格调查研究和分析工作；深入到煤炭、电力、耐火、黑色冶炼等行业10家单位进行了工业品价格专题调研。

6月，对全市20家工业企业开展环保与节能减排工作进行了专项调查。

11月，完成了60户住户、30个企业单位对邮政普遍服务满意度调查工作；完成了4个机关单位负责人、4个学校的68名教职员工及学生、12个企业部门经理对山西省职业技术教育与培训发展战略问卷调查工作。（罗彩青）

【统计执法检查】 4月，以山西调查总队法规制度处处长孟俊威为组长的统计执法组，先后对阳泉市泉东化工有限公司、山西大寨饮品有限公司进行了执法检查，为国家统计局阳泉调查队开展统计执法工作起了示范引领作用。

5月，国家统计局阳泉调查队按照全年统计执法检查工作计划，分别深入到阳泉云阁肉制品有限公司、阳泉市饮料厂进行执法检查。此次检查是国家统计局阳泉调查队独立开展的第一次执法检查，以宣传《中华人民共和国统计法》、规范统计工作行为为目的，严格按照统计执法程序检查了企业的统计基础工作和产品价格台账的建立、原始数据的填报等情况。在整个执法过程中，采取重宣传、严检查的方法，着重宣传了统计法律知识，对不规范的行为提出了整改意见并下发了责令改正通知书。检查结束后，准确、及时地上报了相关报表。

（罗彩青）

【内部信息网开通】 12月，国家统计局阳泉调查队内部信息网正式开通，并与山西调查总队内网成功链接，网址为http://10.14.3.89。主要栏目有文件通知、经济信息、调查报告、调查数据、工作动态、统计公报、学习园地和在线调查等。

（罗彩青）

安全生产

【概况】 2008年，全市各级各部门认真深入贯彻落实《中华人民共和国安全生产法》和“安全第一、预防为主、综合治理”的方针，切实强化安全生产管理，严格落实安全生产责任，积极推进基层基础建设，深入开展安全生产隐患排查治理和百日安全督查专项行动，扎实做好安全生产各项工作，有效遏制了重特大事故的发生,使全市安全生产形势继续保持了平稳发展的态势,有效促进了全市经济社会的安全发展、科学发展和快速发展。全市全年共发生各类生产经营事故912起、死亡93人,比2007年事故起数下降17.91%、死亡人数下降10.58%。亿元地区生产总值生产安全事故死亡率为0.29,下降27.5%。各类生产经营事故中:工矿商贸事故12起、死亡23人,事故起数下降36.84%、死亡人数下降34.29%,从业人员十万人事故死亡率为4.22,下降39.71%;道路交通事故803起、死亡70人,事故起数下降10.18%、死亡人数上升1.45%,万车事故死亡率为6.42,下降9.19%;火灾事故97起、经济损失142.21万元,事故起数下降51%、经济损失上升96.66%,无人员伤亡。工矿商贸事故中:煤矿事故11起、死亡21人,事故起数下降26.67%、死亡人数持平,煤炭生产百万吨事故死亡率为0.32,下降8.57%;非煤企业事故1起、死亡2人,起数下降75%、死亡人数下降85.71%。煤矿事故中:国有重点煤炭企业3起、死亡4人,事故起数下降50%、死亡人数下降42.86%,百万吨事故死亡率为0.098,下降48.42%;地方煤矿8起、死亡17人,事故起数减少1起、下降11.11%,死亡人数增加3人、上升21.43%,百万吨事故死亡率为0.56,下降3.44%。全市发生较大事故6起、死亡24人。其中:一次死亡3人的煤矿事故2起、一次死亡5人的煤矿事故1起、一次死亡3人的道路交通事故1起、一次死亡5人的道路交通事故2起。

(荆向峰)

【高度重视安全工作】 2008年,阳泉市各级领导高度重视安全生产工作。市委书记谢海多次亲临县区、乡镇和企业,现场指导安全生产工作,提出了"维稳、保奥、反恐、救灾、发展"十字工作方针,部署了"强基固本"、"阳光管理"两大工程,要求各级各部门以科学发展观为指导,以为人民谋福祉、维护社会稳定和确保奥运成功的实际行动,促进构建和谐社会工作。市长白云多次就"迎奥运、保稳定"和"治大隐患、防大事故",以及敏感和关键时期的工作进行安排部署,要求全市各级各单位牢固树立"抓安全工作也是政绩"的理念,并多次有重点地深入一线进行调研指导。副市长王湜洲数次对安全工作作出重要指示和批示,多次带领有关部门负责人深入县区、企业检查指导安全生产工作。襄汾"9·8"溃坝事故发生后,阳泉市将提升安全监管水平与汲取事故教训、强化责任落实相结合,以开展安全生产大检查和市级四套班子专项督查为载体,出动执法检查人员5700多人次,在煤矿、非煤矿山、危险化学品、民爆物品、消防、道路、电厂灰渣库等领域,对248个重点生产经营企业进行了2次以上的全覆盖性检查,解决了许多安全生产重大问题。平定县、盂县和郊区坚持把安全发展作为促进县域经济社会科学发展的前提和基础,始终把安全生产工作放在心上、挂在口上、抓在手上。其他县区的领导以及大多数部门和企业的负责人也都认真履职履责,尽力靠前指挥,解决了许多安全生产重大问题。 (荆向峰)

【安全生产公开承诺】 2008年,阳泉市扩大了年度安全承诺的范围,组织46个单位在阳泉电视台公开向社会承诺了做好全年安全生产工作的目标和措施,承诺单位比2007年增加了16个,承诺范围由单一的煤炭行业扩展到建设、交通、化工、民爆、电力、公共安全等行业领域,有效促进了安全生产目标责任的落实和重点工作的开展。同时,还继续坚持了月度安全承诺公告,市、县区两级安监(煤炭)部门和市营煤炭企业每月通过电视台向全市公布上月各项安全生产重点工作完成情况和当月重点工作安排计划,有效地促进了煤矿安全生产诚信建设,南庄、大阳泉、燕龛、东坪、跃进和石店等骨干煤炭企业均实现了生产原煤百万吨无死亡的好成绩,为全市安全生产形势的稳定好转作出了贡献。

(荆向峰)

【安全生产责任落实】 按照省政府关于及早安排谋划2008年工作的要求,市政府在认真总结工作、多方征求意见和反复研究讨论的基础上,提出并明确了2008年全市安全生产工作的10大控制目标和9项重点工作。在年初召开的全市安全生产暨煤炭工作会议上,市政府与6个县区(包括开发区)政府、12个省营企业以及16个负有安全生产监管职责的部门共34个单位签订了年度安全生产工作目标责任状,委托市安监(煤炭工业)局与3个产煤县区安监(煤炭工业)局、8个市营企业共11个单位签订了2008年安全生产工作目标责任书,将安全生产控制指标具体落实到了各县区、各部门和各基层单位。会后,各县区、各部门和各基层单位又结合各自实际,层层签订了安全生产目标责任书,层层落实了安全监管和生产责任,全市形成了上下贯通、分级管理、层层落实的目标责任体系,使各级政府的领导责任、各监管部门的监管责任和各生产经营企业的主体责任得到进一步强化和落实。

同时,市政府办公厅又以阳政办发〔2008〕5号文制定下发了《安全生产考核奖惩办法》,把安全生产同政府、部门、企业负责人的政绩业绩考核挂钩,实行一票否决制,有效地促进了安全主体责任的落实到位。市政府在安全责任考核内容中,将安全发展的总体要求细化为安全生产控制指标、重点工作目标、否决指标和奖励指标四大部分。在控制指标中,分行业下达了12项绝对指标,分区域下达了4项相对指标;在重点工作目标中,细化为6方面25小项;在否决指标中,明确了发生一次死亡10人以上重大事故的、因私挖滥采发生生产安全事故的、未完成取缔关闭非法生产经营单位任务的等3项硬性规定;在奖励指标中,突出了工作创新和受上级表彰2个方面。特别是适应新形势、新变化增加了“隐患治理年”、重大危险源管理、职业安全监控等内容。通过安全承诺、日常检查、定期考核和季度公告等方式,促进了责任体系的进一步完善,促进了主体责任的进一步到位,促进了工作措施的进一步落实。全市重点监控的48个单位中有45个圆满完成年初各项工作目标和任务。 (荆向峰)

【安全管理措施】 2008年,市委、市政府及时及早部署,采取了一系列切合实际的、治源治本的安全管理重大措施。在促进落实煤矿“十关闭”工作方面,对52座煤矿统一下达停产指令,统一停供火工品,统一切断电源,统一铅封绞车,杜绝了以往“有令不行、有禁不止”的行为。在促进煤矿安全管理方面,坚持“有隐患、就停产”,“不安全、不生产”,“先安全、后生产”的制度,有效遏制了违章指挥和冒险作业。在促进隐患排查治理方面,实行了挂牌督办和问责问效制度,基本解决了307复线与207国道白泉交叉路口等多处重大隐患问题。在促进社会监督方面,出台了举报安全生产事故、重大隐患奖励10万元的制度。与此同时,市安监局坚持“会诊式”和“回头看”相结合的监管方式,使非煤矿山、危险化学品、民爆器材、烟花爆竹等行业企业杜绝了生产安全事故。 (荆向峰)

【安全隐患排查治理】 按照国务院和省政府关于安全生产“隐患治理年”的要求,结合阳泉市实际,2008年3月,市政府研究制定了《阳泉市安全生产隐患排查治理工作方案》,在省政府下达的4个100%隐患排查治理工作目标基础上,又增加了2个100%,同时研究制定了煤矿、非煤矿山、危险化学品、民爆物品等高危行业安全隐患排查治理工作的具体实施方案,明确了隐患排查治理的目标、范围、方式、重点、内容和各时段的主要任务。

在排查整治期间,各生产经营单位进一步落实了企业安全生产主体责任,牢固树立安全生产是企业发展第一要务的观念,严格落实了法人代表第一责任制和全员安全生产责任制,继续完善了安全规章制度,加强了现场管理,加大了安全隐患排查治理力度。据不完全统计,在隐患排查阶段,各生产经营企业累计自查自纠隐患9400余条,整改近9000条,整改率达到96%以上。特别是从4月底开始,结合隐患排查治理第二阶段的工作重点,全市组织6个县区(包括开发区)、18个部门和14个行业企业开展了“迎奥运、保安全、保稳定”安全生产百日督查专项行动,排查了大量隐患,消除了一大批重大隐患。在近8个月时间里,市政府组织了8个督查组,先后配合省政府、省安监局、省煤管局督查企事业单位553个,查出隐患和问题1926条,其中现场整改1698条、限期整改138条,整改率达95.33%。 (荆向峰)

【煤矿安全监管】 2008年,市政府继续把煤矿安全工作作为全市安全工作的重点。首先是强化了煤矿瓦斯、产量、人员定位“三大系统”的管理,对在用的157套瓦斯监控系统实施了升级改造,上线率达到了92.7%,全年共监测到瓦斯超限5928次,对其中超限范围大、持续时间长的1267次警报全部及时下达了查处指令,落实率达到100%;实现了煤炭产量监控系统的省、市、县(区)、矿四级联网运行,并安装了配套的视频监控系统,实现了煤炭产量的动态监控;继2007年建成87套之后,又新建并投用井下人员定位系统34套,有效地掌控了入井人数和各个工作面人员分布及作业情况。其次是加强对高瓦斯、煤与瓦斯突出矿井的管理,督促被鉴定为“双突”矿井的郊区保安煤矿严格落实了防突措施,全市46个高瓦斯矿井中具备抽放条件的26个煤矿全部建立了固定式瓦斯抽放系统,瓦斯抽采率达到45%以上。第三是建立了煤矿隐患排查治理机制,各煤矿都建立了队组每班日排查、环节部门周排查、矿级领导月排查的隐患排查制度,并坚持了每月10日前向市、县(区)安监局上报排查和整改情况,初步建立了煤矿隐患排查治理的长效机制。第四是建立了煤矿安全评价体系,各县区安监局严格落实煤矿安全考评制度,每季度对辖区内的矿井实行安全状况ABC分类管理办法,坚持在新闻媒体公布C类矿井名单,并采取停产整顿措施,切实规范了煤矿安全生产秩序。第五是推行了个人安全账户,在市营煤矿已建立个人安全账户的基础上,向县区营、乡镇煤矿企业进行了推广,全市有80%的地方煤炭企业建立健全了职工个人安全技能账户,进一步提高了职工安全生产的主动性和积极性。第六是严格了火工品管理,全市煤矿深刻吸取平定海祥煤业公司“3·9”事故教训,重点控制了火工品供应数量,严格了领取、存放、使用和领退制度,基本杜绝了井下私自存放火工品的问题。第七是落实了领导跟班带班制度,全市地方煤矿的领导干部坚持分早、中、夜三班入井跟班作业,基本形成了每班至少有一名副总经理以上矿级管理人员带班下井现场指挥、区队管理人员与工人同上同下、生产系统管理人员重点巡回检查的领导干部跟班带班工作模式。第八是加强了煤矿防治水管理,使全市水患矿井的图纸、档案等技术资料基本健全,形成了每月一次水害隐患排查治理和每半月实测并填绘一次采掘工程平面图的工作机制,提高了煤矿防范水患事故的能力。第九是有序推进煤矿关闭工作,按照省政府关于对十类煤矿实施关闭的要求,有计划、有步骤地对列入关闭范围的52个煤矿统一采取了停产、停供火工品、切断电源、铅封绞车的措施,使其中7个因事故、证件不全的矿井按期实施了关闭，其余45个政策性关闭矿井由专人24小时监控，等待关闭，杜绝了以往“有令不行、有禁不止”的行为。

（荆向峰）

【高危行业安全秩序规范】 年内，阳泉市继续深化对非煤矿山、危险化学品、烟花爆竹、民爆器材等高危行业的安全生产专项整治。

非煤矿山及相关行业方面，对不严格实行机械通风和不积极推行中深孔爆破技术的企业全部采取停产整顿措施，先后使17个非煤井采矿山企业完善了通风系统，安装和更换了主扇风机；使74个露天采石场使用了中深孔爆破技术。同时，深刻吸取“9·8”襄汾尾矿库溃坝事故和“8·1”娄烦排土场垮塌事故的惨痛教训，对全市1个尾矿库、8个灰渣库进行了全面细致的大检查，针对存在的隐患提出28条整改建议；对5个钢铁企业、7个有色金属企业、8个水泥企业按照安全核准要求进行了整顿；对平定县东锁簧村硫铁矿、郊区义井镇义东沟硫铁矿等111个非煤矿山企业实施了吊证关闭。

危险化学品方面，对8个本质安全度差的小化工企业进行了清理整顿；在氯碱、合成氨、焦化、溶解乙炔气等企业开展了安全质量标准化建设；关闭取缔了8个不符合安全生产基本条件的危险化学品企业；改建了12个安全生产条件不符合规范要求的加油站；对危货运输车辆全部安装了GPS定位系统，提高了安全使用系数。

烟花爆竹方面，认真开展了零售网点专项整治活动，进行了严格的布局审查，落实了进货管理和监销管理制度，大力推行专店经营；对主要人员密集区、安全通道不畅通的临时零售店严禁设点发证，提高了安全经营条件；健全了烟花爆竹销售单位仓库管理制度和操作规程，并严格整治了超量和违规混存、混放行为。

民爆器材方面，使部分民用爆炸物品生产经营单位改善了储存场所的安全条件；督促民爆专营公司严格落实了购销审批制度和出入库登记制度，同时，全市公安、国土、监察等部门开展了以打击非法违法采矿和私制、私藏、私贩民爆物品为重点的“猎鼠”行动，先后填埋非法采矿点37处，收缴民爆物品2000余公斤，依法处理有关人员15名，使擅自购买、销售、代存、代保管的行为得到了有效控制。

道路交通方面，认真贯彻和落实各项管理措施，加大路面执法力度，设立了6个临时治超站点，组建了4支流动稽查队；对全市15条主要县乡公路进行24小时值守，查禁旅客非法携带易燃、易爆、剧毒等危险物品乘坐交通工具行为35起。

建筑施工方面，加强了建设项目安全设施审查工作，先后开展了7次较大规模的安全大检查，查处各类安全隐患2100余项次，下达隐患整改通知书83份、停工整改通知书111份。

公共安全方面，加强了对学校、商场、影院、网吧、酒店等人员密集场所以及煤气、热力、化工、加油站、重要仓库等易燃易爆单位的消防安全和燃气安全整治，重点对消防安全不合格的12家单位和20余处场所进行了停业整顿；严格执行了大型群众聚集性活动申报备案审查制度，杜绝了群死群伤事故的发生。

2008年，全市非煤矿山、危险化学品、烟花爆竹、民爆器材四大高危行业实现了全年安全生产和安全经营无事故。 （荆向峰）

【安全宣传教育】 按照市政府《关于做好2008年安全生产工作的通知》要求，全市始终把职工安全培训和安全宣传教育作为一项重点工作紧抓不放。全年先后组织对包括农民工在内的从业人员2.8万余人次进行了培训，其中培训煤矿各类特种作业人员、安全生产管理人员7099人次，培训非煤矿山、危险化学品、烟花爆竹等行业企业干部职工4329人次，全市重点监管生产经营单位的从业人员受训率达到了95%，六大高危企业主要负责人、安全生产管理人员和特种作业人员的受训率和持证上岗率达到100%。在6月份“安全生产月”活动期间，发放《市民安全手册》、《中国安全生产报》1.2万份，展出了安全板报或挂图260余块（幅），召集全市3500名领导干部进行了安全知识考试，举办了全市安全生产歌咏竞赛，启动了安全生产教育影片巡演活动。其间，市安监局还在阳泉电视台黄金时段和关键时期的广播电视报封面发布了安全生产公益广告，有效促进了全社会对安全生产工作的热切关注，进一步营造了安全生产的良好氛围。10月上旬，按照市委书记谢海和市长白云关于推进“强基固本、阳光管理”工程的指示精神，组织全市地方煤矿、非煤矿山、危险化学品生产经营单位（包括加油站）、民爆器材经营单位和民爆生产经营单位等高危行业的310个企业的主要负责人、分管负责人和管理人员进行了安全生产应知应会知识考试，参加人员共计499人，参考率达到97.65%，有效提高了管理人员的安全素质和安全生产主体责任意识，有力地促进了安全管理水平的提高。（荆向峰）

【事故应急救援能力强化】 为了加强全市安全生产应急预案体系建设，增强预案的针对性和可操作性，提高应急反应和处置能力，2008年，各县区、各有关部门和高危企业依据国家安监总局和省安监局要求，按照《生产经营单位安全生产事故应急预案编制导则》，进一步健全完善了各自的应急救援预案，在市安委办和市安监局正式备案的各级、各类应急救援预案达到61个，其中市级预案3个、县区预案14个、部门预案21个、重点高危企业应急预案23个。年内，在南煤集团、燕龛煤炭有限公司组织开展了矿井灾害综合应急救援演练，组织市氯碱公司开展了防泄露和消防应急救援演练,组织阳泉石油分公司开展了油库防火应急救援演练,组织太行国际新城工地开展了模板坍塌应急救援演练。另外,组织其他高危生产企业在作业现场开展了近20次的小型应急救援演练,有效提高了应急反应能力和抢险救灾能力。(荆向峰)

【科学监管安全工作】 按照学习实践科学发展观活动的本质要求,2008年,阳泉市在安全生产领域实施科技应用"百项工程",积极推进科学监管,完成了科技项目库的建立,涉及煤矿、非煤矿山、危险化学品、烟花爆竹、民爆、建筑和冶金7个行业的199个企业,共有233个项目进入科技项目库,总投资达9557.4万元。其中:煤矿176项、非煤矿山34项、危险化学品11项、烟花爆竹批发3项、民爆器材4项、建筑业3项、冶金业2项。科技应用"百项工程"的实施,推动煤矿实施了瓦斯监测监控、视频监控、矿压监测等安全技术改造升级工程,推动非煤矿山使用了中深孔爆破和井下安全监测技术,推动危险化学品企业安装使用了HAN阻隔防爆技术和气体浓度监测装置,推动烟花爆竹经营批发企业健全完善了电子监控系统,推动民爆企业改建了乳化炸药生产、包装、自动化控制系统,推动建筑行业建立和加强了煤气监测和现场施工监测系统,推动冶金行业在有煤气中毒危险的场所安装了CO监测报警装置。年底,除4项工程仍在进行建设外,其余229项已经在2008年第四季度陆续投入使用,使企业的安全保障核心力提升到了一个新的高度,为安全生产形势的进一步好转奠定了扎实的基础。(荆向峰)

【3人及以上事故】 2008年1月1日,在314线67km+800m路段(盂县境内)发生一起翻车事故,造成5人死亡。5月21日,盂县万隆煤业有限公司发生一起瓦斯爆炸事故,造成5人死亡。7月2日,郊区鑫坪魏家沟煤矿发生一起顶板事故,造成3人死亡。9月7日,上社二景煤炭有限公司发生一起运输事故,造成3人死亡。10月5日,在314线67km+800m路段(盂县境内)发生一起翻车事故,造成3人死亡。11月17日,在李荫路黄沙岩村口北50m处发生一起两车相撞事故,造成5人死亡,1人受伤。(荆向峰)

政协工作

【协商议政】 2008年,市政协牢牢把握全市工作大局,紧紧抓住关系阳泉经济社会发展的重大问题,积极开展专题调研,充分运用会议形式,广泛听取各方意见,有组织、有计划地把政治协商引向深入,进一步提升了协商的层次和质量。发挥全委会作用,搞好重大问题的协商讨论。在"两会"期间,对《政府工作报告》和其他报告中涉及的全市发展的重要问题,组织政协委员进行了联组发言,并通过小组讨论的方式畅所欲言,集思广益,提出了近百条质量较高的意见和建议。常委会议先后就推进职业教育发展,推动城乡一体化和促进现代服务业发展进行了专题研究协商,分别形成了《关于进一步推进我市职业教育,促进教育均衡发展》、《关于对我市统筹城乡发展,推进城乡一体化》、《关于加快发展我市服务业》3个建议案,内容详实,观点鲜明,论述慎密,得到市委、市政府领导的高度重视。同时,不断创新协商议政形式,在每次召开常委会议前,采取委员知情与专家参与、政协牵头与部门配合、研究政策与典型分析相结合的办法,对协商议题进行深入的调查研究。每次常委会议上,通过分组讨论,让每位常委充分发表意见,邀请委员作大会发言,不仅使市领导直接听取委员意见,集思广益,优化决策,推进工作,而且使委员了解大局,把市委、市政府的工作目标和任务化为实际行动,对在全市上下形成同谋发展、共创和谐阳泉的氛围产生了重要的影响。(苏向东)

【咨政建言】 2008年,市政协坚持把促进发展作为履行政协职能的第一要务,组织委员积极为经济建设咨政建言,促进经济平稳较快增长。一是依托专委会围绕全市中心工作开展视察调研,积极建言献策。先后组织委员就发展循环经济推进节能减排、加快服务业发展、科技创新、城市环境卫生、民企组建工会及其履职维权、广电和体育事业发展、校舍危房改造等阳泉市经济社会发展的重要问题和群众关注的现实问题,开展专题视察调研,精心写出了《关于全市环境保护与节能减排工作的调研报告》、《关于进一步加强我市城市环境卫生工作的意见和建议》等一批有深度、有价值的调研报告,得到市委的肯定和市政府的重视。二是充分发挥政协组织的人才智力优势,为支柱产业发展和重点项目建设出谋划策。充分发挥市政协牵头市"百项工程"负责人联谊会的作用,组成观摩交流组,对"百项工程"建设进展情况进行了观摩交流,共同探讨解决矛盾和存在问题的有效途径,向市委、市政府报送了《关于推进"百项工程"建设的建议》,推动了相关工作的开展。三是积极应对金融危机,破解制约经济发展的突出问题。面对百年一遇的金融危机,阳泉市不少企业特别是中小企业的生存和发展遇到了前所未有的困难。为实现保增长、调结构,保持经济平稳较快发展的目标,市政协及时组织委员多次深入到一些外向型民营企业进行调研,鼓励企业积极练内功、拓市场,在金融危机中找寻发展坐标,抓住机遇实现逆境中发展,受到社会各界特别是中小企业的好评。(苏向东)

【社情民意反映】 了解和反映社情民意是政协履行职能的重要基础和

关键环节。2008年,为了更真实更方便地收集人民群众的意见、建议和诉求,更直接地关注民生,更好地履行政协职能,市政协在全市23个乡镇、街道办事处设置了社情民意信箱,这是市政协成立后首次把社情民意信箱设置在乡镇、街道,设置在离人民群众最近的地方。为了使信箱不流于形式,市政协还出台了《社情民意信箱暂行管理办法》,进一步强化管理,明确责任。此外,开通了社情民意信息电子邮箱,为信息员印制了专门的证件方便他们调研,通报走访全国政协及省政协对口部门,获取信息导向和指导,使社情民意信息工作始终保持了撰写积极、及时编发、数量质量同时提高的良好势头。全年共编发《社情民意》138期300余篇,其中全国政协采用14篇、省政协采用30多篇,许多信息引起各级党政领导的关注和重视,不少信息得到省市各级领导的批示,推动了有关问题的及时妥善解决。其中《建议用招聘大学生村官的办法招聘农村科技人员》、《建议在食品行业取消"国家免检"评选活动》的社情民意引起国家有关部门的重视,一些建议在相关政策的修改完善中得到体现。年底,再次获得省政协2008年度反映社情民意信息工作二等奖。 (苏向东)

【提案办理】 2008年,市政协开通了网上提案系统,方便了广大政协委员及时提交提案,提案委员会全年共征集到提案398件,经审查立案353件,处理委员来信45件。加大办案力度,提高办案效率,市政协十一届二次会议召开期间,市政府专门召集有关部门就《关于适时提高城乡居民低保标准的建议》、《关于桃河城区段完善整体蓄水的建议》等提案进行现场办理,共商解决问题的办法。年内,市政协从收到的委员提案中筛选确定了8件重点提案,由主席、副主席牵头,组织开展了调研视察工作,进行重点督办,推动了提案办理工作,不少提案意见转化为党委、政府以及有关部门的工作决策和部署。 (苏向东)

【支援灾区抗震救灾】 2008年,四川汶川特大地震发生后,阳泉市各级政协组织、政协各参加单位、广大政协委员紧急行动,发扬一方有难、八方支援的精神,积极捐款捐物,支援灾区抗震救灾。5月14日、15日,市政协办公厅、各民主党派、工商联、侨联参加了全市"赈灾济难献真情"捐助活动,以实际行动支援和帮助受灾地区群众。据统计,全市政协系统在此次抗震救灾中捐款额达到了465万元。

6月12日,由政协阳泉市委员会办公厅、阳泉市政协摄影学会主办的"阳泉市政协抗震救灾暨学会摄影作品展"在太原开展,得到省政协领导的充分肯定和高度评价,一致认为阳泉政协举办的展览在全省带了好头。当晚,山西电视台"直播山西栏目"以《最震撼的展览》为题进行了报道。此次展览为期5天,共展出摄影作品123幅,不少照片是从抗震一线传回的珍贵照片,作品主题突出,立意新颖,歌颂了社会进步,赞美了人间真情,弘扬了万众一心、同舟共济的伟大民族精神。 (苏向东)

【纪念改革开放30周年系列活动】 12月16日,市政协召开了"继续解放思想,推进科学发展"座谈会,邀请各民主党派负责人、部分优秀民营企业家以及政协委员一起畅谈阳泉市改革开放30年所取得的辉煌成就,为阳泉市美好未来的发展积极建言献策。参会人员就改革开放30年阳泉市在政治、经济、社会、人民生活等各个方面的大发展踊跃发言。

12月18日,市政协举办纪念改革开放30周年"履职之路"文献图片展览暨《履职之路》文献图片集、《纪念改革开放30周年专辑》首发仪式。"履职之路"文献图片展览分为亲切关怀、历史回眸和履行职能三大块,共展出图片300余幅,展示了市政协伴随着改革开放的伟大进程走过的30年光辉岁月,是改革开放后阳泉市政协事业繁荣发展成果的一次集中展示。之前,市政协从征集到的3000多幅图片中精选出464幅,编辑出版了《履职之路》阳泉市政协纪念改革开放30周年文献图片集。 (苏向东)

【迎奥运全民健身活动】 为了增进社会各界的广泛联系,促进社会和谐发展,7月2日,阳泉市政协系统"迎奥运全民健身活动"启动仪式在北山公园广场隆重举行。启动仪式上,北京奥运会"祥云"火炬传递山西太原站第84棒火炬手、市政协常委石文斌,山西大同站第158棒火炬手、市政协委员巴日鲁展示了北京奥运会"祥云"火炬并发表感言;市卫生学校、郊区义东沟小学、市第四中学和市政协机关、各民主党派、工商联、侨联4个方队献上了健身操表演。启动仪式结束后,有9支队伍在市体育馆进行了篮球比赛。市工商联和市侨联篮球队、郊区政协篮球队、农工党阳泉市委篮球队获得比赛的前三名。此次全民健身活动凝聚了人心,汇聚了力量,全力唱响了"全民健身与奥运同行"的主旋律,展现了全市政协系统期盼奥运、参与奥运、奉献奥运的精神风貌。 (苏向东)

军事工作

阳泉军分区

【概况】 2008年,阳泉军分区军事工作坚持以科学发展观为指导,按照省军区军事工作指示和军分区年度工作计划,紧贴形势任务的发展变化,科学筹划,周密组织,狠抓落实,各项工作取得显著成效。一是突出首位抓根本,思想政治建设得到新的加强。紧紧围绕学习贯彻党的十七大精神这条主线,强化理论武装,深化实践应用,努力提高学习贯彻的实效。二是围绕使命抓实备,战备训练建设取得新进展。针对迎奥维稳和各种灾害事故频发的严峻性和紧迫性,坚持实案化研究、实战化训练、实质性准备,不断提高应对多种安全威胁、完成多样化军事任务的能力。三是创新思路抓力量,民兵组织建设质量明显提高。着眼推进军民融合发展,按照地区人口数量、产业结构、经济效益、科技人员分布等要素,进一步调整全市基干民兵的编组布局,优化组织结构,全面提升民兵基层组织建设层次。四是着眼安全抓管理,从严治军力度进一步加大。针对2008年是"奥运年",部队安全稳定形势严峻、任务繁重的实际,始终把安全稳定作为一项重要政治任务,强化责任抓督导,突出重点抓管控,严格制度抓规范,细化措施抓整治,以管理促正规,以正规促安全、保稳定,确保了全区安全稳定。6次接受北京军区、省军区安全工作检查,均得到好评。五是拓展途径抓融合,国防动员建设深入发展。着眼应急应战需要,主动加强协调,积极发挥作用,以国动委规范化建设为抓手,有效促进国防动员指挥机制、力量建设和作用发挥的有机融合。同时联手征集优质兵员,圆满完成了新兵和士官的征集、直招任务。六是紧贴任务抓素质,机关自身建设不断加强。着眼培养高素质型司令部机关,深入贯彻落实《司令部工作条例》,大抓参谋队伍建设。七是强化服务抓保障,各项业务工作成效明显,特别是武器装备保障比较到位,有效保障了训练和各项军事活动的开展。

(张世庆)

【战备建设】 2008年,针对迎奥维稳和各种灾害事故频发的严峻性和紧迫性,阳泉军分区坚持实案化研究、实战化训练、实质性准备,不断提高应对多种安全威胁、遂行多样化军事任务的能力。一是利用整组、节日战备、奥运安保执勤巡逻等时机,组织战备教育,强化官兵和广大民兵的战备观念。二是紧紧围绕区域支援奥运安保、抢险救灾等任务,严格落实省军区战备建设现场会精神,规范战备方案。4月,组织两级机关参谋进行战备方案拟制培训,统一要素格式,规范编写内容,修订完善了战争动员、城市防空、抢险救灾、参加支援地方反恐等7类12种战备方案,实现了微机化管理,为快速有效处置突发情况提供了依据。三是严格规范作战值班。3月,组织两级机关干部进行作战值班培训,重点学习作战值班规范、值班员职责、情况处置和日志记载,增强了履职尽责能力。7月,进入特殊管理时期,军分区增设干部行政值班,与市信访局等有关单位建立信息会商研判制度,提高信息掌控和情况处置能力。四是积极推进战备设施建设。继续完善军分区、人武部"三室两库"建设,指导基层武装部和民兵连营抓好应急器材库建设,全区80%的基层武装部落实了器材库,配备了应急抢险器材。本着"平战结合,因地制宜、逐步推进、逐项配套"的原则,按照《山西省军区战备工作有关规定》要求,完善应急指挥设施。盂县人武部投资130万元,在全省率先建成了便携式无线多媒体野战指挥系统,在20公里距离内,对一线情况看得见、听得清,增强了远程现地指挥能力。平定县人武部投资43万元,建成了集"指挥、动员、教育、训练、保障"于一体的国防动员指挥中心,实现了党政军警横向联通,军分区、人武部、基层武装部和应急分队纵向链接,提高了军地一体指挥能力。

(张世庆)

【人武干部训练】 年内,阳泉军分区立足提升应对多种安全威胁,遂行多样化军事任务能力,围绕落实新大纲,狠抓了人武干部训练。一是于新年伊始,针对军分区人武部机关参谋队伍素质弱的状况,组织两级机关参谋人员进行了23天的基础业务训练。着重学习参谋业务基本理论、基本技能、基本操作和基本指挥,有效提高了参谋队伍的业务能力和整体素质,为新年度军事工作起好步、上好路奠定了基础。省军区转发了阳泉军分区的经验做法。二是在三季度,从全区挑选参谋进行了为期40天的业务强化训练,采取外请教员教、以老带新帮、严格考评促、全程跟踪管等方法,突出练体能、练技能、练指挥,在省军区参谋业务技能考核竞赛中取得了较好成绩。三是11月组织军分区、人武部首长机关进行了以共同科目、指挥作业、数据库操作为主要内容的年度军事训练考核,达到了以考促训目的,推进了两级首长机关训练的进一步落实。 (张世庆)

【专武干部训练】 3月,阳泉军分区针对乡镇换届选举之后少数新任基层武装部部长业务不熟、军事素质较低的问题,组织全区乡镇、街道和大型企事业单位专武干部,进行了为期17天共21个科目的业务集训,通过首长授课、技能训练、参观学习和考核评比,全面提升了参训人员组织开展基层武装工作的能力素质。这一做法被省军区转发。

(张世庆)

【民兵应急应战能力建设】 2008年,阳泉军分区大力加强民兵队伍应急应战能力建设,坚持依托基地训、结合任务训、挂钩协作训、联合力量训等做法,使民兵队伍应急应战能力稳步提升。从护林防火和矿难事故救援入手,抓了民兵应急抢险训练。5个县区分别组建了应急护林防火分队,平定县、盂县还组建了常备应急分队,配齐了服装、应急抢险装具,狠抓专业训练、自救训练和抢险训练。结合民兵整组,完成了抗洪抢险、防震减灾、地质灾害救援等12个非战争行动课目训练,提高了抢险救灾组织指挥和部队协同能力。年内,先后组织民兵应急分队执行山林灭火任务10余次,共出动兵力2400余人次。民兵应急分队反应迅速,扑救工作组织严密,完成任务圆满,发挥了生力军、突击队作用,受到市委、市政府和两县区人民群众的高度评价。组织民兵勤务保障分队支援南方抗雪救灾和汶川抗震救灾任务,在关键时刻发挥了积极作用。

4月,结合整组检查验收,各人武部分别组织了民兵重点分队集中点验,集中展示了军事训练水平。5月26日、27日,代表省军区接受北京军区民兵队伍能力形成暨按纲施训检查考核,演示了按纲施训教学责任制落实、城市防空、矿难救援等科目,受到北京军区通报表彰。7月4日,选拔民兵应急分队参加了全省"联动—2008"军警民联合实兵演习,接受了各级首长的检阅。7月,组织常备民兵应急分队,参加了阳泉市支援奥运安保反恐综合演练,检验了民兵队伍维稳处突能力。

(张世庆)

【奥运安保应急训练】 年内,阳泉军分区严格落实上级关于实现平安奥运和维护山西稳定的指示精神,努力增强民兵的快速反应和维稳处突能力。从5月开始,军分区组织担负执行奥运安保巡逻执勤任务的民兵分队,采取依托岗位、分片集中的方式开展应急训练,提高防范能力,确保遇有紧急情况,能够迅速内控外堵、有效打击遏制。这一做法被省军区转发。7月初,城区人武部、郊区人武部各出动民兵应急分队,参加了阳泉市反恐维稳演练,完成了解救人质、电缆接续、煤气抢修、搜爆排险等科目训练,增强了维稳处突能力。 (张世庆)

【冬季适应性训练】 为贯彻落实省军区冬季适应性训练部署,切实提高两级首长机关组织指挥、综合保障和部队在严寒条件下"走打吃住藏抗防消管供修"的能力,12月21日至23日,阳泉军分区组织两级首长机关和民兵应急分队,动用车辆、装备,行程357公里,完成了以应对多种安全威胁、遂行多样化任务为背景的冬季适应性训练。通过训练,使官兵进一步树立了常态化军事斗争准备思想,培养了顽强战斗作风,提高了应急应战水平。(张世庆)

【征兵工作】 2008年冬,根据省征兵命令,从10月上旬开始,经过宣传发动、体格检查、政治审查、审批定兵和新兵运输五个阶段的严密实施,高质量地完成了征兵任务。从兵员的总体结构看,兵员总体素质较往年有明显提升。 (张世庆)

【政治工作】 2008年,阳泉军分区政治工作呈现出稳步发展的良好势头。一是思想政治建设成效明显。在党委全体(扩大)会议上,专题安排部署开展学习实践科学发展观活动的先行试点,总结的《走开融合发展之路,努力开创国防后备力量建设新局面》的做法被北京军区、省军区转发。二是在南方低温雨雪冰冻灾害、藏区暴力骚乱、奥运火炬传递、汶川特大地震等重要时间节点,坚持做到第一时间传达学习党中央、中央军委的文电精神,认真执行政治纪律。三是党委班子建设质量整体提高。深入开展"讲党性、重品行、作表率"主题教育活动,制定实行了《干部学习研究激励措施》,进一步落实了党管武装工作。四是抓典型、创特色工作有新的突破。平定县人武部被省军区树为"部(团)全面建设先进单位",大力宣传了全国国防教育先进个人苑桂生的先进事迹,把阳泉市的这一先进典型推向了全国。 (张世庆)

【双拥共建工作】 年内,阳泉军分区紧紧围绕省委、省政府"转型发展、安全发展、和谐发展"的要求干工作,主动为社会提供多方面的服务。一是支援和服务灾区。南方雪灾发生后,积极服务电煤生产运输;"5·12"汶川特大地震发生后,积极捐款,提供物资设备,努力服务抗震救灾工作。二是组织奥运安保,建立了驻军联席会议制度和情报信息收集网络,确保情报迅速准确掌控。设立奥运安保检查站,出动民兵进行武装巡逻。三是积极开展帮建新农村活动,帮建新农村示范点,新建国防林,兴建希望学校。襄汾"9·8"尾矿库溃坝事故发生后,在辖区内迅速进行"拉网式"隐患排查,为辖区安全生产作出了贡献。

(张世庆)

【国防动员建设】 2008年,阳泉市国防动员建设深入发展。作为市国防动员委员会的综合协调机构,综合办公室着眼应急应战需要,主动加强协调,积极发挥作用,以规范化建设为抓手,有效促进国防动员指挥机制、力量建设和作用发挥的有机融合。一是建立联合指挥机制。针对安全威胁的多元性、复杂性,在参加全省应对多种安全威胁党政军联合指挥演练和全省国动委规范化建设观摩会的基础上,积极协调组织成员单位进行全市应对多种安全威胁党政军联合指挥集训,明确职责任务,健全工作制度,规范运行秩序,提高联合指挥效能。二是增强综合动员力量。着眼区域安全稳定需要,按照"人员稳定、专业对口、任务合一、综合多能"的要求,科学整合队伍,搞好交通运输、药品食品等军民通用能源物资储备,为履行任务提供了有力保障。三是联手征集优质兵员。以保证兵员质量为核心,精心筹划,科学安排,严密组织,圆满完成新兵和士官的征集任务。

(张世庆)

预备役部队

【思想政治建设】 2008年,预备役步兵第248团把学习贯彻党的十七大精神,特别是科学发展观作为团队建设的主线和首要政治任务紧抓不放、贯穿全年。扎实开展了"坚定中国特色社会主义信念,有效履行我军历史使命"主题教育和"中国特色社会主义发展史"教育,官兵高举旗帜、听党指挥的军魂意识进一步坚定,增强素质、不辱使命的思想基础进一步牢固。针对南方雨雪冰冻灾害、台海问题、拉萨"3·14"事件、四川抗震救灾、奥运安保等形势,及时组织官兵进行教育。大力弘扬争先创优精神,扎实开展“畅想2008”、持久开展“学英模、争先进、当典型”活动,文化建设持续加强。官兵信念坚定,积极向上。学习贯彻《预防犯罪工作条例》的做法被省军区转发。政治处党支部被省军区表彰为“先进党支部”,248团被省军区评选为“新闻宣传工作先进单位”;有两人被师评选为“学习实践十七大先进个人”。　（郭　鹏）

【军事训练工作】 年内,预备役步兵第248团着眼使命任务,真抓实备,科学施训,部队战斗力明显提升。圆满完成预备役部队新大纲试训论证任务,精心筹划和组织了入队训练教学准备会,受到上级领导的好评。在山西省“联动—2008”军警民联合实兵演习中,承担了师八二迫击炮训练组织及宣传弹的发射演示任务,现场发射非常成功,赢得了军地领导的一致好评。三营炮兵连连长王毅和一营炮兵连连长马卫东在参加省军区参谋尖子比武中,夺得个人综合第一名和第五名的优异成绩,被师分别记二等功、三等功一次。现役干部在师年度军事训练考核中总评第二名,特别是在郊区魏家峪村组织的灭火行动指挥所演练准备充分、组织正规、程序清晰,师首长机关给予了充分肯定。　（郭　鹏）

【基层建设】 年内,预备役步兵第248团把器材、阵地、人员出动率作为重点和突破口,狠抓基层建设工作。全团30个营连部有20个进行了整修,更新了办公设施,阵地面貌发生很大改观。各级投资50余万元进行了野战帐篷和应急器材建设,团装备器材能保障全团70%的官兵执行应急任务。在师基层建设巡回对检中,营连部建设受到广泛赞誉,平定二营被树为“标杆营”,一营机枪连等6个连队被师评为“先进连队”。　（郭　鹏）

【部队安全管理】 年内,预备役步兵第248团实行“精细化”管理,毫不放松地从严治军,管控部队,确保安全。坚持用中央军委安全发展的重要指示统一思想,以新的理念对待安全工作,提升位置,抓好落实。以人、车、枪、弹、密、院为重点,加强安全教育,定期收缴清整文件,定期组织安全保密大检查,使部队的不安全因素和事故隐患得到有效消除。加大对重大活动、重要时节、重点目标的管控力度,以超常措施确保大项任务的安全。特别是奥运安保期,团部大门岗白天干部带班,晚上常委查岗、营长带班、4名官兵共同站岗巡逻,还组织了应急处突演练,以超常措施确保了安全稳定。　（郭　鹏）

【“双服务”活动】 年内,248团积极开展“双服务”活动,先后出动340名预任官兵参加了盂县皇后村、松树湾、管头林场的森林防火、灭火行动。组织260名官兵在307国道复线旧街段、开发区义白路进行了植树造林活动,为驻地单位军训员工1500余名,协助市工商局进行了“3·15”消费者维权日活动,协助阳泉线务局进行了国防线路维护宣传活动。现役官兵累计为阳泉市爱心助残活动、汶川地震灾区、平定县宋家庄小学等捐款35220元,缴纳“特殊党费”9200元。预备役部队在阳泉的影响进一步扩大,进一步赢得了地位。　（郭　鹏）

武警阳泉市支队

【武警阳泉市支队概况】 中国人民武装警察部队山西省总队阳泉市支队,简称武警阳泉市支队,组建于1988年6月。支队机关驻阳泉市城区小阳泉路11号。2008年,阳泉市支队坚持以科学发展观和党的十七大精神为指导,瞄准建一流班子、带一流部队、创一流业绩的奋斗目标,一心一意谋发展,扎扎实实抓建设,支队呈现出了班子团结务实、官兵心齐劲足、部队安全稳定、全面建设稳中有升的良好态势。

一、坚持理论武装,强化能力建设,党委核心领导能力明显增强。年内,支队党委把党的十七大精神和创新理论的学习作为加强班子建设的首要任务,紧抓不放,着力在学习质量和效果上下工夫。班子成员的理论水平有了明显提高,先后有11篇调研文章在《人民武警报》、《武警政工》等刊物发表。坚持学习和运用《军队党委工作条例》等党建法规,进一步规范了党委建设,班子科学决策的水平明显提高。借助党委机关开展的“讲党性、重品行、做表率”教育活动,狠抓班子成员的党性修养和以身作则的模范作用,大力培育真抓实干、求真务实的良好作风。

二、紧紧围绕主线,抓好主题教育,部队思想政治建设富有成效。把科学发展观为主要内容的中国特色社会主义理论体系的学习教育作为牢牢把握部队建设正确方向的一件大事紧抓不放,围绕“真知、真信、真行”三个基本问题,发挥领导干部示导督学和政治机关督导检查作用,抓实党委机关、基层和转化学习成果三个环节,达到武装头脑、指导实践、推动工作的效果。在“坚定理想信念、忠实履行职责使命,永远做党和人民的忠诚卫士”主题教育活动中,广泛开展参观社会主义新农村、瞻仰百团大战纪念碑等实践活动,营造了良好的氛围。组织机关基层结对备课,整合了教育资源,增强了教育效果。利用支队信息网络设施配套齐全的优势,积极发挥网络功能,拓宽教育渠道,开辟网上教育专栏,极大地丰富了教育资源。及时开展了以“认清严峻形势、强化忧患意识、忠实履行使命”为主要内容的形势任务教育,振作了官兵精神,鼓舞了官兵士气。

三、强化职能使命,充分发挥职能,以奥运安保为主的中心任务圆满完成。扎实开展正规化执勤等级评定活动,科学规范勤务秩序,狠抓执勤“八项制度”落实。注重发挥网络在规范勤务秩序中的作用，投资8万元更换了红外一体摄像头，加装网络视频伺服器，排除勤务隐患6类19处。5月16日，二中队二号哨兵靳子卜成功处置了一起在押犯企图自杀事件。8月10日，四中队四号哨兵李伟成功排除一起可疑险情，受到用兵单位高度赞扬。年内担负押解勤务18起，参与森林灭火5起，完成各种安全保卫任务7次。加强了首长机关训练，坚持每季训练考核制度。10月，完成了以处置群体性事件为主题的首长机关带部分实兵演习。100%机关干部通过电脑一级考试，40%过了二、三级。突出了教练员队伍建设和应急分队的训练。投资30余万元为反恐作战队员配齐了各种单兵装具器材和特战装备。严格按照《训练标准与考核大纲》要求，科学组训，广泛开展练兵活动，依托教导队进行了勤训轮换集训，官兵整体素质大幅跃升，在参加总队组织的参谋队伍、教练员队伍、反恐作战队员比武中成绩优异，支队司令部被武警总部评为先进司令部。

*四、推行精细管理，依法从严治警，部队安全发展顺利实现。*采取知识竞赛、编发简报、网上抽查、演讲比赛等形式，在官兵中掀起了学条令、用条令的热潮，强化了官兵的条令意识。总结编创了《养成“三字经”》、《安全工作六十想》，制成图板挂到墙上，印成卡片发到广大官兵手中，并编排成文艺节目挂到网上，较好地规范了官兵的行为举止和日常养成。研究制定了《精细化管理资料汇编》、《阳泉支队精细化管理实施细则》，对官兵行为和日常工作的组织实施进行了精确定位，部队的正规化建设水平有了新的提升。组建了专门的预防事故案件领导小组，构筑了机关抽查、中队普查、班排互查的联防体系，先后6次派出联合工作组深入基层发现和治理各类隐患60余处，处理违纪干部1名、战士4名，部队秩序更加正规。

*五、创新方法手段，加强规范管理，综合保障能力明显提升。*推行资产管理与预算管理相结合的新型模式，后勤规范化管理有了新进步，进一步规范了支队、基层两级财务管理，提升了官兵生活质量。

（刘　广）

【“充分发挥信息网络作用 切实提升经常性工作落实质量”现场会】 1月16日，武警山西总队“充分发挥信息网络作用，切实提升经常性工作落实质量”现场会在武警阳泉市支队召开。总队常委、总队机关处以上干部、各支队军政主官和部门领导，以及组织（科）股长共计136人参加了会议，并到支队机关、二中队和城区中队进行了信息化建设工作现场观摩。

现场会较好地实现了“抓经常性工作落实充分体现信息化手段、经常性工作落实质量充分体现信息化时代特点”的要求，有效提升了经常性工作落实的质量和效益。现场会的召开，标志着武警阳泉市支队在推进部队信息化建设、注重以人为本、着眼发展前沿方面进行了有益的探索，走在了总队的先列。（刘　广）

【森林大火扑灭】 3月17日，盂县苌池镇段家山发生森林大火。武警阳泉市支队在接到市森林防火指挥部的通知后，支队长张陆军、参谋长何世国带领一中队50名官兵赶赴盂县苌池镇段家山，参与森林火灾扑救任务。经过近3个小时的战斗，圆满完成任务，受到当地领导和群众的一致好评。

11月6日，郊区平坦镇常家山、盂县路家村镇高家沟地带发生森林火灾。支队200名官兵在支队长张陆军、参谋长何世国的带领下，第一时间赶赴火灾现场，经过3个小时的战斗，圆满完成森林火灾扑救任务。（刘　广）

【奥运安保反恐综合演练】 7月10日，支队组织257名官兵参加了阳泉市奥运安保反恐应急综合演练。演练中，支队官兵组成特战方队、步枪方队、警棍盾牌方队3个方队，主要担负处置大规模劫持人质事件外围封控和核心区武力突击任务，广大官兵机智勇敢，密切配合，圆满完成任务。此次演练锻炼提高了机动分队的反恐应对能力，展示了武警支队威武之师、文明之师的良好形象。

（刘　广）

【奥运安保旧关收费站驻点检查】 为确保奥运会主赛场的安全，按照上级要求，从7月20日至9月20日，支队派出24名兵力进驻太旧高速公路旧关收费站，担负环京交通安全检查站驻点检查任务。其间，共查处违禁品100余件、危险品3件、假军车牌照2副，抓获贩毒分子2人，缴获毒品500克，受到省公安厅和武警山西总队的通报表彰。

（刘　广）

【机动中队实兵综合拉动演练】 10月24日，支队着眼任务需要，立足现有装备，设置复杂情况，采取实兵出动、实装演练的方式，组织机动中队实兵综合拉动演练。首长机关、机动中队共116人参加，演练按照支队首长提出的“贴近实战磨砺精兵，严密组织确保安全”的要求，设置了紧急出动、驱散行动、5000米奔袭、捕歼战斗、按图行进、按方位角行进、搭设帐篷和野外宿营8个课目，出动车辆7台，历时36小时，行程26公里，圆满完成演练任务，全面检验提高了机动中队的快速反应、快速出动、快速到位、快速展开和有效处置能力。（刘　广）

【冬季百日岗位练兵】 12月1日，支队召开了冬季百日岗位练兵活动电视动员会。随后，冬季大练兵活动全面展开。此次岗位练兵活动是支队根据形势任务需求，结合支队建设实际，为确保部队战斗力持续提升、整体建设持续发展的重要举措。参训人员涵盖了全支队不同岗位的所有人员，以突出单兵素质、强化专业技能为着力点，设置了体能、专勤、队列、专业技能等训练内容。活动区分了不同层次,确定了具体任务,明确了考评标准,制定了奖惩措施,扎实推进练兵效果的落实。截至年底,练兵活动仍在按计划进行。（刘 广）

【建队20周年文艺演出】 为纪念支队建队20周年,活跃官兵的物质文化生活,11月17日,支队举办了一场以“耕耘之果”为主题的文艺汇演。整场晚会气氛活跃,主题突出,以小品、快板、歌舞、诗歌朗诵等多种形式,反映了基层官兵努力工作、敬业进取的工作热情和为民解忧、勇挑重担的卫士情怀。（刘 广）

人民防空

【全市人防工作会议】 3月13日,全市人民防空工作会议召开。省人防办主任常高才,市委常委、常务副市长王旭明,市委常委、军分区司令员方庆灵,军分区政委蒋鹿等领导参加了会议。会上,市人防办主任王立宾总结了2007年全市人民防空建设工作,安排部署了2008年的人民防空工作。省人防办主任常高才对现阶段人防工作的特点、重点和难点做了重要讲话。市委常委、常务副市长王旭明与各县区人防办签订了2008年人民防空应急准备工作目标。（李 巍）

【防空警报齐鸣】 按照国务院公告和市委、市政府的统一安排,阳泉市人防办于2008年5月19日14时28分统一鸣响全市防空警报,以此表达对四川地震灾区遇难同胞的深切哀悼之情,全市防空警报器鸣响率达100%。与此同时,市人防办90余名干部职工向四川汶川大地震遇难同胞集体默哀三分钟。之后,全办工作人员为灾区捐款10810元。（李 巍）

【《山西省人民防空工程建设条例》宣传活动】 6月27日,市人防办在城市广场举行了《山西省人民防空工程建设条例》颁布实施宣传活动,市级五大班子领导出席了宣传活动。活动共展出专栏40余块,散发传单3000余份,《阳泉日报》全文登载了《山西省人民防空工程建设条例》,市内其他媒体也都作了报道。与此同时,各县区也组织开展了不同形式的宣传活动,效果良好。

《山西省人民防空工程建设条例》是山西省第十一届人民代表大会常务委员第二次会议于2008年5月16日通过的,自2008年7月1日起施行。1997年5月22日山西省人民政府发布的《山西省结合民用建筑修建防空地下室管理规定》同时废止。（李 巍）

【常高才到阳泉市调研】 11月6日,省人防办一行6人在主任常高才的带领下到阳泉市人防办,就阳泉市人防贯彻落实科学发展观与实际工作相结合情况进行调研。调研采取听取汇报和实地检查的方式,检验了阳泉市人防办各项工作的进展情况。调研人员对阳泉市人防办近几年按照科学发展观的要求开展工作,特别是阳泉市百项工程之一——“03513”二期工程的建设给予了高度评价,并提出了更高的要求。（李 巍）

【“03513”人防二期工程竣工投入使用】 2008年底,“03513”人防二期工程竣工并投入使用。“03513二期工程”是阳泉市的重点工程,也是市委、市政府确定的百项工程之一,工程总建筑面积为10525平方米,工程概算总投资3600万元。12月29日下午2点45分,市人防办举行了全市警报器统一试鸣暨“03513”二期工程信息系统试运行活动,设备运行正常,活动检验了“03513”二期工程指挥信息设备的运行情况和执行力。（李 巍）

民主党派

民革阳泉市委

【概况】 2008年，民革阳泉市委在加强自身建设、扎实推进政治交接学教活动、参政议政、服务社会、促进祖国统一等方面取得了可喜成绩。年内新发展党员5名，均为大专以上学历，为民革组织补充了新鲜血液。

学教活动　年内，民革阳泉市委采取多种形式开展政治交接学习教育活动，提高了广大党员的政治理论水平和修养。一是领导带头抓学习促培训，积极组织党员参加市政协的政协理论知识学习培训和社情民意信息写作培训，举办新党员培训班，参加市委统战部组织的全市统一战线第五期党外干部培训班等。二是积极参加各种活动。年内，民革市委积极开展了"凝聚力工程"三项活动("智力兴晋"、"强素质，树形象"和"献良策，比贡献"活动)，参加了市政协举办的迎奥运健身活动、"履职之路"文献图片展览和市统战系统举办的纪念改革开放30周年系列活动。三是学教活动成效显著。在活动中，民革阳泉市委开展了问卷调查，编辑政治交接学教活动简报34期，一些重大活动和重要内容在《山西民革》、《阳泉统一战线》上刊登。四是统战理论研究和宣传工作取得新成绩。年内，向市委统战部报送统战信息10篇，多篇稿件在《阳泉统一战线》上刊登；报送统战论文12篇，民革阳泉市委获组织奖。张文英的论文《坚持一国两制方针，促进两岸和平统一》获一等奖。赵志刚的调研报告《打造阳泉瓷城品牌，发展壮大刻花瓷产业》被平定县委统战部评为二等奖。

社会服务　2008年，民革阳泉市委注重发挥人才优势和智力优势，积极开展社会服务。一是发挥党员中农业、畜牧业、科技专家的优势，送科技下乡，为农村养殖户解决技术难题，切实提高农民收入。二是发挥医卫、法律人才优势，为新农村建设服务。11月18日，民革党员中的医卫专家、药剂师、律师走进郊区枣园村，以"献爱心、送服务、保健康"为重点，为村民进行健康体检、提供法律咨询服务。三是发挥民营企业党员优势，奉献爱心服务社会。民营企业界党员通过学教活动，充分发挥自身优势，积极捐资助教、奉献爱心。党员姚智俊、杜宜忠、李文乐等积极参加阳泉市举办的"金桥行动"和"光彩事业"活动，扶助贫困，服务社会，奉献爱心，深受好评。

"5·12"汶川地震发生后，民革阳泉市委组织广大党员利用多种方式进行捐款。杜宜忠捐赠了价值3万元的净水剂；李文乐、邵玉珍、姚智俊捐款均在3000元以上，邵玉珍还以每年1200元的方式通过民革四川省委直接捐赠灾区孤儿；周晋生、穆林泉作为医疗救护队员和防疫人员赴灾区抗震救灾一线参加救援工作，周晋生被市委、市政府评为"抗震救灾先进个人"；邵玉珍、姚智俊、杜宜忠被民革山西省委授予"抗震救灾捐款先进个人"。

祖统工作　年内，广大民革党员坚持贯彻"和平统一、一国两制"基本方针，积极探讨祖统工作新思路，并从阳泉市实际出发，继续加强两岸交流交往工作。一是借联络促祖统。台胞刘阿美通过电话、贺卡、写信加强亲情联系，促进两岸民间交流，她还多次参加省台联组织接待台胞慰问台属活动，把阳泉的民间剪纸艺术品、传统特产黄瓜干馈赠给台湾亲友。二是借佳节促祖统。在中秋佳节之际，民革市委在和谐生态园召开了"同贺中秋话统一、喜迎国庆促发展"茶话会，党员代表纷纷发言，共话两岸和平，畅谈祖国发展。三是借台情研究促祖统。民革市委与市台办联合通过参加台情报告会、观看台情录像、资料图片等方式

民主党派　工商联

关注台海局势变化,研究分析台情发展趋势,积极撰写祖统宣传文章,主委孔德慧的《台湾文教见闻》刊登在《阳泉文史资料》上。(张文英)

【参政议政出佳绩】 2008年,民革阳泉市委组织广大党员积极参政议政,紧紧围绕市委、市政府中心工作建言献策。一是深入调研,打造精品信息。民革市委组织部分党员参加了市政协组织的民营企业工会组建、新农村建设、企业科技发展等工作调研活动;围绕新农村建设中"城中村的改造和开发"、"农村文化建设"、"农村环境卫生建设"、"历史文化古镇古村的保护"、"非物质文化遗产的保护及开发"、"残疾人就业"、"法律援助" 等专题进行调研。根据民革省委要求,组织党员深入十几个乡村完成了"农村环境保护"的课题调研,形成了《农村养殖污染问题的调查与建议》等3篇高质量调研报告,副主委张文英代表市委会在民革省委大会上作交流发言,深受好评。二是发挥优势,做好议案、提案工作。民革市委在阳泉"两会"期间共撰写议案、提案15件。县区政协委员撰写提案20余件,反映社情民意20多篇。主委孔德慧的《卡车高污染问题全社会应予以关注》引起市环保和交警部门的重视和落实。副主委张文英作了《推进民营企业工会建设,构建和谐劳动关系》的大会发言。市委会上报省委会《耕地"内部侵蚀"现象应引起全社会关注》的提案受到省国土资源厅高度重视,并在全省实施了土地执法百日行动,查处"以租代征"土地违法案件1284件,收回违法占用土地100公顷,拆除违法建筑物110万平方米。《人民政协报》和《团结报》进行了详细报道。张文英、赵海润、潘磊、赵志刚被民革省委评为"参政议政先进个人"。赵志刚还被市政协评为"反映社情民意先进个人"。直属支部、上站支部被市委会评为参政议政先进集体。三是积极抓好反映社情民意工作。2008年,民革市委共反映社情民意60多条,被市政协采用25条,上报省政协20多条。副主委张文英、党怀、赵志刚等撰写的《国家应建立地震防灾信息备份制度的建议》、《国家应确定5月12日为地震纪念日,并建立地震纪念馆的建议》、《山西省民间票贴制作工艺应予以保护》等信息被全国政协和省政协采纳。《凭定点医院处方在药店购药不便利》、《建议各级政府高度重视农民种植、养殖职业病的防护》等信息被市政协采纳,并有多篇在《山西政协报》、《阳泉日报》上刊登。四是积极参加政风行风评议活动。民主监督是参政党的一项重要职能,政风行风评议是民主监督工作的重要内容之一。市行风监督员张文英几年来代表市政协积极参加市纪检委组织的政风行风评议的考评、听证、测卷等工作,并撰写出《阳泉市行评工作亮点频现》的调研报告。

(张文英)

【民革党员业绩斐然】 2008年,民革阳泉市委完善了支部规章制度,改进了支部活动方式,丰富了支部活动内容,以工作实绩作为评选先进支部和优秀党员的依据,支部工作有了新起色。在支部活动中,涌现出许多优秀党员。副主委李若冰作为全市工商系统唯一入选人,荣获国家工商总局授予的"全国食品安全监管先进工作者"称号,受到表彰。党员姚俊智服务社会,积极参加民革市委会组织的义诊活动,免费送医送药,为农民服务。市委委员赵海润积极参政议政,关注"三农"问题,推进农村养殖示范点技术培训工程,切实为农民提供养殖技术服务,受到广大农民朋友欢迎。党员张春生积极参加政治交接活动的简报编写和会议宣传工作,并在《山西民革》上发表多篇通讯报道。党员潘磊积极搞好市委会宣传工作,摄影作品获奖不断。党员任凤莲、李宝绒、潘东红、田永平积极参加市委会组织的各项义诊活动和医疗抢救工作,深受群众好评。阳泉市劳动功勋、党员刘会明的发明专利矿用隔爆型卷绕铁芯移动变压器通过国家知识产权局专利复审委员会复审,填补了国内空白。孔德慧、李文乐、潘磊、李海珍被民革省委评为"凝聚力工程三项活动先进个人"。党员安秀英为市一院住院的四川灾区病人热情服务,深受好评。党员吕瑞峰获全国大学生数学建模竞赛园丁二等奖。党员李海珍、陈腊梅分别被省市教育厅授予先进工作者称号。

(张文英)

民盟阳泉市委

【概况】 2008年,民盟阳泉市委以科学发展观为指导,深入学习贯彻中共十七大精神,按照民盟十大要求,积极履行参政党职能,组织各级盟组织推进盟务工作,取得一定成绩。

参政议政　在政协阳泉市十一届二次会议上,民盟阳泉市委提交提案34件,大会发言3篇。《关于在装备制造产业中突出发展环保产品制造业的建议》、《关于健全"农业抗风险基金"的建议》等被列为重点提案;《关于农民增收的思考》、《应加强和完善社区养老服务体系的建议》、《关于对阳泉市污水处理现状的调查和建议》大会发言受到重视。盟员王凤蛾的《完善农村技术推广体系,是服务"三农"的直通车》被民盟中央和山西省委采纳,获先进个人奖;市环保局副局长、盟员韩东银反映的社情民意《关于创建生态文明城市的建议》受到领导表扬;专职副主委史秀琴被评为省优秀通讯员,受到盟省委表彰。年内,盟市委先后对阳泉市污水处理厂、平定县污水处理厂和市铝业集团公司对排污减耗工作进行调研;与市政协、市文化局联合深入盂县、郊区、平定、城区(社区),就基层文化建设工作进行调研。在深入调研的基础上,形成了《关于阳泉市污水处理现状的调查及综合治理的建议》、《加强我市基层文化建设,推动城乡一体化建设进程》、《科技创新是发展企业的根本出路》等调研报告。11月，还对娘子关供水泵站进行工业用水及居民生活饮用水质量达标进行调研，并撰写了《平定娘子关提水工程基本情况调研》，提出了较有价值的建议。年内，盟市委还开展了"树形象、献良策、比贡献"活动。五支部盟员、市环保局总工程师韩东银就如何进行老工业城市改造、创建生态文明城市、循环经济、装备制造产业中突出发展环保制造业等方面提出了许多可行性建议，受到市领导重视，在实际工作中收到明显的社会效益。七支部主委、市政协常委、平定县农业局农艺师程秀瑞连续三年提出《关于新农村建设沼气池，促进农民少投多收》的系列提案在平定、盂县、郊区三个农业县区推广，实施效果良好，受到广大农民称赞。

社会服务　结合省委统战部"凝聚力工程"，年内，盟市委研究制定出"三个一"活动（即全体盟员进行一次教育募捐活动，启动一个新农村"凝聚力工程"长期扶贫捐资助教助学活动点，资助一名贫困中学生）。盟市委在平定祁家峪小学首次启动"凝聚力工程"，号召全市盟员为贫困山区小学"捐资助教"。作为长期扶贫助教点，每年都要为所有在校学生送去课本资料、学习用品及教学辅导书等，年内还为该校争取扶贫维修款1万元。盟市委还与团市委联合资助维社中学贫困女生周霞完成初中学业。6月，周霞以632分的优异成绩考入平定一中特优班。

"5·12"汶川地震后，盟市委秘书长、市卫生监督所主任医师张立民，一支部盟员、市疾病中心主管技师李海青、高君等盟员主动请缨，到灾区进行卫生救援工作。广大盟员也纷纷解囊，截至6月6日，为灾区捐款捐物达2万余元。市政协副主席、政协摄影协会副主席、民盟阳泉市委主委赵永红还参与组织全市广大政协委员和摄影爱好者，征集抗震救灾作品，从中遴选出123幅作品，在市展览馆举办了"阳泉市政协抗震救灾摄影展"，6月12日又到太原进行展出，受到社会广泛关注。

自身建设　年内，盟市委不断加强机关自身建设，逐步完善机关目标管理，推进机关工作制度化、程序化。狠抓各项规章制度的落实，坚持每周一次例会，每周三次政治学习，严格考勤制度，加强机关文件资料的管理，建卷立档。加大了对后备干部队伍和盟务骨干的培训，加强了对高层次代表人士的发展工作，并号召各基层组织认真学习《民盟中央关于加强基层组织建设的意见》，对基层组织建设加大了指导力度。在人才结构、质量、数量上有了新的提高。截至年底，全市共有盟员171人。其中，发展新盟员9人，联系对象3人。新盟员平均年龄41岁，全部为高、中级职称和大学本科以上学历，文化教育界占6%，科技界占1%，医卫界占2%。

（史秀琴）

【"五个结合"推进学教活动】　2008年，民盟阳泉市委始终倡导"五个结合"（即政治交接学教活动与贯彻落实多党合作理论、方针、政策结合，与加强各级领导班子建设结合，与全面履行参政党职能、抓好参政议政民主监督工作结合，与健全和完善各项规章制度结合，与后备干部队伍建设、新盟员培养教育结合）。"五个结合"的实施，使盟市委和基层组织的学教活动开展得有声有色。年内，在广大盟员中开展了"百题知识竞赛"、举办专题辅导、培训学习等重要活动；基层组织建立了盟员骨干人才库，开展了一系列社会服务和"启动凝聚力"工程教育扶贫活动；按照省、市委统战部门要求，将支持新农村建设和捐资助教"凝聚力工程"推向深入；积极培训盟内"两会"代表、委员及参政议政骨干，做好"两会"提案、大会发言的课题调研和撰写工作，扎实有序推进政治交接学教活动。奥运期间，盟市委组织后备干部到北京参观盟中央政治交接学教成果展。此外，还多次组织盟员赴八路军太行纪念馆、狮脑山革命圣地参观学习。"五个结合"推进了民盟阳泉市委的学教活动，为民盟思想建设、组织建设和参政议政能力建设打下了良好基础。

（史秀琴）

民建阳泉市委

【概况】　2008年，民建阳泉市委以政治交接学教活动为主线，认真履行职能，积极参政议政，创新会务活动，凝聚会员力量，扎实做好各项工作，为阳泉经济、政治、文化和社会发展作出了贡献。

理论学习　2008年，民建阳泉市委积极开展政治交接学教活动，激发广大会员政治责任感。3月，民建阳泉市委举办了学习笔记、心得体会展，展出会员心得体会60余份，理论笔记50余万字，进一步提高了会员主动学习，争当学习型会员的积极性；编发民建阳泉市委政治交接学教活动简报26期，及时反映市委会相关信息。7月，省委统战部对全省民主党派学教活动进行督查，并对民建阳泉市委的学教活动给予高度评价。

参政议政　年内，民建阳泉市委先后组织会员到阳钢留守处、市卫生局、平定小杂粮基地、市新华书店等单位进行调研，与有关单位就企业、单位遇到的困难、采取的措施及发展思路进行座谈和交流，并撰写了《关于尽快建立农村垃圾处理体系的建议》、《建议提高职工住房公积金的缴交比例和缴交范围》、《关于原硫铁矿矽肺病人员医药费按工伤保险待遇全额报销的建议》等提案，在阳泉"两会"期间报送市政协，受得有关方面重视；省政协常委、主委刘兆林向省政协提交提案5件，社情民意3件，特别是在省政协常委会上的《加强软环境建设是推进节能减排不可或缺的重要保障》、《实施"旅游兴省"战略，实现山西转型、安全、和谐发展》和《对省政府工作报告的修改意见》三次发言，

备受关注。年内,市委会向市政协提交集体提案13件,委员个人提案7件,意见、建议4件,政协会发言2件;担任各级人大代表、政协委员的会员向各级人大、政协提交提案、议案50多件,一些重大意见和建议受到决策层高度重视,产生了积极的社会影响。会员还通过不同渠道反映社情民意120余件,其中,报送全国政协1件,被民建中央选用1件;送省政协3件,省政协《社情民意》采用1件;市政协《社情民意》采用20余件。

组织建设　2008年,民建阳泉市委会加强组织建设,把好组织发展及加强会员教育工作。主委刘兆林多次找市委委员、支部主任进行交流,分析问题,增进共识。为征求广大会员对市委班子的意见和建议,向各支部发放“民建阳泉市委政治交接学习教育活动征求意见表”440余份,市委会成员深入到8个支部征求意见和建议,自觉接受广大会员监督。在此基础上着力抓了支部与专委会组织建设。年内,发展会员7名,平均年龄38岁,使中青年会员比例达到77%,经济界人士增至62%,大专以上学历增至65%,新会员中有市政协委员1人,区人大代表1人,使民建阳泉市委的各级人大代表、政协委员达到33人,企业家会员达到14人。

(史克祥)

【“三联系”活动服务社会】 年内,民建阳泉市委积极探索服务社会工作的“三联系”(联系农村、联系社区、联系企业)活动,并制定了《民建阳泉市委“三联系”实施方案》。按照方案,组织有关人员到农村、社区、企业进行调研、考察和开展活动,分别建起农村联系点6个,社区联系点3个,企业联系点12个,签订合作协议与挂牌的“三联系”4个。市委会把西回小杂粮基地有限公司确立为首家“三联系”签订协议和挂牌基地,与该企业建立长期合作关系,聘请教授指导,争取资金支持,拓宽销售渠道,为该企业发展作出了贡献。市委会多次到城区北岭社区进行调研和服务,并为实施“便利消费进社区,便民服务进家庭”为主题的社区商业“双进”工程争取到了项目和资金。建工申华暖通设备公司、天元家电有限公司和华阳天成化工有限公司是首批挂牌的联系企业,市委会组织有关部门和专家提供科技创新、市场开拓、诚信建设、争取政策等方面服务。年内,市委会还遵循“广交朋友,促进合作,优势互补,共同发展”的思路,积极开展对外联络和社会工作。先后与广东民建省委、广州、佛山、深圳、厦门、哈尔滨等民建市委联络,学习探索合作发展的新路子。6月,民建广东省委企业考察团在阳泉进行了为期4天的会务交流和企业考察,民建广东省委参政议政处与民建阳泉市委签订了《企业合作促进机制的框架协议》,并对阳泉市的房地产、陶瓷、铝业等企业和会员企业进行了实地考察。市委会还参与了厦门企业考察团在阳泉的考察,并与民建厦门市委进行了对接和沟通。

(史克祥)

民进阳泉市委

【概况】 2008年,民进阳泉市委创新工作方式,认真履行参政党职能,以政治交接学教活动为主线,实施了“1533”工程,即制定一个方案(中国民主促进会阳泉市委员会关于开展以坚持中国特色社会主义政治发展道路为主题的政治交接学习教育活动的实施总方案)、开展五项专题活动(专题座谈、专题培训、朗诵演讲、民主生活会、参观学习)、搞好三次大调研、开展三次大型社会服务活动(智力助教、举办讲座、科技医疗咨询),用实际行动为实现全市“两先”战略目标、打造晋东明珠城作出了积极贡献。

理论学习　年内,民进阳泉市委采取集中辅导与自学相结合、理论学习与参观考察相结合、问卷调查与集体研讨相结合、思想教育与工作实际相结合的方法,寓政治交接学教活动于全会工作之中。一是精心举办专题座谈和培训。9月10日,组织新老主委、副主委参加了市委举办的纪念改革开放30周年座谈会;10月15日,市委会召开学习中共十七届三中全会精神座谈会,市委委员、基层骨干30余人参加座谈,并提交了学习体会书面材料。会员还积极参加各种培训,年内累计参加专题培训会员76人次。二是努力开好民主生活会。5月29日,市委会结合政治交接第三阶段内容召开了民主生活会,市委委员、各基层支部负责人、会内人大代表、政协委员26人参加了会议,会领导还参加了教育学员支部、阳煤集团支部、豫剧团支部开展的民主生活会。三是组织外出参观学习。市委会组织市委委员、基层支部负责人、新会员等21人,赴左权麻田革命圣地参观学习。10月20日,市政协副主席、主委任衍钢带领会员苏咏梅、冯志中、王政明、石云峰参加了民进省委成立的艺术团和经济联谊会。

参政议政　年内,市委会结合政治交接学教活动和“凝聚力工程”,充分发挥界别特色,就全市经济建设和社会进步方面存在的问题和难题,深入开展调查研究,积极建言献策,发挥了一定的作用。2月28日,市委会组织会内各级人大代表、政协委员召开了征求意见座谈会。会上,20多位代表、委员分别就继续教育、幼儿教育、农村劳动力整体素质、医疗卫生、农村生活垃圾、中医发展、青少年德育教育等十个导向方面的问题展开讨论,研究部署议案、提案内容,为全市“两会”做好准备工作。4月2日,市委会就农村卫生事业健康发展课题深入三个农业县区进行调研。撰写了《加快我市农村卫生事业发展步伐》的调研报告,受到市委市政府高度重视。9月23日、24日,市委会与市政协文史委联合就企业学校归地方政府管理后校舍危房改造情况赴城区、矿区9所学校进行了调研,并向市委市政府提交了《阳泉市企业学校归地方政府管理后“校舍危房”情况》的调研报告，引起关注，为领导决策提供了依据。年内，市委会共提交省政协提案2件，省人大议案1件；市集体提案12件，个人提案39件，议案7件；共提交县区人大议案3件，政协提案26件。副主委任涛海的《善待本土传统文化，打造城市文化名片》、委员苏巧燕的《关于进一步加大我市农村剩余劳动力转移培训的几点建议》引起与会委员和领导关注。《关于加快我市廉租住房建设的建议》成为主席督办提案。年内，民进阳泉市委共撰写社情民意信息112条，向全国政协报送3条、采纳2条；向省政协报送22条、采纳1条；向市政协报送96条，采纳76条。王瑞琴的《对维护西藏稳定的意见和建议》，刘华庆、杨瑞的《在抗震救灾中进行心理干预和疏导的建议》，任衍钢、刘华庆的《完善农村土地承包经营权流转机制》被全国政协采纳。信息工作连续4年获得市政协颁发的社情民意信息工作先进集体，以88分积分位居全市各民主党派榜首，王瑞琴、权红红、刘华庆、杨瑞在市政协十一届二次全会上被评为社情民意信息工作先进个人，有6人被县区政协评为参政议政先进个人。

自身建设　年内，市委会在各支部间开展了“比”、“学”、“赶”、“超”活动。阳煤集团支部、市直支部、豫剧团支部分别就开展政治交接学教活动赴百团大战纪念碑、和谐生态园参观学习，并召开了座谈会。各支部互通信息，相互学习，增强了基层组织的凝聚力和向心力。在组织发展过程中，年内共发展会员12名，涉及行政、教育、医卫等各领域。新会员中本科学历占83%，平均年龄38岁。12月9日，市委会召开基层组织建设座谈会，各基层支部负责人就一年的工作情况、基层组织建设中存在的问题及如何更好地开展基层组织建设提出了建议。在机关自身建设上，进一步规范后备干部及11个基层支部档案，并整理规范了政治交接学教活动“领导班子成员谈心记录”、“基层组织征求意见记录”、“民主生活会议记录”等12个档案册；积极配合市政协文史委出版《民主党派》一书，提供3万多字的相关材料，向民进省委、市委统战部提供纪念改革开放30周年论文11篇，向省委统战部编撰《凝聚力工程》一书提供2万余字的材料；组织机关干部积极参加党外干部培训、公务员培训，从各方面提高机关干部综合素质。

社会服务　年内，市委会发挥界别优势，多角度、多方位开展社会服务活动。一是继续开展智力助教活动。3月29日，市委会邀请全国人大常委、民进中央副主席王佐书为市区教学骨干做了《关于教师的发展》大型专题讲座；3月23日，市政协副主席、主委任衍钢为郊区杨家庄中学教师进行了《学习理论与教学设计》讲座；5月11日，由民进省委副主委高新文带队，邀请太原市36中高级教师对其进行讲学；11月26日，市委会召开社会服务工作座谈会，邀请杨家庄乡政府、乡中学、乡卫生院负责人与会内专业人士进行座谈。二是开展科技医疗咨询活动。9月28日，民进省委副主委高新文带领省农科专家赴平定进行林业指导；11月11日，市委会医卫支部组织医卫界妇科、B超、乳腺、内科、外科医疗专家赴杨家庄乡进行大型医疗义诊活动，共接诊患者110余人，并为其建立了个人档案，以便对患者进行后期治疗。三是会员爱岗敬业，在本职工作中有所建树。市直支部的尹青春、董美玲、路磊明、闫晋忠，阳煤支部的赵志忠、刘华庆，豫剧团支部的王水舟、齐菊梅，燕龛支部的王风英、白雪亮，上站支部的张和平、刘芙蓉，医卫支部的权红红、李忠霞、苏书亮，教育学院支部的孙爱胜、张华云，荫营支部的张素文、闫爱娟、李俊秀等默默奉献在各条战线上，分别成为全国教育骨干、省教学能手、市区教学骨干，受到单位好评；阳煤支部张召央、豫剧团何东嶽、王安福等老会员，人退心未退，仍然活动在社区，为丰富社区文化生活贡献力量。四是参与国事，积极奉献。1月的南方雪灾、5月的汶川大地震均使当地人民群众生产生活受到严重影响，民进阳泉市委及时响应中央号召，组织两次大型活动，共向灾区捐款35600元。5月29日，举办了“向汶川地震灾区人民教师致敬”的大型诗歌朗诵会。10月24日，全市统战系统隆重举行纪念改革开放30周年诗歌演讲赛，会员王惠敏代表市委会参加演讲并获优秀奖。市委会还组织会员积极参加市政协、市妇联组织的迎奥运健身活动。12月19日，17名会员参加了在市体育馆举行的全市社会各界纪念改革开放30周年“与健康同行”比赛，获团体第三名。（高爱萍）

【“五一”口号发布60周年纪念】 为纪念中共中央发布“五一”口号60周年，4月16日，民进阳泉市委与市政协联合邀请原民进山西省委副主委、民进太原市委主委、著名历史学专家杨伯豫到阳泉，为市政协委员和民进会员作了专题报告。杨伯豫回顾了中共中央“五一”口号发布的时代背景、历史意义及民进老一辈领导人积极响应“五一”口号，同中国共产党风雨同舟、亲密合作的历程。与会人员对报告反响强烈。民进市委还召开座谈会，会员畅谈体会，表示要结合政治交接学习教育活动第三阶段工作任务，认真查问题、找差距，运用不同形式，广泛开展征求意见座谈会、民主生活会，使政治交接学习教育活动收到良好效果。（高爱萍）

【传统教育展览室开展仪式】 民进阳泉市委根据政治交接学教活动整体工作部署，经过6个月的精心筹办，建成爱国主义传统教育展览室。12月23日，民进阳泉市委传统教育展览室举行了开展仪式。展览分光辉历程、自身建设、参政议政、社会服务、政治交接五大部分,共整理照片154幅,版面56平方米,文字说明2万字,并配有投影仪和音像说明,图文并茂,寓静于动。市政协副主席、民进阳泉市委主委任衍钢在开展仪式上讲话。民进山西省委副主委张建豪、组织处处长张文元,市委统战部副部长高和平出席了开展仪式。　（高爱萍）

农工党阳泉市委

【概况】 2008年,农工党阳泉市委紧紧围绕市委、政府中心工作,发挥自身优势,切实履行参政党职能,各项工作取得新成绩。在7月26日农工党山西省委庆祝成立20周年纪念大会上,农工党阳泉市委被授予“宣传工作先进市级组织”称号,农工党阳泉市第一人民医院支部等3个支部获“先进基层组织”光荣称号,武贵宝等5人获“优秀党务工作者”称号,宋晓红等10人获“优秀党员”称号。年内,农工党阳泉市委还统筹部署,突出特色,积极推进政治交接学教活动开展,广大党员的理论水平有了进一步提高,基层组织建设得到进一步加强,12月14日,在农工党中央十四届二中全会上,农工党阳泉市委被农工党中央授予“中国农工民主党政治交接学习教育活动先进集体”称号。

思想建设　2008年是中共中央发布“五一口号”60周年,农工党阳泉市委召开座谈会,深切怀念农工党老一辈领导人与共产党同心同德、肝胆相照、荣辱与共的优良传统,进一步增强了接受中国共产党领导的自觉性和坚定性。认真学习中共十七届三中全会精神,加深了对中国共产党重要理论和大政方针的理解,进一步坚定了农工党广大成员坚持走中国特色社会主义政治发展道路的信念。

参政议政　阳泉“两会”期间,农工党阳泉市委各级人大代表、政协委员认真履行职责,围绕全市经济建设、社会发展、产业结构调整、医疗卫生、农村合作医疗等关系国计民生的问题展开调研,积极撰写议案、提案。共向各级人大会议提交意见、建议5件,向各级政协会议提交集体提案9件,大会联组发言材料2份,政协委员个人提案21件。其中,市委会提交的《关于进一步加强我市营利性医疗机构管理的建议》被政协十一届一次大会作为大会发言,并移交市卫生局办理,市卫生局于11月17日召开提案办理情况通报会,邀请农工市委负责人参加,就该提案办理情况予以答复,有力促进了全市民营医疗机构的健康发展。市委会还高度重视反映社情民意工作,《关于拆除街头闲置公话亭》与《规范城市民宅商用》受到省政协重视,被《山西政协报》于4月2日和30日在头版刊登。主委李继红在参加省政协十届一次会议期间,向大会提交4件提案,其中,《关于加快我省农村中小型水利设施建设的建议》被《山西政协报》7月29日全文刊登,为全省农村水利基础设施建设的发展和改善起到促进作用。由于表现突出,被授予2008年度“中国农工民主党参政议政工作先进个人”称号。　（马洪亮）

【“凝聚力工程”取得阶段性成果】 “凝聚力工程”是中共山西省委统战部于2007年在全省统一战线中实施的一项精品工程。在一年多的时间中,农工党阳泉市委结合自身特色,重点在“献良策,比贡献”活动中开展了为推动阳泉经济发展建言献策活动,为阳泉创建园林城市出谋献计活动,为促进农村卫生工作改善、开展农村乡镇卫生状况调研活动等,并在各项活动中取得了优异成绩。7月,市政协系统举办了“迎奥运全民健身活动”。农工党阳泉市委组队参加了女子健身操表演和男子篮球比赛,农工党市委篮球队获比赛第三名。8月6日晚,山西省民主党派迎奥运演唱会在太原举行,农工党阳泉市委合唱团代表农工党山西省委参加,获得大会优秀表演奖。10月24日,阳泉市统战系统举行了纪念改革开放30周年“我们一起走过”演讲比赛。农工党市委选送的参赛选手袁雪明是参赛队员中年龄最长选手,获得优秀奖。12月19日,在市体育馆举行的全市社会各界纪念改革开放30周年“与健康同行”比赛活动中,农工党市委组队参加了拔河、跳绳、投篮和乒乓球4项比赛。在参赛的13支拔河队伍中,农工党获第二名,农工党市委同时获得优秀组织奖。　（马洪亮）

【农工党阳泉市委积极参与抗震救灾】 5月12日,汶川地震发生后,农工党阳泉市委把开展学教活动与积极参与抗震救灾结合起来,调整工作部署,延期有关活动,下发紧急通知,动员布置抗震救灾有关工作,以多种方式向灾区伸出援助之手。5月15日下午,农工党市委会班子成员及部分党员参加了在市委观礼台举行的阳泉市社会各界“赈灾济难献真情”捐助仪式,共捐款1650元。在“六一”儿童节前夕,农工党市委得知全国第一所“抗震希望小学”于5月18日在四川绵竹市遵道镇落成,市委会立即与绵竹市教育部门和希望工程办公室取得联系,对“抗震希望小学”提供帮助。25日,市委会举行了向“抗震希望小学”献爱心募捐活动。广大党员踊跃参与捐款,共募集爱心善款11800元。同时,广大农工党员分别以单位职工、工会会员、妇联组织,卫生系统、党派成员等多种身份参加了数次捐款捐物活动,共捐款捐物5万余元。29日,山西电视台新闻联播栏目播出农工党阳泉市委向四川地震灾区“抗震希望小学”捐献爱心活动的新闻后,社会反响热烈,有力地宣传了农工党立党为公、参政为民的良好形象。　（马洪亮）

九三学社阳泉市委

【概况】 2008年,九三学社阳泉市

委不断探索做好新时期参政议政、民主监督等社务工作的新思路、新方法，坚持以发展成员为起点，以组织建设为基点，以班子建设为支点，以履职尽责为重点，以社务活动为亮点，同心协力，无私奉献，各项工作取得不同程度进步。10月，在社省委成立50周年大会上，社市委获"先进集体"荣誉称号。

学教活动　社市委以科学发展观为指导，经过动员准备、学习教育、查找问题、总结提高四个阶段的政治交接学教活动，取得丰硕成果。一是社员政治素质有了明显提高。广大社员的学习理论自觉性和纪律观念得到了明显的增强，参加社市委开展各项活动的积极性有所提高，政治意识、大局意识、责任意识有了显著增强，进一步坚定了走中国特色政治发展道路的政治信念。二是社市委自身建设得到加强。通过学教活动的深入开展，活跃了基层组织活动，增强了基层组织的凝聚力和创造力。领导班子自身建设得到加强，组织领导能力增强，在参政议政、调查研究、服务社会等方面充分发挥了表率作用。在实施凝聚力工程中，开展"献良策、比贡献、强素质、树形象"等活动，安临斐、王振虎等社员在自己工作岗位上作出了贡献，展示了九三学社良好形象。

参政议政　2008年，社市委努力发挥自身优势，深入调查研究，积极参政议政，为促进全市经济建设和社会发展作出了贡献。在阳泉"两会"期间，向省、市两级会议提交提案、议案21件，涉及创建园林城市、节能减排、资源综合利用、经济增长方式转变、调整产业结构等方面。在深入开展调研的基础上，完成了《粉煤灰综合利用》的大型调研报告。年内，结合学习贯彻科学发展观活动，社市委还组织社员积极参加各类民主协商会、座谈会、情况通报会及专题知识讲座。在全社开展"我为阳泉建一言"活动中，马宝林、王启玉、李玉霞、刘秀琴等社员主动上交社情民意，共向全国、省、市政协提交社情民意30余条，其中《关于享受低保与社会机制建立联动机制》、《关于对贫困大学生毕业还贷问题的建议》等被全国政协、省政协采用。

社会服务　2008年，社市委在开展社会服务工作中不断研究探索，做到发挥优势、突出特色，多形式、多渠道地开展服务。汶川地震发生后，广大社员踊跃为灾区捐款捐物，在数次捐款达2万元的基础上，社市委64名在职和离退休社员积极响应社市委号召，再捐5870元；83岁高龄的名誉主委杜世强身体不适，行动不便，委托社市委秘书长捐款100元；市委委员王妍云在给中华慈善总会捐款1.2万元后，因出差在外，委托其妹再捐款1000元；安临斐亲赴灾区参加灾后重建实地考察。年内，社市委还组织市直文化卫生支社的8名社员，到平定县锁簧镇东白岸村为村民义诊，受益群众300余人次。在社省委50周年庆祝大会上，马宝林、安临斐、张志国、翟永明、段素梅获优秀社员称号，王云龙获特殊贡献奖，文化卫生支社、矿区支社被评为先进基层组织，九三学社阳泉市委被评为先进集体。广大社员在各自工作岗位兢兢业业，取得可喜成绩。据不完全统计，社员中获省、市级奖励的共有6人次，发表各类学术、科技论文10余篇。

自身建设　2008年，社市委高度重视自身建设，坚持抓组织建设和机关建设。在组织发展中，坚持在入社前就请联系人介入社组织活动，在活动中加深对社的认识。多中选好，好中选优。年内，发展新社员6名，其中具有高级职称的3人。截至年底，社员达99人，基层支社5个，直属小组一个。在机关建设中，加强对社章、社史及新时期统战理论政策的学习，社市委着力建章立制工作。经主委会研究，制订了《领导班子民主议事制度》、《领导班子谈心制度》等，使机关管理更加系统化、规范化，促进了机关工作正常有序地开展。　（李宏业）

【"九阳合作"】"九阳合作"是阳泉市政府与九三学社山西省委以经济建设为中心，以政治合作为基础，以科技服务为形式，以九三学社专家、技术、成果为切入点，对阳泉市的经济建设、科技进步等方面进行的支援与服务。2008年，在社省委主委刘滇生和市长白云的共同推动下，本着把握发展第一要务，围绕发展开展合作，围绕合作构建载体，围绕项目搞好服务，充分发挥九三学社科技人才优势、地方政府职能优势，建立九三学社山西省委与阳泉市人民政府科技合作。通过合作平台，进行优势资源的有效整合，达到双赢目的。12月1日，社省委与阳泉市政府联合召开"九阳科技合作"座谈会，就科技合作项目进行详细了解，并在阳泉宾馆签订了《九三学社山西委员会和阳泉市人民政府科技合作协议书》。在签字仪式前九三学社的相关专家就绿色农业、农村新型节能环保居住的推广与应用、电厂脱硫石膏的综合应用、元宝枫种植(Acer Truncatum Bunge)、发展中药材栽培、旅游开发等方面与对口单位进行了沟通，并就合作方式进行了专门研究。九三学社省委原主委吴博威，九三学社省委副主委王毓钟、张并生，九三学社相关专家李瑞丰、张慧霞、高建平、王梦亮、刘维仲、林勤保，市领导杨永生、李体柱、李天祥及阳泉市发改委、经委、科技局、财政局、农业局、环保局、科协和各县、区有关人员出席仪式。

（李宏业）

工商联

阳泉市工商业联合会

【概况】2008年，市工商联紧紧围绕全市工作大局和省工商联的工作部署，充分发挥自身优势，团结带领广大党员，为加快全市非公经济发展和“和谐阳泉”建设作出了积极贡献。12月，在工商联成立60周年庆祝大会上，市委、市政府对全市20名优秀中国特色社会主义事业建设者进行了表彰，市委统战部、市工商业联合会联合对58个先进会员企业、103名优秀会员进行了表彰。

理论学习　2008年，市工商联坚持理论联系实际的原则，要求全市工商联系统认真学习党的十七大精神，组织好非公有制经济代表人士的学习，多次召开非公经济人士学习座谈会。通过学习，广大非公经济代表人士表示要以科学发展观为统领，抓住机遇克服困难，促进企业又好又快发展。平定、盂县等工商联积极组织非公经济代表开展学习贯彻党的十七大精神和科学发展观理论座谈会，组织参观考察学习，努力提高企业家素质。按照市委组织部统一安排，市工商联科级干部参加了党的十七大精神学习，公务员轮训班；县级领导干部还参加了全市学习党的十七大精神轮训班。

参政议政　2008年，市工商联紧紧围绕市委、市政府工作大局参政议政，多次深入会员企业，进行走访座谈，先后对全市10家规模以上企业进行调研，帮助出谋划策解决问题。通过参加政协的巡视调研活动，积极向各级党委政府反映社情民意、建言献策。在市政协十一届二次会议上，提交了《关于在全市开展非公有制经济调研活动的建议》、《关于非公有制经济人士案由工商联管理的建议》等3件团体提案和8件个人提案，提案和发言均受到有关领导重视；提交的社情民意《关于工商联应参加劳动关系三方协商机制的建议》，受到省工商联及市政协领导重视，并在省政协《社情民意》上登载。年内，全市工商联系统共撰写提案20件、议案8件、社情民意6件。非公经济代表进入各级人大、政协和工商联的数量有不同程度增加，其中，省人大代表1人、省政协委员2人、省工商联执委以上5人、市人大代表5人、市政协委员10人、市工商联执委以上45人、县区人大代表4人、县区政协委员5人、县区工商联执委以上60人。

社会服务　2008年，全市工商联与市、县、区委统战部、市总工会、市劳动和社会保障局等单位联合开展举办了“阳泉市春季大型就业招聘洽谈会”，有130家企业参加，提供10多种行业50个工种的岗位，参会人数5000多人，签订协议680多人。

组织建设　2008年，市工商联党组以抓领导班子和机关干部作风建设为重点，不断加强机关自身建设，通过加强学习，广泛征求群众意见，召开支部的组织生活会和党组的专题民主生活会等步骤，班子成员进行了批评与自我批评，班子学习活动取得了成效，机关干部的服务意识进一步提高，抓工作落实的能力和水平进一步增强，加强了信息报送工作，全年共报送信息20期，完成了上级交给工商联的各项工作任务。年内，全市工商联系统还坚持“积极引导，重点发展，参会自愿”的原则，积极开展吸收新会员工作，截至年底共有企业会员、团体会员和个人会员2850个，其中企业会员896个、团体会员39个、个人会员1915个。（刘海明）

【“三项”工作活动】 2008年，市工商联组织了一系列活动，服务社会，服务非公经济，社会反响良好。主要工作活动有三项。一是积极推进新农村建设工作。在工商联的积极推动下，山西远鑫实业有限公司、山西华通路桥公司、西小坪耐火材料有限公司、旭恒源投资有限公司等一批非公有制企业积极投入到新农村建设中，为实现城乡协调发展做出了新贡献。二是开展了“新晋商、新形象”宣传展示活动。通过宣传非公有制企业和非公有制经济代表人士的先进事迹，宣传关心支持非公有制经济发展的有关部门和个人，促进了全市非公经济健康发展，进一步提高了非公经济在全社会的影响力。活动中，有5个企业或企业家受到省工商联表彰。三是开展“致富思源、富而思进”活动。年内，积极组织全市非公有制经济代表人士和民营企业捐款捐物，支援灾区。据统计，全市非公经济人士和民营企业共捐助1107.502万元，受到灾区人民和全市各届的广泛赞誉。（刘海明）

阳泉市总工会

【"双争"竞赛活动】 2008年,为激发广大职工的积极性和创造性,市总工会组织开展了以"争当工人先锋号,争当首席员工"为主要内容的"双争"竞赛活动。评选出全国工人先锋号1个、省工人先锋号6个、市工人先锋号20个;在推进"争当首席员工"活动中,不断提高自主创新能力,有30人获市职工技术创新能手称号,评选出各类首席员工2238名;5·12汶川地震发生后,市总工会及时将"工人先锋号"创建推进到抗震救灾活动中,授予阳煤集团援川建房突击队、华通路桥抗震救灾建筑队、市紧急医疗救援中心等11个单位"阳泉市抗震救灾、重建家园工人先锋号",并送去8万元慰问金。市交通集团抗震救灾货物运输队被中华全国总工会授予全国"工人先锋号",市总工会奖励1万元。 (王一珉)

【《阳泉工会志》出版发行】 4月,阳泉市总工会编纂的《阳泉工会志》由方志出版社出版发行。该书分上、下册,16开本,120万字,收录了176幅历史图片,由13个部分构成,分别为总述、大事记、职工队伍、市总工会、工会工作、县区总工会、直属产业工委、直属与重点基层工会、人物、劳模立功名录、文存辑要、后记、索引。全书结构采用编章节体,分编、章、节、目(子目)4个层次;记叙用语体文,以志为主,兼用述、记、传、图、表、录诸体,较全面、客观地记述了阳泉工运与工会的发展史,阳泉工人阶级的革命史和建设史,是阳泉工会的一部信史,更是一部资料翔实的工运典籍。

(王一珉)

【劳模选树与宣传】 "五一"前夕,市总工会召开"五一"表彰大会,隆重表彰了85个先进集体和161名先进个人;并向省里推荐12个先进集体和41名先进个人,受到省五一命名和记功表彰;选树全国五一奖状1个、五一奖章获得者1名,为全市职工群众树立了榜样。"五一"期间,市总工会联合新闻媒体,开设专栏,系列报道了一大批先进典型,在全市形成了学赶先进的浓厚氛围。特别是制作了5集电视专题片,以独特视角连续报道了二十世纪五六十年代老劳模的工作和生活经历、今昔变化,在社会上引起强烈反响,在全市再掀起学习劳模、争当劳模的热潮。 (王一珉)

【职工技术大赛】 6月,市总工会举办了第五届职工技术大赛,全市有152个参赛单位的1564名选手组成379支参赛队,参加了8个行业(专业)26个工种(项目)的比赛,有73支参赛队和79名选手分获团体和个人前三名,有204名选手获阳泉市职工技术能手称号。

(王一珉)

【"节能减排"劳动竞赛活动】 2008年,市劳动竞赛委员会、市总工会、市经委、市环保局联合下发了《关于在全市开展节能减排专项劳动竞赛的通知》,开展了围绕"节能减排"的合理化建议活动,有12项节能减排专项合理化建议被省总工会推荐到全国总工会参加评比,其中4项获全国节能减排优秀合理化建议奖。在活动中,还掀起了"我为节能减排作贡献"竞赛热潮。全市职工提合理化建议15620项,采纳3539项,实施完成1697项,技术开发72项,创新技术369项,开发新产品57项,创造价值8501.4万元。

(王一珉)

【工会维权工作】 2008年,市总工会在全市开展了"推行平等协商集体合同制度和工资集体协商月"活动,以巩固和创新集体合同制度为手段,以保障职工的经济权益为目标,积极稳妥推进集体合同和工资集体协商工作,初步形成了职工与经营者共商共决的分配新机制。各级工会组织坚持依法推进、互利共赢、共同协商、因地制宜的原则，把集体协商作为职工与企业凝聚合力、共担风险、共渡难关、共谋发展的制度保障，大力实施集体合同制度，全市1865户正常生产企业签订了集体合同,1654户企业签订了工资协议，签订女职工专项集体合同440份，覆盖2678家企业；市总工会联合市劳动保障局、市企业联合会、市企业家协会，以劳动关系三方名义共同下发了《关于在全市开展创建劳动关系和谐企业与街道(乡镇)、社区(村)活动的通知》，积极开展"和谐劳动关系企业"创建活动，全市生产正常的企业中有73.25%参与活动，先后有阳光发电有限公司、燕龛煤矿、公交总公司等21家企业分获全国、省、市首批"和谐劳动关系企业"称号，初步建立了工会服务和谐社会建设的有效载体；举办了骨干培训班，以各种形式进行《劳动合同法》、《就业促进法》、《劳动合同法实施条例》和《劳动争议调解仲裁法》等法规的培训、学习、宣传，在全市各大企业掀起学法、用法高潮；加强区域性劳动争议调解组织建设，积极参加劳动争议调解和仲裁工作，全市共建立区域性劳动争议调解组织87个，为871家企事业单位工会进行了法人登记。

(王一珉)

【职代会制度建设】 2008年，市总工会制定下发了《阳泉市职工(代表)大会档案管理规范》，进一步深化了职工代表大会星级竞赛活动，促进了职工代表大会质量的提高。全市有3个单位的职代会达到省五星级标准，31个单位的职代会达到市五星级标准，50个单位的职代会达到市四星级标准。坚持以非公企业建立职工代表大会为重点，稳步推进职工代表大会的建制工作，民主管理的工作领域不断扩大。全市有2130个单位建立了职代会制度，146个企业建立职工董事监事制度，全市建立区域性、行业性职代会60个，覆盖单位1180个；以纪念企务公开推行10周年为契机，举办了系列活动，不断推进企务公开长效机制建设，全市实行企务公开单位达1979个，占应公开企事业总数的95.2%；开展了纪念企务公开民主管理10周年征文活动，并在《阳泉日报——工运在线》和《阳泉工人》上开辟专版进行刊登，激发了广大职工群众对企务公开民主管理工作的研究和探讨；不断加大民主管理制度创新力度，大力推行职工代表竞选、述职、津贴制度，充分发挥职代会作用，保证了企业改组改制顺利进行，保持了职工队伍的和谐稳定。

(王一珉)

【特困企业与特困职工帮扶】 2008年，市总工会为特困企业和特困职工建立电子档案，做到"四清四落实"(困难职工底数清、困难原因清、家庭状况清、分布范围清；帮扶对象落实、帮扶措施落实、帮扶组织落实、帮扶目标落实)。大力实施"进万家门、知万家情、暖万家心、解万家难"的"两节"送温暖活动。两节期间，市总工会筹集资金756万元，慰问困难企业221个，困难职工27840人，困难劳模141人；对困难职工进行临时救助和专项救助活动，发放救助款物价值11.75万元；持续推进"金秋助学"活动，发放助学金199.96万元，资助困难职工子女1785名；大力倡导"有病人助我，无病我帮人"的传统道德，积极建立健全职工大病互助补偿机制，用爱心、用制度，逐步解决了职工因大病致贫问题，第三期大病互助活动圆满结束，共为2566人(3235人次)提供医疗救助，发放医疗救助金1140万元，第四期大病互助活动如期顺利展开，筹集互助金800万元，极大缓解了职工看病难、看病贵问题。

(王一珉)

共青团阳泉市委员会

【概况】 2008年，全市各级团组织围绕全市"两先"目标，突出"服务、维权、创业"三大重点，按照"走出青年文化塑新之路、青年创新创业之路、青年牵手绿色之路、青年参与和谐之路、青年组织创新之路"的要求，团结带领全市广大团员青年振奋精神、凝心聚力，在打造中国"鲁尔区"、建设太行明珠城中谱写了共青团务实有为的新篇章，被团省委授予"工作特色奖"。

(黄洁诚)

【学习贯彻团的十六大精神】 6月9日至14日，团市委书记杨日祥、北大街小学教师丁桂荣代表阳泉49万团员青年，参加了中国共产主义青年团第十六次全国代表大会。7月11日，团市委召开阳泉共青团系统传达贯彻团十六大精神座谈会，杨日祥对全市共青团组织如何贯彻团十六大精神提出具体要求。会上下发了《关于认真学习宣传贯彻团的十六大精神的通知》，并在2008年暑期社会三下乡社会实践活动中，把学习贯彻团十六大精神作为重点活动内容，收到了良好效果。

(黄洁诚)

【青年志愿者行动】 2008年，团市委集中开展了以"弘扬雷锋精神、开展志愿服务、倡树文明新风、构建和谐阳泉"为主题的志愿服务活动。全市3000余名志愿者走上街头，走进社区，走进养老院和福利院，为市民、孤寡老人和儿童提供检查身体、健康咨询、发放防病资料、维修家电等服务；举办了以"走进园区，共建和谐"为主题的关爱农民工活动，为农民工发放价值3万多元的生活用品、计生药具和宣传品，并为农民工提供健康义诊、爱心摄影、义务理发、法律咨询等志愿服务；积极组织青年志愿者为在盂县举办的全省农廉工作会议和全市纪念党的纪检机关恢复重建30周年历程回顾暨书画摄影展提供会务服务，受到与会人员好评。年内，团市委还加大了在基层团组织中推进青年志愿者注册工作力度，1000多名青少年加入志愿者队伍，进一步壮大了队伍。

(黄洁诚)

【乡村青年文化节】 为进一步活跃阳泉农村青年文化生活，展示全市农村青年精神风貌，营造文明健康向上、充满生机活力的农村文化氛围，全市各级团组织紧紧围绕建设社会主义新农村的时代主题，在“两节”期间开展了乡土气息浓郁、群众喜闻乐见的乡村青年文化节活动。平定冠山镇团委以基层文化设施建设为重点，建起了冠山镇“青年之家希望图书室”，引导青年投身新农村建设。盂县秀水镇团委组织16支街头表演队伍，进行了龙灯、舞狮、锣鼓、杂耍等传统与现代有机结合的文艺表演。平定团县委举办了“迎奥运促和谐”体育舞蹈大赛。郊区团区委组织了“激扬青春共铸辉煌”乡村青年文化节专场文艺汇演。此外，阳泉市大学生村官积极发挥特长，在元宵节期间参与各村文艺活动，成为乡村青年文化节上的一道亮丽风景。 （黄洁诚）

【“与祖国同庆 与奥运同行”集体婚礼】 9月27日，团市委联合市广电总台、开发区管委会共同举办了“与祖国同庆、与奥运同行”2008年盛大集体婚礼，百名新人在北山公园喜结良缘。婚典上，市委副书记郜爱国为新人致贺词，副市长李体柱为新人证婚。全体新人在中共第一城下盟约誓言、参观307国道复线、乘坐花车巡游市区、相约北山公园广场、参加盛大龙凤典礼、同培合欢树、共挂同心锁，在铭记光荣历史、感受阳泉变化的同时，激发了青年人热爱山城、建设家乡的热情。《中国青年报》、《山西晚报》和山西电视台等媒体对婚礼进行宣传报道，在社会上引起强烈反响。

（黄洁诚）

【12355阳泉青少年服务平台】 1月，阳泉市被团中央确定为全国41个12355青少年服务平台试点省市之一。为提高服务质量，团市委招聘两名大学生作为话务转接员。同时，为使工作更能直接面对青少年，团市委拿出部分经费，让两名话务员接受省级心理咨询师培训，持证上岗，做到小问题不转接，及时解答；大问题有记录，专人解答。2月，团市委印制了10万份12355课程表，分发到全市青少年学生手中。8月，团市委开始筹建“12355记者团”，经过审核、公示、培训、考核等环节，51名青少年成为第一批12355记者团成员，有效提升了12355阳泉青少年服务平台的社会知名度。全年，12355阳泉青少年服务平台共接听电话1566次，有效接听电话1278个，其中心理问题718个，占有效接听电话的56.2%；法律问题325个，占有效接听电话的25.4%；其他问题235个，占有效接听电话的18.4%，来电咨询者满意率达90%以上。 （黄洁诚）

【“服务青少年月”活动】 按照团中央、团省委部署，1月上旬至2月中旬，团市委在全市开展了以“竭诚服务青少年、共建共享促和谐”为主题，以贫困学生、大病青少年及特困青年等困难群体为主要帮扶对象的“服务青少年月”活动。活动中，团市委深入开展调查摸底工作，严格把关，广泛发动青年文明号单位，有效整合社会资源，共筹集现金及生活用品价值42万元，为169名贫困学生及困难青年发放大米6250斤、白面6250斤、油1250斤，发放助学款18200元，捐赠图书2000册。同时，为38个家庭发放青少年大病救助款30万元，青年文明号与困难家庭结对子285个。 （黄洁诚）

【希望工程圆梦行动】 2008年，团市委、市希望办继续开展希望工程圆梦行动，共筹善款90万元，为157名贫困学生每人发放助学金5000元，使他们顺利步入大学校门。全年共援建希望小学4所，其中，盂县上社嘉泰希望小学、商业银行小湖希望小学正式落成，新援建国家电网三郊希望小学1所，并在抗震救灾中捐出50万元在四川德阳地震灾区援建1所阳泉希望小学。 （黄洁诚）

【“雏鹰争章”体验竞技大赛】 为迎接第59个建队节，10月11日，团市委、市教育局、市少工委联合主办了全市青少年“雏鹰争章”体验竞技大赛，全市15所小学的100余名参赛选手及20余名辅导员老师参加比赛。活动围绕《中国少年先锋队章程》及《雏鹰争章手册》中“自学、自理、自护、自强、自律”方面的内容，考验参赛选手综合能力。大赛设知识问答、地震逃生、包饺子等10个项目，特邀消防、地震部门有关人员作评委，现场为参赛人员进行了知识讲座。通过比赛，检验了全市各县区少先队工作水平，考察了全市各县区“全团带队”的工作能力，提供了一个全市辅导员老师相互交流经验的平台。 （黄洁诚）

【团委系统抗震救灾】 5月12日，汶川特大地震发生后，根据市委、市政府和团省委要求，阳泉团委系统积极动员组织广大团员青年、少先队员投身到抗震救灾行动中。5月31日，团市委一班人在70吨爱心物资发往德阳灾区后，组成“心手相连 共筑和谐”援助队赶赴德阳灾区，与德阳团市委签订了《阳泉团市委援建德阳市“阳泉希望小学”意向书》。爱心援助队还深入重灾区汉旺镇，实地察看灾情，慰问受灾青少年。6月1日，援建队和德阳灾区罗江县金山镇第一小学的学生共度“六一”儿童节。在抗震救灾中，全市各级团组织共捐款2059694.91元，其中，交民政部门997867.4元，交省青基会347777.51元，向市直机关工委缴特殊党费11600元，向市总工会缴特殊会费2450元。

（黄洁诚）

阳泉市妇女联合会

【市妇联九届五次执委（扩大）会议】 1月29日，市妇联九届五次执委(扩大)会议在市财政局七楼会议室召开。市委副书记郐爱国出席会议并讲话。市妇联主席朱玉芳作了题为《坚持以十七大精神为指导,努力开创妇联工作新局面》的工作报告,回顾总结了2007年全市妇女工作,安排部署了2008年各项工作。市妇联副主席李国庆传达了省妇联九届六次执委(扩大)会议和省委常委会专题研究工青妇工作会议精神。会议替补王鲜美、李秀芳、张林爱为市妇联九届执委。市妇联九届全体常委、执委,团体会员负责人及市县乡三级妇联干部,市直机关妇委会主任和企事业单位女职委主任150余人参会。 (罗艳春)

【妇联建会60周年暨"三八"表彰大会】 2月29日,市妇联庆祝建会60周年暨"三八"表彰大会在阳泉宾馆报告厅举行。市级领导、省妇联领导及来自全市各行业先进妇女代表、新老妇联干部等800余人欢聚一堂,共同回顾总结市妇联走过的60年辉煌历程。会上,隆重表彰了100个"三八"红旗集体和500名"三八"红旗手,同时对阳泉市妇女运动作出特别贡献的10名杰出女性及20名巾帼功勋、75名从事妇女工作15年以上的妇女干部给予表彰。 (罗艳春)

【妇运百年"东海杯"征文活动】 3月4日,市妇联在信达投资公司八楼会议室举行阳泉妇女运动百年"东海杯"征文颁奖仪式。该征文活动以"百年妇运话发展"为主题,从2007年6月1日开始至11月30日结束,共收到征文189篇,评出一等奖3篇、二等奖6篇、三等奖9篇,其中,陈桂芳撰写的《平定县首届妇代会》、曹素英撰写的《阳泉第一个女共产党员——张秀坤》、韩万德撰写的《巾帼英雄女中豪杰——记抗战时期盂县首任妇救会主任陈舜玉》获一等奖。 (王文利)

【建会60周年歌咏大赛】 3月13日,市妇联在铁路俱乐部举办了以"高歌向明天"为主题的歌咏大赛。歌咏大赛是庆祝市妇联建会60周年系列活动之一。大赛历时两个多月,近百个单位、上万名群众参加了选拔和初赛。经过激烈角逐,市公安局等3个单位获一等奖、阳泉一监等6个单位获二等奖、市地税局等9个单位获三等奖。(王文利)

【百年妇运图片展】 4月22日至5月底,市妇联在市文化中心举办了以"光荣的历史,辉煌的历程"为主题的百年妇运图片展。展览分争取解放、辉煌历程、硕果累累、巾帼英豪四部分。展览的260余幅图片、近万字说明,真实记录了阳泉市妇女运动蓬勃发展、妇联组织成长壮大、妇女工作开拓创新、妇女群众团结奋斗的历史足迹与辉煌成就。其间,军事科学院原政委、全国人大常委张序三中将,济南空军原政委王吉连中将,海军政治部原副主任张双虎少将,空军指挥学院原副院长、全国妇联副主席、功勋飞行员刘晓连少将,海军霍玲少将,市领导谢海、白云、孙水生、刘高官、樊盛武、宋师璇等参观并题词,市妇联常委,市、县妇联老领导,市妇联团体会员负责人、市直各单位妇委会主任及上万名妇女群众参观了展览。

(王文利)

【刘晓连到阳泉视察】 4月29日,全国妇联副主席刘晓连在山西省妇联领导陪同下到阳泉市视察妇女工作。在听取市妇联主席朱玉芳的工作汇报后,刘晓连对阳泉妇女工作给予高度评价。随后,刘晓连参加了平定县娘子关将军希望小学奠基仪式,并被聘为该学校顾问。奠基仪式上,刘晓连高度赞扬了市女企业家协会为娘子关将军希望小学捐款10万元的义举。刘晓连一行还参观了阳泉百年妇女运动史图片展,并题词"娘子关内娘子军,建功立业谱新曲"。 (王文利)

【向灾区人民献爱心捐助活动】 5·12汶川地震发生后,市妇联号召全市各界妇女立即行动起来,把爱心化作实际行动。5月20日,市妇联在南山公园门口举办了"阳泉市各界妇女向灾区人民献爱心捐助活动"。市人大副主任吴丽萍,市政府副市长王敬瑞,市政协副主席赵永红,市党校常务副校长、市行政学院副院长彭喜平参加活动并带头捐款。市妇联各团体会员、各县(区)妇联、市直各单位妇女组织及上千名各界妇女群众参加活动。活动当日收到捐款101万元,衣物126413件,折合人民币102.6万元。

(康翠荣)

【"人口杯"春蕾演讲比赛】 5月28日,市妇联牵头市妇儿工委办公室、市人口和计划生育委员会、市计生协会举办了以"喜迎奥运、放飞梦想,我与祖国共成长"为主题的"人口杯"春蕾演讲比赛。来自全市五个县区的10位小选手,从不同角度,结合自身经历和认识,抒发了对祖国的无限热爱,充分展现了少年儿童心系祖国、勤奋学习的精神面貌。经过激烈角逐,共评出一等奖1名、二等奖2名、三等奖3名。城区新华小学的杨明谕获一等奖。

(黄彦华)

【"十佳少年儿童"评比活动】 为进一步推动未成年人思想道德建设,阳泉市妇儿工委和市妇联于"六一"前夕开展了评选表彰"十佳少年儿童"活动。经各级妇儿工委、妇联及教育、共青团等组织层层选拔推荐,从全市32万少年儿童中推选出具有时代特色、具有代表性的"十佳少年儿童"。其中有参加山西省2008奥运火炬传递的阳光少年、市十一中的杨扬,有出身贫困、失去母亲后自强不息的平定立壁学校蔡金莉,有团结同学、助人为乐、好学深思的平定三中姚英,有热爱艺术、推选为"中俄文化艺术交流天使"的盂县实验小学王杨溶等。 (黄彦华)

【"移动杯"迎奥运妇女健身操大赛】 7月24日,市妇联、市体育局在市体育场联合举办了“移动杯”迎奥运——2008妇女健身操大赛。参赛队员有工人、农民、知识分子、干部、教师、医务人员、社区居民、“三八”红旗手、女劳模、巾帼建功标兵等各行业妇女1000余人,年龄最大的74岁,最小的22岁。经过激烈角逐,平定妇女代表队、市机关事务管理局代表队获一等奖,阳煤集团三矿、阳煤集团二矿、城区中心广场社区、郊区河底镇河底村代表队获二等奖,市民主党派妇委会、城区晋东化工厂社区、矿区秋沟社区、平定森宇公司代表队、城区新华东街社区、平定东门街社区、开发区管委会健身队获三等奖。(康翠荣)

【市第十次妇女代表大会召开】 9月25日至27日,阳泉市第十次妇女代表大会在阳泉宾馆召开。妇代会共有正式代表298人、特邀代表32人、列席代表81人。市妇联主席朱玉芳代表阳泉市妇联第九届执行委员会在会上作了题为《高举旗帜,科学发展,团结带领全市广大妇女为加快全面建设阳泉小康社会进程而奋斗》的工作报告。大会选举产生了市妇联第十届执行委员会常务委员,朱玉芳当选为市妇联第十届主席,李国庆、韩静当选为副主席。(王文利)

【新农村建设“双百双千双万”“三八”绿色工程推进会】 12月11日,市妇联召开新农村建设“双百双千双万”、“三八”绿色工程推进会,市、县、乡三级妇联干部及受表彰的先进集体和个人计120余人参加了会议。副市长、市“双学双比”领导组组长王敬瑞出席会议并讲话。平定鑫森科技生态园经理郗巧芬、盂县孙家庄镇子牛庄村养猪场场长李慧书交流了经验。会上还表彰了“巾帼生态示范园区”、“妇字号”示范基地各10个,以及“阳泉市十大农民女状元”、“阳泉市十大农民女科技当家人”、“阳泉市十大农民女经纪人”、“阳泉市十大农民女绿化状元”,分别命名了“巾帼生态园区”、“妇字号”基地各30个。截至2008年,全市有12万名农村妇女投入到活动中,占妇女劳力的98%,新增“妇字号”基地、“巾帼生态园区”各40余个,培养市场女经纪人、女科技当家人各400余名,农民女状元4000余名,有4000余名妇女获上岗资格证,创建“三八”林基地303个,妇女“三八”造林队100余支,植树160余万株,庭院绿化346公顷。(杨玉珏)

【女企业家协会年会暨十大杰出女企业家表彰大会】 12月29日,市妇联召开全市女企业家协会第三次年会暨十大杰出女企业家表彰大会。山西吉天利科技实业有限公司总裁刘林娣等女企业家获“十大杰出女企业家”称号,阳泉物资集团公司副总经理尚变英等30名女企业家获“优秀女企业家”称号。会议增补15名市女企业家协会理事。当选为“十大杰出女企业家”的阳泉阀门股份有限公司董事长王彩萍代表协会全体会员向全市广大女企业家发出了题为《在创业中求发展,在奋进中铸辉煌》的倡议。(黄彦华)

阳泉市科学技术协会

【市科协第六次代表大会】 11月5日至6日,阳泉市科学技术协会第六次代表大会召开。市委书记谢海,市委常委、市委统战部部长杨永生分别在开、闭幕式上讲话。大会审议通过了张秀亲代表五届委员会作的《团结和动员全市广大科技工作者,为实现阳泉市经济社会又好又快发展而努力奋斗》的工作报告;修改通过了《阳泉市科学技术协会章程》;选举产生了市科协新一届领导班子。张秀亲当选为市科协第六届委员会主席,王文科当选为副主席,任美福、张庆恒、韩锦、安海润、郝葆良、肖有世、郭建明、刘振发、乔国强当选为兼职副主席。(尚红秀)

【世界水日 中国水周“兴水杯”征文活动】 2008年3月至5月,市科协与市水利局、市委宣传部联合开展世界水日、中国水周“兴水杯”征文活动,活动中,全市各学校、单位报送关于节约用水、保护水资源的学术研究论文和各类文学作品1217篇。按照原创性、文学性、实用性的评审标准,经过活动评审委员会评选,市水利局黄秀萍撰写的论文《浅析偏远山区解决农村饮水安全问题的有效途径》、市交通局王海平创作的《母亲泉的目光》、市四中学生冯煜英创作的《请原谅我的龙吟》等5篇文章获一等奖,盂县科协李志军的《家乡的小河》、市四中学生郭雅娜的《一滴水的三世》等10篇文章获二等奖,另有17篇文章获三等奖,70篇文章获纪念奖。

(尚红秀)

【“农科110”服务热线开通】 “农科110”服务体系是山西省科协与山西省移动公司联合开展的“网络课堂进乡村,电子农务惠万民”公益性科技信息服务体系。该体系组建起了省农科院、省农业厅、山西农大等多学科、多领域,100多人的农业科技专家队伍,开通了公益热线电话12590110、969000110和10109110,省内任何地点拨打免长途费、咨询费、信息费,只收市话费,全天候接听、解答农民提出的问题,同时开通Internet网络远程视频会诊、专家现场指导、媒体点题等多种服务类型,创造了农民点题、专家服务的新锐载体。2008年,在市科协积极运作下,阳泉市平定县农业局服务站、东回镇黄安村服务站、柏井镇柏木井村服务站、柏井镇乱安村服务站、柏井镇张家岭村服务站,郊区河底镇北庄村服务站,盂县迅达养殖合作社服务站、梁家寨乡地热水苗种场农科服务站、东梁乡服务站、秀水镇服务站、牛村镇永源养殖合作社服务站(共11个)与省科协农业科技信息中心签订协议,正式开通“农科110”服务热线。从此,当地农民在农业生产中遇到科技难题,在致富道路上遇到困难,都可拨打“农科110”服务热线,进行求助。“农科110”这一新型农村科技信息传播方式的出现,是阳泉市科普惠农行动计划的进一步延伸和完善,对实现农业和农村信息的快捷和有效扩散,提高农村科技信息服务能力,推进农村信息化,都有着重要意义。

(冯　静)

【“讲理想 比贡献”科技创新活动】 2008年,全市各企事业科协围绕“促进企业科技进步,提高企业经济效益”中心任务,在企业科技人员中开展了“讲理想、比贡献”科技创新活动,为企业增效作出了贡献。晋东化工集团在时间紧、任务重的情况下,圆满完成了北京奥运会点传火装置的研制任务,保证了奥运会、残奥会开幕式的顺利进行;完成了快速放气车辆拦截器的研制、移动式阻车路障的生产任务,为奥运会、残奥会的安保工作作出了贡献。阳光发电公司科协投入4240万元,完成技改项目102项,技术攻关项目70项,在通过技术改进提高设备健康水平、提高设备长周期运行水平、节约费用和降低成本等各项工作中取得好成绩。阳煤集团三矿科协实施了科技兴矿战略,建立了完善的技术研究和政策支持体系,先后在15[#]煤层自燃发火的防治、裕公井3[#]煤层严重瓦斯突出区的有效防治、瓦斯抽放钻孔参数技术研究、选煤厂集控自动化、竖井长距离通风瓦斯治理、财务成本精细化管理信息开发系统的研究与应用等方面取得了显著突破。市一院科协在汶川发生地震后,迅速成立领导组,组织救援队于5月17日抵达四川绵阳平武县响岩镇,迅速展开全面救援工作,投入包括呼吸器、固定钢板等医疗器械和各类急救药品150余种,帐篷、食品等急需物资22万余元。5月30日,32名灾区伤员抵达市一院,全院抽调35名医疗骨干和80余名护士组成医疗救治队,经过50多天的治疗、护理,全部灾区伤员都顺利康复出院。据统计,2008年阳泉市各企事业科协在“讲理想、比贡献”活动中共提出合理化建议1711条,被采纳777条,进行科技培训百余次,培训人数12442人次,申请科技立项86个,完成11个,实现经济效益上亿元。 (冯　静)

阳泉市文学艺术工作者联合会

【市文联三届四次全委会议】 4月23日,市文联召开三届四次全委会议。会上,审议通过了市文联主席侯讵望作的《凝聚力量,创新发展,努力推动我市文学艺术事业大发展大繁荣》的工作报告。市委宣传部副部长、市文联党组书记裴秀珍传达了省文联七届五次全委会议精神和市委宣传思想工作会议精神。会上还为获得“2007年度阳泉市文联系统先进集体”称号的8家单位(市作家协会、市美术家协会、市书法家协会、市音乐家协会、市摄影家协会、市民间文艺家协会、平定县文联、盂县文联)和获省文联“文艺评论奖”的获奖者(郭瑞福、王开英、赵维红、贾常温、张水江、张旺模、李建永、侯讵望、郜润科、宫来祥)颁发了奖牌和证书。 (尹玉琴)

【“迎奥运暨纪念改革开放30周年”书法 美术 摄影展览】 7月25日,市文联配合市委宣传部主办了阳泉市“迎奥运暨纪念改革开放30周年”书法、美术、摄影展览,拉开了阳泉市纪念改革开放30周年系列活动序幕。市领导谢海、白云、郜爱国、孙水生、刘高官、樊盛武、高全怀、赵永红等出席了开展仪式。展前共收到社会各界作品400余件,其中选出180幅优秀作品参展。

(尹玉琴)

【第四届文学艺术创作奖表彰大会】 阳泉市文学艺术创作奖是市委、市政府设立,用于表彰在文学艺术创作方面为阳泉市争得荣誉、成绩卓越的优秀艺术家的最高荣誉奖。10月15日,市文联配合市委宣传部组织召开“阳泉市第四届文学艺术创作奖表彰大会”。会上,市领导谢海、樊盛武、高全怀、吴丽萍、赵永红等为获奖者颁奖。市委宣传部、市文联、阳泉日报社、市文化局、市广电总台(局)领导和市直11个协会的主席、副主席、秘书长及获奖作者参加了大会。在长达半年的时间里,有关专家对参评的近800位文艺工作者的千余件作品进行了认真评选,共评出获奖作品290件,其中金奖16件、银奖102件、铜奖172件。市委书记谢海在表彰大会上讲话。市委常委、市委宣传部部长高全怀作了《百花齐放满园春,争奇斗艳放异彩》的报告。 (尹玉琴)

【高长虹研究成果丰硕】 12月26日,市文联和高长虹研究会组织召开了“纪念高长虹诞辰110周年座谈会”。省作家协会党组副书记李歆,中国赵树理研究会会长、高长虹研究会名誉会长、原山西省作家协会副主席董大中,省作家协会创联部主任阎姗姗,市委常委、宣传部长高全怀,市委宣传部副部长、市文联党组书记裴秀珍等参加会议。会议总结了2008年研究会取得的成绩,交流了最新研究心得和学术成果,安排部署了研究会2009年的工作任务。 (尹玉琴)

阳泉市归国华侨联合会

【概况】 2008年是中国侨联提出的“调研创新年”,也是省、市统一战线实施“凝聚力工程”活动和“强素质、树形象”活动的一年。一年来,市侨联在全体侨联委员努力下,认真履行“群众工作、参政议政、维护侨益、海外联谊”四项职能,进一步凝聚侨心、汇集侨智、发挥侨力、共促和谐,开创性地开展了各项工作。

理论学习与社会服务 2008年,市侨联组织侨联委员、侨联机关干部和归侨侨眷深入学习党的十七大精神,努力把广大归侨侨眷的思想和行动统一到党的十七大精神上来。市侨联还组织侨联委员和部分归侨侨眷认真学习贯彻胡锦涛在全国政协联组会上的重要讲话精神,坚定理想信念,明确工作目标和任务。同时,市侨联还积极组织侨联机关、部分委员和归侨侨眷中的无党派人士,参加了市委统战部组织的"无党派人士主题教育"和有关部门组织的各种培训班、报告会等活动,6月下旬市侨联主要领导参加了在中央党校举办的"中国侨联第十三期干部培训班"。通过各种不同形式的学习,丰富了理论知识,为进一步做好新时期侨联工作夯实了基础。

5月12日汶川地震后,市侨联及时组织召开六届五次全委扩大会议,号召广大归侨侨眷踊跃捐款。蒙古归侨谭福忠、严龙生、卢信、尹晓钧等人带头捐款,现场募捐6940元,侨联绿色鞋业有限公司捐款3000元。据统计,在抗震救灾活动中,市侨联捐款3万余元。

参政议政与建言献策 2008年,市侨联充分发动侨界人大代表、政协委员及侨联委员建言献策,反映侨界呼声。在2008年的政协全委会上,积极撰写团体和个人提案。《关于将典型煤矿城市市属企业棚户区改造项目列入享受矿区采煤沉陷综合治理项目优惠政策的建议》、《建议尽快完善感染实验室提高抗击传染病的医疗水平》等社情民意被阳泉政协采用。其中《加强残疾人无障碍设施建设和管理的建议》、《建议修改事故死亡赔偿法规,取消城乡户籍差异》及《在普通中学配备心理教师应尽快实施》等社情民意上报省政协,市侨联委员刘东升撰写的《关于提高全市学校建筑抗震级别的建议》在《阳泉日报》上刊登,为各级党政领导了解民意、改进作风、科学决策提供了依据。

(杨桂青)

【"送温暖 献爱心"活动】 春节前夕,市领导白云、林玉平、高全怀、刘兆林及市侨办、市侨联负责人慰问了原市政协副主席、侨联二届主席潘金成及特困归侨尹晓钧、王淑兰等,为他们送去慰问金和慰问品。慰问了历届侨联老领导、离退休老归侨及困难归侨侨眷,共计42户,发放慰问金及慰问品万余元。

(杨桂青)

【海内外联谊工作】 市侨联以"乡情、亲情、友情"为纽带,以"接待热心、交友真心、办事尽心"为原则,努力拓宽联谊工作面,加大侨务资源开发力度。5月7日,市侨联召开了与新西兰华人王爱雁女士的座谈会,副市长刘兆林、市委统战部常务副部长张克慧出席会议,并与王爱雁亲切交谈。9月11日,市侨联领导拜会了回乡探亲的加拿大华侨刘建平夫妇,与他们进行亲切交谈,建立了联系。为了加强与海内外的联谊工作,市侨联加大了与蒙古华侨的联系,同时加强了与全国各地侨联的联系,主动走出去开展对外联谊活动,组织机关人员到唐山市侨联进行考察,与山东德州市和河北唐山市侨联建立了友好关系。

(杨桂青)

【海外留学(工作)人员及华人华侨摸底统计工作】 随着改革的深入,阳泉市海外留学人员及华人华侨日益增多,他们是阳泉人才资源的重要组成部分。为了充分调动其积极性,吸引他们为家乡建设和发展做贡献,市侨联积极争取市委统战部支持,于5月7日下发"阳统发〔2008〕4号"文件,在全市范围内再次对阳泉市海外留学人员及华人华侨开展了摸底统计工作。在摸底过程中,市侨联积极与各县区统战部联系,以城、矿两区为指导重点,之后全面推开,摸底工作于10月底结束,据统计,全市有海外留学人员、华侨及眷属3500人。

(杨桂青)

中国国际贸易促进委员会阳泉支会

【概况】 2008年,市贸促会围绕全市经济社会发展大局和政府中心工作,以"产品"和"项目"为抓手,开展了专业培训、信息咨询、调查研究、对外联络等工作,发挥了联系企业与政府的纽带作用和连接企业与市场的桥梁作用。

2008年,市贸促会创新专业培训工作,把出证认证业务培训办到了阳泉贸促网、阳泉市国际商会网上。通过网上培训,解决了业务人员的工学矛盾,保证了足够的学习时间和效果,扩大了参学人员范围,为企业节省了费用。年内,市贸促会的培训基地市佳路国际贸易有限公司共有18人进入实习,均为太原理工大学阳泉学院在校学生。有1人在实习期间与约旦做成业务,成为在校、在读期间做成业务的第一人。年内,市贸促会编发《贸促信息》22期。其中,摘自报纸、网络信息104条,市贸促会自编信息15条;《阳泉日报》采纳2条、《政务信息》采纳2条,由阳泉政务上报省政务信息1条,实现了零的突破。阳泉贸促网、阳泉国际商会网更新各类信息500余条,企业网站链接达50家。

2008年,全球性金融危机爆发后,市贸促会加大了对阳泉市进出口公司及外向型产品企业的调研工作,先后调研了市五金矿产进出口公司、信瑞国际贸易有限公司、嘉和国际贸易有限公司、佳路国际贸易有限公司、福赛益特国际贸易有限公司、双龙盛国际贸易有限公司、晨辉国际贸易有限公司、方大公司等。针对企业需求,提出了进行贷款扶持、完善担保机制、整合出口资源、建立工贸合作、建立出口参保基金等应对建议,并及时以信息形式上报市政府,发挥了政府和企业间信息桥梁和政府参谋助手的作用。

2008年,市贸促会加强了与各

级贸促机构的沟通和联系。7月30日,邀请中国贸促会商业行业分会、中国国际商会商业行业分会秘书长赵进昌一行,深入山西大寨饮品有限公司、华新食品厂、山西三来食品有限公司等企业,对阳泉食品产品出口情况进行调研,赵进昌就阳泉食品企业如何把产品推出去、推动外向型经济发展进行了具体指导。10月17日,市贸促会组织参加了在郑州举办的"中国中部城市贸促联盟第二届年会"。年内,市贸促会还加强了与环渤海湾地区贸促机构的联系,与石家庄、秦皇岛、邯郸贸促会进行了交流,并与石家庄贸促会签订了友好合作协议。

(赵红梅)

【阳泉商会越南 加拿大代表处设立】 2008年,市贸促会设立了中国国际商会阳泉商会越南代表处和加拿大代表处。代表处遵照驻在国法律法规,开展促进国际贸易活动,宣传推介阳泉的企业和产品,搜集国际市场供求信息,为阳泉企业的国际联络、产品推广、市场调研、信息交流提供帮助。越南代表处设立后先后就奥伦胶带、莹玉陶瓷等产品进行调研,并对消防车、消防装备、制氧机、电缆等产品与越南进行了广泛联络,为促进阳泉产品打开越南市场进行了有益尝试。

(赵红梅)

【网上出证认证服务】 根据国家贸促总会《关于加强监管,维护出证认证工作健康发展的通知》和《关于严格执行出证认证业务规定、进一步规范内部管理的通知》,市贸促会加强了网上签证工作力度。2008年,网上签证达17家,占办证企业的90%,网上签证数量373份,占签证数量的92%。通过网上签证及时准确地查询单据信息,保证了数据的真实性。2008年,手签和网上签发一般原产地证402份,涉及金额3251万美元,认证商业单据19份,代办领事认证31份,签证数量较上年增长19%,是增长幅度最大的一年。 (赵红梅)

【组织企业参加国际性展会】 2008年,市贸促会转变思路,以服务外向型企业为重点,组织或代表企业参加各种展会。6月19日,参加了在北京举行的不列颠哥伦比亚—加拿大专场洽谈报告会。报告会上,参会人员介绍了阳泉的产业政策和投资政策,着重推介了阳泉市的引资项目。9月3日,组织娘子关旅游景区和华新食品厂两个单位赴太原参加"2008龙城百姓商品展览会"。展会期间,两个单位先后与40多个机构和团体进行了业务接洽,接待了数百人的咨询,广泛宣传了被誉为天下第九关的娘子关旅游景区、将名贵中药和山西传统老陈醋科学配伍精心酿制的养生保健品绞股蓝醋。9月8日,参加了第十二届中国国际投资贸易洽谈会。会议期间,与腾龙特种树脂(厦门)有限公司、厦门翔鹭化纤股份有限公司等企业进行了项目对接,达成了初步意向。10月14日至15日,参加了2008亚欧食品合作(西安)洽谈会。参会期间,市贸促会代表与参会客商就阳泉投资贸易环境、食品加工企业和产品进行了交流,发送资料200余份,为阳泉市农业食品加工及食品包装企业"走出去"、开辟国际市场进行了良好的推介和宣传。10月26日,参加了由国家贸促会与四川省人民政府、联合国贸发会议共同主办的"四川灾后重建项目国际合作洽谈会"。11月24日,组织信瑞商务有限公司、华银耐火有限公司等企业参加了由山西省贸促会举办的中国—巴西经贸合作推介会,参会人员与巴西国际合作局官员进行了交流,为阳泉企业开拓巴西市场,促进经济合作奠定了基础。

(赵红梅)

阳泉市残疾人联合会

【助残日活动】 5月18日是第十八个"全国助残日"。在助残日期间,政府部门和社会各界紧紧围绕"牵手残疾人,走进残奥会"助残日主题,精心组织,周密部署,全面展开助残活动。助残日前夕,副市长、市残工委主任王敬瑞深入郊区旧街乡赵秀清、靳润生等贫困残疾人家中走访慰问,把慰问金和慰问品送到困难群众手中。市教育局在全市大、中、小学生中开展了"节约一元钱、资助残疾小伙伴"活动,全市各学校高度重视,积极组织宣传和捐助,并将每年的助残日确定为捐助活动日。筹集的资金统一管理、专项使用,用于当地特殊教育学校改善残疾儿童学习和生活条件。5月16日,城区特教中心将20所中小学捐助的36459元,捐赠给城区培智学校和新建路小学培智班。

平定县残联在助残日前夕举行了以"牵手残疾人,走进残奥会"为主题的文艺晚会。4月17日,平定县在第二实验小学举行了捐助仪式,为24名残疾学生发放了资助金,帮助他们完成学业。郊区举行了"全国助残日"庆祝活动及残疾人座谈会。对全区评选出的"十佳优秀残疾人"进行了表彰奖励,为20余名残疾人发放钉鞋机、毛衣编织机、爆米花机等生产工具,帮助他们自主创业。城区举办了2008年助残活动表彰大会暨"爱心助残"捐款活动。活动中,市远鑫集团公司、华联商厦、阳泉五龙市政建筑有限公司等20多家单位和爱心人士踊跃捐款4万多元。东海大酒店为城区培智学校捐赠了价值2万元的电脑,市工商银行和新华西街社区捐赠了2000多元的文体用品。市聋儿语训中心的全体聋儿和北大街小学三年级学生举行了"牵手残疾儿童,共同走进奥运"的体育比赛,阳煤集团团员青年代表、蒙牛公司等为聋儿语训中心的孩子送去学习用具,捐赠了冰箱、牛奶、礼品等。通过一系列活动,营造了良好的社会助残氛围,体现了党和政府及社会各界对残疾人的关心和帮助,使广大残疾人树立起了生活的信心。 (赵全明)

【抗震救灾捐助活动】 5月20日，市残联系统在市残疾人康复中心举行了向地震灾区捐款仪式。市级领导、省残联领导及市县(区)残疾人工作者、残疾人企业家、残疾人代表260余人参加了捐款仪式。现场募集资金71588.8元，表达了全市残疾人和残疾人工作者对灾区人民的深情厚谊。 (赵全明)

【"三百工程"】 2008年,市残联系统实施了"百人复明、百人助行、百人安居"的"三百工程",即为100名贫困患者免费实施白内障手术;为200名贫困患者助行（免费安装假肢80名、免费训练20名、免费发放轮椅100辆);为100户农村残疾人家庭实施危房改造;为20个社区卫生服务站配备残疾人康复器材。经过残疾人工作者努力，截至年底，"三百工程"圆满完成。(赵全明)

【残疾人小康建设工作】 2008年，阳泉市在残疾人小康建设中推广了"分类指导,整体推进"的经验。矿区、城区通过康复治疗和功能补偿，增强残疾人参与社会的能力;盂县通过安排残疾人就业帮助其达小康,就业率达90%,创造了全省就业率最高的好成绩;平定开展"一人一议、一人一帮、形式多样,注重实效"的工作形式,加快了全县脱贫步伐;郊区通过政府引导、政策扶持，社会扶助,齐抓共管的模式,率先在全省宣布残疾人整体基本达小康。通过努力,全市残疾人生活显著提高。涌现出赵鑫跃、古米贵、李小平等一批致富带头人。有劳动能力的残疾人75%以上过上了稳定生活;50%的残疾人基本达小康，其中有10%达到宽裕型小康生活。

(赵全明)

【残疾人扶贫解困工作】 2008年，市残联继续加大对残疾人扶贫解困工作的力度。

依靠政策,提高生活保障水平。各县区紧密结合实际,用足用活国家政策,把惠及残疾人的政策和措施落到实处。在实施最低生活保障过程中,无论城镇、农村,都积极保障残疾人利益,做到了应保尽保。城区对全区657户739名贫困残疾人每月享受最低生活保障205730元,对88名大龄未婚残疾人放宽标准,给予倾斜,使他们享受特殊照顾;盂县把1528名贫困残疾人纳入了最低生活保障;平定把1998名二级以上特困残疾人纳入政府出资参加的新型合作医疗,解决其就医难问题;郊区对城乡二级以上残疾人的补助标准分别提高15%和20%，对321名"三无残疾人"实行政府转移支付的"五保供养"的制度,安置在敬老院或亲友家中,使其生活得到保障。

创新思路，加大对残疾人的投入。为了认真贯彻《中华人民共和国残疾人保障法》和《残疾人就业条例》，大力推进全区残疾人就业,鼓励残疾人自食其力、自主创业,2008年，郊区农村信用合作联社同郊区残疾人联合会制定了《阳泉市郊区残疾人小额信用贷款管理办法》,规定不同授信等级确定不同贷款授信额度:一级最高授信3万元,二级2万元,三级1万元,用于扶持残疾人贫困户从事种植业、养殖业和提升其家庭生活水准的手工业与家庭副业。2008年对10户残疾人进行了扶持,贷款24万元,产生了良好的经济效益和社会效益。

建立救助机制，解决残疾人的亟需。阳泉市开展的党员干部与残疾人结对子活动帮扶机制，在解决残疾人生产生活方面起到了积极作用。从市领导到基层党员干部,都与残疾人结成帮扶对子。2008年,平定县把开展对残疾人救助工作列为县委、县政府为民办实事的重要内容,出台了《关于开展结对子帮扶贫困残疾人的实施方案》。平定县四大班子领导每人包1户,县残工委35个成员单位各包2户，县残联包100户，每个乡镇10户，有近500户残疾人解决了生活问题，为残疾人救助现金、生活必需品达15万元。盂县慰问残疾人84户。郊区帮扶1000户,扶助特困残疾人70户。城区对600户进行了救助。年内,市残联对550名特困残疾人实施了救助,党员干部帮、包、带、扶贫困残疾人稳定在5000户,自愿者助残队伍稳定在3万人。

实施"四助一救"活动。2008年，全市各级残联组织积极开展助视、助行、助学、助听,一救助活动。帮助227名贫困白内障患者减、免费用施行了手术,100名残疾人免费安装了假肢和肢体康复训练,100名肢残及瘫痪残疾者免费获得轮椅。对义务教育阶段的残疾学生及特困残疾人子女给予了资助，发放救助金3万元，资助150人次。对20名残疾人在校贫困大学生,每人资助2000元至5000元，帮助完成学业。"彩票公益金"项目投入4万元，资助市盲聋哑学校和城区培智学校学生130人次。为67名聋儿和贫困听力残疾人免费配戴了助听器。 (赵全明)

【残疾人康复工作】 2008年,市残联采取多项措施，使全市残疾人康复工作取得明显成效。

巩固城区全国残疾人社区康复示范区,促进提档升级。2007年城区被国家评为"全国残疾人康复示范区",促进了阳泉市残疾人康复工作的开展。2008年,城区加大残疾人社区示范区建设,在人员、机构、场所、训练和档案等基点上下功夫，坚持做到康复人员相对固定、康复机构坚持活动、康复场所重点保证、康复训练常抓不松、康复档案及时填存。43个社区残协在康复服务和训练中做到"五个定期",定期对残疾人进行专业指导、定期向残疾人免费开放训练室、定期上门为残疾人提供家庭康复训练服务评估总结、定期对残疾人开展适应社会能力的指导和培训。截至年底，共为4810名社区残疾人进行了免费康复训练,312名残疾人在家庭享受免费康复指导。同时,向全区的残疾人配发7大类43个品种674件山西省彩票公益金辅助器具，促进社区残疾人康复工作提档升级，加强和巩固了康复示范区的创建成果。

积极创建第二批全国康复示范区。矿区在区委区政府支持下，积极创建第二批全国残疾人社区康复示范区。制定了创建示范区活动实施方案，落实了组织机构，配备了残疾人专职委员和社区康复协调员、指导员，并邀请省、市领导和康复示范区领导及康复工作者对全区街道的分管领导、理事长、专职委员、社区主任、社区康复协调员进行创建康复示范区工作的培训，同时，组织有关人员到太原参观学习先进示范区经验，创建活动有条不紊，创建工作有声有色。

实施免费肢体矫形手术。阳泉市特邀省残联康复中心副主任张喜荣、骨科专家潘智常，开展"肢体矫形骨科手术"筛查活动。针对各县(区)的各种先天或后天足部畸形、儿麻后遗症、脑瘫下肢畸形、肢体创伤后遗症、脊柱裂后遗症等手术适应症患者。通过两天筛查，患者接受检查100余名，有42名患者在太原接受免费手术治疗，为残疾人解除了痛苦，实现了康复。

落实彩票公益金聋儿助听器、富士康爱心助残康复、省政府为民办实事项目。国家彩票公益金康复项目，共救助15名贫困聋儿，每位聋儿免费配戴两只助听器。富士康助听22名，省政府为民办实事30名。使贫困家庭的聋儿和贫困听力残疾人回归有声世界，更好地融入社会。

成立智力、精神残疾人托养机构。5月14日，郊区精神残疾人托养服务站、精神残疾人康复技术指导中心挂牌。托养服务站的成立有利于提高智力、精神残疾人对社会环境的适应能力，减轻社会及家庭负担，保障其基本权益。2008年，对3名智力、精神残疾人进行了妥善安置，收到很好的效果，1名患者康复出院，成为托养救助的首位受益者。

充分利用社会资源，完成康复任务。年内，市残联协调各医疗机构，开办了38个康复点，有效扩大了社区覆盖面，形成了以市残疾人康复中心为龙头、医疗院点为指导、社区为骨干、家庭为基础的四级康复服务网络体系。

2008年，全市共完成白内障手术1100例(其中扶贫手术277例)，完成低视力患者助视器配发70付，培训低视力儿童家长70名，盲人定向行走训练30例；收训聋儿30名，培训聋儿家长30名，为37名聋儿免费配发了助听器；训练肢体残疾人35名，脑瘫儿童训练40名，智残儿童训练30名；辅助器具供应1400件，安装小腿25例、大腿35例；安装矫形器60件，矫治手术42例，较好地完成了省残联及市政府下达的任务。 (赵全明)

【残疾人就业工作】 2008年，市残联采取集中安置和分散安置相结合、岗前培训和岗位培训相结合，建立了"残疾人就业信息网络"，方便了广大残疾人。组织7批60名残疾人参加全省残疾人职业技能培训，取得职业技能培训证书。为沃尔玛集团、三来食品厂等单位专门组织招聘会，安置残疾人40名。与市劳动社会保障局、市总工会、市工商联、市委统战部、市广播电视台、《阳泉日报》社、《山西晚报》阳泉中心站召开两期大型就业招聘会，用人单位与147名残疾人签订了用工议项。残疾人售报车改售报亭完成80%的改造，有42名残疾人就业。全年举办城镇残疾人职业技术培训班15期，培训残疾人524人，其中培训盲人39名；对1316名农村残疾人进行了适用技术培训；新安置残疾人就业1180名，其中城镇629名，农村551名；全市共发放就业证437个；收取保障金511.09万元，超额41.09万元，其中市本级收取221.09万元，圆满完成了省、市下达的各项任务。 (赵全明)

【残疾人文体工作】 2008年，市残联组织开展了残疾人体育活动、特奥进社区活动，为山西输送150名优秀特奥运动员。城区新华东社区获得"全国特奥活动先进社区"奖牌。聋人张云晶被选送到省集训，参加了残奥会开闭幕式表演。肢体残疾人刘存祥被选为山西省奥运火炬手。组团参加在朔州举行的全省首届聋人篮球锦标赛，取得了亚军的好成绩和精神文明道德风尚奖。组团参加了在晋中举办的全省首届轮椅太极拳和轮椅健身操比赛，取得第三名的好成绩。拍摄的专题片《寻梦》获得省残联、省记协好新闻评选二等奖。全年在中国残联网刊发信息3篇，省级报刊、杂志、网站刊发文章、信息39篇，市级发表180篇。 (赵全明)

【残疾人组织建设】 为实现残疾人工作跨越式发展，市残联邀请专家和各级领导，就如何加强党性修养，树立正确的世界观、人生观、价值观及残疾人业务知识，对残疾人工作者进行培训，为加强阳泉市残联维权机构建设、促进残疾人维权工作开展起到了促进作用。4月，与市编制部门协调，增设残联维权文体部，人员编制增加2名。根据阳政办发〔2008〕27号文件精神，为贯彻《政府信息公开条例》，与5月1日前，完成了市残联网站的建设，实现了残联政务公开。为加强乡镇残联队伍建设，阳泉市下发了《关于做好选配残疾人专职委员工作的通知》，截至年底，32个乡镇、12个街道办事处的46名残疾人专职委员全部到岗，队伍建设得到加强。 (赵全明)

审　判

【概况】 2008年,全市法院系统全面加强审判和执行工作,大力加强队伍建设和基层建设,不断增强司法能力,为阳泉经济建设提供了有力的司法保障。

发挥审判职能,加大执行力度,为经济发展和社会和谐提供司法保障。2008年,全市两级法院共受理刑事、民事、商事、行政及执行等各类一审案件8612件,审结8757件(含上年未结案件387件)。新受理的一审案件数较上年下降8.6%,而审结案数上升1.6%。一审案件结案率97.3%。市中级人民法院受理二审案件611件,审结558件,结案率89%。在执行工作方面,通过创建执行信息平台、召开执行联席会议、纳入社会治安综合治理考核等举措,营造联动执行局面,形成"党委领导、人大监督、政府参与、政法委协调、法院主办、社会各界支持"的强大态势,扎实开展"全市集中清理执行积案"活动。年内,全市两级法院还积极推行立案便民措施,加强诉讼指导,减少群众讼累,落实司法救济制度,依法缓、减、免诉讼费316万元。加强再审监督和审级监督,畅通上诉、申诉和再审申请渠道,纠正错误裁决。加大涉诉信访工作力度,全力维护社会政治稳定。

加强机关建设,接受民主监督,提高司法能力和执法水平。2008年,全市两级法院以中院法官学院为平台,通过外聘专家到院讲授和外派法官接受专业院校培训,使法官职业素质得到提升。中院刑一庭庭长吕泉生被评为全国法院刑事审判先进工作者。基层基础建设也取得进展。9月,占地1.07公顷(16亩)、投资1600万元的盂县人民法院新审判综合大楼投入使用。郊区法院审判法庭改扩建工程竣工。两个基层法院审判综合大楼的新建和扩建完成,对于高效开展各项审判活动,提供了有力保障。全市法院系统还自觉接受民主监督,先后召开省市县人大代表座谈会20余次,就法院刑事审判、涉诉信访、审判监督、队伍及基层基础建设等听取代表意见。在党委领导、人大监督、政府和社会各界支持下,审判工作呈现崭新局面。　(刘海涛)

【刑事案件审判】 2008年,全市两级法院共受理一审刑事案件947件,上年未结11件,共计958件,全部审结;受理二审刑事案件159件,全部审结。判处犯罪分子1408人。一是严厉打击危害社会治安的暴力犯罪和多发性犯罪,年内审结杀人、抢劫、强奸、故意伤害等案件521件,判处犯罪分子888人。绑架犯刘洪禄,故意杀人、强奸犯任捷被判处死刑。二是严惩贪污、贿赂等职务犯罪与合同诈骗、伪造倒卖虚开增值税发票等破坏市场经济秩序犯罪,全年审结贪污贿赂案件41件,判处犯罪分子59人。审结破坏市场经济秩序犯罪案件18件,判处犯罪分子26人。三是依法审判未成年人犯罪案件,注重教育感化功能,推行"圆桌审判"方式,全年审结未成年人犯罪案件74件,其中16岁以下少年犯罪案件30件,判处5年以上有期徒刑的占全部少年犯罪案件的6%。　(刘海涛)

【民商事案件审判】 2008年,全市两级法院共受理各类一审民商事案件3940件,审结4316件(含旧存376件),结案标的4.1亿元;受理二审民商事案件483件,审结410件。一是依法审判和调处离婚、赡养、继承等婚姻家庭案件,注重保护妇女、儿童和老人的合法权益,全年审结婚姻家庭案件1758件。二是认真审判和调处涉及公民生命权、健康权、身体权的民事案件,全年审结侵害公民人身权利损害赔偿案件597件。三是及时审判和调处劳动争议、商品房买卖和涉农案件,注重保护弱势群体合法权益,全年审结案件

209件。四是公正审判和调处金融借款、工矿产品购销等合同纠纷案件和公司、证券、票据纠纷案件以及企业破产案件,全年审结案件2060件,结案标的2.8亿元。(刘海涛)

【涉诉信访】 2008年,全市两级法院加大对重点信访案件的排查、化解。对正在审判执行的案件,加强诉讼调解、案外协调与执行和解工作,确保不发生新的涉诉信访;对上级交办督办的重点信访案件,实行领导包案负责,具体承办责任分解到人,确保短期内得到消化;对确有错误的裁判,坚决启动审判监督程序依法纠正;对存在协调化解可能的信访诉求,坚持息诉罢访工作;对个别无理缠访、恶意干扰而触犯法律的,坚决依法采取措施。全年,市中级人民法院以各种方式接待来信来访1060余件次,依法立案复查169件,中央政法委交办的7件重点案件全部办理完结。(刘海涛)

【集中清理执行积案活动】 根据中央政法委和最高人民法院的决定,在市委政法委统一领导下,成立了由市委常委、政法委书记陈继光任组长,由市纪检委、组织部、宣传部、政法委、市政府办公厅、公安、检察、发改委、国资委及财政、国土、监察、工商、税务、银行等部门参加的集中清理执行积案活动领导组。自11月中旬至年底,两级法院执结有财产执行案件864件,化解无财产执行案件472件。其中,中央政法委督办、省高级法院指定的总执行金额为6500余万元的跨省执行大案——山西晋商国际经贸发展有限公司申请执行宣化钢铁集团有限责任公司合同纠纷案,在市中级人民法院执行法官努力下,实际执行金额5400余万元并促使双方就其余款项履行达成和解的双赢效果。

(刘海涛)

【阳泉首例涉“黑”案件判决】 1月,市中级人民法院依法对史志红等12名涉嫌犯组织领导和参加黑社会性质组织、故意伤害、寻衅滋事、敲诈勒索等罪行的案件进行宣判。经审理查明,史志红以违规设立公司为载体,纠集史卫红、王培、王洁、石智伟、张小刚、付艳军、郑虎军及部分在逃人员,通过私挖滥采、非法悬挂假机动车牌照、非法贩运煤炭获取暴利。在检察机关所指控的大量犯罪事实中,除史志红参与伤害张某一案证据不足外,所有指控均成立。史卫红、赵超属累犯,从重处罚。王培、王洁、郑虎军、张兴武在羁押期间有立功表现,从轻或减轻处罚。市中院作出判决,依法认定史志红犯有故意伤害罪,判处无期徒刑,剥夺政治权利终身;犯有组织、领导、参加黑社会性质组织罪,判处有期徒刑5年;犯寻衅滋事罪,判处有期徒刑5年,数罪并罚,决定执行无期徒刑,剥夺政治权利终身。被告人史卫红、王培、王洁、石智伟及其他7名被告分别被判处17年至1年不等的有期徒刑。一审宣判后,上述被告不服,向省高级人民法院提出上诉。5月,省高级人民法院驳回上诉,终审维持原判。

(赵雪松)

【阳泉首例不作为故意杀人案宣判】 2月,郊区人民法院作出一审判决,对郊区人民检察院提起公诉的被告人闫龙军以故意杀人罪判处有期徒刑5年,成为阳泉首例不作为故意杀人案。2007年7月23日,郊区村民闫龙军与李某发生争执。随后,闫到李住处找其理论,并发生厮打。李在闫追赶下跑出宿舍,慌乱中坠入附近耐火厂一渣坑内,摔成重伤。闫见状未实施救助,扬长而去。之后,李因伤势过重,经医院抢救无效死亡。经法医鉴定,李系高处坠落致颅脑损伤死亡。郊区检察院认为,该案中犯罪嫌疑人在明知不施救的行为会导致他人死亡的情况下,放任结果发生,在犯罪构成上符合不作为故意杀人罪(即以不作为形式实施的侵害他人生命权利的犯罪。该罪除应具备一般犯罪构成的四个要件外,还包括行为人负有阻止他人死亡的作为义务、行为人有履行义务的可能性、不作为行为与他人死亡之间具有刑法上的因果关系等三个特殊条件)的构成要件。法院一审依法判处被告人闫龙军有期徒刑5年。(赵雪松)

检　察

【概况】 2008年是阳泉检察机关恢复重建30周年。全市检察机关发挥打击刑事犯罪职能,维护社会和谐稳定。深入查办和预防职务犯罪,推进反腐倡廉建设。努力加强对诉讼活动的法律监督,促进司法公正。切实加强检察队伍建设,促进严格公正文明执法,各项检察工作取得了新的进展。(付利宝)

【刑事犯罪打击】 全市检察机关认真贯彻维护社会稳定和奥运安保的部署要求,依法打击各种刑事犯罪,积极化解矛盾纠纷,做好检察环节平安创建工作,维护社会稳定,促进社会和谐。依法履行批准逮捕和提起公诉职责,全年共批准逮捕各类刑事犯罪案件659件1070人,提起公诉957件1541人,批捕、起诉案件较上年分别增长6.3%和5.2%。突出打击严重暴力犯罪、黑恶势力犯罪及“两抢一盗”等多发性侵财犯罪,共批捕“三类重点”犯罪案件352件604人,起诉519件836人;批捕涉毒犯罪案件46件55人,起诉51件65人。坚决打击破坏市场经济秩序、严重损害人民群众切身利益的犯罪活动,加强对煤炭等环境资源的司法保护,开展了打击私挖滥采、整治民爆物品等专项行动,共批捕上述案件27件34人,起诉27件39人。继续对符合条件的轻微刑事案件适用非刑罚化处理50件59人,在双方和解的过程中引入人民调解机制,与公安机关共同制定了交通肇事案件适用非刑罚化处理的具体办法,不断完善办案方式。对涉嫌犯罪的未成年人,坚持教育为主、惩罚为辅的原则,成立专门办案小组,慎用逮捕措施,实行分案起诉,依法保障其合法权益。积极开展重信重访排查化解和百日接访专项活动,依法处理涉检信访案件38件,办理国家赔偿案件2件。

（付利宝）

【职务犯罪预防】 市检察院切实加强对全市检察机关查办和预防职务犯罪工作的领导,落实办案责任,加大办案力度,以大案要案为主攻方向,重点查办煤焦领域、民生领域、行政司法领域和涉农领域的职务犯罪案件。全年共立案侦查各类职务犯罪案件52件61人,其中贪污贿赂案件38件47人,渎职侵权案件14件14人;通过办案,为国家挽回经济损失2833万余元。年内突出查办职务犯罪大案要案,共立案侦查贪污贿赂大案22件,渎职侵权重特大案件11件,查处县处级以上领导干部3人。先后查办了平定县委常委、宣传部长梁岗平受贿、巨额财产来源不明案,阳泉经济技术开发区土地分局原局长杨永清贪污案等案件,盂县万隆煤业公司"5·21"瓦斯爆炸事故等安全责任事故中相关责任人被依法查处。查办司法、行政机关工作人员职务犯罪案件22件22人,查办危害能源资源和生态环境渎职犯罪案件11件11人,查办商业贿赂犯罪案件10件11人,查办涉农职务犯罪案件10件10人。积极参加煤焦领域反腐败斗争,共立案侦查煤焦领域职务犯罪案件20件24人,其中荫营煤矿销售科科长潘红卫涉嫌受贿、巨额财产来源不明2000多万元案件,在全省查办的煤焦领域职务犯罪案件中涉案数额最大,有力带动了全市煤焦领域反腐败斗争的深入开展。积极推进人民监督员制度,共有职务犯罪不服逮捕、拟撤案、拟不起诉等"三类案件"20件22人进入人民监督员程序,在基层检察院全部采取了人民监督员异地交叉监督方式。

（付利宝）

【诉讼监督】 全市检察机关进一步增强监督意识,提高监督实效,认真开展对刑事诉讼、民事审判、行政诉讼和刑罚执行活动的法律监督。重点防止和纠正有罪不纠、违法办案、侵犯人权等问题。对应当立案而不立案的,要求公安机关说明不立案理由20件,督促公安机关立案17件23人,对不应当立案而立案的,纠正3件3人;对应当逮捕而未提请逮捕、应当起诉而未移送起诉的,依法决定追捕6人、追诉21人,就侦查活动中存在的问题向侦查机关提出书面纠正意见30件;对不符合法定逮捕、起诉条件的,决定不批准逮捕41件78人,不起诉29件41人;对认为有错误的刑事判决裁定提出抗诉7件,法院采纳抗诉意见的5件。梁功昌案件一审法院以职务侵占罪判处其有期徒刑8年,市检察院抗诉后二审法院以贪污罪判处有期徒刑11年,被高检院评为优秀抗诉案件。重点防止和纠正裁判不公、执行难等问题。对认为有错误的民事行政判决和裁定向省检察院提请抗诉5件,直接向法院提出抗诉5件,提出再审检察建议6件,法院改判7件。针对执行中的问题,向法院提出执行监督意见69件。办理支持起诉案件13件。对法院正确的判决、裁定说服当事人息诉服判。重点防止和纠正减刑、假释不当,侵犯被监管人合法权益等问题,立查监管干警职务犯罪案件1件,纠正监管活动违法问题13件,纠正监外执行罪犯脱管、漏管19人,办理在押人员又犯罪案件9件10人。

（付利宝）

【检察队伍建设】 市检察院坚持把队伍建设作为检察工作的战略任务和基础性工作长抓不懈,加强对检察人员的教育、管理和监督,努力提高队伍的整体素质和法律监督能力。认真组织开展了"大学习、大讨论"活动,引导广大检察人员牢固树立推动科学发展、促进社会和谐的大局意识、服务意识和责任意识。城区检察院以文化育检促进"大学习、大讨论"活动,郊区检察院组织党员与农民家庭开展结对子帮扶活动,平定检察院建立服务新农村建设联系点送法下乡,增强学习教育活动实际效果。在支援汶川灾后重建中,全市检察人员先后捐款23万余元。积极推进检察人员基本素质教育,组织专业培训,支持干警参加继续教育,开展岗位练兵和业务竞赛活动,注重培养高层次人才。开展科技培训,提高检察人员的科技素养,推动科技装备在检察工作中的运用。高度重视检察干警参加司法考试工作,采取多种形式支持干警学习,年内全市检察机关新进人员中有8名干警通过国家司法考试。坚持把检察工作和队伍建设的重点放在基层,加强检务保障,提高科技装备水平,全市基层检察院公用经费保障标准全部落实。盂县检察院建成符合高检院规定标准的办公办案大楼,成立了技术信息部门,提高了科技应用水平。两级检察院先后有18个集体、73名个人受到市级以上表彰奖励,郊区检察院被评为"全国先进基层检察院",矿区检察院被高检院命名为全国检察机关文化宣传先进单位,市检察院车建丽被评为全省"十杰"检察官,检察机关社会形象得到进一步提升。（付利宝）

【市检察院在全省率先推行听取被害人意见告知书制度】 6月,市检察院公诉部门在全省首创并率先推行听取被害人意见告知书制度。该制度规定,全市公诉部门在收到移送审查起诉案件3日内,向被害人及其法定代理人或近亲属送达"审查起诉检务公开告知书"时,应当同时送达"听取被害人意见告知书",书面告知被害人不仅享有本院"审查起诉检务公开告知书"告知的委托诉讼代理人、申请回避、要求赔偿损失、申请补充鉴定和重新鉴定以及请求抗诉等权利,还享有向本案承办人或公诉部门负责人及分管检察长就本案的定性、量刑、证据的适用等问题提出口头或书面意见的权利。要求公诉部门在案件管辖、退回补充侦查、改变对犯罪嫌疑人的强制措施时,以及作出起诉、不起诉或建议侦查机关撤案等重要程序决定前,通知被害人及其委托人并听取意见。听取被害人意见告知书制度还规定被害人及其委托人不同意检察机关决定的,应认真做好解释工作。推行该制度,进一步保障了被害人合法权益和合理诉求,充分发挥了检察机关追诉犯罪的职能,体现了全面保护当事人合法权益的价值取向。市检察院在全市两级检察机关推行听取被害人意见告知书制度已初显成效,受到被害人及其代理人欢迎。 (付利宝)

【市检察机关推行检务督察制度】 2008年,市检察院成立了检务督察委员会,并根据全市检察机关实际情况,制定了《阳泉市人民检察院检务督察工作实施办法》,检务督察工作在全市检察机关中全面展开。作为一种全新的内部监督制度,检务督察制度最大的特点是突出事前和事中监督,具有动态性,旨在从源头上防止检察人员违法违纪。在督察中,检务督察部门拥有知情权、责令纠正权、现场处置权和督察建议权,与其他内部监督制度相比,检务督察的手段更为刚性。根据高检有关要求,2008年检务督察工作突出三项重点内容:一是对下级检察院执行高检院和上级检察院重大工作部署和决议、决定、指示的情况及落实各项规章制度的情况进行督察;二是针对执法办案中易出、常出问题的岗位和环节进行督察;三是以端正执法作风为重点,对遵守检容风纪的情况进行督察。检务督察工作的开展,对进一步加强全市检察队伍建设,促进严格公正文明执法,提高检察机关的公信力,推动全市检察工作向前发展起到积极作用。

(付利宝)

公　　安

【概况】 2008年,阳泉市公安机关严厉打击各类刑事犯罪活动,进一步加强公安队伍建设,出色完成各项工作,为全市经济社会发展和人民群众安居乐业创造了良好的社会治安环境。

严厉打击各类刑事犯罪活动。全市公安机关不断引深“打黑除恶”、“命案侦破”、“打盗抢追逃犯”等专项行动,组织精兵强将,实施重点攻坚,相继破获了盂县“6·5”绑架儿童勒索钱财案、“10·26”西城特大盗窃机动车案、开发区“11·19”持枪入室抢劫案等一批大要案件,对各类违法犯罪行为始终保持了严打高压态势。2008年,全市共破获刑事案件3450起,破获危害严重刑事案件458起,抓获各类网上逃犯407名,其中命案逃犯16名,打击处理各类违法犯罪人员13246人,为国家、集体和个人挽回经济损失700余万元。

打击色情网站,强化社会治安。2008年,全市公安机关深入开展了打击淫秽色情网站等专项行动,及时封堵删除各类有害信息,有效净化了全市公共网络环境。继续引深禁赌、禁毒专项斗争,共打掉赌博团伙26个,缴获各类毒品1057.69克。严厉打击涉枪涉爆犯罪,共收缴炸药4498.9公斤,雷管5766枚,导火索7508.4米,硝酸铵2018公斤,黑火药7公斤,各类枪支9支,子弹280发,废弃炮弹7枚。加强对党政首脑机关、煤电气暖等要害部位的安全防范,确保绝对安全。加强对交通管理基础设施的完善更新,强化路面执法,严查严纠各类交通违法行为,确保全市道路畅通有序。巡警、特警、武警进一步严密社会面控制,屯警街面,及时打击现行犯罪。派出所、巡防支队和群防组织深入村镇社区,不断强化巡逻防范,有效预防了案件发生。

大力加强公安队伍建设。全市公安机关坚持把党委班子建设作为重中之重,制定出台了《关于切实加强局领导班子和领导干部作风建设的决定》、《阳泉市公安局党委中心组学习制度》和《中共阳泉市公安局委员会领导班子议事制度》。组织开展了为期三个月的纪律作风集中教育整顿活动,在警风警纪,执法办案、会议组织、公文管理、请示报告等方面进一步健全完善了各项制度,明确了工作程序,规范了队伍管理,公安民警形象有了明显改观,公安队伍建设有了新的发展。年内,市公安局被市政府授予第一批“创建园林式机关”达标单位,跨入全省“文明和谐标兵单位”行列;交警支队获“省级文明和谐单位”称号,交警支队事故科被公安部评为“交警系统规范执法先进集体”。

(荆伟停)

【“天网”视频监控系统投入运行】 1月9日,“天网”工程——阳泉社会治安视频监控与报警综合管理系统正式投入运行。市领导谢海、白云、陈继光出席启动仪式,并通过“天网”工程视频监控系统现场观摩了模拟案件处置演练。2007年6月,阳泉投入专项资金500余万元,开展了“天网”工程一期的建设工作,分别在市公安局指挥中心、城区公安分局指挥中心、矿区公安分局指挥中心、平定县公安局指挥中心及城区、矿区所辖城市范围内的派出所建设完成该系统基础平台,视频监控遍布全市各重点单位、主要路段、街道及人员密集场所,是阳泉规模最大的治安视频监控网络。该系统24小时全天候运行,试运行后,公安机关网上办案、调取违法犯罪线索300余条,先后破获机动车辆肇事逃逸案件3起,初步显示出该视频监控系统打击违法犯罪行为的作用。“天网”工程不仅确保公安机关能够第一时间掌握社会治安动态,而且达到了社会治安防控不扰民、控制犯罪不迟钝的良好效果。截至2008年底,该系统已实现全省范围内实时联网,可随时通过平台相互调取图像资料,为打击犯罪、维护社会治安提供了可靠的科技支撑。

(赵雪松)

【"2·4"雷管被盗案告破】 经过市、县两级公安民警连续50个昼夜奋战，盂县秀水镇联营煤矿"2·4"雷管被盗案成功告破。2月4日凌晨，联营煤矿西兰一坑1360枚雷管被盗。案件发生时值"两节"、全国"两会"召开前夕，影响重大。省领导金银焕、杜玉林、申联彬等先后作出批示，要求公安机关全力侦破。市县两级公安机关负责人亲临办案一线指挥，省公安厅刑侦总队、科技处也派出专家参与侦破。盂县县委、县政府拨出专项经费20万元，保障破案所需。市公安局、盂县公安局联合组成专案组，连续奋战50天，转战3省7市，行程1万多公里，先后排查春节期间留住盂县的民工628名，排查宾馆、旅店、娱乐场所、出租屋516家1250人次，走访出租车185辆次，发放悬赏通告12000余份，摸排犯罪嫌疑人112名，终于在3月24日将湖南省桑植县人卢永家等4名主要犯罪嫌疑人抓获归案，并将非法使用剩余的726枚被盗雷管全部追回。在侦破中，专案组民警共破获涉及全市范围的涉爆案件28起，抓获涉爆犯罪嫌疑人22名。2月4日凌晨1时许，犯罪嫌疑人卢永家、洪佳楚等5人相互勾结，经事先密谋、踩点后，翻墙进入西兰煤矿院内材料库门前，持断线钳剪断门锁潜入库内，盗窃雷管1360枚，装入尼龙袋内并藏匿于坡头村口一桥下。15日下午，犯罪嫌疑人洪佳楚经重庆江津市人韩松友介绍，以10880元的价格将被盗雷管全部卖给犯罪嫌疑人穆春平，用于非法采矿。犯罪嫌疑人卢永家、洪佳楚涉嫌盗窃爆炸物罪，犯罪嫌疑人韩松友、穆春平涉嫌非法买卖爆炸物罪，均被盂县公安局刑事拘留。4月7日，市公安局与盂县县委、县政府联合召开庆功大会，表彰、嘉奖参与此案侦破的18名专案民警。市公安局对参与侦破的7名民警荣记个人三等功一次，11名民警给予嘉奖一次。盂县县委、县政府奖励盂县公安局10万元。

（赵雪松）

【特大武装跨省贩毒案告破】 市公安机关经过近三个月缜密侦查，于5月22日破获一起特大武装跨省贩毒案件，抓获了涉及内蒙、山东、河北、黑龙江、山西等五省区的贩毒犯罪嫌疑人7名，同时查获毒品1200余克，其中冰毒184.6克，K粉774.27克，麻古2014粒，毒品总价值26万余元。省委常委、政法委书记、省公安厅厅长杜玉林在批示中指出：该案的成功侦破，斩断了从广州、武汉、青岛等地向山西省贩运新型毒品的通道，为全省奥运安保工作和禁毒斗争增添了浓墨重彩的一笔。

（荆伟停）

【"6·5"绑架儿童勒索案告破】 6月6日，经盂县公安局民警连续11个小时奋战，发生在盂县南娄的"6·5"绑架儿童勒索案成功告破，涉案疑犯康志强、王彦明、代利军三人被刑事拘留。6月5日19时32分，盂县公安局接到报警，南娄集团秀南煤矿负责人蔺某的10岁儿子在南娄镇大贤村学校门口被一辆无牌银灰色面包车强行带走，去向不明。接警后，盂县公安局立即指令刑侦大队、南娄派出所民警出警，并安排交警大队设卡堵截，要求相关警种密切协作，迅速布控。刑侦办案民警兵分四路展开了现场勘查、调查走访、专项排查及设卡堵截工作。次日凌晨5时，根据绑匪来电要求"带现金26万元到南娄镇石佛路段交钱赎人"的线索，专案民警果断调整部署，与被绑儿童家长一同赶往交易地点。5时30分，在该路段设卡民警查获了一辆可疑微型面包车，并当场将犯罪嫌疑人康志强抓获，从车内搜出了头套、匕首、墨镜、手机等作案工具。随后，办案民警顺藤摸瓜，先后将负责望风的犯罪嫌疑人代利军和负责看管人质的犯罪嫌疑人王彦明抓获，成功解救被绑儿童。

（赵雪松）

【"5·14"假冒警察系列抢劫案告破】 经过矿区公安分局刑警近40天的细致摸排，发生在五矿贵石沟地区、冒充警察侵害机动车驾驶员财物的"5·14"假冒警察案于6月15日告破，3名涉案犯罪嫌疑人被刑事拘留，并带破同类抢劫案件10起。5月14日上午10时，大同客商杜某驾驶一辆黑色别克凯越轿车行至五矿桥头时，突然有3名青年男子拉开车门强行上车。自称是警察的3人以该车不久前有交通事故为由，勒令杜某到公安机关接受调查。当杜某要求其出示身份证件时，3名男青年拿出手铐，强行将其铐住。杜某奋力挣脱后逃跑，3名男青年驾车逃离现场。受害人杜某通过电话向市公安局110接处警指挥中心报案。案发后，市公安局紧急启动道路卡口查堵预案，全面排查、追击被劫车辆及犯罪嫌疑人。矿区公安分局贵石沟派出所、刑警大队三中队民警迅速赶赴现场展开调查访问工作。当天下午，矿区公安分局抽调精兵强将组成"5·14"专案组。专案组分析案情，及时将该案与盂县5月11日发生的一起抢劫案并案侦查。经过半个多月细致工作，涉案的一名嫌疑人张保元进入警方视线。5月29日，专案组民警在市公安局协助下，在城区桥北街商贸城附近将张保元抓获。专案组民警又于次日远赴忻州、宁武等地，抓获另一嫌疑人李海平。同时，专案组将已被城区公安分局刑事拘留的涉案犯罪嫌疑人陈玉宾并入侦查。犯罪嫌疑人李海平、张保元、陈玉宾为市内无业青年，均有犯罪前科。为吸食毒品，相互勾结，先后在城区、矿区、盂县、平定等地假冒公安民警执行公务，非法使用手铐或持刀，采取欺诈、恐吓、胁迫、殴打等手段，屡屡抢劫机动车驾驶员、行人的财物。2006年11月18日，该团伙成员张保元还参与实施了在寿阳县绑架受害人、索要30万元现金的案件，成为省公安厅督办的网上逃犯。

（赵雪松）

【自愿戒毒康复中心成立】 6月26日，阳泉市自愿戒毒康复中心在郊区李家庄卫生院正式成立。市人大副主任段存寿、市公安局局长王斌权为中心揭牌。副市长、市禁毒委员会主任王敬瑞对其给予高度评价。该康复中心系由市公安局干警王瑞民经过近两年筹备、投入20多万元组建而成的,有20多名专业医护人员。中心旨在建立和谐医患关系,从根本上解除吸毒者对毒品心理依赖和生理上的焦虑不安,使戒毒者在医护人员精心护理下,展开心理矫治、行为矫正和体能康复。自愿戒毒康复中心在山西省内系唯一一家。(赵雪松)

【"泉安"严打行动】 按照公安部、省公安厅要求,7月7日至9月下旬,全市各级公安机关组织开展以奥运安保为重点的"泉安"严打整治专项行动,确保此段时间不发生恶性刑事案件、重特大交通和火灾事故、有影响的群体性和进京滋事事件,为奥运会成功举办创造良好的治安环境。7月10日,市公安系统在郊区黄砂岩附近举行首次奥运安保反恐实战综合演练。演练由处置恐怖爆炸和解救被劫持人质两个科目组成,共出动参演力量1500余人,动用各种车辆200余台。市四套班子领导现场进行观摩。奥运会召开前夕,首次实施大规模异地调警,从各警种、各部门抽调500名民警组成奥运火炬接力传递阳泉公安增援队,赴太原执行奥运火炬接力传递安保执勤任务。增援民警履职尽责,文明执勤,圆满完成了增援执勤任务,受到沿途群众和省公安厅称赞。奥运期间,阳泉在全省率先启用了分布在平定、盂县的7个奥运安保检查站,检查站配置了身份证识别仪、金属探测仪、摩尔搜爆仪等先进装备,全天候对出省进京车辆、司机、乘客实施安检排查,严查重点人员和爆炸危险物品,共查堵38名可能进京上访人员,查获危险可疑物品27件。省委常委、省政法委书记、省公安厅厅长杜玉林,市领导谢海、白云、陈继光、王敬瑞等分别到检查站指导工作,对检查站工作给予肯定。"泉安"行动期间,全市公安机关取消休假,集全警之智、举全警之力,圆满完成各项奥运安保任务,"泉安"行动于9月底结束。(赵雪松 荆伟停)

【市交警支队事故科受公安部表彰】 8月,市公安局交警支队事故科被公安部评为"规范执法先进集体"荣誉称号,成为山西省公安交警事故处理部门唯一获奖单位。2007年后,市公安局交警支队事故科遵循"最大限度地减少道路交通事故,最大限度地让交通违法行为人心服口服"的要求,认真开展执法教育培训和宣讲服务、完善执法制度、整治突出问题、加强执法监督等方面的工作,达到了群众反映和投诉明显减少的目标,为保障道路交通安全畅通作出了积极的贡献。(齐呈武)

【"10·8"伤害致死人命案告破】 经城区公安分局民警连续5昼夜奋战,发生在城区的"10·8"伤害致死人命案于10月13日成功告破。2名犯罪嫌疑人在强大追捕震慑下被迫投案自首。10月8日16时,市百货大楼东侧发生一起致人1死3伤的重大案件。从黑龙江省铁力市到阳泉打工的付连山、付连全兄弟因琐事与平定县冠山镇人董玉会、赵斌斌发生口角。时隔不久,董、赵二人叫来董玉林、武荣信、王东杰等人返回现场与付家兄弟发生厮打。其间,犯罪嫌疑人付连山、付连全手持刀、棍,将受害人董玉会、董玉林、武荣信捅伤,将王东杰打伤。受害人董玉会经医院抢救无效死亡。涉案的付家两兄弟逃离现场。案发后,城区公安分局刑警大队、上站派出所民警迅速赶赴现场。市、区两级公安刑侦、技术人员先后赶赴发案地点。参战人员兵分数路,一面对受害人、现场证人进行调查访问,一面在市区主要街道、路口、旅店、网吧、桑拿和公路、铁路车站布控。案件侦破指挥员对犯罪嫌疑人的家人及朋友开展政策攻势,动员和敦促其家人规劝身负重案的付家兄弟投案自首。10月13日早,在外藏匿数日的付连山、付连全在家人陪同下到城区公安分局投案自首。(赵雪松)

【"10·26"特大盗车团伙覆灭】 10月26日,经过西城公安分局民警连续3昼夜的奋战,一举打掉一个以刑释解教及执行缓刑人员为主的重大盗车团伙,由此破获盗窃汽车、拦路抢劫、抢夺等各类跨地市犯罪案件45起。10月,针对辖区内治安形势,西城公安分局一方面大力排查整治治安乱点,另一方面深入摸排各类案件线索,全力开展严打整治行动。23日,分局民警摸排到一起盗车销赃的重要线索,迅速展开侦破和抓捕工作,抓获犯罪嫌疑人冯刚、田建强、荆彦文。据了解,冯刚在执行缓刑期间,与曾被判无期徒刑的刑释解教人员田建强、王某,曾被判死缓的刑释解教人员荆彦文及阳煤集团工人李某等5人相互纠结,有分有合,在城矿郊、平定、盂县及晋中市平遥县、祁县、和顺县、介休市、榆次区和太原清徐、吕梁交城等地大肆盗窃机动车辆、抢劫、抢夺行人,先后作案45起,盗得汽车24辆,抢劫、抢夺行人12人次,撬盗汽车门窗及后备箱等9起,共计价值130余万元。该团伙成员在阳泉购置解码器、万能钥匙,密谋盗取本田、奥迪等高级车辆时,被西城公安分局民警抓获。(荆伟停)

【警方端掉一蒙面持枪入室犯罪团伙】 市公安局、开发区公安分局民警经过连续10昼夜奋战,端掉一个针对煤矿负责人进行蒙面持枪入室抢劫、盗窃的犯罪团伙,抓获涉案的4名团伙成员,涉案总价值百万余元。11月19日16时许,家住开发区联丰山庄的王某到开发区公安分局报案,称17日19时左右,2名歹徒分别持枪和刀强行入室,威逼其与妻子,抢劫现金10.5万元及钻石项链、铂金戒指、手机等价值2万余元物品。接警后,开发区公安分局与市公安局刑侦人员立即勘验现场，开展侦破工作，于28日将涉嫌持枪入室抢劫的矿区人仇建文和郊区人张晓东、蔡东利、程亮亮抓获归案。另一犯罪嫌疑人王某逃匿。经审讯查明，5人以煤炭企业或贩运煤炭负责人、个体经营者为重点对象，2007年7月至2008年11月间，5人先后在城区泰龙大厦王某家、开发区联丰山庄王某家、开发区富达贸易楼、程庄煤矿程某家，手持钢珠枪和管制刀具威逼居室主人，抢得或盗窃现金70多万元及金条、名贵手表、项链、戒指、名人纪念银币、鹿茸、花旗参、手机等价值20余万元物品。开发区公安分局犯罪嫌疑人仇建文、张晓东、蔡东利、程亮亮刑事拘留，专案组派出民警全力抓捕在逃疑犯王某，案件在进一步审理中。（赵雪松）

消　防

【概况】 2008年，阳泉市消防支队紧紧围绕总队年度工作要点，扎实工作，攻坚克难，不仅圆满完成了抗震救灾、奥运安保等重要工作，并且高质高效地完成了"三基"决战之年的各项任务，取得了部队建设的长足进步和发展。年内，支队被评为"全国精神文明建设工作先进单位"。4月，支队长王国胜被省政府评为"五一立功先进个人"，8月，消防一中队中队长李静因抗震救灾事迹突出，被公安部消防局荣记个人二等功。在冬训考核中，支队再次取得全省第一名，实现了部队战训工作的连续突破。（王子成）

【灭火救援】 2008年，全市共发生火灾101起，直接经济损失141.7万元，连续五年保持零伤亡。较上年同期起数下降48.7%，直接经济损失上升26.1%。官兵同时参与抢险救援107起，抢救遇危群众129人，抢救和保护物质财产价值3600余万元。圆满完成奥运安保任务，保证了奥运期间全市的消防安全工作。（王子成）

【队站装备】 2008年，阳泉市消防支队累计投资1500余万元加强队站建设，新建市区东站、南站、平定新站全部竣工并投入使用，倾心打造的"一个中心、六大基地"全面成型。累计投资280万元加强车辆装备建设，新增18米高喷车1部，所有超、到期服役车辆全部退出执勤，车辆配备全部达到规定标准，各种随车器材及11种消防人员基本防护短缺装备全部完成补配，部队装备实力明显加强。（王子成）

【抗震救灾】 汶川"5·12"特大地震发生后，按照总队的统一指挥，阳泉消防支队20名赴川救援队员不负重托，在连续9天的战斗中，先后营救出10名受伤埋压群众，清理挖掘出15名遇难者遗体，解救转移2800余名被困群众和伤员。在党和人民最需要的关键时刻，全面展现了阳泉消防官兵"能征善战、敢打必胜"的战斗风貌，以实际行动向党和人民交上了一份合格的答卷。（王子成）

【消防宣传】 2008年，支队以开展119消防宣传周活动为契机，借助主流媒体，积极加大宣传力度，成功举办了119消防宣传小品大赛、"人保财险杯"消防专题晚会等大型消防宣传活动，营造了浓厚的舆论氛围。继续发挥网络优势，积极加大信息宣传力度，在各级媒体发稿170余篇，其中国家级6篇、省部级77篇、地市级92篇；利用网络发稿950余篇，其中中国消防网115篇、中国消防在线87篇、山西消防网754篇，切实发挥了信息宣传的推动作用。（王子成）

【科技强警】 年内，支队大力实施"人才强消、科技强警"战略，通过政策倾斜和积极引导，在职干部全部取得计算机等级证书，取得大专以上学历，技术干部均取得初级以上技术职务。先后有5名战士考入军校，2名战士保送入学，4名干部读研、读博。同时，支队以技防为重点，在85%的重点单位推广应用漏电火灾报警系统，使城市火灾和电气火灾的频次、经济损失大幅递减。（王子成）

【精神文明建设】 2008年，支队在获得省级和谐文明单位、拥政爱民先进集体的基础上，又被评为全国精神文明建设先进单位。基层大、中队全部进入市级文明单位行列，一中队顺利通过国家级青年文明号复检，郊区大队被团市委命名为"青年文明号"示范集体，一中队中队长李静作为奥运火炬手以第二棒圆满完成在太原境内的传递，同时光荣入围"山西十大新闻记忆人物"、阳泉市"十大杰出青年"和阳泉市政法系统"双十佳干警"候选人，顺利通过考察，为全省消防部队争得荣誉，部队精神文明建设取得新进步。（王子成）

【市火灾监控中心成立】 1月16日，市火灾监控中心成立，市远程消防预警管理系统也正式投入运行，标志着阳泉实现消防部门办公自动化和企业消防安全管理自动化、消防机构与企业信息的即时交流和资源共享。新建成的消防远程监控系统可实时监控社会单位火灾自动报警设备的运行情况和人员值班情况，对社会单位的自动消防设施实行联网监控。在接到单位火灾报警信号后，远程监控中心可在第一时间将相关信息准确传送到支队指挥中心，并通过建立预案启动的快速响应模式，将火灾损失降到最低。市委常委、市委政法委书记陈继光及省公安消防总队有关负责人出席仪式并剪彩。（赵雪松）

司法行政

【概况】 2008年，全市司法行政工作取得明显成效。市司法局在全省司法行政系统目标管理综合考评中荣获先进;"五五"普法顺利通过省厅中期考核验收;政风行风建设和司法行政宣传工作受到全省表彰;劳动教养工作连续4年实现"四无"目标;全市司法行政系统2个单位、2名个人被评为全市执法为民"双十佳"先进,受到市政法委表彰;3人被省司法厅评为奥运安保工作先进个人,2个单位受到市级以上表彰,市劳教所获全省劳教系统奥运安保先进集体,并荣立三等功;市司法局、市劳教所被评为阳泉市"市级精神文明单位"称号。

(段怀平 翟宇峰)

【法律保障】 年内,市司法行政系统全力实施"奥运护城河工程",进一步强化安全防范工作。全系统集中开展了"百日矛排防激化"、"结伴奥运 法治同行"主题宣传活动和劳教安防百日督察行动。开展了"机关干部下基层帮助工作"实践活动和"我为和谐作贡献"活动,完成了第三批国债投资基层司法所建设任务,完成了对社区矫正工作的调研摸底和基础性筹备工作,集中排查化解了一些涉法涉诉案件和重信重访案件。在全系统建立并推行了司法助理员民情日志、重大民间纠纷快报制度,全市各级人民调解组织共排查调处民间纠纷1223件,调解率100%,成功率96%。全市累计接收刑释解教人员123名,帮教率100%,安置率达88%。

(段怀平 翟宇峰)

【普法宣传】 年内,司法系统扎实开展"法律八进"主题活动。"法制系列报告会"活动在全市机关、学校、厂矿、社区、农村纵深推进,全市共举办法制系列报告会和法制讲座65场,3万余人接受了法制教育培训。不断创新"说法在线"宣传模式,共播出45期节目,接听法律咨询电话180个,宣传法律法规50多部,受教育人数达40余万人。"民主法治村"、"依法治理示范单位"等创建活动全面推进,全市28个单位达到省级普法依法治理标准,组织了依法治理示范单位经验交流会议,完成了"五五"普法中期督导检查工作,有力推进了依法治市。

(段怀平 翟宇峰)

【法律服务】 2008年,司法系统开展了法律服务"千村万户工程",组织律师、公证员和法律援助工作者队伍积极为"三农"服务。组织律师积极参与市领导信访接待、县委书记"大接访"活动,解答涉法信访41件。组织公证员为第八届村民委员会换届选举提供了服务。依托基层司法所和法律服务所,充分发挥法律援助工作站、"12348"法律服务专线和法律援助志愿者的作用,广泛开展法律帮困、法律扶贫、法律维权和法律救助等工作。与市卫生局联合启动了法律援助健康维权城乡行活动。加强了对农民工的法律援助,全年办理农民工劳动争议等法律援助案件65件,为农民工追回欠资和工伤赔偿50余万元。进一步规范整合了司法鉴定新型业务,年鉴定案件数量、质量稳步提高,鉴定机构规范化建设走在全省前列。年内,全市律师共担任法律顾问162家,办理各类案件1840件,代理非诉讼法律事务166件。公证机构共办理各类公证12196件。司法鉴定机构出具司法鉴定报告2450件,办理各类法律援助案件574件,无偿为群众提供法律援助咨询8563人次,代书603件,受援人数9137人,为受援人挽回和获得各类损失和赔偿1000余万元。(段怀平 翟宇峰)

【劳动教养工作】 2008年,劳教系统积极探索教育矫治方式改革,对入所人员开展心理矫治和职业技能培训,为劳教学员开通亲情电话、举办生日会、安排病号餐、发放节日伙食补贴等,通过实施亲情教育,探索人性化改造方法。全省首家劳教人员就业训练基地建成并投入运行,为实现劳教经济社会化发展、解决劳教人员过渡性安置就业创造了较好条件。10月,山西省劳教企业基础管理工作现场会在阳泉召开,创建劳教人员就业训练基地经验在全省推广。 (翟宇峰)

【司法机关建设】 2008年,全市各级司法行政部门坚持把"建设风清气正、务实创新型机关"作为立身的基础工程,加强了机关制度化、规范化建设,推行电子考勤和工作绩效考核。加强了机关基础建设,办公设施不断完善,办公条件和办公环境得到改善。大力加强机关精神文明建设,市局机关、市劳教所分别通过文明单位评比达标;在法律服务单位中开展服务发展、促进和谐主题实践活动,加强诚信建设,强化服务质量,提高了为经济和社会发展服务的能力;在劳教民警队伍中开展了"人心、人性、人品"主题教育活动,强化了民警现代化信息管理实战技能训练,推行《劳教所绩效考核奖惩办法》,落实了警务督察制度。全面推进了党风廉政建设和反腐败工作,深入开展警示教育和廉洁从政教育。加强政务公开和行风建设工作,广泛接受社会监督,政风行风建设水平和依法行政水平进一步提高。此外,圆满完成国家司法考试组织工作,全市266名考生参加考试,42名考生通过考试。

(段怀平 翟宇峰)

仲　裁

【仲裁委换届工作】 根据阳泉仲裁委员会章程规定,仲裁委员会每届任期3年。第二届阳泉仲裁委员会成立于2002年12月,其间,根据国务院法制办关于仲裁委员会暂不换届的通知,一直未进行换届。2008年,经国务院法制办同意,市仲裁委员会秘书处积极配合市政府法制办与各有关方面协商,确定第三届阳泉仲裁委员会组成人员名单,并报市政府及市委组织部审核同意,9月4日,市政府下发文件,正式公布第三届阳泉仲裁委员会组成人员名单,常务副市长王旭明任第三届阳泉仲裁委员会主任;市政府副秘书长、法制办主任王伟锁、阳泉仲裁委员会秘书处秘书长张利平、市中级人民法院副院长吕冬任副主任；委员由市投资促进局、市财政局、市交通局、市商务局、市科技局、市建设局、市司法局、市工商局、市中小企业局、市贸促会和市工商联等部门负责人组成。（崔莉莎）

【第三届阳泉仲裁委员会第一次全体会议】 12月30日，第三届阳泉仲裁委员会召开第一次全体会议，市委常委、常务副市长、仲裁委员会主任王旭明出席会议。会议审查并通过第三届阳泉仲裁委员会仲裁员名册，讨论并通过《阳泉仲裁委员会协商仲裁暂行规则》、《阳泉仲裁委员会关于对违法违纪仲裁员处理的若干规定》、《阳泉仲裁委员会关于对违法违纪仲裁员除名的暂行规定》、《阳泉仲裁委员会关于违法违纪仲裁员除名听证程序的暂行规定》、《阳泉仲裁委员会秘书行为管理规定》和《阳泉仲裁委员会仲裁费减交、免交、缓交办法》等制度，使仲裁管理制度进一步完善，为全面规范仲裁工作，提高仲裁工作水平奠定了良好基础。（崔莉莎）

【仲裁员队伍建设】 第三届阳泉仲裁委员会聘任仲裁员116名，分设经济专业、法律专业、知识产权技术合同专业、交通运输建筑房地产专业、金融保险专业、涉外经济专业六个类别。其中从事仲裁、律师、曾任审判员工作8年以上的52人，具有法律知识、从事经贸专业高级职称或具有同等专业水平的专家50人。一批在全省有声望的法学专家、港澳籍学者及本地区知名企业家、知名律师、涉外经济专家、经济管理专家进入仲裁员队伍，使仲裁员队伍的知识结构、专业结构及年龄结构更为合理，能更好地适应仲裁工作和市场经济发展的要求。年内，市仲裁委秘书处还制定了一系列促进仲裁员公正办案、廉洁办案的制度，经仲裁委员会全体会议通过后执行，有效规范了仲裁员业内行行为。截至年底，未发生投诉或举报仲裁员事件。（崔莉莎）

【仲裁宣传】 2008年，市仲裁委秘书处与全市经济管理部门加强协作，通过联合下发推广仲裁法律制度文件等形式，积极推行仲裁法律制度，规范合同文本，确定通过阳泉仲裁委员会解决纠纷的条款。并于12月在市工商局组建了阳泉仲裁委员会合同纠纷调解处，将仲裁机构与工商行政管理两方面优势结合，强化仲裁服务功能；并通过经济界和企业界仲裁员开展仲裁法宣传工作，先后在人寿保险、人民财产保险、太平洋保险、阳煤集团和各主要房地产开发公司等企业全面推行仲裁条款。同时，与全市各律师事务所加强协作，共同推行仲裁法律制度的互利合作关系，通过律师和仲裁员的独特作用，开展仲裁宣传，扩大仲裁的社会影响。（崔莉莎）

【仲裁案件】 2008年，市仲裁委秘书处共受理14起仲裁案件，收案标的4530万元；办结8件，结案标的2400万元。仲裁委秘书处在抓仲裁办案方面坚持贯彻“程序就是生命，程序必须合法”的理念，要求承办案件的仲裁员严格按仲裁规则办事，在确保案件质量、确保当事人合法权益的同时，积极做好对双方当事人的协调工作，促使当事人化解纠纷，消除矛盾。全年审结案件中，无仲裁后当事人向法院提出撤销裁决申请。全年调解和经调解双方案外和解撤回仲裁12件（含上年未结案件），占全年办结案件62.5%；全年办结案件中，三个月内结案的占75%。（崔莉莎）

典型案例

【王月喜受贿 贪污案】 1月8日，阳泉市中级人民法院作出判决，认定山西师范大学原党委副书记王月喜犯有受贿罪、贪污罪，依法判处有期徒刑12年。被告人王月喜，男，曾任临汾市委常委、宣传部长，山西师范大学党委副书记。因涉嫌受贿于2007年8月6日被省人民检察院立案侦查。阳泉市人民检察院以受贿、贪污罪于11月14日向市中级人民法院提起公诉。经阳泉市中级人民法院审理查明：王月喜于2001年至2006年担任霍州市委书记，临汾市委常委、宣传部长期间，利用职务之便，非法收受他人为获得提拔、调整职务、工作支持、免受行政处分及安排子女就业、调动工作等所送钱款69起226万元；其任霍州市委书记、临汾市委宣传部长期间，贪污国家资产，为个人和亲属谋取私利，其行为分别构成受贿罪和贪污罪。市中院依法判决王月喜犯受贿罪，判处有期徒刑9年；犯贪污罪，判处有期徒刑6年，数罪并罚，决定执行有期徒刑12年。其所得226万元及贪污所得395309元予以没收，上缴国库。判后，王月喜不服，向省高院提起上诉。省高院经审理做出终审裁定，驳回上诉，维持原判。（刘海涛）

【单利亚霍玉萍夫妇受贿 巨额财产来源不明案】 2月20日，阳泉市中级人民法院依法开庭，对山西北方晋东化工有限公司原总经理单利亚及其妻霍玉萍涉嫌受贿、巨额财产来源不明罪一案进行审理。被告人单利亚是河北深州人，原任山西北方晋东化工有限公司总经理兼山西北方晋东科贸有限公司董事长；其妻就职于山西北方晋东化工有限公司科研开发部。2007年7月30日，单、霍因涉嫌受贿、巨额财产来源不明罪被检察机关刑事拘留，8月13日被逮捕。霍于9月30日被取保候审。检察机关经侦查查明，单在2005年至2007年间，利用职务之便，与其妻非法收受他人财物，为他人谋取利益。单受贿人民币1045495元、港币3万元、美元2万元，与霍共同受贿人民币200万元。

截至2007年7月29日,单、霍夫妇共有银行存款、四处房产、一辆轿车、股市投入等家庭财产共计人民币573万元、港币22120元、欧元3146.33元、美元31290.9元。扣除其家庭收入节余人民币54万元和能说明来源的人民币29万元、欧元3146.33元,及受贿所得人民币304万元、港币3万元、美元2万元,单、霍夫妇尚有家庭财产人民币185万元、美元11290元不能说明合法来源。检察机关认定二被告行为均已构成受贿、巨额财产来源不明罪名。单、霍二人在案发后能主动坦白其犯罪事实,并退还全部赃款,酌情从轻处罚。2008年3月3日,单霍二人受贿、巨额财产来源不明一案在市中级人民法院一审宣判,被告人单利亚因犯受贿罪和巨额财产来源不明罪,被判合并执行有期徒刑15年;其妻霍玉萍犯受贿罪,被判有期徒刑3年、缓刑4年;并处没收其夫妇二人受贿等非法所得人民币、港币及美元。一审宣判后,单利亚、霍玉萍夫妇均未当庭提出上诉。

(李　刚)

【晋商国际与宣钢集团合同纠纷执行案】 11月,中央政法委和最高人民法院决定在全国范围内开展集中清理执行积案活动,山西晋商国际经贸发展有限公司(原告,以下简称晋商国际)与宣化钢铁集团有限责任公司(被告,以下简称宣钢集团)合同纠纷案被中央政法委列为重点督办案件。并于年底执行完结。

2006年10月21日,经太原市中级人民法院审理,依法判决宣钢集团向晋商国际偿还清理晋煤外欠配套资金4200万元,承担逾期利息599.676625万元,支付违约金1381.41万元,共计6181.086625万元。一审判决后,宣钢集团不服,提起上诉。经山西省高级人民法院二审,于2007年7月21日做出终审判决,驳回上诉,维持原判。9月29日,山西省高级人民法院以〔2007〕晋执指字第2号《指定执行决定书》,指定阳泉市中级人民法院执行该案。10月8日,在按规定办理异地执行审批手续后,市中级人民法院向宣钢集团下达限期执行通知书,并要求其申报资产状况。但其拒绝履行生效判决,拒绝申报资产状况,拒绝进行执行协调。中院执行局随即对被执行人宣钢集团进行执行调查。执行法官先后20余次赴太原、张家口、北京、石家庄、唐山、内蒙古等地,行程数万公里,对被执行人宣钢集团的实际履行能力进行了调查取证。查明宣钢集团在全国五省、七市、一区、两县共设有银行账户61个,正常运行的近50个,由其投资控股的公司十余家;在执行调查期间,宣钢集团从其主账户转拨至其控股公司及关联公司资金动辄数千万;其子公司也异常"起诉"母公司,造成宣钢集团巨额资金和投资、股权先行被当地法院冻结致使执行措施无法实施。2007年11月7日和14日,市中院执行局两次召开执行听证会,主持双方当事人进行执行协调,但由于宣钢集团的消极对抗而未取得实效。鉴于被执行人宣钢集团实际具有完全履行能力,但却存在恶意隐匿转移资金、规避执行行为及当地有关部门存在地方保护主义倾向,市中院执行局在依法冻结其部分银行账户和投资、股权后,依法裁定对宣钢集团财务资料等进行证据保全。2007年11月26日,市中院执行局组织警力,聘请专业人员协助,并邀请《人民日报》、新华社、《人民政协报》、《人民法院报》、阳泉电视台等新闻媒体随行,赴张家口对宣钢集团实施证据保全。在对其财务处实施证据保全时,遭到宣钢集团数百人有组织的围攻,执行车辆被围堵,执行装备被砸坏,执行人员被围困达12小时,执行行动被迫中止。2007年12月6日,市中院再次组织双方进行执行协调。宣钢集团虽承诺同意由其提供2000万元有效担保后,暂缓执行两个月的协调意见,但未实际履行。

2008年1月,宣钢集团通过张家口市公安局钢城分局对申请执行人晋商国际启动涉嫌合同诈骗侦查。接着,其就本案判决向最高人民检察院申请抗诉,经审查,最高人民检察院决定不予抗诉。6月24日,宣钢集团通过其上级唐钢集团并由河北省国资委出面赴并,向山西省高级法院提出协调本案执行动作的要求。市中院执行局临机调整执行策略,为争取最后执行主动,在征得申请执行人同意后,与各方形成协调纪要。但其后宣钢集团仍未完全履行该纪要要求。自2007年10月至2008年11月底,经市中院数次冻结、扣划、督促、协调,实际执行2900余万元,占该案应执行标的额的44.6%。12月2日至4日,市中院执行局依法传唤宣钢集团法定代表人等到庭接受执行谈话,同时主持双方就该案执行进行协商。经过执行法官艰苦努力,取得突破性进展。12月17日,宣钢集团又支付2500万元,实际执行5400余万元,双方就其余款项履行达成和解。

(刘海涛)

计划工作

【"百项工程"建设】 2008年,市发改委把全市"百项工程"作为工作的重点来抓,面对严峻的经济发展形势,把推进项目建设、扩大有效投入作为全委工作的重中之重,采取多种方式全力推进工程建设。

一是在总结前两年成功经验的基础上,组织实施了第三轮"百项工程"建设。经过大量艰苦细致的前期工作,报市委常委会议、市政府常务会审议通过后,确定2008年"百项工程"为155项,总投资777.6亿元,当年计划投资124.6亿元。二是经过两个月的紧张筹备,召开了全市"百项工程"动员大会,市委书记谢海、市长白云到会讲话。三是进一步健全了"百项工程"项目动态管理机制和目标责任制。做到四明确,即明确完成任务的时间、明确控制质量的标准、明确保证安全的责任、明确文明工地管理的要求,把目标责任切实落到实处,确保按计划完成建设任务。四是进一步完善"百项工程"季度协调例会制度,设立"百项工程"绿色通道,协调百项工程建设中存在的问题和难点,把问题解决在萌芽之中。五是对投资在亿元以上的项目实行市级领导联系制度,突出抓好投资亿元以上项目建设。六是继续实施了"百项工程"月报表制度,及时掌握和了解百项工程建设情况,为市委、市政府的正确决策提供详实而可靠的第一手资料。七是成功组织了第三届银企洽谈会,共有18个项目参加签约仪式,协议贷款额达114亿元。八是组织召开了第三次"百项工程"观摩促进会,通过观摩部分"百项工程"项目的进展情况,认真分析了项目建设中存在的问题和不足,对下一阶段推进重点项目建设进行了再动员、再部署。九是召开了"百项工程"政风行风监督员会议,聘请了74位政风行风监督员,对"百项工程"项目的审批、建设过程进行全方位监督检查,确保了工程建设顺利进行。

经过积极的努力,"百项工程"进展良好。全年155个项目中有138个项目开工建设,41个项目建成或基本建成。其中石太高速客运专线、50万伏输变电、南煤集团煤矸石电厂工程、平定县集中供热管网工程、平定西外环路工程、桃河公园河道梯级蓄水二期工程、阳煤集团聚氯乙烯二期工程、四矿大桥、宏成大桥等一批重点工程竣工并投入运行。阳五高速公路、新北大街、龙华河"北水南调"等一批重点基础设施项目顺利推进。

全年"百项工程"累计完成投资125.94亿元,比上年增长15%,有力地促进了全市经济社会的持续快速发展。"百项工程"的建设对提升城市竞争力,提高城市品位发挥了巨大作用。 (卢立峰 赵文君)

【资源型城市转型工作】 2008年,按照省委、省政府要求"在资源型城市转型上要趟出一条路子"的指示,为争取国家和省更多的支持,市发改委迅速行动,采取多种方式全力推进资源型城市转型工作。

一是摸清家底,制定好方案。年初,市发改委牵头带领有关部门深入县区和企业开展调查研究,进行了大量的数据收集,完成了《关于我市资源型城市转型的调研报告》,为推进全市资源型城市转型打下了良好的基础。二是主动出击,寻求支持。向省发改委主要领导汇报本市资源型城市转型有关工作之后,3月17日由分管副市长王旭明带队到国家发改委积极争取列为国家资源型城市转型示范城市。三是借助外力,积极谋划转型。启动了《阳泉市资源型城市转型规划》的编制工作,委托南开大学经济与社会发展研究院为制定规划单位,并积极配合南开大学专家调研和提供相关基础材料,至年底,《阳泉市资源型城市转型规划》已基本完成。

(卢立峰 赵文君)

【重点调产项目】 2008年,市发改委筛选出46个项目作为全市重点调产项目,总投资501亿元。在重点调产项目的带动下,投资结构呈现不断优化态势,制造工业投资比上年增长27.8%;电力工业投资比上年增长2.45倍。煤炭行业加快向集团化、洁净化、新型化发展。电力、耐火等传统产业进一步加快推进产能置换、环保改造和技术升级。以铝工业、建材等为主体的新型材料产业日益发展壮大。

(卢立峰 赵文君)

【服务行业的拓展】 2008年,市政府根据国务院、省政府关于加快发展服务业的实施意见精神,出台了《阳泉市关于加快服务业发展的实施意见》和《阳泉市关于加快服务业发展的若干鼓励政策》。成立了以白云市长为组长,常务副市长王旭明和刘兆林副市长为副组长的阳泉市发展服务业发展领导组,办公室设在市发改委。组织召开了全市加快服务业发展工作会议。重点支持了藏山风景区、娘子关固关风景区、万通汽贸物流园、盂县文化中心等一批带动力强的服务业项目。在全市上下的共同努力下,服务业呈现出加快发展的良好势头。全年服务业地方税收完成76447万元,比上年增长54.02%,增收26811万元,第三产业地方税收增速比第二产业加快了34.53个百分点。

(卢立峰 赵文君)

【循环经济健康发展】 2008年,出台了《阳泉市循环经济发展规划》,提出了重点发展领域和示范工程建设的构想,为全市循环经济的发展提出了指导性意见。同时,以项目为抓手,进一步充实了循环经济项目库。截至年底,阳煤集团3×13.5万千瓦煤矸石电厂、南煤集团1.3亿块煤矸石砖厂等7个煤矸石综合利用项目已投入使用,年可利用煤矸石246.6万吨。城市污水处理厂正式投入运行,市区上游污染源蒙村河正在治理,平定污水处理厂、盂县污水处理厂等工程已建成,郊区和娘子关污水处理厂正在建设。城镇燃气利用工程已经投入使用。通过发展循环经济,全市综合利用产品产值超过4.5亿元,其中煤矸石、中煤、炉渣、粉煤灰综合利用率达45%,煤层气利用率达26%。全市废弃物综合利用水平上升到一个新高度,城市环境质量得到明显改善。

(卢立峰 赵文君)

【争取上级支持】 2008年,市发改委抢抓机遇及时掌握有关信息,加强沟通和协调,争取上级支持工作取得了较大突破。围绕开展特色产业基地建设竞赛活动,抓住山西开展煤炭工业可持续发展试点,阳泉市被列为享受老工业基地改造优惠政策城市,省政府将阳泉市确立为城乡一体化发展试点市和全省唯一的科技示范园区等政策机遇,争取上级资金、项目工作力度进一步加大。充分调动项目单位的积极性,努力协调,积极攻关,争取更多的国债资金、煤炭可持续基金用于阳泉经济、社会发展。全年共争取170多个项目各类建设资金共7.6亿元,比2007年4.68亿元增长了62.4%,有力地促进了全市投资较快增长。特别是在国家发改委下达新增的1000亿元投资拉动内需的机遇面前,市发改委将"保增长、扩内需、调结构"作为加快阳泉经济发展的第一要务,按照"出手要快,出拳要重,措施要准,工作要实"的总体要求,积极响应,迅速贯彻,争取更多的资金和项目支持,并确保上级政策全面落实到位。至年底,共争取到涉及农业、水利、城市基础设施、教育、卫生等方面的16个项目8065万元的中央新增投资,为促进投资增长打下了良好的基础。

(卢立峰 赵文君)

【老工业基地改造】 2008年,市发改委制定了老工业基地领导组办公室工作要点,召开了老工业基地领导组第二次工作会议,对推进工作进行了全面部署。老工业基地改造工作从2007年起步以来,已收到一定效果,增值税抵扣累计到2008年年底已达24372万元,其中2008年全年增值税抵扣为17118万元,进一步减轻了企业的税收负担,有利于全市企业的自身积累和长远发展。

(卢立峰 赵文君)

【煤炭可持续发展】 2008年,市发改委起草了《阳泉市煤炭可持续发展基金项目规划》,根据全市煤炭可持续发展的重点和项目实施情况,提出了"2008年煤炭可持续发展试点工作要点",并从各县区政府和企业申报的项目中,根据基金支持方向筛选并整理出了煤炭可持续发展基金项目库,共入库项目257个,项目总投资206亿元,拟争取省投资27.3亿元,为下一步煤炭工业的集约发展、内涵发展和绿色发展,加快产业结构调整奠定了基础。

(卢立峰 赵文君)

【发展和改革调研】 2008年,市发改委发展和改革调研工作成绩突出。一是围绕中心工作,加强重大问题研究。面对宏观经济形势发生的一系列重大变化,市发改委更加注重从战略性、区域性和政策性的角度研究一些重大问题,全年在《阳泉日报》、《阳泉经济》等刊物发表了《阳泉市资源型城市转型进展情况和面临的机遇》、《贯彻落实科学发展观、积极推进百项工程建设》等28篇调研论文。同时,按照市政府要求,承担了市十三届人大三次会议大会议案的答复工作,起草完成了《加快阳泉市区域经济协调发展的意见》。二是密切跟踪形势发展,及时提出对策建议。坚持定期对经济运行情况进行全面分析,撰写了2008年上半年计划报告,并创造性地开展了"十一五"规划中期评估工作,在全市经济工作会议召开前,提出了2009年经济社会发展主要目标和主要任务的建议,及时为市委、市政府决策提供参考。三是着眼长远发展,认真编制中长期规划。经过调查研究、收集资料、参阅文献等大量的基础工作,市发改委编制完成了《阳泉市经济和社会发展宏观调控规划》、《阳泉市产业结构调整规划》,《阳泉市循环经济发展规划》等中长期规划,其中《阳泉市宏观调控规划》和《阳泉市结构调整规划》,获得了科技进步奖软科学类二等奖。

(卢立峰 赵文君)

国有资产管理

【概况】 2008 年,市国资委监管企业在连续三年经济快速增长的基础上,实现了经济持续较快增长,各项主要经济指标超额完成年度目标。市国资委主要监测的 54 户企业,全年完成主营业务收入 54.79 亿元,完成年计划 45.22 亿元的 121.16%,比上年增长 34.47%;实现利润 5.49 亿元,完成年计划 3.8 亿元的 144.47%,比上年增长 31.21%;年末资产总额 109.64 亿元,比上年增长 14.98%;年末净资产 31.49 亿元,比上年增长 17.62%;资产保值增值率 120.30%,比全年 105%的目标高 15.3 个百分点;从业人员劳动报酬总额 6.84 亿元,比上年增长 29.47%;在岗职工人均月收入 2017 元,比上年增长 62.72%,与全市在岗职工的工资差距明显缩小;国有资本收益收缴完成 1774.5 万元,完成年计划 1600 万元的 110.91%,较前三年总和 1590.9 万元增加 183.6 万元。

(刘鸿钢)

【国企改革重组】 2008 年,市国资委以促进科学发展、维护职工利益为目标,稳步推进国企改革。市热力公司再次吸纳山西金通投资有限公司投资入股资金 2000 万元,对通力供热有限公司实施增资扩股,年底已到位 600 万元。完成了市物资宾馆歇业关闭、市汇鑫电力设备有限公司"人资分离"改革。经过向省属国有企业改革领导组积极争取,市新药特药经营部、郊区医药药材公司破产方案获得批准,企业职代会审议通过了职工安置方案,开始进入破产程序。市铝业股份有限公司、晋孟钢铁有限公司、市饮食服务有限公司、市粮食工业公司、轻纺供销公司等企业已做了大量的改制前期工作。在成功处置监管企业的工商银行、华融资产管理公司和东方资产管理公司不良贷款基础上,又对市百货大楼股份有限公司、市现代电器有限公司等 8 户企业的 3814.78 万元不良贷款进行了处置,增加净资产 2179.78 万元,企业资本结构进一步优化。 (刘鸿钢)

【重点项目建设】 2008 年,市国资系统共有 21 个在建项目,总投资 30.3 亿元,全年完成投资 10.7 亿元,累计完成投资 21.4 亿元。列入全市"百项工程"的阳泉铝业股份有限公司和市煤气公司等企业的 7 个重点项目进展顺利,项目总投资 6.9 亿元,累计完成投资 2.6 亿元。华龙超市和隆鑫商厦有限公司等企业的 10 个自建项目,总投资 5.03 亿元,累计完成投资 3.2 亿元。其他项目也取得了积极进展。这些重点项目的实施,进一步提高了企业的竞争实力,促进了企业发展壮大。

(刘鸿钢)

【争取扶持资金】 2008 年,市国资委为了获得省市有关部门对企业的支持,积极协调,共争取到中央、省、市各项扶持资金 13581.7 万元。其中,中央和省级 8662.8 万元,市级 4918.9 万元。获得 500 万元以上扶持资金的企业阳泉铝业股份有限公司、市煤气公司、市热力公司、市电石有限公司、市建工集团 5 户企业,共计 9960.6 万元。这些扶持资金的到位,为企业发展壮大起到了积极的推动作用。 (刘鸿钢)

【企业财务监督】 2008 年,市国资委完成了对 35 户企业内部财务管理制度的验收,企业财务管理制度进一步完善。在市煤气公司、市信达投资管理公司、市阀门股份有限公司、华龙超市等 10 户企业试行了全面预算管理,为实行国有资本经营预算奠定了基础。深入开展调研服务,定期召开企业财务运行分析例会,及时解决经济运行存在的问题,企业财务运行监管进一步加强。

(刘鸿钢)

【国有产权登记管理】 2008 年,市国资委企业国有产权登记管理进一步加强。市产权交易市场管理体制进一步理顺,交易制度进一步规范,交易范围逐步扩大。市泉东化工有限公司等企业经营权通过公开转让,企业收入大幅度提高。建虹无机化工厂等企业的闲置资产通过公开处置,变现收入 335.7 万元,既盘活了企业的闲置资产,又妥善解决了职工的历史遗留问题。为进一步规范企业贷款行为,减少企业擅自担保贷款带来的连锁风险,按照"抵押贷款为主,担保贷款为辅"的原则,对 46 户企业 50 笔共计 3.4 亿元的银行贷款进行了审查备案。同时,市国资委主动协调法院等部门,成功调解 6 户企业的诉讼案件,标的达 7297.8 万元,有效地维护了企业的合法权益。 (刘鸿钢)

【企业内部管理】 2008 年,市国资委系统把强化企业内部管理作为提高企业经济效益、应对金融危机、克服经营困难的重要抓手,着力加强企业内部管理。11 月 14 日,召开了全系统企业管理工作会议,有 5 户企业交流了在企业管理中的先进经验。市自来水公司强化成本管理,严格"生产调度避峰运行制度",节约电费 51 万元,有效控制漏失率,减少损失 101.7 万元;信达投资管理公司面对股市暴跌、全行业亏损的局面,及时调整投资规模和结构,全年实现利润 2037 万元;市铝业股份有限公司在同行业企业大面积停产的情况下,采取有效措施,保持了三分之一的生产能力,维护了企业和职工队伍的稳定。会议期间现场观摩了市阀门股份有限公司、市铝业股份有限公司等 4 户企业的内部管理情况。 (刘鸿钢)

【党建和党风廉政建设】 2008 年,

市国资委系统紧扣中心工作,加强党建和党风廉政建设取得新成绩。一是企业领导班子建设得到加强。为确保企业的改革发展稳定,优化企业领导班子结构,先后对市电工机械有限公司等5户企业17名领导人员及时进行了充实调整,一批年富力强的干部走上了领导岗位。加强了企业领导人员培训,举办了4期322人参加的企业领导人员政治理论和业务培训班,选派19名企业领导干部在南开大学参加了企业管理培训,企业领导人员的素质得到了明显提高。二是企业党建工作扎实推进。围绕党委的中心工作,认真落实党建目标责任制,确保企业党建工作进一步落到实处。“七一”前夕,举办了纪念建党87周年征文活动和理论研讨会,收到论文133篇,并与市委组织部联合出版了企业党建理论专刊。开展了企业困难党员的调查摸底工作,对300余名生活困难的党员发放了救济金,进行了慰问。全年共发展党员138名,转正123名,11户企业建立了老干部支部。对117名入党积极分子进行了培训。三是党风廉政建设成效明显。围绕惩防体系建设,举办了国有企业领导人员培训班,100名企业领导人员参加了培训。纪检监察部门对企业改革、产权交易、项目建设等方面工作进行全过程监督,促进了企业改革发展,确保了国有资产保值增值。加大信访举报和案件查处力度,初核信访案3件,办结3件,对4人作了行政处分。深入开展了煤焦领域反腐败专项斗争,通过宣传发动、自查自纠、账务核查、调查摸底等工作,清缴煤炭发展基金4431万元。四是抗震救灾贡献突出。四川汶川特大地震发生后,全系统以高度的政治责任感,积极开展捐款捐物、筹集赈灾物资、缴纳“特殊党费”和援建安置房等活动。共捐款111.5万元,缴纳特殊党费47.3万元。市粮油公司、华龙超市等7户企业,紧急筹集赈灾物资210万元。市铝业股份有限公司、市建筑工程(集团)总公司等企业圆满地完成了为地震灾区援建1100套安置房的任务。(刘鸿钢)

【维护企业和谐稳定】 2008年,市国资委系统以关注民生为重点,全力维护企业的和谐和稳定。一是全力做好奥运安保。全系统开展了迎奥运保安全“大接访”活动,成立了办事机构,出台了实施意见,实行了领导包点联系企业制度和奥运期间安全信访日报制度,建立了信息畅通、反应迅速、处置及时的全方位、全视角、全覆盖应对突发事件和安全责任事故的应急机制,全力做好企业安全稳定工作。针对部分企业职工集体上访问题,市国资委召开了十几次专题会议,深入企业做了大量的工作,稳妥地处理了职工群体上访问题,对信访工作不力的4名企业领导给予了纪律处分和经济处罚。各企业严格落实领导责任,对企业重点上访人员进行排查,安排专人布控,未发生非正常赴省进京上访事件。在全市维稳保奥总结大会上,市国资委受到了通报表扬。二是全力解决信访难题。全系统把解决信访问题作为维护稳定工作的着力点,坚持有访必接,有案必办,实行领导包案落实,一级对一级负责等措施,全力解决信访问题。妥善解决了纺织集团、电工机械有限公司等企业的16起重大集体信访案件,涉及820人次。接待了电子科学技术研究所等单位的个人访117人次,多数已得到息诉罢访,特别是一些多年缠访问题得到了妥善解决,为全市社会稳定作出了积极贡献。三是全力解决职工生活困难。针对市属困难企业职工面临的生活困难问题,认真进行调查研究,提出具体意见,积极争取市委、市政府政策支持,与有关部门联合下发了《市属国有困难企业若干问题的暂行办法》,各项政策措施逐步落实到企业职工。按月为60户困难企业近7000名职工发放生活补助,2008年共发放680万元。为19户困难企业参加了医疗保险,解决医保资金180万元。积极争取中央和省的专项资金,解决企业拖欠职工工资2256.6万元。(刘鸿钢)

资源管理

【国土资源概况】 2008年,全市国土资源工作坚持以科学发展观为统领,以构建保障和促进科学发展新机制为主线,解放思想,改革创新,主动作为,积极应对,成绩显著。土地管理方面:积极落实最严格的耕地保护制度,严守耕地红线;严格执行用地年度计划,主动服务重点工程建设;严把土地供应关口,有序推进土地市场建设;第二次土地调查取得阶段性成果,规划修编进展顺利。矿产资源管理方面:非煤资源整合基本完成,市场配置资源程度进一步提高;加强矿产资源规费征管,规费征收成绩突出;强化监管职能,农村地质灾害治理取得了实效;加强国土资源法规政策宣传教育,依法用地、管矿的意识进一步增强;大力开展土地执法监督检查,巩固“百日行动”成果;认真组织开展打击非法采矿等专项行动,整顿规范矿业秩序取得阶段性成果;国土资源联合执法机制逐步健全完善,信访接待工作取得了进一步加强;各类证件发放比例进一步提高;基础测绘工作进度加快;地质灾害防治得到高度重视;信息化建设更注重了实际应用。各项目标任务的顺利完成,为推动全市经济社会平稳较快发展做出了应有贡献。

(张晓萍)

【耕地保护】 2008年,全市耕地保护工作出现新的局面。一是层层签订保护责任状,全市耕地保有量为6.83万公顷,实现了总量动态平衡并略有增加。二是全市承办的盂县西烟镇、郊区平坦镇两个国家级土地开发整理和复垦项目以及郊区李家庄乡省级开发整理项目通过验收,累计增加耕地182.5公顷。加上市级确定的12个项目、县级确定的20个项目，全年增加耕地总共416.65公顷，整理基本农田424.26公顷，为落实最严格的耕地制度、增强农业后劲和活力提供了基础保障。三是坚持清理和处置闲置低效用地相结合，认真开展闲置土地利用调查，清理、调查闲置低效用地26宗30.9公顷。加强与闲置低效用地原土地使用单位的沟通协商，并逐步进行处置，有效控制了城市新增建设用地，缓解了城市用地紧张的压力，使低效闲置用地得到了更充分、合理的利用，把节约集约用地制度落在了实处。四是严格执行耕地占补制度。对于各类非农业建设占用耕地项目，按照“先补后占、占多少补多少”的原则，本年度建设项目占用耕地208.57公顷。并采取由占地单位负责开垦同等数量和质量的耕地，或者按标准交纳耕地开垦费等方法进行补充，通过验收，实现了耕地的占补平衡。（张晓萍）

【土地服务重点工程建设】 2008年，面对新增建设用地指标少，各项非农业建设用地需求量大的严峻形势，市国土资源局按照从严从紧、有保有压的土地调控政策和节约集约用地原则，建立了市长负责的用地紧平衡机制，将项目用地按优先顺序分类排列，由市长直接把关，实现了统筹兼顾、保证重点的目标。年内，省厅下达阳泉市的新增建设用地计划指标为310公顷，全市共批报用地227.98公顷，占计划指标的73.54%，既保证了重点，又节约了指标。同时，为了满足拉动内需的需要，针对国家加大基础设施建设投资力度、对国土资源管理工作提出的新要求，对重点工程用地实行现场协调、跟踪督办、特事特办、急事急办。通过举办土地手续办理培训班、建立重大项目用地前期介入和情况通报制度、局部调整土地利用规划等措施，明确报批用地程序，组织督查催办，既维护了法律法规，又满足了项目需求。（张晓萍）

【土地市场建设】 2008年，市国土资源局对划拨用地严格按照《划拨用地目录》执行，最大限度限制协议出让用地，工业用地全部实行了公开出让，所有用地都通过土地有形市场和土地市场网、相关媒体公示、公告。全年共为各类建设供应国有建设用地120.19公顷，基本满足了城市建设、工业建设和房地产建设用地需求，促进了全市土地市场健康发展。为了进一步提高土地出让水平，圆满完成全年国土收益任务，市、县(区)加大土地公开出让力度和欠款追缴力度，严格执行土地出让金收缴比例制度，用市场机制优化配置土地资源，保证了国土收益任务的完成。全市共计出让用地158.52公顷，收取土地价款39509.59万元，纯收益24615.4万元。其中，以招标拍卖挂牌等公开方式出让的面积为151.06公顷、成交价款35872.33万元，占出让用地面积的比例为95.29%、占成交价款的90.79%。市级收取国土纯收益4294.24万元，超额1294万元。

（张晓萍）

【第二次土地调查取得阶段性成果】 2008年，全市第二次土地调查工作进展顺利。土地调查工作既涉及农村，又涉及城市，调查范围广、矛盾纠纷多、质量要求高、时间要求紧。为了确保调查的顺利完成，市国土资源局坚持把严格执行规程和尊重本地实际相结合，在实践中探索，探索中前进，在完成工程招标、落实经费的基础上，全面铺开了市区的城镇土地调查和县区的农村土地调查工作。全市3个农业县(区)已有29个乡（镇）、881个行政村完成了农村土地调查工作，分别占到全市乡(镇)总数的90.6%、行政村总数的92.2%，调查面积4170平方公里，占到全市总面积的91.2%。同时，市区范围内城镇土地调查工作也已基本完成，走在了全省的前列。

（张晓萍）

【非煤资源整合】 2008年，市国土资源局根据全市的资源赋存、地质条件、开发现状和矿产资源规划，全面启动了非煤矿山企业资源整合和有偿使用工作。通过科学合理编制矿业权设置方案，重新调整划分矿区范围等措施，使全市的矿山企业数量减少了25%，其中重点区域矿（铝土矿、黏土矿、硫铁矿）减少了30%。主体矿区内骨干企业增扩资源量控制在各县（区）原占有量的10%以内。全市通过核准后保留的非煤矿山企业有270座，关闭112座，关闭比例达到29.3%。

（张晓萍）

【矿产资源领域反腐败专项斗争】 2008年，市国土资源局不仅结合工作实际确定了开展反腐败专项斗争的内容和范围，而且还将清查范围从煤炭资源领域扩大到了非煤资源领域。在拉网式排查的过程中，所有内容都细化分类责任到科室、责任到人，坚决做到“一矿一查、一事一查、一案一查”，坚决执行“三个不放过”(发现问题不放过、有瑕疵不放过、有疑问不放过)。同时，对所有清查内容建立自查台账，实行“谁审查谁签字，谁签字谁负责”的制度，有效杜绝了一项工作多人经手后出现的推诿扯皮和“老好人”现象。在自查阶段，进一步加大矿产资源费用征缴和追缴力度。本年度矿产资源补偿费、采矿权价款和土地复垦费做到了应收尽收，一大批欠缴价款和费用得到了清理，超额完成了各项指标任务。其中，全市共征收和追缴矿产资源补偿费1.5亿元，超额完成了省厅下达的3100万元任务；征收煤矿采矿权价款4.37亿元，累计征收达17.07亿元；征收非煤矿山企业采矿权价款17.17万元；清缴土地复垦费639.66万元。

（张晓萍）

【农村地质灾害治理工程】 农村地质灾害治理工程是省、市政府确定的“为民办实事”工程，也是国土资源部门牵头落实的重点工作。2008年，为了确保项目顺利实施，任务圆满完成，市、县(区)加大了对这项工作的督查落实力度，采取分解任务、倒排工期、月月通报的措施,引起了各县(区)和项目单位的重视,推动了工作的开展。经过紧张工作,全市10个避让搬迁项目工程有9个主体基本完工,10项新水源地建设工程全部完工,1项地质灾害体治理工程正在紧张施工中,基本完成了任务。 (张晓萍)

【国土管理秩序整顿】 2008年,全市国土管理秩序整顿工作取得阶段性成果。一是加强宣传教育。组织了“3·19矿法宣传日”、“6·25土地日”大型宣传活动,参加了市普法办和广电总台联合举办的“说法在线”节目。同时,启动了由组织部、国土资源局等五部局组织的乡镇村干部国土资源法律知识宣传教育培训。对全系统262名行政执法人员进行了国土资源法律法规培训,通过宣传教育使系统工作人员和基层干部,增强了全市干部群众依法用地、采矿的法律意识和观念,提高了全系统干部职工依法管地、管矿的自觉性和主动性。二是大力开展土地执法监督检查,巩固“百日行动”成果。在全系统组织开展了巩固土地执法“百日行动”成果、大力开展土地执法监督检查力度、严厉打击各类土地案件的集中整治、查纠。全年共查处土地违法案件88件,面积161.86公顷,收缴罚款78.22万元。同时,对2007年土地执法百日行动中清理排查出的各类“以租代征”和“未批先用”违法用地情况,全部进行了立案查处,对19起“未批先用”项目用地,采取了分类处理的办法,对符合土地利用总体规划的10个项目补办了用地手续,基本遏制了违法乱占、滥用耕地的势头,巩固了百日行动成果。三是认真组织开展打击非法采矿等专项行动,矿业秩序得到进一步好转。组织了打击非法采矿、越层越界开采、以各种工程名义违法开采浅层煤浅层矿行为的专项整治、安全生产百日督查和整顿规范矿产资源开发秩序“回头看”等专项行动。加强了奥运期间、节假日期间和夜间巡查,形成了对非法采矿的高压态势。叫停涉煤工程14个,取缔非法采矿坑点160个,没收非法采矿设备81台(件),没收非法矿产品25吨,罚款42.15万元,刑事处罚3人,行政处分6人,行政拘留37人。四是加强了联合执法。在建立完善国土资源巡回检查制度的基础上,加强了与各级公安、纪检监察、检察院、法院、安监部门的工作协调,并制定了联席会议制度,初步形成了系统内外、上下左右、相互协调、齐抓共管的工作格局,在多次专项打击行动中,发挥了重要作用。 (张晓萍)

【水资源信息化建设】 2008年,按照省水资办信息化建设工作的要求,投资100万元购置了服务器、电脑、空调等硬件设施,市水资源信息中心已基本建成,后续工作正常进行。各县(区)水资源信息分中心也陆续建成。同时,加快完成水表安装和水位监控安装工作,累计安装水量监控系统38套,水位监测8套,完成全部计划安装任务的80%以上。 (安晓峰)

【水资源费征收】 2008年,市水资办加大水资源费征收工作的力度。年内省水资委确定阳泉市征费任务为3271万元,各县(区)下达的征费计划分解为:市区1321万元,平定县1200万元,郊区450万元,盂县300万元。要求各县(区)要严格按照晋价商字〔2007〕266号文件规定执行,扎实做好基础工作,不打折扣,克服困难,努力完成全年的水资源费征收任务。年初,市政府办公厅以阳政办发〔2008〕1号文下达了《关于贯彻水资源费征收管理有关政策的实施办法》,对全市水资源费征收制定了具体的实施办法。该实施办法出台后,积极与市自来水公司协调研究,就自来水公司水资源费征收事宜达成一致,工业及其他用水户的水资源费由市自来水公司代征,开具水资源费专用票据,进入水资源费专户。各县(区)自来水公司水资源费的征收工作也逐步展开。由于个别企业水户未能实现分管路、分质供水,工业、生活用水量无法准确计量分类,对其工业用水量只能通过实际调查,依据用水定额,暂按比例征收水资源费。2008年,全市完成征收水资源费2357.7万元,其中市区(城矿两区)征收1063.7万元、郊区352万元、平定807万元、盂县135万元,完成计划任务的72%。 (安晓峰)

【节水型社会建设】 2008年,市水资办继续以宣传《取水许可和水资源管理条例》为重点,开展多形式、多内容、多层次的宣传活动,通过发表报纸专版、制作电视系列专题节目、报纸征文、召开水资座谈会、发布移动电话彩铃、公益短信、在显要路段设置标语牌等进行宣传,为该条例的贯彻实施创造良好的社会氛围。在节水型社会建设方面,一是继续完成《阳泉市用水定额》的编制工作,二是依据《山西省用水定额》,结合阳泉市实际,制定行业用水定额,按照下达年度用水计划,加强用水指标考核,严格执行节奖超罚制度。三是积极推广先进的节水技术,鼓励企业开展节水改造,全市各行业节水水平有所提高。(安晓峰)

【水资源论证及取水许可审批】 2008年,市水资办受理了河坡发电有限责任公司上大压小工程(2×300MW空冷供热机组)、晋玉煤焦化有限公司、盂县万汇钢铁公司等7项取水许可申请,发放“取水许可证”10套,批准水量160万立方米。在取水许可审批过程中,严格执行有关法律、法规,不符合规定的项目坚决不予审批。同时,严格执行建设项目水资源论证制度,对未按规定进行水资源论证的取水项目不予审批,按照《建设项目水资源论证管理办法》、《水资源论证导则》等要求严格水资源论证报告书的审查验收。年内,共审查报告书7份,为取水单位办理取水许可申请提供了科学依据。此外，还组织专家对平定县前梨林头村煤矿开采破坏饮用水井和307国道改线工程进行了专家咨询、论证。（安晓峰）

【水文地质类型区划分】 2008年，根据全省统一安排，市水资办开展了阳泉市水文地质类型区划分工作，并进行了验收。水文地质类型区划分是全省机井普查的第二阶段工作，市水利局高度重视此项工作，多方筹措资金30余万元，并委托阳泉市水文水资源勘测分局具体实施，抽调专人积极配合。根据水文地质类型区划分大纲标准，阳泉市水文地质类型区划分为一般山丘区裂隙地下水、一般山丘区黄土层孔隙地下水、裸露型岩溶山地地下水、覆盖型岩溶山地地下水、埋藏型岩溶山地地下水、山间河谷区孔隙地下水等6类，提交了市级和各县（区）水文地质类型区划分报告4份、水文地质类型区图件8份等成果，以水文地质类型区为单元摸清了地下水资源量及可开采量，并对娘子关泉域地下水按行政村进行了划分，明确了初始水权。（安晓峰）

质量技术监督

【概况】 2008年，全市质量技术监督系统以服务经济发展和社会进步为主线，突出关注民生和确保安全两大重点，强化技术支撑和保障能力两个基础，创新工作机制，大力实施“质量振兴工程”。全市有20种产品获山西省名牌，有95家企业获山西省质量信誉企业；着力开展“节能降耗服务工程”，重点推进工业锅炉节能降耗工作，通过开展节能试点，进行热工测试和水质监测，帮助企业节能降耗300余万元；全力推进“关注民生工程”，开展了以“关注民生、计量惠民”为主要内容的专项活动；认真抓好“安全保障工程”，深入开展10类重点产品专项整治，落实特种设备安全三方责任，进一步增强应对突发事件的能力；全面强化“品牌队伍建设工程”，继续加强党风廉政、政风行风、行政效能和团队文化建设，积极探索科学合理的干部绩效考核评价体系，开展了丰富多彩的文体活动，政风行风评议工作列全市16家行政执法部门的第四位，被市委、市政府授予政风行风评议工作先进单位。（白青堂）

【质量兴市园区示范活动】 2008年，市质监局以“质量兴市园区示范活动”为重点，全面推进质量兴市工作。与市经委联合下发了《关于在全市工业园区开展质量兴市园区示范活动的通知》，将开发区东区工业园、平定龙川乙炔化工工业园、盂县西小坪耐火工业园、郊区白泉工业园、阳铝奋飞铝工业园等工业园区，以及入园的重点项目和规模以上重点企业纳入活动范围，以指导和帮助园区企业建立“企业质量档案信息平台”、“质量安全动态监管平台”、“企业质量诚信平台”，推行ISO 9000、ISO 14000、OHASA 18000标准、卓越绩效评价准则等先进的质量管理方法。年内，完成了五大园区22家入园企业的质量建档工作，实施了“一企一策”的对口服务。为山西亚美建筑工程材料有限公司等13家企业提供了ISO 9000认证服务。加强对全市68家获生产许可证企业、14家3C认证企业、25家实验室、9家计量器具许可证企业、4家计量授权机构的监督管理工作，帮助48家企业通过计量保证能力评价，办理行政审批事项148件，新办及年审代码5824件、对823家企业建立了节能、食品和质量档案。全系统共检验产品2448批次，其中委托检验1612批次。共检定计量器具13000余台件，促进了质量兴市工作的深入开展。（白青堂）

【名牌创建工作】 2008年，市质量技术监督局以扶持企业创建名牌、做大做强为目标，采取宣传引导、重点培育，对口帮扶措施，市、县（区）两级政府落实了对名牌的奖励政策。开发区政府对名牌企业方大添加剂有限公司给予了30万元的奖励。全市20家名牌产品企业实现销售收入150亿元，占到全市规模以上企业的45%，对工业增加值增长的贡献率达到了30%，拉动全市工业增加值增长了4个百分点。（白青堂）

【标准化战略实施】 2008年，市人民政府出台了《关于推进标准化战略的实施意见》和《阳泉市推进标准化战略奖励办法》，将标准化工作纳入全市经济社会发展大局。年内，全市制修订和备案企业标准40个，使现行有效的企业标准达到了191个。山西国阳新能股份有限公司参与起草了《煤炭产品品种和等级划分》国家标准；阳泉铝业股份有限公司参与起草了《电解铝用预培阳极》行业标准和《电工圆铝杆》国家标准；西小坪耐火材料有限公司参与起草了《焦炉用硅砖》行业标准；阳泉市中驰纳米科技有限公司主持起草了《零界颗粒切割铁粉》国家标准。首次发布了阳泉东海大酒店服务标准、开发区重庆小天鹅火锅店服务标准和矿区社区服务标准，推进了通信、餐饮和社区服务的标准化管理。盂县旺兴原种猪场、平定西回小杂粮、郊区种鸡养殖3个国家级农业标准化示范区项目已上报国标委正式立项，进入了项目全面实施阶段。发布实施了《阳泉市蛋鸡规模养殖管理综合规范》、《阳泉市生猪规模养殖管理综合规范》、《阳泉市奶牛规模养殖管理综合规范》3项地方标准。开通了“技术标准信息服务网”，实现了所有现行国家标准和行业标准的网上查询和远程在线打印。全年共为社会各界提供标准查询、检索服务1300余次，下载标准1126个，达成“标准托管”意向8个。（白青堂）

【工业锅炉节能降耗】 2008年，市质量技术监督局编写了《工业锅炉节能降耗宣传读本》，组织对全市1026名司炉工和312名锅炉水处理操作人员进行了节能知识培训。选择48户重点企业的100台工业锅炉作为节能试点,对10台不同型号的工业锅炉进行热工测试,对100台工业锅炉进行水质检测,完成了对全市近100家工业锅炉使用单位的300余台锅炉的节能建档工作,掌握了锅炉能耗情况、热效率情况、水质情况、作业人员配备情况。其中,通过帮助阳煤集团威虎化工有限公司的两台锅炉进行热工测试和技术改造，使锅炉的热效率从45%提高到了61.24%,改造后的锅炉一年就可节省原煤1800吨,节资50万元；通过对阳煤集团公司22台燃煤锅炉开展热效率测试,采用节煤措施,淘汰了部分高耗能锅炉,每年可节约1.2万吨标准煤，节电400万千瓦时，减少二氧化硫排放1500吨,减少灰渣排放3.6万吨。

(白青堂)

【计量惠民活动】 2008年,市质量技术监督局组织开展了以“六进六查六规范”即诚信计量进市场、健康计量进医院、光明计量进镜店、公正计量进行业、安全计量进煤矿、服务计量进社区乡(村)为主要措施的“关注民生、计量惠民”专项行动,组织了民用三表、集贸市场、医疗卫生机构、眼镜店、煤矿等计量监督检查，使集贸市场计量器具受检率由原来的60%提高到了95%,煤矿瓦斯计等在用安全计量器具受检率由60%提高到97%，二级以上规模医疗机构医用计量器具强制检定率从75%提高到了91%。组织对全市140多家企业计量负责人进行了《商业 服务业诚信计量行为规范》的宣贯。城区分局指导帮助滨河农贸市场、华龙超市等8家集贸市场、商场超市规范计量管理,指导市第一人民医院等单位建立健全计量管理体系,受到了省局计量检查组的好评。盂县局、平定局和郊区分局与辖区内所有在产的54家煤矿负责人签订了安全计量器具检定与监督管理目标责任书。 (白青堂)

【食品质量安全监管】 2008年,市质量技术监督局严格食品生产许可准入条件,制定了《食品生产许可证申(换)证管理程序》,完成了52家食品获证企业的年度报告审查、16家企业的复查换证、5家企业的新领证。强化食品企业全过程监管,重点关注企业质量管理体系的运行情况和原料把关、关键控制程序、出厂检验、不合格品处理等方面的执行情况,逐步实现食品企业生产全过程的监管。开展了食品添加剂专项整治。对全市370家食品生产加工单位中使用的添加剂种类、用量、备案等情况进行重点核查、确认,严厉打击食品企业和小作坊使用非食品原料生产加工食品违法行为。开展了小作坊规范年活动。对150家证照齐全的小作坊全部实施了质量安全承诺书制度和进、销货台账制度,督促新领取卫生许可证和营业执照的小作坊进行了基本卫生条件改造。推进区域性小作坊的资源整合。帮助平定县杨家沟村整合了49个家庭式豆腐坊,建成了川玉食品有限公司,并顺利领取了食品生产许可证,实现了整合资源、集中生产、分户销售、保障安全的目标。

(白青堂)

【“三鹿奶粉”突发事件应对】 2008年9月中旬,全国“三鹿奶粉”质量事件发生后,市质量技术监督局迅速启动了食品安全突发事件应急预案,进入一级应急状态。迅速组织对全市乳制品企业进行专项检查和抽样送检。成立了3个乳制品企业驻厂监管组,对3家在产的乳制品生产企业进行了驻厂监管,在全市范围内组织开展全面的食品安全隐患大排查,对所有食品企业和小作坊使用的添加剂和非食品原料重点检查。严格落实责任制度、重大事项报告制度、日报制度、统一抽样送检制度、应急值班制度等5项制度。制订了《乳制品整治及食品安全工作方案》、《特种设备安全工作方案》、《危险化学品等涉及安全的产品质量证后监管方案》和《机动车安检机构监管和执法监督工作方案》。开展了食品、特种设备、危险化学品等专项检查，共检查食品企业53家,食品生产小作坊317家,责令停产整顿企业9家,规范完善小作坊85家,建议政府取缔证照不全的小作坊167家,排查食品安全隐患27处。检查危险化学品无证生产企业19个,下达责令改正和停产通知书12份,并建议政府依法取缔。

(白青堂)

【特种设备安全监管】 2008年,市质量技术监督局建立特种设备安全监管长效机制,出台了《特种设备现场安全监督检查规则》(试行)和《特种设备重点监控工作要求实施意见》。开展了特种设备安全隐患治理和百日督察专项行动,绘制了《特种设备隐患排查治理工作督察确认表》,采取“分级把关、分级确认、分级签字、分级负责”的方法,全市共排查特种设备使用单位322家,排查设备2075台,查出隐患1643条,下发责令整改通知书174份,下发安全监察指令书16份，查封设备21台。年内共完成特种设备定期检验1569台,定检率为100%;完成气瓶定期检验6755只，定检率为90.9%。11家单位办理了气瓶充装许可,559台特种设备办理了使用登记,550人取得了特种设备作业人员证书。 (白青堂)

【质量违法案件查处】 2008年,市质量技术监督局在对食品、特种设备企业实行重点监管、重点检查、集中整治的基础上,积极开展农资、建材、矿用设备、防爆电器等重点产品专项整治工作,严厉打击制假售假等违法行为。全年共查处各类违法案件242起,其中现场处罚案件77起,立案案件165起,万元以上案件30起,罚没款金额114万余元。

(白青堂)

【团队文化建设】 2008年,市质量技术监督局开展了以“加强领导班子思想政治建设”为重点的谈心活动,集体谈心28次,个别谈心148人次。开展了以“培育共同价值取向”为主题的正面教育活动,以“预防职务犯罪”为重点的警示教育活动,组织全系统600余人次集中观看了“情满中国”等多部专题片,举办了“科学发展观人人讲堂”自我教育活动、以“我为阳泉发展作贡献、我为抗震救灾尽点力”为主题的征文演讲活动和以“迎奥运、树新风”为主题的文体活动。全市系统所属的10个单位全部跨入“市级文明单位”行列,市局行政审批服务窗口获得“标兵红旗窗口”、省级青年文明号”称号,市特种设备监督检验所获得“文明和谐单位”称号和省“科技奉献奖”集体三等奖,全市质监系统被市委、市政府授予“文明行业”称号。 (白青堂)

进出口商品检验检疫

【概况】 2008年,阳泉出入境检验检疫局以科学发展观为统领,全面提高检验检疫工作质量,依法行政,严格把关,突出重点,创新思路,为促进全市经济结构调整和经济快速增长做出新贡献。年内,共检验检疫出入境货物433批、货值3872.08万美元,比上年批次、货值分别增长8.25%和31.07%。其中,检验检疫出境货物385批、货值2459.07万美元,比上年批次、货值分别增长6.06%和121.19%,经检验不合格商品1批;检验检疫入境货物48批、货值1413.01万美元,比上年批次增加29.74%、货值减少23.31%,经检验全部合格。全年,签发检验检疫证书(单)1894份。检验检疫收费56万元,完成任务的100%。 (曹增华)

【专项整治工作】 2008年,阳泉出入境检验检疫局加大专项整治工作力度。一是认真部署。在对辖区内所有进出口企业进行摸底排队的基础上,按照风险等级确定排查方式。对高风险企业和省局列入此次专项整治范围的生产企业由局主要领导带队进行重点排查;对低风险企业和市局列入此次专项整治范围的生产企业由分管局领导带队进行排查;对未列入此次专项整治范围的生产企业由分管的科室领导带队进行排查。在出口企业中开展诚信等级评价活动,推动企业规范生产经营,促进出口企业严格自律,诚信守法。建立健全工作程序和出口企业质量档案,进一步完善出口商品质量安全追溯体系。同时加强企业的质量安全追溯体系,不断规范企业的台账和原材料进场索证索票制度建设。二是严格检查。专项整治第一阶段工作结束后,及时召开会议进行总结,并通过“五检查”检查专项整治工作的成效。“五检查”是检查采取的制度和措施是否有效,工作部署是否落实;检查所辖企业是否有遗漏,排查内容是否全面;检查企业对提出的问题整改是否全部到位,整改的效果是否达到预期效果;检查企业的质量安全意识是否得到了增强;检查建立的长效机制是否有效。三是扩大宣传。在抓好治理整顿和排查工作的同时,还注意做好宣传工作。共向企业进行宣传50余次,共报送信息、简报124期,省局采纳63期,在各类报纸、电台和电视台共宣传报道18条次,市政府领导对上报的信息批示1条次,市政府信息摘编采纳3条次,在市局网站传信息及图片1740条次。 (曹增华)

【检验检疫监管模式创新】 2008年,阳泉出入境检验检疫局探索新的检验检疫监管模式,不断地提升服务效能的工作。一是组织全体职工认真学习总局的相关文件;二是对9种检验检疫监管模式进行逐一研究;三是在学习的基础上联系实际积极探索;四是在工作中不断改进,使其更加科学。年内,索新实施的检验检疫监管模式主要有:3月,对出口石油钻杆采取了“现场检验+过程检验+符合性评估”的检验模式;6月,对木质包装加施企业实施了“建立出口企业诚信档案+视频监管+现场检验+知识培训”的检验模式;9月,对出口日用陶瓷探索建立“符合性声明+首件检验+安全项目检测+符合性验证+日常监管”的检验模式。通过创新检验监管模式,不仅给企业节约了开支,加快了通关速度,同时也为提升服务效能、转变监管模式、缩短检验流程提供了更多的思路。 (曹增华)

【防止有害生物传入传出】 2008年,阳泉出入境检验检疫局在防止有害生物传入传出工作方面有新的突破。首先是通过细化岗位职责、加强内部管理、改进工作方式、强化企业责任、完善行政执法责任制等五项举措加强进出境集装箱的灭害处理工作。对544个出境集装箱进行了灭害处理,处理率达70%,这么大批量对出境集装箱进行灭害处理在内陆局是很少见的。其次是加大与地方政府部门配合,杜绝逃漏检的发生。年初将木质包装熏蒸等有关情况向市政府分管领导汇报后得到了大力支持,并进行了批示,要求使用木质包装的出口商品生产企业和获得标识加施资格的生产企业必须对木质包装做到批批处理、批批报检,否则进行处理。全年灭害处理木质包装157批、62401个,是上年度处理量的5倍;第三是加强进口设备的检验。辖区内所有进口企业实现了全申报,进口商品全检验。 (曹增华)

【实验室建设】 2008年,阳泉出入境检验检疫局在2007年通过CNAS认可,开验煤炭、陶瓷两种商品8个项目的基础上,又开验了甜蜜素、铝矾土、高铝砖、水泥、黑砂石、石英石等新商品10种、新项目30余个,共完成出口商品检测150余批次,为配合检验监管模式转变进行原料检测50余批次。同时,还获得了国家认监委颁发的“日用陶瓷铅镉溶出量检测CNCA-07-A06

能力验证合格实验室证书”。这是阳泉检验检疫局成立近30年来首次参加实验室能力验证并获得证书。（曹增华）

审计管理

【概况】 2008年,全市审计机关紧紧围绕资源型城市转型、绿色矿城战略、城乡一体化发展等重点任务,深入开展“树科学审计理念,促和谐阳泉建设”的主题实践活动,积极服务全市经济社会又好又快发展。全年共审计(调查)单位596个,查出违规问题金额13.22亿元, 管理不规范金额11.25亿元, 促进增收节支4.83亿元,审计后挽回(避免)损失2537万元。审计移送纪检监察机关2案3人,2人被依法逮捕。（张大鹏）

【预算执行审计】 2008年,全市审计机关把促进完善公共财政体制、提高预算管理水平和资金使用效益作为审计的主要目标,积极有效地开展了预算执行审计工作。一是审计项目安排更加贴近政府中心工作需要。预算执行审计结合全市优化结构、节能减排和环境建设等重点工作, 增强了审计监督的针对性。市局安排了对市财政、地税、国土、环保、水利、劳动等部门的11个审计项目。同时。开展了政府非税收入审计和养老、失业、医疗、住房、环保专项资金审计(调查)。全市预算执行审计通过密切关注经济转变方式、运行质量和民生建设状况,积极推动公共财政职能的充分发挥,确保国民经济和社会发展预期目标的顺利实现。二是审计重点内容更加明确突出。按照市政府关于加快财税改革,完善公共财政体系,着力打造“民生财政”的要求,把“关注民生,突出效益”作为审计重点。市级预算执行审计中,以部门预算审计为基础,以民生专项资金审计为主线,以市级收入征缴为重点,加强了对预算资金收缴、分配、拨付和使用环节的真实性审计,注重了对影响预算收支变动的项目、地方税收计划执行脱离实际等涉及税收管理和财政改革方面的审计。三是审计目标更加重视和凸现审计监督的建设性功能。市级预算执行审计中,在严肃查处违纪违规问题的基础上,积极寻找和剖析影响市财政政策不到位、资金使用效益不高等体制性、制度性的缺陷和障碍,重点对城维税征收与主税不配比、增长不同步、城镇医疗保险基金管理中损害群众利益、农村社会养老保险保障水平较低、医疗教育乱收费等问题进行了分析研究,从制度、体制、政策上寻找问题产生的原因,从宏观层面和更高层次提出了促进改革、规范管理、完善制度的33条建议,14条建议已被有关部门单位采纳。市十三届人大常委会第10次会议对市级预算执行审计给予了高度评价。各县(区)针对审计发现的问题,共提出促进财政改革、强化预算管理的合理化建议58条,被有关部门单位采纳30条,有效地推动了预算管理制度、国库集中支付制度、政府采购制度改革。2008年,市审计局对132个单位的审计和审计调查中,发现了预算约束不强、财政体制改革不到位、税收征管不力、部门单位不严格执行政策损害群众利益等问题,涉及金额达63168万元。（张大鹏）

【固定资产投资审计】 2008年,全市审计机关严格执行《阳泉市国家建设项目审计监督办法》和《阳泉市审计局关于我市“百项工程”建设项目审计监督的实施意见》,加大了对固定资产投资的审计力度,努力保证国家建设项目规范运行和资金合理使用,积极服务于政府重点工程建设。市局开展了对阳泉示范高中工程、桃南中西路大修工程、平坦立交桥续建工程、桃河蓄水二期工程和污水处理厂再生水利用工程等5项重点工程的全程跟踪审计。全年共完成134个固定资产投资审计项目,核减投资(结算)3756万元。通过审计,不仅为政府节约了财政资金,而且规范了建设单位的投资行为,有效遏制了工程项目中损失浪费和腐败问题的发生,提高了投资的经济效益和社会效益,为投资拉动经济增长,推进全市产业结构调整和资源型城市转型作出了贡献。（张大鹏）

【抗震救灾专项审计】 2008年,四川地震发生后,市审计机关按照中央关于“加强对抗震救灾资金物资监管”的要求,在全省率先开展了对救灾款物的审计工作。5月26日,市审计局成立了抗震救灾款物跟踪审计领导组,紧急部署全市审计实施工作,下发了《关于阳泉市抗震救灾资金物资跟踪审计的实施方案》。全市抽调30名审计人员,分成8个审计小组,于5月28日进点实施分阶段、全程跟踪审计。对全市民政、红十字会、总工会、团市委、市妇联组织接收的3920万元捐赠款和145万元捐赠物资的跟踪审计中,积极协助相关部门建账立册,督促纠正手续不完善、统计不完整、折价不规范等问题,确保了救灾款物规范管理,有效使用。四个阶段的审计工作均顺利完成,第一阶段审计结果于6月11日在《阳泉日报》和阳泉电视台新闻进行了审计公告,提高了救灾款物接收、分配、使用情况的公开透明度。对全市党员缴纳的3671万元特殊党费的跟踪审计后,及时向省厅上报了全市各级党组织募集、上缴特殊党费的情况。6月11日市审计局与市纪委、监察、民政、财政等部门联合下发了《关于加强对抗震救灾款物监管确保救灾款物全部用于灾区和受灾群众的通知》,加强了对救灾款物的审计监督工作。对全市援川卫生医疗、防疫、监督队应急物资采购等费用的审计中,严格审查了相关费用开支情况,保证了捐赠资金全部用于抗震救灾工作。对本市援建四川地震重灾区过渡安置房的竣工决算审计中,及时督促纠正了参建单位救灾资金管理使用中存在的问题或缺陷,保证了援建工作的圆满完成。审计结果在《阳泉日报》进行了公告。

(张大鹏)

【经济责任审计】 2008年,市审计部门按照审计署要求,稳步推进企业领导人员经济责任审计,积极开展党政领导干部经济责任审计,全年工作体现了三个特点:一是把权力大、公益性强、公众关注度高的二级预算单位领导干部纳入审计范围;二是增加了对县(区)科级干部的经济责任审计;三是将审计重点放在领导干部经济决策、资金管理、经济指标完成情况等方面,加大了任中经济责任审计力度。针对审计发现的问题,除依法进行处理处罚外,还提出了完善内控制度、强化约束机制、规范财政财务收支行为的改进建议。从审计效果看,经济责任审计起到了预警和保护干部的良好作用,为加强干部监督管理、构建预防和惩治腐败体系发挥了审计监督不可替代的作用。

年内,完成51个经济责任审计项目,查出各类违纪违规问题10059万元,其中被审计领导干部应负直接责任的问题3594万元、应负主管责任的问题6465万元。

(张大鹏)

【非税收入审计】 2008年,市审计部门结合预算执行重点安排了行政事业性收费、政府性基金、国有资源(资产)有偿使用收入、国有资本经营收益、罚没收入、主管部门集中收入等9类政府非税收入的审计(调查),完成对财政、税务、建设、环保、公安、国资委等84个部门及其监管或者派出机构(单位)的专项审计,查出各类违纪违规资金6.15亿元,应上缴财政9776.95万元,已收缴审计专户656.22万元,督促有关部门上缴财政8605.86万元。针对国有资本收益欠缴严重、企业改制不规范导致国有资本收益损失、国土和环保部门少征漏征收入、建设系统滞留收入、车辆收费单位违规发放奖金和经济补贴等问题,审计在依法处理处罚的同时,从规范收入分配秩序、推动社会公平出发,提出改进、完善非税收入管理和深化非税收入改革的意见和建议46条,得到了被审单位的重视和采纳。通过审计,进一步摸清了市级非税收入的规模、结构、分布、流向及征管使用政策的执行情况,揭示了非税收入在征管和分配使用过程中存在的问题和不足,力求逐步改变"谁收谁用、多收多用、多罚多返"的分配格局,从机制上解决受利益驱动乱收、乱罚、乱支等现象,有效地促进了非税收入的依法征收和合理有效使用,促进各项改革政策的贯彻落实,为全市改革发展营造了良好的经济环境。

(张大鹏)

工商行政管理

【概况】 2008年,市工商局在省工商局紧紧围绕促进全市经济社会又好又快发展这一中心,充分发挥职能作用,服务经济社会发展,较好地完成了各项工作任务,确保了市场安全和社会和谐稳定。年内,全系统共查处各类违章违法案件1270起,其中制假售假及侵害消费者权益案件346起,查处不正当竞争案件(含商业贿赂案件、垄断案件)49起,商标案件249起,广告案件262起,合同案件199起,违反市场管理规定案件40起。全系统登记注册的内资企业共有3709户,注册资本总额130亿元,其中企业法人1844户、营业单位1865户。按企业类型分,全市国有企业1000户、集体企业1300户、有限公司1394户、股份合作制企业12户、其他企业3户。2008年,新登记注册内资企业328户,新登记注册私营企业1279户,新登记个体工商户5037户。全市私营企业达5951户,个体工商户达26645户。

(郭建民)

【项目服务工作】 2008年,市工商局以项目服务为抓手,全力推进对外开放、招商引资和全民创业工作。一是通过改进登记管理、提供优质服务,促进了对外开放和招商引资工作。各级工商部门领导带队,先后深入70余户"百项工程"企业,现场为企业提供登记注册、商标申请、合同鉴证、广告审查等方面的服务,为企业解决实际问题22个。二是通过放宽准入条件、推进公平竞争,促进了以创业带动就业。各级工商部门以市场准入、政策支持、收费减免、提供服务为切入点,鼓励多种形式的劳务创业,积极支持下岗人员、大学生、复转军人、农民、外出务工人员等从事个体私营经济,进一步形成了以创业带动就业,全民创业的良好局面。全年共为690名持有下岗优惠证的下岗失业的人员优先办理证照,并减免各项规费138万元。三是发挥工商职能,全力促进产业结构调整和国有企业深化改革。在认真落实省政府"国有企业深化改革登记注册实施意见"27条的基础上采取改制前介入、改制中服务、改制后帮扶的措施,全力促进国有企业公司制、股份制改革,大力支持国有重点煤炭企业和地方国有企业办社会职能的分离工作。截至2008年底,全系统登记注册的内资企业共有3709户,比上年同期减少6%,注册资本总额130亿元,比上年同期增长48%。全市私营企业达5951户,比上年同期增长29%;个体工商户达26645户,比上年同期增长7%。 (白俊生)

【服务社会主义新农村建设】 2008年,市工商局在服务社会主义新农村建设中,着力推进"红盾护农"由农资打假为主向建立健全农资市场长效监管机制转变;"商标兴农"由引导注册农副产品商标向争创农副产品著名、驰名商标转变,促进农业产业化经营;"合同帮农"由倡导发展合同农业到制定推行适合涉农龙头企业、农民专业合作社和农户急需的农业合同示范文本转变;"经纪人活农"由培育规范农村经纪人向提高农村经纪人服务农村经济发展能力转变;“经济组织强农”由降低准入门槛向规范发展、提升经营能力转变。在“红盾护农”工程上,严厉打击坑农害农行为,共查处农资案件36起;在实施“商标兴农”工程上,深入开展“进万家农户”活动,推进农副产品商标战略,注册农副产品商标18件;在实施“合同助农”工程上,大力发展“订单农业”,培育涉农龙头企业9户,合同帮扶涉农企业172户,签约农户2800户,金额10875万元。在实施“经纪人活农”和“经济组织强农”工程上,共登记农民专业经济合作社320户,注册资本13595万元,从业人员2713人。 (白俊生)

【品牌兴市】 2008年,市工商局以实施“品牌兴市”为抓手,推进自主创新,促进经济发展方式转变。全系统认真落实《阳泉市实施商标发展战略意见》,采取有效措施,积极引导、鼓励企业注册商标,争创著名、驰名商标。6月6日,市政府组织召开了阳泉市品牌建设工作会议,省工商局党组副书记、巡视员李秀英出席会议并做了重要讲话,市委副书记郤爱国、市人大副主任张清、市政府副市长刘兆林、各县(区)政府分管商标工作的副县(区)长、市商标战略领导组成员单位负责人参加会议。会上,市政府对获得2007年度山西省著名商标的9家企业一次性分别奖励了30万元,共计210万元。山西阳泉铝业股份有限公司等3家获得著名商标的企业代表分别做了经验介绍。省工商局领导和市领导对商标战略的实施和近年来品牌建设工作所取得的成绩给予了肯定,对进一步实施商标战略,推进品牌建设提出了新的、更具体的要求。6月16日,组织市、县、乡、村有关领导参加“山西品牌节”举办的论品牌活动。6月23日,成功举办了“品牌阳泉”文艺演出活动,在全市营造了浓厚的品牌建设氛围。2008年,全市企业商标申请量达86件,完成年任务50件的172%,推荐山西省著名商标17件,完成年任务5件的340%,推荐认定驰名商标1件,完成年任务的100%。全市累计注册商标总量达到了752件,其中中国弛名商标1件、山西省著名商标33件。弛名、著名商标企业已经成为带动全市经济发展的龙头。 (王 枫)

【企业信用信息体系建设】 2008年,市工商局以实施诚信兴商为抓手,进一步完善企业信用信息体系建设。一是在实现信用信息归集的基础上,加快了全市联网归集步伐,为实行并联审批制度奠定了基础。二是加快信用信息整合,为社会提供信用信息查询服务创造条件。三是认真执行省局《企业信用分类监管实施办法》,对企业信用状况实施综合评价,大力弘扬守信,及时曝光失信。同时,积极发挥信用企业协会的作用,引导企业开展“守合同重信用”活动,提升企业信用形象。年内新认定省级守重企业33户、市级守重企业89户,全市守重企业累计达740户,其中国家级守重企业13户、省级守重企业166户、市级守重企业561户。 (段战军)

【专项整治】 2008年,市工商局以开展专项整治为抓手,深入整顿规范市场经济秩序。在食品安全专项整治中,突出重点地区、重点市场、重点环节、重大节日,共查处食品违法案件232起,罚没款73万元。9月11日晚中央电视台报道三鹿婴幼儿奶粉质量问题后,迅速反应、紧急部署、全员出动,立即在全市范围内开展了拉网式、全方位的专项清查。全系统共出动执法人员6307人次,出动车辆864台次,检查经营户18302户次,做到了对全市现有的4182个食品经营户了进行了全部检查。此项工作,先于省局和市政府工作部署,得到了上级领导的充分肯定和广大群众高度赞誉。在查无照专项行动中,系统上下全员出动、全力以赴,查处无照经营282户,无照变有照414户,依法处理307户,限期整改23户。在打击虚假广告执法行动中,以整治虚假违法广告,严厉查处商业欺诈为重点,集中整治医疗、药品、保健食品等行业的广告发布行为,查处广告案件288起。在煤炭市场专项整顿工作中,以打击掺杂使假、收购倒卖非法生产煤炭为重点,检查煤炭经营主体576户,查处案件57起,罚没93万元。同时,按照市政府统一部署,坚持源头治理,认真开展治理超限超载工作,做到了思想认识、组织领导、治理措施、协调配合、责任落实,查处非法储煤场87户,立案15起。在打击传销执法行动中,进一步完善监控网络,强化社会宣传,加强部门协作,加大打击力度。年内,共取缔涉嫌传销窝点3个,遣散人员60人,查获传销案件1起,向公安机关移交案件1起。在打击合同欺诈执法行动中,以建筑、房地产市场为重点,加大集中整治,查处合同违法案件199起;从保护弱势群体利益出发,加强对电信、旅游、保险、供气、供热、供水等格式合同的审查备案,制止了不规范条款;在市仲裁委的积极支持下,成立了阳泉市仲裁委合同纠纷调解处,加大了对合同纠纷的调处力度。在保护知识产权执法行动中,深入开展了保护注册商标专用权和打击侵犯奥林匹克标志专项行动,查办商标违法案件249起,查办侵犯奥林匹克标志案件60起。其中,涉及奥标侵权案件52起,涉奥广告案件8起,为北京奥运会和残奥会成功举办创造了良好的市场环境。在查处不正当竞争执法行动中,共查处案件49起。此外,全系统还组织对陈化粮、兴奋剂、消防产品、盐业等重要商品市场进行专项执法检查,平定县工商局获得了全国工商系统陈化粮监管工作先进集体。认真执行“限塑令”,依法查处违规使用塑料袋行为。积极配合有关部门,开展了卫星地面接收市场、市容环境大整治,“扫黄”、“打非”,禁毒、反假币、反走私,取缔“黑网吧”集中行动,有

力地维护了市场秩序。（王 枫）

【五化建设】 2008年，市工商局加强五化建设为抓手，努力构建长效监管机制。一是规范化建设。大力推进了“四个窗口”建设。全系统各级行政审批服务大厅，全部达到了“六有六做到”的目标要求；基层工商所，在巩固和提高的基础上，进一步推进了“五项规范化建设”成果；12315消费者申诉举报中心，围绕“强化执法、规范运行、完善网络、提升水平”的要求，进一步统一网络软件，建立健全制度，完善“一会两站”制度。“信用阳泉”网站，做到了信息准确、内容完整、查询快捷的要求，成为树立政府公信力和展示工商形象的重要宣传窗口。二是制度化建设。着力推进了市场主体与市场客体准入的制度化。在市场主体准入制度建设上，以有证有照经营为前提，以健全“经济户口”为目标，抓住“三个关键环节”，建立“经济户口”台账，及时办证办照，实现规范经营。在市场客体准入制度建设上，加强了对食品质量快速检测的指导与规范。进一步巩固完善了“两个100%”目标要求和省局9个100%的要求。三是程序化建设，重点推进了企业登记注册、执法办案的程序化。企业登记注册事项，实行“一审一核”、“审核合一”、集体会审、政务公开等制度。执法程序上，实行案件核审和集体评审制度。四是法治化建设。重点推进了执法主体、执法行为的法治化。严格落实执法责任制和责任追究制，强化对自由裁量权的监督检查。建立新提拔干部任前法律考试制度，加强对法制员的考核任用。继续完善和落实案件评查制度。抓好行政复议，强化法律宣传，规范执法行为。实施了“一月一所一评查”、“一季一法一培训”、“一旬一案一点评”工作。五是信息化建设。重点推进了监管信息化、办公自动化。全系统以开展“信息化推广应用年”活动为契机，进一步推动信息化手段在企业登记、市场监管、行政执法以及人事、财务、固定资产管理等方面的广泛运用。同时要严格按照“谁办案谁录入，谁登记谁录入，谁录入谁负责”的原则，及时准确地录入各类企业登记与监管信息。（李文娟）

【五项活动】 2008年，市工商局以五项活动为载体，努力建设一支高素质工商行政管理干部队伍。一是深入开展和谐班子创建活动，努力提高各级班子的领导水平。在抓好市、县局、科股所班子的思想建设、组织建设、作风建设的同时，重点以实现“五有”为标准（有坚实的思想基础、有浓厚的民主氛围、有过硬的工作作风、有较强的驾驭能力、有良好的工作实绩），深入开展和谐班子创建活动。二是积极实施党风廉政建设推进年活动，抓好反腐倡廉建设。全系统深入开展了社会主义核心价值体系教育、宗旨教育、社会主义荣辱观教育和职业道德教育，深化了工商廉政文化建设，加大了反腐倡廉教育力度。以抓制度建设为重点，进一步完善了用制度管权、管人、管事、管财的机制。认真落实国家工商总局的“六项禁令”和省局的“约法三章”，全面推行了工商所长向监管服务对象代表述职述廉制度，继续深入开展政风行风评议活动，进一步巩固了政风行风建设成果。集中开展煤焦领域反腐败专项斗争，确立四个重点，主抓五个方面，提出“六看”工作要求，全系统180余名从事登记、监管和基层工商所的工作人员作出郑重承诺，机关80余人填报了个人申报表，同时向40多户重点煤焦企业发出了征求意见函，以此保证此项工作的实际效果，严格执行党风廉政建设责任制，确保了反腐倡廉工作深入推进。三是继续引深全员素质达标活动，努力提高队伍素质。2008年，各级班子把教育培训工作作为工商行政管理的“先行工程”，切实摆上了议事日程，通过以案说法、岗位练兵、基层磨练、多岗锻炼等有效途径，深化专门业务培训，强化更新知识培训，针对性地解决干部队伍中存在的“知识恐慌”和“本领危机”，提高了广大干部履行岗位职责的能力。四是积极开展争先创优活动，发挥示范效应。根据省局安排，在各个环节、各个层面树立和培养一批示范单位和优秀人员，进行表彰奖励。为此，系统上下围绕树立一批优秀县局领导；树立一批“办案能手”；树立一批业务软件应用和办公自动化操作能手；树立一批规范化示范窗口和优秀注册人员；树立一批规范化工商所标兵单位和优秀工商所长等五个层面，积极组织开展了各项争先创优活动，带动全系统执法人员强化自身素质，提高办案能力，提升执法形象，真正起到示范效应。五是努力推进基层规范化建设活动，夯实执法基础。各级工商部门围绕职能到位，落实岗位职责，进一步推进了工商所规范化建设。继续将财力、物力向基层倾斜，进一步改善了工商所的工作条件、执法装备和信息化监管水平。开展五项活动，进一步强化各级班子、队伍建设，队伍精神面貌有了明显变化，社会形象得到进一步提升，整体工作有了新的突破。（白俊生）

物价管理

【价格宏观调控】 2008年，市物价局以科学发展观为指导，认真贯彻落实中央宏观调控的一系列政策，加强价格宏观调控，控制居民消费价格指数过快上涨。年内，采取了严格控制政府定价和政府指导价措施，认真落实临时价格干预措施，严格控制成品油调价的连锁反应，加强价格监督检查，动用价格调节基金平抑市场价格，加强价格监测和分析，制定市场价格波动的应急预案，各有关部门协调配合齐抓共管等措施，有效地控制了居民消费价格指数的过快上涨。全市居民消费价格指数比上年上涨5.6%，虽然超过了年初确定4.7%的控制目标,但比全省居民消费价格指数上涨7.2%低1.6个百分点。为了保持物价总水平的基本稳定,加强了对市场价格的监测与调控,先后开展了重要商品、特色农产品、进出口商品、粮油食品和农业生产资料价格监测,监测品种达到150种,商品规格达到200余个。为提高价格监测工作的质量,采报价人员严格遵守采报价时间,认真选择采价点,全面、及时地采集并上报各类监测品种价格信息,做到了重大情况不漏报、不迟报,为市委、市政府提供了决策依据。在运用价格调节基金调节市场价格方面,采用了"两头夹击"的办法,即一方面在源头上,通过价格调节基金的投放,扶持粮油副食品基地生产和市场建设,增加商品的生产和供应数量;另一方面在销售的最后一个环节,通过价格调节基金的投放,达到稳定整个市场价格的目的。全年共投放价格调节基金1535万元,其中,争取省级价调基金50万元,市级价调基金投放765万元,县区价调基金投放720万元,对蔬菜、豆腐、熟肉制品、调味品、牛奶、食盐、面粉、大米及食用油进行了价格补贴,保持了市场价格特别是节日市场的相对稳定。

(葛斌盛)

【物价调整】 2008年,市物价局充分发挥价格杠杆作用,进一步促进经济结构调整。一是继续推行差别电价政策。根据省物价局要求对全市12家高耗能企业用电类别进行了甄别,通过对企业进行现场考察、政策比对,确定了5家企业执行差别电价,7家高耗能企业确定了用电类别为非淘汰类企业,共向企业退还电费89万元,为企业减轻负担1450万元,为改善全市环境质量和节能减排发挥了作用。二是进一步规范了医疗单位自制药品价格的管理。先后对阳泉煤业集团医院等单位的15种自制药品成本进行了严格的审定,将药品的利润控制在合理的范围之内。三是积极申报阳煤集团煤层气发电上网电价、天然气市场销售价格和机动车排放污染物检测收费标准,促进了全市可再生能源、新能源的利用和发展。四是调整了居民用水价格。在物价指数大幅度回落的形势下,将延后两年的城市居民用水价格适度进行了调整,年调整金额400万元。五是调整了除居民以外的供热价格。为缓解供热企业生产经营困难,确保冬季正常供热,对非居民的供热价格进行了调整,调价金额2800万元。六是开展了旅游景点门票价格的清理整顿工作。规范了价格管理权限、规范了门票价格管理、促进了旅游业健康发展。 (葛斌盛)

【物价监管】 2008年,市物价局加大清费工作力度,为经济发展创造宽松的环境。一是继续推行行政事业性收费公示制度,全市行政事业单位100%实行了收费公示制,综合医院收费公示制度推行到了科室。二是城市中小学在去年9月份根据国家的规定,全部免除了九年义务教育的学杂费,减轻了全市城市居民的经济负担。三是对行政事业性收费进行了审验换证工作,共审验收费单位50个、收费项目148个,行政事业性收费资金7.9亿元,收费情况基本规范,未发现超标准、乱收费现象。四是发放"城市居民价费明白卡"、"农民价费明白卡",免费向城乡居民发放,把政策交给群众,增强了收费政策的透明度,受到市纪委的好评。五是认真清理整顿涉农价费,切实减轻农民负担。根据国家和省物价局的文件精神,经过调查摸底,共清理上报了涉农价费12类34项。同时,降低了农村用电维护费的收费标准,全年可减轻农民经济负担2143万元。六是及时贯彻落实《国家工商"两费"的停止征收》通知。根据国家发改委和工商总局的统一要求,全市从2008年9月1日起,停止了个体工商管理费和集贸市场管理费这两个收费项目,全年可为个体工商户减轻经济负担782万元。七是进一步规范了社区卫生服务和旅游景点收费行为。制定出台了《关于规范我市社区卫生服务中心(站)基本医疗服务项目价格的通知》、《市物价局关于贯彻落实整顿和规范旅游景点门票价格的方案》两个规范性文件,为全市医药卫生和旅游事业发展提供了价格服务。 (葛斌盛)

【价格监督检查和煤炭稽查】 2008年,市物价局开展价格监督检查和煤炭稽查工作,进一步规范市场价格秩序。全市各级价格检查机构围绕全市经济工作的中心,开展了各项专项检查。一是为了保证支援四川地震灾区救灾物资价格的稳定,开展了救灾物资市场价格检查,落实了临时价格干预措施。二是先后开展了农资和涉农价费、药品和医疗服务价格、教育收费、电信行业价格、环保收费等专项检查,查出价格违纪金额490万元,实施了经济处罚72万元,其中,没收非法所得上缴财政30万元,退还用户42万元。三是认真受理价格举报。全市共受理价格举报41起,已经查处39起,办结率为95.12%。四是"价格服务进万家"活动全面推进,全方位多层次的价格服务体系基本建立。五是加强成品油价格监督检查,出动检查人员200余人次,严厉打击利用价格调整之际抢购、囤积成品油的行为,打击造谣惑众、扰乱市场价格秩序的行为,从严查处了利用成品油供应偏紧,违反规定擅自提高价格的违法行为。共查处了3个违纪单位,处罚违纪金额13万元。六是进一步强化煤炭价格稽查。克服了煤炭市场剧烈变化的不利条件,加大了对煤炭专项基金和煤炭管理费稽查的力度,全市共追缴煤炭专项基金和煤炭管理费1556万元。其中,水资源补偿费1089万元,煤炭管理费467万元。在太原参加了全省煤炭价格专项基金检查,历时一个月,共收缴水资源补偿费24万元,圆满地完成了省局交给的任务。 (葛斌盛)

【物价基础工作】 2008年,市物价局加强物价基础工作,全面发挥价格服务功能。一是价格法制及"五五"普法工作积极推进。下发了《市物价局关于推行行政执法责任制的实施方案》、《市物价局关于"两错"责任追究制度》、《市物价局关于进一步搞好价格法制工作的通知》等制度。建立了领导干部学法用法和公务员学法用法制度,积极推行行政执法责任制,严格规范行政执法行为,全年没有发生一起行政复议和行政诉讼案件。二是成本监审工作进一步加强。圆满完成了国家和省下达的常规调查,直报调查,专项调查和成本监审,为规范政府定价行为起到了重要作用。三是搞好价格认证。先后受理各类评估案件186起,评估金额达814万元。四是建立了行政事业性收费统计报告制度,提高了收费统计工作的质量。五是加大了治理车辆超限、超载工作力度,严格执行了卸载、保管、拆装等收费政策,对全市治理超限、超载工作起到了积极作用。六是积极组织全局干部职工给四川地震灾区捐款7350元,上缴特殊党费26700元,为灾区奉献了爱心。 (葛斌盛)

【物价控制】 2008年。市物价局狠抓价格热点问题,控制粮油肉菜及能源价格过快上涨。年内,市场上相继出现了粮食、食用油、生猪等副食品价格较大幅度的上涨,而且带动了相关商品价格的轮番上涨,在一定程度上影响到经济的正常运行,影响到人民群众的正常生活。针对这一热点问题,采取果断措施,积极稳定价格秩序。一是加强市场价格监测工作,密切监视市场动态。对全市肉禽蛋等副食品价格实行日报监测制度,预警值班电话24小时开通,做到了重要情况第一时间向上级报告。二是加大市场巡查力度,维护市场价格基本稳定。安排专人每天到批发市场、农贸市场、超市巡查,全面了解肉禽蛋等副食品货源、需求、价格变化情况,做到心中有数。三是加强市场价格检查。重点检查了粮食、食用油、猪肉、牛羊肉、家禽和以上述产品作为原料的食品制品的经营者价格行为,查处了相互串通涨价、囤积商品、以次充好等变相提高价格的行为。同时,采取提醒、告诫、劝阻等方法,控制了一些企业和经营者跟风涨价的行为。四是动用价格调节基金支持重要商品储备。市本级动用100万元价调基金用于生猪与食糖的储备费用补贴。五是严格控制提价措施的出台。对城市居民水价、公共汽车票价、煤气价格三项将要调价的措施提出了暂缓出台的意见,减少了影响居民价格消费指数继续上涨的因素。六是正确引导舆论导向。对市场价格的有关情况及时通报新闻部门,要求新闻媒体全面客观准确报道猪肉等副食品市场供应、价格情况,客观看待猪肉价格上涨的影响,大力宣传政府为应对猪肉等副食品价格上涨采取的措施,引导大家理性对待市场价格变化,防止不当炒作。七是出台临时价格干预措施。根据国家和省物价局的有关规定,确定田园乳业等8家生产企业、经营商家为实行调价备案制度的企业,这些企业生产、经营的成品粮、食油等7大类商品"一次调高价格4%以上的,10日内连续调高价格累计5%以上的,或30日内连续调高价格累计10%以上的",均必须在调价后24小时内将调价书面报告报送物价部门,有力地遏制了不合理的跟风涨价现象。八是维护能源市场价格秩序,对全市的电煤价格实行了价格干预措施,确保电煤价格的稳定。开展了成品油供应调查,为政府提出了决策意见。九是制定市场价格波动的应急预案。根据《价格法》等有关法律法规,提出了预防、控制和消除市场价格异常波动的工作意见,将组织指挥、领导职责、启动终止、应对措施和相关制度予以明确,防止突发事件发生。 (葛斌盛)

【廉政建设和政风行风建设】 2008年。市物价局履行廉政建设责任,积极开展政风行风建设工作。首先,组织制定了全局党风廉政建设责任制,成立了领导机构,分解了工作责任,同时,根据市委《建立健全惩治和预防腐败体系2008-2012年工作规划》(实施细则)中规定物价局需完成的7项任务进行了具体细化、分解落实,做到了有计划、有部署、有分工,及时过问、亲自督促,严格责任考核和责任追究。其次,督促检查班子成员履行职责、廉洁自律,认真进行自查自纠。再次,严格做到重大事项集体讨论决定,严格执行政府集中采购。第四,加强对党员干部的监督管理,抓好党员干部廉洁自律工作。加强了科级以上干部和重要岗位人员的动态管理,强调物价检查人员在检查中要秉公执法执纪,不准借工作"吃拿卡要"。全局党员干部38人填写申报了煤焦领域反腐败自查自纠表,并进行审核签字。第五,制定《行政效能监察工作意见》,向社会提出14项政务公开承诺。第六,召开专题民主生活会,开展批评与自我批评。召开了以学习和实践科学发展观和煤焦领域反腐败为主题的党组民主生活会,班子成员认真撰写发言提纲,对照检查自身在贯彻落实科学观方面存在的问题。联系思想和工作实际、剖析问题原因,制定整改措施,开展批评与自我批评。第七,坚持加强反腐倡廉教育,促进党员干部廉洁从政。组织党员干部学习十七大报告和中央、省、市纪委会议精神,组织党员干部观看警示教育片,给科级以上干部征订了《中国纪检监察报》、《中国监察》、《警钟》、《先锋队》、《党风廉政建设专刊》,组织党员干部开展了《建立健全惩治和预防腐败体系2008-2012年工作规划》知识答题等活动。第八,严格执行《党政领导干部选拔任用工作条例》,未出现干部任用违纪问题。 (葛斌盛)

信息工作

【中欧信息社会阳泉示范项目】 2008年是中欧信息社会阳泉示范项目执行的第二个年度。市信息中心根据计划稳步推进该项目的各项工作。8月,欧盟项目组组织中外专家对本市中欧项目进行了为期3天的中期绩效评估,首次运用定量方法对本市电子政务进行了绩效评估。中外专家对《2007阳泉电子政务绩效自评报告》进行了验收研讨。专家组对阳泉市电子政务的工作绩效和《自评报告》的质量给予高度评价,称其为电子政务绩效评估的经典案例。中欧信息社会项目电子政务专家、中国行政管理学会首席研究员、北京市电子政务首席专家石宇良博士在评估总结时说:"通过评估可以看出,阳泉市在市县乡村四级政府城域网建设、政府机关宽带联网比率、宽带网络覆盖家庭农村和企业以及居民上网等基础性指标方面,并不低于国外甚至欧盟国家的水平,充分反映出阳泉市委、市政府信息化工作的力度和成效。"帕特里克·沃特斯先生是欧盟电子政务专业评估机构Capgemini的评估专家,Capgemini在世界各地有63680名员工,受欧盟委托每年都要对全部欧盟国家的电子政务进行绩效评估,具有丰富的评估工作经验。帕特里克·沃特斯先生对《2007阳泉电子政务绩效自评报告》的编制方法、数据完整性和报告质量感到惊讶。他说:"你们评估中的某些指标数据,即使在欧盟也很难得到,但通过阳泉市政府和阳泉信息化办的努力取得了非常有价值的数据,说明中国政府的管理能力是强有力的。"他希望阳泉应加强与欧盟在公共服务领域的合作,借鉴欧盟在网上办事和推广应用方面的成功经验,提升阳泉示范项目的总体水平。

(师艳红)

【"阳泉市政府网站群"项目】 2008年,市信息中心继续实施"阳泉市政府网站群"项目。该项目在2007年上半年启动,经过市场调研、软件选型和功能测试、软件及硬件采购、软硬件平台构建等阶段的工作,完成了网站群的整体部署架构和安全防护,初步建成统一软硬件平台、统一安全防护、数据充分共享、按权限分级管理的网站群系统。同时对政府外网网站全面改版升级,最终设计了政务公开、视声阳泉、走进阳泉、为民服务、企业服务、三农服务6个频道,主站由软件公司负责制作,中间工作包括内容的完善、补充、修改、数据的来源均由信息中心技术人员完成。内网网站移植年底前基本完成。

(师艳红)

【全市党政信息化网络平台优化】 2008年,市信息中心不断跟踪研究新技术,继续优化全市党政信息化网络平台。综合运用双防火墙映射、双网卡、静态路由、VPN等技术,对原服务器群进行统一整合,从物理结构和逻辑结构上简化和优化了网络结构。使用内、外双防火墙,构建服务器安全区,合理设置防火墙安全策略,提高了服务器安全性能,规范了网络服务器安全部署结构,实现内网用户通过内防火墙访问外网服务器群,外网用户通过外防火墙访问外网服务器群,减轻了网络主干的流量压力,提高了网络的整体性能。利用防火墙的多端口映射,在内、外两个方向都实现了安全区中服务器的网通、电信双线路访问和双域名解析,有效解决了中国南北方网通电信瓶颈问题。灵活运用VPN虚拟专网技术,加强对电子公文和视频会议等服务器的安全保护,使党政网络平台又一次实现了全面优化升级。所有的技术优化工作的核心宗旨有两条,一是提高网络性能,二是降低运行成本。阳泉市是全国唯一的自力更生建设政府城域光缆的城市,党政网的各项指标均处在全国同等城市前列,尤其在带宽和网建方面比较具有优势。网站运行费用是国内同等城市的几十分之一,每年为财政节约资金上千万元,这些成果的取得与技术优化工作是密不可分。

(师艳红)

【宏观信息服务】 2008年,市信息中心努力提高宏观信息服务质量,主办的《经济论坛》和《阳泉信息通报》、《网评阳泉》等刊物无论从内容选择还是从编辑质量上都有了较大的提高。全年共编辑出版《经济论坛》49期,提供各类文章200余编约88万字,专供市级领导参阅。编辑《阳泉信息通报》12期,为重要部门的县级领导干部提供各类要闻报道、政经关注、政策指南、金融速览、信息检索等70余篇,深受领导和读者们喜爱。编辑出版《网评阳泉》17期,《互联网动态》64期,提供网评阳泉文章及互联网动态200多篇(条),专供市委书记与市长参阅。《互联网动态》的前身是《网评阳泉》,自2005年4月创刊以来受到领导高度重视。2008年1月8日,市委书记谢海做出重要批示:"网评阳泉不仅要刊登正面消息,也要登其他方面的消息。"市委书记谢海为《网评阳泉》的编发工作提出了要求,指明了方向。

(师艳红)

【网络维护】 2008年,随着全市网络用户的不断扩大,设备数量增加,除单位用户外,在60多个小区中,不包括电源接点,仅网络大小设备(交换机和收发器)就有400多件,只要打雷电击、电压波动、电源故障、设备的自然损坏、死机,都必须到现场解决。另外有些用户故障,不上门无法说服用户,也必须上门才能解决。因此,市信息中心的软件、硬件和网控工作人员,及时关注网络运行,完善了各个接入大节点的网络流量曲线图,及时发现存在的问题,及时对外接单位的线路故障进行排查和处理,及时处理影响用户上网的网络问题等。结合以上存在的问题,为了规范网络维护工作,积极寻求解决途径,保证网络稳

定高效。同时,制定了《局域网故障判断》方法,出台了《网络维护维修制度》,在实践中不断地提高服务质量。 (师艳红)

无线电管理

【卫星电视干扰器清查工作】 2008年5月,阳泉市无线电管理处接到晋无办发〔2008〕14号文件,文件要求对各辖区研制生产和使用卫星电视干扰器的违法行为进行彻底清查。市无线电管理处领导高度重视,立即组织全体职工学习了文件精神,强调了清查卫星电视干扰器的重要性,并做了具体的工作安排。5月14日至16日,在《阳泉日报》上载发了《关于禁止非法研制生产和使用卫星电视干扰器的通告》,并公布了举报电话,还采取广播和电视飞播字幕的方式积极宣传国家的相关法律、法规,让大家充分认识到使用卫星电视干扰器的危害,自觉的遵守国家无线电管理规定,共同维护好阳泉市的电磁环境。5月26日,市无线电管理处会同市工商、公安、质量技术监督和广播电视等部门组成联合检查组,对阳泉市辖区进行了检查,未发现有卫星电视干扰器的销售和使用情况。 (李凤萍)

【"空中警察"为高考保驾护航】 2008年,阳泉市无线电管理处为净化全市的高考环境,保证考试的公平公正,防范利用无线电发射设备作弊的行为发生,在全国统一高考和全国成人统一高考期间,进行了周密地组织和部署,派出技术人员、利用无线电监测车及无线电监测和测向设备,密切巡查在各个考点。在各方通力合作下,阳泉地区在全国统一高考和全国成人统一高考期间没有监测到无线电作弊信号。

(李凤萍)

【B级站建设工程】 2008年,阳泉市无线电管理处全面完成B级站工程并进入试运行。阳泉市B级中心机房设在了城区,同时在开发区、平定和北大街设立了3个固定监测机房。B级站系统可以实现对全频段电磁波的频率测量、频段监视、监听和录音,对不明信号的测向定位,多任务自动监测控制以及数据库管理等功能。B级站系统自运行以来,极大地方便了对各个区域电磁环境异常变化的监控,具有实用、智能和可靠性的特点,为无线电管理工作在技术上提供了强有力的支持。 (李凤萍)

工

综合工作

【概况】 2008年,阳泉市经济管理部门牢牢把握工业经济发展的主动权,采取一系列得力措施,努力克服工业经济运行中出现的新矛盾、新问题,全力化解煤电油运紧张特别是世界金融危机带来的不利影响,坚定信心,积极应对,采取切实有效的措施保运行、保增长,努力协调解决工业经济运行中遇到的困难和问题,有效推进了技术改造创新、生产要素协调、资源综合利用、工业园区建设、节能降耗等项工作的扎实开展,防止了全市工业经济的大幅度回落,仍然取得了两位数增长的可喜成绩,实现了工业经济的平稳较快发展。2008年,在工业经济实现平稳较快增长的前三季度,全市工业经济在煤炭等主导行业的有力带动下,工业生产保持两位数增长而且呈现逐步上升走势,增幅在全省由第十一位前移至第七位。同时,经济效益也大幅提高,经济运行态势良好。进入10月份以后,受国际金融危机的影响,市场需求放缓,煤炭、化工、冶金等主导产业市场疲软,导致生产经营下滑、工业增长回落。由于前三季度增长迅速,全年整体工业经济运行仍然呈现出平稳较快增长的态势。2008年,全市规模以上工业企业完成工业增加值153.44亿元,比上年增长10%,超过全省增幅3.5个百分点;完成产品销售收入465.32亿元,比上年增长51.6%;实现利税69.73亿元,比上年增长78.3%;实现利润26.94亿元,比上年增长139.9%。全年完成万元GDP能耗(测算值)2.32吨标准煤/万元,比上年下降7.8%,超额完成全年万元GDP能耗降低5.6%的目标;规模以上万元工业增加值能耗4.39吨标准煤/万元,比上年下降9.09%。2008年,全市工业经济运行主要呈现以下三个特点:

一是工业经济运行前高后低,整体平稳。2008年的前三个季度增速可以说是逐季走高、一路上扬,全市工业经济增速一、二、三季度分别达到了11.9%、13.9%和14.8%。进入10月份以来,因受国际金融危机的冲击和影响,全市工业经济运行明显放缓,10月份仅增长3.9%,11月份更是出现负增长(下降5.4%),12月份大幅下降了20.8%。但从综合全年工业经济的整体运行情况来看,在遭受全球金融风暴的冲击之后,工业系统的全体干部职工顽强拼搏,积极应对,规模以上工业完成增加值153.44亿元,仍然保持了10.0%的增长速度,增速高于全省平均水平3.5个百分点,在全省位次前移到第七位。

二是主要行业实现较高增长,拉动有力。2008年,煤炭行业仍然彰显出了它的巨大的动力,原煤完成产量6015.1万吨,比上年增长9.7%,工业增加值完成110.02亿元,比上年增长23.8%;有色冶金行业取得了新的成就,铝锭完成14.95万吨,比上年增长3.6%,工业增加值完成7.99亿元,比上年增长20.1%;耐火行业实现了较快增长,耐火材料完成产量62.92万吨,比上年增长12%,工业增加值完成3.18亿元,比上年增长12.7%;电力生产行业保持了平稳运行,发电量完成146.69亿千瓦小时,比上年增长0.7%,工业增加值完成12.97亿元,比上年增长2%;煤炭行业实现的利润达到25.90亿元,占全市总利润的96.1%,而阳煤集团一家企业又占到煤炭行业实现利润总额的50%以上,煤炭行业及大企业的拉动作用明显。

三是重点企业得到持续发展,增势强劲。全年市重点监控的50户工业企业,完成工业总产值337.69亿元,比上年增长20.1%。市重点监控的50户工业企业完成主营业务收入415.93亿元,比上年增长54.1%,实现利税61.53亿元,比上年增长72.9%,实现利润22.35

亿元,比上年增长112.9%。阳煤集团积极实施"煤与非煤并重、做大与做优并举"战略,电力、铝业、化工、磁材、机械制造、建材等产业得到了长足的发展。2008年,阳煤集团完成工业总产值188.89亿元,比上年提高21.4%;实现利税16.4亿元,比上年增长111.2%;实现利润7.8亿元,比上年增长538.8%。南煤集团抢抓市场机遇,狠抓内部管理,精心组织生产,不断拓宽市场。2008年南煤集团完成工业总产值16亿元,比上年增长47.5%;实现利税2.89亿元,比上年增长114.3%;实现利润1.77亿元,比上年增长149%,主要9项经济指标均创历史最好水平。西小坪耐火材料有限公司以技术创新为动力,在危机中寻找机遇,在市场中拓展自己,以优质的产品质量,在国内外市场中站稳了脚跟。2008年西小坪耐火材料有限公司完成工业总产值3.54亿元,比上年增长11.8%;实现利税1165万元,比上年增长87.9%;实现利润118万元,比上年增长271%。

（常悟江　毕映成）

【企业技术改造和技术创新】 2008年,市经委围绕资源型城市转型,把企业技术改造和技术创新工作抓在手上,加快了全市工业结构调整步伐。一是重点工程建设有序推进。500千伏变电站工程从2007年8月31日开工建设以来,到2008年11月初已经提前投入运行。河坡电厂"上大压小"2×300兆瓦热电联产机组项目通过国家发改委批准,项目建成后,年可实现供电量33亿千瓦时,供热能力达到1300万平方米。天然气管网和CNG工程建设项目竣工投产,将有利于优化全市能源结构,促进节能减排,完善城市功能,提高城市品位。2008年,列入全市工业调产重点项目计划的项目40项,其中续建项目13项,新建项目27项,计划总投资166亿元。40项重点工业调产项目中,13项续建项目建成投产的有南娄集团年产100万吨新型干法水泥生产线、盂县西小坪耐火材料有限公司年产20万吨耐火材料天然气技术改造工程、南煤集团2×13.5万千瓦煤矸石发电项目、山西金星纺织器材有限公司年产200台新型盖板针布植针机技术改造项目等8个项目,占续建项目的62%,共完成投资25.7亿元,项目新增销售收入12.6亿元。其他续建项目多数都已完成项目工程量的70%以上。27项新建项目中,已有24个项目开工建设,新建项目开工率达89%。全市共有6个技术改造项目得到省煤炭资金扶持,获得贴息扶持资金和资本金扶持资金1710万元。二是企业创新能力不断提高。为了进一步规范市级技术中心的建设发展,按照《山西省技术中心管理办法》的有关规定和要求,市经委起草了《阳泉市技术中心管理办法》,对全市企业技术中心实行动态管理,对4户省级企业技术中心进行了年度考核评价的复审,对5户市级企业技术中心进行了评审认定工作,撤销了2户不符合条件的市级企业技术中心。至2008年底全市有国家级企业技术中心1个,省级企业技术中心4个,市级企业技术中心和行业技术中心数量达到23户。组织有关企业参加了山西省应对欧盟REACH法规预注册工作培训会、山西省企业技术开发费抵免税培训班和国家百万中小企业信息化等培训。积极为企业开展技术创新争取资金支持,阳泉铝业公司"节能型铝铸造混合炉工艺开发"等5个技术创新项目获得省经委170万元的资金支持。2008年,实施省级、市级企业技术创新项目40项,年内已完成30项,完成率为75%,完成技术创新投资8440万元,全市实现技术创新产品工业总产值6.5亿,比上年提高了60%。三是项目管理工作规范运行。在项目管理过程中,按照"储备一批、审批一批、实施一批"的思路,积极推进技改项目实施的全程服务。对上年竣工投产的重点项目进行了后期管理和跟踪服务,促使项目尽快达产达效。对年内已开工的项目做好协调服务工作,督促企业加快项目的实施进度。严格执行项目的备案、核准制度,按照省经委技术改造项目备案暂行办法实施细则的有关规定,对各类投资项目进行了认真的审核、论证,及时为阳泉华鑫变压器有限公司年产6000台隔爆型稀土永磁电机生产线、年产200台矿用增安型蓄电池变频电机车项目、山西晋麒麟能源科技有限公司生物质燃料成型机和节能炉具节能技改等项目办理了备案手续,确保了项目顺利实施。为争取得到省煤炭可持续资金更多的扶持,市经委先后向省经委推荐了"2008年煤炭企业转产、煤炭城市转型项目"37项、"2008年产煤城市重点转产园区"4个,申报了25项省级技术创新项目,都获得了省经委的立项批复。有7个食品工业重点项目编入《山西省食品工业重点项目推进计划》,为项目的实施奠定了良好的基础。

（常悟江　毕映成）

【生产要素协调】 2008年,按照胡锦涛总书记在山西大同、河北秦皇岛考察煤炭生产和电煤供应时的重要讲话精神以及全省迎峰度夏暨奥运保电工作电视电话会议精神,市经委强化责任意识,采取有力措施,认真做好煤、电、运的综合协调工作,确保了生产要素的协调发展。一是千方百计保供应、保生产。年初,面对南方发生雨雪冰冻灾害和全市电力负荷缺口达13万千瓦左右,严重影响到企业正常生产经营的紧张局面。在抓好组织铁路、公路运力向南方发运电煤,保证灾区电煤急需的同时,为保证电网安全稳定运行,最大限度满足全市社会用电需求,实现电力有序供给,市经委认真贯彻落实国务院办公厅《关于做好当前煤电油气运和农资供应保障工作的紧急通知》及省经委《关于做好当前煤电油运供应保障工作的通知》的精神,制定了《阳泉电网2008年度事故拉闸限电序位及超计划拉闸限电序位》和《2008年阳泉电网有序用电方案》,编制了《阳泉地区小电厂2008年度发电量调控目标》,多次深入煤炭电力企业召开协调会议,在采取错峰、避峰、负荷控制等有力措施的基础上,请示省经委和省电力公司为阳泉市调增3万千瓦电力供电负荷,缓解了电力紧张的状况,保证了首季开门红。为保证冬季居民供暖,为市热力公司协调了10万吨冬季锅炉用煤和公路煤检站外的居民和企业冬季取暖用煤。二是千方百计保电煤、保奥运。5月份,全国电煤再次告急,市三大电厂存煤出现不足。为使市三大电厂的电煤达到警戒线以上,确保电厂持续稳定生产,5月14日,根据市领导指示,成立了阳泉市电煤供应保障领导组,加大了对电煤供应和发电企业满负荷运行的协调力度,充分发挥阳煤集团、阳泉煤炭运销分公司、南煤等国有重点煤炭生产运销企业的煤炭供应主渠道的作用,优先省内电煤供应,限制公路煤炭出省运输销售,支持市内重点行业和重点发电企业的生产运行。与此同时,市经委领导带领有关人员深入重点发电企业督促检查全市电煤供应情况,加强电煤的协调和督查,不到半个月就完成电煤供应28.57万吨,确保电煤货源稳定,供应充足。6月12日,全省迎峰度夏暨奥运保电工作电视电话会议召开之后,市经委把迎峰度夏和奥运保电工作作为工作的重中之重,按照市政府的安排部署,专题研究电力短缺面临的形势,牵头成立了阳泉市计划用电工作组,提出了应对电力有序供应的具体措施,确保电网和供电安全。2008年,市经委共协调电煤500多万吨,在全省11个地市的电煤协调中,属最好的地市,为奥运保电工作作出了应有的贡献。由于保电煤工作做得好,省特别奖励了阳泉市3万千瓦用电负荷。三是千方百计保重点、保运输。从讲政治、顾大局的高度,加强与铁路、公路部门组织协调,搞好监测预警,做好阳泉铁路地区运输情况月报表和阳泉公路运输情况月报表,千方百计保合同兑现,保电煤、化肥、油等重点物资的运输供应。2008年,阳泉铁路累计发运货物3641万吨,比上年增长3.4%,其中煤炭3415万吨,比上年增长3.9%,黑(煤炭)白(矾铝土)比例为93:4,公路货物运输量累计完成8128万吨,比上年增长2.5%。(常悟江　毕映成)

【节能降耗】 2008年,市经委以深入宣传贯彻新修订的《节约能源法》为重点,全面落实国务院、省、市《关于加强节能工作的决定》,紧紧围绕市"十一五"期间节能总体目标,加大节能宣传、加强节能监督管理、大力推动节能技术进步和组织实施节能攻坚工程,提高了企业和全社会的资源忧患意识和节能意识,全市的节能工作取得了明显成效。全年为11个节能项目争取到国家和省节能资金3930万元。一是大力开展节能宣传活动周,全社会节能意识进一步增强。按照市节能周活动安排,6月16日,在北山公园广场举行"2008年阳泉市节能宣传周系列主题活动启动仪式",市委、市人大、市政府、市政协和市节能领导组成员单位以及16户重点耗能企业近千人参加了仪式。市电视台、阳泉日报、互联网、电台等新闻单位设立节能专题、节能专栏,报道全市推进节能工作取得的成绩,展示了近年来热电联供、集中供热、煤矸石综合利用及治理、煤层气综合利用、新型节能建材等方面的成果及节能的典型经验及先进做法。全市展示节能版面近100块,发放传单5万份,参加活动3万余人。通过这些活动,进一步提高了全社会的节能意识。二是不断建立和完善节能规章制度,促进节能工作深入开展。按照《阳泉市关于加强节能工作的决定》的精神要求,制定了《固定资产投资项目节能评估和审查暂行办法》、《阳泉市节能目标责任评价考核及奖惩办法》,将2008年县区和重点耗能企业的节能幅度和节能量指标进行层层分解。积极开展能源审计、节能专项检查等工作,对重点用能单位阳煤集团、阳泉铝业公司、南煤集团等市重点用能单位的节能管理制度、节能统计、计量体系、节能降耗目标和责任落实情况进行了监督检查和年度考核。会同省节能监察总队对全市8家省"双百"企业的进行检查,指导督促企业加强节能工作。按照国家《关于联合开展能源效率标识专项执法检查的通知》要求,联合市质量技术监督局对在全市范围内生产、销售列入国家规定的实行能源效率标识的产品进行专项检查,共检查涉及能效标识管理的产品七大类、1200余件,其中登记查封未执行能效标识管理的产品500多件。完成了节能监察大队技术人员的招聘及节能监察大队的组建工作。加强对重点用能单位节能管理人员的专业技术培训,提高了基层节能人员的业务水平。三是以技术节能为着力点,大力推进节能技术进步。积极筛选节能项目申报国家、省项目计划。按照省经委的安排,2008年市经委加强煤炭、电力、化工等行业的节能技术改造,认真筛选了33个项目申报国家和省节能项目,项目总投资19亿元,项目完工后,年可节约标准煤100万吨。全年共实施了29个节能技改项目,有15个项目完成投产或部分投产,完成投资8.9亿元。为18个新开项目备案立项。在大力推进节能技术改造项目实施的同时,积极推广新产品、新技术的使用。召开了企业节电技术培训会,对重点用能单位节能管理人员进行了专业技术培训,提高了基层节能管理人员的业务水平。在煤炭行业推行了诺比节电新技术,先后实施了荫营煤矿、固庄煤矿、燕龛煤矿和大阳泉煤矿洗煤厂的电力系统节电示范工程,节电量可达30%以上。全市煤层气利用步伐加快,阳煤集团、南煤集团、东大煤炭公司等企业利用煤层气发电,使煤层气利用量不断提高,全年煤层气利用率达到26%，既节约了能源，又减少了大气污染。电力行业积极推广变频技术，阳光发电公司工艺系统辅助电机全部采用了变频技术，节约电力20%以上。耐火行业窑炉改造全面铺开，华岭耐火材料有限公司、山西乌玉光阳耐酸耐火材料公司等企业，积极实施煤气置换天然气节能技术改造工程，采用计算机控制技术，利用清洁高效的天然气能源进行烧成，产品质量稳定提高。此外，稀土永磁电机、暖通设备、生物质炉具等节能新产品正在陆续开发并投入批量生产。全年实现万元GDP能耗（测算值）2.32吨标准煤，比上年下降7.8%。规模以上万元工业增加值能耗4.3吨标准煤，比上年下降10.4%。万元GDP电耗(测算值)2980千瓦小时，比上年下降5.5%。超额完成全年万元GDP能耗降低5.6%的目标。

（常悟江　毕映成）

【淘汰落后产能】　2008年，市经委认真落实国家产业政策，进一步强化了淘汰落后产能工作，为实施“关小上大”创造了条件。全年为25户企业争取到国家和省淘汰落后产能补偿资金、拆除费用共4172万元。一是领导重视，认识到位。按照国家产业政策，对全市水泥、电石等行业实施淘汰落后产能的企业进行了现场考查，在进行认真初审的基础上，向省经委编制上报了2008年淘汰落后产能计划，并组织协调各部门积极实施，确保了淘汰后产能工作的顺利进行。加大了落实国家产业政策、淘汰落后产能的宣传力度，及时将上级有关文件转发到有关企业，将近年来产业政策汇编成册下发企业。严把项目审批关，对需要备案和上报的项目均按照国家产业政策进行严格审查。各级领导的高度重视，职能部门的有力落实，淘汰企业的积极配合，使全市淘汰落后产能这项工作全面完成了省市年度目标任务。二是狠抓落实，措施到位。层层签订责任状，做到责任到人。2008年，市政府分管工业的王湜洲副市长代表市政府和省政府签订了目标责任书；市政府召开全市节能减排淘汰落后专门会议，会上市政府和各县区政府签订了2008年淘汰落后产能责任书。采取综合措施，加大淘汰落后产能力度。市经委、监委、工商、质检、环保、供电、税务等部门各司其职共同采取措施，有效推进淘汰工作。对列入淘汰范围的企业，工商部门吊销营业执照，环保部门收取排污许可证，质检部门收回生产许可证，供电部门提价或停电，税务部门注销税务登记。通过各部门共同联动，确保了淘汰工作按时完成。三是严格核查，落实到位。首先，组成了由市经委牵头，市监察、环保、财政、各县区领导和有关专家组成的检查小组，逐户对涉及淘汰产能的企业进行了检查验收。其次，明确标准。核查验收组根据财政部《淘汰落后产能中央财政资金管理办法》、《山西省钢铁等行业淘汰落后产能企业名单》和《山西省淘汰产能专项补偿资金管理办法》中“专项补偿资金支持的范围原则和条件”等规定制定了详细的验收标准和办法。第三，审查资料。按照验收标准，严格比照原件审查企业提供的资料，确保真实可靠。第四，现场验收。核查验收组带领有关部门和专家按要求对涉及企业的设备废毁、场地平整、生态恢复等项工作，进行了逐一验收，在此基础上通过《阳泉日报》进行公示，接受有关部门和社会监督。2008年阳泉市涉及电力、水泥、钢铁、电石、铁合金等6行业需淘汰落后产能企业10户，设备20台套。其中市青山水泥有限公司直径3.5×12米机立窑、阳泉狮头特种水泥有限公司五渡分公司直径2.5×40米回转窑等两条生产线和市甘河电石厂6300千伏安、1800千伏安等两座电石炉关闭淘汰后，获得淘汰落后产能补偿资金436.8万元。截至2008年底，全市钢铁行业淘汰落后产能88.5万吨，电石行业淘汰落后产能13.5万吨，水泥行业淘汰落后产能85万吨，电力行业关停小火电机组23.6万千瓦，铁合金行业淘汰落后产能6000吨，造纸行业淘汰落后产能2万吨，全面完成了淘汰落后产能的任务。

（常悟江　毕映成）

【资源节约与综合利用】　2008年，市经委积极落实国家有关政策，大力发展循环经济，全面推进资源节约与综合利用工作，提高了资源利用的效率和效益。全年为24户资源综合利用企业减免税金3399万元。一是开展了多种形式的资源节约与综合利用宣传教育活动，全社会的资源综合利用意识不断提高。利用报纸、电台、电视台、互联网等多种新闻媒体，大力宣传国家及省的资源综合利用政策，制作展板，发放宣传资料，宣传全市资源综合利用方面的成绩，展示资源综合利用产品，增强全社会资源忧患意识和节约资源、保护环境的责任意识，引导在全社会积极开展资源节约与循环再生利用，把节约资源变成全体公民的自觉行为。先后到阳煤集团煤层气发电有限公司、盂县西小坪耐火材料有限公司、南煤集团建材有限公司、阳泉铝业公司、华通路桥集团等20多家进行调研，为企业讲解国家、省资源综合利用方面的政策，鼓励企业在节能减排、资源综合利用方面开拓创新，不断改进和完善工装水平，为全市创造更大的经济效益和社会效益。二是加大了资源综合利用工作的推进力度，促进了循环经济链条的不断拉长。坚持走资源节约型、循环经济型的路子，会同省资源综合利用评审委员会组织专家组和技术监督组，对参加2008年资源综合利用产品(机组)的义东砖厂、平定海源巨隆新型建材有限公司2家初审企业和阳泉虹玮建材有限公司、阳泉凯欣耐火保温材料厂、辰光热电厂等9家复审企业进行了抽检和审核，并通过了评审认定。到2008年，全市建成了阳煤集团年产10万立方米煤矸石系列免烧建材和南煤集团1.3亿块煤矸石烧结砖等一批新型建材企业,形成了煤—煤矸石—建筑用砖,煤—煤矸石—煤矸石发电—粉煤灰、炉渣—水泥、建筑用砖,煤—煤层气—发电等三条产品链,实现了循环经济产业链的突破,年综合利用煤矸石、粉煤灰、炉渣等各种废弃物542万吨,利用率达到45%。三是建设了一批资源综合利用项目,为推进循环经济的开展奠定了更为坚实的基础。为进一步加大开展资源综合利用工作的力度,推进了阳煤集团五矿煤矸石综合利用电厂3号机组、南煤集团煤矸石发电机组项目、盂县衡光热电公司煤矸石机组、南煤建材有限公司煤矸石烧结砖项目二期工程、一矿多营公司十万立方煤矸石免烧系列建材等一批资源综合利用项目,到2008年底,一矿多营公司十万立方煤矸石免烧系列建材项目和华通路桥集团建材分公司40万吨水泥粉磨站、年产2亿块粉煤灰蒸压砖项目已经竣工投产,阳煤集团五矿煤矸石综合利用电厂3号机组和南煤集团煤矸石发电机组等项目将在2009年投产见效。与此同时,对个别企业在生产过程存在的违反资源综合利用产品政策、掺加的固体废弃物未达到30%等问题予以整改,促进了企业的规范发展。(常悟江 毕映成)

【墙体材料改革】 2008年是阳泉市《阳泉市禁止生产经营使用实心粘土砖的通知》实施的第二年,按照要求"禁实"范围由城区、矿区、郊区、开发区扩展延伸到平定、盂县县城规划区内。为使"禁实"工作得到有序推进,一是加大了墙改的宣传力度。充分利用新闻媒体广泛宣传墙改政策和墙改意义,在《阳泉日报》全文刊登了财政部、国家发展改革委《新型墙体材料专项基金征收和管理办法》,在《平定报》全文刊登了《关于印发阳泉市禁止生产经营使用实心粘土砖的通知》,印制了数千份墙改宣传资料广泛向社会各界发放。在组织的"全国节能宣传周"启动仪式上,现场发放宣传资料。二是加大了对新型墙体材料专项基金的征收力度。2008年,全市新开工建筑面积74.7万平方米,新型墙体材料专项基金征收400万元(其中,市墙改中心征收300万元,各县区征收100万元),完成省下达的目标任务的153%。市级专项基金用于扶持新型墙材发展项目6个共计55万元,争取省级扶持项目1个计50万元。三是加大了对县(区)墙改工作的指导管理力度。年初市墙改领导组与各县(区)签订了2008年度墙改工作目标责任书,并深入各县(区)墙改办帮助解决工作中遇到的问题、难题,指导行政执法和墙改业务。通过严格的行政执法和有效的宣传工作,2008年,全市开工建设和续建的建筑工程项目使用新型墙体材料的比例超过50%,城区、矿区、开发区建筑工程中新型墙体材料使用比例达到80%,全市生产各类新型墙体材料产品约折6亿块标准砖,墙改工作走在了全省前列,受到了省里的表彰。

(常悟江 毕映成)

【工业园区和治乱减负】 2008年,为建立完善各项园区管理制度,制定出台《关于在全市工业园区开展质量兴市、园区示范活动的通知》;出台《阳泉市推进园区发展意见》,借鉴长治市、吕梁市做法,在园区的机构、规格、编制、管理制度等方面进行规范,同时,要抓好园区项目的跟踪和管理工作,了解项目进展情况,协调解决项目实施过程中存在的问题。根据市政府《阳泉市城乡一体化规划编制工作方案》安排,市经委负责编制《阳泉市工业园区布局规划》。为把这一规划编制完成好,专门成立了规划编制领导组,组织了专门的规划编制队伍,深入县区和企业进行了大量的调查研究工作。在编制过程中,市经委以科学发展观为指导,以推进城乡一体化发展为目的,经过近3个月的努力工作,完成了编制任务,并通过了专家评审,上报市规划局。充分发挥群团组织为政府提供决策依据的桥梁和纽带作用。2008年,在全省优秀企业及优秀企业家评选中,阳泉市共获山西省模范企业5家、山西省优秀企业8家;山西省功勋企业家4名、山西省优秀企业家10名。在全省工艺美术大师评选活动中,阳泉市获省级工艺美术大师称号1人。在第九届中国工艺美术大师作品及国际艺术精品博览会上,阳泉市参展的山西肇文美术工艺品有限公司的煤艺雕塑作品《宫灯》获得"百花奖"金奖;韩坤芦艺斋的画葫芦作品《五龙献瑞》、山西平定古窑陶艺有限公司的刻花瓷作品《民族大团结》和山西平定文亮刻花瓷砂器研究所的刻花瓷作品《窑变木叶瓶》分别获得"百花奖"铜奖。取得了1金3铜的好成绩。按照省治乱减负办公室的安排,做好政策宣传、案件查处、重点行业和重点企业的治乱减负工作。严把水泥质量关,完成了对全市水泥生产企业的各项产品质量监督检查工作。

(常悟江 毕映成)

煤炭工业

【地方煤炭工业概况】 2008年,全市地方煤炭系统广大干部职工坚持统筹煤炭工业与相关产业的协调发展,牢固树立"安全发展是企业发展第一要务"的观念,以加快转变行业发展方式为重点,以推动结构优化升级为关键,着力推进煤炭企业的本质安全、升级改造、兼并重组、结构调整、环境治理和产销平衡等工作,努力提高安全保障度、机械化程度、产业集中度、核心竞争力、生产洁净度和行业控制力水平,切实推动了煤炭工业的新型化发展进程。全年生产原煤2570.46万吨,比上年增加192.93万吨,增长8.11%;完成煤炭销量2491.48万吨,比上年增加133.92万吨,增长5.68%;吨煤平均售价387.82元,比上年增加151元,增长63.94%;完成销售收入80.27亿元，比上年增加24.05亿元，增长42.76%；实现利税24亿元，比上年增加7.6亿元，增长46.34%；职工人均年收入达28594元，比上年增加6919元，增幅为31.92%。全年发生安全生产事故8起、死亡17人，比上年起数减少1起、下降11.11%；百万吨死亡率为0.56，比上年下降3.44%；全年未发生一次死亡10人以上的重特大事故。（荆向峰）

【"重点工程"建设】 2008年，市地方煤炭行业5个列入市"百项工程"的能源建设项目累计完成工程投资19.13亿元，占总投资的83.5%。其中，郊区保安煤矿90万吨矿井建设工程完成投资4.2亿元，工程已经全部完工。平定汇能煤业有限公司90万吨矿井改扩建工程，累计完成投资1775万元，占总投资的10%，已开凿主斜井371米、副斜井406米、回风立井305米，配套洗煤厂的基础工程正在进行之中。盂县大贤煤矿经省局批准已正式开工，正在审查施工设计和办理供电手续。南煤集团煤矸石电厂工程已完成投资14.18亿元，主烟筒已经封顶、1号机组已安装完试运行，2号机组预计到2009年初并网发电；煤矸石电厂脱硫工程与煤矸石电厂工程同步进行，已完成投资2500万元。西上庄煤电一体化项目矿井环境影响报告已批复，并完成了井筒检查孔的施工和首采区的三维地震勘探、矿井控制测量和工业广场地形测量及勘察定界。煤层气发电工程已完成可研报告、初步设计及施工图设计，并确定了建设场地等前期准备工作。新型建材公司煤矸石烧结空心砖生产二期工程已完成初步设计和环境监测，可行性研究报告已通过省发改委组织的专家审查，由专人负责落实配套专项资金和组织招标，施工即将开始。大贤煤矿90万吨整合建设工程已经获准开工。（荆向峰）

【煤炭产业结构调整】 2008年，全市地方煤矿产业结构调整成效显现。全年累计生产洗煤、块炭382.41万吨，比上年增加3.8万吨、增长1.06%；净增收入875万元，煤炭洁净化比重达到了15%；累计抽采瓦斯气1.27亿立方米，比上年增加1400万立方米、增长12.3%；瓦斯抽采率达到了45%以上，利用量为4312万立方米，比上年增加207万立方米，增长5%，利用率达到了33.8%以上；瓦斯发电量达到了5624万千瓦时，比上年增加2700万千瓦小时，增长92%；净增利润1350万元。中能煤层气开发有限公司所属程庄8兆瓦发电站已经建成并发电，平定阳胜8兆瓦电站和平定裕泰5兆瓦电站正在建设中。（荆向峰）

【煤矿基本建设】 2008年，全市地方煤矿的12个基本建设矿井中，已有5个基本建设矿井竣工验收，总计新增产能171万吨/年。盂县南湾煤矿、秀寨煤矿、寨沟煤矿已进行了项目初验，正报市局进行验收；南娄集团、大贤煤矿、山西泰鑫煤业、平定伟峰煤业已完成开工审批。11个资源整合矿井已在上半年完成了地质报告审批和初步设计审批，手续已全部完善，并开工建设。6个改扩建矿井中平定阳胜煤业、丰泰煤矿已建成竣工并通过验收；燕龛煤炭公司、平定富鑫煤矿和盂县进昌煤矿已完成改造建设，进入试运转阶段；平定兴达煤矿开工建设手续全部完善，正在建设之中。（荆向峰）

【质量标准化建设】 2008年，按照全年质量标准化建设的工作思路，市煤炭工业局在明确目标、提高标准的基础上，重点督促各县区局、各煤炭企业淘汰落后工艺、更换过期设备、更新陈旧设施。全市已有大阳泉煤炭公司、盂县东坪煤矿、跃进煤矿3个矿井达到了安全高效型矿井，已有9个煤矿达到了一级标准化企业，比市政府控制指标5个超额完成4个。全市已有12个煤矿达到了二级标准化企业，30万吨/年以上的生产矿井已有70%的达到了二级以上标准化企业，超额完成了市政府控制指标60%的任务。（荆向峰）

【采煤方法改革】 2008年，市煤炭工业局提出了全市地方煤矿必须坚持正规布巷和壁式开采，积极采用机械化采煤和单体液压支柱、悬移支架或综采支架，严禁擅自恢复已经淘汰的落后采煤方法的要求。按照这样的要求，督促推进了6个机械化升级改造项目。其中，盂县跃进煤矿9万吨~60万吨已改造完成并通过验收；上社煤矿70万吨~150万吨、盂县常顺煤矿21万吨~90万吨已完成科研和初步设计的审批，现分别进行安全专篇和环保专篇审批；上社二景40万吨~90万吨正在对地质报告进行审批；兴峪煤业3万吨~90万吨、圣天宝地清城煤矿45万吨~90万吨已完成科研审批和井下部分巷道工程。全市30万吨/年以上的生产矿井全部实现了机械化开采，60万吨/年以下生产矿井全部实现了一井一面作业，其中高档机采有1矿1面，综采有15矿18面。全市采煤机械化程度达到了40%以上，厚煤层采区回收率达到了60%，中、薄煤层采区回收率分别达到了70%和80%，矿井采区煤炭资源回收率平均达到了55%以上。（荆向峰）

【煤矿整顿关闭工作】 2008年，按照省政府办公厅和省安委关于对十类煤矿实施关闭的要求，市煤炭工业局制定下发了《进一步做好全市"十关闭"煤矿关闭工作的紧急通知》和《关于开展严厉打击非法开采煤炭专项行动的实施意见》，要求各县区政府和有关部门对属于"十关闭"范围的煤矿，责令其停止一切生产经营活动，一律不予复产复工，同时要求尽快制定关闭煤矿工作方案，有计划、有步骤地组织实施关闭。在列入关闭范围的52个矿井中，于10月20日前对因事故、证件不全等原因属于"十关闭"前九条的

7个矿井实施了关闭，对属于“十关闭”第十条政策性关闭的其余45个政策性关闭矿井全部实施了停产断电、铅封上锁和派专人24小时监控的措施，做好了关闭前的准备工作。（荆向峰）

【生产经营秩序规范工作】 2008年，市煤炭工业局按照核准的煤炭生产能力和煤炭生产许可证、安全生产许可证载明能力分解下达了产量计划，并在严格对各煤矿采掘计划审查的同时，发挥产量监控系统和人员定位系统的作用，加强了对日常采掘作业的监督检查，使煤矿超计划布置工作面、以掘代采、超层开采和越界开采，以及超能力、超定员、超强度作业的现象明显减少。同时，建立了煤炭销售票使用情况台账，并加强了对执行情况的监督检查，做到了严格按照核定生产能力、购销合同、生产安排和销售情况逐月发放煤炭销售票。全年累计发放煤炭销售票36371本(其中煤矿32891本，中转企业3480本)；回收煤炭销售票27216本（其中煤矿24938本，中转企业2278本)；回收票所涉及的煤炭销售量2591万吨(其中煤矿2052万吨，中转539万吨)。煤炭销售票的使用规范化程度在全省同同行业中名列前茅。（荆向峰）

【矿区环境建设】 2008年，全市地方煤炭工业系统重点加快了储煤筒仓、挡风抑尘网和矿区造林绿化、美化、净化等工程建设。全市已完成储煤场改造31个，实现了煤炭产品全封闭堆放。完成造林绿化1494亩，成活率达到88%以上，矿区绿化面积平均达到21%。特别是南煤集团矿井水处理工程项目的可行性报告已通过省发改委的评审，即将开工建设；南煤集团矸石山治理与生态恢复工程已累计完成投资2200万元，可行性研究报告已通过省发改委审查，完成绿化面积28.7公顷(430亩)，覆土16.2万立方米，栽植各类苗土11.8万余株，植草14.7公顷(220亩)。（荆向峰）

【阳煤集团概况】 2008年是阳煤集团取得空前发展的一年，也是企业遭遇空前挑战的一年。一年来，阳煤集团公司上下奋力拼搏，企业规模、效益快速增长，各项指标均创历史新高。下半年在市场形势发生重大变化的情况下，超前谋划. 科学应对，各项工作有序开展，保持了健康发展态势。全年公司原煤产量完成3837万吨，比上年增加493万吨；营业收入完成328亿元，比上年增长45.13%，提前两年实现“三百亿”目标；在消化各种因素后实现利润11.5亿元，增幅109.85%。分产业看，煤炭产业完成收入159亿元，比上年增长57.42%；化工产业完成收入63亿元，比上年增长112.84%；铝电产业实现收入21亿元，比上年增长10%；建筑地产业实现收入39亿元，比上年增长21%；中小企业集团及其他产业实现收入46亿元，与上年基本持平。年末企业总资产达到562亿元，比上年增长45.8%。（任经生）

【煤与非煤产业同步增长】 2008年，阳煤集团全年完成投资71.7亿元。煤炭产业方面，老矿技改挖潜投资3.3亿元，完成32项技改工程，产能增长108万吨；新元、平舒两矿投产即达产，4个煤炭投资公司引进资金10.8亿元，收购4个地方煤矿，新增产能近1000万吨。全公司商品煤产量完成3837万吨，比上年增加493万吨。总进尺完成34万米，比上年增加7万米，单进达到188米，比上年提高1.6个百分点。化工产业方面，投资14亿元重组晋冀鲁三省6家化工企业，销售收入净增33.4亿元，利润净增3.2亿元。铝电产业方面，40万吨氧化铝一次试车成功，并达到设计能力，电解铝一期技改基本建成，自备电厂三炉三机全部投运，虽然后半年受市场冲击临时停产、停建，但煤电铝产业链已基本完备，产业规模和素质均得到很大提升。建筑地产方面，商品房销售收入达到12.4亿元，水泥产量达到96万吨。（任经生）

【安全生产管理】 2008年，阳煤集团扎实开展隐患治理年活动和安全生产百日督查专项行动，安全隐患排查治理的长效机制初步建立。开展百日安全生产竞赛，确保了奥运期间安全稳定。认真贯彻落实省政府和省国资委两次安全会议精神，发布强化矿井重大事故预防的十条规定，投入2亿元用于瓦斯抽放、抽采，启动了安全基础管理年活动。井上井下全面开展安全质量标准化达标建设，继续推行安全培训、安全账户、安全宣教等工作，重新修订安全问责规定，全年对36名矿处级领导实施安全问责，1名处级干部引咎辞职，11名科级干部、21名队级干部被撤职或免职。这些措施有力保证了安全状况的进一步稳定好转。全公司百万吨死亡率0.1人，比省控指标下降0.35个百分点，比上年下降幅度达44%。（任经生）

【重点项目建设】 2008年，阳煤集团重点项目建设稳步推进。寺家庄矿首采面年底基本贯通，开元技改基本完工，形成300万吨的生产能力。五矿赵家分区、新元二期扩建项目分别完成总投资的5.4%和22.6%。七元矿和石港口矿前期工作抓紧进行，平舒、坪上、运裕、长沟、永兴、罕山和孙家沟矿改扩建工程全面铺开，两年之内将陆续投产。氯碱二期投产运营。积极筹备180万吨甲醇、60万吨聚丙烯、30万吨氧化钙、铝土矿资源开发、30万吨氨醇和30万吨尿素等项目，一期40万吨电石项目已取得批复，即将施工建设。（任经生）

【经营机制转换】 2008年，阳煤集团全面推行基数增长制和资本回报制，以经营成果和管理水平衡量考核基层单位业绩，充分调动了各单位增产增效积极性。组建兆丰铝业公司、化工产业管理局、化工设计院、中小企业集团，对铝电、化工产业及中小型加工企业实行集中管理。实施医疗体制改革,构建三级医疗服务体系。推行精益化管理,探索流程再造。从理顺体制和分流划转入手,妥善解决新派、天兴两个经营困难单位的生存问题。施行专业化物流管理,统一公路运输业务。组建物资经销和国际贸易公司,当年即分别实现产值 3.12 亿元和 8.29 亿元。 (任经生)

【企业管理】 2008 年,阳煤集团按照“统一领导,集体决策,分工负责,分级管理”基本要求,全面规范基层单位领导体制和决策行为。加强资金调度和集中管理,推行全面紧缩政策,明确责任加快融资工作,筹建财务公司,进一步拓宽筹融资渠道。积极争取国家政策,全年争取各类资金 5.94 亿元,三矿关闭破产补贴资金获得批准。组建基本建设管理部,清理整顿项目工程,推行规范的项目建设任务书管理办法。强化市场销售工作,大力调整产品、市场、运输结构,全年煤炭外运总量完成 3529 万吨,比上年增加 372 万吨,其中铁路运量比上年净增 418 万吨,吨煤综合售价达到 431 元,比上年增加 115 元。加强物资采购管理,扩大物资集中采购范围和品种,全年节约采购资金 9000 万元。加大审计监督力度,实现审计节支 1.75 亿元。强化机电管理,综合机电事故率比上年下降 29.4%。坚持科技创效,9 项科技成果达到国内外先进水平,积极筹备博士后工作站及省煤矿瓦斯治理研究中心。大力推进节能减排工作,推进瓦斯发电、液化等煤层气利用项目,积极争取 CDM 减排和国债资金 1.37 亿元。“一炉两用”项目基本建成,一矿配煤工程完工。 (任经生)

【阳煤集团公司荣获省“五一”劳动奖状】 2008 年,阳煤集团全面推进班子、队伍、党风、矿风四项建设,开展文明和谐单位创建,加强信访稳定和治安综合治理,推进党风廉政建设,特别是煤焦领域反腐败专项斗争。在岗职工年人均工资达到 38825 元,比上年增长 11.6%,加上年终一次性奖励人均收入达到 40825 元,增幅达 16%。棚户区改造和采煤沉陷区治理进展顺利,无房户和住房未达标户建档工作基本完成。兑现十件实事,老区供热、供水改造按计划推进,投资 7149 万元改造居民区危旧生活设施,投资 7922 万元治理矸山 116.3 公顷(1745 亩),建成阳煤大桥,加固整修赛鱼桥,整修矿山路、桃南西路,数字化电视平移改造基本完成。整顿清退外用工,安排 2100 名职工子女就业。对困难单位 591 名待业职工实行集中管理,并向服务业转移。关心离退休职工、贫困职工、停产放假职工生活,贫困职工总数较上年减少近 40%。职工生产条件逐步改善,生活质量明显提升,和谐建设成果转化为推动企业发展的强大动力。阳煤集团公司荣获 2008 年度省“五一”劳动奖状和功勋企业荣誉称号。 (任经生)

【领导班子建设】 2008 年,阳煤集团推广“自讲互学”方式,集团公司两级中心组学习得到强化。以 7 个专业学组为载体,全年培训矿处级干部 890 人次。选派 14 名矿处级干部参加省级以上培训。对基层 33 个单位班子建设、98 名矿处级正职绩效指标进行检查考核,36 名矿处级干部受到安全问责,1 名矿处级干部引咎辞职。选拔 140 名干部充实矿处级领导班子,班子成员平均年龄降低 1.46 岁。下发矿处级干部任职交流回避规定,出台矿处级班子集体决策指导意见,对 29 个基层单位和机关部室进行民主评议和检查。二矿党委出席省国资委“四好班子”表彰,开元公司党委“四好班子”建设扎实有效,集体决策制度规范,各项工作均呈现良好态势,为各单位树立了榜样。 (任经生)

【队伍建设】 2008 年,阳煤集团制定出台矿处级后备干部工作规定,管理进一步规范。全年引进高校毕业生 429 名,188 人被聘为省委、省国资委联系的高级专家。与南开大学、中国矿大、西安科大广泛开展校企合作,25 名管理技术人员取得硕士学位。一年来,全公司累计举办各类培训班 1026 期,培训职工 76187 人次。15415 名职工参加职业技能鉴定,高级技师等高技能人才达到 8069 人;73000 余人参加学练比活动,566 人成为公司级岗位技术能手,94 人成为各工种首席职工。三矿蔡廷军荣获全国五一劳动奖章,华越公司郝田宝荣获全国技术能手称号,一矿任海平荣获山西省职工技术创新能手称号,二矿李国栋荣立山西省一等功。 (任经生)

【党建工作】 2008 年,阳煤集团各级党组织扎实推进“双创双争”活动,新景矿勤廉会审和党员承诺、开元公司“三基”工程、三矿连心帮扶、五矿党员带徒、宏厦三建党员职业生涯设计等工作成效明显,党组织和党员两个作用得到充分发挥。全公司涌现出 10 个四好班子,12 名五好党员标兵,50 名五好党员领导干部,248 名五好党员。以推行基层党支部议事制度为重点,强化制度建设和执行。广泛开展民主评议党员活动,召开基层离退休党支部建设经验交流会。发展新党员 786 名,为党组织建设注入了新鲜血液。 (任经生)

【党风廉政建设】 2008 年,阳煤集团制定下发《建立健全惩治和预防腐败体系 2008 至 2012 年实施细则》,对五年内的党风廉政建设工作作出统筹安排。严格执行党风廉政建设目标责任书检查考核,深入开展廉政文化建设,基层党风廉政建设扎实推进。落实中纪委“七不准”规定,开展煤焦领域反腐败专项斗争。完善党风讲评长效机制,开展讲评 1400 余次,各级干部受教育面达到 98.5%以上。完善货币资金、对外投资担保、内部公司管理规定,开展 36 项效能监察,重申制止奢侈浪费、推进节约型企业建设10条措施,加大职工反映强烈的物资供应、工程招投标、公款消费、大操大办、截留工资奖金等敏感问题的案件查处力度,全年结案82件,处分处罚177人,收缴违纪款140.3万元。

(任经生)

【精神文明建设】 2008年,阳煤集团扎实开展返璞归真思想政治工作,新景矿党委民主工作法、一矿党委一人一事思想政治工作形成长效机制。严格落实综治信访责任制,实行信访稳定联席会议制度,引深反盗公斗争,奥运期间企业保持了整体稳定。针对性开展停产、限产企业放假人员帮扶工作,保证了思想不乱、队伍不散。新闻宣传发挥舆论导向作用,企业文化突出精益精细管理,新的安全宣教12法正常运作,企务公开、职工维权、群众性文体活动等工作态势良好,共青团、老干、女职工等工作都为企业改革发展作出了贡献。宏厦三建第七项目部被授予全国"工人先锋号",新景矿女职委荣获"全国三八红旗集体"称号,集团公司荣获"中华慈善奖"。

(任经生)

【南煤集团所属单位个人在市五一表彰会上获多项殊荣】 2008年4月25日,在阳泉宾馆隆重举行的全市五一表彰大会上,南煤集团所属单位及个人获多项珠荣。集团公司总经理赵林玉荣记"山西省一等功",大阳泉公司周海龙被授予"阳泉市五一劳动奖章"和"经济技术创新能手"称号,南庄公司史俊龙和建材公司王宠伟荣记"阳泉市二等功",并被授予"经济技术创新能手"称号,广源公司王根文荣记"阳泉市三等功",大阳泉公司综掘一队一班荣获"山西省工人先锋号"称号,南庄公司综采二队荣获"阳泉市五一劳动奖状"称号,大阳泉公司和煤矸石电厂项目指挥部分别荣记"阳泉市一等功"。

(李宝珺)

【南煤社区荣获"全国商业示范社区"称号】 2008年4月,南煤社区被国家商务部命名为第三批"百家全国商业示范社区"。国家商务部于2005年开始评选商业示范社区,以此来促进社区以便民、利民、为民为宗旨,加快社区商业网点建设,完善商业服务功能。南煤社区是山西省唯一一家由商务部命名的第三批"百家全国商业示范社区",也是省首家"全国商业示范社区"。

(李宝珺)

【省委书记张宝顺在南煤集团调研】 2008年8月28日,省委书记、省人大常委会主任张宝顺在市委书记谢海、市长白云、市委常委秘书长樊盛武的陪同下来到南煤集团就循环经济发展情况进行调研。国投煤炭公司副总经理、总工程师、南煤集团董事长张波,国投煤炭公司高级项目经理王玉清,南煤集团党委书记、总经理赵林玉,党委副书记刘丙强,纪委书记刘福庆,副总经理闫树林、郭少敏,总会计师高全明陪同调研。张宝顺一行先后深入到南煤集团循环经济重点发展项目2×135兆瓦煤矸石电厂和新型建材公司,认真察看了煤矸石发电和制砖的工艺流程。陪同调研的南煤集团负责人向省、市领导介绍了南煤集团近几年发展循环经济的基本工作情况及下一步的打算。省委书记张宝顺对南煤集团坚定不移地发展循环经济、推进节能减排等方面取得的成绩给予了充分肯定。希望集团公司把发展循环经济作为企业的重大发展战略,继续以煤矸石、煤层气的综合利用为主攻方向,进一步延伸产业链,最大限度地节约能源和利用资源,把企业循环经济发展推向一个更高的阶段,为阳泉市乃至山西省的经济建设作出新的更大的贡献。

(李宝珺)

【南煤集团龙川发电公司并网发电】 2008年12月1日,龙川发电公司1#机组成功完成72小时试运行,完成了机组调试的最后一项考核,标志着1#机组可以正式进入商业化运行。1#机组于10月12日首次并网,在经过了一系列分部分项调试、试验和消缺工作后,11月28日上午10时40分正式进入72小时试运。试运过程中各主机及转动机械轴承振动、轴承温度等各项指标稳定、正常,仪表投入率、保护投入率均达100%,自动投入率达95%以上。平均负荷135.9兆瓦,最大负荷142兆瓦。同时,除尘、脱硫等设施同步试运,各项指标达到了环保要求,环保工作实现了"三同时"。1#机组72小时试运成功,为2#机组在2008年12月底顺利完成并网发电奠定了坚实基础。

(李宝珺)

【南煤集团启动集团管控与人力资源咨询项目】 2008年10月8日,南煤集团在四楼会议室召开管控与人力资源咨询项目启动大会。标志着南煤集团与北京捷盟管理咨询有限公司合作的"集团管控与人力资源咨询项目"正式启动。国投煤炭公司高级项目经理王玉清,集团公司领导赵林玉等及集团公司各职能部门负责人参加了会议。北京捷盟管理咨询有限公司总经理付立红首先简要介绍了管理咨询公司的基本情况,并针对"集团管控与人力资源咨询项目"这个课题作了说明。北京捷盟管理咨询有限公司高级咨询顾问樊继新作了表态发言。集团公司常务副总经理成新龙主持会议并就"集团管控与人力资源咨询项目"的工作内容进行了阐述。国投煤炭公司高级项目经理王玉清在讲话中希望北京捷盟管理咨询有限公司不仅要从理论上、书本上,而且要从实际出发,从南煤的管理历史、管理现状出发,收集、归纳、整理,形成一套行之有效、可操作性的管理经验。同时希望集团公司各部门要积极配合此项工作,确保项目取得实质性的效果。集团公司党委书记、总经理赵林玉在会上讲了话。他说,过去我们是政府管理的煤炭企业。2001年成立集团后,并没有发挥出集团的优势。自从2005年加入国投以来。经过各种各样的审计和评估,发现最大的问题就是程序不对、不规范，管理还存在着这样那样的弊病。搞管理咨询的目的和意义就是要明确权责、落实责任、提高管理素质、提升管理水平、增强企业核心竞争力。管理咨询工作具体分四个阶段：一是访谈、调查研究阶段；二是流程、架构的构思设计阶段；三是学习和制度编制落实阶段；四是培训阶段。各级领导高度重视、积极配合，以正确的态度对待此项工作，使集团公司在未来获得更大的发展和进步。

（李宝珺）

【荫营煤矿概况】 2008年，荫营煤矿以“安全、民生、发展”为主题，努力抓好“四完善”（完善制度、完善职责、完善程序、完善考核）、“四强化”（强化基层基础、强化标准规范、强化过程效率、强化安全系数）、“四增强”（增强责任性、增强公信力、增强执行力、增强素质能力），重视落实国家节能减排政策，循环经济和环保治理取得了明显成效。年内，与国家电网实行并网发电，利用电厂余热供暖，取得了热电联供的双重效益；投资2000万元进行矸石山治理，被评为全市矸石山治理先进单位；加强计划采购，盘活库存和废旧物资利用，物资采购总额在物价上涨的情况下比上年减少了2000多万元；全年安全监管实现了“三零”（监管无事故、生产无死亡、职工无上访）的目标。2008年，全矿经济效益稳中有升，完成原煤产量200万吨，年产值突破8亿元，比上年增长11.1%，跻身于“全国煤炭百强行列”。

（周立业）

【固庄煤矿概况】 2008年，固庄煤矿总体工作运行情况态势良好。一是安全生产状况持续稳定。全年井下轻重伤事故明显减少，地面生产杜绝了重伤以上事故，交通、消防、土建工程、危险源点、压力容器等均杜绝了重大事故，综合安全状况持续稳定。二是经济运行质量稳中有升。全年生产原煤142万吨，生产均衡率91.3%，回收率83.1%，安全质量标准化动态达标率保持100%；销售煤炭142万吨，非煤企业总体扭亏为盈，实现工业总产值5.4亿元，再创历史新高。三是职工收入稳步增长生活水平稳步提高。全额补齐了170元历史欠资，职工年人均收入达到了4.3万元的历史新高；建成了窑衣烘干房，改造了职工食堂，免费为居民提供桶装饮用水、为女职工体检，妥善解决了学生乘车问题，先后发放困难家庭救助金4.3万元，金秋助学金4.5万元；实施了煤场挡风抑尘工程，大力加强环境的绿化、美化、净化，获得了“山西省生态示范矿井”称号；全矿上下积极支援抗震救灾，捐助总额达130余万元。四是文明和谐建设稳步推进。积极开展“迎奥运、讲文明、爱环境、树新风”、纪念改革开放30周年等主题活动，大力推进全民思想道德建设，不断加强文明创建的宣传、引导、检查、考核工作，2008年固庄矿荣获第二批“全国文明单位”称号。

（赵志江）

电力工业

【阳泉供电分公司概况】 阳泉供电分公司为山西省电力公司所辖地区级供电分公司，为国有大型一类企业。主要担负阳泉市两县（平定县、盂县）四区（城区、矿区、开发区、郊区）的电力供应销售和电网规划建设任务，辖有电力用户31.5万余户，公司固定资产总额24亿元。2008，公司主要指标完成情况：售电量44亿千瓦小时，比上年增长2.47%；平均电价430.57元/兆瓦时，比上年提高2.12元/兆瓦时；线损率3.29%，比上年降低0.59%；市场占有率84.3%，比上年增长0.21%；利润总额11782.67万元，超计划2060.67万元；全员劳动生产率为30.45万元/人·年，比上年提高3.88万元/人·年。公司全年未发生设备、人为责任及火灾事故；未发生职工违法违纪问题；未发生影响或损害公司形象的重大事件；未发生造成恶劣影响或经济损失的问题；截至2008年12月31日已连续安全运行达2626天。

（丁　盛）

【电网概况】 阳泉电网通过阳泉—侯村、阳泉—河北廉州两个通道与太原、河北500千伏电网连接，以保证阳泉地区富裕电力的外送，同时为地区220千伏电网提供可靠的电源支撑。以一回500千伏线路通过侯村500千伏变电站与太原电网连结；以五回220千伏线路分别通过白家庄、榆次、东观、和顺220千伏变电站与晋中电网连结；阳泉电网已形成以娘子关、阳光两座电厂及连庄、海落湾、红卫、温池、长岭5座220千伏变电站为主电源的两个220千伏单环网（红卫—长岭—温池—海落湾—阳光电厂—红卫，红卫—长岭—娘子关电厂—连庄—红卫）供电网架。2008年，阳泉供电分公司拥有500千伏变电站1座，主变2台，容量200万千伏安；220千伏变电站5座，主变9台，容量129万千伏安，线路17条355公里；110千伏变电站18座，主变35台，容量130万千伏安，线路45条366公里。全市发电总装机容量2602.35兆瓦，其中省调电厂6座2435兆瓦、地调调度的小电厂7座164.8兆瓦、县调调度的小电厂4座2.55兆瓦。

（丁　盛）

【电网建设】 2008年，阳泉供电分公司完成电网建设投资7.28亿元，新增110千伏及以上变电容量204万千伏安、线路191.3公里。投资15亿元的《阳泉电网“十一五”建设规划》项目提前两年完成。11月28日，阳泉首座500千伏变电站顺利投产，使山西电网500千伏主干网架深入阳泉腹地，彻底解决了阳泉电力外送的瓶颈问题。实施220千伏双环网建设，形成了以500千伏变电站为中心，5座220千伏变电站及阳光电厂组成的两个220千伏环网供电结构，阳泉电网的整体供电能力提升3倍。建成投运110千伏中社变电站,盂县北部电网的可靠性大大提高。完成娘子关电厂关停110千伏线路倒接工程,阳泉东部电网覆盖能力增强。农网新增35千伏变电容量1.05万千伏安、线路18公里,新增10千伏变电容量0.76万千伏安、线路50.6公里。通过对阳泉电网现状、电网存在的问题、电力需求预测、电源规划及电力电量平衡、网架结构进行分析,提出2008年至2015年阳泉地区电网规划建设目标,编制完成总投资29.86亿元的《阳泉电网“十二五”及2020年发展规划(讨论稿)》。提出2008年至2015年农村电网建设的目标,编制完成总投资9.3974亿元的农村电网建设方案和《阳泉农村电网2008年至2015年滚动规划》,对平定、盂县、郊区的“十一五”农村电网发展规划进行修订,为加快全市城乡一体化进程奠定了基础。编制完成了《2009年至2010年阳泉市电网建设方案》。220千伏平定西、220千伏阳泉城东、110千伏城北、110千伏中社等项目参加了国家电网公司对山西电网工程项目的可研审查会和项目核准。 (丁 盛)

【经营管理】 2008年,阳泉供电分公司进一步深化集约化管理。加大资金归集力度,撤并农网改造工程、乡镇供电所银行账户9个。加强资金监管,所属各单位一个月以上的未达账项全部为零,在省公司资金管理评比互查中总分第一名。强化资产管理,完成上年度未完工程决算3220万元,组织清理废旧物资158万元,实现资产入账额8779万元,资产入账率111%,列省公司第二。加强财务监督评价,完成电费、农维费、辅助建筑物大修等专项稽核,提出整改建议64条,全部得到落实。继续清理各种历史遗留挂账,清理债权6笔508万元,债务155笔438万元,彻底解决了困扰公司多年的汽运公司潜亏问题。完成营销业务、经营责任、资金收付及预算执行情况、农维费、多经产业等审计项目,提出审计意见134条,促进增收节支117.56万元。编审工程项目预、结算200余项,金额6600万元,合理降低工程造价480万元。完成业扩报装、废旧物资回收和马家坪变电站老旧设备改造3项效能监察,发现并纠正问题51条,避免经济损失141万元。同业对标全省综合排名第6位。其中安全管理指标在省内并列排名第1位;资产经营排名第6位,比上年上升1位;营销服务排名第3位,进入A区段,比上年上升7位;电网运行综合排名第9位,比上年上升2名;人力资源综合排名第4位,比上年上升1位;电网建设综合指标排名第6位,比上年下降2位。同时,认真落实省公司物资管理规定。制订了《阳泉供电分公司工程、物资采购项目集中管理规定》和《阳泉供电分公司物资管理办法》,明确了两级招标、两级采购的行为规范,建立完善了县区支公司、专业工区物资工作分管领导和物资管理专责人网络,保证了物资需求计划和技术规范书的按时上报和标准要求。加大对废旧物资的管理,完善台账记录,要求项目单位每月上报废旧物资退役量计划,对退役废旧物资及时办理出入库手续和,按时上报省公司,做到专人负责,专人管理。 (丁 盛)

【安全生产】 2008年,阳泉供电分公司坚持安全第一、预防为主、综合治理的方针,认真落实各级安全责任制,深入开展“百问百查”、“隐患治理年”和“无违章企业”创建活动,坚持以设备治理和反违章作为保障安全生产的主要抓手,安全生产目标顺利实现。主网、农网的大修、技改工程投入达9000余万元,电网自动化水平和设备健康水平进一步提高。全年查处各类违章269起,处罚379人次7万余元,各级领导,一线员工对“反违章”认同程度增强。扎实开展红旗站线创建工作,参评的两站三线一次性通过验收,电网管理水平得到提升。组织230余名驻守巡视人员、580名应急抢修队员参与奥运保电,确保了9条线路、65个重要部位的安全运行。在生产基建交叉作业频繁、恶劣天气和外力破坏明显增多的情况下,未发生重伤及以上人身事故,未发生一般及以上电网和设备事故,被评为山西省安全生产先进单位、阳泉市安全生产模范单位。 (丁 盛)

【电网运行与电力市场】 2008年,阳泉供电分公司电网运行继续保持平稳态势。全年发生一类障碍3次,与上年持平,保护正确动作率100%。220千伏输电线路可用系数99.918%,比上年上升0.9%;110千伏输电线路可用系数99.912%,比上年上升0.031%;220千伏主变可用系数99.860%,比上年上升0.18%;110主变可用系数99.956%,比上年上升0.008%;220千伏断路器可用系数99.961%,比上年上升0.244%;110千伏断路器可用系数99.964%,比上年上升0.4%。2008年末,全市共有用电客户31.5万余户。全社会最大用电负荷73.9万千瓦(最大网供负荷50.3千瓦),全社会用电量达66.4亿千瓦小时,比上年增长0.02%。其中一产4138万千瓦小时,比上年同期降低4.28%,二产587119万千瓦小时,比上年同期降低0.04%,三产44964万千瓦小时,比上年同期降低6.47%,居民生活27869万千瓦小时,比上年同期增长15.23%。同时,认真贯彻落实省公司业扩报装要求,全面改善业扩报装流程,平均接电时间由上年的25.31天下降到22.06天,承办召开了省公司系统现场会,典型经验在全省进行了推广。进一步梳理优化了营销管理流程,电费、客户、计量“三个中心”的专业化管理能力稳步提升。全年受理客户新装增容申请4427户、容量87.79万千伏安,完成报装接电4094户、容量24.41万千伏安。完成35个营业网点的视频监控系统建设,除6个站点因无网络通道外,其余全部实现视频图

像上传到省公司营销监控中心。安装5台自助缴费终端，缓解了城区居民交费压力。（丁 盛）

【农电工作】 2008年，阳泉供电分公司下辖18个农村供电所，农电工656人，共管辖农村用电户27.48万户。拥有35千伏变电站18座，主变压器30台，容量19.26万千伏安；变电站集中补偿装置27组，容量2.2万千乏；35千伏断路器88台；35千伏线路40条，长度346.62公里；10千伏断路器184台；10千伏线路90条，长度2360.32公里；10千伏配电变压器1425台，容量14.86万千伏安。18个供电所全部达到规范化服务窗口标准，4个供电所达到了示范窗口标准，冠山供电所被省公司推荐上报国家电网公司农村供电所示范窗口。实行星级农电工管理制度，命名196人为星级农电工，按月考核兑现奖励，极大激发了农电工的工作积极性。同时，完成盂县东宋站1#主变增容改造工程施工，完成郊区燕龛站2#主变增容施工，完成平定大峪、万子足站增容改造，完成对柏井、苌池、任家峪综自以及盂县县调设备进行升级改造工程设计。建设新农村电气化县1个、电气化乡5个、电气化村60个。更换阳泉农网高能耗配变221台，完成71个村主干道路灯亮化，对郊区、平定共53个村进行农村饮水电力配套工程建设。

（丁 盛）

【科技创新与信息化建设】 2008年，阳泉供电分公司完成科技项目13项，4项获得省公司科技进步奖，“基于GIS和多种智能算法的电网规划系统”研究成果达到国际先进水平，“35千伏、10千伏线路作业安全措施生成系统”为生产标准化管理提供了良好的工作平台。知识产权管理取得突破，7项专利申请得到受理。开发的绩效考核及城市配网等信息管理系统上线运行。根据国家电网公司和省公司对网络信息安全的要求，完善了网络数据库管理、信息系统上下线管理、口令管理等方面的制度，完成了信息外网建设并投入运行，网络安全得到有效保障。（丁 盛）

【党的建设和精神文明建设】 2008年，阳泉供电分公司认真学习贯彻党的十七大精神，进一步增强了广大干部职工实践科学发展观的自觉性和坚定性。深入开展了党员“讲党性、重品行、当先锋、作表率”、“人人讲诚信”主题实践活动和“工人先锋号”创建活动。高度重视党风廉政建设工作，所属单位班子成员和下属职工未发生违纪违法问题。编制完善了《党支部工作流程》和《“五好”党支部考核细则》，完成了党群工作《工作制度》、《工作标准》、《工作流程》汇编，进一步规范了基层党组织管理。制定了干部理论学习计划，细化了落实措施。加强新闻宣传，全年市级以上媒体上刊发新闻报道376条。组织中心组学习22次，党委中心组成员结合实际撰写多篇论文，并在山西省电力公司政研会上有4篇论文获得了优秀奖。创建全国文明单位顺利通过验收，荣获全国模范职工之家、山西省思想政治工作优秀企业等称号。

（丁 盛）

【山西阳光发电有限责任公司概况】 2008年，山西阳光发电有限责任公司坚持“高标准、严要求、讲实效、树正气”的治企方针和“精雕细琢、创新卓越”的企业精神，积极应对煤炭价格大幅上涨、电煤供应紧张、煤质下降、损耗增大以及发电利用小时下降等一系列挑战，认真分析企业内、外部经营环境的变化给企业带来的机遇与挑战，对外努力改善经营发展环境，对内强化基础管理，坚定不移地推行以全面预算管理为基础的精细化管理模式，大力推进安全型、效益型、和谐型、可持续发展型“四型”企业建设，各方面工作均取得了一定的成绩。公司全年发电量完成733893万千瓦小时，厂用电率完成6.17％，上网率完成93.34％，等效可用系数完成94.13％，销售收入完成18.64亿元。实现了安全生产的奋斗目标。（王爱红）

【安全生产】 2008年，阳光发电有限责任公司真贯彻落实“安全第一、预防为主、综合治理”的方针，坚持“设备是基础，制度是保证，加强安全教育，加大考核力度”的安全管理思想，充分发扬“抓住苗头，小题大做”、“安全片儿警”、“说清楚”等优良传统的基础上，坚持以科学发展观指导电力行业新形势给安全生产带来的新情况和新问题，创新安全生产管理机制，针对性地制定了防磨防爆、防止电气故障和防止运行误操作的长效管理机制。全公司范围内认真开展了防非停隐患排查工作和安全性评价工作，加强了应急事故预案的演练，举行了防洪防汛预案演习和消防演习，提高了生产人员面对突发事件的应急响应速度和应急处理能力。同时，通过强化各级生产人员安全责任制的落实，“从严、从重、从快”考核违章行为，提高了公司安全生产抵御风险的综合保障能力和超前预控能力，公司安全生产局面保持了良好的发展态势。截至2008年12月31日，公司实现安全运行无事故383天。

（王爱红）

【项目更新改造】 2008年，阳光发电公司从提高设备经济性的角度出发，从解决生产中的重点、难点问题出发，依靠科技进步，消化吸收同类型电厂的先进技术，组织完成了一大批更新改造项目，并在实施过程中严格跟踪把关，把安全指标、经济指标和环保指标作为更新改造项目是否合格和成功的重要考核标准。年内，完成2台次机组检修(4号机组A级检修和1号机组C级检修)，共完成非标项目235项，技改项目113项。公司对4台机组的脱硫增压风机进行了变频改造，每年可节电约1000万千瓦小时；对锅炉补给水系统加装了化学反渗透装置，改造后可大幅降低化学药品消耗,节约物资采购费用,减少生态环境污染;完成平定县供热扩容改造工程,供热面积由2007年的30万平方米增加至140万平方米,为改善平定县城周边环境,建设环境良好城市发挥了积极的作用;与哈尔滨工业大学合作攻关,率先在国内开展了燃用无烟煤"W"型火焰锅炉高效低氮燃烧技术的研究探讨和工业试验,被列入国家科技部"十一五计划"863项目。(王爱红)

【经营管理】 2008年,阳光发电公司在全面分析企业经营形势的基础上,要求全体干部员工树立"过紧日子"的思想,坚定不移地推行全面预算管理制度,将预算指标层层分解落实到各个责任部门,对各项成本费用力求做到"精、准、细、严",确保了财务收支状况始终处于良好的可控状态,极大地促进了公司经营管理水平和经济效益的提高。财务方面大力推行"零营运资金"管理模式,在货币资金、应收账款、应付账款、短期借款这四个项目上做文章,使财务费用得到有效降低;严格物资采购和工程招议标制度,全年共进行物资采购和工程招议标151次;高度重视审计监督和依法治企工作,全年完成财务审计项目8项,审结率100%,优化了企业发展的内外环境。进一步加强了经济活动分析,积极开展经营管理课题攻关,坚持用信息化指导经营工作,管理效率得到明显提高。公司紧紧扭住"控制标煤单价"这个"牛鼻子",按照"保证供应、提高煤质、控制煤价、降低煤耗"的总体思路,正确处理电煤量、质、价、耗的关系,坚持"两条腿走路"的工作方式抓好燃煤管理。对外加强协调,在保煤量、提煤质、稳煤价上下功夫。对内全面推行燃料精细化闭环管理,制定完善了多项燃煤管理制度,在采、制、化、检、配等环节上严格把关,形成环环相扣的激励约束机制。公司相继成立了电煤供应保障组、指标测算小组以及煤质联合监督组;安装了汽车、火车煤机械采样装置,实时对入场煤质进行科学检测;建立了运输车辆的"五车联保"制度和举报奖励制度;实施了电煤运输车辆的GPS卫星定位监控;对2#储煤场进行了的拓宽、增容改造,为公司有效控制煤耗,降低发电成本,提高企业经营绩效,做了大量卓有成效的工作。为使各项管理制度更加规范化、科学化、程序化,保障生产经营工作正常有序开展,公司在现有管理体系基础上,参照质量"GB/T 19001"、环境"GB/T 24001"、职业健康安全"GB/T 28001"等国家通用标准,经过近半年时间的努力,共修编、审定了现行的各项工作标准、制度及程序216个,进一步充实完善了技术标准、管理标准以及工作标准的内容,对每一项工作都明确了执行的依据和岗位、上一级监督岗位、配合部门以及执行该项工作的要点和检查考核办法,并绘制出相应的流程图,提高了"三项标准"的可操作性,基本上达到了企业管理体系的一体化和闭环运作,从而使企业的基础管理进一步规范。(王爱红)

【技术输出】 2008年,阳光发电公司依托良好的人力资源优势,不断追求经营管理模式的创新,把技术输出作为一项战略发展决策,积极拓展新的效益增长点。公司在承包兆光一期2×300兆瓦机组和二期2×600兆瓦机组生产运行项目取得成功的基础上,相继中标承包了耀光2×200兆瓦机组辅控运行项目以及同华2×660兆瓦机组生产运行项目,不仅为公司拓展了新的效益增长点,而且为公司的可持续发展提供了充足的动力。同时,为了在机制上实现对现有对外运营项目的良性监管和专业化管理,公司还特别成立了电力运营部,负责各项目部的协调、服务和监管,力争创建一种科学、简捷、到位、有效的管理模式,培养出一支高素质的运行队伍,进一步树立"阳光品牌"效应。(王爱红)

【河坡发电公司概况】 2008年,河坡发电公司面对国家节能减排、上大压小带来的压力和机遇,面对南方冰雪灾害、汶川特大地震和奥运会期间安全保电艰巨任务的挑战,面对煤、水、油等原料价格不断上涨,发电计划下调,电煤供应等极度紧张的严峻形势,以科学发展观统领全局,坚持以人为本,充分发挥员工首创精神和人气旺、干劲足、凝聚力强的企业优势,广大干部员工团结一心、攻坚克难、以实际行动圆满完成了各项工作任务,企业各方面取取得显著成绩。公司全年完成发电量21.24亿千瓦小时,机组利用小时达7079.96小时,安全天数累计达到1618天。成绩取得极其不易。其一,公司属于节能减排对象,发电受限,省经委核定发年电量由上年的17.9亿千瓦小时下调为15.89亿千瓦小时。其二,前三季度全国、全省发电形势严峻,电煤供不应求,异常紧张,相当部分机组缺煤停机、电网拉闸限电。其三,进入四季度,受金融危机的影响,社会用电负荷大幅下滑。为保持电网稳定运行,公司采取强有力措施,确保机组稳发满发。完善安全体系,健全安全制度,层层落实责任,严格落实设备专责制和项目负责制,高标准进行了机组计划检修,强化设备日常维护,保证设备时时处于最佳状态;严格落实岗位责任制,精心调整、加强巡检。全公司一盘棋,团结协作。上半年发电量突破10亿千瓦小时,提前9天实现内控目标。7月份发电2.02亿千瓦小时,创建厂以来7月份单月发电量最高纪录。到9月30日18时30分,提前一个季度完成省经委下达的全年调控发电任务,是全省唯一一家。

(李维华 冯国平)

【节能降耗】 2008年,河坡发电公司在逆境中奋战,节能降耗,经营效果大幅提升。在煤价不断飙升、全国火电行业大面积亏损的严峻形势下,公司建立健全燃煤管理制度,实行规范化、制度化管理。对燃煤的入厂、取样、制样、化验、解码等环节全过程监督、控制，提高了透明度，堵塞了漏洞。采取调整锅炉燃烧方式、优化煤源、合理掺烧低热值煤和煤泥等有效措施，大大降低了燃煤成本。全年入炉煤综合标煤单价低于阳泉地区平均水平，节约了大量燃料费用。同时，大力压缩各项支出，全力降低成本，大幅减亏，成效显著。（苏永刚）

【“两奥”保电专项工作】 2008年，河坡发电公司在“两奥”保电专项工作中成绩突出。公司站在“搞好安全生产就是对北京奥运会、残奥会成功举办最大支持”的高度，严格按照上级部署和要求，明确任务，强化责任，狠抓落实，成立由总经理任组长的奥运保电专项工作领导组；制定应急专项工作方案；完善确保人身安全、机组稳定和灰坝防汛度夏等各项具体措施；出台信息安全管理专项预案；加强设备管理；完善应急机制，成立护厂队和现场安全监察队并24小时巡查，领导干部全天候值班；克服煤源紧张、气候多雨等困难，煤场存煤保证20天用量，最大限度满足电网需求。在奥运会期间，公司秩序井然，供电正常，安保工作得到公安部领导肯定；机组利用小时数达1253小时，累计发电3.76亿千瓦小时，负荷率85.19%。公司保电整体工作受到太原电监办的表扬。（李维华）

【环保工作】 2008年，河坡发电公司环保工作获阳泉市突出贡献奖。公司坚定不移致力于建设高标准节能环保企业。灰坝加固、煤场挡风墙、粉煤灰分选等系列环保工程稳定运行，环保效益、社会效益日益凸现。为确保灰场大坝安全度汛，在雨季来临之前未雨绸缪，投资200多万元对灰坝进行补强加固。在脱硫设施管理上，进一步加大治理力度，严格落实人员、责任、资金三到位，把脱硫设施管理纳入日常管理考评体系，千方百计采取各种措施，确保脱硫设施稳定运行，脱硫设施脱硫率、投运率各项指标均符合国家环保标准，为实现阳泉碧水蓝天发挥了积极作用，对阳泉市市区空气质量二级以上天气增加到300天作出贡献。工业污染源排放全面达标，厂区绿化成效显著，成为阳泉市园林绿化达标单位。3月28日，公司荣获阳泉市环境保护工作突出贡献奖，受到阳泉市委市政府的表彰。（冯国平）

【企业文化建设】 2008年，河坡发电公司企业文化建设步入国家级行列。公司把企业文化建设放在提升企业核心竞争力的高度，全面推进企业文化建设工作。结合行业特点和地域特征，逐步培育、丰富、建塑起了融合企业战略和员工价值取向为一体的具有河电特色的“凝心文化”体系。重点打造了“以人为本、人企合一”的人本文化，“预防为主、源头控制”的安全文化，“诚信精细、创新进取”的经营文化，“顾全大局、拼搏奉献”的责任文化，“竞合共赢、创新创效”的竞争文化，“自我加压、自爱自洁”的廉洁文化，核心目标是企业价值最大化。公司实现了企业文化从“支撑”到“驱动”，再到“引领”作用的提升，有力促进了企业健康、科学、和谐发展。2008年9月27日，在全国电力行业企业管理经验交流会上，公司荣获全国电力行业企业文化成果特等奖并受到表彰，获此殊荣的全国共有30家企业，全省仅两家。（苏永刚）

【河坡发电公司入选“山西省首届百家信用示范企业”】 2008年，河坡发电公司入选“山西省首届百家信用示范企业”。公司严格诚信管理、诚信教育，将信用建设放在实现可持续发展、提升整体竞争力的高度，全面建设企业信用体系，对社会、政府、股东、客户、员工诚实守信，从未发生一起合同纠纷、拖欠付款事项。严格根据合同进行各项经济往来，资金结算快捷、及时、足额、到位，合同履行率达100%，既大幅降低了运营成本，又与合作方建立起良好诚信关系，连续多年获省A级纳税企业，“守合同、重信用”在公司蔚然成风。在12月3日结束的“山西省首届百家信用示范企业”评选活动中，公司得票24718票，名列第41位，榜上有名。（李维华）

【党风廉政建设经验在全市推广】 2008年，河坡发电公司党风廉政建设经验在全市国有企业中推广。5月21日，市委副书记、纪委书记林玉平率市纪委及市国资委有关领导到公司调研党风廉政建设工作，通过深入调研，深切感受到河电近年来发生的巨大变化，认为河电是一个勃勃生机、充满活力的企业，是一个积极履行社会责任的企业。无论安全生产、经营管理还是党风廉政建设，各方面都很好，创造了许多奇迹。企业管理理念先进，切合实际，在阳泉国企中具有推广价值和借鉴意义。河电改制十年取得巨大成就，最关键的是有一个责任心强、事业心强、创新意识强的好班子，有一支心系企业、爱企如家、能打硬仗的干部员工队伍，形成了一套比较成熟、富有特色的管理模式。企业党风廉政建设经验被市纪委总结形成调研报告，在全市国有企业中推广。（冯国平）

【员工100%享受带薪年休假】 2008年，河坡发电公司全体员工100%享受带薪年休假。公司认真贯彻国务院2007年12月14日颁布的《职工带薪年休假》条例精神，切实保障员工权益，全心全意依靠员工推动企业和谐发展。充分激发“人”的热情，增强“人”的责任，大力营造“企业发展靠员工，员工生存靠企业”、“劳动就是享受，工作就是幸福”的企业氛围。2008年1月1日《河坡发电公司员工带薪年休假制度》正式执行。一年来，公司统筹考虑，科学安排，结合工作实际，在搞好工作的前提下，灵活掌握，既可分休，又可集中休假，员工100%享受了带薪年休假，受到大家广泛赞誉。

为进一步保障员工的身心健康,公司组织全体员工分期分批参观游览了常家庄园和翠枫山,让员工置身美景中愉悦身心。10月份组织26名先进、劳模进京休假,游览了水立方、鸟巢等著名景点,体验了高速列车,在国家大剧院欣赏了罗马交响乐。11月份又为全体员工进行了健康体检,极大地增强了广大员工爱祖国、爱集团、爱企业、爱岗位的热情,使员工实实在在分享到集团公司和企业发展进步的成果。

(苏永刚)

【化学车间试验班荣获“全国五一劳动奖状”】 2008年,河坡发电公司化学车间试验班荣获“全国五一劳动奖状”。公司坚持倡导和积极践行“企业发展靠员工、员工生存靠企业”、“发展企业、回报股东、奉献社会、滋润家庭”的人文理念,着力推动岗位建功与技术创新,搭建员工成长平台,使员工学有所用、干有所值,建立起企业与员工相互依存、共同发展的关系,实现了企业、员工与社会和谐共融。爱岗敬业、团结奉献在河电蔚然成风,涌现出一大批先进集体和先进个人。化学车间试验班作为公司班组中的优秀代表,立足本职、勇于创新、爱企如家、敬业奉献,做出了突出成绩,荣获2008年全国五一劳动奖状,并获得全国工人先锋号荣誉,受到隆重表彰。 (李维华)

【娘子关发电公司概况】 2008年,娘子关发电公司面对燃煤价格上涨、企业连续亏损、资金极度紧张、发展任务艰巨、遗留问题突出、机组即将关停的严峻形势,通过全体干部职工的共同努力,保证了企业的正常运转,维护了安定团结的良好局面,各项工作都取得了积极进展。全年主要生产经营指标完成情况:发电量完成14.72亿千瓦小时,完成年计划13.52亿千瓦小时的108.88%,超发电量1.2亿千瓦小时;转移电量完成7.92亿千瓦小时;综合厂用电率完成10.94%;供电煤耗完成432.98克/千瓦小时;标煤单价完成437.69元/吨;利润亏损5266万元,剔除可调整因素后比预算减亏3650万元。 (张新才)

【安全生产】 2008年,娘子关发电公司实现安全生产保持稳定的局面。一是在机组即将关停、设备老化的情况下,通过加强安全管理、隐患排查治理、季节性安全检查、安全百日督查等活动,夯实了安全基础。二是突出隐患排查治理,全年共排查出4项重大隐患、7项一般隐患,利用机组检修机会及时消除,治理率达100%,保证了机组安全运行。三是坚持把控制人的不安全行为和消除物的不安全状态作为安全工作的中心任务来抓,开展多层次、多渠道的安全教育和反违章活动,避免了人身和设备不安全事件的发生。2008年公司未发生一类障碍以上安全事件,一类障碍比上年降低100%,二类障碍比上年减少20%,实现连续安全生产纪录920天。

(张新才)

【生产管理成效显著】 2008年,娘子关发电公司生产管理取得了显著成效。一是克服资金紧张、备件短缺的困难,有计划地抓好机组的状态检修,减少了停机次数。全年设备利用小时达到7362小时,设备等效可用系数完成95.94%。二是根据设备老化的实际情况,加强缺陷管理,消缺率达99.5%,确保了机组稳定运行。三是深化增收节支活动,在稳燃负荷60兆瓦以下处理引风机积灰振动、除尘器旋流板疏通,通过优化技术措施节约燃油120多吨;克服困难掺烧煤泥9.35万吨,降低了标煤单价。四是积极开展对标管理,深化小指标值际竞赛,加强经济调度,努力争发电量,年平均负荷率达到96.4%,超额完成年度计划发电任务。五是外部市场开拓起步,与格尔木燃气电站签订合同提供运行技术服务,同时一部分职工参加了检修公司承揽的托克托电厂维护业务,为下一步“走出去”积累了经验。 (张新才)

【经营效益】 2008年,娘子关发电公司固树立“过紧日子”的思想,增收节支,挖潜增效,经营效益持续改善。一是重点加强燃料成本的管控,合理调整煤比结构,全年共进煤泥97953吨,节约燃料成本1665万元;拉运火车煤135031吨,节约燃料成本641万元。二是严格预算管理和费用控制,费用指标较大幅度降低,材料费、其他费用分别比全年预算降低了7.8%、11.83%。三是抓好电量转移工作,努力增加企业收入。四是出售废旧物资,有效盘活资源,加强非生产用汽管理,控制化学除盐水补水率,降低了生产成本。通过全体职工的共同努力,在极其困难的条件下,维持了企业的正常运转,减少了公司经营亏损。

(张新才)

【项目发展积极推进】 2008年6月,娘子关发电公司将平定县张庄镇新村厂址作为2×600兆瓦机组“上大压小”项目的可研补选厂址,通过项目部和全公司人员的共同努力,前期工作积极推进。已经取得了水利主管部门、省级规划主管部门同意厂址选址的文件,土地预审手续上报国土资源部待审,与相关企业签订了供水协议,并取得了燃料生产企业同意供应燃料的承诺文件。2008年12月21日至23日,由中国国际工程咨询公司组织对补选厂址可研报告进行了审查,提出进一步比选厂址和对新村厂址采空区进行深入勘探的意见,围绕可研评审会提出的问题抓紧落实。

(张新才)

冶金工业

【阳泉铝业股份有限公司概况】 阳泉铝业股份有限公司是集科、工、贸、服务为一体的企业集团,总资产7.5亿元,占地面积65万平方米。2008年,公司有职工2120人,各类专业工程技术人员300余人，其中高、中级职称人员100多名。公司是2008年度山西省百强企业之一和省创新型试点企业，主要产品有铝合金、铝型材、电工圆铝杆、碳素材料、再生铝等，其中"白羊"牌电工圆铝杆和铝锭是"山西省名牌产品"、"全国质量过硬十佳名牌产品"，是上海期货交易所正式注册品牌，"白羊"商标2008年被认定为"中国驰名商标"。同时，公司还是国家级"守合同重信用企业"、"山西省环境行为绿色等级企业"，曾多次荣获全国和山西省"五一劳动奖状"。2008年，生产铝产品58074吨，销售铝产品59182吨，产销率达到101.91%，实现产品销售收入9.78亿元；累计完成工业总产值9.53亿元，工业增加值3746万元，上缴国家财政总额1942万元，实现增值税1637万元，附属税费166万元，税费合计1831万元。

（马　丽）

【产品结构调整】　2008年，阳泉铝业股份有限公司继续强化生产管理，高附加值的合金产品产量在全部铝系列产品中所占比例达到了90%，为企业实现稳定的经济效益奠定了基础。年内，着力加快企业自主创新的步伐，继续加大对省级企业技术中心的投入力度，充分利用阳泉市被列为省级科技示范区的有利形势，加强与北京科技大学、中南大学等高等院校的科技合作，大力提倡和鼓励公司员工积极地进行科技创新和产品结构调整，以保证企业的持续快速健康发展。同时，为了充分利用公司在高档铝型材深加工产品上的技术优势和生产优势，技术中心通过市场调研，积极研发了LED节能灯，且新产品已试制成功。2008年，公司被省科技厅、省国资委和省总工会确定为山西省创新型试点企业。（马　丽）

【品牌战略实施】　2008年，阳泉铝业股份有限公司不断推进品牌战略，加强了"白羊"、"奋飞"、"保福禄"等商标的管理工作，采取举办"狂欢月"、山西省第五届"阳铝奋飞杯"书法临摹大赛、"与奥运同行"水上活动、"业余歌手大奖赛"、"桥牌邀请赛"等社会大型活动，参加铝行业相关展会、展览，在省、市电视台、网络、报刊、杂志等媒体上发布广告等多种形式，扩大了公司产品在社会上的知名度。同时，公司努力提高产品质量，加强质量管理力度，"白羊"产品优等合格率达100%，连续15年经国家轻金属监督检验中心抽检合格，并且赢得了客户的广泛好评。2008年3月，公司"白羊"商标被国家工商行政管理总局认定为"中国驰名商标"，实现了阳泉市中国驰名商标"零"的突破。这个荣誉的取得，使公司产品在国内外市场的身价倍增，对公司的发展具有深远的意义。（马　丽）

【型材项目建设】　2008年，阳泉铝业股份有限公司加大了5万吨高档铝型材项目的投入力度，引进了当今世界最先进的X荧光光谱分析仪等质量检测设备，切实提升了公司产品质量的检验水平。从太原重机订购了一台7500吨的大型挤压机，这台大型挤压机为全国同规格机型第四台。产品方向为高速列车动车组骨架，各种新型货运铝合金火车、汽车车体骨架及地铁铝合金轨道等。公司铝材产品打入北京奥运会场馆、公司继承揽了首都机场航站楼和天津海河蚌埠桥等国家重点建设工程之后，又承揽了国内第一条时速350公里的京津高速铁路隔音防护屏的制作工程。为了获得该项工程的订单，公司科技中心及相关单位进行了夜以继日的技术攻关，解决了角部连接等技术难题。该产品交付使用后，不仅通过了国家有关部门的检测，而且在被送往德国高速铁路测试时，也全部达到了国际标准，产品全部合格。京津高速铁路建设单位负责人表示，阳铝是全国第一家可以生产这样优良品质隔音防护屏的企业，将继续与阳铝进行更加紧密的合作。

（马　丽）

【节能降耗】　2008年，阳泉铝业股份有限公司响应国家节能降耗的号召，每周一次组织班组长以上管理人员参加以"节能降耗，绿色奥运"为突破口的学习践行科学发展观的大讨论，让大家畅所欲言、献计献策。通过学习广大员工了解到了铝行业当前正处于重新洗牌的非常阶段，引导广大员工清醒认识到企业当前所面临的艰难困境，只有走节能降耗这条路，挖掘潜能，才能最大限度地降低生产成本。公司成立了节能减排专门组织机构，设有能源管理委员会，制定了岗位责任制和节能减排措施300余条，把节能减排工作渗透到每个环节，落实到每个员工当中。按照省市政府下达的年2.7万吨标煤任务编制了"十一五"节能规划，并将2.7万吨标煤科学合理地分解。在发展循环经济方面，对国家的铝行业宏观调控形势，为实现循环经济的目标，建设了年产5万吨再生铝项目，实现了废铝回收和加工利用。（马　丽）

化学工业

【山西北方晋东化工有限公司概况】山西北方晋东化工有限公司（以下简称公司）是隶属于中国兵器工业集团公司的重点保军骨干企业。公司始建于1938年，1948年搬迁至阳泉，2001年整体改制为山西晋东化工（集团）有限责任公司，2004年8月，按照中国兵器工业集团公司改革脱困工作的要求，组建了山西北方晋东化工有限公司，剩余资产组建了山西北方晋东科贸有限公司。实施分立破产后。公司有职工3000人，占地面积为332万平方米，拥有固定资产5亿元。公司具有雄厚的技术、设备力量和先进的科研、测试、计量手段，通过了中国新时代质量认证ISO 9001质量认证。几年来，公司认真实施"精干军品主体,放开民品经营,发展高新技术,壮大核心业务”的战略方针,现已形成军品、民品、三产三大经营主体,军品由母公司直接管理,民品和三产由逐步实现投资主体多元化的子公司管理,已组建了北京诺信、北方机电等2个控股子公司,以及民爆器材、包装材料、汽车贸易、汽车运输、物业管理、恒利实业、建筑安装等7个全属子公司。民品主要有民用黑火药、索类民爆产品(导火索、导爆索、导爆管、各种点火引线)、特种包装材料(防静电、防射频、防水蒸汽渗透、防静电缓冲系列包装材料,防静电工作服,人体防静电系列用品,阻燃隔热消防服)、以及现场混装炸药车、高精度雷管等几大系列,其中黑火药产量、质量均居全国领先地位,获国优产品称号;狮牌工业导爆索全国质量评比第一并获国家银质奖;可热封柔韧性防静电阻隔材料获国家发明专利、国家重点新产品证书、山西省科技进步证书、阳泉市应用成果一等奖。第三产业以汽车贸易、商贸、餐饮娱乐、信息技术为发展重点,并充分利用地缘优势,初步建立起了沿路三产经营带。2008年,公司通过精心调度指挥,努力追加任务,积极筹措资金,加强成本管理,竭力保证了生产经营、重点项目以及高新产品试制的顺利进行。全年完成现价总产值29860万元,比上年增长26.90%。实现销售收入32912万元,比上年增长42.06%。

(云建新)

【生产区搬迁工作】 2008年,山西北方晋东化工有限公司对企业生产区整体搬迁工作高度重视,抽调精兵强将,成立搬迁开发指挥部,具体负责此项工作。年内,公司完成了新厂址的选址方案,完成了阳泉西岭、晋中市乌金山两个备选厂址的地质勘探工作,完成了备选厂址的规划工作(已上报集团公司待批),落实了集团公司工作会议安排的事项,根据企业搬迁方案的变化对晋东明珠城项目规划方案进行了修订和完善等。 (云建新)

【奥运会主火炬点传火装置研制任务】 2008年,在北京奥运会和残奥会上,由山西北方晋东化工有限公司研制生产的主火炬点传火装置成功将开幕式主火炬点燃,实现了兵器高科技与艺术家精妙构思的完美结合。在两个奥运主火炬点传火装置的研制过程中,公司科研攻关人员发扬特别能吃苦、特别能战斗的优良作风,废寝忘食、夜以继日地奋战在第一线,攻克各项技术难题,圆满完成了研制任务。奥运会主火炬点传火任务的巨大成功,通过各大新闻媒体的报道,在社会上引起了强烈反响,成为兵器人、山西人、阳泉人的骄傲。 (云建新)

【管理流程优化】 2008年,山西北方晋东化工有限公司在学习借鉴兄弟单位先进经验的基础上,坚持“业务突出、流程优化、强化制约、防范风险”的原则,结合公司实际,对管理组织机构、职能进行了调整,优化了管理流程,整合了管理要素,强化了制衡机制。同时,对新机构运作过程中遇到业务接口与部分职责不清的问题,及时进行梳理明确,推动了新的组织机构建设、人才队伍建设、企业文化建设等进入良性运作轨道。一是干部队伍和人才队伍建设在创新中得到加强。按照集团公司逐步减少管理人员职数的精神,结合企业机构调整后的实际需要,按照选拔领导人员“三看两关注”要求,坚持“公平、公开、公正”的原则,组织完成了军品公司中层经营管理者岗位竞聘工作,择优选聘48人担任相应中层经营管理岗位职务。上半年,公司还结合组织机构调整重新进行了工作和一般管理人员、专业技术人员岗位竞聘工作,清理了富余临时用工人员,制定实施了《员工三岗动态管理办法》,有力地推进了员工动态管理工作的开展。同时还制定下发了《员工素质建设工程实施细则》,努力提升职工思想素质、业务素质和身心素质。二是企业文化建设取得阶段性成果。企业文化建设在硬件方面取得积极进展,先后完成了宣传专题片、企业宣传册的制作,公司产品展室也于7月投入使用。在三个主要文化载体的制作、建设中,努力将兵器文化与晋东特色进行融合,将企业历史传统与现代改革创新元素进行融合。同时还将北京奥运会点传火项目、建厂70周年庆典活动贯穿到企业文化载体的制作中,为进一步推进企业文化建设注入了积极的内涵,对公司逐步探索和形成一整套行之有效的文化架构体系奠定了一定的基础。三是以人为本的理念得到进一步深化。坚持以人为本的理念不动摇,坚持发展为了职工,发展依靠职工,发展成果由职工共享的方针不改变。为深入贯彻集团公司提出的“新三项制度”改革,切实改进和落实考评制度和激励分配制度,构建“多位一体”的激励约束机制,建立起了工资正常调整机制,制定下发了《2008年薪酬调整方案》,大幅提高了在岗职工的工资,有效地调动了广大职工的工作积极性。2008年,企业在岗职工人均收入19032元,较上年增长30.39%。同时,积极关心职工疾苦,认真倾听职工呼声,努力为职工多办实事、好事,新建的7栋职工住宅楼交付使用,294户职工喜迁新居。还多方筹措资金,在企业资金仍很紧张,生产经营还很困难的情况下,补发了拖欠的大部分统筹外养老金。对住房公积金缴费基数和比例进行调整,从实质上进一步提高了职工收入水平。 (云建新)

轻纺食品工业

【为企业职工排忧解难工作】 2008年,市城镇工业联社落实政府惠企政策,帮助解决职工困难。组织办理职工特困证110个,为13名军转干部办理了提高生活补贴,为33名离休干部办理了提高津贴、补贴、护理费,帮助9名特困职工子女享受了“金秋助学”援助金(累计已有54

人享受援助金21.6万元），组织开展了第四期职工大病医疗互助工作，部分职工从中获得了补偿资助，精心组织了阳劳社字〔2008〕150号文件优惠政策的落实工作，1200余名“4050”人员继续享受代缴社保费用补贴政策，16个企业1531名未上岗人员享受向财政借款领取生活费工作已开始执行，为7个未参加医保或中断医保企业争取向财政借款参加医保。在“4050”人员、医疗保障、发放生活补贴以及清理拖欠职工工资等方面，共计有550万元资金到位。

（任国平）

【安全生产】 2008年，市城镇工业联社继续保持了安全生产的良好局面。年初开展了“三节”期间与复产前安全大检查。自5月份起，开展了“迎奥运、保稳定”，百日安全生产督查专项行动，成立了以党委书记为第一责任人的领导组，实行了严格的值班与报告制度，组织企业厂长（董事长）、机关全体工作人员学习了《安全生产法》，对所属各类企业的安全生产情况进行了大检查，对8户企业在检查中发现的14条一般性隐患下达了整改通知书，并全部实施整改。2008年，市城镇工业联社未发生安全生产事故，通过了市安全责任制年度考核，并被评为“阳泉市平安单位”。（任国平）

【阳泉市首届工艺美术精品展】 2008年1月23日，由市文化新闻出版局、市城镇集体工业联合社主办，市工艺美术协会、市展览馆承办的《阳泉市首届工艺美术精品展》在市展览馆举行。中华全国手工业合作总社副主任李荣钢、副市长王湜洲以及市县联社领导200余人出席了开幕仪式。展览共收集到工艺雕塑类（煤雕、面塑、泥塑、根雕等）、剪刻纸类、艺术陶瓷类、漆器类、其他工艺品类共计2000余件工艺美术精品。精品展旨在全面落实好省、市“十一五”规划纲要中提出的发展传统手工业、民间工艺美术等特色旅游商品，推出地方艺术精品振兴、宣传阳泉工艺美术产品，使阳泉工艺美术产品走向全国，走向世界。 （任国平）

【阳泉市工艺美术协会成立】 2008年1月23日，阳泉市工艺美术协会在开发区远鑫大厦举行成立大会，中华全国手工业合作总社副主任李荣钢、副市长王湜洲及市县联社领导100余人出席了大会。会议表决通过协会会费收取办法，选举了协会第一届理事会理事，召开了第一届理事会，选举了常务理事、理事长、副理事长、秘书长，聘请副市长王湜洲为协会顾问。王湜洲副市长作了重要讲话，他要求协会紧紧围绕市委、市政府确定的“两先”发展目标，按照全市大力调整产业结构、生态旅游与与文化旅游并重、资源整合和形象塑造联动的思路，把工艺美术品设计、生产、销售纳入到全市的旅游经济中，为强市战略作出更大的贡献。 （任国平）

【“颐寿”牌产品被评为省名牌产品】 2008年，阳泉食品总厂有限公司生产的“颐寿”牌产品被评为省名牌产品。阳泉食品总厂有限公司是有55年历史的“中华老字号”企业，企业主导产品有：“颐寿”牌中西糕点、月饼、面包、枣泥、小食品，以及“雪贝”饮料系列、乳制品，放心早餐、豆制品等11类100多个品种。企业拥有自主知识产权，以大项目、大改革带动大发展，形成连锁化、集团化规模，成为晋东地区最大的食品工业集团，其系列产品已牢固占领了地方市场。 （周立业）

综合工作

【概况】 2008年,全市农业系统干部群众以社会主义新农村建设统领农业和农村工作全局,围绕农民增收这一总目标,积极落实稳定粮食生产各项措施,狠抓农业结构调整,全面推进农业产业化进程,全市农业农村工作保持了良好的发展势头。全市全年农村经济总收入完成278.6亿元,比上年增长8.1%;农民人均纯收入5427元,比上年增长14.9%。

一是农业生产保持较好收成。全市全年粮食实际播种面积达到5.76万公顷(86.34万亩),总产2.27亿公斤。超额完成市政府"粮食播种面积稳定在5.33万公顷(80万亩)以上,总产保持在2亿公斤"的任务。

二是突出示范和带动效应,社会主义新农村建设重点工作进展顺利。2006年确定的31个省级示范村,经过两年的建设,村镇规划、"四化四改"(绿化、美化、硬化、亮化,改水、改厕、改厨、改圈)和"五个一"(一个文化科技活动室、一个村级卫生所、一个健身休闲广场、一个便民超市、一所标准化小学)工程已经全部完成。2008年省定的71个重点推进村,也全部完成了"四化四改"和"五个一"工程。

三是围绕推进农民增收,"3+2"(3个主导产业即畜牧业、蔬菜、核桃,2个潜力产业即小杂粮、生态林业)农业产业化工程全面推进。全市全年畜牧业收入完成5.8亿元,为农民提供人均纯收入达383元,比上年增加41元;全市全年蔬菜播种面积7333.33公顷(11万亩)、总产量1.5亿公斤,特别是作为市政府2008年15件实事之一的日光温室建设取得明显成绩,全市投入资金9000多万元,建成日光温室96.13公顷(1442亩)、蔬菜大棚24.27公顷(364亩);全市杂粮播种面积达到1.15万公顷(18.17万亩),总产3131万公斤。

四是拓宽农民增收渠道,认真开展农村劳动力培训转移,加快发展农民专业合作组织。全市全年完成农村劳动力引导性培训3.1万人,新转移农村劳动力1万人(其中阳光工程完成培训7000人),农民工资性收入占到农民人均纯收入的41.5%,达到2252元。全市农民专业合作社累计发展到321个,涉及种植、养殖、农产品贮藏、加工、运输、销售、农业技术、信息服务等行业,入社社员3200多名,出资总额达到9600多万元,带动农户2万余户,社员人均纯收入6200多元,比非社员收入高出20%以上。其中2008年新发展农民专业合作社230个,完成全年任务的230%,全市32个乡(镇)全部建起了农民专业合作社。

五是发挥农业部门职能,农业综合执法和农产品质量安全工作开创了新局面。2008年,全市农业系统共出动执法人员693人次,检查种子、农药、兽药、肥料、饲料和饲料添加剂生产经营企业、单位107家次,整顿规范经营网点52个,其中种子企业36个次、肥料企业24个次、农药企业38个次、兽药企业9个次,查获标识不规范及过期农药17种378瓶(袋),取缔2家无证经营农药的门店,没收扣押农药18种156瓶(袋),取缔了1家无证经营兽药及饲料和饲料添加剂的商铺,封存了其正在经营的兽药325瓶(袋)。 (刘卫东)

【新农村建设】 2008年,阳泉市社会主义新农村建设办公室按照中央提出的新农村建设"生产发展,生活宽裕,乡风文明,村容整洁,管理民主"二十字方针,围绕发展新产业、建设新村镇、健全新保障、树立新风尚、培育新农民、创建好班子的"五新一好"工作重点,扎实推进全市社会主义新农村建设,取得明显成效。全年落实了市、县领导包点帮扶新农村建设责任制，确定了30名市级四套班子领导包点帮扶全市32个乡（镇）、93个村的新农村建设工作。启动了工矿商贸企业帮扶新农村建设工作，确定了45家企业以项目帮扶的形式支持91个村的新农村建设。农民收入稳步增加，农村基础设施建设得到加强，农民生产生活条件得到改善，全市农村呈现出良好的发展局面。其中农民人均纯收入、收入增长幅度、增长绝对额均列全省第二位，其中人均纯收入比全省的4097.24元高1300元，比全国4761元高600元。

全市新农村建设呈现5个特点：一是特色农业发展取得突破，农业产业化水平不断提高。具有地方特色的大寨核桃露、华新醋业等农业产业化龙头企业不断壮大。二是民营经济发展壮大，农村工业化稳步推进。全市继续实施"大开放、大企业、大项目、大民营"战略，全年全市民营经济实现增加值105亿元，比上年增长15.4%，从业人员达到17万人，为稳定经济发展、安置农民就业发挥了重要作用。2008年，全市营业收入千万元以上企业达200家，比上年增加10家，亿元以上企业达30家，比上年增加7家。三是农村基础设施不断完善，农村面貌发生深刻变化。全市进一步加大公共财政扶持力度，促进城市基础设施向农村延伸。2008年，全市99.3%的村实现了村通硬化路，96.3%的村实现了村通客运班车；解决了164个村、6.62万人的饮水安全问题；完成各类造林10.7万亩，栽植各类绿化苗木760多万株，治理水土流失面积38.2平方公里；启动了城乡清洁工程，城乡环境明显改善；农村清洁能源建设继续推进，完成大型沼气、秸秆气化站工程3处，沼气建设完成506户，秸秆气化炉推广6944户；移民搬迁顺利推进，全年完成移民搬迁383户、1422人。四是新农村建设示范效益不断显现，城乡一体化格局正在形成。31个示范村的基础设施、社会事业、乡风文明和村容村貌发生根本性变化，示范效应进一步扩大。在全省魅力新农村评选中，郊区桃林沟村、下千亩坪村、平定县理家庄村分别获得"十大魅力新农村"、"十大特色产业村"、"最具影响力名村"。盂县作为全市唯一的县域新农村建设整体推进县，基本完成了新农村建设整体规划编制。五是精神文明和政治文明建设得到加强，农村社会保持稳定。全市公开选聘了700名大学生村官到基层任职，为村级组织输送了新鲜血液。社会主义新农村建设办公室对2008年度重点推进村的支部书记进行了专题培训，提高了他们建设新农村的能力和本领。第八届村民委员换届选举工作全面完成。认真实施公民道德建设工程，提升广大农民的社会公德、职业道德和家庭美德，农村数字电影放映工程完成1万场，在全省率先实现了每村每月放映一场电影的目标。　（郑海宁　赵丽萍）

【企业结对帮扶新农村建设】　工矿商贸企业结对帮扶新农村建设是中央、省委加快新农村建设进程，推进全面建设小康社会的重大举措。阳泉市把组织工矿商贸企业结对帮扶新农村建设，作为破解"以工促农、以城带乡"重大课题的有效实践，专题部署，重点推进，取得了初步成效。2008年初，市委、市政府做出《关于组织工矿商贸企业结对帮扶新农村建设的决定》（阳发〔2008〕3号），出台《关于组织工矿商贸企业结对帮扶新农村建设的实施意见》（阳办发〔2008〕35号），从全市规模较大，经营业绩突出的驻地市营以上工矿商贸企业（含金融、通信企业）中选定45家作为帮扶企业，其中省、市营企业38家、民营企业7家。根据帮扶企业的生产规模、经营状况、上缴税金等情况，确定了50万元～10万元不等的帮扶资金额度，帮扶资金任务总额达到1490万元，并从新农村建设试点村和重点推进村、乡镇政府所在地村、规模较大的中心村、帮扶企业驻地村或与帮扶企业有长期合作关系的村中筛选出91个村作为重点帮扶村。帮扶重点放在帮助农村选择确定主导产业，扶持村级新型集体经济和农村专业合作组织发展，培养有文化、懂技术、会经营的新型农民，参与村庄整治和农村生态环境等基础设施建设，以及发展公益事业等方面。5月29日，全市工矿商贸企业结对帮扶新农村建设工作会议召开，会上45家企业和91个重点帮扶村结成对子，工矿商贸企业帮扶新农村建设工作正式启动。市新农村建设办公室为进一步推进此项工作，印制了《工矿商贸企业结对帮扶新农村建设项目申报表》，收集汇总了帮扶项目，确定了帮扶联络员，划分了阳煤集团、煤电铝企业、金融通信业、民营企业等4个帮扶工作队，指导各县区安排部署本级工矿商贸企业结对帮扶新农村建设工作。各帮扶企业积极与重点帮扶村协商确定帮扶项目，项目主要集中在农村产业发展、农村基础设施建设和农村社会事业发展方面。截止到12月底，全市共有21家企业的帮扶资金全额或部分到位，共到位帮扶资金413万元，惠及39个帮扶村。通过帮扶，被帮扶村的农业产业化生产能力和水平得到较大提高，基础设施建设面貌得到较大改善。同时，各县区的帮扶工作也逐步展开，盂县确定了80家企业帮扶92个村，帮扶金额1460万元；平定县确定了54个企业帮扶54个村，帮扶金额480万元。　（韩福军　刘沛华）

【绿证培训】　全年绿证培训共3200人次，颁证3000人。其中平定培训1550人、颁证1500人，盂县培训1500人、颁证1400人，郊区培训150人、颁证100人，再次取得骄人的成绩。　（王　熙）

【县级农广校办学水平评估工作】　2008年11月28日，阳泉市县级农广校办学水平通过了由省农广校副校长李金霞等一行4人组成的复评检查组的评估。检查组一行采取听取工作汇报、查看评估材料、实地考察办学设施及实习实验基地、集体评议的评估方法,从办学定位、基础条件、中等职业教育、农民培训、单项加分等五个方面,对阳泉市三个县级农广校办学水平评估工作认真进行了复评。经过复评,全市3个县区农广校有2个达到B级、1个达到C级。(王 熙)

【加强农村信息化体系建设与示范应用项目的建设】 为了进一步推进全市农业和农村信息化建设、促进现代农业和社会主义新农村建设,市农业局在全市积极实施农村信息化体系建设与示范应用项目,制定了《阳泉市农村信息化体系建设与示范应用项目实施方案》,以阳泉市农业信息网络为依托,建设完成了3个县级农村信息化服务中心,13个乡镇农业信息服务站,4个企业、专业示范户,共20个农业信息服务示范点。这20个农业信息服务示范点均具备有一套信息服务设备、一处信息服务场所、一名专兼职信息管理员、一系列信息服务制度、一个专业网站。(张 艳)

【种鑫农业科技服务中心】 2008年1月,种鑫农业科技服务中心注册成立,在广大科技人员和种养基地、农民之间搭建起了一座服务的桥梁,为全市农业部门搭建起一个服务“三农”的平台。种鑫农业科技服务中心的工作职责是:以促进农民增收为目标,充分发挥技术服务优势,紧密围绕市农业结构调整和农业产业化发展的需要,重点开展农业技术培训,农业新技术、新产品的引进推广,农产品市场信息、优势农产品的购销等服务。在培训和壮大全市名、优、特、新农产品上开展工作,不断增强科技含量,进一步实现农产品商品化、商品精品化、农业产业化的发展思路。真正把全市农业的资源优势转化为产业优势进而转变为经济优势。

年初,种鑫农业科技服务中心与盂县西潘乡李庄村签订了谷子定单,无偿为种植户提供优良品种(晋谷21号),定单面积为22.67公顷,收购保护价为每公斤3.4元,为农民解决了后顾之忧。同时,种鑫农业科技服务中心还从全市优质农产品的收集、包装、外销等入手,建成全市首家具有地方特色的名优产品展示店。平定县西回的金皇后杂粮系列、娘子关的大红袍花椒、郊区的绞股蓝醋系列、盂县惠民农作物开发合作社引进的优质特色彩色小米等一大批优质农产品受到消费者的好评。2008年10月,种鑫农业科技服务中心代表阳泉市参加了在北京举行的第六届国际农产品交易会,该中心组织了全市的名、优、特、新农产品——有西回的小米、大寨核桃露、绞股蓝醋等八大系列30多个品种进行了展示,其中绞股蓝醋系列产品和5000余公斤西回小米被抢购一空,并荣获畅销农产品奖。

(赵丽萍)

【《阳泉市农业技术实用读本(畜牧业篇)》出版】 2008年12月,由市科技局和市农业局联合编纂的实用型技术工具书——《阳泉市农业技术实用读本(畜牧业篇)》面世。该书从对畜牧新品种的认识到对发展畜牧业可行性分析,从引种到饲养,从管理到保障,比较系统地阐述了各类畜禽在整个生长周期中,每个环节的生产繁育、疫病防治等技术要领,还对畜禽产品质量安全、动物疫病检测作了介绍。同时,书中还提供了大量数据和图片资料,帮助读者更深层次地掌握相关的知识和技能,对于提高从业人员素质、增强产品技术含量、规范养殖管理、推进畜牧业健康发展起到了积极作用。该书以宣传推广畜牧技术为目标,以推行规范化养殖为手段,为推进阳泉市畜牧产业化进程提供强有力的支持,将成为广大农民、养殖户和基层畜牧兽医工作者案头必备的工具书。(姚惟波)

【农民专业合作社发展迅速】 2008年,市农村经济经营管理站一手抓发展,一手抓规范,着重开展了“四个一”工程,即培育市级农民专业合作社示范社10个,每个县(区)培育县级农民专业合作社示范社10个,培训农民专业合作社带头人、农经干部、乡村干部、财会人员1000名,新发展农民专业合作社100个。经过一年的工作,截至2008年底,新发展农民专业合作社230个,农民专业合作社总数累计达到321个,社员人数6965人,资产总额2.4亿多元,带动农户3万余户。全市农民专业合作社发展呈现出了良好的发展势头。(王润红 冯文涛)

【首届农民专业合作社展销会】 2008年10月31日至11月2日,市农村经济经营管理站组织举办了全市首届农民专业合作社产品展销活动,20多个合作社的30多种产品参加了展销。小米、甘薯、甜糯玉米、核桃等优质产品和黄瓜干、彩色米、虫子蛋等特色产品深受市民欢迎,有的合作社还和一些商场、超市签订了产品订单。通过展销,既开拓了合作社产品市场,促进了标准化生产,又提高了社会各界对农民专业合作社的认识,扩大了影响。

(王润红 冯文涛)

【农村土地流转情况调研】 2008年,市农村经济经营管理站组织开展了农村土地流转及规模经营调研活动,以村起报,点面结合。通过调查,取得了翔实可靠的第一手资料,分析研究了影响农村土地流转的因素,提出正确引导和规范农村土地流转、健全土地承包经营权流转市场及促进土地规模经营的意见和建议。截至年底,全市土地流转面积为1624.73公顷(24371亩),占家庭承包耕地总面积的3.01%,涉及农户6652户;实现规模经营的土地648.87公顷(9733亩),占家庭承包耕地总面积的1.2%。

(王润红 冯文涛)

**【农村财务和集体资产管理逐步规

范】 2008年，市农村经济经营管理站继续完善农村会计委托代理和财务电算化，在全市3个农业县（区）的32个乡（镇）全部建起了村级会计服务中心，全部实行了会计电算化管理，纳入农村会计服务中心核算体系的村910个，占到全市总村数的95%。同时，引深农村财务审计工作，全年对210个村的财务进行了审计，审计金额6.93亿元，调整差错账80余笔，查出违规违纪金额1900余万元，促进了农村党风廉政建设。

（王润红　冯文涛）

【"四资"管理进一步强化】 2008年，市农村经济经营管理站进一步强化农村"四资"（即资本、资产、资源、资金）管理，在全市各乡镇都设置了"四资"管理台账，并对"四资"情况逐村逐项清查核实，登记造册，全部纳入会计电算化管理。到年底，全市三分之二的村完成了"四资"清理盘点。（王润红　冯文涛）

【扶贫工作】 2008年，市农业局把党的各项基本政策贯彻到村作为推动贫困地区改革发展的政治保证，不断加大扶贫开发的工作力度，从全市党政机关、国营单位抽调干部150名（其中县级干部78名、党员120名）组建成全市第二十批农村工作队进驻盂县、平定郊区的8个乡镇、108个村开展工作，使贫困村村民生活水平和生活质量有了较大提高。一是贫困村农民人均纯收入大幅度增长。2008年，贫困村农民人均纯收入由2007年的2100元增加到2300元，人均增加200元，实现了全市绝对贫困村脱贫任务，率先在全省基本消除绝对贫困村。二是贫困村群众生活水平显著提高。2008年，贫困村电视普及率达90%，电话普及率80%，还有10%的农户购买了手机，新购农用车240辆，人均住房达到20平方米以上。三是贫困村村民生产生活条件有了较大改善。2008年，全市投入扶贫资金410万元，使贫困村实现了村村通公路，户户通公路，村村通电，解决了16个村、6800口人的饮水困难，维修学校36所，科技培训36期、1430人，新修农田11公顷（165亩），种植核桃树106.67公顷（1600亩），养殖牛300头。四是贫困村移民搬迁工作进展顺利。全年落实搬迁村14个、501户、1629人，落实移民搬迁资金200万元，扶贫工作取得了阶段性胜利。五是教育扶贫工作成效明显。扶贫单位共为贫困村送去桌椅板凳2100件，学习用具1980件，折合人民币11万元，所有驻点扶贫村没有学生辍学现象。六是劳务扶贫成效显著。扶贫办会同劳动职介机构组织到东回、岔口组织闲散人员到外地打工，安排劳力120名，实现劳务增收120万元。

（姚改娣）

【新农村建设重点推进村支部书记培训班】 为进一步提高阳泉市农村党支部书记的综合素质，切实增强农村党支部书记带领农民群众致富奔小康、建设社会主义新农村的本领和能力，2008年7月16日至19日，市社会主义新农村建设办公室（以下简称新农办）在北岭宾馆举办新农村建设重点推进村支部书记培训班。全市71个重点推进村的党支部书记参加了培训。本次培训邀请省新农办、省农业厅、省财政厅、省民政厅以及市委组织部、市农业局、市新农办等部门的领导和专家，分别就新农村建设的政策、现代农业知识、农民专业合作社建设、国家财政支持政策、基层民主政权建设、新农村建设发展规划、基层组织建设等方面进行了专题讲解。这次培训对于进一步落实党和政府的惠民政策，增强农村基层干部建设社会主义新农村的积极性、创造性，加快新农村建设步伐，具有十分重要的意义。参加培训的学员纷纷表示回到农村第一线后，要认真领会消化培训学习的内容，正确把握形势，深刻认识新农村建设的内涵，积极谋划好农村的发展；要抓住发展集体经济这个关键环节，走切合农村实际的发展道路；要从农民最关心、最现实、最直接、最迫切和最能够受益的事情入手，为农民谋福祉；要按照各级的要求，认真做好新农村建设规划编制、"四化四改"（绿化、美化、硬化、亮化，改水、改厕、改厨、改圈）和"五个一"（一个文化科技活动室、一个村级卫生所、一个健身休闲广场、一个便民超市、一所标准化小学）工程建设，理清工作思路，指导新农村实践，在建设新农村中充分发挥先锋模范带头作用。（赵丽萍）

种植业

【农业生产】 2008年，全市围绕建设现代农业，认真落实粮食补贴政策，实施玉米增粮工程，推广农业实用技术，农业生产战胜伏秋连旱等自然灾害，取得了较好收成。

粮食生产　2008年，全市粮食播种面积5.76万公顷（86.34万亩），比上年增加1160公顷（1.74万亩），增幅2.1%。粮食总产量22.71万吨，平均亩产量263公斤。其中，玉米播种面积4.84万公顷（72.58万亩），比上年增加920公顷（1.38万亩），玉米总产量20.08万吨，平均亩产量276.7公斤；谷子播种面积3946.67公顷（5.92万亩），总产量1.16万吨，比上年增加31.2%，平均亩产量195.9公斤，比上年增加37.9%；豆类面积2966.67公顷（4.45万亩），比上年增加640公顷（0.96万亩），总产量0.64万吨，比上年增加28%，平均亩产量143.8公斤；薯类面积1786.67公顷（2.68万亩），总产量0.66万吨，平均亩产量246.3公斤，比上年减少0.4%；小麦面积241.6公顷（3623亩），总产量1080吨，亩产300公斤；小麦秋种面积246.67公顷（3700亩）。

油料生产　2008年，全市油料作物有向日葵、花生、芝麻、蓖麻、油菜籽等。全市播种面积1313.33公顷（1.97万亩），与上年1673.33公顷（2.51万亩）相比减少360公顷

(0.54万亩),总产1400吨,比上年减产500吨,减少26.3%。

蔬菜生产　2008年,全市蔬菜生产稳步发展。蔬菜种植面积3906.67公顷(5.86万亩)。其中,商品蔬菜种植面积2000公顷(3万亩),新增日光温室86.67公顷(1300亩),全市设施蔬菜面积累计达到166.67公顷(2500亩)。蔬菜总产量全年达到16.25万吨,比上年减产2100吨,减幅1.3%。

果业生产　2008年,阳泉市郊区果树面积发展较快。从2007年开始,郊区政府大力扶持果业生产,采取栽1亩果树政府补助300元的政策,水果面积逐步增加。2008年春季,郊区新建果园达100公顷(1500亩),全市新建果园133.33公顷(2000亩),品种以富士系列为主。截至2008年,全市果园面积总计4666.67公顷(7万亩),总产2.53万吨,比上年增产67%;其中苹果种植面积为3733.33公顷(5.6万亩),其余为梨、桃、杏、葡萄等。

(杨巨全　李惠斌　赵　欣)

【粮食生产特点】　2008年,阳泉市粮食生产的明显特点,一是粮食作物面积增加,超额完成了省定5.33万公顷(80万亩)的任务。二是玉米面积仍然保持了较高比重,面积达4.84万公顷(72.58万亩),占粮食作物面积的84.1%,占农作物总面积的75.52%。三是花卉、食用菌和药材的开发初具规模。截至年底,全市花卉规模种植户已达20余户,形成了4个较大的花卉生产企业,花卉种植面积已达60余公顷(1000余亩),大部分以设施栽培的形式种植,保护地面积42600平方米,共41个温室,生产规模达40.5万盆。年销售收入达1000万元以上,其中郊区的花卉生产规模较大;食用菌的开发,全市以平菇、香菇和金针菇为主,3个农业县区均有种植,全市全年食用菌销售1210吨,比上年增加9.4%,销售收入达365万元,比上年增加1.1%;全市全年药材种植面积达673.33公顷(1.01万亩),品种以金银花为主。

(杨巨全　李惠斌　赵　欣)

【玉米增粮工程】　2008年,为促进粮食生产稳定发展,省农业厅在全省开展玉米增粮工程,实施玉米丰产方建设项目、玉米高产竞赛活动及133.33万公顷(2000万亩)耕地综合生产能力建设工程。阳泉市玉米增粮工程的项目实施县为平定县和盂县,两县分别成立了领导组和技术指导组开展工作。

平定县玉米增粮工程项目为县委县政府2008年度22项重点工程项目之一,主要承担着玉米丰产方建设、耕地综合生产能力建设工程项目,共打造旱井200眼、完成投资96万元,整修地埂66.67公顷(1000余亩)5万多米,完成投资35万元,里切外垫17.4公顷(261亩)、完成投资7.6万元,共计完成工程投资138.6万元。配套农艺措施也实施到位,在项目区实行统一品种,采取统一技术措施,并在播种前结合科技进村入户项目,对项目区农民进行了技术培训与技术指导。平定县参与玉米丰产方建设的有4个乡镇、46个村、3个农业公司和2个县直属农场,按照方案实施秸秆还田4000公顷(6万亩),采取生物覆盖还田、机械粉碎还田、过腹还田、堆沤还田4种方式,生物覆盖还田、机械粉碎还田面积达到3400公顷(5.1万亩);深耕作业,耕作深度30厘米以上,实施面积4000公顷(6万亩);增施有机肥面积3000公顷(4.5万亩)。经过一年的努力工作,尽管遭受了干旱的侵袭,仍然取得较好的效果,项目区玉米平均产量经实测达到382.6公斤/亩,比全县玉米平均产量285公斤/亩提高了97.6公斤/亩。

盂县作为全省优势玉米基地县,积极开展粮食高产创建活动,实施玉米丰产方建设、玉米高产竞赛活动及耕地综合生产能力建设工程。实施了"一个万亩丰产方、十个千亩丰产方和一个百亩攻关田"建设工程,以农民专业合作社组织形式推进规模化生产,实行了"四统一",即统一品种、统一施用配方肥、统一病虫草害防治、统一机械化作业。项目区推广种植了沈玉18、先玉335、长城799、张玉308等品种,通过指导应用良种良法配套栽培技术,施用配方肥,开展病虫草害统防统治等措施,项目区粮食产量有了大幅度上升。根据测产,单产在650公斤~750公斤,比非项目区单产提高100公斤~150公斤。盂县参与玉米丰产方建设项目的乡镇有10个、行政村61个、农场2个、10630户,共4666.67公顷(7万亩),其中有2666.67公顷(4万亩)实施了秸秆直接还田,1333.33公顷(2万亩)实施了机深耕(松)技术,666.67公顷(1万亩)增施了有机肥,在项目实施中,按照上级要求,县农业局、财政局共同编制了《盂县玉米优势区丰产方建设工作方案》。按照"县有区域图、乡镇有分解表、村有补贴清册"的总体要求,统一建立补贴档案。项目主要实施秸秆直接还田和机深耕(松)技术。项目资金实行专户专人管理,资金兑付由财政通过"一卡通"方式直接补贴到农户。

(杨巨全　李惠斌　赵　欣)

【京晋科技合作农业项目工程】　2007年11月25日,在省长孟学农亲自关怀下,山西省科技厅、阳泉市政府与北京市科委签署了《关于推进京晋科技合作、共同建设阳泉市省级科技示范区的框架协议》,确立了开展京晋科技合作,建设阳泉市省级科技示范区项目工程。京晋科技合作农业项目工程是京晋科技合作的重要内容之一,即发挥北京市科技优势,借助北京农林科学院玉米研究中心这一技术平台,促进和提升阳泉市玉米生产和蔬菜设施栽培的水平和效益。

在玉米生产上,根据阳泉市实际和双方专家协商,确定引进旱作玉米新品种京单28、京科25、K521、京科584,饲用青贮玉米品种青贮561,鲜食玉米新品种京紫糯

218、京科糯 2000、京科甜 183,共三大类 8 个玉米新品种,并聘请了北京专家到阳泉就京晋科技合作系列玉米新品种的栽培技术进行现场讲解和实地培训。这些品种在全市 7 个试点区域进行了试种和示范。在蔬菜生产上,2008 年 1 月 5 日市农业局与北京市农林科学院签署了《京晋科技合作阳泉市现代农业科技示范工程项目协议书》,2008 年 5 月 22 日签署了《京晋科技合作阳泉市 2008 年蔬菜科技示范工程项目协议书》,明确了京晋农业科技合作蔬菜项目实施内容, 即充分利用北京市的科技、信息、人才等方面的资源优势,实施阳泉市现代农业科技示范工程。一是从蔬菜新品种引进、试验、示范、推广入手,进行蔬菜新品种展示及更新换代工程。从北京市农林科学院蔬菜研究中心引进了八大类 33 个蔬菜新品种,主要是一些名、特、优、新的蔬菜品种,特别是高价位、高质量的特色品种和设施品种,包括番茄、黄瓜、茄子、叶类蔬菜等,分布在郊区河底镇北庄村、义井镇义东沟村和南庄村。二是探索符合阳泉山区特色的设施蔬菜现代化栽培技术模式,对已有日光温室和大棚进行设计改造,全面提升设施蔬菜种植技术水平。三是建设 1 个高标准的现代化科技示范园。通过实地勘察,确定了市级京晋科技合作示范园区的建设基地为郊区的东村村,占地 6.67 公顷(100 亩)。这个示范区将带动该地区 33.33 公顷(500 亩)日光温室的发展,形成阳泉市较大的蔬菜日光温室示范基地。另外,还确定了平定县和盂县 2 个县级日光温室建设示范基地。平定县以宁艾村和南阳胜村建设的 20 公顷(300 亩)和 1.67 公顷(160 亩)日光温室为生产基地,盂县以温池村建设的 20 公顷(300 亩)规模日光温室为生产基地。四是科技培训工程。多次邀请北京市农林科学院的蔬菜设施建设和栽培技术专家来阳泉市进行现场技术指导,举办蔬菜日光温室建设和栽培技术培训班。(杨巨全 李惠斌 赵 欣)

【粮食补贴】 2008 年,为更好地调动农民粮食生产积极性, 进一步促进粮食增产和农民增收, 阳泉市认真贯彻落实中央、省、市精神,坚持和完善农业补贴制度, 继续加大对农民的直接补贴力度, 适当调整和完善农资综合直补政策目标, 重点鼓励多产粮、多调粮、产好粮。2008 年, 阳泉市粮食补贴对象为全市种植粮食作物(不包括薯类)的农户,补贴范围为全市种植的粮食作物,补贴标准是:粮食直接补贴中,小麦为 10 元 / 亩,玉米和其他杂粮(不含薯类)为 5 元 / 亩;农资综合直接补贴中,小麦为 51 元 / 亩,玉米和其他杂粮(不含薯类)为 35 元 / 亩。6 月 15 日, 农业系统完成了面积核实工作,6 月 18 日,财政系统完成了资金拨付工作, 省财政拨付阳泉市对种粮农民直接补贴资金 417 万元、对种粮农民农资综合直接补贴资金 2496.4 万元、追加对种粮农民农资综合直接补贴资金 415 万元。2008 年, 全市粮食补贴面积为 5.48 万公顷 (82.2 万亩), 其中小麦面积 240 公顷(0.36 万亩),玉米等杂粮(不含薯类)16.05 万公顷(81.84 万亩)。粮食补贴资金总额 3292.54 万元,其中粮食直补资金 412.41 万元, 包括小麦补贴金额 3.62 万元; 粮食综合补贴资金 2880.14 万元,其中小麦补贴金额 18.48 万元。补贴范围包括全市 3 个农业县区、32 个乡镇、948 个行政村、16.9 万农户。2008 年,阳泉市继续实施优质玉米良种补贴项目,补贴县区为盂县,实施面积 3333.33 公顷(5 万亩),补贴资金为 25 万元。根据晋农(财)发〔2008〕52 号文件安排, 对阳泉市新增补贴资金 355 万元,其中平定县 180 万元、盂县 175 万元。两次良种补贴面积共 2.53 万公顷(38 万亩),涉及补贴金额 380 万元,主要集中在省定项目区,共涉及全市 23 个乡镇 420 个村 (农场) 86001 户农民。

(杨巨全 李惠斌 陈胜艳)

【农业生产自然灾害】 2008 年对全市农业生产造成灾害的天气主要是低温冻害、伏秋连旱及冰雹大风天气等自然灾害。

低温冻害严重。低温冻害主要有春秋两季低温、霜冻和寒潮大雪。1 月份全市连续 10 多天的冰雪阴冷天气, 使部分过冬农作物受到冻害,面积为 76.67 公顷(1150 亩),其中小麦 66.67 公顷(1000 亩)、大棚蔬菜 10 公顷(150 亩),直接经济损失 174 万元。

伏、秋旱较重。干旱是阳泉市较为突出的一种农业气象灾害,有“十年九旱” 之说。春旱年年发生,但 2008 年却是伏秋连旱,7 月中旬 ~ 8 月上旬 30 天内,境内降水量急剧减少,30 天内市区测得降水量为 54.2 毫米, 比历年同期减少 77.5 毫米, 减幅达 58.8%。8 月 21 日 ~ 9 月 20 日,全市降水总体偏少,据市气象台测量降水量 71.3 毫米,较历年同期平均值减少 14.6 毫米, 减幅达 17.0%;盂县降水量 64.0 毫米,较历年同期平均值减少 25.2 毫米,减幅达 28.3%。2008 年伏、秋连旱,致使全市部分县区 10 个乡镇 2 万多公顷(32 万余亩)农作物受灾,共计减产 3750 万公斤, 造成经济损失 6200 万元。

冰雹灾害频繁发生。2008 年 6 月底 ~ 7 月中旬, 市内不断遭到大风、冰雹、暴雨灾害袭击,给农业生产和人民生活造成了重大损失。其间,累计受灾 10 余次,全市有 14 个乡镇 100 余个村遭受大风、冰雹灾害袭击, 全市农作物受灾面积达 7353.33 公顷(11.03 万亩),成灾面积 4186.67 公顷(6.28 万亩),绝收面积 2793.33 公顷 (4.19 万亩),直接经济损失 6196.5 万元。7 月 1 日下午 3 时 35 分 ~ 4 时 15 分, 全市出现强阵雨并伴有大风, 大风持续时间长达 8 分钟, 最大风速 20.4 米 / 秒,随后阵雨变为强降雨,伴随平均直径 20 毫米 ~ 30 毫米、最大直径 50 毫米的冰雹,1 个多小时的时间内, 降雨量达到 42.7 毫米,属常年降雨量之最,致使境内平定县、郊区部分乡镇受灾,农作物受灾面积为达4533.33公顷(6.8万亩),成灾面积3000公顷(4.5万亩),绝收面积2586.67公顷(3.88万亩);受灾人口87415人,直接经济损失3574万元,农业损失3420万元。

(杨巨全 李惠斌 陈胜艳)

【小杂粮生产】 2008年是阳泉市实施"3+2"农业产业富民工程的第一年,小杂粮生产发展目标是面积达到1.07万公顷(16万亩),总产3000万公斤。为实现这一目标,全年全市各级农业技术部门主要做了5项工作。一是继续引进、试验、示范、推广小杂粮新优品种。2008年新引进的小杂粮新品种共10个,主要有彩色谷子新优品种4个,具体是汾特1号、特选4号、晋谷40号、青珍珠谷;马铃薯新优品种1个,具体是脱毒早大白;红薯新优品种5个,具体是红东、西农431、紫薯王、日本黄金薯、商薯19号。二是组织召开了甘薯产业发展座谈会。为进一步推进甘薯产业的发展,1月10日,市农业技术推广站召集农业县区农技中心主任、部分农民经济合作组织负责人、加工企业负责人、重点种植村主任、甘薯种植大户召开了全市甘薯产业发展经验交流会。会议通报了近年来阳泉市甘薯产业的发展情况;与会人员交流了各自的经验做法,并对全市甘薯产业发展的品种选择、生产加工、销售流通等环节提出了意见建议。会议取得了预期的效果,尤其是在做大甘薯规模、发展甘薯加工、加强品牌建设、增加甘薯科技含量、促进合作组织发展等方面取得了高度一致。全年甘薯产业呈现出了良好的发展态势,面积增加,种植区域扩大,加工企业投产,甘薯产业将迎来更快的发展。三是继续加强优质小杂粮示范点建设。为了进一步把小杂粮新品种、新技术推广应用好,全市各级农业部门年内继续强抓农业科技示范点建设,在平定县石门口乡前徐峪沟村、巨城镇半沟村、东回镇西回村,郊区荫营镇杨树沟村、韩庄村,盂县上社镇上西腰村、西烟镇雪犁沟村、仙人乡狮子神村、西潘乡里庄村建立了9个高产示范点,示范面积130多公顷(2000余亩)。四是推进小杂粮订单生产。帮助阳泉市种鑫农业科技服务中心与西潘乡里庄村农民签定28.67公顷(430亩)晋谷21号谷子订单生产合同,免费提供所有种植需要的优质谷种,并保证按3.2元/公斤~3.4元/公斤的保护价回收所有产品。谷子收获后,种鑫农业科技服务中心全部按合同进行了收购。五是加强对小杂粮加工企业建设和发展的指导。通过外出考察等方法,帮助平定县石门口乡前徐峪沟村建成年加工能力300公斤的甘薯加工厂。2008年,全市共种植各类小杂粮1.21万公顷(18.17万亩),产量3131.18万公斤,圆满完成了市政府确定的目标任务。

(段红星)

【推广农业先进技术】 2008年,市农业技术推广站在推广农业先进技术方面主要做了两个方面的工作。一是确定了2008年阳泉市种植业十大重点推广技术,并加强了具体的指导工作。十大重点推广技术分别是粮食作物免耕少耕栽培技术、玉米一增四改(增加种植密度,改种耐密品种、改套种为平播、改粗放用肥为配方施肥、改人工种植为机械化作业)技术、薯类高产栽培综合技术、立体种植技术、测土配方施肥技术、水肥一体化技术、蔬菜新型日光温室技术、蔬菜移动式塑料大棚技术、水果优质高产综合栽培技术、果菜病虫无害化防治技术。十项技术全市全年累计推广应用面积达到4.39万公顷(65.86万亩),为全市粮食稳产提供了强有力的技术支撑。二是紧紧围绕农作物优种,大力推广综合配套栽培技术,主要有秸秆还田、增施农肥、施足底肥、精细整地、晒芽催芽、培育壮苗、适期下种、精量播种、合理密植、起垄直根、斜插提蔓、中耕灭草、根外追肥等技术。全市全年应用面积达到3466.67公顷(5.2万亩)。

(段红星)

【农业技术培训】 2008年,市农业技术推广站与县区农业技术部门齐心协力,紧紧围绕2008年全市种植业十大重点推广技术、12个农业科技示范点建设、引进的14个农作物优种及其16项综合配套栽培技术推广为重点技术培训内容,采取现场接受咨询、举办培训班、点名服务、散发资料、建立技术服务联系制度等多种方式,认真开展了农业技术培训和科技下乡活动,增强了农民群众的科技素质,提高了农业生产的科技含量。全年农业科技人员下乡400多人次,举办农业技术培训班43期,举办咨询服务活动50次,深入田间现场指导服务100多次,共培训技术骨干500多人次,接受农民咨询4800多人次,发放技术资料1.5万份(册),其中,发放《中国农技推广》、《农业技术与装备》、《阳泉市农业技术实用手册》、《阳泉市种植业重点推广十项技术》等成册的农业技术资料近3000册。

(段红星)

【基层农技推广体系建设】 2008年,市农业技术推广站按照省政府、省农业厅的安排部署和在祁县召开的全省基层农技推广体系建设会议精神,稳步推进全市基层农技推广体系建设。首先是出台了全市《关于基层农技推广体系改革的实施方案》。其次是召开会议,对全市基层农技推广体系改革进行了安排部署,要求省级重点县尽快出台方案,做出试点,其他县区摸清情况,拿出方案,稳步推进。经多方努力,盂县作为2008年全省农技推广体系改革试点县在2008年11月,以县政府文件出台了强化基层农业技术推广体系改革实施意见,确定了方案,在上社乡、苌池镇、秀水镇、西烟镇、仙人乡建立5个乡镇区域站,隶属县农业局,人、财、物归县农业技术服务中心管理。

(段红星)

【设施蔬菜发展】 2008年，市委、市政府高度重视农业产业化发展，把农业产业化作为发展现代农业、增加农民收入的工程摆在了重要位置，市政府出台了阳政发〔2008〕13号文件《阳泉市人民政府关于全市蔬菜产业发展及京晋蔬菜合作项目的实施意见》。以此为契机，全市蔬菜各级职能部门紧抓机遇，在全市范围内加大力度发展设施蔬菜，推进全市高产高效农业的进程。一批起点较高、规模较大的设施蔬菜新基地逐步形成，且呈现出以下特点：

一、政策扶持力度大 推进农业产业化发展，政策扶持是关键。阳政发〔2008〕13号文件制定了发展设施蔬菜的补助政策：完成0.67公顷（10亩）以上日光温室连片建设，市政府每亩补助1万元，县（区）政府每亩配套补助1万元；完成0.67公顷（10亩）以上蔬菜大棚集中连片建设，市政府每亩补助1000元，县（区）政府每亩配套补助1000元。这些政策在很大程度上推动了全市设施蔬菜建设的快速发展。

二、领导高度重视 自设施蔬菜基地建设项目开工以来，各级领导高度重视，市政府白云市长、王敬瑞副市长亲自到郊区河底镇的北庄村、东村村，平定县张庄镇宁艾村等地进行调研、考察，详细询问生产建设情况，各县区政府、蔬菜中心多次召开会议，研讨日光温室建设实施工作，认真规划设计，组织实施，督促进度。

三、建设积极性高 2008年，在市、县（区）政府强有力的政策引导和资金扶持下，各乡（镇）、村建设日光温室的积极性空前高涨，尤其是日光温室建设出现了多方投资的特点。除各级政府的补助外，投资方还有村集体，如山底村、大村村、路家山村、后沟村、坡头村等；有农民个人，如中庄村、杨树沟村、大崔家庄村、禅房村、陈家庄村等；有企业，如华通路桥公司、金满地农业公司、鑫源世纪有限公司等；有村集体和农民共同投资，如东村村、三都村、坪上村等。其中华通路桥公司在平定县宁艾村和盂县温池村投资建设日光温室20公顷（300亩），平定县鑫源世纪公司在平定县宁艾村投资建设日光温室6.67公顷（100亩）。

四、建设标准高 2008年所建日光温室均为跨度大、采光好、保温性强的新型高标准日光温室，部分基地还使用了卷帘机、保温被、保温板、节水灌溉等高效农业设施。许多新基地在日光温室建设过程中还聘请了山东寿光、山西榆次等地的10支专业温室建设队伍帮助建设，为其他基地的日光温室建设起到了示范带动作用。

五、科技服务到位 市、县（区）、乡（镇）农业科技人员全部深入基地，积极进行设施蔬菜基地建设的宣传发动，为农民提供技术、物资等服务，帮助农民解决生产难题，并对工程建设做好技术指导和服务工作，确保工程进度和建设质量。对一些新建的蔬菜基地还从山东寿光、山西榆次等地联系聘请了15名具有丰富种植经验的“土专家”进行长期驻村指导。12月8日～15日，由市、县（区）农业局、蔬菜中心有关人员组成的验收组按照严格、科学的验收标准，对全市新发展的日光温室和蔬菜大棚进行了认真细致的实地验收。全市全年共验收基地54个，开工建设的日光温室和蔬菜大棚126.67公顷（1900亩）；全市建成并符合验收标准的日光温室和蔬菜大棚共120.4公顷（1806亩），其中日光温室96.13公顷（1442亩）、蔬菜大棚24.26公顷（364亩）。

（王志红）

【农作物病虫害发生与防治】 2008年，全市农作物总播种面积为6.07万公顷（91.08万亩），病虫草鼠害总体呈中等发生。据统计，农作物病虫草鼠害累计发生12.61万公顷次（189.16万亩次），防治11.54万公顷次（173.10万亩次），预测预报准确率、防治面积、防治效果三项指标均达到了85%以上，挽回粮菜果等各种农作物损失8407.26吨。

2008年，全市累计发生各种玉米病虫害4.88万公顷次（73.11万亩次），防治4.09万公顷次（61.4万亩次），挽回损失911.48吨。其中玉米螟全市发生5333.33公顷次（8万亩次），防治3666.67公顷次（5.5万亩次）。除玉米外的粮食作物病虫害主要有谷子、薯类等病虫害，病虫总体发生面积为9986.67公顷次（14.98万亩次），其中谷子4866.67公顷次（7.3万亩次）、马铃薯3686.67公顷次（5.53万亩次），总防治面积为1.31万公顷次（19.69万亩次）。随着谷子等小杂粮播种面积的增加及2008年特殊气候影响，谷子病虫发生呈上升趋势。马铃薯28星瓢虫全市发生面积2000公顷次（3万亩次），防治面积6133.33公顷次（9.2万亩次），主要发生在盂县东梁、西烟等马铃薯种植区。油料发生病虫害793.33公顷次（1.19万亩次），防治560公顷次（0.84万亩次）。蔬菜病虫害发生4800公顷次（7.2万亩次），防治面积1.49万公顷次（22.3万亩次）。露地蔬菜病虫发生严重，虫害明显重于病害，其中病害发生1906.67公顷次（2.86万亩次）、虫害发生2893.33公顷次（4.34万亩次），主要病虫有黄瓜霜霉病、番茄病毒病、美洲斑潜蝇、白粉虱等。果树病虫害发生7333.33公顷次（11万亩次），防治2.15万公顷次（32.2万亩次）。其中主要病虫有果树腐烂病、白粉病、桃小食心虫、金纹细蛾、金龟子等。全市农作物草害发生4.08万公顷次（61.18万亩次），化学除草1.42万公顷次（21.27万亩次）；农田鼠害发生1.37万公顷次（20.5万亩次），防治1.03万公顷次（15.4万亩次）。暴发性害虫粘虫，全市二代发生1333.33公顷次（2万亩次），防治面积533.33公顷次（0.8万亩次），各县（区）玉米田均有发生，其中盂县个别地区发生较重；三代发生2666.67公顷次（4万亩次），防治800公顷次（1.2万亩次）。受特殊气候影响，稀点雪灯蛾在平定县东回、石门口、柏井3

个乡镇玉米田发生,面积873.33公顷次(1.31万亩次),其中发生较重的133.33公顷次(0.2万亩次),防治面积1186.67公顷次(1.78万亩次)。一般地块危害率达1.1%,轻的0.3%,个别地块达3.3%。玉米覆盖地、临近有杂草的地块重于一般地块。小地老虎,总体为中度发生,累计发生面积1.33万公顷(20万亩),其中盂县发生8000公顷(12万亩)、郊区发生2000公顷(3万亩)、平定县发生面积3333.33公顷(5万亩)。(魏彦丽)

【农作物病虫害专业化应急防治】 2008年,市植物检疫保护站本着"防治重于救灾,减灾等于增收"的指导思想,以病虫监测预报和技术指导为依托,按照市场运作的原则,在阳泉市组建了三异、八发、保丰、丰圣等9支农作物重大病虫害应急防治专业队,并为每支专业防治队免费配备了2台机动喷雾器,进行了授旗和绿色防控技术培训。专业队分布于两县一区,共有防治队员86人,基本上形成了农民专业合作经济组织、农民专业协会、农药经销商、村级组织及种植大户等形式多样、集病虫监测预警、防控和农药经营为一体的多元化农作物重大病虫害应急防控体系。9支专业防治队覆盖粮菜果等农作物种植面积1586.67公顷(2.38万亩),辐射周边农作物种植面积6666.67公顷(10万亩)左右。(魏彦丽)

【病虫害无害化生态控制示范区建设】 为配合省农业厅"高效园艺增收计划"的实施,市植物检疫保护站围绕"绿色植保",突出绿色防控技术,继续抓好蔬菜、果树病虫害无害化生态控制示范区建设。在前两年示范区建设的基础上,加大力度,扩大面积,截至2008年底,蔬菜病虫害生态控制示范区面积达140公顷(2100亩),其中,平定石门口乡南上庄村33.33公顷(500亩)、冠山镇后沟村20公顷(300亩)、郊区义井镇南庄村13.33公顷(200亩)、河底镇东村北庄33.33公顷(500亩)、旧街乡枣园村6.67公顷(100亩)、盂县下社乡龙华河蔬菜生产基地33.33公顷(500亩),示范辐射面积666.67公顷(1万亩)。果树病虫害生态控制示范区面积达133.33公顷(2000亩),其中,郊区西南舁乡、平定里牌岭打造果树病虫无害化生态控制核心示范区33.33公顷(500亩)。结合阳泉实际,市农业局制定了组装配套技术,并下发了蔬菜、果树病虫无害化生态控制示范区实施技术要点,协调应用农业、生物、物理、化学等技术措施,重点推广频振式杀虫灯诱杀、色板诱杀、性诱剂诱杀等诱杀技术、生物防治和生态控制技术。项目实施以来,农民用药次数明显减少,每亩普遍少打3次药,平均每亩节约防治费用36元,减少了农药使用量,品质得到了提高,蔬菜、果品的价格也比非示范区每公斤可平均提高0.1元,农民增收32万元,保护了生态环境。(魏彦丽)

养殖业

【畜牧业生产】 按照市委、市政府加快发展农业产业化的"3+2"富民工程要求,全市畜牧业产业化进程稳步推进。一是继续加大资金投入。市级财政拿出资金600余万元,全部用于发展标准化畜牧养殖小区。平定县从2008年起,连续3年每年拿出150万元用于扶持发展畜牧养殖业;郊区制定了高效农业实施意见,尤其是制定了扶持畜牧业发展政策,对新建百头以上的奶牛养殖小区、3万只以上的蛋鸡小区、存栏在1000头以上的养猪小区,分别补助10万元~20万元。市、县(区)一系列的优惠政策有力调动了社会闲散资金向畜牧业的投入,全市全年吸引近1.8亿元的社会资本投资养殖小区(园区)建设。二是继续发挥科技作用,推广优良品种。全市蛋鸡良种率达到了100%;生猪生产中推广了二元、三元杂交改良技术,生产优质瘦肉型猪,瘦肉率由60%提高到65%以上,生猪瘦肉型猪占到出栏量的90%以上;在肉牛生产中,推广了西门塔尔、利木赞、夏洛来等优良品种,并推广冻精配种技术,全市共建设肉牛冻精配种站(点)15处,年冻精配种母牛1万余头;在奶牛发展上推广实施奶牛性控冻精技术,对1000头能繁奶牛实施性控冻精的应用。三是狠抓动物疫病防治。全市配备有各种消毒机械73台(套),封尸袋6000多个,防护服3000余套,威特碘、佳力迈特等消毒药品15吨。市、县(区)、乡(镇)组建了600多人的疫病防控应急队伍,并进行防控技术培训。

截至2008年底,全市畜牧业收入完成5.8亿元,为农民提供人均纯收入达383元,比上年增加41元。全市免疫畜禽283万头(只)。全市生猪饲养量达到25万头、比上年增长21.3%,其中出栏8万头,比上年增长13.6%;蛋鸡饲养量230万只、比上年增长34.6%,禽蛋产量1.1万吨、比上年增长13.2%;奶牛饲养量0.56万头、与上年持平,牛奶产量1.2万吨、下降25%;肉牛饲养量3万头、比上年增长8.2%,出栏0.7万头、比上年增长12.1%;羊饲养量7万只,出栏2.5万只。肉类产量1.1万吨,比上年增长9.1%。(赵丽萍)

【全市首家现代化养猪场】 2008年12月13日,平定县余康养殖有限公司万头猪场在平定县冠山镇冠庄村建成投产。这是截至2008年阳泉市规模最大、集约化程度最高的现代化商品猪养殖场,总投资1500万余元,占地面积100亩,建筑总面积19000平方米。建筑分办公区、生产区,布局合理,设施先进,配套齐全,建有集供水、地暖、通风、音响和监控设施为一体的高标准猪舍38栋,能繁育母猪680头。该场先后从北京、河南等地引进杜洛克、美系长白和英系大白等优良种猪,并高薪聘请专家进行技术指导，还实行从进办公区到进生产区一条龙机械化消毒，保证出栏猪群杜绝猪瘟、口蹄疫、蓝耳病以及乙脑、伪狂犬、副伤寒细小病毒等疫情。

该场达产达效后，年出栏商品猪将达到万头以上，可以向市场提供无公害的鲜肉80万公斤，每年还可向周边县区及乡镇提供优质纯种猪1500头、二元猪3000头，并为附近村镇提供上万吨有机肥料。这一现代化养猪场的建成投产，为改良当地生猪品种，增加农民收入，促进生猪养殖业向标准化、规模化方向发展奠定了基础。（姚惟波）

【全市第一家机械化蛋鸡规模养殖场】 2008年9月30日，阳泉市规模最大、机械自动化程度最高的蛋鸡养殖基地——金凤凰养殖场一期工程在郊区桃林沟村建成投产，首批雏鸡已入场喂养。该项目由桃林沟村投资，总额3000万元。其中，一期工程投资1000万元，建有3栋占地2200平方米的全封闭式鸡舍，全自动高层蛋鸡笼养设备系从韩国引进，可饲养蛋鸡10万只。舍内设备全部采用自动化管理，生产环节从饲料供给、鸡蛋分拣收集、产品喷码、供水、鸡粪的干燥处理，到鸡舍内的恒温、通风全部采用自动化控制，节省人力、节省土地、节省成本并且科技含量高、容量大、寿命长；饲养环节完全按照无公害畜产品标准进行生产，饲料无激素，无药物残留、无抗生素，确保为市场提供质量安全的禽产品。

鸡场二期工程正在建设当中，完工后蛋鸡存栏量将达到30万只，年产值近亿元，可带动桃林沟村周边群众共同致富，增加农民收入，促进禽蛋养殖业的良性发展。

（姚惟波）

【猪人工授精改良技术】 2008年10月28日，猪人工授精改良技术在华亿种猪场启动。这是阳泉市继牛的人工授精技术和胚胎移植技术推广后又一繁改技术的应用推广，填补了阳泉市猪繁改技术上人工授精的技术空白。传统生猪养殖中的本交方式管理粗放、成本较高，且杂交方案受局限，有碍于生产效率和品质提高。猪人工授精技术可以提高优良种公猪的利用率，也可以减少疫病的传播，有利于优秀种公猪遗传潜力的充分发挥，加快猪的改良速度。为适应新形势下生猪发展趋势，市、县畜牧部门科技人员在充分调研的基础上，以华亿种猪场为供精站，县、乡两级基层服务队伍为支撑，建立奖惩机制为保障，辐射带动周边生猪养殖场开展人工授精，在示范技术取得良好效果后，进行全面推广。截至2008年，全市已完成猪人工授精1206头，为进一步提高种公猪利用率，提高全市生猪良种覆盖率，降低养殖成本，提高养殖效益作出了贡献。（曹水清）

【母猪补贴引导全市生猪发展】 为了加快现代畜牧业的建设步伐，引导生猪业由传统向现代、粗放向集约、数量向质量方向转变，财政部于2007年底出台了能繁母猪补贴等10项扶持政策支持生猪养殖业，支持生猪品种改良，保护生猪发展基础。就阳泉市而言，生猪生产仍然是畜牧业的主导产业。2006年生猪业遭受市场冲击之后，在市场和政策的双重作用下，阳泉市养猪生产处于恢复性增长和转变阶段。在国家优惠政策中，母猪补贴作为粮食直补之后畜牧业中的第一次直补政策，对于保护和促进生猪业的持续发展起到了积极的作用，具有深远的现实意义。2008年，全市9700头母猪补贴共计97万元。到2008年底，生猪饲养量达26万头，比上年增长23.85%。通过政策引导和推动，养殖户发展养猪生产的积极性更加理性化，更注重发展的质量，更加追求持续发展的能力，标准化、产业化程度进一步提高，整体生猪产业的发展方式发生了根本性的转变，向高产、优质、高效、生态、安全的现代畜牧业方向发展。（曹水清）

【生鲜牛奶质量安全专项整治工作】 “三鹿奶粉污染事件”发生后，阳泉市的奶业生产也受到了很大的冲击。为了稳定奶业生产，保护奶农利益，按照《山西省畜产品质量安全整治行动方案》和“省奶站专项整治行动电视电话会议”精神，2008年9月15日，市农业局开展了生鲜牛奶质量安全专项整治工作，采取切实有效的措施确保了生鲜牛奶质量安全专项整治工作取得阶段性胜利。一是加强组织领导。制定了《阳泉市生鲜牛奶生产和质量安全管理专项整治工作方案》，成立了阳泉市农业局生鲜牛奶质量安全专项检查领导组，启动实施了《阳泉市重大农产品质量安全事故应急预案》，严格执行农产品质量安全属地管理责任制，认真落实工作职责，将工作责任落实到人、安排到点，确保生鲜牛奶质量安全。二是强化监管力度。强化奶牛养殖环节、原料奶生产关、原料奶销售关3个环节的监管。向奶牛养殖场、养殖小区、挤奶点派驻质量监督员，对奶牛养殖场和挤奶、贮运环节实施监管；与奶牛养殖场、养殖小区及挤奶站签订质量安全承诺书，并在全市深入开展饲料市场专项整治活动，加强对奶牛饲料生产、经营企业和奶牛养殖场、户自配料进行全面检查，保证饲料产品质量安全，坚决打击生鲜牛奶掺假制假的违法行为。三是开展奶站专项整治工作。对全市范围内奶牛养殖场和奶源生产基地开展了生鲜牛奶质量安全监测，开展了奶站专项整治工作，成立了以市政府副市长王敬瑞为组长的阳泉市奶站建设专项整治工作领导组，下发了《关于开展全市奶站专项整治行动的通知》，制定了奶站整顿实施方案。四是开展饲料专项整治检查工作。从2008年9月18日开始对外地饲料生产企业进行大排查大摸底，对无生产许可证、无产品批准文号、无产品标签的三无饲料生产企业进行了查处，并将情况及时通报有关单位和部门；对生产使用自配料的规模化奶牛养殖场户抽样监测率达到了100%，全市共抽检奶牛养殖场户的自配料48户、144袋，全部送检到省有关部门，没有发现违禁添加物。

截至2008年底，全市共出动工作人员300余人次，对全市112个奶牛养殖场(户)进行了排查，检查鲜奶加工企业3个，抽检生鲜牛奶生产企业和挤奶点69个，抽检饲料经销点12个、兽药经销站点9个，抽样送检牛奶、饲料368份。经查，古城、雅士利等22家品牌奶粉中检测出三聚氰胺的企业在阳泉市均没有设挤奶站和分公司，境内的奶牛养殖场(户)中均未发现牛奶掺入三聚氰胺等违法行为。（李　敏）

【新增5家蜂业专业合作社】 2008年，在市养蜂技术推广站的引导下，全市新注册成立了平定县福兴、阳泉市佳禾、阳泉市连农、阳泉市家兴、阳泉市家腾5家蜂业专业合作社，对推动全市蜂业发展具有积极意义。（王　刚）

【“珍益康”“百花坊”商标成功注册】 2008年，平定钰鹏蜂业合作社申请注册的“珍益康”商标和平定百花坊蜜蜂养殖场申请注册的“百花坊”商标被国家工商总局商标局受理注册。这不仅使蜂农有了自己的产品品牌，增强了市场竞争力，而且提升了蜂产品的档次。与注册前相比，蜂产品的市场价位提高了约40%。（王　刚）

【积极扶持蜂业加工企业】 2008年，在市养蜂技术推广站的积极引导和帮助下，阳泉市第一家蜂蜜加工企业——平定金得蜂蜜饮料有限公司在平定县成立。市养蜂技术推广站充分利用信息资源优势，积极帮助企业进行了前期筹备、策划、论证，在技术上给予全方位的支持，让蜂蜜加工企业做到高标准起步，少走弯路。该公司投入资金200多万元，建有蜂蜜、蜂蜜饮料、纯净水3条生产线，设计每条生产线班产3吨的生产能力，年设计生产能力为5400吨，年产值达3400多万元，年需求蜂蜜量为800吨。金得蜂业公司的成立，将极大地带动全市养蜂业的发展，计划将带动3000户蜂农发展养蜂业，全市蜂群养殖量有望达到3万箱的规模，逐步形成公司+蜂农的产业化发展格局。（王　刚）

【产地检疫】 动物产地检疫工作关系到畜牧业的生产安全和人民身体健康，2008年，市动物检疫站借新修订的《中华人民共和国动物防疫法》实施及动物疫病可追溯体系的建设之机，加大了对动物产地检疫工作的推进力度。全年共完成动物产地检疫58.72万头(只)，其中猪13107头、牛388头、羊4212只、禽56.94万只、犬43只。（王艳凤）

【屠宰检疫】 屠宰检疫是防止动物疫病传播，保证人民群众吃上“放心肉”的关键环节。2008年，市动物检疫站按照2008年山西省动物卫生监督工作要点对全市5个定点屠宰场(点)全部实施同步检疫，从强化定点屠宰监督管理、完善各项内部管理制度、加大肉食品市场的督查力度入手，以“迎奥运动物卫生安全”活动为契机，将定点屠宰与市场监督有机结合起来，在市新农贸、西河滩等较大的农贸市场和泉中超市等建立了生肉类进货索票登记制度，从根本上防止和杜绝了未经检疫肉、病害肉以及注水肉上市。全年共检疫入场屠宰生猪48.89万头，检疫出病害猪44头，屠宰检疫牛羊149头(只)，禽类4万只，检疫率、出证率均达100%。（王艳凤）

【省界动物检疫】 2008年，为了实现省委、省政府提出的“赛在北京，游在山西”的工作，更好地保证奥运期间动物及动物产品的安全，设在阳泉市平定旧关、盂县东木口的两个省界动物防疫监督检查站，以动物免疫标识可追溯体系建设为重点，以信息化管理为手段，用制度机制作保障，共检查各类载畜禽车辆10285辆（次），检疫各类畜禽581.01万头(只)，畜禽产品7.21万吨。检出不符合规定的载畜禽车辆2184辆(次)，畜禽13.46万头(只)，畜禽产品8616.35吨。其中无检疫证明的2156辆(次)，畜禽12.61万头(只)，畜禽产品8536.55吨；证物不符的27车，畜禽8490头(只)，畜禽产品79.8吨；无标识的1辆，畜禽13头(只)，对查出的不符合规定的动物及动物产品均依法实施补检、重检。（王艳凤）

【动物防疫】 2008年，全市按照“县不漏乡、乡不漏村、村不漏户、户不漏禽、禽不漏针”的总体要求，积极开展高致病性禽流感、牲畜口蹄疫、高致病性猪蓝耳病、猪瘟等强制免疫工作，全年免疫畜禽283万头只，其中用高致病性禽流感疫苗免疫禽144.1万只，用新城疫疫苗免疫鸡112.2万只，用牲畜口蹄疫疫苗免疫猪7.6万头、免疫牛5597头、免疫羊4.6万只，用高致病性猪蓝耳病疫苗免疫猪6.8万头，用猪瘟疫苗免疫猪7.7万头，应免疫畜禽的免疫率均达到了100%。全市全年共消毒圈舍2.3万个、面积达803.7万平方米，驱虫144.6万只。通过多种措施，保证了全年无重大动物疫情发生，有力地促进了养殖业的健康发展。

在严格落实防疫措施的同时，加强了防疫档案的建立健全工作。先后建立完善了强制免疫用生物制品台账、疫苗管理档案、全省统一的动物免疫档案、动物疫情档案、防疫物资储备档案、疫情报表档案、兽药经营使用台账，以及规模养殖场户的兽药购入(入库)、使用(出库)等台账。此外，狠抓防疫管理制度建设。先后制定了节假日期间24小时值班制、日报告和零报告制度、疫苗申报管理等制度，使全市的动物防疫工作进一步走上了法制化规范化的轨道。（胡永胜）

【动物防疫队伍建设】 2008年,全市加强对村级防疫队伍的建设,村级防疫员发展到793人,其中平定150人、盂县453人、郊区190人。村级防疫员每人每月100元的补助均列入县区财政预算。各县区都为村级防疫员配备了统一的防疫器械,平定县还为村级防疫员制作了统一的工作服,发放了疫苗保温箱。为提高村级防疫员的业务素质,全市全年举办动物防疫培训班6期,培训内容主要是农业部、山西省2008年动物主要疫病免疫方案、免疫注射的注意事项、规范性防疫管理的要求、新修订的《中华人民共和国动物防疫法》等,全年培训各级防疫人员1000多人次。村级防疫员队伍的组建,使阳泉市的动物防疫体系在市县乡三级的基础上得到进一步完善。 (胡永胜)

【动物疫病监测】 2008年,阳泉市动物疫病监测中心按照上级部署,于2月25日下发阳农业字〔2008〕17号《2008年阳泉市高致病性禽流感和口蹄疫等重大动物疫病监测方案》的文件,对全年的动物疫病监测工作做了详细的安排部署,进一步明确了日常监测与集中监测相结合的监测模式,全面促进了日常监测工作的开展。全年全市先后开展动物疫病集中监测3次,日常监测每月进行,共对3个农业县区的47个乡镇143个村实施了监测,累计监测91个规模场127个散养户和3个屠宰场,监测各类疫病样品10282份。全年共监测各类动物疫病9种,日常监测主要包括高致病性禽流感、鸡新城疫、口蹄疫和猪瘟4种,集中监测主要包括高致病性猪蓝耳病、布氏杆菌病、牛结核病、狂犬病和马鼻疽病共5种。经检测,禽流感抗体平均合格率达到89.32%,鸡新城疫抗体平均合格率达到87.15%,猪O型口蹄疫抗体平均合格率为81.48%,猪瘟抗体平均合格率仅为68.41%,布病阳性率为0。通过监测,大部分疫病的抗体合格率都达到了农业部要求的合格标准,病原学监测也未发现阳性样品,猪瘟全年平均抗体合格率虽低于要求的70%,但在秋季集中监测中,猪瘟抗体合格率大幅提升,达到了83.68%,超过了农业部合格标准。所有集中监测结果都以文件形式及时向各送样单位进行了反馈,并要求各县区进一步做好抗体不合格场(户)的补充免疫工作。另外,根据山西省动物疫病预防控制中心晋农发(医)字〔2008〕28号《关于消来马鼻疽效果进行监测的通知》文件要求,2008年9月2日~4日,工作人员深入平定县张庄镇石洼村、新村村和盂县上社镇大水头村、秀水镇秀寨村开展马鼻疽病现场监测工作。监测采用提纯鼻疽菌素点眼试验,对两个县区的36匹马属动物进行点眼检测,并在随后的1天内分4次进行病变观察,确保试验的成功进行。经检测,接受检测的36匹马属动物检测结果均为阴性,未见感染病畜。 (赵继鹏)

【畜产品安全监测】 为了加强畜产品质量安全管理,提高畜产品质量安全水平,保障奥运期间畜产品安全,2008年,市动物检测中心对全市的生猪屠宰场、农贸市场、农产品批发市场以及大型超市开展畜产品兽药残留例行监测采样。重点是市云阁肉制品有限公司、市桃北路农贸市场、市桃南路西河滩批发市场、华龙超市、新世隆超市和部分养殖场。全年共进行监测采样4次,分别为1月、4月、7月和12月,累计采集各类样品共计128份。其中猪肝54份、猪肉12份,鸡肝12份、鸡肉50份,分别检测盐酸克仑特罗即“瘦肉精”残留、黄胺类药物残留和四环素类药物残留等。所有送检的样品均由省饲料兽药监察所检测。经反馈,除1个批次的猪肉检出有四环素药物残留外(但未超出MRL规定),其余样品均未检出药物残留。除此以外,为配合由“三鹿奶粉”事件引发的全省生鲜牛奶专项整治工作,从9月中旬开始,动物疫病检测中心又组织了全市的生鲜牛奶定期抽检工作,先后向省饲料兽药监察所送检新鲜原奶14批用于专项检测,未发现不合格鲜奶样品。 (赵继鹏)

【《畜禽重大疫病监控与防治技术》项目获奖】 2006年2月,阳泉市高致病性禽流感疫情发生后,为了保障养殖业的健康发展,避免这类事件再次发生,动物疫病检测中心积极向省科技厅申报了《畜禽重大疫病监控与防治技术》,并批准列项实施。该项目通过在全市推行一系列疫病防控措施和养殖场日常管理规范,最大限度地控制原发疫病的发生,并通过及时的抗体监测,维持畜禽有效抗体水平,达到预防疫病的目的,从而保证阳泉市不受重大动物疫病的侵袭。经过一年的实施,项目在试验区域和推广范围内取得了较好的经济效益和社会效益,对减少重大动物疫病发生、保障阳泉市畜牧业健康发展起到了积极的推动作用。2007年7月,该项目被山西省科技厅授予山西省农村技术承包项目集体一等奖。2008年,为进一步推动该项目在更大范围内应用推广,技术人员在先前项目实施的基础上,进一步强化了技术推广力度,以原有的试点为基础,以全面覆盖为发展目标,将达到实施要求的所有规模场均列入技术推广的范畴,并带动散养户向规模场看齐,引进先进的饲养管理和疫病防控机制,实施可靠的疫病防治方法,取得了很好的防控效果。2008年12月,该项目被阳泉市科学技术进步奖评审委员会授予成果推广及产业化一等奖。 (赵继鹏)

林　业

【概况】 2008年,全市林业系统紧紧围绕创建国家级园林城市和建设生态文明的总目标,创新机制,真抓实干,全力推进六大绿化工程建设

(通道绿化、交通沿线荒山绿化、环城绿化、园林村镇建设、厂矿区绿化、城市绿化),加大森林资源管理力度,促进了全市林业又好又快发展。 (尹宝珍 卢建国)

【植树造林】 2008年,全市共完成各类造林7133.33公顷(10.7万亩),占年度计划6666.67公顷(10万亩)的107%。其中完成人工造林5133.33公顷(7.7万亩)、实施封山育林2000公顷(3万亩)。在人工造林面积中,交通沿线荒山造林933.33公顷(1.4万亩),环城绿化800公顷(1.2万亩),矿区绿化106.67公顷(0.16万亩),京太高速绿化533.33公顷(0.8万亩),退耕还林、太行山绿化1066.67公顷(1.6万亩),核桃基地建设1260公顷(1.89万亩),市县造林166.67公顷(0.25万亩),民营造林266.67公顷(0.4万亩)。完善主干道路林带建设300公里,完成县乡公路林带建设217公里;完成园林村绿化100个,全市栽植各类绿化苗木760多万株。 (尹宝珍 卢建国)

【退耕还林工程】 2008年,全市林业部门继续把巩固退耕还林成果和完成年度造林任务作为退耕还林的两大重点。一方面对近年来退耕还林不合格面积进行补植补造,提高完善,保证"退得下、稳得住、不反弹"。另一方面与六大绿化工程相结合,统筹安排,合理布局,优先把任务安排在两条循环路(市区—桃林沟—甘河—李家庄—李荫路—街上公园入口—街上公园出口—阳盂路郊区段—清城收费站—阳盂路盂县段—乌玉—314省道—仙人—207国道盂县段—十八盘出省口—207国道郊区段—玉泉路—义白路—市区;市区—三岔口—冠山旅游路—冠山—小蘑菇渡假村—冶西北川路—北茹绿化景区—冶西村—五矿办公区—范家庄—龟背山—宋家庄—松树山—平定路—北岭坡绿化区—市区)沿线两侧,最大限度地扩大造林面积,进一步增加绿化厚度。2008年,全年完成退耕还林666.67公顷(1万亩),占任务的100%,实施封山育林333.33公顷(0.5万亩),完成补植补造2800公顷(4.2万亩)。累计种植金银花、连翘、核桃等2573.33公顷(3.86万亩),大力发展后续产业,充分发挥退耕还林的综合效益。

(尹宝珍 卢建国)

【太行山绿化工程】 太行山绿化示范工程是国家重点生态工程,也是阳泉市"山上治本"的主体工程。2008年,全市完成太行山绿化示范工程人工造林400公顷(0.6万亩),占任务的100%,封山育林1666.67公顷(2.5万亩)。为确保工程建设的质量和效益,继续按照"三高、四精、五配套"(规划起点高、施工标准高、科技含量高,苗精选、地精整、树精栽、林精管,林、路、碑、牌、标相配套)的标准,把太行山绿化工程集中布局在娘子关水源地保护工程区,与封山育林、封山禁牧工程相结合,最大限度地发挥国家工程的生态效益和社会效益。

(尹宝珍 卢建国)

【通道绿化工程】 为打好通道绿化攻坚战,2008年,阳泉市继续坚持以通道绿化为突破口,对两条循环路、太旧高速公路、京太高速铁路、207国道、307国道实施全方位、高标准的绿化工程。采取"三清、两保"(清临建、清煤场、清垃圾,保成活、保连接)措施,进一步拓展了造林空间。主干道路沿线一律规划20米以上的宽林带,全部栽植5厘米以上大苗。全年完善主干道路林带建设300公里,完成县乡公路林带建设217公里,占计划的109%,平均成活率达到90%以上,取得了规模大、标准高、模式新、措施硬的新突破。尤其是盂县京太高速铁路绿化工程,严格招投标程序,高标准完成宽林带建设19公里,折合面积260公顷(3900亩),占任务的100%,栽植新疆杨、五角枫、火炬、油松、侧柏等大规格苗木36万株。

(尹宝珍 卢建国)

【交通沿线荒山造林工程】 2008年,荒山造林工程立足阳泉荒山造林立地条件差、造林难度大、成活保存率低的客观实际,科学配置耐干旱、抗瘠薄的乡土树种,严把整地关、苗木规格关和栽植关"三关",抢抓春、雨两季最佳造林季节,突击进行整地和栽植,取得初步成效。在造林中,选择侧柏、油松、五角枫、香花槐、火炬、山桃等耐干旱、抗瘠薄的乡土树种;石头坡上全部用石头垒边,外高里低,保土蓄水,没有土或土层不够的全部换土;阔叶树苗木栽前在水中浸泡48小时,针叶树苗木全部选用带土胎大规格苗木,确保一次造林成功见效。特别是两条循环路造林工程,标准高、质量好,绿化成效十分明显。全市全年通道沿线目及范围高标准实施荒山造林933.33公顷(1.4万亩),占计划的100%,成活保存率达85%以上。

(尹宝珍 卢建国)

【环城绿化工程】 2008年,市区环城绿化重点布局在307复线两侧,工程建设全部采用反坡条田整地,油松、侧柏苗木规格高1.5米,冠幅40厘米以上,高标准完成荒山造林200公顷(3000亩),占计划的100%。各县区环城绿化因地制宜、科学规划,环城林带、荒山造林、景区建设全面展开。平定县把冠山、松树山等"七山"以及平定路、冠山路"两路"作为环城绿化的主体工程,高标准完成环城荒山造林86.67公顷(1300亩),并配置了建筑景点、硬化了景区道路,搭起了城市森林公园的框架。郊区把环城绿化工程与街上公园建设融为一体,突出景区建设,努力在加密、增厚、立体绿化三个方面做文章,打造出荫营环城绿化精品景区。盂县环城绿化突出"六个山头,四个绿化景点"(六个山头:水神山、杏山、高城山、茄坪山、霞峰山、狐子山;四个景点:高速铁路阳泉北站绿化景点、西城武绿化景点、小坪梁绿化景点、古咀绿化景点)建设,基本形成环城绿化大框架。2008年,市、县两级共完成环城

荒山造林800公顷(1.2万亩),占计划的100%。(尹宝珍 卢建国)

【园林村镇绿化工程】 2008年,阳泉市园林村镇绿化工作结合社会主义新农村建设,按照园林村"四个一"(绿化一条入村道路、建设一条环村林带、美化一条主要街道、建成一个绿化景点)绿化标准,各村投入大量资金和劳力,拆除清理废弃建筑物,整修扩大绿化场地,大搞村庄园林景点建设。为了整体推进园林村镇绿化进度,郊区采取支垫购苗资金的办法,统一购买绿化苗木,每个村至少提供1500株~2000株针、阔大苗,组织群众抓住时机进行栽植,高标准实施园林村建设19个。平定县、盂县充分调动乡村两级的积极性,科学组织、广筹资金,园林村建设迈出可喜步伐。截至年底,全市完成园林村绿化100个,占任务的100%。(尹宝珍 卢建国)

【厂矿区绿化】 2008年,全市机关单位、厂矿企业抢抓机遇,添绿补缺,大搞庭院绿化和厂矿区绿化美化。全年各类厂矿企业完成荒山造林106.67公顷(0.16万亩),占计划的100%,其中有46个企业厂区绿化达标。特别是阳煤集团,在承担市区环城绿化工程建设的同时,把厂区庭院绿化和矸山治理纳入重点建设项目,全年完成厂区庭院绿化44.3万平方米,实施矸山治理116.33公顷(1745亩),为全市厂矿区绿化起了示范作用。

(尹宝珍 卢建国)

【核桃基地建设】 核桃基地建设是阳泉市农业结构战略性调整实施的两大支柱产业之一。2008年,市林业部门立足阳泉产市核桃基地新发展面积已达9400公顷(14.1万亩),万亩乡镇增加到7个,500亩(33.33公顷)以上基地村109个,30%的幼树开始挂果,急需加强科学管理的状况,积极调整建设思路,由前几年的发展为主,迅速转向发展与管理并重的模式。一方面,加大政策扶持。对新栽苗木凡达到一、二级标准的由市、县两级财政支付苗木费用。2008年,全市共栽植合格苗木53.3万株,新发展核桃面积1260公顷(1.89万亩),占计划任务的118%;补植补造666.67公顷(1万亩),占计划的100%。另一方面,组建技术服务队伍。全年向社会公开招聘、培训核桃管理技术服务队员50人,同时还减少了高秆作物间种面积,组织了夏季修剪,并进一步总结了经验、找准了存在的突出问题,对加强全市核桃基地管理起到了重要作用。全市15个重点乡镇对核桃基地科学管理的重视程度进一步提高,基地村农民科学间种、科学管护的意识也进一步增强。

(尹宝珍 卢建国)

【苗木基地建设】 2008年,面对全市造林绿化任务的不断增加,各级林业部门加强种苗基地建设,全市总育苗面积达到740公顷(1.11万亩),其中新育苗346.67公顷(0.52万亩),占任务的104%;建成100亩(6.67公顷)以上的育苗基地18处,50亩(3.33公顷)以上的育苗基地37处,苗木品种达100多种。全市林业工程建设除部分大苗相对短缺外,当地苗木基本涵盖了全市荒山造林、城市绿化、通道绿化、经济林基地建设用苗,为阳泉市六大绿化工程和园林城市创建作出了贡献,并促进了农民增收。

(尹宝珍 卢建国)

【花卉产业】 2008年,阳泉市依托当地自然优势,抓住创建国家园林城市的大好机遇,大力发展花卉产业。全市已建起花卉基地38处,85.33公顷(1280亩),其中保护地栽培10.20公顷(153亩)、露地栽培75.13公顷(1127亩),培育各类苗木花卉620万株(盆)。办起规模较大的花店46个,总产值1457万元,比上年增长15%。达5000平方米的大型花卉生产基地6处、3000平方米以上的11处、2000平方米以上的16处,全市花卉产业得到稳步发展。(尹宝珍 卢建国)

【森林旅游】 境内药林寺、冠山、狮脑山等省级森林公园,通过加大资源综合开发力度,强化内部基础建设,完善旅游服务设施,积极在经营管理上下内功,与交通、旅游等相关部门加强横向联系,互补资源优势,扩大对外开放和服务力度,接待能力得到明显提高。不仅丰富了阳泉城乡居民的物质文化生活,而且通过开发森林旅游,有效地提高了反哺国有林业的能力。2008年,全市共接待游人3万人,创收44万元,比2007年增长53.9%,其中狮脑山森林公园5万元、药林寺森林公园10万元、诸龙山森林公园1.5万元、冠山森林公园27.5万元。

(尹宝珍 卢建国)

【集体林权制度改革工作】 集体林权制度改革是解放和发展林业生产力,发展现代林业,增加农民收入,确保农村发展稳定的又一项重大举措。2008年,全市各级高度重视,精心组织、周密安排,循序推进集体林权制度改革工作。一是认真贯彻全省会议精神,广泛开展宣传教育。充分利用新闻媒体,大张旗鼓地开展集体林权制度改革宣传教育,力求做到家喻户晓、人人皆知。郊区作为全省林改工作的试点区,认真研究部署,广泛宣传发动,印发《致全区农民朋友的一封信》8万份、《政策知识问答》14万份,下发《山西省集体林权制度改革参考手册》300册,印发林改宣传挂历3万份,率先完成了林改第一阶段工作任务。二是深入基层调查研究,积极指导试点区工作。市林业局成立了由局班子成员为组长的3个调研组,分赴3个农业县(区),就集体林权制度改革工作进行调查研究,为推进全市林改工作积极、稳妥、顺利开展打下了基础。在省林业厅包区干部支持指导下,市林业局与郊区紧密配合,林改工作进展顺利。郊区区、乡(镇)、村层层成立了林改领导组,制订了符合当地实际的林改实施方案。

(尹宝珍 卢建国)

【森林防火工作】 2008年春季,针对全市热点、火点居高不下,火情事故接连不断的严峻形势,阳泉市连续召开3次紧急会议部署森林防火工作。在进一步加强森林防火责任、预防、扑救三大体系建设的同时,着重在两项硬措施上下工夫。一是加大巡查监控力度,在预防上下工夫。组织重点林区、重点乡镇护林队伍严密看管、了望塔人员昼夜监控、市、县、乡层层不间断巡查督查,有效控制了热点、火点的高发态势。二是加强扑火应急队伍建设,在扑救上下功夫。组织全市20个防火重点乡镇,分别组建起20人左右的扑火应急队伍,集中管理、统一调度,作为森林防火的第一梯队;三个农业县区各组建起30人~50人的扑火专业队伍,集中吃住,有火打火、无火巡查,作为森林防火的第二梯队;市武警部队100人驻扎盂县、100人驻扎市区,及时应对较大的森林火灾,作为森林防火的第三梯队。由于扑火队伍布局科学、3个梯队梯次调度、随时迅速出击,除4月5日寿阳县引入郊区旧街乡一起森林火灾之外,虽然火情多,但火灾少,森林防火工作收到良好效果,有效地保护了现有森林资源。

(尹宝珍 卢建国)

【林业有害生物防治】 2008年,全市林业有害生物防治工作继续坚持"预防为主、科学防控、依法治理、促进健康"的方针,以"四率"指标(林业有害生物成灾率、林业有害生物无公害防治率、林业有害生物种苗产地检疫率、林业有害生物测报准确率)、"一降三提高"(降低林业有害生物成灾率,提高林业有害生物无公害防治率、林业有害生物种苗产地检疫率、林业有害生物灾害测报准确率)为目标,全面控制林业有害生物的发生、蔓延和危害。全市全年各类林业有害生物发生总面积为8133.33公顷(12.2万亩),与上年相比下降了20.6%,成灾面积553.33公顷(0.83万亩),成灾率6‰;无公害防治面积6933.33公顷(10.4万亩),无公害防治率85.2%。红脂大小蠹、松阿扁叶蜂、经济林病虫害等治理工程共投入资金35.9万元,组建专业队伍10支,投工投劳7.2万个,使用氯氰菊脂、森得保粉剂、苦参烟碱乳油等农药6.77吨,释放赤眼蜂3.6亿头,动用喷雾器械6万多台次。同时,依法开展森林植物检疫工作,种苗产地检疫率达到96%;复检调运苗木950万株;对调出的3383立方米木材按规定进行了调运检疫,真正把危险性有害生物拒之门外,有效保护了全市造林绿化成果。

(尹宝珍 卢建国)

【封山禁牧】 为认真贯彻落实《山西省封山禁牧办法》,全市先后组织召开封山禁牧再动员会、新闻发布会、现场督查会3次。为在2008年6月1日前全面实行封山禁牧,全市进一步加大宣传力度,发放、张贴封山禁牧通告等宣传资料3.6万份,张贴粉刷宣传标语0.6万条,制作禁牧标志牌1000个,签定禁牧承诺书600余份。为解决封山禁牧的工作经费,市政府下达专项资金30万元,主要用于重点乡镇对养羊户的补助和工作人员经费。平定县对及时出售羊群的养羊户每只补助20元,对实现无放养的乡镇奖励1万元。盂县对实现无放养的乡镇奖励2万元,奖励乡镇党委书记、乡镇长、分管副乡镇长各1000元;6月1日后发现仍在放养羊群的,分别处罚乡镇1万元、村5000元、户3000元。由于市、县两级措施有力,全市养羊数量由封禁前的30万只下降到2008年的1.02万只,下降率96.8%。11月14日,山西省封山禁牧现场推进会在阳泉市召开,山西省林业厅领导对阳泉市封山禁牧取得的成绩给予了充分肯定。

(尹宝珍 卢建国)

【林地管理】 加强林地管理,是林业资源安全的最基本保障,2008年,全市各级林业部门积极开展各项管理工作。一是积极开展资源清查。为了全面掌握四旁树资源现状,引导各地对四旁树科学进行更新采伐,全面开展了四旁树调查,并建立完善了县(区)、乡(社区)两级四旁树资源档案。截至2008年,全市有四旁树473.28万株,蓄积量20.27万立方米。二是严格征占用林地审核审批。积极开展"林地资源保护管理监督年"活动,按照《征占用林地管理办法》严格林地审核审批。全市全年受理审核征占用林地项目5起,总面积1.8公顷,收缴植被恢复费6.75万元;办理林木采伐许可证25份(张),采伐林木蓄积1057.3立方米,占省批准限额指标的9.81%。三是严厉打击各种破坏森林资源的违法行为。按照省林业厅的统一部署,积极开展了"春雷四号"专项行动,对乱砍滥伐等林政案件进行侦破查处,有效遏制了乱砍滥伐、乱占林地的势头。全市全年共查处林政案件16起,林业行政处罚13人,罚款0.93万元,赔偿损失2.65万元。四是继续深入开展林权登记发证。基本完成了省政府下达的工作任务,为下一步开展集体林权制度改革奠定了基础。全市林业用地申请登记面积16.86万公顷(252.9万亩),四旁树申请登记145.1万株,发放林权证16657本。

(尹宝珍 卢建国)

农业机械

【概况】 2008年,市农机局围绕全市"3+2"(3个主导产业即畜牧业、蔬菜、核桃,2个潜力产业即小杂粮、生态林业产业)农业产业化富民工程,注重实效,突出特色,抓住关键,努力寻找工作的切入点和突破口,着力实施农业机械化"1234"(打造一个平台、建设两个体系、实施三项重点工程、在四项工作上取得新突破)工程。经过一年的努力,全市农机化工作取得了较大发展,为阳泉市"三农"工作作出了贡献。

(杨秀明 李慧斌)

【农业机械装备水平】 2008年底

全市农业机械总动力118.88万千瓦，比2007年的117.73万千瓦增加了1.15万千瓦；农用拖拉机拥有量为6781台,比2007年的6315台增加了466台；机引犁、机引播种机、铺膜机、秸秆还田机等农用配套机械达到10901台,农机经营收入达2.87亿元。全市的农机装备结构不断优化,装备水平不断提高,配套比更加趋于合理。

（杨秀明　李慧斌）

【机械化保护性耕作工程】 2008年,市农机部门大力推广机械化保护性耕作工程。在推广过程中,加强技术指导,积极选择适用于阳泉土地状况、价格低廉的保护性耕作机具,在春耕、春播季节,组织技术人员深入到田间地头,分片包点,指导农民进行生产作业,2008年全市完成机械化保护性耕作面积1600公顷(2.4万亩),完成任务1333.33公顷(2万亩)的120%;实施高标准示范田666.67公顷(1万亩),完成任务666.67公顷(1万亩)的100%;新增保护性耕作机具93台,完成任务20台的465%。

（杨秀明　李慧斌）

【农机购机补贴工作】 2008年,市农机部门加强农机购机补贴工作力度,严格规范操作程序,在农机购置补贴工作中做到公开、公正、公平,积极协调各方面关系,组织相关人员搞好购机补贴服务,严格办事程序,确保农民买得称心、用得放心,购机补贴实现了网上审批。2008年,全市共争取补贴资金471万元,完成任务300万元的157%，全年带动社会投资1250万元,完成任务1000万元的125%。新增拖拉机548台，新增农机具1671多台件，新建农机大院3个,购置设施农业机具103台。（杨秀明　李慧斌）

【农机新技术推广工作】 2008年,市农机局重点围绕机械化保护性耕作技术、机械化旱作节水农业工程、优质杂粮生产机械化技术等开展工作,取得了一定的成效。各级农机部门加大了对农机专业户的扶持力度,在政策上支持、技术上指导、业务上帮助,通过培育典型,带动周围农户,促进农机服务产业化。全年完成机耕面积3.93万公顷（59万亩),完成任务3万公顷(45万亩)的131%；完成机播面积3.27万公顷(49万亩),完成任务2.47万公顷(37万亩)的132%;机械化化肥深施完成3.39万公顷(50.8万亩),完成计划3.33万公顷（50万亩）101%；玉米精少量播种完成面积1.81万公顷(27.2万亩),完成计划1.73万公顷(26万亩)的104.6%；农作物秸秆综合利用技术完成2.2万公顷(33万亩),完成任务2万公顷(30万亩)的110%。

（杨秀明　李慧斌）

【生物质气化炉示范推广工作取得新进展】 2008年，市农机部门加大了生物质气化炉的推广力度,帮助市益民炉具厂通过保和牌气化炉的省级鉴定,领到了该产品的农机推广许可证,协调有关部门,帮助该厂解决扩大生产所需资金200万元,并积极向社会宣传推广这种炉具。经过市农机部门的努力,省农机局把该炉具列入了重点推广机具,将该炉具上报农业部,进入了全省农机补贴目录,同时把阳泉市列为全省唯一的生物质气化炉市级重点推广单位,并争取到农机补贴资金100万元，推广保和牌气化炉1185台，完成任务1000台任务的119%。实现了阳泉市农机制造业的新突破,为全市社会主义新农村建设作出了贡献。

（杨秀明　李慧斌）

【农机安全监督】 2008年,全市各级农机监理部门坚持科学发展、安全发展,坚持预防为主、防治结合,坚持标本兼治,重在治本,按照国家、政府及有关法律法规赋予的职责,围绕全市农机化工作的重点,精心组织,科学决策,提升了农业机械的管理数量、管理质量和管理水平。制定了安全隐患排查治理方案,进行了多次督查治理,2007年5月1日专项督查以来农机行业治理隐患537条，其中较重隐患无牌行驶的91条、无证驾驶的25条。各县区农机部门按照统一安排纷纷制定隐患排查方案与“迎奥运、保稳定”百日专项行动督查方案并稳步运行,修订了农机重特大事故应急救援预案,制定发放生产经营者生产作业时的应急预案。2008年全市无农机事故报告,新增拖拉机588台,年度检验拖拉机（含变型拖拉机)562台,新训驾驶操作人员201人,全市建成1个平安农机示范县,11个平安农机示范乡、40个平安农机示范村,400个平安农机示范户。

（杨秀明　李慧斌）

【农机市场监督工作】 2008年,全市各级农机市场质量监管人员,积极与工商、质检等部门配合,进一步加大农机市场质量监督检查工作力度,打击生产、销售假冒伪劣农机产品等违法行为。“3·15”消费者宣传日还结合实际,开展了有声有势的维权护农监督咨询工作,向广大群众和农机使用者散发了大量有关农机法律法规和农机小常识的宣传资料,全市共散发各类宣传资料4000余份。（杨秀明　李慧斌）

【职业技能鉴定工作】 农业产业化需要人才的支撑,而阳泉市农民掌握的知识、技能还不能适应农业产业化的发展的要求。于是,对农民、农机手进行培训,培养新型农民成为全市各级农机部门的一项重要工作。2008年,主要对农机操作手开展了机械化农艺操作技能、机具保养技能、机具维修技能等培训,多次召开全市农机技术推广培训会。全年完成职业技能鉴定171人。通过职业技能鉴定工作的开展,提高了农机手的技能水平,为农业产业化培育了一部分新型农民,为推动社会主义新农村的建设作出了贡献。

（杨秀明　李慧斌）

【全市农机工作会议】 2008年3月20日,全市农机工作会议在市农机局召开。会议总结了2007年全市农机化工作,客观分析了农机化发展形势,安排部署了2008年全市农机化工作。各县区农机局的负责人参加了会议。会议由市农机局副局长马占元主持,沈文光局长作工作报告。

会议总结了全市2007年农机化工作取得的成绩并确定了2008年全市主要工作目标。

2008年,全市农机化工作要以十七大精神为指导,全面落实科学发展观,尊重农民意愿,尊重市场规律,为广大农民发展农机化创造良好环境和秩序,以农民需求为导向,瞄准社会发展方向,围绕"3+2"农业产业化富民工程,找到工作的切入点和突破口,注重实效,突出特色,抓住关键,全面发展,重点实施"1234"工程。

打造一个平台。即以保障粮食生产为目标,建立农机新技术新机具推广平台。

建设两个体系。一是以提高农民组织化程度为目标,建设农机社会化服务体系。二是以实现安全、有序、公平的农机发展环境为目标,建设农机安全监督及市场监管体系。

实施三项重点工程。一是以促进新农村建设为目标,积极实施新农村建设推进工程。二是以推进农业生态文明建设为目标,积极实施机械化保护性耕作工程。三是以推动农村劳动力转移为目标,积极实施农业机械化短板加长工程。

在四项工作上取得新突破,促进全市"3+2"(3是三个主导产业即畜牧业、蔬菜、核桃,2是两个潜力产业即小杂粮、生态林业)农业产业化富民工程的建设。一是以提高农机宏观调控能力、为"3+2"农业产业化富民工程配套装备为目标,取得农机具购置补贴工作的新突破。二是以"3+2"农业产业化富民工程进行作业服务为目的,在组建农机专业作业队工作上取得新突破。三是以解决"3+2"农业产业化富民工程的技术难题为目标,在农机科研开发上取得新突破。四是以培养新型农民、服务"3+2"农业产业化富民工程为目的,在职业技能鉴定工作上取得新突破。

(李慧斌)

【"3·15"农机维权宣传活动】 2008年3月15日,市农机局开展了以"坚持维权护农、促进农机发展"为主题的维权宣传活动。主会场设在盂县、平定县、郊区设分会场。现场开展了"政策法规咨询"、"优质机具展示"、"假冒伪劣曝光"、"技术维修服务"、"质量投诉受理"等活动。在盂县主会场出动宣传车辆3部,摆设了拖拉机、配套农机具和宣传版面3块。其他县区分会场共出动农机宣传人员10人、宣传车辆2部,宣传版面2块、宣传条幅2幅。整个活动声势浩大,共散发宣传资料1000余份,解答群众各类疑问和咨询600人次;向社会公布了市、县(区)的农机质量投诉监督电话。

特别是宣传活动前,农机人员准备了大量详实的第一手资料,他们从农机零配件照片中精心甄选出使用较多的活塞环、齿轮、轴承、半轴等产品的优、劣对比照片,配以文字说明,制作成大幅的宣传版面,使得优劣判断一目了然。

通过举行此次"3·15"农机质量维权宣传活动,使广大农民了解了国家惠农政策、清楚了农机管理职能、维护了自身合法权益,提高了农机生产者的质量意识、农机经销者的诚信意识和农民朋友的维权意识,为推进放心农机下乡进村,农机打假和质量监督工作起到了积极作用。

(李慧斌)

【农机大院落户山城】 随着农机补贴政策越来越好,全市农民的购机热情日益高涨。与此同时,农村库棚少、机具停放难、维修难、培训难和农机作业分散等一系列问题日益显现。为了有效降低农机日晒雨淋、锈蚀剥落、丢失等损失,延长机具使用寿命,提高机具完好率和使用率,并将分散的农机户组织起来,实现机具管理、零配件供应、维修保养、机具租赁、信息咨询等多项统一,实现农机户与市场对接,保护农机户的合法权益,使机具发挥最佳的效益,山西省将农机大院建设作为实施农机化推进工程中的一项具体内容。2008年,山西省安排50万元专项补贴资金,支持平定县(平定县系全省农业机械化示范县之一)冠山镇小峪、张庄镇宁艾两村分别建设一个高标准农机大院。

在农机大院建设中,市、县(区)农机部门坚持"农民自愿,谁投资、谁管理、谁受益"的原则,积极鼓励支持农机大户发展农机大院。投资、建设和经营的主体为农机大户、农机服务组织及村集体。2008年,在平定县冠山镇小峪村一处0.2公顷(3亩)左右的空地上,建成了农机大院,大院配有车库、修理车间、停车坪等。附近农机户的农业机械进驻新"家"。

(李慧斌)

综合工作

【概况】 2008年,市水利局紧紧围绕全省兴水战略和全市"两先"(在全省争先发展,在中部同等城市率先崛起)目标,以解决人民群众最关心、最直接、最现实的水利问题为出发点,确立了打好"三大硬仗"(龙华口水电站和温河净水两项应急水源工程、娘子关水源保护工程、病险水库除险加固工程)、实现"四个突破"(一是以创建饮水安全达标乡镇为突破,再掀饮水安全工程建设新高潮;二是以民营水保生态户和专业队治理相结合为突破,高标准、高质量完成国家水保重点工程二期建设任务;三是以加大水资源费、河维费、城市水保费征收力度为突破,全面提升水行政执法工作水平;四是以开展水利资金大检查为突破,全面提升水利管理工作水平)。抓好"四项工作"(防汛抗旱和农田水利基本建设、农田水利灌溉工程建设、水电水产工作、水利改革工作)的水利工作总任务,并全力实施,全部完成了省、市下达的各项任务指标,各项重点水利工作取得较大突破。

年内,对娘子关岩溶大泉实施综合保护,当年完成工程投资4200万元;全市首座中型水库龙华口水电站枢纽工程全面开工建设,完成投资5656万元;3个农业县区全部列入国家水保重点建设二期工程,水利部副部长鄂竟平视察全市水保工作后,给予了充分肯定和高度评价;全省首家联合自来水公司对调整后的水资源费进行征收,当年通过自来水公司已征收水资源费300余万元,占到全市征收水资源费总量的15%;城市水土保持工作全面开展,当年征收城市水保费134万元,并全部用于水利项目支出;市财政拿出30万元专项资金给予饮水安全工程实施单位和领导以重奖,全市有4个乡镇基本完成了饮水安全达标和示范创建任务,并通过市级验收;组建了全省首家市级防汛抢险专业队,编制50人,整合了原平定防汛抗旱服务队和护林防火队,负责全市防汛抢险任务。

截至2008年,全市共解决农村6.6万人的饮水安全问题,治理水土流失面积38.2平方公里,新增节水面积333.33公顷(5000亩),改善灌溉面积666.67公顷(1万亩),小水电发电670万千瓦小时,实灌面积5333.33公顷(8万亩),全部完成(部分超额完成)省厅对阳泉市下达的各项任务指标。(陈阳春)

【机井普查验收】 2008年1月25日至27日,省水利厅机井普查验收组对阳泉各县(区)机井普查成果进行验收,各县(区)均通过验收。按照验收综合评定标准分别对5个县(区)进行了评分,评分结果为优秀4个、良好1个。此次普查从2007年9月开始,共普查全市机井411眼,其中城区13眼、矿区35眼、郊区66眼、平定117眼、盂县180眼。通过普查,基本摸清了全市机井现状,为全市做好地下水合理开发、高效利用和有效控制奠定了基础。

(陈阳春)

【阳泉市水文地质类型区划分工作通过验收】 水文地质类型区划分是全省机井普查第二阶段工作,其目的是在第一阶段工作成果基础上,对辖区水文地质类型区进行划分,进一步对地下水开发利用程度进行评价,制定地下水可持续开发利用方案,为科学配置和保护管理水资源奠定基础。根据水文地质类型区划分大纲规定,阳泉市水文地质类型区划分为一般山丘区裂隙地下水、一般山丘区黄土层孔隙地下水、裸露型岩溶山地地下水、覆盖型岩溶山地地下水、埋藏型岩溶山地地下水、山间河谷区孔隙地下水等6类。2008年,市水利局提交了市级、各县(区)水文地质类型区划分报告4份、水文地质类型区图件8份;同时,以水文地质类型区为单元摸清了地下水资源量及可开采量。

2008年6月30日,省水利厅机井普查验收组对市水文地质类型区划分工作进行了验收。验收组由省防办主任李乾太任组长,省水文局副局长田新生、省防办副总工刘爱珍任副组长。经验收组考评,市、县、区该项工作均通过验收,标志着全市机井普查第二阶段工作圆满完成。（陈阳春）

【水利资金大检查】 2008年,市水利局对全市水利资金进行了两次大检查。3月~4月,市审计局对市水利局及其下属二级预算单位,进行了工作审计,共涉及各类水利资金5220.16万元。4月~7月,配合市纪检委对全市2006年~2007年水利专项资金的管理、使用情况进行了执法大检查。通过水利资金大检查,不仅追回了部分县区拖欠的水资源费,还对县区在水利专项资金管理、使用等方面存在的问题作了纠正。（陈阳春）

【100平方公里以上河流基础数据收集工作】 2007年10月以来,按照省河道站《关于开展河流基础数据库工作的通知》要求,市河道站组织各县(区)水利局的相关技术人员,经过实地勘测、调查、分析、汇总,于2008年底完成了全市100平方公里以上河流基础数据的收集工作。全市100平方公里以上河流共14条,收集的基础数据主要包括:河流流域现状、水文数据、堤防现状、水库及排污口分布、河段存在的主要问题等。同时,还完成了电子版格式的全市水系图,为建立完整的全市河流数据库奠定了基础。（陈阳春）

【"双合同"管理】 2008年,市水利部门继续对全市所有水利工程项目实行"双合同"管理。"双合同"管理就是在签订工程建设目标责任制的同时,签订廉政建设责任制合同,对工程相关责任人明确提出廉政要求。2008年,全市共签订"双合同"100余份,在落实建设任务的同时,进一步规范了双方的廉政行为。（陈阳春）

【水资源系统信息化建设】 2008年,按照省信息化建设的总体安排和部署,阳泉市全面开展了取水监控系统建设工作。主要完成市级信息分中心建设、县监控中心建设和所有电力、冶金、化工、焦炭等工业、城市集中供水等用水大户的取水监控系统建设。2008年,全市已安装取水计量远程监控系统32套,水位远程监控系统2套,占全市第一批计划任务数量的79%,其中3个县(区)远程监控系统第一批已全部完成。平定县、盂县信息中心已建设完成,市、郊区信息中心正在建设。（陈阳春）

水利工程

【概况】 2008年是全市科学治水思路逐渐形成、水利中长远发展框架逐步搭建、各项水利工作全面拉开序幕的一年,全市各级水利投资达2亿元以上,其中省、市水利专项投资9652万元,创了新的纪录。（陈阳春）

重点水利工程

【龙华口水电站】 龙华口水电站工程是全市实施兴水战略的标志性工程,是市政府2008年为民办的15件实事和百项工程之一,也是近30年来全市第一项水库建设项目。龙华口水电站工程2008年完成投资5656万元,项目按程序完成了初步设计批复、工程监理、施工招投标工作,5月9日与各中标单位签订了工程合同,全长136米的导流洞开挖贯通,完成了围堰灌浆两岸坝肩开挖和公路工程的征用土地工作。（陈阳春）

【温河净水工程】 2008年4月2日,温河净水工程奠基开工。工程总投资1.2亿元,2008年完成投资2100万元,净水厂已完成全部土建工程和管路安装工程,进行了试水调试。输水管渠改造工程于2008年8月4日正式开工,除渡槽、倒虹吸外,其他工程已经结束,整体工程具备通水条件。一期工程建成后供水规模可达2万方/日。（陈阳春）

【娘子关水源保护工程】 娘子关水源保护工程是水利部门牵头负责的全市2008年为民办的15件实事之一,也是市人大十三届一次会议唯一议案,更是全省兴水战略六大工程之一地下水控制及生态修复工程的重要部分。2007年底,成立了市长领办,水利牵头,发改委、环保局、林业、规划等多部门协同的娘子关水源地保护工作领导组。2008年3月,由平定县政府组建了平定县娘子关投资管理有限公司具体组织实施。2008年,工程取得了阶段性成效,"五大工程"(污水处理厂工程、垃圾填埋场工程、环境卫生整治工程、五龙泉泉口周边拆迁及旱厕治理工程、生态建设及河道治理工程)建设进展顺利,共完成投资4200万元。一是污水处理厂工程。土建及设备安装工程已完工,并进行了试运行。二是垃圾填埋场工程。9月开工建设以来,截至年底完成投资300万元,已完成库区清底和场地平整,开挖清运石方量7.5万立方米。三是环境卫生整治工程。组建了50人的环境卫生保洁队伍,配备10辆清洁车,实行定点清运,运行费用纳入了市级财政。同时,市环保局争取上级资金150万元,关停了钙粉厂等5家污染企业。四是五龙泉泉口周边拆迁及旱厕治理工程。一期工程涉及的19户已基本拆迁完毕,并投资100万元,封堵水上人家周边旱厕57个,设置环保厕所31个。五是生态建设及河道治理工程。实施了太行山绿化工程400公顷(6000亩),通道绿化5.7公里,水保治理1280公顷。特别是开展河道集中整治以来,共完成河道清淤清障4公里、5.4万立方米。（陈阳春）

【病险水库除险加固】 2008年,市水利部门对全市24座水库全部进行了安全普查，确定了存在的主要问题，除平定大石门水库外，其余23座小型水库全部列入除险计划。其中，山南水库列入了全国病险水库除险加固规划，总投资440万元，其中省级以上投资290万元，工程已做好了开工准备工作。2008年市级财政安排100万元用于7座小型水库除险加固前期经费补助。（陈阳春）

饮水工程

【概况】2008年，市委、市政府继续把解决农村6万人饮水安全问题列为全市2008年为民办的15件实事之一，市水利局把2008年任务目标确定为6.5万人。为此，市水利部门本着抓大放小，积极扶持"企水结合、煤水结合"工程的工作思路，以建设集中饮水安全工程为重点，以创建饮水安全达标乡镇活动为抓手，农村饮水安全工程全面推进。盂县脉坡集中供水、平定石门口引水和郊区荫营下烟净化水等重点工程已全部完工，全市全年共完成工程投资3196万元，其中省级以上资金1241万元、市级配套资金240万元，解决了164个自然村、6.6万人的饮水安全问题，超额完成了省、市下达的任务指标。（陈阳春）

【饮水安全达标乡镇创建活动】解决农村饮水安全问题，是近年来从中央到地方一直紧抓的关系民生的大事。为了继续大力扶持"企水结合、煤水结合"的饮水安全工程新典型，鼓励企业和社会资金兴建供水工程，拓宽投资渠道，实现政府、集体单一投入向受益企业和个人共同投入的转变，从而打破饮水安全工程建设资金短缺的瓶颈，扩大供水规模，提高建设标准，确保工程效益的最大发挥。在2008年全市水利工作会上，市政府印发了《关于开展饮水安全达标乡镇创建活动的实施意见》。这项活动的总体目标是：到"十一五"末，基本解决20万农村人口的饮水困难和不安全问题，力争实现村村通自来水；2008年~2010年，每年各县（区）三分之一的乡镇要基本达标，同时至少建成一个高标准的饮水安全达标示范乡镇。经过一年的努力，2008年平定娘子关和石门口、郊区义井3个乡镇达到饮水安全示范达标乡镇，盂县南娄镇达到饮水安全达标乡镇。（陈阳春）

【平定石门口引水工程】石门口引水工程于2008年3月底开工建设，以娘子关提水管线小桥铺放水口为水源，铺设主管道8.5公里，新建蓄水池2处，容水3000立方米，全部工程于年底前完工。工程总投资98万元，其中国补57万元，解决了石门口乡4个村3090口人180头大畜的饮水安全问题。（陈阳春）

【平定张庄镇新村村饮水安全工程】位于平定县城南部30余公里处的张庄镇新村村，全村1312户3603人，多年来，当地群众一直靠两眼浅井水来解决全村的人畜饮水。由于采煤、化工企业的发展和阳胜河流域地下水位的下降，致使原有的浅井一眼干枯，另一眼水质被污染，给当地的饮用水造成了严重的影响，人民群众的基本生活保障受到威胁。2008年，该村投资403.7万元（其中国补资金40万元），新打704米深井1眼，新建泵站1处120平方米，铺设Φ110毫米PVC管主干管道2.4公里，Φ90毫米PVC管42.2公里，Φ63毫米PVC管128公里，新建300立方米的水源调节池和1000立方米的蓄水池各1座，彻底解决了全村的饮水安全问题。（陈阳春）

【平定县涌现出一批农村饮水安全精品工程】2008年，平定县涌现出甘泉井、贵石沟、南磛石、良白等一批农村饮水安全精品工程。特别是甘泉井村蓄水工程，以雨水集蓄为水源，新建2000立方米、1500立方米蓄水池各1个，50立方米的集雨水窑20眼，并利用山坡、公路等非耕地配套建设自然坡面集雨场1000平方米，充分利用雨水资源，为当地农业增产和养殖业发展创造了有利条件。工程总投资25万元，总工程量0.8万方，总投工0.65万个，解决了全村132户508口人的安全用水问题，同时推动了养殖业快速健康发展。（陈阳春）

【郊区荫营下烟净化水工程】工程位于郊区荫营镇下烟村，由于周边矿山企业开采、挖掘、排污等的影响，原水井的水质日益恶化。2008年初，下烟村投资94万元（其中国家补助资金30万元）开工建设净化水厂，修建了厂房、水池等设施，引进山东京鲁运河集团有限公司的软化水设备、纯净水设备各1套，2008年8月底竣工，解决了下烟村1400余人的饮用水问题。（陈阳春）

节水灌溉工程

【概况】2008年，阳泉市紧紧围绕农业结构调整和蔬菜基地建设这个中心，抓住国家加大对农田水利工程投入的机遇，大力发展自流灌溉、旱井集雨、煤矿弃水利用工程。全年落实小型水利工程6处，总投资857万元（其中国家补助资金351万元），新增节水面积333.33公顷（5000亩），改善灌溉面积666.67公顷（1万亩）。（陈阳春）

【郊区节水灌溉示范项目】该项目在杨家庄乡的北杨家庄村和平坦镇的桃林沟村实施，于2007年11月开工建设，2008年底已全部完工，共铺设PVC管23510米，安装深井泵1组。新增节水灌溉面积166.67公顷（2500亩），其中涌泉灌55.33公顷（830亩）、管灌111.33公顷（1670亩）。完成工程总投资201.57万元，其中国家补助100万元、县财政20万元、自筹81.57万元。（陈阳春）

【郊区河底镇节水示范项目】郊区河底镇节水示范项目是中央财政小型农田水利工程，该工程在河底镇东村、苏家泉村、五架山村、上章召村、下章召村、东南沟村和北庄村实施。项目建设节水灌溉面积336.67公顷(5050亩),其中大棚滴灌33.33公顷(500亩)、大田管灌252公顷(3780亩)、核桃涌泉灌51.33公顷(770亩),总投资616.22万元,其中中央300万元、其余为自筹。截至2008年,已建成大棚20公顷(300亩),维修水池6个,新修水池2个,完成水利配套投资343万元。

(陈阳春)

【平定南阳胜节水灌溉项目】 项目工程位于平定县张庄镇南阳胜村,从2007年9月开工,到2008年10月全部竣工。新建400立方米高位调蓄水池1座,集井14个,铺设Φ110毫米PVC管道3300米,Φ90毫米~65毫米PVC5100米,微喷带17250米,流动喷灌机2台,发展灌溉面积40公顷(600亩),其中半固定喷灌33.33公顷(500亩),喷灌带微喷6.67公顷(100亩)。工程总投资92万元,其中国补中央28万元、省级财政18万元。工程量9200立方米,总投工1.3万个。工程完成后,项目区内作物灌溉保证率大大提高,节水、增产效益明显,灌溉水利用系数达到了90%以上,工程年节水1.5万立方米。

(陈阳春)

【盂县复兴渠维修改建工程】 工程位于盂县梁家寨乡,于2008年4开工,总投资156万元,其中中央投资47万元、省级投资31万元。工程加固加高原有200米导流坝1座,新修防渗渠道7000米,维修渠道4500米,架设40米渡槽1座,建电灌站2处,铺管60米,安装机泵2座。完成1500米渠道防渗,200米导流坝1座,冲沙闸1个,进水闸2个。完成投资95万元,改善灌溉面积133.33公顷(2000亩)。(陈阳春)

水土保持工程

【新一轮国家水土保持重点建设工程】 2008年~2012年,国家水保重点建设工程二期工程开始在阳泉市3个农业县区实施,二期工程总投资1.35亿元,治理面积将达到450平方公里。建设工程中,市水利部门紧紧围绕建设"生态阳泉"、创建国家园林城市的总体部署,大力发展民营水保生态大户,2008年全年完成投资1146万元,其中国补资金382万元,共治理水土流失面积38.2平方公里。 (陈阳春)

【民营水保生态户治理办法】 为了组织和实施好新一轮国家水土保持重点建设工程,深化水保改革,创新建管机制,充分调动广大人民群众和社会各界治山治水的积极性,从根本上扭转水保治理中建管脱节、权责分离的被动局面,全面提高水土保持治理效益,2008年,市政府下发了《国家水土保持重点建设工程实施民营水保生态户治理的办法》的文件。该文件规定,国家水土保持重点建设工程以村为单位进行计划管理,以民营水保生态户为单位具体实施,治理任务、建设资金、建管责任要全部落实到民营治理个户,属于重点工程的提倡实行民营水保生态专业队治理。凡有治理能力的农户(个户或联户)、企事业单位的职工,贫困山区的党政干部以及民营、国营单位或社会团体,均可以购买"四荒"(荒山、荒地、荒坡、荒滩)地进行治理开发。(陈阳春)

【国家水保重点建设工程工作会代表在阳泉观摩】 7月22日~23日,国家水保重点建设工程2008年工作会在太原召开。22日,与会的100余名代表到境内平定县固企河项目区进行了现场观摩。参加会议的有水利部水土保持司司长刘震和来自长江委、黄河委、海河委、淮河委、松辽委五大流域机构以及北京、河北、山西、内蒙古、辽宁、安徽、福建、江西、山东、河南、陕西、甘肃12个省、市、自治区水利厅(局)负责同志。市长白云、副市长王敬瑞等陪同代表观摩。与会代表一行先后参观了固企河项目区郭家堖水保治理工程、王家坪沟道治理工程、西回水保治理工程、孟家掌大户治理工程、后小川梯田工程5个观摩点。参观结束后,刘震司长对阳泉市的水土保持治理工程给予了充分肯定。

(陈阳春)

【鄂竟平到阳泉调研】 2008年10月16日,水利部副部长鄂竟平、黄河水利委员会主任李国英、省政府副秘书长巨宪华、省水利厅厅长潘军峰一行就阳泉市实施的国家水土保持重点建设工程项目建设情况进行调研。鄂竟平一行先后到平定县王家坪沟道治理工程、西回水保治理工程建设项目区实地调研,并对阳泉市的水利水保工作给予了高度评价。每到一处,鄂竟平副部长都认真听取当地负责人介绍水保工程的建设情况。2003年到2007年,在水利部和财政部的大力支持下,阳泉市连续5年实施国家水土保持重点工程,初步治理水土流失面积336.18平方公里,形成了郊区阳西项目区、平定县固企河项目区、盂县阴山河项目区三大水土保持示范区。阳泉市国家水土保持重点建设工程项目建设工程已于2007年通过水利部验收。 (陈阳春)

【大户奖励】 2008年,市政府对2007年通过验收的58个水保生态大户进行了表彰,奖励补助资金75万元。近年来,在全市水保工作中,广大干部群众不断探索生态环境建设的新机制,掀起了民营水保生态建设的高潮,涌现出一大批个人投资开展水保生态环境建设的民营水保大户,他们治理开发小流域,经营绿色产业,成为阳泉市生态环境建设的生力军。截止到2008年底,全市水保大户累计达到352户,全年完成水土流失治理面积2277.36公顷。 (陈阳春)

水利经济

【小水力发电】 2008年,全市已建成运行的水电站有娘子关绵河水电站、梁家寨乡北峪口水电站、梁家寨乡梁家寨水电站和下社乡夫城口水电站4座，总装机容量为2450千瓦，4座水电站平稳运行，全年完成水力发电670万千瓦小时。

（陈阳春）

【水产渔业概况】 2008年，全市按照“三管理两维护”（即渔业资源管理、渔业生产安全管理、水产品质量管理，维护渔民的利益、维护消费者的利益）的总体要求，以发展平定县娘子关鲟鱼、盂县北部西部加州鲈鱼为重点，大力推进水产渔业的发展。同时，以推进水产健康养殖为重要举措，加强水产品生产源头质量安全。截至年底，全市水产面积达到了35公顷，全年完成成鱼产量622吨，实现渔业产值951万元。

（陈阳春）

【娘子关鲟鱼养殖】 为积极应对全省小火电关停对阳泉市渔业造成的不利影响，市水产站汇同市财政局、市科技局积极引进新的适宜品种和冷水养殖技术进行试验推广。经过两年的推广，鲟鱼养殖在娘子关取得成功，2008年鲟鱼产量达到近200吨，并形成了“流水养殖鲟鱼技术规范”，为鲟鱼养殖在娘子关的进一步推广奠定了基础。（陈阳春）

【新品种加州鲈鱼养殖项目通过验收】 市水产站与省水产技术推广站合作的引进推广加州鲈鱼项目2008年11月20日通过了市科技局组织的验收。盂县西潘潘龙湖渔场对新品种加州鲈鱼进行了引进和养殖试验示范，引进和养殖试验两项内容全部成功。加州鲈鱼养殖采用了全人工浮性颗粒饲料的饲养方式，投入产出比达到1∶1.5，亩利润达到4000元以上，较其他养殖品种提高了200%，经济效益显著。考核组认为，项目立题符合国家渔业发展战略，在饵料配方，养殖水环境控制等养殖技术和管理上具有独特性，有广泛的推广应用价值，总体上达到国内先进水平。项目的成功，为加州鲈在盂县北部的推广，形成“一县一品”的水产养殖格局，为实现加州鲈的产业化发展开了个好头。

（陈阳春）

防汛抗旱

防　汛

【雨情 水情和灾情】 据市气象部门统计，2008年1月～5月，市区降雨144.5毫米，比历年同期偏多50.5毫米；平定县降雨126.2毫米，比历年同期偏多38.6毫米；盂县降雨136.4毫米，比历年同期偏多46.1毫米。进入汛期6月～9月，市区降雨335毫米，比历年同期偏少48.4毫米；平定县降雨406.8毫米，比历年同期偏多23.9毫米；盂县降雨393.6毫米，比历年同期偏少11.7毫米。

2008年汛期降雨偏少，桃河和龙华河均无大的径流流量，8月15日龙华河最大流量1.22立方米/秒。8月13日桃河最大流量达8.2立方米/秒；大石门水库按批准的正常控制运用计划千瓦小时汛。

6月13日，盂县西烟镇普降暴雨，仅1个小时降雨量达27.7毫米，本次降雨共造成西烟镇20个村庄受灾，倒塌房屋15间、损坏房屋20间。粮食作物受灾1333.33公顷（2万亩），成灾133.33公顷（2000亩）。损坏路基50米，堤防损坏50处1000米，这次灾害造成经济损失达115万元。（陈阳春）

【防汛措施】 2008年，水利部门采取有效措施实现了全市安全度汛。一是开展了防汛隐患排查。结合全市安全生产百日督查专项行动，对全市重点城镇、水库、河道进行了防汛隐患排查，并要求限期整改。二是落实了防汛责任制。进一步明确了各县区政府、各乡镇、街道办事处的防汛责任人和技术负责人，落实了全市24座水库和主要河道的防汛责任制。三是局领导带队对县区的防汛工作进行了多次督查，并将发现的问题及时反馈通报。四是结合全市开展的城乡环境卫生清洁工程，完成河道清障清淤工作。全市共清理河道障碍64万立方米，保证了行洪畅通。五是落实了防汛抢险物资及队伍。共储备了190万元，20个品种的市级防汛物资，组织落实了13875人的抢险队伍。（陈阳春）

抗　旱

【旱情】 据市气象部门统计，2008年1月～5月，市区降雨144.5毫米，比历年同期偏多50.5毫米；平定县降雨126.2毫米，比历年同期偏多38.6毫米；盂县降雨136.4毫米，比历年同期偏多46.1毫米。由于2007年阳泉市降雨比较充沛，加上2008年1月～5月降雨比历年偏多，全市只有部分县区出现了轻度春旱，农作物轻度干旱面积1.67万公顷（25万亩），播种达到了应播尽播，春播工作顺利完成。进入汛期6月～9月，市区降雨335毫米，比历年同期偏少48.4毫米；平定县降雨406.8毫米，比历年同期偏多23.9毫米；盂县降雨393.6毫米，比历年同期偏少11.7毫米。由于7月下旬阳泉市总降雨量为13.3毫米，比历年同期降水量（54.8毫米）偏少41.5毫米，偏少七成多。从21日开始连续9天最高气温都超过30℃，从21日开始连续11天无降水。受高温晴热天气影响，阳泉市部分地区旱情加重。进入8月上旬，受副热带高压影响，阳泉市仍然持续5天～6天的高温晴热天气，深层土壤失墒进一步加重，干旱面积有所扩大，强度有所增加，给农牧业生产带来了一定的影响。此时正值农作物的灌浆期，省防汛指挥部于8月11日发布干旱橙色预警（Ⅱ级）。由于7月、8月全市降雨偏少、气温偏高，部分乡镇降雨量甚至仅有10毫米左右，较历年同期偏少八成以上，出现了严重的夏伏旱,干旱已直接影响到群众生活和农业生产,粮食作物出现减产。

近年来,阳泉市实施的集中供水和"一户两井"(一户两个旱井)为重点的饮水解困工程,为缓解全市农村饮水困难发挥了重要作用。但对于居住条件差、人口居住分散、无稳定水源的贫困山区来说,长时间无有效降雨,人畜吃水困难仍得不到解决。据2008年10月份统计,全市仍有28个乡镇、164个行政村、7万人、0.4万头大畜缺水。其中,郊区8个乡镇、14个行政村、1.8万人、0.08万头大畜缺水;平定县8个乡镇、74个行政村、2.9万人、0.22万头大畜缺水;盂县12个乡镇、76个行政村、2.3万人、0.1万头大畜缺水。盂县的缺水乡镇主要集中在东西部地区,拉水距离超过15公里的有盂县仙人乡的里山南、外山南、石圪泽、杨树洼;孙家庄的子牛庄、土塔;东梁乡的芩峰、石窖、寺家坪等村,每担水1元~1.5元左右。平定县岔口乡的理家庄、岔口、马上固、良道、富家岭村4129人、198头大畜因旱缺水不得不雇佣车辆从巨城镇集中供水工程点拉水,成本高达60元/吨,张庄镇的古贝、郭家山、郭家垴、岳家山、牛角沟、王家坪,娘子关镇的三星村、贤沟、井沟、东武庄等村也都存在严重缺水情况。郊区平坦镇的李家山、侯家山、曹里,荫营镇的辛庄、小庄、马庄等村吃水尤其困难,水的短缺严重影响了农村群众的生产和生活。 (陈阳春)

【农林牧业损失情况】 2008年的干旱给农业生产、农民生活带来严重影响。全市农林牧旱灾损失5528万元。

农业方面 全市春播面积5.77万公顷(86.34万亩),受旱面积达3.98万公顷(59.66万亩),重旱面积1.92万公顷(28.85万亩),绝收面积6000公顷(9万亩),因旱减收粮食2250万公斤,造成农业损失5400万元,其中经济作物损失1300万元。平定县10个乡镇2.04万公顷(30.66万亩)农作物普遍受旱,尤其是冠山镇的后沟、庙沟、常家沟,巨城镇的神子山、半沟、槐树梁、赵家峪,柏井镇的柏木井、张家岭、袁家峪、北青得等村庄农作物受旱较为严重;郊区的荫营镇、平坦镇、旧街乡等乡镇夏伏旱严重;盂县14个乡镇均受旱,受旱面积达1.33万公顷(20万亩),特别是西烟镇的王庄、青灰坡、西邢、孙家庄镇的乌玉、东坪等,受旱严重。

林业方面 由于冬春气候干燥,再加上夏伏旱,不仅直接影响到幼林生长且易引发森林火灾,初步统计,2008年,幼林受旱5633.33公顷(8.45万亩),因旱造成经济损失为78万元。

牧业方面 畜牧受灾大畜0.05万头,由于长期靠拉水喂养,造成经济损失50万元。 (陈阳春)

【抗旱措施】 2008年,针对干旱,全市积极采取措施抗击旱灾。一是积极节水扩浇。备耕春播及夏浇过程,全市水利工程全部启动,投入抗旱的水利设施达1350处,其中机电井485眼、泵站260处、提引水工程105处、其他水利设施360处、流动抗旱设备135(台)套,设立供水站75个,投入拉运水车辆480部。投入抗旱劳力3.5万人、抗旱用电3.5万千瓦小时、抗旱用油1200吨。全年完成实灌面积5000公顷(7.5万亩),灌溉亩次达到19.5万亩次。同时针对十年九旱的现状,结合农业产业结构调整,实施了以节水增效园区建设为重点的节水灌溉工程建设。二是发挥服务优势。全市3支抗旱服务队急群众所急,想群众所想,深入乡村、田间地头为农民群众服务,支援抗旱春播和抗旱灌溉。一方面出动流动机泵150(台)套,喷灌机138台,租赁设备65(台)套,浇灌果树4.5万株。新建6处水利工程,维修水利工程20处,维修机泵307(台)套。同时还组织为边远贫困山区送水达1020车次,计3280多吨,累计解决2.3万人、1800头大畜应急饮水。为农业挽回粮食损失4万公斤,增产水果1.4万公斤,挽回经济作物损失11.6万元。盂县抗旱服务队思源抗旱应急供水工程(原西小坪供水工程),利用东兰供水站和下南庄深井水源加压送至管理站,经管理站加压送至各用水户,解决了县城西部的东宋、西宋、东小坪、南小坪、小坪梁、白道、路家峪口等9村的人畜饮水和工农业用水及石太铁路客运专线建设工地用水,2008年供水5.5万立方米,供水收入16.5万元。郊区抗旱服务队建成了白泉抗旱应急工程,白泉抗旱应急工程于2006年5月份建成并投入运行,2008年1~9月,供水15万立方米,供水收入达45万元。三是部门通力合作。依据气象部门预报,市委、市政府及时召开了专题会议对抗旱工作进行安排部署。各涉农部门全力以赴投入抗旱工作,做到"三早、三全、三实"。三早,早动手,早安排,早准备;三全,品种全,设备全,物资材料全;三实,工作扎实、超前落实、货真价实。种子部门抓紧调运各类优质高产、高效、耐旱品种,保证不误农时按时送到农民手中。农业部门做到指导、推广、管理工作及时到位。农机部门积极准备各类农机具,及时提供给农民。商业、供销部门想方设法筹措资金,充足调购春播所需各类农业生产资料。气象部门全力搞好墒情测报和天气预报等气象服务。石油、电力部门积极为抗旱提供用油用电服务。金融部门积极为农业抗旱和生产自救提供贷款服务,有力支援农村发展经济。水利部门开动所有水利设施,科学调配水量,确定临时供水点,充分发挥现有水利设施的作用,全力投入到抗旱工作中,将旱灾损失降低到最低程度。

经过各涉农部门的积极配合,通力合作,确保了抗旱春播夏浇工作的顺利进行。 (陈阳春)

综合工作

【概况】 2008年，阳泉市中小企业局紧紧围绕全市经济发展定位和总体要求，按照“实现中小企业、民营经济又好又快发展”这一总体目标，突出抓了中小企业成长工程和建设综合服务体系两件大事，大力推进技术创新、结构调整、企业管理三项重点工作，努力实现做大规模、做实基础、做强特色、做优质量四个方面的新突破，全市中小企业、民营经济保持了平稳健康的发展势头。全年民营经济完成增加值105亿元，比2007年增长15.4%，比年度计划净增了1个亿，提高了0.4个百分点，占到全市生产总值的35.6%，所占比例比2007年同期提高了1.4个百分点；完成营业收入332.42亿元，增长3.84%；实现利润总额16.47亿元，增长28.57%；上缴税金21.55亿元，增长37.79%，占到全市财政总收入的31.69%，所占比例比2007年同期提高了4.3个百分点；乡镇企业为农民提供人均纯收入3963元，增长12.81%，占到农民人均收入的73.6%。 （相淑华）

【全市民营经济运行主要特点】 从总的发展情况看，2008年前三个季度，全市民营经济继续保持了平稳较快发展，总体运行良好。进入10月份，由于受金融风暴的影响，民营经济发展受到一定的冲击，企业生产经营在困难和挑战中运行，全年经济运行总体呈现出前高后低、前快后慢、前好后疲的局面。

一、总量持续增长，增幅明显回落。经济总量逐月逐季增加，保证了全年任务的完成，但到第四季度增幅明显回落，前三个季度总量增加和增长幅度明显强于第四季度。到9月底，全市民营经济累计完成增加值79.86亿元，比2007年同期增长18.41%，比第二季度末净增27.99亿元；其中，乡镇企业累计完成增加值65.20亿元，比2007年同期增长19.64%，比第二季度末净增23.32亿元。进入第四季度，增量和增幅明显下降，比第三季度净增25.14亿元，其中，乡镇企业净增18.12亿元，增幅比第三季度回落了6个百分点，比2007年同期回落5个百分点。

二、运行基本平稳，出口市场逆转。前三个季度民营经济基本保持了平稳较快发展，到9月底，民营经济增加值、利润总额、上缴税金增幅分别为18.41%、26.14%和33%，比第二季度末分别提高了1.3个百分点、1.6个百分点和4.8个百分点。47个出口企业完成出口产品交货值4169万美元，比2007年同期增长了31.78%，但比第二季度末回落了35.4个百分点。从下半年开始，国际市场发生了急剧变化，出口增幅明显回落，销售订单明显下降。特别是进入第四季度后出口市场急剧萎缩，出口形势十分严峻，出口产品出现了全面受阻情况，即使勉强出口，也出现付款难的问题，出口风险进一步加大，不少出口企业处于停产半停产状态。到年底，累计完成出口产品交货值9728.44万美元，比2007年增长了23.2%，但增幅比第三季度回落了8.6个百分点。

三、主业总体健稳，宏观因素增多。主要行业发展总体平稳，运行质量不断提高，但不确定因素的增多和宏观调控步伐的加大，在一定程度上影响了中小企业、民营企业的发展。到9月底，列入统计考核的25种主导产品，有70%的产品继续保持了快速增长的势头，30%的产品受市场影响有所回落。两大主导产品总量增幅逐季提高，在高位价格的运行下，拉动了民营经济的发展。煤炭行业通过整合提升，发展平稳，原煤产量912万吨，比2007年同期增长9.35%，增幅比第一季度提高了6.2个百分点，比第二季度提高了2.1个百分点；耐火行业经历了连续两年的低谷以后，

市场明显复苏,逐步恢复到正常,从前三个季度看,第一季度比2007年同期下降9.05%,第二季度增长7.24%,第三季度增长10.64%。进入第四季度,两大主导行业由于受国内外市场变化和国家产业政策调整多种因素的影响,产能和效益明显下降,到年底累计生产原煤1106.86万吨,比2007年下降16.44%;耐火制品124.62万吨,下降1.54%。

四、强企带动明显,企业资金短缺。到年底,157个乡镇规模工业企业(营业收入在500万元以上的企业)完成增加值24.84亿元,增幅3.14%;实现利润5.39亿元,增幅45.13%;上缴税金6.66亿元,增幅20.30%。分别占到乡镇企业增加值、利润、税金的46.98%、70.4%和51.39%,规模企业在民营经济中所处的地位和带动作用明显。但是,资金问题一直制约着中小企业的发展,成为民营经济发展的主要"瓶颈"。据不完全统计,2008年全市各类中小企业共短缺生产和发展资金40多亿元,其中18584个乡镇企业短缺资金28.86亿元、157个规模乡镇企业短缺资金18.36亿元,为乡镇企业总缺口资金的63.6%。

五、活力不断增强,地位作用显赫。企业技术创新能力加大,全市中小企业中有1种产品获中国名牌产品称号、8种获山西省名牌产品称号,22个商标获山西省著名商标。规模项目建设步伐加快,年内新上重点规模项目73个,总投资63.86亿元,达产达效后可新增产值98.07亿元,新增利税17.64亿元。规模企业平稳增加,到年底,营业收入千万元以上企业达到了200家,新增10家。民营经济地位作用显赫,民营经济增加值、上缴税金占到全市GDP、财政收入的1/3;全市80%的新增劳动力和85%的下岗人员在民营企业就业,占到全市社会就业人员的52.73%;3个农业县区财政收入的80%来源于民营经济,民营经济成为推动县域经济发展的主体力量。 (相淑华)

【工业园区建设】 2008年,阳泉市中小企业局按照市委、市政府《关于加快园区建设的实施意见》,进一步做好3个县级工业园区和12个乡镇级工业小区的规划、建设和完善提高工作。平定龙川工业园区走循环发展之路,逐步形成了集聚氯乙烯、火碱、电石、电力、建材等为一体的生产格局;盂县西小坪耐火工业园区完成了40米园区道路建设和天然气烧结改造工程;郊区白泉工业园区完成了发展规划,平台建设基本完成,天然气供气工程全面开工,供水、供电、绿化等基础设施建设进一步加强。乡镇级工业小区均已完成规划,正在加紧建设之中。全市初步形成了以白泉工业园区、西小坪耐火工业园区、平定龙川工业园区3个县级工业园区为主体,以12个乡镇级工业小区为辅助的民营经济发展体系,园区内实有企业1269个,从业人员37831人,园区企业总产值达58516万元。

(相淑华)

【骨干企业扶持】 2008年,阳泉市中小企业局全力实施扶持中小企业成长工程。纵抓产业链延伸,横抓产业群集聚,突出培植"三个一批"(一批科技龙头企业、一批创汇大户、一批纳税大户),全力打造"三大方阵"(以远鑫实业有限公司、南娄集团、华通路桥等产值收入超5亿元的企业为龙头,以西小坪耐火材料有限公司、沁水源煤炭加工有限公司、山海泉石墨公司等产值收入超亿元的企业为龙头,以山西圣火炉料有限公司、三来食品公司、中科三环京秀磁材、金地房产等产值收入超千万元的企业为龙头),促进优势骨干企业规模的膨胀、整体水平的提高和综合竞争力的增强。到年底,全市营业收入千万元以上的民营企业达到200家,其中,亿元以上的民营企业达到30家。

(相淑华)

【民营重点项目建设】 2008年,阳泉市中小企业局紧紧围绕全市的"百项工程"建设,以上大项目、大上项目为抓手,做大单体企业,做强支柱产业,着力抓了一批大项目、精项目、优项目。一是突出招商引资项目。鼓励现有骨干企业通过国内外资本纽带实行联合,走挂大靠强、兼并重组、拍卖转让、引资改造的路子,盘活存量资产,实施低成本扩张,加速规模膨胀。二是发挥优势上项目。以资源优势为依托,从技术、规模、效益等方面入手,积极抓项目建设。全年全市新上民营重点项目73个,总投资63.86亿元,达产达效后可新增产值98.07亿元,新增利税17.64亿元。 (相淑华)

【山西远鑫实业有限公司巨资回报社会】 由阳泉市最大的民营企业——山西远鑫实业有限公司投资4亿元建设的旅游文化园,4月8日在平定冠山景区正式动工。文化园主体包括80米高的佛舍利塔和七进舍利文化园等,建筑面积5.4万平方米,整个工程占地18.67万平方米(280亩),总投资约4亿元,工期预计为3年。山西远鑫实业有限公司以弘扬晋商文化为已任,此次建设文化园,是该公司斥巨资在北京兴建晋商文化博物馆之后,着力宣传晋商文化的又一大文化产业。

山西远鑫实业有限公司是一个集生产、制造、贸易、服务、矿业、研发、电力、文化产业和房地产开发为一体的多功能综合性集团公司。公司占地面积100万平方米,拥有职工5000余名,下设远鑫麦克林铁合金有限公司、远鑫焊接材料制造有限公司、远鑫电力化工有限公司、远鑫碳素有限公司、北京分公司、杭州分公司、海南分公司、内蒙古远鑫镍业有限公司、阳泉市个体私营企业信用担保有限公司和远鑫房地产开发有限公司等16家分公司。远鑫实业有限公司的主导产品为还原钛铁粉、中碳锰铁、硅锰合金、电石、发电、有色金属、碳素材料等,其中还原钛铁粉生产线为全国最大的生产基地;还原钛铁粉、中碳锰铁两个产品均通过了ISO 9002国际质量体系认证，并通过了ISO 9001:2000换版认证，被中国国际农业博览会授予“名牌产品”称号。“远鑫牌”中碳锰铁被认定为山西省名牌产品，“远鑫牌”钛铁粉被认定为山西省著名商标，担保公司被国家经贸委批准为全国试点单位。公司连续多年获得各级奖励、表彰，是阳泉市的重点发展企业之一。

近几年，远鑫公司富而思源，不忘回报社会、回报人民，光彩事业到位资金达2.6亿元，先后为村镇办学、公路建设、农田水利基本建设、救灾、助教、治理桃河等捐资4000余万元，收到了良好的社会效益。

（相淑华）

【优秀乡镇企业和企业家受到市委市政府表彰】 为进一步贯彻落实党的十七大、十七届三中全会精神，很好地总结全市农村工作经验，加快构建城乡一体化新格局，市委、市政府对2008年在新农村建设中涌现出的标兵和模范进行了表彰，其中，山西远鑫实业有限公司、阳泉华通商品混凝土有限公司、西格里泉海碳素有限公司、平定莹玉陶瓷有限公司、山西天泉煤炭有限公司、山西圣火炉料有限公司、阳泉千亨实业有限公司、山西旭日化工有限公司、盂县西小坪耐火材料有限公司、山西南娄集团股份有限公司、山西晋玉煤焦化有限公司和盂县中信焦化有限公司12家企业被评为“乡镇企业标兵单位”。民营企业家王国瑞、李进章、王庚智、赵正堂、张福光、乔国强和胡培明7人被评为“新农村建设模范个人标兵”。

（相淑华）

企业管理

【民营企业服务体系建设】 2008年，阳泉市中小企业局把加快民营企业服务体系建设作为工作中的重中之重，进一步健全和完善了民营经济社会化服务体系。一是进一步建立完善了人才培育体系，形成了市、县人才培训网络。全年完成各级各类培训7600余人次，盂县成为山西省人才培训试点县。银河工程培训企业高层领导56人，蓝色证书培训5300余人，其他培训500余人。建立了人才库，采集了130余人的信息，并全部进入阳泉市的人才库。二是健全完善了创业服务工作体系。各县区都成立了中小企业创业服务中心，并有效开展了工作，平定县成为山西省中小企业创业辅导试点县，盂县、城区、郊区、矿区成为山西省中小企业创业服务推广县。三是强化了信息网络建设，局信息中心通过网站先后为市内300余家民营企业进行了免费宣传。四是民营企业投诉督查中心职能有效发挥。全年受理民营企业案件148件，电话解答165次，进厂解答法律咨询42次，审查起草合同36次，解答非诉讼业务76次。五是设立了中小企业信用服务中心，完成100家企业的信用信息征集，并录入山西省中小企业信用信息网。在郊区、矿区成立政府出资担保机构的基础上，年内城区也成立了政府出资为主的担保机构。（相淑华）

【中小企业收费监督调查工作】 从6月1日开始，市中小企业局按照省中小企业局、省企业减负办和省纠风办关于开展中小企业收费监督调查工作的通知要求，对平定县、盂县、郊区和矿区的4家企业进行调查。该项工作的主旨是围绕落实科学发展观和构建和谐社会的总体要求，以及企业反映强烈的热点问题，切实把企业治乱减负与经济发展、构建和谐社会紧密结合起来，在努力减轻企业负担方面寻找突破口，切实维护中小企业合法权益，为企业提供服务。全省在不同行业、不同领域共选择了100家有代表性的企业进行调查，阳泉市有4家名列其中。调查过程中，市中小企业局结合行风评议工作进行了认真安排部署，一个季度进行一次检查汇报，以确保调查数据的准确性，为全省企业治乱减负工作提供可靠的依据。全省调查时间统一安排为一年，至2009年5月31日结束，年底时，调查仍在按计划进行。（相淑华）

【城区中小企业担保中心成立】 为尽快建立区域性的中小企业信用担保体系，有效缓解中小企业融资难的问题，促进城区中小企业健康快速发展，10月17日，城区政府出资100万元成立了阳泉市城区广益中小企业担保中心，成为阳泉市首家政府独资为中小企业提供担保服务的政策性担保机构。担保中心的成立，极大地缓解了城区中小企业融资难的问题，进一步加快了中小企业信用服务体系建设步伐，促进了第三产业的发展。（相淑华）

【省中小企业局会议精神传达贯彻】 8月12日，市中小企业局召集全市各县区局长召开会议，传达贯彻省中小企业局8月5日会议精神，安排部署《建立健全惩治和预防腐败体系2008--2012年工作规划》工作。会议全文传达了省中小企业局系统干部工作会议关于《建立健全惩治和预防腐败体系2008--2012年工作规划》精神，并安排部署了全局的反腐倡廉工作，一是充分认识反腐倡廉工作的重要性，要求全局干部职工绝对不能向企业吃、拿、卡、要、报，特别是在企业申报项目的时候，一定要把好关，做到清正廉洁。二是认真做好全系统的《建立健全惩治和预防腐败体系2008--2012年工作规划》工作，在围绕中心、服务大局上下工夫，站在政治和全局的高度贯彻落实省局会议精神，坚决把惩治和预防腐败体系建设与全局工作结合起来，与行风评议工作结合起来，增强制度意识，加大执行力度，规范从政行为，促进廉政勤政，提高科学发展和拒腐防变能力，进一步推动全局反腐倡廉制度建设向纵深发展。

（相淑华）

【盂县80家工矿商贸企业结队帮扶92村】 2008年，盂县80家工矿商贸企业积极贯彻工业反哺农业、城市支持农村的方针，与92个村结成了帮扶对子，投入资金1460万元，加快推进全县社会主义新农村建设步伐。

为促进农村经济社会又好又快发展，盂县县委、县政府积极组织工矿商贸企业参与结对帮扶社会主义新农村建设，充分发挥企业的资金、技术、人才、市场等优势，对具有发展潜力的村实行帮扶，努力使帮扶村经济持续健康发展，农民收入稳定增长，农村公益事业和农民生产生活条件明显改善，文明乡风建设和村级民主管理水平明显加强，最终实现村企结对、以企带村、以村促企、优势互补、互惠互利、合作共赢的目标。按照计划，80家工矿商贸企业将帮助帮扶村制定一个切合实际的新农村建设发展规划，谋划一条增收致富的好路子，实施农村"四化四改"(街巷硬化、村庄绿化、环境净化、路灯亮化和改水、改厨、改厕、改圈)工程，帮助农村修建学校、卫生室、文化室、体育活动场等基础设施，促进帮扶村各项社会事业的发展。与此同时，帮助村里加强村级组织建设，健全完善村民代表大会、村"两委"会等议事制度，建立健全村务公开、"一事一议"等制度，营造村干部团结奋进、村民齐心协力建设新农村的浓厚氛围。年底时，帮扶效果已明显显现。（相淑华）

【盂县全面实施中小企业成长工程】 为进一步加快中小企业发展，全面贯彻落实县委县政府"开放、转型、突破、跨越"发展战略，2008年，盂县中小企业局结合全县中小企业发展的实际情况，着力实施中小企业成长工程，目的是努力在"十一五"期间形成中小企业发展环境明显改善、产业结构相对合理、管理和技术水平显著提高、市场竞争力持续增强的局面。具体措施是：推进政策法规体系建设；培育中小企业社会化服务体系；推动中小企业产业结构、产品结构和组织结构调整；深化企业改革，提高企业管理水平；加强培训，提高中小企业素质；提高中小企业自主创新能力；着力解决中小企业融资难问题；鼓励和支持中小企业"走出去、请进来"；加强对中小企业生产经营状况的监测与分析。（相淑华）

【参加山西省首届民营企业运动会】 10月17日至21日，阳泉市组团参加了山西省首届民营企业运动会。运动会由省中小企业局主办，在省城太原的山西财经大学体育馆举行，全省民营经济系统的12个代表团53支代表队420余名运动员参加，比赛项目为"路鑫杯"篮球赛、"亚鑫杯"羽毛球赛、"龙辉杯"乒乓球赛和"海姿杯"保龄球赛。

阳泉市代表团由市中小企业局局长任云祥担任团长，参加的企业有山西远鑫男子篮球队、林里粉末冶金有限公司乒乓球队、郊区华岭耐火材料有限公司乒乓球队、盂县焦炭运销公司乒乓球队和山西吉天利科技实业有限公司乒乓球队，运动员近40人。经过激烈角逐，阳泉市的远鑫男子篮球队荣获第一名，乒乓球男团荣获第五名。同时，阳泉市代表团获得组织奖。

（相淑华）

【参加中国·山西第三届银企合作洽谈会】 为有效应对金融风暴和经济风险，积极拓宽融资渠道，帮助阳泉市中小企业、民营企业解决融资困难，11月17日，市中小企业局组织十余家企业参加了中国·山西第三届银企合作洽谈会。洽谈会以"加强银企合作、应对金融风险"为主题，由省中小企业局、省银监局、人民银行太原中心支行联合举办，省内政策性银行山西分行、国有商业银行山西省分行、股份制商业银行太原分行等金融机构和省内200多家中小企业、民营企业参加了洽谈会。洽谈会采用洽谈与对接"超市"的形式，金融机构自行寻找，选择项目与各企业进行面对面的交流，各家银行纷纷就金融创新产品、信贷担保业务和农村小额贷款等进行了介绍，并详细了解了企业发展方向。阳泉市的参会企业根据自身情况向有关金融机构进行了政策咨询，有的还进行了项目对接。（相淑华）

【参加第五届APEC中小企业技术交流暨展览会】 5月30日至6月2日，市中小企业局组团参加了由国家发改委主办，外交部和商务部支持，中国中小企业对外合作协调中心和青岛市人民政府承办的第五届APEC中小企业技术交流暨展览会，成效显著，阳泉市参展产品受到客商广泛关注。

此次展览会，阳泉市共有12家企业30多种产品参展。会展期间，参展企业积极开展经贸交流，达成了多个合作意向和协议，共签订合同意向1828万元，取得历届APEC技展会最好成绩。其中，阳泉市新鑫科技研究所有限公司同上海久弘科技发展有限公司签订了投资煤矸石纳米级制品的意向；阳泉侨联绿色鞋业有限公司与日本安腾株式会社签订了销售日本木屐合同，合同金额828万元人民币。（相淑华）

【为企业提供法律服务】 2008年，市中小企业局结合行风评议活动的开展，利用召开监督员座谈会和听证对话会的机会，邀请中小企业法律维权指定单位——泽晋律师事务所的两名律师为企业答疑解惑。两名律师通过案例说法，一是介绍了企业在签订合同方面应该注意的问题；二是从降低法律风险角度，告诉企业在发生法律纠纷时，如何通过谈判为企业节约时间，降低维权成本；三是强调企业家和员工都要注重法律风险的防范，在生产经营的全过程中学法、知法、懂法、用法，减少法律风险，降低维权成本，促进企业健康发展。两名律师的讲解不仅生动地宣传了法律知识，而且实际操作性很强，受到各企业的一致好评。（相淑华）

【阳泉市中小企业发展论坛】 12月7日,由市中小企业局主办、市民营企业家协会协办的中小企业发展论坛在阳泉铝业公司假日酒店举行,全市民营企业家、市县中小企业系统机关工作人员500余人参加了论坛讲座。

论坛邀请北京中智信达教育科技有限公司首席国学教授、国际TAT(思考力、执行力、表达力)学术体系创始人翟鸿燊教授主讲,题目为《国学应用与企业家智慧》。翟教授结合其多年研究成果和阳泉市民营企业的实际,从儒道精髓入手,旁征博引,纵横古今,探讨人生之真谛、处世之哲理、经营之"大道",激励企业领导建立起各自的伦理体系,真正实现企业管理的至高境界,再现领导艺术的颠峰。参加论坛的企业家们一致认为全场讲解妙趣横生,哲理深刻,很受启发,对于企业管理具有积极的意义。 (相淑华)

【组织企业参加山西中小企业高层管理人员素质提升培训】 9月22日至26日,国家中小企业银河培训工程——山西中小企业高层管理人员素质提升第二期培训班在忻州举办,太原、临汾、阳泉、晋城、大同5个地市的230余名中小企业中高层管理人员参加了培训,阳泉市组织了30人参加。著名管理咨询专家李涛教授以企业发展战略和人力资源建设为主线,作了题为《打造企业开放式成长——企业发展的12项突破》的精彩演讲;被誉为"中国十大培训师"的陈浩讲师讲授的题目为《赢在中层——打造高绩效的执行团队》;山东盛高管理咨询资深培训师王毅讲授了《管理者四项修炼》等课程。参加培训的企业管理人员纷纷表示课程安排切合实际,能有效帮助企业解决在管理中存在的疑惑,为企业管理进一步指明了方向,培训深受广大企业欢迎。

(相淑华)

【参加第五届中国国际中小企业博览会暨中韩中小企业博览会】 9月22日至25日,阳泉市组团参加了由国家发展和改革委员会、财政部、商务部、国家工商行政管理总局等部门联合主办的第五届中国国际中小企业博览会暨中韩中小企业博览会。

阳泉市代表团由市政府牵头,市中小企业局具体承办,组织平定县、盂县、郊区、城区、矿区的7家企业10种产品参展,包括山西平定古窑陶艺有限公司的"古州"牌刻花瓷工艺品、宏厦三建鑫派塑胶分公司的"新派"牌排水管件、阳泉市大通塑胶有限公司"大通"牌UPVC管材、山西大寨饮品有限公司的"大寨"核桃露、山西三来食品有限公司的"三来"马铃薯全粉、山西阳泉铝业股份有限公司的散热器和阳泉市华新食品厂的醋系列产品,阳泉市的参展产品受到客商的广泛关注。

(相淑华)

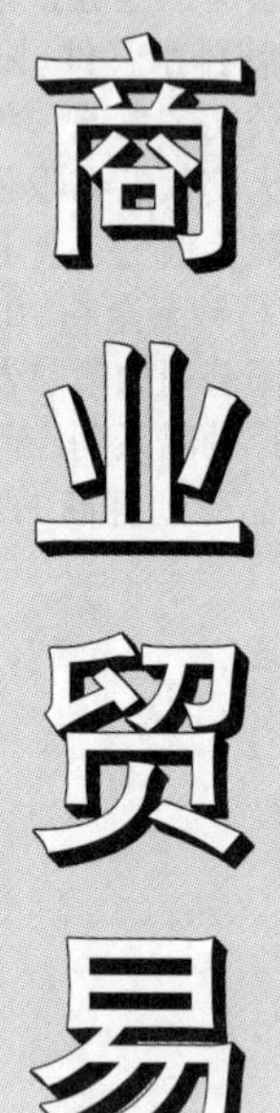

国内外贸易

【概况】 2008年,市商务局按照科学发展观要求,立足本职,服务大局,认真贯彻落实市第十次党代会、全市经济工作会议和全省商务工作会议精神,有效应对严重自然灾害和国际金融危机带来的冲击,实现了商务事业的平稳较快发展,为全市经济和社会发展作出了积极贡献。利用外资、服务新农村建设、市场监测、依法行政、平安单位创建、商务信息等工作受到省、市表彰,社会治安综合治理工作连续四年保持红旗单位称号。

2008年,全市社会消费品零售总额实现123.11亿元,比上年增长25.5%,完成市目标任务的109.14%。从销售地区看,城市90.1亿元,比上年增长24.8%;农村33.01亿元,比上年增长27.53%。从行业分类看,批发零售贸易业94.07亿元,比上年增长24.86%;餐饮业19.28亿元,比上年增长46.64%;其他行业9.75亿元,比上年增长1.73%。2008年,全市对外贸易总额实现15456万美元,比上年增长72.68%,完成市目标任务的133.01%,增幅全省排名第三,提前两年完成"十一五"商务发展规划目标。其中,出口12008万美元,比上年增长74.92%,增幅全省排名第二;进口3448万美元,比上年增长65.3%,增幅全省排名第四。2008年,全市招商引资签订各类对外经济技术合作项目75个,合同协议总投资额达233亿元,合同协议利用外来资金214.9亿元;市有144个招商引资项目实际到位资金81.6亿元,占同期全市固定资产投资的52.34%,比上年增长21.8%。其中,境内省外资金到位63.9亿元,比上年增长30%;境外资金到位6571.5万美元,比上年增长37.4%,圆满地完成了省、市政府下达的工作目标任务。与此同时,市商务局承担的省、市两级人民政府2008年为民办实事之一——实施"万村千乡市场工程"的任务超额完成。全年建设和改造"农家店"222个,完成省、市目标任务的100.9%。"农家店"覆盖了100%的乡镇和88.6%的行政村,营业面积达到4.46万平方米。

(李宇红　李建军)

【服务业有序推进】 2008年,根据市政府加快发展服务业的工作安排,市商务局牵头组织开展了全市服务业调研活动,对服务业各领域发展状况、存在问题、发展前景进行深入的调查研究,撰写了《阳泉市服务业发展调研报告》。在此基础上,提出了《阳泉市加快商贸服务业发展实施意见》,制定出全市商贸服务业发展的总体思路、发展目标、工作重点和推进措施,明确了商贸流通业、餐饮业、会展业和服务贸易四个发展重点。编制了《阳泉市商贸物流发展规划》,整体规划的编制工作完成并已通过专家评审。按照优先发展重点项目,带动商贸服务业全面推进的原则,市商务局在全市范围内的商贸流通业、餐饮业、会展业、服务贸易四个领域组织开展了为期一个月的商贸服务业重点发展项目筛选工作。按照《阳泉市"十一五"商务发展规划》并结合省、市有关要求,对所有筛选项目进行了认真审核,严格把关,确定了首批重点发展项目12类、45个,主要包括大型超市和购物中心建设改造、商务领域节能降耗、餐饮业、放心早餐、大众浴池、会展业、万村千乡市场工程、"双五十"农产品市场工程、大型商品交易市场建设改造、标准化放心菜市场、现代物流、再生资源回收等,建立了阳泉市商贸服务业项目库,对全部项目实行动态管理,重点引导。通过一年来的努力,为放心早餐、老字号更新改造、节能降耗、万村千乡市场工程、农副产品市场建设等5个项目争取到省部级扶持资金242万元,有力地带动和促进了全市商务服务业的发展。

(李宇红　李建军)

【城市"12343"市场体系建设】 2008年,全市"一条滨河商业带、两个可持续发展商圈、三个市级商业中心区、四类特色商业街、三大物流配送中心"的城市商业网点雏形已现。2005年底,根据国家、省、市的有关精神和本地区商品市场发展的实际,市商务局在全省率先制定了《阳泉市城市商业网点发展规划》,并于2006年正式启动"12343"市场体系建设工程。至2008年底,沿桃河的太行国际商城、滨河世纪城的沃尔玛阳泉店、农贸市场、五金建材城、滨河世纪广场大部完工并开业运行,加上沿岸原有并经过改造的商业设施,一条滨河商业带功能已经显现。在构建的两个可持续发展商圈中,市区以兴隆、河边街为中心的核心商圈向四周得到了扩展,富百家商业广场、美隆国际广场、金街的相继开发和建设,是其主要标志;以平定东升市场、山海天饭店,郊区王朝大酒店、华龙超市荫营店为代表的两个城市外围商圈正在兴起。三个市级商业中心区中,以华联商厦为代表的河边街商业中心、以天利购物中心为代表的北大西街商业中心服务功能进一步完善,消费环境和品味进一步提升,以沃尔玛阳泉店为代表的桃北东路商业中心正在迅速崛起并形成一个新的消费集聚区;四类特色商业街推进中,以泉美、黄鹤楼、金酷、内蒙古大酒店为代表的泉中路特色餐饮街和以燕川、泉美国际为代表的小阳泉特色餐饮街亮点凸现、形成规模;三个物流中心建设中,市交通集团在城市北部李荫路和307复线交汇处的物流中心建设已具雏形,平定商贸物流园开工兴建。这些都标志着全市城市商贸流通体系基本构建起来,流通产业的改造提升全面进入实施阶段。 (李宇红 李建军)

【农村商品流通网络不断完善】 2008年,市商务局积极实施"万村千乡市场工程",构建农村商品流通网络,全市乡镇和农村基本覆盖,农民消费不安全、不方便、不实惠的现状得到改善。实施"万村千乡市场工程" 是市政府2008年为民办15件实事之一,也是省政府为群众办的10件实事之一。在2月29日召开的全市商务工作会议上,"万村千乡市场工程"建设作为2008年全市的一项重点工作,市政府与平定县、盂县、郊区3个农业县区签订了目标责任状,确保了全市建设和改造"农家店"任务的落实。按照省商务厅《关于做好2008年"万村千乡市场工程" 工作的通知》(晋商建〔2008〕63号)精神,市商务局于3月13日召集平定县、盂县、郊区商务主管部门及盂县供销社、平定县农业生产资料公司、华龙超市3家试点企业就2008年实施"万村千乡市场工程"的规划、方案、目标、措施、进度等进行了详细具体的安排部署。由于2005年到2007年三年"农家店"布点主要集中在地理位置优越、交通方便、人口相对密集、经济较为发达的乡村的实际,2008年"农家店"布点大多处于偏远山区、交通不便、人口相对稀少、经济相对落后的地区,建设和改造"农家店"的任务较前三年非常艰巨。面对这种情况,市县两级商务主管部门和试点企业,在认真搞好调查研究、科学规划布点的基础上,实行分片包村、专人跟踪进度的办法,目标落实到村,责任落实到人,采取一系列切实有效的措施,克服了一切困难,保障了"万村千乡市场工程"的顺利开展,广大农村和更多的老百姓得到了实惠。至2008年底,全市已累计投资2602万元,建设和改造"农家店"851个,覆盖了100%的乡镇和88.6%的行政村;"农家店" 营业面积达到44250平方米,吸纳农村富余劳力2100人,受益农民47万人,带动农村消费增长26%,农村地区消费不安全、不实惠、不方便的现状明显改观。 (李宇红 李建军)

【社区"双进"工程推进顺利】 2008年,市商务局积极推进"便利消费进社区、便民服务进家庭"的"双进工程",引导社区商业建设,满足居民多样化、多层次需要。从2006年开始,以"便利消费进社区、便民服务进家庭"为主题,按照国家、省、市的有关精神, 大力引导推进社区商业的发展,完善提升社区商业功能,合理配置超市、便利店、菜市场、快餐店、药店、理发店、洗衣店等必备性业态和一些选择性业态, 最大程度满足居民日常生活需求。根据全市所有社区商业的发展情况, 按照典型引路、全面推广的思路,在一些硬件设施具备、人口密集度大的社区先行培育和完善社区商业功能,取得了明显进展。继2007年南煤社区成为全国社区商业示范社区、平定东门街社区成为全省社区商业示范社区、市中心广场社区等5个社区成为市级社区商业示范社区的基础上,2008年北岭社区、平坦街东社区2家成为市级商业示范社区。

(李宇红 李建军)

【市场监测】 2008年,市商务局按照商务部、省商务厅科学监测市场运行的要求,围绕重点,兼顾一般,不断加强对市场监测工作的科学性和准确性,严格执行市场监测日报、月报、季报、年报和重大节假日专报制度,为国家、省、市科学指导市场运行工作提供了较准确的依据。针对元旦、春节、国庆等重大节日,积极动用猪肉储备资金、价格调控资金、副食品基金共计522.5万元,调控猪肉供应,稳定菜篮子价格,保障各类副食品满足市民需要。汶川地震后,积极响应市委、市政府号召,紧急调拨储备食品物资近185万元,及时、快速、有力地保障了支援灾区工作的顺利进行。日常工作中,对全市肉、蛋、粮、油、蔬菜等生活必需品的市场动态、销售情况、商品价格、运行特点高度关注,加强了经常性检查和指导, 保证了市场商品丰富、货源充足。(李宇红 李建军)

【市场经济秩序整顿】 2008年,市商务局牵头组织各成员单位, 本着

"稳定市场秩序,促进经济与社会发展"的方针,在食品、药品、烟、酒、农资、食盐、成品油以及商业促销等领域开展了专项整治行动。先后出动执法人员2万人次,发放各种资料12万余份,查处各类案件540余起,挽回经济损失1.2亿元,针对2008年奶粉质量出现的问题,市商务局积极开展了"农家店"有质量问题奶粉的清查和下架工作,确保了市民的生活健康,为全市经济和社会又好又快发展创造了良好环境。市商务局在履行自身职责上,开展了猪肉市场专项整治"回头看",酒类市场严把批发关,蔬菜市场巩固扩大货源渠道,成品油市场强化资格监管,报废汽车拆解集中整治,有力地确保了"放心肉"、"放心酒"、"放心菜"、"放心油"工程的顺利推进和汽车市场的规范运行。

(李宇红　李建军)

【诚信兴商创建活动】 2008年,市商务局立足打造信用商贸,在商贸领域开展了形式多样的"诚信兴商"示范企业创建活动,取得了一定效果,商业信用体系逐步构建起来。年内,市天元商厦荣获全国"百城万店无假货"活动示范店称号,华龙超市等5家企业被评为"山西省商业诚信优秀企业",泉美餐饮有限公司等10家企业荣获"阳泉市十佳诚信示范店"称号,华通大酒店等21家企业被授予"阳泉市诚信示范店"称号。下站地区福寿街被命名为全市唯一的一条省级"诚信示范街"暨"品牌服饰一条街"。

(李宇红　李建军)

【对外贸易】 2008年,全市进出口总额实现15456万美元,比上年增长72.68%,其中,出口12008万美元,比上年增长74.92%;进口3448万美元,比上年增长65.3%。对外贸易继2007年突破一亿美元大关之后再创历史最好水平。主要呈现出五个特点:一是进出口实绩企业增多,业绩突出。面对2008年上半年人民币持续升值、产品出口退税取消、出口成本增加、原材料成本增加的状况和下半年出现的金融危机,市商务局以科学发展观为指导,把为进出口企业服务放在首位,促进企业间业务的横向联合,加大政策和资金支持力度,帮助企业解决难题,引导企业挖潜降耗、技术改造,搭建国内外各类平台扩大交流,取得显著成绩。进出口大户进出口额大幅增长,接近或超过上年全年水平,继续保持绝对领先,部分业绩小的企业增长迅猛,一批零业绩企业异军突起。对外贸易实绩企业达到46家,进出口总额在500万美元以上的企业达到12户,其中2000万美元以上2户、1500万美元以上企业1户、1000万美元以上企业1户。二是机电产品出口增势迅猛,出口商品结构进一步优化。市商务局始终把推动机电产品和高新技术产品出口作为外贸工作的突破口,作为优化产业结构和进出口结构的重点工作来抓。从政策上支持,资金上倾斜,坚持定期深入机电产品出口企业帮助开展工作,机电产品出口一直趋于上升趋势,并带动全市进出口结构不断优化。1~12月机电产品出口1949万美元,增长227.57%,机电产品出口比重升至16.23%。三是民营企业占据榜首,外资企业增幅继续保持前列。按企业性质分类看,民营、外资、集体、国有四类企业全部实现增长。特别是民营企业,一改以往中间徘徊局面,跃居首位,1~12月份实现进出口6550万美元,增长108.12%,在各类企业中的比重达到42.4%。外资企业继续走在前列,实现进出口4237万美元,增长近60%。四是国际市场继续扩大,贸易国别不断增加。为了扩大阳泉影响,推动商务事业又好又快发展,市商务局一直致力于搭建更多的内外交流平台,不断加强和密切与国内外企业、客商的交流合作,对外开放不断扩大。2008年市商务局组织企业参加了第十二届"西洽会"、中国石家庄(正定)国际小商品博览会、第十九届"哈洽会"、第103届"广交会"等一系列贸易洽谈活动,均取得了好的效果。2008年,市商务局充分利用广交会、上海跨国采购会、东盟博览会等一系列国际国内知名展会,扩宽交流合作渠道,巩固和扩大贸易市场。在继续巩固欧盟、日韩、俄罗斯、美国市场的同时,开辟和扩大了东盟、西亚、南美市场,贸易国别达到16个。贸易额超过600万美元的国家达到8个。日本、俄罗斯、德国、韩国、意大利、印度、美国、荷兰成为主要贸易国。(李宇红　李建军)

【对外经济技术合作】 2008年,全市对外劳务输出、对外承包工程继续得到巩固发展,特别是对外投资,在市商务局的大力引导下,阳煤集团宏厦第一建设有限责任公司蒙古国项目工程进展顺利,取得良好效果;天陆达药业、阳泉煤运等企业积极探索"走出去"的路子,取得可喜进展。到2008年底,全市累计输出劳务525人;宏厦一建作为全市唯一一家有对外承包工程的企业,累计实现营业额21199.65万元;天陆达药业在新加坡建立中成药加工基地进展顺利。(李宇红　李建军)

【招商引资取得新成效】 2008年,市商务局按照"一个项目、一个领导、一套班子、一抓到底"的工作要求,继续实行项目落实责任制,对沪洽会、港洽会、第一届中博会、第二届中博会、珠洽会、第一届煤博会等6次大型招商活动的签约项目,实行定期跟踪、检查、督促、汇总、报告制度,有力地推动了项目落实的进展。围绕2008年的招商参展工作,市政府安排早,市商务局动手快,有关部门配合积极,筹备期间市政府就项目前期对接、展区展示、会务保障、宣传报道等工作,几次召开专题会议研究指导工作,各项工作进展顺利;活动期间,市领导亲临投资贸易展区指导工作,项目对接积极有效,展区展示充分到位,招商参展工作取得预定效果。武汉中博会签约项目15个中,开工建设项目10个,开工率66.67%，完成审批7项，到位资金1.37亿元。第二届煤博会取得丰硕成果。9月16~19日在山西太原举办的第二届中国(太原)国际煤炭与能源新产业博览会上，阳泉市共有20个招商项目签订协议，总投资59.4亿元，其中引进资金56.7亿元。这些签约项目涉及材料工业、能源、装备制造、医药、服务业、化工等领域，对于推进全市以煤炭为基础的能源产业与国内外煤炭和新能源、新产业的交流与合作，促进全市工业结构转型和资源型城市转型，将会起到积极的作用。

(李宇红　李建军)

【服务企业发展】 2008年，针对全市对外开放和商务工作面对的新形势，立足在工作实践中发现的新情况、新问题，市商务局把转变观念、改进作风、提高效率、加强服务作为根本，本着一切方便企业、一切为了企业的原则，简化办事程序，主动提供服务和帮助，受到企业好评。围绕上半年商务运行情况和下半年发生的金融危机，市商务局重点针对外贸发展情况两次深入县区和一些重点企业开展了大型工作调研和专题研讨会，分析形势，总结经验，了解问题，征求建议，提出对策，为克服金融危机带来的不利影响和全面完成全年目标任务发挥了积极作用。在优化服务环境方面，召开了行风监督员、外资企业座谈会，听取意见建议，并积极主动采取措施不断改进和完善。在对外投资服务方面，市商务局有针对性地到有关企业宣讲政策、提供咨询，并积极与省商务厅联系为宏厦一建、天陆达药业、阳泉煤运公司等单位提供业务指导。在办理进出口经营权方面，市商务局派专人和企业一道赴省有关部门办理相关备案手续，服务效率大大提高，2008年新增进出口权企业6个，累计达到98个。在外资企业年检工作中，市商务局联合工商、外汇、国税、财政、统计等部门实行了一站式集中年检，服务手段、服务态度、服务效率明显改进。在为基层企业提供政策扶持和资金引导服务方面，一年来，共为32家企业争取到省部级机电产品补贴、中小企业开拓资金、外经贸促进资金、科技产品贴息、农副产品市场建设、放心早餐、老字号改造、节能降耗、万村千乡市场工程补贴、病害猪无害化处理补贴、品牌推广补贴、猪肉储备补贴等12类项目资金685.77万元，为推进商务工作安全发展、转型发展、和谐发展发挥了积极作用。

(李宇红　李建军)

【机关自身建设】 2008年，市商务局按照中央、省、市反腐倡廉的有关精神和规定，把建立健全预防腐败体系作为主线，严格履行“一岗双责”，积极引深廉洁自律教育，继续坚持机关科级干部季度述职述廉制度，不断完善基础管理工作，全面树立商务形象，党风廉政建设和反腐败工作进一步引深。民主评议政风行风工作实现评议方式、评议作风、评议活动三项创新，在较好完成民主评议规定动作的基础上，推行了科室负责人轮流讲课，完善了11项行政效能管理制度，发布了便民服务公约，建立起百名评议代表数据库，并立足于解决“不敏锐、不踏实、不干事、不干净”的作风问题，在商务系统广泛开展了争当学习好、服务好、形象好、廉洁好、绩效好“五好”干部活动，商务系统自身建设进一步加强。面对四川汶川大地震，商务系统党员干部职工充分发扬一方有难、八方支援的友爱互助精神，积极为灾区捐助现金15800元，缴纳特殊党费2.6万元。号召“三外”企业捐款255.5万元，其中外资企业捐款119万余元，外贸企业捐款48.3万元，外经企业捐款88万余元，为灾区人民抗震救灾作出了积极的贡献。 (李宇红　李建军)

物资流通

【概况】 2008年，市物资集团公司面对复杂的经济大环境和行业的激烈竞争与挑战，系统上下同心同德、扎实工作，取得了较好的成绩。全年完成购进23527.45万元，比上年同期的19310.75万元增加4216.70万元，增幅21.84%；完成销售26037.40万元，比上年同期的20949.55万元增加5087.85万元，增幅24.29%。全年计划亏损245万元，实际亏损143.11万元；净资产收益率年计划为-3.6%，实际完成-2.07%；流动资产周转率年计划为1.6次，实际为2.01次；成本费用总额占主营业务比重年计划为103%，实际为84.33%。全年未发生任何安全生产事故。 (程文庆)

【特许经营】 2008年，市物资集团公司的三大特许经营项目（报废汽车回收拆解、旧车交易、民爆器材），继续面对强大的挑战和巨大的困难，从打造自身做起，从企业规模发展、内部机制、内部管理上做大文章，努力在市场立稳脚跟。市报废汽车回收拆解中心出台了一系列的内部管理办法。一是制定了全年保收车辆的大目标；二是“以回收为龙头”，集中回收力量，加大回收的力度，出台回收的激励办法；三是加强和提高了全方位的跟踪服务质量。由于内部机制的及时调整，激发了职工的积极性，职工们通过挖掘各种关系资源和积极主动出击的方式，产生了良好效果。全年回收报废汽车396辆，占到了全市60%以上的市场份额。旧车交易中心在挑战和竞争面前，始终把自身硬件的打造和强化内部的管理牢牢的抓在手中。年初，凭着完善而标准的硬件设施，顺利通过了市商务局、工商局、公安局联合检查验收，以完备的市场配套设施和高效优质的服务占据了二手车交易市场的主导地位。同时，内部管理水平得到进一步提高，80%的职工投身交易一线闯市场、创效益。一年来，企业的交易量、交易收费都回升到了打破垄断地位后的最好时期。在抓管理促效益的同时，内部分配机制也做了较大的调整,职工收入普遍提高,企业保持了较为平稳的势态,为企业的改制奠定了良好的基础。市民爆器材专营有限公司面对一系列的困难,企业主动寻找市场,一是瞄准了阳盂高速和阳五高速、石太高速铁路、园区建设等大型建设工程进行上门服务。二是继续扩大交叉经营业务,通过努力,较好地弥补了因煤矿停产而主营业务的不足,实现了全年利润20万元的目标。2008年,市物资流通系统三大特许经营企业,经受住了考验,取取得了较好的成绩,为全系统年度工作目标的完成奠定了良好的基础。 (程文庆)

【企业改革】 2008年,市物资集团公司深化企业改革取得了明显效果。物资宾馆的歇业关闭工作是年内公司的工作重点之一,从4月开始,物资宾馆歇业关闭清算组严格执行市国资委阳国资企改〔2008〕19号文件精神,认真落实职工安置方案,严格执行经费支出标准,处理遗留问题坚持做到公开、公平和公正,从而确保了关闭清算工作的顺利进行。完成歇业关闭总费用327.68万元。物资宾馆87名职工均得到妥善安置,其中有56名职工领取了经济补偿金,有13名"4050"、"4555"以及18名退休职工划归到阳泉市国有改制企业留守处。整个关闭工作突出了节俭合理、公正平稳、快捷高效三大特点。物资宾馆的歇业关闭标志着物资系统在国企改革改制道路上真正的迈开了步伐。旧车交易中心的改制也是年初确定的工作重点。早在2006年旧车交易独家经营的格局就被打破,尽管已具备了标准化的硬件设施,具备了一支经验丰富的经营队伍,但传统的体制和机制始终是企业竞争、企业发展的屏障,企业改革是迫在眉睫的大事,因此,公司于2007年就确定的旧车交易中心改革的目标,并且做了大量的准备工作。2008年委托市汇华会计师事务所对旧车交易中心进行资产评估,初步确定了现有净资产额度,按照既定的投资比例,与投资人签订了合作投资改制的意向书。 (程文庆)

【安全工作】 2008年,市物资集团公司高度重视安全工作,在安全培训、安全教育、设备管理、查找隐患、落实制度、安全投入等方面做了大量积极有效的工作,从而使全系统没有发生一起安全责任事故,圆满地完成了安全工作目标任务,确保了一方的平安。年内,安全工作突出了以下几个特点:一是认真开展"迎奥运、保稳定"为主要内容的安全生产百日督查专项工作,重点对炸药的储备、运输和炸药库的安全硬件设施进行了督查和改造。仅在炸药库围墙和监控设施上投入资金30万元。另外,对西河滩仓库存在着电缆老化、消防器材配置不足等隐患进行了整治,对物资大厦电梯的电井绳、电缆和消防避雷设施进行了更换、维修,从而杜绝了事故的发生。二是严格各项规章制度,尤其突出的是炸药库规章制度的强化落实,同时对炸药的装卸、搬运、押运等专业人员进行严格的培训并确保持证上岗。对入库的人员逐一进行严格登记,在库房安全防范上采取人防、技防、犬防三结合方式,做到了库房的万无一失。三是重点抓安全培训和安全教育工作。全年专业安全消防培训三次60人,科级领导参加安全知识培训一次2人。参加全市安全消防宣传四次,出板报5块,企业内部宣传版10期,购买安全消防挂图10套,标语张贴50余条,聘请专业人员安全授课3次。2008年,市物资集团公司被市委市政府授予安全生产先进单位称号,民爆器材专营有限公司被授予安全先进企业称号。 (程文庆)

石油经销

【概况】 中国石油化工股份有限公司山西阳泉石油分公司(简称阳泉石油公司)位于郊区白羊墅,隶属于中国石油化工股份有限公司,下设平定、盂县、郊区和桃北4个零售片区,有职工542人,71座加油站遍布全市的三区两县。阳泉石油公司有库容量5.13万立方米油库一座,有铁路专用线一条,年吞吐量40余万吨。成品油运输车队一支,油罐车21部。固定资产达1.23亿元,年销量16万吨左右,是阳泉地区最大的成品油销售企业。2008年,阳泉石油公司面对资源紧缺和下半年的金融危机等一系列矛盾和问题,系统上下坚决贯彻省、市的营销政策,积极采取措施,应对各种挑战。全年完成销量15.2万吨,其中零售量完成11.28万吨,直销量完成3.50万吨,润滑油销量完成0.42万吨。年内,阳泉石油公司被省工商行政管理局授予"重合同、守信誉"企业称号,在援助汶川地震运输油品的活动中受到阳泉援助四川地震重灾区过渡安置房建设工程指挥部的表彰,被阳泉市总工会评为阳泉市"安康杯"竞赛优胜企业,公司油库被省公司评为"优秀油库"。(帅栋梁)

【成品油市场稳定工作】 2008年,阳泉石油公司面对国际国内大环境的影响,从政治责任和社会责任的高度出发,采取多种措施,努力协调各方力量,力保成品油市场的稳定供应。在抓资源方面,加强与省公司的协调沟通,最大限度地提高资源兑现率,努力缓解资源紧张矛盾。在抓销售方面,千方百计掌控资源,强化调控措施,力保市场供应,严格经营纪律,积极化解矛盾,确保了市场的稳定。同时,面对市场上社会加油站油品质量和价格的冲击,阳泉石油公司依然执行市场最低价格,主打石化品牌,保证油品质量,提高服务水平,真正实践了国有企业的社会责任。 (帅栋梁)

【商标打假维权】 2008年,阳泉石油公司为全面提升中石化的品牌形象,认真贯彻落实中石化销售事业部打假维权工作会议精神，按照省公司《打假维权工作方案》要求，结合自身实际制定了《阳泉石油分公司打假维权工作方案》，并认真开展打假维权的各项工作。一是上下联动，全方位打击侵权行为；二是积极协调，借助行政执法打击侵权；三是查取结合，动态管理侵权信息；四是加大宣传，树立中石化品牌形象。各部门经过5个月的协调配合，在市行政管理部门的大力支持下，截至2008年8月底，在全市发现的4座仿冒假冒中石化商标的加油站已经彻底清理完毕，圆满完成了省公司下达的任务指标。（帅栋梁）

【企业文化建设】 2008年，阳泉石油公司与时俱进打造具有自身特色的企业文化。公司坚持党建带团建、工建，充分发挥群众组织联系广大职工的桥梁纽带作用，工会以“安康杯”、“安健杯”竞赛为载体，积极动员职工参加政府部门组织的各项活动。年内公司被评为阳泉市“安康杯”竞赛优胜企业。团委以开展创建“青年文明号”、争做“青年岗位能手”为切入点，大力开展团建工作。开展丰富多彩的文体活动，做到重大节日不空过。春节前公司安排了大型文艺汇演、元宵节组织了体育比赛，“五四”前后组织优秀青年团员进行了拓展训练。2008年，公司被评为省级企业文化建设优秀单位。（帅栋梁）

粮油购销

【粮食安全体系建设】 2008年，市粮食安全体系建设得到进一步强化。一是各级储备粮管理状况处于良好水平。围绕创建“示范库（站）”和“现代化粮库”活动的开展，粮食仓储管理逐步由传统的管理模式向现代化管理模式转变。全市四个粮食储备库都进行了新建和扩建，普遍建设使用了先进的高大平方仓，粮情电子监控、环流熏蒸、机械通风等现代化储粮手段被广泛采用。绿色储粮取得积极进展，全市库存粮全年施用熏蒸药剂比上年减少50%。储备粮科学保粮率达到100%。二是储备实力更加雄厚。2008年5月，市新增5000吨省级储备玉米存储指标，由市西河滩国家粮食储备库承储，增强了阳泉市粮食储备实力，改善了储备粮的品种结构。市粮食局先后与河北、山东、江苏等地5家粮食单位签订了《粮食产销合作协议》，与小麦主产区建立了稳固的合作联系，为全市粮食购销建立了稳定的产销衔接渠道。三是应急手段进一步增强。根据形势发展的需要，市粮食局对2005年颁布的《关于应对突发事件保证市场粮食供应的应急预案》进行了修订完善，制定了《阳泉市粮食应急预案》，市人民政府以阳政办〔2009〕8号文颁发执行。为改善市国有面粉加工能力薄弱的潜在隐患，在山西阳泉西河滩国家粮食储备库新建2万吨面粉加工生产线，对山西阳泉国家储备库原有面粉厂进行了技术改造，提高了生产能力，两个企业共同生产的“三虎”牌面粉产品被山西省粮食行业协会评为“放心面粉”。四是西河滩国家粮食储备库1号万吨粮仓动工建设。为改善阳泉市市级储备粮储存条件而建，是继西河滩储备库4#、3#、2#库后的又一座现代化、高标准万吨粮库。五是市粮食安全工程庆典仪式隆重举行。7月25日，由市粮食局筹划，在山西阳泉西河滩国家粮食储备库隆重举行阳泉市粮食安全工程庆典仪式，以庆祝西河滩储备库2万吨面粉厂投产、5000吨省级储备粮入库、2号万吨粮仓竣工、1号万吨粮仓奠基。（龚 明）

【放心粮油工程】 2008年，根据山西省粮食局《关于做好“放心粮油工程”的实施意见》的精神，阳泉市粮食局制定了全市“放心粮油”工程建设的三年规划，并开始组织实施。当年，以山西阳泉西河滩国家粮食储备库为建设主体，注册成立了阳泉市康茂粮油配送中心，作为市级区域性“放心粮油”配送中心，整修完成400多平方米的“放心粮油”周转仓库一座，为建立全市配送网络奠定了基础。盂县粮食局以盂县粮油批发市场为基础，建成县级“放心粮油”配送中心1个，发展连锁中心店6家、放心粮油门店36家，形成县、乡、村三级配送联运网络。平定县粮食局建成县级“放心粮油”配送中心1个、连锁中心店10家、基层门店50家的营销网络。平定县、盂县两个县级配送中心当年投入运营，共配送各种粮油194万斤，营业额达600多万元，作为全市第一批“放心粮油工程”建设项目，通过了省粮食局组织的考核验收，并分别获得奖励金30万元。（龚 明）

【粮食流通监督检查】 2008年，市粮食局认真贯彻落实《粮食流通管理条例》，积极推进粮食依法行政，维护了粮食市场秩序。一是粮食执法体系进一步健全。编制8人的“阳泉市粮食流通管理稽查队”机构落实、人员到位，粮食流通执法工作全面展开。二是加强了对《粮食流通管理条例》的学习和宣传。在全市开展了《粮食流通管理条例》颁布四周年宣传活动，组织执法人员深入到市场及粮食经营企业和商户发放宣传材料，宣讲粮食政策法规，进一步提高了粮食执法的社会认知度。三是抓好粮食行业管理。对城区、矿区、开发区内的粮食经营户进行了摸底调查，掌握了粮食经营户的基本分布和经营情况，建立了管理档案。组织开展了全市粮食库存检查，掌握了粮食库存的数量和质量情况。四是加强市场监管。市粮食局与工商、卫生、技术监督等部门配合，进行了“迎奥运”及节日粮油市场检查整顿，特别是在“三聚氰胺奶粉事件”后，对全市市场销售的成品粮进行了安全检查，有力地维护了粮食市场秩序，保障了全市人民群众吃粮安全。阳泉市粮食局被国家粮食局

评为“2008年度全国粮食流通监督检查工作先进单位”。(龚　明)

供销合作商业

【概况】 2008年,市供销社学习实践科学发展观,圆满完成了市政府下达的工作目标任务,经济工作保持了平稳健康的发展态势,职工安定、企业稳定的局面进一步形成,为阳泉市的经济发展作出了较大的贡献。主要经济指标完成情况:商品销售总额完成62756万元,完成市政府下达目标任务的104.6%;利润完成42.5万元,完成市政府下达目标任务的132.8%;农资供应总额完成4988万元,完成目标任务的108.4%;农副产品收购完成3155万元,完成目标任务的116.9%;市社直属企业上缴5项统筹保险费用369万元,比上年增长24.3%;市社直属企业职工年工资增长32.7%。(光喜珍)

【天元家电公司获全国“百城万店无假货”活动示范店称号】 2008年,天元家电公司作为阳泉市家电行业的龙头企业,将培养企业文化做为构建企业竞争力的核心,对企业员工进行普遍的现代商业理念教育,坚持以“帮助人成功”为企业精神,以“诚信为本”为企业宗旨,坚持以“百城万店无假货”的标准严格律己,以“名、特、优”的商品和优质服务占领市场,年销售量突破3亿元大关,获得了全国“百城万店无假货”活动示范店的光荣称号。同时,天元家电公司还积极开拓房地产市场,形成了家用电器、电脑数码、房地产开发三足鼎立的发展格局。年内获市经济适用住房开发建设资格,建成了300余套高质量住房,受到了有关部门的赞誉。(光喜珍)

药材经营

【概况】 2008年,市医药药材公司在市场竞争加剧,企业面临诸多困难的情况下,公司,全体员工团结协作、辛勤工作,创新体制,努力扩大销售占领市场,进一步提高企业市场竞争力和抗风险能力,积极稳妥地推进企业各项工作,使企业逐步走出困境,步入平稳发展的轨道。2008年,公司销售收入实现 2748万元,较上年同期的2295万元,增长19.7%;三项费用总额完成519万元,较上年同期增加71万元;费用率为18.8%,较上年同期下降0.72个百分点;利润为亏损238万元,较上年同期亏损170万元,增亏68万元,其中新药特药经营部增亏68万元;在岗职工人均工资为690元/月,较上年同期增长51%;缴纳各项社会保险费78.2万元,其中缴纳养老保险费46.2万元,医疗保险费29.8万元,失业保险费2.2万元。(郝晋辉)

【企业改革改制】 2008年,市医药药材公司从改进企业机制入手,逐步适应市场要求。一是创新观念,积极进行经营机制改革探索。根据企业实际,对公司各经营部实行责任经营,增强了经营人员的责任心和工作动力,提高了企业的经营实力。二是对公司服务公司所属药店进行了整合重组,统一划归天泰药品零售连锁总店管理,既规范了管理,又增强了这些药店的抗风险能力。三是稳步推进新药特药经营部改制工作。公司所属新药特药经营部由于经营困难,亏损不断增加,已资不抵债,扭亏无望。在这种状况下,新特药经营部的改革改制工作势在必行。为做好新药特药经营部改制工作,公司领导班子和有关部门在对市场和新药部作了许多调研工作后,上报市国资委和省国资委并经核准实施破产。2008年12月6日,新药特药经营部召开了全体职工大会,大会应到职工56名,实到47名。会上以无记名方式对《职工安置方案》进行投票表决,表决结果为35票赞成,12票反对,通过了《新药特药经营部职工安置方案》。(郝晋辉)

【培育新的利润增长点】 2008年,市医药药材公司抓机遇,谋发展,努力培育新的利润增长点。首先。强化企业管理机制,为企业发展注入新的生机与活力。面对医药市场变化快,竞争激烈的局面,唯有提高企业自身能力去主动适应市场,企业才有出路,才能在市场中立足。为此,将提高企业自身能力放在首位。一是着重提高职工素质,本着人性化的原则,公司先后制订、健全和完善了企业员工管理制度,并责成专人负责落实。引导和教育职工树立“今天工作不努力,明天努力找工作”的忧患意识,增强职工工作积极性和主动性。通过一系列行之有效的管理措施,公司工作纪律和工作效率得到明显提高,为企业生存与发展创造了条件。通过调整人员结构。根据企业经营的需要,将一批懂经营、会管理的高素质的人员充实到经营部门,提升了企业经营实力,增强了企业市场竞争力。其次,积极参与新型农村合作医疗药品集中招标采购工作。2008年11月份为保证药品质量安全,降低药品虚高价格,公司确定经营部门专人负责此项工作,筛选出质优价廉的药品890种参加招标。其中825种药品中标,进一步拓宽了公司的销售渠道,为企业的持续发展提供了保障。第三是创新观念,积极进行医药物流配送中心兴建工作。为解决群众看病难,看病贵的问题,国家医疗改革方案将在近一时期出台,为配合国家建立比较规范的药品供应保障体系,将兴建晋东医药物流配送中心,为社区和新农村医疗卫生体系服务。建立一个区域性医药物流配送中心,可以提高医药商品流通集中度,降低医药商品流通费用率,是利国利民的好事。为使医药物流配送中心早日完成,在对阳泉医药市场进行调研、对全省范围内其他地市的医药物流情况进行了解,在此基础上完成了兴建晋东医药物流配送中心的

可行性报告,并上报市国资委和市发改委。（郝晋辉）

盐业专营

【概况】 2008年,山西盐业公司阳泉分公司围绕省公司五年之内实现建设山西新盐业的规划目标,以促进山西盐业事业的持续、稳定、健康发展为己任。内强管理、外树形象,紧紧抓住改革、管理、服务三条主线,上下齐心、奋力拼搏、克服重重困难,较好地完成了省公司下达的各项工作任务。2008年,购进各种盐18132吨,完成年计划的100.9%,比上年减少1200吨;销售各种盐15600吨,完成年计划的101.91%,比上年减少1080吨;实现销售收入1567万元,完成年计划的91.81%,比上年减少108万元。

（曹 浚）

【自营能力拓展】 2008年,山西盐业公司阳泉分公司努力完善配送网络体系,进一步拓展自营能力。在年初召开的全省盐业工作会议上,省公司确定了以批发部重建、供应链重塑为主要内容的物流网络创建工作为全年的工作重点之一。为了落实好省公司的这一长期战略目标,分公司在种种客观因素的制约下做了大量卓有成效的工作。首先,在上年工作的基础上,进一步完善了自营网络的信息管理系统,把自营区域内的客户信息、每月销售情况、网点铺设等信息资料录入电脑实现了微机化管理,随时掌握市场第一手动态资料,为有效地监控市场、提升服务打下了基础。其次,狠抓盐商品配送服务,本着不留死角、没有空白的原则,尤其是区域接壤地带,采取不需电话预约,主动送货上门的办法,有效地避免了私盐的倾销,促进了全年盐业销售任务的完成。（曹 浚）

【盐业市场监管】 2008年,山西盐业公司阳泉分公司同抓共管、加强协作,维护盐业市场稳定和有序发展。一是加大宣传力度。碘缺乏病的重点在农村,市场管理的难点也在农村。全市盐务部门,除在“3·15”、“5·15”、“12·4”上街宣传外,还利用农村庙会等传统节日,出动人员、车辆深入到农村,开展了“赠碘盐、送温暖、讲科学、讲政策”活动,共赠送碘盐1000余公斤,发放各种宣传资料近2万份。在宣传中把重点放在学校,在有关部门支持下,聘请市卫生、地方病防治方面的专家和领导给学生讲解碘缺乏病危害、科学补碘知识和国家盐业政策,以期通过学生影响家长,通过家长带动社会。二是加强食品加工用盐和工业用盐的监管。对食品加工用盐户生产的品种、年用量以及是否取得工商、卫生等有关部门的许可证进行了严格复查,重新更换账册,发现问题立即通报有关部门进行处理。三是重点检查。配合盐务部门对辖区内的学校食堂以及学校周边的饭店、副食商店进行了重点检查,一边检查、一边进行宣传教育,使广大群众进一步提高了拒绝食用私盐、劣制盐的自我保护意识。四是突击检查。对小工业盐用户进行突击检查,对管理松散的工业盐用户提出了改进意见,并要求他们严格管理,不得将工业盐流入食用盐市场。与此同时,下发通知要求各县公司密切注意边远山区、碘缺乏病重点地区,以及与河北接壤的周边地区的市场动态,切实加大稽查和宣传力度。

（曹 浚）

烟草专卖

【概况】 2008年,市烟草专卖局深入贯彻落实科学发展观,紧紧围绕行业三项建设重点工作任务,以健全自律机制为保障,以提升现代网建水平为基础,以深化用工分配制度改革为手段,以营造和谐文化为动力,全面提升阳泉烟草整体发展实力,不断推进全市行业向更加规范、更富效率、充满活力的目标大步前进,各项工作取得了较好成绩。全年卷烟调入总量49983箱;卷烟销售总量49331箱,较上年同期的48507箱增加824箱;卷烟销售收入达到5.56亿元,较上年同期增长13.6%;销售前20位全国性卷烟重点骨干品牌及视同品牌2.42万箱,增长6.85%,占总销量48.1 %,比上年提高了2.36个百分点;实现毛利1.54亿元,较上年同期增加了2420万元,增长了18.62 %;毛利率为27.7 %,较上年同期增长了1.18个百分点;实现利润1.08亿元,较上年同期增长12.41 %;上缴税金5155万元,较上年同期减少3.9%。

（李国民）

【规范化建设】 2008年,市烟草专卖局健全完善了内部监管机构,制定出台了《内部监管全面提升工作实施方案》,以“时间进度表”的形式明确了工作职责、目标任务、时间进度。将年度工作细化为115大项325小项具体任务,并分解到各个部门、每个岗位,全面实行月度员工逐级汇报,部门负责人、联合检查组逐级检查考核,构建起一张以岗位工作卡为点,以员工月度工作任务完成情况为线、以逐级检查汇报考核制度为面的规范有序的落实网络。结合“专卖人员强素质、广练兵、大比拼”、“内管人员百题现场问答”、“内管国标专题考试”、“赴吕梁市局参观学习”等系列活动,深入开展职业道德教育和企业文化再学习活动,举办“自律从我做起”主题演讲报告会。扎实开展规范自律宣传引导工作,通过制作内管宣传版面和在学习园地张贴员工“自律心得体会”等形式,促进员工自律意识入脑、入心。全体员工积极签定自律承诺书,形成了人人讲自律、人人抓自律的良好局面。按照内管规范要求,健全完善了检查考核、案件移交、教育培训等工作制度。制定《阳泉烟草内部专卖管理监督工作制度》16项、《内部专卖管理监督工作职责》7项、《内部专卖管理监督实施办法》5项,进一步明确了内部监管工作的内容、对象、职责和任务,实现了内管工作的制度化、标准化和规范化。专卖内管、营销、物流三个部门相互协作、密切配合,以专卖内管规范标准为准绳,明确关键岗位和内控关键节点,从卷烟购进、合同管理、订单采集、仓储管理等19个方面制定了111条内控制度,实现了卷烟经营活动全过程的有效监管。开展专卖内管"大干六十天、干不好心不甘"攻坚活动。统一全市行业内管系统预警处理标准、操作规范,做到及时登陆、准确分析、规范处理。每周随机电话询访50名零售户,保障卷烟配送工作规范开展。成立内管工作检查组,按季度对卷烟经营和规范管理工作进行检查。在全市范围聘请了100名零售客户作为专卖内管社会监督员,开展座谈会和调查问卷,拓展了监管深度和广度,提升了行业社会形象。借助信息化手段完善专卖证件管理系统、货源自动分货系统、数字化仓储管理系统、物流配送线路实时优化和GPS定位监控系统,提升了管控力度。认真配合省局检查组开展内部监管检查考核工作,召开"上半年内管检查问题整改专题工作会",对检查组提出的11项不足逐项深刻剖析,逐一制定整改措施,进行全面整改,力求提升监管水平,堵塞监管漏洞,实现规范经营。以行业三项检查和税务检查为契机,完善了大宗物资采购、工程项目投资管理和各个环节流程,明确了操作人员责、权、利,实现"阳光作业"的管理制度化、工作标准化、程序规范化。（李国民）

【专卖市场监管】 2008年,市烟草专卖局坚持以打击制售假烟网络为重点,始终保持卷烟打假打私高压态势,充分发挥卷烟打假协作机制的重要作用,确保市场监管工作取得明显成效。按照省局打假破网工作要求,将任务层层分解到岗、考核到人,明确了各级专卖部门的工作职责和工作标准,严格按照细化后的工作任务进行考核,形成打假多级联动、相互支撑的良好局面。充分发挥联合打假机制优势,与市工商、阳泉日报社联合开展有奖征集制售假烟线索活动,扩宽线索收集渠道。两次召开公检法、烟草四部门联席会议,增强协同执法合力。与公安、工商等部门联合开展了大规范的集中销毁假烟行动,震慑了制假分子,弘扬了社会正气。大力开展"3·15诚信维权"公益宣传活动,提高消费者自我防护意识,营造社会打假的良好氛围。加强专卖证件管理,规范了专卖许可证6项主要申请审批流程和文书表格在申请审批流程中的使用与填写,组织开展了案卷管理和证件管理评查活动,有效促进了证件、案件管理水平不断提升。坚持日常监管和集中治理相结合,组织开展了"元旦、春节"卷烟打假、百日清理整顿卷烟市场、"夏季打假"和"打网络攻坚战"等专项行动,取得了显著成效。年内,全市行业共查处违法案件472起,查扣违法假冒卷烟553万支,标值133万元,打掉售假窝点27个,其中案值2万元以上的8个,案值10万元以上的2个,刑事拘留3人,批捕判刑2人。特别是与吕梁市局联合破获了"8·24"网络案件,鼓舞了专卖人员士气,有效遏制了制售假烟违法犯罪活动。（李国民）

【企业和谐建设】 2008年,市烟草专卖局构建和谐烟草,分四个阶段开展"提高工作水平、提高办事效率"的教育活动,规范办文办事办会程序,有效促进了机关整体工作水平和办事效率。启动了协同办公系统,逐步替代纸张在部门间的传递,规范了办公流程,降低了办公成本,提高了办公效率。大力开展"讲党性、重品行、作表率"活动,按照活动实施方案中主要任务、工作目标、时间进度的要求,充分发挥党员干部模范带头作用,有力推进各项工作的顺利开展。深入领会行业文化精髓,营建起赋有阳泉烟草特色的"诚和"文化架构体系。编印《企业文化手册》,做到全市行业员工人手一册,利用网站、宣传专栏、标语等手段,积极宣贯"诚和"文化精神和理念。省局烟草学会对阳泉市行业母子文化建设情况进行了专题访谈,访谈内容在《山西烟草》杂志刊登,宣传和展示了阳泉烟草企业文化建设成果,提升企业文化形象。大力开展"打造服务头等舱"百日创建活动,将服务品牌冠名为"至诚致远"号服务头等舱,为建立真情互动、相互信任、友好合作的客我关系奠定了基础。组织开展了"抗冰救灾、爱心募捐"活动,行业员工为南方受灾地区捐赠资金3.5万元,棉衣被118件。积极响应抗震救灾号召,先后三次组织开展了"向灾区人民献爱心的抗震捐款救灾"活动和缴纳特殊党费,共计17.3万元,向地震灾区献上行业的责任心和员工的爱心。制定出台行业《节能减排工作实施方案》,大力开展"节能减排从身边做起"主题实践活动,将节能降耗工作落实到工作的每个流程中。组织全市行业离退休老同志和在职人员开展"年度健康体检"活动和"元宵节"职工文化娱乐活动,参加省局文艺汇演和市直机关"庆七一迎奥运展风采暨纪念改革开放30周年"歌咏比赛,丰富了职工生活,树立了行业社会形象,营造出和谐发展的内外部环境。（李国民）

交　通

铁　路

【阳泉火车站概况】 2008年，根据北京铁路局对基层站段机构设置的规定和要求，阳泉火车站撤销了劳动工资科、人事科，组建劳动人事科。变更后的阳泉站行政机构设安全科、技术科、运输和统计科、职工教育科、劳动人事科、计划财务科、综合科、信息技术科、办公室；党群组织设党委、纪委、工会、团委；车站下设调度车间、运转一车间、运转二车间、运转三车间、客运车间、阳泉货运车间，白羊墅运转车间、白羊墅货运车间，共8个生产车间，另外有装卸站1个。石太干线上有获鹿、头泉、上安、岩峰、井陉、南张村、井南、南峪、娘子关、程家、下盘石、岩会、乱流、赛鱼站，支线上有新井、凤山站，共16个中间站，计210个班组。多元经营企业有阳泉铁路实业总公司和阳泉、白羊墅劳动服务公司。截至2008年末，阳泉火车站共有职工2892人，其中，干部389人，女职工411人，党员974人，团员150人，专业技术职务高级人员1人、中级人员55人、初级人员194人，工人技师61人、高级技工1062人、中级技工430人、初级技工1人。年内，阳泉站连续第4次获阳泉市安全生产"模范单位"(奖牌)称号。

2008年，阳泉火车站办理货物3641.1万吨；有大型装载机械26台、小型装载机械7台，最大起重能力50吨；配属专用调车机13台、调度机5台；固定资产总额原值10580.4万元。　（武海生）

【生产与经营指标完成情况】 2008年，阳泉站运输收入205252万元，其中客运收入4462万元、货运收入200790万元；多元经济总收入28254万元，利润504万元；运输总支出17165.5万元。旅客发送量146万人，货物发送3641.1万吨；日均装车1526车、日均卸车208车，静载重65.2吨；中转时间4.9小时、停站时间28.2小时；日办理车6900辆。截至12月31日，阳泉站实现连续安全生产675天。　（武海生）

【阳泉火车站接管石太客专线阳泉段】 2008年12月25日，根据北京铁路局《关于石太客专线联调联试及检测试验安排的通知》(京铁师电〔2008〕1469号)铁路电报要求，阳泉站开始接管石太客专线阳泉段。为了实现顺利接管，阳泉站对专业干部、现场职工的思想品德、业务技能、身体素质等多个方面进行调查与培训，并抽调了部分专业干部、现场职工，共50多人，派驻获鹿站、井陉北站、阳泉北站、东凌井站，负责石太客专线(东自获鹿站西至局界点)列车动态联调联试、检测期间的行车作业组织。　（武海生）

【运输加大 效率提高 收入增加】 2008年，阳泉火车站紧抓奥运年煤炭市场销售火爆的大好契机，组织有关部门开展联合攻关，攻克了阳泉矿务局各装煤点先天设计一次装车不足5000吨能力的难关，使得调车机在牵引既有4500吨的列车上进行"补轴"，每列再加挂7辆车，使每列上行煤车达到5000吨，同时，阳泉站还加大编发向济南局及东北方向开行的远程直达5000吨重载列车比例。年内，全站累计开行5000吨重载列车3134列，其中，始发直达列车比重达87%。由于列车"补轴"，阳泉站全年节约机车340余台次。

阳泉站辖区内的白羊墅站区，白(羊墅)荫(营)16公里支线上的地方煤矿，煤炭发运户多、发运量少、装车点多、装车点散，每个发运户、装车点都不具备整列装车的能力，年内，阳泉站通过整合货位资源，将同品种、同去向的货源整合，

采取优化货位、整钩装车、"串糖葫芦"组流组合措施,减少了调车作业环节,满足了列车编组,压缩停站时间,提高了作业效率。全年白羊墅站区黑白货物运输总量增至1489.6万吨,占阳泉站货物发送总量的五分之二,较上年多运77万吨。

年内,阳泉站还采取内涵挖潜,以较少的低成本投入换取最大运输效益措施。阳泉运转一车间、运转二车间和白羊墅运转车间三个车间的三座驼峰程度不同地出现溜放车组走行速度大、现场作业不敢溜放大组重车、部分溜放作业被迫改成推进作业来完成的问题,严重制约着生产效率。为了彻底解决这一问题,阳泉站安排组织有关人员跟班检测溜速,同时又邀请驼峰设备生产厂家实地专家检测,并一次性投资273万元,更新和加装了减速顶2290台,彻底解决了溜放车组走行速度大、减速难的问题,使驼峰编解作业效率提高了50%。 (武海生)

公　　路

【市交通局概况】 2008年,阳泉市交通局围绕转型发展、安全发展、和谐发展不断提高公路交通服务水平和服务功能,紧紧抓住公路建设新高潮的历史性机遇,积极主动拓展公路工程市场,进一步增强自身发展活力和动力。坚持"三网"(高速公路网、干线路网、农村公路网)并重、建设与养护管理并重、公路建设与运输发展并重的方针,进一步加快推进结构调整与交通增长方式转变,着力构建全市建设新型能源和工业基地的交通支撑保障服务体系。年内,阳泉交通局先后荣获中华全国总工会授予抗震救灾物资抢运大队的"抗震救灾重建家园全国工人先锋号"称号,中共山西省委依法治省领导组授予的"法制宣传教育十佳集体"称号,山西省交通厅授予的2008年度"完成工作目标责任制先进单位"、"安全生产管理工作先进单位"、"全省道路水路春节运输工作先进单位",并连续六年获"山西交通年鉴工作先进单位",中共阳泉市委、市政府授予的2008年度"民主评议政风行风工作先进单位"、"支持新农村建设先进单位"、"安全生产先进单位",中共阳泉市委授予的"先进基层党组织"等国家、省、市荣誉称号20多项。

公路建设 2008年,公路建设固定资产投资计划30000万元,实际完成50043.7万元,完成计划的166.8%;新增公路通车里程计划30公里,实际完成80.2公里,完成计划的267.4%;新增高级、次高级路面里程计划40公里,实际完成80.2公里,完成计划的200.5%;村通水泥(油)路计划新增10个,实际完成10个,完成计划的100%;通达工程计划30公里,实际完成30公里,完成计划的100%;通畅工程计划200公里,实际完成200公里,完成计划的100%;县乡公路改造工程计划200公里,实际完成304.5公里,完成计划的152.3%。县乡公路GBM工程计划30公里,实际完成64.6公里,完成计划的215.3%;县乡公路文明路计划50公里,实际完成64.6公里,完成计划的129.2%。

公路养护 截至2008年底,县乡公路养护好路率计划73%,实际好路率达到87.5%,完成计划的119.9%;年平均好路率计划71%,实际年平均好路率达到82.9%,完成计划的116.8%;养护综合值计划65,实际养护综合值达到78.4,完成计划的120.6%;年平均养护综合值计划62,实际年平均养护综合值达到76.8,完成计划的123.6%;创建文明示范路64.6公里。

年内,全市各级交通部门和地方政府不断加大县乡公路改造和养护管理投入,集中整治和加强薄弱环节,改善公路技术状况,消除安全隐患,大大提高了公路通行能力和安全保障能力。县乡公路养护体现为"两个战略转移",一是由公路建设向养护管理转移,实现了"三化"(机械化、标准化、精品化)目标。市交通局道路管理处与各级地方政府积极协调,达成共识,共筹措投入养护管理资金100余万元,配置县乡公路养护专用车、补坑槽机、平路机、打标线机等专用设备,全面告别了人工养护的传统落后的养护手段,使县乡公路养护初步实现了机械化;各县区在完善养护管理体系、创新养护机制的基础上,实行了"定路段、定人员、定标准、定资金、定奖惩"五定管理办法,实现了养护标准化;按照"路路平、道道净、线线白、条条绿"的养护要求,全市各县区共创新循环样板路15条200余公里,采取整修路肩边坡、完善标志标线、种植花草树木、设置美化景点等措施,使县级公路养护实现了精品化。盂县交通局推行的"道班包片"养护模式,极大地提高了养护效率。郊区交通局创新的"养一条路、塑一道风景"县乡道路养护新思路,突出了养护品牌效应。尤其是平定县交通局首创的建、养、管、运"四位一体"模式的实施,收到了良好的效果,保证了养护质量。特别是交通部政策咨询小组专家在平定县调研后,给予了极高的评价和肯定,认为此举在全国乃属首创。二是由村通公路建设向县乡公路改造转移。市道路处和各县(区)交通局紧紧抓住国债资金、开行贷款和阳泉至五台山高速公路开工建设的机遇,早规划、早动手,掀起县乡公路改造高潮。同时,加大了国省道改线升级和运煤专用通道建设的力度,仅2008年投资额就高达4亿元,路网通行保障能力明显提高。

年内,市交通局结合"质量管理年"活动,严把质量关,认真落实单位自检、社会监督、业主负责、政府监督保证体系,工程质量优良率达到90%以上,实现了高起点、高等级、高标准、高质量"四高"要求。

道路运输 2008年,全年完成货运量8128.5万吨,完成年计划的100.8%,完成货物周转量384773万吨公里,完成年计划的100%;完成客运量 3266.5 万人,完成年计划的 100.3%,完成旅客周转量 113655 万人公里,完成年计划的 100%。全年征收运输管理费 3688 万元,完成年计划的 137%;征收客运附加费 790 万元,完成年计划的 113%。具体体现在以下五个方面。

一、农村客运网络化建设步伐加快,县乡道路客运通达深度不断提高。截至 2008 年底,全市共有县乡道路客运线路 185 条,客运车辆 448 辆,候车亭 260 个,招呼站(牌) 544 个(其中:2008 年新建候车亭 50 个,招呼站牌 50 个),乡镇通客车率达 100%,通车行政村达 916 个,行政村通客车率达 96%。年内,全市在建的 16 个乡镇汽车站全部建成,已有 13 个新建乡镇汽车站投入运营。农村道路客运基础设施覆盖率达到 76%。

二、大力推进道路运输保障体系建设,不断提高应急保障能力。2008 年,市公路交通局在接到全市电厂燃煤告急、紧急抢运电煤通知后,先后两次启动战略物资道路运输保障车队,从 2 月 8 日 ~12 日完成电煤 2266 辆次,运输电煤 27455 吨,确保了全市三大电厂春节燃煤供应。

三、加快客运协调发展,积极推进城乡客运一体化。2008 年 11 月 12 日原隶属市建设局管辖的城市客运管理职能正式移交市交通局。市公共交通总公司成立于 1964 年 1 月,属国有二级企业,下设 5 个分公司,2 个保修厂,1 个小车修理厂,1 个广告公司和 1 个服务公司(三产企业)。总公司设置 16 个职能部室,拥有在册职工 2350 名、离退休职工 456 名,拥有公交运营车辆 386.5 标台,开辟客运线路 31 条,公交客运线路总长度达 405 公里。2008 年,总公司投资 3000 余万元购入以天然气燃料为动力的环保公共汽车 120 台,为建设环境优美型城市提供了科学交通支撑。截至年底,全市拥有出租客运车辆 1989 部,其中,在册出租汽车 1895 部,大客车和中巴车 94 部。从业人员 1583 人,经营出租汽车企业 13 户。城市客运中巴营运线路 14 条。

四、依法治运、加强驾校整治,道路运输市场环境得到明显改善。2008 年先后开展了旅客运输、危货运输、汽车维修市场、驾培市场、客运站场等专项整顿,取缔了一批不符合条件的经营业户和客运、危货运输车辆,查处了一批违法违规行为,运输业户守法经营意识明显增强。首先,在全市开展了汽车维修企业与检测行业“服务质量年”活动,整顿规范维修市场,强化维修质量监督管理,构建汽车救援服务网络,实现维修服务资源和信息网络资源共享,充分发挥服务公共社会成员职能。全年共计救援车辆 1752 辆次,救援产值达 38 万余元。其次,2008 年继续以提高驾驶员培训质量为主线,加强对教练员队伍管理,推动驾校规模化、专业化经营。全年投资 1500 万元新建驾校一所;投资 218 万元增加驾校教学设备;投入驾校培训场地规范化改造资金 190 万元,全市形成了师资雄厚、设备完善、服务良好的驾驶员培训网络。在全省职工技术大赛驾驶培训教练员技术比赛中取得优异成绩,两名教练员分别被省劳动竞赛委员会荣记一等功和二等功。再次,在加大道路运输市场监管力度、开展严厉打击非法营运“黑车”“黑户”、规范道路运输市场秩序联合行动中,全年共出动各种不同形式稽查活动人员 61300 人次,查处各类违章车辆 1700 余辆,补征规费 4895118 元,行政处罚违章车辆 126 辆,罚款 456800 元。运管稽查支队被省纠风办公室授予“治理公路三乱”先进集体。

五、科技兴运,道路运输信息化建设在现代化管理中得到广泛应用。2008 年,为实施科技兴运战略,增强科技及信息化管理能力,市道路运输管理处以信息化管理为重点,积极推广信息技术、网络通信技术和卫星定位技术等现代化管理手段,加快了传统运输生产管理方式的改造升级,大大提升了运政管理和服务水平。年内,市道路运输管理处建成 GPS 二级监管平台,并与全市 7 家企业三级平台实现了联网运行。全市安装并投入运作的 GPS 动态行驶记录仪的营运车辆达到 336 辆。

规费征收　2008 年,市规费征收稽查处共征收拖拉机养路费 635.12 万元,完成年计划的 130.6%,代征铁路道口安全管理费 5.04 万元,完成年计划的 112%。

交通企业　2008 年,阳泉市交通局全年完成货运量 799.3 万吨,货物周转量 98104 万吨公里,分别完成年计划的 106.6%和 103.6%;完成客运量 853.8 万人,旅客周转量 36784 万人公里,分别完成年计划的 123.7%和 132.5%;实现利润 240.7 万元;完成多种经营收入 533.4 万元;全公司资产保值增值率达 103.71%;职工全年收入比上年增长 25%。全年发展载货汽车主车 819 部、挂车 135 部,完成年计划的 117%;截至 12 月底,阳泉交通集团有限公司拥有载货汽车 2019 部,25137 个吨位;拥有客运汽车 185 部,4406 座位。汽车修造运输有限公司年底统计拥有载货汽车 787 部,9565.2 个吨位;全年发展载货汽车 181 部,3079.7 个吨位;拥有客运汽车 83 部,1813 座位;客运线路 41 条。全年完成货运量 295.4 万吨,货物周转量 35702 万吨公里,分别完成年计划的 102%和 102%;完成客运量 325 万人,旅客周转量 14233 万人公里,分别完成年计划的 103%和 102%;全年完成多种经营收入 212 万元。

交通科技　2008 年阳泉市交通局成功举办了全市交通系统科技论文、科技项目成果交流大会,共收集科技论文及科技项目成果和推广应用项目 26 篇(件),并进行了大会交流。10 月份市交通局与市科技局共同组织了主题为“环境保护与节约能源"的全市交通科普宣传活动,先后深入全市各县(区)乡镇,历时3天,并选送了3名科普志愿者参加了国家有关部门组织的中国科普志愿者活动。年内,市交通局与长治市交通局联合组织开展交通规费征稽系统微机征管操作培训交流活动,实现了全市两县三区全部微机打票。同时,全市交通系统还建成了GPS三级监管平台实现联网运行,共有336台汽车安装GPS动态行驶记录仪,使先进的交通科技成果得以推广应用。2008年,阳泉市交通局坚持实体工程技术研究与应用,为交通建设提供强有力的技术保障,紧紧围绕全市公路交通运输发展规划,加强了对交通发展具有前瞻性、战略性、实用性问题的研究,先后开展了《浅谈水泥砼路面不等距斜缩缝在施工中的应用》、《CASS成图系统软件在公路工程测量中的应用》、《煤沥青贯入式在山西公路中的应用》、《轮桥定位与车架矫正技术》等交通科技项目的研究与推广。

2008年,随着交通科技的不断提高,市交通局在节能减排工作上取得了显著成效。全年仅水、电、燃油等消耗比上年降低了25%,并在全省运管系统节能减排工作阳泉座谈会议上进行了交流。

精神文明建设 2008年,阳泉市交通局在"五个文明"创建活动基础上,开展了文明路、文明车、文明线路、文明和谐窗口、文明职工、文明和谐单位、文明家属、文明经营户、精神文明建设工作者"九个文明"创建活动。全年投入行业精神文明建设专项资金100多万元,取得了预期效果。年内,完成文明路建设63.3公里,其中郊区20.8公里,平定县21.6公里,盂县20.9公里;涌现出文明客车10部,文明货车10部;公路客运文明线路在上一年5条的基础上又增加2条;在全省交通系统率先建成了交通博览室、图书阅览室、乒乓球活动室等交通文化教育园地和文体活动场所;阳泉市交通局荣获省级"文明单位"、市级"标兵文明单位"及"阳泉市文明行业"称号;市运管处及郊区交通局荣获市级"标兵文明单位"称号;阳泉市汽车运输修造公司及平定县交通局荣获市级"文明单位"称号;大村收费站荣获省级"文明示范窗口"称号;全市评出公路交通行业文明经营户10家;全市交通系统评出文明职工20名,文明家属20名,精神文明先进工作者10名。

(史晋阳)

【交通部部长政策咨询小组到阳泉市调研】 2008年6月14日,交通部部长政策咨询小组深入阳泉市,就农村公路建设在平定县进行了调研。调研组先后在平定县西外环路施工现场,平定县冠山镇、冶西镇,冠山—小蘑菇度假村—龟背山22公里长的生态旅游路上进行调研。通过实地察看,调研组认为,阳泉市农村公路养护与村容村貌建设双管齐下的做法值得肯定和提倡。同时,调研组对平定县在农村公路建设、养护上采取"上级补一点、财政拿一点、社会集一点、乡镇筹一点、企业出一点、村民投一点"的做法十分认同。

(史晋阳)

【省农村公路养护观摩团莅临平定县】 2008年7月10日下午,全省农村公路养护观摩团莅临平定县,对该县农村公路养护管理工作进行观摩指导。2002年以来,平定县围绕全县工作重点,紧紧抓住国家、省、市农村公路政策机遇,农村公路建设取得了可喜的成绩,全县318个行政村有315个通了硬化路,通达率达到99.06%,全县农村客运线路达到66条,通客车163辆,乡镇通客车率达到100%,村通客车率达到96%。观摩团对平定县公路建管养三位一体中坚持责任到位、资金到位、监管到位的做法给予充分肯定。

(史晋阳)

【抗震救灾】 四川汶川发生大地震后,阳泉交通集团有限公司和汽车修造运输有限公司集结20部大型货车,在最短的时间内,把440多吨价值339万元的药品、食品、抢险物资送到了德阳灾区最前线,安全圆满完成了全省第一家、全市第一次抢运任务。5月24日开始,市交通局又积极组织人力、物力、财力安全运输3000套安置房的到都江堰市。

此次抗震救灾建房物资运输,阳泉市交通局共组织调运特大型车辆338辆次,运送活动板房3203套,单运门窗3106套。全市交通系统和社会单位参战人员累计达2000余人次,运输车辆累计行程120万车公里,各运输部门和单位累计投入保障服务费用50余万元。各单位、各车主、各司机除上级拨给的费用外,另捐献600多万元。阳泉市交通局提前6天完成了运输安置房任务,并创造了"四个零"目标(零待料——快速抢运,无因料误工;零事故——安全为天,无重大事故;零损毁——精心装运,无较大损坏;零倒装——修路垫道,无二次搬运),其中,损毁率规定5%,实际运输不到0.5%。

(史晋阳)

【道路运输治超】 自全省"一无缝隙拉网式"集中治超启动以来,2008年,阳泉运管处认真分析治超工作"反复抓、抓反复"的实际,积极探索加强源头管理、建立长效机制的有效途径,利用科技手段,从源头上控制超限超载,尤其是在阳煤集团使用装载机称重仪加强源头治超方面,取得显著成效。

阳煤集团是全国最大的无烟煤生产企业之一,是国有特大型煤炭企业,在城矿区有6个主要煤炭装载储运场,年产煤炭3000余万吨,40%的产品通过公路运输。针对产品比重大、装载准确度低、车辆检测重复率高、不易装卸,极易造成超限超载的实际情况,阳煤集团安装使用了装载机电子计量仪,使装载重量精度达到0.05吨/次的误差,极大地提高了车辆装载准确率,避免了超限超载现象的发生。在阳煤集团6个装载储运场近40台装载机安装后，每天使用计量仪为车辆装载数达2000辆左右，装载煤炭近6万吨，车辆复检率大幅降低，超重卸载基本消失，一次性装载合格率达到90%以上，工作效率显著提高，源头治超取得良好的效果，企业也获得了较大经济效益。在市运管处的推动下，阳煤集团已计划将该称重仪安装到公司所有煤炭装载设备上，彻底杜绝源头超限超载，争创全省“无双超”货运源头企业，让厂矿企业、运输业户切实体会到源头管理的优越性。（史晋阳）

【山西华伦陶瓷有限公司利用煤矸石制陶项目获国家金桥奖】 固体废弃物煤矸石的排放是阳泉市的第一大污染源，多年来已累积堆存1.5亿吨，排放量占市排放量的65%。煤矸石瓷质砖制备工艺是山西华伦陶瓷有限公司运用中国地质大学国家863计划课题成果的废物利用项目，其特点是瓷质砖原料中加入约30%的煤矸石，既降低成本又减少煤矸石对环境的污染。该产品具有防污、零级吸水率、无放射性、光泽度高等特点；产品规格适中，品种全、起点高，对市场变化的适应能力强，主要用于楼堂馆所的室内地面装修和台面装修。该项目不仅符合国家产业政策，同时也保护了资源，改善了环境，具有较明显的经济和社会效益。2008年3月山西华伦陶瓷有限公司利用煤矸石作原料瓷质砖制备工艺项目获中国技术市场协会颁发的“金桥奖”。（史晋阳）

【农村公路养护】 随着对养护认识的提高和公路养护体制改革的不断深化，全市三个县(区)创建了不同的农村公路养护模式。平定县以县交通局公路管理站为主体，成立了公路养护公司，养护公司按乡镇分片，下设8个养护道班，将公路养护任务层层分解，落实到人头，进行严格考核。郊区采取县公路由区交通局成立养护队直管，乡路和村路委托乡镇管理的方式。盂县交通局则成立了养护中心，负责县乡公路的养管任务，村公路委托村委会管理。全市农村公路养护工作已基本走上规范化管理轨道。2008年，全市落实配套资金400万元，进一步明确责任主体。

在继续完善和健全各项规章制度的基础上，市交通局组织实施了以创建示范样板路为中心的养护工程。为确保养护质量，市交通局在2008年7月份组织了由工程技术管理人员及各县(区)交通局和市财政局有关领导和专家，共同参加的全市农村公路养护观摩检查专题会。会议予以肯定并推广了平定县养护示范路的工作经验，并提出下一步养护工作的要求。同时，全市筹措养护工程资金1500余万元，以更高的标准投入农村公路养护示范样板路的建设。截至2008年底，全市共建成10条养护样板示范路，共设置完成里程碑153块、百米桩336根，标志297个、标线376公里、防护栏墩702个，完成县乡公路行道树10000余棵。

年内，全市共投资500余万元，对境内县乡公路上大中桥梁中的3座危桥进行了改造加固，进一步明确了桥梁管理的行政责任人和技术责任人，设立了明显的限载标志，严格落实巡查制度，确保农村公路安全、畅通。

2008年全市农村公路养护工作成效明显，一是由以往的单纯清扫路面、清理积水，发展到完善附属设施、改善环境、提升服务水平上来，三个县(区)都建成了多处人文景观，特别是平定县栽植了100余公里的沿路花草，为车辆和行人创造了舒适、优美的交通道路环境，为城乡一体化建设作出了新的贡献，大大缩小了农村公路养护和干线公路养护的差距。二是机械化程度提高，筹措资金100余万元，配置农用养护专用车、补坑槽机、平路机、打标线机等，使县乡公路养护初步实现机械化。三是公路养护部门真正发挥了职能作用，创新思路，开拓市场，责任明确，奖惩严格，实现了养护体制改革的新跃升。2008年全市农村公路养护取得了历史性的突破，养护工程和日常养护总投入2000余万元。（史晋阳）

【义白路桃河特大桥荣获“太行杯”奖】 2008年7月，阳泉市义白路桃河特大桥荣获“太行杯”山西省土木工程最高奖，这是该工程在2007年4月被评为省优良工程后获得的又一殊荣。义白路（义井桥—白羊墅)一级公路，由市交通局下属的宏大公路经营有限公司于2003年开工建设，2004年10月通车，全长10公里。义白路特大桥是为义白路跨越桃河、石太双线电气化铁路、白荫支线铁路而设计建设的。大桥主孔为65米钢混结合梁，全长1067米，建筑面积11737平方米，工程总概算4449万元，工程决算4224万元，节约投资224万元。（史晋阳）

【盂县农村公路建设】 为使农村公路做到“建、养、管”一体化，2008年，盂县交通局按照“有钱建路、有人管路、有人养路”的原则，在全县14个乡镇政府内设置乡镇道路管理站，作为镇村公路管理养护工作的养护机构，由分管交通的乡镇长或副乡镇长担任道路管理站站长，具体负责乡镇内农村公路管理养护的日常工作，协助县交通局组织日常农村公路管理养护检查、验收、评比等工作。在每个建制村内，由乡镇道路管理站负责，按每人养护2.5公里为标准招聘农民养路工。农民养路工的工资由基本工资和奖励工资两部分组成，基本工资每月300元~500元不等，奖励工资按其负责养护路段的养护质量情况和评比结果而定。农民养路工除做好通村公路的养护工作外，还要负责日常的管理工作，如禁止在公路乱搭、乱建、乱堆放等影响交通安全和乡村道路管理的违章行为。县交通主管部门每月定期对农村道路养护质量

情况进行检查考核。盂县农村公路专人管养体制的改革实施，为农村公路管理养护走上规范化、标准化奠定了基础。（史晋阳）

【阳泉至五台山高速公路阳泉至盂县段奠基】 2008年1月11日，阳泉至五台山高速公路阳泉至盂县段正式奠基。阳泉至五台山高速公路是山西省高速公路网的重要连接线，是山西省东纵干线公路的重要组成部分。此项目采用BOT模式，由中国建筑总公司投资建设。工程起点接太旧高速公路平定枢纽，终点与忻阜高速公路石盆口枢纽并网，全长建设里程182公里，其中阳泉境内150公里、忻州境内32公里，投资估算109.1亿元。阳泉至盂县高速公路是阳泉至五台山高速公路的一期工程，建设里程46.6公里，预计投资27.35亿元，建设工期为3年。公路按双向四车道标准设计，设计时速80公里，路基宽度24.5米。工程完工后，将带动山西省东纵干线的快速发展，对完善山西高速公路和东纵干线公路网起到积极的促进作用，对山西经济的发展具有十分重要的意义。（史晋阳）

【阳泉公路分局概况】 2008年阳泉公路分局重点抓了六项工作。一是对2007年完工的207线、307线改建工程继续进行完善，认真抓好石阳线路面改造，积极做好出省公路杨白线、盂榆线方山隧道、207线东会里至杨树沟二级路改建的前期工作，促进路网上等升级，路况质量全面改善。二是不断提升公路服务功能，完善安保设施建设，强化桥梁监控，进一步健全公路应急保障机制，切实保障干线公路的安全畅通，保障春运、黄金周、奥运会期间的公路运输需要，增强公共服务能力和水平。三是持之以恒地抓好“拉网式、无缝隙”集中治超工作，做到严防死守，绝不放出一部超限车辆，同时继续推进干线公路综合治理工作，积极创新治理形式，形成公路环境治理的长效机制。四是抓好通行费征收，继续完善收费制度，开展优质服务活动，加大对“人情车”、“特权车”的治理力度，努力降低漏费率，力争全年收费额再破新记录。五是加强对生产经营性单位的考核力度，依靠各单位自身业务优势，积极开拓内外两个市场，争创良好经济效益，提高经营单位综合实力。六是加强党建和精神文明建设，积极开展创建文明和谐单位、文明示范窗口等活动，繁荣公路文化建设，实现和谐发展。（韩　静）

【国道307线险情排除】 2008年5月6日早8时，国道307线398+300左侧上坡长约50米，高约30米山体因地质不稳突发大型滑塌，严重危及车辆行人的安全以及沿线人民的正常生活、生产。阳泉公路分局当即启动应急预案，从分局到养护段主要领导和有关技术人员迅速赶往现场制定抢险方案，现场指挥抢险，一方面采取应急防御措施，一方面全面展开抢险工作。经过8昼夜连续奋战，5月15日凌晨4时该处险情全部排除，卸除险山1万余方，国道307线恢复正常通行，比预计工期提前7天。（韩　静）

【路网收费公路建设项目通过验收】 根据山西省公路局县际路网收费公路项目安排，阳泉公路分局自2007年年底开始，对2003年至2005年分局建设的东纵干线会里至二院段公路及省道314阳曲至双山段公路两个项目的实施情况，从立项决策、方案设计、工程施工到运营管理全过程各阶段工作进行了全面的回访、调查、分析和评价，并于2008年4月底全部结束。2008年6月18日省局对该项工作的全面检查验收，两个项目均受到好评。（韩　静）

【改善公路通行环境】 2008年，阳泉公路分局平定段结合县政府对城乡环境综合整治要求，重点对公路的日常养护、路政管理工作进行全面的安排部署。从6月份开始，以过村镇路段、薄弱路段为突破口，采取与县、乡镇、村三级联动，对公路脏乱差进行了全方位治理。一是加大日常养护及小修保养管理力度。投入大量机械和人力，重点对国道207线平定到昔阳段、国道307线旧关至槐树铺段、省道315线河北交界至娘子关桃河大桥段进行了环境整治。二是对上年工程遗留问题协调处理。通过分局积极联络各有关部门，国道207线、307线以及省道娘阳线工程遗留的各种建筑垃圾及时得到清理。三是完善公路沿线设施及绿化美化公路环境。对沿线公路边沟、路缘以及平交道口等构造物进行了恢复，重新整刷公路两侧的上下边坡，修整沿线公路两侧宽约2米的绿化带，铲除小麦5400平方米种植本地花草，确保公路两侧绿化美化；在国道207线昔阳交界原有绿化的基础上，积极与上级主管部门联系和张庄政府共同新建一处高标准的绿化景点，确保公路交界环境优美；整治国道207线庄窝村路段公路中间损毁严重的花池隔离带。同时书写有关公路宣传标语，提高群众爱路护路的意识，营造良好的公路环境氛围。四是强化建筑控制区管理。路政人员坚持24小时巡路制度，并根据实际情况，科学合理安排巡查时段及路段，严格落实责任路段工作制，提高路政案件的发现率和查处率，确保巡路工作的有效性。（韩　静）

【道班“十好”建设】 2008年，为了有效提高公路养护质量和养护品味，激发养路员工生产积极性和创造性，阳泉公路分局盂县段在全段8个道班中开展“十好”(道班管理规范好、路容路貌保洁好、桥涵构造维护好、绿化美化效果好、沿线设施维修好、安全生产无事故好、文明路段恢复好、出勤出工效率好、创新养护思路好、服务经济效益好）建设，促进了公路养护工作又好又快健康发展。（韩　静）

【六项安保措施迎奥运】 2008年，为了做好奥运期间的安全稳定工作，保障干线公路的安全畅通，阳泉公路分局强化六项措施，确保奥运期间各项工作万无一失。一是完善专项值班制度。设立了专门的值班室，从机关到各基层单位实行24小时值班制度，每天定时将道路畅通情况、公路应急突发情况及单位内部稳控情况等汇总上报，保持了信息渠道的畅通和上报的及时。二是认真做好干线公路养护工作。组织了养护巡视，在保障公路畅通的同时，积极设置景点美化公路环境，尤其是重点保障奥运绕行路线的畅通、安全和美化，积极为“赛在北京，游在山西”的部署提供保障。三是加大安全检查力度。开展了“迎奥运、保稳定、安全生产百日督查专项行动”，对拟定的10项重点督查内容和18个基层单位开展了安全检查，重点对170座桥梁进行了隐患排查，共排查出7座病害桥梁，1处险山塌方隐患，并分别采取了措施治理。四是认真做好单位稳控工作。积极做好信访工作，对协议工遗留问题由各级领导包单位、包重点对象，多次进行接待沟通工作，避免出现奥运期间的集体越级上访；高度重视单位其他涉稳问题的处治，深入发现和消除各种不稳定因素。重点对路桥公司人员状况进行摸底排查，对涉及安全的在建工程工地、外雇民工、民爆物品等进行了严密的防控，针对职工苗头性问题进行了积极协调和预先处治，保证了公司的正常运营和职工情绪的稳定。五是完善应急突发状况预案，进行了方案预演。对重要桥梁、隧道等构造物派驻专人看管，确保公路运行万无一失。六是加强了对路政执法及收费单位的稽查工作。多次组织了明察暗访，认真纠正各项不规范行为，坚决杜绝公路“三乱”的发生。

（韩　静）

【阳泉公路分局召开政风行风听证对话会】 2008年9月18日阳泉公路分局在阳泉市政风行风领导组指定会场召开了政风行风民主评议听证对话会。在现场，政风行风监督员和社会各界服务对象紧紧围绕公路养护、公路治理超限超载、公路收费政策、服务措施等群众最为关注的热点、难点提出了17个问题和建议，阳泉公路分局领导及科室主要负责人逐条进行回答，对能够解决的问题当场给予答复，对一时难以解决或涉及范围较广的问题，责成有关领导和科室定时间、定任务限期答复。

（韩　静）

【通行费征收任务提前完成】 2008年，针对路网完善后部分车辆分流的客观实际，阳泉公路分局早安排、早部署，认真执行“应征不漏，应免不征”，突出“四个加强，四个狠抓”（加强组织领导、狠抓目标管理，加强堵漏增收、狠抓清理整顿，加强部门配合、狠抓宣传协调，加强文明建设、狠抓窗口形象），围绕“巩固提高、完善配套、精细管理、注重实效”，把工作的着力点放在本地车的征收和服务上，重点抓了月票管理和文明服务两个环节。截至9月25日，阳泉公路分局完成征收车辆通行费任务8460万元，超过山西省公路局计划任务的1.25%，比上年增长69.74%，提前95天完成了全年征费任务。

（韩　静）

【国道省道公路实行路政共管】 2008年，为进一步加强国道、省道公路路政工作，由阳泉公路分局牵头，阳泉市政府下文出台了《阳泉市国省道公路路政共管办法》，并与各县区签订了路政共管责任书，对辖区内国省干线公路实行公路部门和地方政府共管的治理模式。公路路政共管坚持“属地管理与专业管理，集中整治与长效管理有机结合”的工作原则。阳泉市（县区）各级人民政府把公路路政共管工作纳入重要议事议程，把此项工作经费纳入本级财政预算，成立了由公路规划、国土、经委、工商、公安、煤运等单位和公路沿线有关乡（镇）主要负责人组成的公路路政共管领导组，并设立办公室，明确专人负责日常工作，统筹协调辖区内路政共管事宜，每两个月召开一次工作例会，研究解决有关事宜。阳泉市路政共管工作的推行将有力地推动国道、省道干线公路的环境治理，有助于公路服务能力的进一步提高和城市整体环境的改善。

（韩　静）

【阳泉交通征稽分局概况】 2008年，山西省交通征费稽查局阳泉分局以早动手、早安排、早部署为工作思路，紧紧抓住全省治超、车辆转型的历史机遇，把握新一轮费收增长的良好形势，费收任务实现双超，一是超额完成省局下达的22800万元的年度计划，二是超额完成自定的3550万元的超收目标。2008年，累计征收公路养路费、货运附加费26745.06万元，完成年度计划22800万元的117.30%，超出超收目标395万元，比上年增收4660.3万元，递增21.10%，费收收入实现历史最高水平，在全省排名第7位。

同时，受公路运输市场和税费改革的影响，上解率为100%，与上年相比持平；吨位实征率为71.38%，比上年下降了10.20%；停驶率为26.10%，比上年提高了10.16%；逃漏费率为1.31%，比上年提高了30.26%；免征率为1.2%，比上年下降了0.14%。

通行费征收方面，娘子关收费站征收车辆通行费3009万元，完成年度计划3000万元的100.32%，比上年增收1399万元，递增78%。

（李　伟）

【征管新措施】 在业务管理工作中，继2007年出台“四个通知一个规范一个办法”的基础上，2008年，阳泉交通征稽分局紧密结合阳泉工作实际，着力解决征稽工作中的新情况、新问题。制定出台了《2008年度两费征管考核奖惩兑现办法》，使两费（附加费、货运附加费）征管引入竞争，充分调动了各单位与职工挖潜增收的主观能动性和工作积极性;制定出台了《专业运输(租赁)公司缴费管理办法(试行)》,以全面落实省局"造池、蓄水、养鱼"的费源涵养政策,促进全市专业运输(租赁)公司健康有序发展,有效遏止晋车外挂;下发了《交通征稽行政执法百分考核办法》和《关于在征收大厅试行"一站式"服务的通知》,在文明服务、严格执法等方面尝试量化考核、公开奖惩的管理机制,有效激发了征管工作活力,促进了行业管理水平进一步提高。同时,为增进社会理解与支持,促进养路费征收,分局多次主动向市政府及分管领导汇报工作,争取支持,市政府于2008年4月22日下发了《阳泉市人民政府关于加强交通征费稽查工作的通告》(阳政通字〔2008〕2号),为养路费的征收管理营造了良好的社会氛围。 (李 伟)

【基础征管工作】 基础业务管理是征稽管理的重要组成部分,加强基础业务管理对于有效促进规费征收、稳步推进征稽事业、建设和谐征稽分局极为重要。2008年,阳泉交通征稽分局在基础业务管理工作中,不断加强源头管理,充分发挥驻公安局联合办公室和公安交警车管所联合办公的作用,将养路费查验手续贯通于车管业务的各个环节,严格把关、堵塞漏洞;抓好费源管理,稳住机内的,管好机外的,加大了对晋车外挂、工程车、"三无"(无牌、无证、无费)车辆的治理力度,4月至11月份分局吨位实征率长期保持在80%以上,名列全省第三;加大政策宣传,在《阳泉日报》、阳泉电台、阳泉电视台等主流媒体播放开征通告,采用宣传车、宣传单进行入户宣传、流动宣传,通过悬挂条幅、张贴通告、设立咨询台等多种途径,多形式、多角度、多方位地宣传缴费政策,使《山西省公路养路费征收管理条例》、《山西省公路养路费征收管理规定》等政策法规更加深入人心;加大稽查、清欠工作力度,充分发挥其有效促征手段,营造良好工作氛围;大力推进停征车辆跟踪监管工作,严格执行省局《停征车辆跟踪监督管理规定》,对停征车辆实行包片负责,不定期跟踪的办法,使车辆停驶率不断下降,有效涵养了费源。在通行费征收工作中,严格依法收费,坚持"应征不漏,应免不征",为全市公路建养资金提供保证,同时加大对通行费征收管理,认真研究通行费包缴政策,市财政局批准了《关于娘子关收费站附近单位和乡村的车辆包缴公路车辆通行费的管理办法(暂行)》(阳财建〔2008〕382号),较好地解决了长期遗留的历史问题,并建成了分局对娘子关收费站的二级电子监控设施,开通电煤专用、救灾物资、鲜活农产品等车辆绿色通道,保证道路畅通,树立了阳泉东大门的良好形象。 (李 伟)

【队伍建设】 阳泉交通征稽分局将职工教育列入全年工作重点,在认真组织参加省局举办的各类培训外,2008年9月自行举办了文秘、财务、档案、征费业务、法律等培训班。另外,从省内知名院校聘请专家、学者对党内知识、廉政建设进行专题讲座,借预防职务犯罪联络处的平台,不定期邀请检察机关的人员讲解法律知识,提高广大党员素质及党员领导干部廉洁从政,拒腐防变的能力。同时,通过集中学习、开讨论会、宣读讲解等方式,做好对上级有关文件及法律、法规的传达、理解、落实工作,及时掌握时事动态,了解国内外重大新闻,丰富广大干部职工的社会知识,培养业务素质高、社会能力强的交通征稽执法队伍,为实现省局"人才强征"战略提供高素质的人才队伍。

(李 伟)

【作风建设】 2008年,阳泉交通征稽分局以民主评议政风行风活动为抓手,大力加强作风建设,认真组织召开了民主评议政风行风动员会,通过聘请行风监督员,召开听证对话会等形式,开门纳谏,广听评议;通过参加市行评办、市纠风办、市广播电台联合举办的民主评议政风行风面对面活动,现场接听群众来电,倾听百姓呼声,为广大车户现场解难答疑;重点部门、重点岗位积极参与"百岗评议"活动,进一步听取群众意见,强化监督制约,改进工作作风,提高工作效率,使《阳泉交通征稽分局便民服务措施三十二条》、延时服务制、首问责任制、限时办结制、过错追究制等一系列服务承诺得到进一步落实。下半年,在全分局范围内开展了为期两个月的以"规范征稽管理、促进科学发展"为主题的自查自纠活动,围绕活动内容,举办了"分局要发展,我该怎么做"有奖征文活动和"学先进、赶先进"演讲比赛。在活动中,围绕促进和实现科学发展、和谐发展的目标,坚持"两不误、两促进",坚持把学习教育贯穿始终,坚持把问题整改贯穿始终,坚持把制度建设贯穿始终,做到了"规定动作做到位、创新工作有特色"。通过活动的开展,实现了"提高队伍素质、服务人民群众、净化发展环境、促进科学发展"的目标,工作作风得到明显改善。 (李 伟)

【安全生产】 2008年,面对全国重特大安全事故频发,安全生产形势凸显严峻,阳泉交通征稽分局从工作实际出发,与基层各单位签定了《安全生产工作目标责任书》,对责任人、责任事项提出了具体要求,进一步明确了责任。年内,还制定下发了《阳泉交通征稽分局安全生产专项检查实施方案》,对安全工作开展自查自纠,加大安全隐患治理;加强值班工作力度,针对抗震救灾、防洪抗汛、奥运安保等成立了专项领导组、组织了专项值班,做到发现隐患及时排除,发现问题及时上报,保证了信息传达畅通无阻。在内部安全方面,严格执行重点部位"三铁一器"(铁窗、铁门、铁柜,报警器)规定,从城区保安服务公司雇佣3名专职保安人员,对业务大厅、办公场所等重点区域加强日常安全保卫;

投资加入了全市综合治理“天网”工程，在办公楼内、楼外安装了摄像监控系统，杜绝了各类安全事故的发生。在车辆管理方面，严格执行机关车辆管理规定，定期举办驾驶员教育培训工作，提高驾驶人员安全意识，确保车辆出行安全。分局机关、城区所、联办等均被驻地单位评为“社会综合治理先进单位”。

（李　伟）

【阳泉煤炭运销分公司概况】 2008年，阳泉煤炭运销分公司完成煤炭经销总量2893.4万吨，完成年承包指标2471万吨的117.1%，比上年增加548.3万吨，增长23.38%。其中，公路外销2355.2万吨，完成年承包指标1800万吨的130.8%，比上年增加575.8万吨，增长32.36%；完成省内电煤完成146.6万吨，完成年承包指标375万吨的39.1%，比上年增加38.9万吨，增长35.99%；铁路外销391.6万吨，完成年承包指标296万吨的132.3%。

全年实现销售收入100.9亿元，完成年考核计划70亿的144.1%，比上年增加42.5亿元，增长73%；实现利润总额44664万元，完成年考核计划24993万元的178.7%，比上年增加26015万元，增长139%。

2008年全系统原煤生产总量478.1万吨，完成年承包指标350万吨的136.4%，比上年增加93.6万吨，增长24%。（范录庭）

【阳泉市旧街煤炭有限责任公司挂牌成立】 2008年2月15日，阳泉煤运分公司郊区公司旧街煤炭有限责任公司举行了挂牌仪式。该公司是由阳泉郊区煤销分公司控股、阳泉市郊区旧街乡人民政府、山西天泉煤炭有限公司参股成立的。该公司前身为旧街煤矿，始建于1979年，经过近30年的努力奋斗，已由当初的年产3万吨的规模逐步扩建发展成12万吨的产能。特别是2003年阳泉郊区煤运分公司投资控股该煤矿以来，大力推进体制、机制改革，抓安全、抓技改、抓管理、夯基础，将一个年产10余万吨的乡办煤矿改造提升为具有现代化装备的30万吨机械化矿井，一跃成为阳泉市郊区装备最好、安全生产基本条件最佳、安全生产能力最高的标准化矿井。（范录庭）

【阳泉煤运分公司获多项荣誉】 2008年，阳泉煤运分公司被山西省劳动竞赛委员会荣记“山西省集体一等功”。阳泉分公司被山西省企业联合会、山西省企业家协会联合授予2007年度“山西省优秀企业”称号；分公司经理、书记王建军同志荣获2007年“山西省优秀企业家”称号。（范录庭）

【多项措施保电煤供应】 2008年，阳泉煤运分公司积极采取措施保障电煤供应。(一)7月10日前，各县（区）公司将电煤的供应落实到矿点，并与所属煤矿签订了电煤采购合同；(二)分公司按月下达电煤供应指标，各县区公司严格执行(该项工作是由通源公司根据与电厂的电煤供应合同，与县区公司签订7月~12月的供应合同)；(三)从7月10日起执行省内电煤日报制，分公司对各县(区)公司的每日电煤供应量进行有效监督；(四)承担供应省内电煤任务的县(区)公司和地方煤矿，保证足额完成供应省内电煤任务，凡无故不完成或消极抵制供应的，经铁路发运的停止铁路煤炭运销计划的提报，经公路发运的停止票据的供应和煤炭销售合同的执行。（范录庭）

【华佳发煤站并轨开通】 8月20日，郊区煤运公司所属华佳发煤站并轨开通。华佳发煤站采用高低货位、双面平台设计，占地面积15万平方米(225亩)。平台宽25米，长815米，储煤量100万吨，有货位126个，铲车15台。两个小时即可完成整列(56节)装运，并可两整列同时装运。站内拥有数控轨道衡和煤质化验设备，预留铁路电气化改造空间，年发运量300万吨。华佳发煤站的前身是荫营货站，由于城市规划、环保等因素，于2005年被郊区政府列为重点搬迁单位。现址距原址2公里，位于阳盂公路三都段，荫固铁路专用线AK3+711处接轨出岔，距白羊墅车站16.7公里，周围有阳五高速公路、阳井线、国道307复线、太旧高速公路，交通便利，运输条件优越。该工程于2006年11月16日开工建设，总投资1.2亿元，共开挖土石方530万方。

（赵连珠）

【“五个有所作为”推进反腐倡廉】 2008年9月12日，阳泉分公司召开贯彻落实煤焦领域反腐败专项斗争大会，阳泉市检察院张仲马检察长到会并讲话，公司副科以上管理者200多人参加了大会。根据山西省委、省政府及集团公司的安排部署，阳泉煤运分公司从2008年9月起至2010年6月将集中开展煤焦领域反腐败专项斗争，以“五个有所作为”为重点开展专项治理。一是在扎实推进煤焦领域反腐败专项斗争的有效落实上有所作为；二是在建立完善惩防体系上有所作为；三是在推进企业全面转型、持续发展上有所作为；四是在坚持“两手抓”、营造风清气正的政治纪律环境上有所作为；五是在加强纪检监察队伍自身建设、提升作用和形象上有所作为。

为了做好“五个有所作为”，阳泉分公司还结合自身特点和实际，重点在四个环节(公路运销、铁路运销、企业经营管理和决策、领导人员廉洁从业)开展了专项治理。开展公路站点管理专项治理，重点解决一些基层站点“两黑三乱”(放黑车、收黑钱，乱设卡、乱收费、乱罚款)行为；开展经销票据使用管理专项治理，着重整顿倒卖票据问题；开展铁路运销中间代理和代装代发专项治理，区别不同情况进行全面清理和规范，并规范上站煤管理的“阳光操作”；开展公务活动奢侈浪费和招投标管理专项治理,重点解决奢侈浪费问题和招投标中的违规违纪问题;开展财务管理和专项基金管理专项治理,重点解决违反财经纪律和基金收缴中截留挪用、违规使用等问题。(范录庭)

【两项煤矿安全管理措施出台】 为落实好山西煤运集团公司安全生产工作的部署,促进煤矿安全生产,2008年,阳泉煤运分公司出台《煤矿安全生产隐患排查治理和报告制度》与《煤矿安全检查处罚规定》两项措施。明确规定安全生产隐患排查治理的责任主体、责任人、排查时间,方法与措施及隐患监督管理程序,并规定了分公司安监部负责对全系统煤矿生产状况实行监督、检查和处罚并落实整改措施。(范录庭)

【省运阳泉公司概况】 2008年,山西省阳泉汽车运输有限责任公司全面落实山西省汽车运输集团公司提出的"六项重点工作和一项资本运作"的总体规划,以"三个根本性提高"(管理水平、赢利能力以及职工收入)为总目标,抓住"客运、货运、站场、物流、维修、商贸"六大经营板块,积极引深产业结构转型,勇于开展"三增三创"(增加主业经营收入、创质量效益型企业,增加职工收入、创和谐稳定企业,增加企业知名度、创企业服务品牌)活动,顺利实现"三年三大步"的目标。全年全公司完成营业收入8064万元,完成计划的100.8%;完成换算周转量25008万吨公里,完成计划的100.03%;实现利润总额52.3万元,完成计划的104.7%;安全工作平稳推进,未发生重特大责任事故和环境破坏事故。(朱自明)

【客运收入】 2008年,山西省阳泉汽车运输有限责任公司面对外部竞争激烈的客运市场和公司的客运现状,结合全年客运经营目标,紧紧围绕"站、车、线"这三个客运经营的主要要素,加大了各所属车站集中售票的力度,全面推动了各车站以主业发展带动多种延伸产业的整体赢利水平的提高。其中,左权汽车站克服了建站和经营相冲突的难题,在集中售票、规范经营、强化站务管理方面创新思路,有效地避免了因冲突带来的不利局面,客运收入再创历史新高;盂县汽车站在场站设施不完善的条件下,勇于克服困难,积极在客运车辆的发展上寻求突破,成为了公司下属唯一拥有上百部车辆的经济实体;其他各站也通过规范开展集中售票工作在客运收入上有了不同程度的提高,确保了公司全年客运任务指标的完成。2008年,全公司完成客运收入3220万元,为全年计划的116.4%,比上年提高了32.1%。(朱自明)

【客运车辆上档增量】 2008年,山西省阳泉汽车运输有限责任公司针对阳泉地区客运车辆趋于饱和的实际情况,利用山西省汽车运输集团公司的客运资质和省运阳泉公司的客运网络优势,确立了"抓两头带中间"("两头"为长途高档豪华车、短途低档农村班车,"中间"为中档区间班车)的发展思路。在长途运输距离、高档车的发展上,及时地完成了开往北京客车的更新工作,此举在阳泉地区走在了前列,从而使公司的车辆技术等级和档次有了明显的改观。截至年底,公司已有大型高一级和中型高一级客车76部,比往年有了长足的发展。(朱自明)

【农村客运】 2008年,省运阳泉公司积极推动农村客运,取得新的发展。其中,昔阳汽车站的农村客运工作最为突出。该站通过实施局部站运分离试点改造,进一步调动了分公司吸纳和发展车辆的积极性,年内,昔阳分公司已完成了对长鹿客运中心的整合,吸纳客车9部,此举标志着阳泉总公司迈出了扩张发展的第一步。(朱自明)

【站场建设】 2008年,省运阳泉公司通过土地资本运作的方式,解决了站场建设与改造的资金问题,盘活了站场资源。其中,左权汽车站经过资本的成功运作建起了一个多功能、高档次的客运汽车站,预计运营后的新站将会给公司带来更大的经济效益。阳泉站、盂县站、昔阳站的新站建站也都逐步推进,阳泉站的建站标准是一级汽车站,盂县站、昔阳站的建站标准是二级汽车站。(朱自明)

【文明车站和文明线路创建活动】 2008年,省运阳泉公司以创建文明车站和文明线路活动为契机,在站务管理和服务提升上做实做细,确保旅客的安全便捷出行,提升了服务形象。在全省文明线路创建活动中,阳泉至太原和盂县至阳泉作为文明线路,推动了全公司文明线路创建活动的开展。公司客运系统在"春节"、"五一"、"十一"黄金周以及奥运会召开期间,司乘人员以规范、文明、优质的服务赢得了社会的广泛好评。出租分公司利用品牌优势组建了"雷锋车队",坚持每年"高考"期间免费接送考生活动,受到新闻媒体和社会各界的广泛关注,也提升了公司的客运服务品牌和扩大了公司对外宣传的力度。(朱自明)

【货运在逆境中求发展】 2008年,由于全球性经济危机给运输业带来的巨大冲击和实行"燃油税"带来的负面影响,省运阳泉公司的货运经营遇到了前所未有的困难。面对下滑的货运状况,公司采取以下措施,虽然收益较低,但解决了经营中存在的问题。第一,提出了"下大力搞好传统货运向现代物流业转型"的思路和"加快落实'以货促运、以运促车、以车促效'的实施步伐"的举措,拉开了实现货运经营大转型的序幕。第二,启动了汽车消费贷款业,为公司货运车辆的规模发展搭建了有力平台。第三,与榆社华能电厂签定的每天1500吨货源运输业务,使货运经营由过去的挂靠经营发展方式转向以货源代理为核心的

经营发展方式,这为该公司货运经营实现战略性转型奠定了坚实的基础。（朱自明）

【安全工作】 2008年,省运阳泉公司仍然把安全管理工作放在重要位置,着力构建“领导重视、机构健全、职责明晰、保障得力、监督到位”的安全管理长效机制。第一,在奥运会期间,公司成立了安全工作领导组,实行了领导带班制度,派专人到北京驻站,圆满地完成了奥运安保工作。第二,公司结合全省全年发生的几起群死群伤事故,多次召开安全生产委员会扩大会,安排部署安全工作,深入一线对安全隐患逐一排查。第三,不断完善和健全各项安全组织机构和安全管理制度,自上而下层层签订安全生产责任状,狠抓“双基”(基础、基层)管理和“两个”源头(车头、人头)。第四,严格驾驶员的培训考核和审验工作。第五,按照统一管理、统一险种、统一险额的原则,完善了车辆的保险管理制度,对国家与政府部门要求的强制性险种不漏保一人一车。第六,继续加大了安全统筹金和互助金的收取力度,努力降低企业经营风险和抵御风险的能力。第七,有效地运用GPS和行车记录仪,切实强化了车辆运行的监管,从而推动了公司安全管理工作迈上正规化、规范化、制度化的管理轨道。（朱自明）

邮 电

邮 政

【概况】 2008年,市邮政局紧紧围绕“调整业务结构,转变发展方式,推进阳泉邮政又好又快发展”的总体思路,圆满地完成了企业改革、发展、稳定等各项工作任务。2008年市邮政局荣获阳泉市工会五星级职工代表大会和阳泉市企业公开民主管理工作模范单位等荣誉称号。全年邮政业务总量累计完成1.6亿元,完成省公司计划的100.08%,增幅11.95%;业务收入实现5959.68万元,完成省公司计划的92.83%;收支差额控制在省公司预算目标以内。邮务类业务收入累计完成1368.66万元,增幅7.52%,占总收入比重的22.97%,较上年提高7.33个百分点;速递物流类业务收入累计完成524.5万元,增幅24.25%,占总收入比重的8.80%,较上年提高3.61个百分点。

全年,金融类业务收入累计完成4057.72万元,占总收入比重降至68.09%;邮储活期余额累计净增1.68亿元,新增活期占比达到26.6%,累计活期占比达到14.33%(较年初提高了2.27个百分点),提高幅度在全省排名第二;理财业务开始启动,全年累计销售基金95.16万元,理财产品580.6万元。资产业务发展顺利,全年发放小额质押贷款1719.69万元,在全省排名前列。

全年,保险专业累计完成代理保费1.92亿元,实现手续费收入569.23万元,完成省公司计划的157.18%(全省排名第二),增幅141.1%(全省排名第三),占总收入比重达到9.55%,较上年提高6.11个百分点,成为阳泉邮政第二大支柱业务。

发行专业收入累计完成495.02万元,圆满完成省公司计划,增幅7.83%。一次性报刊大收订流转额累计完成1980.1万元,增幅13.3%,完成省公司计划的103.13%,全省排名第四。

零售专业实现收入112.36万元,完成计划的108.04%,全省排名第一,增幅24.85%(全省排名第二)。

包件专业实现收入80.73万元,完成计划进度排名全省第三。

物流专业全年累计实现收入80.34万元,完成计划的107.11%,增幅32.46%(全省排名第四)。

汇兑专业累计实现收入250.44万元,全省排名第四。

2008年共组织实施营销项目33个,实现收入1354.45万元,完成计划的107.07%,增幅16.7%,占全局总收入比重达到22.8%。奥运邮资封片实现收入112万元,绝对值及进度均排名全省第一;一次性报刊大收订和邮政贺卡两大营销项目均提前完成省公司计划,受到省公司的表彰。

除此之外,阳泉邮政局劳务用工派遣率和劳动合同签订率保持100%,全年共举办各类培训33期,参训人员达到661人,培训率72.9%。全年累计清欠878万元,用户欠费率为1.74%,严格控制在省公司规定指标内。

年内,邮政企业与邮储银行开始分账核算,组织开展了邮政储蓄银行注资和验资评估工作,保障了邮政体制改革顺利推进。

“过程控制”的管理理念和“以顾客需求为关注焦点”的服务理念进一步增强,生产管理高效顺畅。四项通信质量、服务质量指标全面完成,连续三个季度荣获省公司邮政通信质量奖。用户服务满意度达到93.86分,在全市行风评议活动中名列前茅。

机要通信质量实现“五十一连冠”,继续保持了全国领先水平。编制各类《应急处置预案》,认真组织实施演练,全员安全防范能力进一步提高,确保了奥运邮政安全的万无一失。全年安装电视监控系统9套、活动金库4个、防尾随联动门12套、双密双锁保险柜17个,解决了午休制网点的安全隐患;安装ATM联网报警设施12套,ATM机24小时营业得到安全保障。

年内,固定电话支付系统、身份核查系统、办公自动化系统、公司业务系统等4个子系统的顺利上线运行。完成了综合网系统升级和电视电话系统电路的升级改造,网络传输效果明显提升;完成了马家坪精品店、南山标准店的建设,对新市街邮政所、滨河路支局、宾馆所实施了装修改造,新建了全省首家EMS旗舰店、德胜街速递店、开发区礼仪店。新增电子化支局22个,实现了全市57个电子化支局全部联网,经营决策数据的准确性、完整性进一步增强;新增ATM 22机台投入使用,全市ATM机总数达到33台,占到邮政储蓄网点总数的53%,建成24小时自助银行3个。(许晓辉)

【企业形象期刊】 2008年5月,阳泉邮政局与市移动公司达成合作意向,将杂志《特别关注》作为该公司形象期刊。为促成此项工作,阳泉局以《特别关注》等畅销刊物作为主推产品,宣传、征订、发展广告业务,将大型企事业单位作为企业形象期刊的主要营销对象。经多方考查,反复研究,最终确定企业客户规模较大的移动公司作为营销对象。移动公司首次订阅《特别关注》达3000册,形成报刊流转额9万元,实现收入近4万元。同时,为了完善此项服务,确保定制的期刊顺利送到指定客户手中,市邮政局严格投递手续,对投递过程中的各个细节都做出明确规定,责任到人,保证期刊的准确投交,为业务的长远发展打下良好的基础。(许晓辉)

【第二代居民身份证寄递业务】 2008年6月,阳泉邮政局与阳泉市公安局达成合作意向,正式开办第二代居民身份证寄递业务。全市有20余万群众未换发第二代居民身份证,为促进全市二代证的换发,也为有效促进快递业务发展,阳泉邮政局以"提升政务服务水平,为群众提供便捷服务"为切入点,积极采纳顾客合理化建议,及时制订、不断完善实施方案,采取悬挂条幅、发放宣传单、现场介绍、借助社会媒体等多种形式,加大宣传力度,使邮政寄递二代证业务的优势深入人心。为确保二代证寄递业务有序开展,市邮政局还制作了"身份证邮政专递服务使用指南"、专用寄递信封,规范了二代证处理流程;在分拣、封装环节严格落实闭环管理;收寄、投递信息实行日报制度,以便实时了解、跟踪二代证的揽收、发放、投递、汇总等情况,从而确保了"二代证"寄递时限的要求。同时,对经办人员则实行按件计酬,在有效调动积极性的基础上,邮政局、公安局又从强化专业管理入手,明确环节职责,对制证进度、用户咨询、异常情况等进行跟踪反馈,制定了相应的解决措施,对身份证速递业务进行动态监控和维护,从而有效满足了二代证寄递业务办理过程环节多、时限严的要求。(许晓辉)

【金融资金安全防范管理杯竞赛活动】 为进一步加强邮政储蓄资金安全管理,强化制度执行力,建立有效的邮政金融案件防范机制,营造良好的合规文化氛围,防范和控制邮政金融资金风险,确保邮政金融资金安全、完整,2008年6月,市邮政局与市邮储分行联合开展邮政金融资金安全防范管理杯竞赛活动。为确保活动顺利开展,市局与市邮储分行组织成立了活动综合领导组,制定了操作性强的实施方案,明确竞赛考核指标和评分办法,把好竞赛考核指标质量关,采取对各单位按季和年终总评相结合的考核方式,确保活动取得成效。此次活动,进一步健全了邮政金融内部控制和风险防范机制,强化了事前、事中控制,有效落实了邮政金融资金安全管理的各项制度及规定,增强了风险防控能力,提高了邮政金融资金管理水平,有效防范和控制邮政金融风险,遏制、杜绝邮政金融资金案件发生。(许晓辉)

【全省首个邮政EMS旗舰店】 2008年,为了提高邮政速递的市场竞争力,树立EMS品牌形象,充分满足客户需求,提供便利优质的现代化邮政服务,市邮政局经过半年的精心筹备,于7月3日建成了全省首家具有一流水准的EMS旗舰店。阳泉邮政EMS旗舰店地理位置优越,北靠开发区最密集的人口居住地,常住人口3多万人;南临滨河世纪城;西与市区、矿区的主要干道相连;东边拥有写字楼、行政机构及新建企业。EMS旗舰店融现代服务理念不仅给广大客户一个宽敞舒适的环境,更让人在其中领略到全新的服务模式。EMS旗舰店的特点有营业柜台私家化(大厅里的营业柜台经过精心处理和人性化设计,让人感受到家的温馨)、经营超前化(各类特快服务展示在用户面前,任人自由挑选)、服务自助式(自动查询机可以使客户自由徜徉其中,疑难问题都可按精心设计的程序轻松找到答案,一旦需要帮助,只需轻按指示灯,便有专人出现在面前,提供贴身的个性化服务)。EMS旗舰店的设立节省了客户的时间,为客户展示了一个了解邮政服务的新窗口,具有良好的社会效益和经济效益。(许晓辉)

【保险手续费代理业务】 2008年阳泉邮政局面对代理保险外部市场环境诸多不利因素,强化代理保险业务的危机意识,始终坚持"不看计划看市场"的发展思路,深化与各保险公司合作,积极拓展代理渠道,实现了与中国人寿、太平洋、泰康人寿三大保险公司的辐射式合作,提升了邮政代理保险能力,而且开辟了保险业务新的增长点,提高了企业收益和抗风险能力。同时,加强所有代理保险网点的业务指导、培训等工作,提高营销技能和质量,加强资金管理,保证安全生产,加强客户跟踪,保证服务质量,促进了代理保险业务的整体协调发展。截至8月10日,市邮政局累计完成代理手续费收入524.2万元,完成省公司计划的101.2%,率先完成省公司手续费收入518万的计划。同时保费累计完成18508.7万元,完成省公司计划的89.42%,完成进度居全省第二位。(许晓辉)

【"四个结合"促服务管理工作】 2008年,市邮政局全面贯彻落实全省邮政经营服务工作会议精神，将服务管理工作作为“一把手”工程来抓，进一步完善机制，强化管理，推行“四个结合”，全面提升邮政服务水平。一是硬件投入和软件提质相结合。根据业务和服务的需要，积极筹措资金，加快基本设施建设和信息化建设，平台支撑能力进一步增强，提升了企业的服务能力和竞争能力。软件方面，突出窗口人员素质提高和社会监督作用的发挥。通过组织人员培训、学习模范先进事迹、先进班组现场观摩，引深行风评议活动等方式，逐步提高窗口人员的服务意识和服务水平。二是全面检查和突出重点相结合。严格按照相关服务标准对营投窗口开展检查工作，坚持“每月一重点、每月一通报”的措施，分层次、分阶段的开展。在做好全面检查的基础上，每月确立1至2个重点窗口、重点项目，加大检查力度，坚持“有检查，必有通报，必有考核”，让各单位认识自身差距，明确下一步的工作重点。三是专人负责与协作配合相结合。从上至下实行项目责任制，各级单位确定专人负责，确保有专人落实、专人检查、专人协调。另外，加强协作沟通，在自我工作同时，组织各单位进行互查，增进交流，提高工作质量。四是树立形象与专项活动相结合。全局服务管理工作始终坚持“关注用户需求，提供满意服务”的宗旨，加强邮政服务“售后”管理，通过召开监督员座谈会、缮发征询意见函、参加行风热线等多种方式，广泛收集群众意见和建议，加强社会监督作用，促进窗口服务良性发展，树立企业良好的社会形象。

（许晓辉）

【贺卡营销】 2008年，市邮政局出台6项举措确保贺卡营销持续增长。一是出台实施方案，对贺卡营销工作做出了详细安排，明确了各单位的目标、责任和奖惩办法，各单位协同配合，形成“市局积极推进、专业支撑到位、经营单位齐头并进”的发展格局，为贺卡业务发展提供了强大的组织保障；二是设计、制作了以信卡型贺卡为载体的2009年邮政贺卡商业信函，图文并茂地宣传邮政贺卡的品种及资费；三是依托数据库，在尚未开发邮政贺卡的企业数据中，精心挑选了以中小企业为主的2000条数据寄发商业信函，力求在中小企业邮政贺卡市场取得突破，为邮政贺卡业务发展创造新的增长点；四是为扩大宣传面，营造浓厚氛围，在悬挂横幅、发放宣传单的基础上，制作了邮政贺卡户外宣传广告，并在市内繁华路段进行广告投放，使广大客户能够进一步认识邮政贺卡、使用邮政贺卡；五是将2008年邮政贺卡实样及相关定制要求的资料，发放到各单位手中，加强对相关人员的业务培训和营销指导，以具体的产品推介、营销技巧、案例分析、场景演习进行了培训讲解，提高营销成功率；六是为满足定制型贺卡设计需求，开辟了贺卡设计绿色通道，确保揽收的贺卡在第一时间投入设计，按时交付客户。截止年底，阳泉局共实现邮政贺卡收入180.63万元，完成省公司力争计划的66.9%，完成进度居全省第二。

（许晓辉）

电　　信

【中国联通阳泉分公司概况】 2008年10月15日中国联通和中国网通正式合并。年内，国家开展了第三次电信体制改革，形成了三足鼎立的电信竞争格局。合并后的联通固网营业额完成2.1亿元，固网利润总额完成1064万元，资本性支出完成6195万元；移动主营业务收入完成1.1亿元，移动利润总额完成1973.89万元，资本性支出完成4945万元；宽带用户数发展2.05万户，GSM净增出帐用户2.2万户。

第一，与移动加强竞争、合并工作，保持了入网政策、资费政策、佣金政策的稳定性和连续性，有效降低了用户重复入网和网间跳转比例。全年“亲情1+”用户达到39438户，公众用户渗透率达到21.72％；大众电话用户达到35450户，公众用户渗透率达到19.52％；小灵通包月用户达到7576户；大客户和商务客户签单350户。

第二，大力加强服务工作，用户满意度不断提升。首先，在固网方面开展了预约服务电子工单管理；形成在公司分析会前做“服务通报”以及每月15日总经理热线值班制度；对全市3个营业现场实行了视频监控管理；在通信行业行风评议工作中，连续四年保持第一。其次，移动网树立全员和全程维系理念，用户离网率下降到30.06%，较上一年同期下降了10.48个百分点，全省排名第一。再次，全面树立“联通10010”服务品牌，积极推进客户俱乐部及俱乐部联盟建设，加快示范营业厅的建设进度，有效提升了公司的品牌服务形象。2008年，用户满意度达到81.12分，全省排名第三。

第三，加速网络的建设和完善，支撑保障能力明显提升。首先固网高效推进“光进铜退”项目。其次宽带业务提供能力实现新突破，农村宽带覆盖比例大幅提升。再次深入实施宽带提速项目，以大规模新增宽带节点、缩短接入距离的方式来提高宽带接入速率。最后，移动网络支撑能力稳步增强，全省首家完成移动网络年末建设大会战任务。开通运行的GSM网基站达到321个，为业务发展提供了有力的支撑。加快了HLR的建设，完成到各局向的对接联调工作，并增加了两套BSC设备。

在网络建设方面，开展无线市话、宽带IP网络优化工作；盘活挖潜网络资源，节省建设投资；开展“提升客户接入质量”活动，强化售后服务体系建设；推进分客户群维护服务支撑管理；加强经营支撑力度，实施了宽带账号绑定、封堵宽带私接账号、异常话务监测等工作。

年内，城市宽带网络覆盖1千米以内比例达到了91%，实现了普及性2米带宽；行政村宽带覆盖率达到了76%,为宽带的发展打下了坚实的基础。G网三期建设完成之后，无线系统接通率提至95%以上,掉话率控制在0.5%以内。

第四,正式启动了阳泉联通组织机构合并工作。2008年11月22日按照山西省通信公司的统一组织架构体系,将原阳泉网通、联通公司的47个部门整合压缩为41个。

第五,在抗击汶川大地震灾害中,分公司为政府和新闻媒体紧急开通了大量指挥电路和传输电路,并第一时间联合红十字会开通了捐赠热线,增开了116114寻亲热线和客服座席。 (王 毅)

【阳泉联通重组整合工作全面启动】 2008年12月3日，阳泉联通公司召开筹备组工作会议,此次会议是重组整合工作的里程碑,标志着阳泉联通整体合并工作的全面启动。会议强调了三个重点。首先,整个公司要坚定贯穿一条主线,紧密团结在筹备组周围和“一个公司”的旗帜下,正确处理好改革、发展和稳定的关系,各单位要迅速到位,全面开展工作。其次,要快速推进两大行动,一是全面开展建设大会战,抓好移动网补缺建设、农村基础网补网和城市宽带提速大会战；二是认真抓好宽带业务、G网业务和保存量工作。再次,认真做好网络维护和优化工作,搞好新公司宣传和客户服务工作,加强企业文化建设,从思想上和行动上融为一家,形成合力,坚定信心做好新联通的各项工作。 (赵 琰)

【阳泉网通荣获阳泉市消协2007年度消费维权先进单位】 2008年3月15日上午,在阳泉市消费者协会举行的“3·15”消费与责任大型现场活动中,中国网通(集团)有限公司阳泉市分公司名列全市十个2007年度消费维权先进单位。 (王 毅)

【2008版《阳泉市电话号簿》出版发行】 2008奥运版《阳泉市电话号簿》经过5个月的广告征集,2个月的排版制作,于8月8日正式出版,合同金额达75.18万元，成为历年合同金额最高的一版电话号簿。本期号簿精选刊登了全市5000多个行政工商等企事业用户的信息,在企业对外交流与合作中将发挥重要的作用,是阳泉市网通公司为各行业客户提供全方位信息增值服务。同时,公司将号簿的发行与客户的交费联系起来,对高端客户实行缴费赠号簿优惠活动,并要求各单位在发行中注意征集客户对本版号簿的意见和建议,并将记录整理及时上报。仅在8月份的20多天内发行赠阅版号簿9516本,发行非赠阅版号簿213本,巩固了《阳泉市电话号簿》知名度。 (张喜铭)

【阳泉宽带自服务开通系统接口全部启用】 2008年12月13日,在省公司的配合下,阳泉市联通公司启动了盂县属地的自服务开通系统与97的接口,至此,全市已在三区两县全部启用了宽带用户的自服务系统。经过盂县分局宽带资料的整理和录入,年内,已完成了盂县41台DSLAM设备下挂用户的自服务系统的开通,完成任务的34%。

根据用户前台业务需求,市联通公司已全面实现了IP综合网管的宽带端口停复操作。同时,根据各分局的整理的进度，已完成城、郊、矿三区171台DSLAM设备,占任务的90%；平定完成54台DSLAM设备,占任务的50%。年内,为尽快完成全市所有宽带用户的自服务开通,市联通公司配合各分局对剩余DSLAM设备下挂用户97资源进行整理核对,全面做好宽带用户服务支撑工作。 (孙文娟)

【G网客户有效发展率得到提高】 2008年,阳泉联通分公司经过对G网客户的调查分析，找出了阻碍G网客户有效发展的原因,如入网门槛低导致在网客户重复入网或离网、资费下调或政策不合理、外来人口不稳定以及对分销渠道的离网考核不合理等因素。针对上述因素,分公司采取了提高客户入网门槛、合理运用佣金手段等一系列措施确保2008年G网客户有所发展。2008年G网客户有效发展率从2007年的6.99%上升到41.08%;离网率从33.11%下降到25.23%,客户离网率由上一年的10名下降到全省第2名;欠费率为1.63%,是全省唯一控制在1.7%的分公司。 (张 夏)

【新春音乐会】 为答谢集团客户、政企客户多年来对阳泉联通的支持和帮助,同时为2009年经营工作做好基础，阳泉联通于2008年12月24日举办新春音乐会。本次音乐会特邀波兰爱乐乐团进行演出，无论从演出级别还是演出阵容上都较阳泉同类市场的演出提高一个档次,音乐会采取现场集团客户参加及电视台现场转播形式。通过打造本次新春音乐会,一方面宣扬了新联通、新形象、新感受的特点,另一方面通过与集团客户的互动，加强了与客户关系,为2009年在集团客户的市场竞争、重点业务推广上打下了良好的基础。 (程永亮)

【阳泉电信概况】 2008年,中国电信阳泉分公司进一步解放思想,转变观念,以经营发展为中心,以改革创新为动力,以服务质量为保证,以提高效益为目标，持续加快业务发展步伐，不断优化内部管理和运作模式，继续推进企业转型与创新发展力度，使企业各方面工作都取得了新的成效。 (高 彬)

【固网两大品牌业务】 2008年,中国电信阳泉分公司围绕“我的e家”和“商务领航”两大品牌业务的发展,在分析研究当地市场的基础上,积极探索“网格化营销+系统化促销”的经营模式,努力实现“我的e家”和“商务领航”两大品牌业务的快速发展。

(一)开展网格化营销,打造“我的e家”品牌,大力拓展宽带市场。

2008年,为了充分发挥"我的e家"满足不同层次客户需求的综合优势,阳泉电信分公司积极落实"我的e家"品牌本地化策略,采取网格营销组合模式,合理划小营销服务单元,分片包干,责任到人,坚持在同一营销区域开展二次、三次重复营销,收到良好效果。

(二)开展系统化促销,以"商务领航"为统领,大力发展政企客户。2008年,阳泉分公司把发展政企客户作为营销重点,制定了在"1%的市场尽量做到100%的业务渗透,实现'商务领航'品牌统领"的营销目标,分阶段划定行业目标客户群,努力挖掘行业信息化应用市场。（高　彬）

【移动宽带业务】 中国电信阳泉分公司自2008年10月1日正式接手移动网络运营以来,以全业务经营为契机,促进移动业务、宽带业务快速发展。认真贯彻全业务经营工作部署,坚持"两手抓、两不误"的经营思路,通过组织针对性营销,将各项工作落实到位。针对普通用户,开展了"暖冬一家行"业务发展竞赛活动,尝试移动、固定业务捆绑营销模式,通过高性价比资费和全新的业务组合吸引用户,促进了移动、宽带业务的有效发展;针对集团客户市场,通过划定目标客户群,每月落实3个至5个大用户跟踪策略,积极开展针对性、个性化主动营销,收到良好效果。（高　彬）

【C网交割平稳过渡】 2008年,中国电信成功收购联通CDMA移动网络,10月1日,原联通C网正式交由中国电信运营,至此,中国电信成为固网和移动全业务运营商。为保证C网接收后全业务经营顺利开展,确保C网工作的有力推进,中国电信阳泉分公司特成立了C网交割领导组,积极行动、多措并举,确保了10月1日C网的平稳过渡。一是积极与本地原联通公司代理商接触,着手进行C网代理商的交接工作,顺利与88家代理商签订电信C网业务代理合作协议,确保正常营业。二是积极开展全业务经营宣传工作,重点向固网客户宣传C网手机保密好、高宽带、辐射小等特点,同时,向C网用户推介中国电信的光纤宽带业务,引导客户使用电信公司移动业务或固网业务。三是各由原中国联通划转为现中国电信的营业厅统一将门头标识更改为"中国电信",并悬挂条幅、张贴通告,以提高用户感知度和市场影响力。四是积极推进C网基站选址工作,成功将原中国联通66个基站划转为中国电信基站。五是建立了服务保障体系,做好交割准备期、交割期和过渡期内C网客户服务相关工作,及时解决了出现的各种客户服务问题,确保了C网的平稳过渡和正常运营。同时,为了确保C网信号畅通无阻,中国电信阳泉分公司组织相关人员对阳泉管辖地区进行了C网信号扫盲行动。年内,开通了7个基站,新建了13套室内分布系统,解决了部分酒店、商场信号覆盖弱的缺点,极大地缓解了C网信号覆盖问题,提高了网络运行质量。（高　彬）

【企业管理】 2008年,中国电信阳泉分公司加大预算管理力度,推行预算闭环管理理念,使得企业管理水平稳步提高,运营体制、机制日趋完善。年内,该公司建立了月度预算分析会制度,每月编发财务通报,形成了中国电信阳泉分公司成本管理的特点。成本管理以全面预算牵头,内控执行和精确管理不断深化,形成了"发现问题—分析原因—采取措施"处理问题的闭环管理流程,基础管理得以持续提升。（高　彬）

【安全生产工作】 2008年,为加强安全生产工作,贯彻落实安全生产责任制,中国电信阳泉分公司成立了以总经理为组长、副总经理为副组长、各部门主任为成员的安全生产委员会,全面负责公司的安全生产管理工作。首先,公司同各个生产单位签订了安全生产责任状,建立健全了基层安全生产组织机构,班组以上均设置相对固定的兼职安全员,负责安全生产相关工作。其次,为落实安全生产责任制,公司不断加大了对安全生产的检查考核力度,明确各单位负责人为安全生产的第一责任人,安全生产考核采取一票否决制。年内,公司杜绝了各类安全事故的发生,实现了生产经营维护管理全年无事故。（高　彬）

【"三重一大"政策得到执行】 2008年,中国电信阳泉分公司严格执行"三重一大"(重要人事任免、重大事项决策、重要项目安排,大额资金使用)制度,进一步推进领导班子的民主集中制管理,规范了决策程序,为企业管理工作的健康稳定有序发展提供了保证。首先公司员工的职务调整、岗位安排等都是在竞聘的基础上,经过组织考察和总经理办公会议研究后报省公司审批决定的,严格按照组织程序进行,并坚持聘用干部、入党、员工转正等公示制度。其次是在工作中,注重正确处理民主与集中的关系,从来不搞"一言堂"和临时动议,在涉及到"三重一大"事项时,坚持决策前同班子成员充分酝酿、协商,决策中广泛听取班子成员和同志们的意见,决策后全面贯彻落实的工作原则。（高　彬）

【铁通阳泉分公司概况】 2008年是中国电信发展史上具有重要意义的一年,也是铁通阳泉分公司重组后的关键时期、转折时期、敏感时期。面对新形势、新任务、新压力,全体干部员工进一步解放思想、转变观念,以效益经营为核心,以网络安全、业务转型为重点,加强与移动公司的全方位合作,大力开展"深化改革年"和"金牌服务迎奥运"活动,确保了铁通阳泉分公司安全稳定的发展。全年铁通阳泉分公司实现经营收入808万元。新增固定电话904线,发展ADSL用户1079线。截至2008年底,固定电话在网用户达到

17471部,ADSL宽带在网用户达到3571线。除此之外,铁通阳泉分公司的网络规模也有所扩大。截至年底,分公司拥有交换局点20个,交换机开通容量达到31600线,装机率达到50%;ADSL局点19个,开通容量达到5296线,装机率达到75%。（米桂英 陈 琼）

【业务转型工作】 2008年,铁通阳泉分公司把业务转型的重点放在数据业务、增值业务和中小政企客户发展三个方面。数据业务发展以"加快、加速、加量"为目标,不断优化接入方式和出口管理,推出了"铁通新时速"及"商企新时速"两个品牌,开展了"暑期宽带促销""政企专线用户发展"等活动,全年数据业务收入161余万元;增值业务发展以"多方通信""4007" 业务为重点,推出了"智控眼""企业热线通"等新型业务;在中小政企客户发展上,全年洽谈接入中小政企客户20余家。（米桂英 陈 琼）

【铁通阳泉分公司与阳泉移动的合作】 2008年,铁通阳泉分公司主动开展与移动公司的合作,发挥好"一个中国移动"的协同效应,并于2008年11月实现了铁通营业厅代办移动业务的服务。（米桂英 陈 琼）

【网络保障工作】 2008年,为加强网络支撑保障能力,铁通阳泉分公司主要做了两方面工作。第一,开展网络安全防护。完善了大通道安全监控联防联保机制,强化了长途光缆整治工作,7月份又开展了为期两周的拉网式"安全生产大检查活动",全力确保奥运期间通信网络安全、畅通、稳定。第二,开展"三项"整治活动,提高全程全网质量。首先是"标准化机房"整治,整治标准化机房15个,对各机房的环境、设备、制度等方面都进行了全面的整治,对电源线、电缆线、光缆线进行全面规范整治,消除了重大隐患的发生;其次是"端到端"专项整治,对桃南、桃北、平定、盂县进行了区段设备端到端整治,集中维护,提高了维护质量;再次是实施了ADSL速率达标率及异常掉线率整治工作,对城域网进行了优化,对本地传输网进行了扩容,全年宽带设备扩容476线,交换机扩容24线,2兆中继线扩容6次,完成西北环扩容1次,完成交换机数据制作19件次,为市场发展提供了有力的保障。（米桂英 陈 琼）

【服务改善】 2008年,铁通阳泉分公司以服务奥运为契机,围绕"金牌服务迎奥运"活动,开展"金牌服务迎奥运"客户满意度调查,通过与客户零距离沟通对话,收集客户的意见和建议,分析解决服务工作中存在的不足,处理好预警机制工作,以客户满意为目标,全面提升服务水平。年内,分公司还完成了"10050"客户服务平台下沉到地市的落实工作。首先是加强对"10050"客服座席的实时监控和日常管理,有效提高接通率,通过"10050"平台对各部门服务进行监督和信息反馈,提升全员的服务意识和服务理念;其次是推行领导干部定期监听"10050"制度,通过监听及时了解服务现状,解决在市场营销、客户服务、后台支撑等方面存在的各种问题,督促相关部门做好整改,并将改进的措施反馈给客户。（米桂英 陈 琼）

【阳泉移动分公司概况】 2008年,阳泉移动分公司以区域化经营为核心,大力实施经营创新,持续开展"五大系列、十大工程、百项活动"(五大系列:生活系列、农村系列、文化系列、跨越系列、和谐系列,十大工程:生活信息化工程、关爱工程、村村通手机工程、农村信息化工程、手机文化工程、群众文化工程、中小企业信息化工程、行业信息化工程、金牌服务工程、幸福和谐分享工程)系列营销活动,"三轮"(新客户、新话务、新业务)驱动效果明显,手机媒体化和多用化有序推进,市场领先优势进一步提升。全年分公司运营收入累计完成4.27亿元;"新客户" 驱动效果明显,累计净增客户10.9万户,客户总数达到67.1万户,实现了客户规模的新突破;"新话务"放量增长,过网话务量份额较上年同期增长4.99%,有效控制了市场竞争的主动权。年内,分公司还完成了一个省级集团信息化软件示范基地盂县西小坪耐火材料公司的建设和一个县级集团信息化软件示范基地平定京宇磁材公司的建设,与阳泉市政府就"欧盟项目"开展合作,"移动信息专家"形象提升明显。（贾丽军）

【客户服务优化】 2008年,阳泉移动分公司全年服务工作以 "金牌服务,满意100"为主线,对内强化全网全员服务意识,对外改善服务短板、强化服务传播,客户满意度始终领先竞争对手。年内,分公司在服务工作上主要做了四方面工作。第一是夯实基础服务管理,进一步提升服务人员积极性和团队凝聚力;第二是创新服务活动,实施"金牌服务工程",开展"总经理接待日"、客户满意度有奖调查、"奥运形象大使"评选等活动,塑造"我们在乎您的感受"服务品牌,将服务品牌与三大客户品牌有效结合,客户满意度持续提升;第三是强化集团客户服务,实施集团客户附加服务计划,适时推出首席客户经理制,公司领导亲自带队,借"五一"、中秋节、新年等时机,进行节日走访,进一步拉近了与集团客户的关系,提升了集团客户满意度和忠诚度;第四是加大渠道建设力度,实施了农村分支机构建设和动感地带校园店建设,大力推广电子渠道,开展农村代办渠道建设渠道能力稳步提升。（贾丽军）

【网络建设】 2008年,阳泉移动分公司以"质量领先、运行高效、支撑有力"为目标,夯实网络建设、维护、优化工作,网络支撑能力进一步提升,网络质量和规模持续上升。首先,基础管理不断增强,制度流程建设持续完善,实现了管理制度化、规范化、无缝化。其次,高度重视维护体系和维护队伍建设，建立了维护工作的闭环管理体系，形成了支撑网集中化、数据网属地化的维护体系。再次，积极打造精品工程，全年新建基站83个，达523个；完成了石太高速铁路覆盖工程的建设工作，为市场发展奠定了良好的基础；精细网络运维，重点排查和普遍整治相结合；对核心网电源、基站配套设施、传输线路、IP网络等进行了整改和整治，及时调整无线网、传输网、数据网网络资源配置；积极应对各种突发故障，保证了网络安全、稳定、高效运行。第四，强化应急通信管理，组织实施了各专业应急演练，顺利完成了奥运保障任务和抗震救灾工作。最后，开展网络“节能减排”专项整治活动，完成了4个核心机房照明节能控制、9个核心机房和288个基站空调节能控制，有效控制了成本，降低网络风险。

（贾丽军）

【企业管理】 2008年，阳泉移动分公司以健全内控长效机制为切入点，按照“管理制度化、制度流程化、流程信息化”的要求，对公司管理脉络进行全面梳理，强化执行力，企业软实力持续增强。第一，基础管理不断强化，加大了对制度的制定和执行管理力度，先后制定、完善和重新修订了劳务工管理办法、积分管理办法等一系列管理办法和制度，做到了各项工作有据可查、有理可依。同时，加大对各项重要管理制度的考核力度和重点工作的督查力度，促进了管理效率的提升。在省公司全年办公效率考评中，阳泉分公司在全省33个分公司和部门中排名第三，在所有分公司中排名第一。第二，人力资源管理和绩效管理不断深化，坚持以人为本的管理理念，加强对员工的职业化培养和塑造，实施人力资源项目再提升计划，举办各类培训50期，1200人次，员工整体素质得到进一步提升；强化四支队伍（三级经理队伍、客户经理队伍、网优人员队伍、营业员队伍）管理，企业核心竞争力稳步增强；制定了《阳泉分公司客户经理、客户代表职业发展通道建设实施方案》，对两县分公司和郊区营业部的农村分支机构负责人进行了集中竞聘，在全省率先成立了第一家县分公司营业部——平定县张庄营业部，进一步强化了集团客户工作和区域市场的发展。第三，优化员工绩效管理，通过加强对绩效考核的过程管理，增强了考核的实效性和科学性；进一步规范劳动用工管理，实施标准化考核，实现人力资源合理配置；实施员工积分加绩效的考核管理模式，进一步完善了员工评价体系，激发了员工工作积极性和团队合作精神。第四，不断提升财务管理水平，按省公司会计核算集中管理推进计划，完成了收入、工程资产的核算集中和成本核算预接收工作，财务工作重心逐步从日常核算转向加强公司战略执行力和履行财务管理职能上。第五，强化全面预算管理，监控预算执行情况，确保了预算执行率的完成，实现财务资源有效利用，满足了公司运营发展需要。第六，高度重视内控管理工作，不断完善风险防范管理，强化风险意识；配合省公司开展了内部财务审计检查和涉及财、物、卡等敏感环节的专项工作检查，培养了一支高素质的内控管理队伍，促进了企业健康有序发展。（贾丽军）

【内部建设】 2008年，阳泉移动分公司深入开展党建、党风廉政建设和企业文化建设工作，为企业营造了和谐的发展环境。党建工作方面，先后组织实施了“创党员品牌 树移动形象”主题实践、党员民主评议、党支部主题生活会等活动，唱响、树立“党员品牌”形象，党员参与活动覆盖面达到100%，激发了广大干部员工为企业发展建功立业的热情。党风廉政建设方面，加强党风廉政建设和反腐败工作，进一步强化党员领导干部的防范意识和风险意识。企业文化建设方面，围绕中国移动企业文化理念体系，结合分公司当前发展和改革实际，通过制作宣传专栏，悬挂企业文化理念牌匾，策划、组织征文、演讲等多种有形、有效的活动，进一步促进了企业文化的落实，员工对企业文化的认同感显著增强。公司积分管理办法作为优秀企业文化案例上报集团公司。

（贾丽军）

【工会工作】 2008年，阳泉移动分公司组织了形式多样的劳动竞赛活动，提升了企业工会职能。第一，开展“提升市场份额”专项合理化建议征集活动，共提交合理化建议65份，占到全体员工人数的66%，有10份予以了采纳和实践；积极落实“员工关爱计划”，员工归属感持续提升；组织实施员工健身活动，在省公司“第二届运动会”上，阳泉分公司获得了“特别贡献奖”、“全员健身活动先进集体”、“全员健身活动先进个人”、“道德风尚奖”。第二，开展员工创新工程，公司上下达成“创新驱动发展，创新提升竞争力，创新引领全局”共识，提出并实施创新项目9项，其中，“营销服务积分写实管理系统”获省公司创新成果三等奖，经营分析竞赛获得全省一等奖、终端销售竞赛取得二等奖、数据维护竞赛取得三等奖。第三，认真履行社会责任，以阳泉移动分公司冠名全市摄影、书法展、全市妇女健身操大赛、龙腾奥运情系中华大型体育图片展；举办全球通论坛、全球通新年音乐会等真情回报社会活动；参与社会公益事业，南方雪灾和四川汶川大地震期间，公司通过捐款、捐物，以及依托自身优势在各网点设立“寻亲”和救助受理专席等实际行动，参与到抢险救灾中，赢得社会各界广泛赞誉。

年内，阳泉分公司被中央文明委命名为“全国精神文明建设工作先进单位”，荣获“山西省五一劳动奖状”、“文明和谐单位标兵”称号，被市妇联命名为“三八红旗集体标兵”，有3名女员工被命名为“三八红旗手”，公司工会被市总工会命名为“模范单位”，盂县分公司西关营业厅被团省委授予省级“青年文明号”,被市总工会命名为“女职工五一巾帼标兵岗”。分公司总经理李秀敏荣获阳泉市十大杰出女企业家称号,并被推荐为全国巾帼建功立业先进个人。（贾丽军）

【阳泉长途电信线务局概况】 2008年,阳泉长途电信线务局紧紧围绕“创新发展年”的主题,以奥运重保为契机,圆满完成了各项指标完成情况。年内,一、二级干线无障碍;本地网、城域网线路上报障碍27次(自愈环153次);本地网、城域网障碍修复及时率100%;未引起客户投诉;干线线路设备完好率99.3%;传输特性合格率100%;安全生产无事故;各项财务指标在计划范围内完成。（霍聪智）

【一级干线环境整治】 为了确保一级干线畅通,在上一年标准化整治的基础上,2008年,阳泉线务局进行了一次更加细致全面的整治。利用绿化带插石、线路附近墙面、电杆、树木等喷涂宣传标志,标明线路位置。奥运前期,共新增标石168块,粉刷标石宣传牌700块,新增各种形式不一的标语1050条。（霍聪智）

【高速路隐患处理】 济银光缆坡头至寿阳段,高速管道过桥采用方形铁槽道,槽道锈蚀和被盗比较严重,危及光缆安全。2008年,阳泉线务局用高强度PVC管,在上面喷写“国防光缆”的字样,在子管上纵向开口加套,并予以固定,全部加套完毕,累计套保护管920米。（霍聪智）

【网络优化工作】 2008年,阳泉线务局对济银光缆井陉至平定中继段和阳泉至寿阳中继段利用本地网光缆构建第二物理路由情况进行了初探,并与相邻石家庄线务局进行了专项沟通,并将设计方案上报了省中心;完成了旧阳榆(8芯)光缆的平定局引接工作,使济银光缆平定至阳泉间具备了第二物理路由;完成了五阳光缆荫营机房的引接,阳泉、盂县机房的搬迁,对原本地下线光纤进行了直通,优化了光纤资源配置。（霍聪智）

【二级干线维护工作】 2008年,阳泉线务局开展了二级干线管道、直埋线路明显化工作,共计增加标石370块,烤字650条,喷写小标语320处,达到了线路明显化;完成了五阳光缆阳泉、盂县机房的搬迁、荫营郊区机房的引接以及榆阳光缆平定机房引接工作,新敷设光缆9千米;对阳盂光缆跨路电杆进行了升高,共计升高53处。（霍聪智）

【本地网 城域网维护工作】 截至2008年底,阳泉线务局修复本地网障碍131次,修复城域网障碍49次;从障碍性质看,被盗障碍占39%,随着“光进铜退”(普及光缆,逐渐退出铜线)项目的逐步推进,被盗障碍将日趋减少;完成本地网大修项目8个,对城建改造、公路拓宽等因素危及到的本地光缆进行了迁改;开展了城域网光缆整治,共完成230千米,换杆36根,增加盘留架45个,整理光缆260档,大客户光缆挂牌1200个,标注地井号510个。（霍聪智）

【代维线路维护】 2008年,阳泉线务局在代维线路维护上做了三方面工作。一是在广电线路上按2千米一个的密度,安装了巡检纽扣,将广电线路巡回纳入了巡检系统管理;二是在广电阳泉进局段管道上方,增加了标石35块,使线路标志明显化;三组织了广电线路的隐患排查,对发现的挂钩脱落、高速段钢管塌陷、地井盖丢失等隐患进行了集中整治,共处理钢管塌陷6处80余米,增补水泥地井盖216块,缆线整治2公里。（霍聪智）

【安全防范工作】 2008年,为了落实安全防范措施,提高全员安全意识,阳泉线务局组织了两次全体主、兼职驾驶员和机关人员参加的安全分析及培训会,重点分析了当前的安全形势,并提出了具体的要求。在高速路大修项目放缆、割接过程中,安保部指导和配合施工人员在高速公路上设置安全标志,正确疏导车辆,同时要求上路施工人员必须穿戴安全警示服,保障了施工人员的人身安全,保证了施工的顺利进行。（霍聪智）

【护线工作】 2008年,阳泉市公安局配合阳泉线务局出警8次,协助开展护线宣传和打击破坏通信设施行动,为护线工作提供了更有力的保障。特别是进入4月、5月之后,影响光缆线路安全的各项外界施工越来越多,光、电缆被盗情况时有发生。5月16日~17日,阳泉线务局联系了市公安局和驻地预备役部队,组织起了一支20余人的宣传队伍,进行了为期两天的护线宣传活动。宣传队到影响线路安全的各个施工点,宣传破坏、盗窃光电缆的严重后果,联系施工动土点6处,现场处理隐患3起,张贴通告100张,散发传单3000余份,受教育群众达2000余人。（霍聪智）

城乡建设

综合工作

【概况】 截至2008年底,阳泉市城市人口68.02万人(不包括两县),其中非农业人口54.46万人,非农业人口较2007年增加1.03万人。城市面积651.99平方公里,其中,建成区面积51.23平方公里,城镇化水平达到58.48%。全年全市城市基础设施建设完成投资48433万元(不含住宅),其中,城市燃气完成投资1248万元、占总投资的2.58%,集中供热完成投资14764万元、占总投资的30.48%,公共交通完成投资3117万元、占总投资的6.44%,道路及排水完成投资16621万元、占总投资的34.32%,园林绿化完成投资12683万元、占总投资的26.18%。 (赵庆江)

【建设系统为民办实事】 2008年的《政府工作报告》中提出了要扎扎实实为人民群众办好15件实事,由建设系统负责完成的有4件。第一,计划新建经济适用住房53.2万平方米,其中,新建廉租住房3.325万平方米、665套,解决廉租住房保障对象483户;启动解决农村困难群体的住房问题。第二,全市计划新增燃气用户6500户,对40台燃煤设施进行燃气化改造。第三,全面实现省级园林城市创建目标,计划人均公共绿地面积达到7.5平方米,绿地率达到31%,建成区绿化覆盖率达到36%。第四,完成白草堰南路、深圳街拓宽和兴隆商业步行街改造建设工程;新建3座免费公厕;更新20辆公交车,800辆出租车。截至年底,建设局4件实事全部完成。 (赵庆江)

【经济适用房建设】 2008年,全市实际新开工建设经济适用住房55.54万平方米(7116套)。其中,企业职工集资建房开工面积2.39万平方米(283套);国有重点煤矿棚户区改造新建住宅25.72万平方米(3860套);康居苑城市棚户区改造项目开工面积3.73万平方米(444套);盂县裕新苑小区开工10万平方米(1011套);平定县嘉山小区开工1.7万平方米(280套);郊区南炉新区开工12万平方米(1238套)。

廉租房建设 2008年,全市实际新开工建设廉租住房5.43万平方米(1100套)。其中,阳泉市政府集中新建廉租住房0.53万平方米(100套),国有重点煤矿棚户区改造配建廉租住房2.57万平方米(505套),县、区开工新建廉租住房2.325万平方米(495套)。年内,市建设局通过多种渠道,解决廉租住房保障对象844户,落实廉租住房保障资金5103.23万元,其中,市、县财政预算安排897.23万元,争取中央预算内新增廉租住房资金1045万元,企业自筹3161万元。

农村困难群体住房 2008年,为解决农村困难群体住房,市建设局完成了全市农村困难群体的调查摸底,并分别与各县区签订了《2009年解决农村困难群体住房工作目标责任书》,明确了解决农村困难群体住房工作的组织领导、保障措施和目标任务。 (赵庆江)

【燃气燃煤】 2008年,全市(不含两县和阳煤集团)实际共新增燃气用户6720户,改造燃煤设施43台。其中改造舒康洗浴中心、国泰耐火公司等单位燃煤锅炉9台、工业学校等单位茶浴炉2台、市消防队等单位餐饮大灶用户32户,完成投资615万元。 (赵庆江)

【园林绿化】 2008年底,全市建成区绿化覆盖面积累计达到1936公顷,覆盖率37.79%,比上年增加3.16个百分点。人均实际公共绿地面积达到8.79平方米,比上年增加2.16平方米,绿地率34.11%。年内,

建设环保

全市全面实现了创建省级园林城市工作目标。（赵庆江）

【城市建设】 2008年,市建设局完成白草堰南路、深圳街拓宽工程和兴隆商业步行街改造建设工程;新建3座免费公厕;更新20辆公交车,800辆出租车。

白草堰南路北起新华东街,南至阳光广场,长138.09米,宽12米。工程于2008年10月6日开工,11月25日竣工,完成投资100万元。

深圳街拓宽工程于2008年7月10日开工,截至年底,按计划完成了100米挡墙的砌筑和20间办公用房(拆除补偿)的建设任务,完成投资140万元。

兴隆商业步行街改造工程是对兴隆街、楼儿街、长顺街、福盛巷等4条街区的排水管道、路灯等设施进行综合改造,并将该街区改造成商业步行街。该工程总长684.67米,面积9049.41平方米,于2008年5月15日开工,10月31日竣工,完成投资800万元。

年内,市建设局先后新建了位于矿区河神庙、武警路、狮脑山路等地的3座免费公厕,共完成投资54万元。

2008年,全市20辆公交车和800辆出租车全部更新到位。

（赵庆江）

【四川地震灾区过渡安置房建设】 2008年5月12日,四川汶川发生特大地震后,全市建设系统积极投入到抗震救灾行动中。一是建设系统各单位、各部门和广大党员干部、职工先后为灾区捐款91万元,缴纳特殊党费18.9万元。在援川建房工作中,市抗震办公室、市房地产交易中心(市房屋产权产籍登记中心)、市工程建设监理事务所等单位纷纷为阳泉市援川建房前方指挥部捐赠办公及生活用品,并提供施工车辆,为全市援川建房工作的顺利开展作出了贡献。二是市建设局先后从市建筑工程质量监督站、市工程建设监理事务所、市污水处理厂等单位抽调40余名工程技术人员赶赴灾区开展过渡安置房建设工作。经过60天的艰苦奋战,先后在四川省都江堰市安龙镇泊江村、安龙镇官田村、中国水电十局、四川省都江堰市玉堂镇蓝光安置点等处共建设安置房3163间,总建筑面积5.9万平方米(其中住房2847间,建筑面积5.3万平方米;公共厨房206间,建筑面积3860.4平方米;公共厕所、淋浴间13个91间,建筑面积1721.3平方米;商店2个5间,建筑面积93.7平方米;诊所2个4间,建筑面积75平方米;公共用房10间,建筑面积187.44平方米),圆满完成了过渡安置房建设任务。（赵庆江）

【城市道路中小修工程】 该工程共维修道路4条(泉中北路南段、南大西街政府广场至燕川食府段、新华东街东段、城市广场东路),共维修面积2.83万平方米,完成投资约530万元。泉中北路南段维修工程,南起阳钢转盘,北至青年路口,长290米,宽24米至34米,工程于2008年4月30开工,5月9日竣工,共维修道路面积1.1万平方米,完成投资226.78万元。南大西街政府广场至燕川食府段维修工程,全长500米,宽24米,工程于2008年4月22日开工,5月3日竣工,共维修道路面积1.2万平方米,完成投资194.99万元。新华东街东段维修工程,东起工商大厦路口,西至市林业局,长380米,宽10米,工程于2008年4月12日开工,4月26日竣工,共维修道路面积3165平方米,完成投资94.08万元。城市广场东路维修工程,南起桃北中路,北至北大街,长300米,宽7米,工程于2008年5月5日开工,5月14日竣工,共维修道路面积2100平方米,完成投资14.07万元。（赵庆江）

【城市供水和节约用水】 2008年,全年城市供水管道累计达到592公里。全年城市供水总量7166万立方米,其中,居民家庭用水2053万立方米,占供水总量的29%。城市供水人口达到54.46万人,供水普及率100%,人均日生活用水量136.98升。全市全年完成节水344万立方米,对促进经济发展,缓解城市用水紧张状况起到了重要作用。（赵庆江）

【公共交通】 2008年年末,阳泉市拥有城市公交标准运营车辆614标台(其中,市公共交通总公司381标台,阳煤集团运输处139标台,个体运营车辆94标台),每万人拥有公共交通车辆11.27标台。市公共交通总公司拥有运营线路31条,运营线路长度403公里。2008年全市公共交通客运总量达到12274万人次,较上年增加2815万人次。截至2008年底,城市客运出租汽车累计达到1411辆。（赵庆江）

【集中供热】 2008年市区全年新增集中供热面积113.17万平方米(其中,住宅新增集中供热面积85.98万平方米),集中供热面积累计达到1446.89万平方米(其中,住宅1099.3万平方米),供热普及率达到82%。（赵庆江）

【城市燃气】 2008年,全年新增燃气供气管道22公里,供气管道累计达到488公里,全市新增燃气用户7045户,全市燃气用户累计达到132832户。2008年,燃气供气总量50647.73万立方米,全市居民用气普及率达到85.81%。（赵庆江）

【阳泉市天然气工程竣工】 2008年6月16日,阳泉市天然气工程竣工并投入运营,工程于2007年5月20日开工建设,是阳泉市百项工程之一。该工程由阳泉市人民政府、香港华润燃气集团和山西省乡镇煤运集团三方合作建设,总投资2.8亿元,由三个部分组成。一是由省天然气公司建设的盂县至阳泉天然气输送管道,全长42公里,设计年输气能力为2亿立方米;二是由阳泉华润天然气公司建设的天然气输配管网工程，全长15公里，年输配能力为9000万立方米；三是CNG(Compressed Natural Gas，压缩天然气)工程，包括天然气加气母站一座、子站一座，年压缩能力为3000万立方米。阳泉市天然气工程的建设，有利于优化全市能源结构，促进全市节能减排，完善城市功能，提高城市品位，改善人居环境，实现阳泉市经济、社会与环境的协调发展。该工程使阳泉市的工业企业和居民用上陕京二线天然气，阳泉市公交车和出租车也开始使用压缩天然气作燃料。（赵连珠）

【市政设施】 2008年底，全市城市道路长度累计达到383.6公里；城市道路面积累计达到458.2万平方米，人均拥有城市道路面积8.43平方米。城市排水管道长度累计达到212.42公里，排水管道密度4.14公里/平方公里。全市路灯盏数达到13267盏。（赵庆江）

【村镇建设】 2008年，按照山西省、阳泉市的统一安排部署，全市小城镇建设步伐进一步加快。一是积极开展新农村建设规划和小村镇总体规划编制。郊区的县域城镇体系规划已编制完成并上报省建设厅等待评审，平定和盂县的县域城镇体系规划也已编制完成将上报省建设厅。年内，市建设局还完成了盂县牛村镇、孙家庄镇、梁家寨乡的总体规划；完成了郊区旧街乡总体规划、大阳泉村的历史名村保护规划并已上报省建设厅。二是完成了阳泉市农村困难群众住房调查工作，为下一步解决农村困难群众住房工作做好准备。三是建制镇绿化工作进展顺利，省补助绿化资金全部到位，取得了小资金带动大绿化的良好效果。2008年全市的建制镇绿化覆盖率达到22.5%。四是积极开展旅游小村镇和历史文化名村名镇的申报工作。娘子关镇被评为旅游名镇、小河村被评为旅游名村。同时，为保护阳泉的古村落，郊区大阳泉村向省建设厅申报了历史文化名村名镇。

2008年，全市农村新增住房面积45.14万平方米，农村人均净增住房面积0.88平方米，农村人均住房面积达到25.9平方米，试点镇共完成村镇建设项目42个，完成投资6.9亿元。（赵庆江）

规划设计

【城乡规划工作】 2008年，阳泉市城乡规划体系进一步完善。首先，城乡一体化规划进展顺利。市规划部门作为全面负责城乡一体化编制工作的牵头组织机构，从2007年年初开始进行大量的调查研究和前期资料收集，制作完成了阳泉市城乡一体化规划方案展版、沙盘模型以及多媒体专题片，组织召开了全市城乡一体化规划编制工作推进会，制定下发了《关于统筹协调阳泉市城乡一体化规划编制工作的函》。截至2008年12月31日，35个专项规划中除社区管理规划年内不计划编制、机构设置方案不宜上报外，其余33项已全部完成，其中经过专家评审的有17项，未完成评审的16项。平定县城总体规划已由省城乡规划设计院完成初稿。盂县县域城镇体系规划已编制完成，县城总体规划已由市政府批准实施，盂县县城规划区沙盘模型已开始制作，金龙大街和秀水西街、地税局以西城市形象设计已基本完成。其次，村镇规划编制得以加强。年内，市规划局相继编制完成了全市40个新农村建设规划，其中包括平定宋家庄、上马郡头、理家庄等10个村，盂县乌玉、观沟、阎家沟等10个村和郊区河底、义东沟、下千亩坪、上千亩坪等20个村。再次，城乡基础设施规划不断完善。完成了娘子关水源保护规划、大阳泉古村保护与发展规划、阳泉市2008年至2012年住房建设规划、阳泉市供热规划调整等；完成了阳泉矿区采煤沉陷区综合治理工程、兴隆街商业区改造工程、下站东货场改造工程等公共基础设施建设规划；完成了白草堰南路、深圳街扩宽、平定西外环路等道路建设规划。同时，为积极支持国家园林城市创建，市规划局还完成了新泉桥南、南外环路大阳泉桥南、市总工会大楼南侧、瓦窑坡四个小游园的选址设计；加大城市停车场的规划力度，完成了美隆国际商业广场、金街、滨河世纪城、富百家4个停车场的规划，其中美隆国际商业广场和金街停车场已基本完工，滨河世纪城和富百家停车场已经启运；加强城市综合整治规划，开展了交通整治规划工作。第四，控制性详细规划覆盖率显著提高。年内，市规划局完成了阳泉煤业集团棚户区改造工程规划、307国道复线两侧用地控制性规划、义井河综合治理蓬河工程控制性详细规划、市土地储备中心南外环路等地段控制性详细规划30余项，建成区控制性详细规划覆盖率达到70%，平定县完成了县城5平方公里的详细规划。

（王全寿　李富军）

【城乡规划管理】 2008年，市规划局积极推行“阳光规划”，充分发挥规划委员会作用，规划成果和经规划审批的建设项目公示率达100%。首先是健全各项规章制度，重新修订了《城乡规划审批流程》、《规划管理人员岗位责任制度》等制度。坚持“一书三证”制度，全年共发放《建设项目选址意见书》66份，“建设用地规划许可证”88个，“建设工程规划许可证”205个，“竣工规划认可证”101个，批准建设工程面积1464227平方米。其次是开展了《城乡规划法》学习和培训工作，累计培训人员约240人，占全市从事规划工作人员的96%。

（王全寿　李富军）

【执法检查】 2008年，市规划局组织对全市2005年以来的工程建设项目进行了执法检查，共检查了129个单位666个项目。其中，未批先建、未按规划实施等不规范的工程责令其限期整改。同时,为支持全市重点工程建设,市规划局配合完成南外环路、李荫路等城市环境综合整治任务,全年共拆除各类临时建筑5000余平方米。

（王全寿　李富军）

【城市房屋拆迁】 2008年,市规划局强化了拆迁资质管理,加大对违法违规拆迁行为的查处力度;加强了拆迁扬尘管理,要求扬尘污染防治协议与拆迁许可证同时发放。年内,完成了义井河综合治理一期工程、深圳街拓宽等重点工程拆迁扫障,共核发《房屋拆迁许可证》16个,批准拆迁面积9.19万平方米,拆迁住户1475户,完成拆迁面积4.21万平方米,拆迁住户755户。

（王全寿　李富军）

【勘察设计和图审工作】 2008年,市规划局严格执行《建设工程勘察设计管理条例》和《建设工程设计合同管理办法》,规范勘察设计单位的市场行为。严格按照《建设工程标准强制性条文》和《建设工程设计规范》的有关规定,加强施工图审查,施工图审查覆盖率达100%。为加强资源节约型和环境友好型城市建设,全年共发放建筑节能认定书96个。规划基础信息工作明显增强,全年完成地形测绘20余项,完成娘子关泉域水资源保护1∶2000航测地形图23平方千米、1∶1000航测数字化图10平方千米,完成深圳街等8条城市道路纵横断面的测量任务。（王全寿　李富军）

【石太铁路沿线综合治理绿色通道规划】 该工程是阳泉市创建国家园林城市的重要组成部分,从2007年至2008年,累计拆除规划范围内的各类建筑物65942平方米;建设或筹建安置楼10栋53420平方米,综合整治护坡1公里,粉刷楼房55栋。绿化建设地被类植物19800平方米,公共绿地6块35316平方米,防护林带9段14212平方米,累计完成投资13160万元,基本完成了工程规划确定的近期目标。

（王全寿　李富军）

【义井河综合治理一期工程】 义井河综合治理一期工程是市“百项工程”之一,也是城市旧区改造的安置基地。工程于2008年3月31日正式开工,年内工程主体已经完工,累计完成投资4385万元,占总投资的97%。（王全寿　李富军）

【抗震救灾援川建房规划工作】 四川汶川大地震发生后,市规划部门按照市援建工程指挥部要求,抽调9名业务骨干组成技术援建分队,开展援建房的规划工作。援建技术小分队紧急奔赴四川灾区后,深入到重灾区四川彭州市丹尔山镇、磁峰镇以及都江堰市青城山镇、蒲阳镇等地进行采点选址,并于2008年6月5日,在全省率先完成了1500套的选址任务,同时还完成了这些住宅及部分配套设施的规划设计工作,为全市援建工程的顺利开工奠定了基础。援建任务结束时,市规划局共向当地政府移交各类图纸3大本30多份,没有出现一例技术问题。在援川建设工作中,援川小分队共规划建设了4个安置点,共计3163间安置房,配套设施为13个公共厕所、13个公共淋浴间、2个商店、2个诊所、10间公共用房,安置房完全达到了质量标准,并于7月16日全部移交给了当地政府。

（王全寿　李富军）

【城乡一体化规划方案】 2008年,城乡一体化规划以市委、市政府《统筹城乡发展推进城乡一体化实施意见》为总纲,以经济发展、规划建设、基础设施、社会事业、生态环保、社会保障、管理体制等七方面的一体化为重点内容,规划范围覆盖全市城乡。“七个一体化”规划又包含35个专项规划,专项规划中除社区管理规划年内不计划编制、机构设置方案不宜上报外,其余33项已全部完成,编制责任单位涉及市发改委、经委、规划局、国土资源局、建设局、交通局、劳动和社会保障局、环境保护局、公安局等34家单位。

（王全寿　李富军）

【娘子关生态保护与发展规划】 娘子关镇作为国家级历史文化名镇和阳泉市的重要水源地,必须把生态环境、历史文化名镇、水源地保护放到首位,在保护的基础上寻求发展,正确解决本地经济发展和生态环境保护的矛盾。2008年,市规划局对此规划的近期目标为2008年至2010年,远期从2010年至2015年。通过对现状条件的分析,确定从“宏观—中观—微观”的规划工作思路,编制全镇的宏观战略规划、中观镇区控制性规划和当前急需建设的微观镇区片区建设规划。规划引导策略分为历史文化名镇保护、水源地保护、特色产业引导、生态保护与发展、人口控制疏散、基础设施完善、公共环境整治等6大策略,通过规划,把生态环境保护与历史文化名镇保护、水源地保护、城镇各项事业发展、产业结构有机结合起来,促进生态效益、经济效益和社会效益的统一。（王全寿　李富军）

【大阳泉古村保护与发展规划】 2008年,为更好得保护和发展大阳泉古村,市规划局对其进行了规划。此规划的性质是山西省阳泉市重点文物保护单位,是山西省少有的保存较好、面积较大、以明清时期地方传统风貌为主体的、空间格局完整、建筑特色鲜明的古代集镇建筑群;是阳泉市的“城中村”之一;是城市未来新文化、经济增长点。规划保护区范围总用地面积78.5公顷,其中核心保护区面积26.4公顷,建设控制区面积31公顷,生态保护区面积3.4公顷,建设发展区面积17.7公顷。规划保护大阳泉古村所在区域的整体环境,村落空间格局,村落街巷肌理和传统院落、建筑以及其他人文历史遗存,对有价值的传统院落、建筑进行合理的修缮与利用,把古村落建设成为以特色旅游产业为主体的综合性地方历史文化展示、体验区,通过完善市政交通等基础设施,为村庄的可持续发展打下基础。在建设发展策略上,规划坚持保护与发展并重的策略,明确保护对象,明确改造更新范围;坚持动态、渐进的保护与更新策略,制定系统的建设时序;坚持保护修缮类院落人口整体迁出策略,有效合理利用文物建筑;坚持按照传统风貌对更新区建筑进行改造的策略,将产业发展与建筑功能有机结合;坚持文物保护与生态保护相结合的策略,充分利用周边自然生态资源;坚持人口迁移与就近安置相结合的策略,充分利用周边可建设住宅用地;坚持文化、生态、旅游、服务和谐发展策略,打造阳泉市传统文化中心和新的经济增长点。

(王全寿 李富军)

【住房建设规划】 为了进一步完善以市场为主导、多渠道、多层次的住房分类供应体系,满足不同收入层次居民的住房需求,2008年,市规划局对阳泉市住房建设进行了规划,规划期为2008年~2012年。该规划预计到规划期末(2012年),基本实现常住人口户均拥有或租住一套住房,完全解决双困家庭的住房问题,规划期内建设各类住房45650套,总建筑面积388.1万平方米(其中商品住房建筑面积110万平方米,政策性住房建筑面积278.1万平方米),人均住房建筑面积达到26.5平方米。市区住房用地供应总量预计约为300万平方米(含存量土地盘活),其中商品住房用地约为85万平方米,政策性住房用地约为215万平方米。

(王全寿 李富军)

【供热规划调整】 2008年,由于受国家"关小上大"关停小火电机组等宏观政策的影响,阳泉组团原规划热源辰光电厂将关闭、河坡电厂扩容异地新建、市区供热热源须进行调整。市区供热将以四座热电厂(新建河坡电厂、阳光发电厂、龙川发电厂、阳煤远期热电厂)为城市主要热源。年内,市规划局对全市供热规划进行调整。在原有热网的布局下,根据各热源情况以及地形特点,采用科学合理的技术手段加以调整,以适应热源供热能力的要求。同时,在满足技术要求的情况下,在市区龙川发电厂热网、阳光发电厂热网与新建河坡发电厂热网之间,增设联通管道,以保证各热源故障状态下的供热保障。平定组团将以阳光发电公司和龙川发电公司作为主要热源。荫营组团以新建河坡电厂为主要热源。规划到2020年,城市规划区规划总的供热负荷面积为4260万平方米,其中阳泉组团3360万平方米(市区2250万平方米,阳煤集团1110万平方米),平定组团400万平方米,荫营组团500万平方米。规划期末,城市规划区规划总的供热能力约为4400万平方米~6000万平方米。

(王全寿 李富军)

【平定县县域城镇体系规划】 2008年,市规划局对平定县县域城镇体系进行规划,规划期限分近期和远期两个阶段,近期为2007年~2010年,远期为2011年~2020年。规划到2020年,形成10万人以上的城镇1个,1万人以上的城镇3个,0.5万人以上的城镇3个,其他乡驻地达到1个城镇组团人口规模,基本满足配套相对完善的基础设施和社会服务设施的人口要求,城镇化水平明显提高,城镇基础设施和社会服务设施基本满足人民小康生活要求,初步形成与县域经济发展、环境生态建设相协调的城镇体系。城镇空间结构突出增长极核,引导空间集聚,加强中心地建设,协调城乡关系,形成"两心两核、一环三区、双轴辐射"的向心集聚型的城镇空间格局,以进一步提高县域经济社会发展的集约程度,形成与县域经济发展、环境生态建设相协调的县域城镇体系。"两心两核","两心"是指县域经济发展主核心——县城驻地冠山镇和冶西片区、张庄镇与原锁簧镇组成的县域经济发展副核心,"两核"是指北部工贸型城镇——巨城镇、东部旅游型城镇娘子关镇。"一环三区","一环"是指围绕阳泉市都市区,由巨城镇、石门口片区、冠山镇、冶西片区等乡镇共同构成的环状工业带;"三区"是指包括娘子关镇、柏井镇、东回镇、岔口乡东部地域、张庄镇东部地域在内的东部生态经济区,包括石门口片区、巨城镇、岔口乡西部地域在内的中北部工业区和包括冠山镇、冶西片区、张庄镇西部地域在内的西部综合经济区。"双轴辐射",指由石太铁路—太旧高速公路—307国道以及沿线的基础设施同沿线的城镇构成县域的通道型发展轴线;阳涉铁路—207国道沿线城乡社会经济发展轴,其沿线为县域生产力布局重点地区。

(王全寿 李富军)

【盂县县域城镇体系规划】 2008年,市规划局对盂县县域城镇体系进行了规划,规划期限分近期和远期两个阶段,近期为2006年~2010年,远期为2011年~2020年。预计到2020年,该规划区域内将形成10万人以上的城镇1个,其他乡驻地达到1个城镇组团人口规模,基本满足配套相对完善的基础设施和社会服务设施的人口要求。城镇空间结构采取"向心型与中心地型相结合"的发展模式,突出增长极核,引导空间集聚,加强中心地建设,协调城乡关系,形成"一极、两轴、三区"的向心集聚型的城镇空间格局。"一极"即秀水镇,是全县经济社会发展的增长极;"两轴"即由南北向阳泉至盂县高速公路、盂县至五台山公路、阳泉至盂县铁路和东西向阳曲至中古月公路、石太高速铁路构成的"十"字形发展轴。东西向发展轴西连阳曲、寿阳,东通河北,为盂县经济发展的主轴。"三区"即中南部核心区、西北部农牧发展区和东部、北部边缘区三个区域,进一步推动城乡协调发展、经济融合,重视城镇化和环境生态建设的和谐,形成与县域经济发展、环境生态建设相协调的县域城镇体系。

(王全寿 李富军)

【阳泉移动通信大楼规划】 2008年,由市建筑设计院承担施工图设计的阳泉移动通信大楼是阳泉市的百项重点工程之一。该大楼位于泉中路东侧的城市中心区,北临桃河公园,南侧与凯元商城相接,西侧与美隆国际商贸广场相邻,项目总用地面积6330.5平方米。该工程地下有二层,其中地下一层局部区域位于地面以上;地上有16层,其中裙房有3层,结构顶标高84米,总建筑面积约1万多平方米。

(魏秀琴)

【阳泉天融中兴商业广场规划】 2008年,由市建筑设计院承担施工图设计的阳泉天融中兴商业广场是全市百项重点工程之一。该广场位于阳泉火车站天桥以东地区,南起德胜街,北至新建路,西临天桥街,东西长约232米,南北宽约111米,项目总用地面积29542.55平方米,办公楼高为56.7米,住宅楼高为99.58米。该工程由地下3层、地上29层商住楼、11层写字楼和5层裙房组成,是集商业、住宅、办公为一体的大型建筑。该广场总建筑面积217705.68平方米,其中,住宅面积68220.62平方米,商业面积76771.51平方米,办公面积25781.19平方米,地下面积46932.36平方米。 (魏秀琴)

【参与完成阳泉市2008年至2015年城乡供水规划的编制】 2008年,为解决阳泉市各地供水发展不平衡的问题,市建筑设计院参与完成了阳泉市2008年至2015年城乡供水规划,为城乡共同发展提供保障。该规划的总体目标是提高供水水质,保障供水安全,预计到2015年,城乡自来水入户率达100%,娘子关供水二期工程和北水南调工程全线竣工(供水面积达到全市农村的60%,供水水质达到“国家生活饮用水卫生标准”);规划范围覆盖阳泉市现辖两县四区,即:平定县、盂县、城区、开发区、矿区、郊区,规划面积4569.91平方千米;按照《阳泉市城乡一体化规划编制工作方案》,该规划编制分近期和远期两个阶段(近期:2008年~2010年,远期:2011年~2015年)。

该项规划是对阳泉市区域内涉及城市、城镇、农村的中长期供水发展规划,立足于寻求长期根本解决市域内居民基本用水问题,尤其是农村居民用水方便,喝上好水的最佳途径;该项规划分析了阳泉市域内供水及水资源状况,着重统筹全市市域,全面考虑城市乡村的供水不均衡状况,特别是农村饮水困难和饮水不安全问题,根据规划控制管理的程序和水资源情况,对市区、县城、乡(镇)及农村进行了不同深度和详细程度的规划,规划深度为覆盖市区、县城,辐射至乡镇,指导边远农村;该项规划确定了市域范围内集中供水和分散供水的统筹区域供水模式,其中市区、盂县县城、平定县城、郊区荫营镇实现区域供水,用水发展靠北水南调引水工程来解决,乡镇所在地及新农村社区实现集中供水,边远农村实行分散供水;考虑到城乡一体化和农民集中居住的趋势,将城市和城镇供水纳入了一个供水系统,农村取水原则上就近取水,对于地形条件允许的乡村,尽量延伸大型引水工程管道,远距离输送合格水源,使水质污染和严重缺水的农民在规划期内得到实惠;滹沱河及支流、娘子关泉水是市域内主要水源,应加大管理和保护力度,切实保证用水质量;该项规划对水资源进行了平衡分析,由于水资源分布不均,应对水资源加强保护,整合水资源,使用时要统筹规划。 (魏秀琴)

城市建设

【市政设施概况】 2008年,市市政工程管理局(阳泉市商品道路开发总公司)以经济建设为中心,较好地完成了各项生产任务。全局(公司)市政工程总产值完成10042万元,首次突破亿元大关,实现了连续5年年均增长千万元的历史性突破,5年总增长量达7152.9万元。其中,市政工程有限公司完成生产总值7972.27万元,市区道路养护所完成生产总值272.33万元,市区路灯管理所完成生产总值593.65万元,排水设施管理所完成131.58万元,组织其他部门及单位完成工程任务1072.17万元。全年市政工程管理局(公司)新增固定资产260万,总资产达9040万元。 (赵庆江)

【市政设施管理】 市政设施是评价城市形象和民生环境质量的标准之一。2008年,市市政工程管理局(公司)充分发挥专业养护的优势,加大各类设施查巡力度,提高了市政设施损毁补缺的效率。同时,建立和巩固了设施丢失联系反馈机制,有效地避免了设施丢失各分管部门互相推卸,无人管理的局面。对于没有交纳道路规费的破路方,要求其自行组织恢复;为确保质量,要求恢复方签订质保书、交纳质保金;在其恢复过程中,安排专人进行全程监管,确保工程质量;如届时恢复质量不符合规范要求,需重新交纳规费,由市财政安排恢复。通过各方努力,全市市政设施有了很大的改善。

(赵庆江)

【兴隆步行街改造】 该工程范围包括兴隆街、长顺街、楼儿街、福盛巷四条街巷,总长684.67米,宽度不等,总面积9049.41平方米。其中兴隆街长315.58米,面积4466.12平方米;长顺街长164.34米,面积2595.6平方米;楼儿街长92米,面积897.27平方米;福盛巷长112.75米,面积1090.42平方米。

工程主要内容有规范煤气、热力、自来水、通信等各专业地下管线,更新污水管道、新增雨水管道、排水系统达到雨污分流,新增消火栓,取消原有人行道、街面用花岗岩铺砌,取消原有路灯、新安装48套庭院式路灯,改造部分商铺、台阶等。

兴隆步行街改造工程于2008

年5月15日开工,10月31日完成。工程累计开挖外运土方7676.21立方米,回填天然沙砾3022立方米;铺设直径300毫米混凝土管道472.56米,直径400毫米混凝土管道564.28米,直径500毫米混凝土管道195.67米,直径600毫米混凝土管道66米,直径1200毫米混凝土管道236米;新砌井室148座,安装方形井盖133套,圆形井盖18套,单雨水篦46套,双雨水篦4套,截流蓖2套;改造直径300毫米自来水管道350米,108毫米自来水管道120米,直径108毫米煤气管道125米,直径159毫米热力管道150米,直径80毫米通信管道375米,直径100毫米电力保护管115米;铺设直径50毫米路灯电缆保护管1050米,安装路灯48套;安装地下消火栓9套;铺筑30厘米厚的厂拌水稳层路基9049.41平方米,花岗岩路面8945.51平方米;改造台阶185米;安放花岗岩隔离圆球35个;累计完成投资800万元。（赵庆江）

【南庄路安装LED路灯】 按照城市化标准的要求,以及国家路灯行业协会推广节能减排的倡导,2008年9月,市政工程管理局首次在南庄路安装使用国内研制开发的、较为先进的LED路灯灯具,将该路(南庄桥北口至南大街段)原有的400瓦高压钠路灯全部替换成100瓦的LED路灯,共铺设电缆线1700米,安装灯杆、灯具48套。LED路灯与普通高压钠灯具相比有节电、使用寿命长等特点,据测算,一盏LED路灯比一盏普通高压钠灯节电70%。南庄路新安装的48套LED路灯,一年电费能节省3万余元,使用寿命比普通高压钠灯长4倍。LED路灯的安装使用成功,使南庄路成为阳泉市首条LED节能灯具照明示范路。(赵庆江)

【业务拓展】 截至2008年,阳泉市市政工程管理局已经拥有一个亿的市政生产能力。2008年,在全面完成市委、市政府交办的市政任务的基础上,市政管理公司在平定、盂县、开发区等地承揽了一批工程,仅平定县即承揽到3500万元的市政工程,为下一步拓展市场积累了经验,奠定了基础。（赵庆江）

【自来水公司概况】 2008年,市自来水公司各项工作健康推进、和谐发展。全年供水产值(按现行价计算)完成7774.79万元,完成年计划的108.03%;全年有效供水量完成3220.6万吨,实现利润32.41万元;水质综合合格率100%,供水设施修复及时率100%;完成全员劳动生产率(现行价)66794元/人·年,完成年计划的100.2%;有效供水单位电耗1754千瓦时/千立方米,供水单位成本2.44元/立方米;污水处理费(代收)完成600万元。（赵庆江）

【奥运期间城市供水安全】 2008年是中国奥运年,也是阳泉市自来水公司的企业管理年,公司以北京奥运会的召开为契机,提高了城市供水安全的保障水平。首先,加强了软、硬件建设的投入,全面提升安全管理等级。一是加强了水质检验,增加了检验频次;二是强化了值班门卫力量,严格人员、车辆出入登记制度;三是加强水源监管,对取水口、水源泵站、配水厂等重点部位安装了监控设备;四是在加氯点配置了空气呼吸器、连体防护服、滤毒罐,在保证安全生产的同时,也消除了对周边居民可能造成侵害的隐患;五是对调配水池、人孔及排气孔采取了更换、封闭、加固等防范措施。其次,分别组织了消防培训、消防预案和泄氯事故预案演练。两个演练加强了消防、泄氯等安全设备设施使用的熟练程度,有效地提高了安全管理水平。在确保奥运期间城市供水安全的基础上,全年全市实现了安全生产管理水平的提升。（赵庆江）

【节能降耗】 市自来水公司是以电能为主要生产消耗的企业,为贯彻国家节能减排政策,进一步挖掘节电潜力,在原有避峰运行制度的基础上,于2008年1月起对生产管理科调度室全体工作人员实行生产调度避峰运行考核制度,主要对东线水源泵站、一级泵站、二级泵站的避峰运行节约电费情况进行考核。生产调度避峰运行考核制度与奖金发放和工作表现直接挂钩,真正做到多劳多得、不劳不得;奖金采取逐月考核兑现,年底根据全年实际节约电费情况进行清算。2008年,全年避峰运行同比多节电50.97万元。（赵庆江）

【管网漏失情况有所好转】 年内,市自来水公司以减少“产销差率”为突破口,努力降低管网漏失,对公司供水的产销差率从现状、成因到对策进行了深入分析研究,形成了《产销差率长期居高不下的分析及对策》,并引进先进技术、规范产水计量设施,为准确考核产销差率和管网水漏失奠定基础,使企业在降低供水产销差率上取得明显成效。2008年,全年查漏共计103次,有效地控制漏失率约59.6立方米/小时,仅北大西街DN600铸铁管漏点的发现,就避免了200立方米/天的漏失。（赵庆江）

【《供用水合同》文本修订】 2008年10月13日,市自来水公司特邀请法律顾问,组织了由有关部门、科室负责人和公司分管领导参加的专题会议,针对以往《供用水合同》中存在内容不够全面,责任不够明确,双方权利与义务描述不规范等问题进行认真研讨,并参照规范的合同文本,结合企业供水实际,对《供用水合同》进行了修改完善。新申请用水、改水、水表改造等涉及自来水供应的事项,都将以规范合同的形式确定下来。重新修订后的《供用水合同》共四类,分别适用于需加设二次加压设备的供水工程、一般供水工程、供水工程开工前和供水承诺等项目,合同中对用水地址、用水类别、水量、水价、结算方式、产权界定、工程费用承担、二次加压及原水消毒等方面进行了详细约定,同时也对合同权利义务转让的责任等相关事宜进行了规范。《供用水合同》文本的修订,供用水双方的权利义务更加明确,合同文本更加规范,双方责任承担更加公平合理,合同条款更加符合实际。（赵庆江）

【居民水价调整】 由于水源泵站的启用,电费、主辅材料等各种成本价格的增长等因素,经市政府研究同意,按照省物价局晋价商字〔2006〕308号《关于调整阳泉市城市供水价格的通知》精神,自2008年12月1日起,市自来水公司对居民水价进行调整,调整后的居民水价由原来的1.65元/吨调整为2.10元/吨,以当月的抄见水量为准。（赵庆江）

【煤气公司概况】 截至2008年年底,市煤气公司完成工业总产值4550万元,比2007年增长了27%;全年销售煤气1.65亿立方米,比2007年翻了一番;煤气收费率98.8%;用户灶前压力合格率100%;气质合格率100%;维修及时率为100%。（卢义武）

【煤气用户快速增加】 年内,新增煤气居民用户达到6720户,煤气公司用户数量累计达到78393户(其中居民用户77820户,工业、营业及福利用户573户),煤气供气区域已经全部覆盖城区、开发区,并已延伸到郊区、平定及市区周边,实现了企业用户规模和供气规模的同步快速增长。（卢义武）

【氧化铝一期供气工程投产达效】 氧化铝供气一期工程自2008年1月3日正式供气运行后,截至年底已经投产达效,保证了氧化铝的正常生产需要。同时,煤气公司的供气规模也有所提高,全年供气量比上年实现翻番,总供气量达到1.65亿立方米。（卢义武）

【管网改造工程】 年内,市煤气公司针对全市近50%的供气管网及设施老化腐蚀严重、部分管网腐烂漏气、安全隐患严重的问题,实施了安全改造工程,完成开发东区管网改造4.612公里,完成投资523万元。此工程解决了部分严重腐烂漏气管道安全问题的同时,结合城市发展需要,通过同步扩容改造,有效提高了管网设施的供气能力,对于保证全市各类用户的正常用气和城市的发展奠定了基础。（卢义武）

【市热力公司概况】 2008年,市热力公司坚持外抓发展、内抓管理的方针,坚定不移地扩大供热范围、扩张供热规模。截至年底,公司共签订入网合同65份,新增供热面积100.42万平方米,公司所辖入网供热面积达到937.3万平方米,入网供热用户达到90226户,其中居民用户87220户、非居民用户3006户,受益群众超过30万人。随着供热规模的不断增长,公司的主营业务收入也在持续增加。在2008年~2009年采暖期内,截至2008年底,实现热费收入8981.99万元。（赵庆江）

【热力公司热源厂二期工程建成投运】 热力公司热源厂二期工程投资9000万元,安装2台64MW(兆瓦)强制循环高温热水链条无烟煤锅炉,新增供热能力200万平方米,使调峰热源厂达到设计的450万平方米的供热能力。同时建设相应的配套管网设施,共计敷设一次网2.5公里、二次网28公里,新建改建热力站4座,安装各类阀门1280台套。热源厂二期工程的实施,使全市总的供热能力达到1070万平方米,缓解了使供热能力短缺的矛盾,并全面提升供热系统的安全性、稳定性和经济性,与河坡电厂形成了双源双网、互补互调的供热格局。（赵庆江）

【公共交通公司概况】 2008年,市公共交通总公司认真贯彻执行优先发展城市公共交通的方针政策,力保安全运行,较好地完成了各项任务。全年总营运公里达1882万公里,比上年增加270万公里,增长16.75%;客运总量完成9248万人次,比上年增加882万人次,增长10.54%;票款收入完成5728万元,比上年增加996万元,增长21.05%;职工人均收入983元/月,比上年增加116元,增长28%。（赵庆江）

【运力不断充实】 年内,为了充实了各线路运力,市公共交通总公司投资3000多万元,购置天然气环保车辆120台。截至年底,全公司拥有营运车辆331台,其中天然气车180台、油改气车40台,并将车辆在5个分公司之间进行了优化调整。（赵庆江）

【营运市场拓宽】 为构建科学合理的公交线网体系,2008年,市公共交通总公司新开辟了201路、803路、33路3条线路,恢复开通102路、14路2条线路,调整了25路,适应了城市建设,满足了市民需求。同时,各营运分公司通过分解任务指标,采取多种措施抓春运、五一、国庆等节日营收增长点,拓宽营运市场,实现收入增长。（赵庆江）

【安全工作】 2008年,市公共交通总公司开展“安全生产月”和“百日安全活动”,把安全问题作为一项政治任务来抓,与每个基层单位签订安全责任状,定期组织驾驶员、修理工召开安全例会、座谈会,学习安全知识,加大对安全的宣传力度,组织定期与不定期上线路检查,严厉查处各种违章事件,在整个公司形成了“安全第一、预防为主”的思想意识,建立了安全管理的长效机制。（赵庆江）

【服务水平得到提高】 年内,市公共交通总公司坚持以乘客满意为核心的服务理念,全方位提升整体服务质量。为了提高公交服务水平,对新进的司机、售票员进行了短期的应知应会业务集训,并对培训结果严格考核。同时,开展了多项卫生专项整治活动,进行了以"服务、营运、安全、卫生"为主要内容的联合大检查,现场纠正不规范服务、卫生行为15人次,通报批评9人次,车辆卫生、车厢服务有了明显改进。检查期间,收到表扬信5封,受到媒体表扬3次,公交服务满意率达到95%以上。年内,公司还组织了向社会广泛征求意见活动,发放宣传资料6000份,征求意见表400份,收到乘客意见建议33条,促进了服务水平的进一步提高。(赵庆江)

【节能降耗工作】 年内,市公共交通总公司针对燃料消耗指标不科学的问题,重新修订了《阳泉市公共交通总公司营运车辆燃油、燃气考核办法与指标》,并通过严格考核油、气、原材料的使用,真正降低了消耗,节约了成本。同时,总公司利用自身人员和技术条件,加快车辆的天然气改造,全年共进行油改气车辆40台,大大节约了企业成本,降低了能源消耗。(赵庆江)

【公共交通总公司移交市交通局监管】 经市政府常务会议研究决定,将市建设局承担的城市客运行政管理职能划归市交通局,实行由一个部门统一管理的客运管理体制。2008年11月12日,由市建设局监管的公共交通总公司移交市交通局监管。(赵庆江)

【城市出租车行业管理】 2008年,阳泉市城市客运交通管理处进一步加强出租车行业管理,规范运营行为,全年共召开出租车行业经理负责人会议20次,召集行业从业人员会议12次,下基层进行调查研究10次,采取5项措施保障了出租车客运行业健康稳定发展。一是加强对出租车经营企业收费行为的监管力度,实行账目公开,将收费依据、收费项目、收费标准和服务承诺上墙公示,规范收费行为;二是制定了全市城市出租汽车经营企业和驾驶员之间的管理服务合同,对出租车经营企业和出租车驾驶员之间的关系进一步规范;三是制定了出租汽车驾驶员管理规定和出租汽车车容车貌管理规定,进一步规范了出租车驾驶行为和出租车整洁美观;四是出租车经营权和车辆产权纠纷得到妥善解决,行业管理步人稳定;五是编制印发《阳泉市城市出租汽车驾驶员服务手册》2000册,加大对从业人员法制教育宣传力度,提高服务水平。(赵庆江)

【城市绿化概况】 年内,全市各级、各部门科学规划"十一五"绿化布局,精心组织,狠抓落实,"创建国家园林城市"工作稳步推进,先后完成了桃南中西路绿化、南山公园儿童公园综合改造、南大街桃北路道路绿化、石太铁路城区段沿线景观绿化等一批质量好、品位高、景观佳的精品工程。全年建成区累计新增各类绿地面积199.89万平方米,绿化覆盖面积达到1934.58万平方米,绿化覆盖率37.79%,人均公共绿地面积达到8.79平方米。2008年12月10日,阳泉市顺利通过了山西省省级园林城市达标验收专家组验收,全面实现了2008年全市创建省级园林城市的目标任务。(赵庆江)

【桃南中西路绿化工程】 桃南中西路绿化工程东起天元商厦西至赛鱼桥,对沿线的行道树更新补植,工程投资概算300万元。工程于2008年9月开工,12月竣工,开挖土方3854立方米,回填种植土3854立方米,栽植各类行道树803株,种植绿篱苗木15000株。(赵庆江)

【南山公园 儿童公园综合改造工程】 南山公园、儿童公园改造工程主要针对公园原有基础设施、配套设施和绿化景观进行综合改造。工程于2008年3月开工,12月竣工。对两个公园内的十余处重点景区修复,新增照明灯具、座椅、垃圾筒等200余套配套设施,对公园门区、园内道路、健身场所、水电管网等基础设施进行了改造和绿化,栽植各类苗木77628株,完成改造面积12万余平方米,完成投资1596.68万元。(赵庆江)

【南大街 桃北路道路绿化综合改造工程】 南大街、桃北路道路绿化综合改造工程于2008年4月开工,6月竣工,主要是完成南大街(市一中至工商大厦段,全长900米)和桃北路(桃河桥至阳煤大桥段,全长2800米)沿线的绿化隔离带植物更新改造工作。该工程共种植丁香、国槐、樱花、卫矛等各类乔灌木13万余株,绿地总建设面积0.84万平方米,新增绿化面积0.44万平方米,新建景观护栏4800余米,组合花盆38组,共完成投资268.87万元。(赵庆江)

【石太铁路城区段沿线景观绿化工程】 石太铁路城区段沿线景观绿化工程于2008年9月开工,截至2008年底已完成白羊墅西货场段、赛鱼货场、桃南路阳煤总仓库东侧和水文站等4处地段和沿线部分零星绿地建设工程,共栽植各类乔灌木2491株,开挖土石方1.37万立方米,回填种植土1.89万立方米,砌筑挡墙1840立方米,铺装广场462.25平方米,拆除面积659.95平方米,安砌道牙325.2米,全部工程共新增绿化面积1.5万平方米,完成投资410万元。(赵庆江)

【牡丹园 常青园 樱花园 乐园等4个小游园建设工程】 牡丹园建设工程,位于朝阳街圆珠笔厂东侧,于2008年3月开工,6月竣工,园内共栽植了9大色系40多个品种的牡丹800余株,栽植各类乔灌木9338株,播种草坪0.86万平方米,布置景石57.5吨,堆砌假山174吨,新建绿地1.24万平方米,完成投资397.76万元;常青园建设工程,位于南深沟路北,于2008年3月开工,6月竣工,园内共栽植各类苗木8962株,播种草坪0.78万平方米,布置景石4.5吨,堆砌假山、驳岸493

吨，共新建绿地1.11万平方米，完成投资201.5万元；樱花园建设工程，位于德胜街东侧旧火车站旁，于2008年2月开工，5月竣工，园内共栽植早樱、晚樱和美女樱等各类樱花120余株，栽植各类乔灌木8482株，播种草坪1379平方米，安置景石15.5吨，共新建绿地0.24万平方米，完成投资147.49万元；乐园，原新泉桥小游园，后调整至城区供电局南侧，总占地面积约1200余平方米，工程于2008年11月初正式开工，截至年底，已完成游园内地形整理、广场铺砌等工作，共栽植桧柏、法桐、白皮松、玉兰等各类乔木80余株，完成投资50余万元。

（赵庆江）

【阳盛街 泉中路等市区街道行道树补植工程】 阳盛街、泉中路等市区街道行道树补植工程于2008年4月开工，11月竣工，重点完成了阳盛街、泉中北路等22条市区主要街道行道树补植工作，工程共开挖土方1684立方米，恢复树池861个，恢复人行道0.29万平方米，安砌树池挡板1598.4米，种植行道树885株，共完成投资89.72万元。

（赵庆江）

【南外环路绿化改造工程】 南外环路绿化改造工程于2007年11月正式开工，截至2008年底共完成拆除面积1008.29平方米，开挖土石方1.12万立方米，回填种植土1.53万立方米，砌筑石质挡墙246.5平方米，安砌道牙1264.9米，恢复人行道276.3平方米，栽植各类乔木8393株，种植草坪面积1.12万平方米，新建绿地面积4万余平方米，完成投资450万元。（赵庆江）

【阳泉植物园】 阳泉植物园位于市区东部王母垴山上，南与山西北方晋东化工有限公司接壤，东临义白路，与开发区隔桃河相望。一期工程于2007年11月奠基，2008年共铺设道路面积5000余平方米，修筑水渠400余米，累计完成投资600余万元。（赵庆江）

【环境卫生概况】 2008年，全市环卫清扫保洁面积367万平方米；城市生活垃圾无害化处理量完成17.74万吨，无害化处理率达到81%；全年污水处理量2531万立方米，污水处理率65%。（赵庆江）

【城乡环境卫生一体化管理机构建设】 2008年6月24日，市建设局经市政府常务会原则通过按计划制定了《城乡环境卫生一体化管理工作实施方案》，并于经市机构编制委员会会议研究决定，成立阳泉市城乡环境卫生管理局，其牌子挂在阳泉市建设局，负责统筹协调全市的城乡环境卫生管理工作。

（赵庆江）

【道路保洁质量不断提高】 2008年，城区环卫处以创建卫生城市和城乡环境卫生清洁整治工作为主线，结合城市网络化管理，立足环卫实际，积极工作，道路保洁质量不断提高。一是增加保洁人员，加大保洁力度。在原有的113名保洁员的基础上，又抽调300名“4050”人员充实保洁队伍，保证每班次保洁人员在200人左右。二是调整保洁作业时间。保洁时间由原来的早8时至下午6时调整为早7时30分至下午7时30分。三是保洁员分路段巡回作业，管理员分片跟班检查，每班签字4次。四是保洁员在作业路段交接班，解决了交接班时的空岗问题。五是分管副处长、所长不定期进行路面查岗、查作业、查质量的检查。六是实行捆绑式责任、奖罚一体，以增强作为意识，拉长责任链条，将分管副处长、所长、管理员、管理科包片员、保洁员五个环节捆绑在一起形成责任带，确保了117万平方米的道路保洁水平的提高。

（史俊花）

【道路清扫工作】 年内，城区环卫处承担着137.1万平方米的道路清扫任务，清扫员工159名，人均清扫面积8000平方米以上，常年处于超负荷工作中，为提高清扫质量，城区环卫处采取一系列措施使道路清扫水平稳步推进。一是实行管理人员跟班作业制度，把日常管理变为现场管理。二是实行清扫工作目标责任制，做到了“时间、任务、质量、地段”四落实。三是实行人工清扫和机械化清扫相结合的新机制。四是严格执行《环卫作业管理考核办法》的各项规定，道路清扫质量得到了提高和巩固。（史俊花）

【垃圾清运工作】 年内，城区环卫处针对垃圾清运中存在的“车走地盘不净”和垃圾点管理难、反弹大的问题，采取了以下措施：一是严格“日产日清”、“车走地盘净”；二是加强对司装人员的管理；三是对主要街道、繁华地段实行日产多清，保证垃圾点干净；四是每天对辖区内的540个垃圾点的容器进行清洗，保证垃圾容器干净卫生；五是启动了新的垃圾收运体制。10月26日，位于开发区东部的一号垃圾中转站投入适用，标志着新的垃圾收运方式的开始，市区日产的350立方米垃圾均由该中转站处理，充分显示了该设备技术超前、吞吐力强、运转高效、操作便捷的特点，有效解决了垃圾中转难、二次污染的问题，改善了工作环境，减轻了劳动强度，提高了工作效率。（史俊花）

【公厕管理】 年内，为解决管理难度大、水电维修消耗多、清扫保洁质量不高等问题，城区环卫处及时完善了公厕管理的内部监督机制，提升了管理水平，完成了负责的24座水冲厕和70座承掏厕的管理任务。一是实行“定人、定厕、定指标”的管理模式，以提高管理效果。二是修订《水冲公厕管理规定》，从运行时间、清扫保洁、消杀、水电管理、设备管理五个方面进行了明确规定。三是管理员分片管理，每班4次签字制，杜绝迟开门、早关门、脱岗现象。四是加大督促检查力度，管理科、分管副处长、中心领导不定期进行检查，对脱岗、卫生不符合要求的公厕清扫员，每周召开一次检查情况通报会。五是实行“每周四晚集中清扫”制度，每周四晚8点每座公厕集中所有清扫保洁员进行一次彻底清扫，由管理员验收、中心主任抽查，对不符合要求的限期整改，整改不好的按规定扣罚。（史俊花）

【收费工作】 年内，城区环卫处坚持“公开收费标准、规范收费行为、强化收费手段”的做法，采取收费任务与收费员工资挂钩考核的办法，所有每人每月扣除20%的工资作为风险金，每季度考核一次；对完不成任务的下一个季度再扣20%；年底对完不成任务的，除扣除部分不返还外，还要按任务的5%作为罚金；对完成任务的，除返还所扣除的外，按年初签订的责任状条款进行奖励。2008年确定的年度收费任务是380万元，全年共完成收费任务420万，较上年又有新突破，确保了环卫事业的稳定发展。（史俊花）

【矿区环卫概况】 2008年，矿区环卫处加大净化工作力度，提高整治脏、乱、差工作质量，强化城市环境卫生管理，狠抓清扫、清运、清掏三大工作任务的落实。全年共突击各种垃圾达14692.25吨，出动各机动车辆330余台次，清理卫生死角60余处，共清运各种垃圾达46000余吨，其中清理多年积存死角垃圾达2000余吨，清掏粪便达到3200余吨，生活垃圾的清运全部实行了封闭化运输，街道日清扫面积达50万平方米，清扫保洁率达到100%。

（李荷花 孙燕平 王宏英）

【环卫基础设施得到改善】 年内，为了彻底取缔裸露垃圾现象，矿区环卫处购置了果皮箱350个，垃圾桶400余个，同时，在赛鱼西收费站至自来水公司大门、北大西街、洪城河等地段新安装果皮箱100个、更换100个、维修70余个，在四矿口、洪城河地段新增垃圾桶32个，日潭小区、北大西街、洪城路、平坦小区更换垃圾桶100个，有效地改善了沿街市容环境状况。

（李荷花 孙燕平 王宏英）

【义务清扫】 年内，矿区环卫处义务为日潭小区居民疏通下水管道12次，管道长度达300余米，动用人员70人次，出动车辆20台次，将平潭路、河神庙的两座旱厕改造为水冲厕。同时对日潭小区，桥头集市、洪城河、矿一中对面垃圾坑等地段的淤泥进行清理，共清理10余吨淤泥，出动车辆30余台次，抽取污水7车，居民生活环境大大改善。

（李荷花 孙燕平 王宏英）

建筑施工

【概况】 2008年，全市共有在建工程278项，建筑面积504.48万平方米，工程造价47.64亿元；竣工26项，竣工面积42.29万平方米，造价3.46亿元。市区在建工程156项，建筑面积298.42万平方米，工程造价30.85亿元；竣工11项，竣工面积13.43万平方米，造价1.27亿元。郊区在建工程54项，建筑面积62.79万平方米，工程造价5.84亿元；竣工5项，竣工面积6.59万平方米，造价0.53亿元。平定县在建工程29项，建筑面积55.12万平方米，工程造价3.8亿元；竣工2项，竣工面积0.6万平方米，造价0.04亿元。盂县在建工程39项，建筑面积88.15万平方米，工程造价7.15亿元；竣工8项，竣工面积21.67万平方米，造价1.62亿元。

（赵庆江）

【建筑安全生产监督管理工作】 年内，全市建筑安全生产监督管理工作以建筑施工安全生产隐患排查为重点，以专项整治为突破口，强化职工的安全培训和安全教育，加大建筑施工安全生产监管力度，积极开展安全生产检查，有效地遏止重特大事故的发生，促进了全市建筑施工安全生产工作的平稳发展。2008年，全市共组织开展安全大检查11次，累计检查建筑工程1870项次，下达隐患整改通知书83份，停工整改通知书111份，排查出各类安全隐患4100多项。年内，全市接受山西省政府隐患排查督查2次，山西省建设厅安全隐患排查督查4次，建设部工程质量安全隐患排查督查1次，阳泉市政府隐患排查督查1次，受到了各级检查组的好评。全年建设工程开工前安全生产条件审核率达100%；百亿元施工产值死亡率为0，年负伤频率0.4‰；建筑工程安全监督覆盖面市区达到100%，县区达到30%；特殊工种持证上岗率100%；全年创建安全质量标准化工地23个。（赵庆江）

【安全质量标准化工地创建活动】 年内，市建设部门继续加大建筑施工安全质量标准化管理工作力度，采取日常巡查与定期考核相结合的方式，加大对建设项目安全质量标准化工作的监管力度。对申请创建安全质量标准化工地的工程进行针对性指导，对新开工项目耐心帮助、从基础抓好，对安全质量标准化工作较差的项目针对存在问题进行现场监督整改。2008年，有23项工程申请创建安全质量标准化工地，经过考核评审，华通路桥集团有限公司承建的平定师范学校培训楼等8项工程推荐为山西省建筑安全质量标准化工地。（赵庆江）

【建筑施工专项治理】 年内，市建设部门为排查隐患，深入各建筑工地开展了以施工坍塌、施工用电、塔吊倒塌及高处坠落等为主要内容的专项整治，并下发了《关于立即开展建筑施工起重机械设备及脚手架工程专项检查的通知》。按照各方责任主体的职责，从专项施工方案的编制、审核、审批入手，对各方责任主体是否认真履行职责、人员是否持证上岗、起重机械是否制定安装(拆除)方案等方面进行认真检查，严格要求。特别是针对建设部在全市进行工程质量安全督查中提出的禁止使用钢管悬挑式脚手架的问题，对全市建筑工程脚手架进行了拉网式检查,要求使用钢管悬挑式脚手架的施工单位,一律整体拆除,重新制定方案、重新审批、重新搭设;对拒不整改的一律责令暂停施工。通过加强监管,及时消除了重大事故隐患。同时对起重机械进行了防倒塌专项检查,共检查塔吊327台、龙门架186部、施工电梯19部。通过检查,办理了备案使用手续的塔吊291台、龙门架146部、施工电梯19部。

此次专项治理还针对全市高砌坡较多的实际情况,加强了对挡土墙工程的监管。对新建的挡土墙必须进行招投标,对多年的旧挡土墙按照谁的产权谁负责的原则,由产权单位进行自查,发现重大隐患,必须立即拆除,把挡土墙的安全隐患消除在萌芽状态。全年共检查挡土墙工程32项,保证新建的挡土墙有勘察、有设计、有施工、有监理,切实消除重大安全隐患。 (赵庆江)

【建筑节能工作】 年内,全市以“节约能源,保持环境,改善建筑功能与质量”为目标,坚持资源开发与节约并举,广泛开展建筑节能工作。一是将建筑节能列入专项审查范围,严格查验建筑节能设计备案登记表和节能设计图。要求建设单位、施工单位严格按照建筑节能设计图纸和施工规范施工;要求监理单位严格审查建筑材料生产企业、做好监理日志,切实把好材料准入关;对于没有按照节能设计图纸施工、不符合建筑节能标准的工程,不通过建筑节能专项验收。全年,市建设局共办理建筑节能设计审查备案350余份,面积近170万平方米。二是加强建筑节能日常监管,全年组织了5次专项检查,共检查建设单位80余家,工程项目合计600余项次。对不规范的工程,下发整改通知书,并要求责任方及时按规范进行整改,全年共发出整改通知书90份。三是加强建筑节能工程质量监控。施工方每一道工序完工后先进行自检,发现问题自行整改,建设单位、监理单位组织验收并签字认可后方可进入下一道工序,形成一套切实有效的节能工程质量监控体系,以确保建筑节能工程质量。四是实行建筑节能公示制度。要求建设单位将所建、所销售的建筑节能实施情况在施工现场、销售场所显著位置进行公示,接受社会监督。五是开展建筑节能普查工作。截至2008年5月20日,全市建筑节能普查工作全面完成,建立了建筑项目数据库和节能改造计算表。其中,既有居住建筑项目,共384项、建筑面积达到139.37万平方米;市区既有建筑项目,共124项、建筑面积达到50.87万平方米。六是根据市内实际情况研究制定了《阳泉市部分既有居住建筑节能改造实施方案》和《既有建筑供热计量及节能改造项目清单》,已及时上报山西省建设厅,为开展既有建筑节能改造奠定了基础。七是加强建筑节能产品检测和专项检查工作。为加强建筑节能产品的质量管理,确保建筑节能实施效果,市建设局根据山西省建设厅《关于开展建筑节能认定技术(产品)监督抽查工作的通知》的精神,制定下发了文件《关于对部分建筑节能产品进行抽样检测的通知》。

2008年11月,市建设局对全市在建建筑工程使用建筑节能材料和产品的相关情况进行了专项检查。检查发现有个别项目存在一些问题,如未按标准规定要求对节能材料进行复检,个别外墙保温工程细部处理粗糙,门窗四角和阴阳角等处局部未做加强网,滴水线条粘贴不符合要求等。本次共检查施工企业43家,检查在建建筑工程项目174项,下发整改通知书7份。

(赵庆江)

【建筑施工安全生产隐患排查治理工作】 2008年是安全生产“隐患治理年”,全市在巩固近年来建筑安全隐患排查治理工作成果的基础上,切实做好建筑施工安全隐患排查治理工作,防止和遏制重大生产安全事故发生。2008年3月~12月底,全市开展了建筑施工安全生产隐患排查治理工作,此次排查的重点有13项。(1)贯彻落实安全生产法律法规和标准的情况;(2)安全生产责任制、安全生产规章制度的建立及落实情况;(3)建筑工程项目总包单位、分包单位安全生产许可证取证情况;(4)《建筑工程安全防护、文明施工措施费用及使用管理规定》的执行及费用的提取和使用情况;(5)“三类”人员、特种作业人员的持证上岗情况;(6)施工组织设计及专项施工方案的编制、审批、交底、施工及验收等情况;(7)施工现场临时用电设施执行《施工现场临时用电安全技术规范》(JGJ46-2005)的情况;(8)深基坑、高大模板等危险性较大工程安全专项施工方案的制定和落实情况,以及超过规定范围的危险性较大工程的专家组论证和审查情况;(9)建筑工程周边危险源的排查识别及监控治理情况;(10)建筑施工起重机械的安装、拆卸、检验检测、使用、维修保养及备案登记等情况;(11)安全帽、安全带和安全网等安全防护用品的采购、验收、保管、发放、使用、更换、报废等规章制度的执行情况;(12)根据《突发事件应对法》对应急救援预案的修订情况,应急救援的演练情况,应急队伍、物资、设备的配备情况;(13)《生产安全事故报告与调查处理条例》落实情况,坚持“四不放过”原则,对发生事故的企业、有关责任人进行责任追究和现场隐患整改情况。

排查治理工作分两个阶段进行。第一阶段是3月15日之前,为安排部署阶段。市建设局下发了《关于进一步开展建筑施工安全生产隐患排查治理工作的实施方案》(阳建建发),成立了建筑施工安全生产隐患排查治理工作领导组。全市各县(区)建设局、各建设、监理、施工单位结合自身实际情况,制定本单位的隐患排查治理工作实施方案,成立工作机构,做到职责明确,人员到位。第二阶段从3月15日至12月底,为排查治理阶段。排查治理阶段分三个时段进行。

第一时段(3月15日至4月底):一是抓紧整改2007年隐患排查治理专项行动中遗留问题的整改,暂时难以整改的,制定措施,落实资金、材料、设备,明确整改责任人及整改时限,确保隐患的彻底整改。二是结合施工现场的实际,对施工作业人员开展有针对性的安全教育和培训,增强职工的安全生产意识和防范事故的能力。三是排查、识别施工现场危险性较大的工程及易发生重大事故的部位、环节,制定预防监控措施和应急救援预案。四是对复工工程项目进行认真细致的隐患排查治理,未经复查或复查不合格的工程,不得复工,严防施工过程中发生安全事故,确保全国“两会”期间的建筑施工安全生产工作。

第二时段(5月至10月底):一是针对雨季汛期暴雨等自然灾害多发频发的特点,把基坑、边坡等作为排查治理的重点,建立健全预防预警和应急预案,落实防汛、防坍塌等安全技术措施。二是把预防高处坠落、脚手架坍塌、起重设备倒塌、施工坍塌及施工用电等事故隐患作为排查治理重点,开展专项排查、专项整治,对排查出的事故隐患要加快整改,坚决遏止重大事故的发生。三是对近年来发生较大事故的企业、多次发生事故的企业、无视监管、管理混乱的企业以及存在重大隐患的工程项目进行重点排查,重点监管,夯实基础,提高企业安全管理水平,确保“奥运会”及国庆“黄金周”期间的安全生产。

第三时段(11月至12月底):一是指导督促各施工单位制定冬季施工安全技术方案,落实冬季施工安全技术措施。二是认真排查整改各类事故隐患,督促落实防滑、防冻、防火、防煤气中毒以及预防暴风雪等气象灾害等措施。三是认真总结隐患排查治理工作的成果和经验教训,提出改进措施和要求,完善隐患排查治理及重大危险源监控管理制度,健全隐患排查治理工作的长效机制。全年共组织开展11次安全隐患排查治理,排查出各类安全隐患4100项,排查率达100%,隐患整改率达98.1%,建筑工程安全生产工作进一步得到强化。

(赵庆江)

房地产业

【概况】 2008年,市区新建房屋竣工面积37.69万平方米,其中住宅竣工面积31.66万平方米。截至2008年底,市区住宅建筑总面积达到1046万平方米,住宅使用总面积达到760.6万平方米,住宅居住总面积达到659.2万平方米。年末市区居住人口45.74万人,市区人均住宅使用面积达到16.63平方米,人均住宅居住面积达到14.41平方米,住宅建设进一步加快,居民居住条件继续改善。

2008年,在继续稳步出售公有住房,加速推进住房分配商品化、社会化进程的同时,进一步加深了住房分配货币化改革,有力地推动了公有住房的出售。年内,共出售公房946套,出售面积5.1万平方米。截至年底,全市参加住房公积金的职工人数达到18.69万人,占应参加职工人数的83.5%;全年归集住房公积金3.49亿元,累计归集13.78亿元(含两县、郊区及阳煤集团)。全市各物业管理公司代管房屋建筑总面积532万平方米,其中住宅建筑面积460万平方米,物业管理面积覆盖率达49.81%(新建住宅小区物业管理面积覆盖率达到了100%)。(赵庆江)

【房地产交易】 2008年,全市房地产交易量稳步上升,房地产交易市场进一步活跃。全年共办理各类房屋权属登记7541件,总建筑面积达148.03万平方米,其中,办理初始登记1864件、建筑面积38.57万平方米,转移登记4550件、建筑面积42.84万平方米,抵押登记677件、建筑面积34.65万平方米,注销登记402件、建筑面积31.45万平方米,预告登记48件、建筑面积0.52万平方米。办理各类房地产交易(含转让、抵押、租赁等)5635件,交易建筑面积82.52万平方米,成交金额11.2亿元,其中,办理购买商品房手续1946件、建筑面积22.56万平方米、成交金额41102.7万元(其中商品住宅1776套,成交面积19万平方米,成交金额31289.8万元;办理购买经济适用房鉴证手续10户,成交面积0.082万平方米,成交金额69.45万元),办理房改售房620户、成交面积4.43万平方米、成交金额1929.55万元,办理房改补差956户、成交面积6.41万平方米、成交金额959.82万元,办理拆迁办证58户、成交面积0.41万平方米、成交金额144.06万元,办理继承赠与等手续117件、成交面积0.9万平方米、成交金额269万元,办理房改房首次上市504户、成交面积3.53万平方米、成交金额6969.83万元,办理其他存量房上市315户、成交面积3.33万平方米、成交金额8370.6万元(其中,住宅294件、成交面积2.5万平方米、成交金额4782.82万元)。全年办理住宅抵押554户,抵押面积6.21万平方米,抵押金额6445.11万元;办理非住宅抵押112户,抵押面积27.46万平方米,抵押金额45097万元;办理在建工程抵押1件,抵押面积0.86万平方米,抵押金额960万元;办理房屋租赁登记备案452件,登记备案面积6.42万平方米。

(赵庆江)

【房地产市场管理】 根据国家有关规定,从2008年1月1日起,全市统一实施商品房预(销)售合同网上签约和登记办理工作。截至2008年底,全市住宅类可售套数5371套,成交套数2095套,成交面积24.13万平方米,成交均价2581.63元/平方米;非住宅可售套数3644套,成交套数321套,成交面积2.13万平方米,成交均价4396.39元/平方米。楼盘总数56幢,已售套数2416套,可售套数9015套。入网销售项目总数56个,全市房地产供应面积112.33万平方米。年内,新增项目26个、总建筑面积360.46万,可售套数4738套、面积67.1万平方米,入网企业46个。全年办理房地产资质45件次,其中新设立房地产企业14个、核定等级企业16个,房地产开发企业总计103个。办理商品房预售40宗,预销售面积96.88万平方米。（赵庆江）

【房地产市场秩序专项整治活动】整顿规范房地产市场秩序是一项长期、复杂的工作。为进一步规范房地产市场秩序,促进全市房地产业健康发展,2008年,市建设局先后下发了《关于立即开展房屋及配套设施安全隐患排查的紧急通知》、《关于限期办理房屋权属登记的通知》、《关于加强房地产广告管理的通知》、《关于对房地产开发企业项目进行摸底的通知》等文件,并及时转发了山西省建设厅《关于加强房地产市场监管规范市场秩序的通知》,对在建并已进入商品房预售环节的房地产开发项目进行全面清理,重点查找并纠正房地产主管部门及其工作人员违规审批、滥用权力和房地产企业发布虚假广告、囤房惜售、哄抬房价、合同欺诈以及违规强制拆迁等行为进行了查处,依法打击扰乱房地产市场秩序的违法违规行为。（赵庆江）

【住房制度改革】 为了扩大住房消费,带动住房市场发展,实现住房分配机制的根本转变,2008年,全市在深化住房制度改革,推进住房保障方面着重做了两个方面的工作。一是继续稳步出售公有住房,加速推进住房分配商品化、社会化进程。全年审批按房改标准价补差获得全部产权的住户851户,建筑面积5.42万平方米;以房改成本价购房的住户946户,建筑面积5.1万平方米。二是加大住房保障力度,切实解决城市低收入家庭住房困难的问题。首先,开展了全市城市低收入家庭住房状况调查和建档工作。2008年全市低收入住房困难家庭总数为3848户(1.33万人),城市低收入家庭标准为家庭每月可支配收入不达396元;最低收入住房困难家庭标准为家庭人均每月可支配收入不达198元,住房困难家庭标准为人均建筑面积不达10平方米。最低收入住房困难家庭1725户(0.56万人),人均住房面积在10平方米以下的家庭有1364户(0.44万人)。通过发放廉租住房租赁补贴落实保障家庭795户。其次,集中新建廉租住房项目康居苑工程已于2008年8月开工建设,工程规模0.54万平方米,100套,计划2009年8月竣工。阳煤集团棚户区配建廉租住房开工建设2.57万平方米(505套)。再次,积极争取中央和省政府廉租住房扶持资金支持,已落实中央预算内新建廉租住房补助资金97万元,国有重点煤矿棚户区配建廉租住房补助资金申请工作也全部完成,等待资金拨付。2008年11月,为贯彻党中央、国务院进一步扩大内需促进经济增长的重大战略决策,加快全市城市低收入家庭住房困难问题,市发改委、市建设局、市国土资源局等部门通力协作,完成了全市关于中央新增1000亿元投资保障性住房建设项目的落实工作。落实廉租住房项目(含城市棚户区)11项,总建设规模31.36万平方米(5292套),计划总投资4.97亿元;落实煤矿棚户区改造2项,总建设规模65万平方米(9066套),计划总投资8.37亿元。（赵庆江）

【物业管理】 2008年,市建设局采取一系列措施进一步提高物业管理水平。首先是广泛利用新闻媒体、街头宣传和讲座等形式,大力宣传《物权法》,加强住宅小区管理,新成立小区业主委员会实行备案制。年内,佳禾小区业主委员会、铁三局住宅小区业主委员会和静苑小区业主委员会分别在市建设局作了备案登记。其次是进一步完善了物业管理规章制度,加强对物业管理行业的宏观管理。再次是加强维修基金专户管理。全年共收缴维修基金807万元,累计收缴维修基金3152万元,已启用维修基金4.69万元。最后是规范物业管理企业的主体资格管理。全年新审批办理物业管理企业资质4家,累计全市物业管理企业达到41家。（赵庆江）

城市管理

【概况】 2008年,阳泉市城市管理行政执法局积极开展城市管理工作,使全市城市环境面貌发生明显变化。年内,市执法局被山西省建设厅授予“城市执法监察先进集体”称号。

一、全力开展城市环境综合整治活动。自全省城乡环境卫生清洁工程开展以来,市执法局拟定了《“扮靓山西东大门、文明和谐迎奥运”城市环境综合整治方案》,提出了2008年的整治活动继续以治理“脏、乱、差”为基本任务,围绕通道、河道、街道三项重点治理内容,突出抓了七项工作。一是积极推动各县区政府和市级城市管理各职能部门按照以块为主、条块结合的原则,在各自的辖区和职能范围内,动员全社会的力量组织开展市容环境整治活动。二是充分发挥环境综合整治领导组办公室监督检查职能,用督办的形式要求相关职能部门和产权单位对443个公话亭、32个交接箱、48根通讯电杆进行了油漆和刷新;对150个站杆站牌、50个候车棚进行了清洗;对南庄桥、华盛桥、义井桥等12座桥梁进行了粉刷。涂刷面积12234.8平方米,清洗长度1241.24米,粉刷墙壁约40000平方米。三是加大环卫部门全市垃圾清运、公厕管理、街道保洁工作力度。城区更新垃圾桶800个、果皮箱600个,购置移动式保洁筒100个,配备垃圾夹500个,保洁人员由过去的80人增加到400人,全天候不间断对城市道路进行清扫。四是对城市主要大街、交通要道、城市出入口、商业中心区、各类市场、大型广场等人流物流车流密度较大的地段进行了规范整治,有效解决了这些区域摊点乱摆乱设、门店乱吊乱挂、车辆乱停乱放等问题。五是协调工商行政管理部门,推进"门前三包"责任制的落实,取缔占道经营,纠正"伸舌头"等现象。六是集中力量整治广告牌匾、拆除条幅(吊挂)及软体广告、拆除违章亭棚、整顿马路市场等。七是大力开展严管街整治,明确严管街的创建范围,加大力度整治沿街广告牌匾、门牌店招,清洗覆盖沿街门店、门窗、墙体上的各类张贴物、喷涂物,使严管街面貌焕然一新。

二、积极履行监管职能,及时查处违法违规行为。一是取缔马路摊点,规范街路管理。针对群众反映强烈的南庄路、官坊街、小酱沟以及德胜街、大连路西口、河边街、南山中路、迎宾路、滨河世纪城、新农贸等地区进行集中整治,对马路摊点、"伸舌头"经营坚决予以取缔。全年共下达责令改正通知书286份,拆除亭棚134个,取缔摊位457个,清理、取缔店外占道经营196处(次),查处、规范门店"伸舌头"764户;对新建路、天桥、桥北街、北郊路、新华东西街、德胜东街、西河滩等街路的经营户实行定时、定点管理,共规范经营户868个;对五渡桥西侧及207国道附近的黄沙建材市场进行集中整治;共取缔沙石场12个,清理水泥460吨、黄沙680吨、石料270吨;对北郊路收售旧门窗及乱摆乱设、乱贴乱挂、非法张贴物、移动广告牌匾等各类违章行为进行了集中清理。二是整顿广告发布秩序,治理城市"牛皮癣"。市执法局围绕广告牌匾、各式条幅、各种灯箱广告造成的视觉污染,对全市主要街区的广告牌匾、乱吊乱挂下大力清理整治,共拆除墙体广告牌匾960块、大型广告、门亭广告506块,规范广告牌匾300块、更新更换广告牌匾136块,拆除过街条幅及软体广告188条,清理查扣移动小广告牌匾725块。同时,市执法局还提出了门牌店招牌必须使用塑钢以上底材以及搞好亮化的高标准,严禁使用喷绘、钢筋制做店招牌的要求,经过持续性的监管改造,市区主要街道的景观效果明显提升。在治理城市"牛皮癣"方面,市执法局组织各社区和"4050"人员组成的清洗队伍,开展"牛皮癣"清洗活动,配备清洗工具,采取定段、定人、定责、定标准的"四定"措施进行清洗覆盖。全年共覆盖喷涂广告73600余处,清洗张贴广告99000多张,粉刷墙体30000多平方米,使市区容貌明显得到提升。三是拆除违法临时建筑,净化城市生活空间。2008年,市执法局组织力量对观象台5号楼、7号楼院内41间自建房约500平方米、对气象台居民区1号、2号楼院内300平方米的违章建筑进行了拆除;对阳煤集团救护队路20余间临时亭棚、洪城河废品收购站、南外环路临时建筑等3000余平方米违章建筑和临时建筑进行了强制拆除;对307复线2处、阳盂公路三都至任家峪段11处违章建筑和临时构筑物进行了拆除,拆除面积达8000余平方米,为创建国家园林城市提供了绿化用地,为改善城乡环境打下了基础。四是加强建筑工地管理,遏制各类违规行为。针对市民投诉较多的建筑工地管理问题,2008年,市执法局下发了《关于开展扬尘污染综合整治的实施方案》,组织开展了建设施工工地专项整治活动。实行每个工地至少有两名执法人员管理的分片包点负责制,对分布全市的建设工地进行了有效监管。组织协调环保、建设、公安交警等部门开展联合执法,对市区范围内的建筑工地进行了突击夜查,查处纠正夜晚施工噪声案件17起,下达责令改正通知书17份,有效监控了建筑施工垃圾乱倒、沿途抛洒等违法行为,从源头上抑制了城市扬尘和建设施工工地噪声扰民现象。五是开展了城市噪声污染专项整治活动。2008年6月2日至22日,市执法局开展了以服务高考、中考为重点的控制城市噪声污染专项整治活动,下发《关于"高考"和"中考"期间加强城市噪声控制的通知》,为全市考生创造了舒适的考试环境,同时,解决市民投诉的噪声扰民问题25起,赢得了全市人民的支持和赞誉。

三、扎实推进城区网格化城市管理工作。为切实推进城区的网格化城市管理试点工作,2008年,按照《阳泉市人民政府〈关于在城区试行网格化城市管理的实施方案〉》的要求,市执法局成立了市网格化城市管理领导组办公室,出台了网格化管理考核办法、管理标准、管理流程等规章制度,下发了《城市管理责任与标准(试行)》和《网格化城市管理督查办法(试行)》等文件,明确了各部门、各单位在城市管理工作中的具体职能,推动了城区网格化城市管理试点工作顺利开展。一是运用单元网格管理法,划分基本管理单元。按照网格化城市管理领导组办公室的安排,城区执法大队将辖区16.19平方公里划分为135个网格单元,单元网格按照城市管理事项的发生频率,划分为一类网格(市容环境卫生管理事项相对较多的街面)38个,二类网格(市容环境卫生管理事项相对较少的街面)45个,三类网格(社区网格)37个,四类网格(市直部门单位管辖的公共场所)15个。在人员配备上,一、二类网格配备城管执法人员、卫生保洁员,由城管执法人员担任网格负责人。三类网格配备环境卫生自治队伍5人至10人和相应的城管执法人员,网格负责人由社区主任担任。四类网格由市直部门按相关标准自行负责管理。这样就在空间层面上形成四个递进的、逐渐细化的管理层面,每个层面都有明确的城市管理责任人,形成了健全、完善的管理网络。二是建立健全城管、环卫人员定点值守、徒步巡逻、机动巡查相结合的工作制度。对主要街面,充实工作人员,采取增加巡查班次的办法,及时处置主要街面和重点地段乱摆乱设、乱倒垃圾的现象;对次支干道,适时组织执法人员巡查,发现问题及时处理,切实做到既保证重点地段,又兼顾一般区域,对容易出现脏、乱、差现象的重点部位,明确了10个执勤点,安排专人值守;对网格内的违章违法行为,由网格单元的管理者负责做好日常监管工作;对突出问题需要集中整治时,调动执法力量,采取集中行动进行解决。做到了集中整治和日常监管相结合,避免出现管理空档,形成了"大队管面、中队管片、队员管格"的"三位一体、三级联动"网格化管理机制。三是形成了一套比较科学合理的网格化管理流程。具体程序是城区指挥中心接受任务后,对需解决的问题进行分类,派遣相关的专业部门到现场进行处理,处理完毕后,通过区指挥中心向市指挥中心报告处理结果,市指挥中心派出监督员进行现场核查。实行网格化管理以来,有效地提高了城市管理效率。问题发现率达到90%以上,任务派遣准确率达到95%以上,问题处置率为85%。问题的平均处理时间为13个小时,结案率为83%,平均每周处理问题245件左右,提高了执法和管理的效率。四是建立完善了网格化管理督查机制和考核奖惩机制。市执法局和大队均建立了督查组,负责对网格化城市管理责任单位履职情况进行督促检查,并建立了情况报告制度,将检查情况每周进行通报。城区执法大队建立了内部考核制度,量化考评标准,对网格工作人员进行认真考核,奖勤罚懒。通过考核,使管理人员明确了自己的职责,有效调动了大家的工作积极性,增强了工作责任心和事业心,提高了执法效率和水平。

四、不断推进综合执法改革,大城管体系正在逐步形成。市执法局党组按照市委、市政府有关城市管理工作的指示精神,认真总结执法局成立6年来的经验,客观分析管理体制和运行机制及队伍建设等方面存在的问题和原因,站在实践科学发展观、全面提升城市品位的高度,积极探讨新路子、新方法,不断完善综合执法的体制机制建设,收到了较好的效果。一是努力探索建立政府主导、部门协调、综合执法、群众参与的新机制。2008年,市执法局建立了与市建设局、规划局、环保局、工商局、卫生局、交通局、交警支队、市政局、市爱卫办等部门的联席会议制度,定期不定期召集联席会议,共同研究解决城市管理中的新问题。实现了信息共享,建立了齐抓共管的机制。二是市执法局制定了《城市管理责任与标准》,详细划分了市直具有城市管理职能的部门的管理责任,建立了市执法局与各部门的联系机制,明确了各部门完成任务的时限及考评办法,形成各部门联动的优势。比如在2008年的城市环境综合整治工作中,市政、邮政、公交、电信等部门及时落实市执法局整顿市容市貌的要求,对各自管辖的市政公用设施进行了清洗和维护,改变了公用设施的容貌。三是推进城管进社区工作,城管贴进百姓,让百姓参与城管的氛围正在形成。城区执法大队成立社区中队,具体指导社区城管工作。城区新华东社区在积极争取"4050"人员进社区的同时,动员关心和热爱城市管理事业的退休人员,参与社区环境卫生管理工作,给市民参与城市管理工作带了个好头。各区执法大队在城管进社区工作上进行了积极的实践。四是实施联合执法。根据城市管理任务需要,市执法局联合建设、规划、环保、交警等部门夜查建筑施工工地,及时制止违章违法行为,联合城区公安局打击泉中北路破坏绿化设施的行为,联合工商局清洗商业门脸门窗,联合交警支队解决新农贸市场门前秩序混乱问题等等,联合执法有效地解决了城市管理中的棘手问题。

(霍殿明)

【城市管理实行跟踪督查办理】 年内,市城市管理行政执法局充分发挥监督检查职能,对城市管理实行靠前指挥,跟踪督查办理。督查办理的重点是建筑景观、公共设施、环境卫生、广告标志、公共场所、城市绿化、环境保护、道路交通、占道经营、城市进出口、城乡结合部、居民小区、建筑工地、道路开挖与抢险等方面存在的问题。督查办理的方法就是由局领导带队,监察部门参与,对照督查办理内容,定期不定期检查,发现问题跟踪,直到解决为止。全年共跟踪督查办理211件城市管理事项。(霍殿明)

【便民市场管理办法】 年内,为进一步规范便民市场管理,方便群众生活,维护市容环境卫生,根据国务院《城市市容和环境卫生管理条例》、《山西省城市市容和环境卫生管理实施办法》和《阳泉市城市管理相对集中行政处罚权试行办法》的有关规定,结合阳泉市实际,市执法局出台便民市场管理办法。便民市场是指为方便市民生活需要,经批准占用公共场地从事农副产品、生活必需品经营的摆摊设点场所。便民市场的规划、选址由市城市管理行政执法局负责,市政府审核批准。各区政府(管委会)及城市管理行政执法分局、城市管理行政执法大队负责做好日常监督管理工作。公安、工商、卫生、食品、质监、文化、物价等有关职能部门分别按照各自职责,与城管执法部门共同做好便民市场的管理工作。设置便民市场的原则是方便群众、不妨碍交通、不扰民、不影响市容环境卫生。设置地点必须在居民小区或居民小区周边,场地开阔平坦,便于维持秩序和清理卫生。严禁在城市主干道两侧和车站、广场等重要公共场所以及机关、学校、医院、部队等单位周边设置。进入便民市场的经营户应当按照规定办理有关审批手续。便民市场的设置一要在市场的主要出入口悬挂明显的标志,并设置标有管理标准、责任人、投诉电话等内容的标牌;二要市场内须留出足够的交通通道;三要统一规划定位、统一经营设施、统一经营时间。便民市场必须配备垃圾容器和清扫工具,设有专人及时打扫清理。非封闭式的便民市场,经营户还应自备保洁工具,做到自行保洁。保证摊位及周围卫生清洁,严禁乱倒污水,乱堆杂物。对违反有关规定,应当受到行政处罚的行为,由有关行政管理部门予以处罚。对于多次违反有关规定、未按要求整改以及不服从管理的予以取缔。 (霍殿明)

【户外临时性宣传活动管理新规定】 为加强户外临时性宣传广告的管理,规范审批、监督等管理程序,维护城市市容环境整洁,2008 年,市执法局出台阳泉市对户外临时性宣传活动管理规定。户外临时性宣传广告是指利用建筑物、构筑物、树木、道路、场地、空间及其他设施,开展招商、招生、庆典、展销、发布等活动,发放各种宣传品、悬挂条幅、墙体软广告、彩虹门等临时性宣传广告。单位或个人因开展招商、招生、庆典、展销、发布等活动,确需发放各种临时性宣传广告者,应持相关材料和文件,需事先到市政执法局办理审批手续。批准后设置、发放、悬挂单位或个人要到所在区城市管理行政执法大队备案。同时,要严格按照市城市管理行政执法局批准的时间、地点,设置、发放、悬挂,届时拆除。市、区各级城市管理行政执法部门,要加强对户外临时性宣传广告的管理,对未经批准擅自开展招商、招生、庆典、展销、发布等活动,发放各种宣传品、悬挂条幅、墙体软广告、彩虹门等临时性宣传广告者要予以制止或拆除,并依据《阳泉市城市管理相对集中行政处罚权试行办法》的规定,给予警告或罚款,确保城市容貌干净整洁。 (霍殿明)

【城市管理行政处罚案卷评查活动】 为贯彻落实国务院《全面推进依法行政实施纲要》,引深城市管理相对集中行政处罚权工作,发现和纠正在城市管理行政执法活动中存在的问题,进一步规范行政执法行为,切实提高行政执法水平。市城市管理行政执法局根据市政府办公厅《关于组织开展行政处罚案卷评查活动的通知》于 2008 年 8 月对所属的城区、矿区、郊区、开发区城市管理行政执法大队的行政处罚案卷进行了自查自评工作。此次开展的城市管理行政处罚案卷自查自评工作,是市城市管理行政执法局从 2002 年成立以来进行的一次比较全面的案卷自查自评,为了使这项工作有序进行,市城市管理行政执法局下发了《关于转发市政府办公厅〈关于组织开展行政处罚案卷评查活动的通知〉的通知》,要求严格按照市政府文件规定的行政处罚案卷评查范围、方式、程序、时间、要求等进行。此次共自查自评城管行政处罚一般程序案卷 97 起,反映出市城市管理行政执法局办理行政处罚案件的基本情况。一是对行政处罚案卷自查自评工作的认识较高,能够按照市政府办公厅下发的通知,积极开展城管行政处罚案卷自查自评工作,充分地认识到狠抓执法案卷质量是提高城管依法行政水平的重要手段。二是依法办案,及时归档。从各大队处罚案卷自查自评中看到,基本上做到了按程序进行办案,及时立卷归档。案卷基本上履行了立案、处罚决定审批制度,证据充分,签字、盖章、送达、告知等程序。三是注重实体,又注重程序。对可能影响相对人合法权益的重要程序,如听证程序、处罚事先告知程序等,都能严格遵循,依法进行。四是能坚持以事实为依据,注重全面、客观、公正地收集和调查证据,依法取证能力有所提高。五是能以纠正和制止违法行为为目的,以适当处罚为手段,坚持教育与处罚相结合的原则,体现了处罚的合理性。六是执法文书填写内容清楚、准确,归档比较整齐、一案一档、装订规范、专柜保存、专人保管。 (霍殿明)

重点工程

【城市基础设施重点工程建设】 2008 年,市委、市政府提出要进一步加强城市基础设施重点工程建设,其中,由建设系统负责完成的有 16 项。其中,百项工程 9 项,即桃河公园河道梯级蓄水二期工程、北山中路东段工程、桃南中西路大修工程、平坦立交桥改造工程、宏成大桥建设工程、污水处理厂中水回用工程、市区燃气网改造工程(改造管网 4 公里,完成投资 500 万元)、氧化铝供气部分站区改造、市区燃煤设施改造工程(完成投资 600 万元);重点工作 7 项,即四条城市道路中小修工程(泉中北路南段、南大西街政府广场至燕川食府段、新华东街东段、城市广场东路)、简子沟铁路跨线桥维修工程、北岭南路排水改造工程、义井河污水管网续建工程、完成开发东区热源厂二期工程计划任务、完成辰光供热系统改造工程计划任务、完成城乡环境卫生一体化管理的队伍组建等工作。 (赵庆江)

【桃河公园河道梯级蓄水二期工程】 桃河蓄水二期工程分两段进行,一是阳煤集团工程处至西河口段,长 2551 米;二是华联商厦至五渡桥段,长 1948 米。工程于 2008 年 9 月 9 日开工,12 月 31 日竣工。共铺设中水管道 6.7 公里,建溢流坝 61 座、蓄水池 62 个,形成蓄水面积 30.5 万平方米,完成投资 6500 万元。 (赵庆江)

【北山中路东段工程】 该路东起泉中北路,向西经居馨花园、银龙湾小区、巨兴小区,至电石厂东端,长 760 米,宽 25 米,设计为城市主干道Ⅱ级标准,概算投资 1390 万元。工程于 2008 年 1 月 9 日开工,截至年底,按计划完成了土方回填碾压 1 万立方米,完成投资 36 万元。 (赵庆江)

【桃南中西路大修工程】 该工程东起桃河桥南端,西至赛鱼桥南端,全长6.16公里，宽20米。工程于2008年5月15日开工，9月25日竣工。施工过程中累计开挖外运路槽土方5.81万立方米，回填天然沙砾3.24万立方米；更新直径400毫米的排水管道53趟，共计642米；砌雨水井111座；铺筑60厘米厚厂拌水稳层、10厘米厚改性沥青混凝土路面3.95万平方米；更新路沿石6364米，铺装人行道3.2万平方米；安装11米高400瓦钠灯路灯153套；树坑换填土方4154立方米，更新、补植国槐及垂柳等行道树905棵，更新人行道绿化灌木1.4万余株；工程共完成投资2973.3万元。（赵庆江）

【平坦立交桥改造工程】 该工程包括连接匝道和主桥续建两部分，其中匝道工程长42.4米，宽10.7米，为三跨钢筋砼连续箱梁；主桥续建工程从立交桥至北端桥台处，跨径长278米，宽17米～20.5米，为钢筋混凝土箱梁。桥梁道路设计为城市主干道，概算投资2300万元。工程于2008年5月25日开工，截至年底，按计划完成了1#~7#墩柱及盖梁以下部分施工任务，完成投资706.97万元。（赵庆江）

【宏成大桥建设工程】 该桥位于深圳街南口跨越桃河处，为双索面稀索独塔斜拉桥，桥长154米，宽27.5米。工程于2007年10月18日开工，2008年9月28日竣工，完成投资2600余万元。（赵庆江）

【污水处理厂中水回用工程】 该工程主要包括两个方面的建设。一是阳煤集团氧化铝厂再生水利用管网及泵站建设工程，工程已于2007年4月竣工。二是桃河蓄水泵站及配套滤站建设工程，工程于2007年6月18日开工，2008年12月20日竣工。工程建设5000立方米清水池、泵站、滤站等各2座，完成投资1300万元。（赵庆江）

【市区燃气管网改造工程】 该工程属续建工程，是对全市12条中压煤气管线、2.5公里违章占压线、100座阀门井、50台调压器进行改造，对200公里煤气管线进行防腐检测，200公里煤气管线进行阴极保护，工程估算投资1.14亿元，计划改造年限5年。工程于2005年开工，2008年改造管网4.61公里，完成投资523万元。截至年底，该工程累计改造管网28.79公里，完成投资3258万元。（赵庆江）

【氧化铝供气部分站区改造项目】 该项目是氧化铝供气改造工程的子项目，计划对氧化铝厂加压机房、压缩机、高低压配电室、计量调压等供气设备进行改造。2008年，按计划完成了60米义井河段管线敷设工程，完成投资110万元。（赵庆江）

【市区燃煤设施改造工程】 该项目系阳泉市利用矿井瓦斯气替代燃煤设施进行环境综合治理的重点工程，拟对全市工业炉窑、燃煤锅炉、茶浴炉、餐饮大灶等燃煤设施及配套管网设施进行燃气化改造，概算投资1.25亿元。工程于2006年开工，2008年改造燃煤设施43台，完成投资615万元。截至年底，该工程累计改造工业炉窑21座、燃煤锅炉63台、茶浴炉27台、餐饮大灶147户，完成投资4560万元。（赵庆江）

【北岭南路排水改造工程】 该工程北起北岭供热站，南至大阳泉村。2008年6月1日开工，11月10日竣工。该工程共敷设排水管道35米，砌筑排水渠及涵洞290米，铺筑混凝土路面450平方米，完成投资约43万元。（赵庆江）

【义井河污水管网续建工程】 该工程西起王家裕桥，向东沿义井河铺设污水管网至市污水处理厂。工程于2007年10月15日开工，2008年7月10日竣工。该工程共铺设主干管8.12公里、支管1.7公里，完成投资1613.5万元。（赵庆江）

【开发区东区热源厂二期工程】 该工程于2008年4月1日开工，12月30日竣工，共新建改建热力交换站4座，安装锅炉2台，实现供热能力240万平方米，完成投资9000万元。（赵庆江）

【辰光供热系统改造工程】 该项目是利用新热源，解决辰光供热系统设备陈旧、故障频繁等问题而采取的一项改造措施。2008年，按计划完成了改造工程的前期准备工作。（赵庆江）

环境保护

综合工作

【概况】 2008年，全市环境保护工作取得了显著成效，全年市区二级以上天数达到345天，比上年增加26天，超额完成了任务，其中，一级天数68天，比上年增加41天；大气污染指数2.02，比上年下降29.4%，达到国家空气质量二级标准。继2006年摘掉全国污染严重“黑三甲”城市的帽子和2007年达到空气质量三级标准后，全市环保工作再创历史最好水平，实现了“三年跨越三大步”的目标。（尚观宇）

【蓝天碧水工程暨环境保护工作会议】 2008年4月2日，市委、市政府召开“全市推进蓝天碧水工程暨环境保护工作”会议。会议全面总结了2007年环保工作，安排部署了2008年环保工作任务，对2007年度环境保护先进集体和先进个人进行了表彰。2008年全市环保工作的总体思路是：以党的十七大精神为指导，围绕改善环境质量和保护人民群众身体健康为目标，坚持把治污减排作为环保工作的一条主线，全力打好煤矸石山综合治理和生态恢复歼灭战、工业污染源全面达标攻坚战、扬尘污染治理联动战、区域环境综合整治大会战、水环境安全保卫战，着力解决危害群众健康和影响可持续发展的突出问题，推动环保工作再上新台阶。2008年全市环保工作目标是确保市区二级以上天数达到290天以上，县区政府所在地二级以上天数达到240天以上，空气综合污染指数下降至2.7，向国家二级空气质量标准迈进。会上，市长白云还与6个县区人民政府、9个市直部门、14个重点企业，共29家单位的负责人签订了2008年度环保目标责任书，明确了各级政府、部门和有关单位的环保任务。有关部门和单位将责任书指标层层分解到具体责任人，通过分解指标，落实责任，全市环保工作形成了"人人头上有指标，千斤重担大家挑"的格局，从而为全年环保目标任务的落实创造了条件，奠定了基础。（尚观宇）

【污染源普查】 2008年，全国第一次污染源普查工作全面展开，为此，市政府成立了阳泉市污染源普查领导小组，制定了《阳泉市第一次全国污染源普查实施方案》和《阳泉市第一次全国污染源普查实施细则》，市环保局组织对参加普查的人员进行了培训，并落实了普查经费。在各级普查人员的共同努力下，市环保局高质量、高标准地完成了污染源普查入户调查、普查表审核、汇总、录入、质量核查等工作。全市共普查污染源5253个，其中工业源1112个，农业源2450个、生活源1686个、集中式污染治理设施5个。（尚观宇）

【辐射环境监测管理站成立】 阳泉市辐射环境监测管理站是2007年12月经市编办同意成立的，为正科级全额预算事业单位，编制4名，设站长1名，专业技术人员3名。其主要职责是负责全市的辐射环境监测工作，管理放射性同位素和射线装置，保障辐射安全；负责辐射事故应急救援和辐射污染纠纷的调查处理等。2008年3月，市辐射环境监测管理站正式组建完成并开始工作。（尚观宇）

【开发区环境监察大队成立】 2008年10月开发区环境监察大队挂牌成立，编制6名，设大队长1名，郭俊清被任命为开发区环境监察大队大队长，主要职责是负责开发区环境监察和监督管理工作。（尚观宇）

【环境保护奖励资金管理办法】 为提高公众环境保护意识，充分调动和鼓励公众参与污染治理的积极性，年内，市委、市政府讨论通过了《阳泉市环境保护奖励资金管理办法》。为了用好环保奖励资金，充分调动各方面的积极性，市委、市政府经过认真研究，决定以山西省政府奖励的100万元为启动资金，财政配套200万元，共计300万元作为阳泉市环境保护奖励资金，用于奖励对本市环境保护作出贡献的单位和个人。《阳泉市环境保护奖励资金管理办法》对环境保护奖励资金申请条件、奖励评定程序和监督管理做出了详细规定，凡符合条件之一的单位和个人，均可申请该项资金奖励。第一，为环境保护和污染治理做出重大发明或提出重要建议，采纳后环境效益、社会效益、经济效益显著的；第二，开展环境保护宣传教育，普及环境保护科学、法律知识，成效显著的；第三，研究、推广、引进环境保护科学技术，提高资源能源利用率，推行清洁生产以及建设环境保护示范项目，成效显著的；第四，争取或引进环境建设资金，拓宽环境保护资金渠道，成效显著的；第五，举报、查处破坏生态或污染环境的违法行为及污染事故，贡献突出的；第六，在其他方面为全市环境保护事业作出突出贡献的。该办法的出台，对调动社会各方面参与环境保护的积极性，推动各级、各部门、各单位治理污染，促进环境质量的进一步改善有十分重要的作用。（尚观宇）

【首个环境教育基地正式挂牌】 2008年4月22日是第39个"世界地球日"，由市环保局组织的首个"阳泉市环境教育基地"——郊区和谐生态园正式挂牌，市委常委、常务副市长王旭明及环保局、教育局等有关部门领导参加了挂牌仪式。郊区和谐生态园以"生态奠基、文化提升、功能多元、和谐共融"为主题，2003年开建以来，先后投资1.8亿元，开发土地面积366.67公顷（5500亩），种植、修护乔、灌、草等各类植物近500万株，修建了以红色革命教育、古代道德文化教育为主的国魂院、圣人书画院等人文景观，被国家旅游局评定为国家级农业旅游示范点。（尚观宇）

【龙城老年环保宣传队骑车到山城】 2008年4月24日，由太原市20名老年人自行车旅游者协会成员组成的龙城老年环保宣传队骑车来到阳泉，采用散发宣传材料和万人签名等形式，深入各县区义务宣传污染源普查等环保知识。4月22日，为配合全国第一次污染源普查工作，迎接"世界地球日"的到来，山西省环保局、山西省第一次污染源普查领导组办公室联合省环境文化促进会、太原市老年人自行车旅游者协会，在全省启动了第一次污染源普查千里行宣传活动。这次活动全省组织了11支、300余人的自行车义务宣传队，深入全省各市开展污染源普查及环保知识宣传活动。到达阳泉市进行污染源普查宣传的老年宣传队员中年龄最大的73岁，最小的53岁，宣传队员分成了5个小组，分别到城区、矿区、郊区、盂县和平定县的部分工业污染源、农业污染源、城镇生活污染源普查点进行环保知识宣传活动，企业负责人和群众纷纷签名，支持污染源普查工作。（尚观宇）

【环保宣传教育】 年内，市环保局利用"4·22"地球日、"6·5"环境日等举办了大规模的环境保护宣传活动，开展以创建"绿色学校"、"绿色社区"、"环境友好型企业"为主要内容的绿色创建活动，为环保工作的深入开展打下了坚实的群众基础。同时,由市人大牵头,环保和新闻单位参与共同开展了“环保记者行”活动,对全市环保工作和污染企业进行了集中采访报道,推进了环保工作的深入开展。环保部门充分发挥新闻媒体的舆论监督作用,在《阳泉日报》、阳泉广播电台、阳泉电视台、阳泉互联网等媒体共刊发有关环保方面的稿件131篇。各县区新闻媒体也对域内的环保动态进行了及时宣传报道。环保宣传教育活动的开展,使环保意识进一步深入人心,在全社会营造了“人人关注污染、监督污染、制止污染”的良好氛围。 (尚观宇)

【环保队伍和能力建设】 年内,市环境信息与在线监控中心、市辐射环境监测管理站、市环境宣教中心等机构成立并开始工作,调整和任命了一批年富力强的中层领导干部,录用了2名公务员,进了6名事业单位的专业人员,进一步增强了环保队伍的战斗力。按照国家“三大体系”能力建设的要求,加强环境监测、环境监察和污染源在线监控系统建设,市监测站共投资400万元,加强应急监测能力建设,购置了应急监测车及应急监测仪器设备;市环境监察支队制定了奥运会期间环境监管应急预案;市辐射环境监测管理站购置了必要的辐射监测设备,为3个县区配备了辐射监测仪器,11个放射源使用单位安装了在线监控装置,编制了处置核与辐射事故应急预案,建立健全了全市核与辐射安全管理应急体系;市环境信息与在线监控中心开通了阳泉环保网,对30家重点污染源安装了在线监控系统,提高了环境监控的水平。 (尚观宇)

【环境安全培训】 2008年9月4日,市环保局举办重点工业企业环境安全培训班,对全市70多家重点工业企业负责人和环保工作人员进行了环境保护安全方面的集中培训。山西省环保局法规处处长王志朝应邀授课,培训讲授的主要内容是《山西省重点工业污染监督条例》。通过培训,企业领导进一步认识到了自身承担的社会责任和环境保护职责,环境安全意识得到了进一步提高,为保障全市环境质量奠定了良好的思想基础。(尚观宇)

【县级领导干部环保课】 为了提高县级领导干部的环保意识,以适应科学发展、和谐发展的新形势要求,2008年,市委组织部、市委党校高度重视领导干部环保教育,将环保培训纳入了县级领导干部轮训中,在每期县级领导干部轮训班上均安排环保授课内容。通过环保培训,使领导干部深刻认识到当前环境保护面临的新形势、新机遇、新挑战,进一步增强了环境保护和节能减排的紧迫感和责任感,提高了环境与经济的综合决策能力,为实现全市经济社会又好又快发展,建设山川秀美的新阳泉提供了政治上、组织上的坚强保障。 (尚观宇)

【生态示范建设】 年内,市环保局组织编制完成了《阳泉市生态功能区划》和《阳泉市生态经济区划》,划定了“优化开发区域、重点开发区域、限制开发区域、禁止开发区域”,将此作为区域布局、项目审批、整顿治理的依据。年内,市环保局完成了市级煤矿煤炭开采生态恢复和治理规划的编制工作;完成了阳泉铝业有限公司生态工业园区规划编制;新创建了盂县下社乡为省级环境优美乡镇、平定杨家沟村等10个村为生态文明村;创建了盂县鑫兴养殖有限公司为畜禽养殖示范点;创建了阳煤集团一矿、盂县跃进煤矿、平定阳胜煤业公司3座生态示范矿井。 (尚观宇)

【环保引资】 环保部门本着服务企业,服务基层的态度,切实转变工作作风,积极争取上级环保资金支持。2008年,市环保部门向国家和山西省争取到环保资金8658.7万元,用于电力行业烟气脱硫、耐火行业煤改气、渣山治理等重点污染治理项目,以及城市煤层气利用、热电联供拆除锅炉等综合治理工程,污水处理厂中水回用、环保能力建设等项目,此举极大地缓解治理资金紧张的问题。 (尚观宇)

【污染物排放情况统计】 2008年,市环保局对全市254个重点工业企业的污染排放及处理利用情况进行了统计。工业废水排放量为1330.4万吨,工业废水排放达标率为94.64%;工业废水中主要污染物COD的排放总量为1255.05吨。工业煤炭消费总量1256.06万吨,工业废气排放量为1399.72亿标立方米,工业二氧化硫排放量10.14万吨,工业烟尘排放量5.77万吨,工业粉尘排放量为1.59万吨。工业固体废物产生量1509.67万吨,工业固体废物综合利用量为319.60万吨,工业固体废物综合利用率为21.17%,工业固体废物贮存量为56.09万吨,工业固体废物处置量为1101.15万吨,工业固体废物排放量为32.83万吨。 (尚观宇)

环境治理

【概况】 2008年,全市环境污染治理主要是电力行业的烟气脱硫工程、矸石山综合治理、水环境保护与城市环境综合治理,对污染严重的企业进行了关停淘汰,对不达标或不能稳定达标的企业实施了停产治理。同时,调整了产业结构,大力发展循环经济,推行清洁生产,大大减少了污染物排放量,保障了奥运年环境质量和环境安全。年内,市环保局被环境保护部评为全国奥运保障先进集体。 (尚观宇)

【电力行业烟气脱硫】 二氧化硫是造成阳泉市大气环境污染的首要污染物,占到污染负荷的60%以上。电力企业又是全市二氧化硫的排放大户,烟气脱硫工程是改善全市环境质量的关键。2008 年,阳泉市先后关闭了远鑫综合利用发电公司、娘子关发电公司 2×100 兆瓦机组、阳煤集团国阳第一热电厂、盂县衡光发电公司等一批重污染企业,末位淘汰了 9 家污染严重的企业或设施，全年共否决或重批 13 个项目,其中,对娘子关电厂新上 2×600 兆瓦项目实施了异地建设;否决了 3 个焦化厂议项、8 个选矿厂项目,从源头上控制了新污染的产生。全市原有 9 家电力企业中,除 3 家关停外,其余 6 家共投入 5.3 亿元，率先在全省整体完成电厂脱硫,并全面投入运行,年减排二氧化硫 5 万多吨。（尚观宇）

【污水处理厂建设】 年内,全市建设的 5 家污水处理厂中,3 家投入运行,污水处理能力达到 13 万吨/日。市污水处理厂在日处理能力 6.3 万吨的基础上,年内又投资 1640 万元,将义井河污水接入城市污水管网,日处理能力达到 8 万多吨,实现了满负荷运行。平定县污水处理厂日处理 3 万吨、盂县污水处理厂日处理 2 万吨分别通过验收并投入运行。郊区污水处理厂日处理 2 万吨、娘子关镇污水处理厂日处理 8000 吨已完成主体工程建设。（尚观宇）

【水环境保护】 年内,市环保局组织开展了全市水环境容量测定、水功能区划分及水源地保护区划定工作,完成了饮用水源地保护区立标工作。同时,市环保局还制定了全市集中式饮用水源地突发性水污染事件应急预案,对威胁饮用水源地安全的重点污染源逐一建立了应急方案,加大对重点排水企业的日常监管,关闭搬迁了直接影响水源地的 4 家重污染企业,确保了饮用水源地环境安全。（尚观宇）

【娘子关水源地保护】 截至 2008 年,按照“一年起步、三年明显见效、五年全部完成”的思路,娘子关饮用水源地保护，共投资 4095 万元,实施了污水处理、垃圾处理、环境卫生整治、泉域周边拆迁治理、生态建设及河道治理等“五大工程”。其中,投资 2000 余万元完成了娘子关污水处理厂主体工程;投资 280 余万元完成了垃圾填埋场基础工程；环境卫生整治工程,组建了 50 人的环境清洁队伍，购置了 11 辆清运垃圾车和 150 个垃圾桶，建起了 140 个固定垃圾点,将娘子关水源地 5 个村纳入了城市化管理的范畴，做到了定点收集、定时清理、日常保洁,泉口周边环境状况有了较大改善;五龙泉周边拆迁治理工程,已拆迁屠宰场房屋 546 平方米,拆出场地 1000 余平方米。启动了以苇泽关泉为中心的旱厕封堵工程,封堵旱厕 53 个,并设置环卫厕所 31 个；生态建设及河道治理工程，完成太行山绿化 400 公顷（6000 亩）、封山育林 466.67 公顷（7000 亩）、通道绿化 5.7 公里,栽植各类树种 57 万株,共清理河道 4 公里,清淤 6 万余方。通过实施五大工程,使娘子关水源地生态环境得到了较大改观。（尚观宇）

【煤矸石山治理】 阳泉市在长期的煤炭开采中，形成矸石山 26 座,堆存量 2 亿多吨,2008 年是全面完成矸山综合治理任务的最后一年。市委、市政府下大力度全面完成了矸山综合治理任务。在环保部门的督促下,全市各级各部门、各煤炭企业积极行动,累计投入资金 2 亿多元,完成矸山治理面积 4300 亩,基本完成了矸山治理任务，彻底解决了影响市区环境的最大污染源。（尚观宇）

【城市环境综合整治】 2008 年,全市各有关部门相互配合,联合行动,通过实施城乡环境卫生清洁工程、园林城市创建、集中供热、原煤禁烧、清洁能源改造、扬尘和机动车尾气治理，促进了市区大气环境质量的改善。年内,强制拆除了热电联产供热范围内的燃煤锅炉 1 台、燃煤灶火 216 台，没收和暂扣燃煤灶火 120 台，新增燃气用户 6720 户,改造燃煤设施 43 台,建成首条机动车环保检测线，更新和改造了 180 辆天燃气公交车和 551 辆双燃料出租车，市区绿化覆盖率达到 37.48%,绿地率达到 33.9%，集中供热率达到 94.41%，气化率达到 85.5%,清洁能源使用率稳定在 95%以上。平定县积极推进县城热电联供工程,累计投资 5014 万元,实现集中供热面积 150 万平米；盂县关停县城周边 3 家重污染企业，大力推进天然气入户工程；郊区荫营镇对影响镇区环境的大型货站和煤场进行了搬迁整顿,有效遏制了扬尘污染。通过综合整治，全市重点区域环境质量明显改善。（尚观宇）

【废物综合利用】 年内，为发展循环经济,推进清洁生产,全市重点支持发展煤矸石、煤层气、焦炉气以及固体废弃物生产新型墙材等废物综合利用项目。在矸石电厂方面,全市共建成矸石电厂 5 家，总装机容量达到 735 兆瓦（包括阳煤集团煤矸石综合利用电厂 3×135 兆瓦、阳煤集团发供电公司第二热电厂 3×6 兆瓦、辰光发电公司 2×15 兆瓦、盂县衡光热电公司 2×6 兆瓦、南煤集团 2×135 兆瓦煤矸石综合利用电厂），年利用矸石及劣质煤能力近 500 万吨。在矸石综合利用方面,全市原有较大矸石砖厂 4 家，总产量达到 2 亿多块,年可利用矸石 30 多万吨,2008 年新建矸石砖厂 2 家，全部建成投产后，生产能力将达到 4 亿块，煤矸石的利用量可达到 80 万吨。在瓦斯综合利用方面,全市共建成瓦斯发电站 7 家（南煤集团 10×500 兆瓦、荫营煤矿 10×500 兆瓦、固庄煤矿 7×500 兆瓦、程庄煤矿 16×500 兆瓦、阳煤集团神堂嘴 6×1800 兆瓦、阳煤集团煤气公司 6×1800 兆瓦、五矿贵石沟 6×1800 兆瓦），阳煤集团还建成了国内第一条瓦斯烧结铁氧体生产线，每年用气量 9600 万立方米,此项目已获联合国环保署通过，列入国际减排计划。除此之外,盂县晋玉物资

公司焦炉煤气发电、阳光发电公司干出灰等一批综合利用项目完成并投入运行,使废弃物综合利用水平得到进一步提升。 (尚观宇)

【消耗臭氧层物质淘汰】 2008年8月18日,阳泉市召开消耗臭氧层物质(ODS)调查与调研工作协调会,专题安排部署消耗臭氧层物质淘汰工作。全市ODS淘汰工作涉及到消防行业、泡沫行业、家用制冷、工商制冷行业、汽车空调行业、甲基溴行业、清洗剂行业、气雾剂行业、CTC生产及化工助剂等行业。

会议要求,各相关部门要高度重视ODS调查与调研工作,并确定专人负责,组织调研、摸清底数,8月30日前,将CFCs(全氯氟烃)使用行业调研报告、哈龙保有情况调研报告、TCA(甲基氯仿)、CTC(四氯化碳)使用调研报告和HCFCs(含氢氯氟烃)生产和使用调研报告报市环保局。同时,全市范围内禁止全氯氟烃的生产,除在用设备维修、药用气雾剂和公约允许的其他必要用途外禁止全氯氟烃的使用;禁止生产、销售和使用哈龙灭火器、灭火剂(维修和必要用途除外)。用于维修和必要用途的哈龙灭火器、灭火剂和哈龙灭火系统必须向政府消防部门申报登记;禁止新建、扩建和改建四氯化碳单产装置,所有甲烷氯化物建设项目必须严格履行环境影响评价制度;禁止在粮食仓储中使用溴甲烷,现有溴甲烷销售、使用单位必须向市环保部门申报登记;现有含氢氯氟烃生产、销售、使用单位必须向市环保部门申报登记;自2008年9月1日起,从事全氯氟烃制冷设备及系统维修、报废单位在维修、报废过程中需对设备中存留的全氯氟烃进行回收和循环利用,不能循环利用的必须进行消耗臭氧层物质的再生或销毁;含有哈龙的灭火器或者灭火系统必须由具备回收能力的单位进行维修和报废处置,在维修和报废时将哈龙回收。 (尚观宇)

【机动车尾气检测与监督管理】 2008年7月24日,阳泉市首条机动车环保检测线启动仪式在义白路市交通集团四公司举行,标志着全市机动车尾气排放监督管理工作走向科学化、规范化的管理轨道。

10月6日,由市环保局、质监局、公安局联合发布了《关于进一步加强机动车排气污染监督管理的通告》,规定凡在阳泉市注册登记的机动车辆,必须到具有机动车环保检测资质和计量认证资质的检测机构进行环保年度定期检测。经检测达到国家排放标准的机动车,由环保部门发放合格标志,公安交管部门办理年检合格手续;未取得本年度环保检测合格标志的机动车辆,公安交管部门将不予办理安全年检合格手续及新车上户、转籍过户手续;旧机动车辆应按规定期限进行报废,需延缓报废的车辆,必须经排气污染物检测,合格后方可办理延期报废手续;列入国家免检范围的新上牌机动车不需环保检测,可直接领取机动车环保检测合格标志。

为进一步加强机动车尾气抽检工作,市环保和公安交管部门将抽调专人组成执法抽检组,对机动车进行排气污染物抽检。检测中被确定为不合格的车辆,将按要求进行限期治理。在治理期内,车主可以自由选择二级以上(含二级)并配有检测仪器的维修企业进行治理。外地入境的机动车辆可凭当地市级以上环保部门颁发的机动车排气达标有效证件通行,否则按阳泉市机动车排气污染防治监督管理有关规定执行。在此基础上,质监部门还将依据《车用汽油有害物质控制标准》的有关规定,对全市加油站、油库各标号车用燃油有害物质实施年度定期检测制度,依法严肃查处违法销售有害物质超标的单位和个人。 (尚观宇)

环境执法

【概况】 为了保障奥运环境质量和环境安全,2008年市环保局先后组织开展了环境安全隐患排查专项行动、整治违法排污企业保障群众健康等一系列声势浩大的专项行动,有力地打击环境违法行为。同时,市环保局还加大环境信访案件的调查处理力度,切实维护群众的环境利益,维护了社会稳定。 (尚观宇)

【环保专项行动】 6月25日全省环境整治百日行动电视电话会议之后,阳泉市坚决贯彻落实全省环境整治百日行动电视电话会议精神,加强重点区域环境监管,下大力度整治污染企业,全力保障环境安全。各县区高度重视,迅速行动,动真见实,不惜代价,大打"保蓝天、保水源、保安全、保达标、保奥运"攻坚战,平定县加大对重点流域、重点区域、重点行业、重点企业的污染整治力度,下发了《关于对部分企业实施停产治理的通知》,对117家存在环境安全隐患或不能稳定达标排放的企业下达了断电通知。盂县提出"宁减财政一个亿,不增环境一分污"的承诺,严肃环境执法,整治违法排污,对衡光热电有限公司、帝华冶金公司、秀水水泥厂等3家重污染企业实施了关停,减排二氧化硫3490吨人;对148座矾石竖窑进行了彻底捣毁;加大滹沱河、温河重点流域污染整治力度,关闭选矿厂20家、洗沙厂15家、石灰(窑)厂50余家;为确保奥运环境质量,对不达标或不能稳定达标的50家耐火、焦化、冶炼、电力等企业实施停产;对191家煤炭、铸造等企业实施限产限排。郊区针对辖区各类污染反弹的现象,开展了打击不法排污的"雷霆"专项行动,对影响镇区环境的货站进行了搬迁,对煤场实施了清理整顿,拆除死灰复燃的矾石竖窑22座、燃煤倒烟窑10座,对未安装脱硫设施或不运行环保设施的21家违法企业采取了停产、罚款措施,有力地震慑了环境违法行为,对未按期完成治理任务的阳泉狮头特种水泥有限公司实施了断电，确保了全市7个国家奥运环境保障项目全部完成。城区加大对餐饮服务业原煤禁燃的监督检查力度，没收燃煤设施50余台套，拆除燃煤灶火30余台，市区建成区范围内清洁能源使用率巩固在95%以上。（尚观宇）

【环保执法大检查】 4月20日~23日，市环保局组织在全市范围内开展了保障环境安全执法大检查。市、县两级环境监察执法队伍联合行动，分成三个组，对全市重点流域、重点行业、重点企业进行环境安全大检查。重点检查了盂县境内的秀水河、龙华河、滹沱河沿河企业和焦化行业的污染问题，危险化学品的贮存、使用场所的环境安全管理、化工企业环境安全隐患和应急预案、设施是否完善，以及群众反映强烈的环境问题。对检查中发现的未按要求停产、环境应急设施不完善、防化设备存放不规范、危险品存放设置标志不明显等环境安全隐患，环保部门及时责令企业整改，采取严厉措施，确保环境安全，严防突发环境污染事件的发生。（尚观宇）

【奥运年环境执法行动】 4月28日至6月10日，全市环保系统开展奥运年环境执法行动，监察执法人员采用市县联合、夜间抽查和休息日突查等方式，分别对化工企业、医院、尾矿库、境内河流的沿河企业进行了排查，共检查企业99家，其中化工企业36家、沿河洗沙厂和选矿厂29家、医院13家、电厂储灰场6家、污水处理厂3家、焦化厂3家、小水电站2家、钢铁企业2家、煤矿2家、金属镁厂1家、沿河石材加工厂1家、沿河硫酸渣洗选厂1家。累计出动执法人员620人次，车辆230余辆次，下达各类法律文书430余份。（尚观宇）

【化工企业专项执法检查】 5月6日至7日，市环保局组织对平定县境内的化工企业及温河、桃河、南川河、绵河沿河企业进行了为期两天的执法检查，共检查企业17家。检查中，要求已建成化工企业严格按照环保要求配套完善有关环保设施，并投入正常使用，真正做到污染物达标排放；对在建化工企业要求其尽快按照“三同时”（建设项目中防治污染的设施必须与主体工程同时设计、同时施工、同时投产）要求，建设污染防治设施，竣工验收不合格，不得投入试生产。此次检查消除了这些企业的环境安全隐患，保障安全文明生产。（尚观宇）

【饮用水源地专项执法检查】 水环境质量直接关系人民群众的身体健康，为此，4月28日至29日市、县环保部门联合开展饮用水源地专项执法检查。重点检查了娘子关泉域水源地和滹沱河、秀水河、龙华河、温河、桃河、南川河、绵河及其支流周边的29家企业，对检查中发现的问题进行了及时纠正。（尚观宇）

【医院环境安全隐患排查】 5月25日至26日，市环境监察支队对管辖的市第一人民医院、市第三人民医院、市第四人民医院、阳煤集团总医院、南煤集团医院和山西北方晋东化工有限公司医院进行了环境安全隐患排查。排查中，大部分医院环境整洁、管理规范，污水处理站都能按时加药消毒，记录基本完整，医疗垃圾焚烧炉环保设施运行正常。但也有个别问题存在医院污水处理站内的沉淀物较多，加药消毒效果不太好，有医疗垃圾露天堆放现象等环境安全，执法人员要求存在问题的医院立即整改，消除隐患。（尚观宇）

【零点关停行动】 12月31日，按照省政府统一部署，全市各县区组织对未完成全面达标任务的重点工业污染源实施了“零点关停行动”。全市592家重点工业污染源中，关停400家，通过达标验收的186家，完成治理工程待验收的3家，达标率100%，重点工业污染源全面达标任务全部完成。（尚观宇）

【环境信访】 年内，市环保局继续坚持24小时值班制度，畅通“12369”环保举报热线，坚持有诉必查，有查必果，无论反映的问题大小，执法人员都必须到现场调查，将处理结果当面或书面答复举报人。全年共受理群众环境污染信访案件375件，上级转办40件，结案率100%，做到了事事有落实，件件有回音，有力地维护了人民群众的环境权益。（尚观宇）

【排污费征收】 全市各级环保部门认真贯彻执行《排污费征收使用管理条例》，严格执法，采取各种措施，强化排污费征收力度，全年共征收排污费5084.1万元，其中，市环保局征收2546.9万元，盂县征收1797万元，平定征收410万元，郊区征收265.2万元，城区征收50.6万元，矿区征收14.5万元。（尚观宇）

环境监测

【概况】 2008年，市环境保护监测站和平定、盂县、郊区环境保护监测站分别对辖区内的环境质量进行了监测。监测结果表明，全市环境空气质量有了明显改善，市区、郊区荫营镇空气质量达到了国家二级标准，平定、盂县县城空气质量达到了国家三级标准。地表水主要控制断面的水质仍处于高污染水平，城市地下水综合水质受到不同程度污染，声环境质量状况总体较好。（岳一平）

【环境空气质量状况】 年内，市、县两级环境监测站分别在市区、平定县城、盂县县城、郊区荫营镇共设立了13个环境空气自动监测点位，实施环境空气质量日报监测。其中市区设6个监测点，平定县城设3个监测点，盂县县城设2个监测点，郊区荫营镇设2个监测点。监测结果表明，全年空气质量明显好转，污染程度明显下降，主要污染物仍是二氧化硫和可吸入颗粒物。

2008年,全市空气质量有效监测天数366天,市区二级以上天数345天,比上年增加了26天,在全省11个地市中排名第5名。平定县城二级以上天数316天,比上年增加了134天,在全省102个县区中排名第45名,比上年前进了45名。盂县县城二级以上天数291天,比上年增加了106天,在全省102个县区中排名第87名,比上年后退了3名。郊区荫营镇二级以上天数307天,比上年增加了135天,在全省102个县区中排名第60名,比上年前进了33名。

市区空气综合污染指数2.02,在全省11个地市中排名第五,较上年前进了三位。平定县城空气综合污染指数2.41,在全省102个县区中排名第63名。盂县县城空气综合污染指数2.33,在全省102个县区中排名第53名。郊区荫营镇空气综合污染指数1.98,在全省102个县区中排名第31名。

一、二氧化硫污染状况

2008年,市区环境空气中二氧化硫的年平均浓度为0.056毫克/立方米(标准值0.06毫克/立方米),比上年下降0.033%。平定县城二氧化硫的年平均浓度为0.084毫克/立方米,盂县县城二氧化硫平均浓度为0.084毫克/立方米,郊区荫营镇二氧化硫的年平均浓度为0.059毫克/立方米。从年平均浓度值看,市区、郊区荫营镇均达到了国家二级标准,平定县城、盂县县城达到了国家三级标准。

二、可吸入颗粒物污染状况

2008年,市区可吸入颗粒物的年平均浓度为0.071毫克/立方米(标准值0.10毫克/立方米),比上年下降17.4%。平定县城可吸入颗粒物的年平均浓度为0.071毫克/立方米,盂县县城可吸入颗粒物的平均浓度为0.075毫克/立方米,郊区荫营镇可吸入颗粒物的年平均浓度为0.078毫克/立方米。全市可吸入颗粒物年平均浓度全部达到了国家二级标准。

三、二氧化氮污染状况

2008年,市区环境空气中的二氧化氮年平均浓度为0.030毫克/立方米(标准值0.08毫克/立方米),比上年下降26.8%。平定县城二氧化氮的年平均浓度为0.023毫克/立方米,盂县县城二氧化氮平均浓度为0.014毫克/立方米,郊区荫营镇二氧化氮的年平均浓度为0.018毫克/立方米。全市二氧化氮平均浓度全部达到了二级标准。

四、降水污染状况

2008年,市区大气降水共采集55个样本,监测降水量共218.0毫米,pH年均值为5.77,较上年下降了0.22个pH单位,全年pH值介于4.53~7.97之间,低于酸雨标准(酸雨标准为pH值<5.60)的降水出现了5次,全年下酸雨的频率为9.1%,酸雨频率上升了5.3个百分点,说明酸雨污染较上年有所上升。

(岳一平)

【地表水环境质量状况】 年内,市、县(区)两级环境保护监测站对桃河、南川河、温河的25个有效断面进行了监测。桃河的晓庄、白羊墅、娘子关三个断面是阳泉市地表水的主要监测断面,也是省控断面。白羊墅断面是桃河阳泉段的主要控制断面,砳石桥断面为平定南川河的主要控制断面,河下断面为盂县秀水河的主要控制断面,温池断面为盂县温河的主要控制断面;韩庄桥为郊区温河的主要控制断面。监测结果表明,25个监测断面中,桃河晓庄断面水质为优,桃河娘子关断面和秀水河方山断面水质为良好,其他监测断面的水质均受到不同程度的污染,全市河流水质污染依然严重。

1.地表水水质状况

桃河:2008年入境断面晓庄的水质状况为Ⅱ类,水质属优,综合污染指数0.307;控制断面白羊墅水质状况为Ⅳ类,属轻度污染,主要污染物为化学需氧量,综合污染指数为0.535;出境断面娘子关水质状况为Ⅲ类,水质良好,综合污染指数0.333。与2007年相比,桃河的这三个断面的水质状况无明显变化。

南川河:砳石桥断面为劣Ⅴ类水质,属重度污染。主要污染物为氨氮、生化需氧量,与2007年相比水质类别没有变化。

秀水河:河下断面为劣Ⅴ类水质,属重度污染。主要污染物为氨氮、化学需氧量。与2007年相比河下断面的水质类别没有变化。

温河:温池断面为劣Ⅴ类水质,属重度污染。主要污染物为氨氮、化学需氧量。韩庄桥断面为劣Ⅴ类水质,属重度污染,主要污染物仍为氨氮、生化需氧量。与2007年相比两个断面的水质类别没有变化。

2.地表水主要污染物状况

(1)主要污染物氨氮的监测情况

2008年,阳泉桃河晓庄断面氨氮年平均浓度为0.349毫克/升,白羊墅断面年平均浓度0.993毫克/升,娘子关断面年平均浓度0.703毫克/升,均未超过Ⅲ类标准(1毫克/升),与2007年相比,晓庄断面的年平均浓度上升121%,白羊墅、娘子关断面的年平均浓度下降,降幅分别为17.9%和17.1%。

平定南川河的砳石桥断面氨氮年平均浓度16.5毫克/升,超标15.5倍。年平均浓度较上年上升5.8%。

盂县秀水河的河下、温河的温池两个断面氨氮年平均浓度分别为11.2毫克/升和10.8毫克/升,超标10.2和9.8倍。年平均浓度较上年上升119.2%和54.1%。

郊区温河的韩庄桥断面年平均浓度13.0毫克/升,超标12.0倍。年平均浓度较上年上升49.1%,

(2)主要污染物化学需氧量的监测情况

2008年,桃河晓庄、娘子关断面的化学需氧量年平均浓度分别为11.5毫克/升、12.6毫克/升,未超过Ⅲ类标准(20毫克/升);白羊墅断面的化学需氧量年平均浓度27.7毫克/升,超过Ⅲ类标准0.38倍。

晓庄、白羊墅断面的年平均浓度较上年分别下降9.7%和3.5%，娘子关断面的年平均浓度上升2.6%。

平定南川河砉石桥断面化学需氧量的年平均浓度29.6毫克/升，超标0.48倍。盂县秀水河河下断面化学需氧量的年平均浓度分别为42.4毫克/升，超标1.12倍，温河温池断面化学需氧量的年平均浓度为28.4毫克/升，超标0.42倍。郊区温河韩庄桥断面年平均浓度29.6毫克/升，超标0.67倍。与上年相比，南川河砉石桥断面、秀水河河下断面、温河温池断面、韩庄桥断面化学需氧量的平均浓度分别下降1.0%、1.85%、16.7%和29.5%，温河韩庄桥断面化学需氧量的年平均浓度上升29.5%。 （岳一平）

【地下水质量状况】 2008年市环境监测站在桃河沿岸的四个地下水监测点进行了监测。监测水井分别是一级泵站和化工厂新水井、自来水13[#]井、电厂2[#]井。从监测结果显示，桃河沿岸地下水除受自然地质因素影响外，同时还受到菌类不同程度的污染。一级泵站、化工厂新水井水质为《地下水质量标准》(GB/T14848-1993)Ⅳ类标准，自来水13[#]井、电厂2[#]井水质为Ⅴ类标准。与2007年相比，一级泵站和自来水13[#]井水质有所下降，电厂2[#]井水质稳定，化工厂新水井水质略有好转。

地下水主要污染物为总大肠菌群、硫酸盐、总硬度。四个监测井中总大肠菌群超标率为75%，总硬度年均值516毫克/升、超过标准0.15倍，75%的井年均值超过Ⅲ类标准（450毫克/升），年平均浓度较上年上升0.71%；硫酸盐年均值304毫克/升，超过标准0.22倍，75%的井年平均值超过Ⅲ类标准（250毫克/升），年平均浓度较上年下降0.29%。 （岳一平）

【集中式生活饮用水源地水质状况】 阳泉城市饮用水源以集中式供水为主，主要以东水源作为取水水源。2008年，市环境监测站监测结果表明，东水源的现状水质类别为Ⅳ类，主要超标项目为总大肠菌群，经水厂处理后不影响饮用水安全。

（岳一平）

【声环境质量状况】 2008年，市区功能区噪声监测共布设7个点位，其中1类区2个、2类区2个、3类区2个、4类区1个。经监测，1类至4类区昼间、2类和3类区夜间等效声级的年均值均未超过国家标准限值。1类、4类区域的夜间的噪声等效声级处于超标状态。

2008年市、区两级环境保护监测站对市区42平方公里建成区面积内的200个有效监测点位的区域环境噪声进行了监测，平均等效声级为54.4dB(A)，各类声环境区等效声级(昼间)均未超过《声环境质量标准》(GB3096-2008)，区域声环境质量较好。

2008年，通过对市区47条主要交通干线路段进行监测，平均等效声级为66.8dB(A)，低于国家标准限值（执行《声环境质量标准》GB3096-2008），较上年上升0.3dB(A)，道路交通噪声质量等级为好。平定县政府招待所门前测点的道路交通噪声平均等效声级66.2dB(A)，低于国家标准限值，较上年下降了3.5dB(A)。盂县西关桥东侧测点的道路交通噪声平均等效声级65.5dB(A)，低于国家标准限值，较上年下降了3.6dB(A)。郊区政府招待所门前测点的道路交通噪声平均等效声级68.9dB(A)，低于国家标准限值，较上年上升了4.5dB(A)。

（岳一平）

财税 金融

财 政

【概况】 2008年,全市财政工作克服金融危机带来的不利因素,完善理财思路,创新理财手段,加快财政改革发展步伐,各项财政任务圆满完成。

一、财政收支。2008年全市财政总收入累计完成681341万元,为年度预算的101.69%,较上年增长19.49%,增收111131万元。其中,上划中央收入完成351091万元,较上年增长17.90%;上划省级收入完成68549万元,增长21.95%;一般预算收入完成261701万元,增长21.04%。2008年全市一般预算支出累计执行406347万元,为调整预算的93.54%,比上年增长21.44%。市、县区支出预算情况是:市级158953万元,比上年增长13.76%;平定县63179万元,增长28.54%;盂县77494万元,增长20.89%;郊区48452万元,增长26.12%;城区26370万元,增长36.16%;矿区20609万元,增长30.79%;开发区11290万元,增长39.50%。

二、强化征收管理,实现收入持续增长。年内,财税及有关征收部门密切关注和跟踪收入进度,建立涉税信息交流共享平台和收入分析、督查机制,及时对各项收入进行分析研究,解决征管工作中存在的问题。税务部门加强对重点税源的监控,加大税款收缴、清欠稽查力度,促进了税收任务的完成。财政部门狠抓非税收入、清理欠款、争取资金"三项指标"落实,切实加大了对各类政府非税收入的收缴入库力度。进入10月份以后,由于受金融危机影响,目标任务完成面临严峻考验。面对此种情况,财税部门坚持严格治税、依法征收,促进了收入任务的圆满完成。

三、加强统筹管理,确保重点支出。年内,财政部门坚持深化预算管理改革,切实提高预算管理水平。一是调整优化财政支出结构,使财政资金安排更加科学合理有效。二是区分轻重缓急,科学确定支出顺序,确保重点需求,全力确保了抗震救灾、迎奥反恐、处置婴幼儿奶粉事件和扶持困境中的奶牛养殖业。三是优先安排和拨付事关民生建设方面的支出,财政新增财力更多地向"三农"、社会保障、医疗卫生、再就业、教育等事关国计民生的领域倾斜,着力推进城乡一体化建设步伐。四是着力支持科技创新体系和城市基础功能建设。对涉及市政道路、城市供水、供暖、污水处理、煤矿安全、垃圾处理、饮水安全、教育、计划生育设施、农业技术等项目给予大力支持。

四、深化财政改革,创新理财方式。坚持推进财政科学化、精细化管理,全面提升理财水平。一是以开展"财政管理年"活动为契机,规范理财行为,推动管理创新。二是以规范用权、理顺程序为手段,实现财政业务的科学、规范、高效运作。三是健全管理体制和机制,充分发挥财政职能,切实提高财政资金绩效管理水平。 (王 谦)

【预算外资金监督管理】 2008年,阳泉市加大预算外资金管理力度,搞好计划调控。一是认真落实"收支两条线"规定。根据省监察委员会、省财政厅落实"收支两条线"规定工作要求,阳泉市对教育、卫生、公安、交警、规划、城建、劳动、林业等33户执收执罚金额比较大、项目比较多的单位2007年7月至2008年6月行政事业性收费、基金等政府非税收入进行了重点检查。共检查收费许可证60个,收费(基金)项目141项,查出各类违规违纪金额254万元。对查出的违规违纪资金,坚持依法处理,边查边纠。二是进一步加强政府非税收入管理工作,对2006年、2007年度政府非税收入的收入、管理情况进行了全面调查,进一步摸清了阳泉市政府非税收入的现状、规模、结构以及存在问题,提出了对策和建议。 (王 谦)

2008年度一般预算收支决算总表

表15-1 单位:万元

预算科目	调整预算数	决算数	预算科目	调整预算数	决算数
一、税收收入	194218	211296	一、一般公共服务	80218	76172
增值税	64424	64224	二、外交	—	—
营业税	38654	44385	三、国防	1183	1183
企业所得税	28181	24579	四、公共安全	32195	32094
企业所得税退税	—	—	五、教育	94521	85369
个人所得税	10157	10473	六、科学技术	5457	5443
资源税	17318	16338	七、文化体育与传媒	9177	9039
固定资产投资方向调节税	—	—	八、社会保障和就业	68971	66417
城市维护建设税	16730	23017	九、医疗卫生	26744	26317
房产税	6540	7658	十、环境保护	19621	18889
印花税	3420	4425	十一、城乡社区事务	34030	33152
城镇土地使用税	4150	10333	十二、农林水事务	22908	21794
土地增值税	250	290	十三、交通运输	5029	4988
车船税	459	1753	十四、工业商业金融等事务	15632	15146
耕地占用税	550	781	十五、地震灾后恢复重建支出	—	—
契税	3350	3040	十六、其他支出	23248	8236
烟叶税	—	—	其中:预备费	—	—
其他税收收入	35	—			
二、非税收入	55871	50405			
专项收入	29168	21713			
行政事业性收费收入	15233	13101			
罚没收入	5952	7753			
国有资本经营收入	-70	901			
国有资源(资产)有偿使用收入	983	2441			
其他收入	4605	4496			
本年收入合计	250089	261701	本年支出合计	438934	404239

(王 谦)

【财政改革】 2008年,阳泉市继续深化财政改革工作。一是继续推进预算管理各项改革,不断完善定员定额管理体系。在研究制订资产配置标准的同时,积极开展实物费用定额试点工作,逐步建立预算定额与实物资产相结合的定额标准体系;结合事业单位体制改革,探索和研究适合不同类型事业单位特点、科学规范的事业单位预算管理方式和经费供给形式;进一步完善项目库建设,做好项目分类和清理工作,稳步推进项目预算滚动管理,增强年度预算之间的连续性;按照新的政府收支分类,逐步将项目支出预算细化到经济分类,明晰反映政府各项支出用途;规范财政拨款结余资金管理,加大结余资金统筹使用力度,将结余资金情况和预算编制切实结合起来,优化财政资源配置,提高财政资金使用效益;进一步规范调整了市对县、区财政体制。针对体制调整后,对盂县财力增量影响较大的实际情况,确定了财力性补助基数。测算确定了平定县下划企业的教育费附加收入基数,并纳入年终定额结算事项;下划市级企业奥伦胶带公司给开发区管理,测算确定了下划基数。通过这些措施使市对县区财政体制更加趋于合理化、规范化。二是全面完成2008年总预算及市本级预算草案编制工作,以全市国民经济发展计划指标为基础，充分考虑了财政体制改革及非税收入的不可比因素，关注民生和弱势群体以及建设和谐社会的资金需求，体现了“统筹兼顾、收支平衡、量力而行、有保有压、集中财力办大事”的原则，确定市级可统筹综合财力为15.35亿元，比上年年初预算增长12.09%；在支出安排上，坚持“一要吃饭，二要建设”的原则，积极调整和优化支出结构，按照支出顺序和轻重缓急安排各项支出，优先保证了工资等基本支出以及农业、教育、科技等政策性支出需求。三是国库集中支付制度逐步开展，“金财工程”建设有序推进，集中核算优势日益显现，积极配合有关部门做好国库管理的改革工作，配套了国库集中支付中心的软件设施，设立了受理、支付、会计3个柜组，配备了专职人员，完善了国库集中支付中心的各项内部管理制度。四是市级会计核算中心加大财政资金监管力度，在工作中严把“四关”，即严把原始凭证审核关；严格开支标准，加强现金支出的控制关；严格执行政府采购制度关；严把专项资金拨付关。全年共拒付各种不合理支出187笔，合计金额41万元；纠正和完善各种原始会计资料93份，涉及金额251万元；会计核算中心成立至2008年底，累计拒付不合理支出1197笔，涉及金额732.33万元；规范各种原始资料996份，涉及金额1666.34万元。 （王 谦）

【财政转移支付工作】 2008年，市财政局狠抓了对县区标准财力测算，按省要求进行了标准支出需求确定，向省争取到了所属两县应享受的转移支付全部由省财政负担的优惠政策。并严格执行省规定，对2007年新增赤字县，按新增赤字额的10%扣减其新增转移支付。加强对转移支付资金的监管，积极筹措市级应负担的转移支付资金，确保县级应享受的转移支付资金按时到位，加大对财政困难县乡的支持力度，切实帮助解决县乡财政困难；大力控制和压缩财政供养人员，按照“一要吃饭，二要建设”的原则和公共财政要求，大力调整和优化财政支出结构，克服财政越位、包揽过多的做法，确保公教人员基本工资、津贴补贴按时发放和其他重点支出的需要。 （王 谦）

【打造民生财政】 2008年，市财政局着力打造“民生财政”，让人民的钱更好地为人民谋利益。按照与省财政厅、市政府签订的目标责任制要求，优先安排和拨付事关民生建设方面的支出，财政新增财力更多地向“三农”(农村、农业、农民)、社会保障、医疗卫生、再就业、教育等事关国计民生的领域倾斜，向城乡困难群体倾斜，着力解决群众看病难、上学难、就业难、住房难等问题，着力推进城乡一体化建设步伐。全年财政对科技、教育、农业投入分别较上年增长23.70%、20.46%、24.37%，较目标责任书签订的增长比例（15%、19%、20%）分别提高8.7、1.46、4.37个百分点。与上年比较，一般公共服务支出增长3.97%；文化体育与传媒支出增长1.50%；环境保护支出增长12.64%；社会保障和就业支出增长24.23%，其中财政对社会保障基金的补助支出增长32.17%、城市居民最低生活保障支出增长67.34%、自然灾害生活补助支出增长3.72倍、农村最低生活保障支出增长4.09倍；医疗卫生支出增长47.52%，其中医疗保障支出增长80.47%。 （王 谦）

【教育事业投入增大】 按照党的十七大报告关于“优先发展教育，建造人力资源强国”的基本要求，2008年阳泉市努力加大财政对教育事业的投入，全年教育支出比上年增长20.46%。一是农村中小学校保障水平进一步提高，全年共下达各类保障资金7519.97万元，包括免杂费和提高公用经费资金3833.62万元，校舍维修改造资金799万元，补助寄宿生生活费资金201.719万元，转移支付资金1438万元，免教科书资金1247.63万元。二是从2008年秋季开始，全部免除城市义务教育学杂费。标准为小学每生每年250元，初中和特殊教育学校学生每生每年310元。全市受惠学生达56700人，共免学杂费金额768.72万元。三是首次对农村义务教育阶段学生给予取暖费补助，标准为年生均50元，共下达取暖费专项补助资金569.62万元。四是继续实施高职学校家庭贫困学生国家奖学金、助学金发放工作，全年有612人享受高等职业教育资助，共资助资金82.25万元。五是继续实施以国家助学金为主的中等职业教育新资助政策体系，共有67653人次享受了国家助学金，共下达资金1014.8万元。六是新建、改扩建中小学校17所。其中市级、城区、矿区各1所，郊区4所，平定县、盂县各5所。资金补助方案为：省对5个县区各重点补助1所学校，每校补助100万元，共计500万元；市对其余12所学校共补助240万元，两项合计为740万元。七是对25所农村寄宿制学校食堂进行达标改造，其中郊区7所，盂县8所，平定县10所，总计补助资金100万元。

（王 谦）

【支持经济建设】 2008年，阳泉市财政局以“财政管理年活动”为主线，以年度责任考核指标为纽带，以创新和夯实内部管理为目标，全年在项目管理、资金拨付、重点支持经济发展方面成效显著，主要办了十件大事。一是大力开展“项目推进年”活动。着力做好项目申报、管理、绩效评价工作，全面建立了阳泉市经济建设项目库，有700个项目进入项目库。二是完成种粮农民粮食直补网络建设，并一次性通过省财政厅审查和验收。三是直接拨付对种粮农民柴油、化肥等农业生产资料增支补贴2911.4万元，拨付对种粮农民实际种植面积补助419万元，并按“一折通”的要求全部兑付，使68.4万农民得到了实惠。四是及时拨付节能专项资金1356万元。五是落实淘汰落后产能财政奖励资金1161万元,有8家企业受益。六是拨付阳泉矿区采煤沉陷区综合治理资金。该治理项目是国家、省、市重点工程,也是省政府为百姓解决的12件实事之一。国家批复的阳泉矿区采煤沉陷区综合治理项目工程总投资为9.92亿元,计划安置居民15351户,到2008年末,累计拨付资金7.5054万元,安置居民9100户。七是落实国家对煤层气开发利用补贴资金3167万元,补贴煤层气利用量12657万立方米,全市有9家煤矿受益。八是配合燃油价格改革,与有关部门共同制订了《阳泉市燃油价格调整财政补贴办法》,将省燃油价格调整补贴资金3179.2万元、市配套资金84.1万元,全部兑付到享受补贴的单位和个人手中,使市公交公司、阳煤客运公司、市林业部门等单位受益,同时受益的还有1494辆出租车、494辆农村客运车、93辆城市客运车车主。九是争取国债项目资金5325万元,涉及城市供水、污水处理、煤矿安全、垃圾处理、饮水安全、教育、农技等项目,保证了这些项目的顺利实施。十是按规定拨付农村地质灾害治理工程资金3650万元,使全市11个村、1764户、6868人受益,恢复耕地面积35.3公顷(529.2亩)。

(王 谦)

【再就业资金使用】 2008年,阳泉市筹集再就业资金8446万元,安排支出10538万元,有效保证了全市就业、再就业工作健康发展。截至年末,全市城镇新增就业岗位22900个,下岗失业人员再就业人数14190名,就业困难对象再就业人数4800名,均完成和超额完成了年初目标。(王 谦)

【城市低保工作】 2008年,阳泉市城市居民最低生活保障工作严格执行国务院颁布的《城市居民最低生活保障条例》精神,按照“应保尽保,动态管理,分类施保”的原则稳步推进。全市城市居民最低生活保障支出7507万元,较上年增长67.34%。到12月底,全市城市低保对象19462户、44505人,月人均享受补助140.56元。(王 谦)

【创建国家级园林城市财政投入】 2008年,阳泉市按照创建国家级园林城市的既定目标,继续加大投资力度,市级财政全年共投入绿化工程资金3167万元,投入桃河城区段综合治理二期工程、热电联供、城市燃气、污水处理再生水利用、城市路网建设等大园林建设资金2.39亿元,保证了国家级园林城市创建工作顺利进行。(王 谦)

【扶持乡村文化站建设】 为深入贯彻落实全国乡镇综合文化站建设电视电话会议精神,2008年,阳泉市市级财政安排资金155万元,用于新建乡镇综合文化站和农村文化活动室。新建的8个文化站,市财政每个补助10万元,县财政每个补助15万元;新建的150个农村文化活动室,市财政每个补助0.5万元,县财政每个补助1万元,不足部分由所在乡镇、村自筹解决。到年末,8个乡镇综合文化站和150个村文化活动室全部建成,总建筑面积分别为7651平方米和35652平方米。(王 谦)

【环境保护奖励专项资金】 为提高公众环境保护意识,充分调动和鼓励公众参与污染治理的积极性,经市委、市政府研究决定,设立环境保护奖励专项资金,资金总额300万元,专项用于奖励对环境保护作出突出贡献的单位和个人。根据规定,凡符合《阳泉市环境保护奖励资金管理办法》申报条件的单位和个人均可申请该项奖励资金。资金奖励遵循公开、公平、公正的原则。奖励活动每年开展一次,奖励评定结果于每年6月5日的“世界环境日”公布。个人奖励一次2000元,最高不超过5万元;集体奖励一次5000元,最高不超过10万元。贡献突出的还可给予重奖。(王 谦)

【地方政府性债务统计】 为了及时、全面、准确地掌握全市各级各部门地方政府性债务情况,按照省财政厅要求,阳泉市于年内对2007年地方政府性债务情况进行了统计。总体情况是:截至2007年末,阳泉市政府债务余额统计为180835万元,同口径比上年减少9895万元,降低5.19%。其中,直接债务178431万元,比上年减少6752万元,降低3.65%,占全部债务总额的98.67%;担保债务2404万元,占全部债务总额的1.33%。债务余额中逾期债务126980万元,比上年减少4936万元,占全部债务的70.22%;未到期债务53855万元,占全部债务总额的29.78%。(王 谦)

【部门预算编制工作】 12月20日,阳泉市召开2009年市级部门预算编制工作会议,提出以科学发展观指导部门预算编制工作,深化部门预算管理改革。主要强调五个原则:一是结构优化原则,即坚持以人为本,把更多的财政资金投向公共服务领域,不断改善人民群众的生产生活条件。二是公平公正原则,即进一步完善基本支出标准体系,逐步建立和完善人员定额实物费用定额相结合的定额标准体系。三是质量效率原则,即由关注投入转向关注产出效果,不断提高公共产品和公共服务的质量。四是基础管理原则,即细化项目支出预算编制,实现预算编制和执行的顺利对接。五是民主透明原则,即合理确定财政功能结构和财政支出,实现预算决策的民主透明。2009年的预算编制,在“三农”支出、教育支出、社会保障和就业支出、科技发展、医疗卫生投入、市政府确定的重点项目支出方面比上年有进一步提高和改善。(王 谦)

【煤炭可持续发展基金征收】 经多

方争取,国务院确定阳泉市为“开展煤炭工业可持续发展政策措施全国试点城市”,对煤炭工业征收煤炭可持续发展基金,由财政部门代政府监督管理该项基金的提取和使用。阳泉市从2007年4月开征煤炭可持续发展基金。到2008年5月底,累计征收15.4亿元,完成省下达任务的100.25%,除大部分上缴省后,市、县(区)共留用4.66亿元。对地方留用部分,阳泉市主要安排用于生态环境治理、资源型城市转型和重要接替产业发展,并在社会保障、分离煤矿企业办社会职能方面取得一定成效。（王 谦）

税 务

国家税务

【概况】 2008年,阳泉市国税系统坚持细管理、重落实、严要求,夯实基础,创新管理,重点突破,完成了各项税收工作任务。全年累计组织税收收入418732万元(含车辆购置税),完成省计划的104.50%,比上年同期增长21.34%,增收73637万元;与地方财力挂钩收入完成401112万元,完成市计划的100.55%,比上年同期增长20.66%,增收68671万元,税收规模、增幅均创新高。

分行业完成情况。耐火行业完成13227万元,比上年增长109.72%,增收6920万元;煤炭(生产)完成232299万元,比上年增长39.48%,增收65747万元;商业完成29085万元,比上年增长35.73%,增收7657万元;建材行业完成4945万元,比上年增长20.35%,增收836万元;机械行业完成6120万元,比上年增长16.42%,增收863万元;化工行业完成2861万元,比上年下降1.51%,减收44万元;有色金属完成11232万元,比上年下降7.08%,减收856万元;电力完成36124万元,比上年下降13.87%,减收5817万元。

分税种完成情况。国内增值税完成377222万元,比上年增长24.73%,增收74802万元;国内消费税完成615万元,比上年增长148.99%,增收368万元;企业所得税完成17233万元,比上年下降21.48%,减收4715万元;个人所得税完成6080万元,比上年下降22.42%,减收1757万元;车辆购置税完成17582万元,比上年增长39.04%,增收4937万元。

分单位完成情况(不含车辆购置税)。平定国税局50580万元,完成市计划的73.24%,比上年下降17.94%,减收11058万元;盂县国税局81270万元,完成市计划的112.50%,比上年增长36.33%,增收21657万元;郊区国税局38800万元,完成市计划的116.34%,比上年增长59.15%,增收14420万元;城区国税局14535万元,完成市计划的110.01%,比上年增长34.77%,增收3750万元;矿区国税局9355万元,完成市计划的114.28%,比上年增长43.97%,增收2857万元;开发区税务分局5259万元,完成市计划的106.24%,比上年增长42.99%,增收1581万元;市直属税务分局201313万元,完成市计划的101.71%,比上年增长21.38%,增收35464万元。（王建业）

【确保税收收入与经济协调增长】 2008年,针对全市经济发展状况和组织收入工作面临的形势,全市国税系统进一步统一思想、提高认识,坚定不移地执行“依法征税,应收尽收,坚决不收过头税,坚决防止和制止越权减免税”的组织收入工作原则,严格执行“不准虚收探收、不准有税不收、不准随意批缓、不准减免滞纳金”的组织收入工作纪律,正确处理组织收入工作与依法治税和促进经济发展的关系,确保应收尽收,确保税收收入与经济协调增长。一是准确掌握税源底数。圆满完成了市政府安排的全市税源情况专题调查和市局组织的重点税源调研,掌握税源底数,为组织收入工作的顺利开展提供了第一手资料。二是强化重点税源监控。2008年,市国税局的重点税源监控户数由200户增加到248户,18户所得税纳税企业首次纳入监控范围,煤炭、电力、冶金等8大重点行业10类主要产品的产销量和价格也纳入动态监控范围。制定推行了《全市大型企业税源动态联系制度》,对年纳税额在5000万元以上企业和各主要行业收入规模在前5名的企业,市国税局建立了联系制度和直报制度,重点税源监控水平进一步提高。三是提高分析预测水平。修订完善了《全市国税系统税源分析办法》,进一步健全了纵向和横向分析的联动机制。2008年,全市国税系统共组织召开收入分析例会30余次。8月份,组织召开了全市国税系统经济税源分析会,集中反映了税源管理中存在的问题,收集了一批有价值的税源管理建议,为组织收入工作提供了重要的决策依据。四是大力清缴欠税。组织开展了全市欠税情况摸底调查,对欠缴税款的纳税人实行分档监控、分类清缴,将欠税在50万元以上的企业全部纳入监控范围,按月跟踪督查,并将欠税清缴纳入目标责任制考核,明确职责,强化考核。2008年,全市国税系统共清理陈欠1585万元,陈欠压缩率达到17.29%。（王建业）

【执法监督】 2008年,阳泉市国税系统强化执法监督,通过严格执行征管法及实施细则,全面落实税收执法责任制,针对执法薄弱环节认真开展税收执法检查,着力构建严密有力的税收执法监督体系,使执法行为进一步规范。一是制定出台了《阳泉市国税系统税收执法管理信息系统考核子系统考核管理办法(试行)》和《阳泉市国税系统税收执法管理信息系统考核子系统申辩调整办法(试行)》,对各单位整体执法情况进行严格考核评议,按月进行情况通报,对执法过错行为深入分析解决,各项指标的正确率均达到了99%以上,国税干部执法过错行为明显减少。二是组织开展了规范性文件清理工作,对不符合规定的96件文件建议全文废止或部分条款废止。三是依托税收执法管理信息系统中执法监察子系统积极开展执法监察,对2007年度和2008年"税收执法监察子系统"选项点进行了全面核查,对发现的选项疑点均立项进行了处理。四是围绕税收执法权、行政管理权、税收执法管理信息系统运行等方面认真开展税收执法检查,并针对问题进行了认真整改。五是按照省局重大案件集体审理要求,对重大案件及时进行了审理,并积极组织开展税务案件复查工作,强化了对税务稽查执法行为的监督制约,提高了稽查质量。

(王建业)

【税收宣传】 2008年,全市国税系统强化税收宣传,收到了良好的宣传效果。一是围绕"税收·发展·民生"的宣传主题,以新的企业所得税法和各项惠民税收政策为重点,面向经营管理人员、办税人员、个体工商户以及青少年群体,组织开展了"越野e族税宣志愿车队送税法"、"税收宣传进校园、进社区"、"看看发票真与假"、"大型税收图片漫画展"等形式多样的系列宣传教育活动。二是与相关部门协作,建立了"税法宣传教育基地"和"税收教育基地"。三是突出加强对宣传活动的新闻报道工作,全市国税系统在省、市、县(区)级新闻媒体及总局、省局开辟的各种税收宣传专栏上共刊播各类新闻稿件、信息数百篇,营造了强大的舆论声势。(王建业)

【税务稽查】 2008年,全市国税系统强化税务稽查,税收环境进一步优化,税收秩序进一步好转,国税稽查系统全年共检查各类企业414户,查补收入3387万元。一是开展税收专项检查,加大对涉税违法案件的查处力度。在全市组织开展了对房地产及建筑安装业、烟草行业、品牌营销的总代理商(总经销商)中国平安保险集团、以煤焦铁为主的商贸流通企业和市、县营以下涉煤企业、具有增值税一般纳税人资格的商贸流通企业的税收专项检查以及12户重点税源企业的专项检查工作,累计检查325户,查补收入2226.15万元。二是对盂县煤炭生产、加工运销企业等重点行业、重点企业展开了税收专项整治,查补收入316.25万元。三是制定出台了《阳泉市国家税务局"一案双查双报告"工作制度》,结合稽查工作实际,强化了对税务稽查的廉政监督。

(王建业)

【税源"无缝隙"管理体系】 2008年,阳泉市国家税务局大力构建税源"无缝隙"管理体系,制定了《阳泉市国家税务局税源"无缝隙"管理体系实施方案》等文件,通过落实领导干部管户、加强与工商、地税等部门的信息交换、完善税收管理员工作职责、严格考核奖惩等措施,初步建立了管户信息无缝隙、管户区域无缝隙、管理职责无缝隙、管理目标无缝隙、业务流程无缝隙、绩效考核无缝隙的税源"无缝隙"管理体系。全年市、县两级国税部门与同级工商部门召开联席会议40多次,并按月进行登记信息交换,累计交换管户信息1500余条,税源管理水平进一步提升。同时,进一步强化税收管理员的管理。建立了日常管理、税源控管、日常核查、纳税评估和纳税服务"五位一体"的全面绩效考核办法,使考核上升为税收管理员日常管理的一项基本内容,进一步调动了税收管理员的工作积极性。

(王建业)

【税种管理】 2008年,阳泉市国家税务局加强税种管理,使税收征管水平显著提高。增值税管理方面:一是认真做好扩大增值税抵扣范围试点工作,全年共为387户企业办理抵退税款16286万元;二是制定下发了《关于加强全市增值税税收优惠政策管理的通知》,对28户资源综合利用企业进行调研和检查,进一步强化了享受税收优惠政策企业的管理;三是制定下发了《关于加强商贸企业增值税一般纳税人管理的通知》,商贸企业的变更、日常经营监控及评估和增值税专用发票等工作得到加强;四是完成了"增值税抵扣凭证审核检查系统"的上线运行和红字增值税专用发票通知单管理系统推行工作。出口退税方面:严格退税资料审批,制定下发了《阳泉市国家税务局出口货物退(免)税操作规程(试行)》,对基层岗位设置和操作流程进行了明确和规范,全年共办理免抵税1872万元,退税918万元。所得税管理方面:一是出台了《阳泉市国家税务局企业所得税分类管理实施意见(试行)》,大力推行所得税分类管理;二是圆满完成了1683户所得税纳税企业2007年度的所得税汇算清缴工作;三是组织开展了新企业所得税税法的学习宣传工作,先后分层、分批对1600余名国税干部和企业财务人员进行了培训,确保了新企业所得税法的贯彻落实到位;四是认真做好利息税代扣代缴工作,2008年10月9日起,对储蓄存款利息所得暂免征收个人所得税,市国税局迅速采取措施,及时将此次政策调整工作贯彻落实到位,截至11月底,全市共代扣代征利息税5698万元;五是通过加大反避税力度、做好涉外税务审计和涉外企业所得税汇算清缴等工作,进一步加强了涉外税收管理,全年共计入库企业所得税17233万元,比上年减少4185万元,下降19.54%;六是加强车辆购置税的管理,全年共完成车辆购置附加税14975.26万元。(王建业)

地方税务

【概况】 2008年,阳泉市地税部门坚持以组织收入为中心,不断推进依法治税,强化科学管理,夯实基层基础,加强队伍建设,优化纳税服务,保证了地税收入的持续稳定增长。全年地税系统组织各项收入404967万元,比上年增长30.63%,增收94966万元。其中,各项税收完成240014万元,为省任务的114.35%,为市任务的107.05%,比上年增长26.32%,增收50012万元;各项规费基金收入完成164953万元,比上年增长37.46%,增收44954万元。地税部门完成财政一般收入152515万元,比上年增长37.08%,增收41254万元。

(史庆生 黄晓琳)

【煤炭可持续发展基金代征工作】2008年,市地税部门在煤炭可持续发展基金征收工作中,继续严格实行"一把手工程"、"一票否决"和基金税收"同征、同管、同查、同考核"的"一体化管理"。组织开展了大规模的煤炭产量和用煤大户及煤炭用量摸底普查,建立健全了所、县、市三级煤炭产、销量管理台账。在此基础上,及时将年度计划分解到各基层局,并将其列入全年目标责任制考核项目,严格实行按月考核,突出抓住管户管理、产量核定、票据管理、申报审核、查验补征和稽查检查等重点部位和关键环节,严格依法全面开展煤炭可持续发展基金的征收、管理、稽查检查,确保了征收进度。同时,积极探索煤炭可持续发展基金征管的有效方法和途径,在对煤炭生产企业的管理上突出抓好管户、费源的动态控管,形成了有效的费源动态监控机制;在对煤炭经销加工企业的管理上,建立和推行了税费代征管理办法;在对煤炭转化企业管理上,区别情况采取了分类管理办法,有效堵塞了漏洞,促进了征收任务的完成。2008年,累计征收煤炭基金133160万元,比上年同期增长40.16%,增加绝对额38154万元。(史庆生 黄晓琳)

【科学精细管理】 2008年,市地税部门以推进科学精细管理为重点,不断加强税收业务建设,征管质效进一步提高。一是在全市组织开展了税源摸底调查,依托综合征管软件系统,把管户定期清理与相关信息进档案、进大厅、进计算机有机结合起来,进一步完善了税源基础信息。二是继续强化市、县(区)税务所、税收管理员四级税源监控网络,密切跟踪重点税源变化,税源控管水平进一步提高。三是积极开展税收预警工作,认真研究经济税收变化规律,根据省地税局税收预警管理办法,结合实际,逐步建立了税收预警的监测、管理、运用体系,组织收入的针对性和稳定性进一步增强。四是继续落实税收管理员制度,制定和实行了税收管理员量化考核办法、税收管理员下户巡查管理办法,进一步明确了管理职责范围,规范了巡查管理,量化了日常考核。五是进一步强化征管质量考核,实行了按税收管理员、基层征管单位、县(区)局和市直分局三个层次的百分制考核。六是强化企业所得税管理,确保新企业所得税法及其实施条例的顺利实施。七是加强个人所得税管理,完成了年所得12万元以上个人所得税纳税人自行申报工作,全年有877人自行申报,比上年增加206人,增长30.8%。同时建立了自行申报个人信息电子资料库,加大了对高收入行业、重点纳税户和重点纳税人的监管力度。八是认真贯彻执行车船税、土地增值税、土地使用税等税收政策,确保各项税收新政策落实到位。九是加强契税、耕地占用税管理,房地产税收一体化征管和管理水平不断提高。十是抓好煤炭可持续发展基金征收软件、个人所得税管理系统、货运发票税控系统、公文处理系统、视频会议系统、IP电话系统、内部网络系统等现有信息化应用项目的运行维护,信息化建设水平进一步提高。

(史庆生 黄晓琳)

【新企业所得税法顺利实施】 2008年1月1日起,新企业所得税法正式实施。市地税部门把贯彻落实新企业所得税法作为全年税政工作的重点之一,全力以赴抓落实,确保新企业所得税法及其实施条例的顺利实施。一是充分利用电视、广播、报刊等外部媒体和办税服务厅、电子显示屏、黑板报、咨询窗口等内部平台,采取集中重点宣传与日常辅导宣传相结合的办法,加强了对社会各界和纳税人的宣传,让纳税人充分了解新税法及其实施条例的基本精神和主要内容。二是积极开展新企业所得税法相关业务培训,全年累计举办新企业所得税法培训班18期,培训人数达1100余人次,并组织了新企业所得税法考试。三是对各级地方政府和地税机关自行发布的税收规范性文件中涉及企业所得税的内容进行了全面清理,按照全部废止或失效、部分废止或失效、继续执行进行分类,分别提出处理意见,及时在系统内外进行公示,为新法实施提供了规范统一的法律依据。四是认真做好相关政策的落实到位和衔接工作,制定了小型微利企业调查制度,加强对小型微利企业的认定管理,确保了小型微利企业税收优惠政策的落实到位。五是建立了新企业所得税法的跟踪问效机制,要求基层局每月向市局报告一次新税法贯彻实施情况,及时掌握和解决基层税务机关在政策执行和征管过程中出现的新问题和新情况,确保了新企业所得税法及其实施条例的顺利实施。

(史庆生 黄晓琳)

【依法治税】 2008年,市地税部门以规范执法为重点,强化稽查检查,扎实推进依法治税。一是深入开展税收执法检查活动、税收执法重点工作评查活动、"规范执法示范单位"创建活动,各基层局和税务所的标准化管理和规范执法水平进一步提高。平定县地税局第一税务所、郊区地税局河底税务所、矿区地税局第五税务所被授予全省地税系统"规范执法示范单位"称号。二是深入宣传税收政策,认真抓好税收宣传月和"五五"普法活动。2008年4

月是市地税局开展的第17个税收宣传月。本届宣传月以“税收·发展·民生”为主题，开展了税法知识竞赛活动，税法进机关、进学校、进社区、进乡村、进市场、进企业活动，发放宣传资料17000余份，接受群众咨询1700余人次，还通过电视、电台、手机短信、网络视频等媒介广泛宣传税法知识。三是税收法制环境进一步优化。与国税部门联合开展了纳税信用等级评定工作，全市共评定A级纳税人156户(其中共管户116户、地税纯管户40户)，B级纳税人3771户，C级纳税人150户，D级纳税人1户。与公安部门和新闻媒体协调配合，开展了打击制售假发票和非法代开发票专项整治集中行动，全市检查纳税户690户，查出有问题户74户，查补各项收入3.5万元，罚款1.98万元。四是探索推行分级分类稽查，按照纳税规模将纳税人分为甲、乙、丙三类，由市、县(区)两级税务稽查局按权限进行分级分类稽查。五是加强税收稽查和专项检查，开展了对市平安保险公司、市工商银行系统等单位的重点检查和对电信、煤炭、金融、保险、房地产开发、建筑安装等行业和企业的税收专项检查，全年查补入库各项收入3137万元，税收秩序得到进一步整顿和规范。

(史庆生　黄晓琳)

【优化纳税服务】　2008年，市地税部门以开展“两个减负”(为纳税人减负，为基层税务机关减负)为重点，狠抓“两个操作示范”(《为纳税人服务实务标准化操作示范》、《为基层地税机关服务实务标准化操作示范》)落实，纳税服务进一步优化。年内，省地税局确定阳泉市地税局为“两个减负”试点单位，并安排在平定地税局和城区地税局开展“两个减负”试点工作。经过近一年的试点，形成了落实“两个减负”的实施方案，得到省地税局的肯定。与新征管规程相结合，认真落实“两个操作示范”，规范业务流程，强化对涉税事项的受理、传递、办结、告知的全程记录和跟踪监控，提高了基层税务人员的税收征管效率和纳税人的办税效率。继续引深“十项服务”(阳光服务、政策服务、效率服务、沟通服务、维权服务、信息服务、网络服务、特色服务、热线服务、跟踪服务)活动，全面提升纳税服务水平。各基层局积极创新服务，探索服务新方式。直属一分局开展“三比”(比掌握税收政策业务熟练程度、比开票技术操作规范程度、比服务态度热情周到程度)活动。直属二分局派专人上门提供个性化的“量身”服务。直属五分局对房地产交易环节税收实行“一窗式”征收，简化办税环节。直属三分局开展“税收宣传进矿山”一日行活动、“和企业老总话‘基金’”(煤炭可持续发展基金)专题讲座活动。矿区地税局构建“一窗管理、一站服务、双简申报、一卡缴税、内转外不转、一单两书、量化考核”办税体系，以“提速、提效”为目标，提升服务水平。郊区地税局开展“软环境建设宣传月”活动。开发区分局开展“十点服务”(“微笑雅一点、嘴巴甜一点、态度温一点、仪表美一点、动作快一点、做事勤一点、脑筋活一点、效率高一点、度量大一点和服务优一点”)活动，展示窗口形象。盂县地税局推行简易审批制度、定期入户辅导制度和预约纳税申报制度，不断优化纳税服务。通过上述活动，“十项服务”层层推进，全市地税系统纳税服务水平得到进一步提升，受到广大纳税人的普遍好评。

(史庆生　黄晓琳)

【基层基础建设见成效】　2008年，市地税部门以标准化、规范化建设为重点，软件硬件齐推进，基层基础建设取得明显成效。一是按照“实用、耐用、够用”的原则，多渠道筹措资金，坚持与经济社会发展趋势相结合、与当地规划相结合、与新农村建设相结合、与税源管理相结合、与地税信息化建设相结合，基层税务所和办税服务厅建设采取“新建、扩建、购买、置换、修缮”五种方式，因地制宜，扎实推进。全市地税系统基本实现了有房(每个税务所都有自己的办公用房)有车(每个税务所、办税厅都有自己的征管用车)有网络(网络连接到税务所和办税厅)的目标，基层面貌焕然一新。二是在大力改善软环境，推行以“八个统一”(统一规划改造基层办公环境，统一对外机构标识，统一便民设施设置，统一信息化建设标准，统一公开事项，统一监督、投诉、举报装置，统一税务人员台标、胸卡的格式和内容，统一征管资料整理归档模式)为主要内容的基层基础标准化、规范化建设。三是开展争创“标准化税务所”、“标准化办税服务厅”和争当“十佳税务所长”、“十佳办税服务厅负责人”活动，取得明显成效。2008年11月11日，全省地税系统基层基础建设暨规范执法现场会在阳泉市地税局召开，阳泉市地税部门的经验得到省地税局充分肯定，并在全省推广。(史庆生　黄晓琳)

金　融

银行业

【概况】　2008年，全市金融工作呈现出三个显著特点。一是较好地支持了阳泉经济平稳较快增长，大力支持市委、市政府“百项工程”战略，支持阳泉老工业基地振兴，支持服务业、新农村建设和节能减排工作，破解中小企业融资难题，做好助学贷款、下岗失业小额担保贷款工作，支持“碧水蓝天”工程。二是监管工作进一步加强，各银行业机构资产质量持续改善。年末，全市银行业金融机构不良贷款余额23.4亿元，较年初下降7.02亿元，占比10.35%，较年初下降4.45个百分点。三是存贷款增长迅速，年末，全市金融机构人民币各项存款余额553.4亿元，比年初增加128.5亿元，增长30.2%。其中，城乡居民储蓄存款余额 345.2 亿元,比年初增加 78.2 亿元,增长 29.3%。人民币各项贷款余额 225.6 亿元，比年初增加 25.7 亿元,增长 12.8%。其中短期贷款余额 128 亿元，比年初增加 12 亿元，增长 10.3%；中长期贷款余额 89.4 亿元，比年初增加 10.2 亿元，增长 12.8%。全年累计现金收入 948.8 亿元,比上年增长 9.3%;现金支出 955 亿元,增长 9.8%;收支相抵,净投放现金 6.2 亿元。

（王　辑）

【人行阳泉中支概况】 中国人民银行阳泉市中心支行隶属于中国人民银行天津分行,有 17 个职能部门,133 名干部职工,下设 2 个县支行。2008 年,人行阳泉中支以科学发展观为指导,认真贯彻党和国家的金融方针政策,紧紧围绕年初确定的工作思路,积极支持辖区经济平稳较快增长,深入推进金融改革和金融稳定,进一步加强基础业务工作,提高金融服务质量,加强外汇管理与服务,各项工作取得了显著成效,较好地履行了基层人民银行的职能作用。党的建设、班子队伍建设和党风廉政建设得到进一步加强。在全辖深入开展了"转变作风,狠抓制度落实年"和学习实践科学发展观活动,进一步落实党风廉政建设责任制,加大干部职工教育工作力度。积极组织开展全员岗位任职资格培训,干部职工的素质明显提高。引深文明单位创建工作,中支机关和盂县支行被山西省精神文明建设指导委员会授予"文明和谐单位"称号。（高鑫娟）

【支持阳泉经济建设】 2008 年,人行阳泉中支认真贯彻落实国家宏观调控政策,较好地支持了辖区经济平稳较快增长。一是围绕阳泉市委、市政府"百项工程"战略,通过召开经济金融形势分析会,参加市政府的相关会议,主动向政府领导汇报工作,就金融支持阳泉老工业基地振兴,支持服务业、新农村建设和节能减排等提出建设性意见建议,为市委、政府决策提供依据。二是协助市政府成功举办了"阳泉市'百项工程'银企洽谈会暨项目合作签字仪式"。来自省市 29 家银行业金融机构、阳泉市 79 家企业的负责人到会,辖区 7 家银行业金融机构与 18 家"百项工程"项目企业签订了总额 114.1 亿元的贷款协议。三是从不同层面提出破解中小企业融资难的建设性意见,适时研究出台各项指导性意见,引导金融部门优化信贷结构,促进地方经济可持续协调发展,先后制定了《阳泉市城乡金融业发展规划》、《金融支持中小企业发展的二十六条意见》等文件,取得显明成效。到年末,全市中小企业贷款余额达 157.4 亿元，获得贷款的中小企业累计超过 2800 户。四是继续做好助学贷款、下岗失业小额担保贷款工作,累计发放助学贷款 315.1 万元,下岗失业小额担保贷款 871.3 万元。五是大力推进"绿色信贷",支持阳泉市"碧水蓝天"工程。截至年末,辖区金融机构共发放各类节能减排项目贷款 9.2 亿元。六是充分发挥央行再贷款对地方经济金融的支持作用,向上级行申请追加 5000 万元中小金融机构再贷款指标,累计发放再贷款 3.1 亿元,有力地支持了中小企业发展。七是起草并由政府出台了《阳泉市金融支持地方经济发展奖励办法》。政府每年拿出 300 万元的奖励基金奖励在支持地方经济发展中作出突出贡献的银行业金融机构和个人,并由市劳动竞赛委员会和市文明委分别对获奖集体和个人给予记功表彰。该办法得到了辖内银行业金融机构的积极回应,较好地调动了金融机构支持经济发展的积极性。

（高鑫娟）

【推进金融改革】 年内,人行阳泉中支采取多项措施,深入推进金融改革。一是大力推进农村信用社票据兑付改革,辖区三家联社央行票据年内全部实现兑付,成为全省最早通过中央银行票据全额兑付的地市,并成功研发了后续监测考核系统。二是引入小额贷款公司机制,年内市政府批转了人行阳泉中支制定的《阳泉市小额贷款公司创建实施方案》,有 4 家小额贷款公司获准筹建。三是大力推动资本市场发展,在人行阳泉中支支持下，阳煤集团发行短期融资、中期票据 20 亿元,一些优质中小企业发行了中期票据。

（高鑫娟）

【金融监管】 年内，人行阳泉中支采取有效措施,全力维护金融稳定,促进金融业稳健运行。进一步健全完善金融风险预警体系，重点监测农村信用社银行间债券市场业务规模和比例、融资品种和结构,及时对其进行风险提示。认真履行监督检查职责,开展了对外汇业务、再贷款的管理和使用、信贷登记咨询系统、国库、现金、人民币账户、反洗钱工作等多次专项检查。针对检查中发现的问题,下发各类整改通知书 34 份,提出整改建议 117 条,对严重违反有关规定的金融机构予以严肃查处,罚款总额达 9.2 万元。

（高鑫娟）

【基础业务工作】 2008 年,人行阳泉中支进一步加强基础业务工作,金融服务质量有新提高。认真做好各系统的升级换版和推广应用工作,维护支付结算稳健运行。辖区所有乡镇营业网点全部成功进入大、小额支付系统，城乡一体化支付结算网络基本形成。顺利完成会计核算业务的上收、中支营业部岗位整合工作;加强银行结算账户管理,加大对各类支付工具的宣传推广力度,大力推行公务用卡、推广农民工银行卡特色服务业务。国库综合服务水平不断提高，积极开展国债下乡活动,受到了人民群众的好评。加强人民币的合理调拨，保证了市场现金的正常供应。成功开展人民币反假宣传月活动，进一步完善城乡反假网络建设，有力维护了辖区人民币信誉和流通秩序。加强残损人民币销毁，全年累计销毁残币 8.1 亿元，提高了流通中人民币的整洁度。加快信用体系建设步伐,制定出台了《阳泉市社会信用体系建设实施方案》,全力打造社会信用数据平台，业务数据入库率在99%以上，中小企业信息数据采集面达91%以上,非银行信息采集面进一步扩大,资信评级工作全面推进。金融统计服务职能进一步强化,认真做好金融统计数据集中工作,加强金融统计数据的分析,密切关注经济金融运行情况变化,为宏观调控政策的有效实施提供有力支撑。深化落实“两个行动”工作,加强对银行业金融机构反洗钱工作的监督和管理力度,制定了《阳泉市反洗钱联席会议制度》,与市公安局建立了反洗钱情报会商制度,形成反洗钱合力。认真做好应用系统建设和全行办公自动化、电子邮件、电子公文系统的应用维护、数据备份和信息网站的维护工作,加强计算机安全管理,切实保障了人民银行网络与重要信息系统安全运行。切实加强社会治安综合治理工作,坚持常督促、常检查,增强防范意识,全年共组织安全检查21次,有效防范了安全漏洞。认真做好应急管理工作,深入学习《突发事件应对法》，逐步完善各项应急预案体系,加强应急演练,做好突发公共事件的信息报送,强化值守应急效率。（高鑫娟）

【外汇管理与服务】 人行阳泉中支在2008年加强外汇管理与服务,促进了贸易投资便利化。为减少金融危机对阳泉市外贸企业的影响,制定和实施了《金融危机影响监测制度》,及时组织召开了出口企业收汇风险提示会,采取了多项措施,帮助出口企业防范和化解金融危机的影响。积极与各经济管理部门协调沟通,引导和鼓励金融机构增强服务意识,为企业开展对外贸易创造较好的金融服务环境,促进外向型经济发展。全年全市外汇收入为13019万美元，比上年增长46.05%;外汇支出为3730万美元,比上年增长50.77%；外汇净流入9289万美元,比上年增长44.24%。根据外汇管理政策调整变化情况，人行阳泉中支先后开展了以《外汇管理条例》、“诚信兴商”为主要内容的宣传活动,有力地推动了新出台外汇政策的贯彻落实。（高鑫娟）

【信息工作】 人行阳泉中支2008年信息工作取得多项成绩。一是积极构建全辖调研信息网络,初步实现人民银行内、外部资源共享,二是在全辖开展了“调查研究攻坚月”和“信息攻关月”活动,整合资源,集中人力攻关重点调研信息课题,全年共完成上级行重点调研课题9项、专题调研12项,调研信息质量有了明显提高。三是编发各类政务信息205条,被上级行采用55条。（高鑫娟）

【阳泉银监分局概况】 2008年,中国银行业监督管理委员会阳泉监管分局在山西银监局和阳泉市委、市政府的领导下,坚持以科学发展观为统领,以提高监管有效性为目标,在工作中突出科学性、思想性和艺术性,不断改进监管方式，完善监管制度,实施科学监管。阳泉银监分局通过引导和推动全市银行业金融机构深化改革、审慎经营管理、提高防范风险能力、自主创新能力和核心竞争力,坚持优化信贷结构,拓宽银行服务领域,促进了全市经济结构调整和增长方式的转变,为阳泉城乡一体化建设提供了有力的金融支持。（郭　英）

【推动银行业改革发展】 面对复杂的宏观经济金融形势,阳泉银监分局坚持探索实施原则导向监管,积极践行寓监管于服务、寓监管于发展、寓监管于促进地方经济发展的有效方法,监管效能得到明显提高,银行业改革发展取得显著成效。一是积极推进中小金融机构改革。结合阳泉市商业银行改制后的发展情况,督促其继续建立健全科学的法人治理架构和风险管控机制,加快改革步伐,不断提高核心竞争力;督促农村信用社健全内控制度,规范经营行为,积极探索和建立有利于持续提高阳泉农信社风险管控能力、金融创新能力、金融服务能力的以市为单位统一法人社改革模式,3.48亿元央行票据于年内经银监会、人总行批准成功兑付,成为全省首家整体完成央行票据兑付工作的地市。二是稳步推进新型农村金融机构试点工作。8月1日,全省第一家村镇银行——盂县汇民村镇银行正式挂牌成立，标志着阳泉市调整放宽农村地区银行业金融机构准入政策试点工作迈出了第一步。至年末，盂县汇民村镇银行存款4964.7万元,贷款2528.5万元,各项业务发展平稳,运行稳健。三是切实抓好邮政储蓄改革工作。坚持先规范后发展的监管思路，督促邮储银行突出抓好机构改革期间的资金安全工作,确保机构改革顺利,业务、人员衔接平稳，进一步提升服务水平和竞争能力。3月18日,邮政储蓄银行阳泉市分行挂牌成立,32家支行至6月底全部开业，开办了对公业务和贷款业务，整体服务水平和竞争能力不断增强。四是推动股份制银行落户阳泉。应阳泉银监分局邀请,经山西银监局批准,股份制银行光大银行阳泉支行于12月16日开业,进一步激活了阳泉金融市场,丰富了金融服务。（郭　英）

【案件防控工作】 年初，银行业监管部门以1号文件的形式，印发了《关于深入落实山西银行业案件治理工作会议精神，进一步加强全市银行业案件防控工作的通知》,明确了案件防控工作的各项要求。在此基础上，组织各机构层层签订案件治理工作目标责任状,落实了责任;充分利用各种会议、约见谈话、组织全市银行业金融机构高管人员集中学习、开展警示教育等方式大力开展法律法规培训，在全市银行业营造了“重教育,学制度,促内控,严管理”的合规文化建设氛围;组织开展了系列活动,深入落实各项制度,督促各机构建立案件治理月度报告制度和机构风险排查制度，并由监管人员定期进行督查,确保系列活动取得实效,各项制度落实到位;组织开展对国有商业银行、城市商业银行和农村信用社信息科技风险自查、对农村信用社票据业务大检查等一系列现场检查活动,规范了银行业经营行为,提升全辖银行业风险管控能力。辖区银行业全年未发生一起案件,实现了"零案件"的预期目标,案件防控工作取得阶段性成果,得到了省局的肯定。（郭 英）

【"三降 两防 一做实"工作目标】 为了进一步夯实银行业资产质量,银行业监管部门于年初提出了不良贷款"三降、两防、一做实"(降不良贷款率,降不良贷款余额,降不良非信贷资产余额;防不良贷款反弹,防贷款形态向下迁徙;做实利润)的工作目标,采取了一系列措施,取得明显成效。在层层签订目标责任书的基础上,建立健全大额不良贷款双向台账监测制度,加大不良资产监测考核力度;督促各机构审慎应对经济形势变化,合理把握信贷投放节奏,严格控制新增不良贷款;紧紧依靠地方政府,争取财税、工商、公安、法院等部门的支持,综合运用经济、行政和法律手段,进一步加大不良资产处置力度;督促农村信用社加大贷款核销力度,落实呆账核销后的资产保全和追收工作;督促各机构按要求提取拨备,用足用好财税政策,做实利润。年内各银行业机构资产质量持续改善。截至12月末,全市银行业金融机构不良贷款余额23.4亿元,较年初下降7.02亿元,占比10.35%,较年初下降4.45个百分点。（郭 英）

【防范和打击各类非法集资犯罪活动】 2008年,银行业监管部门协助市处置非法集资领导组不断完善工作机制,加强协调沟通,多次组织召开处置非法集资协调会议,建立健全"疏堵并举,防治结合"的"处非"工作体系;印发了《阳泉市处置非法集资2008年宣传教育工作方案》,组织开展了一系列防范和打击非法集资宣传教育活动,全面引导社会舆论和公众行为;于8月份在全市范围内深入开展房地产业、农业处置非法集资风险排查工作,各县(区)加大了对非法集资活动的监测预警和查处力度,收到良好效果。根据举报线索,年内银行业监管部门与公安、工商、林业、农业等部门协作,侦破、查堵了2起非法集资活动,维护了社会和谐稳定,起到了打击一个、震慑一方的作用,有效地保护了人民群众财产。（郭 英）

【阳泉农发行概况】 中国农业发展银行阳泉市分行是全市唯一的政策性银行,下辖一个营业部和平定、盂县两个信贷组,有职工44人。2008年,全行认真落实国家宏观调控和"三农"工作的政策措施,突出加强基础管理,着力加强信贷支农工作,强化经营核算意识,加大新业务拓展力度,努力构建和谐银行,全行各项工作实现了又好又快的发展目标,信贷资金继续实现了持续稳定健康运行,较好地履行了农业政策性银行的职能作用,有效地支持了全市粮油购销业务发展,全行业务经营管理水平不断提高。截至12月底,全行各项存款余额达20823万元,较年初增加12030万元,增长46%。各项贷款余额达53511万元,较年初增加12161万元,增长29.41%;其中,各级粮油储备与调控贷款20220万元,较年初增加1514万元,增长8.09%;准政策性粮食收购贷款6104万元,较年初全额增加;农业基础设施建设中长期贷款6000万元,较年初全额增加;粮食流转贷款500万元,较年初减少357万元;农业产业化龙头企业短期贷款5300万元,较年初减少800万元;各类挂账类占用贷款15057万元,仓储设施贷款330万元,与年初持平。继续保持不良贷款余额为零、占比为零。

2008年是阳泉农发行支持地方经济发展力度最大的一年。一是优先支持粮油储备企业增储、轮换,确保资金按时足额供应,大力支持国家各项粮油储备计划。全年累计投放地方储备粮食贷款2280万元,支持粮食储备企业完成3笔地方小麦增储、轮换任务。二是抓好准政策性粮油收购工作。严格落实贷前风险防范措施,提前做好贷款企业收购资格认定、最高贷款额核定,区别对待,择优扶持,支持13家国有粮食购销企业收购玉米4302万公斤,全市未出现因收购资金不到位发生的卖粮难和打白条事件。三是积极支持全市"百项工程"项目的实施,重点拓展符合国家、地方政策意图,能够确保还本付息的项目。支持了山西大寨饮品有限公司、盂县种子公司、山西三来食品有限公司的发展,还向平定城乡建设投资公司投放农业基础设施建设项目贷款6000万元,实现了农发行阳泉市分行商业性中长期贷款零的突破。全年累计投放各类贷款21700万元,较上年多投放7978万元,年底贷款余额53511万元,较年初净增12161万元,增长29.41%,增长幅度在全省同类行排名中位居第二。到年底,全行存款余额为20823万元,存贷款比例达到264%。2008年,阳泉农发行严格按照银监分局及省分行的要求,把案件防控治理工作作为全年工作的重点,做到组织领导、宣传发动、学习教育、责任落实"四到位",进一步提高了全行案件防控能力。在全行上下的共同努力下,创造了自建行以来12年无事故的记录。（翟瑞光）

【阳泉工行概况】 中国工商银行阳泉分行是成立于1984年12月的国有商业银行。2005年10月28日,中国工商银行由国有独资商业银行整体改制为股份有限公司,中国工商银行阳泉分行正式更名为"中国工商银行股份有限公司阳泉分行"。截至2008年末,共有员工795人,其中,高级职称8人,中级职称303人,初级职称296人;研究生1人,本科学历176人,大专学历386人;党员350人,团员72人。设17个部室,下辖25个支行,主要担负着全市工商企事业单位的存款、贷款、结算、票据贴现、外汇及各项代理业务和百万城镇居民的储蓄业务。2008年,阳泉工行经营效益再创新高。截至年末,实现拨备前利润21738万元,比上年增盈6066万元,在全省二级分行行长经营绩效考评中排第5位,绩效等级较上年末上升3个级次。

贷款业务 阳泉工行贷款投放审慎稳健。截至2008年末,各项贷款余额46.2亿元,贷款利息收入3.5亿元。其中一般贷款利息收入3亿元,票据贴现利息收入0.5亿元。阳泉工行坚持早投放、早受益的信贷营销方针,先后向阳煤集团、阳光发电、石太高速、阳五高速投放贷款8.9亿元;办理保理业务4000万元;投放房地产开发贷款2.34亿元。申报准入了“凤凰城”、“远鑫三期”、“馨安家园”和“南苑人家”等四个住房按揭贷款项目,累计发放个人贷款5261万元。严格把握新增贷款投向,有效防控贷款风险,加大对不良贷款的清收转化力度,年内现金清收不良贷款1550万元。截至年末,不良贷款较年初下降0.23个百分点。

存款业务 年内阳泉工行各项存款稳定增长。截至年末,人民币各项存款时点余额达116.3亿元,存款时点增量25.4亿元,比上年增加9.9亿元,同业占比34.7%。其中对公存款时点增量11亿元,同业占比40.8%,列第一位;储蓄存款时点增量13亿元,比上年增加8.6亿元,同业占比29.9%,近年来首次跃居第一位。存款日均增量17.5亿元,比上年增加5.2亿元。其中对公存款日均增量10亿元,比上年增加1亿元;储蓄存款日均增量8.2亿元,比上年增加4.4亿元。年内加大了负债替代型理财产品的营销力度,全年累计销售个人理财产品21.37亿元,较上年同期增加51.79%。其中销售基金113939万元,销售保险13327万元,销售本外币理财产品46899万元,代理国债39590万元。

中间业务 年内阳泉工行中间业务快速发展。截至年末,实现中间业务收入4288万元,比上年增加469万元。加快新业务、新产品的整合、创新和推广,办理结构性存款业务7笔7.8亿元,填补了业务空白。积极开展法人理财产品营销,累计销售法人理财产品114392万元。全年新增对公结算账户1149户,完成计划的79.79%;销售品牌金161公斤,完成计划的120%;网银个人和企业客户分别新增27320户和479户,分别完成计划的94.2%和95.8%;实现电子银行交易额641.5亿元,完成计划的183%;电子银行业务量占比40.2%,完成计划的100.5%;开展了国际业务回归式营销,外币结算业务量比上年增长565%。

内控管理 2008年,阳泉工行内控管理日趋严密,深入开展“内控管理效益年”活动、案件隐患和操作风险“大教育、大讨论、大检测、大评估、大整改”系列活动,提高了全行的风险防范意识。全行700余名员工签订了执行和遵守《员工违规行为处理暂行规定》承诺书,强化了内部控制的刚性约束。组织力量制作《规范操作示例》教学专题片,促进了柜员对《业务操作指南》的学习运用。加大内控合规检查力度,重点针对权限卡管理、客户经理管理、基层机构负责人管理、代发工资业务、信贷业务、理财业务和员工涉赌七个风险点进行全面检查,对屡查屡犯问题进行了全面整改,有效规范了操作行为,促进了全辖依法合规经营。全年未发生重大责任事故和经济案件,在省分行组织的内控评价中,连续两年被评为二级。

(李亚飞)

【阳泉农行概况】 2008年,中国农业银行股份有限公司阳泉分行进一步完善经营机制,充分激活员工活力,加大市场营销力度,全面提升市场份额,强化内控管理,防范经营风险,实施“蓝海战略”,积极服务“三农”。截至12月31日,阳泉农行各项存款余额达724783万元(不含同业),较年初净增140261万元,比上年多增49082万元,完成省分行下达全年计划的107.89%;各项贷款余额达262052万元,剔除剥离因素,较年初增加26274万元;实现中间业务收入1925万元,比上年多收256万元,完成省分行下达全年计划的73.98%;全行实现拨备前利润10979万元,比上年多盈利3422万元,完成省分行下达全年计划的113%。综合经营考核在全省排名第四。

(李文彬)

【阳泉中行概况】 中国银行股份有限公司阳泉市分行成立于1987年3月,拥有20个营业网点。2008年,阳泉中行加强机制与体制建设、强化内控与风险管理、加大营销与考核力度,各项业务健康持续发展、资产质量继续得到改善,经营效益实现大幅增长。截至年底,人民币各项存款余额为66.61亿元,较年初增加20.46亿元,增长44.34%;各项外汇存款余额为714万美元,较年初增加126万美元。人民币各项贷款余额为29.55亿元,较年初增加1.45亿元,增长5.15%;外汇授信余额为209万美元,与上年持平。中间业务产品不断丰富,拥有国际结算、国内支付结算、个人金融、银行卡、电子银行、金融机构、公司、资金业务、托管产品线九大产品条线,全年净收入1495万元,比上年增加200万元,增幅15.45%。2008年,阳泉中行连续第四年获得省级“守合同重信用”企业称号,工会组织被山西省总工会财贸轻纺烟草工委授予“模范职工之家”称号。

资产结构优化。2008年,阳泉中行积极拓展优质项目,大力清降不良资产,资产结构进一步优化。一是将本地龙头企业阳煤集团确定为总行级授信重点客户,提供23亿元授信额度，发放3.1亿元短期流动资金贷款；向阳泉市第一人民医院发放4000万元基本建设项目贷款，支持其医技大楼建设工程；与出租车公司合作，发放107笔600万元出租车贷款，支持了阳泉市出租车更新项目。同时大力发展贴现贷款、商业汇票贴现以及具有传统优势的贸易融资等金融业务，为企业提供了多渠道的融资服务。二是采取“部分退出、重点攻坚”战略，组合应用现金清收、债务重组等多种办法，全年不良授信资产净下降2192万元，年末资产不良率3.74%，较上年下降0.4个百分点。

精细化管理。2008年，阳泉中行推行和完善精细化财务管理体系，积极促进中间业务各产品条线协调推进，加强司库管理和资金流动性管理，努力降低流动性管理成本，制定和施行营业费用分配管理办法以及各条线业务费用考核办法，合理分配全年费用开支，有效控制费用开支进度。科学合理的经营管理使经济效益大幅增长，全年营业收入1.85亿元，本外币合计实现税后利润8547万元，比上年增加3078万元，增幅56.28%，创建行以来最好水平。其中国际结算业务收入增长80%，继续保持全市金融系统龙头地位；公司业务、个人金融业务、资金业务、银行卡、金融机构等产品条线的收入均实现较快增长。

（陈守民）

【阳泉建行概况】 2008年，中国建设银行股份有限公司阳泉分行依托区域经济特色和自身发展特点，全面提升核心价值创造力，有效促进了全行各项业务的和谐发展，为促进全市经济发展和社会进步作出了积极的贡献。负债业务超常规发展。全行各项存款余额达到79.90亿元，当年新增23.12亿元。其中，个人存款余额达40.66亿元，当年新增10.88亿元；企业存款余额达37.66亿元，当年新增11.37亿元。信贷资金稳步投放。各项贷款较年初新增3.61亿元，全年新投放贷款6.95亿元，贷款余额达到283578万元。当年累计发放个人贷款3555万元，余额达到1.62亿元。资产质量进一步优化。不断强化信贷风险控制水平，全年累计清收公司类不良贷款本息191.28万元，个人类不良贷款53.28万元。到年末，全行不良余额降至1800万元，不良贷款率保持在0.56%。基础和内控管理进一步增强。年内未发生违规违纪和案件，实现了安全营运无事故。全行服务水平进一步改善，“以客户为中心”的理念进一步深化，网点转型顺利推进。企业文化建设持续深化。企业形象得到了进一步提升。承办了总行企业文化建设示范点研讨会，举行了总行级企业文化建设示范点、全国职工小家揭牌仪式，并再获“全国文明单位”称号。

（王　鹏）

【阳泉市商业银行概况】 阳泉市商业银行成立于2007年9月19日，前身为阳泉市城市信用社，拥有12家支行。2008年，阳泉市商业银行坚持合规经营，整体发展达到规划进度。截至年末，资产总额达422739万元，较年初净增106126万元，增长33.5%；资本总额达37362万元，较年初净增1412万元，增长3.9%；注册资本金25397万元；各项存款余额339569万元，较年初净增70086万元，增长26.1%；各项贷款余额210871万元，较年初净增17995万元，增长9%，存贷比例为62%；五级分类不良贷款余额6453万元，较年初下降844万元，不良贷款率为3%，较年初的下降1个百分点；资本充足率达13.29%，其中核心资本充足率达到11.28%；流动性比例为68%，主要指标均符合监管部门规定的标准，达到了董事会制定的五年发展规划进度。3月30日，阳泉市商业银行还发布了成立以来首份年报。年内，阳泉市商业银行获得多项荣誉：被山西省劳动竞赛委员会授予集体二等功；被山西省百强企业排序专家委员会授予山西省服务业60强企业称号；被阳泉市人民政府授予重合同守信用单位；在全面建设小康社会的伟大实践中成绩显著，安慧鹏董事长被山西省企业联合会、山西省企业家协会授予功勋企业家称号。阳泉市商业银行福寿街支行被中国银行业协会评为2008年度中国银行业文明规范服务示范单位；福寿街支行、华盛街支行被山西省银行业协会评为2008年度山西省银行业文明规范服务示范单位。

（马志庆）

【阳泉市农村信用社概况】 2008年，阳泉市农村信用社围绕年初工作会议确定的指导思想和奋斗目标，以推进改革为主线，以质量效益为中心，周密部署、狠抓落实，各项业务健康、快速发展，多项经营指标再创历史新高。截至年末，各项存款余额达120.4亿元，较年初增加30.1亿元，增长33.33%，完成省联社下达全年计划的177%，名列全省第二。各项贷款余额达64.3亿元，较年初增加5.4亿元，增长9.07%。按照五级分类口径，不良贷款余额为18.6亿元，较年初减少2.5亿元，完成省联社下达全年计划的105.45%。不良占比为28.97%，较年初下降6.92个百分点，名列全省第三。全年各项收入实现10.88亿元，实际经营利润为4.58亿元，完成省联社下达全年计划的135%，名列全省第四。资本充足率达到3.57%，较年初提高2.88个百分点。不良贷款拨备覆盖率为33.84%，较年初提高17.97个百分点。

现代化支付系统开通。1月7日，在上年开通全市储蓄通存通兑网络的基础上，阳泉市农村信用社综合业务系统与人民银行大小额支付系统实现了直联，现代化支付系统正式上线运行，实现了跨地区、跨行支付结算实时到账，打破了制约全市农村信用社50余年支付结算不畅的瓶颈。5月8日，全市农村信用社本票业务正式开通，12月26日，农民工卡特色业务正式开通运行，进一步丰富了全市农村信用社的支付、结算功能。

央行票据成功兑付。3月底，孟县联社1.17亿元、郊区联社1.09亿元央行票据成功兑付，至此全市三家联社3.48亿元专项央行票据全部成功兑付，成为全省首家全部兑付央行票据的地市。在票据兑付工作中，突出体现出了“三个到位”。一是省联社、办事处指导协调到位。通过密切监测相关考核指标，加强与当地政府、人民银行、银监部门的沟通协调，确保了政府扶持政策的落实到位。二是县(区)联社落实推进到位。各联社领导重视、精心组织、分解任务、落实责任，严格测算兑付考核指标，干部、职工放弃休息日，加班加点、昼夜奋战，保证了票据兑付整体工作的扎实推进。三是各有关部门支持配合到位。市人行、银监分局通过组织召开票据兑付考核季度例会，及时给予指导和支持，政府及财政、税务等有关部门也在不同方面给予了大力支持，为票据兑付工作开通了“绿色通道”。央行票据的成功兑付，进一步消化了历史包袱，优化了资产质量，为下一步改革发展奠定了坚实的基础。

专项治理。2008年，全市农村信用社不断引深案件专项治理工作，按照“充分暴露问题，严肃查处整改”的原则，先后进行了银行承兑汇票与票据贴现业务专项检查、专项治理深度排查等多次大型检查，跟踪落实、督促整改。全年共通报批评16人，记大过2人，降职1人，对907人次违规责任人给予经济处罚共计33万元，发挥了良好的震慑作用。稽核大队的运作模式，得到了省联社领导和监管部门的认可。稽核职能作用的有效发挥，为防范案件风险隐患，实现规范发展起到了积极的作用。为解决检查监督连贯性不强，整改不及时、小毛病屡查屡犯的问题，办事处出台了《员工违规积分管理办法》，并自主研发了一套《员工违规信息监控系统》，对历次检查情况、违规问题、责任人、处罚情况和整改进度进行实时登记、实时监控、联网查询，实行轻微违规积分累积管理，取得了明显效果。

（郭鹏飞）

保险业

【概况】　2008年，阳泉市保险业发展呈现三个特点。一是保险主体不断增加，除原有的中国人保财险、中国人寿、太平洋产险、太平洋人寿、平安产险、平安人寿、大地保险外，又增加了中国人寿财险，还有阳光产险、永安人寿、泰康人寿、安邦财险、新华寿险等正在筹建或已投入运营。由于主体增加，市场竞争激烈，各主体展业成本上升。二是全年市场态势先扬后抑，前半年市场需求旺盛，发展迅速，后半年受到全球金融危机影响，市场相对低迷，但全年总的形势仍然看好。三是全市保险业务增长迅速。全年保费收入达到15.29亿元，比上年增长41.8%。其中，财产险保费收入3.64亿元，增长36.8%；人身险保费收入11.66亿元，增长43.8%。全年赔付金额4.25亿元，比上年增长44.6%。其中，财产险赔付1.76亿元，增长44.3%；人身险给付金额2.49亿元，增长43.9%。（王　辑）

【阳泉人保财险概况】　中国人民财产保险股份有限公司阳泉市分公司下设平定、盂县、郊区、城区、矿区、矿务局、分公司营业部7个县支公司和天桥、开发区、金龙、桃南、冠山5个直属营销服务部。截至2008年末，有员工606人，其中正式在编员工138人，营销人员468人，是阳泉市最大的国有财险公司。2008年，阳泉人保财险积极应对不断变化的市场形势，全面迎接竞争挑战，主动担当社会责任，实现了省公司确定的收口目标任务，公司各项工作扎实推进，取得了业务发展、经营效益双丰收。全年实收保费收入26841.72万元，比上年增收保费4261.88万元，增长18.87%。其中，车险业务实现保费收入21005.1万元，比上年增加3022.1万元，增长16.8%。非车险业务保费收入5658.45万元，比上年增加790.9万元，增长16.3%。车险、非车险之比为78∶22。11月底公司市场份额为70.12%。全年实现承保利润3003.39万元，比上年增加1582.77万元，承保利润率12.77%；全年赔款支出14184.95万元，赔付率为57.38%，赔付率水平在系统持续领先。

金牌服务工程。年内，阳泉人保财险实施金牌服务工程，理赔服务能力有了全新发展。全年共受理各类报案26456件，比上年增长25.36%；案件处理率102%；车险理赔周期15.41天，比上年提速12.72%；车险案均赔款5236.6元，比上年减少412.25元；两日核赔通过率96.88%；车险小额赔款7021件，金额956万元，占车险有效案件总数的67%。以企业文化建设为载体的全员服务意识不断增强，上级为下级、机关为基层、全员为公司、企业为社会的大服务意识已经形成，综合服务能力不断提升，赢得了社会各界赞誉，获阳泉市第一届消费者满意单位称号。

内控管理。2008年，阳泉人保财险在前所未有、前所未料、前高后低的严峻经济形势面前，沉着应对，坚持效益为先，牢固树立“管理就是生产力”的思想，在行业内带头规范经营，形成较为科学、严密的内控管理机制。一是坚持承保必须抓保单质量。严格执行有关承保规定和业务规程，把好“签单关、核保关、监控关”，防止数据从源头污染，坚持验险承保，对重大业务和特殊风险进行风险评估。二是坚持财务必须抓资金安全。对应收保费、未达账项管控到位，对7项费用严格管理，对财会人员严格要求。三是坚持理赔必须抓细节管控。以12项理赔管控举措为基础，重点在车险保效益工程上出成果，在理赔队伍建设上见实效。在省公司开展的车险保效益工程及理赔质量检查中,阳泉人保财险获第一名。理赔质量综合考评二季度全省排名第三,三季度全省排名第二,同时获得理赔质量考核季度优胜奖称号。案件处理率102%,理赔周期21.3天,比上年提速31.8%,剔除不合理医疗费用370.5万元,比上年提高5.78%。四是坚持合规必须抓队伍建设。强化员工的向心能力、业务能力、开拓能力、执行能力和协同能力,培养效能意识、忧患意识、责任意识、大局意识和奉献意识。五是高度重视市场环境的培育和引领,通过《阳泉市保险行业机动车辆保险自律公约》平台,建立了同业主体之间的约束机制,积极开展规范财产保险行业市场秩序自查自纠工作,起到了大公司在规范市场上的表率作用,维护了市场的稳定,促进了财险业务的快速发展。8月6日省公司车险保效益现场会在阳泉召开,9月11日总公司郭生臣副总裁到阳泉指导工作,对阳泉人保财险采取的措施和取得的成绩给予充分肯定。（李华庆）

【中国人寿阳泉分公司概况】 2008年,中国人寿保险股份有限公司阳泉分公司各项工作取得了显著成绩。全年总保费收入78345万元,其中股份公司保费75423万元,比上年增长49%。长期险首年保费51013万元,比上年增长81.5%。首年期交保费9198.5万元,比上年增长30%。个险首年10年期、银保首年期交和短期意外险三项业务分别增长16.9%、155.6%和6.5%。公司市场份额达到62.9%。全年共为34万团体及个人客户提供了养老、医疗、意外等方面的风险保障,累计支付赔款和给付金22455.1万元。年内公司荣获山西省“五一劳动奖状”、全市“政风行风评议活动优秀组织单位”、“模范单位工会”、“反洗钱先进单位”、“医疗工伤生育保险扩面缴费先进集体”等称号。

县域和农村市场开拓。2008年,中国人寿阳泉分公司进一步开拓县域和农村市场,盂县和平定县支公司保费收入均超过亿元大关,分别名列全省县域三十强的第二名和第十二名。农村网点总量进一步增加,一批农村营销服务部相继挂牌成立,全辖已建和在建农村营销服务部达到24个。其中有7个农村营销服务部达到省公司金、银、铜牌营销服务部标准。中国人寿阳泉分公司积极试点开办农村小额保险,共为1.1万农村客户提供保额1.1亿元的意外保障。

队伍建设。年内,中国人寿阳泉分公司大力加强领导班子和销售队伍建设。干部队伍方面,开展干部交流,全年共调整机关和基层15名中层干部,进一步加强了组织领导力量。根据上级公司安排,在全辖党员干部中开展深入学习实践科学发展观活动,共撰写读书笔记、学习心得40余万字。党风廉政建设得到加强,“五五”普法工作和依法合规主题教育持续开展,治本抓源头工作实现了日常化管理。销售队伍方面,不断加强个险、团险、银保队伍建设,积极落实各项支持政策,采取集中增员与日常增员相结合的办法,取得了不错的效果,为公司持续发展注入了新的活力。全年新增个险人力448人。全辖营销持证人力达到1600人;团险销售人力达70人;银保队伍发展到112人。同时,公司加大培训力度,成立教育培训部,全年共组织各级各类培训40多期,直接培训2000余人次。组织代资考16场,代资考通过率65%。

社会公益活动。2008年,中国人寿阳泉分公司积极参加社会公益活动。公司独家冠名迎奥运“雏鹰之声”第五届全国少儿广播故事大赛阳泉赛区比赛。“六一”前夕,公司领导与市教育局有关领导一同到郊区韩庄小学,盂县东梁小学、侯党小学、南社小学,平定阳胜小学,慰问农村贫困小学学生,向每所小学捐款4000元。此项活动已连续开展12年,共捐助学校近50所,累计捐资达45万元。公司向遭受低温、雨雪和冰冻的南方灾害地区捐赠10万元,向汶川地震灾区捐款14万元。此后又看望了到阳泉治疗的灾区伤员。与此同时,公司还派出干部员工赴四川灾区帮助四川省公司,现场参与灾后理赔重建工作,作出了最直接的贡献。（王 钦）

【中国人寿财保阳泉中支概况】 中国人寿财产保险股份有限公司阳泉市中心支公司于2008年5月19日经山西保监局批准成立。开业后,公司紧紧围绕总、省公司的发展战略,开启产、寿险一体化经营新模式。全司上下统一思想,扎实工作,同心同德,全力以赴,各项工作有序开展,平稳推进。年内开业经营的9个月里,共实现保费收入1178.97万元。其中车险1105万元,非车险73.97万元,共接受报案1102件,支出赔款148.02万元,结案率96.36%。

中国人寿财险阳泉中支于2008年3月21日获保监局批准筹建。筹建组认真部署,精心准备,认真学习保监局及上级公司指示精神,确立了“以加强队伍建设为保障,以快速进入市场为标准,以创建和谐企业为目标,以依法合规筹建为准则”的筹建工作思路,明确了公司发展战略,制定了阳泉中支三年发展规划。本着利于公司业务发展和节约筹建成本的原则,选定了办公职场,配置了网络设备,建立了规章制度,聘用了高素质的管理和技术人才,组织了全员培训,在较短时间内完成了筹建任务,顺利通过保监局验收。阳泉中支开业后,积极着手铺设县支机构,12月22日,中国人寿财险阳泉市县级机构盂县、平定县支公司获得保监局开业许可。2008年两级机构建设任务顺利完成。（郭荣新 高瑞凤）

【太平洋产险阳泉中支概况】 2008年,中国太平洋财产保险股份有限公司阳泉中心支公司在全市人民的大力支持及上级公司的指导帮助下,全体员工团结一致,努力拼搏,较好地完成了上级下达的各项工作任务。经过几年的历练,公司管理日趋完善,承保质量不断上升,理赔服务工作效率和质量有了明显提升,太平洋产险的品牌效应正在山城阳泉逐步形成。全年实收保费2717.5万元,比上年增长8.96%,在全市居第三位,市场份额占8.3%,与上年基本持平。其中机车险完成2224万元,非车险完成493.5万元(人意险、企财险、责任险和其他险种分别为116万元、273万元、100万元和4.5万元)。业务结构比为81∶19。应收保费58.4万元,应收率控制到了上级要求的2%。全年接报案5328起,比上年增加25%,结案率为87%,也达到省公司提出的85%的要求。累计支付各类赔款1058.5万元,比上年增长39.8%,综合赔付率45.6%,接近历年最好水平。（黄章麒）

【太平洋人寿阳泉中支概况】 2008年,中国太平洋人寿保险股份有限公司阳泉中心支公司全体员工按照山西分公司年初提出的要求,紧抓发展机遇,坚持走集约化管理、专业化经营、精细化运作、内涵式增长的道路,推动各项工作又好又快地发展,圆满完成了各项工作任务。全年实现规模保费3.5948亿元,比上年增长30.88%。个人业务实现标准保费3065.3万元,实现财务标保1.4719亿元。银行保险实现规模保费2.0090亿元,实现财务标保8991.8万元。团体业务实现保费211万元,实现财务标保384.67万元。续期实现保费1.0146亿元。市场品牌进一步加强,综合竞争能力显著提高。（冯　虹）

【平安产险阳泉中支概况】 2008年,中国平安财产保险股份有限公司阳泉中心支公司保费规模增长迅速,全年累计完成原保险保费收入2174.38万元。其中,机车险原保险保费收入2032.43万元(包括交强险原保险保费收入661.21万元),企财险原保险保费收入67.61万元,家财险原保险保费收入0.83万元,责任险原保险保费收入3.52万元,货运险原保险保费收入5.73万元,人身意外伤害险原保险保费收入64.26万元。但险种结构有待改善。全年累计支付赔款796.53万元。其中机车险赔款744.79万元(包括交强险赔款162.98万元),家财险赔款1.02万元,企财险赔款40.49万元,货运险赔款3.88万元,意外伤害险赔款6.35万元。（李　嫣）

【平安人寿阳泉中支概况】 2008年,中国平安人寿保险股份有限公司阳泉中心支公司队伍壮大,客户增加,业务扩展,呈现出飞快发展的趋势。公司人力总数达到300余人。客户增至7512家,新投保3106件,累计达8096件,更多的阳泉人认可了中国平安人寿保险。全年保费收入合计22730679.89元。其中,人寿保险保费收入21409233.45元,占比94.19%(非分红产品收入129791.51元,占比0.57%;分红产品收入11599181.94元,占比51.03%;投资连结产品2460.00元,占比0.01%;万能产品9677800.00元,占比42.58%);意外伤害保险保费收入21795.46元,占比0.10%;健康保险1299650.98元,占比5.72%。全年涉及理赔数量14件,共赔偿81473.79元。（郭金慧）

【大地保险阳泉中支概况】 2008年,中国大地保险阳泉中心支公司(以下简称大地保险阳泉中支)全体员工齐心协力,克服困难,拼搏进取,锐意创新,在财险市场主体不断增加,对外展业成本上升,以及下半年受到全球金融危机影响的形势下,大力加强续保工作,积极开发新增资源,在车险业务连续五个月持续下滑的困难条件下,全年保费收入达到4802.46万元,比上年增长3.92%,业务规模和市场份额占比在阳泉市场持续稳居第二位。其中非车险业务市场份额占比达到23.5%。分险种看,车险保费3083.76万元,占总保费的64.21%;非车险保费1616.89万元,占总保费的33.58%;人身险(含健康险)保费105.81万元,占总保费的2.20%。理赔方面全年立案6357起,比上年增长21.5%,结案6308起,结案率为94.3%,比上年提高1.18个百分点,精算赔付率为54.99%。保费应收率为零,利润率为19.14%。

年内,大地保险阳泉中支积极应对市场变化,多管齐下,确保业务规模。一是巩固和开拓优质客户。主要领导亲自主抓大型项目和重点客户单位,阳泉市交通集团公司保费达到912万元,比上年同期增长30.28%;阳泉市地方煤矿安全责任险、上社二景、河坡电厂、市公交公司等大型业务实现了按期续保;开发了燕煤集团、上社集团、荫营煤矿、修造公司、阳泉市城区政府采购中心、市数字电视公司等新的优质客户,出租车业务占到全市的35%以上。二是调整优化险种结构。煤矿安全责任险是大地保险阳泉中支的主导业务,在整顿煤炭市场、关闭煤矿50多家的困难条件下,经多方努力,使这项业务保持了稳定增长,保费收入达到1208万元,有效地降低了公司的整体赔付率。城区营销部承办了18家旅行社责任险和意外险13.2万元,使非车险业务有了新的增长。三是加强县区机构建设。城区、郊区、平定、盂县四家营销服务部筹建获得批准后,抓紧时间选址,进行室内装修、购置设备器材,高起点、高标准完成县区机构的基础建设;同时对人员进行了一系列培训,制定规章制度。经分公司和山西保监局验收合格,县区机构顺利领取了保险营销许可证,年内保费收入即达1370万元,占到总保费的27%。（张华明）

证券　投资

【概况】 2008年,受全球金融危机影响,国内股市大幅下跌。阳泉信达公司和德胜东街营业部业务遭受重创。面对市场骤变,两家机构坚持谨慎经营,稳中求进,努力把损失降到最低程度,经受住了考验,并为继续发展创造了有利条件。为了支持阳泉市中小企业的发展,市财政局所属阳泉市方舟担保有限责任公司于年内成立,各区县也相继设立了同类机构,为全市经济发展注入了新的活力。 (王 辑)

【信达公司概况】 2008 年,由于受美国次贷危机引发的全球性金融风暴影响,国内股市一路下滑,跌幅之深前所未有。阳泉信达投资管理公司主营业务遭受重创,营业收入大幅度减少。面对市场骤变带来的不利影响,信达投资管理公司坚持稳中求进经营原则,坚持有所为,有所不为,积极采取多项增收节支措施,努力把损失降到最低程度,谨慎审视股市行情变化,始终保持清醒的投资理念,不仅没有形成套牢亏损局面,而且取得了近千万元的投资收益,全年实现利润 1343 万元,在市国资委管辖单位中名列第一。在这场百年不遇的金融风暴中经受住了考验,同时也为以后再度寻求新的投资良机创造了有利条件。

期货经纪业务。国庆节前后,受全球期货行情影响,国内商品期货行情剧烈震荡,信达公司所属期货公司及时推出了一系列交易风险防控措施,确保经营安全。一是对所有客户的影像资料逐一进行采集归档,如期完成了客户开户实名制的规范完善工作;二是加强软硬件建设,抓紧公司中心机房建设,全面更换交易设备,采用先进的金仁达 V6 交易结算系统,开通了工行全国银期转账系统;三是继续有计划增设营业网点先后申报并筹建长治、北京、石家庄 3 个营业部。截至 2008 年底,期货公司累计开发客户 1123 户,比上年增加 306 户;保证金余额达 6199 万元,比上年增加 1718 万元;累计代理交易额 30027287 万元,比上年增加 11581636 万元;累计手续费收入 744 万元,比上年增加 331 万元,基本实现了“三年起步,五年盈利”的经营目标。

保险代理业务。信达公司不断调整经营策略,保险代理业务综合实力有效提升。2008 年,公司与过去签订协议的保险公司保持了稳固、融洽的合作关系,年内又与人保国际部签订了合作协议,并已出单。公司运用中介职能,在国寿阳泉支公司和阳光阳泉支公司筹建期间,为其代理出单,有效地增加了保费收入。根据山西保监局中介会议数据显示,截至 10 月底,保险公司保费收入在全省 70 家保险代理公司中排名第 28 位,利润盈利排名第 13 位,外部审计分类评价第 3 位,属 B 类。 (张怀军)

【方舟担保公司成立】 为了支持阳泉市中小企业的发展,经市政府批准,市财政局所属阳泉市方舟担保有限责任公司于 8 月 21 日成立,首次注册资本金为 3100 万元。公司成立后,牢固树立风险意识,坚持市场化运作,严格按照山西省中小企业信用担保有限公司的工作流程及相关规定开展业务,建立健全了申报、初审、考察、机构审核、评审、保后跟踪、代偿、追偿等各个环节的制度,建立和完善了各种合同文本。该公司与阳泉市商业银行签署《合作协议书》,建立了长期业务合作关系。到年底,申保登记的企业有 32 户,其中立项 20 户,企业报送资料 20 户,已调查企业 18 户,办理贷款担保 3 笔,累计为企业流动资金贷款担保 420 万元。 (王 谦)

【德胜东街营业部概况】 2008 年,山西证券有限责任公司阳泉德胜东街营业部紧抓市场机遇,在继续巩固既有市场份额的前提下,努力开发新客户,不断加强管理和规范,苦练内功,未雨绸缪,积极应对市场竞争,取得一定效果。截至 11 月底,营业部累计开户客户数达 44163 户(资金账户数),较上年末(39410 户)增加 4753 户,增长 12.06%。但由于股指从年初以来连连下挫,走出了一条较为明显的下降通道,尤其是下半年在美国次贷危机引发的全球金融危机影响下,指数更是大幅跳水,绝大多数投资者损失惨重,信心丧失,导致交易迅速萎缩,资产严重缩水。1 月 ~ 11 月,营业部沪、深两市的股票(基金)交易量为 161.23 亿元,较上年同期(241.9 亿)减少了 80.67 亿元,减少 33.34%;营业收入 3777.88 万元,较上年同期(6293.5 万元)减少 2515.62 万元,减少了 39.9%;实现利润 2588.6 万元,较上年同期(4977 万元)减少 2388.4 万元,减少了 49.98%;客户资产总值为 12.49 亿元,较年初(18.92 亿元)减少 6.43 亿元,减少 33.98%。到 11 月 30 日,营业部开放式基金余额为 5844.56 万份,基金存量份额减少 4.10%,销售开放式基金 599.66 万份,受市场影响严重。

2008 年,德胜东街营业部继续加大对不规范账户的清理力度,取得突出成绩。德胜东街营业部是老营业部,不规范账户的比例和数量较大。特别是因公司实施恒生与新意数据对比,营业部新增不匹配账户 645 户。1 月 ~3 月,面对公司内核小组的先行检查和山西证监局的审核验收,营业部一方面加派人手加班加点工作,一方面合理组织协调,严格柜员的各项操作步骤,在短时间内完成任务。到 2 月 15 日,不规范账户从上年 10 月 16 日的 6221 户减少为 71 户,清理工作顺利通过证监局验收。到 6 月 30 日,不规范账户剩余 29 户。下半年,营业部进一步加大清理力度,将剩余不规范账户的清理任务分解到人。截至 11 月 30 日,不合格账户仅剩余 6 户。 (李慧俊)

教　育

【概况】 2008年，阳泉教育事业坚持以科学发展观为指导，推进教育均衡发展，城乡教育一体化发展态势进一步显现。

一、坚持“执政为民，服务群众”的工作宗旨，完成市委、市政府向全市人民承诺兑现的“免除城市义务教育阶段学生学杂费、新建和改扩建17所中小学校以及对25所农村寄宿制学校食堂进行达标改造工程”三件实事。2008年秋季，全市享受城市义务教育阶段免学杂费的学生达56700人，免杂费金额765.72万元。新建和改扩建17所学校，建筑面积45072万平方米。投资100万元改造25所农村寄宿制学校食堂。

二、坚持“育人为本、德育为首”的工作理念，加强全市中小学德育工作、安全工作，全面推进素质教育。围绕中小学生行为规范养成教育，以省级德育示范校为辐射基地，做好抓典型、树样板，抓特色、重创新，抓落实、出经验工作，在郊区举办全省青少年活动场所建设和管理现场会。结合北京奥运会，开展“迎人文奥运、建和谐校园”活动，全市学校未发生安全伤害事故。开展市级园林单位创建活动，市直院校园林达标单位达标率90%，市十一中被评为市级园林达标示范单位。启动和推广“学生阳光体育”冬季长跑和校园集体舞活动。推进基础教育课程改革工作，举办全省农村联片教研盂县现场会。组织学生参加全国和全省学科竞赛活动，有6人次获全国一等奖，获省级以上等级奖的达1196人次，矿区西河路小学的杨懿荣获“全国十佳少先队员”称号。

三、坚持“规范办学、提升水平”的工作思路，促进全市基础教育均衡、持续、协调发展。盂县、城区、矿区先后通过省义务教育标准化初评验收，阳泉成为全省第一家整体实现高标准“普九”达标地市。针对城区中小学班容量严重超标、小学升初中难度加大的问题，协调各方力量，统筹规划市区学校布局，解决了新增的760名初中学生的就学问题。从秋季开始，在全市普通高中起始年级启动实施高中新课程改革，规范普通高中招生和办学行为，加强高中教学研究与管理，提高普通高中教育质量，2008年，全市高考总达线人数2138人，总达线率24.92%，第14年位居全省第一，总录取人数6564人，录取率58.6%，永旺培训中心考生王越以633分的成绩获全省文科第一。落实农村义务教育经费，全市共下达各类改革资金7519.97万元，农村公用经费和贫困家庭子女补助标准提高，“上学难”问题得到进一步解决。推进教育技术信息化与教育装备标准化建设，对全市教师分市、县、校三级进行信息技术应用培训。加强全市中小学图书室和装备管理制度建设，2008年全市各级政府教育装备投资约3000万元。

四、坚持“提升质量、规范发展”的工作方针，发展幼儿教育、职业教育、成人教育和高等教育。盂县通过省级验收，实现了全市“基本满足学前三年教育”整体达标，名列全省三甲。落实国家中职教育补助金政策，全市除阳煤集团所属职业学校外，有6559名符合条件的学生领到了国家助学金，资助面占到一、二年级在校生总数的76%。通过联合办学、订单培养等途径，开辟普通高中学生转入中等职业学校学习的渠道。全年中职教育招生8115人，在校生人数19579人，招生数和在校生数分别占高中阶段教育招生数、在校生数的47.8%和42.6%，职普达到0.91∶1，毕业生就业率保持在95%以上。在发展和建设好全市县、乡、村三级农民文化技术学校基础上，巩固和扩大了农民教育基地，并依托这一基地对回乡初、高中毕业生普遍进行职业技能培训，为进入非农产业和城镇就业的农村劳动力提供转移培训。

五、坚持“面向基层,整体提升”的工作部署,加强教师队伍建设。教师节期间,首次以市委、市政府名义表彰和重奖了88名教育功臣和19个教育工作先进集体。以“送教下乡”活动为重点,促进农村教师队伍素质全面提升,组织31名省级学科带头人和骨干教师,深入到盂县、郊区等地,讲授示范课40余节次,直接听课教师800余人次。建立健全了全市普通高中青年教师成长档案,对全市普通高中青年教师进行全员、全程的培养、帮扶。2008年,市教育局被评为全省教育工作先进单位,平定县、盂县被评为城镇中小学校舍建设先进县,阳泉市通过山西省普通话初步普及、汉字社会应用基本规范达标二类城市验收,平定县、郊区通过山西省三类城市验收。全市高中阶段毛入学率达到84.53%。 (任瑞庆)

学前教育

【概况】 2008年,全市共有各级各类幼儿园305所,包括市辖6所、城区16所、矿区33所、郊区111所、平定县81所、盂县46所、开发区12所。其中省级示范园9所,市级示范园6所;入园幼儿28130人,幼儿园教职员工1741名。2008年,全市学前教育工作以“一切为了孩子的发展”为宗旨,推进幼教改革,把教育的落脚点落实到幼儿的终身发展上,幼儿教育事业持续发展。(一)强化幼儿园管理,根据《〈阳泉市幼儿园星级管理有关规定〉及更换〈幼儿园办园证〉的通知》,对各级各类幼儿园实行动态管理。全市有59所幼儿园申报五星级和四星级幼儿园的验收,其中14所幼儿园达到了五星级标准,39所幼儿园达到了四星级标准。(二)推进“基本满足学前三年教育”工作,盂县、矿区通过省“基本满足学前三年教育县”初验和复查验收。(三)开展市级保教能手评选活动,共评出保教能手20名、骨干教师3名。(四)以课题研究为抓手,以园本教研为依托,开展教学研究,促进教师专业化成长。有5项山西省“十一五”课题结题。在山西省幼儿教育教科研工作会上,市托幼办和城区幼儿园被授予“山西省幼儿教育教科研先进集体”。(五)评估验收市级示范幼儿园,2008年有2所幼儿园成为示范幼儿园。(六)加强民办学前教育机构管理,规范办园行为,全市注册登记备案的民办园50所。(七)注重安全教育工作,邀请南京康轩幼教研究中心的专家对300余名幼儿教师进行安全教育培训。 (韩先荷)

【盂县 矿区通过省“基本满足学前三年教育县”验收和复验】 11月,山西省检查验收团一行5人对盂县、矿区进行了“基本满足学前三年教育县”初验和复查验收。验收前托幼办对盂县的14个乡镇44所幼儿园和矿区6个街道办事处34所幼儿园进行了两轮自查,与乡镇领导和村干部协调沟通,在改善办园条件、提高教师待遇等方面解决了许多实际问题。盂县、矿区专门组织乡镇领导和幼儿教师进行了“满三”动员和培训,邀请市托幼办韩先荷主任和孙秀华老师分别进行专题讲座。截至2008年底,全市“满足学前三年教育”已全面普及,名列全省第三位。 (韩先荷)

【保教能手评选】 6月,全市开展了保教能手评选活动,活动通过各县区、幼儿园层层选拔推荐,共有24名教师参赛。市评选组通过看教育教学活动、查半日活动计划、周计划、教研手册等各种档案资料及理论考核,评选出20名保教能手和3名市级骨干教师。同时推出6名教师参加了山西省第八届保教能手评选活动,经过省保教能手评审委员会评审,平定县机关幼儿园王立英、盂县职工幼儿园李秀娟等6名教师被评为山西省幼儿园保教能手。 (孙秀华)

【5项省“十一五”课题结题】 年内,全市幼教系统将课题研究工作贯穿于教学、教研、管理的全过程,规范和优化课题研究工作,开展一系列课题研究活动。12月,5项山西省“十一五”幼教立项课题通过由省幼教专家邢少颖等组成的课题评审组审核,准予结题。这5项课题分别是:平定县机关幼儿园承担的《数学活动中幼儿主动性培养的实践研究》、盂县职工幼儿园承担的《在游戏活动中培养幼儿人际交往能力的研究》、郊区实验幼儿园承担的《幼儿园教学活动生活化游戏化的实践研究》、市实验幼儿园承担的《幼儿良好生活习惯的研究》、城区幼儿园承担的《反思教育行为与教师专业成长的研究》。 (孙秀华)

【市级示范园验收】 年内,根据阳托幼字〔2002〕2号文件“在每个县区办好一所省级示范幼儿园的基础上,再创办一到两所市级示范幼儿园,使之成为各县区教科研的中心、教学改革的中心、教师培训的中心”的精神,市托幼办会同市物价局、市卫生局、市财政局通过听取汇报、实地查看、参与幼儿园教学管理活动、观察幼儿、与教师家长座谈、随机抽样、查阅资料等形式,对申报市级示范园的6所幼儿园进行评估,阳煤集团升华公司二中心幼儿园、阳煤集团升华公司六中心幼儿园、开发区金鑫幼儿园、开发区东方幼儿园4所幼儿园达到标准,成为阳泉市示范幼儿园。 (宋春燕)

基础教育

【概况】 2008年,阳泉市基础教育工作全面实施“义务教育水平提升工程”和“示范高中建设工程”,加强和规范中小学教育管理,推进基础教育课程改革和素质教育不断深入,通过完善制度、强化管理、深化改革、加强指导,促进全市基础教育均衡可持续发展。全市有小学422所,在校生103321人。有普通中学

91所，其中完全中学9所，单办普通高中6所，普通初中62所，九年一贯制学校14所(其中企业办学2所、民办学校4所)。普通高中在校生26223人，普通初中在校生61467人，其中民办学校1096人。全年工作主要体现在四个方面：一是以全面提升义务教育质量和水平为目标，以推进区域内义务教育内涵发展、规范发展、均衡发展为重点，推进“义务教育标准化建设工程”，集中力量实施义务教育标准化建设。盂县通过“山西省实施义务教育标准化建设县”复评，城区、矿区和开发区通过“山西省实施义务教育标准化建设县”初评。二是推进示范高中建设工程。市教育局按照《阳泉市示范高中评估验收实施方案》，组织专家组对申报省级示范高中的阳泉市第十五中学校进行评估、验收，接受了省教育厅专家组的初评。三是普通高中新课程实验全面启动，秋季入学的高一年级开始实施新课程。在新课程实验工作中，成立了领导机构、专家组和学科指导组，出台了《阳泉市普通高中新课程实验的实施意见》等15个文件，争取到各级政府投入资金1450万元，通过公开招聘补充新教师100余名，先后利用报纸、广播、电视台、网络、宣传版面等多种形式向社会广泛宣传，营造高中课改工作氛围，暑期组织全市普通高中9大学科近2000名教师参加课改的相关培训，1140人参加了12门学科的远程培训，印发培训资料2800份。开展教学研讨活动，先后聘请山西省13个学科的24名专家进行听课指导和现场点评，组织开展了高中学科教学竞赛，聘请了13名专家组成高中青年教师专业发展指导组，深入高中学校对青年教师进行专业指导，举办全市普通高中青年教师“学科教学理论与实践”专题培训研讨活动，特邀山西大学附中9个学科的优秀教师进行课堂教学示范、教材分析、本人成长经历介绍，同时与青年教师进行互动交流。四是规范中小学办学行为，加强了对招生、收费、学生在校时间、义务教育阶段节假日和双休日补课、义务教育阶段学校设立重点班和实验班、教师有偿补课以及教学用书和教辅资料等热点问题的治理。

(张继忠　张维堂)

【阳泉成为全省第一家整体实现高标准“普九”达标地市】 从2004年至2008年12月底，阳泉市按照“统筹规划，整体推进，软件从严，硬件从实”的教育发展思路，加大对基础教育的投入，据不完全统计，各县(区)在创建义务教育标准化县(区)中，累计投入资金9100万元，其中郊区400万元、平定800万元、盂县1200万元、城区3000万元、矿区3500万元、开发区200万元。2008年11月，继郊区在2004年、平定在2006年、盂县在2007年相继通过省义务教育标准化验收之后，2008年，城区、矿区、开发区均通过省义务教育标准化建设初评，至此，全市所有县区全部通过“山西省实施义务教育标准化建设县”的初、复评验收，成为全省第一家整体实现高标准“普九”达标的地市。

(张继忠　张维堂)

【普通高中加大“指标生”招生比例】 阳泉从2007年开始实行“指标生”招生制度，将阳泉一中、阳泉二中、阳泉十一中、阳泉十五中、平定一中、盂县一中、荫营中学7所普通高中的统招生计划20%分配到所有初中学校，凡初一年级至初三年级均在学籍所在学校就读的应届初中毕业生，包括因户籍变更等符合学籍管理规定转入、或因病休学后复学的学生，均可享受“指标生”的待遇。进城务工的农民工子女，按照所在县区教育局指定的学校就读，也可以享受此优惠政策。“指标生”在普通高中录取时，在各高中学校的统招分数线下15分，初中学校逐校划线、按照分配的指标分校择优录取。2008年将指标生的比例加到30%，录取分数线下调到25分，7所高中共招收指标生1560名，比2007年增加520名。

(张继忠　张维堂)

【城乡普通高中均衡发展】 2008年，全市城乡普通高中实现了“五个均衡”：一是布局均衡。按照“县区集中力量办好一所高中，乡镇集中力量办好一所初中，行政村集中力量办好一所小学”的办学规划，普通高中教育开始走上布局结构调整与均衡发展道路，截至2008年，全市普通高中学校调整为14所，分布在所辖的两县三区，布局结构趋于稳定。二是生源均衡，普通高中实行按区域招生政策，严格禁止跨县域招生现象，2007年开始实行指标生制度，扶持薄弱初中，遏制县域之间乱抢生源现象的发生。三是办学均衡，办学规模方面，14所公办普高中，八轨制以上的学校有10所，约占学校总数的72%，绝大多数普通高中都相对产生了规模优势；办学条件和师资方面，通过实行市、县分级办学，保证了各级政府对普通高中办学的投入，全市14所普通高中学校中，有6所学校达到教育部颁布的教育技术装备一类标准，其余8所也达到二类标准，体育、音乐、美术、卫生等教学器材全部为国家一类和二类标准，教师学历达标率为95.69%，其中具有研究生以上学历的占教师总数2.62%。年内，全市有6所学校通过省级示范高中的初、复评，达到了每一个县区都拥有自己的省级示范高中，基本实现了每10万人就拥有一所普通高中，优质高中招生数占到全市普通高中招生总数的70%以上，这在全省同级地市中尚属首家。四是质量均衡，自恢复高考以来，除阳泉一中出过4名全省高考状元外，盂县一中、平定一中、荫营中学、市十一中、市十五中等也都相继走出过全省高考第一名，并有多名学生跨入北大、清华等全国重点院校。结合示范高中建设工程，推动普通高中学校的内涵发展，促进了学校教学质量的均衡发展。五是普职均衡，加强对高中阶段教育学校招生工作的统筹和领导，严格普通高中学校规模、轨制及班容量招生计划的审批，严禁其超计划招生，把发展职业教育作为普及高中阶段教育的重要增长点，中等职业学校与普通高中招生比例基本相当，加大职业教育招生完成情况在督导评估中的权重。2008 年，普职招生比例为 1∶0.91。

（张继忠 张维堂）

【规范中小学办学行为】 年内，市教育局把“规范课程开设、规范招生秩序、规范学校教学常规管理、规范考试管理、规范学籍管理、规范高考补习班管理、规范教师从教行为、规范学生用书管理、规范收费行为、落实管理责任”10 项内容作为规范中小学办学行为的重点加以治理。同时采取了“建立机制抓长效、完善制度抓责任、强化督导抓整改、突出重点抓落实、政策引导抓导向”等项措施，3 月份在城、矿两区中小学生中开展了节假日补课情况问卷调查，共发放调查问卷 3000 余份；7 月份联合监察与成教等科室，采取不打招呼、直接深入教室检查的方式，对矿区洪城河小学等 8 所中小学校有偿补课现象进行了突击检查，针对调查问卷和检查结果，出台了《阳泉市关于严格禁止在职教师有偿补课的通知》；11 月份联合市文化局，深入全市 14 所中小学，对教辅征订和使用情况进行了检查，并在全市进行了通报。通过治理，全市中小学规范办学行为的效果表现在三个方面：一是基础教育基本实现了均衡发展，表现在学校布局均衡分布、师资结构均衡配备、教学设施均衡配置、教学质量均衡提升；二是素质教育开展得扎实有效，在课程设置上，国家、地方、校本课程一门不少。在学生的发展上，坚持面向全体，注重个性培养；在评价体系上，坚持综合素质评价，等级制体现，注重平时表现，从道德品质、公民素养、学习能力、实践能力、审美与表现能力和运动与健康状况等 6 个方面进行；三是办人民满意的教育的目标越来越被人民群众所肯定和认可。阳泉市成为山西省首家全部通过“山西省实施义务教育标准化建设县”评估验收的地市，阳泉一中等 6 所普通高中成为省示范高中，占普通高中学校总数的 43%。

（张继忠 张维堂）

【杨懿当选“全国十佳少先队员”】 2008 年 10 月 13 日，矿区西河路小学学生杨懿被评为“第十三届全国十佳少先队员”，这是阳泉第一位当选全国十佳少先队员的学生。杨懿是矿区西河路小学五年级学生，少先队员，学校大队长。她品学兼优、多才多艺。杨懿科技作品《多功能折叠课桌》荣获“2004 年度中国少儿海尔科技奖”、《多功能清洁用具》荣获“第三届全国劳动教育创新赛”金奖，2005 年获得阳泉市“科技小标兵”称号，在 2006 年第三届中国青少年科技创新奖颁奖大会上，杨懿成为年龄最小的获奖者，2007 年她还荣获第二届全国“卡丹萨”杯钢琴比赛山西分赛区二等奖。

（史治勇）

职业教育

【概况】 2008 年，全市共有中等职业学校 17 所，包括普通中专 5 所、职业高中 10 所、技工学校 2 所；建成国家级重点职业学校 3 所、国家级重点技工学校 1 所、省级重点职业学校 5 所、省级合格职教中心 2 所；建成汽车运用与维修、机械制造与控制、机电技术应用、采矿技术等省级示范专业(点)11 个。其中，市交通职业中专学校汽车运用与维修专业为教育部确定的国家技能型紧缺人才培养培训基地，市职业中专学校为教育部确定的首批中等职业教育德育工作实验基地学校，市体育运动学校连续第二轮被国家体育总局确定为国家高水平体育后备人才基地。 （崔建国）

【市技工学校成为国家重点技工学校】 2 月，经专家评审、复审，市技工学校达到《国家重点技工学校标准》，被确认为国家重点技校。市技校成为全市唯一一家国家重点技工学校，同时成为继职业中专学校、交通职业中专学校、体育运动学校之后全市第四家国家级重点中等职业学校。市技工学校创办于 1960 年，于 1997 年 10 月通过省专家组评估，晋升为省(部)级重点技工学校。办学 49 年，市技工学校办学方向准确、特色明显，办学规模不断扩大，教学设施不断完善，教学质量深受社会各界好评。毕业生就业率达到 98%。2008 年 8 月，市技工学校又顺利通过华夏认证中心有限公司“ISO 9001 国际质量管理体系标准”认证，成为全市首家导入质量管理体系的学校。（侯胜华）

【阳泉技校通过 ISO 9001 国际质量管理体系标准认证】 为进一步提高管理水平，提升办学质量，增强办学能力，阳泉技校积极导入并通过 ISO 9001 国际质量管理体系，成为阳泉市各级各类学校中唯一通过质量管理体系认证的学校。2 月，该校成立了 ISO 9001 国际质量体系贯标认证工作领导组，并聘请山西国经兆维认证咨询有限公司作为咨询公司，开展体系贯标认证。3 月 8 日～9 日，对全校教职工贯标培训；3 月 25 日，体系文件发布，发布质量手册 1 册、程序文件 22 个、外来文件 18 个、作业指导书 109 个、质量记录 207 个；4 月 1 日，体系开始试运行。5 月 27 日～28 日，首次内部审核，特邀山西电子高级技校吕梁技校专家到校协助审核；6 月 11 日，首次管理评审。6 月 18 日～19 日，华夏认证中心有限公司首次到校外审；7 月 9 日～11 日，华夏认证中心有限公司到校第二次外审；8 月 28 日，华夏认证中心有限公司为阳泉技校颁发了质量管理体系认证证书，认证范围为高、中级技工学历教育和短期培训教育。（张兴爱）

【阳泉技校对实习车间进行改造】 为改善实习教学条件，优化学生实习环境，切实提高学生实习操作技能，阳泉技校利用暑假时间投资100余万元，对实习车间进行了大规模改造，改造建成了1个标准化数控机加工车间，其中内置1台数控加工中心、5台数控车床、21台普通车床、1台磨床、1台摇臂钻床，使学校的数控机加工专业实习条件在技术含量、数量规模、结构布局等方面有了较大突破，能进一步满足实习教学和学生实践技能操作需求，满足用工企业对学生的技能要求。（张兴爱）

【阳泉选手获省职业院校技能大赛奖】 5月14日~16日，全市5所职业学校的41名学生参加了"山西省第二届职业院校技能大赛"，通过6个专业类别、13个项目的比赛，获得一等奖1个、二等奖9个、三等奖16个、优秀奖10个。同时，郊区职业学校学生杨群取得计算机动画片制作项目一等奖。这次大赛由省教育厅、省劳动竞赛委员会、省劳动和社会保障厅共同举办，共设有计算机应用、数控技术、电子电工、烹饪、汽车运用与维修、服装设计制作与模特表演、美容美发、导游与酒店服务、护理、煤矿安全、会计11个专业类别的比赛项目。（侯胜华）

【25名教师入选省级专业带头人和骨干教师】 12月26日~28日，阳泉中等职业学校学科带头人11人、骨干教师19人，参加了在省城各高校学科专业点开展的第二届中等职业学校省级专业带头人、骨干教师评选活动，经过述课、专业技能操作和答辩，郊区职业中学姚辉颖等10名教师被授予省级专业带头人称号，市工业学校韩爱新等15名教师被授予省级骨干教师称号。（侯胜华）

【国家助学金惠及数千名职校生】 年内，各中等职业学校落实完成2006年、2007年、2008年3个年度近1.9万余人的学籍填报和8000余人的资助上报工作，除阳煤集团所属职业学校外，有6559名符合条件的学生领到了国家助学金，资助面占到一、二年级在校生总数的76%。（侯胜华）

【中等职校招生】 2008年，市教育局采取6项措施推进中等职业学校招生工作：一是加强对高中阶段教育学校招生工作的统筹和领导，严格普通高中学校规模、轨制及班容量招生计划的审批，严禁其超计划招生，把发展职业教育作为普及高中阶段教育的重要增长点；二是通过广播、电视、报纸等新闻媒体及时公布招生计划和招生信息及国家关于大力发展职业教育的方针政策和对中等职业学校学生的资助政策等，进一步加大中等职业教育招生宣传工作；三是结合目标任务和县区、学校实际，对招生工作进行任务分解；四是以组织参加联合办学招生洽谈会等形式，加大订单培养、校企合作工作力度；五是坚持实行"五个放开"（即计划、时间、分数、年龄、地域放开）招生政策及"随招随注"的灵活的学籍管理办法；六是积极开辟高中学生转入中等职业学校学习的渠道。年内，全市进入各类中等职业学校的学生达8115人，占高中阶段招生总数的47.8%；全市中等职业学校招生6615人，在校生数达到19579人，招生数和在校生数分别占高中阶段教育招生数、在校生数的42.7%和42.6%，职普达到0.75∶1，基本形成了中等职业教育和普通高中教育规模相当、同步发展的格局。（侯胜华）

成人教育

【概况】 2008年，全市成人教育工作有序开展。第一，依托32所乡镇农民文化技术学校和954所村农民文化技术学校，开展了农村劳动力实用技术培训和富余劳动力转移培训，全年实用技术培训127167人次，富余劳动力转移培训35670人次；第二，倡导终身学习理念，开展职工再教育工作，全年共完成各类职工教育培训（抽样20%）175257人；第三，实施"科教兴乡兴县"工程，3个农业县区、32个乡镇"科教兴乡兴县"合格率为100%。（贾　刚　李慧忠）

【民办教育机构管理】 全市共有民办教育办学机构195所，其中普通高中1所，职业高中1所，初中5所，幼儿园131所，其他各类培训机构57所，固定资产累计4000万。9~10月间，按照省教育厅《关于加强民办教育管理工作的若干意见》的要求，市教育局下发《关于做好2008年度民办教育机构年度检查工作的通知》（阳教成字〔2008〕3号）和《关于对民办教育机构进行督导评估的通知》（阳教成字〔2008〕4号），组织有关科室组成检查工作组对全市民办教育机构进行年度检查和督导评估。平定东升双语学校、平定县金帆艺术学校、平定县冠盛教育培训中心3所民办培训学校（中心）年检和督导评估合格。批准停办平定县新星职业技术培训学校、平定县古州文化艺术学校、旭日风暴英语平定培训中心、平定县新天职业技术培训学校4所学校（中心）。郊区2所民办学校换证更名，批准1所民办学校开办，1所民办学校通过整改恢复办学资格。（贾　刚　李慧忠）

【城区对10个社区教育进行调研】 2008年，市教育局和城区教育局组织有关人员对城区所辖区10个社区的教育情况进行调研。调研结果显示，各社区普遍建立了社区市民学校，大都有社区文化活动场所，同时也存在发展不平衡、政府对社区教育的经费投入不足、社区教育专职人员缺乏等问题。现有社区教育人员除南煤社区外全是编外人员，其身份是社区所在学校教师、退休干部、在职法院干警、派出所民警等，社区教育专职人员缺乏。（贾　刚　李慧忠）

特殊教育

【概况】 2008年,全市有特殊教育学校2所,教职工61人,其中专任教师48人,教师合格率100%。全市有适龄三类残疾儿童403人,在校生357人,入学率88.6%,在校生辍学率为0。其中,市盲聋人学校在校聋生112人、城区培智学校在校弱智生67人,除此之外,全市有随班就读点93个,随班就读班117个,学生181人,其中听力残疾31人、视力残疾9人、智力残疾141人。2008年,各级政府共投入83.26万元发展特殊教育,生均经费1120.07元。特殊教育学校学生享受"四免(学杂费、住宿费、课本费、作业本费全部免费)、一补(每人每年还享受生活补助费400元)"政策,随班就读的学生还免除了学杂费和课本费。5月,在全市大中小学生中开展了"节约一元钱,资助残疾小伙伴"活动,捐款全部用于资助贫困家庭残疾儿童和2所特殊教育学校。

(张继忠 张维堂)

【张云晶参加北京奥运会开幕式】 市盲聋人学校女学生张云晶,在学校的培养下,掌握了比较全面的舞蹈技能,2005年被北京残疾人艺术团选中并参加演出活动,2007年被学校推荐参加"全省入选2008年奥运会开幕式演出优秀残疾人演员"的选拔赛,经过初选、复选、面试,以优秀残疾人演员的身份参加了2008年8月8日北京奥运会开幕式的现场节目——《星星你好》的演出,成为阳泉地区唯一参加北京奥运会演出的残疾人。 (张维堂)

政治思想品德教育

【省第四届优秀班主任素质展示活动获佳绩】 8月25日~28日,全市选送的5名优秀班主任参加了由省教育厅、省教育工会在省财经大学举办了全省第四届中小学班主任素质展示活动,并获得好成绩。这次展示活动共有11个地市的69名选手参赛,竞赛共分8个项目:撰写德育论文、主题班会设计、一节教学课录像、听专家报告写体会、演讲及班主任工作知识答辩、才艺展示等。阳泉一中教师刘国栋获大赛一等奖,被省劳动竞赛委员会荣记一等功,阳泉一中教师常巍东、矿区马家坪小学教师韩慧玲、城区朝阳小学教师史静玉均获二等奖,被省劳动竞赛委员会分别荣记二等功,矿区西河路小学教师阎伟获三等奖。阳泉一中、矿区西河路小学、城区朝阳小学评为学校优秀推荐奖。市教育局获得地市优秀组织奖。

(李智银 张民杰)

【中小学"网络育人"现场会】 2008年5月9日,市教育局在市经济技术开发区召开了全市中小学"网络教育"现场会。参会人员有各县区教育局分管政教工作的副局长、政教科长以及获得省级德育示范校称号的学校政教副校长和政教主任共70多人。市开发区教育处、市十中、盂县一中、荫营中学等单位介绍了各自在网络建设和管理以及开展网络育人的经验,参会人员观摩了阳泉十中网络育人现场活动。当日,阳泉市中小学德育网站正式开通。

(李智银)

教师队伍建设

【高中教师新课程远程合格人数居全省之首】 2008年9月,阳泉市开始实施普通高中课改实验。7月11日~20日、8月16日~25日,市教育局先后组织两期高中教师新课程网络远程培训。该培训以市教育局为中心,上联5线,即省教育厅、省中教培训中心、国家教育部继续教育网、新思考网、百年树人网,下联20条,即县区教育局、进修校和15所普通高中学校所有电脑。注册人员1116人,参与12门学科,经作业提交、网络论坛参与、论文答辩和考试等环节的考核考试,1093人合格。合格人数占注册人数的97.85%。注册率和及格率均居全省11个市之首。 (路俊先)

【高中新课程全员培训】 2008年秋季入学的高一年级开始,阳泉市进入课程改革实验。市教育局出台了《阳泉市普通高中新课程实验工作实施方案》和《阳泉市普通高中新课程实验培训方案》,"先培训,后上岗;不培训,不上岗",对全体高中教师实施的"全员培训、全面培训、全程培训、全方位培训",整体提升教师素质,保证新课程改革的实施。2008年7月3日~4日,人民教育出版社各学科培训专家队伍24人对全市普通高中新课程实验教师全员培训。高中语文、数学、英语、物理、化学、生物、政治、历史、地理9大学科教师共1800多人参加了培训,培训内容包括通识培训、课程标准培训、教材内容培训、教法指导、学科教学指导建议。山西省教科院各学科教研员对新课程9大学科的具体实施意见进行了说明,组织高中教师认真学习和研究所授课程的新教材,重点掌握教材在编写思路、结构、内容和要求等方面的新特点以及模块教学等,为教师创造性地开发和使用新教材提供指导。

(王建军)

【农村中小学远程教育】 年内,市教育局开展了"以点带面,辐射全员"的市、县(区)、校三级农村中小学现代远程教育工程应用培训。市级培训以农村小学校长和初中骨干教师为培训对象。2008年4月,在市电教馆远教工程培训基地举办了3批"农村中小学现代远程教育工程模式三项目校主讲教师培训班",培训人数148人;10月,举办了6批"农村中小学现代远程教育工程模式二项目校校长培训班",培训人数达459人。各县(区)承办了"农村中小学现代远程教育工程模式二项目校主讲教师培训班",全市各县(区)累计共培训了459名模式二主讲教师。全市项目县(区)的学校开展了"农村中小学现代远程教育工

程项目学校全体教师培训",培训教师达11000名。 (张大虎)

【考核与送教相结合】 年内,市教育局采取考核与送教相结合的办法,对任职期满的省级学科带头人、骨干教师进行了考核。9月23日~27日,12名省级的学科带头人和19名省级骨干教师送教到乡下。省级学科带头人由市教育局统一安排到盂县二中、平定二中、郊区实验小学支教;省级学科带头人根据自己所任学科、年级准备一节优质课,送教到指定的乡镇中小学校;骨干教师的考核和送教由县区根据实际情况安排组织,分别在城区、平定、郊区、盂县、矿区进行,考核内容、方法参照学科带头人,市教育局派专家、领导进行巡视、检查、指导。听课教师800余名。 (路俊先)

教育经费与办学条件

【农村中小学取暖补助调研】 2008年3月,在第十一届全国人民代表大会一次会议召开期间,十一届全国人大代表、市长白云向大会提交了《关于在制定农村中小学公用经费基准定额时应解决北方地区取暖费用较高问题的建议》的建议。会前,市教育局受市政府委托,负责建议的前期准备工作,提出了中央应加大对北方高寒农村地区、规模较小学校和寄宿制学校冬季取暖补助扶持力度的意见。会后,市教育局根据市政府安排又承担了建议答复的基础调研工作,起草了《关于农村中小学取暖费用调查报告》,在山西省教育厅的告知下,将报告直接报送教育部、财政部。2008年底,中央财政出资20.6亿元,对北方农村中小学冬季取暖实施补助,惠及19个省、市、自治区的近7000万名学生,阳泉市每生每年享受50元补助,补助资金570万元,受惠学生12.5万人。 (冯素清 栗虎军)

【5项助学工程资助贫困学生】 2008年,阳泉市在实施国家规定的农村义务教育经费保障机制改革、城市全部免除义务教育阶段学生杂费和"两免一补"工作的同时,组织实施了5项助学工程。一是北京"六合兴"济困助学中心理事长薄熙成发起的"兴大"高中助学工程。这项工程从2007年秋季开始,历时5年,全市累计900名普通高中学生享受资助,人均6000元,资助总额540万元。2008年,全市有600名贫困高中生享受到这项资助,金额120万元。二是盂县众鑫实业有限公司董事长古米贵资助贫困大学生工程。这项工程从2005年始连续实施4年,2008年资助学生40名,每人3000元,总计12万元。三是远鑫集团资助被重点院校录取的贫困大学生工程。这项资助从2008年始,资助20名被重点院校录取的大学生,连续资助4年,每生每年资助5000元,总计40万元。2008年资助10万元。四是阳光房地产公司董事长史钰文发起的阳光助学工程。每年资助贫困学生100名,每人资助1000元,从2007年始连续资助3年,总计资助30万元。2008年资助10万元。五是金联置业建设有限责任公司资助优秀贫困学生工程。2008年资助贫困中学生30人,优秀大学生10人,每人资助1000元,总计4万元。

(冯素清 栗虎军)

【市委市政府为民承诺的3件实事】 2008年,市委、市政府向全市人民承诺兑现15个方面的实事,涉及教育方面的有3件。一是全部免除城市义务教育阶段学生学杂费。从2008年秋季开始,全部免除城市义务教育学杂费,免杂费资金由中央和地方按照5∶5的比例分担,地方承担的50%资金,由省、市、县按5∶2∶3的比例分担。免杂费标准为小学每生每年250元,初中和特殊教育学校学生每生每年310元。据统计,2008年秋季全市享受城市义务教育阶段免学杂费的学生为56700人,其中小学36710人、初中19737人、特教253人。免杂费765.72万元,其中中央补助382.377万元、省补助191.187万元、市级承担83.739万元、县级承担108.417万元。从2009年春季学期开始,城市义务教育阶段的全部学生不再收取学杂费。二是新建、改扩建17所中小学校。这是省政府新建、改扩建500所中小学校的政府实事中,分解到阳泉市的任务。阳泉市将此项工程列为2008年市委市政府承诺的为人民办的实事之一,首先把省下达的建设任务项目分解到县(区),其中市辖区、城区、矿区各1所,郊区4所,平定、盂县各5所。资金补助方案为:省财政对每个县区重点补助1个项目,每个项目补助100万元,全市除市辖区外,补助5个县(区),总计500万元;市财政对省补助项目外的项目进行补助,每个项目补助16万元,总计240万元;剩余部分由县(区)自筹。17所学校中,新建项目9个,建筑面积17126平方米,完成投资1725.44万元,改扩建项目8个,建筑面积27946平方米,完成投资2360万元。三是25所农村寄宿制学校食堂标准化改造工程。25个项目2008年初全部分解到3个农业县区,其中郊区7个、盂县8个、平定10个。改造内容包括食堂改建、扩建,内部装修、设备购置、卫生设施购置、外围环境处理等5大类。资金补助方案为:市级对每个项目补助4万元,总计100万元,其余部分由县区自筹。食堂改造工程利用学生暑假2个月进行集中改造,8月底基本改造完成,2008年底交付使用。

(冯素清 栗虎军)

【"两免一补"资助工作】 "两免一补"工作从2005年开始实施,其间,随着农村义务教育经费保障机制改革和城市义务教育阶段免学杂费工作的实施,这项工作内容发生了变化,截至2008年底,"两免一补"工作内容包括城市义务教育阶段为贫困学生免费提供科书费和补助贫困寄宿生生活费,资助学生2045人。除此之外,阳泉市在市盲聋人学校继续实施免费义务教育;开发区继续在2008年春季,免除辖区内义务教育阶段学生学杂费;平定县继续对98名孤儿实施12年免费教育各项补助。2008年,全市共对义务教育阶段的3106名学生实施了免、补资助,补助资金77.526万元。

(冯素清　栗虎军)

【中 高职学校发放家庭贫困学生国家奖 助学金】 中、高职学校发放家庭贫困学生国家奖、助学金工作从2007年秋季开始,资助范围为中、高职学校全日制正式学籍的在校一、二年级(包括五年制高职的一、二年级和未升学的高中毕业生接受一年至一年半职业教育的学生)所有农村户籍的学生和县镇非农户的学生以及城市经济困难学生。资助标准为每生每年1500元。2008年共资助学生9475人,发放助学金1014.795万元。

(冯素清　栗虎军)

教育科研

【"十一五"规划课题鉴定结题工作】 2008年8月21日和29日,市教育科学规划办公室聘请专家组对2008年6月前完成研究任务的市教育科学"十一五"规划课题进行了评审鉴定,申报鉴定课题共10项。经鉴定,10项课题全部通过鉴定结题。在通过鉴定的10项课题成果中,市三中教师郗晓波主持的"学科课堂教学策略研究"课题的成果《学科课堂教学策略研究研究报告》经专家组研究讨论认定,达到市教育科学课题研究成果评估指标A级标准。阳泉十中周兰坤主持的"信息技术环境下语文课堂教学实践模式"课题的成果《信息技术环境下语文课堂教学实践模式实验报告》、市二中刘锁贞主持的"艺术教育与构建和谐校园关系的研究"课题的成果《艺术教育与构建和谐校园关系的研究》、市外国语学校王正国主持的"中学生学习适应性心理辅导研究"课题的成果《持健康心理,当优秀学生》(中学生学习适应性心理辅导)、市盲聋人学校郑林萍主持的"情境教学法在特殊教育学校课堂中的应用与实践"课题的成果《〈情境教学法在特殊教育学校课堂中的应用与实践〉课题研究报告》、市体育运动学校杜瑞萍主持的"数理化学科知识的生活化教学实践与研究"课题的成果《创造生活化情景让学生智慧闪光》5项成果,经专家组研究讨论认定,达到市教育科学课题研究成果评估指标B级标准。平定县冠山联校聂建平主持的"培养学生自主探究学习的研究"课题的成果《培养学生自主探究学习的研究实验报告》、平定县马山中学岳贵昌主持的"现代信息教育技术与初中数学的有效整合策略"课题的成果《〈现代信息教育技术与初中数学的有效整合策略〉实验总结》、盂县一中赵建新主持的"课堂教学中发挥学生主体作用的途径与方法研究"课题的成果《〈课堂教学中发挥学生主体作用的途径与方法研究〉研究报告》、阳泉一中李世卿主持的"中学生英语学习策略研究"课题的成果《英语写作学习策略的研究》4项成果,经专家组研究讨论认定,达到市教育科学课题研究成果评估指标C级标准。2008年参加鉴定的课题,呈现出研究方法越来越科学,研究过程越来越完整,操作运行越来越规范,资料积累越来越丰富的特点。

(李艳萍)

【人教版初中数学课标教材"三优"评选】 2008年10月~12月,市教学研究室在全市初中数学教师中开展人教版初中数学课标教材实验"优秀论文"、"优质课"、优秀实验教师评选活动。"优质课"评比条件内容是积极进行课堂教学改革探索、贯彻"以学生的发展为本"的科学教育观、较好地体现了新的教育理念,教学方式有了明显改善;论文要求主题明确,观点鲜明,有独立思考,选题能够结合自己的数学教学改革实践,围绕数学的课程、教学、学习、评价等展开研究;报送的实验教师则是各县、区有一定影响的、实施课堂教学改革成果明显的优秀教师。活动于10月中旬开始,历时3个月,共评出优质课一等奖3节、二等奖4节、三等奖9节;优秀论文一等奖6篇、二等奖18篇、三等奖31篇;市级优秀实验教师10名。

(王建军)

【高中教师新课程改革课堂教学大赛】 2008年11月~12月,市教育局举办了高中新课程改革课堂教学大赛活动。大赛分初赛和复赛两个阶段。11月,初赛由各学校自行组织,每校择优推选10名教师参加复赛。12月17日~19日复赛,由市教研室组织学科专家组评定,在阳泉一中、阳泉二中、平定一中等6所高中学校分学科进行。全市15所高中学校142名教师参加复赛,参赛教师面对学生进行一节课的课堂教学。课堂教学大赛的评定标准是:落实"关注学生、关注生活、关注生命"的课程理念,以教学方式的转变促进学生学习方式的转变,引导学生自主、合作、探究学习,提高他们分析问题和解决问题的能力,实现知识与技能、过程与方法、情感态度与价值观三维目标的有机统一。大赛共评出一等奖14名、二等奖27名、三等奖34名,根据各校参赛教师成绩汇总评选出阳泉一中、荫营中学、阳泉三中、阳泉十七中4所学校为集体奖。

(王建军)

【县级政府教育工作督导评估以及党政主要领导基础教育责任考核】 2008年1月,市政府教育督导室印发了《关于做好对县级政府教育工作督导评估和党政领导基础教育责任考核的通知》,并具体制定了督导考核实施方案,会同市委组织部、市教育局联合组成了教育工作督导考核组,由督导室主任胡月庆带队,于1月4日~11日赴各县区进行了为期8天的年度考核。其间,考核组听取了政府分管领导所作的工作汇报,分头召开了由县区委书记、县区长以及教育、财政、人事、税务、城建、发改委和部分中小学校长参加的座谈会，查询了有关数据资料，深入部分学校进行了实地调研。考核组经过自下而上的认真评议，认为各县区政府以及党政主要领导在落实教育行为，履行教育职责中措施得力，成绩突出，有力地促进了教育事业的进一步发展。其主要特点是，党政领导高度重视教育，统筹发展目标明确，政府行为落实到位；"三个增长"基本落实，教育投入继续增加，办学条件明显改善；中小学布局调整取得预期效果，教师队伍建设继续加强，教育重点工作圆满落实。考核结束后，考核组向市委组织部、市教育局报告考核结果，并向市政府、省政府教育督导室报送了《阳泉市关于对县级政府教育工作督导评估暨党政领导基础教育责任考核工作报告》以及关于对平定县、盂县、郊区、城区、矿区、经济开发区6个单项督导评估和考核报告，向被考核县区以及上级政府和有关部门提出了进一步整改的意见和建议。

（胡月庆）

【普通高中新课程实验新学年准备工作专项督导】 根据省人民政府教育督导室晋教督字〔2008〕7号文件精神，市人民政府教育督导室会同驻阳泉省级督学于8月30日～9月3日分3个组，对全市的15所普通高中校的新学年新课程准备工作进行督导检查。其间，分别听取了市、县（区）两级政府以及新课程实验领导组的工作汇报，听取了学校新课程实验准备工作情况的汇报。先后深入全市15所高中学校，通过听、查、看、问多种形式，实地考察了各县区学校的新课改的领导机构、经费到位情况、队伍建设情况、设施设备及场地情况，查看了行政领导的培训笔记、实验教师网络培训笔记等。年内，各高中学校都按新课改标准要求，对学校3年建设进行了全面规划和投入测算，如矿区约需3800万元，荫营中学约需1300万元，盂县一中约需240万元等。各学校在县区政府的重视下，分布实施。新课改督察期间，县区政府决定把新课改专项经费以及建设经费纳入2009年财政预算。

（胡月庆）

教育装备与现代教育技术

【城矿两区教育技术装备标准化建设通过省级验收】 2008年11月3日～12日，由原省教育厅正厅级国家督学张继忠为组长的专家检查组一行14人，对阳泉市城区12所学校和矿区26所学校教育技术装备标准化建设进行检查评估，认为两区教育技术装备标准化建设符合验收标准。城区教育技术装备标准化建设起步于2005年，2008年投入1542.49万元，购置仪器12.6万件、器材1.7万件、图书24.4万册。全区学校的仪器、器材和图书全部达到国家和省定标准。矿区政府在标准化建设中共投入1327万元，分批购置试验仪器、信息技术及电教设备、文体器材、图书资料。22所中小学的教学仪器设备设施达到国家I类配备标准，4所小学达II类配备标准。仪器完好率和使用率均达98%。矿区所有学校建成了校园局域网，接入教育城域网，实现了"校校通"。

（孙秉达）

【15所中小学校通过二级图书馆认定】 2008年11月，市教育技术装备科组织有关人员按照晋教备〔2002〕5号《关于进一步加强中小学图书馆（室）建设的意见》及晋教备〔2003〕3号《关于对山西省中小学图书馆实施等级认定的通知》的文件精神，通过查阅学校自评情况、听取汇报、查阅图书馆工作有关档案资料、数据及规章制度，进行部分师生座谈会、综合评估等程序，对阳泉市中小学校的图书馆实施等级进行评审认定，在申报的23所学校中，15所学校通过二级图书馆认定，其中平定县5所、盂县3所、郊区3所、矿区3所、城区1所。

（张　黎）

【第十届自制教具评选活动】 2008年3月～11月，市教育技术装备科组织开展阳泉市第十届中小学自制教具、幼儿园自制玩教具评选活动。在县区及基层学校层层选拔推出的80件自制教（玩）具中，评出了一等奖3个、二等奖10个、三等奖20个。获得一、二等奖的作品送省装备处参加山西省第十届中小学自制教具、幼儿园自制玩教具评选活动。

（孙秉达）

科学技术

综合工作

【概况】 2008年是科技示范区启动年，市委、市政府出台了《阳泉市建设省级科技示范区实施意见》、《〈阳泉市建设省级科技示范区实施意见〉具体实施工作方案》、《关于建设阳泉省级科技示范区的若干政策》和《关于全市蔬菜产业发展及落实京晋农业科技合作项目的实施意见》4个文件，先后投入科技研究与开发专项资金2332万元，实施了57个市级重大科技专项，争取立项扶持共59项，资金632万元，全社会研发投入（R&D）占地区生产总值（GDP）的比重超额完成省定0.46%要求，达到了全省1%的目标，全社会研发投入（R&D）占地区生产总值（GDP）历史性突破。借助京晋科技合作，科技交流来往异常活跃，先后与110多名北京专家、30多家高校、院所和企业广泛合作，签署了科技合作项目21项，合约金额3亿多元。年内，首次建立了国家级博士后工作站1家，省级工程技术中心1家；高新技术企业健康发展，高新技术企业产值首次超过了30亿元，占到全市工业增加值的4.6%；知识产权工作取得重大突破，阳泉市被国家知识产权局批准列为"全国知识产权试点城市"；继续开展了重奖科技功臣和科技企业家的工作,市专家级人才库规模逐步扩大;科研成果数保持高增长,全市共申报科技奖励成果41项,国内先进水平以上的项目占总申报成果的92.6%。高新技术创业园区孵化器一期工程等科技基础平台建设顺利推进,并初见成效。为应对国际金融危机,解决科技型中小企业融资难问题,科技担保中心为43家科技型中小企业、民营科技企业和高新技术企业担保贷款836万元。与此同时,积极探索建立科技创业风险投资基金和科技银行贷款,在建立多元化科技投入体系方面也迈出了新步伐。

年内,列入全市“百项工程”的155个项目中,新型能源和新型材料基地项目46个,社会主义新农村项目23个,服务业项目67个,环境保护和循环经济项目19个。项目总投资777.6亿元。 (李银河)

【**科技经费投入**】 年内,阳泉市把大幅度增加全社会科技投入、建立多渠道科技投入体系作为科技发展的关键内容来抓。市、县(区)科技三项费用能够依法确保财政科技投入的增幅明显高于财政经常性收入增幅,达到同级财政预算支出的1%以上,且全部到位。市级财政共投入科技研发费用总额为1900万元,科技研发费用投入占本级财政支出的1.6%,实际到位2232万元,比上年增长562万元,增幅达33.65%。5个县区全部达到了1%。

为了确保财政科技经费的大幅度增长,与省级科技示范区建设和创新型城市发展相适应,市政府出台了《关于建设阳泉省级科技示范区的若干政策规定》,确定了市县两级政府把科技研发投入作为预算保障的重点,其增幅要明显高于财政经常性收入增幅。年内,市科技部门在不断加大财政科技创新投入的同时,突出了企业科技创新的主体地位,积极鼓励和支持企业加大科技创新的投入,引导全社会科技创新投入超过3亿元,仅阳煤集团的科技投入就达2.5亿元,高新技术企业和民营科技企业,成为科技投入的主体。全社会科技投入大幅度增加,远远超过省政府要求阳泉R&D占GDP比例0.46%的目标,达到了1%,超额完成了任务。

(李银河)

【**阳煤集团设立全市第一个国家级博士后科研工作站**】 阳泉市十分重视产学研合作,将其纳入人才强市战略,积极引导企业通过向外借智弥补科技资源不足,提高自身科技创新能力。阳煤集团作为全市最大的企业,通过加强企业省级技术中心,依靠1000多人的科研队伍,创造了多项国内外领先的技术成果。年内,国家人力资源社会保障部批准阳泉煤业(集团)有限责任公司设立博士后科研工作站,这是阳泉市有史以来成立的第一个博士后工作站。该站的建立,将进一步加强企业人才实力,以高新技术和先进适用技术的研发、推广为切入点,改造提升传统产业,为提高企业自主创新能力,加快推进传统产业新型化和资源型城市转型,提供了范例。 (李银河)

科技成果推广

【**科技交流与合作**】 2008年是全市对外交流合作最频繁的一年,也是成效最突出的一年。尤其是京晋科技合作,北京110多名专家先后7次组团到阳泉开展合作交流,并在多个领域取得实效。通过北京第十一届科技博览会、第十届中国国际高新技术成果交易会、第二届煤博会先后签署科技合作项目21项,签约金额达到了3亿元。北京科博会签约项目分别是:利用低品位铝矾土生产耐火材料项目,签约金额1.2亿元,合作双方为郊区政府和北京通达耐火技术股份有限公司;建设3000吨连铸用功能型高档耐火材料技术合作项目,签约金额2000万元,合作双方为阳泉市下千耐火材料有限公司和北京首钢第二耐火材料厂;紫甘薯深加工技术合作项目,签约金额3000万元,合作双方为山西三来食品有限公司和北京市食品研究所;大型采掘机械变频器和电控系统故障诊断修理合作开发项目,签约金额210万元,合作双方为阳泉华越机械有限公司和北京理工大学;高性能粉末冶金汽车零部件技术开发合作项目,签约金额1000万元,签约双方为平定巨鑫制件有限公司和北京科技大学;疏水性煤层综合防尘技术研究及应用技术合作开发项目,签约金额120万元,合作双方为阳泉煤业(集团)有限公司和北京科技大学;阳泉铝业——北京科大铝业新技术联合研发中心合作成立项目,合作双方为阳泉铝业股份有限公司和北京科技大学;粉煤灰、脱硫石膏建材领域合作开发项目,合作双方为华通路桥集团有限公司和北京建筑材料科学研究总院;还原铁粉新产品新工艺技术开发合作,合作双方为阳泉林里粉末有限公司和北京科技大学;市应用技术研究所委托北京建设研究院研究开发蒸压加气混凝土外墙保温体系及配套干混砂浆等技术,合同金额10万元;市农业局与北京市农林科学院共建千亩蔬菜科技示范工程项目,该项目可提升全市蔬菜生产科技内涵,促进农业持续稳定发展。第十届中国国际高新技术成果交易会签约项目是:阳泉佳和高科电瓷有限公司应用北京科技大学合作开发提高瓷套釉面质量及窑炉节能减排项目;阳泉市禾奕农药厂与北京绿禾佳农业技术咨询有限公司合作开发新型低毒、高效农药产品50%乙草胺水乳剂技术开发项目。7月24日,市政府与北京金隅集团签署战略合作协议书。9月19日,第二届中国(太原)国际煤炭与能源产业博览会上,市华新食品厂同中国农业大学食品科学与营养工程学院技术合作开发绞股蓝皂甙因子深加工项目;阳泉华岭耐火材有限公司与北京通达耐火技术股份有限公司合作共建耐火工程技术中心项目。此外,市农业局、市圣火炉料有限公司分别与北京农林科学院、北京神雾热能技术有限公司签署了关于农业科技合作和耐火材料生产节能技术改造示范点两方面合作协议。 (李银河)

【新农村科技引领工程】 年内,全市继续推进社会主义新农村科技示范项目建设,分别为郊区义井镇瀑里村、平定县岔口乡理家庄村2个首批列入的新农村示范村进行了挂牌,并分别配备了3万元的科技设备、对示范村的科技建设给予了积极鼓励。同时,市科技局还筛选出市级新农村建设科技示范村5个、示范乡镇2个、示范县1个,并对其进行了重点扶持。如:省级社会主义新农村——盂县下社乡枣园村围绕新农村建设"六个一"标准,根据当地水资源丰富、生态环境良好的实际,引导该村大力发展特种鱼、观光农业、休闲度假于一体的碧水山庄生态园区,采取了"内联外引"的科学合作战略,开辟了新的经济增长点,使之发展成为枣园村的支柱产业。 (李银河)

【京晋科技合作蔬菜新品种展示】 5月30日,京晋科技合作蔬菜新品种展示以现场会的形式在阳泉市郊区河底镇北庄村、义井镇南庄村蔬菜基地召开。市农业局局长张保明及市、县(区)科技人员、重点乡镇技术员、蔬菜基地农民共120余人参加会议。

现场会展示了北京市农林科学院蔬菜研究中心提供的8大类33个蔬菜新品种。参会人员观看了展示品种并到温室中逐一参观每个品种的生长情况,展示基地的负责人就新品种的种植情况向参会人员作了介绍,并发放有关新品种技术资料,菜农对这些新品种表现出浓厚的兴趣。在北庄蔬菜基地参观结束后,参会人员还品尝了该基地种植的京玉一号、京玉三号、京玉月亮、绿宝石番茄、京丹黄莺一号、京丹五号、迷你二号黄瓜。 (李银河)

专利工作

【阳泉市成为"全国知识产权试点城市"】 2008年,阳泉市专利工作取得了新突破。专利申请呈现出四个亮点:一是专利申请量首次突破200件,达到249件,超额完成年内目标数185件的35%,比上年增长了42%,这是自1985年《中华人民共和国专利法》实施以来阳泉市专利申请量首次200件;二是发明专利申请达到116件,所占比重接近申请量的1/2,比上年增长87%,居全省第一;三是人均拥有量超过了每十万人拥有19件,超过"十一五"规定目标的2倍,位居全省第二;四是企业专利申请超过110件,接近年专利申请量的1/2。

为大力推进专利工作,市科技局一方面深入基层进行宣传培训,积极引导,加强服务,另一方面采取政策奖励,积极引导企业自主创新。年内,阳泉市已对200余件专利申请或授权专利进行了专利申请费资助,特别是对自主知识产权项目进行了推广实施资助,并在科技研究发展基金的安排上,加大了对自主知识产权项目的扶持力度。2008年专利项目在全市科技发展基金列项中所占比重超过了21%,共资助专利申请、专利授权项目99项,资助资金达13万余元;同时对10多家专利工作成绩突出的企业(包括县区科技局)进行了奖励,资金达10万元。到年底,全市已对249件专利申请或授权专利进行了申请费资助,资助资金达30余万元;奖励专利工作成绩突出单位10多家,资金达20万元;同时,还对15项专利项目进行推广实施资助,资助资金达400万元,有力地促进了阳泉市专利申请质量和数量的提高以及专利技术的转化实施。年内,阳泉市被确定为"全国知识产权试点城市"。

(王拉有)

【专利成果】 12月1日,由市科技局举办的专利成果展示活动拉开帷幕。本次参展专利成果有100多件,均具有自主知识产权,项目涉及能源、化工、机电、轻工、农产品、日用品等。其中,平定县张氏砂器陶艺坊的"平定砂器与平定刻花瓷"产品、阳泉美帅科技有限公司的"多功能书包"、今旺沼气技术服务中心的"预制组合水压式沼气池"等产品很受观众青睐。至年底,全市专利申请量位居全省前列,每十万人中拥有15件专利,仅次于省城太原,位居全省第二,专利技术的实施率达到了40%以上,已开发出30多条生产线,130多种新产品,形成产值7亿多元。 (李银河)

【组团参加"第二届中国专利周"活动】 11月18日至11月20日,阳泉市组织56个项目参加了以"实施知识产权战略,发展知识产权市场,建设创新型国家"为主题的"第二届中国专利周"山西地区活动,参展项目500多项,涉及能源、化工、机电、轻工、农产品、日用等行业。全市有近20家企业或专利权人展出了自己的专利产品或名优产品。平定县张氏砂器陶艺坊的"平定砂器与平定刻花瓷"产品、阳泉美帅科技有限公司的"多功能书包"、阳泉浩丰小杂粮合作社开发的"红薯类系列新产品"、今旺沼气技术服务中心"预制组合水压式沼气池"产品均受到广泛关注。会上,平定县张氏砂器陶艺坊与两家知名企业达成定货意向,阳泉浩丰小杂粮合作社与忻州市的一家化肥生产企业达成合作意向,阳泉美帅科技有限公司开发的"多功能书包"产品,50多件展品销售一空。省科技厅、省知识产权局领导对阳泉的参展项目给予了高度评价。

(王拉有)

科普工作

【农村科普】 年内,全市各县(区)科协和市级学会(协会、研究会)在农村开展了广泛的专业技术培训。平定县科协和县丰裕农业科技有限公司联合引进了中糯1号2号、雪糯1号2号、黑风、晋科糯等10个玉米新品种,示范带动糯玉米种植村庄扩大到4个,播种面积达到1000余亩,生产加工能力突破100万穗大关,为平定县农业调产迈出了实质性的一步。市蜂业协会积极服务蜂农,精心选育适合本地饲养的优良、高产蜂种,无偿地提供给蜂农,通过改良本地蜂王提高产量质量;主动帮助蜂农选购优质、齐全的蜂具、蜂药,为蜂农节约资金50万元。平定县柏井镇张家岭村在协会的带动下,有14户农户加入了养蜂队伍,全村的养蜂规模由10余箱发展到400余箱。仅村民张仲生一人的年纯收入就达到了1.6万余元。市核桃产业协会举办不同类型技术培训班41期,培训技术队伍1290人次,实地指导技术劳工439人次。市农学会、市植保学会、市种子协会也积极向农民宣传国家粮食直补政策和农产品安全知识,经常开展病虫害防治服务,提供有关种植技术资料等,在指导农民进行农业科学生产方面作出了贡献。同时,市科协对全市农函大各县(区)分校和教学班的运作情况进行了调研,详细了解了包括分校负责人、工作人员、招生人数、结业率、妇女和农村领导干部比率、函授招生情况和短期培训等具体情况,并把了解到的基层教学中出现的困难和问题及时反馈到了山西省农函大分校。年底,阳泉市农函大分校和郊区农函大分校被中国农函大评为“科普培训先进集体”,刘志、裴海平等8人被评为“科普先进工作者”。（冯　静）

【科普示范基地】 2008年,市科协集中对农村科普示范基地、农技协和科普教育基地的负责人、基地类别、基地面积、推广技术和科普工作情况进行了详细的调查和记录和综合测评,并向省科协申报了郊区翠峰山、郊区科技活动中心、北庄蔬菜瓜果种植基地3个科普教育基地,以及17个农村科普示范基地(平定11个、郊区3个、盂县3个)。年底,全市共有省级农村科普示范基地5个,省级“百强”农技协5个,省级科普教育基地3个,省级农村科普带头人3名,市级农村科普示范基地21个,市级优秀农技协10个,市级科普教育基地6个,市级农村科普带头人10名。（冯　静）

学术交流

【概况】 2008年,全市各县区科协和学会组织开展了形式多样的学术交流活动。郊区科协与有关部门联合举办了“中国(荫营)耐火材料发展论坛”,对荫营耐火城的未来发展趋势进行了研讨;盂县科协在东梁乡开展了“东梁乡西瓜协会研讨会”;市煤炭学会承办了全国矿井通风学术研讨会暨山西省煤炭学会通风暨瓦斯治理委员会成立大会,来自全国各地的专家学者共200余人参加了会议;市医学会邀请多名教授举办了皮肤、肾病、妇科等学术讲座,为加快医务人员的知识更新、提高业务水平作出了努力;市图书馆举办了“学子论坛”等。据统计,全市各学会全年共开展各种类型的学术交流活动35次,参加省以上学术会议16次,参加人员5000多人次,交流论文1100篇,发表论文700多篇。（宋崇军）

【2006~2007年度自然科学优秀论文征集】 年内,市科协开展了2006年~2007年度自然科学优秀论文征集活动,共征收论文181篇。市科协学术工作委员会从论文的创新、价值、逻辑论证和难易程度出发,共评选出获奖论文144篇。市林学会吕永贵的《侧柏大容器袋育苗造林技术在太行山绿化工程中的应用》等21篇论文获一等奖,太原理工大学阳泉学院科协王长春、员创治的《基于B/S模式的学院人才培养工作水平评估系统的开发》等37篇论文获二等奖,市医学会王治诚的《农民工主要水溶性纤维素营养状况调查》等86篇论文获三等奖。（宋崇军）

青少年科技活动

【第23届青少年科技创新大赛】 2008年,在各县(区)有关单位及市直各校的积极报送下,市第23届青少年科技创新大赛组委会共收到各类作品共计1255件。其中优秀发明118项,优秀论文219篇,优秀科学幻想绘画911幅,优秀科技实践活动7项。经过认真评审,共评出优秀发明一等奖12项、二等奖24项、三等奖35项;优秀论文一等奖6篇、二等奖28篇、三等奖50篇;优秀科学幻想绘画一等奖40幅、二等奖60幅、三等奖92幅;优秀科技实践活动一等奖2项、二等奖2项、三等奖3项;优秀科技辅导员38名;优秀组织奖14名。大赛结束后,选出了60件作品参加第23届山西省青少年科技创新大赛,矿区赛鱼小学梁亦琛的《节能健身洗衣机》获山西省优秀项目一等奖,郊区石卜嘴小学黄正奇的《多功能环卫车》等9幅作品获山西省优秀科学幻想绘画一等奖,矿区红岭湾小学的《我为节能降耗撑远航》、西河路小学的《关于城市生活垃圾的调查研究》获省优秀科技实践活动一等奖;郊区河底中学刘秀芳的《残疾人方便内裤》等28件作品获山西省二等奖;平定县南关小学高敏的《神奇的树叶》等20件作品获山西省三等奖。矿区赛鱼小学赵晋平、红岭湾小学冀秀琴、刘长生、许付京、西河路小学李东新、王仲平、尹凤萍荣获省优秀科技教师,平定县科协、矿区红岭湾小学、郊区义东沟小学、市下站小学获省优秀组织奖。在8月份乌鲁木齐举行的全国第23届青少年科技创新大赛中,矿区西河路小学的《关于城市生活垃圾的调查研究》获优秀科技实践活动二等奖,矿区段家背小学安彩霞的《基因牙齿》获科幻绘画三等奖，矿区红岭湾小学大队部和科普组的《我为节能降耗撑远航》获优秀科技实践活动三等奖。

（宋崇军）

【中小学生“科技论坛”】 5月27日，由市科协、市教育局、市环保局、团市委共同主办的第23届阳泉市青少年科技创新大赛表彰会暨青少年科技论坛在南山宾馆召开，来自全市近40所学校的150余名学生、40余名教师以及组织单位代表参加了大会。会议对大赛情况进行了全面总结，并对获奖项目和教师进行了表彰，同时举办了青少年科技论坛，来自洪城河小学、赛鱼小学、河底中学等学校的学生展示了获得市级一等奖以上的11件作品。

（宋崇军）

【“大手拉小手”科技传播行动】 年内，为给广大中小学生传播校外的科普常识，市科协青少部走进校园，走进青少年科技教育基地，开展“大手拉小手”科技传播行动，为广大中小学生奉献科普大餐。5月18日，郊区科协和郊区教育局联合在区青少年活动中心举办了“郊区青少年科技创新教育报告会”，邀请了省科协副主席、全国著名科技创新教育专家关原成教授主讲。12月上旬，市科协在矿区西河路小学进行了科技创新讲座，主讲人详细介绍了青少年科技创新大赛的意义、内容及评审标准，该校的100多名学生和班主任、科技教师聆听了报告。市气象学会常年向全市各中小学开放气象科普教育基地。年内，盂县300多名小学生在专家的带领下，亲身体验气象观测、预报的全过程。市图书馆学会与市英语协会联合，在图书馆中设立了外语阅览室，填补图书馆资料空缺，开辟了新的英语阵地。

（宋崇军）

气　　象

【概况】 2008年，市政府颁发了阳国用〔2008〕第1403030503051号《中华人民共和国国有土地使用证》。至此，市气象局土地使用面积新增7815.40平方米。5月4日，市气象局召开职工大会，贯彻落实省局批复的《阳泉市气象部门事业单位岗位设置管理实施方案》。8月14日，市气象局和共青团市委联合下发阳气〔2008〕21号《关于开展组建气象灾害义务信息员队伍工作的通知》的文件，9月15日，双方共同组建了市气象灾害义务信息员管理机构和办公室，并在全市范围内组建了气象灾害义务信息员队伍。11月7日～9日，气象义务信息员代表平定县锁簧镇政府团干白新河、市城区南山街道办事处团干郝志强赴省气象局参加培训。（王秀为）

【气象现代化建设】 2008年，市气象局不断加强气象现代化建设，整体水平进一步提高。一是投资12万元对气象台网络进行了标准化改造，新添1台服务器、1台三层交换机、3台26寸液晶显示器、1个网络机柜。二是市局专业气象台12121电话系统改版，增加了周边城市预报、生活指数预报、地质灾害预报、高速公路沿线预报等内容。平定、盂县两局分别建成气象短信服务平台，至此，全市各级政府等部门在第一时间可收到气象预警信息。三是平定县政府投资40万元建成了气象人影基地，其中炮库占地约380平方米，人影业务用房260平方米，地下弹药库30平方米。市气象台还帮助平定局安装了CTNRAD系列雷达终端服务程序。年内，市气象局还投资6万多元对观测场外围栏进行了更换，新的外围栏采用混凝土及铁艺，投资2万多元对观测值班室及机房进行了改造，投资6700元新增了联想QA2020电脑1台。经过改造，观测值班室及办公室基本达到了标准化、规范化的要求。

（李素敏）

地　　震

【概况】 2008年，市地震局坚持“以人为本，科学减灾”的工作理念，以发展的观念，创新的思路，改革的精神，求实的作风，认真总结5·12四川汶川8.0级特大地震灾害的教训，在防震减灾“三大工作体系”建设中，坚持“夯实基础，有序推进，提高能力，增强实效”的工作思路，不断改进工作作风，提高工作效率，增强服务意识，推进了全市防震减灾各项工作的发展。3月1日，市地震局与城区、矿区地震局在城市广场举行了“防震减灾法”实施十周年大型宣传活动，向市民讲解防震减灾知识，发放《防震减灾法》、《防震·减灾·法规知识百问》等宣传资料5000余本、防震减灾法律法规和地震知识宣传单2万余份。

（王晓维）

【5·12汶川大地震应急工作】 5月12日14时28分四川省汶川县发生了8.0级强烈地震。地震发生后，市地震局及时向市委、市政府主要领导汇报震情，启动特殊情况应急预案，迅速进入各自岗位，展开收集情况、解答询问、通报信息的工作。当日，市地震局向各县（区）地震局发出紧急通知，对县（区）的地震应急工作提出了要求。为保障通讯安全，地震局安排专人对地震信息网络设备、数字地震仪设备进行一次全面检查，并联系网通、移动服务部门立即检查通讯线路。5月13日，市地震局与市红十字会联合发出向四川地震灾区捐助的倡议书，呼吁全市社会各界向灾区人民伸援手，为灾区捐赠善款。局专业技术人员每日下午下班前，将收集的地震资料进行会商，形成地震趋势意见。值班人员24小时坚守岗位，对来人来电做好登记记录，及时回答公众电话、手机咨询1000余次。各县（区）地震局利用应急广播车，上街头向群众宣传地震知识，以安定民心。5月28日，市防震减灾领导组组长、市政府副市长李体柱听取了市地震局局长魏英祖关于阳泉市应对四川汶川地震后的工作情况汇报，市地震局根据省地震局和市委、市政府的指示，立即启动Ⅱ级应急

响应,采取“加强震情值班、加强震情监测和异常跟踪、加强加密会商、加强领导带班、加强与有关部门的联系沟通的“五加强”工作措施,避震自救,抗震救灾,做了大量积极有效的工作。（王晓维）

【地震知识宣传】 3月7日是中央社会治安综合治理两个《决定》颁布17周年,矿区综治委分别在天利广场、阳煤集团等区域组织大型宣传活动,市地震局作为驻区单位积极参加了天利广场的展览宣传活动。宣传的主要内容是:地震应急救援、地震自救、互救、家庭避震、学校避震、公共场所避震和地震前兆、地震的形成原因、如何识别迷信、谣言等知识。（王晓维）

【市地震局建局30年】 12月10日,阳泉市地震局建局30周年纪念日。为此,专门举行了庆祝大会。省地震局局长赵新平,省地震局原局长吴伯荣及有关处室领导应邀出席了会议,市委、市政府及各县(区)政府分管领导及汶川地震中的抗震救灾英雄代表参加了庆祝大会。市委副秘书长冯维明主持。会上,宣读了山西省地震局发来的贺信。

30年中,阳泉地震工作者坚持艰苦创业,与时俱进,不懈努力,开拓创新,使地震工作有突破、有创新、有成果,实现了全省“四个第一”的目标。即:在全省第一个实现了地震监测环境优化改造,全省第一个市级地震监测台网实现了数字化,开通了全省第一个市级防震减灾信息网站创建了全省第一个国家级防震减灾科普基地。（王晓维）

【地震系统举行行政执法资格考试】 6月5日,阳泉市地震局举行行政执法资格考试。此次考试由市法制办组织,法制办降廷亮主任从行政执法的重要性、意义以及目前行政执法中存在的问题多方面、全方位的进行了辅导,并引用国内外典型案例进行深刻分析。参加考试的包括盂县地震局、平定县地震局、城区地震局和市地震局在内的共29人。（王晓维）

【规范抗震设防审批和地震安全性评价工作】 2008年2~4季度,市地震局对天桥以东旧区改造30层大楼建设工程、阳泉移动通信公司生产大楼工程和盂县龙华口水电站建设工程场地进行了地震安全性评价,对郊区三郊村希望小学、平定交通商务住宅楼项目进行了抗震设防审批。（王晓维）

【市地震局对市技校进行防震减灾知识培训】 10月31日,市地震局局长魏英祖为市技工学校150名教师讲授防震减灾科普知识,并对该校地震应急演练的前期准备工作进行了指导,这是市地震局开展的应急救援工作“进社区、进学校”宣传活动的一项重要内容。魏英祖局长就我国当前的地震形势、宏观异常现象的判断与谣言的辨别平息、地震应急与应急工作的要求、地震应急演练方案与应急演练四个方面深入浅出地进行了讲解,并就突发地震紧急避震、疏散、救护知识及学校应当注意的相关问题进行了细致、透彻地讲述。（王晓维）

【防震减灾助理员培训】 年内,市地震局技术人员分别对平定县、盂县和郊区的防震减灾助理员及中小学校长进行了培训。防震减灾助理员担负着地震宏观观测、地震灾情速报和地震知识宣传网络的工作任务。并将防震减灾助理员每人每月60元的补助经费纳入了政府年度财政预算,确保防震减灾群测群防网络体系的可持续发展。根据地震部门依托防震减灾公益服务“12322”号码建设(全国统一的地震灾情短信速报平台)的要求,建立健全了群测群防队伍,形成了“横向到边、纵向到底”的群测群防网络体系,确保按照全国地震灾害速报平台的建设要求开展工作,有力地推进了“三网”建设。（王晓维）

【概况】 2008年,全市文化系统以科学发展观为统领,全面推进文化事业和文化产业的发展,各项工作迈上新台阶。

艺术创作　组织全市文艺工作者创作戏剧、舞蹈、歌曲、小品、曲艺等舞台文艺作品80余部(件),其中9部(件)获省奖。创作美术作品200余件,入选省级以上展览141件,获省级奖15件、全国奖4件。召开全市艺术工作创作座谈会,表彰奖励了2006年~2008年度全市艺术创作优秀成果,制定出台了2009年~2011年全市艺术创作规划,成功举办了纪念改革开放30周年专题文艺晚会,参与了全省纪念党的纪检机关恢复重建30周年文艺晚会等20余场大型演出。市直专业艺术院团演出经营和艺术建设保持良好态势,全年演出650余场,实现纯收入150余万元,投入近60万元用于投排新剧目和更新设施,增强了院团的实力。

公共文化服务　年内,市政府下发了《阳泉市推进基层文化建设、构建公共文化服务体系的实施意见》后,全市建成了8个乡镇综合文化站、150个农村文化室,其中乡镇文化站完成投资925万元、总面积7651平方米;村文化室完成投资4008万元、总面积35652平方米。总面积3000平方米的城区文化中心基本建成,总面积10000平方米的盂县文化中心举行奠基。公共文化服务工作得到进一步加强。

群众文化　年内,市文化部门精心组织"三节"系列群众文化活动,共举办专题文艺晚会、街头民间艺术表演、元宵灯会等200余次,观众达50万人次。积极开展送文化下乡活动,为农村、社区、军营、武警部队组织送戏2000余场,送图书3500余册,赠送书画作品和春联1000余幅,新建农家书屋70个,配送图书3.5万册。各级文化部门还举办了文化艺术培训班,培训基层文化员和文艺骨干500多人。年内,有22个节目、14件作品在省级群众文艺比赛中获奖。城区北岭社区在第六届"四进社区"文艺展演中获"全国文化先进社区"称号,城市广场被评为"山西省十大优秀特色文化广场"。

文物非物质文化遗产保护　年内,市文化部门组织开展了第三次全国文物普查活动,共普查文物点118处,发掘汉代、清代墓葬14座,出土文物60余件。投资100余万元,对文物保护单位进行了维修,平定武迓鼓入选国家级非物质文化遗产,公布了第一批市级非物质文化遗产保护项目。郊区荫营镇被文化部命名为"中国民间文化艺术之乡"。

图书电影　年内,市图书馆以迁入新馆为契机,新增藏书1万余册,开展了"阳泉市首届读书月"活动,日接待读者人数与往日比增长50%。为普及农村电影数字化放映服务,全市32个乡镇配备了数字放映机,建成了数字电影卫星地面接收站,全年完成放映场次1万余场,在全省率先实现了每村每月放映一场电影的目标。

文化市场监管　全市全年共出动执法检查人员700余人(次),检查各类经营场所2100余家(次),查处违规经营场所180家(次),收缴各类非法盗版出版物13425册,集中销毁非法图书25800余册、光盘10000余盘、电子出版物3200余盘。对市内的一报一刊、19家内部资料性出版物及8家记者站进行了年检,出台了《报刊审读管理暂行办法》。开展了整治"假报刊、假记者站、假记者、假新闻"专项行动,查处非法报刊4450份。积极提升服务水平,全年办理行政许可159项,办理年检244家,换发经营许可证646家,引进外来演出团体23个、举办演出1100余场次。举办了演出、娱乐、音像、网络市场及出版物零售出租经营单位法规培训班,800余人参加了培训。完成了"扫黄打非"各阶段、各战役任务,市"扫黄打非"领导组办公室连续6年被山西省“扫黄打非”工作领导小组授予全省“扫黄打非”工作先进集体荣誉称号。

文化产业 全市文化产业整体布局不断优化,平定刻花瓷文化旅游园区参加了国家级文化产业示范基地申报,阳泉文化产品参加了第三届中国北京文化创意产业博览会。开启了阳泉文化产业网络信息平台,开通了“阳泉文化网”,为“山西文化产业网”提供了文化产业资讯。全市新增文化产业投资1000余万元,由文化部门主管和联系的文化产业经营单位达1116家,从业人员7800人,年产值达2.7亿元,年利税达1000万元,文化产业规模进一步壮大,文化产业对经济社会发展的作用进一步增强。

(王景莲)

专业文化

【46件作品入选省“杏花奖”优秀美术展】 2008年1月20日~28日,阳泉市46件美术作品入选由省文化厅在省城主办的“山西省‘杏花奖’优秀美术作品展”。市美术院院外画师崔群、唐永军、胡晶浩的版画作品《龙,你是我的骄傲》获金奖,臧五一的水彩画《鸡冠花》获银奖,画师张何的油画《老黑》、李彩萍的中国画《悠远》获铜奖,市美术院荣获优秀组织奖。 (郭雅菁)

【北京京剧院青年团到阳泉演出】 2008年4月29日,北京京剧院青年团到阳泉演出了京剧《赵氏孤儿》,参加演出的有著名程派表演艺术家、梅花奖获得者、青年团团长迟小秋领衔的梅、尚、程、荀等各流派优秀旦角演员和马、谭、杨等流派老生演员等,演出团体阵容强大,行当齐全,文武兼备。 (郭雅菁)

【省第八届版画展获佳绩】 2008年6月,全市52件作品入选省第八届版画暨藏书票展览,崔群、唐永军、胡晶浩合作的《龙,你是我的骄傲》获金奖,王雨来作品《风雪太行》、侯玉生作品《没有草的季节》获银奖,郭贵明的《山居图》、胡晶浩的《历山绪忆》,魏喜元的《塬上》,荆瑞明的《碛口李家山》,赵华双、马保元的《冬阳》获铜奖。市美术院荣获优秀组织奖。 (杨素华)

【百团大战系列长卷】 2008年7月1日,经过3年努力,由本市画家宫来祥、张登魁、张四春共同创作的《百团大战系列长卷》杀青。全卷长33米,高1.8米,属阳泉有史以来最大的革命历史画卷。作品共分“万刃破晓”、“百团大战”、“千里怒火”3个部分,真实地再现了1940年8月间,八路军在华北5000里战线上对侵华日军展开的一次大规模交通破袭战(史称“百团大战”)。其场面气势磅礴,宏伟壮烈。是一部很好的爱国主义精神教材。 (杨素华)

【印度画家维杰·塔库个人画展】 2008年7月9日~12日,由市委宣传部、市文化新闻出版局、中印友好协会主办,市展览馆、市天元家用电器有限责任公司、市图书馆承办的“印度著名画家维杰·塔库先生个人画展”在市文化中心展览馆展出。共展出维杰·塔库先生个人绘画作品76幅。其作品色彩起伏,水墨飘逸,韵味无穷,让阳泉人近距离接触了当代印度绘画。 (王景莲)

【首演现代戏《女人家》】 2008年10月14日,由市艺术研究室编剧、田伟泓创作、市豫剧团演出的大型现代戏豫剧《女人家》在三矿俱乐部首演。该剧叙述了香水河一个名叫老耿的农村女人的故事,反映了农村女性的情感生活。作为现实主义剧目,该剧在题材和主题上紧扣当代建设社会主义核心价值体系的要求,具有强烈的时代特色。

(郭雅菁)

【市晋剧院建院60周年纪念活动】 2008年10月24日~26日,为庆祝市晋剧院建院60周年,市晋剧院在滨河世纪广场举办了庆祝活动,先后演出晋剧《白沟河》、《忠义侠》、《杨门女将》、《出水清莲》等6场经典剧目,深得市民喝彩。同时,市晋剧院还在广场设立了10余块展板,展出了60年来晋剧院的创始人、奠基人、成就、院团建设、省级和市级著名演员获奖剧目等内容。 (郭雅菁)

【纪念改革开放30周年文艺晚会】 2008年11月24日,由市委、市政府主办,市委宣传部、市文化新闻出版局、市广播电视总台承办的“阳泉市纪念改革开放30周年专题文艺晚会——辉煌历程”在阳泉宾馆报告厅演出。市领导及700余名观众观看。晚会以纪念改革开放30周年为主题,以诗朗诵、歌舞等节目形式,通过“春天的故事”、“走进新时代”、“建设和谐家园”3个乐章,全面反映了改革开放30年全市人民创造、赶超、发展的生动实践和辉煌业绩,歌颂了全市人民与时俱进、自强不息、勇于变革、勇于创新的精神风貌,展示了全市人民在共享改革发展成果,共建和谐大家园中的幸福生活。 (郭雅菁)

【艺术创作会】 全市艺术创作工作会议于2008年12月4日召开,市文化新闻出版局、局属有关单位负责人及市艺术创作指导中心成员,各县区文体局长、文化馆长等80余人参加了会议。会议认真总结了2006年~2008年全市艺术创作工作,制定出台了2009年~2011年创作规划。三年来,全市共创作、移植、改编舞台艺术作品226个,其中,戏剧10部,舞蹈24个,曲艺小品53个,歌曲139首。这些艺术作品有80余部已搬上舞台,有28件文艺作品获省以上等级奖。全市新创作美术作品600余件,其中入选省展的300余件,有50余件作品获奖;参加全国性展览的30余件,9件作品获奖。 (郭雅菁)

社会文化

【首批星级农村文化活动室 社区文化活动中心】 2008年1月10日，全市首批星级农村文化活动室和社区文化活动中心表彰命名大会在盂县牛村镇温池村举行，6个文化活动室被命名为星级农村文化活动室：盂县温池村、上社村、阳坡村文化活动室，郊区大洼村、辛兴村文化活动室，平定县冶西村文化活动室；4个文化活动中心被命名为星级社区文化活动中心：城区新华东街社区、南边堰社区文化活动中心、矿区平潭东社区、大院社区文化活动中心。这10个单位分获价值10000元的图书和1000元奖金。

（王燕平）

【农村数字电影放映工程】 2008年2月1日，市新兴农村数字电影院线有限公司成立，同时启动了农村数字电影放映工程。年内，全市共投资100万元，为32个乡镇配备了数字放映机，建成了数字电影卫星地面接收站，落实了公益放映补贴资金，通过公开信等方式向农民群众宣传国家公益放映政策，使农村数字电影工作步入正规。至年底，全市完成放映场次10000余场，在全省率先实现了每村每月放映一场电影的目标。（王晓波）

【市国际标准舞协会成立】 2008年4月22日，市国际标准舞协会成立大会暨第一届会员代表大会在景隆花园举行。出席大会的有社会各界及国标舞爱好者共300余人。大会总结了市内国标舞发展的现状、成绩和经验，确定了全市国标舞发展的任务，选举产生了阳泉市国标舞协会第一届理事会，共有会员96名。该协会的成立，标志着阳泉国标舞事业的发展进入新起点。

（王晓波）

【"阳泉赋"征文】 2008年6日~10月间，阳泉举办"阳泉赋"征文活动。这次活动由市委宣传部、市文明办主办，市文联、市城市建设投资有限公司、市图书馆承办。活动收到市内外应征作品30余篇。参赛征文对阳泉的历史文化特色和建设发展成就作出了高度概括，并在赋体的运用上融汇古今，有所创新，为"阳泉赋"的流传奠定了基础。最终，韩邦亭、马玉隆、郝向勇等5位作者分获及一、二、三等奖。（毛志宏）

【"中国文化遗产日"宣传】 6月14日是"中国文化遗产日"，阳泉市在市文化中心广场隆重举行宣传活动，共制作展版40余块，发放资料2000余份。为加强市内文物的保护工作，年内，市政府出台了《关于加强全市文物工作的意见》，投资1200多万元，维修了10余处文物保护单位，新建了市县级文物库房2个，普查、登记文物1300处(项)。至年底，全市累计153处被公布为各级重点文物保护单位，其中国家级4处、省级7处、市级19处、县级123处。年内，考古工作也取得了较大成绩，馆藏文物总数达到了2400余件；非物质文化遗产保护有长足发展，有关部门对阳泉评说、阳泉迓鼓、平定刻花瓷、故事火、皇纲等富有特色的民间传统艺术进行了抢救、挖掘和保护工作，并开展了全市非物质文化遗产普查和名录编制。

（王晓波）

【保晋公司纪念馆揭牌】 2008年7月5日，阳泉市在保晋文化园隆重举行了保晋公司纪念馆揭牌仪式。保晋公司纪念馆位于桃河北岸东侧，占地面积500平方米，纪念馆由大厅、展厅、影视厅组成。纪念馆展厅为3部分：第一部分为"山西争矿运动中崛起的保晋公司"，从1905年7月争矿运动发端到清政府准奏开办保晋公司为止，通过22幅图片、40余件实物，对争矿运动的起因、经过及结局作了形象展示；第二部分为"在民族工业中独树一帜的保晋"，从1907年保晋公司筹办到1916年保晋公司总部迁至阳泉为止，分为"实业图存的保晋创办时期"、"奋发有为的保晋鼎盛时期"、"深陷危机的保晋衰落时期"3个部分，通过60多幅珍贵图片和80多件实物，再现了保晋公司30年兴衰沉浮的发展历程；第三部分为"在民族复兴的伟业中传承保晋精神"，通过30多幅资料图片，展示了保晋公司在山西能源重化工基础形成中的地位，彰显出山西民族工商业的发展轨迹和巨大影响。纪念馆开办的目的是：让市民认识保晋公司精神、了解保晋公司历史，继承爱国兴晋、实业富民的优良传统，激励全市人民以更加奋发有为的精神状态，投入到共谋发展、共创和谐的事业中。

（郭雅菁）

【非物质文化遗产普查培训】 2008年8月15日，由市文化新闻出版局组织的第二批省级非物质文化遗产暨普查培训班在市文化中心报告厅开班。各县区文体局分管副局长、文化馆长，非物质文化遗产项目普查员、管理员，市非物质文化遗产保护中心专家组全体成员和第二批申报项目单位负责人共70多人参加了培训。培训班邀请省非物质文化遗产保护中心主任赵中悦等专家，系统地讲授了申报文本的填写说明，申报片的拍摄及照片处理等申报要领和普查工作手册、普查大纲、普查数据的上传等普查培训内容。

（王燕平）

【读书月】 从2008年12月24日到2009年1月24日，由市委宣传部、市文化新闻出版局主办，市城市建设投资有限公司、建设银行阳泉分行和市图书馆承办的阳泉市"首届读书月"活动启动仪式在市文化中心报告厅举行。山西省图书馆、山西大学图书馆、市委宣传部、市英语学会、市水利局、市工商联、市石油公司的代表参加了启动仪式。启动仪式上，高巨海、刘建民向图书馆捐赠了图书。同时，首批市公安局城区分局图书室、五渡派出所图书馆、民警培训中心图书室、巡警支队图书室等7个警民共建图书流动站启动。“读书月活动”以纪念改革开放30周年、成功举办奥运和市图书馆新馆开馆为契机,以“阅读·进步·和谐”为主题,大力倡导全民阅读活动,努力营造书香阳泉的良好氛围。(毛志宏)

【狮脑山“文廊”】 2008年,市图书馆完成了狮脑山“文廊”的图文编撰工作,建成了一个石质图书馆,使市民的阅读情趣从室内延伸到野外,获得省内外人士的好评。“文廊”位于狮脑山森林公园百团大战纪念碑南端下侧,与印苑、书林同为盘山公路沿途之文化景观。“文廊”碑刻近300通,10万余字。整体布局以太极八卦图为形、组碑为廊,并粹选中华优秀文化知识镌刻其上。八卦分“理政治国、哲学宗教、历史文物、地理自然、文学艺术、科技军事、兴学育人、购物人情”,每部均由概述、经典、图表组成。碑廊东南侧附建月形长壁,选刻中华文学名篇34则,另有序、记及全民读书月标识刻石,堪称中国首座石质图书馆,其建构形制体例均为晋东文化旅游开发建设之创新,具有独特的文化魅力和观赏价值。所选内容自通用版本,是未成年人了解传统文化,陶冶道德情操的入门之径。(毛志宏)

【6个项目入选第二批省级非物质文化遗产保护项目】 2008年,阳泉市的盂县民歌、平定皇纲、盂县牛斗虎、阳泉文迓鼓、平定砂货烧制工艺、平定零祭6个非物质文化遗产保护项目被确定为第二批省级非物质文化遗产保护项目。至此,全市共有国家级非物质文化遗产保护项目1项、省级非物质文化遗产保护项目12项。(王燕平)

文化艺术

【290件作品获市文学艺术创作奖】 10月15日,阳泉市第四届文学艺术创作奖表彰大会召开。市委常委、市委秘书长樊盛武主持会议。会上,市领导谢海、高全怀等为获奖者颁奖。市委宣传部、市文联、阳泉日报社、市文化局、市广电总台(局)领导和市直11个协会的主席、副主席、秘书长及获奖作者参加了大会。市文学艺术创作奖是市委、市政府为表彰在文学艺术创作方面为地方争得荣誉、成绩卓越的优秀艺术家所设立的最高荣誉奖。年内,有关专家对参评的近800位文艺工作者的1000余件作品进行了认真筛选,共评出获奖作品290件,其中金奖16件、银奖102件、铜奖172件。市委书记谢海在表彰大会上作了重要讲话,市委常委、市委宣传部部长高全怀作了题为《百花齐放满园春,争奇斗艳放异彩》的报告。(尹玉琴)

【青年作家创作会暨2000~2007年《娘子关》杂志优秀作家 优秀作品表彰会】 10月31日,市文联、市作协与《娘子关》编辑部联合召开阳泉市青年作家创作会暨“2000~2007年《娘子关》杂志优秀作家、优秀作品”表彰会。会议特邀省作协主席团委员、《黄河》杂志社主编张发,《山西文学》杂志社主编朱凡以及黄风、王国伟、陈克海、孔令剑等专家老师到会进行指导。市委常委、市委宣传部部长高全怀在会上作了重要讲话。会上,还表彰了长期以来支持《娘子关》刊物,并为获得“优秀作家奖”的12位作家和获得“优秀作品奖”的14位作者颁发了荣誉证书。(尹玉琴)

【青年作家 作者 文学社团负责人座谈会】 10月31日下午,市文联、市作协与《娘子关》杂志编辑部组织召开了青年作家、作者、文学社团负责人座谈会。会议邀请《黄河》杂志副主编黄风、主编助理王国伟,《山西文学》编辑孔令剑、陈克海4位老师为阳泉文学创作进行了指导。市内40多位青年作家、作者就文学创作方面的问题与各位专家老师进行了磋商和交流。会上,4位老师代表《黄河》和《山西文学》杂志社向与会的作家、作者、社团负责人赠送了他们近期出版的刊物各50册,市文联、《娘子关》编辑部也向评梅女子文学社等市内文学社团赠送了历年出版的《娘子关》杂志上千册。(尹玉琴)

【32集电视连续剧剧本《保晋风云》创作完成】 2008年,由市作协老作家张凤瑞撰写的32集电视连续剧剧本《保晋风云》在《娘子关》副刊发表。该剧反映的是山西近代史上著名的争矿运动,这次运动是一场具有历史意义的爱国主义斗争。这场运动以山西阳泉为发端,迅速向山西和全国蔓延,在山西票号巨商绅士的支持与带领下,经过了复杂激烈的斗争,终于赎回了矿权。随着运动的深入,山西近代第一家大型工商企业保晋公司正式成立,从此拉开了山西近代民族工业的序幕。经有关专家和业内人士读后一致认为,这是一部反映重大题材的好作品。(尹玉琴)

【纪念高长虹诞辰110周年座谈会】 12月26日,市文联与高长虹研究会召开了“纪念高长虹诞辰110周年座谈会”。省作家协会党组副书记李歆,中国赵树理研究会会长、高长虹研究会名誉会长、山西省作家协会原副主席董大中,省作家协会创联部主任阎姗姗,市委常委、宣传部部长高全怀,市委宣传部副部长、市文联党组书记裴秀珍等参加了会议。会议由市政协原副主席、高长虹研究会会长李畤海主持。会上,高全怀作了重要讲话。(尹玉琴)

【《阳泉文学艺术60年》丛书出版】 2008年,由市文联组织编撰的《阳泉文学艺术60年》(共6册)系列丛书由三晋出版社正式出版。市委书记谢海为该丛书题词“力作留香,华章载道”,市长白云为丛书作序。该套丛书由市委常委、市委宣传部部长高全怀任总顾问,市委宣传部副部长、市文联党组书记裴秀珍任顾问,市文联主席侯讵望、副主席李银苟任主编。该丛书包括高润征、庞宏亮编著的《概览卷》;侯讵望、李银苟编著的《文学卷》(修订本);杨建国编著的《美术卷》;余自强编著的《音乐卷》;张富保、杨谦云编著的《电影卷》;郑恩田编著的《书法卷》。丛书较为翔实地记录了阳泉市60年来各艺术门类的发展状况、重要事件、重要人物、主要成绩等,其内容以叙述为主,基本不作评价,目的是为后人研究阳泉文学艺术提供索引资料。　(尹玉琴)

【文艺社团活动】 2008年,全市文学艺术社团积极工作,大力组织开展了各类活动。

市美术家协会　2008年,市美协首次主办了省级专业美术作品展览——山西省第八届版画暨藏书票展览、第16届阳泉市美术作品展、阳泉市青年美术家提名展、金秋水彩画展、阳泉书画名家展、黄占元从艺50年画展等市级展览,为有突出成就的画家建立了艺术档案;发展了1位全国美协会员,有3人加入了省美协。

市书法家协会　2008年,市书法家协会配合市文联编撰了《阳泉文学艺术60年》(书法篇);举办了"3·15"维权书画展,完成了省书协安排的普查登记工作及会员的档案整理。由市文联、市书协联办的"刘增民先生《翰墨情深》诗书作品展",以书法形式纪念毛泽东诞辰115周年和改革开放30周年。

市戏剧家协会　年内,赵晓丽创作的广播剧《桃花红了》参加省第八届"五个一工程"广播剧的评比;市晋剧院举办"庆贺建院(团)60周年"活动,并在市滨河世纪城凯旋广场公演6场,还排练了《三更生死缘》(共3本)、《文龙归宋》等多部戏剧;市豫剧团排练了由田伟泓创作的现代戏曲《女人家》,该剧目参加了山西省第八届"五个一工程"戏剧剧目的评比,并参加了全省现代戏调演,年内该剧团为社区居民公益演出360场次。

市音乐家协会　2008年,由市音协创作的4首歌曲在"2008春节文艺晚会——奋进阳泉"上演出,余自强、赵润长担任晚会策划;市音乐家创作录制的8首抗震救灾歌曲先后在市电视台、电台播放,在《阳泉日报》登载;市音协还组织开展了市"迎奥运,颂祖国"征歌活动,应征作品127件,其中CD88件。经评选,有20首优秀歌曲获奖;由古丫作词、王紫作曲的《橄榄绿》、由胡传经作词、王紫作曲的《陪着俺娘说说话》、由樊孝武作词、余自强作曲的《流浪的牧人》3首歌曲入选"全国(华北赛区)优秀流行歌曲创作大赛"。这3首歌曲经省音乐家协会征歌办评奖后,推荐参加全国大赛。市音协还录制完成了参加"五个一工程奖"评奖的5首歌曲:王紫作曲、计忠、古丫作词的《就是你》,王紫作曲、刘卫星作词的《一路阳光》,朱廉洁作曲、高全怀作词的《阳泉,我可爱的家乡》,余自强作曲、郭新顺作词的《十万个为什么》,任继东作曲、张枚同作词的《祖国的清晨》。年内,赵润长、史秀丽被吸收为中国音乐家协会会员。

市摄影家协会　2008年,市摄影家协会举办市文化网络摄影大赛、"远鑫杯"极线越野车全国邀请赛摄影大赛、桃林沟摄影艺术节开幕式、今日荫营矿摄影展览、太行风采杯摄影大赛等大型活动,参加了全国"安全在我心中"摄影作品展、上海第9届国际摄影艺术展览,还组织会员到阳泉铝业公司、平定七岭山、奥伦胶带公司、大寨核桃露厂、江西红色老区等地进行采风与创作。该协会还在国阳二矿和平定报社举办了摄影培训班2次。

市舞蹈家协会　2008年3月,市舞蹈家协会组织20名会员参加了中国舞蹈家协会举办的"社会艺术水平考级",少年班18名小演员参加了"山西省6~7级考级展演专场演出",这些活动得到省舞协和北京考官的一致好评。

市曲艺家协会　2008年,市曲艺家协会召开了"阳泉评说"申报国家非物质文化遗产专场晚会暨座谈会,会上演出了《郗富根自白》、《训子》、《农夫与公子》、《老两口订计划》、《抿圪斗变奏曲》、《快》、《给孩吃甚》、《找原因》、《相女婿》、《沉痛的教训》、《四世同堂话阳泉》等评说节目。年内,还举办了"唱响新农村,为奥运喝彩"曲艺晚会和曲艺演员培训班,参加了省电视台"中国风"栏目的演出,演出了3人评说《真有这号人》、化妆评说《训子》、评说小品《相女婿》。

市电影家协会　2008年,市电影家协会召开了工作会,配合市文联编撰了《阳泉文学艺术60年·电影卷》。张富保参加了"全国数字电影战略合作座谈会",在会上作了题为《农村数字电影的发展现在与未来》的报告。年内,全市32支农村数字电影放映队,为全市968个行政村共演出电影8200场。

市电视艺术家协会　2008年,市电视艺术家协会召开了工作会,协办了阳泉市2008年春节文艺晚会。

市民间文艺家协会　2008年5月,李金柱的40余幅剪纸作品在洛阳牡丹节上展出,《洛阳日报》、《洛阳晚报》刊登消息;4月、6月和12月,市民间文艺家协会分别召开了3次会议,研讨编写《阳泉民间文艺丛书》方略;组织会员参加了第四届深圳文博会;协助田文秀老人制作中华戒烟钟,并赠送北京市大钟寺;年内,市民协参加了省十大文化品牌、十大文化创新人物、十大文化领军人才、十大优秀非物质文化遗产传承人评选表彰活动",平定县的文亮刻花瓷砂器研究所所长张文亮成功入围。　(尹玉琴)

评梅女子文学社　2008年4月30日,评梅女子文学社召开社委会扩大会,将2008年确定为该社的"学习年"和"培训年"。从5月10日始至10月11日止,该社团坚持在每月的第一个周六下午进行学习培训,共组织讲座6次12课,参与授课的老师共7人。小岸、李枢评、赵锁仙、李彦良、郭爱华、张瑾琦、侯讵望分别为女作者授课。主要课程有《小说创作感受》、《做人与做事》、《歌哭汶川》、《文学心理学》、《散文与我们》、《语言文字的规范问题》及《当今文学的走向及文学的使命》。年内,小岸、指尖、郭爱华、寒月等作者的30余篇作品分别发表在《散文选刊》、《都市小说》、《天地父母》、《阳光》、《佛山文艺》、《山西文学》、《今天生活》、《中篇小说选刊》、《莽原》等刊物上。 (文 瑾)

文 物

【文物保护】 2008年,市文物管理局组织开展了第三次全国文物普查,举办了两次普查队员培训班和一次文物保护员培训班,已完成普查文物点118处,新发现文物62处。配合基本建设工程做好地下文物的调查、勘探及抢救性发掘工作,先后对阳泉220千伏平定西变电站站址及进出线走廊、阳泉煤运公司乱流集运站、石太铁路货运站、盂县水神山路、阳盂高速公路等项目的选址进行考古调查,共发掘清理汉、清代墓葬14座,出土陶器、瓷器等各类文物60余件,调查勘探了平潭古城。对盂县普济寺钟鼓楼、平定县文庙大成殿棂星门、郊区张穆故居3处市级文保单位进行了抢救性保护。为郊区关王庙和盂县释迦寺分别争取到50万元和100万元的维修资金。参与了纪念保晋公司成立100周年纪念活动,完成了保晋纪念馆文物征集和布展,并建立了文物档案。结合市政府城乡一体化整体规划,以市文物发展现状为基础,制订完成了全市文物保护规划。年内,市文物管理局被省文物局授予"山西省文物行政执法先进单位"、"基本建设中文物保护先进单位"、"文物会统先进单位"等称号。 (王景莲)

【盂县发现西汉前期墓葬群】 2008年,市文物管理部门和盂县文物部门在盂县大吉村北羊圈坪勘探发现14座古代墓葬。通过分析、鉴定,这批墓葬分属西汉前期及清代墓葬,对研究盂县当时的社会经济和民情民俗有重要的学术价值。这14座古代墓葬,分布在南北长约120米的地带,其中有8座是早期墓葬,6座是清代墓葬。随葬品比较少,少则1件,多则10件,以陶器为主,有罐、壶、盆、灶等,2座墓发现有铜钱,1座墓有铜镜、铁刀。在墓葬的填土中有盖罐或对扣的陶盆,这是其他地方所未见的。综合墓葬形制和器物特征,特别是随葬的榆荚半两铜钱分析,这批早期墓葬应属西汉前期。 (韩利忠)

【文物普查培训】 2008年7月22日~24日,市第三次全国文物普查领导组办公室举办了一次文物普查培训班。培训班采取课堂授课与现场实习相结合的办法,聘请省文物局文物资料信息研究室主任、省第三次全国文物普查专家组组长师悦菊,国家博物馆考古部副研究员王励之,省古建研究所副研究员郑庆春,省第三次全国文物普查技术组组长王军4位专家授课,专家结合阳泉的实际和其他市县遇到的问题,针对性地讲授了有关专业知识。现场实习选取了市内有代表性的几处文物点。 (韩利忠)

档 案

【概况】 2008年,全市档案工作以队伍建设为重点,整体提高全员的素质和水平;以"两个体系"建设为重点,拓宽档案馆服务领域;以数字化档案馆建设为重点,积极推进档案馆的信息化建设;以夯实基础工作为重点,全面提高档案管理水平。一是推进政府信息公开,在市政府门户网站建立了信息公开平台;二是强化档案的安全保管,进行档案安全大检查,对可能引发档案安全保管的问题和隐患及时进行整顿,确保档案的安全保管万无一失;三是继续开展阳泉新闻采集工作,及时征集重大活动和重大事件档案进馆;四是积极探索业务指导的新途径。按照综合评估的要求,对矿区档案馆和市三院、西城公安分局等单位进行了业务综合评估;五是继续推进档案法制建设,制定了《市档案局2008年依法制档工作要点》,明确了依法治档的目标和措施。在此基础上,对各县区档案工作进行了两次执法检查,推进盂县、郊区档案馆建设列入规划。 (葛雅萍)

【《保晋档案》出版】 7月5日,在纪念山西商办全省保晋矿务有限总公司成立100周年之际,由市档案局依托馆藏资源组织编纂的《保晋档案》一书正式出版发行。该书由市档案局局长曹惠明主编、国家档案局局长杨冬权题写书名。全书共计25万字,由山西人民出版社出版发行。《保晋档案》收录了市档案馆馆藏保晋公司的档案(公司章程、股东名册、股东常会报告、合同书、经营概要、股票、息折等)及散存于中国第一历史档案馆、省档案馆等单位的保晋公司档案资料。全书采用数字扫描的方式对档案原件进行复制和印刷,原汁原味地将档案史料奉献给广大读者。对世人了解保晋公司创立的背景、经营状况及对山西近代民族工业的影响等颇有裨益;同时,标志着阳泉档案人由档案安全保管向档案开发利用的历史性转变。 (葛雅萍)

【档案征集】 2008年,市档案局组织精干队伍先后赴中央档案馆、解放军档案馆、国家图书馆、山西省档案馆、太原市档案馆、晋中市档案馆、山西大学档案馆等档案馆(室),征集保晋档案和阳泉解放、建市的有关史料,不仅为编纂出版《保晋档案》、《阳泉解放》积累了第一手史料,同时填补了许多馆藏空白,丰富了馆藏史料。 (葛雅萍)

新闻　报纸

【新闻中心工作概况】　2008年,市新闻中心围绕十七届三中全会召开和奥运会举办两件大事,注重发挥“中心”职能,对内加强队伍建设和新闻管理,对外强化形象宣传,搞好记者接待和协调把关,在基调上把握,在舆论上造势,正确宣传党的路线方针政策,生动反映全市人民的伟大实践,使对外新闻宣传工作呈现出“大事报道有力、重点报道突出、热点引导得当”的态势。

(郝文彤)

【对外新闻报道】　2008年3月29日,中央电视台在《新闻联播》黄金时间以《山西阳泉矸石山变生态园》为题,突出报道了阳泉治理煤矸山,改善城市环境,推进科学发展取得的成效。市委书记谢海接受了中央电视台记者采访。这一节目的播出,在阳泉乃至全省、全国都反响很大,《阳泉日报》社、阳泉电视台、阳泉广播电台、阳泉互联网等媒体纷纷转载,而且连续播发一个星期。在节目播发期间,许多领导和市民主动找寻相关内容的报纸,不约而同地把电视频道、电台频率锁定到“阳泉新闻”上,极大地鼓舞了全市人民争先发展的斗志。2008年8月29日的《人民日报》海外版上刊发了题为《中国阳泉:创建园林城市,优化发展环境》的专题报道。中宣部的一位领导看到这一报道后,感到非常惊讶,他说:“阳泉本是一个条件较差的城市,但却能一步步地向园林城市迈进,实属难能可贵。”黑龙江省七台河市的一些领导看到《人民日报》海外版关于阳泉创建园林城市的报道之后,认为阳泉很多做法值得他们学习。9月26日,黑龙江省七台河市专门组织了考察团到阳泉参观学习,就园林城市创建等工作进行了实地考察。之后,《七台河日报》刊发了《阳泉:煤城走出绿色生态路》的新闻报道,登载了阳泉创建园林城市的具体经验。市新闻中心协调配合中央及各大媒体的新闻专题采访在阳泉参观采访后,香港凤凰卫视评论员何亮亮发表了《从阳泉北山公园看山西》的新闻评论,文中道:“漫步在这座空气新鲜、环境优美、耶稣群雕栩栩如生的大公园,难以想象过去这里是一座煤矸石山。”香港《大公报》、《文汇报》、《山西日报》等媒体纷纷转载,不仅宣传了阳泉,而且树立了山西的好形象,得到了省委领导的高度评价。

(郝文彤)

【打造品牌形象】　2008年,阳泉日报社围绕中心,唱响主旋律,打好主动仗,把握正确舆论导向,重点报道了贯彻落实十七大精神、奥运、创建园林城市、城乡一体化建设、治超、“两会”、百项工程、抗震救灾、整治环境、“神七”飞天、改革开放30周年、金融危机等,很好地配合了市委、市政府全年不同阶段的中心工作和重点工作,营造了良好的舆论氛围。年内,市报社与电视总台成功举办了第十七届山西新闻奖评选活动,策划组织了“聚焦阳泉,共话发展”——山西媒体老总看阳泉的采风活动,开通了共享“一报一网”资源的《阳泉手机报》,并已拥有4万名用户,成为百姓了解市委、市政府重大决策和获取新闻娱乐信息的重要渠道。同时,“阳泉新闻网”在开通两年中,获得“中国地方网站网民口碑奖”和“全国奥运报道博览会最佳创新报道奖”,这也是山西省唯一获得这两项殊荣的新闻网站。

(苏　伟)

【承办第十七届山西新闻奖评选暨“聚焦阳泉　共话发展”省内媒体老总阳泉采风】　4月19日~23日,第十七届山西新闻奖的评选和“聚焦阳泉,共话发展”采风活动在阳泉举行,全省报纸、电台、电视台等新闻媒体的领导以及《人民日报》、《光明日报》等全国性各大报社驻晋媒体负责人齐聚阳泉。活动期间,评委对全省80多家新闻单位和中央驻晋新闻单位选送的711件新闻作品进行了认真评选,最终评选出获奖作品402件。在这次评奖中,阳泉日报社有9件作品获奖,其中一等奖3件、二等奖4件、三等奖2件。

(苏　伟)

【《阳泉手机报》】　6月1日,由阳泉日报社主办的新媒体《阳泉手机报》开通试运营。8月7日的开通仪式上,市委、市政府主要领导为其剪彩。《阳泉手机报》是继阳泉新闻网后,报社推出的又一新媒体。《阳泉手机报》内容主要来源于《阳泉日报》、《阳泉日报·晚报版》、阳泉新闻网,针对手机媒体自身特性以及手机用户使用习惯定制,在保持报纸原有政策性、权威性的基础上注入新鲜而时尚的元素,使之更贴近人民大众。《阳泉手机报》每日早8时、晚17时各发布一次,主要栏目有“第一时间、图说现场、市民播报、轻松一刻、体坛风云、生活咨询、幽你一默、车市楼盘、娱乐在线、股市行情、时尚前沿、阳光宝贝”等。《阳泉手机报》是阳泉日报社与中国移动阳泉分公司强强联合、共谋发展的结晶,也是阳泉报业进一步拓展品牌价值链、增强报纸发展后劲、更好地服务核心读者的必要手段。

(苏　伟)

【抗震救灾报道】　5月12日,四川汶川发生大地震。5月13日至8月11日,《阳泉日报》共采用新华社稿件266条、照片115张,响应政府号召,积极呼吁社会捐助;自5月16日起,《阳泉日报·晚报版》“交流平台”开设“为逝者哀悼,为伤者祈福,为苦难中的同胞伸出援手”的栏目,声援灾区人民;特别派遣记者赵雪松、刘保军、刘鹏随市援建队到灾区进行一线采访,零距离了解灾区的阳泉人和阳泉援建人员在灾区的新闻;在《阳泉日报》头版开辟“一方有难,八方支援”和“奉献在震区的阳泉人”专栏,在《阳泉日报·晚报版》开辟“特别报道”专版和“来自抗震救灾一线的报道”专栏,共采写编发消息、通讯等各类稿件326条,刊发照片141张。这些报道及时、准确,把灾区人民和阳泉人民的心紧紧地联系在一起,也在无形中搭建起一座沟通的桥梁,为援助灾区重建发挥了积极的作用。(苏 伟)

【奥运报道】 2008年,《阳泉日报》开展了多种形式的奥运宣传报道。一是及时报道国内外奥运动态,实时转载奥运圣火的采集、传递情况;二是积极贯彻落实《全民健身计划纲要》精神,倡导科学健身理念,介绍奥运知识,掀起阳泉市喜迎奥运热潮,唱响"全民健身与奥运同行"主旋律,营造浓郁的奥运氛围:在《阳泉日报》头版设立"北京奥运倒计时牌";开展"全民健身与奥运同行"——翠枫山登高健身活动摄影报道;面向全体市民征集"为北京奥运喝彩,为中国健儿加油"送祝福稿件;《阳泉日报》晚报版、文体版开栏"奥运百科",重点介绍奥运知识;与市委宣传部等多部门联合举办"联通世界,赢在中国"——"联通杯"阳泉新闻摄影比赛、"科技奥运,和谐阳泉,移动情结"——中国移动杯红段子短信、彩信、稿件作品征文大赛、"福彩杯"——"我谈奥运"等多个征文大赛;开设"奥运"专版,开栏"奥运视点"、"奥运百面"、"图读奥运"、"残奥视点"等;奥运期间还特别刊发了"奥运特刊"。这些报道为健康奥运、安全奥运营造了良好的舆论氛围。(苏 伟)

【改革开放30周年集中报道】 2008年7月始,《阳泉日报》运用消息、通讯、新闻评论、理论文章、新闻特写、人物专访、新闻摄影等手段,紧紧围绕建设"富裕阳泉、生态阳泉、诚信阳泉、文明阳泉"这一中心和"争先发展,打造中国鲁尔区;率先崛起,建设太行明珠城"的奋斗目标,大力宣传报道阳泉改革开放30年来所取得的辉煌成就,总结30年来各级各部门的工作经验,为推动阳泉市经济又好又快发展和社会全面进步营造良好的舆论氛围。先后举办了纪念改革开放30年——"旗帜杯"我的亲历亲见亲闻有奖征文、"改革开放话巨变"——"供电杯" 新闻大赛、"纪念改革开放30周年成就展示"、"纪念改革开放30年论坛"、"30年来消失的与新生的……"话题线索及文章征文、"图说阳泉30年" 系列、"纪念改革开放30年"寄语等。改革开放30年的报道,让人们重温过去创业的艰辛、回味今天收获的甘甜,坚定了再创美好明天的信心和决心。(苏 伟)

广播电视

【概况】 2008年,市广播电视总台大楼全面竣工正式启用,总台"一台一网一座楼"的3年奋斗目标全部实现;总台(局)以新大楼、新平台为依托,提高宣传质量软实力,广播实现了与中央人民广播电台的首次连线,电视实现了首次异地双视频传输;网络事业建设快速跟进,顺利完成了阳泉市为群众办的15个方面的实事之一——10万户数字电视的整体平移;安全播出继续保持开播无事故的佳绩,全面完成了奥运会、残奥会、汶川大地震、南方冰雪灾害等重大活动、事件期间的安全播出;经营创新、技术事业等各方面工作也取得好成绩。(马 芳)

【宣传工作】 2008年,阳泉广播电视总台(局)的宣传工作以重大宣传为契机,以提高质量为落脚点,全面改进主题报道,扩大对外宣传,突出"三贴近"原则,不断创新宣传方式,围绕市委、市政府的中心工作,全面贯彻落实党的十七大和十七届二中、三中全会精神,深入广泛地宣传科学发展观,认真完成了南方冰冻灾害、四川汶川地震、奥运会、纪念改革开放30周年等重大活动事件宣传报道,充分发挥了喉舌耳目宣传作用,营造了良好的宣传舆论氛围,为小康社会建设、和谐社会建设作出了积极的贡献。年内,阳泉新闻综合广播播出新闻4380条,在省级以上电台播发新闻稿290条,其中中央台"报纸摘要"等节目播出8条;播出"政风行风热线"、"山城故事"等专题节目1646期。电视新闻全年播出5350条,电视专题播出154期,其中在省台发稿274条、在中央台发稿8条。

一、突发事件宣传规模化,亮点多。面对年初百年不遇的南方冰冻灾害和"5·12"四川汶川特大地震等大事要事,总台(局)紧急部署,新闻、专题、公益广告、热线各种手段齐上阵,广播、电视、网络、技术、广告等各部门密切配合,大规模地协同作战,在支援灾区新闻宣传的战场上发挥出广电优势,打造出广电的品牌,呈现出三大亮点:

(一)开设专栏,集中报道。在南方抗击冰雪的宣传中,广播、电视分别以阳泉支持南方受灾地区保电煤为基点,及时拿出报道方案,派出记者小分队深入市煤炭企业,对广大煤矿工人放弃休息抓紧电煤生产情况进行了报道。尤其是市电力人员赴灾区参加保电工作后,广播记者及时连线,跟踪报道前方的抢险情况。从1月25日到2月22日,总台共播出相关新闻97条,播出专题6期。在抗震救灾的宣传报道中,广播、电视在"阳泉新闻"中分别开设"抗震救灾·众志成城"和"阳泉人民心系汶川"专栏,每日在原播出时间基础上延长8分钟~10分钟,增大信息容量,多角度、全方位的集中报道本市支援抗震救灾的动态新闻650余条。"111报道"、"法制空间"、"关注"、"媒体浏览" 等栏目制作播出了27期特别报道。精心创作了公益歌曲《阳泉汶川心连心》及一批增强战胜灾害勇气、鼓动人民群众支援抗震救灾的公益广告,在各时段滚动播出,大大调动了全市人民的抗震救灾积极性,为支援抗震救灾营造了浓厚的舆论氛围。

(二)向重灾区派出记者采访。5月15日,阳泉市捐赠友好城市四川德阳市物资共计340吨、400多万元,22 辆车组成车队向德阳挺进,总台派出广播、电视 4 名记者随行采访。物资抵达后,4 名记者按总台的要求继续留在灾区采访报道,这样长时间、远距离、亲临前线的采访报道尚属首次。

(三)实现异地双视频传输和电话直播连线。在灾区采访的记者克服余震不断、塌方不断、通信不畅的困难,冒着危险在灾区采访赴川的阳泉医疗队、防疫队和救援队,广播节目中心记者首次通过电话与中央人民广播电台《中国之声》和山西新闻综合广播进行直播连线,在《汶川,紧急救援》和《直通现场》等直播节目中及时报道了阳泉市有关人员在灾区一线抗震救灾的情况,充分发挥了特殊环境条件下广播传播迅捷、操作简便,处理成本较低的优势。其间,还与《中国之声》连线 6 次,与山西新闻综合广播连线 10 次。更为可贵的是,电视节目中心在传输环境条件极其不利的情况下,想方设法,通过协调西安汉中市下属的祥县电视台和四川灾区绵阳市电视台,通过互联网,将采集的素材打包处理,在最短时间内将画面传回,并在"阳泉新闻"中适时播出,让阳泉观众在第一时间了解到了阳泉市各救援队救援的情况,首次实现了视频异地回传,开创了阳泉市电视宣传的先河。前线记者传回的新闻 6 条,全部在山西卫视播出。

二、重点宣传立体化、声势大。2008 年的大事多,要事多。举国迎接的奥运会、纪念改革开放 30 周年、学习十七大会议精神的全方位宣传、全市落实科学发展观,推进百项工程建设、加快经济结构调整,实现资源型城市转型等大型主题性报道,大主题报道一个接一个。对此,总台(局)有条不紊地制定方案,多层面、多角度、立体化展开报道,达到了内容多、形式新、份量足、合力强,声势大的社会效果。

(一)百年奥运、百年梦想的北京奥运会宣传。奥运会前,广电总台(局)出台方案,组织精兵强将为第一梯队深入各行各业采集鲜活素材,组织骨干能手为第二梯队编辑制作,组织精干中坚为第三梯队审核把关。从年初开始报道至 7 月、8 月达到宣传高潮,推出"一切为了奥运"、"看奥运"、"服务奥运的阳泉人"、"喜迎奥运会 建设新阳泉"等专题节目,播出各类新闻信息 499 条,播发奥运深度报道 20 期,转播开、闭幕式 4 次,充分反映了全市人民迎接奥运、支持奥运、参与奥运、奉献奥运的实际行动和精神风貌。

(二)纪念改革开放 30 周年的宣传。总台(局)根据市委宣传部的部署,由监管宣传部门的总编办牵头,组织广播、电视形成宣传合力,相继推出了"山城记忆"、"喜看阳泉 30 年"、"辉煌 30 年"、"改革开放 30 年系列专访"等专栏,制作 6 期系列专题节目"巨变",一方面对三十年来山城阳泉所经历的大事、要事进行回顾和总结,一方面围绕百姓衣食住行发生的巨大变化,从小角度、大视野、全方位展示改革开放的巨大成果。共播出新闻 90 余篇、专题 17 期,受到观众的好评。

(三)党的十七届三中全会的宣传。10 月 13 日在"阳泉新闻"中播出了"市委中心组召开学习党的十七届三中全会精神座谈会",并在山西卫视"山西新闻联播"中播出。之后,播发 30 多条阳泉市各行业、各单位、社会各界学习贯彻全会精神的报道,其中,《阳泉市各农口单位组织学习全会精神》、《党校教授田间地头宣讲全会精神》等新闻在山西卫视播出。阳泉新闻综合广播制作了 3 条宣传十七届三中全会的口号,在自办节目中滚动播出,播发相关动态消息 60 多条,评论 5 条。

(四)阳泉广电大楼的建设是全市"百项工程"之一。为庆祝广播电视大楼的全面竣工,市广电总台(局)策划了"五个一"宣传活动,即一台晚会、一个展览、一本画册、一部片子、一个典礼。

三、常规宣传创新化,效果好。改版创新始终是提高节目质量的有效措施。2008 年,市广播电视总台(局)紧紧把握"三贴近"原则,广泛征求意见建议,不断了解受众群体要求,辩证分析节目定位,通过精心策划,于 10 月 1 日推出了改版创新的部分栏目。

"阳泉新闻"是一档重点新闻类栏目,年内,总台在尝试改进报道方式的同时,做到简洁明快,贴近实际,反映真实,改版后信息量大大增加;"民生民情"是一档民生类新闻节目,改版后变过去的播新闻为说新闻,以身边人、身边事为切入点,说民生,道民情,可视性大大提高;"关注"、"法制空间"进行了重新定位、重新包装,改为两档大型室内访谈类栏目,每期选择典型性事件或典型性人物,邀请当事人走进演播厅说故事、谈感受,并与台下现场观众进行互动,社会影响大,文化品位高。

一年中,广播节目中心全年在省级以上电台播发新闻稿件 290 条,其中,中央人民广播电台《中国之声》新闻和报纸摘要节目播送 6 条。获得省级以上的新闻奖 18 件,其中长篇通讯《踏遍太行觅英魂》荣获山西新闻奖一等奖,文艺节目《酸溜溜的山曲儿,毛眼眼的她》、《散发着泥土芳香的艺苑之花》获中广电协会全国市(地州盟)广播文艺一等奖、公益广告《亲人的嘱托是耳边长鸣的警钟》获山西省反腐倡廉公益广告大赛一等奖。

(戴红英 马 芳)

【数字电视完成 10 万户整体平移】 2008 年,市委、市政府把有线电视数字化整体转换工程列为为民办的 15 个方面的实事之一,总台出台了《有线数字电视整体转换方案》,按照"市委领导、政府推动、广电实施、市场动作、社会参与"的原则,积极筹备,稳步推进。通过多方调查、研究、论证,与北京四达时代通讯网络技术有限公司共同出资成立了阳泉数字电视合资公司。为保证数字电视的快速有序稳步推进,总台设立了 11 个整转小组,分布在市区、郊区、平定和盂县。从6月份开始进行了为期两个月的集中宣传。7月28日市区数字机顶盒正式开始发放。8月5日起,郊区、平定、盂县的整转工作开始正式启动。经过5个月的整转,全市有10万户数字电视用户收听收看到107套广播电视节目。在进行数字电视整转的同时,网络中心还积极发展有线电视用户,年内新增用户2万多户,全市有线电视用户总数达到25万户。

(戴红英 马 芳)

【经营创收】 2008年,总台(局)广告经营中心开动脑筋,研究市场,挖掘商机,充分整合电视、广播、报纸资源,推出集群式购买、集团式购买、常年购买、全套购买等多种广告优惠形式,让客户得到了更多实惠。在追求经济效益的同时,总台(局)更注重社会效益,所属频道全年播出公益广告片2000分钟,内容涉及环保、安全、救灾、精神文明、反腐倡廉、打假、消防、预防疾病,构建和谐等。网络中心充分调动县区分中心的积极性,以数字电视平移为契机,加大入户力度,加大收视维护费的收缴和稽查工作力度,全年实现各项收入5000万元。

(戴红英 马 芳)

文化市场监管

【"扫黄打非"工作获国家和省级奖励】 2008年3月,市"扫黄打非"领导组办公室被省"扫黄打非"工作领导小组授予全省"扫黄打非"工作先进集体的荣誉称号。这是市"扫黄"办自2002年以来连续6年获此荣誉。市文化新闻出版局副局长安晓光被全国"扫黄打非"工作领导小组授予2007年全国"扫黄打非"办案有功个人。市文化新闻出版局文化市场科科长刘建民和郊区文体局副局长荆自保分别被授予2007年山西省"扫黄打非"有功个人和先进个人。进入新世纪随着阳泉市出版物市场的繁荣,非法出版物的数量、种类也在不断增加,"扫黄打非"工作面临的形势十分严峻,工作任务日益繁重。市"扫黄打非"办结合实际,认真深入开展了打击非法出版物专项治理等工作,共没收非法出版物32000余件,其中非法图书7600余件,盗版软件1400余张,非法报刊14000余件,非法音像制品9000余件,取缔非法摊点31家,查扣各类非法证件218件,其中假冒记者证70件,采访证、工作证、胸卡等19件,查扣假冒《山西日报》、《山西法制报》等新闻采访牌匾40块,以及伪造协勤证、监督证等其他类证件89件,规范了全市出版物市场秩序,有效地遏制了出版物市场的各种不良现象,有力打击了非法新闻机构、非法记者站、假记者的不法行为。

(李丽霞)

【销毁侵权盗版及非法出版物】 2008年4月20日,阳泉市在市文化中心广场隆重举行了2008年全国集中销毁侵权盗版及非法出版物活动。共销毁盗版、非法图书25800余册,盗版、非法光盘10000余盘,盗版电子出版物3200余盘。

(李丽霞)

【阳泉市印刷业协会成立】 2008年2月2日,市印刷业协会成立,并召开第一次会员代表大会。大会通过了《阳泉市印刷业协会章程》,选举产生了协会第一届理事和常务理事、会长、副会长、秘书长、副秘书长。市印刷业协会筹备组成员、正达彩色印刷有限公司董事长苏道正当选为第一届理事会会长,市印刷业协会聘请市文化局周建新局长为名誉会长。印刷业协会的成立,标志着阳泉市印刷业有了自己的行业组织,促进了阳泉市印刷业的交流、繁荣与发展。

(李丽霞)

【报刊及内部出版物审读工作】 长期以来,阳泉市报、刊及内部资料性出版物存在诸多问题:不申请刊号,擅自出版、发行、征订非法的内部资料性出版物;个别单位为宣传自己的业务,擅自从网上或其他杂志转载文章,与本单位广告一起装订成册,以免费赠阅方式进行变相的广告宣传;某些内部资料性出版物承办单位为谋取经济利益,违规刊登广告或拉取赞助;个别内部资料性出版物在出版之后,不按照有关规定及时报送相关行政部门审核。针对存在的问题,2008年10月30日,阳泉市召开了全市报刊及内部资料性出版物工作会议。会议聘请阳泉日报社原总编杨有怀和市记者协会秘书长刘宏旺为报刊审读员,出台了《阳泉市报刊审读工作管理暂行办法(讨论稿)》。审读制度的建立,进一步规范了全市报刊出版秩序。

(李丽霞)

【百个工作岗位服务月】 2008年,市文化市场稽查开展了"百个工作岗位服务月"活动,组织稽查人员认真学习"百岗"服务有关文件,查找自身工作的不足,接受社会各界的监督评议,落实服务承诺,公示民主评议考核标准,进一步完善了相关规章制度。

(李丽霞)

理论研究

【党校工作概况】 2008年，市委党校坚持推进理论创新、理论武装和学术交流，深化对中国特色社会主义理论体系的宣讲和研究，在全市学习、宣传、贯彻党的十七大精神等活动中发挥了生力军作用。针对全市经济社会发展的现实问题，党校组织专、兼职教师深入到两县三区，走进乡镇街道、工矿企业开展调研活动，形成调研报告2篇，完成论文29篇，其中有12篇参加了阳泉市纪念改革开放30周年的研讨活动，涌现出一批优秀理论研究成果。除此之外，党校还制订学校、教研室和教师个人三级年度科研任务，加大对省级课题、国家级课题申报的组织、引导和支持，加强科研协作，发挥市县两级党校的整体优势，初步形成了具有党校特色的科研体系，在推动理论创新和实践创新中取得了一定成绩。年内，党校学刊《阳泉论坛》累计出刊19期，共编发各类学术科研文章230余篇。2008年，党校图书馆还首次争取到图书资料购置费，并对新购进的300余册图书进行编录、整理、上架，还及时将新书目录输入校园网文献检索数据库，方便了广大教职工借阅，较好地发挥了图书资料信息在教学科研中的基础作用。（李培梦）

【首期干部教育论坛】 2008年7月9日，阳泉市首期干部教育论坛在市委党校报告厅举行。论坛由市委组织部、市委宣传部和市委党校联合主办。全市各县区、市直党政机关及市管各企事业单位党政负责人，市第六期中青年后备干部培训班学员，市委党校全体教师，共计360余人参加论坛。此次论坛是年内阳泉市举办的第一期干部教育论坛，特邀中央党校黄小勇教授作了《加强领导干部处置突发公共事件的能力建设》的专题报告。此次专题论坛为进一步贯彻落实中央和省、市委的有关重要决定，提高各级党政领导干部对处置公共事件重要性的认识，以及为推进科学发展、构建和谐阳泉、顺利实现"两先"目标具有重要意义。（李培梦）

【阳泉市纪念改革开放30周年理论研讨会】 2008年12月25日，由市委宣传部、市委党校、市委讲师团联合主办的阳泉市纪念改革开放30周年理论研讨会在市委党校举行。市委书记谢海出席研讨会并作重要讲话，各县区委、市直各单位党委（党组）分管领导和理论骨干共计150余人参加会议。此次研讨会是阳泉市纪念改革开放30周年系列活动中的一项重要内容。2008年4月开始，为了纪念改革开放30年来走过的光辉历程，大力宣传改革开放的伟大意义、巨大成就和成功经验，充分展示30年来全市经济社会发生的巨大变化，进一步坚定全市广大干部群众走中国特色社会主义道路的决心和信心，同时，也为坚持改革开放、推动科学发展、促进社会和谐提供思想理论保证，市委宣传部、市委党校、市委讲师团组织各县区、市直各单位进行了为期8个月的主题理论研讨活动。在研讨活动中，各单位积极组织理论工作者和党员干部，围绕主题、结合实际、深入调研、认真探讨，共撰写论文105篇，其中入选论文70篇，评出优秀论文20篇。（李培梦）

改革与发展研究

【参与"百名干部百日大调研"活动】 2008年，市发展研究中心承担了市委、市政府联合举办的"百名干部百日大调研"第七调研组的课题研究。该中心研究的课题主要有《阳泉市资源型城市转型调研报告》、《阳泉市建设省级科技示范区实施意见》及其的相关数据说明和具体实施工作方案、《统筹城乡发展推进

城乡一体化配套政策研究》报告、《阳泉市深入推进城乡一体化实施意见》等,其中《阳泉市建设省级科技示范区实施意见》、《阳泉市深入推进城乡一体化实施意见》以市委、市政府文件正式出台,《统筹城乡发展推进城乡一体化配套政策研究》通过了专家评审,受到市委、市政府领导的高度重视。 (郝 增)

【学术交流】 2008年,阳泉市发展研究中心积极参加全国、全省、全市各类学术活动,并在会议上交流研究成果,其中有五篇论文获奖。在全市纪念改革开放三十周年理论研讨会上,发展研究中心获优秀组织奖。 (郝 增)

【《阳泉经济》】 《阳泉经济》是阳泉市政府主办、发展研究中心承办的市级刊物。2008年,《阳泉经济》围绕市委、市政府的中心工作和全市经济社会发展的重点热点,在组稿、编辑、栏目、版面等各个环节狠下工夫,内容质量和研究深度都有了进一步的提高,尤其对"三农"问题、劳动保障、节能减排、城乡一体化、宏观经济运行、金融体系建设、产业结构调整、民营经济发展等方面进行了深入探讨,为市委、市政府提供了有价值的信息以及理论依据,具有重要的参考价值。

(郝 增)

史志工作

【全市党史工作会议】 2008年3月,市党史研究室组织召开了全市党史工作会议。参加会议的有市党史工作领导组成员、各县区委分管党史工作的副书记、党史研究工作人员,共60余人。会议总结了2007年全市的党史工作和安排部署了2008年的党史工作,并对2007年度全市党史工作中涌现出的先进集体和先进个人进行了表彰,城区区委党史研究室主任史立新和平定县委党史研究室主任刘春生分别进行了经验介绍,市党史工作领导组常务副组长、市委常委、市委秘书长樊盛武作了重要讲话。这次会议确定了全市党史工作年度目标任务,明确了工作重点和措施,对于新一年党史工作开创新局面具有重要意义。

(刘玉林)

【《创造者之歌(下集)》正式出版】 为贯彻落实党的十七大精神和配合科学发展观学习教育活动,更好地实施全市人才强市战略,广泛宣传全市各类优秀人才的高尚品质、可贵精神和模范事迹,同时也为阳泉改革发展建功立业,继2007年编纂出版《创造者之歌(上集)》后,市党史研究室于2008年3月~8月,同市人才工作领导组办公室、市委组织部再次联合完成了阳泉市优秀人才先进事迹系列丛书《创造者之歌(下集)》的编纂出版任务。该书共收集了50余位各类优秀人才的先进事迹,以纪实文学的手法、客观真实地展示他们的艰辛和贡献,引导人们奋发向上。该书由市委常委、市委秘书长樊盛武和市委常委、市委组织部部长宋师璇任编委会主任,约30多万字,由中共党史出版社出版。

(刘玉林)

【《改革发展30年(阳泉卷)》正式出版】 为了纪念中共十一届三中全会召开30周年,回顾总结30年阳泉改革开放的光辉历程和取得的伟大成就,按照中央和省市有关部署,市党史研究室于2008年4月~11月完成了《改革发展30年(阳泉卷)》的编纂任务。该书采用彩页和附录补充,插图和正文结合的编排形式,以求图文并茂、通俗易读。全书共分概述、专述、领导文存、县(区)综述、重大事件、重点工程、重要企业、小康村镇、口述历史、时代先锋和附录11个部分,并配有彩图插页70余幅,约80万字,已于2008年12月由中共党史出版社出版。全书编审委员会主任由市委书记谢海和市长白云担任,主编由市委常委、市委秘书长樊盛武担任。12月30日,市委、市政府隆重举行了该书的首发仪式,以纪念党的十一届三中全会召开30周年。

(刘玉林)

【抗战期间阳泉市人口伤亡和财产损失的全面普查和专题调研】 根据中央党史研究室、山西省委的指示,全省各市就抗战期间日本侵略者在山西造成的人口伤亡和财产损失进行了一次深入细致的全面普查和专题调研。2008年,阳泉市成立了由市委常委、市委秘书长樊盛武担任组长的抗损调研领导组,并责成市委党史研究室具体组织此项调研工作。市党史研究室抽调各方精兵强将,组织了上千人的调研队伍,迅速展开了阳泉市及所属两县三区范围的专题调研工作。课题组的工作人员经过多方调研,完成了乡(镇)、县、市、省、中央5级上报材料,形成了96卷调研成果,包括调研报告、统计表格、证人证言、大事记、图片音像资料、专题等数十项,约300余万字,受到了中央党史研究室的表扬。 (刘玉林)

【市委党史研究室被授予"五一劳动奖状"】 2008年,市委党史研究室被市劳动竞赛委员会授予"五一劳动奖状",并评为全省党史系统先进集体。该单位有2名同志被评为全国和全省党史系统的先进工作者。

(刘玉林)

【强化修志队伍建设】 2008年,为强化修志队伍建设,市地方志办公室做了多方面的工作。首先是组织修志人员认真学习党的精神,深入理解和准确把握科学发展观的精神实质,努力提高修志人员的政治理论水平,加强用科学发展观指导修志工作的自觉性。其次是组织修志人员积极开展业务学习与工作交流,针对修志工作中存在的各种具体问题,开展专业理论与业务知识的学习,并积极组织专题讨论与学术交流,不断提高修志人员的业务工作能力。再次就是为修志人员的各类学习创造条件,年内,市地方志办公室先后有10余人次参加了不同类型的培训学习，且人均占用工作日达一周以上。通过多方面的工作，修志人员的政治素质和业务素质有了新的提高，为二轮修志工作的顺利开展奠定了良好的基础。

（董雪卉）

【2008版《阳泉年鉴》编纂工作】 《阳泉年鉴》是市委、市政府组织编纂的大型系列性地情书籍，由市地方志办公室具体承担编纂任务。2008版《阳泉年鉴》是该室具体主持编纂的第13部年鉴。从2008年4月开始筹备，经过8个月的紧张工作，2008版《阳泉年鉴》的组稿、编辑、总纂等工作已基本完成。该书集中反映了阳泉市2007年度的经济社会发展成果和基本情况，计划于2009年初正式出版。

（董雪卉）

【《阳泉风景名胜志》出版发行】 《阳泉风景名胜志》是山西省委、省政府为发展山西旅游事业、振兴山西经济而组织编纂的全省旅游丛书之一，阳泉市地方志办公室具体承担该书的编纂工作。该书的编纂出版工作大体经历了3个阶段：从2003年1月到2004年12月，主要是搜集资料阶段；从2005年1月到2006年6月，主要是撰写初稿阶段；2006年7月到2007年12月，主要是总纂合成阶段。在全市各界人士的共同努力下，在社会各级修志人员的大力支持下，2008年7月，《阳泉风景名胜志》正式出版发行。《阳泉风景名胜志》全书约75万字，分为13卷、38章、121节，计有彩页101面。正文各卷依次为总述、阳泉概况、娘子关景区、藏山景区、狮脑山景区、冠山景区、药岭寺景区、水神山景区、历史文化名村大阳泉、其他名胜、旅游产业、历史人物、大事记，记述事物的下限为2006年底。编纂任务主要由市、县（区）地方志办公室承担完成的，市旅游局、市统计局、市招商局、市文物局、市园林局等有关部门和少数社会人士参与了部分任务的完成。该书由山西旅游景区志丛书编委会审定，由三晋出版社出版。

（胡　蓉）

【《阳泉概览》正式出版】 为了给社会各界了解阳泉历史、熟悉阳泉市情提供准确、简明、便捷的案头工具书，从2006年开始，市地方志办公室组织内部人员编写《阳泉概览》一书。2008年底，《阳泉概览》一书正式面世。该书为32开，约20万字，主体部分由概述、建置、自然环境、工业、农业、商业贸易、交通邮电、建设环保、旅游服务、财税金融、教育科技、文化社科、卫生体育、文物名胜、名优特产、重大事件、历史人物、友好往来、招商引资19个类目组成，有彩页69面。该书由市地方志办公室承担编纂任务，由方志出版社出版，厦门翰林彩印有限责任公司印刷，主编为马玉隆、任佟苏。

（胡　蓉）

卫 生

综合工作

【概况】 2008年,市卫生局把保障群众生命安全和增进人民健康作为卫生工作的出发点和落脚点,紧紧围绕全市中心工作,谋大局、抓重点、攻难点、促发展、创亮点,团结带领全市卫生系统广大职工,取得了抗击手足口病、支援四川汶川特大地震灾害和筛查救治“问题奶粉”患儿三大战役的胜利,全市卫生事业又有新的发展。

全市共有医疗机构1182个、床位6082张、卫生技术人员8969人,其中执业医师3900人、执业护士3560人,全市平均每千人拥有病床4.8张,平均每千人拥有医师3.47人。据38所医院统计,全年急诊人数64830人次、门诊123.7万人次、住院64837人次,治愈好转率36.57%。危重病人住院抢救成功率90.02%,病床使用率57.23%。年内,农村和基层医疗预防保健组织进一步健全,县、乡、村三级网络更加完善。全市有村级卫生所806个,乡村注册医生1331人,卫生员49人,农村每千人拥有注册乡村医生4.8人。全年共抽检560批次,不合格药品靶向性达到了31.2%,比2007年提高了18%;其中中草药抽验195批次,不合格171批次,靶向性达到87.7%。

年内,全市以120急救为主的紧急医疗救援网络正常运转,接送转运患者争分夺秒,紧急医疗救援中心接听电话146779次,其中求救电话5509人次,救治转运患者5509人次。 (王奕明)

【妇幼保健工作】 2008年,全市妇幼保健工作紧紧围绕“一法两纲”,坚持“以保健为中心,以保障生殖健康为目的,保健与临床相结合,面向基层,面向群体和预防为主”的工作方针,继续完善制度建设,优化发展环境,强化保健中心,医院环境得到改善,医疗质量得到提高,服务范围进一步扩展。继续实施“削峰工程”和“行动计划”,努力提高人口素质,对全市各大托幼机构儿童进行了蛲虫病普查普治,共普查儿童1800例,阳性21例,阳性率为1.2%,对阳性儿童家长下发了治疗通知书,治疗后,部分儿童进行了复查,结果均为阴性。全市新生儿疾病筛查例数达到了998例,较2007年增长27%。

2008年,阳泉市出生缺陷发生率为110.12/万,为实施“削峰工程”10年来最低,低于全国和全省2000年~2007年的各年度的发生率。其中,神经管畸形发生率为20.25%,较前明显下降,低于全省2007年神经畸形的发生率。全市孕产妇系统管理率达69.1%、住院分娩率达98.49%、孕产妇死亡率为35.99/10万、婴儿死亡率为10.08‰、5岁以下儿童死亡率为10.8‰、7岁以下儿童管理率89.73%、3岁以下儿童管理率为86.26%。

参加市级以上组织的大型宣传活动20余次;阳泉电视台报道20次,报刊发表妇幼信息40篇,配合社区组织健康教育科普知识讲座15期,发放宣传资料15000份。

(王奕明)

【农村卫生】 2008年,全市积极贯彻落实《中共中央关于加强农村卫生工作的决定》精神,大力推进农村三级医疗卫生服务网建设,农村医疗卫生事业得到较快发展。市、县两级财政共投资300万元对300个村卫生所进行了标准化建设,全市有601所村卫生所达到了规范化建设标准,达标率为71.5%;有25所乡镇卫生院完成了达标建设任务,达标率为78.1%;县、乡、村三级医疗机构基础设施达标率为72%。

新型农村合作医疗制度稳步推进。全市有农业人口62万人,参合率在 2007 年 90%的基础上，2008 年提高到 93.24%，农民受益程度不断提高。年内，全市合作医疗受益农民达 49.94 万人次，补偿总额 4385.57 万元，农民住院报销比例达到 35%～75%，农民就医负担逐步减轻，参合农民抗大病风险能力明显增强，因病致贫、返贫状况得到有效缓解。

农村基层医疗服务水平明显提高。为进一步落实"人才强卫"战略，保证城乡医疗机构人员技术水平达到相对平衡，采取了以下措施：一是利用国债和市财政配套资金，对乡镇卫生院院长、公共卫生人员、中医人员、合作医疗管理人员 206 人进行了业务培训，并委托县（区）对 800 名乡村医生进行了中医药知识的培训工作；二是开展了二级以上医院对口支援乡（镇）卫生院工作，共举办健康知识讲座 5000 人次、施行手术 60 余例；三是完善激励机制，鼓励在职卫生技术人员参加学历教育，考取执业医师和专业技术职称资格；四是认真开展医学继续教育，农村卫生技术人员的培训普及率达 100%。（王奕明）

【城市社区卫生】 阳泉市是山西唯一的国家社区卫生服务重点联系城市。按照国家社区卫生服务体系重点联系城市的要求，2008 年，全市进一步发展和完善社区卫生服务机构建设，基本形成了集医疗、预防、保健、康复、健康教育和计划生育技术服务"六位一体"的全方位综合社区卫生服务体系，实现了"小病进社区、大病到医院、康复在社区"的社区卫生服务目标，走出了一条以政府主导、突出公益性质、优化配置医疗卫生资源、构筑社区卫生主体框架的新路子。城市社区拥有卫生技术人员 461 名，社区卫生服务覆盖率达到了 100%。同时，社区还打造了"15 分钟社区卫生服务圈"，最大限度地满足了广大居民的基本医疗需求。

城市社区卫生服务机构资金投入增大。年内，阳泉市的市、区两级财政共投入 963.38 万元经费，用于城市卫生服务机构的基础设施、人员工资和公共卫生经费，并投入 250 万元，为社区卫生机构配备了冰箱、B 超、心电图、心电监护仪、输液椅和电脑等设备。

城市社区卫生服务机构的队伍建设增强。年内，政府加强了对社区卫生服务机构全科医师和全科护士规范化培训的力度，抽调 20 名技术骨干到省厅参加了为期 10 个月的专业培训，有 103 名医师、49 名护士参加了全科医师和全科护士培训。此外，还举办了"全市社区卫生服务信息化管理软件培训班"，邀请美国公共卫生博士马克己、白珠蒂等专家就"社区卫生服务理念、入户建档技巧、健康教育及慢性病管理"等知识进行了专业培训。

社区卫生服务网络初具规模。年内，为逐步完善社区卫生服务功能，政府为全市 39 个社区卫生服务机构安装了社区卫生服务信息化软件。至年底，全市城市社区居民健康档案建档率达 60%。（王奕明）

【红十字青少年工作】 在各级教育行政部门的重视和支持下，2008 年，全市有 150 所学校成立了红十字会，学生会员总数达 6 万余人。这些学校成立青少年红十字会的目的是：在每所学校里以培育红十字人道主义精神为核心，广泛开展适合青少年特点的红十字活动，传播红十字运动的基本知识，弘扬红十字"人道、博爱、奉献"的精神，开展红十字博爱助学和红十字青少年教育活动，在学生中广泛开展红十字人道主义和爱国主义教育，使红十字青少年从小养成良好的道德品质。（王奕明）

【卫生抗震救灾】 2008 年 5 月 12 日，四川汶川发生 8 级特大地震后，阳泉市当即成立了全市卫生系统抗震救灾工作领导组，并号召和指挥卫生系统干部职工全力以赴做好抗震救灾工作。

5 月 12 日 17 时，市卫生局向省卫生厅请示赴四川灾区进行紧急医疗救援，全市卫生系统先后有 20 个单位、3000 多人请求参加救援工作。

5 月 15 日，全市先后从各医疗卫生单位抽调业务能力强、技术水平高、思想素质好的 65 名卫生人员，组成医疗队、防疫队（2 支）、卫生监督队，16 日晚，市卫生局将价值 22 万余元的药品和医疗器械运抵太原机场，并随医疗队送往灾区。

5 月 19 日，市卫生局接省卫生厅紧急指示，迅速组建第二批医疗队前赴灾区执行抗震救灾救治任务。当日晚 9 时，阳泉第二批赴川抗震救灾应急医疗队由市第一人民医院、市第三人民医院、市第二人民医院、市第四人民医院、市肿瘤防治研究所、市紧急医疗救援中心、平定县人民医院 7 个单位的内科、肾内、胸外、普外、神经外科、骨科、儿科、妇科、麻醉专业技术人员组成，队长由市第三人民医院副院长王佩担任。

5 月 20 日上午，全市首批防疫救援队赴四川灾区，市领导谢海、樊盛武、陈继光为其送行。防疫队随身携带有 1.5 吨消毒药品，电动式和手动式喷雾机等消毒设备和饮用水卫生、食品卫生快速监测设备，价值 10 余万元。

为使灾区人民早日走出地震造成的焦虑和恐慌心理阴霾，5 月 22 日，阳泉市组建了一支由阳煤集团总医院、阳煤二院和市精神病医院的心理、精神专业的骨干力量（3 名医生，2 名护士）共 5 人组成的心理危机干预小分队，于 23 日参加了省卫生厅组织的心理专业知识培训后，24 日分别在市一院、市三院、阳煤总医院进行了心理干预知识培训，全市 200 余名医务人员参加了培训。

5 月 22 日，阳泉市第二批卫生防疫救援队对口支援四川茂县，由 16 名队员组成。队长由市疾病预防控制中心党总支书记武滨担任。

5月31日,阳泉市组建了由10名队员组成的抗震救灾卫生监督队,队长由市卫生局卫生监督所副所长韩宪良担任。

阳泉市抗震救灾医疗队于6月2日返回阳泉。在川18天,为驻地平武县响岩镇、南坝镇、檬子树村接诊、巡诊伤员共4015人,其中重症伤员10余人,转诊13人。

阳泉市首批防疫救援队于6月3日和4日分两批返回,在川15天,在驻地平武县平通镇居委会和石坝村、响岩镇涪江村共完成消杀面积33.2万平方米,向当地群众宣传卫生知识1500余人次,发放宣传资料800余份,监督检查食品300余份。在重灾区平通镇,队员们为学生捐款1600元。同时,他们带回了响岩镇中学、响岩镇涪村村委、武警泸州支队执勤分队和当地群众写的许多封感谢信。

阳泉市赴川卫生监督队于6月25日返回,在川23天,其间检查餐饮单位70户次,检查副食品和超市50户次,提出整改指导意见55户次,对11个水源进行调查监测,检测水样13份,发放宣传资料2000余份,受教育人数3000余人,每个队员捐款100元,市、郊区卫生局卫生监督所各捐款1000元,共计3000元。

阳泉市第二批防疫救援队于6月19日返回,在四川茂县29天,完成消杀面积84500平方米,配合临床人员巡诊治疗病人6902人,对18310名村民和学生进行了健康教育,带回20余封感谢信、10余面锦旗。他们以实际行动出色完成了医疗、防疫、卫生监督任务。

5月27日,市卫生局按照省卫生厅要求迅速抽调32人、25辆救护车当日下午3时赶赴太原。于28日上午,将伤员安全转送到山医大一院。

5月30日下午2时,载着32名伤员及27名家属的爱心车队抵达市第一人民医院,市一院400余名志愿者给予对接,20多分钟内,交接伤员任务顺利完成。此次阳泉市收治的灾区伤员年龄最大的76岁,最小的10岁。在收治伤员的日子里,市一院为伤员专门设立了“爱心病房”,腾出最好的病床给伤员;一院还接通了闭路,在病房摆放了鲜花、电视机等,为每个病房订购了《四川日报》、《阳泉日报》等报刊杂志,同时,还专门聘请川味厨师为伤员制作了三餐食谱。为了让伤员接受最好的治疗,市一院还抽调了政治素质高、业务能力强、技术精湛的骨干人员组成医疗组,并安排每名伤员由一名主治医师和一到两名护士进行救治和护理。得知伤员要来,市卫校的学生和市一院的护士连夜折叠了许多千纸鹤,并写上祝福语,挂在病房和走廊里,市一院还赶制了爱心图画张贴在每个病房,为伤员创造了一个温馨如家的治疗环境。29日晚8时,省卫生厅督查组对阳泉市的收治伤员准备情况进行了实地查看,对阳泉市的准备工作给予了充分的肯定。

6月5日,医院首次为来自地震灾区的伤员进行手术。手术期间,护士们不仅为伤员喂水、喂饭,还帮助他们洗衣、洗脚、端屎、倒尿,努力为其提供陪护、陪检、心理疏导等全程优质护理。

灾区32名伤员入住阳泉期间,得到了各级领导和社会各界的关爱。灾区32名伤员于7月25日全部康复出院返乡,市领导白云、郈爱国、吴丽萍、李体柱、赵永红为康复出院返乡伤员送行。

在抗震救灾工作期间,全市卫生系统广大干部职工捐款达283030元,捐物1475件。市红十字会收到社会各界募捐301万元,实际到账281万元,上缴省红十字会270万元,定向支援四川广播电视电影局10.5万元。全市卫生系统广大共产党员缴纳特殊党费184249元。同时,全市卫生系统有19名医护人员火线入党。年内,全市卫生系统召开了抗震救灾先进表彰大会,9个先进集体和45名先进个人得到表彰。 (王奕明)

【医政管理】 2008年,市卫生局注重医疗质量管理,继续开展医院管理年活动,进一步强化医院院长第一责任人的责任,以医疗质量和医疗安全为核心,严格医疗机构、人员和技术准入。规范医疗服务行为,坚持合理检查、合理用药和因病施治的原则,积极改善患者就医环境,优化服务流程,方便群众就医,第一人民医院内科医技大楼按计划投入使用。年内,卫生部门还注重加强医疗机构监督,建立健全了医疗机构巡查制度、医师定期考核制度,全市医疗服务质量不断提高。

自愿无偿献血 全年共采集血液人数11150人次,100%自愿无偿献血。采血量4426200毫升,临床用血实现了100%成份输血。市中心血站规范化、标准化建设水平进一步提高。阳泉市被评为全国无偿献血先进市。

加强中医工作 2008年,阳泉市大力实施“三名”战略。打造中医名医、名科、名院,以名医带名科,以名科创名院。发挥了中医药在社区卫生工作中的作用。同时,还创造条件开展了社区卫生服务中医药特色示范区创建工作,开展中医师岗位培训,提高了社区卫生服务机构中医药服务能力和水平。

打击非法行医 年内,全市共检查医疗机构和采供血机构1075户次,医疗机构监督覆盖率达79.15%,采供血机构监督覆盖率达100%。依法取缔无“医疗机构执业许可证”从事诊疗活动的违法医疗机构31户,责令暂停执业活动43人,警告39户,罚款39户,共计25800元。全年共接受举报投诉案件36起,案件调查处理率达到100%。 (王奕明)

医 疗

【市第一人民医院】 2008年,市第一人民医院以医院管理年活动为契机,以提高医疗水平和服务质量为主线,明确岗位职责,确定工作程序,制定岗位规范,落实目标责任,使医院管理工作迈上了新台阶。全年诊疗人数38.5万人次,比上年同期增长2.4%;急诊人数2.1万人次,比上年同期增长2.2%;住院人数1.36万人次,比上年同期增长9.3%;手术40710例,比2008年同期增长9.7%;抢救成功率94.6%;床位周转率20.8次/年。新增医疗设备6台(件),更新4台(件),维修、维护各种医疗设备472台(件)。为确保医疗质量,增强医院综合实力,组织全体医护人员学习了《医疗事故处理条例》等医疗卫生相关法律、法规和各类人员职责与工作制度,增强了医护人员法律观念和医疗安全意识。按照"三基"训练计划,对临床医技和护理人员进行了"三基"理论知识和心肺复苏实践考核,有力地提高了专业技术人员的基础知识和基本技能。

年内,市第一人民医院进一步强调急救意识、急救水平,真正形成了抢救病人的"绿色通道"。同时,还特别加强了与120急救中心的友好合作,确保抢救的及时、高效,做到全院病床共享,积极收治急、危、重、疑难病人,加强急救知识培训,提高了医务人员的急诊救治水平。从3月中旬开始,护理部组织进行了"带教老师选拔赛"活动。历时44天,共考核了123人。通过护理理论考试、护理技能考核,结合实习生问卷调查和护士长评议,激发了护理人员积极向上的学习和工作热情,在全院上下形成了比、学、赶、帮的学习热潮。作为山西医科大的教学医院,继续承担了医学生的临床授课任务和实习生的临床教学任务。全院共完成教学讲座180次,查房166次,内、外、妇、儿系统的技能辅导和模拟训练140学时。组织山西医科大学五年级学生101人参加了毕业考试,圆满完成了山西医科大学等院校上半年的实习带教任务。

年内,市第一人民医院加强科研立项工作,科研成果喜人。"彩色多普勒血流显像对股骨头血流情况的临床研究"和"静脉镇痛泵芬太尼个体化用药规律性研究"达国际领先水平;"拔牙前后患者血压心律的临床分析"、"研究不同方法预防持续输注氟尿嘧啶静脉炎效果观察"、"危害病人长链脂肪乳输注时间的研究"等研究成果达国内领先水平。全院发表论文73篇,其中国家级论文15篇。　(王奕明)

【市中医医院】 市中医医院是阳泉市唯一的一所集医疗、教学、科研、预防保健为一体的地市级综合性二级甲等中医院。是山西中医学院、大同大学医学院教学医院,阳泉卫校临床实习基地。2008年,市中医医院坚持"突出特色,科技兴院"的办院方针,进一步解放思想,不断深化卫生改革,全面强化管理,努力提高医疗质量,促进医患和谐,诊疗门、急诊病人43640人次,收住院病人947人次,病床使用率58.13%。2008年,出入院诊断符合率为99.5%,中医治疗率为60%,住院病历甲级率为99.2%,手术前后诊断符合率为99.6%,无菌手术切口甲级愈合率100%,门诊处方合格率为96.5%,X线检查阳性率为66%,CT检查阳性率为71.6%,B超检查阳性率为36.2%。投资近30万元购置了动态心电分析系统、二氧化碳分析仪、胎儿监护仪等医疗设备。

年内,市中医医院加强医院感染管理工作,制定了"医院感染质量考核标准"、"医院感染应急预案",医院感染管理科对医院感染管理工作每月进行一次小考核,每季度一次大考核,平时不定期地进行检查督促,对考核结果进行效果评价,针对存在的问题进行分析,查找原因,提出改进措施,限期整改,杜绝了医院交叉感染的发生。同时,市中医医院还坚持强化"三基三严"训练,采取学术讲座、专题讨论会、技术操作演示、技术比武、应急演练、短期或长期培训等方式,进行基础质量教育与培训,并严格考核检查。5月份,对医护人员进行了"心肺复苏"、"无菌操作"等技术操作的考核和"三基"知识的考试,并选派人员参加了阳泉市第四届职工技能大赛护理技术操作比赛。全年发表医学论文14篇,其中国家级杂志6篇、省级杂志8篇。　(阎振文)

【市第四人民医院】 2008年,市第四人民医院始终坚持"以病人为中心,以提高医疗服务质量"为主题,全面贯彻"提高质量为根本,拓宽市场谋生存,深化改革求发展,狠抓安全保稳定"的工作方针,有力地促进了各项工作的开展。全年门诊诊次60900人次,急诊量8900人次;手术700例;出院2030人次,较上年大幅增长;病床周转率为19.5次;出院患者调查满意度为95%;病床使用率53%,出入院诊断符合率达到98.4%;住院病历甲级率为97%;手术前诊断符合率达到99%以上;影像检查阳性率达到要求;无菌手术切口甲级愈合率为99%;成分输血比例达到要求,输血科工作达到规定标准。

为加强医疗质量管理,年内,市第四人民医院坚持每季度一次"三基"训练考试,并进行严格考核,奖励优良、扣罚不良表现人员。全年未发生医疗责任事故及重大医疗纠纷。急诊室、手术室、产房、检验科及影像科等重点科室基本达到建设标准化,设备完好率在90%以上,使用率平均在86%以上,急救药品完好率达100%。年内,市第四人民医院积极推行"科技兴院、人才强院"的战略,有计划、有措施地实行了培养学科带头人和年轻人才的制度,全年投入6万元送7名临床骨干到大医院进修学习,积极鼓励医护人员学习新技术、投入新工作,引进新项目,新工作经费投入在13万元以上,大大地促进了医院的创新工作。全年开展新技术、新项目9项,发表论文27篇。　(王奕明)

疾病控制

【概况】 2008年,全市疾病预防控制工作以贯彻预防为主的卫生工作方针为重点,一切从人民健康和人民的利益出发,有效地开展了各项工作。市疾病预防部门坚持传染病网络直报的审核工作,保证了全市疫情数据的及时、准确和完整。据全市疫情报告统计,全市2008年共发生乙、丙类传染病18种,总报告发病数为8071例,报告发病率为613.4125/10万,较上年同期相比报告发病率上升了0.8651%,无死亡病例报告。其中发生乙类传染病10种、3870例,较上年同期减少了艾滋病、出血热、血吸虫病3种,报告发病率为294.1279/10万,较上年同期相比报告发病率下降了8.3262%。发生丙类传染病8种、4201例,较上年同期相比增加了黑热病、手足口病2种,报告发病率为319.2846/10万;较上年同期相比报告发病率上升了11.1291%。同时,为进一步提高全市疫情报告质量,全面了解和掌握疫情报告的真实性,对全市5个县(区)所辖66所医疗单位医院传染病管理、疫情报告质量考核和医院漏报开展了调查工作。医院漏报调查显示,共查出乙、丙类传染病15种、4005例,漏报14例,漏报率为0.35%,比上年下降72%。 (王奕明)

【计划免疫】 2008年,全市以乡为单位,"五苗"接种率达95%以上。全市"五苗"接种率分别为:卡介疫苗为100%、乙肝疫苗为99.6%、脊灰疫苗为98.6%、百白破疫苗为98.8%、麻疹疫苗为98.4%。年底,对全市适龄儿童全部进行了免费麻疹疫苗强化免疫,强化率达95%以上。12月中旬在全市范围内开展了麻疹强化免疫工作,共发出麻疹疫苗21.3万份,注射器20万具。全市应接种206757人,实际接种198122,接种率为95.82%。有效地降低了疫苗控制疾病的发生,保持全市多年无脊灰状态,各类传染病得到了有效控制。手足口病疫情发生后,加强了对疫情的监测,对疑似病例采取了果断措施,在最短时间内使患者得到确诊和有效的治疗。年内累计报告手足口病病例725例,均为散发病例,无重症和死亡病例。 (王奕明)

【结核病防治】 年内,一是制定了《阳泉市2008年全球基金结核病防治季度工作计划》,现代结核病控制策略(DOTS)覆盖率保持在100%,全市发现新涂阳病人412例,治愈率92.9%,完成了省厅下达的指标;二是提高了结核病防治"五率"指标,对结核病人及疑似病人追踪率达82.7%,转诊率72.81%,报告率达100%,系统管理率达85%,家庭筛查率达80%;三是组织专业人员深入各县区完成了督导工作15次,随访病人30例;四是组织完成了痰涂片质控和室间质控286张,符合率达到了95%以上。 (王奕明)

【地方病防治】 年内,重点完成了碘缺乏病病情、碘盐、布病等监测方案的起草和修订;按时完成了加工、批发和居民碘盐样品监测1575份,合格率为95.7%。另据碘缺乏病抽检结果显示,全市8岁~10岁、200名学生甲状腺肿大率为3.5%,较上年略有上升。此外,依据省厅安排,重点还对平定、盂县地方病、布病防治示范县工作进行了技术指导和业务培训。 (王奕明)

【卫生监测与检验】 年内,市卫生监测部门完成了市一院、市妇幼院流感监测样品的采集工作,均按要求送省CDC进行检测;完成了对城区140名不同人群流脑的带菌状况调查,带菌阳性101人;依据项目要求完成了12499名HIV哨点、羁押等人员的HIV抗体筛查和问卷调查;全市1月~12月份自愿咨询检测1616人(市CDC咨询检测606人),其中1603人进行了HIV抗体检测。此外,对各县区有关人员进行艾滋病综合防治数据信息管理系统框架、疫情网络直报等进行培训,并在全市正式启用。 (王奕明)

【麻疹和AFP病例报告监测】 2008年,全市共报告麻疹疑似病例271例,确诊193例,比上年有所上升;全市共报告AFP病例7例,确诊5例,并全部进行了个案调查和血样采集分析。 (王奕明)

【消毒效果监测】 全年监测37所医疗机构样品990份、托幼机构258份。5月间,还开展了一次性医疗、卫生用品监测,共监测19家单位,采集各类样品17份,结果全部合格。对郊区、城区等地蚊虫种群组成、季节消长等进行了调查,捕获吸血蚊种两属8科、501只。 (王奕明)

【从业人员健康体检】 年内,卫生管理部门对市直管食品、公共场所、饮用水2940名从业人员进行了健康体检,办理健康证明卡2770个;完成不同工种职业人群健康监护1518人。3月份还组织对市十中、市实验中学、大阳泉小学等4所学校近3000人的学生进行了体检。 (王奕明)

【水质监测】 年内,市卫生监测部门完成了市直管集中式供水单位(包括自备供水及二次供水单位)枯水期水质监测,共采集水样60份,份数合格率仅13.3%,项次合格率为95.4%;生产企业监测对8个单位进行了调查,对230个作业点进行了监测,采样328份;依据国家有关卫生标准,完成受理、委托食品、桶装饮用水、公共场所、室内空气等进行卫生监测共315份样品。 (王奕明)

卫生监督

【概况】 2008年,全市以加大卫生监督执法力度为主线,以效能建设为依托，行业作风建设进一步加强。一是各类专项整治工作扎实开展，食品卫生、职业卫生、公共场所、传染病、医政等卫生监督执法工作有效开展，全年出动卫生监督人员2202人次，监督检查单位1395户次，各类监督覆盖率达100%。二是加强领导班子和中层以上干部的廉政建设。严格执行廉洁从政的各项规定，做到了政务、所务、科务公开。在整顿工作纪律的同时，开展了“文明科室”、“作风建设示范岗”创建活动，工作效率进一步提高。

（王奕明）

【救治筛查“问题奶粉”婴幼儿】 2008年“问题奶粉”事件曝光后，市卫生局迅速成立了领导组，全面部署对服用“问题奶粉”婴幼儿的筛查和医疗救治工作，在全省率先实行免费治疗和筛查，及时成立专家组，确定定点医院，对儿科、影像科（B超）医生进行了相关诊疗业务快速培训。全市医务人员特别是儿科和影像科的医生、护士积极投入到医疗救治工作中。全市共筛查服用“问题奶粉”婴幼儿24914例，诊断结石患儿167例，累计住院观察28例，无危重患儿。

按照省卫生厅《关于开展婴幼儿奶粉安全检查的通知》、《关于开展含三聚氰胺的奶粉及奶制品卫生监督检查的紧急通知》和市政府的有关要求，本着对广大消费者生命安全高度负责的态度，市卫生局采取紧急措施，在全市范围内开展了婴幼儿乳粉及奶制品专项检查。全市共出动监督人员1526人次，监督检查奶制品销售单位3182户次，配合检查乳生产和售奶站13户次，依法登记封存“问题奶粉”15868公斤，液态奶1227公斤，监督企业招回受污染奶粉25830.8公斤。

（王奕明）

【行风建设】 2008年，按照市委、市政府党风廉政建设，关于政风、行风“双评”活动的统一部署，以评议活动为载体，以评促变，促进行业作风建设。市卫生部门深入开展了“优化发展环境、树立行业新风”的政风行风评议活动。为了加强监督，聘请了24个部门30名社会各界行风监督员，并在监督员单位或住宅小区设立了全市卫生系统政风行风评议意见箱，开展“百姓评卫生工作”活动。市第一人民医院等8所医院实行临床医学检验项目和影像报告“一单通”，出台了《全市二级及二级以医疗机构实行单病种限价管理办法》，各医院推行了对危、急、重病人实行“先抢救后押款、先检查后交费、先看病后挂号”的“三先”、“三后”措施，为抢救危、急、重病人争取了时间提供了方便，使危、急、重病人获得及时有效的救治效果。市中医院开设了“早诊服务”；市妇幼保健院对产妇实行接送、套餐、孕期保健、住院、体检等六项免费、六项优惠；平定县人民医院给医生配置了移动电话，制作了名片，方便与病人的联系和沟通。为减轻患者医疗费用，全市二级以上医疗机构均开设了济困病房、惠民病房，免收下岗职工、特困户、偏远山区贫困户患者挂号费，部分医疗费用实行酌情减免。年内，全市各医院救助无主病人60余人，减免费用达180余万元。全市二级以上医院挂网药品采购让利患者1.2亿元，有效缓解了群众“看病难、看病贵”的局面。（王奕明）

【商业贿赂治理】 2008年，为搞好治理商业贿赂自查自纠“回头看”，市卫生局在工作中严把“三关”，即建章立制，修订完善核心制度，把好治理商业贿赂第一关；财务部门充分履行职能，把好第二关；各级纪检监察认真负责本部门、本单位治理商业贿赂的调查处理，把好第三关。禁止在价格外以促销费、宣传费、赞助费、科研费等变相折扣推销药品，有效地解决了各类药品，特别是合资药、进口药的虚高定价、索回扣问题。做到了“三保证”：即供货药品单位保证按购进计划及时送货；保证霉坏、变质、过期、伪劣药品能及时更换；保证不搭配其他不需用药品、保健品和生活用品。为确保按处方配药、确保用药安全，市卫生局还推出了医务人员“六不准”：一是不准收受药品生产、经营单位私自为药品经营单位代开、代销的药品；二是不准做药品推销中介人；三是不准利用配处方收取药品经营企业的回扣；四是药剂科或任何人不得向药品经营单位提供医务人员处方用药情况；五是医院不设立药品开单费、提成费；六是不准用未经批准药品进行临床验证，并以“临床验证费”等名义收受各类回扣和费用。

自查自纠工作开展以来，全市共查出集体接受药商药品让利215万元，违规违法收费13.3万。阳煤集团总医院，严格按照处方管理进行了自查，对大处方开药的11个科室进行了处罚，共罚款4.08万元。全系统共查处开单提成7人，涉及金额590元，主动拒收红包人次256人，共计款项48470元。

（王奕明）

【“食品放心城市”创建工作】 2008年，市政府出台了《阳泉市创建食品放心城市实施方案》和考核办法，提出了通过2～3年时间使全市所有县区达到省级食品安全示范县标准。阳泉市食品药品监督管理局和农业、工商、质监、卫生、商务等部门以及各县区积极行动，认真落实各项工作措施。阳泉电视台等新闻媒体制作了4期食品安全专题片跟踪宣传。山西日报经济新闻版在头条以《从农田到餐桌，阳泉市严把进口关》为题，对阳泉市食品安全进行了重点报道。经过宣传发动、企业自查和监管部门督查指导，食品产业的安全保障水平有了新的提高，食品市场得到进一步规范。涌现出平定县张庄镇、城区北大街街道办事处等一批示范点，盂县申报山西省食品安全示范县也通过了省政府初验。（张炯珑）

【食品安全整治】 2008年，全市各食品安全监管部门认真解决影响人民群众生命健康的突出问题，通过日常巡查和专项整治,严厉打击制售假冒伪劣违法行为,全年共受理群众举报投诉1000余起,监督检查食品企业26069户次,监督频次达到3次以上,查处食品安全违法案件442起,罚没款23.23万元,取缔违法食品企业14户,吊销生产许可证2户,抽检食品556批次,检出不合格产品11批次。（田红梅）

【食品安全新闻发布会】 2008年2月1日，市政府在市食品药品监督局会议室召开了首次“全市奖励举报食品违法行为有功人员暨食品安全新闻发布会”。会议根据《阳泉市举报食品违法行为有功人员奖励办法》,对举报阳泉市某酒类专营店和饭店经销侵权白酒案的有功人员李某予以万元重奖，对举报某山泉水开发有限公司阳泉市矿区分公司销售无QS质量安全认证矿泉水案等其他5起典型性案件的5名有功人员分别奖励人民币400元~1100元。山西电视台、阳泉电视台、阳泉日报社、阳泉互联网等多家媒体对此进行了报道。由政府设立专项奖励基金开展奖励举报食品安全违法行为有功人员,阳泉市属全省第一家。（王　利）

【严把赈灾食品药品质量关】 2008年,汶川发生地震灾情后,市委、市政府紧急决定向友好城市四川德阳捐赠一批急需的食品和药品,市食品药品监管局牵头承担捐赠食品药品质量安全的保障工作。市食品药品监督管理局迅速召集监管、工商、质监、卫生四部门执法人员组成了4个质量保障现场检查组,按照“五不发”(产品资质检查不齐全不合格的不发;保质期在3个月内的不发;要求低温贮藏保存的不发;在线产品没有通过质量全检的不发;现场检查产品不合格及包装破损的不发)的原则,对援助灾区的价值340万元、400多吨食品药品等物资的质量进行了全程现场把关。灾区物资接受单位对阳泉市交“两本账(数量账和质量账)”的做法表示赞赏。（李建明）

【处置“三鹿”婴幼儿问题奶粉】 2008年,在央视《新闻联播》曝光“三鹿牌”婴幼儿问题奶粉事件后的次日,阳泉市有12名婴幼儿被检查出尿路结石。在没有接到上级具体部署以及医疗机构尚无明确统一的治疗原则情况下,市食品药品监督管理局以高度的政治敏感性和以人为本的责任意识,第一时间提出了当前阶段的5条具体处置意见,工商、质监、卫生、农业、商务等相关单位积极响应,有条不紊地开展了应急处置工作,既维护了社会稳定,又保障了市场正常供应。同时,市食品药品监管局作为应急处置的办公室和调度中枢,及时制定了处置问题奶粉事件领导组办公室工作流程图、信息专报时间表,责成专人对每日数据进行收集汇总,分析整理,形成《全市清查问题奶粉和诊疗婴幼儿情况专报》,在第一时间直报阳泉市委市政府有关领导。由于阳泉毗邻石家庄,受危害较重,情况专报同时直报李小鹏副省长和胡苏平副省长,及时为领导决策提供服务。在防止奶农倒奶杀牛、开展对辖区食品企业恢复生产和奶农直补以及消除群众恐慌心理,合理引导群众放心消费等方面各监管部门都发挥了重要作用。全市共下架“三鹿牌”等问题奶粉22.8吨,接受消费者退货7.8吨,销毁16.39吨,筛查婴幼儿人员25169例,确诊168人,无一死亡病例。《中国医药报》以《以创新提升食品安全监管水平》为题,对阳泉市全面推进食品安全监管工作进行了报道。（王　利）

【兴奋剂专项整治】 2008年4月30日,市食品药品监督局主持召开了全市兴奋剂生产经营专项治理工作会议,传达了省局兴奋剂专项会议精神,对全市兴奋剂生产经营专项治理工作进行安排部署。市局领导班子全体成员、市公安局、卫生局、工商局、体育局负责人及全市药监系统分局局长、各药品生产、经营企业负责人共计100余人参加了会议。市食品药品监督管理局通过层级签订责任状和承诺书以及市县两级不间断的明察暗访,做到了“七个到位”,即:领导重视部署到位,健全机构责任到位,营造氛围宣传到位,全面检查治理到位，狠抓落实督查到位,部门配合协调到位,强化责任追究到位。年内,全市食品药品监督管理实现了监管地域无盲区、监管环节无断层、监管单位无盲点、监管品种无遗漏。全市未出现一例药源性兴奋剂问题，受到山西省专项治理工作督查组的高度评价。（田红梅）

【食品药品“百日大检查”】 2008年，市食品药品监督管理局制定出台了《迎奥运,保安全,食品药品市场百日专项检查活动方案》,统筹调配全系统执法力量，对药品经营单位“五个环节”、医疗机构“十五个”涉药、涉械部门和环节,综合运用八种稽查手段进行拉网式监督检查,实行了“周报告制度”和分片包干责任追究制度,取得了良好效果。这次行动中,全市出动执法人员4784人次,检查涉药单位1534家,查办案件311起,案值20.75万元,罚没款59.87万元。（张炯珑）

【食品卫生监督】 全年出动卫生监督人员14233人次，监督检查食品经营单位16325户次，抽检样品2199份,纠正不符合卫生要求2132户次，查处不合格食品303.814公斤,价值3400元,查处餐饮具不消毒行为21户次，查处其他违法行为191户次,取缔无卫生许可证从业单位29户,罚款金额35400元。量化分级管理实施率达到100%。建立进货台账登记和原料索证率达到100%。全市全年无重大食物中毒和食源性疾患事件发生。（王奕明）

【放射卫生监督】 2008年,全市放射卫生监督市管单位建设项目放射性职业危害评价率达到100%。对新、改、扩建放射工作场所防护设施建设项目从选址论证、设计审查、施工监督到竣工验收进行了严格的监督，预防性放射卫生监督率达100%。对市直管40个放射诊疗机构全部进行了监督，制作监督意见书80余份，监督覆盖率达100%。

（王奕明）

【卫生监测】 年内，全市对餐具消毒效果进行了检测调查，共抽检餐具样品1660份，合格率为88%。对全市346名从事医用X线诊断、核医学、放射治疗、核仪表应用、工业X线探伤的放射工作人员进行了个人剂量监测，监测率达95%。

（王奕明）

爱国卫生

【城乡环境卫生清洁工程】 2008年，市认真贯彻落实国务院《关于加强爱国卫生工作的决定》和《山西省爱国卫生条例》，加强各级爱国卫生组织建设，全市各级爱卫机构实行规范化管理。市爱卫办组织开展了城乡环境卫生清洁工程，做了大量卓有成效的工作。从2008年4月8日起，全市组织开展了九项城乡环境卫生清洁工程，这项系统工程的实施，使城乡环境卫生面貌发生了巨大变化。

一是彻底清理积存垃圾，规范环卫作业秩序。至2008年底，全市组织发动20余万人次，清理陈旧性积存垃圾17余万吨，清理卫生死角4000余处。在规范环卫作业秩序上，环卫部门从保洁、保湿、保净入手，正常工作抓规范，中心工作求突破。增加了街面路面清扫保洁人员，建立了清扫保洁责任机制，每条路、每条街都建立了清扫保洁岗位责任制，实现了清扫保洁无空档、不断档、无缝隙，大大提高了环境保洁质量。在以往街面保湿的基础上，增加了洒水喷雾降尘的力度，较好的缓解了街面扬尘。各县区环卫部门安排专人，加强对环卫基础设施的管理，每天清洗街面果皮箱、垃圾桶和清扫垃圾桶四周垃圾，以保证垃圾不外溢不落地，加大公厕的保净力度，延长开放时间。全市取缔了裸露垃圾点。做到了垃圾定点投放、日产日清、运输密闭。主要街道间隔50米～70米设置了果皮箱。启动了城乡环境卫生一体化工程，主要道路已建立清扫保洁机制，90%以上的乡（镇）、村建立了环境卫生管理机制，成立了环卫作业队伍，至2008年底，全市清扫保洁人员（含农村）已达到1.4万人，垃圾清理、环境保洁成为城乡共同的目标。

二是整顿规范马路市场，取缔门店店外经营。年内，全市共取缔马路摊点1056个、取缔店外“伸舌头”558户、取缔占道经营300余户、规范便民摊点266个，拆除违章亭棚162个、由马路摊位和店外“伸舌头”造成的对市容环境影响大为改观。

三是加强广告牌匾治理，清理取缔城市“牛皮癣”。年内集中对沿街违章广告牌匾及软体条幅等进行了专项整治。采取先通知后拆除再规范和逐街逐路，分步实施的办法，对市区主要大街及次支干道的沿街违章广告牌匾进行了集中拆除。采用集中清除和专项清除的方法，对乱贴、乱画、乱涂等“城市牛皮癣”进行清除。共覆盖喷涂广告10万余处，清洗张贴广告近10万张。“牛皮癣”现象基本得到遏止。

四是强化建筑工地管理，坚持安全文明施工。对全市在建工程全面整治，明确了任务、标准、时限。成立了检查机构，对所有工地进行不间断、拉网式检查，督促整治内容落实到位。检查建筑工地上千次。施工单位行动迅速，围档进行了重新整修、抹灰、刷白，对出入口进行了硬化，车辆运输进行了苫盖，规范了建筑材料的堆放。所有施工工地全部安排了专人管理卫生工作，定时洒水，使施工现场整洁卫生，全市建筑工地作业基本步入规范化轨道，有效地遏止了拖带抛洒、二次扬尘、噪音污染等影响环境卫生质量的现象。

五是清理整治河道垃圾，加大河道管理力度。全市共有河道25条，开展清洁工程以来，各县区组织对所有河道进行了调查，明确了整治任务。到至2008年底，河道整治基本完成。清理了河道垃圾、疏通了河道、河道两岸进行了绿化净化处理、建立了河道长效管理机制。

六是对旅游景区、景点进行全面环境卫生整治。全市共有旅游景区14个。城乡环境卫生清洁工程中，各县区组织清理景区内及景区沿线陈旧性积存垃圾约3800立方米，对78175平方米的草坪进行了杂草清理，对171320立方的水体进行了清洁，清除大小坏死树木1894株，修剪草坪18440平方米，新植各种树木3522株。组织各景区健全了卫生制度，配备了卫生保洁人员，更新了卫生设施，所有景区的内外环境卫生基本达到了清洁工程要求的标准。

七是整顿餐饮服务业，加强餐厨垃圾管理。清洁工程出动督查人员800余人次，对全市所有餐饮单位和食堂的卫生状况、消毒状况、持证情况、经营范围和从业人员是否持有有效的健康合格证明，是否持证上岗等方面进行了2次拉网式检查。特别是省检查团检查后，针对餐饮卫生方面的问题，阳泉市及时制定措施，明确标准，再次进行督察检查。共检查餐饮服务业和学校食堂等1410户次，对不规范的经营户9家下达了处罚决定书和限期整改通知，取缔了5户食品经营户。至2008年底，全市餐饮服务业，基本达到了清洁工程的标准要求。

八是城乡结合部的环境卫生整治。市区与周边34个村相接，按照城市创卫的标准和清洁工程的要求，下大力组织对城乡结合部的乱搭乱建进行了拆除，取缔了马路摊点，对道路两侧进行了绿化美化。对城中村、城市周边村按照城市的环境卫生标准进行了整治。至2008年底,城乡结合部的村全部建立了环卫工作队伍,建立了环卫基础设施,村街的清扫保洁形成了长效机制,陈旧垃圾得到了清理,"五堆"得到了取缔和规范,村容村貌进行了整治,环境卫生面貌发生明显变化。

九是不断提高绿化意识,加强绿地后期管护。清洁工程中,各市、县区均充实和组织了专业绿地管理队伍,对已建绿地进行浇水、施肥、修剪、越冬防护、更新补植、病害防治、设施维护、清理卫生等工作,各绿化管理单位实施定人定岗、定职定责、专人负责、分片管理等措施,基本保证了道路绿篱内无杂草、无垃圾,行道树上无吊挂、无拉线、无枯死苗木、无残枝败叶,绿化设施无损坏。全市补植和新种树木46182株,修树坑28692个,绿地浇水24097吨,较好的保证了绿地的环境清洁。 (马维华)

【农村改水改厕】 2008年,全市农村改水工作采取凿井引水、截水体自流水、截潜流提水方法,实施"北水南调"工程和饮水安全工程,结合新农村建设,加强农村规划和人居环境治理,着力改善农村环境。一是结合沼气应用推广"一池三改",二是结合新农村建设开展户厕改公厕,三是结合旧村改造和新建住宅小区工作,将旱厕改为水冲式卫生厕所。改厕的主要方向是将农村不卫生、不安全的厕所逐步改造为水冲式、沼气式、双瓮漏斗式卫生厕所。郊区在西南舁乡、杨家庄乡、旧街乡等地完成沼气式厕所227个;在荫营镇、河底镇、义井镇、李家庄乡等完成户厕改水冲式厕所800余个。盂县沼气和秸杆气化炉用户仅两年就发展到8000多户。2008年底,全市农村改水受益人口64.25万人,改水受益率89.65%;全市农村总户数23.26万户,已改厕12.36万户,改厕普及率53.14%。

(马维华)

医学科研

【医学科研工作】 2008年,全市开展继续医学教育和科研、科教工作。全年举办继续医学教育33项,涉及专业20个培训各类卫生技术人员达6000余人次。按照国家医学考试统一安排,180余名符合条件的年轻医生通过了执业医师和助理医师的考试,427名人员考取中、初级卫生专业技术资格,100名人员取得副高以上卫生专业技术资格。年内,全市有5项医学科研项目达到国际先进水平,3项达国内先进水平。市卫生学校承担了农村卫生人员中专学历教育培训,城市社区全科医师、护士培训,高职教育取得可喜的成绩,参加山西医科大组织的16科次统考中获得10科次第一。

(王奕明)

【健康教育】 2008年,市卫生局开展了健康教育工作,4月18日,市健协、健教所和市健康体检中心围绕"全民健康121行动",联合举办了"关注体质、科学健身"大型健康教育专题讲座,邀请国家级健康教育专家、运动科学专家赵之心教授在阳泉宾馆报告厅作了精彩演讲,来自社区、学校、机关等不同行业的人听取了讲座。同时,还对郊区义井镇王家峪村和荫营镇西梨庄村的500个村民进行了问卷调查,发放了"中国公民健康素养调查的宣传单"2000余份,调查表合格率95%;调查户基本信息合格率100%。以社区大众为干预重点,社区居民干预前知识知晓率54.40%,干预后达76.80%。在"卫九"项目实施中,制作"迎战艾滋病"等流动版面32块、固定版面3种25套、固定宣传橱窗28个,"让每个人都知道保护自己,关爱他人"等折页3万张,"安全行为,明智选择"等知识卡片5种5万张,"爱心红丝带"系列的知识扑克2种9000副、知识折扇5000把、挂历1000本、围裙2000个、徽章2种5000个、手提袋6000个、纸杯3万个。重点对城、矿两区的中小学、社区、医院等开展健康教育。编印《创建卫生城市——市民健康知识读本》3000册。卫生城市检查团对健康知识进行了抽查,社区居民、机关干部和中小学生的健康知识知晓率80%,健康行为形成率70%。同时,还在中学和街头组织"无烟青少年"、"禁止烟草广告和促销,确保无烟青春好年华"签名活动,近千名中学生在横幅上踊跃签名。编印了《健康天地报》无烟日专版"和"创建无烟环境,构建和谐社会"控烟歌谣卡片。在电信广场散发控烟宣传资料6种,约5000份。 (王奕明)

体 育

【概况】 2008年,阳泉市以北京奥运会、残奥会的举办为契机,锐意进取,埋头苦干,积极推动体育事业发展,各项工作成绩显著。

群众体育 认真落实《全民健身计划纲要》的要求,全力唱响"全民健身与奥运同行"的主旋律,紧紧围绕"建设好群众身边健身场地、健全群众身边健身组织、举办群众身边经常性体育活动"三个主要环节,在全社会营造"崇尚健身,积极向上"的体育氛围。迎新年翠枫山登高活动拉开了阳泉市"全民健身与奥运同行"活动序幕;迎奥运"美隆国际杯"万人长跑公益活动把阳泉市的主题活动推向高潮;12名奥运火炬手代表阳泉市130万人民参加了在太原市和大同市举行的"同一个世界,同一个梦想"奥运圣火传递活动,成为全市迎奥运主题活动的一个亮点。年内,全市机关、企事业单位、学校、农村、社区及各体育协会积极办赛,共举办各级各类群众性体育比赛和活动2200多项次,参加人数达到65万人次。至2008年底,全市常年坚持参加体育锻炼的人口已达55万人次,占全市总人口的42%,形成了不同形式因地制宜开展体育健身活动的良好局面,群众体育活动精彩纷呈。

农村体育　平定、郊区、盂县3个农业县区完成了71个省级新农村重点推进村和中央资助(2007～2008年)各50(共计221)个行政村的场地建设任务。市体育局会同市发改委、市规划局编制了《2007～2015年阳泉市公共体育规划》、《2009～2010年农民体育健身工程建设建议方案》,并为94个行政村发放了农民体育健身工程器材;为61个行政村下拨了农民体育健身工程场地设施建设补助资金30.5万元;全市300多个行政村积极利用庙会、节假日、农闲时间,举行了群众体育活动500余项次,参加人数达到10万人次;平定县冶西镇、盂县梁家寨乡被推荐参加山西省百万农民健身活动先进乡镇的评选,农村体育工作成果显著。

学校体育　年内,各中小学校认真贯彻落实中共中央、国务院《关于加强青少年体育增强青少年体质的意见》,积极与教育部门沟通配合,大力开展"全国亿万青少年阳光体育活动"和"中小学生冬季阳光大长跑活动",坚持开展"两课一操"和体育达标活动,鼓励学校采取各种措施增加体育设施和场地,并努力推进学校体育场馆的对外开放。2008年,为8所省级体育传统项目学校配置了各1万元的体育器材,给学生提供了更多的健身锻炼设施,学校体育生动活泼。

职工体育　2008年,各级工会组织以满足广大职工体育健身需求为出发点,努力创新各种活动形式,开展了特色鲜明、形式多样的职工体育健身活动240余项次。如:南煤集团拔河队作为山西省唯一一支代表队参加了在江西徐州举行的2008年全国拔河锦标赛,并一举夺得女子480公斤级、520公斤级2个第三名,男子560公斤级第四名、600公斤级第五名的优异成绩,展现出了阳泉市职工奋发昂扬的精神风貌。职工体育成绩喜人。

体育协会及社区体育　2008年,市体育局大力支持各单项体育协会和社区策划、组织和开展有创意、有规模的大型群体活动,以推进群众体育的社会化进程。阳泉铝业公司社区、矿区秋沟社区分别被推荐参加全国城市体育先进社区和山西省城市体育先进社区的评选,各单项体育协会及社区体育快速发展。

体育信息调查工作　年内,根据山西省体育局《关于开展山西省群众体育现状调查的通知》要求,市体育局下发了《关于开展阳泉市群众体育组织机构信息调查的通知》,并于3月5日组织各县区文体局分管体育工作的副局长和群体干部进行了培训。经过1个月的努力,对全市12个街道办事处、32个乡镇群众体育信息进行了摸底调查,高质量地完成了阳泉市群众体育组织机构信息调查工作。

2008年,市体育局被山西省体育局荣记集体一等功,市体育运动学校被中国蹦床与技巧协会授予"突出贡献奖集体"荣誉称号,有2名运动员达到国家一级运动员标准,有33名运动员达到国家二级运动员标准,有58名运动员达到国家三级运动员标准,有52人被批准为国家二级裁判员,有5人被省体育局批准为国家一级裁判员。

(张保泉　李素芳)

群众体育

【迎奥运"美隆国际杯"万人长跑】 3月30日,由市体育局、市教育局、市美隆房地产开发有限公司联合主办的阳泉市迎奥运"美隆国际杯"万人长跑公益活动在美隆国际广场隆重举行。国家体育总局、山西省体育局和阳泉市四大班子、军分区及相关单位的领导应邀出席这次活动。启动仪式特邀中央电视台体育节目主持人宁辛主持,副市长李体柱代表市委、市政府致辞,国家体育总局体育文化发展中心主任、中国体育博物馆馆长袁大任、山西省体育局局长苏亚君作了重要讲话。高敏、葛菲等8位奥运会及世界冠军依次发言。随着市人大主任孙水生的发令枪一响,万人长跑活动启动,国家体育总局、省体育局和阳泉市四大班子领导以及特邀的奥运会及世界冠军、央视体育节目主持人宁辛、阳泉市12名2008年北京奥运接力火炬手候选人跑在第一方阵。参加长跑的有全市的机关干部、学生、煤矿工人、农民、科技工作者、医务工作者、解放军、武警战士等各阶层代表及自发参加的群众近万人。本次活动的主旨是:"万人手牵手、奥运心连心"。长跑结束,还进行了喜迎奥运"百米长卷万人签名",参加长跑群众在长卷上写下自己的名字,以表达山城人民对2008年北京奥运会的美好祝愿。活动结束后,将百米长卷呈交于国家体育总局领导,并赠送由"中国刻花瓷之乡"——平定古窑陶艺有限公司为2008北京奥运会特制的"龙腾奥运"中国刻花瓷瓶一对。

(张保泉　李素芳)

【选拔奥运火炬手】 阳泉市火炬手选拔工作于2007年6月启动,按照北京奥组委统一的选拔标准,通过组织系统推荐的方式,并经过推荐、评审、审批等步骤层层选拔,所推荐的12名火炬手候选人名单于2007年9月上报山西省火炬手选拔组委会。2008年4月,李体柱、朱玉芳、于昌明、孙晓明、潘宝忠、蔡廷军、石文斌、杨扬、刘存祥、苑桂生、巴日鲁、李佳伟12名火炬手候选人经北京奥组委正式确认为北京奥运会火炬手,并于6月25日至27日代表阳泉市130万人民参加在太原市和大同市举行的"同一个世界·同一个梦想"奥运圣火传递活动。

(张保泉　李素芳)

【"远鑫杯"首届汽车场地越野全国邀请赛】 4月19日,由市体育局、阳泉日报社、市广电总台主办的"远鑫杯"首届汽车场地越野全国邀请赛在郊区山头村拉开战幕,来自北京、河北、陕西及山西省各地市的

105名车手应邀参加了比赛，越野E族、陕北中队、晋南车队等一些知名车队均派出精英参赛，其中有全国著名的赛车手和领航员，中汽联也派出官员进行现场技术指导。经过19日的预赛，共有30名男赛手和5名女赛手进入决赛。20日，车手们克服下雨带来的不便，沉着迎战，为山城市民奉献了一场惊心动魄的精彩表演。最后，王朝辉获得男子组第一名、王丽华获得了女子组第一名。越野赛事在阳泉举行尚属首次。本次比赛的成功举办，为弘扬奥运精神、积极倡导科学健身理念起到了积极的推动作用。

（张保泉　李素芳）

【南煤集团拔河队获全国奖】 6月初，在江西徐州举行的2008年全国拔河锦标赛上，阳泉市南煤集团拔河队作为山西省唯一一支代表队参加了比赛，并一举夺得女子480公斤级、520公斤级2个第三名，男子560公斤级第四名、600公斤级第五名的优异成绩。

（张保泉　李素芳）

【市第十届老年人运动会】 2008年6月19日，由市体育局、市老干局、市老龄委、市老年体协主办的阳泉市第十届老年人运动会在市体育馆开幕。本届运动会设踢毽、健身操、太极拳、秧歌、柔力球、门球、乒乓球、网球、象棋9个大项，来自全市各行各业35支代表队的1774名运动员参赛。经过7天紧张激烈的角逐，平定县、阳煤三矿、矿区代表队分获团体前三名；阳煤三矿、阳煤天兴公司、城区等7支代表队获得优秀组织奖；市粮食局、郊区、娘子关电厂等代表队获得体育道德风尚奖。（张保泉　李素芳）

竞技体育

【“美隆国际杯”第三届太极拳邀请赛】 9月20～21日，阳泉市“美隆国际杯”第三届太极拳邀请赛在宏厦一建举行。本届太极拳邀请赛由市体育局主办、市美隆国际商业广场协办、市太极拳协会承办，来自市直机关、城区、平定、阳煤集团的26支代表队参加了42式太极剑、杨氏49式太极拳等4个集体项目和男子中老年杨氏太极拳、太极剑，女子中老年杨氏太极拳、太极剑等14个个人项目比赛。

（张保泉　李素芳）

【体育三下乡】 9月25日，2008年山西省“体育三下乡”桃林沟健身系列活动在郊区桃林沟村正式启动。这次活动由省体育局、省农业厅、省农民体协主办，市体育局、郊区政府承办，郊区文体局、郊区平坦镇政府、桃林沟村协办，省体育局局长苏亚君、市长白云、市人大副主任吴丽萍、副市长李体柱等领导出席启动仪式。省体育局领导代表主办单位向桃林沟村赠送了5万元的全民健身器材，并展演了艺术体操、武术、健身秧歌、体育舞蹈、太极拳等全民健身精品节目。省体科所国民体质监测队还为桃林沟村村民开展了免费体质测试和健康资询服务。

（张保泉　李素芳）

【农村体育健身工程】 2008年，平定、郊区、盂县3个农业县区完成了71个省级新农村重点推进村和中央资助(2007～2008年)各50(共221)个行政村的场地建设任务。市体育局会同市发改委、市规划局编制了《2007～2015年阳泉市公共体育规划》、《2009～2010年农民体育健身工程建设建议方案》，并为94个行政村发放了农民体育健身工程器材；为61个行政村下拨了农民体育健身工程场地设施建设补助金30.5万元。健身工程的实施大大方便了广大农民群众参加体育健身活动。

（张保泉　李素芳）

【市体育运动学校网球队成立】 2008年，市体育运动学校投入大量人力、物力、财力，通过电视、报刊、发放宣传单等多种形式，广泛宣传网球体育运动，并聘请专职网球教练员赴广东、南京等地培训学习。2月12日，市体育运动学校网球队正式成立并开始集中训练。至2008年底，网球对有队员30人，来自全市各中小学校。

（张保泉　李素芳）

【中学生篮球赛】 4月18～23日，由市教育局、市体育局主办的阳泉市迎奥运“兴隆街皮克专卖杯”中学生篮球赛在市体校、阳泉一中、阳泉四中、平定示范、市委党校篮球场分别举行。本次比赛设高中、初中、中专职校技校组，共有37支中学生代表队参赛。经过激烈争夺，阳泉三中、玉泉中学、育英学校获得高中组男子前三名；阳泉一中、阳泉十一中、阳泉十五中获得高中组女子前三名；聋哑人学校、阳泉四中、阳泉七中获得初中组男子前三名；晋东实验学校、阳泉四中、阳泉十中夺获得初中组女子前三名；平定师范学校、阳泉市体育运动学校、阳泉技工学校获得中专职校技校组前三名。

（张保泉　李素芳）

【阳泉位列省运会金牌榜第四】 在6月16日至8月初举行的山西省第十三届运动会阶段赛上，阳泉市有185名运动员参加了田径、体操等11个大项的比赛，获得了金牌37枚、银牌32枚、铜牌27枚，总分1025分的佳绩，位列运动会金牌榜第四，竞技体育保持在全省中上游水平。

（张保泉　李素芳）

【王智伟获2009年全运会50米手枪慢射和10米气手枪参赛资格】 10月15日～17日，在河南省郑州市举行的2008年全国射击系列赛中，市射击运动员王智伟参加了第二站个人射击锦标赛男子气手枪项目比赛，以686环的成绩获第三名，并在第三站团体锦标赛男子手枪项目慢射比赛中，与队友合作以1685环获团体冠军；在气手枪团体比赛中，同队友合作以1753环获亚军。最终，王智伟获得了2009年全运会的50米手枪慢射和10米气手枪两个项目的参赛资格。

（张保泉　李素芳）

【中小学生田径运动会】 由市教育局、市体育局联合主办的2008年阳泉市中小学生田径运动会于10月

14日～16日在市体育场隆重举行，来自全市20所小学、11所中学和14所高中学校的525名男女运动员参赛。经过3天的角逐，段家背小学、上站小学、小南坑小学分获小学组团体总分前三名；阳泉四中、阳泉十中、阳泉七中分获初中组团体总分前三名；阳泉一中、平定一中、玉泉中学分获高中组团体总分前三名。（张保泉 李素芳）

【市体育局荣立集体一等功】 11月11日，在全省参加北京奥运会残奥会总结表彰大会上，阳泉市体育局被山西省体育局荣记集体一等功。多年来，市体育局围绕山西竞技体育“奥运会上争金夺银，全运会上上位次，全面提升整体实力”的目标，从本市实际出发，提出了“创品牌项目，出精品人才”、“省运创佳绩，全运作贡献，冲出亚洲，走向世界”的工作方针，以奥运会和全运会为目标，不断改革完善业余训练体制，运动员竞技运动水平进一步提高，先后为山西、为国家培养输送了杨建平、杨波、崔磊、崔亮、李颖、涂潇、武扬、殷千茹、卢燕、李佳伟等40余名优秀运动员。继阳泉市培养的女子射箭运动员杨建平代表国家连续参加第26届、27届奥运会之后，年内，阳泉市籍手球运动员崔磊、崔亮又代表国家参加了第29届北京奥运会，他们拼搏向上的精神为国家、为山西、为阳泉争得了荣誉。（张保泉 李素芳）

【市体育运动学校获“突出贡献奖集体”】 市体育运动学校严格按照“抓好基础、扶持优秀、突出精品、瞄准奥运”的工作思路，依托科研，科学训练，不断提高竞技体育水平，培养出了一大批优秀的后备人才。2008年4月、5月，在比利时弗拉芝杯国际蹦床邀请赛和法国埃韦昂蹦床世界杯分站赛中，市运动员涂潇都获得网上个人第四名；5月在上海举行的全国蹦床锦标赛中，涂潇获得网上个人亚军，刘博获得男子网上个人第五名，毛宁获得女子单跳个人第五名，毛宁和高月西夺得女子团体第六名；10月21～25日，在青岛举行的全国蹦床冠军赛中，涂潇、高杰、刘博、张雒与队友合作获得男子团体冠军，涂潇获得网上个人第四名，毛宁（女）获单跳个人第六名，高月西（女）获得网上团体第五名。2008年12月，在江苏常州召开的中国蹦床运动辉煌十年庆典中，市体育运动学校被中国蹦床与技巧协会授予“突出贡献奖集体”。

（张保泉 李素芳）

体育场地建设

【全市人均体育场地面积达1.13平方米】 体育场地设施是开展全民健身活动的主要载体，在加大体育设施建设力度的同时，阳泉市积极引导和促进体育场地的建设。截至2008年底，全市共有各级各类体育场地1210个，场地面积1485908平方米，全市人均体育场地面积1.13平方米，提前超额完成了2008年经济社会发展44项指标人均体育场地面积1.11平方米的目标任务。

（张保泉 李素芳）

【体育场一期工程完工】 年内，为尽快完成体育场一期扫尾工程，体育局制定了工程剩余项目施工进度计划，并积极争取建设资金，在本年度完成工程投资约100万元，主要项目有室外绿化、公共广播系统、电视监控系统、场外照明系统、外墙涂料等工程，至年底，一期工程已基本完工。体育场一期工程概算投资4819.39万元，截至2008年底，工程累计完成投资4729.8万元，占总投资的98.14%。（张保泉 李素芳）

【体育基础设施建设】 2008年，市体育运动学校投资30余万元，对学生公寓地下室进行了改造，建成了结构合理、生活设施齐备的宿舍13间，主要用于接待其他省市体校的教练员、运动员，并建成一个运动员赛前辅助降重的桑拿浴室，为运动员取得好成绩提供了服务设施。年内，市体育馆积极争取专项资金68.49万元，更换了现阶段先进的LED灯管显示的电子记分屏，为举办高水平赛事打下了基础。同时，体育局还积极利用财政资金11余万元，改造了馆内消防安全通道和自来水管道，更换了室外装饰灯，安装了600米LED彩灯等，馆内外环境面貌得到了很大改善。（张保泉 李素芳）

社会生活

人民生活

【概况】 2008年，阳泉强力推进“百项工程”建设、园林城市创建、统筹城乡一体化发展、科技示范园区建设等重点工作，努力降低全球金融危机影响，圆满完成了年初确定的各项目标任务。全市呈现出经济平稳较快增长、结构趋于优化、效益稳步提高、社会各项事业长足发展、民生得到进一步改善的良好态势。2008年，全市在岗职工平均工资31564元，较上年增长23.2%，但行业间差距十分明显(见下表)。据抽样调查，全年城镇居民人均可支配收入13305.93元，增长13.9%，扣除物价因素实际增长7.9%。城镇居民人均消费性支出8533.38元，较上年增长12.5%。全年农民人均纯收入5427元，较上年增加703元，增长14.9%，增幅首次超过城市居民。农民人均生活消费支出3933元，较上年增长4.8%。城乡居民的生活质量进一步提高。城乡居民家庭恩格尔系数（即居民家庭食品消费支出占家庭消费支出总额的比重）分别为35.1%和35.8%。城乡居民收入、消费绝对额均创历史最好水平。

2008年分行业在岗职工平均工资简表

表20-1

行　业	在岗职工平均工资(元)	比上年增长(%)
全　市	31564	23.2
农、林、牧、渔业	18646	28.5
采矿业	40499	20.2
制造业	15810	74.6
电力、燃气及水的生产和供应水	40269	35.4
建筑业	31550	13.7
交通运输、仓储和邮政业	22117	23.6
信息传输、计算机服务和软件业	31270	32.7
批发和零售业	17785	25.2
住宿和餐饮业	11152	17.4
金融业	37819	17.9
房地产业	19506	-0.8
租赁和商务服务业	14999	5.7
科学研究、技术服务和地质勘察业	23460	19.0
水利、环境和公共设施管理业	15544	8.3
居民服务和其他服务业	17964	30.9
教　育	25806	12.7
卫生、社会保障和社会福利业	21751	7.4
文化、体育和娱乐业	20495	12.3
公共管理和社会组织	28031	28.3

（张　华　刘玉祥）

【城市居民生活】 2008年，市委、市政府在促进经济又好又快发展的同时，不断加大就业再就业工作力度，城镇新增就业岗位2.29万个，劳动者创业就业5100人，同时努力提高企业就业人员、退休人员和低收入群体收入水平，人民群众生活不断得到改善。城市居民收支分别增长13.9%和12.5%。

一、居民收入增长特点

2008年，城市居民人均可支配收入13305.93元，增长13.9%，剔除价格上涨因素，城市居民人均可支配收入实际增长7.9%。在可支配收入构成中，四项指标均呈不同程度增长，家庭总收入结构有所变化。

1.工资性收入是居民家庭收入的主渠道。2008年，城市居民人均工资性收入9426.61元，较上年增长2.5%，拉动居民家庭总收入增长1.8%，对居民家庭总收入增长贡献率达12%，占家庭总收入比重65.1%，工资收入呈上半年大幅增长，下半年(特别是四季度)逐渐回落态势。

2.经营性收入增长最快。2008年，城市居民人均经营性收入903.26元，拉动居民家庭总收入增长7.6%，对居民家庭总收入增长贡献率48%，占家庭总收入的比重为6.2%，较上年扩大6.1%。

3.财产性收入大幅增长。2008年，城市居民人均财产性收入73.22元，较上年增长1.8倍，拉动居民家庭总收入增长0.37%，对居民家庭总收入增长贡献率达3%，占家庭总收入的比重为0.5%，较上年扩大0.3%。

4.转移性收入较快增长。2008年，城市居民人均转移性收入4070.73元，较上年增长20.74%，拉动居民家庭总收入增长5.5%，对居民家庭总收入增长贡献率37%，占家庭总收入比重为28%，较上年扩大1.2%。

综上，工资性收入虽占城市居民家庭总收入的比重最大，但随着其他收入不断增加，工资性收入对家庭总收入拉动作用有所衰减；转移性收入、经营性收入和财产性收入已成为城市居民家庭收入增加的重要组成部分。

二、2008年城市居民收入增长的主要原因

一是在岗职工工资增长。随着企业效益不断好转，各单位职工工资水平稳步增加，特别是规模以上采矿业煤炭产量达640万吨煤炭行业价格上涨31.4%，企业效益看好，在岗职工平均工资增加；二是在职人数增加。随着全市经济快速发展，劳动力需求日趋增加，至年底城市居民平均每户家庭在职人数1.29人，较上年增长4.88%；三是个体或私营企业主及被雇人员队伍壮大。为解决城市居民就业再就业问题，市委市政府高度重视非公经济发展，出台一系列优惠政策，特别是对下岗失业人员再就业给予优惠，使非公经济取得长足发展，提供了更多就业岗位，从事个体经营的人数增加。年内，每百户调查户中从事个体经营者人数7人，较上年增加6人。城镇个体或私营企业被雇人员9人，较上年增加6人；四是随着居民家庭财产积累日渐增多，运用家庭拥有的动产(如银行存款、有价证券)、不动产(如房屋、车辆、土地、收藏品等)获得收入的家庭越来越多，财产性收入日益增加。五是退休人员退休金和低保标准政策性上调拉动居民家庭收入增长。

进入下半年，由于受世界金融风暴影响，居民收入增幅回落，特别是第四季度受能源等价格下跌影响，煤炭市场受到较大冲击，职工收入较上半年有所减少。

三、居民消费稳步增长，各类消费变化明显

2008年，城市居民人均消费支出8533.38元，较上年增长12.5%。在八大类消费性支出中，呈现“五升三降”态势(详见下表)。

2008年城市居民家庭消费支出情况表

表20-2

指　标	绝对值(元)	增长(%)	消费结构(%)
消费支出	8533.38	12.49	100
一、食品	2991.2	11.81	35.05
二、衣着	1047.42	7.42	12.27
三、居住	1079.09	17.4	12.64
四、家庭设备用品服务	460.71	-20.36	5.4
五、医疗保健	1174.81	103.76	13.76
六、交通和通信	652.51	-1.55	7.65
七、教育文化娱乐服务	730.87	-25.44	8.56
八、杂项商品和服务	396.79	81.76	4.65

1.食品消费支出增长，价格因素影响明显。2008年，居民食品支出呈较大幅度攀升，人均食品支出2991.2元，较上年增长11.8%，扣除价格因素实际增长1.8%。从食品消费结构看，作为生活必需品的粮食类支出较上年增长11.3%，其中：大米消费量增加2.3公斤，支出增长23.8%；面粉消费量增加7.8公斤，支出增长25.9%；油脂类、鲜菜类消费量较上年分别增加0.73公斤和9.1公斤，支出分别增长45.2%和3%。由于价格上涨，居民人均肉类消费量较上年减少2.77公斤，支出却增加13.1%。

2.衣着消费热度不减，成衣品牌时尚前沿。随着居民收入水平和文化素质提高，城市居民衣着消费更注重消费品位，款式时尚。年内，

城市居民人均衣着消费1047.42元,增长7.4%。其中:人均服装支出750.47元,下降3.1%;人均鞋类支出246.9元,增长1.6%。

3.居住消费大幅增长,装潢支出成倍增加。2008年,城市居民人均居住支出1079.09元,较上年增长17.4%。随着居住条件改观,住房配套设施更加齐全。截至年底,每百户有89户为两居室以上住房,99%有暖气取暖,92%使用管道煤气做饭,98%有卫生设备。因此相关费用支出不断增长,人均水、电燃料及其他支出595.55元,增长10.6%。同时,由于乔迁新居或居住一段时间人们对旧房屋进行装潢等原因,人均装潢支出400.13元,增长1倍。

4.药品费增长是医疗保健大幅攀升主因。2008年,城市居民人均医疗保健支出1174.81元,增长1.03倍。其中:居民人均药品费834.25元,增长1.3倍;人均医疗费297.07元,增长56.2%;人均滋补保健品支出11.98元,下降81.5%。

5.教育文化娱乐服务消费下降。2008年,城市居民人均教育文化娱乐服务支出为730.87元,较上年下降25.44%。其中:文化娱乐用品支出183.49元,较上年下降13.8%;文化娱乐服务支出208.32元,较上年增长3.2%;教育类支出339.06元,较上年下降9.4%。

6.交通类消费增长,通信类消费下降。2008年,城市居民人均交通类消费支出230.74元,较上年增长57.6%。由于家用汽车步入家庭,(每百户居民拥有汽车达6辆)使居民相关消费增加,其中:车辆用燃料及相关费用增长21倍。居民人均通信类支出421.77元,下降15.3%,根据抽样调查,截至年底每百户拥有固定电话87部,移动电话137部,通信工具基本趋于饱和。因此,购买通信工具支出较上年下降40%,通信服务费支出366.36元,较上年下降9.1%。 (刘玉祥)

【农民生活】 2008年,阳泉各级党委政府认真贯彻落实中央各项惠农政策,始终把增加农民收入作为农村工作的重点,努力克服国际金融危机带来的不利因素,采取多种措施增加农民收入,使全市农民收入在不少中小企业关停、大量农民工返乡的困境下,仍继续保持较快增长。据抽样调查资料显示:2008年,全市农民人均纯收入5427元,较上年增加703元,增长14.9%。纵观全年收入情况,有以下几个特点:

1.工资性收入稳步增长,工资收入仍然是全市农民收入的主要渠道。2008年,全市农民人均工资性收入3293元,较上年增加288元,增长9.6%。工资性收入占全部纯收入的六成以上。工资性收入稳步增长,有力的保障了农民收入稳步提高。

2.家庭经营收入增幅较大,对农民增收贡献率显著提高。2008年全市农民人均家庭经营纯收入为1679元,较上年增加223元,增长15.3%。从家庭经营收入构成分析,以种植业和养殖业为主体的第一产业绝对额和增幅分别达到168元和27%。

3.三个农业县(区)同步发展,农民人均纯收入均有较大增长。其中,盂县农民人均纯收入5549元,较上年增加846元,增长18%,增幅为全市第一;平定为5127元,增加596元,增长13.1%;郊区为5645元,增加650元,增长13%。从绝对额情况看,从高到低依次是郊区、盂县和平定。

4.全年农民收入呈前高后低态势。上半年全市农民人均现金收入为2946元,较上年同期增长20.6%;第三季度增长21.3%;前三季度累计增长20.8%,分别较上年高出5.7%、6.4%和5.9%,从三季末开始,受国际金融危机影响,全市经济增速明显回落,致使第四季度农民收入也呈明显下滑趋势。

5.全市农民人均纯收入及其增长幅度均居全省第二。从全省情况看,2008年全省农民人均纯收入4097元,比阳泉低1330元;分市看,位居全省第一的太原市,农民人均纯收入6355元,比阳泉高928元;最低为忻州市,比阳泉低2597元。从增幅看,阳泉仅比名列第一的吕梁市低0.29%,高出全省平均增幅3.13%,名列全省第二。

尽管2008年阳泉市农民人均纯收入继续保持较快增长,但增收前景不容乐观,制约农民收入增长的主要因素之一是受大经济形势增速减缓影响,就业岗位和机会明显减少;二是受小煤窑关停影响,使相当一部分以煤炭及相关产业为业的农民暂时失业;三是农产品价格较低,农民存在增产不增收现象。

在农民收入持续增加的同时,各项生活消费支出快速增长,生活环境明显改善,生活质量继续提高。2008年,农民人均生活消费支出中,食品支出1409元,较上年增长16.5%;衣着类消费486元,增长24.6%;居住类消费856元,下降7.2%;家庭设备用品服务消费154元,下降42.3%;医疗保健消费270元,增长36.4%;文教娱乐用品及服务消费325元,下降12.4%;交通通讯消费314元,增长7.5%;其他消费118元,增长16.8%。农村居民主要生活耐用消费品百户拥有量稳步提高。2008年,农村居民百户拥有彩电117台、洗衣机95台、电冰箱49台、电话机90部、移动电话142部、家用计算机16台,分别较上年增长0.9%、1.1%、4.1%、1.1%、9.2%、14.3%。 (张 华)

社会保障

【概况】 2008年,全市劳动保障系统以关注民生、服务群众为主线,以实施民生工程为重点,不断完善各项政策措施,着力保障和改善民生,圆满完成省、市确定的各项目标任务。

就业再就业工作成效显著。

2008年,阳泉市劳动保障系统以创业就业工程为抓手,加快完善和落实各项扶持政策,稳步推进就业再就业。一是积极贯彻落实省政府《关于做好促进就业工作的实施意见》,同时结合阳泉经济、产业结构和劳动力资源情况,出台了《关于进一步落实农村劳动力技能就业计划的通知》、《阳泉市创业促就业实施方案》,初步建立了创业培训、政策扶持、创业服务"三位一体"的工作机制,促进就业政策体系得到不断完善。二是切实解决困扰市属国有困难企业发展的实际问题。为保证各项社会保障政策顺利延续与合理衔接,出台了《市属国有困难企业若干问题的暂行办法》,对市属国有困难企业职工的社会保险、"4050"以上人员及停产期间职工生活补助等问题提出解决办法,为市属国有困难企业减负和走出困境、带动就业提供了支持。三是建立劳动保障社区平台,大力开发社区就业岗位,鼓励下岗失业人员自谋职业,自主创业,实现灵活就业。四是积极建立和完善对就业困难人员就业的长效援助机制,动态解决"零就业家庭"就业问题,安置"零就业家庭"370户。五是坚持开展"就业援助月"、"春风行动"、"民营企业招聘周"和"高校毕业生就业服务月"等专项活动,有效促进了各类求职人员的市场择业和公益性岗位安置。2008年,全市城镇登记失业率3.79%,低于省定4%的控制目标,累计实现新增就业岗位2.49万个,创业就业5200人,实现下岗失业人员再就业培训5300人,创业培训1060人,农村劳动力技能就业培训9800人,职业技能鉴定5950人,下岗失业人员实现再就业14910人,其中安置就业困难对象4800人,各项指标均超额完成全年目标。此外,根据省、市统一安排部署,劳动保障部门对汶川地震灾区求职人员进行了就业安置援助,共安置茂县、汶川、北川等地到阳泉务工人员121人。

社会保险工作取得长足进步。2008年,市劳保系统建立健全政策体系,为社会保险工作推进提供强有力的政策措施保障。一是制定了企业职工养老保险个人账户管理专项检查工作方案,在个人账户管理中形成较完整的业务经办管理制度和工作流程;调整了城镇职工基本医疗保险统筹基金最高支付限额,在降低灵活就业人员参加社会保险负担水平的同时,较大幅度提高了城镇职工基本医疗保险待遇;出台了《阳泉市失业保险基金实行市级统筹实施办法》,提高了失业保险统筹层次,增强了失业保险保障功能;出台《阳泉市被征地农民就业培训和社会保障工作实施办法》,推进了全市城乡一体化社会保险工作进程。二是城镇居民基本医疗保险顺利开展。出台《城镇居民基本医疗保险部分政策调整意见》,截至年底,参保22.66万人,占实际应参保人数的91.1%,实现了市委、市政府年初既定的"城镇居民基本医疗保险覆盖率达90%"的目标。三是大力推进非公经济组织参加社会保险工作,努力扩大社会保险覆盖面。出台《关于推进非公制经济单位和灵活就业人员参加社会保险扩面专项行动计划实施意见》,并结合实际及时制定相关实施细则,设立专门窗口,优化业务流程,采取便民措施,使非公经济单位和灵活就业人员参加社会保险工作取得显著成效,养老、医疗、失业和工伤保险参保人数分别达到2.56万人、2.43万人、1.71万人和3.72万人。四是适时提高各项社会保障水平。企业退休人员养老金连续5年调整提高,达到人均每月981元。城镇职工基本医疗保险统筹基金最高支付限额提高到4万元,失业保险金标准从1993年起,先后8次提高,城区、矿区、郊区失业保险经办机构登记的失业人员每人每月领取失业保险金561元,盂县、平定为495元。2008年,全市共有企业养老保险参保职工13.37万人,征缴基金58620万元;企业退休人员纳入社区管理服务率74%;机关事业养老参保职工1.82万人,征缴基金7060万元;农村养老保险参保人员6.49万人,征缴基金9644万元;城镇职工医疗保险参保28.18万人,征缴基金50352万元;失业保险参保19.47万人,征缴基金5437万元;工伤保险参保人数10.9万人,征缴基金3887万元;生育保险参保4.02万人,征缴基金796万元。劳动保障城域网建设覆盖率达100%。

劳动关系调整和劳动监察力度不断加强。2008年是《劳动合同法》实施第一年,也是国际金融危机影响实体经济,劳动关系经受严峻考验的一年。市劳保部门以贯彻劳动合同法为契机,大力推进和谐劳动关系建设。一是结合阳泉实际,修订公布了全日制工、非全日制工、劳务派遣、建筑业、住宿餐饮业、农村地区用工及农民工7种劳动合同示范文本,指导规范劳动关系。二是劳动保障部门与公安、建设、工会、公安等部门联合行动,开展了农民工资支付、劳动用工百日行动、劳动力市场秩序检查等专项检查活动,劳动者合法权益得到维护,劳动合同签订率98%。2008年,监察用人单位6527户,涉及劳动者15.2万人,责令补签劳动合同1.45万余份,为1400余名劳动者支付拖欠工资341万元,催缴各项社会保险费1594.80万元。三是适时提高最低工资标准,连续第3年对全市最低工资标准进行上调。四是认真落实《信访条例》,完善工作机制,提高执法水平,促进劳动关系和谐。年内共接待群众到访3938批4730人,息诉罢访率98%。受理劳动争议案件385件,办结381件,办结率98.9%。

（李玉魁　高文杰）

劳动仲裁

【劳动争议处理】 2008年,市、县两级劳动争议仲裁委员会共受理劳动争议案件385件,办结381件,办结率98.9%。在385件案件中,市劳动争议仲裁委员会受理148件,全部办结。其中,因工伤发生纠纷的案件77件,占总案数的52%;因解除和终止劳动关系发生纠纷的案件32件,占21%;因拖欠工资案件11件,占7%;因社会保险发生纠纷的案件7件,占5%;要求确认劳动关系的案件11件,占8%;其他案件10件,占7%。共为职工解决工伤待遇、解除劳动合同经济补偿金等486万余元。　(孙玉华)

【劳保系统信访工作】 2008年,市县两级劳保部门接待群众信访3938批4730人,其中集体访63批927人,结案率98%,息诉罢访率95%。市级劳保部门接待群众信访2010批2706人,其中集体访34批487人。6月,市劳动保障局被市委、市政府评为"2007年度信访工作先进集体"。在奥运会期间,市劳保系统积极排查矛盾隐患,未发生到京上访事件。　(孙玉华)

【职业技能鉴定工作】 2008年,市劳保部门坚持职业技能鉴定社会化管理方向,始终以提高劳动者素质,促进就业为目标,大力推行职业资格证书制度,指导企业建立"使用与培训考核相结合,待遇与业绩贡献相联系"的激励机制,充分调动职工参与技能鉴定的积极性。严格执行就业准入制度,提高就业者上岗技能,使全市职业资格证书制度进入良好发展轨道。年内,市职业技能鉴定指导中心组织鉴定考核70次,鉴定50余个工种,鉴定5950人,鉴定合格5414人,合格率91%,完成计划的101%。　(连红生)

社会保险

【非公经济和灵活就业人员参保扩面工作】 2008年,阳泉非公经济单位和灵活就业人员参保扩面工作坚持"广覆盖、保基本、多层次、可持续"的方针,认真贯彻落实山西省人民政府《关于推进非公有制经济单位和灵活就业人员参加社会保险工作的意见》(晋政发〔2008〕15号)和省劳动保障厅《关于实施社会保障工程的意见》(晋劳社厅发〔2008〕48号)文件精神,从健全制度、规范程序入手,不断创新工作方法,提高服务水平,圆满完成全年工作任务。截至年底,全市非公经济单位和灵活就业人员参加养老保险25633人,参加医疗保险24299人,参加失业保险17107人,参加工伤保险37232人。　(苏振恭)

【城镇居民基本医疗保险工作】 按照《阳泉市人民政府办公厅关于印发阳泉市城镇职工基本医疗保险政策调整意见的通知》(阳政办发〔2007〕160号)的文件精神,从2008年1月1日起,城镇职工基本医疗保险统筹基金最高支付限额由原来的23300元提高到40000元;参保职工符合基本医疗保险规定的住院医疗费用,起付标准以上个人负担比例适当降低;大型医疗设备检查和治疗费用实行单独结算;进口医用材料结算标准先由个人自付30%,然后按基本医疗保险有关政策规定结算支付;适当放宽了对参保人员转外地专科医院就医限制;简化了参保人员转外就医审批手续;增加了常驻异地工作或定居参保人员选择医院家数;减少了门诊慢性病治疗方案审批次数;规范了参保人员就医结算程序;降低了灵活就业人员参保缴费基数;简化了转诊和使用血液制品审批手续。由于医保政策调整切实提高了参保对象医疗待遇水平,简化了参保患者就医结算手续,2008年,全市城镇居民基本医疗保险参保人数达226582人,占应参保人数24.87万人的91.1%,实现了市委、市政府年初确定的"城镇居民基本医疗保险覆盖率达90%"的目标。城镇居民基本医疗保险基金收入达3730万元,其中:个人缴费1321万元,各级财政补助2409万元;有7595人次享受城镇居民基本医疗保险待遇,城镇居民基本医保基金支出1478万元。　(马晓华)

【失业保险扩面工作】 为扩大失业保险覆盖面,推动非公企业失业保险参保工作,在充分调研基础上,市失业保险中心报请市政府批准,出台了《阳泉市人民政府办公厅关于阳泉市非公有制经济单位纳入失业保险覆盖范围的若干意见》(阳政办发〔2008〕136号)和《阳泉市人民政府办公厅关于印发阳泉市非公有制经济单位参加失业保险实施细则的通知》(阳政办发〔2008〕137号)。截至年底,完成失业保险非公企业扩面16190人,完成目标任务的101.82%。　(朱新超)

【公益性岗位补贴 内退生活费 失业保险金发放标准上调】 8月,公益性岗位补贴提高发放标准,由原来的400元/月提高到460元/月;内退人员的内退生活费由282元/月调高到310元/月。10月,失业保险金上调为:一类地区510元,二类地区480元,三类地区450元,四类地区420元,医疗补助金按失业保险金的10%发放。阳泉城、矿、郊区为一类地区;平定、盂县为三类地区。提高标准后的失业保险金为:一类地区561元,三类地区495元。　(朱新超)

【失业保险实现市级统筹】 提高失业保险统筹层次,是完善失业保险制度,增强失业保障功能的一项重大措施。根据省厅和省中心统一安排,市失业保险中心于5月、6月进行了前期调研,形成《阳泉市失业保险基金市级统筹实施方案》初稿后,组织市级经办机构业务人员和市、县(区)经办机构负责人参加了多次研讨,并书面征求了各县(区)人民政府、市财政和各县(区)劳动保障部门意见,方案定稿后,11月12日经市政府常务会议讨论通过了《阳泉市失业保险基金市级统筹实施方案》,该方案报市政府后,于11月

28日下发了《阳泉市人民政府关于阳泉市失业保险基金实行市级统筹的实施办法》(阳政发〔2008〕56号),并随后召开了阳泉市失业保险基金市级统筹专项工作会议进行部署,将于2009年1月1日起在全市范围内实施。 (朱新超)

【困难企业职工生活补助发放到位】根据7月21日市政府专题会议、7月23日市委常委会议《关于解决市属国有企业困难职工若干问题意见的报告》的批复意见和精神要求,以及市劳动和社会保障局、市财政局和市国资委《市属国有困难企业若干问题的暂行办法》(阳劳社办〔2008〕150号)文件精神,对全市89个企业的在岗人员、已享受生活费人员、停薪留职人员、灵活就业人员、放手续等等近2万申领生活费人员进行了审核确认。经审核,共确定85户企业符合领取生活补助条件。截至年底,为48814人次发放5个月生活补助1018.84万元,为上述企业缓解生产经营压力和推进内部改革提供了支持。 (朱新超)

社会就业

【创业培训工作】 创业培训工作是新形势下通过职业培训推进劳动就业的有效途径,是贯彻落实党和政府提出的积极就业政策的重要举措。2008年,全市各级劳动保障部门采取有效措施,认真落实目标责任制,加强对创业培训质量的监控,严格学员的筛选程序,努力提高教师水平,完善后续跟踪服务,对1060名人员进行了创业培训,创业培训学员成功创业220户,累计安置700余人,充分实现了创业培训的倍增效应。 (连红生)

【职介机构强化服务促进就业】 为进一步加快促进就业再就业,维护城乡社会稳定,确保经济社会平稳较快发展,满足城镇下岗失业就业困难群体、高校毕业生、返乡农民工等各类人员的就业再就业需要,全市各级公共职业介绍服务中心,不断完善服务流程,简化办事程序,着力搞好常态化、规范化、制度化服务,努力提升服务质量和服务水平。在全市范围内推出了"春风行动"、"就业援助月"、"民营企业招聘周"和"大中专院校毕业生专项招聘会"等就业服务系列活动,有效缓解了城乡就业压力。据统计,全年进入各级公共职业介绍服务中心求职登记达33215人,各级公共职业介绍服务中心共提供用工信息1913条,就业岗位40663个,达成用工协议19892人,成功率60%。其中,大中专毕业生4724人,农村富余劳动力7898人(就地就近安置6075人,向外输出1823人),全市登记失业率为3.79%。年内,还先后帮助5091名大中专院校毕业生与用人单位达成用工意向,为147名自主创业、灵活就业的大中专院校毕业生办理劳动关系事务代理,为120名大中专院校毕业生办理了就业落户手续。

(赵纪绘)

【再就业工作】 2008年,全市下岗失业人员再就业14910人,其中安置就业困难人员4800人,创业就业5200人。向139户困难和特困企业的7157名企业下岗职工发放内退生活费1824万元。向19303名下岗职工发放社保补贴4564.3万元。新增公益性岗位人员840人,向5118名从事公益性岗位的下岗失业人员发放岗位补贴1168.26万元。为27名与企业解除劳动关系的下岗职工发放经济补偿金20.64万元,为46名符合条件的下岗失业人员和3户企业办理小额担保贷款374万元。有929名下岗失业人员享受免缴行政事业性收费314万元,有309名下岗失业人员享受税收减免123万元。有2606名下岗失业人员参加免费再就业培训,共支付再就业培训补贴116万元,有5056名下岗失业人员享受免费职业介绍,共补助职业介绍补贴费118万元。为符合条件的人员发放再就业优惠证1805个,年审再就业优惠证2.2万本,年检率96%;安置"零就业家庭"370户。(朱新超)

救灾救济

【社会救助】 2008年,市政府将提高城乡低保标准列入为民办实事之一。一是城镇低保对象月人均补助提高15元,各县区低保标准为:城区、矿区、开发区248元,郊区235元,平定230元,盂县210元;二是农村低保标准由每人每月66元提高到100元,年人均补差525元。在原有政策基础上,市民政局联合市财政局出台《关于提高城乡居民最低生活保障标准的通知》,详细指标见下表:

城市医疗救助工作建立了"区、街道、社区"上下联动的医疗救助网络。全年下拨各县区城市医疗救助资金1182.63万元,累计救助29163人(次),发放医疗救助金327.78万元。本着"确保重点,规范操作,紧密与农村新型合作医疗相衔接"的原则,积极推进农村困难群众医疗救

2008年阳泉市城乡居民最低生活保障情况表

表20-3

低保对象	城市低保	农村低保
户数	19462户	22128户
人数	44505人	37788人
所占比率	占全市城镇人口的6.98%	占全市农村人口的5.92%
下拨低保金	6852.9万元	1575.5万元
累计发放	7550.73万元	2117.71万元
月人均补差	143.01元	68.62元

助工作。全年下拨各县区农村医疗救助资金502万元,全市累计共救助6573人(次),发放救助金344.5万元,有效缓解了特困群众、残疾人、灾民、五保户等弱势群体看病难问题。组织开展了全市性的“送温暖、献爱心”捐赠活动,组织社会捐款579.8万元,接收社会捐赠棉衣被、毛毯等物资4557件。全市86个社区普遍设立了慈善爱心超市,负责日常捐赠工作及款物的接收。发放城乡困难群众“两节”期间物资和生活补贴306万元。资助特大病困难群众105人次,资助金额42万元。大力推进农村敬老院建设,新改扩建9所敬老院全部开工建设,床位数4250张。全市农村五保对象7522人,累计支出1013.63万元,实现了应保尽保。

(郭志明 索 斌)

【救灾】 全年下拨春荒救灾款和汛期应急款323万元,确保了农村灾民、特困户的基本生活。进一步加强对救灾款物的管理使用监督力度,增强救灾款物使用的透明度。南方特大冰雪灾害发生后,为灾区组织社会各界捐款287.33万元。“5·12”汶川特大地震灾害发生后,各级民政部门严格救援物资采购、接收、分类、消毒、打包、调配、储放、运送等环节,主动接受纪检审计监督、媒体监督和社会监督,共为灾区组织捐款3524.74万元,接收社会捐赠物资20821件(箱),折合人民币98.36万元。直接为灾区发送救灾物资12批次,护送在阳泉接受救治的灾区汉、羌族伤员返乡32人,有力支援了抗震救灾工作。

(索 斌)

福利事业

【儿童福利证发放】 根据《民政部办公厅关于发放使用儿童福利证的通知》要求,年内,为全市0~18岁孤儿385人统一发放使用了儿童福利证。并根据省民政厅《关于转发〈民政部办公厅关于启用全国孤残儿童信息系统的通知〉的通知》要求,完成孤残儿童信息数据录入工作。

(王成辉)

【福利企业重新认定】 为规范福利企业资格认定和集中安排残疾人就业用工行为,保障残疾职工合法权益,根据民政部《福利企业资格认定办法》和省民政厅《山西省福利企业资格认定办法》要求,对全市社会福利企业进行了重新认定。重点对各企业的残疾人证件、职工名册、劳动合同、工资表、缴纳各种社会保险的凭证、企业内部无障碍设计规范证明及营业执照,税务登记等进行了逐一核实。

(王成辉)

【福利彩票发行】 2008年,市民政部门不断加大福利彩票宗旨和公益性宣传力度,确保“安全运行、健康发展”。福利彩票销售额达5535万元,为国家筹集公益金1893万元。

(王成辉)

人口与计划生育

【概况】 2008年,全市人口和计划生育工作以稳定低生育水平,统筹解决人口问题为目标,认真贯彻落实全省人口和计划生育工作会议精神,开拓创新,扎实工作,全面开展和谐·幸福促进行动,圆满完成《山西省2008年人口和计划生育工作目标管理责任书》规定的各项指标和任务。继续加大对人口和计划生育经费的投入,市级和各县区人均计生经费投入均达到或超过省责任书标准,其中市级人均投入9.13元,县区20.56元。计划生育转移支付资金列入县级人口计生部门年度预算,实行统一管理。社会抚养费实行收支两条线,全额上缴财政,纳入预算管理。计划生育专项和工作经费市级人均8.53元。年内,各级计生部门还把落实长效节育措施作为工作重点,坚持月报制度,落实率达84.82%,出生缺陷一级干预服务率49%,术后随访和药具随访率85%,妇女生殖道感染等基本生殖健康服务率75%。根据计生报表和抽样调查数据显示,年内全市出生1.3万人,自然增长0.53万人,年末总人口131.96万人,人口出生率和自然增长率分别为11.61‰和4.43‰。

(张海银 路军平)

【人口计生发展环境得到优化】 2008年,市委、市政府高度重视人口和计划生育工作,坚持在召开经济工作会期间召开人口计生工作会议,市委中心学习组就贯彻落实中央《决定》和省《实施意见》组织学习讨论,并研究出台了阳泉市贯彻落实实施意见,及时调整充实了市人口与计划生育领导组成员,使得全市人口和计生发展环境得到优化。年内召开四次领导组会议,分别对省人口计生工作会精神进行传达,就中考加分、移民补助、新婚夫妇免费保健服务草案、调整计生领导组成员单位、流动人口综合治理等工作进行专题研究讨论。市长白云还在年初人口计生工作会上与各县(区)长、各相关部门签订责任书。之后,各县(区)对各乡镇(街道)、各乡镇(街道)对各村(居)层层签订人口计生目标管理责任状。市人大也高度关注人口计生工作。5月下旬,市人大组织委员、代表先后深入到郊区、平定、城区及市计生服务中心等14个单位进行视察。6月下旬,阳泉市十三届人大常委会第十次会议上审议并通过全市人口和计划生育工作报告。

(张海银 路军平)

【人口计生服务水平稳步提高】 2008年,阳泉市各级人口计生部门围绕“标识化带动服务管理的规范化、推动技术服务的优质化”的思路,全面推进优质服务体系建设。一是全面实施服务站所提档升级工程。全市用于计生服务阵地建设资金达2000余万元,市县两级计生服务中心(服务站)新建或改扩建,多数乡镇中心所和普通所也进行了改扩建。新建后的各级计生服务站所,装备精良、管理规范,服务提质。二是扎实开展标准化规范工程。出台了《阳泉市乡镇计划生育服务所规范化标准化建设方案》,对乡镇计生服务所以上的计划生育服务机构的建设规划、形象标识、管理规范、服务模式、基础装备、服务文书进行了统一。并在9月中、下旬对申报校验的27个乡镇计生服务所进行校验,对不符合标准的提出限期整改延后校验处理。在推进标准化建设的同时,全面引入"以人为本"、"平等交流"、"相互尊重"、"方便快捷"、"保护隐私"等先进理念,为服务对象营造宽松环境。三是逐步推进服务职能拓展工程。在抓好长效节育措施,落实确保低生育水平稳定的基础上,以实施优生优育优教为抓手,积极开发面向家庭和群众需求的特色服务项目,有效拓展服务新领域,并在实践中形成了"收集信息—科学决策—组织实施—考核评估"的优质服务运行机制。大力开展育龄妇女生殖健康免费普查行动,为育龄妇女提供针对性和个性化的健康服务,育龄群众生殖健康水平得到提高,妇科疾病发病率明显下降。截至9月底,全市已婚育龄妇女健康普查率达60%以上,其中B超检查186732人次,乳腺检查7459人次,妇科检查93451人次。在为育龄妇女提供服务的同时,还对在1997年10月1日至2002年9月30日期间采取绝育手术的育龄妇女(3个农业县区的15个乡镇28个行政村)进行术后效果评价,并进行入户访谈,入户1200多户,填写有效问卷700多份,圆满完成省人口计生委该项目的前期调查任务。四是有效推进信息化带动工程。精心打造了"阳泉人口信息网",为广大群众提供及时的政策咨询和生殖健康咨询服务,先后出台了《数据大集中县际协调会制度》和《加强县区交界地带人口和计划生育信息管理工作的意见》,有效解决了城郊结合部和新开发小区管理混乱或管理不到位的问题,进一步落实了人口统计数据,并实现省、市、县、乡四级数据互联,提高了人口数据统计管理水平。 (张海银 路军平)

【流动人口创新管理模式】 2008年,在扎实抓好清查验证基础上,各级人口计生部门强化部门间对流动人口的协调管理,形成"属地化管理、市民化服务"的工作机制。一是对流动人口计划生育管理服务进行督促检查,进一步规范和加强了对流动人口的跟踪管理。截至年底,流动人口102640人。其中:流入78451人,育龄妇女13275人,已婚育龄妇女10668人,持证10036人,持证率94.1%,建档率92%,流入人口育龄妇女服务率82%;流出24189人,育龄妇女5138人,已婚育龄妇女3638人,发证3055人,发证、登记、服务率84%,流动人口计划生育手术免费落实率95%、免费孕检率99%。二是组织了一系列针对困难流动人口的帮扶活动。市计划生育服务中心多次到集贸市场等流动人口集聚地进行免费服务,组织"走进园区、共建和谐家园——关爱农民工大型活动",为近千名农民工流动人口送去服务。三是开展示范创建活动。为进一步提升流动人口管理水平,投入6.6万元开展流动人口示范县和示范社区创建工作,树立和培养了一大批典型,并于6月对申报单位进行考核评估,对达标单位进行挂牌和奖励,城区获"全国流动人口计划生育信息化建设先进单位"称号。四是加强流动人口信息交换平台的使用,并加强与周边地市协调管理,与陕西安康市签订了流动人口计划生育双向管理服务协议。 (张海银 路军平)

【计生宣传工作】 为充分发挥宣传教育的先导作用,全市各级人口计生部门推行了"人口文化惠民工程",充分发挥"八大宣传载体"(环境、阵地、网络、典型、文艺、新闻、文图、理论)作用,深入开展"四大主题活动"(人口文化建设、关爱女孩、婚育新风进万家、争创新农家),为新时期人口计生工作营造良好舆论环境。一是加大宣传力度,提高宣传品位。在全市各级党政主要领导中开展了"话国策、议统筹、谋发展"征文活动。市长白云率先写了《加强人口计生工作,统筹解决人口问题,为构建和谐阳泉创造良好的人口环境》的文章,在1月8日《阳泉日报》一版刊登。各县(区)党政领导也陆续在《阳泉日报》理论版进行刊登,每周一期,共12篇,最后由市人口计生委编印成册,市委书记谢海作序。同时,各县(区)均在当地媒体开展了征文活动。另外,在全市范围内开展了学习《决定》、《实施意见》答题竞赛和知识竞赛活动,共有12万余人参加,在全省比赛中阳泉市获二等奖。二是创新宣传方式,引深婚育新风进万家活动。县区交界地段设有体现阳泉人口文化特色的宣传标语牌和公益广告牌。在各级文化广场、旅游景点建起一批人口文化雕塑,增强了群众对人口文化、生育文化的感性认识。在社区及大型企业文化建设中,开辟"生育文化中心(园地)"。建设了一批集影视、图书资料、休闲为一体的生育文化中心(园地),为各类人群提供"零距离"宣传服务。三是繁荣人口文化,营造舆论氛围。充分利用计生协会作用,组织热爱人口计生宣传人员组成文艺表演队,积极创作满足群众求知、求乐的节目,利用传统假日、庙会时机,为群众进行宣传。7月10日,省、市人口计生委和城区政府联合举办大型宣传活动,纪念第十九个世界人口日。省人大副主任安焕晓、省人口计生委副主任王祥瑞等省市领导参加了纪念宣传活动。9月10日至17日,在市文化中心展览馆举办了"辉煌计生"大型摄影图片展,市级四套班子领导和社会各界群众上万人观看了展览。四是扎实开展打击"两非"专项行动。市人口计生委与市卫生局等部门组成联合检查组,抽查全市民营医疗机构,对其计划生育技术服务工作开展情况进行检查，并对各医疗单位规范使用B超、禁止非医学需要的胎儿性别鉴定进行明察暗访。

（张海银　路军平）

【出生缺陷干预工作】 为进一步推动全市出生缺陷干预工作，下发了《阳泉市出生缺陷干预工作实施意见》、《阳泉市新婚夫妇免费保健服务实施方案》，初步形成了出生缺陷干预工作机制。一是加大宣传力度，提高群众认识。市人口计生委制作了3万份项目宣传活页，并在电视台、电台作了专题宣传，在《阳泉日报》刊登了有关项目的答记者问。同时各县区也积极行动，广泛宣传优生、优育、优教等科普知识，大大提高广大群众预防出生缺陷的意识。二是与卫生、财政联合启动健苗（出生缺陷干预）工程接种风疹疫苗项目，在市人口计生委网站开设了“出生缺陷干预知识”专页，编辑300道问答，促进全民关注出生缺陷工作。全市共发放宣传资料8万份，疫苗11000支，跟踪服务人群6000余人。三是实施对新婚夫妇免费保健服务。为新婚夫妇免费婚检、发放宣传资料。年内，市、县两级人口计生部门在为怀孕妇女提供斯利安营养素的基础上，又拿出专项经费为每对新婚夫妇免费发放6盒斯利安片。各县区积极开展干预行动。郊区政府将出生缺陷干预工程列为区政府2008年度为民办的八件实事之一；盂县对新婚夫妇和怀孕三个月的孕妇免费发放“斯利安”，对已怀孕妇女定期进行B超检查，进行优生筛查；矿区出台了《出生缺陷干预“幸福工程”项目实施方案》，并成立专门机构负责组织婚前教育、新婚服务、孕期保健、生育关怀、早教启蒙等一系列工作；城区、平定则在新婚体检上加大力度，婚检率有了较大幅度提高。

（张海银　路军平）

【计生执法工作】 2008年，人口计生系统不断提升执法水平，做到“依法行政、文明执法”。一是严格落实奖励政策，严把资格确认。在标准提高、范围大的情况下，县、乡、村三级严格规范程序，全部按省《实施意见》标准进行审核、公示、上报。全年奖励资金1498.81万元。二是加大社会抚养费征收力度，出台《关于进一步规范社会抚养费征收工作的通知》，规范和加强了县区交界地带的抚养费征收工作，全年征收1417.62万元，其中当年实征259.8万元，历史欠账完成征收1157.82万元。三是扎实开展政风行风评议工作，通过依法行政、转变作风、服务群众，行政效率进一步提升，信访案件结案率达100%，市、县两级人口计生部门均被评为政风行风先进单位。四是城镇违法生育专项治理成效明显。《山西省城镇违法生育专项治理行动实施方案》下发后，市、县两级召开会议进行安排部署，成立领导组，设立举报电话，进行广泛宣传动员，并组织有关人员专门负责。截至年底，全市共清查出2003年5月1日以后城镇违法生育人员1237人，处理979人。同时，继续扎实推进“三无”创建活动，市里专项预算“三无”创建经费5万元。截至年底，矿区、城区、郊区达到“三无”标准，并有13个街办（乡镇）达标。

（张海银　路军平）

【计生协会工作】 2008年，各级计生协会进一步加大“三结合”帮扶力度。本着“贴近生活、贴近实际、贴近育龄群众”的方针，坚持“扶大、扶优、扶强”原则，多方筹措资金，继续引深“三结合”帮扶项目，年内发放贷款135万元，贴息25万元，扶持项目24个，帮扶700余户3500多人。多次组织“生育关怀送温暖，专家义诊进老区”活动，并与中国人寿阳泉分公司联合启动“生育关怀”保险合作项目，为全市2044名计生干部投保61320元意外保险和医疗保险。同时，开展“生育关怀——紧急救助行动”，为全市25名长期患病的基层计生干部发放救助金59200元。进一步提升了村（居）民自治工作水平，推广郊区工作经验，加大计划生育村（居）民自治工作力度。每个县区重点培养民主管理和民主监督试点，全市有91%的村（居）开展了计划生育村民自治工作，进一步提升了全市村民自治工作水平。加强了村级人员选聘工作，按照“县聘、乡管、村用”和年轻化、女性化、知识化的原则，重新选聘素质高、事业心强的村级计生专干，有的县区还对村级人员实行末位淘汰和奖励先进的管理办法，调动了计生干部工作积极性。

（张海银　路军平）

【杨增武到阳泉调研】 5月23日～24日，省人口计生委主任杨增武到阳泉调研。杨增武先后深入阳煤集团新景矿、矿区平潭办事处马家坪社区、城区万通市场、南山办事处、南煤社区、城区计生服务站、市计生服务中心、郊区平坦镇桃林沟村、平坦镇计生服务所、荫营镇东垴村、三都村、郊区计生服务站、西南舁乡计生服务所、河底镇计生服务所、邓家峪村，对市、县（区）、乡（镇、街办）、村（社区）四级服务网络建设及计生奖励扶助、优质服务、流动人口管理、村民自治等工作进行了调研。实地调研后，杨增武主任同市、区、镇、村四级计生干部在郊区河底镇邓家峪村进行了座谈。

（张海银　路军平）

【王景水到阳泉调研】 7月18日～19日，中国计划生育协会办公室主任王景水一行在省计生协会专职副会长刘金莲、秘书长闫秀梅陪同下，对阳泉计划生育民主管理、民主监督工作和“三结合”项目工作进行调研。市政协主席、计生协会会长刘高官等陪同调研。

（张海银　路军平）

【全省计划生育家庭特别扶助制度和信息管理系统培训班在阳泉举办】 9月8日～10日，全省计划生育家庭特别扶助制度和信息管理系统培训班在阳泉举办。全省11个地市和119个县（区）的政策法规科科长和信息管理系统操作人员总共141人参加了培训。

（张海银　路军平）

【李斌到阳泉调研】 10月15日，国家人口计生委主任李斌一行到阳泉，就“十一五”人口计生事业中期评估进行调研。李斌一行先后到郊区计生服务站、河底镇计生服务所和荫营镇三都村计生服务室实地查看。随后，召集市县有关人员举行人口和计划生育工作座谈会。省人大常委会副主任安焕晓，省政府副秘书长郭慧民，省人口计生委主任杨增武，副主任梁明虎等陪同调研。（张海银 路军平）

民族 宗教

【民族宗教界认真学习贯彻党的十七大精神】 为把广大少数民族群众和信教群众的思想和行动统一到党的十七大精神上来，2008年，市民族宗教事务局在组织民族宗教工作干部集中学习的基础上，还组织市、县民族宗教工作干部利用一周时间，深入少数民族聚居村（社区）和宗教活动场所进行宣讲，向少数民族群众和信教群众宣传党的方针、政策，宣传国家有关民族宗教方面的法律法规，教育引导其拥护共产党的领导，拥护社会主义制度，认真遵守国家的法律法规，收到良好效果。下半年，组织举办了全市民族宗教界学习贯彻党的十七大精神有奖知识竞赛，进一步推动了少数民族群众和信教群众学习贯彻党的十七大精神的积极性。（崔建明）

【慰问民族宗教界代表和救济少数民族困难户活动】 春节期间，由市财政专门拨出6万余元慰问和救济专款，对全市60余名民族宗教界代表和50余户少数民族困难户进行了慰问和救济。市委、市政府有关领导带领民族宗教的工作部门人员向民族宗教界代表人士送去了鲜花、慰问品和慰问金，为少数民族困难户送去了米、面、油等生活必需品和救济金，进一步密切了广大少数民族群众和信教群众与党和政府的关系。（崔建明）

【“三大节日”肉食补贴政策落实】 为体现党和政府对少数民族群众的关心关爱，2008年，市委、市政府积极落实为回、维等少数民族群众肉食补贴政策，参照其他地市标准，按照伊斯兰教“宰牲节”、“圣纪节”、“开斋节”每个节日每人7元，每年21元钱的标准，市县两级民族工作部门在认真摸底调查基础上，制定了详细的肉食补贴实施方案。12月9日，在城区清真寺举办了回族等少数民族群众节日肉食补贴首发仪式，截至年底，肉食补贴陆续发放到回、维等少数民族群众手中。（崔建明）

【清真食品市场整顿】 2008年，针对全市清真食品市场管理现状，市、县两级民族工作部门，协调市公安、工商、食品、卫生监督和质检等部门，对全市100多家生产和经营清真食品的商铺和摊点进行了拉网式检查。上半年，结合对全市清真食品生产和经营单位换证进行了检查，并对手续不全、卫生不合格和不符合清真食品生产经营要求的商铺和摊点进行清理，为符合条件的清真食品生产经营单位换发清真食品生产经营许可证，并将符合条件的清真食品生产经营单位在《阳泉日报》上进行了公示，进一步规范了全市清真食品市场。6月19日，市民宗局指导城区民宗局妥善处置了一起汉族人冒充穆斯林经营清真食品摊点事件，协调下站派出所对当事人进行了批评教育，依法查封其经营摊点，并依照《山西省清真食品监督管理条例》有关规定罚款1000元。国庆节前和中秋节期间，协调有关部门，对全市清真食品市场进行了安全和卫生大检查，对检查中存在的问题及时监督整改，规范了全市清真食品市场秩序，使清真食品真正成为全市人民信地过的食品和放心食品。（崔建明）

【宗教“双五好”星级评比活动】 2008年，阳泉市结合开展宗教“双五好”星级评比活动，在全市宗教界开展了比、学、赶、帮活动，对全市“五好”寺观教堂（独立自办好、遵纪守法好、民主管理好、团结和谐好、安全环境好）和“五好”教徒（爱国爱教好、遵纪守法好、团结和谐好、勤劳致富好、教风教养好）进行了表彰奖励。4月1日，盂县佛教协会在永清寺对100名“五好”僧人和居士进行表彰，同时还在全市宗教活动场所开展了“三化一平安”（绿化、美化、净化、平安）和“十防”（防火、防拥挤踩踏、防建筑物倒塌、防饮水食物中毒、防漏电触电、防失盗、防非法活动、防邪教干扰、防境外势力渗透干扰、防坏人捣乱）活动，确保了全市各宗教活动场所安全稳定。在10月9日召开的全省宗教“双五好”表彰会上，盂县永清寺被评为全省五星级“五好”场所，郊区义井基督教堂、城区清真寺被评为四星级“五好”场所，3人被评为“五好”个人。10日，省委统战部、省宗教事务局还在盂县永清寺举行了全省五星级“五好”宗教活动场所挂牌仪式。（崔建明）

【宗教活动场所安全大检查】 为加强宗教活动场所规范化管理工作，12月22日~24日，市民族宗教事务局协调市统战、文化、公安、消防、卫生、文物、广电等部门对全市18个宗教活动场所开展宗教活动和治安、消防、卫生大检查。对各宗教活动场所在依法开展宗教活动、落实有关制度、安全防火、卫生防疫等方面存在问题进行检查验收，并就检查中存在的安全隐患要求限期整改。（崔建明）

【“爱国爱教爱家乡 同心同德构和谐”系列活动】 2008年，市民族宗教局在全市民族宗教界开展了“爱国爱教爱家乡，同心同德构和谐”系列活动。结合学习贯彻党的十七大精神，在全市民族宗教界举办了“喜迎十七大登山竞赛活动”，各宗教团体组织广大信教群众踊跃参加;“5·12” 汶川大地震发生后,在全市民族宗教界开展了“牵手汶川,心系灾区”主题活动,全市少数民族群众和广大信教群众积极响应号召,踊跃为灾区捐款捐物,共捐款捐物35万余元;结合2008年北京奥运会,引导各宗教团体、宗教活动场所以“爱我中华、祈福奥运”为主题,开展了各种祈福祈祷活动。4月1日,盂县永清寺举办了“祈福奥运成功举办,祝愿阳泉人民幸福,祈祷煤矿平安”为主题的水陆大法会,省宗教事务局副局长卫望军参加启动仪式。通过开展系列主题活动,进一步凝聚了人心,保持了安定团结的良好局面。 (崔建明)

【王作安到永清寺调研】 6月26日,国家宗教局副局长王作安到盂县永清寺,就宗教活动场所规范化管理进行调研,对永清寺在加强自身建设、推行民主管理、落实规章制度和发挥宗教界在促进社会和谐方面的积极作用等给予高度评价。市委副书记、市长白云陪同调研。

(崔建明)

【依法查处非法活动】 2008年,市民族宗教局加大执法力度,依法查处宗教领域非法活动,保证了宗教界的稳定发展。1月18日,市民族宗教事务局协调市公安局一处在开发区某出租房内查处了一起由藏传佛教喇嘛组织的非法传教聚会活动,现场没收大量用于非法活动的皈依证、转经筒和经幡等藏传佛教用品,对参与聚会的信教群众进行了批评教育。5月11日,在郊区石卜嘴村黄树垴某居民院落内,市、县两级民宗、公安等部门依法查处了一起基督教自由传道势力非法聚会活动,现场向参加活动的基督教信教群众宣传了《宗教事务条例》及党和国家有关宗教法律法规,对组织活动的房主李某依法进行传唤,责令其立即停止组织非法活动,接受有关部门处理。9月31日,市民族宗教事务局协调市公安局一处,对盂县苌池镇南苌池村镇池寺非法留住僧人,举办非法法会活动依法进行查处,执法人员现场与信教群众进行对话,向在场群众散发《宗教事务条例》,对参与非法活动的僧人进行批评教育,并限期离境。

(崔建明)

阳泉市佛教活动场所一览表

表20-4

名 称	地 址	负责人	电 话
圣泉寺	郊区平坦镇辛兴村	释定慧	4070256
永清寺	盂县路家村镇东杜村	释一度	8043329
建福寺	盂县牛村镇白土坡村	释一伟	8026035
莲花寺	盂县藏山风景区	释一度	8145110
寿圣寺	平定县张庄镇东浮化山	释一昆	6220014
西来寺	平定县冠山镇西锁簧村	释宏林	6119245

(崔建明)

旅 游

【概况】 2008年，市外事旅游系统加强机关效能建设，促进旅游资源开发，加强旅游行业监管，大力培育旅游市场，旅游产业呈现出健康发展势头。

经济总量持续增长。按照旅游统计口径计算，全年共接待游客587万人次，旅游综合收入达45亿元，较上年增长36%，继续保持快速发展势头。全市旅游基础设施投入达6亿元。

景区建设扎实推进。2008年，全市旅游景区达16个，其中，翠枫山景区正式取得国家AAAA级旅游景区授牌，藏山景区于11月通过了国家AAAA级景区评审。娘子关水源保护工程进入全面实施阶段。大阳泉古村保护与开发规划已经完成，旅游发展摆上议事日程。平定冠山景区由山西远鑫实业有限公司投资4亿元建设舍利文化园，4月初奠基动工，带动全市文化旅游业上档升级。

旅游产业逐步发展。2008年，全市旅行社达28家，其中，泰和国际旅行社、交通国际旅行社正式挂牌；6月，集旅游人才培育、旅游产品生产、旅游市场开发于一身的大地红旅游文化策划中心成立；阳煤集团新景矿"现代化矿井管理修学游"项目旅游与翠枫山、银圆山庄等景区形成线路产品，提升了阳泉旅游产品的内涵；星级酒店达5家，泉美国际酒店、墨玉宾馆分别晋升为四星、三星级旅游饭店，阳泉宾馆开展升四星工作，阳煤集团药岭会议中心开展升五星工作，全市旅游星级饭店质量和规模实现突破。

（张斯敏）

【黄金周旅游】 春节"黄金周"期间，全市共接待游客3.6万人次，实现旅游综合收入888万元。其中，翠枫山景区在成功申报国家AAAA级景区基础上，推出第二届民俗文化庙会，囊括杂技绝活、民间文艺、乡村娱乐、农民走秀等民俗活动，景区日均接待量600余人次。娘子关景区、和谐生态园景区纷纷推出免费游览和各具特色的旅游休闲活动，吸引了包括自驾游在内的广大游客观光游览。此外，随着人民生活水平的不断提高，许多市民改变了消费习惯，将吃年夜饭等亲朋聚会活动选择在宾馆或旅游星级饭店，拉动了春节"黄金周"旅游综合收入增长。

"五一"黄金周首次缩为3天，旅游主管部门组织全市十佳旅行社开展了"本地游"、"短线游"活动，推出藏山一日游等区域游线路，市公交总公司在开辟"游1路"、"特游1路"的基础上，增开了百团大战纪念

黄金周旅游部分综合指数简表

表21-1

黄金周综合指数比较	"五一"黄金周(调休为三天)	"十一"黄金周
全市接待游客数	14.8万人次	28.1万人次
旅游综合收入	752万元	8400万元
旅游景区接待游客	13.34万人次	10万人次
门票收入	360万元	400万元
藏山景区	4.2万人次收入170万元	5万人次收入230万元
翠枫山景区	3.8万人收入121万元	2.5万人次收入95万元
娘子关景区	2.9人次收入50万余元	3.2万人次收入58万元
和谐生态园	4000人次收入12万余元	5000人次收入14万余元

碑方向公交车,方便了市民到景点观光。“五一”期间,全市景区接待游客13.34万人次,实现收入752万元,景区日均收入较上年增长77%。藏山、翠枫山、娘子关等景区推出具有地方特色的文化游、农家游、水乡游和民俗表演,吸引了包括北京、太原、石家庄等城市的众多自驾游客观光,位列全市接待游客和门票收入前三名。

“十一”黄金周,按旅游行业标准测算,全市共接待游客28.1万人次,旅游总收入8400万元,其中旅游景点接待游客10万人次,景区门票收入400万元,旅行社组接人数达5000人次。 (张斯敏)

【翠枫山第二届民俗文化庙会】 为让市民在喜庆祥和的气氛中领略中国传统文化,过一个充满文化韵味的民俗风情年,翠枫山旅游景区于2月6日(农历腊月三十)至12日举办了第二届“春节民俗文化庙会”。景区特请沧州南北狮子班、东北高跷队、吴桥杂技大世界等表演团队助兴,为游客准备了精彩的硬气功、鸭子拉车、“吹破天”唢呐表演等节目。景区内还设有猜字谜、敲福鼓、滑雪等活动。庙会活动创意新颖,内容丰富,让游客品尝到了一顿丰盛的民俗风情大餐。此外,翠枫山第一支由农民组成的模特走秀队也登台亮相,谷草捆、玉米担、辣椒串等生产生活用具成为演员走台道具。据统计,景区日接待5000多人次,庙会门票收入13万余元。 (毕文静)

【全市旅行社工作会议召开】 4月3日,市旅游局在南山宾馆组织召开全市旅行社工作会议,23家旅行社负责人及导游共160余人参加会议。会上对2007年工作进行了回顾总结,并对2008年旅行社工作重点任务进行了安排。副市长刘兆林在分析全市旅行社存在的结构与业态方面矛盾后,要求旅行社和旅游管理部门要坚持标准,加强规范化建设,营造良好发展环境。大会还对2007年度旅行社年检情况进行了通报,通过量化打分排名,评选出“2007年阳泉市十佳旅行社”并给予奖励。华信旅行社获得市外事旅游局颁发的年度“服务质量流动红旗”。 (张斯敏)

【桃林沟村举办第五届桃花节】 4月12日至月底,郊区平坦镇桃林沟村举办第五届桃花节。市领导高全怀、荆东生、王湜洲出席开幕仪式,并与近千名群众畅游桃园,共赏桃花。当天上午,桃林沟村民身着节日盛装,欢迎赏花游客。北大街小学300名小学生成为桃花节的第一批客人。地处城郊结合部的桃林沟村,拥有耕地67公顷、农业人口700多人,在大力发展煤炭产业的同时,重点在改善人居环境、构建生态靓村,突出山水品牌、建设旅游名村,倡导文明新风、争创和谐新村上做文章,高品位打造都市人休闲度假后花园。以桃林园艺开发为标志,村里投资800万元,改造贫瘠粮田,种植优质桃树43公顷、葡萄13公顷,建成了桃林园艺中心。配套建设了桃花山庄、钓鱼池、茶馆、桃园仙境美食园、农家餐馆、停车场、民俗风情园、动植物观光园、农家养鸡场,形成了以旅游、度假、观光、休闲、购物为一体的特色旅游。以桃为媒,以节会友,村里从2003年始连续举办五届桃花艺术节和金秋采摘节,吃、住、行、游、购、娱,构筑了桃林新村旅游大格局。 (毕文静)

【区域旅游合作与促销活动】 4月17日~18日,应石家庄市委、市政府邀请,阳泉组成党政代表团,由市委书记谢海、市长白云带队,赴石家庄市考察学习。在17日举行的座谈会上,市外事旅游局局长高士萍和石家庄市旅游局局长王玉国共同签署了《阳泉市—石家庄市旅游产业发展合作协议书》。双方按照“互利共赢”的原则,就旅游产业发展合作的七个方面达成共识。一是双方积极参与推动阳石旅游合作,在共同落实友城经济合作协议方面互通信息、协调立场、经验共享,为两市旅游产业多边合作创造条件,互相支持和帮助。二是积极推动两地旅游资源开发,实现合成优势互补、客源共济。三是积极推进互为旅游目的地建设。四是积极推进两市无障碍旅游合作,为旅游企业开展广泛合作搭建平台,逐步消除旅游壁垒。五是双方旅游行政管理部门积极组织本地旅游企业和媒体,参加对方大型旅游宣传、促销、招商活动,谋求共建旅游信息平台,实现旅游信息共享。六是加强双方在旅游人才教育培训方面的交流与合作。七是加强双方旅游行政管理部门的联系,两市旅游系统定期互通情况。6月,在太行山旅游节上,市旅游主管部门又向京、津、鲁、豫、冀等地旅游部门宣传推介阳泉旅游资源,并签订了旅行社合作协议,逐步形成资源市场共享、互利互惠共赢的区域旅游新格局。 (张斯敏)

【旅游主管部门疏导震区游客安返阳泉】 5·12汶川地震后,市旅游主管部门紧急反应,按照上级要求,停止了全市各家旅行社组团到灾区或途经灾区的旅游,并对全市旅行社组团到灾区游客情况进行铺网式排查。当晚6时,全市在地震灾区的91名游客中有26名游客从四川返回阳泉,14人滞留阿坝州松潘县,9人滞留川主寺,6人滞留茂县。针对突发情况,市旅游部门采取积极措施,疏导灾区的阳泉游客于18日安全返回。特别是身处灾区的华夏旅行社导游刘雪峰,沉着应对突发事件,在第一时间将游客安全转移回阳泉,受到省旅游局和市政府高度赞誉,并在全市通报表彰,其事迹先后被《山西晚报》、黄河电视台和阳泉媒体报道。 (张斯敏)

【远鑫斥资4亿建舍利文化园】 5月,山西远鑫实业有限公司投资4亿元建设的舍利文化园在冠山景区奠基动工。该文化园主体包括80米高的佛舍利塔和七进舍利文化园等,建筑面积54000平方米,整个工程占地280亩(18.7公顷),工期3年。2005年8月,平定县在修复北宋时期的天宁寺双塔时,在西塔地宫中发现数万颗佛舍利和一批珍贵文物,同时出土的记事碑清楚记载了佛舍利的来历、安放时间、数量等史实。一些考古界、佛教界人士对其史学、考古等方面的重要价值给予肯定。为打造旅游名县,弘扬传统文化,保护佛舍利等文物,平定决定在冠山景区兴建旅游文化园,建成后将成为中国继法门寺博物馆之后又一舍利文化中心,带动阳泉旅游业上档升级,促进阳泉地区乃至山西东部文化旅游新格局的形成。

(郭　强)

【翠枫山建成阳泉首座孔子庙】 5月24日,阳泉市首座孔子塑像庙在翠枫山景区落成。坡头学校的100名师生在孔子塑像前,举行鞠躬礼,并集体诵读孔子著作《论语》。市委常委、宣传部长高全怀和市外事旅游局局长高士萍为孔子像揭幕。翠枫山景区是以自然生态、人与自然和谐为文化特色,休闲娱乐和健身为内容的旅游景区。在该景区建设孔子庙、塑立孔子像、举办学子向孔子行鞠躬礼活动,旨在进一步弘扬国学文化,继承发扬中华民族的传统美德。(张斯敏)

【娘子关旅游风景区水源保护工程开始实施】 6月,娘子关水源保护工程暨泉口环境卫生整治年活动启动仪式在娘子关镇举行,市领导郜爱国、王敬瑞出席活动。娘子关水源保护工程是阳泉加强旅游资源保护、改善旅游发展环境工作的重要举措,也是提高阳泉旅游资源知名度和吸引力、提升旅游形象、发展旅游业的必然要求,水源保护工程的启动实施对娘子关旅游风景区发展起到重要作用,景区环境及交通将大为改观。(张斯敏)

【"一卡游山西"旅游年票启动】 6月29日,"一卡游山西,爱心献灾区"慈善公益活动暨阳泉旅游年票线路直通车启动仪式在南山公园门前举行。副市长刘兆林出席活动仪式。"一卡游山西"旅游年票的发行,降低了旅游门槛,为游客群众提供了一个节俭、便捷、人文、和谐的旅游大环境。假日、劲松、华信、华夏、大自然、恒泰、万通7家旅行社联合推出了7条旅游年票线路,包括长治太行山大峡谷黑龙潭、晋城市玉皇庙等31个全省加盟景区的免票线路等。(张斯敏)

【翠枫山"红叶节"暨"魅力乡村"大赛启动】 9月27日,翠枫山"第四届红叶观光节"暨阳泉市"魅力乡村"大赛启动仪式在翠枫山景区举行。市领导高全怀、荆东生、刘兆林,省旅游局纪检组长赵庆华及市有关部门负责人出席仪式。翠枫山获国家AAAA级旅游景区颁牌仪式也于同日举行。翠枫山景区内的秋季红叶是阳泉重要的生态旅游资源。9月下旬至10月底,是翠枫山秋季红叶最佳观赏期。"红叶节"期间,翠枫山景区除原有的敲福鼓、民间体育、山民模特走秀等精彩节目外,还精心打造了戏水人家、农家生活体验、山地野炊、住帐篷等活动,让游客与大自然亲密接触。

"魅力乡村"大赛启动仪式也于同日在翠枫山景区举行,该活动由市委宣传部、市文明办、市委农办联合在全市开展。活动由各县区文明办、农办负责推荐,推荐名额为每县区10名,所有推荐名单在《阳泉日报》进行公示。《阳泉日报》对参赛村进行报道,并在阳泉新闻网发布视频新闻。之后,通过专家评选、社会评选的方式评出"阳泉市十佳魅力乡村"及其他单项奖。评选活动以社会主义新农村建设的五个要求为基础,结合民俗风情、自然风光、人文精神、历史文化、经济活力、发展潜力、特色规划、特色旅游等方面内容,广泛宣传阳泉市开展新农村建设取得的成就、涌现的先进典型及深入贯彻党在农村的路线、方针和政策的成功经验、先进工作方法,充分展示阳泉市新农村的魅力。

(郭　强)

【高士萍获全国旅游系统"巾帼建功标兵"称号】 12月,国家旅游局、中华全国妇女联合会授予阳泉市旅游局局长高士萍全国旅游系统"巾帼建功标兵"荣誉称号。高士萍自2001年担任市外事旅游局党组书记、局长后,立足全市外事旅游局实际,不断加强学习,努力提高自身素质,在工作岗位上勤奋敬业,组织和带领本系统干部职工扎实工作,为推进全市旅游事业的发展作出了积极贡献。截至年底,全市已有旅行社28家、星级酒店5家、旅游汽车公司2家。同时翠枫山景区、藏山景区成功跻身国家AAAA级景区行列,北冰洋大酒店、泉美国际大酒店被评定为四星级酒店。高士萍先后获得"山西省赵雪芳式优秀知识分子"、"阳泉市优秀共产党员"、"阳泉市三八红旗手"等荣誉称号,被山西省劳动竞赛委员会荣记三等功。

(张斯敏)

【藏山景区通过AAAA级旅游景区评审】 12月,藏山景区通过国家4A级景区评审。藏山景区位于山西省东部、太行山西麓,因春秋时藏匿晋国赵氏孤儿而闻名遐迩,拥有得天独厚的自然风光、历史悠久的古代建筑、独具特色的赵氏根祖文化、博大精深的名人游历文化、丰富多彩的民情风俗。藏山风景区不断加大投入,先后开发出育孤园、春秋藏孤胜地、三教文化圣地、仙人峰自然生态区4大板块、168个景点,游览面积10余平方公里。评审组认为,藏山景区在创建国家AAAA级旅游景区工作中成效明显,该景区厚重的历史文化内涵、得天独厚的自然风光,在国内景点当中具有唯一性,已达到国家AAAA级景区要求。

(张斯敏)

【水利风景区】 2008年,盂县藏山、阳泉市翠枫山水利风景区列入第八批国家水利风景区名单。

(陈阳春)

阳泉市2008年旅行社一览表

表21-2

序号	旅行社名称	法人代表	地　址	电 话	传 真
1	阳泉华信旅行社	陈奕俊	阳泉市南大街工商大厦一层	2035004	2038101
2	阳泉宾馆华夏旅行社	毕立群	阳泉市北大街119号	2018870	2041881
3	阳泉劲松旅行社	程世亮	泉中路20号南山宾馆	2024132	2024132
4	阳泉墨玉旅行社	王宝林	阳泉市北大西街125号	7077555	7071843
5	平定娘子关旅行社	王维平	平定县汽车站	6065083	6065083
6	盂县藏山旅行社	贾良珠	盂县宾馆一楼	8082549	8096933
7	阳泉假日旅行社	李厅绩	阳泉市泉中路6号	2053796	2053799
8	阳泉阳光旅行社	贾小明	阳泉市建设宾馆 8 楼	2034066	2058171
9	阳泉市扬帆旅行社	常卫东	阳泉市德胜东街215号	4259028	4259028
10	阳泉市大自然旅行社	袁郁华	桃北中路建设大酒店东侧一层	2398600	2398600
11	阳泉市环宇旅行社	王玉宝	市泉中路20号南山宾馆	2032616	2023274
12	阳泉市玉泉山旅行社	郑海龙	郊区体育馆	5153888	5153777
13	阳泉市春秋旅行社	梁素芳	阳泉市南大街49号	4260892	4260891
14	山西阳泉翔宇旅行社	任润生	阳泉新建路92号	2024322	2051466
15	阳泉吉祥旅行社	王冬雪	市开发区大连路36号远东大厦920	2912799	2912800
16	阳泉恒泰旅行社	王若尧	阳泉市新建路4号	2022271	2050976
17	阳泉平安世纪旅行社	吴 震	阳泉市北大街35号	2020466	2020466
18	阳泉万通旅行社	陈庆勇	阳泉市南大街58号南山公园正门	4297777	4296666
19	阳泉青春旅行社	陈文俊	阳泉市聚兴街(沙江小市)	2019899	2019599
20	阳泉友谊之旅旅行社	郭丽珍	阳泉矿区马南区3号楼4号底商	7086135	
21	阳泉天海假期旅行社	焦 阳	北大街七一市场劳保公司办公楼3层	2938800	4060666
22	阳泉荣国旅行社	荣国强	阳煤集团机关宿舍202室	4062210	
23	阳泉接力旅行社	张秦生	阳泉市泉中路20号南山宾馆一楼	2296181	
24	阳泉泰和国际旅行社	荆艳丽	阳泉市桃北中路23号	6697777	
25	阳泉新新假期旅行社	刘长春	新建路五一宾馆一楼	2192685	
26	阳泉四海旅行社	马丽萍	城市广场	2935388	
27	阳泉虹宇旅行社	荆丽君	富百家116号	2903112	2903113
28	阳泉交通国际旅行社	杜建全	桃南东路322号	2597345	2591091

(张斯敏)

餐 饮

【饮食服务公司实现“双增长”】 2008年,阳泉饮食服务有限公司以经济目标为核心,以强化管理为抓手,努力提高职工待遇,圆满完成各项经济指标,实现了经营收入和职工收入的双增长,职工养老和医疗保险的双保障,促进了企业的和谐发展。年内,经营收入完成2122万元,完成年计划101.05%,较上年增长5.15%;主营业务收入完成958万元,完成年计划的105.86%,较上年增长9.11%;利润11.04万元,完成年计划的110.37%,较上年增长100%;在岗职工人均收入13128元,较上年增加3444元,增幅达33%;全公司上交养老统筹金295万元,医疗、工伤、计生、女工四项统筹上缴106万元,两项上交率均达100%。

面对企业负担重、经营模式旧、体制老化等因素制约,阳泉饮食服务公司不等不靠,积极抢占市场,主动融入市场竞争。首先对下属特色企业进行全方位打造。中华老字号企业五一照相馆开展在线洗相、网上冲扩业务,提高了市场占有率,全年营业收入增幅比上年增长13%。阳泉旅店不断改善旅店环境,完善客房管理配套服务,投资4万余元实现有线电视向数字电视转换,投资2万余元建立网上登记旅客住宿,全年实现利润3万元,比上年增长200%。阳泉面食馆常推新菜,科学配制药膳食品,职工工资人均增13%。理发行业在经营管理上进行改革,实现营业收入和职工收入稳步增长,职工工资最高月达2000余元。租赁和联营行业在为承租户创造良好经营环境的同时,积极协助解决出现的问题,租费收入做到应收尽收,租赁场地做到能租尽租。年内,还积极开展送温暖保稳定工作,春节期间对46名困难职工发放困难补助及慰问金16000元,全公司548名职工参加大病医疗互助,占职工总数94%,8名患大病职工补偿金额达11429元,为11名困难职工办理了城市低保,15名职工领取了特困证,为2名困难职工子女上大学办理每人4000元助学援助,公司工会对患病职工上门慰问10余次。同时还对职工宿舍房顶漏雨、上下水不通等问题投资7万余元进行了维修。在汶川地震发生后,先后三次向灾区捐款捐物4.3万元,以“特殊党费”的形式向灾区捐款2.3万元。

(朱书慧)

【泉美公司优化经营机制】 2008年,泉美餐饮服务有限公司在加大硬件建设力度的基础上,进一步优化经营机制,全面提升员工素质,使公司取得了良好的经济、社会效益。特别是该公司投资逾亿元的山西泉美国际大酒店于9月被山西省旅游星级饭店评定委员会评定为四星级旅游饭店后,标志着该公司成为阳泉餐饮服务业的龙头企业。为最大限度整合资源要素,公司采取关闭、退出等方式,放弃阳光酒店、盂县分店、春泉粤菜楼酒店经营权,同时对经营效益、管理运行、职工队伍好的农家乐酒店、烙饼拌汤村饭店,进行了责任到人、上缴利润的改革,将任用员工权、工资分配权下放到各部门、各酒店,在公司内部全面实行了经营预算化、内部市场化、管理信息化,极大调动了各酒店经营者的积极性。在对员工进行培训方面,公司还对70多名管理人员进行了酒店管理、执行力和食品安全等知识的集中培训。公司还先后邀请市农业局、市劳动和社会保障局等单位,对300多名进城务工人员进行了培训,形成了公司负责培训各酒店、各部门管理人员,各酒店、各部门负责培训员工的机制。优化经营机制、提升员工素质,为泉美公司发展打下了坚实基础。

(张海东)

【“老妮儿”准净菜】 2008年春节期间,市三来食品有限公司向市场推出2万箱、20万公斤“老妮儿”准净菜,分高、中、低等5个档次,包括茄果类、菌类、叶类、鲜果4大类。低档菜的品种主要有西红柿、蒜薹、佛手瓜、小南瓜等,包括了普通百姓过年所需蔬菜。高档次的净菜品种21个,除家常菜外还增加了蘑菇、菌类等。该公司还推出了1万箱、2万公斤干菜系列产品。干菜系列主要有黄瓜干、豆角干、土豆片、木耳、石花菜、粉条、黄花菜等十几个品种。受立地条件限制,阳泉的蔬菜大都需要从外地调入。为了缓解节日蔬菜市场供需矛盾,经过市场考察,市三来食品有限公司选定山东省寿光市七彩庄园公司作为长期合作伙伴,在两地建起了种植面积达万亩的蔬菜生产、供应基地。七彩庄园是全国150多家“农业产业化国家重点龙头企业”之一,是“国家无农药残毒放心菜生产示范基地”,中国绿色食品发展中心将该庄园的品牌蔬菜认定为“绿色食品”。春节期间,寿光七彩庄园向阳泉提供的“老妮儿”蔬菜,是根据订单,从田间地头直接配、采、择、装的各种名、优、稀、特蔬菜。

(郁 静)

【275万元调节基金对六种蔬菜限价】 为了稳定蔬菜市场价格,满足市民节日需求,1月30日~2月6日间,阳泉市动用275万元价格调节基金,对大白菜、蒜薹等6种蔬菜实行限价销售。限价销售的6种蔬菜分别是大白菜限价为每公斤0.76元,蒜薹每公斤5.60元,葱头每公斤1.40元,莲菜每公斤4.60元,芹菜每公斤1.60元,韭菜每公斤5.00元。在蔬菜限价期间,阳泉投放大白菜210.8万公斤,蒜薹26.35万公斤,葱头21.7万公斤,莲菜10.85万公斤,芹菜20.15万公斤,韭菜20.15万公斤。限价销售的6种蔬菜,分别在市蔬菜副食有限公司、华龙超市连锁集团、天利购物广场和新世隆商贸有限公司向市民销售。

(李德平)

【桶装纯净水企业专项检查】 5月,市质监局在全市范围内开展了以确保人民群众饮用干净桶装纯净水为主要内容的专项执法检查行动。专项执法检查结果表明,大部分被检查企业能按产品标准组织生产,企业管理能力和产品质量有较大提高。受季节影响,桶装纯净水进入生产销售旺季,为切实强化对桶装饮用水质量的监督管理,防止疾病传播和严厉打击桶装饮用水生产过程中的违法行为,确保群众饮上干净桶装水,市质监局在专项中突出做到了“四查”:查相关资质,所有生产加工企业必须具备食品生产许可证,无证不得生产;查生产条件,重点检查场所卫生情况、操作人员卫生情况以及加工、储存和运输的环境是否符合标准;查原辅料进厂把关,重点检查原辅料来源是否可靠、票据是否完备,是否建立了主要原料进厂检验制度;查质量控制情况,重点检查企业是否执行产品出厂检验制度、是否建立了检验记录档案等。检查中,执法人员对发现的问题企业下达了责令整改通知书,要求企业限期改正。（郁 静）

【“珍益康”上市】 6月,阳泉市首个蜂产品品牌“珍益康”上市,迈出了境内蜂业产业化发展的第一步。受立地条件影响,境内养蜂形式大都以小户经营为主,蜂产品没有统一品牌,存在蜂产品价格低、销售难的问题。市养蜂技术推广站结合阳泉实际,在鼓励蜂农发展农民专业合作组织的同时,积极引导其走品牌化发展道路。2007年12月,平定县冶西镇10户蜂农联合成立了钰鹏蜂业合作社。2008年,该合作社又统一了蜂产品包装,并完成了蜂产品“珍益康”的商标注册。“珍益康”商标后,提升了蜂产品的销售档次,增强了市场竞争力,与注册前相比,蜂产品的市场价位提高了40%。（李荣霞）

【典型食品违法案件曝光】 12月,市直有关部门通报2008年查处的10起典型食品安全案件,市食品安全协调委员会对3名举报食品违法行为有功人员奖励1.3万余元。10起食品案件是:9家餐饮单位销售侵权贵州茅台酒案、南外环城乡结合部一作坊制造假冒白酒案、王某运输未经检疫的活鸡案、某货主伪造检疫证明运输牛奶案、冯某和王某非法收购未佩戴免疫标识生猪案、郊区某糖酒商行销售的大米实际量与标注量不符案、城区某啤酒经销商经销无生产日期啤酒案、某油脂经销部加工食用油不符合卫生条件案、开发区某豆腐房不符合卫生条件案、盂县某豆腐房违规使用未备案添加剂案。副市长李体柱要求各县区、各部门按照《阳泉市创建食品安全放心城市实施方案》,继续加强组织领导,推进食品安全“三网”建设,完善食品安全责任体系,积极扶持龙头企业发展,建设配送中心,提高食品统一配送能力;积极开展食品安全示范县区创建,推动农村食品安全监管机构建设,全面提升农村食品安全保障水平;对食品安全各个环节进行排查,及时排除各类隐患,系统、全面、有序地解决好食品安全问题;强化食品进货源头管理,消除卫生管理盲点,对容易出现问题的重点区域、重点行业及重点食品,实施重点监控、重点整治,为群众提供优质、安全、放心的食品消费环境。（周慧清）

服 务

【阳泉宾馆内挖潜力外强素质】 2008年,阳泉宾馆管理人员不断创新工作思路,巩固完善工作机制,拓宽经营渠道,以提高经济效益为中心,以强化管理为重点,内挖潜力,外强素质,实现了经营创收、管理创新、服务创优、安全创稳定的奋斗目标。

为了吸引客源,增加收入,阳泉宾馆充分发挥地域优势、环境优势和会议型酒店的特点,不断通过增加会议室种类,完善会议设备配置、提供灵活多变的会场布置和美化会场环境。全年会议团队接待批次较上年明显增加,会议收入较上年增加148.3万元。作为市委市政府的重要接待窗口,阳泉宾馆有着独特的品牌优势和形象优势,在加强市场调研的基础上,根据客源市场变化,制定了灵活的销售政策,稳定了客源,接待零散宾客人数好于上年,现金收入较上年提高138.98万元。全年经营收入2600万元,其中,住宿收入1482万元,租赁收入172.5万元,其他收入25万元;实际完成总营业收入较上年增长250.72万元,增长率为30.3%。

2008年,阳泉宾馆还把握装潢改造和申报“四星”的契机,加强对员工的素质教育培训和企业文化建设,对全员进行了综合素质、业务知识和礼仪礼貌三方面的教育培训,进一步激发了全馆员工学习新知识,掌握新技能的热情。在抓全员素质教育的同时,先后组织全体员工赴厦门,全体党员、环节干部赴日照参观学习,凝聚了员工队伍,为全面实现“文化为根,创造人企合一新境界;以人为本,打造阳泉煤城第一楼”的中长期发展战略目标,打下坚实基础。（韩静炜）

【十大消费投诉热点】 3·15前夕,市消费者协会公布了2007年十大消费投诉热点,手机、食品、商品房销售及房屋装修、汽车、网络直销及电视直销、货物托运服务、公共服务、客运服务、洗衣行业及美容美发服务、电信服务名列其中。投诉手机的主要问题是:信号差、通话失真、按键失灵等产品质量和手机生产企业、经销商和售后维修部门遇到问题互相推诿、扯皮现象严重等问题。投诉食品的主要问题是:经营者销售的饮料、酒类、肉类等食品存在质量不合格、标识不规范、擅自改动生产日期、夸大宣传等。投诉商品房及房屋装修的主要问题是:经营者在销售中使用不规范合同文本、拖延交房和办理产权证的日期、随意改变房屋面积、擅自改变公用场所用途及装修材料以次充好、物业管理收费不合理和服务人员态度差等。投诉公共服务的主要问题是:消费者足额交纳集中供热暖气费后,供热部门各种原因不能正常提供暖气、室内温度达不到国家相关标准。投诉洗衣行业、美容美发服务的主要问题是:清洗后的衣物存在褪色、变色、缩水、丢失等现象。美容美发从业人员技术水平低、美容美发产品质量低劣、美容美发设施不消毒等。投诉电信服务的主要问题是:短信诈骗、垃圾短信、强行短信包用捆绑销售业务、资费不透明和提供的电视、报纸互动节目存在短信陷阱等。 (白宝元)

【旅馆业治安检查】 5月28日,全市各级公安机关按照上级有关要求,在全市范围内重点检查宾馆、酒店、带住宿的桑拿洗浴场所等大中小型旅馆,严格取缔无证小旅馆,以切实提高旅馆业的整体治安防范水平,确保北京奥运会成功举办。重点检查的范围是,旅店业住宿登记制度落实情况、入住旅客身份登记录入情况、旅店向治安管理部门传输或报送信息情况、旅店登记是否存在一证多人或人证不符的情况。专项检查期间,全市各级公安机关以派出所为单位,对辖区旅店业场所就旅客身份查验、登记制度落实等情况进行拉网式检查,有效严防各类重点人员藏匿其间,着力构建发现及时、控制严密、打击精确的旅馆业治安管控工作新局面。 (田智慧)

【《关于加快服务业发展的实施意见》出台】 9月12日,在阳泉市加快服务业发展工作会上,《关于加快服务业发展的实施意见》制定出台,《关于加快服务业发展的若干鼓励政策》从10月1日开始执行。市领导白云、王旭明、刘兆林出席了会议。会上,市长白云对加快服务业发展提出了要求。市委常委、常务副市长王旭明宣读了阳泉市《关于加快服务业发展的若干鼓励政策》。实施意见指出,"十一五"期间,境内服务业增加值增速要快于GDP增速,服务领域投资增速要高于全社会固定资产投资增幅,要把服务业作为阳泉市资源型城市转型的重点方向之一,使服务业成为吸纳就业的重点领域。鼓励政策包括服务业发展的放宽市场准入,税费减免,价格扶持,优惠土地供应,财政、金融支持力度,优化服务业管理,引进、培养服务业人才,培育领军企业和知名品牌,加快服务业领域的改革开放等9个方面、34项扶持政策。 (任继萍)

2008年阳泉市个体及私营服务业情况一览表

表21-3 单位:户、人、万元

分类	个体工商户			私营企业			
	户数	从业人员	注册资金	户数	投资者	雇工	注册资金
旅馆业	3018	7788	5181.36	203	351	3835	16945.50
娱乐服务业	154	280	1477.50	51	96	547	3521
计算机应用服务业	65	120	186.10	177	257	755	4869.00
其他	23411	40758	36624.08	5520	12390	49031	619195.7
合计	26645	48946	43469.04	5951	13094	54168	644531.20

(王 枫)

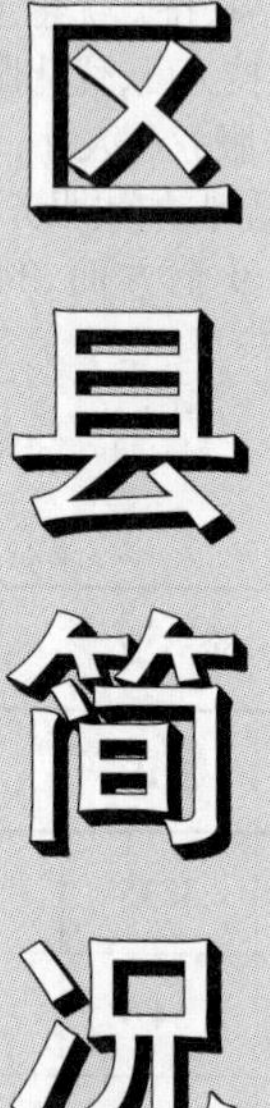

城区

【概况】 阳泉市城区位于阳泉市区东南部,总面积为16.19平方公里,城区人民政府驻南大街300号,辖6个街道办事处、43个社区居民委员会。2008年年末总人口为172113人,人口自然增长率为4.39‰(人口变动抽样调查数据)。

2008年,城区生产总值完成68.97亿元,比上年增长12.9%。人均生产总值40186元,比上年增长16.1%。全社会固定资产投资实现30.4亿元,比上年增长12.1%。财政总收入完成35045万元,比上年增长33.12%。一般预算收入完成17086万元,比上年增长36.17%。社会消费品零售总额实现66.9亿元,比上年增长25.2%。城镇居民人均可支配收入达13468元,比上年提高16.5%。居民消费价格总水平涨幅为5.5%。

第三产业占GDP比重达74.1%。全年三产增加值达到50.8亿元,比上年增长15.6%;纳税额达28451万元,比上年增长36.57%,占财政总收入的比重达81.18%。私营企业新增77户,达701户;个体工商户新增1816户,达5205户。非公有制经济实现增加值31.6亿元,比上年增长13%;纳税额达29527万元,比上年增长57%,占财政总收入的比重达84.25%。

进一步充实完善招商引资项目库,征集、策划、编制招商引资项目45个。成功举办了滨河世纪城新天地和晋东(金街)购物广场商业推介活动,中华小吃城、苏宁电器、赛格数码、恒美家私、万盛百货、沃尔玛等一批名牌商家纷纷入驻,带动了产业结构的优化升级。外来投资项目签约15项,资金到位10.072亿元,比上年增长25.56%。外贸进出口总额完成3303万美元,比上年增长55.4%。

重点工程建设项目开工10个,开工率为83.33%,实现投资95567万元,完成年计划的110.68%。其中滨河世纪城、美隆国际商贸城、晋东(金街)购物广场、天融中兴商业广场(原天桥商贸中心)、五星级大酒店五个项目列入全市"百项工程"。

辖区实行内环境监管的工业企业实现二氧化硫削减52.9吨,锅炉、茶浴炉的烟尘浓度及二氧化硫浓度排放达标率均达100%,烟尘控制区覆盖率达100%,高污染燃料禁烧区禁煤率稳定在95%以上。区域环境噪声平均值53.6分贝,噪声达标区覆盖率达100%。工业企业污染源全面达标率达100%。清理积存垃圾1000余吨,更换投放垃圾筒、果皮箱近2000个。

全区新增就业岗位5026个。70户新出现的"零就业"家庭得到妥善安置。区养老保险覆盖率达89%,区机关事业、企业养老保险参保职工达3100人,收缴养老保险费1473万元,为1586名企业离、退休人员发放养老金1617万元。城区职工基本医疗保险参保人数达4745人;失业保险由原来的每人每月430元调整为510元,医疗救助金由原来的每人每月43元调整为51元,全年共补发13200元;最低生活保障金提标到238元,累计发放1289万元。享受廉租住房补贴家庭198户,发放补贴金额16.58万元。首次实现了廉租住房实物配租,解决了8户特别困难的无房户家庭的住房问题。全年为符合条件的1110户独生子女家庭和5户独生子女意外伤残家庭发放奖励金或扶助金48万元。全面完成义务教育阶段学杂费免除工作,共计免除学杂费3084285元。从事文化产业的市场主体类别增至20余类。经营单位发展到300余家,从业人员达3000余人。城市广场被评为"山西省十佳文化广场",推荐为"全国特色文化广场";北岭社区获"全国文化先进社区"称号。

(史俊花)

领导人名单

中共阳泉市城区委员会

书　记　李春泽
副书记　曹凯民
　　　　高　银(12月免)
　　　　任晓华(12月任)
　　　　马　俊(11月任,挂职)
常　委　李春泽　曹凯民
　　　　高　银(12月免)
　　　　任晓华(12月任)
　　　　马　俊(11月任,挂职)
　　　　高锦孝　弓林柱　史喜平
　　　　范秀林(女)　李宏革
　　　　王明厚　苏友常

中共阳泉市城区纪律检查委员会

书　记　高锦孝

阳泉市城区人大常委会

主　任　李忠祥
副主任　李　力　姚培万　吴祥玉
　　　　夏爱林(女)

阳泉市城区人民政府

区　长　曹凯民
常务副区长　弓林柱
副区长　王明厚　李保存　胡道宏
　　　　陈　蕾(女,挂职)
　　　　杨红梅(女,2月任)

政协阳泉市城区委员会

主　席　杨柱英
党组书记　杨柱英
副主席　余占玉(女)　田秀贞(女)
　　　　董美玲(女)　任锁才

阳泉市城区人民法院

院　长　杨玉春(女)

阳泉市城区人民检察院

检察长　张　启

阳泉市城区公安分局

局　长　梁华奎
政　委　王保民(1月免)
　　　　顿占福(1月任)

阳泉市城区人民武装部

部　长　苏友常
政　委　李进军
副部长　鲁泽宇

【"三城十区"建设】 "三城十区"建设是城区第八次党代会提出的,内容是:建设开放文明城、诚信服务城、繁荣和谐城,打造经济文化区、文化经济区、教育先导区、人才聚集区、税收诚信区、市民文明区、管理规范区、消费洼地区、平安和谐区和窗口形象区。2008年,城区扎实推进"三城十区"建设,取得多方面成效。(一)经济文化区强势推进,财政总收入完成35045万元,增长33.12%。一般预算收入完成17086万元,增长36.17%。(二)文化经济区加快发展,区文化中心建设进展顺利,建成15个社会文化体育指导站,选聘200名社会文化体育指导员,全区基本实现"两馆健全、一街一站、一社区一室(中心)、一人一册(图书)"的建设目标。(三)教育先导区亮点夺目,义务教育标准化建设通过省级验收,"校校通"工程全部完成,联通率达100%。素质教育全面推进,建成省级文明校园6所,市级依法治校示范校7所。(四)人才聚集区稳步发展,人才库建设扩面提质,专业技术人才、企业经营管理人才、妇女干部、党外干部、社区干部和文联6个协会的人才库健全完善。(五)税收诚信区扎实有效,纳税管理制度完善,个体户税务登记率100%,按期申报率100%。政府收支分类改革顺利推进,基本形成了政府采购活动信息公开化、交易市场化、行为规范化、管理法制化的运作模式。(六)市民文明区推进有力,16类200余支文体队伍活跃全区,7类150余支志愿者队伍参与公益,43个社区设立60余块"精神文明宣传栏",建成186个文明和谐单位,其中:国家级文明和谐单位3个,省级文明和谐单位和社区36个。新华东街社区荣膺"全国未成年人思想道德建设工作先进单位"。(七)管理规范区成效显著,网络化管理启动实施,"蓝天碧水"工程深入推进,二级以上天数提前两个月实现省定280天目标。全区已有国家级绿色学校1所,省级绿色学校3所,市级园林达标单位104家。(八)消费洼地区效应显现,社区商业"双进"工程深入进行,南煤社区成为全省唯一一个国家级商业示范社区。全区商业面积大幅增加,截至2008年年底,突破100万平方米,全年社会消费品零售总额占全市的58.2%。(九)平安和谐区再创佳绩。年内,城区开展了区委书记大接访活动,解决了一批信访积案。新建2个社区卫生服务站,全区广覆盖、多功能、便捷式的卫生服务体系有序构建。(十)窗口形象区靓丽瞩目。《今日城区》报继续唱响主旋律,全年在省市级新闻媒体播发各类稿件千余条。　(史俊花)

【社区建设】 年内,城区以创建"十星级"示范社区活动为重点,创建精品社区、特色社区,发挥典型社区的示范、辐射、引导和带动的作用,社区建设得到有效推进。(一)区民政局制定出台了《城区"十星级"示范社区创建综合评价标准》。(二)加强社区干部培训教育。全区有2批10位社区干部参加了全省社区建设培训班,开拓了视野,增长了知识。(三)落实社区干部各项待遇。在落实社区居委会主任、副主任和委员生活补贴的基础上,从1月1日起,大幅度提高退职老居委会干部生活补贴,从原来的70元、65元提高到220元、210元。(四)创新人才发展渠道。区委、区政府采取公开报名、竞争上岗、择优录取的办法,从符合条件的在职社区干部中招考机关公务员、事业人员,有2名社区干部成为公务员,有4名社区干部成为事业人员。(五)加强社区干部廉政教育管理。区纪检委和民政局组织开展了"廉政文化进社区"活动,增强社区干部廉政意识,加强对社区干部的管理,使他们自觉接受居民群众和社会各界的监督。(六)加强社区基础设施的使用管理。区民政局、财政局投入100万元,用于清偿社区基础设施建设工程欠款和支付工程建设资金审计费用。加强对社区基础设施建设资金使用情况的监督和管理,确保社区基础设施全面发挥各项功能。 (史俊花)

【城区获省级"平安区"称号】 2008年9月,城区全面实施"大防范、大调解、大服务"战略,整合优势资源,加强社会治安综合治理工作成效明显,首次获得省级"平安区"荣誉称号。一是推行大防范,构建了全区主体防范网络。二是实行大调解,健全矛盾排查调处机制,强化各职能部门作用,规范矛盾排查调处组织。三是开展大服务,突出"三抓":一抓严打整治,二抓特殊群体的排忧解难,三抓城市环境优化。四是深化安全文明创建工作,全区建成优胜单位172个,平安单位183个,平安社区31个。 (史俊花)

【园林城市创建活动】 年内,城区采取多项措施,扎实推进园林城市创建活动。(一)狠抓单位庭院和居住区绿化。全区有104家单位被市政府命名为园林达标单位,紫薇花园等85个小区被市政府命名为园林达标小区。(二)进一步抓好社区公共绿地建设。完成了官坊街、桃河沿线社区公共绿地,新增绿化面积1.7万平方米。(三)积极创建园林学校。十九中、新华小学等学校做到能绿则绿,新增绿化面积3300平方米。(四)进一步提升社区绿化档次。投资400余万元,完成了38个小区的绿化改造工程。新增绿化面积3.2万平方米。(五)搞好以公园、城市道路为重点的城市公共绿化。完成桃河二期蓄水工程、石太铁路阳泉市区段绿色通道综合治理工程,增加绿化、绿地面积29.4万平方米;完成南外环路、南大街两侧人行道绿化改造等一批园林绿化骨干工程,新增绿化面积28.4万平方米。至年末,全区绿化覆盖率达到了30.32%,绿地率达27.02%,人均公共绿地面积达10.1平方米。

(史俊花)

【防疫和妇幼保健工作】 年内,城区区委、区政府进一步推进防疫和妇幼保健工作,取得显著成绩。艾滋病防控方面,对202人进行了自愿咨询,并进行了HIV抗体检测;随机抽取20名机关干部进行问卷调查,知晓率为100%;并对校外青少年,在校初、高中学生组织开展了宣传教育。结核病防治方面,全年初诊病人251人,发现新涂阳病人61例,确诊新涂阳病人53例,复治涂阳病人8例,涂阳的治疗覆盖率为100%;转诊78例肺结核病人或疑似病例,转诊率为100%。计划免疫方面,儿童"五苗"(中国纳入儿童计划免疫的5种疫苗:卡介苗、脊髓灰质炎疫苗、百日咳—白喉—破伤风联合疫苗、麻疹疫苗、乙肝疫苗)全程接种率达96%,糖丸合格接种率为98%,百白破合格接种率为99%,麻疹接种率为96%,乙肝接种率为100%,乙脑、流脑接种率为100%。地方病防治方面,4月份对辖区5个办事处20个社区的居民食用碘盐含量进行监测,共监测样品300份,合格297份,合格率为99%,监测覆盖率为100%。妇幼保健方面,认真落实"一法两纲"(《母婴保健法》及其《实施办法》,《中国妇女发展纲要》和《中国儿童发展纲要》)规划目标,实施"降消"项目(降低孕产妇死亡率和消除新生儿破伤风项目)。全区孕产妇系统管理数964人,系统管理率78%;产妇住院分娩率100%,产后访视人数1050人,产后访视率85%,全年城区范围无一例孕产妇死亡。(史俊花)

【卫生监督执法工作】 2008年,城区卫生监督执法工作扎实开展。一是落实卫生公示制度。辖区445户餐饮单位全部建立了食品进货索证制度和台账登记制度,做到了证件齐全,亮证经营,制度上墙。二是推进量化分级管理。对1083户食品从业单位全部实行食品卫生监督量化分级管理,量化分级管理率达100%。对全区141户医疗机构进行了监督检查,取缔游医药贩20户(次),所涉及的药品器械全部予以没收,销毁违法药品器械6箱。

(史俊花)

【城区广益中小企业担保中心成立】 为了在引进外资的同时,激活内资,促进区域经济快速发展,帮助中小企业和个体工商户解决融资难、流动资金短缺的困难,2008年10月17日,城区人民政府注入资金人民币100万元,成立"城区广益中小企业担保中心"。该中心为政府出资的法人企业,旨在发挥政策导向作用,为全区中小企业和个体工商户提供融资担保服务。 (史俊花)

【下站地区教育资源合理整合】 2008年,城区对下站地区教育资源进行合理整合,一是将新建路小学与新泉小学整合为一,暂以"新泉小学"牌子办学。整合后,共有教职工88人,学生719人。二是将附设于新泉小学的"小博士幼儿园"迁至原新建路小学,由政府给予一次性装配补助,改为"国有集办"体制,实行自收自支。三是将原设于下站小学的区教育局机关迁至原新建路小学,腾出的近800平方米设施改建为16个专用教室,使下站小学扩大为6轨制办学规模,可满足2000名学生的就学需求,达到了省级标准化建设要求。这次整合,对城区建设

“教育先导区”、实现教育均衡优质发展产生了积极的推动作用。

（史俊花）

矿 区

【概况】 阳泉市矿区位于阳泉市区南部，总面积为19.15平方公里。矿区人民政府驻北大街386号，辖6个街道办事处，40个社区居民委员会。2008年年末总人口为228000人，人口自然增长率为4.46‰（人口变动抽样调查数据）。

2008年，矿区经济社会发展水平考核位列全省第35位，经济社会发展指数位列38位，综合考评全市第一。全区完成生产总值90.8亿元，比上年增长12.6%；工业总产值完成194.8亿元，比上年增长20.9%；工业增加值完成79亿元，比上年增长12.5%；财政总收入实现2.73亿元，比上年增长12%；社会消费品零售总额为10.5亿元，比上年增长28.3%；全社会固定资产投资完成42.4亿元，比上年增长16.6%；居民人均可支配收入达到13192元，比上年增长13.1%。

列入市百项工程的5个项目共计完成投资1.03亿元，完成年计划的137.3%。其中华鑫矿用变频电机车、稀土永磁电机项目正式投产，新鑫专利综合项目完成推广应用，信达煤镏刮板生产线项目投入试生产，佰益粮贸物流中心项目已办理土地等相关手续。120万吨洗煤项目、年产10万立方米煤矸石免烧砖项目等6个重点调产项目正式投产或开始试生产；四矿集贸市场综合楼工程、蔡洼北小区改造工程、日潭小区绿化综合改造工程等5个重点工程完成全年工程计划。全年共签订对外合作项目5项，合同利用外资2.82亿元，到位1.9亿元。全区新增规模以上企业2家。

矿区拥有省级高新技术企业3家，民营科技企业1家，新增千万元以上民营企业3户、个体工商户462户。民营经济增加值达到5.5亿元，比上年增长22.8%；上缴利税9981万元，比上年增长33%。

全年新增绿化面积58.5万平方米，更新绿化面积1.4万平方米，全区绿化覆盖率达到35.66%，建成区绿地率达到27.46%，人均公共绿地7.01平方米。四矿桥新建工程、赛鱼桥维修加固工程竣工通车；全长1.5公里、总投资1500万元的北大西街管网综合改造一期工程顺利完工。完成113.3公顷（1700亩）煤矸石山的治理工作；强制关停了2家污染企业，工业企业污染排放全面达标；全年二氧化硫、化学需氧量排放分别下降了8%和45%，单位生产总值综合能耗下降6.5%。

全年用于民生的财政投入近6400万元，科技、教育、医疗卫生、城市建设、社保就业等方面的投入大幅提高。免除义务教育阶段学杂费政策全面落实，高考达线率创历史新高。全年支持科技项目24个、配套科技研发资金200余万元。申请专利65件，签订京晋技术合作协议项目1项。区疾控计生综合服务楼建设完工，新建10个社区卫生服务站。人口自然增长率为2.32‰，计划生育目标责任综合考核再获全市第一。“春之声”合唱团获首届“中国民歌合唱大赛”铜奖；成功承办了第二届全市毽球大赛；平潭街西社区获“全国全民健身先进集体”称号。

（王 泉 李荷花）

领导人名单

中共阳泉市矿区委员会

书　记　董仙桃（女）
副书记　张清河　黄俊德
　　　　姚　丽（女，挂职，11月任）
常　委　董仙桃（女）　张清河
　　　　黄俊德
　　　　姚　丽（女，挂职，11月任）
　　　　王　刚　邵满存　邢强敏
　　　　郭爱聪　吴亚非　高海明
　　　　王晓丽（女）

中共阳泉市矿区纪律检查委员会

书　记　王　刚

阳泉市矿区人大常委会

主　任　孙彦增
副主任　梁兰芳（女）　曹喜生
　　　　史豪强　石文辉

阳泉市矿区人民政府

区　长　张清河
常务副区长　邢强敏
副区长　王晓丽（女）　王宝新
　　　　王贵平　徐本宁

政协阳泉市矿区委员会

主　席　苏满晓
副主席　史华荣　安文娟（女）
　　　　丁慕国　张立君（4月免）
　　　　康银柱（4月任）

阳泉市矿区人民法院

院　长　王海贵

阳泉市矿区人民检察院

检察长　王永强

阳泉市矿区公安分局

局　长　李宝祥
政　委　谢贵元（1月免）
　　　　王根明（1月任）

阳泉市矿区人民武装部

部　长　徐文彬（2月免）
　　　　张小武（2月任）
政　委　邵满存
副部长　胡政军

【李志林被评为全省政法系统双十佳干警】 2008年，矿区公安分局副局长李志林被评为全省政法系统双十佳干警。李志林从警25年来，破获特大案件100余起，破获市内及外省道路侵财案60余起，并成功抓获重大逃犯32名。2006年在侦破公安部督办的马家坪系列杀害妇女案件中，在市公安局党委正确指挥下，历时一年六个月，带领专案组成功破获这起积案14年、残害妇女12人的特大案件。2008年5月29日一举侦破发生在贵石沟地区影响恶劣的“5·14”抢劫案；11月16日破获一起重大系列诈骗案。李志林曾荣立个人三等功5次、二等功2次、一等功一次，先后被评为全市政法系统十佳优秀民警、全省公安系统百名功臣干警、全国优秀人民警察、全省十佳政法干警。

（孙燕平）

【矿区国税局获“省级文明和谐单位”称号】 2008年，矿区国税局被省精神文明建设指导委员会授予“省级文明和谐单位”称号。近年来，矿区国税局以“讲文明，树新风，促和谐”为主题，大力推动文明和谐单位创建。该局把精神文明创建与优化纳税服务、强化税收征管、建设税收文化相结合，开展了以办税服务“零距离”、办税质量“零差错”、服务对象“零投诉”、办税流程“零障碍”为主要内容的“服务标兵”竞赛；坚持依法治税、管理强税、科技兴税，全面推进阳光工程；着力提高工作人员的思想道德素质、科学文化素质和业务技能，努力建设政治过硬、业务熟练、作风熟练、作风优良的干部队伍，为建设和谐矿区作出了贡献，受到广泛赞誉。（王宏英）

【阳煤大桥建成】 2008年5月22日，阳煤大桥竣工通车。工程是2007年6月28日开工的，工期近11个月。阳煤大桥建于四矿口大桥原址。原桥始建于20世纪50年代，为多孔小跨径双曲拱桥，桥面狭窄，荷载等级较低。经半个多世纪的使用，桥面和护栏多处损坏，被有关部门确定为危桥。为了改善桃河南北交通，市委、市政府决定对此桥进行改造。工程由阳煤集团宏厦三建第九项目部承建。施工期间，先后投入30多台套机械设备和近300名施工人员，动用土石方2.5万立方米，完成950万立方米混凝土浇注。桥宽28米，长170米，为山西省首座异型双曲拱桥。设计使用年限为100年，抗地震度7级，可通行120吨位以下车辆。（孙燕平）

【《阳泉矿区》报实现网上在线阅读】 2008年5月26日，《阳泉矿区》数字报正式实现互联网在线发行。《阳泉矿区》电子版不仅完整保留了报纸原貌，而且图片的观感和质量也得到较大提升。读者和网友登录阳泉市矿区人民政府网页（网址www.yqkq.gov.cn），在首页左侧点击“矿区报”，就可以在网上“翻看”报纸。（王宏英）

【西河路小学获两项全国奖】 2008年，矿区西河路小学获得两项全国性奖项。10月13日，五年级学生少先队员杨懿获共青团中央、教育部、全国少工委和中央电视台共同授予的“全国十佳少先队员”称号。11月11日，教师尹丽丽在全国第24届“创新杯”教学艺术大赛上荣获“十佳金奖”，该大赛是由中国教育学会现代教学艺术研究课题组等单位联合举办的。所获两个奖项均属当年全省惟一。杨懿是西河路小学少先队大队长，品学兼优，多才多艺，曾获“2004年度中国少儿海尔科技奖”、“第三届全国劳动教育创新赛”金奖、第三届中国青少年科技创新奖、第三届全国“卡丹萨”杯钢琴比赛山西分赛区二等奖，还曾获得阳泉市“科技小标兵”称号。教师尹丽丽曾获得2006年阳泉市优质课评选一等奖、2007年山西省三优课评比一等奖、2008年山西省第三届新课程改革观摩课评选一等奖等奖项。（孙燕平　王宏英）

【《阳泉市第十三中学校志》完成】 2008年11月底，《阳泉市第十三中学校志》完稿并出版。为记录学校发展历程，总结办学经验，阳泉市十三中于2008年4月组建《阳泉市第十三中学校志》编纂领导组及编写组，全面铺开校志编写工作。该志上限为市十三中创建的1968年3月，下限为2008年8月。全志共分7章28节，内容以教育教学为重点，涵盖学校工作的各方面。

（李荷花）

【矿区新发现两处文物点】 在2008年开展的第三次全国文物普查田野调查中，矿区新发现两处文物点，一为简子沟日军侵华时的煤炭生产线，一为辰光发电厂职工俱乐部。两处均属近现代重要史迹及代表性建筑。（孙燕平）

【矿区清洁工程】 2008年，矿区启动清洁工程。矿区环卫处投资10余万元，更换了主干街道严重损坏的200个垃圾桶和100余个果皮箱，同时派出员工600余人次，出动机动车辆100余台次，对辖区及城乡结合部的市容环境卫生进行全面清理整治，共清理积存垃圾300余吨、建筑垃圾200余吨，使矿区环境卫生面貌大为改观。（李荷花）

【矿区15家企业达到环境管理要求】 2008年，矿区15家企业达到了省环保局综合评价环境管理要求。企业环境行为等级分为绿色（优秀）、蓝色（良好）、橙色（基本达到要求）、红色（违法）、黑色（严重违法）五级。经过省环保局环境行为的综合评价，阳煤集团新景矿被确定为绿色等级单位；阳煤集团有限责任公司、国阳新能股份有限公司、国阳新能发供电分公司、阳煤集团煤气分公司、华越机械有限责任公司、山西鑫源电线电缆有限公司、矿区恒星云支护用品厂、阳泉金法支护有限责任公司被确定为蓝色等级单位；国阳新能股份有限公司一矿、阳煤集团三矿、国阳新能股份有限公

司二矿、阳煤集团五矿、阳煤集团升华实业分公司、阳泉威虎化工有限责任公司被确定为橙色等级单位。（李荷花）

【阳煤总院消化内科开展新业务】2008年，阳煤集团总医院消化内科积极开展新业务，取得社会效益、经济效益双丰收。科主任黄沛里与全科同志一道，积极研究探索，于2006年下半年开展了内镜鼻胆管内引流术（ENBD）和内镜下胆管内引流术（ERBD），两年中共完成150例，成功率达97.6%。黄沛理、王小青探索相关理论的论文《内窥镜下胆道引流术的临床应用》发表于中华系列杂志。2008年，在此基础上开展十二指肠乳头肌切开取石（EST）治疗胆总管结石70例，成功率达100%。此项医疗技术对急性胆源性胰腺炎、胆总管结石，化脓性胆管炎疗效显著，在省内处于领先地位，填补了阳泉市的空白。与传统外科开腹手术相比较，该技术痛苦小、创伤小、风险低、见效快、恢复快、费用低。尤其适合年老、多病患者及不宜创伤手术的老年人以及胆囊切除术后胆管残余或复发难治的胆管结石。阳煤总院消化内科开展此项业务以来，患者遍及全市三区两县，其医疗和服务赢得患者及家属的一致好评与信赖，患者满意度达98%，取得良好的社会效益。同时消化内科经济效益也直线上升，2008年总收入比上年增长19.74%。（李荷花）

郊　区

【概况】阳泉市郊区位于阳泉市中南部，总面积为625.62平方公里。郊区人民政府驻荫营镇，辖4乡4镇、184个村民委员和2个居民委员会。2008年总人口281072人，人口自然增长率为3.97‰（人口变动抽样调查数据）。

2008年，全区生产总值实现40.11亿元，比上年增长5.6%；财政总收入60603万元，比上年增长38.95%，其中一般预算收入23168万元，增长34.11%。固定资产投资28.36亿元，比上年增长21.7%；社会消费品零售总额76583万元，比上年增长21.7%；农民人均纯收入达到5645元，比上年增长13%。

传统产业升级加快。重点完成了通晨100万吨洗煤、冠顺60万吨洗煤、天泉100万吨配煤中心和华佳发煤站等项目，使产业链条不断延伸。华银耐火公司和丰泽耐火公司率先组建了紧密型的联合体企业，使本区耐火联合在触动产权上实现了质的突破。同时，国家硅铝质耐火质检中心奠基动工，21家耐火企业用上了洁净天然气。以煤炭和耐火为主导的传统产业继续发挥支柱作用，财政贡献率达到64%。

重点项目进展顺利。列入市“百项工程”的20个项目开工18项，完工5项，完成投资79541万元。68个调产项目开工62个，完工33个。

招商引资力度加强。全面加快以白泉工业区为重点的“一园三区”建设，成功举办首届中国（荫营）耐火产业创新发展论坛，组团参加了“中博会”、“煤博会”和“北京国际科技产业博览会”。年内引进百万元以上项目38项，到位资金89200万元，比上年增长27.1%。

城镇建设规模空前。以荫营城建设为核心，投资3亿元，启动了长6.9公里、宽40米的新北大街工程。与之相配套，温河引水、南区开发、东区建设、荫营河综合治理、荫营城区旧村改造以及阳五高速郊区段等一批工程相继开工。完成了10个省级试点村和20个重点推进村的总体规划。全区60%以上的村实现了“十个有”（有产业、有公园、有自来水、有洁净气、有硬化路、有亮化街、有幼儿园、有保健所、有农家店、有文化广场），30%以上的农户达到了“六个一”（一项稳定收入、一部电话、一台数字电视、一辆机动车、一份养老金、一套整洁房）。桃林沟村被授予“全国文明村”、全省“十大魅力新农村”称号，下千亩坪村被授予全省“十大特色产业村”称号。

高效农业强势推进。全区共投资1.2亿元，新增蔬菜种植200公顷（3000亩），果品种植150公顷（2254亩），核桃种植66.7公顷（1000亩）；开工建设高标准规模养殖小区33个，其中生猪小区17个、蛋鸡小区14个、奶牛小区2个，完工27个。同时，继续加大对三来食品等加工企业的扶持力度，组建了28个专业合作社，农业市场体系不断完善。

全面加快生态郊区建设步伐。全年共完成植树造林553.3公顷（8300亩），封山育林266.7公顷（4000亩），栽树120余万株。227家重点企业污染源排放全面达标，荫营城区二级以上天气达到305天，比上年增加130天。空气综合污染指数由4.94下降到2.07，二氧化硫减排比上年下降8%。

城镇职工基本养老、医疗、失业保险覆盖率分别达到91.83%、86.82%和84.92%。城镇登记失业率控制在4%以内。教育济困助学体系基本形成。完成8所乡镇卫生院改扩建工程和60个村级卫生所改造任务，社区卫生服务中心启动运行。全面实施出生缺陷干预工程，进一步提高农村计划生育家庭奖励扶助标准。完成残疾人复明、助行、安居工程。新建2个乡镇文化站和30个村级文化活动室。新建“农家店”38个，累计建成“农家店”147个。完成广播电视“村村通”无线覆盖工程；完成35处饮水安全工程。（侯晋元）

领导人名单

中共阳泉市郊区委员会

书　记　赵　峰
副书记　杨　勇　刘红霞（女）
常　委　赵　峰　杨　勇
　　　　刘红霞（女）　谭伟中
　　　　王如生　郭少敏　王振杰

李育平　李学军
王建华(1月任)
王丽梅(女,挂职,
11月任)
党校常务副校长　李生禄

中共阳泉市郊区纪律检查委员会

书　记　谭伟中

阳泉市郊区人大常委会

主　任　王梦贺
副主任　张凤英(女)　杨承祥
陈玉俊　王可剑

阳泉市郊区人民政府

区　长　杨　勇
常务副区长　郭少敏
副区长　张秀亲(女,11月免)
郭　斌　程继喜　田进勇

政协阳泉市郊区委员会

主　席　要宜为
副主席　杨济才　乔国强　任保军
王振涛(女)

阳泉市郊区人民法院

院　长　冯晋明

阳泉市郊区人民检察院

检察长　贾建胜

阳泉市郊区公安分局

局　长　李银江
政　委　李　华(1月任)

阳泉市郊区人民武装部

部　长　冯学勤
政　委　李学军
副部长　黄厚杰

【招商引资工作取得新突破】 2008年,按照郊区区委、区政府提出的"打造阳泉新北区,建设荫营明珠城"的目标,郊区招商引资工作实现了新突破。3月31日,区委、区政府召开了扩大开放招商引资工作会议,安排部署2008年全区招商引资工作,突出产业、区位、资源、能源以及人文优势,对外发布招商引资项目7大类82个,引导外资向环保型、效益好、前景广、科技创新能力强的行业和产业发展,并下发《2008年招商引资任务分解及考核奖励办法》。年内,全区按照"突优势、抓重点,大招商、招大商"的原则,加大服务力度,全区新引进百万元以上经济技术合作项目38项,签约总额1624063万元,协议利用外资1615163万元,到位资金89200万元;接转上年经济技术合作项目40项,到位资金240025万元。超额完成年初市政府下达的17亿元的招商引资任务,连续五年居全市第一。主要项目有:由香港华润集团投资2亿元建设的阳泉市燃气工程及开发利用项目,由北京中机伟林公司投资3.5亿元的矿用设备机械项目,由中材集团投资10亿元的400万吨水泥生产项目,由北京通达耐火材料有限公司投资1.2亿元的年产15万吨优质合成耐火原料基地项目,由河坡发电有限责任公司投资30亿元的新建2×30万千瓦发电机组项目和国投公司西上庄煤电一体化项目等。　(翟栓富)

【荫营中学再获捐款】 在荫营中学建校50周年之际,捐资助教、奉献爱心的热潮再一次在校园内外掀起。2008年9月17日,在荫营中学第二期改扩建工程捐资助教仪式上,共收到捐款1981.4万元。其中郊区煤运系统捐款300万元,荫营煤矿、固庄煤矿各捐款200万元,阳泉燕龛煤炭有限责任公司捐款100万元,黄泽国、王志、王桂光、陈岚、周位华等人以个人名义分别捐款100万元,郊区开发公司等企业捐款50万元。　(陈益廉)

【中国(荫营)耐火产业创新发展论坛】 2008年10月16日至18日,郊区人民政府在阳泉宾馆成功举办首届"中国(荫营)耐火产业创新发展论坛"。该论坛展示行业科研成果,研讨产业发展方向,沟通产品供销信息,得到国家有关部委和全国耐火行业协会的支持。全国政协副主席阿不来提·阿不都热西提向论坛发来贺信,140多位专家学者和中外客商出席了论坛。郊区43个耐火企业携1000个品种的耐火产品亮相展会,并成功签约13个项目,总价值78762万元。参与报道的有国内30多家媒体,包括《人民日报》、中央电视台(经济频道)、香港凤凰卫视、《中国经济时报》、《中国建材报》、《中国冶金报》、山西电视台、《山西画报》、中国耐火材料之窗网站、新阳泉网站等。山西卫视第一时间播发了专题新闻。(陈益廉)

【"山西省校外教育活动场所建设与管理工作现场会"在郊区召开】 2008年12月20日,"山西省校外教育活动场所建设与管理工作现场会"在郊区召开。山西省政府副秘书长郭慧明、山西省教育厅副厅长贾坚毅出席会议。与会者参观考察了郊区青少年活动中心的场所建设及活动情况。在现场会上,山西省教育厅、财政厅对2008年全省校外教育先进集体和先进个人进行了表彰,郊区青少年活动中心被评选为"山西省先进青少年校外活动场所"。该中心是2007年12月18日投入使用的,先后开设了清华少儿英语、电脑培训、拉丁舞、电子琴、二胡、小提琴、吉他、少儿舞蹈、架子鼓、素描、陶艺、少儿绘画、棋牌、木工机床、书法、移动机器人、跆拳道、乒乓球等各类青少年培训班40余个,参与活动的青少年有4万余人次,取得良好社会效益。　(陈益廉)

【高效农业建设】 2008年,郊区大力推进高效农业建设,全年共投资1.2亿元,新增蔬菜200公顷(3000亩),其中温室大棚67公顷(1000亩);新增果品150公顷(2254亩);新增核桃67公顷(1000亩);共开工建设高标准规模养殖小区33个,其中生猪小区17个,蛋鸡小区14个,奶牛小区2个,完工27个。同时,继续加大对三来食品等加工企业的扶持力度,组建了28个专业合作社。3个主导产业(蔬菜、果品、蛋鸡)和3个潜力产业(生猪、奶牛、核桃)均取得长足发展。新增蔬菜温室539栋、46公顷(688亩),大棚340栋、21公顷(315亩),合计67公顷(1003亩)。全区商品菜种植面积为800公顷(1.2万亩),商品菜总产量为6000万公斤。全区933公顷(1.4万亩)果园,挂果面积为593公顷(0.89万亩),总产量达到481.5万公斤,比上年增长23.5%。全区花卉种植面积39.4公顷(591亩),育苗面积47公顷(710亩)。完成销售收益480余万元。生猪存栏19657头,出栏25220头,能繁母猪3387头。蛋鸡存栏616170只,出栏261060只。受三鹿奶粉事件影响,奶牛存栏总数出现下降,全区奶牛存栏1512头。全年肉类总产量2297吨,禽蛋总产量4801吨,奶类总产量6065吨。2008年粮食直补及综合补贴改为农户凭通知单及信用社存折到就近信用社领取,全区粮食直补及综合补贴资金总计为4003606元,有33402户、108083人受益。 (陈益廉)

【上榜乡村】 2008年,郊区本着“因地制宜,讲求实效,创出特色”的原则,大力推进新农村建设,有50个村成为全省新农村建设的试点村和推进村。其中,地处城郊结合部的桃林沟村入选全省“十大魅力新农村”,荫营镇下千亩坪村入选全省“十大特色产业村”。特别是西南畀乡获“中国优质苹果基地百强乡镇”称号,走出了创建整体特色乡镇的新路。

桃林沟村 2008年农民人均纯收入10000元,全村“十星级”文明户达到98%,连续10年无刑事案件,绿化覆盖率达到80%。连续五年举办桃花艺术节,吸引4万多名游客进村观光旅游。2008年投资3000万元的水、电、暖、气、物业管理配套齐全的“桃林人家”住宅小区实现了户均一套房的目标。先后荣获省级文明村、全国精神文明创建工作先进集体、全国尊老敬老先进单位、省综合治理先进集体、省十佳卫生村、省法制宣传教育先进集体等称号。

下千亩坪村 2008年农民人均纯收入8000元,村民养老金年平均发放45000元。累计投资3700多万元,建成住宅楼、单元房、教学楼和幼儿园、村委办公楼和礼堂、卫生所和老年活动中心、千亭广场、灯光球场、露天舞场,完善了道路、供电、供水、供暖、绿化等配套设施。先后荣获“阳泉市首批宽裕型小康村”、“全国创建文明村镇先进单位”、“三星级文明生态示范村”、“文明生态创建先进村”等称号。

西南畀乡 果园面积467公顷(7000亩),挂果林面积267公顷(2000亩),年产苹果300万公斤。果品着色好,营养成分含量高,果品品质居全省一流。西南畀苹果2003年经国家工商局注册为“三畀”牌,同年被山西省农业厅授予“无公害农产品”证书,1999年在中国国际农业博览会参展,2000年10月所产新红星苹果获山西省第二届优质水果展销会银奖,2002年所产红富士苹果获山西省优质水果展销会优秀奖,2004年2月获首届中国国际农产品交易会畅销产品奖。

(陈益廉)

开发区

【概况】 阳泉经济技术开发区是经山西省人民政府批准的省级开发区,位于阳泉市城区东北侧,总面积为10.06平方公里,开发区管委会驻大连路,辖5个行政村、3个社区。2008年年末总人口34728人,人口自然增长率3.77‰(人口变动抽样调查数据)。

2008年,地区生产总值完成5.87亿元,比上年增长33.25%。科工贸总收入完成2.04亿元,比上年增长33.71%;工业增加值完成3.66亿元,比上年增长27.62%。财政总收入完成1.15亿元,比上年增长35.41%。固定资产投资完成7.23亿元,比上年增长11.75%。城镇居民人均可支配收入达到12320元,比上年增长12%。社会消费品零售总额完成5.04亿元,比上年增长17.85%。进出口总额完成3772.8万美元,比上年增长34.93%。

全年招商引资正式签约合同7个,总投资4.24亿元。其中开工项目6个,项目开工率达到85%。全面完成了市政府下达的招商引资目标任务,被市政府授予“招商引资创优环境奖”。经济外向度进一步提高。外资企业工业产值占到全区工业总产值的39.82%,销售产值占到全区销售总产值的40.67%。全区出口额完成1338万美元,比上年增长52.01%,占全市出口总额的三分之一。住宿、餐饮、娱乐等城市服务业税收比上年增长26.93%,第三产业在经济发展中的贡献率进一步提高。

完成了大连路路灯改造工程;完成了东区2360道路建设工程;完成了王垅、河坡村供水、环卫等基础设施建设工程;完成了北山公园东大门、园内环路和景观、绿化等二期建设工程。全区绿地率达35.18%,绿化覆盖率达42.18%,人均公共绿地面积达11.49平方米,均高于国家标准。规模以上工业企业能耗比上年下降5.3%,污染物排放总量比上年下降5%。全年未发生安全生产死亡事故,实现了安全生产绝对控制指标和相对控制指标均为零的目标。全面完成了污染源普查工作。开展了市容市貌环境集中整治,城市环境质量有了明显改观。市政府授予管委会“阳泉市环境保护先进单位”和“爱国卫生先进单位”称号。

社会事业迈出新步伐。阳泉十中新教学楼已经完成方案设计，完成了平坦垴小学危房改造工程，对辖区所有学校实行了危房监护；免除了城市义务教育阶段学生学杂费；免除了五村783名义务教育阶段学生的书本费；免费培训五村劳动力422人。新建了平坦垴、上五渡、王垅、河坡4个村级社区卫生服务站，总建筑面积达800平方米。“天网”工程(社会治安视频监控与报警综合管理系统)建成并正式投入使用。 (张医才 韩利敏)

领导人名单

中共阳泉经济技术开发区工委

书 记 董惠明
副书记 李利生
杨自明(12月任)

中共阳泉经济技术开发区纪检工委

书 记 张 增(1月免)
刘振明(12月任)
副书记 杨金元

阳泉经济技术开发区管委会

主 任 李利生
第一副主任 董惠明
副主任 杨自明 李明春
高 银(12月任)
办公室主任 杨金元
经济开发局(民营经济发展局)
局长 姜东升
社会管理局(西区街道办事处)
局长(主任) 武治学
财政局局长 贾秉强
建设环保局局长 刘建军(2月任)
人事劳动局局长 刘秀田(2月任)
党群工作办公室主任
张医才(12月任)

【创建园林城市工作】 2008年,开发区管委会以环境建设为先导,努力打造宜居城市，创建园林城市工作成效显著,年内通过省级验收,并获全市“创建工作示范单位”称号。截至年末，园林城市建设累计完成投资5089.9万元，建成绿地55.23万平方米，公共绿地34.48万平方米。绿地率达到35.18%,高出国家标准0.18个百分点;绿化覆盖率达到42.18%,高出国家标准2.18个百分点；人均公共绿地面积达到9.93平方米，超过8平方米/人的国家级标准。市百项工程之一的北山公园二期工程于年内竣工。工程占地面积13000平方米，总投资760万元,先后完成了东大门、园区道路、后山广场和景观温室等建设工程。环保工作取得重要进展,获“阳泉市环境保护先进单位”和“爱国卫生先进单位”称号。年内开展了为期5个月的市容市貌环境集中整治，城市环境质量明显改观。全面完成了污染源普查工作，东区工业园区区域环评可研报告也基本完成。

(张医才 韩利敏)

【城乡一体化建设】 年内,开发区城乡一体化步伐加快。上五渡村共完成拆迁55户,拆迁面积2.5万平方米，建成拆迁安置楼8栋4.8万平方米。下五渡村完成拆迁300户,拆迁面积2.6万平方米；完成住宅楼建设工程2.2万平方米，安置居民209户;另外还投资5070万元,建设8栋4.2万平方米住宅楼。平坦垴村共完成拆迁面积7.77万平方米，安置面积3.05万平方米,另外还有118户居民正在拆迁当中。西路口改造二期工程拆迁任务全部完成,共拆迁居民300余户,拆迁面积1.9万平方米。

(张医才 韩利敏)

【招商引资】 2008年,开发区招商引资工作成绩突出,被市政府授予“招商引资创优环境奖”，并获得奖励资金29万元。年内新签署正式合同7个,其中开工6项,签约项目开工率达85%。总投资42450万元,实际到位资金21030万元,占总投资的49.54%。7个项目是:年产500吨环已基氨基磺酸钙项目、三聚氰铵和碳酸氢铵循环生产项目、年产80台起重机制造生产项目、年产多功能智能化防盗门项目、5.78万平方米景林花园、高级商务中心嘉瑞大厦、钢材市场。其中,阳泉市华奥钢结构有限公司“年产80台起重机制造生产项目” 占地1.7公顷(26亩)。总投资2850万元,企业自筹1850万元，申请银行贷款1000万元,于2008年1月30日开工建设。阳泉市麟豪机械制造有限责任公司“多功能智能化防盗门项目”于2008年9月签定入区建设协议,10月开工建设,拟建三条生产加工流水线和一条喷涂烤漆自动化生产流水线。产品以自行研发的“新型智能化多动能防盗技术”为基础,采用国内外先进生产技术,具有可视、监控、访客形象和居住区联网功能。该项目占地3.3公顷(50亩),投资1.1亿元,年产值1.5亿元,年产防盗门126000樘，可安排就业岗位500个。 (张医才 韩利敏)

【十件实事】 年内,开发区管委会兑现了年初承诺的十件实事。在教育方面,完成阳泉十中新教学楼方案设计;完成平坦垴小学危房改造,对辖区所有学校实施危房监护;免除了城市义务教育阶段学生学杂费，免除了五村783名义务教育阶段学生的书本费;免费培训五村劳动力422人。在城市建设方面:完成大连路路灯改造工程;完成东区2360道路建设工程；完成王垅、河坡村供水、环卫等基础设施建设工程；完成北山公园二期建设工程。在社会事业方面,“天网”工程投入使用;新建了平坦垴、上五渡、王垅、河坡4个村级社区卫生服务站,总建筑面积达800平方米。

(张医才 韩利敏)

【信访工作】 年内,开发区管委会本着“一手抓落实,一手抓法制”的指导思想,狠抓信访工作。特别是在"奥运"、国庆和十七届三中全会期间,管委会领导班子成员按照"不回避、不拖延、不推诿"的原则,主动接访群众,组成工作组深入农村进行调查研究,对群众提出的每个问题都做到能解决的立即解决,一时难以解决的,也向群众解释清楚,从而在群众中树立了良好的形象。据统计,领导班子成员接访群众共20批200人次,先后解决群众关心的问题10余个,维护了群众的合法权益,保持了社会的和谐稳定。

(张医才　韩利敏)

【开发区获"平安县(区)"称号】 2008年,开发区首次荣获"平安县(区)"称号。年内。开发区管委会以平安创建、奥运安保为中心,不断完善综合治理责任体系,规范基层基础工作,强化矛盾排查调处,严厉打击各种犯罪活动。一年中,全区受理刑事案件122起,侦破76起;受理治安案件115起。特别是侦破了一批在全市影响较大的案件,为百姓和企业创造了一个平安稳定的生产和生活环境。

(张医才　韩利敏)

平定县

【概况】 平定县位于阳泉市南部,总面积为1395.10平方公里。县人民政府驻冠山镇,辖8镇、2乡、318个村民委员会、16个居民委员会。年末总人口334228人,人口自然增长率为4.74‰(人口变动抽样调查数据)。

2008年实现生产总值411642万元,比上年增长7.20%。规模以上工业增加值完成146126万元,比上年增长4.07%。财政总收入80088万元,比上年增长2.26%,其中一般预算收入完成26743万元,增长8.21%。进出口总额达3164万美元,比上年增长93.38%。农民人均纯收入达5128元,比上年提高13.15%。城镇居民人均可支配收入达11264元,比上年提高16.45%。社会消费品零售总额实现142503万元,比上年增长20.96%。全县金融机构年末存款余额达682652万元,比年初增长28.12%;贷款余额261131万元,比年初增长10.67%。

全年引进外来项目49个,其中亿元以上11个;协议利用外资145.8亿元,实际到位25.94亿元。重点项目建设成绩显著,阳泉世太建筑材料有限公司1万吨DSD酸废水开发碱水剂生产、平定长青石油支撑剂10万吨生产线扩建等项目竣工投产。山西汇能煤业有限公司90万吨煤矿扩建、泰昌煤业有限公司45万吨煤矿提升改造等项目进展顺利。全年完成规模工业总产值41.48亿元,比上年增长12.4%;实现销售收入41.16亿元,比上年增长13.4%,产销率达到99.22%。

大力实施"3+2"农业产业化工程。全年新发展商品菜2000亩(其中日光温室1000亩),优质核桃4100亩,优质小杂粮5000亩,梧桐树5万株。投资5000多万元,新建了西回、庙沟、下马郡头、冠庄等一批规模养殖场。宁艾千亩设施蔬菜种植园区、冠庄万头养殖园区成为全市农业产业化龙头示范基地。继续推进新村镇建设,认真贯彻落实强农惠农政策,千方百计增加农业投入,全年县财政共投入支农资金700万元,比上年增长25%。2008年,平定县获得了"全省粮食生产先进县"称号。

继续推进县城"东扩西进北连"战略,全年完成开发建设面积11万平方米,在建面积51.3万平方米。小城镇建设完成开发面积5万平方米。全年改造县乡公路150公里,新增高级、次高级路面52.5公里;完成通达通畅工程96.4公里,村与村连接线179.48公里,水泥(油)路通村率达到99.06%。县城西外环公路建成通车,县城东大街改造升级工程启动,集中供热工程(一期)竣工运行。全年完成社会固定资产投资300180万元,比上年增长18.56%。

大力发展商贸物流和旅游等第三产业。森宇商贸物流中心和上海华联平定分店开张营业,晋东商贸物流园区开工建设。全县便民店、农家店乡(镇)、村覆盖率分别达到了100%和90%以上。不断加快娘子关和冠山等旅游景区开发建设步伐,《平定县娘子关历史文化名镇保护规划》已通过审定,开始实施。冠山文化旅游园区建设顺利推进。

大力推进"蓝天碧水"工程。年内关闭不达标企业51家,县城污水处理厂中水回用工程竣工,铬渣治理工程扎实推进,全县重点工业企业基本实现了污染物达标排放。县城建成区绿化覆盖率达到36.53%,全年完成造林5.8万亩。全年县城二级以上天气达到316天,比上年增加134天。大力实施水土保持工程,全国小流域治理现场工作会议和全省封山禁牧现场会相继在平定县召开。平定县先后获得了"全省造林绿化先进县"和"山西省城乡环境卫生清洁工程先进县城"等称号。

社会事业全面发展。全年实施省、市、县三级科技项目45项,申报国家专利25项。县志二轮修编工作全面启动。在连续多年获得省、市"平安先进县"的基础上,2008年平定县又被推荐为"全国平安先进县"。在奥运会和残奥会安保工作中,平定县两名干警被公安部表彰为先进个人,县公安局立集体二等功。汶川地震后,全县社会各界共计捐款5536229.56元,党员缴纳特殊党费2257314.70元。完成了第八届村民委员会换届选举工作。民兵预备役工作和国防后备力量建设成效显著,县人武部被省政府和省军区命名为"全省人武工作全面建设先进单位",荣记"集体三等功"。全年共投入最低生活保障和就业资金2159万元,比上年增长71%。认真贯彻落实退伍军人安置政策,全县城镇退伍军人全部得到妥善安置。城镇居民医疗保险实现了应保尽保。新型农村合作医疗参合率达到了98.5%。(梁军保　洪晓琴)

领导人名单

中共平定县委员会

书　记　马　骥
副书记　王银旺　申志纯
常　委　马　骥　王银旺　申志纯
　　　　杨艳红(女)　赵珍珠
　　　　张映涛　李维程　杜平华
　　　　孙　毅　赵建军
　　　　韩永清(挂职)
　　　　赵金玺(挂职,11月任)
党校常务副校长　郭海联

中共平定县纪律检查委员会

书　记　杨艳红(女)

平定县人大常委会

主　任　李建恩
副主任　张存喜　白宝忠　刘选民
　　　　赵庆华(女)

平定县人民政府

县　长　王银旺
常务副县长　张映涛
副县长　杜平华　韩永清(挂职)
　　　　郃福田　张金凤(女)
　　　　张志先

政协平定县委员会

主　席　李维澜
副主席　王忠义　郭海联　赵远长
　　　　郝建国

平定县人民法院

院　长　高　武

平定县人民检察院

检察长　范海生

平定县公安局

局　长　丁福光
政　委　张晋龙(1月任)

平定县人民武装部

部　长　王志明
政　委　赵建军
副部长　卢珍柱

【京晋农业示范园区】 2008年3月,京晋科技合作农业示范园区建成。该园区位于平定县张庄镇西城村,占地16公顷以上(400余亩),属于京晋科技合作阳泉现代农业科技示范工程,由平定丰裕农业科技有限公司承建。园区采用"集体+农户+民营"的基地推广示范模式,收益归农民所有,风险由公司承担。园区包括"玉米新品种示范展示区"、"小杂粮新品种示范展示区"、"干鲜水果苗木繁殖展示区"和"绿色农产品加工区"4部分。农作物成熟后可就地加工,以实现效益更大化。除推广新品种外,园区还引进间作、套种、地膜覆盖等新技术,如马铃薯套种油葵、大豆套种油葵等。

(梁军保　洪晓琴)

【上海华联超市落户平定】 2008年10月1日,上海华联超市落户平定东门小区商住楼地下一层。超市占地面积6000多平方米,经营商品有服装、家电、百货、食品等上千种。东门小区商住楼是平定森宇公司建设的。2007年10月5日主体完工后,上海华联超市与平定森宇公司草签租赁协议,开始前期装修。2008年4月27日,双方签署正式协议。至年底,华联超市招聘员工100多人,应聘员工均具有高中文化程度。超市实行效益工资制。此外还高薪聘请本地一名高级超市管理人员,负责超市的日常管理。

(梁军保　洪晓琴)

【西外环公路竣工通车】 12月3日,平定西外环公路竣工通车。该工程属307国道平定城段改线工程,起自庙沟,终点与义平路相接,全长4.69公里,投资预算1.27亿元。工程分南段、北段建设。南段(庙沟—西关)2.69公里,设计标准为城市主干道二级公路,路基宽47米;北段(西关—义平路)1.8公里,二级公路标准,路基宽12米。此外,连接南段、北段的连接线(南关—后沟)1.55公里,设计标准为城市次干道二级,路基宽24米。工程自2007年11月28日开工,共完成路基清表255000万平方米,路基挖方112万立方米,通道、涵洞15道560延米,路面铺筑107850平方米,人行道铺筑36000平方米。照明、绿化、防护、排水、标志标线等项目也同时完成,累计完成建筑安装投资9500万元。(梁军保　洪晓琴)

【第八届村委会换届选举】 平定县第八届村民委员会换届选举从2008年11月开始,到年底基本完成。根据《平定县第八届村民委员会换届选举工作方案》,本次换届选举工作本着先易后难、分期分批、分头指导、集中精力的原则进行。全县18周岁以上具有选举权的村民参加了直接选举。到12月28日,全县318个行政村中,有307个选出了新一届村民委员会。217个大学生村官中,任职达一年的村官全部当选为村委会副主任,充实了村委会领导班子。191个行政村实现村党支部书记、村委会主任"一肩挑"(由同一人担任)。换届选举加强了村委会组织建设,提高了村干部整体素质,推进了民主管理,维护了社会的稳定,达到了预期目标。

(梁军保　洪晓琴)

【杨家沟村获"全国绿色小康村"殊荣】 2008年,由中共中央宣传部、中央文明办、全国绿化委员会、国家林业局联合表彰的首批全国"绿色小康村"名单中,平定县冠山镇杨家沟村榜上有名。杨家沟村位于县城西南、冠山脚下,距离县城1公里,交通便利,生活设施完善。全村居民共292户、815人,耕地面积10.4

公顷(156亩)。从2004年开始,该村就开始实施文明生态村建设工程,开展山、水、田、林、路综合治理,全村大街小巷和通村道路全部硬化,公路可直通冠山森林公园。该村大搞植树造林绿化工程,在山上山下、公路两旁和庭院四周,广植树木,开辟草坪和花池,全村绿化率达到40%。杨家沟村还大搞环境卫生净化工程,制定了一整套卫生管理制度,建立了一支专业卫生清洁队。经过不懈努力,杨家沟村建成远近闻名的绿色小康村。

(梁军保 洪晓琴)

【县妇联开展"十佳文明和谐家庭"评选活动】 2008年,平定县妇联首次开展以"爱国型、学习型、致富型、平安型、美德型、育才型、公益型、环保型、文化型、节约型"为主的文明和谐家庭创建活动。活动分三个阶段:一是推荐阶段,每个乡镇推荐3~5户家庭,每个系统推荐2~3户家庭;二是宣传阶段,各乡镇、各系统所推荐的家庭经县妇联、县广播电视局、报社联合审核、把关、筛选后,初选出20户"文明和谐家庭",用一个月的时间进行采访、报道,广泛宣传他们的典型事迹;三是评选阶段,通过新闻媒体、短信平台、网络平台、组委会总评等方式,对20户家庭进行再次评选,最终选出"十佳文明和谐家庭"。2008年平定县"十佳文明和谐家庭"是:窦爱兰家庭、穆永茂家庭、吴世兰家庭、赵珍荣家庭、栾湖家庭、罗建华家庭、耿存梅家庭、耿黑眼家庭、张保全家庭、韦金凤家庭。

(梁军保 洪晓琴)

盂 县

【概况】 盂县位于山西省东部,阳泉市北部,总面积2522.83平方公里。县政府驻秀水镇,辖8个镇、6个乡、453个村民委员会、12个社区居民委员会。2008年年末全县总户数112941户,总人口为304164人,人口自然增长率为4.52‰(人口变动抽样调查数据)。

2008年,全县生产总值完成59亿元,比上年增长17.1%。财政总收入完成13.28亿元,比上年增长29.6%;其中一般预算收入完成4.67亿元,增长24.7%。规模以上企业工业增加值完成28.9亿元,比上年增长47%。全社会固定资产投资完成27.3亿元,比上年增长29.8%。粮食总产量达1.08亿公斤。农民人均纯收入达5549元,比上年提高18.1%;城镇居民人均可支配收入达13265元,比上年增长17.2%;社会消费品零售总额完成18.8亿元,比上年增长33%。

年内,县财政支出4000万元用于农业农村发展,畜牧、干果、蔬菜、水产等特色农业和龙头企业建设取得新进展。年末肉奶牛存栏1.4万头,生猪存栏8.6万头,核桃树种植6533公顷(9.8万亩),蔬菜种植1600公顷(2.4万亩),水产养殖33.3公顷(500亩)。新建高标准农民住房20万平米,完成农村安全饮水工程66处,建成园林村40个,移民搬迁4村547人。改造和新建县乡公路136公里、农村通畅公路81.6公里、村连村公路102公里。新增农村沼气和秸秆气化用户6094户。新增和改善节水面积466.7公顷(7000亩)。农民专业合作社和"农家店"分别发展到114个和303个。农业机械化示范基地"西烟南头农机大院"建成。转移培训农村富余劳力1.5万人。农村经济总收入达到68亿元。

经济转型发展有效实施,15项重点调产项目共完成投资5.2亿元。石太高速铁路货运站建成完工;中信60万吨焦化二期、南娄集团100万吨新型干法式水泥项目完成主体;"3652"尿素项目完成部分土建和厂区绿化;吉天利蓄电池扩建项目和废旧电池无害化处理再生项目完成前期工作;万汇钢铁异地改扩建项目完成征地、科研和环评;鲁中8万吨新型矩形耐火材料、西小坪园区天然气改造、西烟大型秸秆气化炉和坡头大型沼气项目建成投产;山西格盟国际能源2×100万千瓦电厂项目审批工作取得新进展。全年工业企业实现利税16.4亿元,比上年增长165%。煤炭行业完成瓦斯监控、产量监控、人员定位、视频监控四大系统建设,实现了对各煤矿全方位、信息化联网监管,煤炭百万吨死亡率控制在0.25人,创造了历史最好水平。天然气一期工程完成。凯通购物广场、盂东综合批发市场建成运营。第三产业增加值达全县生产总值的34.3%。

县城建设取得突破,15项重点工程共完成投资3.2亿元。水神山路4.3公里路基全部完工,沿线绿化16万平米;龙华口水电站大坝导流洞贯通,围堰基础形成;香河综合治理二期工程和阳盂高速公路盂县段征地拆迁基本完成;县城集中供热面积达到120万平米;运煤专线二期完成路基建设,省道绕城公路完成规划;金龙西街中心广场完成土建,人民广场改造和金龙西街、秀水西街改扩建全面完工;县人民医院门诊住院大楼开工建设;县文化中心建设基本完成前期工作;县城污水处理厂投入试运行。县城新增绿地45万平方米。新一轮县城总体规划、县域城镇体系规划修编完成,县城控制性详细规划和水神山路、站前广场、金龙大街、秀水西街等城市形象设计基本完成。

重点领域改革深度推进,对外开放进一步扩大。超常规对县水泥厂、热电厂、化肥厂三家国有企业依法进行了彻底改制,借资1.3亿元,对近3000名职工全部解除了劳动关系,并分批进行了再就业培训。煤炭集团筹建工作向前推进,成立了晋盂煤业投资管理有限公司。成立了全省首家村镇银行、全市首家贷款公司、中小企业信用担保公司和城市发展投资有限公司。先后参加了中部投资贸易洽谈会、煤博会等,开展了多种形式的招商引资活动,全年引进县外资金18.1亿元。

社会事业长足进步。“基本满足幼儿学前三年教育”和“义务教育标准化”工作分别通过省级评估验收和复查验收。出台了加快全县科技创新体系建设实施意见,征集科技发展计划项目181项。新型农村合作医疗参合率达到92.4%,县乡村三级医疗卫生机构达标率达到86.9%;新增城镇就业岗位4600人,城镇登记失业率控制在2.5%,城镇基本社会保障覆盖率达到95.3%;大气污染综合指数下降27.6%,二氧化硫、化学需氧量排放量分别下降28.6%和26.7%;全县绿化覆盖率达到27%。(赵平枝)

领导人名单

中共盂县委员会

书　记　吕昌政
副书记　刘德跃　荆存柱　王谦柱
常　委　吕昌政　刘德跃　荆存柱
　　　　王谦柱　段宏华　马　俊
　　　　武润珍　武　雪(女)
　　　　高永红　王海珠
　　　　闫文斌(11月任)
党校常务副校长　王秀果(女)

中共盂县纪律检查委员会

书　记　王谦柱

盂县人大常委会

主　任　张存福
副主任　武俊义　贾春梅(女)
　　　　李素明　李唐圣

盂县人民政府

县　长　刘德跃
副县长　武润珍　常　军(女)
　　　　王叶森　闫庶民　韩加政
　　　　牛建峰(挂职)

政协盂县委员会

主　席　史和斌
副主席　韩文平(女)　张彦萍(女)
　　　　韩计明　左　征(4月任)

盂县人民法院

院　长　陈福顺

盂县人民检察院

检察长　李锦宪

盂县公安局

局　长　邵　喜
政　委　杨福英

盂县人民武装部

部　长　王海珠
政　委　李晓军
副部长　刘红旗

【坡头大型沼气项目完成】 1月,盂县南娄镇坡头村大型沼气项目建成投产。该项目投资280万元,占地面积1000平方米,由原料预处理、厌氧消化、沼气净化及输能、发酵残留物后处理工艺流程控制、监测5个部分组成,以本村万头养猪基地的猪粪为主要发酵物,日产沼气500立方米,年产沼气18.25万立方米,可解决全村200余户村民的生活能源,并可使农业生产环境和生活环境进一步得到改善。(张青娥)

【三村喜获星级殊荣】 1月10日,阳泉市在盂县牛村镇温池村召开现场会,命名表彰全市首批星级农村文化活动室、社区文化活动中心。现场会上,盂县牛村镇温池村、上社镇上社村、孙家庄镇阳坡村喜获“全市首批星级农村文化活动室”称号。近年来,盂县在经济高速发展的同时,坚持精神文明、物质文明两手抓,领导重视,资金到位,措施到位,全县建成多处村级文化活动场所和农村文化活动广场,涌现出一批先进典型,大大促进了社会和谐,受到广大村民的欢迎。(赵平枝)

【上社嘉泰希望小学落成】 6月4日,由广东嘉泰鞋业有限公司总经理霍雨佳捐助人民币25万元援建的上社嘉泰希望小学在上社镇上社村落成揭碑。2007年,经省青少年基金会和市希望工程办公室联系,广东嘉泰鞋业有限公司总经理霍雨佳得知上社镇各个村级小学校舍陈旧,教学设施落后的情况后,立即捐资25万元,并由县政府配套46.5万元修建新学校。工程从2007年10月开工,2008年5月竣工。新校舍为两层小楼,占地6188平方米,建筑面积1933平方米,为寄宿制小学,内设宿舍、食堂、操场等,可容纳160余名学生住宿。(赵平枝)

【西小坪园区天然气改造项目完成】 8月,投资1.2亿元的西小坪园区天然气改造项目建成投产。该项目将耐火材料煤气烧成改为天然气烧成,将人工控温改为电子控温,提高了自动化水平,降低了工人劳动强度,产品质量提高5个百分点,增强了市场竞争力,提高了企业的经济效益。同时实现了清洁化生产,年节约标煤5万吨,节水20万吨,减少烟尘排放量400万吨,减少废炉渣8.611万吨。(张青娥)

【西烟南头农机大院建成】 10月27日,位于盂县西烟镇南头村的全市首个农机大院建成启用。该大院既是农业机械化示范基地,又是便民农机服务站。基地总投资50万元,拥有各类农机具50台(件),分机库区和田间作业区两个板块。机库区占地3000平方米,拥有800平方米机库及办公场地。田间作业区面积为200公顷(3000亩),以租赁、代理两种方式为村集体和农民

进行耕作服务。基地以县农机局技术力量为依托,由县农机局便民服务站具体承办。（张青娥）

【盂县民兵建设】 年内，盂县民兵努力适应社会经济发展需求,着眼应对多种安全威胁,民兵组织进一步优化，重点编强了1300人的基干民兵队伍,组建了全省第一支以退伍军人为主体、以作战分队为模式的常备应急分队,各乡镇还分别组建了不少于30人的护村、护矿、护路民兵应急小分队;突出抓了温池村、阎家沟村两个新型农村民兵连编组示范点,民兵队伍遂行多样化军事任务的能力不断提高,为建设和谐盂县作出突出贡献。一是常备应急分队年内先后出动千余人次扑灭县境内山火19起;积极协助县有关部门打击私挖滥采、清理非法集煤站、"黑砖窑"、整顿煤炭运销秩序,共出动120余次,中央电视台、《解放军报》、《山西日报》、《战友报》、《阳泉日报》等军内外新闻媒体均予以报道。二是奥运期间各乡镇、各单位都成立了护路队、应急小分队参与奥运安保,协助地方公安部门安监设卡,开展护村、护路和护矿活动，每天出动兵力达300人次,有效地维护了奥运期间的社会治安,受到军地各级领导好评。三是全县有2000名民兵参加"碧水蓝天"工程建设,植树造林近3公顷(40余亩),被县委、县政府命名为"盂县民兵林"。（王海珠）

【阳泉北综合货站建成】 2008年底,阳泉北综合货站建成并投入运营。该货站是全国铁路客运线上的唯一货运站,是阳泉市"百项工程"之一,也是盂县15项重点骨干调产项目之一,该项目的建设架起晋煤外运新通道,对地方经济的发展具有积极意义。阳泉北综合货站总计用地66公顷(990亩),涉及到秀水镇、苌池镇的6个行政村,是经省发改委立项、省国土资源厅土地预审、省政府批准用地的项目，总投资6亿元,建设单位为山西世德能源集团,由中铁十二局三公司承建。工程是2007年9月20日开工的,工期历时15个月。该货站以发煤为主,兼运其他,双线引出,按每年发送煤炭500万吨~800万吨设计,预留1000万吨~1500万吨的运输能力,每年可给地方上缴税收2亿元~2.5亿元，用5~8年时间可收回全部投资。货站以铁路专用线与石太高速铁路客运专线相连。专用线全长6.8公里，有3座特大桥、4座大桥。全站4个站台、3条轨道,站台均长900米,可整列装车。货场铺轨长度1.2公里，可存货面积18万平方米。货站全部采用计算机控制,设计日进出货运列车66列。一列装载5000吨的列车周转一次只要4小时,列车从站台发车至石家庄仅需60多分钟。（张青娥）

表22-1

2008年阳泉市所属区县国民经济和社会发展部分指标

项目	单位	城区	矿区	郊区	平定县	盂县
社会从业人员	万人	5.58	10.8	10.68	15.25	17.85
城镇从业人员	万人	5.58	10.8	1.97	2.85	6.41
城镇登记失业者人数	万人	0.16	0.04	0.03	0.12	0.04
国内生产总值	万元	689711	907598	401107	411642	590335
人均国内生产总值	元	40186	39969	15733	12344	19431
农林牧渔业总产值	万元	—	—	24863	36773	35250
粮食产量	吨	—	—	22296	90487	107612
限额以上工业总产值	万元	385795	1947571	407831	414818	689397
限额以上工业增加值	万元	140768	790006	156981	146126	288841
原煤产量	万吨	328	3729	668	289	1463
全社会固定资产投资	万元	303853	424057	283586	301817	272910
社会消费品零售总额	万元	668979	105021	76583	142503	187588
财政总收入	万元	35045	27269	60603	80088	132782
一般预算收入	万元	17086	14242	23168	26743	46696
一般预算支出	万元	26370	20609	48996	63179	77590
在岗职工年末人数	万人	5.5	10.15	1.95	1.77	2.72
在岗职工平均工资	元	27120	37223	32212	26714	24335
农民人均纯收入	元	—	—	5645	5128	5549

（吕宝堂 武惠琴）

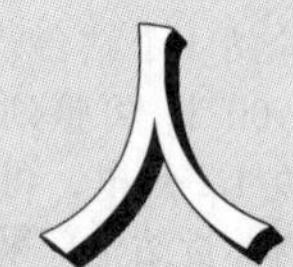

人物传略

赵雨亭(1917.1—2008.4)平定县冶西镇上南茹村人，原名霆，字振之。1917年1月31日出生于一个农民家庭，1924年入本村初级小学读书，1929年考入平定县第一高级小学，1932年考入平定中学。1935年，考入北平中共秘密组织创办的中华高级中学读书后，广泛阅读进步书籍，深切关注国难民忧，参加了绥东抗战募捐活动和“一二·九”、“一二·一六”爱国救亡运动，组织了“抗日歌咏团”，1937年1月加入中华民族先锋队，参加革命工作。

1937年“七七事变”后，赵雨亭返乡开展抗日救亡运动。1938年春到昔阳县参加抗日游击队，同年5月加入中国共产党，任晋东抗日游击队政治部干事；8月到八路军华北干校学习；11月调任平东县抗日自卫队指导员。1939年1月至1946年5月，历任平东县一区区委副书记、书记，太行区委干事，平西县委组织部长、副书记、书记，太行二地委整风班负责人、宣传部部长等职。1946年5月至1951年9月，先后任平定路南县委书记、县独立团政委、晋冀鲁豫中央局整党组长、武乡县委书记、太行二地委宣传部长、晋中三地委宣传部长、晋中区新民主主义青年团书记、汾阳地委副书记兼组织部长、榆次地委副书记兼组织部长等职。

1951年9月至1954年9月，赵雨亭任运城地委副书记兼纪律检查委员会书记、运城地委书记、军分区政委。1954年9月至1965年6月，任晋南地委书记、军分区政委。1965年6月任山西省委书记(有第一书记)。“文化大革命”前期遭到迫害，被关进监狱。1970年8月恢复工作，先后任雁北地区革委会副主任，雁北地委副书记、革委会主任，临汾地委第一副书记、革委会主任、地委书记。1977年3月至1979年3月，任山西省革命委员会副主任，省委组织部部长兼落实政策办主任，省委常委、省纪律检查委员会书记。1979年3月至1991年3月，先后任山西省委书记，省政协副主席、党组成员，省顾问委员会副主任。系中共八大代表，五届全国人大代表，中共山西省一至六届代表大会代表，省一届、五届、七届人大代表。1991年3月离休后，任省老区经济建设促进会会长、省关心下一代工作委员会主任等社会职务。2002年1月经中央批准享受省长级医疗待遇。

抗日战争时期，赵雨亭组织上南茹村爱国青年捣毁日伪区公所，铲除桑掌据点汉奸。1938年冬开辟平东县一区抗日根据地，创建农村党支部，训练自卫队，反击日伪围攻。1939年阎锡山制造了反共摩擦的“十二月事变”，平西县党政机关遭到严重破坏。1940年初，赵雨亭调任平西县工作，整顿混乱局面，建党、建政、建军，巩固抗日政权；开展“红五月运动”，发展工农青妇武各救会，壮大抗日力量，领导农民发展生产，粉碎日军经济封锁。1940年8月，在震惊中外的百团大战中，他率领2500多名自卫队员参加战斗，冒着敌机轰炸，破击被日军控制的正太铁路20公里，打破了日军的“囚笼政策”。1940年9月，日军对抗日根据地进行“报复扫荡”，在平西县制造了郭家庄、范瑶、马家庄三大惨案，赵雨亭带领全县军民向日伪军展开了艰苦的斗争。1941年至1943年，日军对平西县施行“格子网”封锁，使平西县和太行二分区党政机关受到严重威胁。面对严重困难，赵雨亭提出建立隐蔽抗日根据地和革命两面政权的斗争策略，粉碎了敌人的封锁，巩固和发展了抗日根据地,受到二分区领导的表彰。

解放战争时期,赵雨亭贯彻执行中共中央“针锋相对,寸土必争”的斗争策略,带领广大人民群众反击阎锡山军队对解放区的进犯;贯彻中共中央“五四指示”,领导开展了老解放区土地改革运动;组织青年参军参战,保卫抗战胜利果实。1947年4月正太战役发起后,他领导人民参战支前,5月2日平定全境获得解放。之后,他领导路南县党政干部和人民群众肃清残敌,稳定社会治安,恢复经济,重建家园,抗旱救灾,发展生产,支援全国解放战争。同年7月参加晋冀鲁豫中央局整党会议,12月调任中共武乡县委书记。在武乡和汾阳地委工作期间,贯彻党的土改政策,摧毁封建剥削制度,开展整党整风,纯洁党的队伍,健全党的组织,加强党的领导,巩固新生的人民政权。

新中国成立后,赵雨亭担任运城地委书记,领导了“镇压反革命”运动和“三反”、“五反”运动,开展民主改革,健全党政组织;大力恢复工农业生产,开展水利建设,改变生产条件,提高粮棉产量。1954年赵雨亭任中共晋南地委第一书记后,积极贯彻党在过渡时期的总路线,对农业、手工业和资本主义工商业进行了社会主义改造,建立起社会主义经济基础,开展了有计划的经济建设。在“文化大革命”中,他失去人身自由,左臂被打折,身心受到极大的摧残,但他始终对党和社会主义事业充满信心,保持了一个共产党人的坚强党性。

中共十一届三中全会后,赵雨亭在自己的工作岗位上坚决执行拨乱反正政策,平反冤假错案,复查解决了大量历史遗留问题,培养选拔优秀年轻干部,整顿健全党的组织,为稳定山西形势、调动广大干部群众的生产积极性和推进各项工作发挥了积极的作用。在担任省政协副主席期间,组织政协委员进行专题调研,为省委、省政府提供了大量科学的决策依据。在担任省顾问委员会副主任(主持工作)期间,积极发挥参谋助手作用,深入基层调查研究,积极建言献策,提出了许多建设性的意见和建议。

退出领导岗位后,赵雨亭仍然密切关注党的事业和全省的经济建设,发挥余热,参与了省老年学会、三晋文化研究会、省老区经济建设促进会和省委关心下一代工作委员会的工作。晚年总结人生经验,著书百余万字,为后人留下了宝贵的精神财富。

2008年4月23日,赵雨亭病逝于太原,享年92岁。赵雨亭的一生是忠诚革命事业的一生,是全心全意为人民服务的一生,是为共产主义事业鞠躬尽瘁的一生,他一身正气、两袖清风,始终保持了共产党员的本色,在广大干部、知识分子和人民群众中享有较高的威望。

(梁军保)

刘松青

(1922.12—2008.4)原名刘敦长,1922年12月22日出生于平定县南庄村,幼年丧母,生活艰辛。少年时期在巨城高级小学读书,受进步思想的熏陶,于1936年参加牺盟会,进行抗日救亡宣传。1938年任南庄村第一任青救会主任,1940年1月加入中国共产党。抗日战争时期,历任平定县(路北)二区青救会主任、区委书记,县委宣传部副部长、县委敌工部长等职。解放战争时期,先后担任平定县(路北)城工部长、阳泉市委城工部长、平定(路北)县委副书记、平定县委副书记和书记。新中国成立后,担任平定县委书记。1953年12月调任晋华纺织厂党委书记,后任晋中地委宣传部副部长、部长。“文化大革命”期间受到冲击,先后到晋中“五七干校”、省“五七干校”学习,被下放到文水县任革委会副主任。“文化大革命”结束后,历任吕梁地委政治部主任、宣传部长和运城地区行署副专员职务。1984年3月任中共山西省纪委副书记,主持日常工作。1985年退居二线。1994年1月离休。系省政协第五、六届常委。

抗日战争时期,刘松青担任平定县(路北)二区区委书记,组织民兵逼退羊圈凹的日军,没收了各村的所谓“良民证”;1943年大生产运动中,培养出著名的边区劳模黄统岭支书赵贵。1943年至1944年,配合一区开展空村围敌斗争,逼退了岔口据点的日军。解放战争时期,刘松青担任县委敌工部长与城工部长,发动了“拖枪运动”(发动各村物色对象,打入日军内部,站稳脚跟,拖枪回来),同时还派遣革命干部打入日军内部,几次成功瓦解了日军的阴谋。1947年夏,调任平定(路北)县委副书记,主要做了抗旱与征兵工作,一次征兵1200余名,人数空前。1951年担任平定县委书记,为抗美援朝、保家卫国圆满完成了扩军任务。维社村创造的抗美援朝经验得到推广,平定县受到山西省表彰;朱会(今属河北省井陉县)、麻地峪试验农业生产合作社和燕龛的手工业生产合作社成为全省的先进典型。担任运城地区行署副专员期间,配合中纪委工作组破了几个大案要案。由于工作出色,反响很大,全国推广了“运城经验”,中纪委、省委在运城开了现场会。担任省纪委副书记期间,他坚持实事求是、秉公执纪、有错必纠的原则,做了大量艰苦细致的工作,严肃查处了各类大案要案,纠正经济领域中的不正之风,保证了党的路线、方针、政策的贯彻执行。

1984年后,帮助和指导平定县开展史志工作,为《岔口围困战纪实》提供了大量珍贵资料,并参加了该书的审稿工作。撰写了多篇回忆录和调查报告,组织编撰了《巨城四高纪念文集》,主编有《风雨春秋》、《流年碎影》等书,还创作了多篇小说和诗歌,讴歌改革开放,讴歌祖国的发展和进步。

2008年4月4日,刘松青病逝,享年86岁。刘松青忠诚于共产主义事业,谦虚谨慎,勤政廉洁,始终保持了人民公仆本色。他为人正直,热情豁达,严于律己,宽以待人,始终保持了一名共产党人的优秀品格。

(洪晓琴)

黄　涛

(1920.8—2008.8)原名黄宏基,1920年8月9日出生于平定县城。少年时代念过私塾,1929年至1935年,在县立一高读书。1935年考入太原中学。1937年9月参加了八路军120师,同年11月加入中国共产党。1938年1月任山西总动员委员会游击四支队政治指导员。1939年5月至1946年2月,先后任八路军120师政治部干事、晋绥军区政治部宣传教育科科长等职。1946年2月,任东北抗日民主联军辽北保安三旅八团政治处主任。1946年5月至1948年8月,先后任辽宁军区警卫团、独立团、教导团政治处主任,教导总队副政委。1948年9月任东北军大二团四营教导员,1949年9月任中南军政大学直属总队大队政委。新中国成立后,历任解放军总政治部秘书处资料科科长、干部教育处处长、新闻处处长等职。1975年任战士出版社副社长,1983年9月任解放军出版社顾问。1987年12月离休。

黄涛从事军队出版工作半个多世纪,始终致力于革命军事史料的编纂工作。1956年7月,中央军委决定出版一部反映人民解放军30年斗争历史的回忆文集,具体负责人的重担落在了时任总政宣传部宣传处处长黄涛的肩上。中央领导采纳了黄涛的建议,将全套书定名为《星火燎原》,该书也是毛泽东唯一题字的一部书。为主持编辑《星火燎原》这部共和国鸿篇巨著,黄涛心甘情愿离开行政岗位,连续26年潜心做编辑工作。“文化大革命”中他顶住巨大压力,客观公正地反映党史军史一系列重大事件,并冒险保护《星火燎原》历史资料,使上万篇稿件躲过毁灭性浩劫。即使在被诊断为膀胱癌晚期的情况下,他仍然坚持全身心地投入《星火燎原》全集的编辑工作中。该书出版后,外文出版社以英、法、德、日、西班牙、阿拉伯等13个语种译成7种选本在国外发行,《星火燎原》先后发行了600多万册。《朱德的扁担》、《一袋干粮》、《一副担架》等36篇作品被选入中小学语文课本,有10余部作品被改编成电影、电视剧,1200余篇文章在全国94种报刊上转载。

此外,黄涛还负责了《革命烈士传》(10卷)和《解放军烈士传》的编辑工作,主编有《红军英雄传》、《抗日战争英雄传》、《志愿军英雄传》等丛书。曾荣获二级独立自由勋章、二级解放勋章和独立功勋荣誉章,1990年获得中国出版界最高奖“韬奋出版奖”,成为解放军获得该奖项的第一人,其名字被载入中宣部出版的《编辑家列传》。

1987年12月,中央军委批准黄涛离职休养,但20多年间他始终没有停止工作。在解放军出版社领导的支持下,先后主编了《中华爱国英杰辞典》、《苦斗十年》等一系列讴歌英雄的书籍。此外,他还组织编辑出版了《硬骨头六连》、《朱伯儒》、《张华》、《张海迪》等反映时代楷模先进事迹的书籍。50多年中,黄涛负责编辑的红色经典书籍达39本2000多万字,由他主编的《星火燎原》、《志愿军英雄传》等革命史传著作是截至2008年中国人民解放军规模最宏大、内容最丰富、影响最深远的传记文学作品,黄涛也因此被誉为中国人民解放军史传文学的开拓者和奠基人。

黄涛始终保持共产党员和革命军人的无私本色。他秉持“干好为英雄立传的活,不做给组织抹黑的事”这一准则,牢固树立“有离休的岗位,没有离休的党员”的思想。他为人正直,关心部属,生活俭朴,严于律已。他拿出获“韬奋出版奖”的全部奖金,奖励年轻有为的编辑,将工资捐赠给家乡小学,设立了星火燎原助学金,践行了“执笔写英雄,躬身学英雄”的人生追求。他的先进事迹在社会上引起了很大反响,成为“感动中国”2008年度候选人。中共中央宣传部、新闻出版总署和解放军总政治部联合下发了《关于开展向黄涛同志学习活动的通知》。反映他先进事迹的报告文学《星火燎原》经网络转发后,网民点击率达100多万次,许多网民留言称赞他是一位纯粹的共产党人。

2008年8月9日,黄涛因病医治无效在解放军总医院逝世,享年88岁。黄涛信仰真理,对党忠诚,牢记职责,履行使命,执着敬业,默默奉献。黄涛忠于党、忠于祖国、忠于人民的崇高品质,永远值得后人学习。

(梁军保)

人物简介

白　云

1960年12月出生,女,汉族,山西省五台县人。1976年12月参加工作,中共党员,硕士研究生毕业。1976年12月,任国防科委廿基地通讯总站卫生队卫生员。1979年5月,任雁北军分区后勤部卫生科卫生员、护士。1984年9月,任朔县县委宣传部党教科副科长。1986年5月至1988年6月,任平朔矿区工委干事、中共平朔煤炭工业公司工作委员会团委书记。1988年6月,在朔州市委筹备组组织组工作。1989年1月,主持共青团朔州市委工作。

1990年4月,任共青团朔州市委书记。1993年3月至2001年2月,任共青团山西省委副书记、党组副书记、山西省政协常委。2001年2月至2003月6月,任共青团山西省委书记、党组书记、山西省人大常委。2003年6月至2006年2月期间,任吕梁地委副书记、吕梁市委副书记。2006年2月,任阳泉市委副书记、代市长。2006年4月,任阳泉市市长。2008年1月,当选为十一届全国人大代表。

白云长期在省级部门和地市担任主要领导,政治上成熟,勤于学习思考,具有较高的政策理论水平。她始终加强政治修养,增强党性观念,强化理论武装,在思想上、行动上、政治上与党中央保持高度一致。在平时坚持自学、急用先学的同时,广泛学习领导科学、现代经济、社会管理、法律法规等相关知识,特别是坚持用中国特色社会主义理论武装头脑,用科学发展观统领全局、指导实践,真正把学习的成果转化为领导科学发展和驾驭全局的能力和水平,转化为抵御腐败、弘扬正气的能力和水平,转化为在一些重点、难点工作操作层面上求突破、求创新、求落实的能力和水平,增强工作的预见性、系统性和创造性,全面正确地贯彻党和国家的路线方针政策。

白云思路清晰,科学决策,能够从全局上、战略上谋大事,有较强的组织领导能力和驾驭全局能力。担任阳泉市市长后,在调查研究的基础上,紧密结合阳泉实际,提出要抓住资源型城市转型、工矿型城市改造、统筹城乡发展、生态环境建设、关注民生等工作重点,着力走好转型发展、创新发展、绿色发展、统筹发展、和谐发展"五条路子",努力建设充满活力、富裕殷实、文明和谐、山川秀美的新阳泉。在实际工作中,突出以资源型城市转型布局全面工作,加快推进经济转型、城市转型与社会转型。她提出,经济转型是基础,重点是改造提升传统产业,发展壮大新兴产业,加快形成多元支柱产业,促进城市可持续发展;城市转型是核心,重点是推进国家园林城市、国家卫生城市、国家环保模范城市"三城同创",加大基础设施建设力度,完善城市功能,推进工矿型城市向区域中心城市和宜居城市转变;社会转型是保障,重点是深化各领域改革,推进政府职能转变,建立"六大公共服务体系",促进城乡"七个方面一体化"发展。面对前所未有的金融危机冲击,她领导政府一班人认真贯彻中央关于扩内需、保增长的一系列战略部署,把投资拉动和项目建设作为工作的主要抓手,确保了全市经济平稳较快增长。在近三年省委、省政府对全省11个市地区经济社会发展各项指标综合考核中,阳泉经济社会发展水平排全省第4位,人民生活水平排全省第4位。全社会固定资产投资、海关进出口总额以及人均生产总值、人均财政收入、农民人均纯收入、在岗职工年均工资、居民人均储蓄存款等主要人均指标连续三年排全省前列。2008年,全市提前两年实现了"十一五"奋斗目标。

白云坚持正确的政绩观,工作务实,作风干练,创造性地开展工作,取得显著成效。根据阳泉老工业基地发展滞后、发展不足的基本市情,她告诫政府一班人要确立"功成不必在我"的精神,紧紧抓住第一要务,多干打基础、管长远的事,集中力量布局实施了一系列事关阳泉可持续发展的战略部署。一是强力实施项目带动战略,推进经济结构战略性调整和资源型城市经济转型。2006年至2008年,连续三年实施"百项工程",共建设项目275个,项目计划总投资907.9亿元,累计完成投资252.9亿元。一批大工程、大项目开工建设或竣工投产,使近三年成为阳泉历史上投资最为集中、成效最为显著的时期。传统产业得到改造提升,新兴产业不断发展壮大,服务业占生产总值比重和新型工业化水平均排全省前列。二是大力实施绿色矿城战略,全面推进工矿型城市向区域中心城市和宜居城市转变。为了切实扭转阳泉环境工作的被动局面,她提出"市长要当环保市长"、"企业要做环境友好型企业"。2006年,她提出"向全市最大的污染源——矸山宣战",通过3年努力,市区范围内26座堆积量达2亿吨的矸山,全部完成综合治理和生态修复工作。大刀阔斧地开展电厂脱硫、扬尘治理、水源地保护、市区污染企业治理搬迁攻坚战,特别是提出到2010年创建国家园林城市的战略决策,全市上下形成了铺天盖地搞绿化的氛围,生态环境建设实现了超常规、跨越式发展。2008年,市区二级以上天数达到创记录的345天,大气污染指数比三年前下降56%,达到国家二级标准;在全国113个重点监控城市中空气质量排名由倒数第2位晋升为正数第50位,三年前进62位,在所有监控城市中进步最快,得到省委、省政府的重奖。三是全面推进统筹城乡发展,努力提升区域综合竞争力。编制完成了城乡一体化发展总体规划和专项规划,实现了城乡规划全覆盖,下大力破解制约一体化发展的"二元结构"性障碍,相继布局和实施了一大批以路、水、电、气为重点的基础设施工程。村通水泥路、村通广播电视、"万村千乡"市场工程等走在全省前列,阳泉城镇化水平达到58.48%,排全省第二。四是积极实施惠民工程,发展成果最大限度惠及全市人民。每年新增就业岗位2万余人,城镇登记失业率始终控制在4%以内;城镇职工基本养老保险覆盖率、医疗保险覆盖率、失业保险覆盖率均为全省第一;新农合和城镇居民基本医疗保险参保率分别达93.24%和91.1%,全省第一家实现了全民医保;率先实现了义务教育标准化建设整体达标,率先实现了基本普及高中阶段教育。五是高度重视社会管理,为经济社会发展创造了和谐稳定的环境。严厉打击非法违法开采行为,严格落实安全生产责任制,全面加强交通道路、非煤矿山、地面企业、公共场所的安全生产监督管理,逐步构建起安全生产的长效机制,阳泉安全生产工作连续多年被评为全省优秀。同时,应对突发事件机制逐步健全,一些群众反映强烈的热点、难点问题得到有效解决,“平安阳泉”创建工作取得新成效。

白云顾全大局,团结共事,善于带班子,充分调动方方面面的积极性。作为政府主要领导,她任何时候都讲求大局意识、团队精神和民主风范,能够自觉维护市委的权威,对人大负责、受人大监督,坚持向市政协通报工作,自觉接受社会各界和人民群众的意见和建议。能够与班子成员和谐共事,积极支持副职大胆工作。对班子成员严格要求的同时,自觉当好“标杆”,要求副职做到的自己首先做到,体现政府的公信力和执行力,增强了班子成员的凝聚力和战斗力。

白云严格自律,率先垂范,在干部群众中树立了良好的形象。平时能够严格要求自己,自觉规范从政行为,带头廉洁自律,扎实推进惩治和预防腐败体系建设,严格履行“一岗双责”,严格对班子成员和政府组成人员的管理教育,严格要求家庭成员和身边工作人员,在全市干部群众中口碑好、形象好、威信高。 (史俊宝)

蔡廷军

1976年11月出生,山东省高唐市人。中共党员,1997年7月毕业于阳煤集团技工学校,9月分配到三矿当了一名普通的井下综采电工。2007年,任阳煤集团三矿采煤工区综采一队机电副队长。

蔡廷军参加工作后,得知井下非常缺少机电技术人才,便暗下决心要在这个岗位上干出点成绩来。11年中,他一直奋战在生产第一线,每月下井都在26天以上,他以求真务实的工作态度、坚忍不拔的毅力和对工作的满腔热情,从一名普通工人逐渐成长为一名综采设备维修的“知识型、技能型、创新型”工人,成为所在单位的设备维修专家。

立足本职,勤奋好学。蔡廷军热爱本职工作,刻苦钻研技术。为了掌握综采设备的性能,弄懂电路原理,他利用一切机会,吃透了30余种部件的说明书和十几本电工、电子、机械等业务技术书籍。为了丰富专业知识,掌握更多技能,他自费参加了机电维修班的学习,利用业余时间自学了《综采电器设备》、《综采电器有问必答》、《综采维修电工》等专业书籍,为开展机电维修工作打下了扎实的理论基础。在生产实践中,蔡廷军细致观察,勤于动手,虚心向老师傅和工友请教,掌握快速处理故障的技巧。功夫不负有心人,通过不懈的努力钻研、知识的日积月累和理论与实践的结合,他的技术水平得到了明显提高,业务工作能力得到了全面增强,成为综采一队的机电技术骨干。蔡廷军坚持学以致用,大搞修旧利废,千方百计降低生产成本。针对生产中存在的问题,他开动脑筋,攻克了一道又一道机电技术难题。从他担任综采一队机电工长到2008年,共完成工作面锁闭电缆保护、400型磁力启动器故障状态显示、生产溜自保线路改造、皮带堆煤保护装置等10项技术革新、技术改造,提出合理化建议38条,为企业创造经济价值1340余万元。

“学练比”活动是培养和锻炼人才的有效途径。蔡廷军积极参加集团公司和三矿组织的“学练比”活动。在2003年集团公司首届综采高级维修电工集训中,他以理论、压接线、故障处理等四项第一的优异成绩夺得了第一名,荣获机电技师资格,被集团公司评为技术能手。2004年蔡廷军担任了综一队机电工长,他没有停止对电工技术的学习,反而以更高的热情、不屈不挠的个性、刻苦学习的精神和对企业真挚的感情走上了忠诚企业、求知奉献的道路,逐步成长为企业的技术高手。在2005年集团公司职工技术大赛中,荣获矿井电工第一名;同年9月26日,在“西山煤电杯”全国煤炭行业五大工种职业技能大赛中夺得综采维修电工第四名的佳绩,获得了“全国煤炭行业优秀技术能手”称号,是阳煤集团唯一获得名次和此项殊荣的选手。

爱岗敬业、学以致用。蔡廷军把企业当成自己的家,把个人的前途与企业的发展紧密相连。工作中,他积极提出合理化建议,努力开展技术攻关。综一队所在的工作面是防突面,蔡廷军严格落实各项防突措施,把主要精力放在机电事故的预防上,决不允许在自己的维护区出现事故隐患。一次,在K7212工作面,他发现生产溜开启存在缺陷,岗位工需要长时间按下超动按钮才能操作,事故和人身危险随时都有可能发生,他立即查阅有关资料,反复实践,最终把闭点接到相关电路上,实现了生产溜的自保,确保了操作的安全。针对K7212工作面所用的都是新设备,大部分电工不太熟悉的情况,蔡廷军积极组织电工继续培训,现场示范。他利用业余时间,向机电科借来井下电器设备的说明书、电路图,给组员耐心讲解,尽力使每个组员都了解和掌握每台电器设备的性能和工作原理,细检查、勤维护,把各类事故发生的可能性降到最低程度。担任综采一队机电工长后,蔡廷军共完成工作面闭锁电缆保护、400型磁力启动器故障状态显示、生产溜自保线路改造、皮带堆煤保护装置等10项技术革新和技术改造,提合理化建议38条,为企业创造经济效益1340余万元。

尽心尽责,吃苦耐劳。蔡廷军不断摸索班组管理经验,每天的班前会上,他都要根据每个人的特长,按所接受的任务分配不同的岗位，最大限度地发挥了每个人的长处。加强班中巡查是蔡廷军抓机电管理的重要一环，每个岗位他都要巡查到，发现问题及时处理。对于处理过的问题，临下班前他还要复查，确保万无一失。蔡廷军严格要求自己，工作中时时处处起模范带头作用，他的手机24小时开机，每次井下发生机电故障，即使不是他的班，他也总是随叫随到，从不计较个人得失。

2007年，蔡廷军担任综采一队机电副队长后，把人才队伍建设视为企业发展的根本。他利用业余时间组织青工进行培训，手把手讲解机电设备操作要领，使队里8名机电维修工的业务技术水平得到了突飞猛进的提高，很快成为了业务骨干，其中有1人还成为了电工组长。强将手下无弱兵，在蔡廷军的带领下，综采一队的电工个个技术精湛、认真负责，机电事故发生率连年在全矿所有队组中呈现最低，为企业安全生产作出了积极的贡献，得到了矿领导的一致认可和好评。

由于工作业绩突出，蔡廷军连年获得多项荣誉。2005年获"全国煤炭行业优秀技术能手"称号；2006年被劳动和社会保障部授予"全国技术能手"称号，同年获得山西省"五一劳动奖章"、"山西省十大职工技术创新能手"称号、"山西省'五四'青年奖章"；2007年获山西省"特级劳动模范"称号；2008年被全国总工会授予"全国五一劳动奖章"，受到党和国家领导人的亲切接见。（李彩莲）

苑桂生

1942年2月出生，河北邢台人。1962年毕业于山西艺术学院美术系，同年10月参加工作，1975年7月加入中国共产党。1962年10月至1963年8月任阳泉矿务局四矿子弟学校教师；1963年8月至1972年10月任阳泉市工人文化宫美工；1972年10月至1973年5月任阳泉市第一人民医院驾驶员；1973年5月至1988年10月任阳泉市交通监理处办公室主任；1988年10月至1995年4月任阳泉市公安局交警支队副支队长；1995年4月至1995年12月任阳泉市公安局局长助理；1995年12月任阳泉市公安局副处级侦察员；2002年3月退休。

从工作岗位上退休以后，苑桂生把寻访英烈足迹、弘扬太行精神、开展国防教育作为永不退休的事业，历时4年，自费深入太行山区，累计行程2万余公里，踏遍了晋、冀、豫3省69个县市的烈士陵园、烈士墓地和抗日战争的战役战斗遗址，通过走访各地史志办、民政局工作人员，以及与数百名老八路、老民兵、老区民众座谈了解，搜集到抗战史料5800多万字，拍摄各类英烈纪念碑照片近万张。在此基础上，制作了《太行丰碑》摄影图板，编印了大型画册《太行丰碑》，整理出《丰碑背后的故事集》，写出了10多万字的寻访日记和人生感悟，为广泛开展国防教育积累了大量资料。

2002年至2008年，苑桂生以"太行丰碑"摄影展为载体，深入军营、警营、学校、社区，走进南方抗冰救灾一线、汶川地震灾区、奥运圣火传递队伍，广泛开展国防宣传教育，产生了良好的社会效益。先后举办《太行丰碑》图片展100多次；结合宣传党的十七大精神、科学发展观和改革开放30年伟大成就，作国防教育报告60多场；结合走访慰问活动，经常为广大青少年学生送图书、讲故事；结合推动红色教育阵地建设，给各级领导写建议信200多份；结合形势任务和心得体会，开设了个人国防教育博客，与广大网友进行网上交流。

2006年10月，苑桂生被评为阳泉市离退休干部发挥作用先进个人，市委、市政府作出向苑桂生学习的决定。2006年12月，在全国国防教育工作表彰会议上，苑桂生被中宣部、教育部和国家国防教育办公室联合表彰为"全民国防教育先进个人"，不仅作为全国国防教育先进个人的唯一代表上台发言，而且受到中央军委副主席、国防部部长曹刚川和中央军委委员、总政治部主任李继耐等军委首长的亲切接见。2007年8月，专题摄影画册《太行丰碑》发行式在省军区举行，原省委副书记、省国防教育委员会主任金银焕为画册作序。2008年4月，省国防教育委员会、省军区作出《关于开展向苑桂生同志学习的决定》。2008年5月，被选为奥运火炬手，参加了奥运火炬传递。

苑桂生的先进事迹在社会上引起了强烈反响，各新闻媒体争相宣传报道。2008年9月6日，首都部分新闻单位的记者专程到阳泉市，采访了苑桂生；9月20日至21日，人民公安报社党委书记胡传武、副总编孙福会带领人民日报社、新华社、解放军报社、中央人民广播电台、中央电视台、法制日报社、科技日报社等新闻单位的记者，对用太行精神传承太行精神的国防教育义务宣传员苑桂生进行了专题采访，并给予了突出报道。9月20日，《解放军报》在头版显著位置以《追寻在太行山上》为题，突出报道了苑桂生的先进事迹；9月22日，《解放军报》又发表了由该报副总编亲笔撰写的相关评论《不朽的"三句话"》，对苑桂生的感人事迹给予了高度评价。

（李姝君）

郝利涛

1957年1月出生，女，山西省太谷县人。1975年毕业于太谷县范村高中，1976年到范村插队，1978年至1982年在太谷任中小学教师。

1983年6月到平定县复合厂工作，1993年任平太如意公司经理助理兼会计，1994年任平定制线服装厂厂长助理，1997年下岗。1999年7月28日，创办了平定家乐下岗职工家政服务中心，任总经理。2001年6月家政服务中心改制为股份合作制企业，郝利涛任家乐下岗职工家政有限公司董事长。

历经10年的艰苦创业，全公司由1999年的5000元资金运转发展到2008年的62万元固定资产，由成立时的5人扩大到2008年的151人，规模也由原来单一的家政服务扩大到包括家政服务、手工艺术品编制、小餐桌和纸箱厂在内的多种经营。

在艰苦创业的10年中，郝利涛多次受到各级表彰奖励。曾被劳动和社会保障部、人事部授予“全国再就业优秀个人”，受到温家宝总理等国家领导人的亲切接见；被全国妇联授予“全国三八红旗手”、“全国巾帼建功标兵”和“全国创新业带头人”称号；被中华全国总工会授予“全国先进女职工”称号。另外还获得了“山西省再就业明星”、“山西省第四届十大女杰”、“山西省十大杰出女职工”等荣誉称号。

（洪晓琴）

耿黑眼

1946年5月8日出生，女，平定县柏井镇里牌岭村人。金鹏生态示范庄园有限公司董事长。

耿黑眼一直以务农为主，农闲时做过木匠、油匠，开过小卖铺、搞过煤炭运销。1997年，她积极响应党的号召，承包荒山，开发荒山，绿化荒山，建设生态园区，走出了一条绿色生态致富路。

1997年秋后，耿黑眼与村委会签订了承包孟家掌沟133.33公顷(2000亩)荒山荒地的合同，承包期50年。2006年又承包了133.33公顷(2000亩)。到2008年底，共计投资140多万元，修起4眼窑洞，修水窖4个(总容量1270立方米)，打旱井40眼(总容量2000立方米)，铺设水利管道1600米，架设高压线1500米，硬化公路4公里，修田间路12公里，建半封闭猪场2个，建鸡厂1个。完成荒山造林100公顷(1500亩)，建成小杂粮基地6.67公顷(100亩)，开荒地13.33公顷(200亩)，垒地堰2000米。刨鱼鳞坑12万个，嫁接酸枣树5万株，种植果树6.67公顷（100亩）、核桃树3.33公顷(50亩)、桃树6.67公顷(100亩)、泡桐树300株，营养代育松柏树苗10万株、桃树苗20万株，养猪500头，养鸡20000只，形成了农、林、牧三位一体的农业科技庄园开发模式。

一份耕耘，一份收获。耿黑眼先后40多次获得各级表彰奖励，1999年全国妇联、林业部授予“全国绿色奖章”；2000年被评为“山西省小流域治理先进户”；2001年被省林业厅授予“林业先进个人”；2002年全国农村妇女“双学双比”竞赛领导小组授予“先进女能手”，获“山西农民女状元”、“省三八红旗手”称号；2003年获“省种粮大户”、“小流域治理先进户”称号；2006年全国妇联农村“双学双比”竞赛活动领导组授予“双学双比女能手”称号。

（洪晓琴）

人物名表

副地市级以上领导人名表

（以姓氏笔画为序）

表 23-1

姓名	性别	出生年月	籍贯	政治面貌	文化程度	毕业院校	参加工作时间	职务及任职时间
马文建	男	1952.7	山西沁源	中共党员	电大专科毕业	山西广播电视大学阳泉分校	1968.12	市政协副主席(2007.5–)
王 民	男	1955.4	山西蒲县	中共党员	中央党校函授本科毕业	中央党校领导干部函授班	1971.3	市委常委、市纪委书记(2008.8–)
王七孩	男	1949.3	山西平定	中共党员	中央党校函授本科毕业	中央党校领导干部函授班	1968.12	市人大常委会副主任(2002.3–2007.5) 市总工会主席、党组书记(2003.7–2008.9)
王旭明	男	1962.3	山西临县	中共党员	省委党校在职研究生班毕业	省委党校	1983.9	市委常委(2006.8–) 副市长(2006.9–) 2007.8 明确为常务副市长 市政府党组副书记(2007.6–)
王志刚	男	1955.8	山西太原	中共党员	中央党校函授本科毕业	中央党校领导干部函授班	1972.2	市中级人民法院代院长(2008.11–)
王建功	男	1951.2	山西保德	中共党员	大学本科毕业	山西矿业学院	1971.10	太原理工大学阳泉学院党委书记(2003.2–)
王振国	男	1956.10	山西寿阳	中共党员	大学专科毕业	晋中师专	1974.12	市政协副主席(2007.5–) 市总工会主席(2008.9–) 市总工会党组书记(2008.8–)
王舰民	男	1951.4	山西榆社	中共党员	硕士研究生毕业	吉林大学(在职学习)	1969.4	市委常委(2000.6–) 副市长(2000.7–2007.5) 市行政审批中心党组书记(兼,2002.10–2005.6)
王敬瑞	男	1953.8	山西平定	中共党员	省委党校脱产专科毕业	省委党校大专培训班	1972.5	副市长(2000.7–)

续表

姓名	性别	出生年月	籍贯	政治面貌	文化程度	毕业院校	参加工作时间	职务及任职时间
王斌权	男	1962.2	山西和顺	中共党员	中央党校函授本科毕业	中央党校函授学院	1981.10	市长助理(2008.8-) 市公安局局长(副厅级)、党委书记(2008.4-)
王湜洲	男	1960.4	山西平定	中共党员	中央党校函授本科毕业	中央党校函授学院	1981.9	副市长(2006.9-) 市国资委党委书记(兼,2006.11-)
方庆灵	男	1958.1	河北滦南	中共党员	大学本科毕业	解放军军事交通学院	1976.2	市委常委(2008.3-) 军分区司令员(2007.8-)
白　云	女	1960.12	山西五台	中共党员	硕士研究生毕业	中国人民大学工商管理学院	1976.12	市委副书记(2006.2-) 代市长(2006.2-2006.4) 市长(2006.4-)
冯少勇	男	1956.9	山西榆社	中共党员	中央党校函授本科毕业	中央党校函授学院	1975.1	市中级人民法院院长(2002.3-2008.11)
任衍钢	男	1958.10	山东济宁	民进	大学本科毕业	山西师范学院	1975.1	市政协副主席(2007.5-)
刘兆林	男	1953.9	阳泉郊区	民建	大学普通班毕业	山西农学院	1976.9	副市长(2002.3-) 民建阳泉市委主委(2002.4-)
刘高官	男	1956.5	山西山阴	中共党员	中央党校函授本科毕业	中央党校函授学院	1972.3	市委常委(1995.1-2006.6) 市委秘书长(1995.3-2000.6) 市委副书记(2000.6-2006.6) 市政协党组书记(2006.6-) 市政协主席(2007.5-)
许文珍	男	1954.10	山西盂县	无党派	自考专科毕业	中国政法大学	1975.12	市政协副主席(2007.5-)
孙水生	男	1951.1	河南武陟	中共党员	中央党校函授本科毕业	中央党校领导干部函授班	1972.7	市委副书记(1998.4-2006.6) 市委党校校长(2000.10-2006.12) 阳泉行政学院院长(2002.10-2007.2) 市人大常委会党组书记(2006.6-) 市人大常委会主任(2007.5-)
杨少华	男	1958.9	内蒙卓资	中共党员	函授本科	工程兵指挥学院	1976.12	军分区参谋长(2006.8-)
杨永生	男	1961.10	山西临猗	中共党员	大学本科毕业	山西大学	1982.9	市委常委、市委统战部部长(2006.9-)
李天祥	男	1956.12	山西定襄	九三学社	大学本科毕业	太原工学院	1974.8	市政协副主席(2007.5-)

续表

姓名	性别	出生年月	籍贯	政治面貌	文化程度	毕业院校	参加工作时间	职务及任职时间
李利生	男	1966.10	山西柳林	中共党员	硕士研究生毕业	山西大学	1992.9	阳泉经济技术开发区管理委员会主任(2005.12–) 阳泉经济技术开发区党工委副书记(2006.5–)
李体柱	男	1958.2	山西黎城	中共党员	中央党校函授本科毕业	中央党校函授学院	1975.1	副市长(2002.3–)
李家忠	男	1951.5	阳泉郊区	中共党员	大学普通班毕业	太原工学院	1969.7	市教育学院党委书记(2005.5–)
李裕厚	男	1951.6	山西盂县	中共党员	省委党校函授专科毕业	省委党校	1967.2	市政协副主席(2005.4–) 市政协党组副书记(2007.6–)
吴丽萍	女	1955.11	北京	无党派	大学本科毕业	山西大学	1975.12	市人大常委会副主任(2007.5–)
吴学斌	男	1952.7	山西大同	中共党员	大学专科毕业	雁北师范专科学校	1969.4	市人大常委会副主任(2006.4–)
宋师璇	男	1951.6	山西介休	中共党员	中央党校函授本科毕业	中央党校函授学院	1970.4	市委常委、市委组织部部长(2006.8–)
张　清	男	1950.1	阳泉郊区	中共党员	省委党校脱产专科毕业	省委党校	1968.8	市人大常委会副主任(2003.4–) 市人大常委会党组副书记(2007.6–)
张仲马	男	1954.2	山西忻州	中共党员	中央党校函授本科毕业	中央党校函授学院	1970.11	市人民检察院检察长(2002.3–2008.11)
陆崇相	男	1958.3	江苏滨海	中共党员	中央党校函授本科毕业	中央党校函授学院	1976.2	军分区政治委员(2008.12–)
陈继光	男	1951.5	山西平定	中共党员	函授中专毕业	中央农业广播学校	1973.4	副市长(2000.7–2006.9) 市国资委党委书记(兼,2004.6–2006.11) 市委常委、政法委书记(2006.9–)

续表

姓名	性别	出生年月	籍贯	政治面貌	文化程度	毕业院校	参加工作时间	职务及任职时间
郜爱国	男	1954.2	山西黎城	中共党员	中央党校函授本科毕业	中央党校函授学院	1970.10	市委副书记(2000.9–) 市委党校校长(2006.12–) 阳泉行政学院院长(2007.2–)
范谦家	男	1952.4	山西万荣	中共党员	函授专科毕业	解放军装甲兵学院	1970.12	军分区司令员(2001.11–2007.8) 市委常委(2003.12–2008.3)
林玉平	男	1955.3	山西寿阳	中共党员	中央党校在职研究生毕业	中央党校在职研究生班	1974.11	市委常委(2000.9–2008.8) 市委宣传部部长(2000.11–2002.6) 市纪委书记(2002.6–2008.8) 市监委主任(2002.7–2004.6) 市委副书记(2003.1–2008.8)
赵永红	女	1957.3	山西平定	民盟	大学本科毕业	山西医学院	1974.8	市政协副主席(2007.5–)
荆东生	男	1952.9	阳泉郊区	中共党员	中央党校在职研究生毕业	中央党校	1974.8	市人大常委会副主任(2005.4–)
胡克勤	男	1958.8	山西长治	中共党员	自学考试专科毕业	山西大学	1976.2	市人民检察院代检察长(2008.11–)
段存寿	男	1953.3	山西平定	中共党员	中央党校函授本科毕业	中央党校函授学院	1970.3	市人大常委会副主任(2006.4–)
高全怀	男	1950.9	阳泉郊区	中共党员	中央党校函授本科毕业	中央党校领导干部函授班	1972.1	市委常委、市委宣传部部长(2002.6–)
彭喜平	女	1959.2	河南清丰	中共党员	大学本科毕业	山西大学省委党校大学班	1976.7	市委党校常务副校长(2005.3–) 阳泉行政学院常务副院长(2005.4–)
蒋　鹿	男	1958.12	安徽怀远	中共党员	中央党校函授本科毕业	中央党校	1976.12	军分区政治委员(2007.11–2008.12)
董惠明	男	1951.11	山西平定	中共党员	函授专科毕业	山西经济管理干部学院	1976.7	阳泉经济技术开发区党工委书记(2006.11–)

续表

姓名	性别	出生年月	籍贯	政治面貌	文化程度	毕业院校	参加工作时间	职务及任职时间
谢　海	男	1953.10	山西繁峙	中共党员	中央党校函授本科毕业	中央党校领导干部函授班	1971.11	市委副书记(2003.6–2006.2) 代市长(2003.6–2004.2) 市长(2004.2–2006.2) 市委书记(2006.2–　)
甄　铭	男	1959.4	山西神池	中共党员	函授本科	宣化炮兵指挥学院	1976.12	军分区政治部主任(2004.3–　)
樊盛武	男	1954.1	山西晋城	中共党员	中央党校函授本科毕业	中央党校领导干部函授班	1970.9	副市长(1997.4–2006.9) 市委常委、市委秘书长(2006.9–　)
霍世平	男	1963.4	山西和顺	中共党员	大学本科毕业	山西师范大学	1980.9	太原理工大学阳泉学院院长(2001.12–　)

人物名录

先进人物名录(233 人次)

全国五一劳动奖章(1 人)

蔡廷军

山西省五一劳动奖章(12 人)

任海平　段千寿　武风元　朱　玉　王鲜义　张　谦　牛宇琴(女)　高林峰　韩二锁　石丽瑞(女)　王国胜　贺聪明

山西省一等功(8 人)

李国栋　赵林玉　王成戌　郭建华　董小军　王海平　韩爱忠　段　富

山西省二等功(11 人)

李　慧　关晓东　贾逸凡　梁永庆　刘桃凤(女)　李晋泉　裴元钊　任瑞珍(女)　王永福　刘文生　冯　蕊(女)

山西省三等功(10 人)

梁良柱　王元富　孙雨恒　郎汉斌　周志明　王建军　董海平　梁贵海　邵晓宏　沈秋琴(女)

阳泉市五一劳动奖章(21 人)

高　勇　吴冬青(女)　刘建红　周海龙　赵义寿　李锦绣　胡军明　马志宽　姚文良　孙　瑜　白剑峰　王存义　张　敏　马安平　孙计平　郝利涛(女)　魏　润　胡金毛　王艺平(女)　涂珍维　赵保田

阳泉市一等功(33 人)

郭宝忠　赵正堂　张　炜　王铁锁　裴海平　贾建华　崔国新　张福光　王林冲

徐　献	韩计明	王艳春	秦怀珠	任保军	王国佩	荆广生	史玉林(女)	史通谦
杜志刚	齐宝岭	张志文	安贵成	蒋五生	刘　恭	张志晟	高　钧	郭海仓
张津平	张惠平	毛秀红	檀虎亮	孙金宁	段红星			

阳泉市二等功(48人)

阎小肉	李小平	潘海平	李有义	刘田柱	李明昌	王建青	刘三只	韩　涛
赵海金	亢建新	王宝忠	刘彦林	史通昭	阎志江	王红梅(女)	赵改翠(女)	王晓东
石春玲(女)	周子利	吴学华	赵素萍(女)	谢生玮	李爱祥	高振华(女)	赵红梅(女)	李建平
戴桂君(女)	贾四海	李玉平	聂增玉	史俊龙	王宏伟	曾　军	马根珠	冯仁科
史义兵	昝国辉	和　健	张益智	李爱存	张小军	路学萍(女)	杨　铭	莫　伟
刘志红	李俊卿	阳泉市国家安全局工作人员1人						

阳泉市三等功(59人)

贾建平	张瑞明	韩俊富	窦爱兰(女)	朱文寅(女)	何双盛	尚海庆	王如福	刘保青
刘非生(女)	赵府银	尹瑞清	苏建斌	李建新	梁贵斌	李彦青(女)	龚景昌	高全怀
王贵明	张学友	王同禹	石玉祥	张慧琴(女)	刘海昌	窦永华(女)	刘彩云(女)	张　治
李　锋(女)	穆智贵	梁平生	陈发金	董洪生	王玉兴	魏光荣	魏庆宏	程红林
邢世民	张瑞红	段治卿	梁永新	陈新民	苏治才	刘世田	王根文	朱银柱
岳华林	刘志强	史俊英(女)	孔庆昌	秦志军	曲红卫	李　杰	张海龙(女)	李　忠
梁秀英(女)	侯志钢	冯晓琴(女)	张剑英(女)	石　义				

阳泉市职工经济技术创新能手(30人)

任海平	李国栋	王元富	高　勇	安贵成	高林峰	梁平生	穆智贵	蒋五生
武凤元	周海龙	史俊龙	李锦绣	赵义寿	王宏伟	胡军明	王建军	张　谦
刘志强	史义兵	牛宇琴(女)	李小平	梁贵海	王林冲	刘三只	王建青	荆广生
高全怀	阎志江	涂珍维						

高级专业技术人员名录(400人)

2008年,阳泉市各类专业技术人员中,正式下文晋升高级专业技术职务(包括副高晋升正高)者共400人。其中,图书资料系列副高2人,艺术系列正高1人、副高5人,工程系列副高18人,卫生系列正高28人、副高99人,中学教师系列副高219人,社科系列副高3人,高校系列正高2人、副高1人,中专系列副高3人,文博系列正高1人、副高1人,经济系列副高2人,农业系列副高3人,技工学校系列副高3人,会计系列副高7人,统计系列副高1人,成人高教系列1人。具体人名依系列分录于后。

图书资料系列(副高2人)

张瑞莲(女) 潘晓琴(女)

艺术系列(正高1人、副高5人)

正高

宫来祥

副高

董素萍(女) 阎长献 齐菊梅(女) 崔月亮 朱闯洲

工程系列(副高18人)

杜义明	张美英(女)	张海军	梁　军	王宏伟	翟爱萍(女)	李素英(女)	段玉红(女)	梁　琛
孙亚南(女)	王　辉(女)	程艳芹(女)	苏建明	阴新明	陈陆川	乔阳生	陈　忠	姚晓明

卫生系列(正高28人、副高99人)

正高

吴茂林　任和平　吕振国　柴　辉　冯翰雯(女)　韩培卿(女)　石义平　张素林　阎振文
张　虹(女)　岳志平　刘金顺　郑晓玲(女)　郭宝珍(女)　樊秋贵　陈红转(女)　章子君(女)　马存购
任玉卿(女)　马振栋　李玉珍(女)　刘玉梅(女)　王银孩(女)　郭金凤(女)　王玉珍(女)　武华玲(女)　郝满利
王继红(女)

副高

贾源瑶　赵秀敏　赵计明　梁玉萍(女)　董虎林　李慧筠(女)　王　然　于　岚(女)　姚爱武
侯旭辉(女)　冯　强　李志刚　光　赟(女)　王振华　张计兰(女)　岳素文(女)　王　琳(女)　贺建军
杨　华(女)　张芬芳(女)　方晓君(女)　吴秋状　梁先才　杨秀玲(女)　张艾芳(女)　邓秀芬(女)　王　浩
赵志敏　史计莲(女)　郑宵虎　蔺小爱(女)　赵培英(女)　张彦凤(女)　史润琴(女)　白树祥　王　泽
任秀芳(女)　石秀玲(女)　王兵兰(女)　冯　铁　娄娟娟(女)　王志清(女)　孟庆萍(女)　谷润联(女)　李青成
祖瑞红(女)　侯晋华(女)　韩文兰(女)　刘晓燕(女)　杨晓春(女)　吴改英(女)　蔺素英(女)　王　芳(女)　王广清
张素丽(女)　贾素萍(女)　郝宝清(女)　张晓晨(女)　李　静(女)　杨忠全　冯玉英(女)　王秀英(女)　王建明
王彦红(女)　杨喜荣(女)　高睿哲　史瑞华(女)　刘晋熹(女)　刘艾青　何俊萍(女)　高翠林(女)　杨海青
赵　虹(女)　李乃娟(女)　周建平(女)　潘素云(女)　张智育(女)　胡兰芳(女)　王江梅(女)　张晓英(女)　段宝山
李佳薇(女)　郭　莉(女)　宋　辉(女)　郝晓霞(女)　穆睿华(女)　梁丽珍(女)　张利琴(女)　延爱民(女)　赵震华
岳纪仙(女)　张红梅(女)　佘翠花(女)　王有生　贾海燕(女)　贾潮英(女)　余晓琼(女)　李素芳(女)　韩战军

中学教师系列(副高219人)

孙桂琴(女)　韩丽华(女)　尹清彦(女)　李少琴(女)　牛文英(女)　段爱军(女)　李瑞明　马　欣(女)　李建华
李军成　庞晓虹(女)　张春兰(女)　王秋红(女)　贾敬萍(女)　范宝铭　周珍祥(女)　张玉明　李军民
甄春梅(女)　张素昌　李润珍(女)　翟素萍(女)　余千柱　和存芬(女)　张翠花(女)　王　燕(女)　吕　琮
张爱萍(女)　张翠芳(女)　王军福　左专银(女)　杨爱荣(女)　李彦玲(女)　时彩凤(女)　郝转梅(女)　程科举
穆巧萍(女)　康素英(女)　王连春(女)　翟银才　张延清(女)　李保花(女)　刘莲花(女)　吴计明　张志明
王建政　周存莲(女)　阎保云(女)　黄乃生　张德孝　苏建鹏　马志军　张银凤(女)　张新彦
梁志荣　史治亮　毕喜明　翟盛华　贾瑞忠　梁进喜　张文军　刘淑俊(女)　蔺怀志
阎润平(女)　李宝珍(女)　魏素文(女)　胡爱卿(女)　杨春娥(女)　倪蜀晋(女)　刘命秀(女)　赵彦云(女)　梁贵福
李巨才　崔书明　石国庆　李春艳(女)　张先存　李玉英(女)　郝玉珍(女)　李爱梅(女)　梁双才
郗俊文(女)　韩鹤林　李守文　延满银　马海英(女)　郭德明　王改鱼(女)　张莉芳(女)　李爱民
帅惠兰(女)　王维金　史贵军　孟旭明　范爱琴(女)　李贵生　史秀文(女)　王练青(女)　郭志平
马　俊　秦军林　岳有科　张建安　李建峰　石建中　荆秀敏(女)　荆翔阳　王胖小
赵润祥　郗根银　郭金良　晋维文　杨晋祥　石海昌　穆晓鸣　张魁峰　程润祥
邵　功　李红卿(女)　冯保全　崔丽萍(女)　吴怡蓉(女)　张云英(女)　陈腊梅(女)　张学英(女)　孟继存
赵之云(女)　王慧瑛(女)　史晓霞(女)　李金海　樊小清(女)　段梦平　王建洲　刘丽萍(女)　潘成宝
商继梅(女)　贾源河　张来如　田健民　尹万北　郝会珍(女)　高云中　梁卫红(女)　吴利锋
李素琴(女)　周彦如(女)　付景云(女)　任瑞庆　陈青录　贺志刚　石春云　郭瑞花(女)　温志春
周利民　郗凤珍(女)　史华丽(女)　毛玉宝　韩黎明　王素琴(女)　张文斌　张俊珠(女)　刘宝银
程喜花(女)　张文珠　王素花(女)　张海宏　张长海　阎志贤　李晓文(女)　石　鑫　任秀庆
李爱斌　王海拴　曹志明　孔玉萍(女)　姚惠莲(女)　翟建华　李改存　董三林　胡文广
王宝存　武　英(女)　刘变英(女)　杨润香(女)　王　芳(女)　李建远　赵翠芳(女)　张蓉晖(女)　高云忠
张喜权　任怀秀(女)　王克勤　郭　怡(女)　鞠卫环(女)　王小玲(女)　于春芳(女)　李春华(女)　冯　杰
张海红(女)　刘秀梅(女)　赵习贞(女)　刘思聪(女)　石凤英(女)　张新梅(女)　韩永红(女)　王丽平(女)　卢　智
马静云(女)　崔丽环(女)　郝丽萍(女)　李瑞英(女)　周志莲(女)　王海萍(女)　冯爱莲(女)　王玉萍(女)　马迎军

张冬花(女) 高玉芳(女) 李润桃(女)

社科系列(副高3人)

曹素英(女) 王玉光 贺 艳(女)

高校系列(正高2人、副高1人)

正高

杨建荣(女) 任衍钢

副高

韩爱国

中专系列(副高3人)

王巧珍(女) 刘建平 王文平

文博系列(正高1人、副高1人)

正高

陈玉花(女)

副高

韩利忠

经济系列(副高2人)

董伟华(女) 孟桂杰(女)

农业系列(副高3人)

赵明双 梁玉花(女) 曹水清

技工学校系列(副高3人)

郭卫东 吕纯华 库爱琴(女)

会计系列(副高7人)

梁晓花(女) 杨红梅(女) 毕海丽(女) 王 强 张丽华(女) 李瑞珍(女) 罗卫军

统计系列(副高1人)

邢忠梅(女)

成人高教系列(副高1人)

刘变华(女)

阳泉市 2008 年大事记

1 月

5 日　阳泉市总工会成立 60 周年庆祝大会在市体育馆举行。省人大副主任、省总工会主席姚新章等出席大会。省内外兄弟单位代表到会祝贺。

8 日　阳泉市中级人民法院依法对山西师范大学原党委副书记王月喜做出判决，以受贿罪、贪污罪判处其有期徒刑 12 年，没收非法所得 266 万元上缴国库。

9 日　“天网”工程——阳泉社会治安视频监控与报警综合管理系统正式投入运行。该系统视频监控遍布全市各重点单位、主要路段、街道及人员密集场所，是阳泉规模最大的治安视频监控网络。

阳泉市信元资产管理有限公司成立。该公司前身系阳钢留守处，公司成立后，其经营范围是原阳钢职工住宅区物业、房地产管理，房地产开发和公有住房出售。

10 日　阳泉市 110 指挥中心在北山公园广场举行 110 报警服务台、人保财险“95518”保险服务呼叫中心两台联动启动仪式，是公安系统继“110”、“122”、“119”三台合一后的再次资源整合。

阳泉市“山之韵”合唱团成立，由市老年大学合唱团与原阳泉市干部合唱团组建而成，成员 110 人。当晚还在阳泉宾馆举行了“不朽的旋律”专场音乐会，中国合唱协会常务副主席李培智出席音乐会。

11 日　阳泉至五台山高速公路阳泉至盂县段奠基。阳泉至盂县高速公路作为阳泉至五台山高速公路的一期工程，建设里程 46.6 公里，预计投资 27.35 亿元，建设工期 3 年。

15 日　在北京举行的中国计生协第六届全国理事会第三次全体会议上，阳泉市计生协会被授予“全国计生协工作先进单位”称号。

15 日～16 日　以丹麦专家安格瑞特·罗斯丁为团长的中欧信息社会项目中期评估团到阳泉，就阳泉实施该项目进展情况进行评估。

16 日　在北京召开的第二届全国检察机关职务犯罪侦查部门“百优双十佳”表彰大会上，阳泉市人民检察院反贪污贿赂局侦查一科副科长李燕林入选全国“百名优秀侦查员”。

阳泉市火灾监控中心成立，远程消防预警管理系统同时投入运行。

17 日　阳泉市召开首次污染源普查工作会议，全面启动各项普查工作。普查重点为工业污染源、农业污染源、城镇生活污染源。

21 日　平定县中国刻花瓷文化园区建设项目在平定县城奠基。中国刻花瓷文化园是集研究、设计、生产、旅游、餐饮、休闲为一体的陶瓷文化综合项目。该项目由平定古陶艺有限公司出资建设。

23 日　在山西省第十一届人民代表大会第一次会议上，市委副书记、市长白云当选全国人大代表。

26 日　省委常委、省纪委书记金道铭，副省长胡苏平到阳泉，亲切看望城乡困难群众。

28 日　以北京市东城区区委副书记、政法委书记冯熙为团长的谢海宝家属慰问团到阳泉，就人才培养使用、解除农民工后顾之忧、流动人口管理等进行座谈。慰问团还向阳泉市赠送了国旗和刻有“人杰地灵、英才辈出”的牌匾。

月内　中国煤炭工业协会授予阳煤二矿选煤厂第八届“全国十佳选煤厂”称号，评定其为 2006 年度全国煤炭工业 50 强企业，位列第 12 位。

市中级人民法院公开宣判一起涉黑案件。依法认定主犯史志红犯有故意伤害罪，组织、领导、参加黑社会性质组织罪，寻衅滋事罪，数罪并罚，执行无期徒刑，剥夺政治权利

终身。其他11名涉嫌犯被判刑1至17年不等。

市一院普外科主任、主任医师、山西医科大学教授吴秋旺被人事部、卫生部、国家中医药管理局联合授予"全国卫生系统先进工作者"称号，同时被省卫生厅、省教科文卫体工会联合会授予"山西省医德楷模、医德标兵"称号，被省劳动竞赛委员会荣记个人一等功。

郊区人民法院对郊区人民检察院提起公诉的被告人闫龙军以故意杀人罪依法判处有期徒刑5年。该案系阳泉首例不作为故意杀人案。2007年7月23日，郊区村民闫龙军与李某因口角发生争执。李在闫追赶下不慎坠入耐火厂一渣坑里，摔成重伤。闫见状未对李实施救助，扬长而去。李因伤势过重，经抢救无效死亡。

2月

3日 阳泉供电分公司职工高晋、王雷杰、姜涛、孙忠平、商广军受命赶赴湖南冰雪灾害一线，参加抢修电力设备、保证正常供电工作。

7日 省长孟学农带领省有关部门负责人到阳泉，慰问春节期间坚守在工作一线的煤矿、电力职工，并对加强电煤安全生产、支持南方抗灾救灾提出了要求。

18日 阳泉市重点文物保护单位——大阳泉古村揭碑暨漾泉文化研究会揭牌仪式在大阳泉村举行。该村距今逾1000多年历史。

19日 省委书记张宝顺，省委副书记、省政协主席金银焕，省委常委、常务副省长薛延忠等领导和一批全国知名艺术家到阳煤集团，慰问煤矿职工。

国务院派驻国家电网公司监事会主席路耀华一行到阳泉供电分公司检查指导工作。

29日 全国人大代表、市长白云赴京参加第十一届全国人大第一次会议。

阳煤集团与山东淄博齐鲁第一化肥有限公司签订战略重组协议，并以35%的股份控股。

月内 在北京召开的全国商务工作会议上，阳泉市商务局受到人事部、商务部表彰，获"全国商务系统先进单位"称号。

3月

3日 山西北方晋东化工有限公司原总经理单利亚及其妻霍玉萍受贿、巨额财产来源不明案在市中级人民法院宣判。被告人单利亚因犯受贿罪和巨额财产来源不明罪，被判有期徒刑15年；其妻霍玉萍犯受贿罪，被判有期徒刑3年，缓刑4年；单霍二人受贿所得人民币299.5万元、港币3万元、美元2万元及非法所得人民币185元、美元1.13万元予以没收，上缴国库。

5日 在四川遂宁市召开的中宣部舆情信息工作会议上，阳泉市委宣传部被授予"2007年度舆情信息工作先进单位"称号。

6日 在阳泉市总工会召开的女职工委员会三届三次全委会议上，命名梁玉花、张昀、杨玉春、王彩萍、贾彬丽、张永红、姚静丽、高艳萍、余香梅、陈奕俊为"阳泉市十大杰出女职工"。

9日 12时30分左右，平定县山西海祥煤业有限公司(原冠山镇西锁簧村办煤矿)井下三车场发生一起火灾事故，遇险12名矿工6人脱险、6人窒息死亡。

15日~16日 原山西省委书记、中国城市经济学会第一副会长王茂林等到阳泉，就推进城乡一体化工作进行调研。

29日 中央电视台在新闻联播以《山西阳泉矸石山变生态园》为题，突出报道了阳泉市改善城市环境、治理煤矸石工作。

全国人大常委、民进中央副主席王佐书到阳泉作《教师专业化发展与教师素质提高》的学术报告。

30日 阳泉市迎奥运"美隆国际杯"万人长跑活动启跑仪式在美隆国际广场举行。奥运会跳水冠军高敏等8位前奥运冠军、世界冠军与阳泉市候选的12名2008北京奥运接力火炬手一同领跑。

31日 省委常委、副省长、省森林防火指挥部总指挥梁滨等就森林防火工作到阳泉进行调研。

4月

1日 阳泉市"12316"三农服务热线开通。

3日 中纪委委员、中国证监会纪委书记李小雪到阳煤集团新景矿调研。

在北京召开的全国绿化委员会第26次全体(扩大)会议暨造林绿化表彰大会上，阳煤集团林业处处长董海清获2007年度"全国绿化奖章"。

5日~9日 在陕西西安举行的第十二届中国东西部合作与投资贸易洽谈会上，阳泉市参会的8家企业，与20多家外省企业达成商品贸易意向协议，金额达6130万元。

7日 市公安局与盂县县委、县政府联合召开庆功大会，表彰参与盂县"2·4"雷管被盗案侦破的18名专案民警。2月4日凌晨，盂县秀水镇联营煤矿西兰一坑1360枚雷管被盗。市公安局、盂县公安局联合组成专案组，奋战50个日夜，于3月24日将湖南桑植县人卢永家等4名主要犯罪嫌疑人抓获归案，并将非法使用剩余的726枚被盗雷管全部追回。

8日 由山西远鑫实业有限公司投资4亿元建设的旅游文化园在冠山景区奠基。该园主体包括80米高的佛舍利塔和七进舍利文化园等，建筑面积5.4万平方米，工期预计三年。

12日 阳泉国防教育网(http://www.gfjy.yq.gov.cn)开通运行。该网站由阳泉市国防教育委员会和阳泉军分区政治部主办，系全省首家国防教育专题网站。

15日 美国怀俄明州州长戴

维·弗洛伊登索尔一行6人到阳泉，就与阳煤集团合作事宜进行考察。

16日 由市新闻工作者协会(阳泉记协)举办的第12届“阳泉新闻奖”评选结果揭晓。《阳泉日报》通讯《踏遍太行觅英雄》获特别奖。

16日~18日 “疯狂英语”创始人李阳到阳泉一中、二中等6所学校讲学。

17日~18日 阳泉市党政代表团赴石家庄市考察学习。市委书记谢海、市长白云带队，市领导孙水生、刘高官、樊盛武、王旭明及市发改委、经委、公路、交通、教育、外事旅游、建设、规划、卫生、环保、商务、科技、城管行政执法、园林等部门和部分企业负责人随行考察学习。

19日~20日 阳泉市首届汽车场地越野“远鑫杯”全国邀请赛在郊区山头村举办。来自北京、河南、陕西及省内的105名车手应邀参赛。阳旅假日车队的王朝辉和王丽华分获男子组、女子组第一名。

22日 省政协文史工作座谈会在阳泉召开。省政协常务副主席郭良孝、省政协副主席韩儒英等出席会议。

27日 在第三届中国中部投资贸易博览会山西省招商项目签约仪式暨成果发布会上，阳泉市代表团成功签约15个项目，签约项目总投资43.7亿元，利用外资42.9亿元。

在杭州萧山召开的中国企业施工管理协会第二十三次年会上，宏厦一建获“全国优秀施工企业”称号，该公司董事长、党委书记马连平获“全国优秀施工企业家”称号。

月内 在由中央宣传部、中央文明办、全国绿化委员会、国家林业局联合表彰的首批全国“绿色小康村”、“绿色小康户”名单中，平定县冠山镇杨家沟、郊区平坦镇桃林沟、盂县路家村镇闫家沟村和来自3个县区的19户村民榜上有名。

城区南山路街道工会获“全国百家示范乡镇(街道)工会”称号。

阳泉供电分公司研发的电力线路悬垂线夹专用挂板获国家实用新型电力技术专利。

在由国家信息化测评中心举办的2007年度中国企业信息化500强颁奖典礼上，阳煤集团列中国企业信息化500强第56位，在入围的全国8家煤炭企业中排名第一。

阳泉铝业股份有限公司生产的“白羊”牌重熔用铝锭获中国驰名商标，填补了阳泉产品没有中国驰名商标的空白。

5月

7日 阳泉市交通集团有限公司获由中国道路运输协会颁发的“2008年中国道路运输百强诚信企业”称号。

22日 在第11届中国北京国际科技产业博览会山西代表团签约仪式上，阳泉与北京成功签订12个京晋科技合作项目，签约资金2亿多元，签约项目占全省总数一半。副省长张平，北京中关村管委会主任戴卫等出席签约仪式。

6月

5日 娘子关水源保护泉口环境卫生整治年活动全面启动。

6日 经盂县公安局民警连续11个小时奋战，发生在南娄镇的“6·5”绑架儿童勒索案成功告破，涉案疑犯康志强、王彦明、代利军三人被刑事拘留。

16日 由阳泉市政府与香港华润燃气集团、省乡镇煤运集团三方合作建设一年的阳泉天然气工程投入使用。该工程由阳泉华润燃气有限公司负责运营，年供气量1.4737亿立方米，满足了部分县区工业用气及公交、出租车用气需求。

26日 百度公司总裁李彦宏到阳泉举办《创业、创新、发展》报告会。市四大班子领导和市直各单位负责人出席。同日，市长白云向李彦宏颁发了“阳泉市人民政府经济顾问”聘书。

国家宗教事务局副局长王作安一行4人到盂县永清寺，就宗教活动场所规范化管理情况进行调研。

29日 高考成绩揭晓，阳泉市本科总达线率连续第十四年位居全省第一，永旺培训中心考生王越以633分夺得全省文科第一名，成为阳泉市继杨乐、赵永盛之后的第三个全省文科第一名。

7月

1日 平定锁簧镇遭强降雨、大风和冰雹袭击，冰雹直径20~30毫米，致使玉米、谷子等大田作物损毁严重，蔬菜、杂粮大面积绝收。农作物受灾面积1333公顷(2万余亩)，其中粮田绝收面积1000公顷(1.5万余亩)，直接经济损失1400万元。

2日 省政协副主席令政策到阳泉，就旅游资源开发与旅游产业发展情况进行调研。

4日 记录山西商办全省保晋矿务有限总公司相关史料的《保晋档案》一书正式出版发行，国家档案局局长杨东权题写书名。全书16开本，以影印件形式为读者再现珍贵档案史料。

5日 阳泉市在保晋文化园举行保晋公司纪念馆揭牌仪式。下午，纪念保晋公司成立100周年座谈会在阳泉宾馆举行。

11日 13时15分，盂县东梁乡东梁村、西梁村遭强降雨、冰雹袭击，7800余亩农田受灾，其中3000亩豆类作物基本绝收，4800余亩玉米作物减产一半以上。

12日 以公安部纪委书记、督察长祝春林为组长的中央信访工作督导组到阳泉，就贯彻落实中央、省有关会议精神和信访工作情况进行督察指导。

16日 省委常委、省委统战部部长李政文到阳泉，就加强奥运安保、维护和谐稳定等工作进行调研。

16日~18日 中纪委常委、最高人民检察院党组副书记、副检察长邱学强到平定县人民检察院调研。

18日 省人大副主任王雅安一行到阳泉,就奥运期间人大信访工作调研。

山西省第一家村镇银行——汇民村镇银行在盂县创立,并召开第一次股东大会。8月1日,该行正式营业。

22日 省委常委、省委政法委书记、省公安厅厅长杜玉林到阳煤集团威虎化工公司和市民爆器材专营中心仓库等单位检查,并与阳泉市党政领导及有关部门负责人进行座谈。

25日 在由中宣部、中央文明办等八部委联合公布的第六批全国"百城万店无假货"示范店名单中,阳泉市天元家用电器有限责任公司榜上有名。

30日~8月1日 省政协副主席李潭生一行到阳泉,就中央五号文件精神的落实情况和加强政协宣传工作及基层政协委员学习培训情况调研。

月内 市政府公布首批市级非物质文化遗产保护项目名录。武术社火、故事火、牛斗虎、皇纲、平定风秧歌、平定城柏井古庙会暨上会迎驾与魇马痹、平定黑釉刻花陶瓷制作工艺、珐花瓷、武迓鼓、文迓鼓、阳泉评说、赵氏孤儿传说等12项列入名录。其中武术社火、平定黑釉刻花陶瓷制作工艺、武迓鼓、阳泉评说、赵氏孤儿传说列入山西省第一批非物质文化遗产保护项目名录,平定武迓鼓列入全国第二批非物质文化遗产保护项目名录。

8月

2日 省委常委、副省长李小鹏到阳泉调研。

20时,大型电视系列访谈节目《精彩山西》阳泉专场在山西卫视播出。该节目以阳泉文化古迹和旅游景区为内容,采用演播室访谈形式,与阳泉市及省内外专家学者和领导进行互动对话。

7日 由阳泉日报社和中国移动阳泉分公司联合推出的阳泉手机报创刊。

8日 山西北方晋东化工有限公司工作人员圆满完成北京奥运会开幕式主火炬点燃任务,该主火炬点传火装置是由山西北方晋东化工有限公司研制、生产和安装的。

28日 省委书记、省人大常委会主任张宝顺深入阳泉部分企业、农村和重点基础设施建设工地调研。

31日 在北京召开的水利部水利风景区评审委员会会议上,阳泉市翠枫山风景区被列入第八批国家水利风景区。

9月

8日~9日 在江苏常州举办的第六届全国检察长论坛上,矿区检察院获2008年度全国检察宣传先进单位称号,成为全市检察系统唯一获奖单位。

16日~19日 在太原举办的第二届中国国际煤炭与能源新产业博览会上,阳泉市有20个招商项目签订协议,总投资59.4亿元,其中引进资金56.7亿元。

18日 全市各职能部门开始查堵有严重质量问题的"三鹿"奶粉,并及时救治患病婴幼儿,确保社会稳定。

20日 荫营中学举行50周年校庆。

26日 阳泉市广播电视总台举行新大楼竣工启用庆典仪式。该项目位于经济技术开发区大连路与宁波路交汇处,是一座集广播、电视、网络等多种功能于一体的综合性业务大楼。新楼占地24亩,分为主楼和裙楼两部分建筑面积近2万平方米,总投资6500多万元。其中,中心大楼地上17层、地下1层、局部19层,主楼面积13100平方米,建筑高度为86. 8米,标志性高度为118米。大楼于2003年开始动工,选址、设计和建设历时5年半时间。

26日~27日 阳泉市第十次妇女代表大会在阳泉宾馆举行。会议以无记名投票方式选举产生妇联第十届执行委员会主席、副主席、43名执行委员、11名常务委员。选举产生了新一届妇联领导班子。朱玉芳当选为市妇联主席。

28日 全国煤炭工业十大重点项目推广会议在阳泉召开。其中,在全国重点推广的境内项目有新鑫科技研究所研发的预防控制采掘面瓦斯煤尘爆炸装置和防爆泄压密闭墙技术装备。

10月

9日 山西泉美国际大酒店举行开业暨国家四星级旅游饭店挂牌仪式。该酒店集商务、客房、餐饮、会议、康体、休闲、娱乐为一身,于2007年5月始试营业。

9日~10日 省政协副主席李雁红带领部分省政协委员到阳泉,就农村劳动力转移、农民增收和城镇化建设情况调研。

13日 由团中央、教育部、全国少工委在京举行的第十三届"全国十佳少先队员"表彰会上,阳泉市西河路小学学生杨懿入选,系山西唯一获奖的少先队员。

12日~17日 在深圳举行的第十届中国国际高新技术成果交易会上,阳泉市禾奕农药厂与佳和高科电瓷有限公司的两个高科技项目成功签约,投资总额1680万元。

15日 以国家人口和计划生育委员会主任李斌为组长的国家人口计生委评估督察组到阳泉,对阳泉"十一五"人口发展和计划生育事业发展进行中期评估、督察,并就深入学习实践科学发展观进行专题调研。

阳泉一中举行建校60周年庆典。

16日 水利部副部长鄂竟平、黄河水利委员会主任李国英一行到阳泉,就实施国家水土保持重点工程项目建设情况进行调研。

17日~18日 首届"中国(荫营)耐火产业创新发展论坛"在郊区举行。全国政协副主席阿不来提·阿不都热西提致信祝贺。中国科学院院士、耐火行业知名专家、大专院校教授、著名经济学家、行业领军人物等有关人员出席论坛。

24日 市晋剧院举行建院60周年庆祝活动,并在滨河世纪城凯旋广场举行"阳光普照,梨园多彩"建院60周年回顾展。

24日~26日 在2008"五合窖杯"全国无线电测向锦标赛华北分区赛上,阳泉市唯一参赛选手、阳泉三中初二学生冯璐喜获少年女子组全能冠军。

28日 审计署副审计长石爱中就审计工作到阳泉调研。

月内 在广州举行的第104届中国进出口商品交易会上,市商务局组织阳泉五金矿产进出口有限公司、阳泉中嘉磨料磨具有限公司等4家企业参加了第一期交易会,达成出口成交和意向960万美元。

11月

1日 市第一人民医院举行建院60周年暨内科医技大楼落成庆典大会。

2日 由中国语文报刊协会、叶圣陶研究会、《中学语文教学参考》、《语文学习》等报刊联合主办的第三届"四方杯"全国优秀语文教师选拔大赛上,代表山西参赛的阳泉一中语文教师张一鹏获语文课堂教学能力展示大赛一等奖。

4日 娘子关保卫战纪念碑奠基仪式在平定县娘子关镇固关长城景区举行。该项目由济南军区空军设计院设计,原中共中央政治局委员、中央军委副主席迟浩田书写碑名。

6日~7日 山西省委副书记、代省长王君到阳泉郊区、平定、矿区、城区及阳煤集团调研。

17日 21时15分,郊区李荫路黄砂岩村口附近路段发生特大道路交通事故,造成5人当场死亡、1人受伤。

20日 在世界手工业大会暨第九届全国工艺美术大师精品展上,阳煤集团山西煤玉雕塑厂制作的煤玉雕塑"宫灯"获"百花杯"金奖。

28日 凌晨1时58分,阳泉500千伏变电站正式投入运行。

月内 阳煤集团新景矿和南煤集团被全国绿化委员会评为全国绿化模范单位。

在中国行业企业信息发布中心主办的2008年中国房地产与建筑企业500强评选活动中,阳煤集团太行地产有限公司跻身中国房地产业500强行列,建筑业排名由2007年的487位提升到189位。

河坡发电有限公司获全国电力行业企业文化成果特等奖。

12月

10日 阳泉市创建省级园林城市通过复审,标志着阳泉成为省级园林城市。

16日 中国光大银行阳泉支行正式开业,系首家落户阳泉的股份制银行。

26日 阳泉市优秀中国特色社会主义建设者表彰暨阳泉市工商联成立60周年庆祝大会召开。

28日 阳泉市女企业家协会第三次会议暨首届十大杰出女企业家表彰大会在阳泉宾馆举行。山西吉天利科技实业有限公司总裁刘林娣等10名女企业家入选。

30日 阳泉举行《山西改革发展30年(阳泉卷)》首发仪式。该书采用编年体例,以纪实手法,分类记述了阳泉改革开放30年的主要历程,内容分为概述、专述、口述、重大事件、重点工程、重要企业、县域经济、时代先锋、领导文存、小康建设和附录资料共11个部分,是集科学性、资料性和知识性为一体的史书。

月内 藏山景区通过国家AAAA级景区评审。

国家旅游局、中华全国妇女联合会授予市旅游局党组书记、局长高士萍全国旅游系统"巾帼建功标兵"荣誉称号。

国家硅铝质耐火材料质量监督检验中心在郊区白泉工业园奠基。该中心是继河南洛阳、辽宁营口、山东淄博之后,由政府投资建设的第四个国家级耐火材料检验中心,填补了阳泉乃至全省硅铝质耐火材料质量监督检验的空白。

郊区地税局河底税务所获"全国青年文明号"称号。

年内 市区二级以上天气达345天,较上年增加26天。其中,一级天气68天,较上年增加41天;二级天气277天,较上年减少15天。综合污染指数下降至2.02,全年市区空气质量达国家二级标准。

"5·12"四川汶川地震发生后,全市各界开展捐款、捐物活动支援灾区。广大共产党员踊跃缴纳特殊党费,并帮助都江堰市受灾群众建设了包括公共淋浴间、医疗卫生诊所、商品零售点在内的过渡安置房3163套,总面积约59290平方米,为四川抗震救灾和灾区重建作出了贡献。

统计资料

2008 年全市国民经济和社会发展主要指标

表 25-1

	单位	2008 年	2007 年	2008 年为 2007 年%
一、人　口				
总人口	万人	131.96	131.37	100.4
城镇人口	万人	77.17	75.39	102.5
乡村人口	万人	54.79	55.99	97.7
城镇人口比重	%	58.48	57.38	—
出生率	‰	11.61	10.83	—
死亡率	‰	7.18	6.94	—
自然增长率	‰	4.43	3.88	—
人口密度	人/平方公里	288.7	287.5	100.4
二、经济综合				
总产出	万元	8215170	7066886	113.6
第一产业	万元	98214	86443	117.5
第二产业	万元	5535748	4819873	111.0
工　业	万元	4764584	4109631	112.9
第三产业	万元	2581208	2160570	118.5
交通运输、仓储和邮政业	万元	690106	648802	104.6
批发和零售业	万元	736069	586509	122.6
住宿和餐饮业	万元	192443	131271	160.4
地区生产总值	万元	3106528	2732413	109.5
第一产业	万元	50768	51434	120.0
第二产业	万元	1839327	1614102	109.3
工　业	万元	1654324	1446526	109.2
第三产业	万元	1216433	1066877	109.3
交通运输、仓储和邮政业	万元	272697	230227	100.3
批发和零售业	万元	215345	171590	115.0
住宿和餐饮业	万元	101580	82804	110.0
人均地区生产总值	元/人	23593	20839	109.0
支出法地区生产总值	万元	3012441	2644478	106.6

续表

	单 位	2008年	2007年	2008年为2007年%
最终消费	万元	1523124	130986	114.9
消费率	—	50.60	49.52	107.8
资本形成总额	万元	1489317	1334992	98.8
投资率	—	49.40	50.48	92.7
居民总消费水平	元/人	7919	6881	113.1
农村居民	元/人	4731	4394	107.0
城镇居民	元/人	10233	8773	114.3
三、工业(规模以上)				
工业企业单位数	个	204	193	105.7
工业增加值	亿元	153.44	137.02	110.0
工业总产值(规模以上)	亿元	400.24	324.55	123.3
年末固定资产原值	亿元	478.97	395.31	121.2
年末资产总额	亿元	793.77	617.27	128.6
销售收入	亿元	413.96	331.34	124.9
利税总额	亿元	73.23	44.54	164.4
四、农业				
农村乡(镇)人口	万人	73.00	73.34	99.5
农村乡(镇)劳动力	万人	37.84	32.98	114.7
年末实有耕地面积	公顷	54271	54271	—
农村经济总收入	亿元	271.93	245.56	110.7
农村经济净收入	亿元	54.44	47.36	114.9
乡镇企业增加值(现价)	亿元	52.88	73.32	72.1
五、工农业主要产品产量				
原 煤	万吨	6582.5	6011.10	109.5
发电量	亿千瓦时	146.69	149.18	98.3
水 泥	万吨	123.13	156.30	78.8
生 铁	万吨	6.66	19.83	33.6
粮 食	吨	220405	227285	97.0
油 料	吨	540	411	131.4
蔬 菜	吨	88455	79604	111.1

续表

	单 位	2008 年	2007 年	2008 年为 2007 年%
肉　类	吨	10332	13823	74.7
六、交通运输和邮电业				
铁路货运量	万吨	3785.2	3520.8	107.5
铁路客运量	万人次	151.2	148.5	101.8
公路货运量	万吨	8128.5	7932.1	102.5
公路客运量	万人次	3266.5	3218.8	101.5
邮电业务总量	亿元	17.7	10.5	168.6
七、固定资产投资和建筑业				
全社会固定资产投资总额	万元	1563960	1240873	126.0
其中:城　镇	万元	1196450	948077	136.9
农　村(非农户)	万元	86444	74453	116.1
房地产	万元	281066	218343	128.7
新增固定资产(不含房地产)	万元	669403	460289	145.4
资质以上建筑企业单位数	个	78	61	127.9
建筑业总产值	万元	705730.8	619079.5	114.0
建筑业完成竣工产值	万元	297697.2	306366.6	97.2
八、城市公用事业				
年末实有铺装道路面积	万平方米	550	452	121.7
公共汽车运营车辆	辆	524	454	115.4
公共汽车客运量	万人次	12274	12635	97.1
年末实有出租车数	辆	1483	1196	124.0
自来水生产能力	万吨/日	24.22	21.87	110.7
全年供水总量	万立方米	7739.41	6519.07	118.7
天然气供气总量	万立方米	53361	26809	199.0
城市人均居住面积	平方米/人	—	14.41	—
九、国内贸易业				
社会消费品零售总额	万元	1231115.2	980554.3	125.6
市的零售额	万元	901023.4	721952.7	124.8

续表

	单 位	2008 年	2007 年	2008 年为 2007 年%
县的零售额	万元	210760.2	166340.9	126.7
县以下零售额	万元	119331.6	92260.7	129.3
外贸进出口总额	万美元	15456	10559	172.7
直接利用境外资金	万美元	4881	3549.3	137.5
十、社会事业				
高等学校在校生	人	9050	6364	142.2
中等专业学校在校生	人	4739	4301	110.2
技工学校在校生	人	6310	6261	100.8
普通中学在校生	万人	8.77	8.46	103.7
职业中学在校生	人	9375	8898	105.4
小学在校生	万人	10.33	11.22	92.1
幼儿在园数	万人	2.81	2.67	105.2
卫生机构数	个	368	368	100.0
其中:医　院	个	37	38	97.4
床位数	张	6082	6082	100.0
卫生技术人员	人	8360	7998	104.5
其中:执业医师	人	3048	2993	101.8
注册护士	人	3085	2885	106.9
十一、劳动工资				
在岗职工年末人数	万人	22.32	22.28	100.2
其中:国有经济	万人	18.07	17.65	102.4
集体经济	万人	2.87	2.83	101.4
在岗职工工资总额	亿元	67.92	56.12	121.0
其中:国有经济	亿元	58.54	47.24	123.9
集体经济	亿元	5.9	5.38	109.7
在岗职工年平均工资	元	31564	25621	123.2
其中:国有经济	元	33545	27193	123.4
集体经济	元	21700	19758	109.8

续表

	单 位	2008年	2007年	2008年为2007年%
十二、财政金融				
财政总收入	亿元	68.13	57.02	119.5
一般预算收入	亿元	26.17	21.62	121.0
一般预算支出	亿元	40.63	33.46	121.4
金融机构现金收入	亿元	948.81	867.95	109.3
金融机构现金支出	亿元	955.03	870.07	109.8
货币净投放	亿元	6.22	2.12	293.4
十三、家计、物价				
城市居民人均可支配收入	元	13306	11676	114.0
城市居民人均消费性支出	元	8533	7586	112.5
农民人均现金收入	元	6050	5089	118.9
农民人均现金支出	元	5362	4691	114.3
农民人均纯收入	元	5427	4724	114.9
城市居民消费价格总指数	%	105.6	105.1	—

注:本资料人口部分根据人口抽样调查数据整理。

2008年全市平均每天经济活动情况

表25-2

	单 位	2008年	2007年	2008年为2007年%
地区生产总值	万元	8511	7486	113.7
农业总产值	万元	269	237	113.5
工业总产值(规模以上)	万元	10965	8892	123.3
全社会固定资产投资	万元	4270	3400	125.6
一般预算收入	万元	717	592	121.1
金融机构现金收入	万元	25995	23779	109.3
公路客运量	万人次	8.95	8.82	101.5
公路货运量	万吨	22.27	21.73	102.5
铁路客运量	万人次	0.41	0.41	100.0
铁路货运量	万吨	10.37	9.65	107.5
原 煤	万吨	18.03	16.47	109.5
发电量	万千瓦时	4019	4087	98.3
社会消费品零售总额	万元	3373	2686	125.6
国有单位职工平均工资	元	91.9	74.5	123.4
集体单位职工平均工资	元	59.45	54.13	109.8
农民人均纯收入	元	14.87	12.94	114.9

重要地方文件目录

中共阳泉市委员会

表 26-1

文 号	文 件 标 题	发文日期
阳发〔2008〕3 号	中共阳泉市委、阳泉市人民政府关于组织工矿商贸企业结对帮扶新农村建设的决定	2008 年 1 月 30 日
阳发〔2008〕4 号	中共阳泉市委、阳泉市人民政府关于表彰"六大"绿化工程先进集体、新农村建设先进集体、乡镇企业贡献大户和命名文明生态村的决定	2008 年 2 月 26 日
阳发〔2008〕5 号	中共阳泉市委、阳泉市人民政府关于加快发展农业产业化的若干意见	2008 年 2 月 26 日
阳发〔2008〕6 号	中共阳泉市委关于高举旗帜、科学发展、加快全面建设小康社会进程的意见	2008 年 3 月 15 日
阳发〔2008〕7 号	中共阳泉市委关于在国有企业改革中进一步加强党组织建设的意见	2008 年 3 月 24 日
阳发〔2008〕8 号	中共阳泉市委关于印发县(区)委、市直党(工)委抓基层党建工作责任书的通知	2008 年 3 月 25 日
阳发〔2008〕10 号	中共阳泉市委关于转发《阳泉市人大常委会 2008 年工作要点》的通知	2008 年 4 月 15 日
阳发〔2008〕11 号	中共阳泉市委关于转发《政协阳泉市委员会 2008 年工作要点》的通知	2008 年 4 月 15 日
阳发〔2008〕12 号	中共阳泉市委常委会 2008 年工作要点	2008 年 3 月 5 日
阳发〔2008〕13 号	中共阳泉市委、阳泉市人民政府关于建设省级科技示范区的实施意见	2008 年 6 月 19 日
阳发〔2008〕14 号	中共阳泉市委关于表彰先进基层党组织、优秀共产党员和优秀党员工作者的决定	2008 年 6 月 27 日
阳发〔2008〕15 号	中共阳泉市委关于改革开放 30 周年纪念活动的通知	2008 年 7 月 8 日
阳发〔2008〕16 号	中共阳泉市委、阳泉市人民政府关于印发《阳泉市机构编制管理办法》的通知	2008 年 7 月 16 日
阳发〔2008〕17 号	中共阳泉市委关于进一步加强人民法院、人民检察院工作的意见	2008 年 7 月 28 日
阳发〔2008〕18 号	中共阳泉市委关于进一步加强县级党政领导班子思想政治建设的意见	2008 年 7 月 30 日
阳发〔2008〕19 号	中共阳泉市委关于落实省委巡视组第二轮巡视反馈意见的整改方案	2008 年 8 月 6 日
阳发〔2008〕23 号	中共阳泉市委、阳泉市人民政府关于表彰阳泉市教育功臣和阳泉市教育工作先进集体的决定	2008 年 9 月 9 日
阳发〔2008〕24 号	中共阳泉市委印发《关于贯彻落实建立健全惩治和预防腐败体系 2008—2012 年工作规划的实施细则》的通知	2008 年 9 月 12 日

续表

文 号	文 件 标 题	发文日期
阳发〔2008〕25 号	中共阳泉市委、阳泉市人民政府关于集中开展煤焦领域反腐败专项斗争的实施意见	2008 年 9 月 12 日
阳发〔2008〕26 号	中共阳泉市委关于认真学习右玉精神切实加强领导干部作风建设的决定	2008 年 9 月 25 日
阳发〔2008〕27 号	中共阳泉市委、阳泉市人民政府关于全面加强人口和计划生育工作统筹解决人口问题的实施意见	2008 年 9 月 25 日
阳发〔2008〕28 号	中共阳泉市委、阳泉市人民政府关于命名第十二批文明单位(村)的决定	2008 年 10 月 28 日
阳发〔2008〕31 号	中共阳泉市委、阳泉市人民政府关于表彰阳泉市优秀中国特色社会主义事业建设者的决定	2008 年 12 月 26 日
阳办发〔2008〕1 号	中共阳泉市委办公厅、阳泉市人民政府办公厅关于印发《全市农村数字电影放映工程实施方案》的通知	2008 年 1 月 11 日
阳办发〔2008〕3 号	中共阳泉市委办公厅关于表彰服务党委中心组理论学习先进工作者的决定	2008 年 1 月 22 日
阳办发〔2008〕5 号	中共阳泉市委办公厅、阳泉市人民政府办公厅关于进一步引深全市平安建设的意见	2008 年 1 月 19 日
阳办发〔2008〕6 号	中共阳泉市委办公厅、阳泉市人民政府办公厅关于调整阳泉市建设社会主义新农村工作领导组的通知	2008 年 2 月 22 日
阳办发〔2008〕7 号	中共阳泉市委办公厅关于召开市委十届四次全体会议的通知	2008 年 2 月 27 日
阳办发〔2008〕8 号	中共阳泉市委办公厅、阳泉市人民政府办公厅关于组织完成《阳泉年鉴(2008)》撰稿工作的通知	2008 年 3 月 8 日
阳办发〔2008〕9 号	中共阳泉市委办公厅关于调整充实市关工委组成人员的通知	2008 年 3 月 10 日
阳办发〔2008〕10 号	中共阳泉市委办公厅、阳泉市人民政府办公厅阳泉军分区政治部关于 2008 年开展“双服务”活动的意见	2008 年 3 月 11 日
阳办发〔2008〕11 号	中共阳泉市委办公厅、阳泉市人民政府办公厅阳泉军分区政治部关于印发阳泉市 2008 年深化和拓展国防教育社会化工作要点的通知	2008 年 3 月 11 日
阳办发〔2008〕12 号	中共阳泉市委办公厅关于转发《中共阳泉市委统战部 2008 年工作要点》的通知	2008 年 3 月 14 日
阳办发〔2008〕13 号	中共阳泉市委办公厅 2007 年工作总结和 2008 年工作要点	2008 年 3 月 19 日
阳办发〔2008〕14 号	中共阳泉市委办公厅、阳泉市人民政府办公厅关于表彰 2007 年度全市环境保护工作先进集体和先进个人的决定	2008 年 3 月 28 日
阳办发〔2008〕16 号	中共阳泉市委办公厅、阳泉市人民政府办公厅关于表彰 2007 年度“百项工程”建设先进集体和先进个人的决定	2008 年 4 月 3 日
阳办发〔2008〕17 号	中共阳泉市委办公厅、阳泉市人民政府办公厅关于深入开展民主评议政风行风工作的实施意见	2008 年 4 月 11 日
阳办发〔2008〕18 号	中共阳泉市委办公厅、阳泉市人民政府办公厅关于表彰 2007 年度全市政风行风评议工作先进单位和“岗位”的决定	2008 年 4 月 11 日
阳办发〔2008〕19 号	中共阳泉市委办公厅关于转发市委宣传部《2008 年全市宣传思想工作要点》的通知	2008 年 4 月 10 日
阳办发〔2008〕20 号	中共阳泉市委办公厅、阳泉市人民政府办公厅关于转发《阳泉市有线电视数字化整体转换的实施意见》的通知	2008 年 4 月 11 日

续表

文 号	文件标题	发文日期
阳办发〔2008〕21号	中共阳泉市委办公厅阳泉市人民政府办公厅关于转发《阳泉改革发展30年》编纂方案的通知	2008年4月15日
阳办发〔2008〕23号	中共阳泉市委办公厅阳泉市人民政府办公厅关于印发《阳泉市"扮靓山西东大门文明和谐迎奥运"城市环境综合整治方案》的通知	2008年4月18日
阳办发〔2008〕26号	中共阳泉市委办公厅关于表彰2007年度全市党政密码工作先进单位和优秀机要工作者的通报	2008年4月25日
阳办发〔2008〕27号	中共阳泉市委办公厅关于成立北京奥运会、残奥会阳泉市协调工作领导组的通知	2008年4月28日
阳办发〔2008〕29号	中共阳泉市委办公厅、阳泉市人民政府办公厅关于纪念保晋公司成立100周年活动的方案	2008年5月8日
阳办发〔2008〕30号	中共阳泉市委办公厅、阳泉市人民政府办公厅关于调整阳泉市推行企务公开民主监督制度协调领导组成员的通知	2008年5月8日
阳办发〔2008〕31号	中共阳泉市委办公厅、阳泉市人民政府办公厅关于2008年全市党风廉政建设和反腐败工作任务责任分解意见	2008年5月8日
阳办发〔2008〕32号	中共阳泉市委办公厅、阳泉市人民政府办公厅关于开展"赈灾济难献真情"社会捐助活动的通知	2008年5月13日
阳办发〔2008〕33号	中共阳泉市委办公厅、阳泉市人民政府办公厅转发《中共中央办公厅、国务院办公厅关于四川省汶川县发生强烈地震情况和全力做好抗震救灾工作的通报》的通知	2008年5月15日
阳办发〔2008〕35号	中共阳泉市委办公厅、阳泉市人民政府办公厅关于组织工矿商贸企业结对帮扶新农村建设的实施意见	2008年5月26日
阳办发〔2008〕36号	中共阳泉市委办公厅、阳泉市人民政府办公厅关于建立市级四套班子领导包点帮扶新农村建设责任制的通知	2008年5月26日
阳办发〔2008〕37号	中共阳泉市委办公厅、阳泉市人民政府办公厅关于表彰全市公路建设先进单位和先进个人的决定	2008年5月26日
阳办发〔2008〕38号	中共阳泉市委办公厅、阳泉市人民政府办公厅关于组织党政机关企事业单位帮扶农村发展的实施意见	2008年5月26日
阳办发〔2008〕39号	中共阳泉市委办公厅、阳泉市人民政府办公厅关于表彰2007年度信访工作先进集体和先进个人的决定	2008年5月30日
阳办发〔2008〕43号	中共阳泉市委办公厅、阳泉市人民政府办公厅阳泉军分区司令部关于组织阳煤集团矿山救护大队参加山西省军警民联合实兵演习的通知	2008年6月3日
阳办发〔2008〕45号	中共阳泉市委办公厅、阳泉市人民政府办公厅关于在全市各级机关开展2008年节能宣传周活动的通知	2008年6月13日
阳办发〔2008〕47号	中共阳泉市委办公厅、阳泉市人民政府办公厅关于成立建设省级科技示范区工作领导组的通知	2008年6月19日
阳办发〔2008〕48号	中共阳泉市委办公厅、阳泉市人民政府办公厅关于创建第二批农村、社区信息化示范站点的通知	2008年7月3日
阳办发〔2008〕49号	中共阳泉市委办公厅、阳泉市人民政府办公厅转发市纪委等七部门《关于规范和加强国家工作人员因私出国(境)管理的暂行办法》的通知	2008年7月8日
阳办发〔2008〕52号	中共阳泉市委办公厅、阳泉市人民政府办公厅关于组织市直机关干部开展下访活动的通知	2008年7月10日
阳办发〔2008〕52号	中共阳泉市委办公厅关于表彰2007年度信息工作先进集体、优秀信息工作组织者和优秀信息工作者的决定	2008年7月16日
阳办发〔2008〕53号	中共阳泉市委办公厅、阳泉市人民政府办公厅阳泉军分区政治部转发《市委宣传部、军分区政治部、市民政局关于建军81周年纪念活动的意见》的通知	2008年7月23日

续表

文号	文件标题	发文日期
阳办发〔2008〕54号	中共阳泉市委办公厅关于调整阳泉市维护稳定工作领导小组组成人员的通知	2008年7月25日
阳办发〔2008〕58号	中共阳泉市委办公厅阳泉市人民政府办公厅关于调整阳泉市人口与计划生育工作领导小组组成人员的通知	2008年8月8日
阳办发〔2008〕59号	中共阳泉市委办公厅、阳泉市人民政府办公厅关于印发《关于在全市开展"阳泉市教育功臣、阳泉市教育系统先进集体"评选表彰奖励活动的实施意见》的通知	2008年8月15日
阳办发〔2008〕60号	中共阳泉市委办公厅、阳泉市人民政府办公厅阳泉军分区政治部印发《阳泉市民兵基层建设总结表彰暨动员部署大会筹备方案》的通知	2008年8月22日
阳办发〔2008〕61号	中共阳泉市委办公厅关于成立阳泉市抗损调研工作领导小组的通知	2008年8月26日
阳办发〔2008〕62号	中共阳泉市委办公厅、阳泉市人民政府办公厅关于成立山西能源科技大学建设申报领导组的通知	2008年9月3日
阳办发〔2008〕63号	中共阳泉市委办公厅关于开展贯彻落实科学发展观专题调研活动的通知	2008年9月5日
阳办发〔2008〕64号	中共阳泉市委办公厅、阳泉市人民政府办公厅印发《关于进一步加强公安基层基础建设的意见》的通知	2008年9月19日
阳办发〔2008〕65号	中共阳泉市委办公厅、阳泉市人民政府办公厅关于做好国庆节期间有关工作的通知	2008年9月25日
阳办发〔2008〕66号	中共阳泉市委办公厅、阳泉市人民政府办公厅关于开展"查隐患、防事故、保安全"安全生产督查活动的通知	2008年9月25日
阳办发〔2008〕67号	中共阳泉市委办公厅、阳泉市人民政府办公厅关于转发《中共山西省委办公厅、山西省人民政府办公厅关于举行建国59周年庆祝活动的通知》的通知	2008年9月27日
阳办发〔2008〕68号	中共阳泉市委办公厅关于调整阳泉市密码工作领导小组成员的通知	2008年10月8日
阳办发〔2008〕69号	中共阳泉市委办公厅、阳泉市人民政府办公厅关于开展"送温暖、献爱心"社会捐助活动的通知	2008年10月16日
阳办发〔2008〕70号	中共阳泉市委办公厅关于认真做好2009年度《阳泉日报》发行工作的通知	2008年10月28日
阳办发〔2008〕71号	中共阳泉市委办公厅关于做好2009年度党报党刊发行工作的通知	2008年10月29日
阳办发〔2008〕72号	中共阳泉市委办公厅、阳泉市人民政府办公厅关于成立阳泉市2009年"三节"活动领导组的通知	2008年10月30日
阳办发〔2008〕73号	中共阳泉市委办公厅、阳泉市人民政府办公厅关于调整充实阳泉市加强和改进未成年人思想道德建设工作领导组的通知	2008年10月30日
阳办发〔2008〕76号	中共阳泉市委办公厅关于建立阳泉市第八届村民委员会换届选举工作市级部分党员领导干部联系点的通知	2008年11月3日
阳办发〔2008〕77号	中共阳泉市委办公厅、阳泉市人民政府办公厅关于做好全市第八届村民委员会换届选举工作的意见	2008年11月3日
阳办发〔2008〕78号	中共阳泉市委办公厅关于认真做好2009年度《中共中央办公厅通讯》、《秘书工作》征订工作的通知	2008年11月12日
阳办发〔2008〕79号	中共阳泉市委办公厅、阳泉市人民政府办公厅印发《关于进一步促进本地蔬菜(农产品)市场流通加快发展我市农产品生产的办法》的通知	2008年11月12日
阳办发〔2008〕81号	中共阳泉市委办公厅、阳泉市人民政府办公厅转发《关于2009年元旦、春节、元宵节期间文化活动安排意见》的通知	2008年11月14日

续表

文 号	文 件 标 题	发文日期
阳办发〔2008〕82号	中共阳泉市委办公厅、阳泉市人民政府办公厅关于进一步加强城市老年人体育工作的意见	2008年11月17日
阳办发〔2008〕84号	中共阳泉市委办公厅、阳泉市人民政府办公厅关于调整阳泉市政风行风评议领导组组长的通知	2008年12月22日
阳办发〔2008〕85号	中共阳泉市委办公厅、阳泉市人大常委会办公厅阳泉市人民政府办公厅阳泉市人民政协办公厅关于做好全国、全省“两会”期间信访工作的通知	2008年12月24日
阳办发〔2008〕86号	中共阳泉市委办公厅、阳泉市人民政府办公厅关于做好2009年元旦、春节期间有关工作的通知	2008年12月30日

阳泉市人大常委会

表26-2

文 号	文 件 标 题	发文日期
阳人发〔2008〕1号	关于于昌明等同志任免职务的通知	2008年2月29日
阳人发〔2008〕2号	关于孟祥智同志免职的通知	2008年2月29日
阳人发〔2008〕3号	关于李泉梅等同志任免职务的通知	2008年3月25日
阳人发〔2008〕4号	关于王斌权等同志任免职务的通知	2008年4月30日
阳人发〔2008〕5号	关于刘振斌等同志任免职务的通知	2008年4月30日
阳人发〔2008〕6号	关于印发《阳泉市人民代表大会常务委员会关于批准阳泉市人民政府回购阳泉一中新校(示范高中)项目的决议》的通知	2008年6月26日
阳人发〔2008〕7号	关于印发《阳泉市人民代表大会常务委员会关于进一步加快我市旅游产业发展的决议》的通知	2008年6月30日
阳人发〔2008〕8号	对城区人大常委会《关于补选阳泉市第十三届人民代表大会代表的请示》的批复	2008年10月6日
阳人发〔2008〕9号	关于刘春玲同志任命职务的通知	2008年10月24日
阳人发〔2008〕10号	阳泉市人民代表大会常务委员会关于印发《关于批准有线电视数字平台建设及电视数字整体转换工程项目贷款的决议》的通知	2008年10月26日
阳人发〔2008〕11号	关于王志刚同志任命职务的通知	2008年11月21日
阳人发〔2008〕12号	关于胡克勤同志任命职务的通知	2008年11月21日
阳人发〔2008〕13号	对郊区人大常委会《关于补选阳泉市第十三届人民代表大会代表的请示》的批复	2008年12月10日
阳人发〔2008〕14号	对平定县人大常委会《关于补选阳泉市第十三届人民代表大会代表的请示》的批复	2008年12

续表

文　号	文 件 标 题	发文日期
阳人办发〔2008〕1号	关于召开市十三届人大常委会第七次会议的通知	2008年1月14日
阳人办发〔2008〕2号	关于侯润林等同志任免职务的通知	2008年1月29日
阳人办发〔2008〕3号	关于印发王铁锁等六名省人大代表履职体会文章的通知	2008年2月13日
阳人办发〔2008〕4号	关于组织市十三届人大代表视察的通知	2008年2月15日
阳人办发〔2008〕5号	关于2007年下半年各县区人大信息采用情况的通报	2008年2月15日
阳人办发〔2008〕6号	关于召开阳泉市第十三届人民代表大会第三次会议的通知	2008年3月3日
阳人办发〔2008〕7号	阳泉市第十三届人大常委会第七次会议纪要	2008年3月3日
阳人办发〔2008〕8号	关于召开市、县(区)人大教科文卫工作会议的通知	2008年3月17日
阳人办发〔2008〕9号	关于印发阳泉市第十三届人大常委会第六、第七次会议对市人民政府专项工作报告的审议意见的通知	2008年3月17日
阳人办发〔2008〕10号	关于建立《对涉诉信访案件主审法官通报制度》的通知	2008年3月20日
阳人办发〔2008〕11号	关于对全市基层文化建设工作情况进行视察的通知	2008年3月21日
阳人办发〔2008〕12号	关于对市十三届人大代表履职情况进行统计建档的通知	2008年3月20日
阳人办发〔2008〕13号	关于建立代表小组、加强代表小组活动的通知	2008年3月24日
阳人办发〔2008〕14号	关于开展“我喜爱的一本书”有奖阅读征文活动的通知	2008年3月25日
阳人办发〔2008〕15号	关于列席阳泉市第十三届人民代表大会第三次会议的通知	2008年3月26日
阳人办发〔2008〕16号	关于召开市十三届人大常委会第九次会议的通知	2008年3月26日
阳人办发〔2008〕17号	阳泉市第十三届人大常委会第八次会议纪要	2008年3月26日
阳人办发〔2008〕18号	关于表彰2007年度人大宣传信息工作先进单位和个人的决定	2008年3月27日
阳人办发〔2008〕19号	关于视察全市社会主义新农村建设进展情况的通知	2008年4月14日
阳人办发〔2008〕20号	关于对我市创建国家级园林城市工作视察的通知	2008年4月15日
阳人办发〔2008〕21号	关于对机关干部撰写(修改)公文和宣传稿件情况进行统计的通知	2008年4月16日
阳人办发〔2008〕22号	关于印发《市人大常委会机关干部职工考核办法(试行)》的通知	2008年4月21日

续表

文 号	文 件 标 题	发文日期
阳人办发〔2008〕23 号	关于认真学习吴邦国委员长重要讲话的通知	2008 年 4 月 29 日
阳人办发〔2008〕24 号	关于组织乡镇人大主席和街道人大工委主任进行培训的通知	2008 年 4 月 30 日
阳人办发〔2008〕25 号	阳泉市第十三届人大常委会第九次会议纪要	2008 年 5 月 5 日
阳人办发〔2008〕26 号	关于开展《中华人民共和国宗教事务条例》和《山西省宗教事务条例》执法检查的通知	2008 年 5 月 7 日
阳人办发〔2008〕27 号	关于市人大常委会机关科级干部职数审批的报告	2008 年 5 月 7 日
阳人办发〔2008〕28 号	关于印发《阳泉市人大常委会关于强力攻坚确保我市创建国家园林城市目标实现的决议》的通知	2008 年 5 月 8 日
阳人办发〔2008〕29 号	关于召开市十三届人大常委会第十次会议的通知	2008 年 5 月 12 日
阳人办发〔2008〕30 号	关于对全市计划生育工作情况进行视察的通知	2008 年 5 月 19 日
阳人办发〔2008〕31 号	关于印发阳泉市第十三届人大常委会第九次会议对市人民政府专项工作报告的审议意见的通知	2008 年 5 月 24 日
阳人办发〔2008〕32 号	关于市十三届人大常委会组成人员向地震灾区人民献爱心捐款情况的通报	2008 年 5 月 24 日
阳人办发〔2008〕33 号	关于对我市旅游产业发展情况进行视察的通知	2008 年 5 月 29 日
阳人办发〔2008〕34 号	关于开展阳泉“迎奥运环保行”活动的通知	2008 年 5 月 29 日
阳人办发〔2008〕35 号	关于市县两级人大常委会和市人大代表捐助灾区情况的通报	2008 年 5 月 30 日
阳人办发〔2008〕36 号	关于印发市人大学习型机关创建活动评选先进方案的通知	2008 年 6 月 17 日
阳人办发〔2008〕37 号	阳泉市第十三届人大常委会第十次会议纪要	2008 年 6 月 26 日
阳人办发〔2008〕38 号	关于召开市十三届人大常委会第十一次会议的通知	2008 年 7 月 9 日
阳人办发〔2008〕39 号	关于印发阳泉市第十三届人大常委会第十次会议对市人民政府专项工作报告的审议意见的通知	2008 年 7 月 16 日
阳人办发〔2008〕40 号	关于开展《中华人民共和国刑事诉讼法》执法检查的通知	2008 年 7 月 29 日
阳人办发〔2008〕41 号	关于对全市检察机关开展刑事侦查监督和刑事审判监督工作情况进行视察的通知	2008 年 8 月 6 日
阳人办发〔2008〕42 号	关于对我市棚户区改造和廉租房建设工作视察的通知	2008 年 8 月 13 日
阳人办发〔2008〕43 号	关于开展《中华人民共和国专利法》和《中华人民共和国促进科技成果转化法》执法检查的通知	2008 年 8 月 25 日
阳人办发〔2008〕44 号	阳泉市第十三届人大常委会第十一次会议纪要	2008 年 9 月 3 日

续表

文号	文件标题	发文日期
阳人办发〔2008〕45号	关于组织市人大代表开展2008年专题调研活动的通知	2008年9月3日
阳人办发〔2008〕46号	关于召开全市人大工作座谈会的通知	2008年9月8日
阳人办发〔2008〕47号	关于召开市十三届人大常委会第十二次会议的通知	2008年9月8日
阳人办发〔2008〕48号	关于组织我市省人大代表进行专题调研的通知	2008年9月18日
阳人办发〔2008〕49号	关于印发《市十三届人大四次会议展板宣传工作实施方案》的通知	2008年9月19日
阳人办发〔2008〕50号	关于赵俊峰同志任科员的通知	2008年9月18日
阳人办发〔2008〕51号	关于对我市建设省级科技示范区情况进行视察的通知	2008年10月7日
阳人办发〔2008〕52号	关于落实谢海书记批示精神,认真做好食品药品安全工作监督检查的实施方案	2008年10月7日
阳人办发〔2008〕53号	关于申请出国考察经费的报告	2008年10月12日
阳人办发〔2008〕54号	关于对全市安全生产法贯彻实施情况进行执法检查的通知	2008年10月13日
阳人办发〔2008〕55号	关于变更市十三届人大常委会第十二次会议召开时间的通知	2008年10月14日
阳人办发〔2008〕56号	关于印发阳泉市第十三届人大常委会第十一次会议对市人民政府和市人民检察院专项工作报告的审议意见的通	2008年10月27日
阳人办发〔2008〕57号	关于市人大、市政协办公楼加层、加固工程的申请	2008年10月28日
阳人办发〔2008〕58号	关于召开市十三届人大常委会第十三次会议的通知	2008年10月31日
阳人办发〔2008〕59号	阳泉市第十三届人大常委会第十二次会议纪要	2008年11月3日
阳人办发〔2008〕60号	关于召开全省人大信访工作座谈会议所需经费的报告	2008年11月5日
阳人办发〔2008〕61号	关于市人大、市政协办公楼加层及装修工程的请示	2008年11月5日
阳人办发〔2008〕62号	关于阳泉市人大常委会主任孙水生赴南非和埃及进行城市间合作意向和交流的请示	2008年11月5日
阳人办发〔2008〕63号	关于做好2009年“一报两刊”征订发行工作的通知	2008年11月17日
阳人办发〔2008〕64号	关于组织我市省十一届人大代表进行视察的通知	2008年11月26日
阳人办发〔2008〕65号	关于对代表议案、建议办理情况进行视察的通知	2008年11月26日
阳人办发〔2008〕66号	关于对全市开展城乡社会救助工作情况进行视察的通知	2008年11月28日

续表

文　号	文 件 标 题	发文日期
阳人办发〔2008〕67 号	阳泉市第十三届人大常委会第十三次会议纪要	2008 年 12 月 1 日
阳人办发〔2008〕68 号	关于视察娘子关水源保护工程进展情况的通知	2008 年 12 月 5 日
阳人办发〔2008〕69 号	关于印发阳泉市第十三届人大常委会第十二次会议对市人民政府专项工作报告的审议意见的通知	2008 年 12 月 11 日
阳人办发〔2008〕70 号	关于转发省人大常委会《情况通报》的通知	2008 年 12 月 29 日
阳人办发〔2008〕71 号	阳泉市第十三届人大常委会第十四次会议纪要	2008 年 12 月 29 日
阳人办发〔2008〕72 号	关于市人大常委会机关增设机构及确定分管领导的通知	2008 年 12 月 29 日

阳泉市人民政府

表 26-3

文　号	文 件 标 题	发文日期
阳政发〔2008〕1 号	关于做好 2008 年安全生产工作的通知	2008 年 1 月 1 日
阳政发〔2008〕2 号	关于严厉打击煤矿超层越界违法采矿行为的通知	2008 年 1 月 3 日
阳政发〔2008〕3 号	关于对盂县北下庄乡龙凤煤矿实施关闭的通知	2008 年 1 月 3 日
阳政发〔2008〕4 号	关于 2007 年度全市人口和计划生育工作目标管理责任制考核情况的通报	2008 年 1 月 7 日
阳政发〔2008〕5 号	关于表彰 2007 年度全市安全生产暨煤炭工作模范单位模范企业和优秀工作者的决定	2008 年 1 月 9 日
阳政发〔2008〕6 号	关于命名山西嘉盛工程造价咨询有限公司等 179 家企业为 “守合同 重信用”单位的决定	2008 年 1 月 11 日
阳政发〔2008〕7 号	关于撤销阳泉晋东汽车商城等 12 家市级“守合同重信用”单位荣誉称号的决定	2008 年 1 月 11 日
阳政发〔2008〕8 号	关于进一步严厉打击非法采矿行为严防非法采矿回潮的紧急通知	2008 年 1 月 31 日
阳政发〔2008〕9 号	关于认真做好第二次全国经济普查工作的通知	2008 年 2 月 1 日
阳政发〔2008〕10 号	关于局部调整平定县冠山镇、锁簧镇土地利用总体规划的批复	2008 年 2 月 1 日
阳政发〔2008〕11 号	关于对平定县第一硫磺厂等四座硫铁矿实施关闭的通知	2008 年 2 月 13 日
阳政发〔2008〕12 号	关于阳泉市 2008 年度住房建设计划的批复	2008 年 2 月 15 日
阳政发〔2008〕13 号	关于全市蔬菜产业发展及落实京晋农业科技合作项目的实施意见	2008 年 2 月 25 日

续表

文　号	文 件 标 题	发文日期
阳政发〔2008〕14号	关于表彰畜牧业发展、核桃基地建设、民营水保生态建设、农民专业合作社先进单位和先进个人的决定	2008年2月25日
阳政发〔2008〕15号	关于印发阳泉市城市社区卫生服务体系建设实施方案的通知	2008年2月20日
阳政发〔2008〕16号	关于表彰2007年商务工作先进集体、先进单位和先进个人的决定	2008年2月26日
阳政发〔2008〕17号	关于表彰消防安全工作先进单位和先进个人的决定	2008年3月19日
阳政发〔2008〕18号	关于明确盂县龙华口水电站工程项目法人及法人代表的通知	2008年3月25日
阳政发〔2008〕19号	关于阳煤集团教育处机关等三个机构的人员、资产移交阳泉市政府管理的请示	2008年3月26日
阳政发〔2008〕20号	关于调整山西奥伦胶带有限公司税收管辖及对市经济技术开发区财政收入管理体制有关问题的通知	2008年3月25日
阳政发〔2008〕21号	关于表彰专武干部集训先进单位和先进个人的通报	2008年4月8日
阳政发〔2008〕22号	关于开展非煤矿山企业资源整合和有偿使用工作的实施意见	2008年4月1日
阳政发〔2008〕23号	关于阳泉市2009年住房建设计划的批复	2008年4月11日
阳政发〔2008〕24号	关于表彰全市依法行政工作先进单位的决定	2008年4月15日
阳政发〔2008〕25号	关于印发阳泉市人民政府2008年工作目标责任分解的通知	2008年4月15日
阳政发〔2008〕26号	关于对阳泉市解决城市低收入家庭住房困难发展规划和年度计划（2008~2012年)的批复	2008年4月18日
阳政发〔2008〕27号	关于局部调整郊区杨家庄乡土地利用总体规划的批复	2008年4月23日
阳政发〔2008〕28号	关于坚决制止以各类工程名义开挖煤炭资源的通知	2008年4月24日
阳政发〔2008〕29号	关于印发阳泉市加强地方消耗臭氧层物质淘汰能力建设项目工作方案的通知	2008年5月5日
阳政发〔2008〕30号	关于下达阳泉市2008年国民经济和社会发展计划的通知	2008年5月12日
阳政发〔2008〕31号	关于对各县区2008年招商引资任务的分解及考核奖励办法	2008年5月8日
阳政发〔2008〕32号	关于局部调整平定县石门口乡、冠山镇、巨城镇、张庄镇土地利用总体规划的批复	2008年5月29日
阳政发〔2008〕33号	关于公布阳泉市第一批市级非物质文化遗产保护项目名录的通知	2008年4月10日
阳政发〔2008〕34号	关于推进标准化战略的实施意见	2008年7月4日
阳政发〔2008〕35号	关于在市级机关开展厉行节约反对铺张浪费 严格财政支出管理活动的通知	2008年7月18日

续表

文　号	文 件 标 题	发文日期
阳政发〔2008〕36号	关于表彰参加山西省军警民联合实兵演习军事训练先进个人的通报	2008年7月24日
阳政发〔2008〕37号	关于阳煤集团铝电产业整合后税收管辖权有关问题的通知	2008年7月31日
阳政发〔2008〕38号	关于确认阳泉市国信建设工程担保有限公司投资主体的批复	2008年8月1日
阳政发〔2008〕39号	关于印发阳泉市国省道公路路政共管办法的通知	2008年8月7日
阳政发〔2008〕40号	关于对全市创建国家园林城市第一批园林达标小区、第三批园林达标单位命名的决定	2008年8月6日
阳政发〔2008〕41号	关于平定县娘子关镇历史文化名镇保护规划的批复	2008年8月11日
阳政发〔2008〕42号	关于印发阳泉市城市绿化管理办法的通知	2008年8月26日
阳政发〔2008〕43号	关于印发阳泉市建设省级科技示范区的若干政策的通知	2008年9月4日
阳政发〔2008〕44号	关于聘任第三届阳泉仲裁委员会组成人员的通知	2008年9月4日
阳政发〔2008〕45号	关于局部调整郊区荫营镇、杨家庄乡、李家庄乡土地利用总体规划的批复	2008年9月1日
阳政发〔2008〕46号	关于局部调整盂县秀水镇和孙家庄镇土地利用总体规划的批复	2008年9月1日
阳政发〔2008〕47号	关于印发阳泉市关于加快服务业发展的若干鼓励政策的通知	2008年9月11日
阳政发〔2008〕48号	关于加快服务业发展的实施意见	2008年9月11日
阳政发〔2008〕49号	关于印发阳泉至五台山高速公路阳泉至盂县段征地拆迁安置、建设环境保障实施方案的通知	2008年10月10日
阳政发〔2008〕50号	关于印发阳泉市煤矿转产发展资金和矿山环境恢复治理保证金专户管理办法的通知	2008年10月13日
阳政发〔2008〕51号	关于表彰全市环卫职工标兵、优秀环卫职工、优秀环卫管理工作者的决定	2008年10月16日
阳政发〔2008〕52号	关于对我市住房公积金管理专项治理有关工作任务的承诺	2008年10月28日
阳政发〔2008〕53号	关于对城区义务教育标准化建设审查意见的批复	2008年10月31日
阳政发〔2008〕54号	关于对矿区义务教育标准化建设审查意见的批复	2008年11月3日
阳政发〔2008〕55号	关于局部调整阳泉市郊区李家庄乡土地利用总体规划的批复	2008年11月28日
阳政发〔2008〕56号	关于解决农村困难群众住房问题的意见	2008年11月27日
阳政发〔2008〕57号	关于解决农村困难群众住房问题的意见	2008年11月27日

续表

文　号	文 件 标 题	发文日期
阳政发〔2008〕58号	关于命名山西华通蓝天环保有限公司等89家企业为2007年度市级守合同重信用单位的决定	2008年12月10日
阳政发〔2008〕59号	关于撤销阳泉市恒源纺织有限公司等8家市级守合同重信用单位荣誉称号的决定	2008年12月12日
阳政任字〔2008〕1号	关于檀虎亮等二人任职的通知	2008年1月11日
阳政任字〔2008〕2号	关于王伟锁等四十人任免职务的通知	2008年2月13日
阳政任字〔2008〕3号	关于刘文国等三十一人任免职务的通知	2008年2月13日
阳政任字〔2008〕4号	关于王跃等四人任职的通知	2008年2月13日
阳政任字〔2008〕5号	关于王斌权等二人任免职务的通知	2008年4月30日
阳政任字〔2008〕6号	关于张东民任职的通知	2008年5月8日
阳政任字〔2008〕7号	关于王斌权任职的通知	2008年8月14日
阳政任字〔2008〕8号	关于许建平任职的通知	2008年11月24日
阳政任字〔2008〕9号	关于郗昆等四十人任免职务的通知	2008年12月31日
阳政任字〔2008〕10号	关于王传红等十九人任免职务的通知	2008年12月31日
阳政办发〔2008〕1号	关于贯彻水资源费征收管理有关政策的实施办法	2008年3月14日
阳政办发〔2008〕2号	关于印发阳泉市城市水土保持暂行规定的通知	2008年1月7日
阳政办发〔2008〕3号	关于印发阳泉市煤炭销售票使用管理办法实施细则的通知	2008年1月15日
阳政办发〔2008〕4号	关于2007年度全市劳动和社会保障工作目标责任完成情况的通报	2008年1月9日
阳政办发〔2008〕5号	关于印发2008年安全生产考核指标和奖惩办法的通知	2008年1月11日
阳政办发〔2008〕6号	关于对阳泉市人民政府2007年目标责任制工作完成情况进行考评的通知	2008年1月15日
阳政办发〔2008〕7号	关于做好应对暴雪天气防灾抗灾工作的通知	2008年1月14日
阳政办发〔2008〕8号	关于进一步加强全市储煤场经营监管的实施意见	2008年1月16日
阳政办发〔2008〕9号	关于认真做好2008年春运工作的通知	2008年1月16日
阳政办发〔2008〕10号	关于报送执行调价备案干预措施的报告	2008年1月21日

续表

文　号	文　件　标　题	发文日期
阳政办发〔2008〕11号	关于征集2008年市人民政府为民办实事建议的通知	2008年1月22日
阳政办发〔2008〕12号	关于印发阳泉市天然气推广工作实施意见的通知	2008年1月24日
阳政办发〔2008〕13号	关于开展第一次全国污染源普查实施方案	2008年1月22日
阳政办发〔2008〕14号	关于进一步做好粮油供应稳定市场价格的紧急通知	2008年1月30日
阳政办发〔2008〕15号	关于成立阳泉市煤电气热油运综合协调领导组的通知	2008年2月1日
阳政办发〔2008〕16号	关于转发省政府办公厅山西省省属国有关闭破产企业退休人员和国有特困企业职工参加城镇职工基本医疗保险的暂行办法的通知	2008年2月1日
阳政办发〔2008〕17号	关于印发阳泉市创建食品放心城市实施方案的通知	2008年2月22日
阳政办发〔2008〕18号	关于进一步开展安全生产隐患排查治理工作的通知	2008年3月5日
阳政办发〔2008〕19号	关于印发第三届中国中部投资贸易博览会阳泉市代表团工作方案的通知	2008年3月6日
阳政办发〔2008〕20号	关于成立娘子关水源保护领导组的通知	2008年3月10日
阳政办发〔2008〕21号	关于印发阳泉市固定资产投资项目节能评估和审查暂行办法的通知	2008年3月10日
阳政办发〔2008〕22号	关于印发阳泉市节能目标责任评价考核及奖惩办法的通知	2008年3月10日
阳政办发〔2008〕23号	关于转发省政府办公厅《关于转发 < 省煤炭局关于规范煤矿复工复产验收工作实施方案 > 的通知》的通知	2008年3月3日
阳政办发〔2008〕24号	关于国家水土保持重点建设工程实施民营水保生态户治理的办法	2008年3月17日
阳政办发〔2008〕25号	关于开展饮水安全达标乡镇创建活动的实施意见	2008年3月17日
阳政办发〔2008〕26号	关于转发市建设局关于阳泉市2008年城市出租汽车经营权有偿出让实施方案的通知	2008年3月17日
阳政办发〔2008〕27号	关于印发阳泉市贯彻落实中华人民共和国政府信息公开条例实施意见的通知	2008年3月17日
阳政办发〔2008〕28号	关于印发第十二届中国东西部合作与投资贸易洽谈会阳泉市参会方案的通知	2008年3月19日
阳政办发〔2008〕29号	关于印发全市春季造林和森林防火工作督查方案的通知	2008年3月20日
阳政办发〔2008〕30号	关于开展2008年度全市防雷设施安全大检查的通知	2008年3月20日
阳政办发〔2008〕31号	关于进一步加强全市政府依法行政工作的实施意见	2008年3月24日
阳政办发〔2008〕32号	关于印发阳泉市行政执法检查规定的通知	2008年3月24日

续表

文号	文件标题	发文日期
阳政办发〔2008〕33号	关于印发阳泉市行政执法案卷评查试行办法的通知	2008年3月24日
阳政办发〔2008〕34号	关于印发阳泉市城乡一体化规划编制工作方案的通知	2008年3月24日
阳政办发〔2008〕35号	关于转发山西省重大行政处罚决定备案办法的通知	2008年3月24日
阳政办发〔2008〕36号	关于贯彻中华人民共和国行政复议法实施条例的通知	2008年3月24日
阳政办发〔2008〕37号	关于印发阳泉市环境保护奖励基金管理办法的通知	2008年3月25日
阳政办发〔2008〕38号	关于转发省政府办公厅《关于严格认真做好煤矿复工复产工作的紧急通知》的通知	2008年3月27日
阳政办发〔2008〕39号	关于上报省循环经济试点园区的报告	2008年4月1日
阳政办发〔2008〕40号	关于开展劳动用工执法检查专项行动的通知	2008年4月1日
阳政办发〔2008〕41号	转发市整顿和规范矿产资源开发秩序领导组关于开展整顿和规范矿产资源开发秩序"回头看"行动实施方案的通知	2008年4月1日
阳政办发〔2008〕42号	关于印发阳泉市建设工程规划执法检查工作方案的通知	2008年4月9日
阳政办发〔2008〕43号	关于印发政府法制工作目标责任制分解考核指标的通知	2008年4月9日
阳政办发〔2008〕44号	关于印发阳泉市城乡环境卫生清洁工程实施方案的通知	2008年4月9日
阳政办发〔2008〕45号	关于成立阳泉市天桥拓宽及天桥东区改造领导组的通知	2008年4月7日
阳政办发〔2008〕46号	关于集中供热有关情况的报告	2008年2月14日
阳政办发〔2008〕47号	关于成立山西河坡发电有限公司2×300MW超临界空冷供热燃煤机组项目领导组的通知	2008年4月14日
阳政办发〔2008〕48号	关于印发县区和重点耗能企业2007年节能目标完成情况评价考核方案的通知	2008年4月16日
阳政办发〔2008〕49号	关于开展二、三类城市语言文字工作评估的意见	2008年4月17日
阳政办发〔2008〕50号	关于印发2008年阳泉市新型农村合作医疗二次筹资实施方案的通知	2008年4月18日
阳政办发〔2008〕51号	关于阳泉市普通高中进行新课程实验的实施意见	2008年4月17日
阳政办发〔2008〕52号	关于在全市开展"博爱一日捐"募捐活动的通知	2008年4月18日
阳政办发〔2008〕53号	关于印发开展"迎奥运、保稳定"安全生产百日督查专项行动的实施方案的通知	2008年4月27日
阳政办发〔2008〕54号	关于调整阳泉市纠正行业不正之风领导组的通知	2008年5月8日

续表

文　号	文　件　标　题	发文日期
阳政办发〔2008〕55号	关于印发阳泉市2008年地质灾害防治方案的通知	2008年5月5日
阳政办发〔2008〕56号	关于表彰2007年政务信息标兵单位、先进单位和优秀工作者的决定	2008年5月5日
阳政办发〔2008〕57号	关于成立阳泉市电煤供应保障领导组的通知	2008年5月13日
阳政办发〔2008〕58号	关于调整阳泉市语言文字工作委员会组成人员的通知	2008年5月7日
阳政办发〔2008〕59号	关于重申政务值班工作和严格执行外出请假制度的通知	2008年5月16日
阳政办发〔2008〕60号	关于成立我市对外开放工作领导组的通知	2008年5月8日
阳政办发〔2008〕61号	成立阳泉市援助四川地震重灾区过渡安置房建设工程指挥部的通知	2008年5月26日
阳政办发〔2008〕62号	关于调整阳泉市招生考试委员会组成人员的通知	2008年5月29日
阳政办发〔2008〕63号	关于印发第29届奥运会环境质量保障措施—阳泉措施实施方案的通知	2008年5月26日
阳政办发〔2008〕64号	关于印发阳泉市生产安全责任事故调查处理工作若干规定的通知	2008年5月22日
阳政办发〔2008〕65号	关于印发阳泉市较大生产安全事故责任追究沟通协调工作联席会议制度的通知	2008年5月22日
阳政办发〔2008〕66号	关于做好防震减灾工作的实施方案	2008年6月4日
阳政办发〔2008〕67号	关于印发阳泉市突发公共卫生事件应急预案的通知	2008年5月10日
阳政办发〔2008〕68号	关于印发阳泉市突发公共事件医疗卫生救援应急预案的通知	2008年5月12日
阳政办发〔2008〕69号	关于成立阳泉市石太成品油管道安全保护协调领导组的通知	2008年5月26日
阳政办发〔2008〕70号	关于进一步推进城市环境综合整治加快环境改善步伐的通知	2008年6月10日
阳政办发〔2008〕71号	关于成立开发区康达小区管理协调组的通知	2008年6月10日
阳政办发〔2008〕72号	关于加强和完善服务业统计工作的意见	2008年5月29日
阳政办发〔2008〕73号	关于印发严格会议审批制度及会议组织工作的意见的通知	2008年6月12日
阳政办发〔2008〕74号	关于调整阳泉市治理非法超限超载车辆工作领导组组成人员的通知	2008年6月11日
阳政办发〔2008〕75号	关于印发阳泉市城乡一体化规划编制工作表彰奖励办法的通知	2008年6月12日
阳政办发〔2008〕76号	关于2008年普法依法治市工作要点的通知	2008年5月30日

续表

文号	文件标题	发文日期
阳政办发〔2008〕77号	关于印发阳泉市推进基层文化建设构建公共文化服务体系的实施意见的通知	2008年6月20日
阳政办发〔2008〕78号	关于印发阳泉市创建全国专利试点城市实施方案的通知	2008年6月20日
阳政办发〔2008〕79号	关于调整市土地储备管理委员会的通知	2008年6月19日
阳政办发〔2008〕80号	关于调整阳泉市人工增雨防雹指挥部组成人员的通知	2008年6月19日
阳政办发〔2008〕81号	关于印发阳泉市金融支持地方经济发展奖励办法的通知	2008年6月26日
阳政办发〔2008〕82号	关于成立清理化解农村义务教育"普九"债务试点工作领导组的通知	2008年7月8日
阳政办发〔2008〕83号	印发关于进一步规范市人民政府领导政务活动的意见	2008年7月9日
阳政办发〔2008〕84号	关于开展煤炭开采生态恢复治理规划及方案编制工作的通知	2008年7月4日
阳政办发〔2008〕85号	关于组织开展人民防空工作目标责任制考核工作的通知	2008年7月8日
阳政办发〔2008〕86号	关于调整市劳动教养管理委员会组成人员的通知	2008年7月9日
阳政办发〔2008〕87号	关于成立市外国人管理工作领导组的通知	2008年7月8日
阳政办发〔2008〕88号	关于印发阳泉市城镇居民基本医疗保险部分政策调整意见的通知	2008年7月16日
阳政办发〔2008〕89号	关于印发第二届中国(太原)国际煤炭与能源新产业博览会阳泉市代表团工作方案的通知	2008年7月16日
阳政办发〔2008〕90号	关于印发市中级人民法院市人民检察院公用经费保障标准的通知	2008年7月18日
阳政办发〔2008〕91号	关于建立阳泉市社会保险扩面工作联席会议的通知	2008年7月22日
阳政办发〔2008〕92号	关于市信息化工作办公室和市经济信息中心合署后名称使用的通知	2008年7月24日
阳政办发〔2008〕93号	关于印发阳泉市固定资产投资项目管理流程图的通知	2008年7月24日
阳政办发〔2008〕94号	关于保障规范性文件质量推进依法行政的实施意见	2008年7月29日
阳政办发〔2008〕95号	关于组织开展行政处罚案卷评查活动的通知	2008年7月29日
阳政办发〔2008〕96号	关于印发开展住房公积金管理专项治理的实施方案的通知	2008年7月22日
阳政办发〔2008〕97号	关于继续深入开展整治违法排污企业保障群众健康环保专项行动的通知	2008年7月10日
阳政办发〔2008〕98号	关于开展全市环境集中整治百日行动的通知	2008年7月31日

续表

文　号	文 件 标 题	发文日期
阳政办发〔2008〕99号	关于调整阳泉市煤炭工业可持续发展试点工作领导组组成人员的通知	2008年8月4日
阳政办发〔2008〕100号	关于开展“十一五”规划纲要中期评估工作的通知	2008年7月31日
阳政办发〔2008〕101号	关于贯彻落实山西省人民政府关于改进和加强暂住人口管理工作的意见的通知	2008年8月5日
阳政办发〔2008〕102号	关于印发阳泉市落实山西省地震应急救援规定的实施意见的通知	2008年8月7日
阳政办发〔2008〕103号	关于成立服务业发展领导组的通知	2008年8月8日
阳政办发〔2008〕104号	关于印发阳泉市循环经济发展规划(2008—2010年)的通知	2008年8月4日
阳政办发〔2008〕105号	关于印发第十届中国国际高新技术成果交易会阳泉代表团工作方案的通知	2008年8月7日
阳政办发〔2008〕106号	关于印发阳泉市处置非法集资风险排查工作方案的通知	2008年8月20日
阳政办发〔2008〕107号	关于印发第十二届中国国际投资贸易洽谈会阳泉代表团工作方案的通知	2008年8月25日
阳政办发〔2008〕108号	关于开展清理化解农村义务教育“普九”债务试点工作的意见	2008年8月25日
阳政办发〔2008〕109号	关于成立阳泉市应急管理专家组的通知	2008年8月28日
阳政办发〔2008〕110号	转发山西省人民政府应急管理办公室关于进一步明确突发公共事件信息报送规定的通知	2008年8月29日
阳政办发〔2008〕111号	关于印发阳泉市人民政府重大突发事件处置工作流程的通知	2008年8月29日
阳政办发〔2008〕112号	关于成立阳泉市国省道公路路政共管工作领导组的通知	2008年8月26日
阳政办发〔2008〕113号	关于将市再就业工作领导组调整为市人民政府就业工作部门联席会议的通知	2008年8月26日
阳政办发〔2008〕114号	关于印发阳泉市被征地农民就业培训和社会保障工作实施办法的通知	2008年8月26日
阳政办发〔2008〕115号	关于调整阳泉市110社会服务联合行动领导组组成人员的通知	2008年8月28日
阳政办发〔2008〕116号	关于印发阳泉市建设省级科技示范区实施意见具体实施工作方案的通知	2008年9月3日
阳政办发〔2008〕117号	关于印发第五届中国——东盟博览会阳泉代表团工作方案的通知	2008年8月29日
阳政办发〔2008〕118号	关于成立阳泉市处置问题婴幼儿奶粉工作领导组的通知	2008年9月19日
阳政办发〔2008〕119号	关于转发白云市长就贯彻落实晋政办发电〔2008〕139号文件的重要批示的通知	2008年9月19日
阳政办发〔2008〕120号	转发关于对全市液化石油气充装单位进行安全大检查的情况汇报的通知	2008年9月22日

续表

文 号	文 件 标 题	发文日期
阳政办发〔2008〕121号	关于对全市文化市场经营单位和公共文化场所进行安全集中检查整顿的紧急通知	2008年9月22日
阳政办发〔2008〕122号	转发省政府办公厅转发国务院安委会办公室关于做好国庆节期间安全生产工作的通知的通知的通知	2008年9月23日
阳政办发〔2008〕123号	关于成立阳泉市奶站建设专项整治工作领导组的通知	2008年9月25日
阳政办发〔2008〕124号	关于印发阳泉市道路货物运输源头治理车辆超限超载实施细则的通知	2008年9月12日
阳政办发〔2008〕125号	关于印发阳泉市奶牛养殖补助办法的通知	2008年9月28日
阳政办发〔2008〕126号	关于印发阳泉市预防煤矿超层越界开采规定的通知	2008年10月7日
阳政办发〔2008〕127号	关于加强第四季度安全生产工作的紧急通知	2008年10月8日
阳政办发〔2008〕128号	关于全市中小学校舍安全工程的实施意见	2008年10月10日
阳政办发〔2008〕129号	关于开展预防特大道路交通事故百日行动工作的通知	2008年9月24日
阳政办发〔2008〕130号	关于印发阳泉市气象灾害应急预案的通知	2008年10月6日
阳政办发〔2008〕131号	关于2008年市级行政处罚案卷评查情况的通报	2008年10月28日
阳政办发〔2008〕132号	关于开展突发事件应对法施行一周年宣传活动实施方案的通知	2008年10月28日
阳政办发〔2008〕133号	关于下达2008年城镇退役士兵安置计划的通知	2008年8月5日
阳政办发〔2008〕134号	关于转发山西省人民政府办公厅关于下达2008年下半年各市新增生活COD减排指标目标任务的通知的通知	2008年10月15日
阳政办发〔2008〕135号	关于印发阳泉市规范行政处罚自由裁量权的规定的通知	2008年10月20日
阳政办发〔2008〕136号	关于阳泉市非公有制经济单位纳入失业保险覆盖范围的若干意见	2008年11月4日
阳政办发〔2008〕137号	关于印发阳泉市非公有制经济单位参加失业保险实施细则的通知	2008年11月4日
阳政办发〔2008〕138号	关于调整市森林防火指挥部组成人员的通知	2008年11月6日
阳政办发〔2008〕139号	关于做好煤矿等高危用户安全供用电工作的通知	2008年11月19日
阳政办发〔2008〕140号	关于印发阳泉市小额贷款公司创建工作实施方案的通知	2008年11月24日
阳政办发〔2008〕141号	关于印发阳泉市城市污水处理费征收管理办法的通知	2008年11月26日
阳政办发〔2008〕142号	关于印发阳泉市供水节水管理办法的通知	2008年12月1日

续表

文 号	文 件 标 题	发文日期
阳政办发〔2008〕143 号	关于阳泉市应急平台体系建设的指导意见	2008 年 12 月 8 日
阳政办发〔2008〕144 号	关于做好药品不良反应监测工作的通知	2008 年 12 月 8 日
阳政办发〔2008〕145 号	关于加强学校校舍抗震设防管理工作的通知	2008 年 12 月 8 日
阳政办发〔2008〕146 号	关于印发阳泉市地震应急避难场所建设实施意见通知	2008 年 12 月 10 日
阳政办发〔2008〕147 号	关于印发 2008 年阳泉市环保零点关停行动实施方案的通知	2008 年 12 月 8 日
阳政办发〔2008〕148 号	转发市人口计生委市林业局关于在集体林权制度改革中对计划生育家庭给予优惠的办法(试行)的通知	2008 年 12 月 30 日
阳政办发〔2008〕149 号	关于对 2008 年全市政府系统目标责任制工作完成情况进行考评的通知	2008 年 12 月 31 日
阳政办发〔2008〕150 号	关于印发阳泉市煤炭可持续发展基金安排使用管理办法的通知	2008 年 12 月 25 日
阳政办发〔2008〕151 号	关于成立阳泉市婴幼儿奶粉事件患儿民事赔偿工作小组的通知	2008 年 12 月 29 日

政协阳泉市委员会

表 26-4

文 号	文 件 标 题	发文日期
阳协发〔2008〕1 号	政协阳泉市十一届委员会常务委员会关于进一步推进我市职业教育，促进教育均衡发展的建议案	2008 年 8 月 14 日
阳协发〔2008〕2 号	政协阳泉市委员会关于加强新闻宣传工作的意见	2008 年 9 月 9 日
阳协发〔2008〕3 号	政协阳泉市十一届委员会常务委员会关于对我市统筹城乡发展努力推进城乡一体化的建议案	2008 年 11 月 17 日
阳协办〔2008〕2 号	关于成立市政协防火安全领导组的通知	2008 年 1 月 14 日
阳协办〔2008〕6 号	关于举办“迎新春委员联谊会”的通知	2008 年 1 月 21 日
阳协办〔2008〕7 号	关于召开市政协传达贯彻省政协十届一次会议精神大会的通知	2008 年 1 月 28 日
阳协办〔2008〕8 号	关于进一步做好政协建议案和提案办理工作的请示报告	2008 年 2 月 18 日
阳协办〔2008〕9 号	关于召开全市政协系统信息工作会议的通知	2008 年 2 月 19 日
阳协办〔2008〕13 号	关于对市政协委员 2007 年度履行职能的情况进行考核的通知	2008 年 3 月 3 日
阳协办〔2008〕14 号	关于修订《全市政协系统信息工作考评办法》的通知	2008 年 3 月 21 日

续表

文 号	文 件 标 题	发文日期
阳协办〔2008〕15号	关于报送《关于进一步加强我市城市环境卫生工作的意见和建议》的报告	2008年3月21日
阳协办〔2008〕16号	关于召开市政协十一届四次常委会议的通知	2008年3月26日
阳协办〔2008〕17号	政协阳泉市委员会办公厅关于表彰2007年度政协信息工作先进单位先进个人的决定	2008年3月26日
阳协办〔2008〕18号	关于召开全市2007年度政协系统信息工作总结表彰会的通知	2008年3月27日
阳协办〔2008〕19号	关于召开政协阳泉市第十一届委员会第二次会议的通知	2008年3月28日
阳协办〔2008〕20号	关于报送《关于加强我市基层文化建设构建覆盖城乡的公共文化服务体系的视察报告》的报告	2008年3月31日
阳协办〔2008〕21号	市政协关于开展"改革开放30年'西小平杯'"征文活动的通知	2008年4月23日
阳协办〔2008〕24号	关于开展"改革开放三十年亲历记"征文活动的通知	2008年5月7日
阳协办〔2008〕25号	关于举办阳泉市政协系统"迎奥运全民健身活动"启动仪式暨篮球比赛的通知	2008年5月9日
阳协办〔2008〕26号	关于举办 "风雨同舟30年——阳泉市政协系统纪念改革开放30周年摄影图片展览"的通知	2008年5月12日
阳协办〔2008〕27号	关于全市各级政协组织和广大政协委员做好抗震救灾工作的通知	2008年5月20日
阳协办〔2008〕28号	关于印发《阳泉市政协"社情民意"信箱暂行管理办法》的通知	2008年5月23日
阳协办〔2008〕29号	关于举行阳泉市政协"社情民意"信箱平定县冠山镇启动仪式的通知	2008年5月27日
阳协办〔2008〕31号	关于成立市政协"五五"普法领导组的通知	2008年6月6日
阳协办〔2008〕32号	关于举行阳泉市政协系统"迎奥运全民健身活动"启动仪式的通知	2008年6月30日
阳协办〔2008〕33号	关于开展统筹城乡发展推进城乡一体化专题调研的通知	2008年7月7日
阳协办〔2008〕35号	阳泉市"百项工程"负责人联谊会关于对我市2008年上半年"百项工程"建设进行观摩交流的通知	2008年7月28日
阳协办〔2008〕39号	关于下发《阳泉市政协关于落实〈山西省建设节约型机关管理和考核办法〉的实施意见》的通知	2008年8月4日
阳协办〔2008〕40号	关于召开市政协十一届六次常委会议的通知	2008年8月5日
阳协办〔2008〕42号	关于市政协十一届六次常委会议的情况报告	2008年8月13日
阳协办〔2008〕44号	关于印发《阳泉市政协关于进一步加强领导班子和县级领导干部思想政治建设的意见》的通知	2008年8月25日
阳协办〔2008〕46号	关于报送《市"百项工程"负责人联谊会关于推进"百项工程"建设的建议》的报告	2008年8月27日

续表

文 号	文 件 标 题	发文日期
阳协办〔2008〕49号	关于召开市政协十一届七次常委会议的通知	2008年11月3日
阳协办〔2008〕51号	关于市政协十一届七次常委会议的情况报告	2008年11月13日
阳协办〔2008〕52号	关于开展全市服务业发展专题调研的通知	2008年11月17日
阳协办〔2008〕53号	关于成立《阳泉政协之声》编辑部并核定人员编制的报告	2008年11月18日
阳协办〔2008〕56号	关于召开阳泉市政协纪念改革开放30周年“继续解放思想、推进科学发展”座谈会的通知	2008年12月10日
阳协办〔2008〕57号	关于举办阳泉市政协纪念改革开放30周年《履职之路》文献图片展览暨《履职之路》文献图片集、《纪念改革开放30周年专辑》首发式的通知	2008年12月10日
阳协办〔2008〕60号	关于对市政协委员2008年度履行职能的情况进行考核的通知	2008年12月15日

2007年度阳泉市科技进步授奖项目

表26-5

获奖等级	文章标题	单位名称	人员名单
应用研究一等奖5项	1、高瓦斯矿井陷落柱密集区松散煤顶板条件下开采技术的研究与应用	阳泉煤业(集团)有限责任公司	林彦清 陈国华 王冬平 武 钢 周建斌 张建明 张永建 牛芬成 马德胜 宋建军
	2、选煤厂装车自动化系统	山西国阳新能股份有限公司	李宝玉 陈国华 毛春波 刘学东 乔方玄 张顺杰 于超英 钟建平 刘正军 霍得双
	3、W火焰炉燃烧系统优化	山西阳光发电有限责任公司	王 礼 魏绍青 柳成亮 刘文伟 李争起 范舜华 高林峰 王俊杰 吴俊杰 王炳英 王维贵 付学青 马晓华
	4、扁桃体切除术后对机体免疫功能远期影响的研究	阳泉市第一人民医院	冯振山 邢秀峰 李占荣 张美英 郭兆燕 吕志刚
	5、危重病人长链脂肪乳输注时间的研究	阳泉市第一人民医院	赵承芳 任巧花 梁惠莲 贾元青 张江鱼 王利军 张 江 郗超毅 汪慕华
成果推广及产业化一等奖3项	6、TB250M-4Y隔爆型稀土永磁同步电机	山西华鑫电气有限公司、山西国阳新能股份有限公司	胡少昆 潘龙成 陈国华 李发海 李 慧 路永生 王晋宏 郭伟彰 苏位峰 李继臣
	7、畜禽重大疫病监控与防治技术	阳泉市动物疫病检测中心	石丽瑞 翟鹏林 武新钢 李秀华 赵继鹏 王艳凤 康日魁 柴树清 杨志英 杨志平
	8、测土配方施肥技术推广应用	盂县农业技术推广中心	赵明双 王亮军 郭志英 常晓平 郭秀林 袁利平 李霞丽 李建新 梁新华 赵秀元

续表

获奖等级	文章标题	单位名称	人员名单
软科学 一等奖 2 项	9、循环经济与资源城市成长路径研究	太原理工大学阳泉学院	郝家龙　翟纯红　巨建军　王富荣 宁云才
	10、岗位价值精细管理研究与实施	阳泉煤业(集团)有限责任公司	廉　贤　李演珍　董喜贵　李　柱 王月生　李树文　梁海斌　王聪明 刘利生　李　刚
应用研究 二等奖 7 项	11、选煤厂浓缩池防压耙报警装置的研究	山西国阳新能股份有限公司、太原理工大学	武　钢　寇子明　高贵军　乔方旋 黄　山　董宪姝　张建明　乔国平 于超英　贾永成
	12、高瓦斯掘进工作面瓦斯排放控制系统	山西国阳新能股份有限公司 上海普昱矿山设备有限公司	陈国华　杨硕才　赵惠德　梁贵生 杨玉淘　林　强　安占东　张建明 梁爱堂　邢建峰
	13、多种新型汽封在 300MW 汽轮机组上的应用	山西阳光发电有限责任公司	王　礼　魏绍青　柳成亮　赵保国 孟井明　李永茂　张丽民　李国良 杜　诚　荆　凯　杨文星　赵　丕
	14、分室定位反吹式袋式除尘器在大容量电站锅炉上的应用	山西阳光发电有限责任公司	魏绍青　孟崇林　刘志成　张润成 刘志成　杨小明　杨立功　胡学军 郎鑫炎
	15、雨量信息数据处理与服务系统	阳泉市气象局	李定平
	16、岗位经营核算管理系统	阳泉煤业(集团)有限责任公司	林彦清　王富明　张正东　丁建设 姚哲辉　段翠芳　张云雷　朱毅鑫
	17、针后探测气泡动脉穿刺在建立血液透析通路的临床研究	阳泉煤业(集团)有限责任公司总医院	姜振华　陆宪英　贾江武　刘建林 任玉卿　黄　萍　梁捧元　史官茂 杨俊丽　魏俊娥
成果推广及产业化 二等奖 5 项	18、钢绳芯强力带式输送机的研制	阳泉华越机械有限责任公司	任紫亭　白永胜　孔令飞　张东军 杨桂从　冯建军　刘玉珍　赵卫民
	19、三环密封蝶阀	阳泉市勤工技术实业开发有限公司	刘工勤　陈俊英　侯玉清　李晓英
	20、高温蓄热燃烧技术在梭式窑上的应用	阳泉市中北耐火材料有限责任公司	王晓东　牛昌茂　张泉清　高玉平 高艳红　常　奕　谢海金　马进军 李喜怀　樊志林
	21、大跨度节能温室蔬菜高效种植模式的试验研究与应用	郊区蔬菜中心	王英利　王斌武　李瑞英　陈丽娟 梁建鸿　张　洁　杨凌云　宋翠文 胡冀平　王　凯
	22、阳泉市奶牛性控冻精人工授精技术推广	阳泉市畜禽繁育改良站	曹水清　毛新辉　翟鹏林　李艳军 乔升民　王瑞忠　李秀花　赵继鹏 王艳凤　康日魁
软科学 二等奖 3 项	23、阳泉市地方标准《核桃栽培系列技术规程》编制研究	阳泉市林业科学研究所	郗文保　李慧颖　张书喜　李宝林 马建力　张美英　罗树宏
	24、阳泉市经济社会发展宏观调控规划(2008 年~2015 年)	阳泉市发改委	刘志强　韩　锦　卢立峰　张丽娟 张　敏　刘志芳
	25、阳泉市产业结构调整规划(2008 年~2015 年)	阳泉市发改委	刘志强　韩　锦　陈　动　巨建军 张慧清　霍宏武

续表

获奖等级	文章标题	单位名称	人员名单
应用研究 三等奖10项	26、高瓦斯大采长综放面煤与瓦斯共采技术研究	阳泉煤业(集团)有限责任公司、中国矿业大学	张福喜 许家林 陈国华 屈庆栋 张吉林 杨胜强 赵长春 边俊国 张爱科 武 钢
	27、大采长综放工作面采场矿压显现规律研究	阳泉煤业(集团)有限责任公司、中国矿业大学	李伟林 陈国华 丁日斌 蔡锋光 郝宝慧 张吉林 徐改俊 孟青海 许家林 屈庆栋
	28、企业岗位精细管理信息系统	阳泉煤业(集团)有限责任公司三矿	翟献华 高彦清 谢亚平 韩聚民 王金存 张 羽 郭勇利 任改玲 杨巧如 杨晋昌
	29、基于.NET平台的煤矿综合信息管理系统	阳泉煤业(集团)寿阳开元矿业有限责任公司	商继庭 付书俊 任晓鹏 贾冬红 李天一 胡朝阳
	30、基于.NET平台的实时协作企业办公系统	阳泉煤业(集团)有限责任公司	崔建军 郑海山 卢辉生 苗来柱 郭雅铭 韩立武 周 炜 王 震
	31、矿用隔爆型电磁起动器的PLC综合保护	山西国阳新能股份有限公司、阳泉市万科电器有限公司	潘 彬 陈国华 张竹龙 霍朋柱 张建明 梁正学
	32、空气斜槽技术在电站湿除灰系统中的应用	山西阳光发电有限责任公司	柳成亮 张润成 杨小明 杨立功 胡学军 郎鑫炎
	33、借鉴VN密封技术将空气预热器可调式密封改为固定式多重密封	山西阳光发电有限责任公司	刘文伟 柳成亮 吴俊杰 王俊杰 翟晓东 倪 震 成 斌 李 波 徐源泽 王世勇 杨建峰
	34、拔牙前后患者血压和心率的临床分析研究	阳泉市第一人民医院	王世伟 王力平 张艾芳 阎学芳 吕志刚
	35、不同方法预防持续输注氟尿嘧啶致静脉炎的效果观察	阳泉市第一人民医院	任桂花 任巧花 陆秀珍 王 胜 赵 斌 吕占赟 李维萍 李瑞珍 胡利红 梁 澍
成果推广及产业化 三等奖6项	36、DSD酸废水生产混凝土减水剂	阳泉市世太建材有限公司	要 真 田聪明 樊志林 王海斌 陈冬至 刘俊文 陈志军 张选玉
	37、WGL型系列液下渣浆、污水泵	阳泉水泵厂有限责任公司	梁海珠 王鸿民 阎立奎 张继武 陈然芬 刘 丽 马凤莲 郭毓红
	38、马铃薯化学调控技术研究推广应用	山西三来食品有限公司	王彦宝 程海鱼
	39、平定县优质高产玉米新品种引进试验示范推广	平定县丰裕农业科技有限公司	王海荣 卢素昌 杨树盛 翟世军 刘秋生 桑海明 赵建峰 周丽琴 周荟萍 耿慧敏
	40、波尔山羊品种引进及杂交利用技术	阳泉市金满地生态农业科技有限公司	王金宝 王振生 王宝生 武新刚 曹水清 贾凤英 暴卫东 马振波 梁丽珍 王 杨
	41、吊装设备无线遥控控制器	阳泉市德力盛科贸有限责任公司	侯盛辉 侯盛光 丁彦军

2008年度阳泉市授权(或公告)专利一览表

表26-6

序号	申请人	发明人	申请号	类别	专利名称	通讯地址
1	许建壮	许建壮	200310103932	发明专利(授权)	汽轮发电机组在线智能分析与经济性诊断方法	阳泉市新华东街阳光小区18楼4单元502号
2	王贵如	王贵如 翟建红	200510012843	发明专利(授权)	松散形无机防水材料添加剂及其制备方法	阳泉市南山南路8号应用技术研究所
3	盂县西小坪耐火材料有限公司	武本有 武根怀 郝良军 韩八斤 尹建斌	200710062457.5	发明专利(公告)	硅质隔热耐火砖	盂县西小坪耐火材料有限公司
4	盂县西小坪耐火材料有限公司	武本有 武根怀 郝良军 韩八斤 尹建斌	200710062483.8	〃	硅质耐火泥浆粉	盂县西小坪耐火材料有限公司
5	石玉山 石向阳行	石玉山 石向阳行	200610153580.3	〃	多极无换向交直流两用电机	矿区四矿口桥北街2号楼1门8号
6	李保明	李保明	200710139616.7	〃	一种图片展示的新方法	阳泉市少年宫
7	王惠民	王惠民	200710139676.9	〃	医药专用铁粉	市南山南路7号(仪表厂院内)
8	王惠民	王惠民	200710139654.2	〃	磁屏蔽专用铁粉	市南山南路7号(仪表厂院内)
9	王惠民	王惠民	200710139655.7	〃	磁变流技术专用金属纳米铁粉	市南山南路7号(仪表厂院内)
10	王惠民	王惠民	200710139670.1		电磁体专用铁粉	市南山南路7号(仪表厂院内)
11	王惠民	王惠民	200710139671.6	〃	发动机熄火剂专用铁粉	市南山南路7号(仪表厂院内)
12	王惠民	王惠民	200710139673.5	〃	喷射成型专用铁粉	市南山南路7号(仪表厂院内)
13	王惠民	王惠民	200710139674.x	〃	水净化专用铁粉	市南山南路7号(仪表厂院内)
14	王惠民	王惠民	200710139675.4	〃	电磁能量转换专用铁粉	市南山南路7号(仪表厂院内)
15	王惠民	王惠民	200710139677.3	〃	电子设备短路专用纳米导电铁粉	市南山南路7号(仪表厂院内)
16	王惠民	王惠民	200710139652.3	〃	大气除硫专用铁粉	市南山南路7号(仪表厂院内)
17	宋志忠	宋志忠	200610102111.9	〃	蓄能式汽车应急制动装置	郊区李家庄阳泉市特种阀门有限公司

续表

序号	申请人	发明人	申请号	类别	专利名称	通讯地址
18	山西国阳新能股份有限公司阳泉市恒轩机械有限责任公司	高彬彦　张庆恒 段千寿　李素珍 石良柱　邵风亭 梁灵周	200710185409.5	〃	一种上开口散装物料运输车厢及其开关装置	市北大街5号（阳泉煤业（集团）有限责任公司）
19	山西阳泉华岭耐火材料有限公司	史永记　王义长	200710185372.6	〃	炭素焙烧炉用耐火材料及其制备方法	白泉工业园区
20	李宜茂	李宜茂	200610167533.4	〃	纯中药高效润便丸	盂县南娄镇漆树村
21	刘振东	刘振东	200810054408.1	〃	垂直煤仓防碎分层缓冲装置	阳煤集团五矿职教办
22	阳泉煤业(集团)有限责任公司	李宝玉　张福喜 赵石平　张吉林 赵长春　赵青云 任发伍　刘彦斌 游　浩　刘继勇	200710139615.2	〃	一进一回加内错尾巷通风方式治理落山角及采空区瓦斯的方法	市北大街5号（阳泉煤业（集团）有限责任公司）
23	杨振幅	杨振幅	200610101262.2	〃	带储存及取装替芯的自动铅笔	阳泉市朝阳街8号市气运三公司
24	张宝顺	张宝顺	200710061896.4	〃	多气室真空自救新型轮胎轮辋	小阳泉丰泽园6-2-2
25	杜志刚	杜志刚	200710148443.5	〃	惰气压力聚氨脂喷注方法	矿区二矿小南坑63-1-3
26	杜志刚	杜志刚	200710148651.5	〃	涂布磁性材料的方法	矿区二矿小南坑63-1-3
27	杜志刚	杜志刚	200710148643.0	〃	矿井轨道拖拉机的使用方法	矿区二矿小南坑63-1-3
28	杜志刚	杜志刚	200710148644.5	〃	矿井轨道防爆柴油机车	矿区二矿小南坑63-1-3
29	杜志刚	杜志刚	200710148646.4	〃	矿山轨道防爆柴油机车的使用方法	矿区二矿小南坑63-1-3
30	杜志刚	杜志刚	200710148652.x	〃	矿井轨道拖拉机	矿区二矿小南坑63-1-3
31	杜志刚	杜志刚	200710148641.1	〃	涂布磁性材料	矿区二矿小南坑63-1-3
32	杜志刚	杜志刚	200710148650.0	〃	分体连通式应急救生舱	矿区二矿小南坑63-1-3
33	杜志刚	杜志刚	200710148645.x	〃	惰气压力聚氨酯喷注设备	矿区二矿小南坑63-1-3
34	杜志刚	杜志刚	200710148647.9	〃	井下光线通透式密闭器的使用方法	矿区二矿小南坑63-1-3
35	杜志刚	杜志刚	200710148648.3	〃	井下光线通透式密闭器制作方法	矿区二矿小南坑63-1-3

续表

序号	申请人	发明人	申请号	类别	专利名称	通讯地址
36	杜志刚	杜志刚	200710148649.8	〃	井下光线通透式密闭器	矿区二矿小南坑63-1-3
37	杜志刚	杜志刚	200710148649.8	〃	分体连通式应急救生舱的使用方法	矿区二矿小南坑63-1-3
38	杜志刚	杜志刚	200710154568.9	〃	钻孔内部定向割裂方法	矿区二矿小南坑63-1-3
39	杜志刚	杜志刚	200710154570.6	〃	煤层钻孔内部定向割裂装置	矿区二矿小南坑63-1-3
40	杜志刚	杜志刚	200710154567.4	〃	一种磁力弹簧	矿区二矿小南坑63-1-3
41	杜志刚	杜志刚	200710154569.3	〃	一种磁力弹簧的方法	矿区二矿小南坑63-1-3
42	张　春	张　春	200610012984.0	〃	洗衣房专用强力去油污洗衣粉	郊区李家庄乡李家庄村二区69-1户
43	刘工勤	刘工勤	200710139290.8	〃	高效锅炉	阳泉市义东沟勤工技术实业开发有限公司
44	杨满文	杨满文	200710152210.2	〃	书包	矿区日潭小区二组团四号楼三单元十二号
45	山西盂县西小坪耐火材料有限公司	武本有　武根怀 郝良军　韩八斤 尹建斌	200710062471.5	〃	7.63m焦炉用硅砖	盂县西小坪耐火材料有限公司
46	山西盂县西小坪耐火材料有限公司	武本有　武根怀 郝良军　韩八斤 尹建斌	200710062482.3	〃	7.63m焦炉用半硅砖	盂县西小坪耐火材料有限公司
47	山西盂县西小坪耐火材料有限公司	武本有　武根怀 郝良军　韩八斤 尹建斌	200710062484.2	〃	7m焦炉用硅砖	盂县西小坪耐火材料有限公司
48	阳泉煤业(集团)有限责任公司	王　瑛　梁爱堂	200710139283.8	〃	综放工作面高抽巷下返钻孔初采瓦斯抽放方法	北大西街5号
49	张富财	张富财　赵增光	200710062485.7	〃	一种免烧铁水罐衬砖	白泉工业园区阳泉市瑞鑫冶金耐材有限公司
50	张会生	张会生　王意峰	200710061576.9	〃	低透性煤层的人造谐振波预抽技术	市桃北中路28号(科技局)
51	王晓雯	王晓雯　柴大鹏	200710096287.2	〃	矿用选矿用振动筛组合框	市北大街洪城路科委宿舍楼
52	阳泉市阳美型焦技术开发中心	崔志明	200810054999.2	〃	无烟煤碳素铸造型焦	阳泉市开发区大连路远东大厦1201号
53	杨振福	杨振福	200710096286.8	〃	汽车鼓式液压制动器制动间隙自动调节装置	阳泉市朝阳街8号

续表

序号	申请人	发明人	申请号	类别	专利名称	通讯地址
54	杨振福	杨振福	200810131733.3	〃	汽车燃油容量光电传感显示器	阳泉市朝阳街8号
55	阳泉市郊区兴材万木原	贾秉堂　唐清池　刘祯祥	200710061895.X	〃	红薯茎蔓大棚越冬育苗新方法	郊区杨家庄乡北杨家庄村
56	董寅武	董寅武	200710107610.1	〃	一种牦牛肉、牛奶、青稞或大米粥	阳泉市南大东街463号石油公司卫生所
57	郑兰斌	郑兰斌　贾香义　郑晋贤	200810054965.3	〃	瓷质高强耐磨盲道砖	郊区荫营镇西古村
58	王永利	王永利	200610096856.9	〃	从含苯类化合物的易燃易爆气体中提取苯类化合物的方法	盂县仙人乡东阳坡村
59	山西吉天利煤矿安全装备有限公司	刘林娣　梁福明　廖继宝　李永植	200810054456.0	〃	二氧化碳制气工艺及其发生装置	盂县藏山北路171号
60	山西吉天利科技实业有限公司	梁福明	200720101775.3	实用新型	新型阀控密封铅酸蓄电池安全阀	盂县新建西路188号
61	山西吉天利科技实业有限公司	梁福明	200720101778.7	〃	矿灯用新型灯头	盂县新建西路188号
62	山西吉天利科技实业有限公司	梁福明	200720101776.8	〃	新型阀控密封铅酸蓄电池	盂县新建西路188号
63	山西吉天利科技实业有限公司	梁福明	200720101780.4	〃	新型组合蓄电池	盂县新建西路188号
64	山西吉天利科技实业有限公司	梁福明	200720101777.2	〃	新型防酸式铅酸蓄电池	盂县新建西路188号
65	山西吉天利科技实业有限公司	梁福明	200720101779.1	〃	新型蓄电池组连接线	盂县新建西路188号
66	山西吉天利科技实业有限公司	梁福明	200720101897.2	〃	便携式储能直流变换器	盂县新建西路188号
67	山西吉天利煤矿安全装备有限公司	刘林娣　梁福明　廖继宝　李永植	200820076121.4	〃	二氧化碳发生装置	盂县藏山北路171号
68	阳泉煤业(集团)有限责任公司职业技术学校配件厂	毛湘武	200720101464.7	〃	重型阻车装置	阳泉煤业集团职业技术学校院内
69	山西华鑫变压器有限公司	李　慧　陈福常　肖珊彩　付文杰　郭伟彰	200720143276.0	〃	防爆式稀土永磁同步电动机	阳泉市煤山路
70	阳泉市金法支护有限责任公司	陈京利　王最安　李国庆	200720101537.2	〃	用聚乙烯双抗料压制法兰的模具	阳泉市矿区三矿大桥南头

续表

序号	申请人	发明人	申请号	类别	专利名称	通讯地址
71	胡志强	胡志强	200720141819.5	〃	坐姿矫正椅	矿务局大院6号楼1门5号
72	代金冉	代金冉	200720139202.X	〃	新型分体结构节能灯	矿区阳煤集团大院18-3-8
73	张宝顺	张宝顺	200720101360.6	〃	多气室真空自救新型轮胎轮辋	小阳泉丰泽园6-2-2
74	高占龙　王　华	高占龙　王　华	200720169368.6	〃	煤矿用报警支柱	太原理工大学阳泉学院05级采矿工程本科班
75	杨文义	杨文义	200720001514.4	〃	滚动式按摩点穴仪	阳煤集团总医院二矿医院
76	阳泉信达通矿山工程有限公司	李海明　石王庭 耿来柱	200720101843.6	〃	矿用井下平巷人车双向缓冲牵引装置	平定县贵石沟五矿多营总公司转信达通矿山工程有限公司
77	阳泉信达通矿山工程有限公司	李海明　马业锦 梁成贵	200720101845.5	〃	矿用井下平巷人车车门	平定县贵石沟五矿多营总公司转信达通矿山工程有限公司
78	李　雷	李　雷	200720169367.1	〃	光杆天平	太原理工大学阳泉学院05级采矿工程本科班
79	阳泉阀门股份有限公司	杨昌华　赵志亚 赵爱花	200720101963.6	〃	具有复合软密封结构的燃气闸阀	市新建路366号
80	宋志忠	宋志忠	200720101534.9	〃	阀门开度指示和锁止组合装置	郊区李家庄阳泉市中特阀门有限公司
81	李　文	李　文	200720174530.3	〃	打火机定量充电机	阳泉市二轻招待所218室
82	徐培杰　王建军 张志方	徐培杰　王建军 张志方	200720102859.9	〃	充气式无重力输液器	市城区公园路23楼8单元12户
83	庞慧明	庞慧明	200720101846.X	〃	一种可开挂锁的机械手	阳泉市城区富锁锁店
84	庞慧明	庞慧明	200720101852.5	〃	一种可开防盗门电脑锁专用钥匙	阳泉市城区富锁锁店
85	代金冉	代金冉	200620164695.8	〃	家用洗衣机甩干桶防漏脱水盘	矿区阳煤集团大院18-3-8
86	田照山	田照山	200720169369.0	〃	家用教学用尺	太原理工大学阳泉学院学生处
87	张秀亲	张秀亲	200720153450.x	〃	增压式喷雾灭尘装置	城区泉中北路9-1-501号
88	宋志忠	宋志忠	200720102414.0	〃	阀门锁止装置	郊区李家庄阳泉市中特阀门有限公司
89	张富财	张富财　赵增光	200720102031.3	〃	免烧铁水罐球状罐底内衬	白泉工业园区阳泉市瑞鑫冶金耐材有限公司

续表

序号	申请人	发明人	申请号	类别	专利名称	通讯地址
90	张富财	张富财　赵增光	200720102032.8	〃	免烧铁水罐平面状罐底内衬	白泉工业园区阳泉市瑞鑫冶金耐材有限公司
91	杨满文	杨满文	200720178698.1	〃	书包	矿区日潭小区二组团四号楼三单元十二号
92	李尚如	李尚如	200720125648.7	〃	无重力平衡吊	漾泉小区10号楼1单元105号
93	阳泉市金法支护有限责任公司	李伟林　丁日斌　白建国　郝培明　王最安　李国庆　陈京利	200720100503.1	〃	矿用M形支护梁	阳泉三矿大桥南端
94	李清芳	李清芳	200720100502.7	〃	花式托板	阳煤集团三矿西山升通液压修配厂院内
95	董太生	董太生	200620127706.5	〃	碟形托板钢带	阳泉一矿中沙坪5-4-15
96	董太生	董太生	200620127707.X	〃	碟形托板右旋螺纹锚杆	阳泉一矿中沙坪5-4-15
97	史建卫	史建卫	200720100731.9	〃	揉搓式洗衣盆	阳泉市古城路9楼2单元5号
98	梁永贵	梁永贵	200720100644.3	〃	链齿锯	阳泉市郊区荫营镇三泉村
99	王海云	王海云	200720001600.5	〃	矿用树脂药卷托垫	阳煤集团一矿生产科
100	杜汝益	杜汝益	200620164564.X	〃	差动螺旋升降式塑料截止阀	阳泉市技工学校
101	刘振祥	刘振祥	200720100500.8	〃	电磁炉溢锅导流槽报警装置	阳泉市郊区赛鱼集贸市场1号
102	王贵明	王贵明	200720001195.7	〃	摩托车座装饰护垫	阳泉市郊区荫营镇坪上村
103	李明光	李明光　李　强	200620167852.0	〃	悬垂线夹专用挂板	阳泉供电分公司输电工区
104	刘海珍	刘海珍	200720146968.0	〃	自控式电焊机	阳泉市郊区河底镇牵牛镇村
105	王贵明	王贵明	200720001196.1	〃	自行车座装饰护垫	阳泉市郊区荫营镇坪上村
106	王晓雯	王晓雯	200720146408.5	〃	矿用选矿用振动筛组合框	阳泉市北大街洪城路科委宿舍楼
107	达勤勤	达勤勤	200720102860.1	〃	土豆磨糊机	阳泉市太原理工大学阳泉学院05级会计本科

续表

序号	申请人	发明人	申请号	类别	专利名称	通讯地址
108	刘克勤 范书兰	刘克勤	200720103012.2		一种小膜片自力式压差控制阀	阳泉市经济技术开发区东区A区山西建工申化暖通设备有限公司
109	阳泉市金法支护有限责任公司	陈京利 王最安 李国庆	200720101844.0		用同口径PE管材翻制法兰的专用模具	矿区三矿大桥南端金法支护有限责任公司
110	刘工勤	刘工勤	200720102366.5		水火直接热交换式锅炉	阳泉市义东沟勤工技术实业开发有限公司
111	山西国阳新能股份有限公司 阳泉市恒轩机械有限责任公	高彬彦 张庆恒 段千寿 李素珍 石艮柱 邵风亭 梁灵周	200720138274.2		一种上开口散装物料运输车厢盖及其开关装置	阳泉市北大街5号
112	李 沛	李 沛	200720147073.9		幕帘式太阳能热水器节水型两用控温装置	阳泉市矿区立新区237号
113	李 沛	李 沛	200720147074.3		反转式太阳能热水器节水型两用控温装置	阳泉市矿区立新区237号
114	郭 卫	郭 卫	200720311910.7		烟气环保处理装置	阳泉市郊区杨家庄乡杏树坡村
115	刘振东	刘振东	200820076023.0		垂直煤仓防碎分层缓冲装置	阳煤集团五矿职教办
116	周 东	周 东	200820001331.7		带提手的马桶盖	阳泉市城区南大街51号3楼2单元2户
117	陈玉金	陈玉金	200820007803.X		水叶片风机	阳泉市郊区平坦镇石卜嘴村王岩沟
118	陈玉金	陈玉金	200820002756.X		一种流量平衡阀	阳泉市郊区平坦镇石卜嘴村王岩沟
119	陈玉金	陈玉金	200820009146.2		除尘机	阳泉市郊区平坦镇石卜嘴村王岩沟
120	杜志刚	杜志刚	200720149858.X		防爆泄压密闭器	阳泉市矿区二矿小南坑63-1
121	栾玉琴	栾玉琴	200730005442.6	外观设计	工艺品(鹿)	矿区如意庄窑洞1楼15号
122	赵良军	赵良军	200730152706.0		包装盒	矿区桥西街1415号
123	山西大寨饮品有限公司	高永兵	200730106795.5		包装盒(大寨核桃露大众型)	盂县南娄镇南娄村
124	山西吉天利科技实业有限公司	梁福明	200730107050.0		蓄电池(3)	盂县新建西路188号
[illegible]	山西吉天利科技实业有限公司	梁福明	200730107047.9		矿灯(KLW6LM〈A〉)	盂县新建西路188号

续表

序号	申请人	发明人	申请号	类别	专利名称	通讯地址
126	山西吉天利科技实业有限公司	梁福明	200730107048.3		蓄电池(1)	盂县新建西路188号
127	山西吉天利科技实业有限公司	梁福明	200730107049.8		蓄电池(2)	盂县新建西路188号
128	山西吉天利科技实业有限公司	梁福明	200730107046.4		矿灯(KL4LM-A)	盂县新建西路188号

说明:2008年授权(或公告)专利共128件。其中,发明专利59件,实用新型61件,外观设计8件;职务发明35件。

部分著述存目

表26-7

书 名	字数(千字)	责 任 者	出 版 社	出版年月
美与丑:感悟欧洲	350	高巨海	中央编译出版社	2008年1月
梅花误	280	戴志贞	中国文联出版社	2008年1月
创造者之歌	360	宋师璇	中共党史出版社	2008年2月
阳泉工会志	1200	主 编:王文生	方志出版社	2008年4月
凤鸣山城	260	刘双凤	作家出版社	2008年4月
三体Ⅱ黑暗森林	350	刘慈欣	重庆出版社	2008年5月
像一片云在飘	180	王秀瑜	中国广播电视出版社	2008年6月
阳泉风景名胜志	750	主 编:马玉隆 任佟苏	三晋出版社	2008年7月
瞌睡虫奇遇记	340	王计忠	大众文艺出版社	2008年7月
阳泉概览	179	主 编:马玉隆 任佟苏	方志出版社	2008年8月
阳泉文学艺术60年·文学卷	120	侯讵望 李银苟	三晋出版社	2008年8月
阳泉文学艺术60年·概览卷	240	高润征 庞宏亮	三晋出版社	2008年8月
阳泉文学艺术60年·书法卷	120	郑恩田	三晋出版社	2008年8月
阳泉文学艺术60年·音乐卷	130	余志强	三晋出版社	2008年8月
阳泉文学艺术60年·电影卷	170	张富保 杨谦云	三晋出版社	2008年8月
阳泉文学艺术60年·美术卷	290	杨建国	三晋出版社	2008年8月
盂县古话	105	崔亮云 杨玉牛	三晋出版社	2008年8月
围绕王小波	200	王 镒	中国文化出版社	2008年9月
山西改革发展30年·阳泉卷	873	主 编:樊盛武	中共党史出版社	2008年10月

(魏文瑾)

索 引

说 明

1、本索引为主题索引,按汉语拼音字母顺序排列。以外文字母和阿拉伯数字开头的主题词排在后面。

2、主题词后的数字是主题内容所在的页码,数字后的字母 a、b、c 分别表示左、中、右栏。

A

"爱国爱教爱家乡 同心同德构和谐"活动 285c
爱国卫生 271a
安全防范工作 194c
安全工作 172b 202c
安全管理措施 68a
安全生产 66c 132b 133c 136b 139a 184c
安全生产公开承诺 67b
安全生产管理 128c
安全生产责任落实 67c
安全宣传教育 69b
安全隐患排查治理 68a
安全质量标准化工地创建活动 205c
安置工作 63b
奥运安保反恐综合演练 75b
奥运安保旧关收费站驻点检查 75c
奥运安保应急训练 73a
奥运报道 258a
奥运会主火炬点传火装置研制 90a 138b
奥运年环境执法行动 217a
奥运期间安全保密管理 46a
奥运期间城市供水安全 201b
奥运期间维护稳定工作 41b

B

白云 1 262b 310c 316
百个工作岗位服务月 260c
"百名干部百日大调研"活动 28b 261b
百年妇运图片展 88b
百团大战系列长卷 252b
百项工程 16b 105a
办公自动化系统 187c
保费收入 18c
保教能手评选 238b
《保晋档案》出版 256c
保晋公司纪念馆揭牌 253b
保密工作 45b
保密宣传教育 45b
保险手续代理业务 188c
保险业 233b
保险业务 187b
报刊发行业务 187b
报刊及内部出版物审读工作 260c
北京京剧院青年团到阳泉演出 252a
北岭南路排水改造工程 212b
被害人意见告知书制度 97c
本地网 城域网维护工作 194b
便民市场管理办法 210c
标准化战略实施 111c
表彰绿化工程先进集体 新农村建设先进集体 乡镇企业贡献大户和命名文明生态村的决定 28b
滨河世纪城 209a
病虫害无害化生态控制示范区建设 148a
病险水库除险加固 158c
不列颠哥伦比亚—加拿大专场洽谈报告会 92b
不作为故意杀人案 96b
部队安全管理 74b
部分著述存目 363
部门预算编制工作 223c

C

财产险保费收入 18c
财税 金融 220a
财政 220b
财政扶持乡村文化站建设 223b
财政改革 221a
财政管理年活动 223c
财政 金融 保险 18c
财政支持经济建设 222c
财政转移支付工作 222a
财政总收入 18c 220b 332
采煤方法改革 127c
蔡金莉 88c
蔡廷军 312a
参加第五届 APEC 中小企业技术交流暨展览会 166c
参加第五届中国国际中小企业博览会暨中韩中小企业博览会 167c
参加全国老干部竞技麻将邀请赛获奖 46c
参加山西省首届民营企业运动会 166b
参加亚欧食品合作(西安)洽谈会 92b
参加中国·山西第三届银企合作洽谈会 166b
参政议政 78a
餐饮 291a
残疾人扶贫解困工作 93a
残疾人就业工作 94b
残疾人康复工作 93c
残疾人文体工作 94c
残疾人小康建设工作 93a
残疾人组织建设 94c

藏山景区通过AAAA级旅游景区评审 289c
查办大要案件 52b
查处宗教非法活动 286b
产品结构调整 137a
长途电信护线工作 194c
常高才到阳泉市调研 76c
厂矿区绿化 153a
辰光供热系统改造工程 212c
陈继光 317
成品油市场 172c
成人教育 241b
承办第十七届山西新闻奖评选暨“聚焦阳泉 共话发展”省内媒体老总阳泉采风 257b
诚信兴商创建活动 170a
城矿两区教育技术装备标准化建设通过省级验收 245b
城区 294b
城区残联 92c
城区对10个社区教育进行调研 241c
城区防疫和妇幼保健工作 296b
城区广益中小企业担保中心 296c
城区环卫处收费工作 205a
城区获省级“平安区”称号 296a
城区“三城十区”建设 295b
城区社区建设 295c
城区特教中心 92c
城区卫生监督执法工作 296c
城区新华东社区 94c
城区园林城市创建活动 296a
城区中小企业担保中心成立 165c
城市出租车行业管理 203a
城市道路中小修工程 196b
城市低保工作 223a
城市房屋拆迁 198a
城市供水和节约用水 196b
城市管理 208c
城市管理实行跟踪督察办理 210c
城市管理行政处罚案卷评查活动 211a
城市环境综合整治 215b
城市基础设施建设投资 17c
城市基础设施重点工程建设 211c
城市建设 196a 200b
城市建设项目并联审批 60a
城市居民生活 277a
城市居民消费价格总指数 332
城市绿化 203b
城市燃气 196c
城市人均居住面积 330
城市社区卫生 265a
城市消费品零售额 18b
城市执法检查先进集体 208c
城市“12343”市场体系建设 168a
城乡规划工作 197b
城乡规划管理 197c
城乡环境卫生清洁工程 271a
城乡环境卫生一体化管理机构建设 204b
城乡建设 195a
城乡建设规划设计 197b
城乡居民家庭的恩格尔系数 19c
城乡普通高中均衡发展 239c
城乡人口 15a
城乡一体化规划方案 198b
城镇化水平 17c
城镇居民基本医疗保险工作 280b
城镇居民人均可支配收入 19c 332
城镇居民人均消费性支出 19c 332
城镇居民人均住宅建筑面积 19c
城镇居民消费水平 329
惩治和预防腐败体系建设 51b
“充分发挥信息网络作用 切实提升经常性工作落实质量”现场会 75b
重信重访排查化解工作 41a
重信重访专项治理 64a
出生缺陷干预工作 284a
“雏鹰争章”体验竞技大赛 87c
处置“三鹿”婴幼儿问题奶粉 270b
《畜禽重大疫病监控与防治技术》151c
传统教育展览室开展 81c
创建国家级园林城市财政投入 223b
创业培训工作 281a
《创造者之歌(下集)》正式出版 262b
从业人员健康体检 268c
翠枫山第二届民俗文化庙会 288a
翠枫山“红叶节”暨“魅力乡村”大赛 289b
翠枫山建成孔子庙 289a
村镇建设 197a

《打造煤城文化品牌 提升阳泉文化软实力》一文发表于《前进》杂志 38c
打造品牌形象 257b
大地保险阳泉中支 235b
大牲畜存栏数 17a
大事记 323c
“大手拉小手”科技传播行动 249a
大阳泉古村保护与发展规划 198c
代表联系工作 54c
代维线路维护 194b
带薪年休假 135c
单利亚 霍玉萍 103c
党风廉政建设 129c 135c
党风廉政建设责任制 50c
党建工作 129c
党建和党风廉政建设 107c
党内民主建设 34a
党外干部培训班 49b
党委工作 28b
党校工作 47c 261a
党校系统纪念教师节暨表彰大会 49c
党政军 28
党政信息化网络平台优化 120b
档案 256b
档案征集 256c
道班“十好”建设 182c
道路保洁 204b
道路清扫工作 204b
道路运输 178c
道路运输治超 180c
德胜东街营业部 236b
地表水环境质量状况 218b
地方病防治 268b
地方煤炭工业 126c
地方税务 225c
地方政府性债务统计 223c
地区生产总值 328
地税基层基础建设见成效 227b
地税科学精细管理 226a
地下水质量状况 219a
地震 249b
地震知识宣传 250a
地质 地貌 13a
第二产业增加值 16b 328
第二产业总产出 328
第二次全国经济普查准备工作 65a
第二次全国农业普查工作 65b
第二次土地调查 109b
第二代居民身份证寄递业务 188a
第三产业增加值 16b 328
第三产业总产出 328
第三届阳泉仲裁委员会 103a
第三期大病互助活动 86b
第十二届中国国际投资贸易洽谈会 92b
第十二批文明单位(村)命名决定 31a
第十届自制教具评选活动 245c
第四届文学艺术创作奖表彰大会 90b 254a
第四期大病互助活动 86b
第五届桃花节 288b
第一产业增加值 16b 328

第一产业总产出 328
第23届青少年科技创新大赛 248c
电力工业 131b
电力市场 132c
电力行业烟气脱硫 214c
电网 131c
电网建设 131c
电网运行 132c
电信 189a
电信安全生产工作 191b
丁桂荣 86c
冬季百日岗位练兵 75c
冬季适应性训练 73a
董大中 90c
董惠明 318
动物产地检疫 150b
动物防疫 150c
动物防疫队伍 151a
动物疫病监测 151a
读书月 253c
段存寿 318
对台工作 60b
对台工作会议 60c
对台工作培训 61a
对外经济技术合作 170c
对外贸易 170a
对外新闻报道 257a
对外宣传工作 37a
多项措施保电煤供应 185b

鄂竟平 160c
儿童福利证发放 282a
儿童公园综合改造工程 203b
二级干线维护工作 194b

发电量 17b 329
发改委计划工作 105a
发展和改革调研 106c
法律保障 102a
法律法规实施情况监督 54b
法律服务 102b
法制建设 62b
樊盛武 262b 319
范谦家 318
方庆灵 316
方舟担保公司 236b
防空警报齐鸣 76b
防汛 161b
防汛措施 161b
防汛抗旱 161b
房地产交易 207b
房地产市场管理 207c
房地产市场秩序专项整治活动 208a
房地产业 207b
房屋建筑竣工面积 17c
放射卫生监督 270c
放心粮油工程 173b
非公经济和灵活就业人员参保扩面工作 280a
非煤资源整合 109b
非税收入审计 115a
非物质文化遗产普查培训 253c
废物综合利用 215c
封山禁牧 154b
蜂业加工企业 150a
冯少勇 316
冯煜英 89c
扶贫工作 143a
“服务青少年月”活动 87b
服务行业拓展 106a
服务业 292b
服务业推进工作 168c
服务于企业发展 171a
福利彩票发行 282b
福利企业重新认定 282b
福利事业 282a
辐射环境检测管理站成立 213a
妇联建会60周年暨“三八”表彰大会 88a
妇幼保健工作 264b
妇运百年“东海杯”征文活动 88a
附录 333
赴沿海省市挂职干部学习锻炼报告会 30a
副地市级以上领导人名表 315

G

《改革发展30年(阳泉卷)》正式出版 262b
改革开放30周年集中报道 258a
《改革推动文化发展 创新促进文化繁荣》获优秀论文奖 39a
改革与发展研究 261b
改善公路通行环境 182b
干部监督工作 36a
干部教育培训 31b 47c
干部人事制度改革 34b
高等学校在校生 331
高度重视安全工作 67a
高级专业技术人员名录 320
高全怀 90c 318
高士萍 289c
高速公路网 178a
高速路隐患处理 194a
高危行业安全秩序规范 69a
高玉厚到阳泉市调研 62a
高中教师新课程改革课堂教学大赛 244c
高中教师新课程远程合格人数居全省之首 242b
高中新课程全员培训 242c
耕地保护 108c
耿黑眼 314b
工会工作 193c
工会维权工作 85b
工商联 83c
工商行政管理 115b
工业 122
工业锅炉节能降耗 11c
工业和建筑业 17a
工业园区 126b
工业园区建设 164b
工业增加值 17b 328
工业总产出 328
公安 98a
公厕管理 204c
公共交通 196c
公共交通公司概况 202b
公共交通总公司移交市交通局监管 203a
公共汽车客运量 330
公共汽车运营车辆 330
公交总公司服务水平提高 202c
公路 178a
公路货运量 330
公路建设 178b
公路客运量 330
公路养护 178b
公务出国管理 61c
公务员队伍建设 57b
公务员轮训 49a
公益性岗位补贴 内退生活费 失业保险金发放标准上调 280c
公正执法创建工作 41b
供电经营管理 132a

供热规划调整 199a
供销合作商业 174a
《供用水合同》文本修订 201c
共青团阳泉市委员会 86b
古米贵 93a
骨干企业扶持 164b
固定电话支付系统 187c
固定资产投资和城市建设 17c
固定资产投资审计 114b
固庄煤矿 131a
关心下一代工作 49c
《关于加快服务业发展的实施意见》 293b
管理流程优化 138b
管网改造工程 202b
管网漏失情况有所好转 201c
广播电视 258b
广电局经营创收 260a
规范中小学办学行为 240a
郭俊清 213b
郭雅娜 89c
国道307线险情 182b
国道省道公路实行路政共管 183b
国防动员建设 73c
国家考试保密工作 46a
国家水土保持重点建设工程 160a
国家水土保持重点建设工程工作会代表 160b
国家税务 224a
国家统计局阳泉调查队 66a
国家统计局阳泉调查队内部信息网开通 66c
国家统计局阳泉调查队专项调查 66b
国家助学金惠及数千名职校生 241a
国民经济和社会发展 16b
国民经济和社会发展中存在的主要问题 17a
国企改革重组 107a
国税确保税收收入与经济协调增长224b
国税执法监督 224c
国土管理秩序整顿 110a
国土资源 108c
国有产权登记管理 107c
国有资产管理 107a

H

海关进出口总额 18b
海内外联谊工作 91b
海外留学(工作)人员及华人华侨摸底统计工作 91b
旱情 161c
郝利涛 314a
河底镇节水示范项目 159c
河坡发电公司 134c
河坡发电公司化学车间试验班获全国五一劳动奖状 136a
核桃基地建设 153a
贺卡营销 189a
红十字青少年工作 265b
宏成大桥建设工程 212a
宏观信息服务 120c
侯讵望 90b
胡克勤 318
户外临时性宣传活动管理新规定 211a
花卉产业 153b
华佳发煤站并轨开通 185b
华联商厦 211c
化工企业专项执法检查 217a
化学工业 137c
环保队伍和能力建设 214a
环保工作 135a
环保宣传教育 213c
环保引资 214b
环保执法大检查 217a
环保专项行动 216c
环城绿化工程 152c
环境安全培训 214a
环境保护 212c
环境保护和安全生产 19b
环境保护奖励专项资金 213b 223b
环境监测 217c
环境空气质量状况 217c
环境卫生概况 204b
环境信访 217c
环境执法 216b
环境治理 214c
环卫基础设施得到改善 205a
黄金周旅游 287b
黄涛 310a
汇兑业务 187b
货币净投放 332
货物运输周转量 18a
货物运输总量 18a
货运在逆境中求发展 186c
霍世平 319

J

机动车尾气检测与监督管理 216b
机动中队实兵综合拉动演练 75c
机构编制管理证制度 58c
机构编制监督管理 59b
机构编制事项审定 58c
机构编制信息网络 59a
机构设置和领导人名单 20a
机构与编制管理 58b
机关党的工作 43a
机关党建工作 43b
机关干部培训 43a
机关工会工作 44b
机关纪检工作 44a
机关抗震救灾工作 43c
机关团的工作 44b
机关自身建设 171b
机井普查验收 157b
机械化保护性耕作工程 155a
机要通信质量 187c
基层党风廉政建设 52c
基层党组织和党员队伍建设 32c
基层农技推广体系建设 146c
基层人大工作指导 55a
基层统战工作 40b
基层政权和社区建设 63b
基础教育 238c
疾病控制 268a
集聚人才智力工作 58a
集体林权制度改革 153c
集中供热 196c
集中式生活饮用水源地水质状况 219b
计划免疫 268a
计量惠民活动 112a
计生培训 284c
计生协会 284b
计生宣传 283b
计生执法 284a
纪检监察工作 50c
纪念党的纪律检查机关恢复重建30周年活动 53a
纪念改革开放30周年暨老年教育事业开创25周年书画摄影作品展 47c
纪念改革开放30周年文艺晚会 252c
纪念改革开放30周年系列活动 39c
纪念高长虹诞辰110周年座谈会 90c 254c
纪念建党87周年暨“创先争优”活动表彰大会 30a
纪念中共中央发布“五一”口号60周年 81c
技工学校在校生 331
加快全面建设小康社会进程的意见 29a
加拿大华侨刘建平 91b
加强农村信息化体系建设与示范应用

项目的建设 142a
加州鲈鱼养殖 161a
价格宏观调控 117c
价格监督检查 118c
检察 96c
检察队伍建设 97b
检务督察制度 98a
检验检疫监管模式 113b
建设 环保 195
建设省级科技示范区实施意见 29c
建设系统为民办实事 195a
建筑安全生产监督管理工作 205b
建筑节能工作 206a
建筑施工 205b
建筑施工安全生产隐患排查治理工作 206b
建筑施工专项治理 205c
建筑业完成竣工产值 330
建筑业增加值 17c
建筑业总产值 330
健康教育 272b
“讲理想 比贡献”科技创新活动 90a
蒋鹿 318
交通 177a
交通部部长政策咨询小组到阳泉市调研 180b
交通规费征收 179c
交通科技 179c
交通沿线荒山造林工程 152c
交通 邮电 177
交通运输 邮电业 18a
交通征稽队伍建设 184b
交通征稽基础征管工作 184a
郊区 299a
郊区残联 92c
郊区高效农业建设 300c
郊区和谐生态园 213c
郊区节水灌溉示范项目 159c
郊区上榜乡村 301a
郊区招商引资工作取得新突破 300b
教师队伍建设 242b
教师队伍素质教育提升工程 48b
教育 237a
教育功臣和教育工作先进集体表彰决定 30c
教育教学改革 48a
教育经费与办学条件 243a
教育 科技 237c
教育科研 244a
教育事业投入 222b
教育装备与现代教育技术 245b
“节能减排”劳动竞赛活动 85b
节能降耗 124b 134c 137c 201b 203a
节水灌溉工程 159c
节水型社会建设 110c
结核病防治 268 b
金龙大街 197b
金融 227c
金融机构现金收入 332
金融机构现金支出 332
金融业务 187b
金融资金安全防范管理杯竞赛活动 188b
进出口商品检验 113a
晋东化工有限公司 90a
晋东化工有限公司生产区搬迁 138a
“晋沪手拉手 共唱经济戏”座谈会 61a
晋商国际与宣钢集团合同纠纷执行案 104a
京晋科技合作北京考察团到阳泉考察 29b
京晋科技合作农业项目工程 144c
京晋科技合作蔬菜新品种展示 247a
京晋农业示范园区 304b
经济发展概况 55c
经济发展中的重大举措及成效 56b
经济管理 105
经济和社会发展考核评价 64c
经济适用房建设 195a
经济与社会发展中的矛盾和问题 57b
经济责任审计 115a
荆东生 318
精神塑造工作 38a
精神文明建设 101c 130a 133b 180a
竞技体育 274a
纠正不正之风 52a
九三学社阳泉市委 82c
“九阳合作”83c
救灾 282a
救灾救济 281c
救治筛查“问题奶粉”婴幼儿 269a
居民水价调整 202a
居民消费价格总水平 18c
居民总消费水平 329
军事工作 71c
军事训练工作 74a
军转干部岗前培训 49a

K

开发区 301b
开发区城乡一体化建设 302b
开发区创建园林城市工作 302b
开发区东区热源厂二期工程 212c
开发区环境监察大队成立 213b
开发区获“平安县(区)”称号 303a
开发区十件实事 302c
开发区信访工作 302c
开发区招商引资工作 302b
勘察设计和图审工作 198a
抗旱 161c
抗旱措施 162b
抗战期间阳泉市人口伤亡和财产损失的全面普查和专题调研 262c
抗震救灾 101b 180b
抗震救灾报道 257c
抗震救灾活动 40a
抗震救灾援川建房规划工作 198b
抗震救灾专项审计 114c
抗震救灾组织工作 63c
科技 教育 文化 卫生 体育 18c
科技成果推广 246b
科技创新 133a
科技交流与合作 246b
科技经费投入 246a
科技强警 101b
科普工作 247c
科普示范基地 248a
科协学术交流 248b
科学技术 245c
科学监管安全工作 70a
客运车辆上档增量 186b
客运收入 186a
控编进人制度 59a
快速放气车辆拦截器 90a
矿产资源 15a
矿产资源领域反腐败专项斗争 109c
矿区 297a
矿区国税局获“省级文明和谐单位”称号 298a
矿区环境建设 128a
矿区环卫处义务为居民服务 205b
矿区环卫概况 205a
矿区清洁工程 298c
矿区新发现两处文物点 298c
矿区 15 家企业达到环境管理要求 298c
困难企业职工生活补助发放 281a

L

垃圾清运工作 204c
蓝天碧水工程暨环境保护工作会议 212c

劳动保障部门信访工作 280a
劳动教养工作 102b
劳动就业 16b
劳动争议处理 279c
劳动仲裁 279c
劳模选树与宣传 85a
老干部工作 46b
老干部工作目标管理责任制实施 47a
老干部生活待遇落实 47b
老工业基地改造 106b
“老妮儿”准净菜 291b
离退休干部“迎奥运”乒乓球比赛 47a
离退休干部党支部书记培训班 46c
李斌 285a
李栋梁 6
李慧书 89a
李家忠 317
李利生 317
李体柱 317
李天祥 316
李小平 93a
李歆 90c
李裕厚 317
李志军 89c
李志林被评为全省政法系统双十佳干警 298a
理家庄 197b
理论宣传 36c
理论学习 36b
理论研究 261a
廉政建设 119c
廉租房建设 195b
粮食安全体系建设 173a
粮食补贴 145b
粮食产量 329
粮食流通监督检查 173c
粮食生产 143c
粮食生产特点 144a
粮食总产量 17a
粮油购销 173a
“两奥”保电专项工作 135a
“两黑三乱”185c
“两免一补”资助工作 243c
两项煤矿安全管理措施出台 186a
林地管理 154b
林业 151c
林业有害生物防治 154a
林玉平 318
零点关停行动 217b
零售业务 187b
零星植树 17a
领导班子和干部队伍建设 32a
刘存祥 94c
刘高官 316
刘林娣 89b
刘松青 309b
刘晓连到阳泉视察 88b
刘兆林 91b 316
流动人口 283b
六项安保措施迎奥运 183a
龙城老年环保宣传队骑车到山城 213c
龙川发电公司 130b
龙华口水电站 158b
陆崇相 317
路网收费公路建设项目通过验收 182b
旅馆业治安检查 293a
旅客运输周转量 18a
旅客运输总量 18a
旅行社工作会议 288a
旅游 餐饮 服务 287a
旅游 287a
旅游文化园 164c
旅游业收入 18b
绿证培训 141c

M

“美隆国际杯”第三届太极拳邀请赛 274a
麻疹和 AFP 病例报告监测 268c
马文建 315
矛盾纠纷排查调处工作 42c
矛盾纠纷排查督促检查 43a
贸易 旅游 物价 18b
煤炭工业 126c
煤矸石山治理 215b
煤焦领域反腐败专项斗争 51c
煤矿安全监管 68b
煤矿基本建设 127b
煤矿整顿关闭 127c
煤气公司概况 202a
煤气用户快速增加 202a
煤炭产业结构调整 127a
煤炭可持续发展 106c
煤炭可持续发展基金代征工作 226a
煤炭可持续发展基金征收 223c
煤与非煤产业 128b
蒙古归侨 91a
蒙面持枪入室犯罪团伙被端 100c
苗木基地建设 153b
灭火救援 101a
民办教育机构管理 241c
民兵应急应战能力建设 72c
民革党员业绩 78b
民革阳泉市委 77a
民建阳泉市委 79c
民进阳泉市委 80b
民盟阳泉市委 78c
民盟阳泉市委学教活动 79b
民商事案件审判 95b
民生财政 222b
民营企业服务体系建设 165a
民营水保生态户治理办法 160b
民营重点项目建设 164b
民政工作 63b
民主党派 77a
民主党派 工商联 77c
民主党派和工商联 26b
民主党派和无党派人士政治交接学习教育活动 39b
民主党派与工商联 26b
民族 宗教 16a 285a
民族宗教界学习十七大 285a
名牌创建工作 111b
母猪补贴引导全市生猪发展 149b
牡丹园等 4 个小游园建设工程 203c

南大街道路绿化综合改造工程 203c
南煤集团 130a
南煤集团拔河队获全国奖 274a
南煤集团启动集团管控与人力资源咨询项目 130c
南煤社区 130a
南山公园综合改造工程 203b
南外环路绿化改造工程 204a
南庄路安装 LED 路灯 201a
能源 17c
能源外输量 18a
能源消费 18a
年末实有出租车数 330
年末实有铺装道路面积 330
年末总人口 15a 328
娘子关电厂 215a
娘子关发电公司 136a
娘子关发电公司积极推进项目建设 136c
娘子关发电公司经营效益 136c
娘子关发电公司生产管理成效 136b
娘子关景区水源保护工程 289a
娘子关生态保护与发展规划 198c

娘子关水源保护工程 158c
娘子关水源地保护 215a
娘子关鲟鱼养殖 161a
凝聚力工程 39a 82b
农村财务和集体资产管理逐步规范 142c
农村地质灾害治理工程 109c
农村改水改厕 272a
农村公路网 178a
农村公路养护 181a
农村化肥施用量 17a
农村经济 17a
农村经济净收入 329
农村经济四资管理进一步强化 143a
农村经济总收入 329
农村居民人均住宅建筑面积 19c
农村居民消费水平 329
农村科普 247c
农村客运 186b
农村困难群体住房 195b
农村商品流通网络 169a
农村数字电影放映工程 253a
农村体育健身工程 274b
农村土地流转情况调研 142c
农村卫生 264c
农村消费品零售额 18b
农村用电量 17a
农村中小学取暖补助调研 243a
农村中小学远程教育 242c
农电 133a
农工党阳泉市委 82a
农机安全监督 155b
农机大院落户山城 156c
农机购机补贴工作 155a
农机市场监督工作 155c
农机新技术推广工作 155a
农机职业技能鉴定工作 155c
“农科 110”服务热线 89c
“农科 110”服务体系 89c
农林牧业旱灾损失情况 162a
农民人均纯收入 19c 332
农民人均生活消费支出 19c
农民人均现金收入 332
农民人均现金支出 332
农民生活 278b
农民养路工 181c
农民专业合作社发展迅速 142c
农业 140
农业机械 154c
农业机械装备水平 154c
农业技术培训 146c
农业生产 143c
农业综合工作 140a
农作物病虫害发生与防治 147b 148a

排污费征收 217c
潘智常 94a
潘作良先进事迹学习活动 64c
裴秀珍 90b
彭喜平 318
贫困学生资助金申请 50b
品牌兴市 116a
品牌战略 137a
聘用制干部轮训 49a
平安产险阳泉中支 235a
平安人寿阳泉中支 235b
平定南阳胜节水灌溉项目 160a
平定石门口引水工程 159b
平定宋家庄 197b
平定西外环公路竣工通车 304b
平定县 180b 303a
平定县残联 92c
平定县第八届村委会换届选举 304c
平定县妇联开展“十佳文明和谐家庭”评选活动 305a
平定县娘子关将军希望小学 88b
平定县农村饮水安全精品工程 159b
平定县县域城镇体系规划 199b
平定县杨家沟村获“全国绿色小康村”殊荣 304c
平定张庄镇新村村饮水安全工程 159b
平坦立交桥改造工程 212a
普法宣传 102a
普通高中加大“指标生”招生比例 239b
普通高中新课程实验新学年准备工作专项督导 245a
普通中学在校生 331

“泉安”严打行动 100a
企业财务监督 107b
企业改革 172a 174b
企业管理 129a 165a 191b 193a
企业和谐建设 176b
企业和谐稳定 108b
企业技术改造 123a
企业技术创新 123a
企业结对帮扶新农村建设 141b
企业内部管理 107c
企业文化建设 135b 173a
企业信用信息体系建设 116b
企业形象期刊 188a
气候 水文 13b
气象 249a
气象现代化建设 249b
气象灾害 145c
强化修志队伍建设 262c
墙体材料改革 126a
侨联绿色鞋业有限公司 91a
侨务工作 62a
禽蛋产量 17a
青年志愿者行动 86c
青年作家 作者 文学社团负责人座谈会 254b
青年作家创作会暨 2000~2007 年《娘子关》杂志优秀作家 优秀作品表彰会 254b
青少年科技活动 248c
轻纺食品工业 138c
轻工业增加值 17b
清真食品市场整顿 285b
区县简况 294a
区域旅游合作与促销 288b
取水许可审批 110c
全国五一劳动奖章 319
全年供水总量 330
全社会固定资产投资额 17c 330
全省首个邮政 EMS 旗舰店 188b
全市党史工作会议 262a
全市第一家机械化蛋鸡规模养殖场 149a
全市民营经济运行主要特点 163a
全市农机工作会议 155c
全市女企业家协会年会暨十大杰出女企业家表彰大会 89b
全市人防工作会议 76a
全市人均体育场地面积达 1.13 平方米 275c
全市生产总值 16b
全市首家现代化养猪场 148c
全市艺术创作工作会议 252c
群众体育 273b
群众团体 85 26b

R

《认知 方法 实践》编辑出版 50b
燃气燃煤 195b

热力公司热源二期工程建成投运 202b
人才工作 35a
人大常委会工作机构 21a
人大工作 53a
人大信访工作 54c
人大制度宣传和理论研究 55b
人行阳泉中支 228a
人行阳泉中支基础业务工作 228c
人行阳泉中支金融监管 228c
人行阳泉中支推进金融改革 228b
人行阳泉中支外汇管理与服务 229a
人行阳泉中支信息工作 229b
人行支持阳泉经济建设 228a
人教版初中数学课标教材“三优”评选 244b
人均地区生产总值 328
人均公共绿地面积 17c
人口 15a
“人口杯”春蕾演讲比赛 88c
人口计生发展环境 282c
人口计生服务水平 282c
人口密度 328
人口性别构成 15a
人口与计划生育 282b
人口自然变动 16a
人口自然增长率 328
人力资源咨询项目 130c
人民币各项存款余额 18c
人民币各项贷款余额 18c
人民防空 76a
人民生活 276a
人民生活和社会保障 19b
人身险保费收入 18c
人事工作 57b
人事公共服务工作 58b
人事任免工作 53b
人事制度改革 57c
人武干部训练 72b
人物 308
人物简介 310c
人物名表 315
人物名录 319
人物传略 308b
任衍钢 316
肉类产量 17a 330

S

“三百工程”93a
三次产业比例 16b
“三大节日”肉食补贴政策 285b
“三联系”活动 80a
三鹿奶粉突发事件 112b
“三项”工作活动 84c
“三重一大”政策得到执行 191c
“扫黄打非”工作获国家和省级奖励 260a
森林大火扑灭 75b
森林防火 154a
森林旅游 153c
山西北方晋东化工有限公司 137c 204a
山西高速公路网 182a
山西华伦陶瓷有限公司利用煤矸石制陶项目获国家金桥奖 181a
山西省二等功 319
山西省建筑安全质量标准化工地 205c
《山西省人民防空工程建设条例》宣传活动 76b
山西省三等功 319
山西省首届百家信用示范企业 135b
山西省五一劳动奖章 319
山西省校外教育活动场所建设与管理工作现场会 300c
山西省一等功 319
山西远鑫实业有限公司 164c
商标打假维权 172c
商业贿赂治理 269b
商业贸易 168a
上海华联超市落户平定 304b
上马郡头 197b
上社嘉泰希望小学落成 306c
尚变英 89b
舍利文化园 288c
设施蔬菜 147a
社会保险 280a
社会保障 278c
社会救助 281c
社会就业 281a
社会科学 261
社会生活 276a
社会文化 253a
社会消费品零售额 18b 330
社会治安综合治理基层基础工作 42b
社会主义核心价值体系教育 49c
社会主义核心价值体系教育征文 50b
社情民意反映 70c
社区“双进”工程 169b
涉密载体清理 46b
涉诉信访 96a
身份核查系统 187c
审计管理 114a
审判 95a
生态示范建设 214b
生铁产量 329
生物质气化炉示范推广工作 155b
生鲜牛奶质量安全专项整治工作 149c
声环境质量状况 219b
省第八届版画展获佳绩　252a
省第四届优秀班主任素质展示活动获佳绩 242a
省界动物检疫 150b
省农村公路养护观摩团莅临平定县 180b
省运安全管理工作 187a
省运阳泉公司 186a
省中小企业局会议精神传达贯彻 165c
失业保险扩面工作 280c
失业保险实现市级统筹 280c
狮脑山“文廊”254a
十大杰出女企业家 89b
十大消费投诉热点 292c
“十佳少年儿童”评比活动 88c
十届四次全体会议 28c
“十一五”规划课题鉴定结题工作 244a
石太铁路城区段沿线景观绿化工程 203c
石太铁路沿线综合治理绿色通道规划 198a
石油经销 172b
实验室建设 113c
食品安全新闻发布会 270a
食品安全整治 269c
“食品放心城市”创建工作 269c
食品违法案件 292a
食品卫生监督 270c
食品药品“百日大检查”270c
食品质量安全监管 112b
史志工作 262a
世界地球日 213c
世界水日 中国水周“兴水杯”征文活动 89c
市残联抗震救灾捐助活动 93a
市场监测 169c
市场经济秩序整顿 169c
市地震局建局 30 年 250b
市第十次妇女代表大会召开 89a
市第十届老年人运动会 274a
市第四人民医院 267c
市第一人民医院 266c
市电视艺术家协会 255c
市电影家协会 255c
市发展研究中心学术交流工作 262a
市妇联建会 60 周年歌咏大赛 88a
市妇联九届五次执委(扩大)会议 87c

市工商局“五化”建设 117a
市工商局五项活动 117b
市工商局项目服务工作 115b
市工商局专项整治 116b
市公交总公司营运市场拓展 202c
市公交总公司运力不断充实 202c
市国际标准舞协会成立 253a
市国土资源局土地部门服务重点工程建设 109a
市火灾监控中心成立 101c
市级示范幼儿园验收 238c
市疾控中心消毒效果监测 268c
市技工学校成为国家重点技工学校 240b
市交警支队事故科受公安部表彰 100b
市交通局概况 178a
市教育局考核与送教相结合 243a
市晋剧院建院60周年纪念活动 252b
市经委确保生产要素协调发展 123c
市科协第六次代表大会 89b
市老龄人才资源开发协会农业分会 工业分会成立 47b
市煤炭工业局规范生产经营秩序 128a
市美术家协会 255a
市民间文艺家协会 255c
市评梅女子文学社 255c
市区燃煤设施改造工程 212b
市区燃气管网改造工程 212a
市曲艺家协会 255c
市热力公司概况 202b
市人大听取并审议专项工作报告 53c
市人大依法行使重大事项决定权 53b
市摄影家协会 255b
市十三届人大三次会议 53a
市书法家协会 255a
市体育局荣立集体一等功 275a
市体育运动学校获“突出贡献奖集体”275b
市体育运动学校网球队成立 274b
市委常委会议 30b
市委党史研究室被授予“五一劳动奖状”262c
市委工作部门 20a
市委市政府为民承诺的3件实事 243b
市委政研室调查研究工作 44c
市委政研室文稿起草工作 45a
市委致信全市农村共产党员 31a
市文联三届四次全委会议 90b
市舞蹈家协会 255b
市物价局煤炭稽查工作 118c
市戏剧家协会 255a
市药材公司培育新的利润增长点 174c
市一院科协 90a
市音乐家协会 255b
市政工程管理局业务拓展 201a
市政设施 197a 200a
市政设施管理 200c
市质量技术监督局团队文化建设 112c
市中医医院 267b
事故应急救援能力 69c
事业单位登记管理 59b
首例涉“黑”案件 96a
首批星级农村文化活动室 社区文化活动中心 253a
首期干部教育论坛 261a
首演现代戏《女人家》252b
蔬菜产量 17a 329
蔬菜生产 144a
数字电视完成10万户整体平移 259c
“双服务”活动 74b
“双合同”管理 158a
“双年”活动总结会 39a
“双排查”工作 41c
“双五好”评比 285b
双拥共建工作 73b
“双争”竞赛活动 85a
水保工程大户奖励 160c
水产品产量 17a
水产渔业概况 161a
水果产量 17a
水环境保护 215a
水利 157
水利风景区 289c
水利工程 158b
水利经济 160c
水利资金大检查 158a
水利综合工作 157a
水泥产量 329
水土保持工程 160a
水文地质类型区划分 111a
水质监测 268c
水资源 15a
水资源费征收 110b
水资源论证 110c
水资源信息化建设 110b 158b
税收宣传 225a
税务 224a
税务稽查 225a
税源“无缝隙”管理体系 225b
税种管理 225b
司法 95c
司法典型案例 103b
司法机关建设 102c
司法行政 101c
思想政治建设 73c
四川地震灾区过渡安置房建设 196a
四川灾后重建项目国际合作洽谈会 92b
“四个结合”促服务管理工作 188c
“四清四落实”86b
宋师璇 317
“送温暖 献爱心”活动 62a 91b
诉讼监督 97a
孙水生 316

T

台胞陆智明捐资助学 60b
邰爱国 318
太行山绿化工程 152b
太平洋产险阳泉中支 234c
太平洋人寿阳泉中支 235a
桃北路道路绿化综合改造工程 203c
桃河公园河道梯级蓄水二期工程 211c
桃林沟村获殊荣 301b
桃南中西路大修工程 211c
桃南中西路绿化工程 203b
淘汰落后产能 125a
特奥运动员 94c
特大武装跨省贩毒案 99b
特困企业与特困职工帮扶 86b
特殊教育 242a
特许经营 171c
特载 1
特种设备安全监管 112c
提案办理 71a
体育 272c
体育场地建设 275b
体育场一期工程完工 275c
体育基础设施建设 275c
体育三下乡 274b
天然气供气总量 330
“天网”视频监控系统 98c
天元家电公司 174a
铁路货运量 330
铁路客运量 330
铁通阳泉分公司 191c
铁通阳泉分公司改善客户服务 192b
铁通阳泉分公司业务转型工作 192a
铁通阳泉分公司与阳泉移动的合作 192a
通道绿化工程 152b
通行费征收 183b
统计法制和教育工作 66a
统计分析研究活动 65c

统计工作 64c
统计信息化建设 66a
统计执法检查 66c
统计专项调查工作 65b
统战"三项"工作 40a
统战工作 39a
桶装纯净水企业检查 291c
投资率 329
图书资料信息 261a
屠宰检疫 150b
土地市场建设 109b
土地资源 14c
土壤 植被 14b
团委系统抗震救灾 87c
推广农业先进技术 146b
退耕还林工程 152a

外贸进出口总额 331
外事工作 61b
王民 315
王斌权 316
王彩萍 89b
王海平 89c
王吉连 88b
王建功 315
王舰民 315
王景水 284c
王敬瑞 92c 315
王茂林到阳泉调研 29b
王母垴山 204a
王七孩 315
王湜洲 316
王旭明 213b 315
王杨溶 88c
王月喜 103b
王振国 315
王志刚 315
王智伟获 2009 年全运会 50 米手枪慢射和 10 米气手枪参赛资格 274c
王作安 286a
网络保障工作 192a
网络建设 192c
网络维护 120c
网络优化工作 194a
网上出证认证服务 92a
为企业提供法律服务 166c
为侨服务 62a
卫生 264b
卫生部门行风建设 269a
卫生部门抗震救灾 265b
卫生 体育 264a
卫生机构数 331
卫生技术人员 331
卫生监测 271a
卫生监测与检验 268b
卫生监督 268c
卫生综合工作 264b
卫星电视干扰器清查 121a
位置 面积 13a
慰问民族宗教界代表 285a
温河净水工程 158b
文化 251
文物 256a
文化市场监管 260a
文化事业 37b
文化艺术 254a
文明车站和文明线路创建活动 186c
文物保护 256a
文物普查培训 256b
文艺评论奖 90b
文艺社团工作 255a
污染物排放情况统计 214c
污染源普查 213a
污水处理厂建设 215a
污水处理厂中水回用工程 212a
无线电管理 121a
吴丽萍 317
吴学斌 317
五渡桥 211c
"五个有所作为"185c
武警阳泉市消防支队 27a
武警阳泉市支队 27a 74b
武警阳泉市支队建队 20 周年文艺演出 76a
物价调整 118a
物价管理 117c
物价基础工作 119a
物价监管 118b
物价控制 119a
物流业务 187b
物业管理 208b
物资流通 171b

西河路小学获两项全国奖 298b
西南舁乡获殊荣 301b
西小坪园区天然气改造项目 306c
西烟南头农机大院 306c
希望工程圆梦行动 87b
郗巧芬 89a
下千亩坪村获殊荣 301b
下站地区教育资源合理整合 296c
先进人物名录 319
县级干部培训班及中青年干部培训班 48c
县级领导干部环保课 214b
县级农广校办学水平评估工作 141c
县级政府教育工作督导评估及党政主要领导基础教育责任考核 244c
县区委书记大接访活动 64a
乡村青年文化节 87a
乡镇企业标兵单位 165a
乡镇企业概况 163a
乡镇企业增加值 17a
乡镇企业综合工作 163a
乡镇企业总产值 17a
向灾区人民献爱心捐助活动 88b
消防 101a
消防队站装备 101b
消防宣传 101b
消费率 329
销毁侵权盗版及非法出版物 260b
小蘑菇度假村 180b
小水力发电 160c
小学在校生 331
小杂粮生产 146a
协商议政 70b
谢海 89b 261b 319
新春音乐会 190c
新农村建设"双百双千双万""三八"绿色工程推进会 89a
新农村建设 115c 140b
新农村建设模范个人标兵 165a
新农村建设重点推进村支部书记培训班 143b
新农村科技引领工程 247a
新农贸 209a
新企业所得税法顺利实施 226b
新闻 报纸 257a
新闻舆论 38b
新闻中心工作概况 257a
新西兰华人王爱雁 91b
新增固定资产 330
新增 5 家蜂业专业合作社 150a
信达公司 236a
信访工作 61b 64a
信访工作领导问责制度 40c
信息工作 120a
兴奋剂专项整治 270b

兴隆步行街改造 200c
刑事案件审判 95b
刑事犯罪打击 96c
行道树补植工程 204a
行政复议监督 62c
行政区划 16b
行政审批电子监察系统建设 60b
行政审批服务中心概况 59c
行政审批工作 59c
行政效能监察 51c
行政执法案卷评查活动 63a
行政执法人员培训 63a
型材项目建设 137b
许文珍 316
畜产品安全监测 151b
畜牧业生产 148b
宣传队伍建设 38c
宣传工作 36b 258b
选拔奥运火炬手 273c
学前教育 238a
学习贯彻团的十六大精神 86c
循环经济健康发展 106a

烟草专卖 175b
烟草专卖规范化建设 175c
严把赈灾食品药品质量关 270a
严打整治工作 41c
盐业市场监管 175a
盐业专管 175a
羊存栏数 17a
阳光发电公司 133b
阳光发电公司技术输出 134b
阳光发电公司经营管理 134a
阳光发电公司项目更新改造 133c
阳煤大桥建成 298a
阳煤集团 123a 128b 129a 180c
阳煤集团工程处 211c
阳煤集团国阳第一热电厂 215a
阳煤集团经营机制转换 128c
阳煤集团领导班子建设 129b
阳煤集团三矿科协 90a
阳煤集团设立全市第一个国家级博士后科研工作站 246b
阳煤集团一矿 214b
阳煤总院消化内科开展新业务 299a
阳泉北站 177b
阳泉北综合货站 307b
阳泉宾馆 292b
阳泉长途电信线务局概况 194a
阳泉成为全省第一家整体实现高标准“普九”达标地市 239b
阳泉出入境检验检疫局专项整治工作 113a
阳泉电信概况 190c
《阳泉风景名胜志》出版发行 263a
“阳泉赋”征文 253a
《阳泉概览》正式出版 263c
阳泉工行概况 230c
《阳泉工会志》出版发行 85a
《阳泉工作》45b
阳泉公路分局 182a
阳泉公路分局召开政风行风听证对话会 183a
阳泉供电分公司 131b
阳泉供电分公司信息化建设 133a
阳泉火车站概况 177a
阳泉火车站接管石太客专线阳泉段 177b
阳泉火车站生产与经营指标完成情况 177a
阳泉火车站提高装运效率 177b
阳泉技校对实习车间进行改造 240c
阳泉技校通过 ISO 9001 国际质量管理体系标准认证 240c
阳泉建行 232a
阳泉交通征稽分局 183c
《阳泉经济》262a
阳泉军分区 26c 71c
阳泉宽带自服务系统全部启用 190b
《阳泉矿区》报实现网上在线阅读 298b
阳泉联通重组整合工作全面启动 190a
阳泉铝业股份有限公司 136c
阳泉煤炭运销分公司 185a
阳泉煤运分公司获多项荣誉 185b
阳泉农发行 230b
阳泉农行 231b
阳泉人保财险 233b
阳泉商会设立驻加拿大代表处 92a
阳泉商会设立驻越南代表处 92a
阳泉市拔尖人才及省委联系的高级专家培训班 48c
阳泉市残疾人联合会 92b
阳泉市成为“全国知识产权试点城市” 247b
阳泉市党政代表团赴石家庄考察 29c
《阳泉市第十三中学校志》完成 298c
阳泉市二等功 320
阳泉市辐射环境监测管理站 214a
阳泉市妇女联合会 87c
阳泉市工商业联合会 83c
阳泉市工艺美术协会 139b
阳泉市归国华侨联合会 90c
阳泉市环境教育基地 213c
阳泉市环境信息与在线监控中心 214a
阳泉市环境宣教中心 214a
《阳泉市机构编制管理办法》58b
阳泉市纪念改革开放 30 周年理论研讨会 261b
阳泉市旧街煤炭有限责任公司 185a
阳泉市举办首届农民专业合作社展销会 142c
阳泉市科学技术协会 89b
阳泉市农村信用社 232c
《阳泉市农业技术实用读本(畜牧业篇)》出版 142b
阳泉市人大常委会 21a 337
阳泉市人民检察院 26a
阳泉市人民政府 21b 341
阳泉市人民政府所属其他机构 23a
阳泉市三等功 320
阳泉市“山之韵”合唱团成立 46b
阳泉市商业银行 232b
阳泉市首届工艺美术精品展 139b
阳泉市水文地质类型区划分工作 157b
阳泉市天然气工程竣工 196c
阳泉市文学艺术工作者联合会 90b
阳泉市五一劳动奖章 319
阳泉市消耗臭氧层物质调查与调研工作协调会 216a
阳泉市一等功 319
阳泉移动分公司客户服务优化 192c
阳泉移动分公司内部建设 193b
“阳泉市政府网站群”项目 120a
阳泉市职工经济技术创新能手 320
阳泉市中级人民法院 26a
阳泉市中小企业发展论坛 167a
阳泉市总工会 85a
阳泉市 2008 年大事记 323a
阳泉市 2008 年旅行社一览表 290
阳泉市 2008 年至 2015 年城乡供水规划 200a
《阳泉手机报》257c
阳泉天融中兴商业广场规划 200a
阳泉网通荣获阳泉市消协 2007 年度消费维权先进单位 190a
阳泉位列省运会金榜第四 274c
《阳泉文学艺术 60 年》丛书出版 254c
阳泉选手获省职业院校技能大赛奖 241a
阳泉移动分公司概况 192b
阳泉移动通信大楼规划 200a
阳泉银监分局“三降、两防、一做实”工

作目标 230a
阳泉银监分局 229b
阳泉银监分局案件防控工作 229c
阳泉银监分局防范和打击各类非法集资犯罪活动 230a
阳泉银监分局推动银行业改革发展 229b
阳泉植物园 204a
阳泉至五台山高速公路阳泉至盂县段奠基 182a
阳泉中行 231c
杨日祥 86c
杨少华 316
杨懿当选“全国十佳少先队员” 240b
杨永生 89b 316
杨增武 284c
养殖业 148b
氧化铝供气部分站区改造项目 212b
氧化铝一期供气工程投产达效 202a
姚英 88c
药材经营 174a
冶金工业 136c
一般预算收入 18c 220b 332
一般预算支出 18c 220b 332
一级干线环境整治 194a
“一卡游山西”旅游年票启动 289a
医疗 266c
医学科研 272b
医院环境安全隐患排查 217b
医政管理 266c
依法治税 226c
“移动杯”迎奥运妇女健身操大赛 88c
移动宽带业务 191a
移动式阻车路障 90a
“颐寿”牌产品 139c
义白路桃河特大桥荣获“太行杯”奖 181c
义井河污水管网续建工程 212b
义井河综合治理一期工程 198b
荫营地区检察院 26a
荫营煤矿 131a
荫营下烟净化水工程 159c
荫营中学再获捐款 300b
银行业 227c
饮食服务公司 291a
饮水安全达标乡镇创建活动 159a
饮水工程 159a
饮用水源地专项执法检查 217b
印度画家维杰·塔库个人画展 252b
印刷业协会成立 260b
“迎奥运环保行”监督活动 54c
“迎奥运暨纪念改革开放 30 周年”书法美术 摄影展览 90b
迎奥运“美隆国际杯”万人长跑 273b
迎奥运全民健身活动 71c
优抚工作 63b
优化纳税服务 227a
优秀女企业家 89b
优秀乡镇企业和企业家受到市委市政府表彰 165a
优秀中国特色社会主义事业建设者表彰决定 31a
邮电 187a
邮电业务总量 18a 330
邮政 187a
邮政包件业务 187b
油料产量 17a 329
油料生产 143c
有害生物传入传出 113c
有效灌溉面积 17a
幼儿在园数 331
幼林抚育面积 17a
盂县 305a
盂县发现西汉前期墓葬群 256b
盂县复兴渠维修改建工程 160a
盂县衡光发电公司 215a
盂县 矿区通过省“基本满足学前三年教育县”验收和复验 238b
盂县民兵建设 307a
盂县农村公路建设 181c
盂县坡头大型沼气项目 306b
盂县全面实施中小企业成长工程 166a
盂县三村喜获星级殊荣 306b
盂县县域城镇体系规划 199c
盂县鑫兴养殖有限公司 214b
盂县 80 家工矿商贸企业结队帮扶 92 村 165c
渔业总产值 17a
“与祖国同庆 与奥运同行”集体婚礼 87a
雨情 水情和灾情 161b
玉米增粮工程 144b
预备役步兵第二四八团 26c
预备役部队 73c
预备役部队基层建设 74a
预算外资金监督管理 220c
预算执行审计 114a
园林村镇绿化工程 153a
园林绿化 195b
原煤产量 17b 329
源头治理腐败工作 52c
“远鑫杯”首届汽车场地越野全国邀请赛 273c
苑桂生 313a

Z

再就业工作 281b
再就业资金使用 223a
在岗职工工资总额 331
在岗职工年末人数 331
在岗职工年平均工资 331
在岗职工平均工资 19b
造林面积 17a
战备建设 72a
站场建设 186b
张清 317
张宝顺 130b
张宝顺到阳泉调研 30a
张双虎 88b
张喜荣 94a
张秀亲 89b
张序三 88b
张云晶 94c
张云晶参加北京奥运会开幕式 242a
张仲马 185c 317
招商引资 170c
赵进昌 92a
赵鑫跃 93a
赵永红 318
赵雨亭 308b
“珍益康”“百花坊”商标 150a
“珍益康”上市 292a
甄铭 319
震区游客安返阳泉 288c
争取扶持资金 107b
征兵工作 73b
征管新措施 183c
证券投资 235c
政法工作 40b
政风行风建设 119c
政风行风评议工作 51a
政府法制机构建设 63a
政府工作 55c
政府规范性文件审核备案 62c
政府机构 21b
政府信息公开保密监管 45c
《政府信息公开条例》贯彻落实 59c
政协工作 70b
政协工作机构 25c
政协阳泉市委员会 25c 351
政研工作 44c
政治工作 73b
政治思想品德教育 242a

支出法地区生产总值 328
支援灾区抗震救灾 71b
执法监察工作 51a
执法检查 197c
执行积案清理 96a
直接利用境外资金 331
职代会制度建设 86a
职工队伍建设 129b
职工技术大赛 85b
职介机构强化服务促进就业 281a
职务犯罪预防 97a
职业技能鉴定 280a
职业教育 240b
职业中学在校生 331
植树造林 152a
治安防控工作 42a
治安重点问题防控专项行动 42a
治乱减负 126b
质量标准化建设 127b
质量技术监督 111a
质量违法案件查处 112c
质量兴市园区示范活动 111b
中等职校招生 241b
中等专业学校在校生 331
中高职学校发放家庭贫困学生国家奖助学金 244a
中共阳泉市纪律检查委员会 20c
《中共阳泉市委台湾工作办公室 2008-2012 年对台工作规划》60c
中共阳泉市委学习右玉精神的决定 30c
中共阳泉市委员会 20a 333
中国—巴西经贸合作推介会 92b
中国电信“我的 e 家”和“商务领航”业务 190c
中国国际贸易促进委员会阳泉支会 91c
中国联通阳泉分公司 189b
中国人寿财保阳泉中支 234c
中国人寿阳泉分公司 234a
“中国文化遗产日”宣传 253b
中国(荫营)耐火产业创新发展论坛 300c
“中华魂”主题读书教育活动 50a
中欧信息社会阳泉示范项目 120a
中小企业收费监督调查工作 165b
中小学生“科技论坛”249a
中小学生田径运动会 274c
中小学“网络育人”现场会 242b
中学生篮球赛 274c
中央电视台“新闻联播”栏目报道阳泉市矸山治理成就 29b
中央 省驻阳泉单位 27a
种鑫农业科技服务中心 142a
种植业 143c
仲裁 102c
仲裁案件 103b
仲裁委换届工作 102c
仲裁宣传 103b
仲裁员队伍建设 103a
重点工程 211c
“重点工程”建设 127a
重点水利工程 158b
重点调产项目 106a
重点项目建设 107b 128c
重工业增加值 17b
重要地方文件目录 333
朱玉芳 89a
猪存栏 17a
猪人工授精改良技术 149a
住房建设规划 199a
住房制度改革 208a
助残日活动 92b
专利成果 247c
专利工作 247b
专卖市场监管 176a
专题片《寻梦》94c
专武干部训练 72c
专业技术人才队伍建设 57c
专业文化 252a
咨政建言 70c
资本形成总额 329
资源管理 108c
资源节约与综合利用 125c
资源型城市转型 105b
自来水公司概况 201b
自来水生产能力 330
自然地理 13a
自然资源 14c
自营能力拓展 175a
自愿戒毒康复中心 99c
宗教场所安全检查 285c
综治工作 41c
总产出 328
组团参加“第二届中国专利周”活动 247c
组织工作 31b
组织归侨侨眷游览翠枫山 62b
组织企业参加国际性展会 92b
组织企业参加山西中小企业高层管理人员素质提升培训 167b
最终消费 329
作风建设 184b
“2·4”雷管被盗案 99a
3 人及以上事故 70a
“3·15”农机维权宣传活动 156b
5 项省“十一五”课题结题 238c
5 项助学工程资助贫困学生 243a
5·12 汶川大地震 249c
“5·14”假冒警察系列抢劫案 99b
6 个项目入选第二批省级非物质文化遗产保护项目 254a
“6·5”绑架儿童勒索案 99b
“10·8”伤害致死人命案 100b
“10·26”特大盗车团伙覆灭 100c
15 所中小学校通过二级图书馆认定 245b
25 名教师入选省级专业带头人和骨干教师 241a
32 集电视连续剧剧本《保晋风云》创作完成 254c
46 件作品入选省“杏花奖”优秀美术展 252a
100 平方公里以上河流基础数据收集工作 158a
275 万元调节基金对六种蔬菜限价 291c
2006 年~2007 年度自然科学优秀论文征集 248b
2007 年度阳泉市科技进步授奖项目 353
2007 年度阳泉市文联系统先进集体 90b
2008 版《阳泉年鉴》编纂工作 263a
2008 版《阳泉市电话号簿》出版发行 190a
2008 龙城百姓商品展览会 92b
2008 年城市居民家庭消费支出情况 277bc
2008 年度阳泉市授权(或公告)专利一览表 356
2008 年分行业在岗职工平均工资简表 276
2008 年阳泉市个体及私营服务业情况一览表 293
“03513”人防二期工程竣工投入使用 76c
“10050”客户服务平台 192b
12355 阳泉青少年服务平台 87a

B 级站建设工程 121c
C 网交割平稳过度 191a
G 网客户有效发展率得到提高 190b